L'homme qui a vu l'ours

DU MÊME AUTEUR

chez le même éditeur

LA CLÔTURE, 2002
CHRÉTIENS, 2003
TERMINAL FRIGO, 2005

chez d'autres éditeurs

JOURNAL DE GAND AUX ALÉOUTIENNES, Jean-Claude Lattès, 1982, Payot, 1995
L'OR DU SCAPHANDRIER, Jean-Claude Lattès, 1983
L'AVIS DES BÊTES, Bueb & Reumaux, 1984
VU SUR LA MER, Bueb & Reumaux, 1986
LA LIGNE DE FRONT, Quai Voltaire, 1988, Payot, 1992 (Prix Albert Londres 1988)
LA FRONTIÈRE BELGE, Jean-Claude Lattès, 1989, L'Escampette, 2001
CYRILLE ET MÉTHODE, Gallimard, 1994
JOSÉPHINE, Gallimard, 1994
ZONES, Gallimard, 1995, coll. « Folio », 1997
L'ORGANISATION, Gallimard, 1996, coll. « Folio », 1999 (Prix Médicis 1996)
C'ÉTAIT JUSTE CINQ HEURES DU SOIR, avec Jean-Christian Bourcart, Le Point du jour, 1998
TRAVERSES, NIL, 1999
CAMPAGNES, Gallimard, 2000
DINGOS suivi de CHERBOURG-EST / CHERBOURG-OUEST, Éditions du Patrimoine, 2002

Jean Rolin

L'homme qui a vu l'ours

Reportages et autres articles

1980-2005

P.O.L
33, rue Saint-André-des-Arts, Paris 6e

ISBN : 2-84682-119-3

www.pol-editeur.fr

Les articles réunis dans ce volume ont été pour la plupart publiés dans différents journaux et magazines entre 1980 et le début des années 2000.

Certains avaient déjà fait l'objet d'une reprise par les éditions Bueb & Reumaux (*L'Avis des bêtes*, 1984, *Vu sur la mer*, 1986).

Ils représentent une part importante de ma production journalistique au cours de cette période, déduction faite des articles non publiés par les journaux auxquels ils étaient destinés et dont aucune trace n'a été conservée. Parmi les articles retrouvés, j'ai éliminé ceux qui me paraissaient particulièrement inintéressants ou datés, ou redondants [1], ou encore irrémédiablement déformés par des retouches qui ne m'étaient pas imputables. De ceux que j'ai choisi de reproduire, en vertu de critères évidemment discutables, j'en ai épousseté ou partiellement refourbi quelques-uns, pour corriger tantôt mes propres maladresses, tantôt celles de la rédaction du journal concerné. Dans le cas de quelques longs reportages assez récents, lorsque avait été conservée une copie du texte original j'ai rétabli celui-ci de préférence au texte publié.

Dans la mesure où presque rien n'avait été archivé par mes soins, le mérite de cette réédition revient principalement à Clara Kunde, à Antonie Delebecque et aux stagiaires qui l'ont secondée dans cette tâche. C'est à elles que je dédie ce recueil, ainsi qu'à Marc Kravetz et à Jean-Pierre Binchet, les deux journalistes qui ont amicalement parrainé mes débuts dans le reportage.

---

1. J'ai cependant préservé des textes redondants lorsque cette redondance, pour une raison ou pour une autre, me convenait.

En remontant le fleuve Congo

En août 1980, à Kinshasa, des douaniers belges remplacent les douaniers zaïrois qui assuraient auparavant le contrôle des bagages sur l'aéroport international de N'Djili. Le bureau politique du parti unique, le Mouvement populaire de la révolution, lance une campagne incantatoire contre d'inoffensifs fléaux, tels la complaisance des hôteliers vis à vis des couples illégitimes ou l'usage du chanvre. Dans le même numéro de *Salongo*, l'un des deux quotidiens de Kinshasa, un éditorialiste salue cette initiative du bureau politique – « Une fois de plus, cet important organe du parti a mis le doigt dans la plaie purulente de la société » –, et un chroniqueur de chiens écrasés s'étonne de ce qu'aucune mesure n'ait été prise pour faire disparaître un cadavre qui, depuis deux jours, se décompose dans une maison de la zone de Kingabwa : « Si l'autorité de la zone ne se décide pas à enterrer les restes de ce citoyen, il y a lieu de s'alarmer. Dans quelques jours personne ne pourra plus supporter l'odeur nauséabonde que dégage aux environs le cadavre ainsi abandonné. » Depuis que la Révolution authentique a prohibé un certain nombre d'usages hérités de la colonisation pour les remplacer par d'autres, généralement encore plus étrangers à la tradition zaïroise, les gens sont tenus de s'appeler citoyens et citoyennes, ce qui donne parfois l'étrange impression que les Zaïrois figurent en masse dans une production historique à grand spectacle.

Il y a un peu moins d'un siècle, lorsque Joseph Conrad remonta le fleuve et faillit perdre dans les rapides le manuscrit de *La Folie Almayer*, cent cinquante figurants mouraient chaque mois sur le tournage d'une autre superproduction, la construction du chemin de fer de Matadi au Stanley-Pool.

Ostende hors saison

Kinshasa : au coin de l'avenue Kalemie et de l'avenue Kolwezi, dans le quartier résidentiel de Kalina, une impasse se termine en surplomb au-dessus du fleuve, dominé à cet endroit par une villa en voie de disparition. Les murs noircis, les baies éventrées (chapiteaux doriques), les galeries couvertes effondrées, le lourd toit à quatre pentes, en tôle, moucheté de débris végétaux et d'oiseaux grappilleurs, semblent tout droit sortis d'un cauchemar colonial : le lendemain du grand soir, Simbas et Mau-Mau font la java parmi les décombres encore fumants. Dans ce qui fut le jardin, ultime sacrilège, des enfants zaïrois extrêmement joyeux grimpent aux arbres et, dissimulés dans le feuillage, hèlent les passants. Sur la berge et sur un banc de sable au milieu du fleuve, tout un lâcher de vieux bateaux fluviaux de type sternwheeler avachis les uns sur les autres, avec plusieurs étages de ponts et de coursives, de hautes cheminées inclinées, de longues poupes profilées en bec-de-canard, comme des vestiges d'un très ancien combat naval. (Aussi prévenu que l'on soit contre ce genre d'attendrissement, il est certain que tout ce qui est anachronique et déplacé produit de la nostalgie. Ainsi, toujours à Kinshasa, dans le cimetière de la Gombe, la tombe de Vlasenroot Constant-Gustave, scaphandrier, époux de Van Der Gucht Joanna Louisa, né à Hemixem le 9 avril 1916 et mort à Sanga le 30 août 1948. Peu importe que l'époque et l'environnement auxquels renvoie tel ou tel vestige nous soient encore plus étrangers que ceux parmi lesquels ils nous font signe. La tombe d'un scaphandrier flamand dans un cimetière équatorial est émouvante au même titre que, par exemple, le crâne d'un hippopotame dans les sédiments de la plaine de Grenelle.)

Quelques naufrageurs auscultent les entrailles d'une barge, à la recherche d'une cargaison de riz ou de manioc égarée, exhortés par un gros homme en abacos – « à bas le costume », une des conquêtes de la Révolution Zaïroise Authentique – qui constitue le type assez achevé de l'exploiteur indigène. Boudiné dans ses sapes authentiques au pli impeccable, les mains dans les poches, il abreuve l'équipe de manœuvres d'insultes en lingala, parmi lesquelles ressortent « crétins » et « imbéciles », en français dans le texte. Des militaires désœuvrés, qui font dans les villes du Zaïre partie du paysage au même titre que les grands arbres aux longues traînes de racines aériennes, ou jadis les grosses américaines échouées aux carrefours sur leurs essieux déchaussés, observent la scène en ponctuant d'un rire discret les insultes particulièrement salées.

À quelque distance, des dames blanches, ou des boys noirs, promènent de grands chiens croqueurs de petits voleurs à la nuit tombée. Au loin, une silhouette claire se détache sur fond d'îles boisées, au ras de l'eau : l'un des bateaux qui, lorsque le Zaïre n'est pas en froid avec ses voisins « marxistes », assure plusieurs fois par jour la desserte de Brazzaville à partir du beach N'Gobila.

(Marxisme = on décevrait beaucoup les colonels français détachés au Zaïre, qui de temps à autre sautent sur Kolwezi, et plus souvent vont dîner en ville et dorment le talkie-walkie sous l'oreiller, en leur disant que Marx s'intéressait à des choses aussi emmerdantes que l'usure des broches à filer. En fait, les choses sont beaucoup plus simples.

Est marxiste tout ce qui a de grandes dents et les oreilles en pointe, ainsi les Cubains, les Congolais, et plus généralement tous les adversaires de la politique africaine de la France. En revanche, les Chinois, depuis qu'ils instruisent les commandos de l'armée zaïroise et construisent à Kinshasa d'inutiles et copieuses horreurs – tel le Palais du Peuple, ce chef-d'œuvre néostalinien, avec ses colonnades, son hall immense, plaqué de marbres polychromes, où pendent d'un inaccessible plafond des lustres effrayants, dont la chute, si par exception il se trouvait à ce moment-là beaucoup de monde sous la voûte, provoquerait sans doute la mort d'une bonne centaine de badauds –, les Chinois ont assurément cessé d'être marxistes, puisqu'ils font la même chose que nous, qui ne le sommes pas. Différentes publications à l'usage des « expatriés », telle *La Lettre d'Afrique* mensuelle, dont le style délié fleure bon la documentation extérieure, font régulièrement le point sur le marxisme. Ainsi, en ce qui concerne le Congo :

« Oui ou non, des électroniciens spécialistes des écoutes radio, venant de l'Allemagne de l'Est, se relaient-ils 24 heures sur 24 à la tour de contrôle de Maya-Maya ? Oui ou non, y a-t-il une zone portuaire interdite et gardée par des militaires cubains à Pointe-Noire ? (et ainsi de suite). Nous pourrions poser beaucoup d'autres questions du même genre. Tout cela prouve indiscutablement que l'équipe qui est actuellement au pouvoir est bel et bien marxiste. »

Et voilà le travail. L'apparente facilité d'accès, la transparence vitreuse des pouvoirs exotiques, développent chez certains expatriés, particulièrement les militaires, une espèce d'éréthisme, de jubilation nerveuse, assez comparable à ce qui agitait les activistes algérois chaque fois que par suite d'une erreur de transmission ils se croyaient appelés à infléchir le cours de l'Histoire.)

Sous un certain éclairage, l'eau du Pool Malebo est si blanche, si étincelante, les lointains si brumeux, les bouées de jacinthes d'eau, emportées par un mouvement lent, tourbillonnaire, si nombreuses et si peu aquatiques, que, ne serait la chaleur, on pourrait se croire au bord d'un lac gelé à la surface duquel le vent promène de minces fétus d'herbes et de branchages. Peut-être les Belges, à défaut d'autre chose, ont-ils réussi à imprimer leur marque au paysage, plus subtilement qu'en érigeant aux carrefours la statue équestre du roi Léopold, en truffant la terre de ces scaphandriers, de ces sous-chefs de bureau des finances et douanes, de ces agents territoriaux de complément, natifs de Gosselies, de Herstal ou de Hemixem, dont les tombes, dans le cimetière de la Gombe, sont accueillantes aux lézards. On ne s'étonne plus, dès lors, de ce que sur le fleuve, un peu en amont de Kinshasa, la cité du Mouvement Populaire de la Révolution, ce « joyau que le Président a offert à son peuple », présente une si troublante ressemblance avec Ostende hors saison : même horizon liquide et plombé, mêmes balustrades blanches, mêmes bancs publics sur lesquels nul ne songe à s'asseoir, et jusqu'au claquement mou des drapeaux agités par un souffle d'air, autour de la statue du Militant brandissant sa torche éteinte, immobile à grands pas.

Barges

Voyager sur le fleuve n'est pas une affaire : il suffit d'acheter un billet auprès de l'Office national des transports (ONATRA) et d'attendre qu'un courrier parte de Kinshasa à destination de Kisangani, accident survenant en moyenne deux ou trois fois par mois, parfois plus, parfois moins. L'ONATRA – dont le siège, boulevard du 30-Juin, constitue par son gigantisme, sa raideur, un intéressant et d'ailleurs assez majestueux témoignage de mégalomanie coloniale tardive – aligne sur le Zaïre, le Kasaï et certains de leurs affluents un nombre de bateaux indéterminé, les estimations variant selon l'interlocuteur et selon la saison, mais qui doit avoisiner la centaine. Il y en a des petits et des gros, des qui se meuvent eux-mêmes et d'autres qu'il faut pousser, des cargos secs et des cargos mixtes, des barges à bétail et des barges à hydrocarbures.

En plus de l'ONATRA, certaines entreprises pétrolières assurent des liaisons irrégulières, ainsi que des transporteurs indépendants comme ce violoniste sourd, transfuge d'un orchestre belge venu se produire à Bukavu, et qui construit petit à petit sa flotte avec des déchets récupérés de droite et de gauche : cabines d'autobus, fers à béton, tôles découpées au chalumeau sur des barges plus ou moins abandonnées. (Plus une démarche est oblique, tortueuse, plus elle mobilise d'éléments disparates, et plus elle a de chances d'aboutir : s'adresser à un garagiste pour avoir du fromage de tête, réparer un camion avec des pièces de DC3, importer des barges d'Afrique du Sud pour une entreprise d'État qui en fabrique elle-même, sur place, à meilleur compte.)

Le départ du courrier, train flottant composé d'un pousseur, le *Colonel Tshatshi*, et de quatre barges embarquant du fret et des passagers, a lieu le soir, afin qu'on ait le temps de voir venir. Grande confusion, sur le quai, longtemps avant l'heure prévue pour le départ. Parmi les empilements de lingots de cuivre, de sacs de café, de grumes, de peaux séchées (marchandises à la descente), vaque une foule animée de mouvements browniens, charriant des ballots énormes, remorquant des sacs lourds comme des ânes morts, poussant des diables ou des brouettes. Les femmes commerçantes arrivent avant tout le monde afin de tasser leurs marchandises sur les barges, dans les cabines de 2e et 3e classe, et de repousser les rares postulants. Rares, car le coup est connu, et admis : au Zaïre, rien n'est jamais acquis, aucun document ne constitue un titre incontestable et suffisant à l'exercice d'un droit ou à la jouissance d'un bien. Tout au plus une base de discussion. Ainsi un billet ne suffit-il pas pour prendre place à bord, même s'il constitue une circonstance favorable, un argument de poids dans les négociations. Une demi-douzaine de matamores, certains armés de .38 spéciaux qu'ils portent à la cow-boy, la crosse pointant vers l'extérieur à bonne distance de la hanche, s'efforcent non sans succès, en distribuant au petit bonheur des coups de cordes tressées, d'ailleurs peu appuyés, et en jetant de temps à autre quelqu'un par terre, de compliquer à l'extrême la tâche des pousseurs de diables, des porteurs de ballots, des traîneurs d'ânes morts, des vendeurs à la sauvette et des voleurs à la tire, des passagers réguliers et des resquilleurs. À plusieurs reprises, les grilles de la gare maritime sont fermées, puis rouvertes, submergées par une foule de plus en plus compacte, à l'écoulement de plus en plus régulier, au fur et à mesure que l'on approche du départ. (En règle générale, toute circulation – de marchandises, de personnes, de signes monétaires – est canalisée, déviée, étranglée, coupée, redistribuée à plusieurs reprises en petits courants plus faciles à barrer, afin d'établir le plus grand nombre possible de péages, de multiplier les occasions de corruption, de fraude et d'abus de pouvoir, et sans doute, sur un plan plus général, d'entretenir les gens dans l'habitude de l'arbitraire et de l'inégalité devant la loi.) Et il est déjà monté à bord de quoi remplir sept ou huit fois le *Queen Mary*, si bien que ces barges doivent être indéfiniment extensibles, élastiques, à l'instar de la plupart des moyens de transport au Zaïre. À la nuit tombée, le convoi s'ébranle tout de même, non sans qu'au dernier moment, alors que les barges ont déjà décollé, ne se soit opéré entre le bord et le quai un dernier échange de pèlerins, de paquets et de numéraire, des manutentionnaires particulièrement dépourvus de scrupules choisissant ce moment pour faire monter le prix de leurs services en retenant des ballots à quai. Enfin tout est réglé à la satisfaction générale, la foule à terre et la foule à bord échangent des saluts et des souhaits, cependant que dans un ultime effort un militaire en treillis parvient à se hisser jusqu'au balcon de la gare maritime, à se laisser tomber sur un policier ONATRA, à résoudre avec lui un délicat problème de protocole, puisque tous deux sont porteurs d'uniformes et supposés maintenir l'ordre, et à sauter à bord, invaincu.

Et maintenant, à bord du convoi qui, tout d'abord avec l'assistance d'un second pousseur, puis tout seul, taille sa route à gros bouillon parmi les bancs de sable et les îles incendiées du Pool Malebo, à bord du convoi plongé dans l'obscurité la plus complète, de diligents acrobates s'affairent, grimpent sur les lits, marchent au plafond, promènent sur les coursives des lampes baladeuses, dénudent des fils électriques, les rassemblent, font sauter les plombs, coupent des circuits, rétablissent d'insoupçonnables contacts, laissant dans leur sillage une constellation de lumières vacillantes. Et pont après pont, barge après barge, le convoi s'illumine, au fur et à mesure que les acrobates photophores tendent leurs fils et distribuent parcimonieusement, comme des friandises, les précieuses ampoules que l'on retirera avant l'arrivée afin qu'elles ne soient pas barbotées par les passagers.

« Les villes que j'ai vues vivaient comme des folles »

Petit matin : grande activité hygiénique du peuple des barges. Les ponts métalliques, déjà gras d'huile et de gadoues diverses, ruissellent d'eau de lessive, de mousse, dans laquelle on dérape d'autant plus dangereusement qu'en règle générale il n'y a pas de bastingage. Autant la plupart des villes du Zaïre, trop lâchées, trop répandues, trop cloisonnées, manquent en général de caractère urbain, autant en regorge la ville provisoire, escamotable, reconstituée sur les barges pour la durée du voyage. Il y a des rues, des places, des ponts, des canaux, des culs-de-sac, des cloaques, des marchés, des vespasiennes, des bains publics, des bastringues et des tripots, des escaliers de la butte, des belvédères et des boulevards de front de mer. Et là-dedans évolue une population incroyablement dense et composite, des mères allaitant des nouveau-nés, des bonnes sœurs et des courtisanes, des barbeaux d'occasion et des indicateurs à la petite semaine, des fonctionnaires plus ou moins corrompus et des prédicateurs apocalyptiques, des sorciers et des simples d'esprit, des marchands ambulants, des étudiants de grand chemin, des lépreux et des paralytiques, des aveugles et des sourds-muets, des déserteurs et des braconniers, des reîtres dépareillés traînant des armes automatiques vides, par groupes de deux ou trois, rarement plus, l'armée zaïroise étant constituée d'une infinité de paires, de trios, qui jamais n'arrivent à se regrouper pour former ne serait-ce qu'un peloton ou une escouade (il y a pourtant à bord des canons montés sur roues, de couleur sable, destinés à la base de commandos de Kisangani).

Le souffre-douleur, ou la mascotte, du convoi est un adolescent albinos, apparemment un peu idiot, qui, en short rayé, coiffé d'une casquette de hobo, serrant sur son cœur un livre d'images intitulé *La Reine des neiges*, vaque à d'indéfinissables occupations, généralement accroché aux basques de l'électricien.

Il n'est pas toujours facile de savoir pourquoi les Zaïrois voyagent. Mes compagnons de cabine sont un responsable de l'ONATRA qui erre sans raison avouée, et le capitaine du port de Kisangani, ancien capitaine du port de M'Bandaka, qui rejoint sa nouvelle affectation. Tous deux ont loué pour la durée du voyage les services de ce qu'on appelle au Zaïre un deuxième bureau, une épouse irrégulière. Avec les amis des uns et des autres, cela fait beaucoup de monde dans la cabine, où par ailleurs tous quatre engrangent des quantités chaque jour plus formidables de marchandises, des marchandises vivantes et des marchandises mortes, certaines qui courent et chient et d'autres qui se tiennent tranquilles.

Nos plus proches voisins, sur la coursive, sont un petit flic équatorien qui mène à bord une nonchalante enquête sur l'émission de faux titres de transport à en-tête des Forces Armées, un sous-off qui lorsqu'il ne voyage pas s'occupe de logistique auprès du Grand Quartier Général au Mont N'Galiema, un officier dont le titre, très grand siècle, de « premier lieutenant criminaliste » recouvre des fonctions mystérieuses mais sans doute importantes et peu compatibles avec la Déclaration universelle des droits de l'homme. Plus loin, il y a le patron cardiaque et végétarien d'un dancing de Kisangani, la femme d'un colonel d'aviation, dont les mœurs dissolues, gravement préjudiciables à la carrière de son militaire époux, défraient la chronique de la salle à manger des premières classes, et un témoin de Jéhovah, professeur d'esthétique et de pédagogie dans un établissement scolaire de Lisala, chef-lieu de la sous-région de l'Oubangui, qui chante des hymnes et entretient la compagnie des desseins du « Parfait Organisateur de l'Univers ».

Chaque soir, plein comme un rigadin lorsque la nuit tombe, le capitaine du port de Kisangani, Falstaff équatorial, s'abat sur le dos, les bras en croix, son énorme ventre agité de spasmes, parmi les cadavres de bouteilles de bière et d'alcool de raphia. Et tandis que le *Colonel Tshatshi* – du nom d'un obscur héros rectifié en 1967, à Kisangani, par les rebelles – s'enfonce dans l'ombre mauve, tout pavoisé de linge qui sèche, de pagnes à l'effigie du Président-Fondateur, du pape ou de Jésus-Christ, la citoyenne ex-Annie, deuxième bureau du capitaine du port, remorque sur la coursive un fauteuil crevé et, pour amuser la galerie, imite les ronflements et les expectorations de l'ivrogne assoupi. La citoyenne ex-Annie est à elle toute seule la part du rêve, l'aspiration vers les cimes, l'esprit de cette galère pour le reste assez solidement ancrée dans le trivial. Sans aucun égard pour tout ce qui fixe, organise, appesantit, parfaitement insoucieuse des statuts, des hiérarchies, de la distribution cloisonnée des rôles, y compris de la mascarade authentique qui voudrait la grever d'un prénom télescopique, la citoyenne ex-Annie mène une existence aléatoire et vagabonde, pleine de périls et de promesses. Lorsqu'on lui demande ce qu'elle fait, où elle va, elle lève les yeux au ciel, émet des ronds de fumée et répond qu'elle fait du tourisme. Désespérant de devenir riche à Kinshasa, pourvue d'un pécule qui devait au départ représenter de quoi relâcher huit jours dans un hôtel sordide à Kisangani, mais qu'arrondissent au fur et à mesure du voyage les largesses de Falstaff et diverses spéculations, elle a mis le cap au nord-est, persuadée que d'une manière générale ailleurs l'herbe est plus verte, et qu'au Kivu plus particulièrement, dans cette espèce de Suisse équatoriale constellée de vaches bicolores, l'on n'a qu'à se baisser pour ramasser les fraises et les pépites d'or, et que des fontaines de lait jaillissent aux carrefours.

La vie au grand air

Un peintre buissonnier s'efforce de me vendre un tableau où l'on voit des éléphants mauves, sur fond de ciel crépusculaire, piétiner les débris d'un village et lancer en l'air ses habitants. Tout le monde à bord fait plus ou moins commerce de quelque chose – le commandant lui-même négocie des chimpanzés diarrhéiques qu'il fourgue Dieu sait comment à un médecin bordelais –, mais les femmes-commerçantes en font plus que les autres. Elles vendent aux riverains du maquereau japonais à la sauce tomate, du thon chinois, des sardines espagnoles, des cigarettes zaïroises, des vis et des clous apatrides, du sel et du sucre, des poires à lavement, du baume du tigre, des hameçons, des stylos à bille, du tissu, des aiguilles et du fil, des médicaments en vrac provenant peut-être de la vente aux enchères de la pharmacie d'un hôpital, et que l'on reconnaît à leur couleur et à leur forme (parmi les produits de luxe recherchés par les riverains, des photos en noir et blanc, format 24 × 36, d'événements historiques : le Président-Fondateur reçoit le pape à Kinshasa, le même s'entretient avec Milton Obote ; et celle-ci, toute chiffonnée, une rareté : en juin 1960, après la proclamation mouvementée de l'indépendance, Patrice Lumumba et Joseph Kasa Vubu raccompagnent à son avion le roi des Belges flottant dans son grand uniforme, myope, pâle et défait comme une sorte de Woody Allen couronné). Elles achètent pour les revendre en ville, avec un bénéfice de 500, 700 et jusqu'à 1 000 %, tout ce que les riverains tirent du fleuve, de leurs champs ou de la forêt : des légumes, des fruits, du manioc à différents degrés de transformation, le plus souvent sous forme de foufou ou de chikwangue, de l'huile de palme, des animaux aériens, terrestres ou aquatiques, morts ou vifs. Jour et nuit, il s'opère un va-et-vient continuel entre le convoi, toujours enguirlandé de pirogues par douzaines, et les berges, apparemment désertes, entièrement vouées aux épinards en branche, et d'où émanent cependant des constellations de pèlerins nautiques. Sitôt qu'une pirogue chargée de poissons tente d'accoster le convoi – manœuvre d'ailleurs assez acrobatique, et qui souvent se termine par sa disparition corps et biens, aux acclamations de la foule, dans le sillage du pousseur –, le jeu consiste à projeter un chiffon roulé en boule le plus loin et le plus précisément possible, afin de toucher le poisson que l'on convoite et qui, s'il est atteint, vous sera réservé. Il y en a pour tous les goûts, des mbengas et des kambas, des mpotos et des ngolos, des écailleux et des veloutés, des sinueux et des compacts, certains qui sont d'une taille raisonnable, carpe ou anguille, et d'autres de la taille d'un veau, certains qui sont électrifiés et d'autres tout hérissés de barbes, d'antennes, de pseudopodes, certains qui fouissent et d'autres qui grimpent dans les palmiers pour s'y gorger de noix.

Et l'on hisse à grand-peine sur le pont tous ces malheureux qui se débattent furieusement, et on les y découpe tout vifs, on retranche à coups de machette tout ce qui dépasse, les yeux, les antennes, les nageoires, et ils répandent en abondance un sang rouge, épais, comme des porcs qu'on égorge, plissant et tordant leurs hures en forme de trompette molle. Avec la tête qu'ils ont, c'est merveille s'ils ne hurlent pas. Pour la première fois, peut-être parce qu'avec leurs yeux exorbités, leurs joues flasques, leurs membres courts et gras, ces poissons monstrueux ont un peu des allures de mammifères, pour la première fois je compatis aux souffrances de poissons hameçonnés. Encore s'il n'y avait que les poissons. Mais il y a les crocodiles ligotés, la gueule étayée de coins en bois, les singes fumés emboîtés les uns dans les autres par douzaines, grimaçants, mâchoires et poings serrés comme des enfants retrouvés confits dans la cendre au lendemain d'une éruption volcanique et qui auraient conservé dans la mort l'expression de leur agonie, les éléphants boucanés, les antilopes en lanières, les perroquets tassés dans des cornets à dès qui se chient les uns sur les autres et s'arrachent les plumes, les tortues enfilées comme des perles, les chenilles en caques, les asticots palmistes en boisseaux.

Si bien que ce bateau où sans cesse des cargaisons d'animaux morts, ou voués à une mort prochaine, cascadent dans les escaliers, giclent sur les coursives, encombrent les ponts, gorgent les chambres froides et jusqu'à la salle des machines où pendent dans les vapeurs de DO des singes momifiés, des anguilles fumées, des poissons vitrifiés, ce bateau où à tout instant on trébuche sur un crocodile, on dérape sur un silure, on se prend les pieds dans un panier plein d'asticots géants (et arboricoles, bien que leur chair blanche et molle, ténébreuse, leurs anneaux, leurs têtes aveugles, témoigneraient plutôt d'une vie souterraine, obscure, repue de charogne), on écrase un coq transi, bâillonné, lié par une patte mise à l'équerre à la vanne écumante d'une pompe à incendie, évoque une Arche de Noé dont le dessein ne serait pas la sauvegarde des animaux mais leur extermination.

Joyeux, malgré les ténèbres de la terre

Une semaine que l'on navigue et tout le monde en a par-dessus la tête de la Cuvette centrale. À l'arrière du bateau, des passagers font rôtir des singes morts, mais frais, non boucanés, avec leurs poils, sur quelques planches brûlant en plein air, après les avoir rompus et attendris à coups de marteau. Très curieux de voir le singe passer par les différents stades de la crémation : le poil grésille, le singe est lisse, il enfle, la peau éclate, entrouvre de petites fenêtres sur la chair saignante, le visage prend une expression de plus en plus agonique, les mâchoires ressortent avec leurs énormes canines, les yeux fondent. Survient un orage, les rôtisseurs de singe ramassent leur bazar. Il pleut à verse. Tout le monde est trempé sur les barges et personne ne moufte : en Europe, même moins entassés, les passagers se seraient entre-tués depuis longtemps, après m'avoir mis à mort en ma qualité de seul élément allogène à bord.

Sitôt dépouillés par les femmes-commerçantes auxquelles ils viennent vendre leurs poissons, les pêcheurs vont se faire rincer dans l'un ou l'autre des bistrots du bord. Il y en a un en plein air, sous abri, fréquenté par des paras-commandos éthyliques qui doivent faire le désespoir de leurs instructeurs chinois, où les cuites à la bière sont un peu rafraîchies par les zéphyrs. Il y en a un autre en sous-sol, au fond d'une cale en tôles rivées rouge sang-de-bœuf, quelque chose de véritablement infernal, où dans une chaleur d'étuve qui vous transforme en sac sitôt franchi le seuil, dans une atmosphère empuantie de DDT et très mollement brassée par de grands ventilateurs plafonniers à bout de souffle, parmi les remparts branlants de caisses de bière Primus estampillées d'un buffle, trônent sur des sièges effondrés, dans l'ombre, les femmes-commerçantes énormes, enturbannées, toutes joyeuses des mauvais tours qu'elles viennent de jouer aux ruraux. Quant aux ploucs, justement, ils se remplissent de bière tiède jusqu'à la luette, claquent en gâteries diverses leurs derniers zaïres, et s'essaient entre eux aux danses en vogue à Kinshasa, le canéton à l'aisema ou le coucou-dindon. Et parmi les clameurs et les turpitudes du bouge, le témoin de Jéhovah, imperturbable, continue d'arpenter en psalmodiant des versets de la Bible ou en hurlant des hymnes de circonstance : « Répands ta lumière, Ô Sion ! », « Fortifiez-vous dans la foi ! », « Soyons fermes comme Ruth ! », « Amassez-vous des trésors dans le ciel ! » ou « Joyeux malgré les ténèbres de la terre ».

Cependant le *Colonel Tshatshi* marche invariablement vers le nord-est, des orages de plus en plus copieux, de plus en plus sombres, errent sur l'horizon vert épinard, désespérément plat, de la Cuvette centrale, les journées se traînent, de plus en plus emmerdantes, de plus en plus imbibées, de plus en plus épaisses, et les îles au loin paraissent flotter légèrement dans une matière incandescente d'où sortent des pirogues chargées de poissons vivants, de bananes à cuire et de singes morts, ou de passagers clandestins traînant des kyrielles de valises. Passé l'équateur, le fleuve devient d'une largeur déraisonnable, mer intérieure couleur d'étain, semée d'îles et d'orages, et là-dessus le soleil couchant darde à travers les nuages des rayons presque palpables. De grands papillons épuisés barbotent dans l'air visqueux, et d'autres animaux bizarres, des mouches au cul bleu ciel, aux ailes orange. Vautré sur sa couchette comme Sardanapale sur son lit de mort, entouré de courtisanes, son énorme ventre dressé vers les cieux, Falstaff lit une brochure pieuse, car, étant extrêmement pécheur, il n'est pas inaccessible au repentir. Avec la nuit s'abattent des nuées d'éphémères, aussitôt grillées par les lampes, qui couvrent les coursives d'une neige, craquante sous les pieds, de corps minuscules et d'ailes poudrées. Les enfants organisent sur le pont des courses de cigales vertes mutilées. Juchés sur des sacs de manioc ou des affûts de 75 sans recul, impassibles sous la succession des averses et des canicules, lessivés et boucanés, des militaires en treillis entament leur septième relecture du *Secret de la Licorne* ou des *Bijoux de la Castafiore*.

Tel le fameux poisson dans l'eau, un reître feuillette un ouvrage illustré consacré à la division d'élite Kamanyola des Forces armées zaïroises, et des enfants innombrables se pressent autour de lui, se bousculent pour regarder les belles images de tanks progressant dans la brousse, camouflés en saladiers, de Mirages arrosant de napalm des ennemis imaginaires. Sur la passerelle, le second capitaine, appuyé sur la barre à roue, lutte contre le sommeil en titillant la cloche de bronze encore gravée de l'ancien nom du bateau, *Gouverneur Moulaert*, tandis que le radio arrondit ses revenus en diffusant des messages personnels. Au réfectoire, l'atmosphère est de plus en plus étouffante, les convives penchent vers leurs assiettes de riz ou de patates mouchetées d'insectes des visages de plus en plus constellés de gouttes de sueur, l'eau coule, jaune thé, de plus en plus tiède dans les tasses ébréchées.

Éléphant et collision

Pendant une escale nocturne, sur rade, cependant que les projecteurs éclairent la foule de pèlerins silencieux rassemblés sur la berge dans l'attente du convoi, on arrête un comptable qui avait quitté Kinshasa avec la caisse de son entreprise et qui s'apprêtait à débarquer. Un braconnier surpris avec une cargaison d'éléphant boucané se jette à l'eau mais la vente continue, le flic qui a saisi la viande reprenant l'affaire à son compte. Deux enfants sont partis à la dérive, dans la nuit, sur une pirogue dont l'amarre s'est rompue, et le père s'efforce en vain d'obtenir du second capitaine que le convoi fasse demi-tour, se mette à la recherche des enfants, probablement noyés maintenant. Tout du moins, c'est ce que certains disent à bord. Car pour quelqu'un qui ne parle ni le lingala ni le swahili, il est impossible de savoir à coup sûr si c'est bien un comptable qu'on arrête, si c'est bien un braconnier qui vient de se jeter à l'eau, s'il y avait effectivement des enfants à bord de cette pirogue à la dérive.

Escales nocturnes, escales diurnes. La plupart des villes du Zaïre sont des villes natales : Lisala, ville natale du Président-Fondateur, lieu de pèlerinage ; Bumba, ville natale honteuse, où vinrent au monde le ci-devant Premier ministre Cyrille Adoula, dont le nom reste attaché à la période aujourd'hui connue comme celle du chaos (mot d'ordre officiel : « Adieu chaos »), et un général qui s'illustra lors de la guerre du Shaba en revendant à son compte le ravitaillement destiné au front. Aujourd'hui, le général gère parmi d'autres affaires plus prospères un petit hôtel assez miteux le long de la principale artère de Bumba, une rue en terre bordée de palmiers morts dans lesquels une colonie de tisserins jaunes a élu domicile.

Sur le port, dans un entrepôt, un fonctionnaire d'ailleurs fort aimable, et comme accablé par l'étendue du désastre, règne parmi les toiles d'araignée sur des montagnes de bordereaux revêtus d'innombrables signatures, sur des lots dépareillés de marchandises hors d'usage, tournant frénétiquement la manivelle d'un petit téléphone de campagne dans lequel il faut hurler pour se faire entendre, si par le plus grand des hasards il y a quelqu'un à l'autre bout du fil. Puis, soudainement, désespérant du téléphone, il enfourche son vélo et part délivrer son message de vive voix.

(Quel que soit l'état d'abandon d'une ville, on est sûr d'y trouver au moins un obélisque du Mouvement Populaire de la Révolution entretenu avec le même soin que le puits en fausses pierres d'un jardin de banlieue, enluminé d'effigies en couleurs du Président-Fondateur. Sans doute les Chinois ont-ils communiqué à l'État zaïrois ce goût de la répétition obsédante, qui se retrouve également dans ces mots d'ordre auxquels un adverbe indûment placé imprime presque toujours une légère et gracieuse claudication : « Ni à gauche, ni à droite, ni même au centre », « Le parti avant tout, le reste immédiatement après ».)

D'escale en escale, le convoi rétrécit : on largue ici une barge, là une autre, et les passagers qui demeurent à bord se retrouvent confinés dans un espace de plus en plus restreint.

Dans le voisinage d'un port desservant l'immense territoire des plantations Lever du Zaïre, les berges se resserrent, ou peut-être le chenal navigable s'est-il simplement rapproché de la rive gauche. Toujours est-il que la forêt paraît pousser beaucoup plus haut qu'auparavant, et qu'elle offre enfin le spectacle qu'on en attend, quelque chose qui évoque les gravures illustrant les grandes explorations du siècle passé, où l'on voit Livingstone ou Humboldt allumant leur camping-gaz au pied d'arbres gigantesques, avec accompagnement de singes et de perroquets.

Et une nuit, la dernière, il sort de cette forêt un homme minuscule mais nullement pygmée, cependant, qui avec une incroyable volubilité fait l'article pour des couteaux et des lances dont il a apporté tout un fagot, des lances à sa taille, d'ailleurs, armées de pointes tout à fait meurtrières, autant que l'on puisse voir, mais montées sur un manche si court qu'elles ne pourraient guère servir qu'à repiquer les tulipes. Et comme personne ne veut lui acheter de ses lances, ni de ses couteaux, l'homme minuscule disparaît bientôt dans les ténèbres, son fagot sur l'épaule, en fulminant des anathèmes, en promettant à tous ceux qui n'ont pas acheté qu'ils périront à coup sûr sous quarante-huit heures, ni plus ni moins.

Enfin, au matin du dixième jour, on aperçoit sur la rive droite les fantaisies ogivales, plus ou moins néogothiques, les toits de tuiles polychromes, les allées d'arbres tirées au cordeau et les pelouses vert tendre de la mission Saint-Gabriel, l'un des établissements religieux les plus considérables du fleuve, où cependant, d'une façon générale, on n'a pas regardé à la dépense pour ce qui concernait les cultes, plantant au milieu des villes les plus loqueteuses des cathédrales vastes comme des hangars à dirigeables. Or, compte tenu de ce que la mission de Saint-Gabriel marque le kilomètre 1 729 à partir de Kinshasa, et qu'il y en a 1 734 jusqu'à Kisangani, il est grand temps de s'agiter, grand temps pour les porteurs d'uniforme de vérifier qu'il ne leur manque pas un bouton de guêtre, grand temps pour trois flics en civil, montés à bord Dieu sait comment, de me sauter sur le poil, sous prétexte qu'ils appartiennent à la police des étrangers, et bien qu'ils ne produisent aucun document à l'appui de cette assertion.

Sitôt que le convoi a touché terre, l'habituelle circulation fourmilière, empruntant des cheminements compliqués et précaires, s'établit entre le bord et le quai, où la foule stagne quelque temps avant d'affronter en rangs serrés, maintes fois défaits et reformés, le dernier obstacle, les gardes qui contrôlent l'unique sortie, et qui, à coups de ceinturon, organisent de grands effondrements, de grandes collisions de gens et de marchandises.

Libération, *4 au 10 décembre 1980*

PIRATES DE SINGAPOUR : DES BANDITS DE GRAND CHENAL

De passage à Port-Kelang, en Malaisie, au nord du détroit de Malacca, mon attention avait été attirée par un entrefilet en dernière page du *Nouveau Journal des Détroits* : deux pétroliers venaient d'être attaqués au mouillage de Singapour, et les autorités considéraient avec attention les propositions d'une officine australienne offrant de régler leur compte aux pirates du détroit. À la fin du siècle dernier, Mark Twain observait déjà que « l'histoire pittoresque était la spécialité de l'Australie »...

Perth, Australie occidentale, présente encore de nombreux caractères de ville pionnière, West of the Pecos. D'un côté le désert, de l'autre l'océan, entre les deux la vallée de la Swan River, la rivière des Cygnes noirs, dont les vignobles produisent d'excellentes imitations de chablis ou de riesling. Richesse déraisonnable du sous-sol – minerai de fer de Pilbara, or de Kalgoorlie, diamant de Kimberley ou d'Ashton, nickel, bauxite, uranium, gaz et pétrole... –, flux d'argent liquide et de métaux précieux, communications étirées, fortunes rapides, criminalité audacieuse. Tout cela puisant dans un réservoir ethnique où se côtoient toutes les races, tous les appétits et toutes les rancœurs. Anglais de plus ou moins vieille souche, Rhodésiens refaits et rancuniers, Irlandais descendants de rebelles déportés, réfugiés bon teint des Seychelles rouges, Grecs et Libanais, Hongrois et Italiens, quelques Chinois, et entre deux plongées dans l'outback, dans le scrub, aborigènes grognons traînant aux abords de la gare, portés sur la bouteille et ne tenant pas le litre. *Western Australia, the State of excitement.* Un bouillon de culture propice à l'éclosion de destinées hors du commun : la dernière histoire que l'on raconte à Perth concerne un astucieux éleveur qui s'est débrouillé pour vendre aux Libyens vingt mille dromadaires, livraison échelonnée sur dix ans, paiement à la signature du contrat. Sans doute n'a-t-il pas le premier chameau pour honorer cette commande, mais le désert avoisinant pullule d'ânes et de dromadaires importés au siècle dernier pour transporter les chargements d'or et de minerais, et renvoyés par le développement du chemin de fer à l'état sauvage.

Le siège de l'Arpad Security Agency est provisoirement situé au n° 190 de Hay Street, l'une des plus grandes et des plus actives artères de Perth, mais dans sa partie roturière, à la limite de l'immense banlieue tirée au cordeau dont cette ville est faite aux trois quarts. De grandes allées de platanes donnent à certains quartiers de faux airs d'Aix-en-Provence, rapidement démentis par la présence de perroquets verts ou de cacatoès à huppe rose. Au n° 190 de Hay Street, le bureau de l'ASA voisine avec celui de la police locale, « Liquor and gaming branch ». Le sigle de l'agence – un parachute ailé – évoque celui des forces spéciales de toutes les armées du monde. Avant d'ouvrir, on vous mate à travers un petit judas, façon HLM, qui nuit un peu aux efforts de cette entreprise vers le grandiose. Le patron, Arpad Laszlo Bacskai, ne sait plus où donner de la tête, entre le planning de son débarquement à Singapour – il y a au mur des cartes marines, surchargées de notations manuscrites –, le chargement de quelques barres d'or dans un avion des lignes intérieures à destination de Sydney, et la protection d'une exposition de technologie pétrolière qui se tient en ce moment à Perth. Des catalogues de manufactures d'armes traînent ici et là, pêle-mêle avec des holsters dégarnis et le *Journal de Bolivie* de Che Guevara. Au téléphone, un lustucru qui doit représenter la maison à Sydney se plaint de la concurrence que lui fait un cow-boy américain rescapé de la CIA. L'industrie de la sécurité marche fort en Australie, il y a du pain sur la planche pour les demi-soldes des services spéciaux et des régiments d'élite. Comme il n'en finit pas d'exposer son problème, le lustucru de Sydney se fait envoyer aux pelotes : « Faites ce à quoi vous avez été entraîné pendant des années, un point c'est tout. » Et clac. S'agit-il de repasser discrètement le concurrent ? Toujours est-il qu'Arpad Laszlo, cette affaire réglée, peut souffler un peu, et sacrifier au rite matinal de la cup of tea.

Arpad – dont le prénom hongrois, à l'épreuve du melting-pot australien, s'est irlandisé en « Paddy » –, Arpad-Paddy, a une gueule de brave soldat Chveik mâtiné de Polanski, l'œil bleu et rigolard, le pif proéminent, un gabarit très ordinaire qui ne lui aurait pas permis, à vue de nez, de faire carrière comme videur dans le show-biz. En 1949, après neuf ans d'errance mitteleuropéenne, de bombardements en camp de réfugiés, il débarque à Fremantle, le port maritime de Perth, sur l'estuaire de la Swan River. Paddy sera donc australien. Avec l'enthousiasme des convertis, il le sera plutôt deux fois qu'une. Dès la fin des années cinquante, au sein du premier bataillon, Royal Australian Regiment, il court sus aux communistes dans le cadre de la Malayan Emergency. Deux ans de Malaisie, quelques gnons, une médaille avec palmes. Puis, versé dans les troupes de choc du Special Air Service (SAS) australien, il reprend du service au Viêt-nam. De nouveau deux ans de ce que, dans le jargon du Sdece, on appellerait des « coups tordus ». Opérations derrière les lignes, repérage du dispositif ennemi, intoxication, sabotage, enlèvements, assassinats. Parfois si étroitement au contact que l'un de ses collègues prétend s'être fait pisser dessus par les « VC » sans trahir sa présence. *Apocalypse Now*, version australienne. Avec une gaieté dont il y a peut-être lieu de s'alarmer, il se souvient ou croit se souvenir d'avoir expédié, au couteau, deux officiers nord-vietnamiens, l'un en train de forniquer, l'autre de sacrifier à des nécessités plus triviales.

Débâcle au Viêt-nam, chute de Saigon, changement de décor. Pendant quelques mois – quelques années? – Paddy replonge dans une embrouille asiatique sur laquelle il se montre fort discret. C'est à cette époque que, sous les frondaisons d'une île au loin, il épluche les théories de Che Guevara. Toujours cette vieille idée, si chère à nos officiers d'Indochine ou d'Algérie, de retourner contre les guérilleros les principes de la guerre révolutionnaire. Retour de ses jungles, en Australie, Paddy s'ennuie. La paix ne l'emballe pas. Il fait de la garde du corps, de l'escorte, il entraîne les brigades spéciales – Emergency Squad – de la police du Queensland. Toujours la castagne, mais à blanc, sans l'« excitement ». En 1980, il quitte le service actif pour fonder l'Arpad Security Agency. Bientôt, l'ASA emploie trente-cinq spadassins, certains à plein temps, d'autres à mi-temps, ces derniers exerçant par ailleurs d'innocentes activités de pères de famille. Tous la quarantaine alerte, sveltes, pas trop repérables, portant avec élégance d'énormes calibres qui ne déforment pas leurs vestes de collégiens britanniques. Tous ont en commun de provenir des SAS australien, britannique ou rhodésien, à l'exception d'un ancien du Mossad, qui, sans déroger à la règle – tous les collaborateurs de l'ASA doivent être d'anciens adeptes du « coup tordu » –, relève d'une pointe d'exotisme cette phalange de reîtres anglo-saxons. « Après des années d'exercice des techniques militaires les plus sophistiquées, explique joliment Arpad, nous ne pouvions nous résoudre à la vie civile. » Plutôt que de tourner mercenaires, ils décident de mettre sur pied l'agence de sécurité la plus musclée de toute l'Australie, avec l'ambition de devenir les premiers en Asie du Sud-Est et puis, si tout va bien, car ils ne doutent de rien, dans le monde entier. En cas de coup dur, l'agence jouit de l'étonnant privilège, auquel nulle disposition de la loi australienne ne s'oppose, de pouvoir recruter provisoirement des membres actifs du SAS dont un régiment stationne opportunément dans la région de Perth. Trois centres de tir et d'entraînement intensif, l'un à Perth et deux autres à la périphérie, permettent aux spadassins de garder la main. L'ASA, on l'aura compris, ne ressemble guère à l'agence Dubly. Pas question de recherches dans l'intérêt des familles, d'enquêtes de moralité, de filatures d'époux volages, de tout ce « bullshit ». Pas question non plus, m'assure-t-on, de faire dans le genre Pinkerton : l'ASA n'intervient pas dans les conflits sociaux, non plus que dans la vie politique australienne (bien que Paddy, l'œil allumé, soutienne qu'avec les hommes et le matériel dont il dispose, son réseau d'informateurs, ses connivences à l'état-major, sa connaissance des sites industriels et des communications, il puisse du jour au lendemain prendre le pouvoir en Australie). Louant ses services aux multinationales attirées dans la région par le boom minier, l'ASA se partage habituellement entre le convoyage de cargaisons sensibles, l'escorte de VIP, la protection de sites industriels ou miniers et l'initiation des « légumes » aux techniques de sécurité. Ce dernier volet de son activité n'est pas le moins pittoresque, comme en témoigne le programme du stage intitulé « Executive Stress and Survival Training Course », tenu récemment dans quelque thébaïde des environs de Perth. Au hasard d'une journée, on relève que le morning-tea (9 h 50 à 10 h 5) tombe entre les cours de défense en profondeur et de sabotage industriel, l'afternoon-tea (15 h 15 à 15 h 30) entre un exposé concernant les applications de l'électronique à la sécurité et un briefing sur le terrorisme international. Le stage, qui s'étend sur une semaine, inclut des travaux pratiques de survie en mer, de technique néandertalienne (allumage du feu, construction de huttes ou de pièges), de gastronomie désertique (reconnaissance des différentes variétés de reptiles, de cafards et de lichens comestibles), de savoir-vivre buissonnier (contacts avec les indigènes), enfin de résistance aux techniques les plus retorses d'interrogatoire…

Mais tout ça, d'une manière ou d'une autre, ce n'est encore que « bullshit ». La baleine blanche du capitaine Arpad, son grand dessein, c'est l'élimination de la piraterie dans tout le Sud-Est asiatique. Dans cette perspective, il bichonne son arme secrète, son corps de « sea-marshalls », quinze ou vingt hommes rompus à toutes les acrobaties, parlant toutes les langues de la région, familiers de tous les sortilèges malais, forts de l'expérience acquise lors de l'intervention australienne à Bornéo, en 1963, et plus récemment de l'entraînement reçu à bord de tankers ou de cargos croisant dans les parages de Fremantle. « Tous mes hommes, assure Arpad, ont fait le Viêt-nam. Croyez-vous que les pirates soient plus coriaces que les Viets ? » Avec ses sea-marshalls, il se fait fort de régler en trois coups de cuiller à pot le problème de la piraterie dans le golfe de Siam – si seulement les Américains voulaient bien lui donner le quart des deux millions de dollars dilapidés en 1980 à subventionner la marine thaïe pour une mission dont elle ne veut pas s'acquitter –, à Sabah, dans le nord de Bornéo, et dans la mer de Sulu, l'un des plus anciens et des plus actifs foyers de piraterie dans le monde, enfin à Singapour, où ses offres de service, si elles n'ont toujours pas reçu de réponse, ont eu déjà le mérite de faire se mettre au vert, pour quelque temps, les pirates du détroit.

Singapour, deuxième port du monde, troisième centre mondial de raffinage du pétrole, quatre cents mouvements de navires par jour. Devant Singapour, un paysage de « D-day », des centaines de bateaux – pétroliers, porte-conteneurs, ro-ros, cargos, chalutiers, remorqueurs de haute mer, caboteurs, barges, vedettes et sampans de tout âge et de tout calibre –, croisant ou au mouillage, illuminés la nuit par des dizaines de milliers de lampes, qui donnent à ces parages l'aspect d'un immense Luna-Park mollement agité par la houle. Clou du spectacle : les pirates et leur fameux numéro de grappins volants. La piraterie est dans cette région une tradition aussi ancienne, aussi tenace, que la contrebande dans les Pyrénées ou la sorcellerie dans le bocage. Il y a une quinzaine de siècles, le voyageur chinois Fa Hsien, se rendant de Ceylan à Java, décrit le détroit comme infesté de pirates qui « soudainement fondent sur vous et détruisent toutes choses »... Aujourd'hui, dans le Sud-Est asiatique, la piraterie – une piraterie sans gloire, sans panache, mais extrêmement lucrative – s'exerce pour l'essentiel dans le golfe de Siam, au détriment des boat people vietnamiens. Elle est généralement le fait de pêcheurs thaïs qui, de retour au port, font figure d'honnêtes artisans, certes très portés sur le shit, les tatouages et les armes de contrebande, mais auxquels nul ne songe à demander compte des milliers de réfugiés détroussés, battus, violés, assassinés parfois, dans leur interminable dérive des côtes du Viêt-nam vers la Thaïlande, la Malaisie ou l'Indonésie. D'autres pirates, non moins sanguinaires mais plus culottés, sévissent dans les eaux de Sabah, l'une des deux provinces malaisiennes de Bornéo. Les échanges commerciaux, légaux ou non, entre Sabah et les Philippines, les innombrables mouvements des petites embarcations des « barter-traders » assurant ce commerce maritime, l'existence à Sabah de bases de repli des rebelles philippins, et le trafic d'armes à destination des guérilleros musulmans de Mindanao, créent des conditions extrêmement propices au développement de la piraterie, dans une zone trouble où il n'est pas toujours facile de faire la part du politique et du crapuleux. En mai 1978, au large du port de Sandakan, le cargo japonais *Rio Colorado*, de 4800 tonnes, se rendant du Japon en Malaisie, puis le libérien *Pine Star*, furent successivement attaqués en pleine mer par des pirates armés de grenades et d'armes automatiques. Plus récemment, dans la même région, des pirates embarqués sur deux bateaux de pêche attaquèrent une vedette assurant d'île en île des transports de marchandises et de passagers. Après avoir ramassé quelques milliers de dollars en liquide, et toutes les marchandises qui se trouvaient à bord, les pirates, en se retirant, arrosèrent la vedette de rafales d'armes automatiques, tuant onze passagers et contraignant les autres à se jeter à la mer où beaucoup périrent noyés. Dans l'ouest de la Thaïlande et de la Malaisie, au nord du détroit de Malacca, une piraterie apparemment sur le déclin se manifeste encore de temps à autre par des attaques de yachts, de moins en moins nombreux, cependant, à croiser dans ces parages dangereux. En novembre 1981, le voilier australien *Edna Maree* est ainsi attaqué dans le voisinage des îles Langkawi par une vingtaine d'enfants-pirates armés de couteaux et de revolvers, et si petits, selon le témoignage du capitaine James Montgomery, qu'en dépit d'efforts répétés ils ne parvinrent pas à violer les deux passagères. En revanche ils n'eurent aucun mal à rafler tout ce qu'il y avait à bord, et à trancher d'un coup de machette la main de Montgomery. Enfin, dans les parages de Singapour, après une accalmie probablement due à l'arrestation, dans les années soixante-dix, d'une bande de flibustiers de l'ancienne école, la piraterie sévit de nouveau.

Une piraterie à la fois minuscule – piraterie d'acrobates et de bricoleurs, jusqu'à présent très économes de vies humaines – et considérable par les menaces qu'elle recèle et les intérêts qu'elle met en cause. Ce sont semble-t-il deux pétroliers, l'*Etrema* et l'*Energy Resource*, au mouillage devant les raffineries de Jurong, qui ouvrent le bal durant l'été 1980, suivis de près par deux autres tankers, l'*Esso-Orient* et l'*Esso-Port Dickson*. Puis, à partir du mois de mars 1981, successivement le *Dosina*, le *Gherestros*, le *Litiopa*, le *Koei*, l'*Indian Obo*, le *Vasilikos*, l'*Asia Culture*, le *Varenna*, le *Daeyang-Discovery*, le *Contender Argent*, le *British Beach*, le *Sea Lion*, le *Corsicana*, le *Mammoth Monarch*, l'*Hakata Maru*, le *Diana*, le *Konhan Maru*, en tout une vingtaine de navires, pour la plupart pétroliers ou porte-conteneurs, sont attaqués dans les parages de Singapour.

Le scénario varie peu d'un incident à l'autre : la plupart des attaques ont lieu contre des bateaux faisant route dans le Phillip Channel, un chenal situé dans les eaux indonésiennes, à cinq milles au sud-ouest de Singapour, et qui, dans sa partie la plus étroite, ne fait guère plus de trois cents mètres de large. Un goulot d'étranglement sur une route à grande circulation : durant le premier semestre de 1981, deux mille six cent quatre-vingt-dix-huit tankers, quatre cent quatre-vingt-deux vraquiers et onze cents porte-conteneurs se rendant à Singapour ou en sortant ont transité par le Phillip Chanel, sans parler des navires qui l'ont emprunté sans relâcher à Singapour. Les attaques sont toujours dirigées contre des bateaux dont les hélices n'engendrent pas de remous rendant impraticable une approche par l'arrière, généralement chargés et par conséquent bas sur l'eau, de préférence aux premières heures de la matinée, donc dans l'obscurité et alors qu'un minimum de gens veillent à bord, enfin dans les parages de la balise Buffalo, que les bateaux doivent tourner en décrivant une courbe à peu près invariable. La tactique adoptée par les pirates est très simple, encore qu'elle ne soit pas à la portée du premier monte-en-l'air venu. Embarqués sur des praos – de petites embarcations indigènes qui avaient déjà la préférence des flibustiers du temps de Joseph Conrad –, équipés de puissants moteurs hors-bord, ils rattrapent les bateaux filant de douze à quinze nœuds. Arrivés à hauteur de la poupe, ils lancent des grappins dans les batayoles, puis montent à l'abordage le long des cordes attachées aux grappins. Une fois à bord, ils se glissent en catimini jusqu'à la passerelle, braquent les hommes de quart avec des parangs – armes blanches non moins traditionnelles que les praos –, visitent les cabines des officiers, barbotent l'argent liquide et tous les objets escamotables, puis réintègrent dare-dare leurs praos et disparaissent dans l'obscurité. Le butin est parfois ridicule, parfois conséquent : 520 dollars et quelques gadgets à bord du *Konhan Maru*, 16000 dollars à bord du *Corsicana*, de 30000 à 60000 dollars (les estimations varient) à bord du *Contender Argent*. Bien entendu, il n'est pas question pour des pirates équipés de barques à moteur – quand bien même ces barques seraient des praos – de toucher à la cargaison : on ne débarque pas en pleine mer une douzaine de conteneurs ou vingt mille tonnes de brut. Mais les avances en liquide distribuées à un équipage de vingt ou vingt-cinq hommes, avant une escale aussi juteuse que celle de Singapour, peuvent représenter des sommes assez rondelettes, sans parler des stocks de camelote détaxée, parfois considérables, que les marins engrangent au cours de leurs pérégrinations.

La police maritime de Singapour compte près d'un millier d'hommes et aligne quelque soixante-dix embarcations légères, filant en vitesse de pointe de dix-huit à trente-cinq nœuds. Son chef actuel, Ong Eng Say, est un excellent joueur de polo, et tout le monde s'accorde pour reconnaître qu'il a restauré la sécurité dans les eaux du port, en démantelant un gang très actif dans les années soixante-dix, et en réprimant les vols commis à bord des bateaux au mouillage par les « bumboats Marys », les Maries-des-barges, les filles qui, pour reprendre l'élégante expression du quotidien *Straits-Times*, « offrent le sexe en mer ». (Et dont quelques-unes, selon des témoignages dignes de foi, disparaissent de temps à autre à bord des bateaux en escale.)

Off duty, la police locale anime une agence de sécurité, la Cisco (Commercial and Industrial Security Corporation), la seule entreprise de ce genre dont les employés aient l'autorisation de porter des armes à Singapour. Cette police payante a été parfois mise à contribution pour la protection des navires au mouillage. Mais si la police de Singapour, assez efficace au demeurant, est impuissante contre les pirates du détroit, c'est qu'ils opèrent le plus souvent dans les eaux indonésiennes, à partir de bases situées en dehors du territoire de Singapour. Dans son témoignage, le commandant coréen de l'*Asia Culture*, un cargo de dix mille tonnes attaqué à l'aube du 18 juin 1981 dans le Phillip Channel, décrit ses agresseurs comme des « local people » au teint très sombre, âgés d'une trentaine d'années, peu vêtus, portant de « lourdes ceintures militaires », équipés d'affutiaux divers, « notamment des couteaux et des tournevis ». Les témoignages des autres commandants victimes de flibustiers – notamment celui du tanker *Mammoth Monarch*, attaqué dans les mêmes parages – coïncident pour l'essentiel dans la description de leurs agresseurs. Or ces athlètes à peau sombre, remarquablement entraînés, connaissant sur le bout des doigts les parages du Phillip Channel, et non moins avertis des caractéristiques et des dispositions intérieures des bateaux qu'ils rançonnent, ces athlètes qui, leur coup fait, s'évanouissent parmi les îles innombrables de l'archipel de Riau seraient, de l'avis général, des commandos de marine indonésiens utilisant leurs compétences pour pratique à mi-temps l'activité qu'ils sont censés combattre. De nombreuses histoires circulent, à Singapour, à propos des exploits de la marine ou des douanes indonésiennes. Un membre éminent de l'Association des armateurs, faisant escale dans une île indonésienne lors d'une croisière dominicale au large de Singapour, a été témoin d'une fusillade entre son équipage et des militaires *off duty* qui se disposaient à faire main basse sur le bateau. Il suffit d'ailleurs de louer un bateau de plaisance à Singapour, et d'observer les réactions de l'équipage sitôt que l'on approche des eaux indonésiennes – aussi enthousiaste que si l'on se disposait à débarquer dans l'île de King Kong – pour se convaincre de la mauvaise réputation de la « Royale » de Djakarta. Tant que cela se passe entre natifs, on n'en fait pas trois lignes dans les journaux, mais il semble qu'au cours de ces dernières années, de nombreux ressortissants de Singapour, aventurés dans les eaux indonésiennes, ont été enlevés, séquestrés dans l'archipel de Riau, et libérés contre une rançon, discrètement négociée, de quelques centaines de dollars locaux.

Tout cela est très embarrassant pour les autorités de Singapour. Convaincues de la responsabilité des Indonésiens, elles ne disposent d'aucune preuve, et ne tiennent pas à envenimer leurs rapports avec un État voisin dont la marine et les douanes sont par ailleurs assez tolérantes vis-à-vis de la fructueuse contrebande établie sur mer entre Singapour et l'Indonésie. De toute manière, la police et la marine de Singapour ne peuvent intervenir en dehors de leurs eaux territoriales, soit par exemple dans le Phillip Channel. Les armateurs eux-mêmes, réunis dans la Singapore Ship Owners Association, et les compagnies pétrolières, principales victimes de la piraterie de haut bord, redoutent d'être bannis des ports et des marchés de l'archipel s'ils cherchent des poux à l'Indonésie. Cependant, les attaques se multipliant, la fièvre monte chez les assureurs et parmi les syndicats de marins. Les bateaux attaqués dans le Phillip Channel se trouvant sans contrôle aussi longtemps que les officiers de quart ont le couteau sous la gorge, dans des parages où, même sans cela, ils marcheraient sur des œufs, les assureurs se font des cheveux à l'idée des suites prévisibles d'une collision ou d'un échouage. Quant aux marins, particulièrement les Japonais, les Britanniques et les Nordiques, fortement syndiqués et craignant pour leur argent de poche, ils exigent que l'on prenne en toute hâte des mesures de sécurité. Certains armateurs imaginent alors des recettes peu coûteuses, et guère plus efficaces, mais qui ont au moins le mérite du pittoresque. La Shell, la Mobil et la BP font éclairer *a giorno* les ponts de leurs tankers, et mettre en batterie des lances à incendie pour repousser toute tentative d'abordage. Plus imaginative, la Borneo Shipping acclimate sur le pont de ses navires des dobermans affamés, supposés dévorer tout crus d'éventuels pirates. Cette tactique écologique, entièrement naturelle, présente toutefois un inconvénient sérieux : l'extrême difficulté, pour un doberman, de reconnaître un pirate d'un marin innocent sorti sur le pont pour pisser par-dessus bord ou humer l'air du large. Par surcroît les marins ont le cœur sur la main, et, pris de pitié pour ces animaux faméliques, ou exaspérés par leurs aboiements et leurs cavalcades, ceux de la Borneo Shipping prirent l'habitude de leur distribuer les restes de leurs repas, si bien qu'après quelque temps les dobermans étaient gras, débonnaires, et aussi aptes à croquer du flibustier que Rantanplan à rapatrier les Dalton au bagne.

On en est là lorsque tombe du ciel le Deus ex machina, l'ambassadeur extraordinaire d'Arpad-of-Perth, un fringant jeune homme d'origine allemande, à qui son passé récent d'homme d'affaires australien (ou multinational) a valu d'excellents contacts dans les milieux influents de Singapour. Réseau d'autant plus étendu, et opérationnel, que de nombreux anciens du SAS se sont reconvertis localement dans le business. Bernard Walter Tronzik, directeur commercial de l'Arpad Security Agency, est donc parfaitement averti de ce qui se passe à Singapour. Il a sur cette question de la piraterie des vues planétaires, légèrement apocalyptiques, qui sont aussi, à peu de choses près, celles d'Arpad. Tronzik fait remarquer que les pétroliers japonais constituent l'une des cibles favorites des pirates. Or tout le pétrole en provenance du Moyen-Orient et destiné au Japon transite par le détroit. Frissons : le Phillip Channel, mince cordon ombilical par où circule toute la sève irriguant l'économie japonaise, à la merci d'un acte somme toute assez élémentaire de terrorisme. Un pétrolier échoué obstrue le chenal, tandis que la marée noire déferle sur les plages de Singapour… Les Nippons exsangues, les touristes englués dans la mélasse hydrocarbure. Ou pis encore : des terroristes, ayant pris le contrôle d'un super tanker, menacent de le faire sauter en plein milieu de la zone portuaire et industrielle, parmi les raffineries de Jurong bourrées à craquer d'or noir à différents degrés de transformation. Tout cela fait renifler à l'ASA la piste du terrorisme international : la piraterie artisanale de Singapour comme banc d'essai de nouvelles tactiques visant à mettre à genoux l'Occident ou tel de ses partenaires asiatiques. Même son de cloche du côté des Lloyd's, dont le président, sir Lindsay Alexander, déclarait en novembre à Singapour : « N'ayons pas peur des mots, la recrudescence de la piraterie s'inscrit dans une conspiration internationale sur une grande échelle. » Quant à Tronzik, il résume ses appréhensions en deux mots : « Big brains. » Les grosses têtes qu'il croit distinguer, dans l'ombre, tirant les ficelles des acrobates du détroit.

Pendant que Tronzik, fin septembre, présente à Singapour les offres de services de l'ASA, Donald Haskel Thomas, directeur des « overseas operations » de l'agence de Perth, se rend à Londres pour tisonner armateurs et assureurs. Sujet britannique, administrateur de diverses sociétés en Australie et dans le Royaume-Uni, Thomas est un homme d'aspect anodin, plutôt petit, le chef grisonnant. Le jour où nous l'avons rencontré, il portait un costume verdâtre assez spleenétique, avec une cravate de la même teinte mais constellée de minuscules glaives argentés. Officier des commandos d'infanterie de marine, vétéran de la Seconde Guerre mondiale, lors de laquelle il combattit sur les théâtres d'opération européens et asiatiques, Thomas est réserviste du SAS britannique, la maison mère. Apparemment, ses exhortations emportent l'adhésion de ses interlocuteurs londoniens, si bien que la position de Tronzik, à Singapour, s'en trouve renforcée dans les négociations qui s'engagent. Bien que très éloignés de partager ses vues planétaires, qui même les agacent un peu, armateurs et pétroliers accueillent avec intérêt les propositions de l'ASA. Le plan est simple, solide, avec de petits détails croustillants et quelques zones d'ombre. Pour l'essentiel, Arpad se propose de placer à bord des bateaux croisant dans les zones d'insécurité deux de ses lascars équipés de détecteurs hyper sensibles, dont ils ont testé l'efficacité au Viêt-nam, et qui permettent, en gros, de déterminer non seulement combien de pirates se disposent à vous attaquer, mais ce qu'ils ont mangé la veille et s'ils portent des sous-vêtements en fibres synthétiques ou naturelles. Repérés à distance, les pirates seraient cueillis, sitôt à bord, avec des armes spéciales qui ne produisent pas d'étincelles au départ du coup – afin d'éviter de mettre le feu au pétrolier – et dont les projectiles demeurent dans les tissus du destinataire, précaution utile dans la perspective d'une fusillade dans des locaux étroits où les balles, ricochant sur les parois métalliques, risqueraient autrement de retourner à l'expéditeur. (Après avoir songé à employer la petite mitraillette à air comprimé M.19A, de fabrication américaine, Arpad a finalement décidé de mettre au point une arme inédite, dont il ne veut rien dire mais qui semble le satisfaire extrêmement.) Le but proclamé de cette tactique est de remettre aux autorités de Singapour des pirates encore assez vivants pour décliner devant les instances compétentes leur qualité de militaires indonésiens. Ce que l'on comprend moins bien, dans cette perspective, c'est pourquoi Arpad tient sous pression, en un lieu tenu secret, une flottille de bateaux susceptibles de transporter une vingtaine d'hommes à vingt-cinq ou trente nœuds, apparemment destinés à une poursuite en mer. Toujours est-il que le plan de l'ASA paraît convenir aux armateurs, pourtant peu pressés d'investir dans la sécurité de leurs équipages. Le prix demandé par Arpad est certes considérable – ce serait à peu près l'équivalent, pour deux semaines de travail, de l'aide financière apportée par l'Australie à la Thaïlande dans le cadre de la lutte contre la piraterie en 1982 – mais pas excessif : cela ne représenterait guère, au bout du compte, qu'un demi-cent (1/200e de dollar US) par tonne de marchandise sécurisée.

Aussi bien le vrai problème n'est pas là, mais dans les réticences des autorités de Singapour à laisser opérer sur leur territoire un groupe paramilitaire étranger, enfourraillé jusqu'aux yeux, et dont le but avoué est de pallier les insuffisances de la police locale. De réticences en hésitations, les choses traînent en longueur. Les pirates, avertis, mollissent. Rompant le front uni des armateurs et des pétroliers, la Mobil, qui a déjà payé un lourd tribut, décide de faire cavalier seul, et de placer ses tankers au mouillage de Jurong sous la protection de gardes armés de la Cisco. Arpad crie à la trahison, et jure qu'on ne réglera pas le problème de la piraterie à moins d'en passer par ses conditions. Là-dessus, les Indonésiens, qui ont senti le vent, montent une opération de police dans l'archipel de Riau. Dans la nuit du 26 au 27 septembre, de petites unités de la marine investissent les îles de Batam et Lengkana, et embarquent cinq comparses, contrebandiers ou barbeaux, chez qui on aurait découvert des armes blanches, des jumelles de marine et des devises. Par bonheur, les cinq pirates de service sont des Chinois, toujours bons, en Indonésie, à porter le chapeau. Ce qui est curieux, dans cette affaire, c'est que les commandants attaqués ont décrit leurs agresseurs comme très sombres de peau, et que les Chinois tirent assez rarement sur le noir. Par bonheur encore, ils auraient reconnu opérer à partir de Pasir Panjang, sur le territoire de Singapour... Le chef de la police de Singapour, Ong Eng Say, émet quelques réserves et demande à rencontrer les cinq suspects. Son homologue indonésien se fait tirer l'oreille. En attendant, les attaques cessent, les armateurs respirent, les sea-marshalls de Perth rongent leur frein. Les acrobates ont plié bagage, le décor reste en place : centaines de navires au mouillage ou faisant route, qui, le soir, de la pointe de Chiangi aux îles de Jurong, déploient sur l'horizon les dix mille lumières du plus grand chapiteau du monde, cirque des mers du Sud. À quand la reprise du spectacle ?

Lui, *mars 1982*

DANS LES ENTREPÔTS DE LA VIEILLE EUROPE

Katendrecht, Péninsulaire et Oriental

Le siège de la Holland Amerika Lijn dresse au milieu d'un quai désert, au-dessus du Rijnhaven, ses tourelles *jugendstil* aux girouettes dorées, aux horloges immobiles. Aucun paquebot de la compagnie ne dessert plus la ligne de l'Atlantique Nord et, pour savoir à quoi ils ressemblaient, il faut se contenter des photographies et des chromos que l'on voit encore affichés dans quelques bars à matelots de Katendrecht. Le long du dock sont alignés des entrepôts de brique nommés d'après des pays lointains : Siam, Chine, Bornéo, Java, Santos, Sumatra, Célèbes. De l'autre côté du bassin, au pied d'un silo à grains, un navire grec décharge des lingots d'aluminium portant l'estampille de l'Alcoa, un navire français embarque des conteneurs à destination de l'Afrique de l'Ouest. Comme les entrepôts du Rijnhaven, les rues de Katendrecht portent des noms exotiques – Timorstraat, Lombokstraat ou Sumatraweg – et la plupart des bistros encore en activité font également un effort de ce côté : Tokyo Bar, Tropical Inn, Green Island Bar, Brooklyn Bar. Sur Atjeh-straat, on rencontre successivement le Black Sea, le Yellow Sea et le Red Sea Bar. C'est dans cette rue que se concentrait autrefois l'essentiel de l'activité bordelière qui fit auprès des marins la réputation de Katendrecht, plus connu sous le nom de China town du fait de l'importance de la colonie chinoise qui, traditionnellement, tient le haut du pavé dans ce quartier péninsulaire, faufilé entre le Rijnhaven et le Maashaven.

Des trois marins du *Saint-Paul*, à destination de Douala et de San Pedro, qui ont mis pied à terre, seul le bosco, le plus âgé, se souvient d'avoir vu dans Atjehstraat, il y a quelques années, des filles exposées comme à Anvers ou Amsterdam dans des vitrines liserées d'un mince tube de néon vert, rose ou mauve. Il y avait des Chinoises, dit-il, et des Italiennes. Aujourd'hui, toutes les fenêtres, uniformément, présentent de ces petits rideaux de macramé caractéristiques de l'habitat hollandais, entre lesquels, à travers les vitres d'une netteté impeccable, on peut voir toute la journée – et le soir encore, devant la télévision – des êtres transparents mener une vie d'aquarium, cernés de plantes en pot et de bibelots monstrueux. Le dancing Walhalla reste ouvert mais n'accueille qu'exceptionnellement assez de clients pour former deux paires de danseurs, les quelques prostituées qui persistent, très décaties, originaires pour beaucoup des Antilles jadis néerlandaises, ne font plus recette, et, parmi les rades, il n'y a plus que les Grecs et le Black Sea où l'on se presse encore à la nuit tombée. (Les Grecs font partout exception, car il est rare que dans un port, quel qu'il soit, on manque trois soirs de suite d'assez de marins grecs pour remplir un bar.)

Il est difficile de savoir si ce mouvement de repli est la conséquence d'un accident, de l'éloignement du port dont l'activité se déploie maintenant beaucoup plus en aval, d'une campagne d'assainissement menée par la police ou d'une simple redistribution des rôles et des territoires à l'intérieur du milieu de Rotterdam. Le bosco du *Saint-Paul* incline pour la thèse de l'accident car il croit se souvenir d'un meurtre, ou de plusieurs, qui aurait entraîné des investigations soutenues de la police, et, par voie de conséquence, l'exil des prostituées aujourd'hui dispersées entre d'autres quartiers de la ville, particulièrement sur la Nieuwe Binnenweg et la Witte de Withstraat. Mais les rares habitants d'origine, dans Katendrecht, soutiennent que le quartier ne fut jamais aussi sûr et paisible qu'à l'époque où les barbeaux y tenaient le haut du pavé : les barbeaux hollandais, naturellement, car on ne saurait en dire autant des barbeaux nègres.

Si le bosco regrette le bon temps des Chinoises et des Italiennes, les deux autres s'en foutent. Tout ce qu'ils veulent, c'est se faire tatouer des petits Mickeys. Cette seconde activité traditionnelle de Katendrecht demeure florissante, et les candidats aux Mickeys ont encore le choix entre cinq ou six échoppes d'entre lesquelles s'élèvent les deux phares locaux de cette industrie, Tattoo Bob et Tattoo Dick. Tattoo Bob est un homme sans histoire, peu loquace, qui pratique au milieu des flippers – pour faire patienter les clients – et croit avoir dégagé les grandes lignes d'une ethnologie du tatouage d'où il ressort que les Philippins ont une prédilection pour la Vierge Marie, les Indonésiens pour les tigres, et les Norvégos, ces grands neurasthéniques, pour les thèmes funèbres, telle la tombe du marin (Sailor's grave) qui doit représenter un navire sombrant au milieu d'une couronne de roses, une bouée de sauvetage ballottée sur les vagues et surmontée d'un aigle, ou quelque chose d'approchant. Quant à Tattoo Dick, il tient Tattoo Bob pour le roi des tocards. Il en pisse de rire quand on lui dit que Tattoo Bob prétend que, chez lui, on exerce ce métier de père en fils. Il faut dire que la boutique de Tattoo Dick, « Professional Tattooing Artist, specialist in Japanese style », a une toute autre allure que celle de Tattoo Bob. D'abord, il y a, bien en vue, son diplôme du Japan Tattoo Club, délivré par le chairman, M. Mitsuaki Ohwada, à Yokohama : « This is to certify that Mister Tattoo Dick, of Holland, has been enrolled and made a lifelong member of the Japan Tattoo Club. » Ensuite, il y a l'arrière-boutique, où un amoncellement d'objets hideux – faux ivoires, chérubins, rouets, téléphones en imitation d'or massif, armes de pacotille, pendulettes, chiens en plâtre, fleurs en plastique, croûtes du maître de maison dans le goût de Marquet (façon de parler) ou de Van de Velde le jeune (batailles navales) – émerge la figure terrifiante d'une aïeule apparemment frappée de congestion cérébrale, assise de profil, fumant clope sur clope dans une immobilité et un mutisme de sphinx, et qui doit être la belle-sœur ou la belle-mère de Tattoo Dick. Car Tattoo Dick a une femme, une chose prodigieuse, que l'on imagine volontiers en gardienne de camp, avec une face de crapaud illuminée par deux gros yeux bouillis. C'est elle qui, la nuit, en gros de 23 heures à 5 heures, lorsque Tattoo Dick fait une Vierge Marie à un Philippin, ou à des petits Hollandais jointeurs un joli plant de cannabis – une de ses spécialités – aux cinq feuilles agréablement dentelées, c'est elle qui fixe le tarif à la tête du client et enfouille prestement les billets de cent ou de cinq cents florins. Tattoo Dick et son Ophélie ont en commun une longue existence de travail et d'abnégation – quarante ans de tatouage dans les lieux les plus divers, du Brésil aux Canaries –, un amour sans mélange, qui leur fait reluire la cornée, pour l'Argentine des généraux où ils comptent se retirer sitôt fortune faite, un mépris de fer pour l'Europe libérale – « Holland is bullshit, all bullshit », d'ici dix ans tout au plus, l'Europe aura sauté, à commencer par Rotterdam avec ses réserves de pétrole, tout cela atomisé, russifié, fini, kaputt ! –, une haine inexpiable pour les étrangers dont la marée montante menace de submerger Katendrecht. Atteints d'une fièvre obsidionale carabinée, ils ne décolèrent pas contre les Turcos, les Chinetoques, les Nègres de Surinam ou de Curaçao qui, sans rien faire – pas un sur mille qui travaille –, grassement entretenus par les pensions prélevées sur les modestes gains de Tattoo Dick, se reproduisent à une vitesse si effarante qu'à l'école du quartier on compte déjà quarante-cinq étrangers sur cinquante gosses. Tattoo Dick en a si gros sur la patate qu'à minuit, prenant son courage à deux mains, il est sorti en catimini peinturlurer sur une benne à ordures ce slogan sibyllin : Dieu a créé les hommes et les animaux, mais qui nous a foutu les Turcs ici ?

Heureusement, Bon Dieu, qu'il reste l'Argentine, et ces autres pays, où le Blanc doit toujours être roi, dont les noms s'effritent au fronton des vieux entrepôts le long du Rijnhaven.

Katendrecht, on ne joue plus les étrangers

Interdit aux étrangers. Tel que. C'est ce que les Chinois affichent non sur des feuilles volantes, mais sur de belles plaques métalliques gravées, dans le goût des notaires ou des avoués, à l'entrée de leurs salles de jeu. Tattoo Dick m'a mis sur le coup, me signalant qu'en dépit de ses exhortations, la police refusait d'intervenir contre ces plaques discriminatoires, ce qui paraît exact, car la police patrouille régulièrement, au moins la nuit, et les plaques demeurent, qui crèvent les yeux.

Les Chinois n'ont pas le racisme à la sud-africaine. Ils l'ont poli, souriant, tout en nuances. Dans la salle de jeu de Sumatraweg qui jouxte la boutique de Tattoo Dick, il n'y a pas grand monde l'après-midi. Dans un décor minable qui appelle irrésistiblement l'idée de « couverture » – car à quoi bon un tel foutoir si ce n'est pour dissimuler quelque chose de plus scabreux –, au milieu de trois plantes vertes, de nombreux cendriers pleins de mégots, et de quelques cartons couverts d'idéogrammes, sous une ampoule nue pendant comme une araignée au bout de son fil, un vieux Chinois roupille dans un fauteuil en skaï devant un téléviseur débitant à plein régime une aventure de Tarzan. Hum. D'un regard, j'invite Milou à la prudence, et je serre dans la poche de mon pantalon de golf la crosse de mon petit browning. Milou ne peut retenir un éternuement. Alors, de sous une plante verte, sort un autre vieux Chinois, celui-ci coiffé d'une casquette, en qui je reconnais aussitôt, sous un déguisement grossier, l'infâme Mitsuhirato du *Lotus bleu*. Se fendant d'un sourire obséquieux – pouah ! – qui découvre une dent unique, absolument unique, il nous pousse vers la sortie en affirmant qu'il n'y a rien à voir, que ce n'est plus une salle de jeu, fini, plus de marins, plus de mah-jong, allez ouste ! Quant à la plaque « interdit aux étrangers », non, il n'a rien à dire à ce sujet, hi-hi ! Sourires, courbettes, porte claquée. Damned ! Au dehors, la nuit tombe sur Katendrecht, allumant derrière les rideaux de macramé des lumières bourgeoises, et des enseignes crapuleuses au-dessus des rades désespérément vides, où de vielles entraîneuses guettent derrière le comptoir, dans les plis fanés d'un drapeau de nationalité indécise, parmi les lézards empaillés et les perroquets peu bavards. Dans Sumatraweg, à côté de chez Tattoo Dick, des carpes vont et viennent dans l'eau croupie d'un aquarium occupant toute la vitrine d'un restaurant asiatique. Courage, mon vieux Milou, nous tenons le bon bout. Car enfin ces restaurants où il n'y a pas un chat, qu'ont-ils à faire avec ces Mercedes que l'on voit tanguer, nickel, dans les rues d'un quartier pouilleux ? Héroïne ! Couverture ! Gros comme le bras ! C'est Tattoo Dick qui vous le dit !

La nuit ramène un peu de monde, un peu de mouvement, dans le secteur. Des Surinamais se mettent du reggae plein tube au grand dam des macramés. Des putes fantomatiques, que l'on dirait sorties d'un cauchemar de Brassaï, font un suprême effort pour racoler quelques *rari nantes*. L'essentiel de cette activité nocturne se concentre dans Atjehstraat, au Black Sea Bar. Le décor est soigné, comme si Mac Orlan, le père Barbançon ou tel autre spécialiste des affaires maritimes y avait mis la main. Le Black Sea tient son nom d'un petit cargo de 8 000 à 10 000 tonnes dont il y a au mur un plan réglementaire, voisinant avec des photos du *Rotterdam* et d'autres belles unités de la Holland Amerika Lijn. Derrière le comptoir sont disposés une affiche en couleur reproduisant les pavillons du code international, un modèle réduit de bateau à voile, une pendule en forme de barre à roue, et quelques centaines de petites coupures provenant de tous les pays du monde ayant un accès à la mer. La patronne est polonaise, Dieu sait pourquoi, la plus volumineuse et la plus dynamique des serveuses est originaire de Surinam. La clientèle est à la hauteur du décor. Un marin qui a navigué au commerce, puis pêché le hareng en mer du Nord, sédentarisé depuis peu, est venu demander conseil à Tattoo Bob pour se débarrasser de ses nombreux tatouages, souvenirs d'escales brésiliennes ou britanniques. Quelques barbeaux exotiques, Ray Ban et chapeaux de gangsters, font concurrence à un barbeau de pure souche hollandaise à cheveux mi-longs, vêtu d'un costume clair, d'une chemise noire échancrée et d'une chevalière à broyer des mâchoires, tirant sur un joint d'herbe médiocre qui sent fort et ne défonce guère. Un petit Chinois mis comme un étudiant deale à un gros homme du Nord quelque chose qu'il va s'enfiler dans les cabinets. Tout en bas de l'échelle locale des valeurs, un Turc propose de bistrot en bistrot un échantillonnage de breloques absolument invendables. Au comptoir, ma voisine immédiate est une alcoolique sur le retour, qui, tout en serinant des histoires à tomber d'ennui, me colle sous le nez des polaroïds troubles, immortalisant apparemment des scènes de famille, pique-nique ou baptême du petit. De l'air.

À cette heure-ci, la fête bat son plein chez Mitsuhirato. La salle soi-disant désaffectée abrite quelques dizaines de joueurs de poker et de mah-jong, ces derniérs faisant énormément de bruit en abattant leurs dominos sur la table de jeu. Tête des clients lorsqu'ils voient rappliquer les deux long-nez déjà mis à la porte cet après-midi. Pendant un instant tout se tait, cartes et dominos restent suspendus tandis que vingt-cinq ou trente paires d'yeux nous vrillent de regards stupéfaits et méprisants. Sans même se retourner, un jeune, qui dans un coin de la salle asticote un jeu électronique, nous notifie l'interdiction faite aux étrangers de pénétrer dans ce sanctuaire, réitérée à l'intérieur par un panneau notablement plus grand que celui apposé sur la porte d'entrée. Enfin, écœuré par tant de sottise et d'insistance, il se détourne de ses occupations pour nous éjecter avec beaucoup de prévenance. D'ailleurs, l'interdiction, insiste-t-il, c'est pour notre bien, et sur la demande expresse de la police, qui souhaite préserver les pauvres Blancs de l'enfer du jeu. Ouste de nouveau. Plus la nuit avance, plus il y a de la joie. Voici des petits punks à gros godillots qui peut-être feraient volontiers leur fête à des marins en bordée, s'il s'en trouvait. Voici des Africains en palabre qui peut-être demain matin feront la tournée des navires battant pavillon de complaisance, à la recherche d'un embarquement. Voici des flics en patrouille, des chiens errants, des clients pour Tattoo Dick, des clients pour Tattoo Bob, des putes sans clients. Ce sera bientôt l'heure tranquille où Tattoo Dick, mâchouillant un churchillien cigare, sort avec son pot de coaltar pour barbouiller de slogans racistes les bennes à ordures.

Ostende, paysage après la bataille

De La Panne à Knokke-le-Zoute, une ligne de tramway tracée au pied des dunes dessert toutes les stations du littoral, avec changement à Ostende. Toute la magie du paysage belge, paysage d'après la bataille, dense et volontiers chaotique, réticulé de voies innombrables, jalonné de signes routiers ou ferroviaires dont l'interprétation requiert une patience de numismate, plein de trous, d'échappées par où la vue peut fuir vers ces lointains indistincts que l'imagination nationale peuple à loisir de villes mortes, d'oiseaux de pierre, de grandes femmes nues et songeuses ou de locomotives haut le pied, toute la magie du paysage belge tient en raccourci dans cette association du littoral et du chemin de fer... À Ostende, on descend du tram sur Marie-Joséplein, devant la brasserie de l'Hôtel du Parc, l'un des derniers lieux qui, par sa ressemblance fortuite avec le fumoir d'un paquebot de la haute époque, évoque les fastes balnéaires de l'Ostende de jadis, lorsque, à la charnière du siècle, la fête y battait son plein. Débarrassée de ses remparts, reliée à l'Europe continentale par le chemin de fer et aux îles britanniques par la malle de Douvres, la ville accueillait alors Caruso au Kursaal, et au Royal Palace – 43 000 m^2, 350 chambres – le Chah de Perse avec son escorte de cent pique-assiettes. On y comptait les souverains par treize à la douzaine. Le plus assidu était naturellement Léopold II, principal artisan de la grandeur d'Ostende, rêveur efficace par qui la Belgique se taillait un empire équatorial dont les réminiscences n'ont pas fini de lui tourner la tête.

Ainsi s'établit un premier lien entre Ostende et l'Outre-mer. Lien que suggère, dans un décrochement de la galerie couverte, à colonnes doriques, courant le long de la plage, le monument dédié aux « premiers héros ostendais » de l'aventure congolaise, et à Léopold II pour son œuvre de « lutte contre la traite ». (Car les Belges, comme nous-mêmes, ne colonisèrent l'Afrique que pour soustraire les autochtones aux persécutions des trafiquants arabes.)

Le roi est représenté à cheval, comme sur cette gigantesque statue qui régnait à Léopoldville sur le carrefour situé devant l'Assemblée nationale et que les Zaïrois eurent tant de mal à déboulonner lorsque, tardivement, ils s'avisèrent d'en prendre ombrage. D'un côté, encouragés par un moustachu coiffé d'un casque colonial, les indigènes élèvent vers le souverain leurs chaînes brisées, ou grimpent sur le dos d'un éléphant, qui se trouvait là fort à propos, afin de cueillir des bananes. De l'autre, des pèlerins ostendais débarquent d'un bateau avec femmes et enfants, pressés de parachever l'œuvre entreprise. Au prix d'un léger effort d'imagination, ou de mauvaise foi, il est aisé de reconnaître quelques survivants de l'aventure parmi les petits vieillards qui, à deux pas de là, dans la salle vouée aux loisirs du troisième âge, sous les arcades, jouent au jacquet sous les portraits du roi et de la reine entourés de nus vite. Peut-être certains ont-ils descendu des fleuves impassibles avec des légions de Simbas aux trousses, ou secondé Jean Schramme le Brugeois du temps qu'il régnait sur l'éphémère royaume mercenaire du Maniéma. Mais il est difficile de le savoir, car les petits vieillards parlent flamand, et n'aiment pas que des étrangers interrompent leurs parties de jacquet.

Par quel miracle le Palais des Thermes a-t-il résisté à la frénésie spéculative qui, dans les années cinquante et soixante, fit table rase du front de mer, pour dresser sur l'emplacement d'hôtels grandioses, de villas hyperboliques, un homogène rempart de camelote balnéaire? Trop costaud, sans doute, d'une solidité décourageante de bunker, que les Allemands mirent d'ailleurs à profit, sous l'Occupation, pour le truffer de batteries antiaériennes. Le Palais des Thermes sort de terre, ou plutôt du sable, ou de l'écume, en 1933, alors que s'amorce le déclin d'Ostende. Un puits artésien y débite une eau minérale alcaline aujourd'hui encore mise en bouteille et commercialisée sous le nom d'Ostende-Thermal. Les effets conjugués de cette eau minérale, de l'eau de mer consommée sous diverses espèces, enfin de la fange marine d'Ostende portée à 48° C et tartinée en emplâtres, ont la réputation de soulager les rhumatismes, les névrites, le psoriasis, l'asthme, les affections du système digestif, et cette fameuse insuffisance hépatique, maladie introuvable si chère aux neurasthéniques, si précieuse aux hypocondriaques. Avant guerre, le Centre thermal offrait aux curistes de luxe des services de haut de gamme, avec vaste piscine couverte, sauna et bain turc, plage artificielle où des lampes à ultraviolets imitaient la lumière dont le soleil est assez peu prodigue à Ostende. Les chambres de l'Hôtel des Thermes avaient chacune une baignoire d'eau de mer. Les coloniaux, perclus de miasmes et d'amibes, avaient l'habitude de faire, au retour de leurs campagnes d'Afrique, une cure à Ostende, après l'escale de Ténériffe, transition nécessaire entre les touffeurs congolaises et la grisaille de la mer du Nord. Beaucoup d'entre eux se faisaient construire des villas à Ostende pour s'y retirer après fortune faite. Ça ne marchait pas toujours. Le directeur du dépôt de carburant d'Ango-Ango, près de Matadi, au Zaïre, lorsque après de longues années d'exil il revint au pays, fut si épouvanté de ce qu'on avait fait d'Ostende en son absence qu'il repartit aussitôt vers le cœur des ténèbres. Pourtant, il y avait vu à deux reprises ses biens détruits ou nationalisés, et il ne doutait pas un seul instant que les canons angolais qu'il croyait distinguer à la jumelle, sur les hauteurs, tonneraient un jour contre ses citernes, et contre sa villa plantée au beau milieu, empestée par les exhalaisons d'hydrocarbures.

Le machiniste qui, dans les entrailles de la terre, règne sur la tuyauterie de l'établissement, distribuant aux curistes la boue et l'eau chaude, n'a pris son service que pendant la guerre. Il n'a donc pas connu la clientèle chic des années trente. En revanche, il se rappelle que le Palais, après avoir abrité des soldats de la Wehrmacht, accueillit, à la fin des années quarante, des Juifs rescapés des camps de concentration. Comme il parle néerlandais et que la conversation se fait par l'intermédiaire d'un interprète, il est difficile de percevoir toutes les nuances de son propos, mais il me semble bien, tout de même, qu'il voit dans cette circonstance une manifestation un peu agaçante de la fameuse débrouillardise des Juifs, toujours sur les meilleurs coups, capables de survivre à deux ou trois années de camp rien que pour s'offrir quelques semaines de cure thermale aux frais de la princesse.

Aujourd'hui, le Palais des Thermes n'accueille plus que des touristes remboursés par la Sécurité sociale, vieux pour la plupart, qu'au détour d'un couloir on aperçoit barbotant dans un bassin de rééducation plein d'eau de mer chaude et brunâtre, le regard extatique, heureux comme des hippopotames au bain. En saison, les jockeys qui se disposent à courir sur l'hippodrome Wellington viennent perdre du poids au bain turc et dans les cabines du sauna chauffées à 60 ou 80° C, puis se reposer de leurs épuisantes sudations sur les divans à la romaine d'une petite salle attenante, décorée dans le goût des Mille et Une Nuits. Quant au Thermae Palace, dont le sort n'est plus lié, désormais, à celui de l'établissement de soins, il sort d'un long radoub abâtardi et mutilé, ses volumes monumentaux cassés par des vélums ou de faux plafonds. Toutefois, en dépit de quelques détails fâcheux – le papier peint, le magnétophone débitant pendant les repas une musique d'atterrissage, la vaisselle de pacotille –, la salle à manger demeure un somptueux décor des années trente, si pompeux, si dramatique, au moins quand personne n'y jacasse ou n'y claque du bec, que l'on voudrait y revenir un jour pour nouer ou rompre, pour donner du lustre à tel de ces accidents qui malheureusement vous surprennent presque toujours dans une pizzeria ou un fast-food. Par les baies en plein cintre, on aperçoit la prodigieuse colonnade, une rangée de transats vides, la mer et les brise-lames, les dunes parmi lesquelles James Ensor l'Ostendais posait avec des camarades en cannibale croqueur de fémurs et de côtelettes. Toujours cette obsession de la mort grimaçante, et du masque, qui contribue à faire de la Belgique, avec ses tramways fouettés d'embruns, ses tartines fourrées et ses anciens parapets, l'un des territoires les plus exotiques de la vieille Europe.

Expédition à Tervuren

Pour faire l'ascension du Ruwenzori, il n'est pas nécessaire d'engager des frais considérables ou de présenter des dispositions particulières. Abusés par Ptolémée, Speke et Burton, Livingstone, Stanley lui-même, s'y sont cassé les dents parce qu'ils le recherchaient sous des latitudes difficiles, où les communications laissaient un peu à désirer. En fait, il suffit d'emprunter à la périphérie de Bruxelles, place Montgoméry, le tramway n° 44, qui après avoir débordé le Palais Stoclet, chef-d'œuvre de l'architecte viennois Josef Hoffman, puis brouté les pelouses du parc Woluwe, plonge sous les magnifiques frondaisons de la forêt de Soignes. Un éléphant campé sur un parking marque l'arrêt du 44 où il faut descendre, et d'ailleurs le tramway ne va pas plus loin.

Nulle part, sans doute, il n'y a autant d'éléphants qu'en Belgique, et lorsqu'on y voit l'un d'entre eux, on peut parier que Léopold II rôde dans les parages. Cette fois encore le roi est ponctuel au rendez-vous, déployant au fond d'une galerie obscure sa large barbe de bronze. Tout d'abord le silence, la pénombre, mettent mal à l'aise, mais bientôt l'on prend des repères permettant bon an mal an de s'orienter. La trousse de toilette de Stanley voisine avec d'autres objets usuels laissés sur place par des explorateurs ou des conquérants prévenants, des cultures en terrasse s'étagent sur les pentes d'une montagne coupée en deux afin que l'on voie mieux de quoi elle est faite à l'intérieur, le chemin de fer de Matadi au Stanley-Pool se fraie une tranchée à la dynamite parmi les collines du Mayombe. On peut dès maintenant, dans la perspective de l'ascension, se ravitailler en noix palmistes, et obtenir quelques petites coupures du Congo belge ou du Ruanda-Urundi. Pas trop, car il ne s'agit pas de gâter les porteurs. Des masques président à une cérémonie d'initiation, un homme-léopard, les mains armées de griffes métalliques, le corps ceint d'une petite jupette à larges pois, se prépare à frapper dans l'ombre sa victime endormie. D'autres groupes d'indigènes, ici et là, sont figés dans des activités caractéristiques de leur vie insouciante et frugale : quelques-uns pêchent, d'autres sculptent des idoles ou dessinent dans le sable, d'un doigt grossier, des silhouettes approximatives, une femme qu'à la largeur de son bassin on devine d'une exceptionnelle fécondité danse au son du tam-tam, un chasseur écrase à coups de pierre la tête d'un python qui autrement l'aurait étouffé, un digne vieillard retient le bras d'un jeune salopiaud qui se disposait à percer de sa lance une femme jetée à terre.

Toute dorée, très à son aise en dépit de cet environnement hostile, la Belgique va de l'un à l'autre pour leur prodiguer ses bienfaits. Dans l'ombre d'un sous-bois où rôdent des gorilles, une pirogue monoxyle de 22,50 m de long attend qu'on l'arme pour la pêche ou pour la guerre : c'est la réplique exacte de celle empruntée par Tintin au Congo, et dont les pagayeurs s'encouragent à l'effort en chantant « Uele, Uele, Maliba, Makassi ! ». À chaque pas, des bêtes de brousse surgissent des hautes herbes ou du couvert des arbres, pacifiques ou dévorantes. Jusqu'à 1 200 m, nous progressons sans trop d'efforts à travers une forêt très dense, peuplée d'une faune typique de colobes, de civettes, de barbicans hérissés et de soui-mangas à collier. Rien que de très ordinaire. Je crois identifier un céphalophe à ventre blanc et un petit potto, mais on peut se tromper. À l'étape, les porteurs, qui nous ont précédés, ont préparé sur un foyer de racines une bouillie de manioc. Beuark. J'observe qu'ils portent sans difficulté leurs charges de trente kilos, si bien que demain nous tâcherons peut-être de leur en faire porter cinquante. Il ne faut jamais les laisser en repos, autrement ils vous prennent pour une brêle. Marc souffre atrocement d'une crise de je ne sais quoi de tropical et de carabiné, qui le fait se convulser en hurlant et en rendant en abondance un liquide vert chou. Durant la nuit, les porteurs toussent sans arrêt, et au matin deux ou trois auront succombé à la tuberculose. Lu en m'endormant, cependant que Marc continuait à vociférer comme un chacal, quelques pages délicieuses de la comtesse de Ségur.

Aux alentours de 2000 m, la forêt équatoriale fait place progressivement à la forêt de montagne : des fougères arborescentes s'élancent vers le sommet des grands arbres, d'où pendent de longues traînes de lichen et d'orchidées en grappes. Les écureuils de Carruthers sont assez nombreux. Plus haut, dans la forêt de bambous, l'on rencontre plutôt des rats à museau roux, des serins striés et des cercopithèques à diadème. La plupart des porteurs qui avaient survécu à la première nuit nous ont laissé tomber dans la journée. Au retour, il faudra penser à signaler leur comportement au commandant de cercle. 3 500 m. C'est au-delà que les vrais emmerdements commencent. Au milieu d'une végétation démentielle de lobélies géantes, de millepertuis et de séneçons arborescents, nous pataugeons dans un marécage où l'on enfonce jusqu'en haut des cuisses. Pouah. Encore heureux que de toute cette gadoue sortent les eaux du Nil et du Congo, autrement ce serait à désespérer. Les souimangas, dans un continuel froissement d'ailes, volent de pistil en pistil parmi les fleurs rouges des millepertuis, bleues des lobélies. Il commence à neiger. J'aperçois un daman des arbres et un nectarin de Johnston. Ravissant. Nous perdons nos deux derniers porteurs qui, sous nos yeux, disparaissent dans une crevasse pendant la traversée du glacier Elena. Pauvres diables, ils nous ont étés fort dévoués jusqu'à leur dernier souffle. Marc lui-même s'est cassé les deux jambes, et comme il se traîne maintenant sur des béquilles, il m'exaspère par ses éternels gémissements.

Dieu merci, il me reste la comtesse de Ségur. Quel être exquis ! Des corbeaux à cou blanc volent en cercle tout autour du pic Margherita, 5 119 m, le plus haut sommet du Ruwenzori. Nous voici au point culminant, il était temps : le musée ferme à 17 h 30, il ne nous reste pour tout viatique que quelques touffes d'alchémille, et toute cette histoire commence à m'ennuyer sérieusement. Marc devra probablement passer la nuit ici, il n'est guère en état de redescendre.

De là-haut, on jouit d'une vue imprenable sur Bruxelles, la forêt de Soignes, les étangs Mellaerts. À nos pieds s'étend le parc de Tervuren, et le château où le premier Musée royal de l'Afrique centrale vit le jour en 1897, lors de l'Exposition internationale de Bruxelles. À cette occasion, le roi Léopold II avait logé dans une des ailes de cet édifice un « Palais des Colonies » auquel sa sœur Charlotte – la veuve de Maximilien du Mexique –, dont les fusibles avaient sauté quelque part entre Cuernavaca et Queretaro, mit le feu dans un geste digne d'une héroïne de Jean Rhys. Cette version des origines du musée, infirmée par des données incontestables, ne résiste pas à l'examen, mais elle m'a été citée localement, et puisqu'il se trouve des gens pour y croire, elle me convient.

(Musée royal de l'Afrique centrale, 13, chaussée de Louvain, Tervuren. Ouvert t.l.j. de 9 heures à 17 h 30, entrée gratuite.)

L'utopie à l'ombre des terrils

Témoins réhabilités d'une activité disparue, les terrils continuent à se consumer de l'intérieur, dégageant une chaleur qui fait venir sur leurs pentes une végétation luxuriante, quasi tropicale, qui peut-être à son tour donnera naissance, beaucoup plus tard, à des fauves, des hippopotames et des singes colobes. Sous un ciel de chanson à quatre sous, gris et bas, qu'égaie sur une affiche géante le sourire commercial de Tonton Tapis, la population de Hornu attend une délégation de la population d'Apt qui devrait arriver par la route, à bicyclette. Le jumelage d'Apt (Vaucluse) et de Hornu (Hainaut) sera marqué par des concerts de fanfares, des tournois de pétanque, un concours de tir à l'arc, un lâcher de montgolfières et un crossage au paillet. Les méridionaux l'emporteront haut la main à la pétanque et feront entre eux des plaisanteries que l'on espère innocentes aux dépens de leurs jumeaux belges. Les Hennuyeurs gagneront au tir à l'arc et ne feront vraisemblablement pas de plaisanteries antifrançaises, car il n'y a pas plus pacifiques, accueillants et magnanimes que ces habitants du Borinage parmi lesquels Van Gogh évangélisa quelque temps, ceci expliquant peut-être cela.

Excepté son jumelage avec Apt, Hornu n'aurait guère de titre à la notoriété si, au début du XIXe siècle, Henri De Gorge, un capitaine d'industrie parti de rien, ou de peu, n'y avait fait creuser une quinzaine de grands trous afin d'en extraire de la houille. Frotté d'idées sociales, d'utopies raisonnables, admirateur de Ledoux dont les Salines d'Arc-et-Senans datent alors à peine d'un demi-siècle, De Gorge, dont l'entreprise produit, en 1829, quelque 100 000 tonnes de charbon, confie la réalisation des bâtiments industriels, puis d'une cité attenante, à un architecte de Tournai, Bruno Renard. Renard fut à Paris l'élève de Percier et Fontaine, deux maîtres du style Empire auxquels on doit notamment les rues de Rivoli et de Castiglione. Lâché dans le Borinage, Renard y transplante le goût impérial des ordonnances monumentales, des colonnades, des arcades et des frontons, imprimant un charme discret de villa palladienne à l'architecture de la fonderie, de la chaudronnerie, des forges, des magasins, des ateliers de construction mécanique d'où sortiront tout armées des locomotives. Pour attirer la main-d'œuvre, selon ses propres termes, « par l'appât d'un bien-être inouï », De Gorge fait à partir de 1819 construire autour du charbonnage, en trapèze, quatre cent vingt-cinq maisons ouvrières dont les rigoureux alignements, orientés vers les puits d'extraction et leurs chevalements, ménagent tout de même quelques espaces inutiles, pour le plaisir, telle la grande place plantée d'arbres sur laquelle donne le théâtre. Les maisons possèdent toutes un jardin, la machine à vapeur leur distribue l'eau chaude sans compter, les écoles et les bibliothèques répandent à profusion les lumières de l'instruction, les magasins du charbonnage fournissent le pain et les roses à des prix inférieurs à ceux du commerce.

Avec tout cela, d'ailleurs, les ouvriers ne sont pas contents. (De Gorge, qui avait prévu le coup, tout utopiste qu'il fut, s'était réservé le droit d'expulser de leurs logements les ouvriers grognons ou paresseux.) Incapables d'apprécier à leur juste valeur les innovations de leur bienfaiteur – intégration travail/logement, espaces verts, système embryonnaire de sécurité sociale ou séparation des circulations pédestre et hippomobile –, ils portent l'ingratitude à son comble en mettant à sac l'entreprise, en 1830, lors d'une explosion de colère anti-machiniste curieusement provoquée par l'introduction d'un chemin de fer à traction animale. La chose fit si grand bruit qu'aujourd'hui encore une habitante au moins du Grand Hornu se souvient d'avoir entendu son arrière-grand-mère évoquer les longues heures qu'elle passa réfugiée dans un pigeonnier, tandis qu'au-dehors se donnait libre cours le « pillage De Gorge ».

En 1950, le charbonnage cesse toute activité. Le site est livré à la ruine et au chapardage, jusqu'à ce qu'en 1969, alors que vient d'être pris un arrêté de démolition intégrale, survienne M. Guchez, vêtu de probité candide et de lin blanc, le chef nimbé d'une gloire de lumière dorée, précédé par une fanfare céleste de chérubins soufflant dans des trompes et battant des petits tambours. Natif du Bourinage, architecte – il construit en ce moment, en face du Grand Hornu, un Amphithéâtre d'Hadès de style assez bofillien –, Guchez s'emploie depuis à restaurer le site, et à y développer une centre culturel qui accueille régulièrement des expositions. Des esprits chagrins lui ont reproché d'avoir planté ici des giroflées à la place des choux, là des chinchillas à la place des clous, en somme de n'avoir pas respecté les dispositions d'origine, mais ces reproches paraissent futiles dans la mesure où sans lui, purement et simplement, il n'y aurait plus rien. D'ailleurs, localement, la *vox populi*, sous l'espèce de la dame qui avait son arrière-grand-mère dans le pigeonnier, estime que « c'est une bien belle chose qu'il a faite, monsieur Guchez », et qu'il n'y a pas lieu de le mesquiner.

Au demeurant, cet enthousiasme pour la restauration des sites industriels ne fait pas l'unanimité des populations du Hainaut.

Au Bois-du-Luc – un autre charbonnage désaffecté, flanqué d'une cité si exemplaire que le roi Léopold Ier l'honora d'une visite en 1856 –, l'un des rares habitants de vieille souche ironise sur cet engouement d'universitaires pour des lieux de désolation, de travail harassant et de mort prématurée, que lui-même préférerait voir disparaître, rayés à jamais de la surface de la terre et de la mémoire des hommes. Fils de mineur, bien qu'il navigue depuis vingt ans sous pavillon norvégien et n'ait par conséquent jamais mis le pied dans une galerie de mine, l'idée de restaurer un chevalement, une tour à molette, lui paraît absolument ridicule. Il est vrai qu'il professe des conceptions historiques un peu particulières, puisqu'il suggère de vouer à un définitif oubli tout ce qu'il y a de « mal » dans l'Histoire, soit par exemple, pour ce qui concerne la région, Napoléon, la Grande Guerre et les charbonnages. Il n'y a guère que Charlemagne qui trouverait peut-être grâce à ses yeux, à cause des écoles où il allait se faire tirer la barbichette par les petits enfants.

Naturellement, ce point de vue restrictif n'est pas celui du Centre Hennuyer d'Histoire et d'Archéologie industrielle qui, depuis que les installations, après la cessation d'activité du charbonnage, sont échues à l'État, le houspille pour qu'il prenne en charge leur restauration, et l'installation dans les locaux restaurés d'un centre pluridisciplinaire axé sur les métiers « créatifs », aux confins de l'art et de l'industrie. Il faut dire qu'ils ont de la gueule, ces locaux, le chevalement retenu dans son écroulement par quelque tardif sursaut de dignité, la tour du ventilateur avec ses hautes verrières à treillage de fonte, la salle de contrôle de sous-tension électrique avec ses tableaux de commande en pierre bleue, son compresseur autour duquel courait jadis un tapis rouge de haute laine.

Quant aux habitations – un peu plus de deux cent cinquante maisons formées en quatre carrés, construites à partir de 1838 dans un esprit voisin de celui qui présida à la réalisation du Grand Hornu – elles ont été vendues par le charbonnage à la Société nationale du Logement (office belge des HLM) qui les restaure fort lentement, assez scrupuleusement, dans leur style d'origine, avec des aménagements intérieurs plus conformes aux normes contemporaines. Une dizaine de nationalités se partagent ces quatre carrés, dont le centre est occupé par de petits jardins en lanière où jadis, et tant que dura le règne du charbonnage, on cultivait avec amour les poireaux monstrueux d'Elbœuf et les pois téléphone-à-rames qui concouraient chaque année pour le prix du plus beau légume. Les Turcs – pour la plupart chômeurs, ou pensionnés de la mine, quelques-uns travaillant dans le dernier charbonnage encore en activité dans la région – sont nettement majoritaires dans cette population qui compte également des Marocains, des Belges, des Italiens, des Polonais ou des Yougoslaves. Largement ayatollisés, ils ont obtenu la fermeture de l'unique bistrot, et contracté une alliance scolaire avec les curés. Ainsi peut-on voir, placardée sur de nombreuses fenêtres, une curieuse affiche représentant un enfant tout droit sorti de *Fripounet-Marisette* et proclamant : « Je vais à l'école libre, religion catholique et islamique. » Pour contrecarrer cette offensive des forces obscures, l'école publique a investi l'ancien château du patron, où elle dispense un enseignement laïc avec tout de même un zeste d'islam, faute de quoi cette tentative de rééquilibrage scolaire serait apparemment vouée à l'échec. En ce début d'été, juste après la sortie de la prière qui a rassemblé près d'une centaine de fidèles dans un appentis du charbonnage converti en mosquée de fortune, on célèbre à Bois-du-Luc, dans la cour du château, la fête de l'école publique.

Parmi les spectateurs, quelques dizaines de mères en fichus, beaucoup moins de pères, une petite escouade d'institutrices, Monsieur l'échevin, Monsieur le directeur et l'ayatollah des Turcs, un homme assez mystérieux, déconcertant, probablement lié au régime militaire d'Ankara puisqu'il s'efforce de préserver ses ouailles de l'influence des étudiants en exil, et, cependant, toujours prêt à emboucher la petite trompette du radicalisme islamique. Sous les frondaisons, des enfants turcs – peu nombreux, puisque la plupart sont adeptes de l'école libre –, et d'autres enfants d'origines diverses, sapés en Dupont-Dupond, en Castafiore, en cigale et en fourmi, interprètent des fables de La Fontaine et des hymnes à Tintin et Milou. L'ayatollah laisse faire, c'est donc qu'il n'a jamais lu *Tintin au pays de l'or noir* ou *Les Cigares du Pharaon*. Le directeur me tire un peu à l'écart pour me montrer sa carte de l'Amicale belgo-turque de Bois-du-Luc, qu'il copréside avec l'ayatollah. C'est tout écrit en turc, on n'y comprend rien – lui non plus –, mais, entre deux drapeaux entrecroisés de la Belgique et de la Turquie, il a fait mettre un flambeau, symbole de tolérance et de liberté, dont il se demande si la signification a été clairement perçue par l'autre partie.

L'étrange maison du Dr Filafer (1)

En suivant la Seine, obstinément, en aval de Paris, on atteint cette vaste étendue d'arbres bornée par une grille qu'un accident de la circulation a jetée bas sur une vingtaine de mètres. Une telle circonstance invite à se hasarder sous le couvert, où d'abord l'on ne voit rien que les traces d'un chantier de coupe interrompu, arbres abattus, rondins empilés, tracteurs sous une bâche de plastique, cabane de forestier en préfabriqué ainsi que dans les Territoires du Nord-Ouest. Des animaux là-dedans rampent, se carapatent ou jacassent comme on en voit peu à un jet de pierre de Paris : des lapins, des geais, des écureuils, des chats plus qu'à moitié retournés à l'état sauvage. On ne s'étonne pas d'y reconnaître des constructions délabrées, à mi-chemin de *La Belle au bois dormant* et d'un quelconque massacre à la tronçonneuse, dont la plus spacieuse aurait été l'une des villégiatures préférés d'Henri IV lorsque la vigne poussait vigoureusement sur les coteaux de T. La maison maintenant tombe en ruine, non sans que des rideaux de tulle palpitent aux fenêtres, et que d'autres détails témoignent d'une occupation sporadique assez récente.

Dans un endroit de ce genre, on s'attend à rencontrer des hôtes provisoires à faire se dresser les cheveux sur la tête, et cependant la porte d'entrée cède sans éveiller aucun écho dans les étages d'où ruissellent les plâtras, la bourre lâchée par des matelas crevés. Il y a là tout un merdier pathétique, on s'y prend les pieds, où se confondent les vestiges de plusieurs activités humaines sans lien entre elles, régulières ou marginales.

Les dossiers, les plans, les devis, les factures, les maquettes, toute la paperasserie et les médiocres rêves en trois dimensions d'une entreprise immobilière qui projeta d'édifier là des tours, des barres, ou d'autres plus petites horreurs. Un coffre-fort assailli de toutes parts à coups de barre de fer mais inexpugnable, refusant de livrer ses secrets probablement sans valeur. Beaucoup d'extincteurs jetés en vrac, des tuyaux déroulés, des armoires renfermant des clés, énormément de clés, des miroirs brisés piqués de moisissure, des bouées, des ceintures de sauvetage et des cartes marines, des bouteilles vides, un 45 tours de Gainsbourg, *L'Eau à la bouche*. À côté d'une photographie anonyme de premier communiant et d'une lettre timbrée à l'effigie du maréchal Pétain – « Un bon de solidarité ne se refuse pas » –, une carte postée le 6 août 1960 à 20 h 15 à Constantine, adressée à M. et Mme François R. séjournant au Carlton, à Juan-les-Pins, pour leur faire part de la naissance à la clinique Abelly-Felix du petit Éric, fils de M. Norbert S. et de Mme née Sylviane D. Le cachet de la poste porte cette inscription : « L'Administration française vous offre une situation en Algérie. » Dans le même secteur des décombres, une facture émanant de l'entreprise de menuiserie industrielle que cette même famille R. possédait en Algérie, concernant cent caisses maritimes livrées à la Société générale de Constantine. Qu'est-ce que la famille R. a pu venir faire dans cette galère ?

Deux cahiers ayant appartenu à une certaine Mme Filafer vont peut-être nous livrer quelques indices. Le premier, un livre de comptes édité par les Magasins du Printemps en 1942 – dans les pages roses, informations concernant tous les cultes, y compris arménien et musulman, mais à l'exclusion bien sûr du culte israélite –, donnerait à un historien quantitatif des siècles à venir de précieuses indications sur l'évolution des dépenses d'une femme seule entre 1942 et 1951, date à laquelle s'interrompt cette comptabilité domestique. Au fil de ces dix ans, Mme Filafer nous est peu à peu devenue familière. Nous l'avons vue percevoir ponctuellement ses loyers, cotiser non moins ponctuellement au denier du culte et à d'innombrables œuvres de charité, payer les gages de ses bonnes, successivement Léontine et Antoinette, prendre sous l'Occupation des leçons d'allemand et dans le même temps correspondre avec un prisonnier détenu au stalag 3 A, fleurir régulièrement une tombe qui peut être celle de son mari et noter scrupuleusement le prix du pot de bruyère ou de chrysanthème, partir pour de brefs séjours dans sa maison de campagne à Bidart, sur la côte basque, acheter le 13 janvier 1942 trois kilos de millet pour ses canaris (ce ne devait pas être si facile), et le 14 novembre 1949 un manteau de loutre, une folie. Certains jours, les comptes sont si précis que l'on peut la suivre pas à pas. Ainsi dans les préparatifs de ce voyage en Angleterre qui semble avoir été le grand événement de son existence dans la seconde moitié des années quarante. Ou à son retour, le jour où elle expédie pour 80 francs de chocolat à Miss Partridge, celui où elle s'achète pour 100 francs de petits-beurre LU, 30 francs de violettes, 20 francs de tilleul menthe, cotise pour 100 francs aux Chantiers de Monseigneur et s'offre pour finir une séance de cinéma à 60 francs. Dans sa vie de femme seule – apparemment –, le cinéma tient un rôle presque comparable à celui des œuvres de charité. Le second cahier lui ayant appartenu nous transporte vingt ans plus tôt dans son existence (et ce n'est qu'au terme d'assez longs tâtonnements que l'on peut établir à coup sûr qu'il s'agit de la même écriture), lorsqu'en 1923 elle suivait en seconde année des cours d'infirmière ou de puéricultrice. On y trouve pêle-mêle des notes concernant des observations de Pasteur sur la diarrhée des papillons, la physiologie des enfants débiles, la mortalité infantile – « les deux tiers des bébés meurent de la diarrhée. On constate que pour un enfant mort dans le VIIIe arrondissement, il en meurt cent vingt dans le XIXe » – ou « le rôle de l'infirmière dans la question du cancer » (conférence du professeur Tuffier, mercredi 7 février 1923) : « Le cancer est une maladie si affreuse que le Docteur évite d'en prononcer le nom, et c'est généralement sous le nom de sarcome (souligné en rouge) que le diagnostic se fait. »

Si affreuse qu'alors seulement on remarque l'âcre odeur médicamenteuse qu'exhale le fatras, la proportion inhabituelle de Vidal et d'autres annuaires médicaux parmi les ouvrages éparpillés, les publicités de laboratoires, la présence d'innombrables seringues, de boîtes de comprimés, de gélules ou d'ampoules – Eunoctal, Laroxyl, Nootropyl, Natirose – dans lesquelles le liquide s'est à la longue converti en une poudre blanche. Le nom de Filafer – peut-être s'agit-il du défunt mari de la dame au livre de comptes ? – se retrouve sur une brochure publiée en 1922 chez Masson, consacrée à la question de l'aliénation mentale dans ses rapports avec le divorce, et sur un prospectus inséré dans l'agenda médical 1925 de la Compagnie fermière de Vichy :

« Château de T. Maison de Santé, de Repos, de Régimes, Hydrothérapies, Électrothérapie, fondée en 1875 par le Docteur M., membre de l'Académie de médecine. Médecin directeur : Docteur Filafer, décoré de la Légion d'Honneur. » « La Maison de Santé du Château de T. est située à la porte de Paris, dans un grand parc. Remise à neuf et embellie après la guerre, la maison reçoit, dans des parties distinctes (châteaux et pavillons dispersés dans la verdure du parc), des convalescents, neurasthéniques, nerveux, intoxiqués ou psychopathes. Château et pavillons réunissent toutes les conditions les meilleures d'hygiène et de bien-être (chauffage central, eau chaude, eau de source, etc.). Les personnes qui y séjournent peuvent y disposer à leur gré d'une chambre meublée avec luxe, d'un cabinet de toilette, d'un salon, d'une salle de bains, etc. Les médecins de la Maison de Santé et leurs familles prennent leurs repas avec les pensionnaires qui désirent fréquenter la salle à manger. Notice sur demande. Communications : tramway du Val-d'Or à la porte Maillot. »

L'étrange maison du Dr Filafer (2)

À l'intérieur du bâtiment de l'Administration, qui ne dut servir qu'accessoirement à renfermer des pensionnaires – mais une grille disposée dans la cage d'escalier, au niveau du second étage, semble tout de même destinée à prévenir d'éventuelles tentatives de suicide –, une porte demeure obstinément fermée à clé : si obstinément que squatters et pillards ont dû y pratiquer à la scie une ouverture régulière afin de s'introduire dans la pièce. Sur le haut de la porte est restée punaisée cette notice, concernant vraisemblablement la dernière occupante du lieu, rédigée dans un style incroyablement charabiesque et soudainement interrompue :

« Deux états d'excitation dont la seconde est la plus atypique : état de sub-excitation avec logorrhée, idées délirantes avec des thèmes surtout de grandeur, sans euphorie ni ludisme, et variation de l'humeur dans les jours qui suivent l'hospitalisation, et la persistance des états délirants avec une certaine stéréotypie me font penser à un état d'excitation atypique. Le deuxième état d'excitation est plus nettement atypique, car il commence par une crise clostique, qu'on peut voir dans les manies typiques, mais la malade… »

Dans la salle de bains du personnel, une note manuscrite du 23 mars 1973 – la dernière année d'activité de la Maison de Santé – invite à « ne pas répandre l'eau par terre en prenant les douches; éviter également de mettre du linge à égoutter. L'eau passe à travers le sol et s'écoule à l'étage en dessous chez monsieur le Docteur P. Ne pissez pas sur le patron ! »

Deux pavillons voisins du bâtiment de l'Administration, envahis extérieurement par la végétation, présentent des dispositions beaucoup plus caractéristiques : fenêtres pourvues de barreaux et ne s'ouvrant pas de l'intérieur, angles arrondis, radiateurs et cheminées protégés par des grilles, portes désormais battantes mais chacune percée d'un judas. Les lits de fer, peints en blanc, sont demeurés en place au milieu des gravats et des immondices de toutes sortes, de même qu'ici et là des pistolets, des bassins ou des chaises percées, et dans l'une des cellules sont étalées sur le sol des partitions de Saint-Saëns, de Debussy et d'Henri Duparc. Les salles de bains sont équipées de baignoires énormes, placées au milieu de la pièce, qui devaient servir à l'administration de soins hydrothérapiques.

Deux registres où sont consignées les entrées, les sorties, et quelques indications relatives aux traitements ou aux visites, datant l'un de 1925 et l'autre de 1973, ouvrent de vagues perspectives sur la condition des pensionnaires : le mardi 14 avril 1925, la sœur et le beau-frère de monsieur D. « sont venus, mais n'ont pas vu le malade, trop agité pour qu'on puisse le faire sortir ». Il a pu néanmoins passer commande « d'un pyjama, de trois paires de chaussettes et de deux flanelles ». Le mardi 12 mai de la même année, on signale l'entrée au « Château » d'un « malade-homme donnant des signes d'éthylisme chronique », et un médecin de garde enjoint de « donner du bromure à monsieur A. dans son potage ». Le même jour, « une dame est venue de la part de madame M. demander des renseignements au sujet d'une jeune fille déjà en maison de santé qui désire éviter l'internement. Très bruyante, excitation maniaque, refus d'aliment, défenestration avec fracture de la colonne ». Enfin, l'on doit venir désinfecter la chambre de mademoiselle Constance : « S'assurer qu'on désinfecte au formol : enlever au préalable de la pièce les objets de cuivre, cuir, fleurs, etc. ». Les pensionnaires vivent alors dans un certain luxe carcéral, que vante la brochure rédigée par les trois architectes – Lucet, Lahalle et Levard – du nouveau « pavillon moderne pour malades-femmes » : « La décoration des pièces s'inspire des plus récentes conceptions des hygiénistes. [...] Toutes les pièces de service, de même que les salles de bains, sont entièrement peintes au ripolin [...] Le hall ouvre directement sur le jardin ; aménagé avec luxe, il permet aux pensionnaires de s'y grouper, de s'y distraire en commun ou de s'y occuper à de menus ouvrages d'agrément. »

Le registre de 1973 est encore plus succinct, s'il se peut, que celui de 1925. C'est un simple cahier rouge à spirales, où, si l'on excepte quelques très brèves notations – « changement très appréciable du comportement, fait un peu de broderie », « va assez bien, reprise d'une activité ménagère (couture, etc.) », « depuis quelques semaines, regain d'intérêt pour le monde extérieur, lit le journal », « rechute dépressive, anxiété et hallucinations » –, les pensionnaires ne sont envisagés que sous l'angle de leurs réactions à deux produits injectables, le Piportil M2 et le Piportil L4, désignés respectivement par les chiffres 19551 et 19552. Dans le même registre est conservée une correspondance relative à ce deal de Piportil qui semble constituer l'activité préférée des médecins : « Mon cher Untel, je revois aujourd'hui monsieur B. que je trouve transformé. Il est toujours à une demi ampoule, je serais partisan de le passer à une ampoule entière de 19551. » Ou bien : « Mon cher Untel, peux-tu donner à mademoiselle R. ce qu'il lui faut d'ampoules de 19552 pour quatre mois ? Elle part en Corse. Remerciements et amitiés. »

En vertu, sans doute, de considérations thérapeutiques que l'on s'explique mal, la maison de santé a retenu des lettres de pensionnaires, qui par conséquent ne parvinrent jamais à leurs destinataires et traînent aujourd'hui au hasard des pièces dévastées. Le 13 décembre 1928, Mme S. écrivait ainsi à une correspondante de Lagny : « Chère Madame, dans mes nombreux loisirs, j'ai appris un nouveau point de crochet. J'ai donc fait, à l'intention de votre gros bébé, filleul de mon Gilbert, un petit paletot. J'espère qu'il sera assez grand pour votre fils, on me dit qu'il est très fort pour ses six mois. Je serais enchantée de faire sa connaissance et d'embrasser sa menotte. »

Les 4 et 5 novembre 1931, peu de temps après une visite de sa femme, Émile Boat lui adresse successivement ces deux lettres : « Le Dr P. t'a très obligeamment conduite dans ma chambre-prison où je suis enfermé et je tourne depuis un an, soumis aux épreuves et régimes terribles qui conviennent non pour guérir mon genre de maladie, mais pour faire lentement, méthodiquement de moi un parfait idiot, comme ceux que j'aperçois de ma fenêtre, toute ma distraction. Tu as donc, en arrivant ici, trouvé en moi un pauvre homme venant de subir dix-huit mois de savantes préparations pour l'abîmer de toutes façons et atteindre le but poursuivi. Depuis ta visite, ces Messieurs accélèrent le traitement afin de perdre définitivement ma santé et faire de moi, rapidement, une ridicule ruine. Les moyens appliqués à mon égard par surprise et force ne sont pas flatteurs, et je tiens en outre à ajouter qu'il est extrêmement douloureux de voir employer pour semblables procédés des pères religieux (en civil) que j'avais, tant en France qu'à l'étranger, toujours entourés de ma meilleure sympathie. Puisque vous voulez que ce bel idéal et celui du sincère amour de ma Renée chérie me soient retirés, je ne suis rien, il sera fait suivant votre volonté. Veux-tu embrasser nos innocents marmots ? À Dieu, ma Renée ! »

« Je reçois ton aimable lettre du 4, laquelle, à la suite de tes précédentes, fait de moi un homme heureux. Depuis ma prison, par ce temps sombre, au travers des grillages de ma fenêtre, j'ai tout de même une vision très claire de la pauvre humanité. Malgré le long séjour que je viens de subir au milieu d'idiots, je me sens encore, vis-à-vis de mon entourage, une bonne santé physique et morale. Fidèle aux principes que je tiens de mes parents ouvriers et de l'Église, j'ai pu conserver propre ma conscience honnête de bon catholique français. […] Nous irons ensuite, toi et moi ensemble, si tu veux bien, place de l'Europe au magnifique garage Citroën que tu m'as tellement vanté, où l'on voit de jolis châssis pressés aux glaces de la devanture. […] Mercredi prochain, c'est l'Armistice, fête anniversaire qui sera l'occasion de nombreux déplacements. Je regrette de ne pouvoir y prendre part en homme libre. […] Ma présence dans la chambre verte, dont tu me parles, ne pourrait que troubler aussi tranquille maisonnée, il est préférable que j'aille plus loin poursuivre philosophiquement mes observations, mes études, plus au Nord encore, jusqu'à la mort que j'accueillerai avec joie, plutôt que l'idiotie suivant le régime qui m'est imposé. Je te prie d'embrasser de ma part les enfants Boat. À Dieu Renée ! Mon Amour ! »

Non datée, anonyme, celle-ci dut être écrite par l'un des derniers (l'une des dernières ?) pensionnaires de l'établissement, si l'on en juge par la fraîcheur de l'encre et du papier. Elle couvre une trentaine de feuilles volantes format 21×27, griffonnées dans le sens de la longueur, en immenses caractères parfois difficiles à déchiffrer :

« Tu m'as guéri c'est très bien et génial Tu n'as pas raté ta vie C'était l'accouchement sans douleur et maintenant je t'aime parce que tu as voulu partir C'était chouette le silence Tu as bien fait de te taire Pas l'araignée j'ai mal J'ai trouvé dieu hier soir et le diable aujourd'hui je suis au calme Maman est une putain je le sais je le sais elle ne t'aime pas elle aime (nom illisible) elle a dit que je vais mourir et moi je dis (sur toute une page, en majuscules) JE NE VEUX PAS MOURIR. »

Libération, *23 juillet au 6 août 1982*

Les forbans de la mer de Sulu

The Barrel, Pub and Cocktail Lounge, sur Reservoir Road, est un des hauts lieux de la vie nocturne à Kota Kinabalu, capitale de l'État de Sabah. On y débite à l'hectolitre de la bière pression, à l'intention d'une clientèle multiraciale présentant un échantillonnage équilibré de Bumiputras – les « fils de la terre », les Malais de pure souche, ou présumés tels –, de Chinois, d'Indiens, de sang-mêlé, de marins grecs, d'Irlandais nostalgiques remâchant leur haine inexpiable de la perfide Albion, et leur amour de l'ingrate patrie dans laquelle ils ne retourneraient pas pour un empire. C'est au Barrel que, guidé par M. Chan – un businessman chinois qui se plaint d'avoir vu deux fois le même spectacle, à dix ans d'intervalle, au Lido de Paris, et qui l'avant-veille s'est fait soulager de son portefeuille à Manille –, je fais la connaissance du doux météorologiste malais qui chaque soir donne à la clientèle le temps du lendemain, du scaphandrier natif de Ballyshannon, dans le Donegal, qui refait la jetée du port, colosse roux à l'œil bleu vif, toujours prêt à pousser une chansonnette antibritish après quelques pintes de lager, et de l'archiviste en chef de l'État de Sabah, irlandais lui aussi, bien que né en Australie, élevé en Grande-Bretagne, fiancé en Lorraine, et pourvu de tout un choix de passeports établis dans les deux hémisphères. Personnage hors du commun, l'archiviste. Exilé sans regret, il évoque tout de même avec une pointe de nostalgie une ville qu'il est assez rare d'entendre louer à Bornéo : car jadis, dans la fumée des aciéries, l'archiviste vécut une romance à Hagondange, Moselle, avant de mettre le cap au sud et de rencontrer pour de bon la femme de sa vie, fille d'un chef Tausug de l'archipel de Sulu dans le sud-ouest des Philippines. (Vue de Kota Kinabalu, Hagondange offre la figure la plus parfaite de l'exotisme, et c'est un nom qui fait rêver tous ceux qui accoudés au comptoir, à cette heure tardive, commencent à démâter.)

M. Chan m'a présenté à l'archiviste, l'archiviste m'introduit auprès de M. Ling, un petit Chinois déjà fin saoul, travaillant aujourd'hui dans l'entourage du Premier ministre de l'État de Sabah, mais ne faisant pas mystère d'avoir autrefois tâté de la contrebande. Son œil s'allume à l'évocation de l'or en vrac, des perles, des devises introduites en Malaisie sous couvert d'un innocent commerce de coprah et, dans l'autre sens, mais toujours par la voie maritime, des cargaisons de cigarettes Union – goût américain, fabriquées à Hong Kong – dispatchées dans tout l'archipel de Sulu, et au-delà jusqu'à Zamboanga ou à Manille. Bien que l'un des convives, par manière de plaisanterie, me traite à tout hasard d'agent libyen, tous, à la lumière blonde des gigantesques pintes de bière Anchor alignées sur le comptoir, jugent excellent mon projet de m'embarquer à destination du fameux archipel où l'on trouverait de l'or aussi bien que des filles à marier, des perles, des guérilleros islamiques et des contrebandiers. Quant à la piraterie, même si, de l'avis général, on recense à peu près une attaque par semaine, et si l'une des dernières en date, contre un transport régulier naviguant dans les eaux malaisiennes, s'est soldée par un nombre appréciable de victimes, on me fait observer que la proportion de navires attaqués, littérairement considérable, demeure statistiquement négligeable par rapport au volume des transactions maritimes entre Bornéo et le sud-ouest de l'archipel philippin.

Sandakan, dans le nord-ouest de Bornéo, au fond d'une baie ouverte sur la mer de Sulu, est l'un des principaux centres de ces transactions maritimes. C'est aussi la capitale mondiale de l'orang-outang et du caterpillar. Les orangs-outangs – dont un manchot, amputé du bras gauche, ce qui sort un peu de l'ordinaire – sont regroupés à l'écart de la ville, dans la réserve de Sepilok connue officiellement sous le nom de « Orangutan Rehabilitation Camp », comme si les malheureux avaient quelque chose à se reprocher. Les caterpillars sont partout – le Sabah passe pour être le premier importateur mondial de cette denrée –, en ville, dans les terrains vagues, sur les routes, et dans les moindres échancrures de la forêt attaquée de toutes parts par une industrie dévoreuse non seulement de bois mais de vies humaines, puisque sur les territoires de Sarawak et Sabah, elle consomme une victime pour cent mille mètres cubes de bois débité, contre une pour trois millions de mètres cubes, par exemple, sur les chantiers forestiers de Colombie Britannique. Nombre de réfugiés philippins – une centaine de milliers à Sabah, selon des estimations raisonnables –, supposés fuir les très réelles horreurs de la guerre dans le Sud, seraient en fait des migrants venus chercher du travail en Malaisie, notamment dans cette industrie forestière dangereuse mais assez lucrative. Leur campement à Sandakan s'étend en bordure de la baie, les pieds dans l'eau, à proximité d'un village de Chinois fauchés, également sur pilotis, entre la ville et le port moderne où des cargos japonais, coréens ou taïwanais chargent des billes de bois, des planches, de l'aggloméré, de l'huile de palme, et dans une moindre mesure des nids d'hirondelles et d'autres condiments exotiques. Le vieux port est situé dans la ville même, non loin du marché au poisson où toute la matinée on peut faire emplette de raie au mètre carré, d'ailerons de requin, de barracuda en tranches bien saignantes, ou d'œufs de tortue qui ont à peu près le calibre et l'air avachi de balles de ping-pong après une partie acharnée. En retrait, relativement à l'abri des regards, le barter-trader center – c'est-à-dire, en clair, le port des contrebandiers – connaît dans la journée une intense activité. Le soir, les bateaux doivent aller mouiller à perpète, dans une baie au-dessus de laquelle planent des aigles de mer, et pendant les élections, toutes les opérations seront provisoirement suspendues, demi-mesures qui témoignent de l'attitude équivoque des autorités malaisiennes à l'égard de cette activité scabreuse, mais d'un excellent rapport pour le commerce local.

Officiellement, soixante mille Philippins naviguent de par le monde à bord de navires battant pavillon de toutes nationalités, ce qui fait des Philippines, sous ce rapport, la première puissance maritime du monde. Encore ces chiffres ne prennent-ils pas en compte les innombrables Philippins naviguant dans leurs eaux territoriales, ou dans les eaux limitrophes, légalement ou illégalement, adonnés au commerce, à la pêche, à la contrebande ou à la piraterie. Rien que le commerce de troc, assuré par les barter-traders dûment enregistrés, payant patente, entre le port franc de Labuan, au nord-ouest de Sabah, et les ports de Jolo dans l'archipel de Sulu ou de Zamboanga dans l'île méridionale de Mindanao, rien que ce commerce légal mobilise plusieurs centaines de professionnels regroupés dans les deux grandes coopératives de Jolo et de Zamboanga. Et puis il y a les autres, ceux qui font la même chose en douce, ceux qui trafiquent exclusivement, à leurs risques et périls, les marchandises « sensibles », et ceux qui estiment plus simple de vivre aux dépens des précédents. Même les barter-traders réguliers ne sont d'ailleurs pas à l'abri des mauvaises fortunes. Utilisant des bateaux lourds et lents, peu ou pas du tout armés, transportant souvent des marchandises de prix et des passagers bien lestés, ils paient un tribut conséquent à la piraterie : en 1980, l'attaque du *Nuria 501* s'était soldée par une dizaine de morts; en octobre 1981, une tuerie à bord d'un bateau naviguant entre Labuan et Jolo aurait coûté la vie à plusieurs dizaines de personnes. L'attaque ne serait pas venue de l'extérieur, mais aurait été menée par des membres de l'équipage, apparemment des soldats démobilisés, qui auraient massacré tous les passagers à l'exception d'un enfant, l'aide de cuisine, maintenu en vie afin de passer les cadavres par-dessus bord. Les résultats de l'enquête menée sur cette affaire, si enquête il y eut véritablement, ne furent jamais portés à la connaissance du public. Ce n'est d'ailleurs pas l'usage, aux Philippines, sous le régime du président Marcos, de saper le moral du public en éclaircissant les affaires saignantes impliquant de près ou de loin les forces de sécurité. Et Dieu sait pourtant que ce n'est pas ce qui manque. Ainsi est-il généralement admis que ce sont des militaires, agissant pour leur propre compte – à la manière du « Commando perdu », variante locale de l'escadron de la mort –, qui, lors de la messe de Pâques, en 1981, firent exploser des grenades dans la cathédrale de Davao, tuant une quinzaine de personnes et en blessant un peu plus de cent cinquante. Plus récemment, durant le carême de 1982, ce sont encore des militaires qui sans raison apparente, souffrant peut-être de neurasthénie, allumèrent au canon l'église du village de Samuroy, dans l'île de Samar, où plusieurs centaines de fidèles étaient assemblés. Naturellement, les sources militaires officielles ne revendiquent pas ces faits d'armes, et s'efforcent en général de faire porter le chapeau soit aux guérilleros communistes de la New People's Army (qui de leur côté, d'ailleurs, n'y vont pas de main morte), soit aux guérilleros musulmans du Moro National Liberation Front (MNLF) qui, avec des fortunes diverses, liées notamment au soutien intermittent du colonel Khadafi, opèrent dans l'île de Mindanao et dans l'archipel de Sulu, depuis la fin des années soixante. La guérilla musulmane, à sa manière, contribue à l'essor des échanges maritimes entre la Malaisie et le sud des Philippines, sous l'espèce d'un trafic d'armes, belges de préférence, procurées par la Libye et transitant par Bornéo avant de gagner à bord de bateaux rapides et discrets les îles où opèrent les insurgés. La mer de Sulu est ainsi le théâtre d'une activité considérable, légale ou non, subversive ou mercantile, pacifique ou guerrière, dont la contrebande n'est qu'un des multiples aspects.

Peu visible, le barter-trader center de Sandakan n'est cependant pas clandestin. Passée une petite porte en grillage derrière laquelle bâille une sentinelle, on découvre un bureau de la douane et de l'immigration où des fonctionnaires malaisiens vérifient que les bateaux et les cargaisons en partance pour les Philippines sont en règle, au moins de leur point de vue, et, plus discrète encore, une antenne de la police, ou plus précisément du Special Branch. Sur le bureau traînent quelques bois sculptés assez moches, qui constituent peut-être le modeste tribut payé par les contrebandiers à la magnanimité de l'officier du Special Branch. Au mur, un grand panneau, avec des photos en couleurs et des légendes manuscrites, répertorie les différents types de bateaux armés par les barter-traders ou les contrebandiers, et les différents ports desservis dans l'archipel de Sulu et à Mindanao. Les bateaux sont classés de haut en bas par ordre croissant d'illégalité : en haut, les « kumpits », les bons gros bateaux réglementaires, jaugeant de vingt à cinquante tonnes, qui assurent les liaisons entre Labuan, Jolo et Zamboanga, avec sur la coque la bande jaune qui permet de les identifier. En dessous, les kumpits de plus petite taille, mais encore assez ventrus, adeptes d'une contrebande que l'on pourrait dire familiale, et dont le réseau couvre tout l'archipel : Sitangkai, Bongao, Tawi-Tawi, Simunul, Sibutu, South-Ubian, Siasi, Jolo, Tabawani... Enfin les « tempels » et les « pam-boats », ces derniers équilibrés par deux balanciers, longues barques pointues, effilées, basses sur l'eau, remarquablement hydrodynamiques, équipées de trois ou quatre moteurs de 15 à 25 chevaux qui, donnant tous ensemble, leur permettent de laisser sur place la plupart des bateaux de la police, de la marine ou de la douane susceptibles de les prendre en chasse. Les pam-boats, en effet, sont adonnés à peu près exclusivement au trafic des cigarettes Champion – bout filtre, goût mentholé, une des marchandises les plus recherchées dans l'archipel – et d'une autre denrée hautement lucrative et prohibée, le chlorate de sodium, qui entre dans la composition des bombes artisanales théoriquement destinées à estourbir les poissons. Quand on sait que la simple détention de tels explosifs est passible, aux Philippines, de douze à vingt-cinq ans de réclusion (disposition que rappellent, dans les Sulu, de nombreuses affiches d'une tournure écologique qui ne convainc pas) et que la plupart des pilotes de pam-boats sont des Tausugs, originaires de l'île de Jolo, l'un des bastions de la rébellion, on se dit que les poissons ont bon dos. C'est aussi le point de vue de l'officier du Special Branch, qui m'assure que ces explosifs, au moins pour une part, serviraient en fait à fabriquer des mines utilisées par le MNLF depuis que se raréfient les livraisons d'armes libyennes. Avec de telles cargaisons, les pam-boats ne sont pas en odeur de sainteté aux Philippines. Leurs pilotes, exposés aux attaques des autorités ou des pirates – qui en général se manifestent d'abord par des tirs d'intimidation, afin de tester les défenses de leurs adversaires –, sont autorisés, au moins officieusement, à relâcher à Sandakan avec des armes à bord, généralement des fusils d'assaut américains M16 dont les Philippins font une énorme consommation.

Bien que l'on soit en saison sèche, des averses dégringolent régulièrement sur Sandakan, et sous des trombes d'eau les contrebandiers continuent d'ériger sur leurs trimarans, à l'abri de bâches plastifiées, d'invraisemblables échafaudages de caisses de cigarettes Champion. Au bout de la jetée, affectant une vague ressemblance avec une caravelle dématée du fait de la dunette débordant en encorbellement sur l'arrière, un kumpit irrégulier se dispose à appareiller à destination de Bongao, chef-lieu de la province de Tawi-Tawi, archipel de Sulu. Dans le poste de pilotage, à l'avant, se trouve une petite barre à roue et un tout petit compas escamotable. Il règne à bord un capharnaüm à la Dubout : au milieu des amoncellements de bidons d'huile de table, de gazoline ou de lait en poudre, des mères donnent le sein, des enfants sevrés se carapatent, des poussins recherchent entre les corps et les marchandises entassés d'improbables graines. Parmi les passagers, il y a un peu de tout : des petites familles de réfugiés ou de migrants revenant au pays, des commerçants, un coq enfermé dans une boite en carton, avec un hublot qui lui permettra de saluer bruyamment l'aurore à toute heure du jour et de la nuit, des voyageurs aux occupations mal définies, une écolière de Zamboanga retournant à son port d'attache après une visite à des cousins exilés. Au moment du départ, la pompe d'épuisement puis le moteur refusent de démarrer et l'on passe plusieurs heures à dériver, tandis que l'équipage s'efforce de réparer ces deux accessoires utiles à la navigation, le premier en particulier, dans la mesure où le kumpit, chargé à couler bas, se remplit d'eau un peu plus rapidement qu'il ne faudrait. La traversée – qui doit prendre quelques heures aux pam-boats – durera un peu moins de trente-six heures, successivement sous la flotte, de nuit, puis sous un soleil, comme on dit, implacable. Dans la soirée du second jour apparaît sur l'horizon la silhouette accidentée de Tawi-Tawi et celle, plus petite, de Bongao. Au crépuscule, alors que désormais l'on distingue nettement le liseré de sable blanc, la frange de cocotiers et les pentes abruptes couvertes de jungle, un croyant se hisse sur le toit du kumpit, déploie une petite natte et se tourne vers le soleil couchant pour faire sa prière : c'est la manifestation la plus spectaculaire de ferveur religieuse à laquelle j'assisterai dans cet archipel réputé pour sa foi ombrageuse. Elle tombe à point nommé, car avec les dauphins qui de toutes parts bondissent autour du bateau, les couleurs nacrées du ciel, celles plus sombres de la mer brisant sur les récifs de corail, elle forme un très joli chromo que l'on conserverait volontiers, serti de coquillages, sur sa table de nuit. Autre élément de couleur locale, les tirs au coup par coup, ou en rafales, que l'on entend distinctement sous les frondaisons : ils ne témoignent pas de la persistance des combats dans l'île, apparemment pacifiée, mais du spleen des forces de sécurité qui, pour tuer le temps, déquillent des noix de coco, ou d'autres gibiers, avec leurs fusils M16 ou leurs colts 45. Toutefois, lorsque vous êtes averti des mœurs militaires aux Philippines, ces pétarades ne vous réjouissent pas spécialement. Sur ce chapitre des mœurs, l'écolière de Zamboanga est intarissable. Comme elle appartient à la minorité catholique que l'armée est supposée protéger contre les exactions des fanatiques musulmans, son témoignage est assez digne de foi. Très sereine, d'ailleurs, de la trempe de ces chrétiens qui dans l'arène frisaient les moustaches aux lions, elle évoque la reprise de la ville de Jolo, en 1977 – après la rupture du fragile cessez-le-feu instauré en 1976 sous les auspices du colonel Khadafi – à coups de canons de 155 qui ne faisaient pas le détail entre les bons et les méchants, puis le bombardement de son village natal, dans les montagnes de l'île où presque toute la population, chrétiens compris, avait fui ses libérateurs, par des hélicoptères qui auraient fait usage de gaz toxiques. Toujours d'après son témoignage, l'armée recrutant par prédilection ses troupes de choc parmi les populations les plus mal élevées, chasseurs de têtes et autres – comme auparavant les Anglais à Bornéo ou les Américains aux Philippines –, les forces de sécurité auraient bouffé un certain nombre de rebelles prisonniers.

À la nuit tombée, tandis que l'île défile maintenant sur la droite, le kumpit se livre à un manège étrange, au moins à première vue. Alors qu'au sud le port de Bongao, but final de cette expédition, ouvre largement sur la mer des Célèbes, le bateau s'obstine à rechercher au nord de l'île l'entrée des artistes, quelque chose que tout le monde à bord – au moins tout le monde anglophone – appelle pompeusement « the secret way », et qui s'avère aussi difficile à localiser que le fameux passage du nord-ouest. Après diverses fausses manœuvres, un ou deux échouages assez brutaux, qui dans les basses eaux sèment la panique parmi des animaux effarants, oiseaux mous ou poissons élastiques rebondissant comme des kangourous, le kumpit finit par embouquer une espèce de chenal sinueux et plus ou moins navigable. Les hésitations du capitaine lui ont attiré quelques lazzis de ses passagers, mais désormais, puisque l'on a enfin trouvé « the secret way », tout le monde à bord semble de joyeuse humeur, et se soucie comme d'une guigne de ce qui arriverait au cas où le bateau serait malgré tout arraisonné. Le dernier épisode de cette croisière, sous le rapport du pittoresque, s'inscrit dans la plus pure tradition conradienne. La voie lactée, d'une netteté impeccable, se déploie au-dessus du chenal, entre les masses sombres des collines dressées de part et d'autre. Au ras des berges évoluent lentement, par à-coups, sans un bruit, de courtes pirogues à balanciers portant à l'avant une grosse lampe tempête. Les passagers parlent bas, comme des enfants qui, faisant une farce, somme toute assez innocente, se méfieraient tout de même des réactions imprévisibles des adultes. Enfin, après avoir débordé un gros bateau de pêche au mouillage, qui avec ses extrémités relevées tient de la trirème et du drakkar, le kumpit vient dans le fond du port de Bongao s'amarrer en flèche le nez à la jetée chinoise – Chinese Pier – où quelques comparses relativement discrets, sans plus, engrangent les marchandises dans un entrepôt. Au-dessus du port, la ville est plongée dans l'obscurité à l'exception d'une véritable réplique de la Folie Almayer, dominant de ses deux étages les cahutes avoisinantes, percée de baies et de galeries éclairées *a giorno* grâce à un groupe électrogène. C'est la demeure du caïd chinois de l'import-export et de la contrebande, énorme pavillon de banlieue d'un luxe très approximatif, donnant de nombreux signes d'un inachèvement vraisemblablement appelé à se perpétuer jusqu'à la ruine. Lorsque le jour se lève, on distingue dans l'entrée du port un gros patrouilleur au mouillage. Du coup se dissipe le mystère de la « secret way », de tous ces enfantillages entourant l'arrivée du kumpit à Bongao. Les militaires qui campent sur l'île – une des principales bases de l'armée dans l'archipel – s'accommodent très bien de la contrebande, qui par le biais de taxations diverses leur procure des ressources substantielles. Toutefois il faut sauver les apparences : la canonnière, qui dans la journée patrouille entre les îles, mouille le soir devant Bongao, verrouillant ainsi l'entrée principale du port, cependant que la contrebande arrive en toute impunité par l'entrée de service. Tout se passe le mieux du monde pourvu que les contrebandiers arrosent les différentes armes, sans faire de jaloux. L'île abrite en effet une grande variété d'espèces toutes aussi gloutonnes, ressortissant à la gendarmerie, à la marine, aux garde-côtes, à l'armée de terre, aux commandos d'infanterie de marine. Ces derniers, pompeusement nommés les « beach-breakers », les briseurs de plages, campent un peu à l'écart de la ville, le long de la mer, sous les cocotiers parmi lesquels leurs blindés amphibies, parfois rehaussés de peintures agressives, sont du plus bel effet. Les rotations incessantes de l'hélicoptère vrombissant au ras des palmes achèvent ce tableau à la Coppola, auquel il ne manque que la guerre, provisoirement. Où que l'on aille en ville, on est sûr d'y trouver quelques garnisaires. Avec ou sans casque, avec ou sans uniforme, *on duty* ou *off duty*, vêtus de tenues de camouflage et de rangers, ou bien de Levi's, de shorts, de gilets de corps, de tennis et de casquettes à visière, dépareillés ou en série, agressifs ou rigolards, frimant ou traînant la savate, remorquant des M16 légères ou des Garrand mastocs, le colt passé dans la ceinture ou posé sur la table au milieu des canettes vides, avec ou sans Ray Ban, saouls comme des bourriques et portant des toasts à la santé du président Marcos affectueusement désigné par son sobriquet de « Petit Dictateur », ou bien accroupis derrière des sacs de sable et se tenant à carreau, il y en a partout. (Dernier cri de l'élégance militaire à Bongao, le tee-shirt, « Sulu, join us to fight », enluminé d'un dessin assez grossier représentant un soldat bondissant, baïonnette au canon, au milieu d'une boule de feu, tandis qu'à l'arrière-plan se dessine la silhouette d'une mosquée, non encore atteinte, il est vrai, par les flammes.)

L'unique hôtel de Bongao – encore est-ce une façon de parler – est tenu par Mlle Felicitas Chou, ophtalmologiste. Comme les visiteurs ne se bousculent pas dans l'île, son métier d'aubergiste ne lui rapporte peut-être pas des fortunes. En revanche, ses occupations médicales doivent être assez fructueuses, si l'on en juge d'après le nombre d'insulaires affectés d'une dégénérescence vitreuse de la cornée. L'officier d'immigration, par exemple, souffre de cette affection. De retour de Simunul, une île voisine, il me saute sur le râble, armé d'un gros volume intitulé *Republic of the Philippines, Immigration Law and Procedure*. Il y en a bien huit cents pages, mais tout ce qui l'intéresse, ce sont deux ou trois articles qu'il me colle obstinément sous le nez, et d'où il ressort qu'à défaut d'un arrangement spécial il peut me procurer toutes sortes d'emmerdements, l'entrée aux Philippines via Bongao, à bord d'un bateau de contrebande par-dessus le marché, étant naturellement illégale. Bien. Voici déjà 50 dollars US pour la préparation de son pèlerinage à La Mecque, moyennant quoi il me traîne tout de même – mais sans doute ne peut-il faire autrement – au quartier général de la Tawi-Tawi Task Force, établi en hauteur juste à la sortie du bourg. On y est accueilli par un panneau de bienvenue qui met tout de suite à l'aise – « Welcome to Hqs Tawi-Tawi Task Force » – et à la sortie, pour ceux qui n'entrent pas avec un aller simple, il y a un second panneau que l'on peut difficilement regarder sans rire, d'autant que l'on est bien plus heureux d'en sortir qu'on ne l'était tout à l'heure d'y entrer : « Thank you for your visit, come again » (Merci pour votre visite, revenez). Les militaires ne ménagent pas leurs efforts pour convaincre les populations de l'excellence de leurs intentions : trois biquettes tournant autour d'un piquet, c'est un élevage expérimental pris en charge par l'armée, comme le rappelle un panneau plus grand que l'élevage lui-même. Deux légumes qui se battent en duel : un jardin d'essai. Ajoutez à cela l'aire de jeux pour les enfants, le poulailler modèle, le terrain de foot – qui sert en même temps de piste pour l'hélicoptère –, le club de billard, et vous aurez un panorama complet de l'activité de l'armée à Bongao, ou du moins de son service de relations publiques, qui paraît puiser ses références aussi bien du côté de Marie-Antoinette, et de sa mignonne petite ferme versaillaise, que dans le stock de bonnes vieilles recettes élaborées par les Chinois, après la révolution culturelle, pour maquiller une dictature militaire en idylle prolétarienne. L'officier qui nous reçoit ne s'occupe ni du poulailler ni des biquettes : c'est, semble-t-il, le numéro deux de la sécurité militaire dans l'île, un Chinois (d'origine) pas très catholique, bien que répondant au prénom chrétien de Francisco. Durant l'interrogatoire – très courtois – auquel il me soumet, dans un bureau orné d'une carte géante de l'archipel, il apparaît que son principal souci, comme pour son comparse de l'immigration, est de déterminer quel patron de kumpit doit être taxé pour m'avoir frauduleusement introduit aux Philippines, et pour quel montant je puis moi-même contribuer au budget des forces de sécurité.

Bien qu'une édition récente des Instructions nautiques, peut-être pour rire, fasse état d'une production locale de traverses de chemin de fer, les principales ressources de l'île sont apparemment le coprah, le poisson salé, l'agar-agar dont on rencontre un peu partout sur le littoral de gélatineux amas, délicatement ramifiés comme des arbres bronchiques que l'on viendrait tout juste d'extraire de leurs cages thoraciques. On trouve par ailleurs à Bongao tous les ingrédients d'un paradis tropical à l'usage des touristes : végétation luxuriante, montagne sacrée où pullulent les singes, également sacrés, récifs de corail et poissons à l'avenant, misère colorée, somme toute vivable, qui n'offense pas la vue, comme elle peut le faire à Manille, combats de coqs, « gitans de la mer » menant sur leurs maisons flottantes une existence pouilleuse, peut-être, mais nomade, et tellement pittoresque, travelos et putains, indicateurs et poivrots de plus ou moins bonne compagnie, vieux fonctionnaires passionnés par la Seconde Guerre mondiale (en fait, la guerre en général), qui vous retracent dans le détail toutes les phases du débarquement de Dieppe ou de la bataille de Guadalcanal, et relèvent soudainement leur tee-shirt pour exhiber, par exemple, telle cicatrice labourant le thorax de l'épaule gauche à la hanche droite, souvenir d'un coup de baïonnette japonaise reçu à Corregidor. Encore que la population soit en majorité musulmane, il y a même un oblat de Marie l'Immaculée pour les dévotions ordinaires ou les derniers sacrements. Seulement il y a la loi martiale, l'omniprésence et l'omnipotence de l'armée, qui est ici chez elle à peu près comme les dragons du maréchal de Villars étaient chez eux parmi les huguenots des Cévennes. L'officier de la sécurité militaire se charge de me le rappeler à bon escient, lorsque dans la soirée, après la fouille de mes bagages et le prélèvement de tout ce qui représente une quelconque valeur marchande, il me traîne dans un petit boxon pour que je l'y rince à la bière – puis au cognac. Un véritable enfer exotique, pour le coup, cet estancot. Éclairage d'aquarium, cancrelats au plafond, gogues aspergés de merde et de vomi au-dessus desquels agonise un biturin verdâtre, lunettes noires et conciliabules, mauvaises querelles, air visqueux brassé par un ventilateur devant lequel se trémousse, dans l'indifférence générale, une espèce de bonhomme Michelin à la chair caoutchouteuse et laquée de sueur, qui se prend manifestement pour une danseuse nue. La loi martiale. « Savez-vous quel est le sort réservé aux espions ? » demande nonchalamment l'officier de sécurité, m'interrompant au milieu d'un développement inoffensif qu'il ne feint même pas d'écouter. Et comment donc, si je le sais ! Et si j'approuve ! Et si j'insiste qu'ils sont encore trop bons, qu'ils devraient les ratiboiser bien plus terriblement, les espions, ne pas faire tellement le détail, et qu'en France on ne se gêne pas pour les transformer en pâté Hénaff ! Ah non, je ne suis pas suspect de collusion avec les subversifs, quels qu'ils soient ! Et si je bois à la santé du président Marcos, et si je m'intéresse au colt 45, comment on le charge, le décharge, combien gros les trous, l'entrée, la sortie, si c'est adéquat pour occire les islamiques, les communistes, et tous les ennemis du régime… Mon interlocuteur sourit placidement, satisfait : il sent qu'il m'a à sa botte, que j'ai bien compris de quoi il retournait, que je ne ferai rien pour le contrarier. Il demande 50 pisos (une bouchée de pain) pour une fille, j'allonge les 50 pisos. 50 de mieux pour la chambre, je m'exécute aussi sec. Avec le sourire, naturellement, tout le plaisir est pour moi. S'il me demandait de leur monter du champagne, je leur monterais du champagne. C'est à ce petit flic, aussi bien, qu'appartient la décision de me jeter au trou ou de me laisser quitter l'île, immigrant illégal comme devant, mais clair, du moins, de tout soupçon d'espionnage. La seule chose qui me chiffonne, dans cette affaire, c'est de ne pas savoir où, comment, quand, ça s'arrête.

Au wharf de Bongao accostent tous les jours des courriers dont la destination est rarement médiocre : Sabah, Kalimantan, les Célèbes ou

Mindanao. Au jour prévu pour le départ du *Magnolia Fragrance* à destination de Zamboanga, l'homme de la sécurité vient comme d'habitude, sur le coup de midi, me faire chez Félicitas Chou une petite visite de courtoisie. D'après nos derniers entretiens, je devrais recevoir l'autorisation de quitter l'île le soir même à bord du *Magnolia*, mais, soudainement, tout se complique. Le visage empreint d'une gravité inhabituelle, il m'explique que les exigences de la sécurité sont ce qu'elles sont, et que son chef – il a donc bien un chef – exige mon transfert pour interrogatoire au quartier général, là où l'on est tellement « welcome » que l'on vous invite, en effet, à revenir. Le flic me regarde verdir, se tape une petite rasade de San Miguel pendant que je m'emmêle dans des protestations grandiloquentes, puis, de nouveau souriant : « J'espérais que vous aviez compris. » Compris quoi ? Que le chef ne tient pas absolument à mon transfert, que c'est selon, que mon ami Francisco, le flic à visage humain, est prêt à consentir un suprême effort pour me tirer de la mouise si de mon côté, etc. Cette fois la note est salée, mais on ne paie jamais trop cher une dispense d'interrogatoire. Beaucoup plus tard, alors que depuis un temps infini j'attends, à bord, que le *Magnolia* se décide à faire route, mon pote Francisco vient encore une fois me relancer. Il me fait descendre sur le quai, chuchote, fait des petites mines. Ce coup-ci c'est pour son adjoint, une espèce de Pinocchio qui ne m'a pas encore tiré grand-chose, il est vrai, et qui est jaloux, tellement jaloux, des petits cadeaux que j'ai faits de si bonne grâce à son patron. Je casque pour l'adjoint, persuadé qu'avec la tournure que prennent les choses je ne suis pas prêt de quitter l'île, qu'ils vont revenir m'alpaguer juste avant que l'on tire l'échelle. « Thank you for your visit to the Hqs, come again. » Le spectacle de mon environnement immédiat ne me prodigue aucun réconfort : des marines, rien que des marines, moitié torse nu, moitié en uniforme ou en tee-shirt, « Take off with me to Tawi-Tawi », tapant le carton ou lisant des illustrés. Cinq minutes avant le départ, ils prennent des dispositions comme pour repousser une attaque imminente. La passerelle est envahie par des porteurs de M16 et de Garrand, l'œil torve, la casquette léopard aplatie sur le crâne, il y en a même qui sautent sur le toit, on ne sait jamais, avec des frémissements très étudiés de biceps ou de pectoraux. On relève la coupée, le *Magnolia* largue ses amarres, Francisco ne s'est pas repointé, Pinocchio non plus, le *Magnolia* siffle à quatre reprises et décolle du quai, ceint d'une guirlande de *marines* figés dans des poses guerrières, guettant dans l'obscurité, sur l'horizon de la mer des Célèbes, des ennemis invisibles.

En deux nuits et un jour, le *Magnolia Fragrance*, via Siasi et Jolo, relie Bongao à Zamboanga, le grand port de l'île méridionale de Mindanao. Une dizaine de bombes viennent d'y faire explosion dans des lieux publics, et sitôt débarqué, dès les premiers pas en ville, on tombe sur ce placard ornant la façade du City-Hall : « Seulement deux cent cinquante-cinq assassinats à Zamboanga en 1981, pouvez-vous, oui ou non, faire confiance à vos forces de sécurité ? » Dans un petit café, le premier à ouvrir dans le secteur – « Carrying of fire-arms inside this establishment is strictly prohibited. All fire-arms should be deposited to the counter » (Toutes les armes à feu doivent être déposées au comptoir) –, on a affiché au-dessus dudit comptoir cette citation complémentaire de la bible (Psaumes 27/1) : « The Lord is my light and my salvation, whom shall I fear. The Lord is the stronghold of my life, of whom shall I be afraid ? »

Lui*, novembre 1982*

Les travailleurs de l'amer

Au début de l'été 1981, Owen Carvalho, originaire d'une famille commerçante de Bombay, trouve un embarquement en qualité de radio à bord d'un petit cargo de 3 500 tonnes, le *Celia-Sophia*, battant pavillon chypriote.

Cela fait plusieurs mois qu'il moisit au Pirée, dans l'un de ces hôtels pouilleux qui, en retrait du quai Miaoulis, abritent des marins du monde entier à la recherche d'un navire. Son visa ayant expiré depuis quelques semaines, Owen, désormais en situation irrégulière, a dû en passer par les conditions des agences de placement : 1 500 dollars de commission, soit plus de deux mois du salaire qu'il percevra, si tout va bien, à bord du *Celia-Sophia*. Toutefois Owen peut s'estimer heureux : en dépit d'un diplôme irréprochable, attestant sa qualité de radio, les agences lui ont proposé successivement des emplois de graisseur, de matelot ou de second capitaine en bois, et c'est partie à sa ténacité, partie au hasard, qu'il doit d'avoir trouvé finalement un emploi conforme à sa qualification.

Car on n'est pas toujours très regardant, à bord des navires battant pavillon de complaisance, sur la formation professionnelle ou la division technique du travail. À bord du *Celia-Sophia*, on trouve des officiers de pont qui vraisemblablement n'ont jamais fait un point, sinon peut-être dans leur baignoire, et le commandant lui-même est affecté d'un strabisme convergent qui ne lui permet guère, entre chien et loup, de distinguer à coup sûr la verrue qu'il porte au bout du nez d'un pétrolier faisant avec son navire route de collision. D'ailleurs, le *Celia-Sophia* ayant quitté le Pirée avec un chargement de pipelines et de fil de fer barbelé à destination du golfe Persique, le commandant s'occupe surtout d'éplucher les patates pour sa femme, qu'il a collée aux fourneaux…

À l'escale de Larnaca, le bateau ayant pris 15° de gîte par suite d'une fuite des ballasts, qui se répandent dans les cales, on doit après plusieurs tentatives infructueuses renoncer à embarquer des camionsgrues, également destinés aux Émirats, qui, obstinément, glissent sur les panneaux de cale lorsqu'on essaie de les charger en pontée. Autre catastrophe à Larnaca : l'épouse du commandant doit débarquer, et c'est lui qui dorénavant accommodera le ragoût de l'équipage, jusqu'à l'escale de Port-Saïd où l'on embauchera un graisseur, plus familier des cylindres que des marmites, pour le remplacer dans cet emploi. Après un premier échouage à la sortie du canal de Suez, le *Celia-Sophia* s'égare en mer Rouge – Owen observe avec curiosité qu'au cours de la même journée le soleil se lève et se couche du même bord – puis, sa fatigue croissant, son inclinaison sur bâbord s'accentue au point qu'en pleine mer l'on fait descendre tout l'équipage dans la cale, pour écoper avec des seaux l'eau qui filtre sournoisement des ballasts à travers des cloisons étanches en dentelle (les pompes, submergées, sont hors d'usage). Peine perdue. Les efforts de l'équipage – en plus d'Owen et des trois officiers grecs : six marins arabes, un Chilien, un Autrichien et un Français – ne parviennent qu'à transporter la gîte d'un bord à l'autre, et le 20 août à l'aube, ayant pris 25° sur tribord, le navire vient s'échouer sur une plage assez confortable, au pied d'une falaise, sur la côte désertique du sultanat d'Oman.

Sachant que le navire est hors d'âge, usé jusqu'à la trame, et connaissant la propension des armateurs véreux à faire jouer les assurances, l'équipage commence à se poser des questions sur les circonstances de cet échouage par temps clair. Ces interrogations se changent en certitudes lorsque le chef mécanicien fait noyer les cales, afin de décourager toute tentative de renflouement, tandis que le commandant communique sa position avec une erreur de près de 200 milles, se donnant pour échoué au large de l'archipel des Kuria-Muria. Abusée par cette plaisanterie, la marine américaine, qui a pris en charge les opérations de sauvetage, met trois jours à découvrir le *Celia-Sophia*. De là, l'équipage – alourdi par le déménagement de la cambuse, des outils, de tout ce qui à bord tient dans une valise et présente une certaine valeur marchande –, est hélitreuillé, transféré sur un ravitailleur d'escadre et débarqué à Mascate.

Pour les marins, après quelques semaines de patates grecques, c'est la vie de château : quinze jours aux frais de l'assureur dans un hôtel climatisé, avec réfrigérateur, cocktails de crevettes et télé dans les chambres. Puis les six Arabes sont licenciés sur place, après s'être fait arnaquer sur le taux de change et sucrer quelques indemnités, et le reste de l'équipage est rapatrié au Pirée. Pour Owen, une fois payé, non sans mal, recommence la valse des compagnies et des agences, des tergiversations et des dessous de table. Le bateau qu'il tire finalement à cette loterie ne se trouve d'ailleurs pas dans le port yougoslave où on l'expédie après quelques semaines, mais qu'importe, il le dénichera tout de même deux jours plus tard dans un port pas trop éloigné du premier.

C'est le *Christos-A*, un bateau bien nommé, car il ne faudrait rien de moins pour le maintenir à flot qu'une intervention urgente du Saint-Esprit. Sitôt sorti du port, le *Christos-A* développe des avaries de machine, qui vont croissant jusqu'à ce qu'en mer Rouge la mécanique une fois pour toutes rende l'âme. Pris en remorque, le navire est acheminé jusqu'à Djibouti : il y est encore. Owen aussi, avec deux compatriotes indiens, quatre ressortissants du Bangladesh, un Chilien, un Égyptien et un Sri-Lankais, tous recrutés au Pirée. Ils n'ont jamais touché leurs salaires, l'armateur ayant mis la clef sous le paillasson. En attendant une très improbable vente du navire dont ils se partageraient le montant, ils campent à bord, vivant du produit de leur pêche, comme des naufragés sur une île déserte. Un jour ou l'autre, cependant, il est vraisemblable qu'Owen, marin deux fois rejeté par la mer, se retrouvera au Pirée, à la recherche d'un nouvel embarquement.

Les choses, bien entendu, ne se passent pas toujours aussi mal. Autrement, ils ne seraient pas si nombreux – Gambiens, Tanzaniens, Kenyans, Mozambicains, Cap-Verdiens, Chiliens, Pakistanais, Indiens, Bengalis, Sri-Lankais, Seychellois… – à venir chercher fortune au Pirée, un port relativement modeste sous le rapport du tonnage ou des mouvements de navires, mais certainement le premier au monde par le nombre des compagnies représentées, de quoi remplir la mer et une dizaine de feuillets jaunes dans l'annuaire téléphonique par professions. Les estimations numériques de cette population fluctuante varient entre mille et cinq mille. Le chiffre le plus bas est avancé par la police locale, qui tient à ce que le Pirée demeure malgré tout « le port le plus blanc de la Méditerranée ». Certains de ces candidats à l'embarquement pénétrant illégalement en Grèce, et beaucoup, entrés régulièrement comme touristes, y demeurant bien au-delà de l'expiration de leur visa, il est malaisé de les dénombrer. D'autant que si les moins exposés aux mesures d'expulsion tendent à se rassembler au grand jour, dans un quartier bien délimité du Pirée, les autres nomadisent par petits groupes, ou se terrent au fond de retraites plus ou moins sûres, dans toute l'agglomération athénienne.

Au Pirée, le jardin public de la Troumpa, sur Akti Miaoulis, entre les deux églises d'Agias Trias et d'Agios Spiridonos, offre à la tombée de la nuit un aperçu de cette immigration transitoire. Au pied de la statue de Thémistocle, quatre continents se côtoient dans la pénombre sans se mêler, chaque communauté raciale ou nationale vivant en général repliée sur elle-même. De temps à autre, l'une des deux églises carillonne à toute volée pour saluer une noce endimanchée, dont les fastes sédentaires forment un singulier contraste avec ce parterre d'exilés. Tant qu'il fait beau, le parc accueille également des touristes en transit, et les Africains se sont fait une spécialité d'emballer soit pour le plaisir, soit pour en tirer quelques subsides, les Allemandes, les Scandinaves ou les Britanniques en instance d'embarquement pour Cythère.

Parmi les Africains, souvent très jeunes, certains prétendent étudier en Libye ou dans d'autres pays arabes et n'être là que pour leurs congés. Comme, pour ce que l'on croit savoir des universités libyennes, on ne voit pas d'inconvénient à ce qu'elles fassent relâche pendant six mois ou un an, comme par surcroît quelques-uns excellent dans une rhétorique anti-impérialiste qui, au moins pour les Gambiens, n'a pas cours officiellement dans leur pays d'origine, cette hypothèse libyenne n'est pas complètement invraisemblable. Toutefois, elle ne peut concerner qu'un petit nombre, et la plupart sont ici bel et bien à la recherche d'un embarquement, tout comme les métis cap-verdiens, les Bengalis, les Indiens, les Pakistanais ou les Chiliens qui avec eux forment les plus gros bataillons de cette armée sans solde.

En retrait du quai Miaoulis, auquel accostent les car-ferries desservant les îles grecques et le Proche-Orient, dans un périmètre défini par les rues Bouboulinas, Notara, Philonos et Skouze, la population immigrée se regroupe autour de quelques pôles. Ainsi l'hôtel Luis ou l'hôtel Rodos, pour les Cap-verdiens, le Lux ou le Gallos pour les Chiliens : des hôtels miteux décorés d'affiches touristiques dont on se demande ce qu'elles viennent faire dans cette galère, où pour 200 à 350 drachmes la nuit on dort à deux, trois ou quatre par chambre, dans le vacarme des boîtes mitoyennes. Car ces rues, en particulier Philonos et Notara, abritent également la plupart de ces accessoires romanesques de la vie portuaire – l'inévitable Acapulco, l'inévitable Pigalle's –, animés ici par quelques centaines d'hôtesses thaïes que la police du Pirée, Dieu sait pourquoi, se promet toujours d'expulser dans les meilleurs délais, et que leurs tarifs rendent généralement inaccessibles aux marins du tiers monde. Le plus beau fleuron de ce parc hôtelier, c'est le Youth Hotel de Bouboulinas, qui a cessé depuis longtemps de ressembler, même de loin, à une auberge de la jeunesse, bien que pour la galerie une petite affichette notifie dans l'entrée l'intention de la direction d'en réserver dorénavant l'accès aux porteurs de la carte internationale d'étudiant. Présenter une telle carte est en fait le plus sûr moyen d'être jeté dehors. On ne trouve pas, au Pirée, moins cher que le Youth Hotel : 100 drachmes la nuit, et c'est encore cher payé pour occuper l'une des paillasses superposées, évidemment sans draps, mais non sans petits animaux de compagnie, entassées à raison d'une vingtaine par chambre sur les deux étages du gourbi.

À l'étage supérieur – et sur le toit-terrasse où l'on met le linge à sécher, où l'on écaille le poisson, où le cas échéant on fait paître deux ou trois poulets –, les Africains, regroupés par ethnies, ont reconstitué autour de grands fait-tout et de magnétophones duty-free des formes de vie plus ou moins villageoises. À l'étage en dessous, la population se diversifie, l'Asie empiète sur l'Afrique, et la chambre n° 1, la plus passante, héberge une demi-douzaine de Bengalis installés quasi à demeure, un Chinois de Calcutta arrivé la veille de Majorque avec un passeport britannique, deux Égyptiens de passage, un Chilien que son mauvais caractère a fait tricard dans les hôtels habituellement fréquentés par ses compatriotes, un Marocain venu vendre aux Africains tout un lot de vêtements dépareillés tirés de Dieu sait où, et même quelquefois un routard suisse exsangue, assez clochardisé pour n'avoir pas éveillé l'attention du gardien égyptien plongé dans la lecture d'*Al Arham*.

Au coin de Bouboulinas et de Notara, un bistrot à souvlaki-patates accueille jusqu'à une heure avancée de la nuit la clientèle essentiellement gambienne du Youth Hotel, à laquelle se mêlent des Cap-Verdiens et quelques résidents asiatiques : la plupart sont musulmans, mais adeptes d'un islam pas trop rigoureux qui autorise une consommation importante de bière ou de retsina. Les deux serveurs sont de très jeunes Sri-Lankais, eux-mêmes à la recherche d'un embarquement, qui, s'ils vous trouvent une bonne tête, tirent de sous le comptoir le manifeste bilingue d'un mouvement autonomiste Tamil, les « Tigres de la Liberté ». Le vrai patron du rade serait un Pakistanais aux allures de mac, que l'on aperçoit de temps à autre au bras d'une jolie fille vieillissante, un peu trop fardée. Quant au gérant, c'est un Grec qui fait la banque pour les Africains, prenant en dépôt des sommes relativement considérables qu'il ne serait pas prudent de garder sur soi, à la fois parce qu'il y a des vols au Youth Hotel, et parce qu'en cas de rafle, un Noir en situation irrégulière, trouvé porteur de telles sommes, pourrait se voir prier d'acheter à ses frais un billet de retour, ou de contribuer aux œuvres d'une police dont les mœurs évoluent lentement depuis la destitution des colonels. Parfois une polémique éclate entre ressortissants de pays d'obédiences adverses, les uns prônant une révolution pour laquelle les autres ont déjà donné. Devant un public de Gambiens convaincus des bienfaits du socialisme – dont l'un vêtu d'un uniforme complet, et naturellement postiche, de para-commando –, un vieux Cap-Verdien complètement bourré, entortillé dans une chemise à jabot de dentelle qui parachève son look pirate, gueule qu'il est portugais, nom de Dieu, et qu'en Guinée-Bissau tout le monde est désormais obligé de présenter un passeport russe !

L'afflux de main-d'œuvre étrangère dans le port grec a culminé au début des années soixante-dix. En plein boom, les armateurs grecs préféraient à la main-d'œuvre indigène cette main-d'œuvre étrangère moins regardante sur les salaires, non syndiquée, plus endurante et plus disciplinée. Même si les Philippins, prompts à la bagarre, ont une certaine tendance, pour négocier une augmentation de salaire, à monter sur la passerelle le couteau à la main. Mais la demande des armateurs était si pressante qu'en 1971 on avait à peine le temps de stationner au carrefour que déjà un sergent recruteur vous tirait par la manche vers un bateau en partance… Puis vinrent les jours sombres : la crise pétrolière, le contrecoup de l'entrée dans le Marché commun et du rétablissement d'un minimum de justice sociale, la réduction des échanges maritimes et les médiocres tarifs du fret, entraînèrent le désarmement d'une quantité considérable de navires. Le spectacle de la baie d'Éleusis donne une idée de l'ampleur de la crise : des centaines de navires immobilisés qui ne sont pas tous grecs, loin de là, amarrés tête-bêche par paquets de huit ou dix.

D'après les chiffres communiqués par l'Union des Armateurs, près de six cent cinquante navires grecs sont ainsi immobilisés, dont 20 % de tankers et 80 % de cargos. Avec comme conséquence, notamment, la mise au chômage de six mille cinq cents marins grecs d'après les statistiques officielles (quinze à vingt mille d'après certaines sources syndicales). Au demeurant, à bord des quelque trois mille six cents navires battant pavillon grec qui persistent à naviguer, de vingt-cinq à trente-cinq mille marins étrangers concurrencent les quatre-vingt-cinq à quatre-vingt-dix mille Grecs actuellement embarqués, en vertu d'un règlement autorisant les armateurs à employer jusqu'à 25 % d'étrangers sous le pavillon national. Pour la plupart, ces étrangers « réguliers » ne sont d'ailleurs pas recrutés au Pirée, mais directement dans leur pays d'origine – aux Philippines, en Inde, au Bangladesh, en Égypte… –, quelquefois en vertu d'accords bilatéraux liant les armateurs à ces pays producteurs de main-d'œuvre. Aux errants du Pirée, exclus du pavillon grec, il reste le dessous du panier : les quatre cent cinquante navires que les armateurs grecs admettent faire naviguer sous pavillon de complaisance, plus ceux qu'ils n'avouent pas. Cela fait encore beaucoup de monde. Il suffit de pousser la porte d'un immeuble de bureaux sur Notara, Fillelinos ou Akti Miaoulis pour en prendre un aperçu. Des dizaines de plaques, dans le hall, signalent dans les étages des dizaines de compagnies aux noms plus exotiques et ronflants les uns que les autres : Baru Lama, Panama Xaviera, Fadi Maritime, XXIe siècle… Certaines de mœurs avouables, d'autres qui disparaissent sans crier gare, certaines qui arment tout un lot de pétroliers encore verts, d'autres une demi-douzaine de fers à repasser : telle la compagnie qui armait le *Celia-Sophia*, et qui au cours de la même année perdit un second cargo dans un incendie et un troisième dans un naufrage. Ou la compagnie, également basée au Pirée, qui armait sous pavillon chypriote l'*Hydo*, bloqué au Havre en octobre dernier alors qu'il s'apprêtait à charger du blé à destination de l'Arabie Saoudite : originaires d'une douzaine de pays différents, placés sous les ordres d'officiers également polyglottes mais tout à fait dépourvus de brevets, les marins n'avaient pas été payés ni ravitaillés depuis plusieurs mois et vivaient à bord dans la pourriture, la vermine et la rouille.

Parfois même, avec un peu d'audace et des relations, vous pouvez dénicher au Pirée une compagnie qui arme pour le trafic de cigarettes américaines ou de marchandises encore plus sensibles. La paie est à proportion des risques, avec intéressement aux bénéfices. Pour les habitués, il ne fait par exemple guère de doute que l'équipage multinational du *Brenda*, un Libérien arraisonné par la police italienne, au mois d'octobre, alors qu'il déchargeait au large de Naples une cargaison de cigarettes estimée à trois millions et demi de dollars, avait été recruté au Pirée par le truchement d'une agence spécialisée.

La journée d'un candidat à l'embarquement commence habituellement vers 9 heures et, sous ce rapport, se termine tôt dans l'après-midi, les bureaux grecs ayant une conception très peu spartiate de la journée continue. Pendant les heures ouvrables, les postulants décrivent jour après jour les mêmes sempiternelles trajectoires, se croisant dans les mêmes couloirs, s'entassant dans les mêmes ascenseurs, poireautant dans les mêmes antichambres, sous les mêmes portraits d'ancêtres à moustaches, parmi les mêmes chromos de tempête en mer. L'accueil est parfois cordial et plus souvent glacé. À moins d'avoir déjà navigué pour elle auparavant et d'y avoir laissé un bon souvenir, il est généralement inutile de se présenter directement au siège d'une compagnie. Presque invariablement, on vous notifie qu'il n'y a pas d'embauche, et la plupart des compagnies affichent d'ailleurs sur leur porte d'entrée une plaque en cuivre, format notaire ou chirurgien-dentiste, gravée de ces deux mots parfaitement clairs pour tout le monde : « No crew » (variante : « No foreign crew »). Ce qui peut signifier en effet que la compagnie n'embauche pas, ou simplement qu'elle paie tribut à la loi non écrite stipulant de ne plus embaucher d'étrangers tant qu'il y aura des marins grecs au chômage.

Exceptionnellement, un écriteau découpé, cette fois, dans un matériau périssable, annonce en plusieurs langues que la compagnie recrute des équipages : « Pliromata, Crew, Tripulantes. » Mais dans tous les cas, pour les non-Grecs, il faut en passer par les agences. Logées pour la plupart dans les mêmes immeubles que les compagnies, souvent aux étages inférieurs et dans des locaux plus modestes, elles procurent aux étrangers des embarquements, dans la limite des places disponibles, et à des conditions qui varient en fonction du salaire proposé, de la qualification et de la nationalité du postulant. Ainsi les Africains sont-ils plus lourdement taxés que les autres, et l'obtention d'un contrat « open », où les heures supplémentaires sont rémunérées en tant que telles, est-elle plus coûteuse que l'obtention d'un contrat « closed », où l'on peut trimer jusqu'à quinze heures par jour sans gagner un drachme de plus que pour une journée ordinaire. À l'époque où les armateurs dévoraient de la main-d'œuvre, il n'était pas question de payer pour embarquer. La taxation n'apparut qu'avec la raréfaction de l'embauche.

D'après les Gambiens, qui au terme de conventions entre leur pays et la Grèce n'ont besoin que d'un passeport valide pour y séjourner, ce sont les Asiatiques qui, pressés d'embarquer par crainte d'être expulsés après l'expiration de leur visa, ont accepté les premiers de payer aux agences une commission. Toujours est-il que cet usage s'est généralisé, et qu'il faut maintenant allonger de 1 000 à 2 000 dollars pour embarquer. De cette somme, une moitié demeure à l'agent et l'autre va au *port-captain* de la compagnie.

Pour quelques dollars de plus, certaines agences vous procurent de faux certificats de travail qui font la meilleure impression sur les compagnies. En général, les termes du contrat scellé par ce bakchich sont respectés par l'agence, mais il est arrivé aussi que des clients, ayant acquitté la taxe et gagné le port d'embarquement qu'on leur avait indiqué, découvrent qu'ils s'étaient fait embaucher sur un bateau fantôme, né de l'imagination d'un agent retors. La police grecque paraît s'accommoder de ces pratiques, et ne fait la chasse, d'ailleurs assez mollement, qu'aux passeurs étrangers, généralement pakistanais, qui introduisent en Grèce des immigrants illégaux. Dans cet univers de contrebande, il faut une certaine expérience et pas mal de ruse pour distinguer la bonne combine du méchant coup fourré, l'authentique de la contrefaçon. Il y traîne des rumeurs mensongères et de vaines promesses, de faux officiers vêtus d'uniformes plus vrais que nature – il suffit de quelques milliers de drachmes pour se procurer dans une boutique d'Akti Miaoulis une panoplie complète de capitaine au long cours – et munis de faux brevets qui offrent toutes les garanties de sérieux, des papiers qui changent de mains, de vrais passeports oblitérés de faux visas, des immigrants qui changent de nationalité, des Libyens débarqués de la veille qui à la réflexion s'avèrent être des Cap-Verdiens en attente depuis des lustres, des citoyens portugais et des sujets britanniques qui désespèrent de mettre un jour les pieds dans leur pays légal, des cafés grecs qui appartiennent en sous-main à des folles chiliennes – les Chiliens « gay », pour d'obscures raisons, sont très recherchés comme cuisiniers à bord des bateaux de complaisance –, de faux recruteurs travaillant pour des armateurs introuvables, des agences et des compagnies escamotables, des bateaux en trompe-l'œil, dont un coup de peinture fraîche masque la rouille, et qui changent de pavillon plus souvent que leurs équipages de chemise. Les vieux routiers naviguent là-dedans à vue, sans jamais donner sur un écueil, mais les nouveaux venus ne sont pas toujours aussi heureux.

Personnellement, je me suis fait refaire par un officier mécanicien allemand très vraisemblable, quatre galons, l'accent de Düsseldorf, le visage rouge brique surmonté d'une houppette de cheveux délavés, carburant à la bière et au cognac, fin saoul dès potron-minet ou plutôt ne dessaoulant pas d'une cuite sur l'autre. Pour une bouchée de pain, au comptoir d'un café de Merarchias, il m'a procuré un emploi de steward à bord d'un cargo de 50 000 tonnes battant pavillon germanique, l'*Isabella*, un liner venant de Marseille à destination de Durban. Au jour fixé pour l'embarquement, il y avait au rendez-vous trois Chiliens – dont le « gay » de service recruté comme cuisinier – qui vraisemblablement avaient dû payer le tuyau beaucoup plus cher que moi. Il ne manquait que le bateau. Renseignements pris auprès de la capitainerie du port, on n'en avait jamais vu au Pirée de ce nom-là, et d'ailleurs, tout simplement, aucun *Isabella* de 50 000 tonnes ne figure dans la dernière édition de ce registre des Lloyd's qui recense tous les bateaux naviguant dans le monde.

La principale vertu que requiert la recherche d'un embarquement, c'est la patience. L'attente peut être très longue – six mois, un an, et plus dorénavant –, si longue que parfois le postulant oublie tout à fait son projet initial, et s'installe au Pirée dans une semi-clochardisation plus ou moins bien tolérée par ses compagnons d'infortune, dans la crainte d'une expulsion et d'un retour sans le sou au pays natal. Le Youth Hotel de Bouboulinas compte ainsi une relique, un Sri-Lankais qui végète depuis plus d'un an et apparemment ne songe plus à changer d'état. D'autres n'ont renoncé à la mer que pour se reconvertir dans des activités sédentaires apparemment plus lucratives, gérant de bistrot ou barbeau à la petite semaine. Mais la plupart persistent dans leur premier dessein et se débrouillent en attendant. Au début, on vit de l'argent épargné sur le dernier embarquement, qui servira également à régler la commission de l'agent. L'entraide et le partage des tâches, au moins entre marins de même nationalité, permettent de réduire au maximum les dépenses et de faire durer le plus longtemps possible ce pécule. Après, il y a les combines illégales ou paralégales, qui varient en général d'une nationalité à l'autre. Le travail au noir dans les bistrots, dans les entreprises de confection ou de sellerie, dans les petits ateliers de métallurgie artisanale qui pullulent entre Athènes et Le Pirée, chez Papastratos ou aux dry-docks de Perama où l'on gagne 800 drachmes (80 francs) par jour, sans compter qu'avec un peu de chance on peut y trouver aussi le gîte et le couvert à bord des bateaux en réparation.

En automne, il y a les vendanges, la cueillette des olives qui en Crête peut rapporter jusqu'à 2 000 drachmes par jour.

Un cran au-dessus, le tourisme, à la belle saison, ménage des occasions nombreuses de se refaire : outre les Allemandes ou les Scandinaves faciles à plumer de diverses manières, le port de plaisance de Zéa, tout proche du quartier d'élection de l'immigration, recrute à partir d'avril-mai des équipages de fortune pour armer les magnifiques yachts des deux sexes, battant comme papa et maman pavillon du Libéria ou de Panama. Les yachts chartérisés ne sont pas très recherchés, car c'est un travail sans lendemain. Les yachts armés par les propriétaires offrent des possibilités de gains plus conséquents, pour un travail généralement moins dur et à plus long terme : hors saison, un marin de confiance – c'est-à-dire, de préférence, un Chilien – pourra demeurer à bord, donc logé aux frais de la princesse, pour s'occuper de la maintenance, et le cas échéant multiplier sa mise en convoyant le bateau sous des cieux plus cléments. Avec en prime l'espoir, il est vrai bien ténu – mais les plus grands armateurs grecs sont souvent passés par des voies plus étroites – de décrocher le gros lot, comme Orson Welles avec Rita Hayworth dans *La Dame de Shanghai*.

Aux plus audacieux, aux plus marlous, les hasards de la vie portuaire ouvrent d'autres perspectives de gains rapides. Jadis, lorsque les Américains des bases aériennes tiraient des bordées dans le quartier nocturne de Glifada, Africains et Chiliens les fournissaient en shit, dont ils s'approvisionnaient auprès de compatriotes embarqués sur des bateaux desservant le proche ou le lointain Orient. Depuis la venue au pouvoir des socialistes du Pasok, les Américains n'étant pas en odeur de sainteté et ne sortant plus guère, la filière s'est tarie. Mais certains Chiliens continuent d'arrondir leurs fins de mois, particulièrement en été, en exerçant aux dépens des visiteurs, et même des indigènes, leurs talents unanimement reconnus de pickpockets, ou en braquant des bijouteries, à l'exclusion semble-t-il de tout autre commerce. Enfin il reste toujours la possibilité d'épouser une Grecque même si l'on est déjà marié dans un autre hémisphère, et de préférence en mentant sur ses origines, car avec ou sans le Pasok au pouvoir, les Américains restent plus recherchés comme conjoints que les Chiliens ou les Tanzaniens.

De ce que les ennuis d'argent, en milieu maritime, appellent la flibuste, on ne doit pas conclure que le tiers monde exporte sa lie au Pirée. Bien souvent, ces marins échoués sont au contraire des gens particulièrement ouverts et délurés, avec ça pas plus malhonnêtes que vous ou moi, et qui, au moins pour une forte minorité, particulièrement parmi les Asiatiques, ne cherchent pas du travail seulement pour subsister ou nourrir leur famille, mais afin d'amasser un petit capital et de monter au pays une entreprise qui les préserverait définitivement de la mouise. Il est évidemment difficile de savoir combien y parviennent, et combien se cassent les reins. Mais la réalité des navires-poubelles, avec leurs équipages faméliques, bloqués de temps à autre dans les ports européens, ne doit pas faire perdre de vue qu'un embarquement sous pavillon de complaisance, avec une qualification d'« a.b. » (ablebodied seaman : matelot sans spécialité) ou d'« oiler » (graisseur), peut avec les heures supplémentaires, dans des conditions certes extrêmement difficiles, rapporter jusqu'à 6 000 ou 7 000 francs par mois, auxquels s'ajoutent parfois des ressources annexes, celles que procurent par exemple les trafics de toutes sortes dans les ports du camp socialiste, les navires qui les desservent étant à ce titre particulièrement recherchés. Or 7 000 francs par mois, au bout d'un an, cela fait une somme au Bangladesh. Mais ce n'est pas tous les jours que l'on trouve un embarquement dans de telles conditions.

Parmi les pensionnaires de la chambre n° 1 au Youth Hotel de Bouboulinas, après un mois, les deux Égyptiens travaillent toujours dans la réparation navale à Perama et n'ont aucune perspective, sinon peut-être de se faire virer s'ils sont repérés par les syndicats. Li, le Chinois de Calcutta, a dû lever le camp, faute de provisions suffisantes, pour aller de nouveau tenter sa chance comme cuisinier dans un restaurant asiatique de Majorque. Le Chilien teigneux s'est fait probablement esbroufer par un faux jeton grec, qui lui a promis un yacht à convoyer aux Caraïbes dont on ne voit toujours pas la trace. Les Bengalis ont après mûre réflexion décliné une offre, transmise par un intermédiaire pakistanais, de quatre embarquements imminents à 3 500 francs par mois, moyennant une commission de 1 000 dollars par tête. Un salaire très médiocre, donc, et par-dessus le marché il y a anguille sous roche. Il s'agit en effet d'un bateau de vingt-cinq ou trente ans d'âge, affrété pour le Pakistan qui occupe le deuxième rang mondial, après Taïwan, pour la démolition de vieux navires : selon toute vraisemblance, l'armateur, trop heureux de trouver du fret pour rentabiliser ce dernier voyage, a décidé d'envoyer son navire au cimetière. À raison de deux mois environ d'embarquement, au tarif proposé, les quatre Bengalis ne récupéreront même pas le montant de leur commission. Et, vu la distance séparant le Pakistan du Bangladesh, l'armateur peut même se permettre d'être régulier en les rapatriant à ses frais, comme prévu par le contrat, dans leur pays d'origine… Jaman, le plus mariole des Bengalis, celui qui a éventé la ruse, en est à vingt-six ans à son huitième embarquement chez les Grecs, et navigue une dernière fois afin de réunir la somme qui lui manque pour ouvrir à Dacca, sur Elephant Road, son hôtel-restaurant à l'enseigne du Café de Paris. Depuis le temps qu'il les pratique, il ne désespère pas d'entourlouper à son tour les Grecs, pour faire sa sortie en beauté.

Le coup est simple dans son principe, parfaitement légal, et même satisfaisant pour la morale, mais suppose qu'énormément de conditions soient en même temps réunies. C'est un rêve que bercent de nombreux trimardeurs de la complaisance, et que quelques-uns réalisent. Si au terme de son embarquement, ayant déjà touché l'intégralité de la paie prévue par son contrat, Jaman fait escale dans un pays où les syndicats ne sont ni corrompus ni muselés – c'est-à-dire, de préférence, en Europe de l'Ouest –, il prévoit de les alerter afin d'obtenir pour lui-même et ses compagnons de bord une augmentation de salaire, avec effet rétroactif, qui avant de débarquer arrondirait notablement son pécule. Même quand ils sont considérés comme satisfaisants par les intéressés, les salaires de « complaisance » sont en effet presque toujours inférieurs aux normes ITF fixées par la puissante International

Transport Workers Federation. Toutefois pour que le coup réussisse, il faut que le bateau fasse escale au moment opportun dans un pays ad hoc, et qu'il soit en assez bon état, ou la cargaison assez précieuse, pour que l'armateur ne décide pas purement et simplement de disparaître, comme cela s'est vu, abandonnant bateau, équipage et cargaison plutôt que de négocier quoi que ce soit

En attendant, Jaman est toujours à la recherche d'un embarquement, ses réserves fondent et son visa est depuis longtemps expiré. D'ici quelques semaines, si tout va bien, s'il n'est pas entre-temps expulsé par la police ou refait par un intermédiaire, dans la salle des machines d'un cargo exténué, il s'acheminera jour après jour, dollar après dollar, vers le Café de Paris sur Elephant Road, vers ce rêve bourgeois et sédentaire qui, avant d'être le sien, fut celui de tant de fauchés européens embarqués sur d'autres planches pourries : sa femme assise derrière un comptoir, rayonnante de beauté, faisant tinter la caisse enregistreuse dans laquelle ruissellent les picaillons...

Lui, *novembre 1982*

Chroniques de la vie polonaise

Les mystères de la rue Brzeska

De quoi se plaignent les Polonais, je vous le demande un peu. Passé le théâtre Powszeckal, où Wajda mit en scène son *Danton*, la rue Targowna est si embouteillée de voitures, toutes les mêmes, que l'on pourrait se croire à Malakoff. Beaucoup de tramways et d'autobus s'ébrouent devant l'entrée du bazar Rozyckiego, l'un des hauts lieux varsoviens du marché noir, et de ces mille petites ruses par lesquelles les Polonais s'efforcent d'atténuer un peu les rigueurs de l'état de siège et de la pénurie.

Devant l'entrée principale du Bazar stationne en permanence une foule compacte et tourbillonnaire dans le sein de laquelle se traitent, paraît-il, les affaires les plus juteuses. Il y a là des changeurs à la sauvette, des chercheurs d'or, des revendeurs de montres suspectes et d'autres babioles éventuellement barbotées, par exemple dans des voitures de diplomates, ces derniers payant un lourd tribut au goût des jeunes Polonais pour la musique en boîte (600 zlotys pour une cassette de Pink Floyd ou d'AC/DC).

Dans une cour voisine du Bazar, entre une minuscule boutique de tailleur, une librairie catholique, qui affiche en vitrine un livre de Claude Mauriac, et l'atelier d'un fabricant d'embauchoirs, un magasin nommé « Zoo » vend des poissons exotiques, des perruches et des hamsters. C'est un des paradoxes de ce pays, qu'alors que l'on y manque de beurre ou de savon – mais jamais de chrysanthèmes –, il se trouve des gens pour acheter des cyprins dorés. Dans l'enceinte du marché, deux rangées de komis bordent l'allée centrale. Les komis sont ces magasins d'État qui font plus ou moins office de clou : les particuliers peuvent y mettre en dépôt des vêtements, des objets divers, sur la vente desquels le magasin prélèvera un important pourcentage. Si bien que, quand il y a la queue devant un komis, c'est généralement plutôt pour vendre que pour acheter. Du moins fait-il chaud à l'intérieur, autour d'un grand poêle à charbon qui ronfle. Mais comment des voyous en sont-ils arrivés, cet automne, à tuer un gardien de nuit du Bazar pour s'emparer des trésors renfermés dans ces boutiques où, hormis des sapes, on ne trouve guère que des briquets jetables et des collants Félix Potin, cela reste un mystère.

Alignés devant les komis, épaule contre épaule, des dames et des messieurs, mais plutôt des dames, offrent des objets parfaitement hétéroclites et discutent, souvent âprement, avec des clients effarés par la hausse continuelle des prix : 600 zlotys premier prix pour une paire de pompes (les dames qui vendent des chaussures n'en présentent qu'une, afin de ne pas se faire faucher la paire), de 1 500 à 3 000 pour un jean, 35 000 pour un renard argenté auquel il ne manque que la parole, de 40 000 à 90 000 zlotys, soit quatre à neuf mois d'un salaire moyen, pour des manteaux doublés de fourrure ou en mouton retourné. Certaines n'achètent apparemment que pour tenter de revendre aussitôt avec un petit bénéfice et elles peuvent rester ainsi des heures à faire le pied de grue, brandissant une minuscule botte rouge, une paire de gants fourrés ou un petit assortiment de slips king-size et de soutiens-gorge hypertrophiés (550 zlotys) qui ne risquent pas d'inciter les chalands à la gaudriole.

La bousculade permanente qui règne dans cette allée centrale est propice aux frôlements, aux coups de coude, aux chuchotis ou aux regards en coin, et c'est ainsi que des gens très dignes, l'air de rien, vous glissent à l'oreille qu'ils ont dans leur cabas un quartier de bœuf ou du saucisson de première, deux choses à peu près aussi faciles à se procurer, à Varsovie, qu'à Paris de l'ambre gris ou de la corne de rhinocéros en poudre. Généralement, le commerce des denrées les plus rares est itinérant et furtif. Plus on s'éloigne de l'allée centrale, vers les bords, plus les vendeurs sont misérables et ce qu'ils offrent poignant de médiocrité : trois fume-cigarettes en plastique transparent, deux numéros anciens d'une revue nord-coréenne, un paquet d'abominables cigarettes « Carmen », une canette de bière, une assiette ou un petit savon. Jetée dans un coin, une caisse en carton maculée de sang frais témoigne d'un deal récent de viande rouge, et dans le voisinage d'une pissotière marécageuse, des biturins très entamés s'arsouillent en catimini avec du tord-boyaux de fabrication artisanale. Puis voici des dindons, des canards, des poulets et des lapins qui rentrent tout vivants dans un petit édicule et ressortent plumés et écorchés, prêts à être vendus jusqu'à six ou sept fois leur prix dans le commerce d'État. La partie agricole du marché est la seule qui donne une certaine impression d'abondance : des montagnes de pommes, parfaitement légales et non-contingentées, des poires, des noisettes, des choux et des citrouilles, des patates, des tomates, des pruneaux, des œufs et du fromage blanc.

Au bout du marché, à l'opposé de la rue Targowa, passe la rue Brzeska, l'une des plus anciennes et des plus crasseuses de Varsovie. Elle date d'avant la guerre et ça se voit. Grandes casernes de brique aux murs écaillés, cours noires et puantes, boutiques où l'on revend des vêtements usagés, des godasses bosselées et tachées d'huile. Cette rue a une réputation de cour des miracles, refuge de voleurs et d'ivrognes, ou plus simplement de ces chômeurs non déclarés que l'on appelle à Varsovie des « oiseaux du ciel ». Mais ici même le crime est pieux, par les fenêtres on aperçoit le portrait du pape, et dans l'une des cours se dresse un autel rustique, fleuri de chrysanthèmes, sur lequel trône la Vierge couronnée d'une auréole d'ampoules électriques. Il s'agit, paraît-il, d'une de ces catacombes où les catholiques célébraient clandestinement leur culte sous l'Occupation allemande, puis durant la période stalinienne. Aujourd'hui, elles protègent d'autres conciliabules, leur réseaux compliqués permettant à l'« initiative privée », à l'abri des regards indiscrets, d'y renouer des fils.

Mourir à Gdansk

À l'odeur de la maladie, médicaments et graillons, se mêle ici le parfum du charbon, dont on voit de grands tas par les fenêtres. Autrement, il faut en convenir, rien ne permet de reconnaître au premier abord que l'on se trouve dans un hôpital à Gdansk, plutôt que dans un hôpital en Meurthe-et-Moselle. Même en Pologne les goélands trouvent encore de quoi bouffer dans les cours.

Et les mêmes visites, sous la conduite de l'Ordynator, traînent au long des mêmes couloirs des cortèges très semblables aux nôtres de blouses blanches et de stéthoscopes. Enfin les docteurs ont les mêmes gestes désinvoltes pour rabattre les couvertures, et palper sous les peaux translucides des tumeurs intéressantes.

Afin d'améliorer l'ordinaire – une assez saumâtre ragougnasse, à base de choux et de patates –, les malades ont à leur disposition, dans le couloir, un frigidaire où ils peuvent conserver quelques denrées guère plus appétissantes.

Ils sont de dix à quinze par chambre, chacune compte au moins un crucifix et deux ou trois bouquets minuscules de ces chrysanthèmes que l'on rencontre partout en Pologne, au pied de la Vierge noire de Czestochowa ou du monument aux morts de Gdansk, à la croisée des chemins ou au chevet des malades, ajoutant au caractère funèbre de ce pays, en automne et sous l'état de siège.

La visite d'un service de chirurgie pédiatrique n'est jamais une entreprise particulièrement réjouissante, mais elle l'est encore moins lorsque l'on considère la rareté, la monotonie et la pauvreté des jouets épars autour des enfants rapiécés.

Ce service, en particulier, manque de tout – de vitamines, d'antibiotiques, d'analgésiques, d'aspirine soluble, de matériel de transfusion, de seringues jetables, de crèmes protectrices pour bébés, de sondes urétrales, de lait en poudre, de désinfectant pour les locaux ou de vêtements de travail pour le personnel –, et les médecins y parlent avec une pointe d'amertume de leurs confrères français, sur lesquels ils comptaient beaucoup pour certaines fournitures. Les quelques équipements sophistiqués fabriqués en Pologne, ou importés sous Gierek, sont souvent hors d'usage par défaut de pièces de rechange, et ainsi de suite. Seul le service de cardiologie paraît convenablement équipé, et le personnel en conçoit une fierté assez touchante, car si les Polonais adorent se plaindre de leur régime, et de la situation dans laquelle il les a fourrés, ils n'aiment pas tant que ça que l'on s'apitoie sur leur misère. D'ailleurs, et pour autant que l'on puisse voir, ces carences matérielles sont légèrement atténuées par la gentillesse et le dévouement du personnel.

Les médecins ont d'autant plus de mérite à faire convenablement leur travail qu'en moyenne ils perçoivent un salaire à peine supérieur à 1 000 zlotys – 25 dollars au cours réel. Les moins scrupuleux arrondissent ces revenus en se faisant payer pour prodiguer des soins améliorés – on a vu des opérés anxieux allonger plusieurs dizaines de milliers de zlotys avant de passer sur le billard –, les autres en acceptant des cadeaux, en nature, de malades reconnaissants, et en travaillant dans des coopératives médicales payantes où les consommateurs, pour un prix d'ailleurs très modique, ont la possibilité de choisir leur médecin et de le conserver. Enfin certains médecins, en particulier les dentistes, font de la clientèle à domicile.

Alors que les Polonais, par nature ou par religion, seraient, dans l'ensemble, plutôt moins féroces que d'autres avec les vieux, il paraît qu'avec l'aggravation de la crise la situation matérielle de certaines familles s'est tellement dégradée que parfois, au jour fixé pour sa sortie de l'hôpital, personne ne se présente pour récupérer le grand-père ou la grand-mère qui a passé l'âge d'aller prendre sa place prioritaire dans les queues devant les magasins.

Quelque chose qui est plus intéressant que d'être vieux et malade, dans ce pays, c'est d'être putain et en bonne santé. Il y a en Pologne énormément de prostituées, et le dancing de l'hôtel Hevélius est un des endroits où elles se rassemblent à Gdansk. Rappelez-vous *Les Amours d'une blonde*, et vous aurez une idée du délié avec lequel de rares couples massifs se démènent sur la piste de danse, relayés par des spectacles ollé-ollé.

Même les trois spots lumineux qui éclairent la piste sont obsolètes. La musique est américaine, les filles sont pour la plupart lourdes et lentes, blondes et blanches, à l'exception d'une gnomesque petite brune surnommée Piggy. Auparavant elle était blonde, mais elle s'est teinte en noir pour tenter – vainement – d'échapper à ce surnom qui lui vient paraît-il d'un cochon blond du *Muppet Show*. Blondes et blanches, donc, et faites à cœur pour la délectation des « touristes » arabes, dont un si gros, si allumé par l'abominable champagne rouge de Roumanie, et serrant de si près son énorme partenaire que tous deux, imbriqués l'un dans l'autre, tendent au fur et à mesure de la soirée vers une sphéricité presque parfaite.

N'insultez pas les filles

Les touristes arabes constituent l'un des nombreux mystères de la Pologne. En toutes saisons ils pullulent au Forum, à Varsovie, on en rencontre des contingents plus ou moins fournis dans les autres hôtels de la ville, et dans des endroits aussi folichons que le dancing du Palais de la Culture, ou le Nympha, une boîte de nuit située au bord de la Vistule, et où se distille quelque chose qui pourrait bien être l'essence même du désespoir. De même sur la côte de la Baltique, dans les hôtels de Gdansk, au Viking de Nowy Port, une des boîtes les plus imbibées d'alcool de la chrétienté, ou au Maxim de Gdynia que les filles imaginent, sans doute naïvement, être l'endroit le plus cher de la Pologne, mais où à coup sûr l'on peut en une soirée claquer six mois d'un salaire moyen. Que la plupart ne voyagent en Pologne, profitant de l'insatiable demande de devises fortes, que pour tirer des putes, c'est ce dont personne ne doute ici. Mais tout se complique sitôt qu'il s'agit de déterminer leur provenance. Les bruits les plus romanesques courent à ce sujet.

Il est généralement admis qu'il y a parmi eux une forte proportion d'étudiants originaires de pays arabes réputés progressistes, et de travailleurs immigrés venant des deux Allemagne. Mais on dit qu'il en viendrait jusque de Billancourt, d'Abou Dhabi et de Beyrouth-Ouest. À Varsovie, le bruit courait – sans fondement, il va de soi – que toutes les filles du Victoria – l'hôtel le plus cher de la ville – quittaient la capitale parce que « l'OLP avait débarqué à Sopot », ou plus précisément au Grand Hôtel de cette station balnéaire de Gdansk.

Ce soir, au dancing de l'Hévélius, les plus en vue sont les membres d'une délégation algérienne venue prendre livraison d'une douzaine de chalutiers fabriqués aux chantiers, et qui bénéficient de la part des filles d'un traitement de faveur : 1 000 francs la passe (ils paient en monnaie française) quand elle est à 50 dollars pour le reste du monde. Au demeurant, ces filles, qu'un peu rapidement l'on charge ici de tous les péchés du monde, ne sont pas, à y regarder de plus près, sans qualités. Bien sûr, elles sont en carte, et leur commerce ne pourrait se maintenir sans l'assentiment de la police. Considérant qu'elles peuvent gagner en une soirée quatre fois le salaire mensuel d'un médecin, on imagine les taxes qui les frappent, et l'idée du recyclage de leurs dollars ouvre des perspectives qui font rêver.

En plus des taxes, elles doivent naturellement rendre de petits services. D'ailleurs il ne semble pas que toutes choisissent la liberté lorsque l'hôtel, chaque fois qu'il y a des troubles, est réquisitionné pour l'hébergement des « zomos »[1]. Toutefois, pour la plupart, leurs sentiments ne font aucun doute, et il ne s'agit pas seulement de ces complaisances glissées dans l'oreille du miché pour l'inciter à la consommation. Mais pour s'en tenir aux événements de cette soirée qui vit les Algériens refaits et contents, l'accueil qu'elles réservèrent à une petite troupe de marins soviétiques est assez éloquent. D'abord refus de vente, alors que, semble-t-il, ils étaient disposés à mettre le prix. Plaisanteries sur les roubles, qu'ils peuvent se les mettre où je pense. Ricanements à propos de Gorki et de

1. Policiers des unités spéciales « anti-émeutes ».

Lermontov, que le plus bourré des marins russes, entre deux borborygmes, définit comme une « bombe sexuelle », ce qui plonge tout le monde dans des abîmes de perplexité mais vous donne tout de même une idée du haut niveau de la conversation.

Tandis que les malheureux, de plus en plus jetés, s'enlisent dans leurs protestations d'amitié sincère, la plus mariole des filles porte, sous leur nez, un toast à la mort de Brejnev. Et le pire, c'est qu'elle nous invite à participer, et qu'à Gdansk, fût-ce dans un bar à putes, un toast à la mort de Brejnev, ces jours-ci, ça ne se refuse pas. Puis, alors que toutes parlent russe comme vous et moi, elles affectent de ne plus parler que l'allemand ou l'anglais. L'une d'elles prend deux paquets de clopes sur la table – mon paquet de Camel, et un paquet de foin bulgare exhumé de la poche d'un des Ruskofs –, et les brandit dans un geste de triomphe. « Ça, c'est le capitalisme [les Camel], ça c'est le communisme [le foin bulgare], lequel des deux est le meilleur ? »

Beaucoup de ces filles sont d'une innocence rafraîchissante, refusant le cognac qu'on leur offre quand elles n'ont plus soif, et racontant volontiers leur vie, ou du moins des vies qui pourraient être les leurs. Celle qui s'est fait une spécialité des chasseurs français venant tirer le cerf en Pologne – elle se fait des petites cornes pour que je comprenne – prétend avoir rencontré à dix-huit ans un industriel javanais qu'elle suivit dans son île, avec qui elle vécut quelques années, et qui lui fit un enfant pour lequel il verse régulièrement une pension en devises. Quand on lui demande pourquoi elle est revenue en Pologne, elle répond : « Parce que c'est mon pays », avec un naturel qui, joint aux effets du champagne roumain, vous mettrait assez facilement la larme à l'œil.

Joyeux anniversaire

À Katovice, devant le charbonnage Wujek, se dresse un de ces monuments de plein vent comme on en rencontre à tous les carrefours de la Pologne. On ne voit jamais personne devant, et cependant les chrysanthèmes doivent être changés tous les jours. Ils frissonnent, avec des bougies, au pied d'une croix surchargée d'images pieuses – le pape, la Vierge de Czestochowa, sainte Barbara ou Maximilien Kolbe, le martyr catholique d'Auschwitz –, et sur le mur de briques auquel s'adosse le monument sont accrochés sept casques comme les mineurs en portent au fond.

L'ensemble, dominé par les deux cheminées gigantesques du charbonnage, commémore l'assassinat par la milice de sept mineurs du puits Wujek, le 16 décembre dernier, trois jours après l'instauration de l'état de siège. Une première croix a été enlevée par la milice, et aussitôt remplacée par celle que l'on voit aujourd'hui. Même si le pape, la Vierge et tous les saints, vous vous en tamponnez le coquillard, il est difficile, devant ce monument, de ne pas porter la main au chapeau imaginaire que vous avez toujours sur la tête afin de pouvoir l'ôter dans des circonstances exceptionnelles.

La veille de cette découverte, je dînai à Katovice chez une dame dont c'était justement l'anniversaire. Des amis avaient apporté qui une bouteille de vin hongrois trouvée à Zabrze, qui trois rondelles de saucissons originaires de Gliwice, et, au bout du compte, ce dîner rassemblé dans toute la conurbation de Katovice faisait à peine un casse-dalle. Le mari avait déniché comme cadeau d'anniversaire une plante en pot si pâlichonne, si maigrichonne, qu'à Paris vous n'auriez pas osé l'offrir à votre concierge pour lui faire oublier vos tapages nocturnes. Mais il y avait au mur un tableau de Chardin et une aquarelle de Marie Laurencin, vestiges d'une très ancienne prospérité. La maîtresse de maison était une actrice d'un certain âge, à petit chapeau vert et chat persan gris, qui jouait avec une troupe itinérante un vaudeville français.

Certains acteurs de cette troupe boycottent les médias – radio et télévision – comme c'est la règle depuis l'état de siège, et d'autres non. Si la situation s'éternise, elle-même craint de devoir un jour « collaborer », car son théâtre itinérant ne lui rapporte pas de quoi vivre. La perspective de cette démission lui inspire une certaine amertume, une certaine rancœur, contre les « vedettes de Varsovie » dont toute l'Europe sait, ou peut savoir, qu'elles boycottent les productions de la radio et de la télévision. Car qui se soucie, en effet, de ce que font ou ne font pas les acteurs d'une petite troupe itinérante dans le fin fond de la Silésie ?

Le cafard que distille la Pologne ne tient pas seulement à l'absence de libertés, à la pénurie, au climat maussade ou au souvenir de tueries récentes, mais aussi à d'innombrables signes de décrépitude qui vous donnent à tout moment le sentiment d'évoluer dans les décors et parmi les figurants d'un film d'avant-guerre : ces tramways ahanant jour et nuit sous la lumière froide, ces locomotives à vapeur jetant leur fumée blanche au milieu des villes, ces dames à petits chapeaux piqués de longues épingles, ces restaurants vastes comme des cathédrales, à colonnes doriques et rideaux sales, ce marchand d'horoscopes jouant à un carrefour, au milieu des rails, sur un orgue de Barbarie fabriqué à Berlin chez Bacigalupo, ces chrysanthèmes, ces curés en soutane et ces flics à pleins pouvoirs, tout ici paraît voué à la commémoration d'époques révolues qui portaient en elles des catastrophes. Auschwitz, par la route, est à une trentaine de kilomètres de Katovice.

Avec tout cela, Katovice demeure une des villes les moins désolées de la Pologne. Polluée, certes, noire et rouge, toute fumante, stigmatisée de lourdeur allemande et de paranoïa socialiste, mais vivante, et relativement plus cossue que d'autres villes du même tonnage.

Dans les deux magasins du Rynek, le Zénit et le Skarbek, des queues précambriennes se forment dès l'ouverture devant les rayons des vêtements, des spiritueux, des sucreries ou de l'ameublement. Et c'est mazette à côté de ce qu'on voit au-dehors, des cohortes, des multitudes, des manifestations de masse, le 1er Mai sur la place Rouge pour une mauvaise paire de grolles ou un morceau de rideau. C'est surtout le textile qui fait fureur, mais il y a la queue partout, y compris devant les magasins de musique, et devant le siège de la milice où les plus de soixante ans – les autres n'y ont pas droit – poireautent pour retirer leurs passeports afin de partir à l'étranger. Mais, paradoxalement, ces bousculades sont le signe d'une certaine aisance : si les gens se donnent autant de mal pour entrer dans les magasins, c'est que du moins l'on y vend quelque chose.

Les privilèges dont jouissent les mineurs silésiens ne vont pas jusqu'à ce que l'on s'abstienne de les fusiller de temps à autre, mais dans l'intervalle ils gagnent considérablement plus que le commun des mortels (jusqu'à 30 000 zlotys par mois, et des heures supplémentaires payées à 300 %), ils ont plus à manger (7 kg de viande par mois), ils disposent de filières rapides pour les bagnoles, de magasins spéciaux pour l'alimentation et pour l'équipement domestique que les autres Polonais ont tant de mal à se procurer. En revanche, depuis qu'en vertu de l'état de siège les mines sont militarisées, il faut une autorisation spéciale pour aller pisser, et la moindre absence est assimilée à une désertion. Moyennant quoi la Pologne aura produit cette année 30 millions de tonnes de charbon de plus qu'en 1981.

Le dernier bal du *Titanic*

Les nuits de Varsovie sont pleines de fumée. Sans doute la ville, si souvent détruite, est-elle établie juste au droit de l'enfer, car de toutes les déchirures de sa surface émanent des tourbillons de vapeur blanche qui, en voiture, vous donnent l'impression d'évoluer au jugé sur un champ de bataille nocturne. Le restaurant de Wilanow est une des rares attractions de Varsovie by night. (Il est situé à un jet de pierre du palais de Wilanow, le Trianon du roi Sobieski, dont le parc est jalonné de fausses ruines, ermitages gothiques ou pagodes frissonnantes sous leur chapeau de neige). À moins d'une réservation, on n'entre pas le soir sans montrer patte blanche, ou sans faire craquer quelques grosses coupures. À l'intérieur, c'est tout le chic comme on l'imagine dans les chaumières : plafonds à caissons, cornes de grands mammifères, cuivres repoussés et chandelles sur les tables. Le restaurant de Wilanow est l'un des deux ou trois, à Varsovie, qui débitent des chateaubriands épais et moelleux, arrosés d'un « Sang de taureau » qui en un rien de temps vous fait gazouiller les cylindraxes. Toutefois, en dépit de leur belle mine, tirant sur l'écarlate, et de leurs chairs épanouies, les gens qui remplissent la salle ne sont venus que tout à fait accessoirement pour manger et boire. Le ticket d'entrée – 750 zlotys – ne donne droit qu'à une assez sommaire assiette anglaise dont la plupart se contenteront. Car ce que l'on vient consommer, à Wilanow, ce sont les facéties de Pietrzak, un chansonnier qui physiquement tient de Brassens, de Günter Grass et de William Faulkner, et qui jadis faisait salle comble à l'hôtel Forum, dans son cabaret Pod Egida. Pietrzak, qui se trouvait aux États-Unis au moment de l'instauration de l'état de siège, a refusé de participer au « show Reagan » pour la Pologne, néanmoins placé sous le signe d'une de ses chansons les plus célèbres, « Let Poland be Poland ». Moyennant quoi, il peut aujourd'hui se produire sur la scène de Wilanow, et faire rire le public, on ne sait pas au juste aux dépens de qui, en mimant la tête des douaniers polonais stupéfaits qu'il y ait au monde un type assez bête pour revenir des États-Unis après l'instauration de l'état de siège.

Beaucoup de sketches de Pietrzak sont grinçants. Il y a la fameuse histoire du casse au musée d'Auschwitz, dévalisé de ses chaussures d'enfants, une denrée absolument introuvable en Pologne. Il y a le récit, au second degré, d'un nigaud venu du froid partant à la découverte de New York. L'un des sketches les plus appréciés – et il est en effet à pisser de rire, même si on ne parle pas un mot de polonais, pourvu simplement que l'on ait tourné quelquefois le bouton de la radio d'État – singe le compte rendu officiel d'une visite d'usine par une délégation d'un parti frère : festival de langues de bois et de statistiques délirantes. Un comparse de Pietrzak se taille également un vif succès avec un numéro sur les détournements d'avion : désormais, lorsque vous empruntez un vol intérieur de la LOT, on vous distribue d'office un plan de Berlin-Ouest. Des chansons alternent avec les sketches. Ce sont parfois d'ordinaires chansons d'amour – alors le public se lève et guinche – exprimant simplement l'« handra », le spleen, le cafard, la saudade polonaise. Ce sont plus rarement des chansons engagées, comme celle – « niam, niam, niam » – qui, sur un rythme de cha-cha, évoque les nostalgies alimentaires des Polonais, ou celle du dictateur et du petit cordonnier : à la fin, le dictateur en a tellement fait baver au petit cordonnier que personne n'a plus de chaussures, et que lui-même doit aller pieds nus.

En dépit de la qualité du spectacle, en dépit de ses apparentes audaces – ou, plus précisément, à cause d'elles –, le public cultivé de Varsovie, pourtant incroyablement avide de nouveautés et de divertissements, boude le cabaret de Wilanow. Y aller, je ne vous le cacherai pas, fait assez plouc, comme si, à Paris, vous alliez au Don Camillo. On accuse Pietrzak de cautionner le régime en ne le brocardant pas trop méchamment devant un public trié sur le volet, qui pour l'entendre a dû franchir plusieurs barrages, à commencer par celui du fric. Il ne nous appartient pas de trancher ce litige, mais il est difficile de ne pas entendre l'appel de Pietrzak, dans un de ses numéros les plus amers, lorsqu'il invite le public à s'amuser toute la nuit, rien qu'une nuit, « comme s'amusaient les passagers du *Titanic* juste avant que le navire heurte un iceberg ». Au sortir de ce bastringue, naufragé sain et sauf du *Titanic*, vous retrouvez les longues avenues désertes de la périphérie de Varsovie, noyées de brumes et de fumerolles, les grands immeubles sales qu'on n'a pas eu les moyens de crépir, les arbres morts baignés par l'éclairage au sodium de lumière orange, et vous vous demandez une fois de plus, once for ever, si la tristesse qui vous poigne est imputable au socialisme, à l'abus de spiritueux, ou encore à d'autres causes générales ou particulières.

Guérisons miraculeuses

Tout a commencé, semble-t-il, dans les années soixante-dix, au sein de cette vieille aristocratie polonaise encore si nombreuse, aujourd'hui, que c'est à se demander comment ils faisaient autrefois.

Une grand-mère se mourant d'un mal incurable, et dont la famille, Dieu sait comment, déniche les coordonnées de Clive Harris, un thaumaturge anglais dont la réputation a franchi les sept mers. La seconde victime de Harris – que tout le monde ici appelle Clive – fut un curé qu'il sauva d'un cancer du pancréas. Jusque-là, il ne donnait que des consultations privées. Mais le bruit de ses exploits attire bientôt les foules et il doit se mettre à officier dans les lieux publics.

En Pologne, les lieux publics appartiennent soit à Dieu, soit à l'État. L'État refusant de lui ouvrir ses stades ou ses salles de spectacles, l'Éternel l'accueille dans ses temples, et désormais, deux fois par an, au printemps et en automne, Harris fait le tour des églises de Pologne, attendu, suivi, précédé, étouffé, porté aux nues par des multitudes enthousiastes de grabataires ragaillardis ou d'agonisants pleins d'espoir.

À partir de 1975, l'organisation de ces campagnes de guérisons est prise en main par des jeunes gens issus pour la plupart du Comité des intellectuels catholiques, que l'on retrouve à la même époque dans tout ce qui se fait de plus remarquable en Pologne. Tous bénévoles, ils commencent par installer dans les grandes villes du pays des permanences qui un mois avant l'arrivée du thaumaturge centralisent les demandes de « consultation ». Des dizaines de milliers de lettres, en principe accompagnées de certificats médicaux, qui avec le concours d'une équipe de médecins permettent de faire un premier tri entre les vrais malades et les imposteurs. De cette marée de bafouilles, souvent balbutiantes, venues des tréfonds, truffées d'archaïsmes, naît un singulier panorama de la souffrance en Pologne, et de la défiance du public vis-à-vis de la médecine officielle. Après ce premier tri, les heureux élus reçoivent par la poste un numéro qui leur ouvre le droit à faire la queue en plein air pendant des heures, parfois toute une nuit, lorsque Harris sera de passage dans leur ville. Mais les Polonais ont l'habitude de faire la queue pour s'habiller ou se nourrir, alors pourquoi pas pour un miracle ?

Le livre d'or tenu par les organisateurs atteste l'abondance des guérisons prodigieuses : un aveugle qui retrouve la vue, un médecin de trente-six ans guéri de sa sclérose en plaques, une femme stérile qui se met à fructifier, un petit hydrocéphale dont la tête retrouve des proportions normales après que Clive lui a imposé les mains sur le front. Avant de vous récrier, observez qu'il n'y a pas tant de portes ouvertes à l'espoir, en Pologne, que l'on puisse négliger même la plus basse et la plus étroite. Lisez ces remerciements d'un vieux monsieur que le dévouement des organisateurs bénévoles a convaincu – je le cite – de la vérité de cette réflexion d'Oscar Wilde : « Bien que nous soyons tous dans le ruisseau, certains regardent tout de même vers les étoiles. »

La lecture de ce livre d'or, où l'on consigne également chaque jour le nombre de visiteurs reçus par Harris, donne une idée de l'ampleur du phénomène : dix mille personnes le 5 novembre 1981 dans l'église du couvent des Dominicains, à Varsovie, autant le lendemain et pendant les huit jours qui suivent. Parfois la pression de la foule est telle que Harris, pour éviter que les portes de l'église soient enfoncées, doit sortir dans la rue et consulter en galopant. Les quelques mots griffonnés sur le livre d'or par les visiteurs attestent la diversité de leurs motivations : « Merci à Clive Harris pour le mal qu'il se donne pour le genre humain, et surtout pour nous, Polonais, en ces jours si difficiles », « Les médecins m'avaient affirmé que M. Harris et la Vierge Marie ne pouvaient rien pour moi : ils se trompaient », « Tu as aidé une malheureuse Polonaise, que Dieu t'aie en sa sainte garde », ou encore : « Les jeunes gens du service d'ordre sont autrement aimables et efficaces que les miliciens. »

Depuis l'instauration de l'état de siège, Harris n'a pu obtenir de nouveau visa pour la Pologne, bien que, d'après la rumeur, Mme Jaruzelski ait été autrefois du nombre de ses adeptes. C'est une perte sèche pour l'Église, qui recueillait à profusion l'argent dont Harris ne voulait pas. Et, par-dessus le marché, l'État lui suscite maintenant des concurrents laïques, comme ce Nardelli d'Opole dont la télévision retransmet les séances de thaumaturgie électrique. Tout cela laisse rêveur. Mais là où le génie polonais y met du sien, c'est lorsque vous demandez à rencontrer l'une des organisatrices de ces caravanes de la douleur, attendant une vieille carne avec du poil plein les narines, et que vous vous retrouvez en face d'une jeune fille tout droit sortie d'un roman russe (sauf le respect dû à la Pologne), rose et fraîche, rusée comme une musaraigne, et qui pour comble possède dans sa chambre les œuvres complètes d'Alfred de Musset.

Fin de siècle

C'est une petite chambre au charme un peu morbide, encombrée par un quart-de-queue sur lequel traînent des verres sales et des partitions, pleine d'objets pour la plupart inutiles, tableaux néo-expressionnistes, gravures frénétiques, souvenirs de voyage et flûtes à bec. Il doit y avoir un chat quelque part, mais comment savoir dans ce fourbi. L'escalier pullule d'indicateurs de police qui très obligeamment vous proposent de changer des dollars au marché noir. En face, dans ce qui fut le palais d'une des plus illustres familles de Pologne, une princesse déchue fait des ménages dans les locaux des Amitiés polono-soviétiques. Imaginez cela : une princesse polonaise balayant la poussière des Ruskofs. Et vous voudriez encore voir les Cosaques abreuver leurs chevaux dans les bassins des Champs-Élysées ? Tard dans la nuit, au dernier étage de ce palais aboli, une fenêtre éclairée encadre le profil d'une jeune fille penchée sur des grimoires. On jurerait du Visconti. La musique du film : Ravel, *L'Enfant et les Sortilèges*. Plus tard encore, la maîtresse de maison joue de la flûte à bec, tandis qu'au-dehors Cracovie sombre pavillon haut dans un rêve bleuté, ouaté de brume, bercé par le clipiticlop d'un fiacre centenaire. Ici, comme le soulignent fièrement mes hôtes, « règne toujours l'esprit de la vieille monarchie austro-hongroise ». Et un petit dernier, hips, à la santé du trône et de l'autel. (Dans une crypte de la cathédrale du Wavel, le mausolée du maréchal Pilsudski croule sous les fleurs et les témoignages de piété).

Les intellectuels polonais ont ce même sentiment d'impuissance que vous aviez jadis, lorsque vous attendiez des ouvriers qu'ils « reprennent des mains débiles des étudiants le drapeau de la lutte ». Allons, un petit effort, rappelez-vous, c'est une citation de Staline, et vous l'aviez inscrite sur vos bannières. On fusille à leurs portes et ils jouent de la flûte à bec. Nulle part il n'est doux de larmoyer sur la fin de tout, et singulièrement sur le déclin de l'Europe moderne, comme dans ce pays où pour ainsi dire elle fut empêchée d'advenir. D'un château l'autre. Celui-ci se dresse sur la place du Vieux-Marché, qu'il est d'usage de comparer à la place Saint-Marc, et le fait est qu'on y trouve autant de pigeons. C'est une belle demeure classique à pilastres corinthiens, qui autrefois abrita la famille Potocki, celle de Jan, le fada qui écrivit *Le Manuscrit trouvé à Saragosse* avant de se tirer dans la tête une balle en argent bénie par son chapelain. Au premier étage il y a un balcon soutenu par des consoles imitant des têtes de bélier. L'ensemble héberge aujourd'hui la Maison de la Culture, mais en Pologne il faut se méfier des appellations : depuis des mois, la Maison des Touristes n'accueille plus que des flics venus en renfort à Cracovie. Toutefois, il faut en convenir, cette maison de la culture est assez culturelle. On y trouve une bibliothèque, des salles de conférence, un cinéma permanent très commode pour dormir au chaud, le siège du club des sourciers ou du club des apiculteurs. Tout ça ne déplace sans doute guère de monde. Mais ce qui fait salle comble, c'est le cours de danse animé par un

M. Wieczysty dont le complet croisé doit avoir au moins l'âge de la Pologne.

La place du marché peut être suffoquée de gaz lacrymogènes, vous trouverez toujours au premier étage du palais Potocki quelques couples larmoyants, perdus dans Dieu sait quels rêves d'élégance, s'essayant maladroitement à la valse ou au paso doble. Dans la cour, à la nuit tombée, il est rare de ne pas rencontrer un ou deux ivrognes occupés à compisser le tas de charbon, et dans le hall d'entrée les autorités ont placardé une affiche de propagande dont le style évoque l'Occupation. Le personnage stigmatisé est le type de « l'émigré intérieur, modèle Europe-Libre 1982 » : pieds nus, barbu, le poil sombre, portant des lunettes, un brassard de deuil, un badge de la Vierge et un gros cierge, le saligaud a un vague air de poète juif américain des années soixante, quelque chose comme Ginsberg en moins luxuriant.

Ce qui est amusant, c'est cette insistance du pouvoir – d'ailleurs plus discrète que dans d'autres pays socialistes – à ramener sa fraise, quand il se sait en butte à l'hostilité générale. Il faut voir par exemple, à la sortie des usines Cegielski de Poznan, ce slogan peint en grandes lettres : « Le Parti réunit les forces vives de la Nation socialiste polonaise. » Les ouvriers de Cegielski savent pourtant à quoi s'en tenir : c'est eux qui, en 1956, étonnèrent le monde en affrontant les chars de la milice, laissant cinquante morts sur le terrain. Alors à quoi bon tenter de leur faire prendre des vessies pour des lanternes ? Ne serait-il pas plus simple, comme le suggérait Bertolt Brecht après les émeutes de Berlin-Est, de dissoudre le peuple pour en élire un autre ?

Holocauste

En contrebas de la cour du palais Potocki, quelques marches d'escalier mènent à une espèce de club caverneux, enfumé, comme il dut y en avoir chez nous à l'époque où Boris Vian jouait de la trompinette. Cela s'appelle *Piwnica pod Baranami*, c'est-à-dire quelque chose comme « le caveau sous le mouton », par référence aux têtes de bélier qui ornent la façade. Ce qui fut paraît-il un des hauts lieux de la vie intellectuelle et éthylique à Cracovie n'est plus qu'un minable bastringue où pochardent des couples ennuyés. Avant l'état de guerre, donc, on y chantait, on y déclamait, on s'y attendrissait, on y tournait en dérision, on y donnait enfin des spectacles épatants, et si bien arrosés que personne, à Cracovie, ne peut vous dire exactement en quoi ça consistait. Mais c'était formidable, ça vous rentrait dans la peau par le bas et par le haut, ça vous tirait des rires et des larmes, en somme ça devait être très polonais. Polanski gamin avait été pour quelque chose dans la fondation de cet établissement, à peu près l'année de la tuerie de Poznan.

Telle en était la renommée que Walesa lui-même, quand il était roi de Pologne, fit le pèlerinage du Mouton : au soir d'une longue journée de rencontres et de discussions, il s'endormit benoîtement pendant le spectacle et ne se réveilla que lorsqu'un des acteurs se mit à lire les Psaumes. Sans doute, dans ce festival de calembredaines, était-ce la seule chose qui sonnait familièrement à ses oreilles.

Néanmoins il tint à féliciter tout le monde, et à confier à l'un des artistes que puisqu'il s'y connaissait en électricité, lorsqu'il serait rangé des voitures, il se retirerait au Mouton pour s'y occuper des éclairages. L'état de guerre surprit les animateurs alors que, tout pantelants d'une dernière cuite italienne, ils rentraient du festival d'Arezzo où ils avaient décroché la timbale avec un spectacle muet. Depuis, le père spirituel du Mouton s'est fait tabasser par les « zomos », peut-être parce qu'il restait sourd aux propositions des autorités de rouvrir son cabaret en soumettant les sketches au contrôle de la censure. Quand on boit un verre dans ce qui reste du bar, sous le portrait géant d'une sorte de général Dourakine, on aperçoit par une porte entrebâillée trois rangées de fauteuils, des accessoires, des morceaux de décors et des costumes qui prennent la poussière : la Pologne est saturée de dépouilles glorieuses, certaines qu'elle honore, et d'autres moins.

Passé le Planty – cette espèce de fosse aux ours où s'ébattent des tramways et qui marque les limites de la vieille ville –, puis un autre boulevard nommé Dielta, on pénètre dans ce qui fut le quartier juif de Cracovie. C'est une autre vieille ville, aussi belle que la précédente, mais les crédits – ou la volonté – ont manqué pour la restaurer à l'instar de la première. Des façades superbes, tout écaillées, protègent des taudis, des cours fangeuses, des balcons de bois auxquels sèchent du linge et des piajènas. Des jardins de couvents voisinent avec des cours d'usines, les rues sont pavées, des escaliers tout à fait hors d'usage tournent à l'éboulis, cela tient du Marais avant sa restauration et de ces confins du XIIe arrondissement où campent à Paris des religieuses et des marchandises en transit. Au détour d'une rue, on tombe sur un marché famélique où l'on vend de quoi nourrir des rongeurs. En ce jour de

Shabat, on fait vainement le tour, pour trouver une entrée, de synagogues lépreuses qui n'abritent plus que des pigeons.

Comme prévu, il faut passer sous un pont de chemin de fer avant de pénétrer en douce, par l'entrée d'un immeuble, dans le grand cimetière juif de Kazimierz. Des arbres dépouillés, couverts de corbeaux, nouent leurs branches au-dessus des stèles de guingois, comme dans un tableau de Friedrich. Les corbeaux polonais croassent sans arrêt, beaucoup plus que les nôtres. Ajoutez à cela que par un raffinement de sensibilité, on a construit, sans doute au début de ce siècle, un grand abattoir de brique rouge dans le voisinage immédiat du cimetière. Ainsi le silence de ce lieu absolument désert se trouve-t-il mêlé de mugissements, que d'abord l'on ne parvient pas à s'expliquer, et du fracas des trains passant sur une voie en contrebas. Beaucoup de stèles anciennes ont été martelées sous l'Occupation, et les plus récentes égrènent l'interminable liste des Juifs de Cracovie exterminés dans les camps tout proches. Un petit panneau rouillé enjoint aux hommes de se tenir couverts, mais il semble qu'il n'y ait plus personne pour venir se recueillir dans ce cimetière, comme si ce deuil-là n'était pas celui de la Pologne.

Libération, *14 au 24 décembre 1982*

Villes flottantes

Bien que les paquebots, depuis le *Titanic* et même auparavant, aient toujours été plus ou moins destinés à finir échoués, engloutis, torpillés, dévastés par le feu, éventrés par des icebergs ou éperonnés par leurs congénères, il était d'usage, au moins jusqu'à la Seconde Guerre mondiale, d'apporter un certain soin à leur présentation. Dans une conférence prononcée en 1926 à l'Institut océanographique de Paris, le président des Messageries maritimes, Georges Philippar – dont on sait que lui-même donna son nom à un navire appelé à finir en fumée, entraînant Albert Londres dans sa disparition –, définit le paquebot comme une « mobile parcelle de la patrie, fruit de la collaboration du travail manuel et du travail intellectuel, œuvre complexe qui résume et symbolise le pays qui lui donna naissance, vivant trait d'union entre les ports français et les régions les plus lointaines ». À titre d'exemple de cette vocation diplomatique et culturelle, Philippar cite le *Paul-Lecat*, mis en service en 1912 sur la ligne d'Extrême-Orient, dont les aménagements dans le style du Grand Siècle auraient notablement contribué à diffuser dans le public japonais le goût du classicisme français. Jusque dans les années vingt, en matière de décoration et d'architecture intérieure, la règle consiste en effet dans un historicisme grandiose, étroitement national sur les lignes de l'Atlantique, coloré de références pittoresques aux styles supposés des pays desservis lorsque la trajectoire du paquebot s'infléchit vers l'Orient. Ainsi le *Mariette-Pacha*, paquebot méditerranéen des Messageries Maritimes, mis en service en 1926, marie-t-il le Moyen Âge français à l'Égypte pharaonique, à travers mille nuances de marbre cipolin, de bronze, d'ivoire, de nacre, d'érable gris, de palissandre rose, de bois de corail, d'amarante, de hêtre fumé ou de frêne ramagé. Sur la ligne des États-Unis, Allemands et Français rivalisent de mauvais goût somptueux, en faisant naviguer des répliques plus ou moins fidèles des folies de Louis II de Bavière ou du grand escalier de l'Opéra de Paris, dont on comprend mal comment elles survécurent parfois aux tempêtes de l'Atlantique Nord. Accessoirement, toute cette bimbeloterie chryséléphantine est prodigieusement inflammable. « On se demande parfois, écrivait alors Henri Michaux, pourquoi tant de bateaux coulent : c'est qu'ils le méritent. »

Toutefois il faut reconnaître à l'Allemagne, et plus précisément à la Hamburg-Amerika Linie, le mérite d'avoir songé la première à limiter les dégâts en confiant à un seul homme, Charles Mewes, décorateur des hôtels Ritz-Carlton, l'aménagement de tous ses paquebots, favorisant ainsi l'éclosion d'un style encore babylonien, mais du moins relativement homogène, « intégré », et qui par là préfigure la petite révolution esthétique des années vingt-cinq. Par ailleurs, les maîtres de cet éclectisme maritime n'étaient pas nécessairement plus bêtes ou plus arriérés que d'autres : ils faisaient simplement ce que la clientèle attendait d'eux, quitte à s'asseoir sur leurs propres convictions esthétiques. L'un d'entre eux, Arthur Davis, l'architecte de la Cunard Line, s'en est expliqué assez drôlement dans une conférence prononcée en 1922 : « La première fois que je fis ce travail, il y a une quinzaine d'années, je demandai au directeur de la compagnie qui m'employait : “Pourquoi ne faites-vous pas des bateaux qui ressemblent à des bateaux ?” Mais on me répondit que les usagers de ces bateaux n'étaient pas des pirates, qu'ils ne dansaient pas aux accents de la cornemuse, que c'était pour la plupart des dames américaines sujettes au mal de mer, et qui tenaient par-dessus tout à oublier qu'elles se trouvaient à bord d'un bateau. [...] Un transatlantique n'est pas vraiment un bateau, c'est une ville flottante de trois mille habitants de toutes sortes, avec toutes sortes de goûts, et ceux qui se réjouissent d'être à bord constituent décidément une minorité. [...] Les choses étant ce qu'elles sont, tout ce que nous pouvons faire est de leur offrir de gigantesques hôtels flottants. »

Davis sait de quoi il parle : en tant que décorateur de la Cunard, c'est lui qui a conçu, par exemple, les aménagements de l'*Aquitania*, lancé en 1913, véritable anthologie de l'architecture britannique palladienne et néoclassique (notamment), bourrée de références explicites à l'œuvre de Christopher Wren (l'architecte de la cathédrale St Paul) ou de Robert Adam. Tout cela ne l'empêchera nullement, vingt ans plus tard, d'aménager le *Queen Mary*, avec le concours de Benjamin Wistar Morris, dans un style très sobrement Arts déco.

Le lancement de l'*Île-de-France* aux chantiers de Penhoët, en 1926, marque par rapport à cette tradition éclectique et historiciste une véritable coupure épistémologique, quelque chose à la fois de dialectique et de fondamental. Tellement dialectique que Richard B. Oliver, dans le catalogue de l'exposition « Speed, Style, Symbol » organisée en 1980 par le Cooper-Hewitt Museum de New York, date de cette mise en service de l'*Île-de-France* le renversement de la tendance à plier l'architecture intérieure des paquebots aux canons de l'architecture terrestre et hôtelière : « Le style intégré, moderne, de l'*Île-de-France*, fut le précurseur du style architectural et décoratif qui émergea dans les années trente sous le nom de Style Paquebot. » Nous y voilà. Pour la première fois, observe le même auteur, l'aménagement intérieur d'un navire est en rapport avec le dessin de la coque ou des superstructures. Ce rapport, il faut le dire, demeure tout de même assez ténu. Sans entrer dans le détail des recherches décoratives qui valurent à l'*Île-de-France* d'être sur les deux rives de l'Atlantique le paquebot le plus chic et le plus recherché des « années folles » – au point que certains habitués de la ligne, par ailleurs conformes au type socioculturel de l'homme pressé, préféraient différer leur départ plutôt que de faire la traversée à bord d'un concurrent –, on remarquera que la principale innovation des décorateurs, et leur plus notable concession à la vocation maritime et aérodynamique du bâtiment, consiste à préférer le lisse, l'uni, le poli, au guilloché, et, par voie de conséquence, des matériaux comme le marbre, le verre ou la laque aux boiseries tarabiscotées et aux tentures épaisses qui faisaient fureur sur les prédécesseurs de l'*Île-de-France*. L'un des principaux artisans de cet infléchissement stylistique – à côté d'un architecte comme Bouwens de Boijen, de décorateurs comme Janniot, Bouchard ou Saupique – est l'architecte Pierre Patout, qui dessine notamment l'admirable salle à manger de l'*Île-de-France*, véritablement moderne en ce qu'elle préfigure l'exposition de 1937 plus qu'elle ne rappelle celle de 1925, et que nous retrouverons successivement à bord de l'*Atlantique* (1930) et du *Normandie* (1932), puis à terre dans le rôle d'un des plus éminents représentants français du « style paquebot », au moins dans son acception la plus mondaine et la plus décorative.

Malgré les innovations auxquelles il donne lieu, l'*Île-de-France*, lancé un an après elle, demeure un prolongement de la célèbre exposition des Arts décoratifs, en quelque sorte une version condensée, itinérante et maritime, de cette exposition. Or c'est précisément contre les « Arts déco » que se définissent les « angry young men » adeptes de l'Esprit nouveau, ceux-là mêmes que le grand public accusera parfois de vouloir imposer le « style paquebot » (variante : le « style clinique ») dans l'architecture sédentaire. Aussi bien cette appellation de « style paquebot » est-elle entachée d'ambiguïté, une ambiguïté que souligne le manifeste « Pour l'Art moderne » publié en 1934 par l'Union des artistes modernes et rédigé par Louis Chéronnet. (L'UAM regroupe notamment les affichistes Cassandre, Carlu et Paul Colin, Pierre Chareau, l'architecte de la « Maison de Verre », Le Corbusier et Pierre Jeanneret, André Lurçat, René Herbst, Francis Jourdain, Robert Mallet-Stevens, Georges-Henri Pingusson et Jean Prouvé.) « Style paquebot : c'est bien vivement dit, écrit Louis Chéronnet, si l'on songe qu'un grand paquebot actuel ressemble, en réalité, surtout à un somptueux palace [...]. Nous dirions bien plus volontiers que le style paquebot, tel qu'on le conçoit aujourd'hui, est le contraire de notre idéal. Néanmoins nous n'allons pas repousser ainsi ce qualificatif, il peut nous servir si l'on veut exprimer par style paquebot l'idée d'un style qui résulterait d'une étude éprouvée, des leçons qu'on peut tirer de l'expérience de vie en commun dans des aménagements restreints [...]. Bravo pour le style paquebot s'il nous apprend à nous meubler clairement, gaiement, simplement, s'il fait d'une chambre de 10 m^2 non plus un fouillis où l'on ne peut plus bouger, mais une cabine agrandie parce qu'en ordre, lumineuse parce que claire et unie... »

Longtemps auparavant, dans *Vers une architecture*, qui réunit des articles parus en 1920 et 1921 dans *L'Esprit nouveau*, Le Corbusier a exprimé son admiration pour le « fonctionnement impeccable des appareils élaborés par les ingénieurs : autos, paquebots, avions [...] débarrassés du fatras des embellissements inutiles accumulés au cours des âges ». Parmi des photos d'automobiles Voisin, de Farman Goliath ou d'hydrotricellulaires Caproni, Le Corbusier reproduit quelques images des paquebots *France*, *Flandre*, *Lamoricière*, *Empress of Asia* ou *Aquitania*. Ce dernier est même spécialement bien traité – ce qui prête à sourire si l'on a en mémoire les aménagements néopalladiens ou pharaoniques conçus par Davis pour l'*Aquitania*, expression triomphante de tout ce qu'abomine l'Esprit nouveau – puisque Le Corbusier insère dans son ouvrage plusieurs vues de ses ponts supérieurs, tandis que la photographie en vue d'ensemble de l'*Empress of Asia* est légendée par la célèbre formule : « L'architecture est le jeu savant, correct et magnifique des volumes assemblés sous la lumière. » Autrement, Le Corbusier oppose le dépouillement des superstructures du *France* (il s'agit du *France* lancé en 1910, surnommé « le Château de l'Atlantique », et décoré intérieurement dans un style assez uniformément louis-quatorzien) aux fioritures dégradantes de la gare d'Orsay, salue dans le paquebot « la première étape dans la réalisation d'un monde organisé selon l'esprit nouveau », loue plus particulièrement le « volume satisfaisant », l'« unité de matière », le « bel agencement d'éléments constructifs », « des formes neuves d'architecture, des éléments à l'échelle humaine, vastes et intimes, la libération des styles étouffants, le contraste des pleins et des vides, des masses fortes et des éléments graciles ». En conclusion : « Une architecture pure, nette, claire, propre, saine. »

À travers quelques projets et réalisations de l'« Esprit nouveau » européen dans les années vingt – les démonstrations fonctionnalistes de J.J.P. Oud à Rotterdam et Hoek Van Holland, les « maisons communes », les clubs ouvriers et les équipements collectifs conçus par de jeunes architectes soviétiques comme Guinzbourg, Kornfeld, Bartch ou les frères Vesnine, les logements sociaux de Ferdinand Kramer ou Ernst May à Francfort (particulièrement, de ce dernier, le lotissement de la Bruchfeldstrasse), la cité de Pessac ou le projet de maison Citrohan mis au point par Le Corbusier, tout cela, plus ou moins, présent sous forme d'échantillon à l'exposition de 1927 au Weissenhof de Stuttgart – il apparaît que les promoteurs du style international, ou style bolchevik, ont en effet beaucoup emprunté à l'architecture navale des ingénieurs (et en aucun cas à celle des architectes chargés des aménagements intérieurs) : en vrac « la libération des servitudes séculaires maudites » (Le Corbusier), le goût des volumes simples « correctement » agencés et des éléments standardisés, le découpage horizontal et le porte-à-faux, le toit-terrasse éventuellement agrémenté d'équipements sportifs ou de superstructures aérodynamiques, la coursive, la fenêtre en longueur (accessoirement le hublot), les échelles ou les passerelles. Plus schématiquement, ils ont repris de l'architecture navale une prédilection, d'ailleurs légèrement compulsive dans sa version terrestre et sédentaire, pour la répétition, l'hygiène, la blancheur et la lumière, les surfaces lisses, homogènes et lavables. (De même que la DS 19, au moins d'après Roland Barthes, tire une partie de son prestige d'être « sans coutures », de même le paquebot tire une partie du sien d'être un objet lisse, assez rapide et parfaitement lavable.) Par ailleurs, en un temps où l'architecture sociale s'évertue sur le thème du logement minimum et de la rationalisation de l'habitat, l'architecture navale bénéficie d'une longue expérience de la « machine à habiter », de la contention dans des espaces limités et rigoureusement organisés d'un grand nombre d'usagers. D'où les références constantes, dans les textes canoniques, au wagon de chemin de fer ou à la cabine de transatlantique. Ce que la Nouvelle Architecture oublie peut-être de prendre en compte, c'est qu'un voyage en train dure tout de même rarement plus d'une semaine, en paquebot plus d'un mois.

Mais aussi bien l'idée de s'inspirer des bateaux pour construire des villes, on l'aura compris, est un peu totalitaire sur les bords, comme beaucoup d'idées apparemment progressistes agitées dans l'entre-deux-guerres. Elle se manifeste déjà chez les adeptes du Phalanstère, et plus précisément chez Considérant, qui, dans sa *Description du Phalanstère* (1848), s'émerveille de ces « constructions logeant mille huit cents hommes, qui narguent les vents des grandes mers et les ouragans des tropiques ». Elle chemine à travers les projets soviétiques de « maisons communes » ou les réflexions de Ferdinand Kramer sur le « logement minimum », et, en association avec l'archétype du monastère, elle joue un rôle fondamental dans l'imagerie de Le Corbusier : « À l'image du paquebot s'associe tout naturellement l'idée du monastère, si chère à Le Corbusier depuis sa jeunesse. Dans le paquebot tout comme dans le monastère, la vie se caractérise par la dualité entre l'isolement dans la cellule ou la cabine et l'intense participation aux activités de la vie commune. Avec cette synthèse monastère-paquebot, Le Corbusier a créé quelque chose qui appelle la comparaison avec le Phalanstère de Charles Fourier. » (Stanislaus von Moos, *Le Corbusier, l'architecte et son mythe*.)

L'expérience de Le Corbusier en matière d'architecture navale était assez limitée, mais non inexistante, puisque avant de construire pour l'Armée du Salut la célèbre Cité du Refuge (1929-1933), il avait aménagé pour la même institution, en 1929, un « asile flottant », lourde péniche bétonnée que l'on peut encore voir amarrée quai d'Austerlitz. À propos de ces accointances entre Le Corbusier et l'Armée du Salut, von Moos (dans un article publié en 1974 par la revue *Archithèse*) souligne l'importance symbolique dans son œuvre du « navire comme bateau de sauvetage ». La Cité du Refuge – elle-même assez représentative du style paquebot dans sa variante cistercienne – constitue à l'instar d'un grand navire un « système clos, fonctionnant dans une répartition très claire des tâches et une hiérarchie très stricte » (von Moos). Enfin, il n'a décidément échappé à personne que pour qui se mêle de sauver l'humanité, de préférence contre sa volonté, l'espace autarcique, hygiénique, cloisonné, transparent et disciplinaire d'un navire offre des conditions particulièrement propices à la poursuite d'une telle entreprise de rédemption.

C'est de bien autre chose qu'il s'agit avec le *Normandie*, lancé en 1932, opérationnel en 1935. « Avec ses formes de coque élancées, écrit René Moreux dans le *Journal de la Marine marchande* (juin 1935), son étrave nette et caparaçonnée pour fendre et maîtriser les flots, ses roofs nets et profilés, s'étageant progressivement en gradins sur l'arrière, ses cheminées massives et fuyantes – à quoi il faudrait ajouter sa muraille arrondie dans un souci d'aérodynamisme et d'élégance –, le *Norman-*

die a une silhouette à la fois puissante et dégagée, très nouvelle, très moderne, mais sans aucune exagération. »

En dépit de ces prouesses, la postérité n'a guère retenu les noms de Romano, de Yourkevitch, et de la pléiade d'ingénieurs de la Compagnie générale transatlantique ou des Chantiers de Penhoët qui contribuèrent à faire du *Normandie* le plus beau paquebot de son temps, et, autant le dire, de tous les temps. Une fois de plus, ce sont les architectes-décorateurs qui se taillent la part du lion dans la faveur du public : Pierre Patout, déjà à l'œuvre à bord de l'*Île-de-France*, puis de l'*Atlantique*, lancé en 1930 et détruit par le feu trois ans plus tard, ou Roger Expert, un nouveau venu à bord, surtout connu jusque-là pour ses féeries aquatiques et lumineuses à l'Exposition coloniale de 1931, et autour d'eux d'autres architectes comme Pacon et Bouwens de Boijen, des artistes comme Jean Dupas, Janniot, Marc Simon ou Jean Dunand, la plupart déjà familiers des grands paquebots (Pacon, qui a déjà travaillé à bord de l'*Île-de-France*, est par ailleurs architecte des chemins de fer de l'État, et à ce titre dessinateur de wagons, de locomotives et de gares, celle du Havre notamment). « Aussi souvent que possible, écrit encore René Moreux, MM. Bouwens et Expert ont tenu à nous rappeler que nous sommes à bord d'un bateau dont la coque métallique et lisse constitue les murs : sur les murs du salon comme sur ceux du fumoir et ceux du théâtre, aucun ornement en saillie afin d'épouser le plus possible la tôle qui sert d'appui. » Toutefois, s'il est en effet manifeste que, par rapport à l'*Île-de-France*, le *Normandie* traduit globalement un nouveau progrès du lisse et de l'uni, s'il ne s'agit pas de bouder, surtout, l'immense plaisir que procurent le grand salon du pont promenade aménagé par Expert, ou la salle à manger de Patout, qui en toute simplicité reprend exactement les dimensions de la Galerie des Glaces, il n'en reste pas moins que tout cela demeure entaché d'un goût diabolique et sardanapalesque pour le luxe, la pompe et l'ornement, et que pour trouver à bord du *Normandie* quelque chose de vraiment conforme aux vertueuses prescriptions de l'Esprit nouveau, il faut soit s'élancer vers les sundecks lumineux, hygiéniques en diable et dépouillés de toute fioriture, soit plonger dans les étages roturiers de la 3e classe, où, par souci d'économie, sans doute, plutôt que par sincère enthousiasme pour la modernité, des décorateurs moins prestigieux – Rousseau, Noyon – ont aménagé de vastes espaces clairs et rectilignes, véritablement fonctionnels, dont le mobilier tubulaire et les sols éminemment lavables affirment sans détour la présence de matériaux nouveaux comme l'aluminium, l'inox ou le caoutchouc.

Cette tendance à faire essuyer par les pauvres les plâtres de l'Esprit nouveau se retrouve à bord d'autres bateaux lancés en Europe à la même époque. Dans une plaquette destinée a la promotion du *Bremen* (1929), le Norddeutscher Lloyd affirme clairement ses intentions réformatrices : « Le principe fondamental observé dans les aménagements destinés aux passagers réside dans leur inconditionnelle adaptation aux nécessités du voyage par mer, leur commodité et leur confort extrêmes, l'emploi des meilleurs matériaux, mais aussi le souci d'éviter tout luxe superflu, tout pompeux étalage. » Parmi les architectes et les décorateurs recrutés par concours pour présider aux aménagements du *Bremen*, il se trouve au moins un membre du Werkbund répertorié depuis 1908, Rudolf A. Schroeder. Toutefois la volonté de rigueur fonctionnelle ne va pas jusqu'à ce que l'on s'abstienne d'enchâsser les radiateurs dans le marbre et le bronze, et si les espaces aménagés par F.A. Breuhaus « De Groot », le vrai maître d'œuvre, sont souvent à couper le souffle, ils demeurent tributaires d'une conception décorative certes moderne, mais assez éloignée des abstractions lumineuses et froides du Bauhaus. Une fois de plus, c'est à l'intention des passagers de 3e classe que l'architecte Karl Wach, de Düsseldorf, a conçu les espaces les plus aseptiques, de vraies patinoires à mouches, d'ailleurs souvent remarquables de beauté « pure » avec leur épiderme lisse et blanc, leurs piliers noirs laqués et leurs rampes lumineuses. Malgré ces louables efforts des Allemands, ce sont les Bataves de la Holland-Amerika Lijn – près de dix ans plus tard, il est vrai – qui s'avanceront le plus hardiment vers l'avenir radieux en confiant l'aménagement du *Nieuw Amsterdam*, lancé en 1937, à des architectes comme Loÿdeveld, Eschauzier, Spanyaard et surtout J.J.P. Oud, membre éminent du groupe De Stijl, maître de l'école de Rotterdam, dont les œuvres terrestres antérieures au *Nieuw Amsterdam* témoignent d'un fonctionnalisme véritablement implacable (il est vrai qu'après 1935 il mit un peu d'eau dans son vin). Pendant ce temps, les Britanniques s'en tiennent, on l'a dit, à un style sobrement Arts déco pour l'aménagement du *Queen Mary* (lancé en 1934), et ces farceurs d'Italiens se couvrent de honte avec leurs *Rex* (le paquebot d'*Amarcord*) et *Conte di Savoya* (1932), décorés par des brutes fascistes dans le goût des palais du XVIIIe siècle, pleins de fresques et de chichis, et dont la seule concession à la modernité hygiénique et lumineuse tient dans l'étendue des sports-decks et autres lido-decks, vastes aménagements sportifs en plein air, rendus possibles par la trajectoire plus méridionale, à travers l'Atlantique, des lignes italiennes vers l'Amérique.

Cet affrontement titanesque, dans l'architecture navale, entre l'ornement et le fonctionnalisme, rebondit tout au long des années trente. Une campagne lancée en 1933 par l'Office technique pour l'utilisation de l'acier (OTUA) afin « d'étudier l'emménagement en acier des paquebots » – marquée notamment par une exposition, sous l'égide de l'Union des artistes modernes et dans le cadre du Salon d'Automne 1934, de cabines en acier conçues par Georges-Henri Pingusson, René Herbst, Pierre Barbe, Frantz Philippe Jourdain ou Robert Mallet-Stevens – situe très précisément le problème. « Vous aurez remarqué, souligne le porte-parole de l'OTUA, la franchise de leur interprétation (il s'agit des architectes-décorateurs). Ils n'ont pas cherché à donner à l'acier l'apparence du bois, ils ont eu cette conception très moderne et très forte qu'il y a de la beauté dans la manifestation sincère du système constructif. Ils ont su mettre en valeur les ressources esthétiques du matériau qu'ils maniaient, la tôle laquée qui fait la beauté des carrosseries d'automobiles, rehaussée de l'éclat de l'acier inoxydable. Ils sont en train de créer un style dont le premier et très grand mérite est d'être adapté à la fonction. » À vrai dire, il ne s'agit pas seulement, entre anciens et modernes, d'une controverse esthétique : si la marine nationale, à bord de ses croiseurs de la série *Colbert*, et la Standard Oil, à bord du tanker *Général-Gassouin* (1925), ont adopté la cabine en acier et le mobilier du même métal, si l'on se soucie d'étendre ces techniques aux emménagements des paquebots, c'est d'abord pour réduire les risques d'incendie. Commentant l'exposition du Salon d'Automne, Robert Mallet-Stevens note que d'après les récapitulations du bureau Veritas, « soixante-dix-sept navires à vapeur ou à moteur ont été entièrement détruits par l'incendie de 1930 à 1934, et mille cinq cent vingt-trois sérieusement avariés. De janvier à septembre 1934, treize ont été détruits, deux cent vingt-sept accidentés ». Afin de lutter contre cette malédiction du transport maritime, architectes et ingénieurs, enfin réconciliés, « ont collaboré étroitement et avec enthousiasme pour la réalisation des cabines en acier ». (Notons qu'à bord du *Normandie* douze cabines de première classe ont été réalisées entièrement en aluminium, parois et mobilier, et que ce sont apparemment les premières de ce genre à bord d'un paquebot. Par ailleurs, on a fait un usage important du métal, l'inox en particulier, pour les emménagements de la 3e classe.) Après avoir réglé leur compte aux décorateurs historicistes et pyromanes, qui remplissent les paquebots de fanfreluches inflammables sous prétexte de distraire les passagers de leur mal de mer (« Malheureusement, pour bien des passagers, quelle que soit la décoration, la mer se charge de se rappeler à leur souvenir. Un salon agrémenté d'une colonnade à la manière de Versailles a beau "faire croire" qu'on est sur terre, quand cette colonnade s'incline alternativement à 45° en tous sens, l'illusion disparaît : rien n'est triste, même pour un passager bien portant, comme une architecture terrestre qui bascule »), Mallet-Stevens s'interroge sur ce fameux « style paquebot » qui, pour lui, reste à créer : « Le style nouveau? Les matériaux incombustibles et leur mise en œuvre un peu nouvelle en donnent les directives; c'est un style tout neuf, un nouveau-né : un minimum d'encombrement, le matériau peint mais non dissimulé, des surfaces aisément lavables, les canalisations électriques dans des tubes apparents sans aucun encastrement, des éclairages doux mais puissants, une ventilation fortement affirmée, des miroirs permettant de se voir et agrandissant pour l'œil des espaces fatalement restreints, des appareils sanitaires pratiques et simples, des teintes franches, pas de motifs décoratifs, du moins dans les cabines, motifs qui sont une obsession pour un malade. » (Dans cette polémique, le mal de mer est décidément mis à toutes les sauces, comme si l'estomac se retournait plus ou moins selon qu'on lui présente du faux Louis XV ou de l'inoxydable.)

En fin de compte, Mallet-Stevens n'a guère eu le loisir d'appliquer ses idées dans le domaine de l'architecture maritime. Mais il nous a laissé à Paris – pour s'en tenir là –, dans la rue qui porte son nom, un beau témoignage d'un « style paquebot » que l'on pourrait approximativement qualifier d'intermédiaire entre le dépouillement bauhausien et l'esthétisme Arts déco. Non loin de la rue Mallet-Stevens, square du Docteur-Blanche, la fondation Le Corbusier campe dans un petit bateau blanc (la villa La Roche, de 1923), dont la passerelle lisse et convexe, montée sur pilotis, traduit assez heureusement la fascination qu'exerçaient alors sur Le Corbusier les superstructures de l'*Aquitania* ou de l'*Empress of Asia*. Il ne s'agit pas de dresser ici une liste exhaustive des édifices parisiens plus ou moins tributaires de tel ou tel « style paquebot ». Mais tant que l'on est à Auteuil, il n'y a que trois pas à faire pour atteindre Boulogne, qui dans les années trente, sous l'impulsion de son député-maire socialiste, André Morizet, fut un véritable laboratoire d'architecture nouvelle, un banc d'essai du style international. Dans un périmètre minuscule, on y rencontre ainsi les deux résidences-ateliers édifiées en 1924 par Le Corbusier et Pierre Jeanneret pour Lipschitz et Miestschaninoff, voisinant allée des Pins avec une villa de Patout – l'architecte de l'*Île-de-France*, de l'*Atlantique* et du *Normandie* – malheureusement défigurée depuis, et l'immeuble-proue dressé par Pingusson, en 1933, au coin de la rue Denfert-Rochereau. Pingusson, tout occupé sans doute de la cabine en acier qu'il devait exposer un an plus tard au Salon d'Automne, a peut-être un peu forcé sur le hublot, mais l'effet est tout de même saisissant. Rue Denfert-Rochereau, trois villas contiguës de Mallet-Stevens (1926), Le Corbusier (1926-1927) et Fisher (1927) nous conduisent en droite ligne à la résidence-atelier construite en 1928, pour le peintre Alfred Lombard, par Patout alors en pleine période *Île-de-France*. (Ce n'est pas ce que Patout a fait de mieux, et, pour en finir avec le plus naval des architectes terriens, nous citerons ici, bien qu'il se trouve en fait au coin de la rue Lecourbe et du boulevard Victor, le très bel immeuble qu'il acheva de construire en 1934, alors qu'il mettait par ailleurs la dernière main aux aménagements du *Normandie* : non seulement l'esthétique procède de celle du paquebot, mais vu la configuration du terrain – 90 m de long pour une largeur déclinant de 10 à 2,40 m –, Patout a dû également tirer parti de son expérience navale du traitement de tels espaces, tout en longueur et en pointe.) L'architecture scolaire, avec ses exigences d'autarcie, de clarté, d'hygiène et de vastes espaces collectifs, offrait dans les années trente un terrain particulièrement propice à l'épanouissement du style paquebot : toujours à Boulogne, les groupes scolaires Ferdinand-Buisson (1932) et Jean-Baptiste-Clément (1932-1933), dus respectivement à Émile Cauwet et Jacques Debat-Ponsan, trahissent de probables influences maritimes. Comme sur un mode beaucoup plus brutal, et d'une grande force plastique, le groupe scolaire Karl-Marx édifié à Villejuif, en 1933, par André Lurçat. À la même époque, l'aimable Roger Expert, l'un des enchanteurs du *Normandie*, construisait dans le XIIIe arrondissement, rue Kuss, une école dont la façade sur rue évoque explicitement, cette fois, les sun-decks en gradins du transatlantique.

Cette architecture de « style paquebot », en réalité si diverse selon qu'elle est traitée par un Expert, un Patout, un Lurçat, un Le Corbusier ou un Mallet-Stevens, a parmi d'autres mérites celui de perpétuer plus ou moins fidèlement une esthétique dont on ne trouvera plus trace sur les mers. Malgré quelques tentatives de restauration dans les années cinquante et soixante – presque toujours lamentables sur le plan de l'architecture intérieure et de la décoration –, la Seconde Guerre mondiale a bel et bien consommé la disparition des grands paquebots de lignes. Avant de s'offrir aux torpilles et aux bombes, avant de disparaître engloutis par les eaux glacées ou dévorés par les flammes, quelques-uns se couvrent fort à propos de stupéfiantes peintures de guerre, sous prétexte de tromper l'ennemi sur leur identité, leur taille ou leur vitesse, et c'est ainsi qu'ils nous émeuvent le plus, détournés brutalement de leur destination luxueuse et mondaine, tout peinturlurés, armés pour les titaniques catastrophes.

Feuilles, *n° 5, été 1983*

L'avis des bêtes

L'œil du lynx sur la ligne bleue des Vosges

L'idée du lynx chemine en Alsace depuis une dizaine d'années. Elle a fait l'objet d'un colloque tenu à Strasbourg, en 1978, sous les auspices du Conseil de l'Europe, et d'un remarquable petit ouvrage, *Chez nous le lynx ? Mythes et Réalités*, publié en 1979 par les guides Gesta avec la bénédiction du World Wildlife Fund. Enfin, au printemps 1983, trois lynx en chair et en os – deux mâles et une femelle – furent lâchés dans la forêt de Ribeauvillé. Tous trois étaient originaires de Tchécoslovaquie, où ils avaient été capturés dans la nature, puis stockés au zoo d'Ostrava, le premier exportateur mondial de cette denrée.

Bien que préparée de longue date, la réintroduction du lynx dans les Vosges ne fit pas l'unanimité d'entrée de jeu. Les chasseurs étaient mollement pour dans le Bas-Rhin, et violemment contre dans le Haut. Les agriculteurs du Haut et du Bas-Rhin étaient globalement contre, les forestiers pour. En public, le préfet du Haut-Rhin criait haro sur le lynx, mais, sous le couvert, il vint avec sa préfète tirer amicalement le fauve par les poils de sa barbichette. Même les naturalistes alsaciens étaient déchirés par la querelle du lynx, puisque l'un des plus éminents, Ernest Heil, soutenait le point de vue des chasseurs du Haut-Rhin, tandis que d'autres, plus nombreux et non moins éminents, étaient à l'origine de son retour.

Depuis, beaucoup d'eau a coulé sous le pont de Kehl, cinq moutons ont été dévorés et deux autres portés disparus dans la vallée de Sainte-Marie-aux-Mines, deux nouveaux lynx tchécoslovaques ont été lâchés dans la forêt de Ribeauvillé, et l'un des trois premiers a été victime d'un attentat non revendiqué. Il semble que cet assassinat ait finalement beaucoup servi la cause de la réintroduction du lynx dans les Vosges, au demeurant ternie par l'affaire des moutons de Sainte-Marie-aux-Mines.

Cette réintroduction est d'autant plus salutaire qu'auparavant la situation du lynx dans l'hexagone était absolument désastreuse. Excepté quelques rares spécimens franco-ibériques, dont on signale de loin en loin la présence dans les Pyrénées, notre dernier lynx est périodiquement donné pour mort : en 1975, assassiné par des aborigènes du pays de Gex, dans l'Ain, auxquels il avait tenté de voler leurs bicyclettes (à moins qu'il ne les ait attaqués, les prenant pour des chevreuils), il fait la une du *Journal du dimanche*. En 1982, il se fait écraser par un train, sur un viaduc, dans la banlieue d'Annecy. Encore s'agissait-il vraisemblablement, dans ce dernier cas, d'un animal venu de Suisse, où le lynx a été réintroduit avec succès dans les cantons de Vaud, de Neuchâtel et d'Obwald. À ce train, et si les choses en étaient restées là, ce n'était pas demain que vous risquiez de marcher sur la queue d'un lynx en allant aux fraises.

Rien n'est simple. Au vu de ce qui précède, un individu doué d'une sensibilité bucolique moyenne soutiendra de bonne foi que, partout en France, la situation du règne animal et végétal se détériore irrémédiablement. Or, aux temps écologiques, lorsque toutes nos institutions sentaient encore la vache et le poulailler, la forêt alsacienne disparaissait par pans entiers, hachée menu par la guerre de Trente Ans, l'exploitation des mines vosgiennes, l'activité sylvo-pastorale, la mise en cultures, le développement des forges et des verreries (en Alsace, la surface boisée passa ainsi de 800 000 hectares à quelque 250 000, d'après les chiffres cités dans *Chez nous le lynx ?* [1]). Aujourd'hui, la forêt s'étend et se repeuple : en un siècle, d'après les mêmes sources, la population d'ongulés alsaciens a crû de 250 à 300 %, notamment, il faut le dire, grâce aux soins attentifs que lui prodiguent les chasseurs. La forêt de l'Ill, près de Sélestat, compte ainsi la seule harde de daims sauvages visible dans l'hexagone (ailleurs, vous n'en verrez que dans les parcs ou les fossés des châteaux), et l'Alsace demeure une des dernières régions de France où les routes départementales, à la nuit tombée, sont encore jalonnées de chevreuils paisibles et de lièvres furtifs. Dans ces conditions, la réintroduction du lynx en Alsace était possible, sinon nécessaire.

Il faut savoir qu'en matière de paysage, le lynx est un anglo-chinois. Bien qu'à l'origine le lynx soit un animal de plaine, sans aucune prédi-

---

1. Sur toutes ces questions, on apprendra beaucoup dans le livre de Christian Kempf, *L'Homme et la Nature en Alsace*, publié chez Berger-Levrault.

lection pour les lieux escarpés, rien ne lui convient aujourd'hui comme les sites vertigineux qui donnent à penser, tel un chaos de roches dévalant une pente abrupte, au beau milieu d'une forêt de hêtres et de sapins.

Choisie pour la réintroduction du lynx, la forêt de Ribeauvillé présente tous les caractères requis : activité réduite, mélange de feuillus et de conifères, vallonnements, affleurements de grès rose, vues imprenables sur le vignoble et la plaine d'Alsace (le lynx aime exercer sa vue perçante, de loin, sur les œuvres des hommes), enfin grande abondance d'excellentes choses à manger : chevreuils, cerfs, sangliers (un peu gros), renards, blaireaux, fouines ou lièvres, voire quelques tétraonidés (gélinottes et tétras) qui, on le verra, posent plus de problèmes qu'ils n'en résolvent.

Avant même d'avoir quitté le zoo d'Ostrava, en Tchécoslovaquie, les trois premiers lynx désignés pour repeupler les Vosges avaient déjà dévoré quantité de poules et de lapins dans les fermes voisines de la zone prévue pour les lâcher : c'est vous dire si c'est méchant, ces animaux-là. Et depuis leur arrivée, naturellement, les choses n'ont fait qu'empirer.

Les griefs que l'on fait au lynx sont de plusieurs sortes. L'accusation de véhiculer la rage paraît assez légère, s'il est avéré que le lynx ne contracte que rarement cette maladie (dont il développerait une forme prostrée, non agressive) et détruit quantité d'animaux – renards, chats harets – qui la véhiculent, eux, à qui mieux mieux.

Le vrai problème concerne les rapports du lynx avec les ongulés, cerfs, chevreuils ou chamois. Incités par le système élitaire des chasses louées à gérer intelligemment le patrimoine cynégétique, les chasseurs alsaciens, on l'a dit, se sont donné beaucoup de mal pour repeupler en ongulés la forêt alsacienne, allant jusqu'à payer dès 1925 des indemnités aux ruraux pour les dégâts occasionnés par les sangliers. Le résultat, c'est que le chasseur alsacien, non sans quelque raison, tient à ses ongulés comme à la prunelle de ses yeux. Or, si le lynx n'est pas difficile et mange de tout, sans chipoter (du lièvre variable au Canada ou en Finlande lorsqu'il s'y rencontre en abondance, du chevreuil et des rongeurs dans les Carpates, des lapins dans le delta du Guadalquivir, des petits carnivores en Suisse, voire des grillons et des poires s'il n'y a rien d'autre à se mettre sous la dent), il paraît avéré qu'en Alsace, par commodité, il mangera surtout du chevreuil, et peut-être du chamois. Quantitativement, ce prélèvement sera pendant longtemps négligeable, et les écologistes ont beau jeu de rétorquer aux chasseurs éplorés qu'en

Suisse, là où il a été réintroduit, les automobilistes écrasent deux mille chevreuils dans le temps qu'il faut au lynx pour en croquer cent.

Mais le problème n'est pas quantitatif. Les amis du lynx affirment que ce dernier, en faisant éclater les rassemblements d'ongulés, en les contraignant à se disperser, en détruisant par prédilection des sujets malades ou affaiblis, va améliorer la qualité du cheptel et réduire les dégâts causés à la forêt par écorçage et abroutissement.

À ces arguments, le chasseur du Haut-Rhin, qui est aussi poète, oppose l'« inquiétude de la forêt » et le « stress nerveux des grands ongulés ». L'inquiétude, et par conséquent le stress, du grand ongulé, a déjà passablement crû du fait de la pénétration forestière (ne croyez pas que l'ongulé apprécie plus que vous le bruit des motos tout-terrain ou des tronçonneuses), et elle va décupler par suite de la présence du lynx. Incidemment, c'est quand il est stressé, comme vous et moi, que le cerf écorce les arbres. Conclusion : la présence du lynx va augmenter les dégâts causés à la forêt par l'ongulé stressé.

Là où le débat devient vraiment chinois, c'est quand les chasseurs du Haut-Rhin prétendent subodorer derrière la réintroduction du lynx une obscure machination de l'ONF (qui, en effet, soutient cette opération), un grand complot des forestiers contre les ongulés. Car si le chasseur craint pour ses ongulés, le forestier, lui, tremble pour ses arbres. Si bien que le chasseur soupçonne le forestier, à tort ou à raison (mais vraisemblablement à tort), de favoriser le lynx pour emmerder l'ongulé, et pour instaurer subrepticement, dans les forêts désertées, à l'écorce non broutée, le calme mortel des grandes cathédrales englouties.

Encore cette polémique au sujet des ongulés, que nous nous sommes contentés d'esquisser à grands traits, n'est-elle que broutilles à côté de la controverse sur les tétraonidés (tétras et gélinottes, deux animaux qui se font rares, le premier surtout). Abrégeons. Le lynx, dit le chasseur, chassant à l'affût (il a en effet un trop petit cœur pour chasser à courre), va « faire du tétras sa dinde de Noël ». Allons donc, rétorque l'ami du lynx : bien loin de causer le moindre tort au tétras, le lynx favorisera son retour en bouffant les petits prédateurs qui détruisent ses couvées et ses nichées.

À côté des arguments byzantins échangés par le chasseur et l'ami du lynx, les récriminations des ruraux prêtent à sourire. « Le lynx, dit l'agricole, doit disparaître, parce qu'il n'a plus sa place dans notre société. » Et le chant grégorien, l'école libre, le lapin sauté chasseur ou la flûte à bec ? Embarrassé par cette objection, qu'il n'avait pas prévue, l'agricole vosgien avoue de mauvaise grâce le fin mot de l'histoire : il craint, si le lynx mange trop de chevreuils – ou si on l'accuse d'en trop manger –, de voir réviser en baisse les baux de chasse, qui rapportent de bonnes espèces sonnantes et trébuchantes aux communes rurales. Puis, pour faire bonne mesure, il ajoute qu'il se fait du souci pour les hippies qui, depuis quelques années, timidement, s'efforcent de restaurer l'élevage ovin sur les hauteurs. Cette sollicitude est d'autant plus touchante quand on sait combien, d'habitude, l'agriculteur vosgien se soucie du hippie. De toute manière, si le lynx mange des hippies, ce ne pourrait être qu'en petit nombre. Il est d'ores et déjà avéré que le lynx ne mange pas d'enfants belges (cf. l'étude de Robert Hainard, éminent naturaliste suisse, sur la réintroduction du lynx dans le canton d'Obwald : « On ne signale aucun dégât au bétail [...], bien entendu, il n'y a aucun danger pour l'homme, la vallée comporte un important sanatorium pour enfants belges. »).

D'ailleurs ce n'est pas la question. Dans leur brochure déjà citée (*Chez nous le lynx ?*), Christian Kempf, Alain Balestreri et consorts font observer que, contrairement aux appréhensions exprimées au siècle dernier par un auteur spécialisé (Alpinnes), la disparition de l'ours dans les Alpes, pour triste qu'elle fut, n'a pas entraîné de prolifération apocalyptique des fourmis. Pas plus que la disparition du loup n'a entraîné de progrès notables de l'alcoolisme en Auvergne (nous y reviendrons). Mais si nous voulons des ours, ce n'est pas pour qu'ils nous protègent des fourmis, pas plus que nous ne voulons des loups pour qu'ils nous débarrassent des ivrognes, ou que nous ne nous passerons des lynx sous prétexte qu'ils dévorent quelques moutons, d'ailleurs indemnisés : même l'homme le plus stupide et le plus inaccessible à la pitié devrait souhaiter qu'il y eût des lynx à nouveau, afin de frissonner lorsque, la nuit, il gare son automobile sur le bord de la nationale, pour aller pisser contre un arbre en songeant au Petit Poucet.

Passez votre chemin nos faucons sont français

A priori, le fait d'aimer les rapaces d'un amour exclusif devrait rapprocher les hommes, nécessairement en nombre limité, qui ont succombé à cette passion. Eh bien, pas du tout : au contraire, l'histoire de la réhabilitation des rapaces en Europe n'est que bec et ongles, toute frémissante d'imprécations et d'anathèmes, d'enlèvements des Sabines et d'excommunications de Robert le Pieux.

Laissant de côté l'ère d'obscurantisme qui précède, marquée par le génocide des rapaces indistinctement classés comme nuisibles, reprenons cette histoire en 1975, lorsque s'ouvre le Congrès de Vienne. Cette assemblée, comme nul ne l'ignore, s'est réunie dans la capitale autrichienne pour débattre de la situation des rapaces dans le monde, et arrêter une stratégie susceptible de prévenir leur anéantissement.

Le rapport présenté par le délégué d'Allemagne de l'Ouest souligne que l'on dénombre dans ce pays quelque quatre mille rapaces en captivité, dont cinq cent quatre-vingt-sept dans le seul Land de Bade-Wurtemberg – le plus glouton –, parmi lesquels quarante faucons pèlerins, dont on ne compte plus, à la même époque, qu'une cinquantaine de couples en liberté dans toute la République fédérale. Le même rapport insiste sur la responsabilité des fauconniers allemands, qui ont contribué à faire de la RFA l'un des plus florissants marchés de rapaces dans le monde.

On note que la France est représentée au Congrès de Vienne par l'un des frères Terrasse, qui, à eux deux, sont à la réhabilitation des oiseaux de proie ce que furent jadis les frères Lumière au cinématographe.

Parmi les rapaces, et plus généralement parmi les ornithologues, Jean-François et Michel Terrasse sont bien connus pour être les inspirateurs du Fonds d'intervention pour les rapaces (FIR), fondé en 1970, et dont l'activité a rayonné depuis sur plusieurs pays d'Europe occidentale et d'Afrique du Nord.

Là où les choses se compliquent, c'est lorsque nous retrouvons, un an plus tard, les deux Terrasse en bonne place, parmi quantité d'autres animateurs du FIR, dans l'annuaire de l'Association nationale des fauconniers et autoursiers français (ANFA). À l'époque, donc, les relations entre fauconnerie (ou autourserie) et protection sont si peu contradictoires que l'on peut tout ensemble cotiser au FIR et à l'ANFA. Observons toutefois que cette édition 1976 de l'annuaire se fait déjà l'écho d'une lutte fratricide au sein de l'association.

À côté du texte d'une question écrite adressée au ministre de l'Agriculture par un membre dissident de l'ANFA, d'ailleurs désavoué par celle-ci, suggérant que des licences de désairage – de dénichage – soient officiellement accordées aux fauconniers en nombre limité, et protestant contre le refus opposé par l'Administration à sa demande d'importation de faucons africains ou asiatiques, on trouve dans l'annuaire un long article de Michel Terrasse, où sont esquissés la plupart des thèmes qui aujourd'hui mettent aux prises les supporters du FIR et les adeptes de la fauconnerie. Après avoir incriminé « les collectionneurs d'œufs ou de dépouilles qui n'hésitent pas à détruire l'un des derniers couples de vautours percnoptères d'Ardèche », « les trafiquants de pèlerins qui, pour satisfaire les fauconniers – essentiellement d'outre-Rhin –, pillent les faucons de toute l'Europe méridionale », « les fournisseurs de jardins zoologiques qui dénichent les rapaces les plus rares » (signalons à ce propos que, voici quelques années, on intercepta en RFA un wagon chargé de gypaètes en provenance d'Afghanistan), Michel Terrasse note que « les derniers couples de pygargues d'Allemagne, quand leurs pontes ne sont pas stérilisées par les métaux lourds, ne peuvent élever leurs jeunes que gardés militairement ».

Jusque-là, rien qui puisse inquiéter sérieusement les fauconniers de ce côté-ci du Rhin. Mais, ajoute Michel Terrasse, « la cohorte de consommateurs de rapaces ne fait que croître avec l'apparition d'un nouveau type de zoo : les voleries. Il est difficile à un naturaliste de donner son opinion sur ces nouveaux centres de vulgarisation des rapaces, sans qu'il ait à la mémoire les vautours fauves ou moines disparus ces dernières années de leurs nids, pour alimenter le vaste trafic des rapaces captifs ».

Concédant que, du point de vue de l'éducation du public, ces voleries présentent sur les zoos d'immenses avantages, Michel Terrasse s'alarme néanmoins de leur prolifération en Allemagne – heureusement contenue par une loi fédérale récente limitant leur nombre à deux ou trois par Land –, réclame une réglementation plus sévère, et pour finir décerne tout de même un satisfecit à une volerie du Bade, qui, en accord avec le World Wildlife Fund, a fait adopter par un couple de pygargues sauvages – mais stériles – deux jeunes nés sous ses auspices d'un couple captif mais fécond.

Voilà pour l'annuaire 1976 de l'ANFA, qui présente encore un bilan des premières expériences de reproduction en captivité menées en France à partir de la fin des années soixante, et incontestablement à l'initiative des fauconniers, afin de pallier l'interdiction qui leur est faite désormais de se servir sans façon dans la nature.

Ce long préambule était indispensable pour comprendre la situation confuse qui règne aujourd'hui, dans ce domaine, en Alsace, et partout où se rencontrent des rapaces, des protecteurs d'iceux, et des fauconniers plus ou moins suspects de dénicher des jeunes pour les initier à leur art ou les présenter dans des voleries.

Afin de mieux prendre la mesure de cette confusion, penchons-nous sur le cas du faucon pèlerin. Voilà un oiseau qui se fait rare, et qui pour comble de malchance est, en Europe, l'oiseau de haut vol par excellence, donc le plus recherché par les fauconniers, particulièrement outre-Rhin, où cette discipline compterait quelque deux mille adeptes, contre quelques dizaines seulement répertoriés aujourd'hui dans tout l'hexagone.

À l'inverse du fauconnier français, rare, doux et affable, le fauconnier allemand est donc très courant, généralement fourbe et cruel, querelleur, et porte volontiers sur la tête un casque à pointe qu'il n'ôte ni pour manger ni devant les dames. Par ailleurs, vivant dans une sainte trouille des associations de protection de la nature, autrement puissantes outre-Rhin que de ce côté-ci – on a vu comment elles avaient pu mobiliser la Bundeswehr pour couver des œufs de pygargue, en vain d'ailleurs, puisque ce rapace a malgré cela disparu d'Allemagne de l'Ouest –, le fauconnier allemand estime plus commode de venir dénicher en Alsace les jeunes pèlerins nécessaires à sa consommation.

Cette année, douze couples de pèlerins nichaient officiellement en Alsace. Par les soins du FIR, six nids sur douze ont fait pendant un mois et demi l'objet d'une surveillance constante, exercée vingt-quatre heures sur vingt-quatre par des volontaires, afin de prévenir toute exaction des fauconniers. Cependant un attentat eut lieu, des dénicheurs obstinés mirent à mal une couvée, et l'un des jeunes scrutateurs se retrouva même ficelé à un arbre et menacé des pires outrages. Les fauconniers alsaciens jurent leurs grands dieux qu'il ne pouvait s'agir que de Uhlans. L'affaire reste en suspens, car il ne semble pas que les agresseurs aient rien dit qui permît de les identifier à coup sûr : quand bien même ils se seraient exprimés en alsacien, rien n'empêche un Allemand riverain du Rhin d'imiter convenablement ce dialecte.

Jacques Renaud ne se cache pas d'être fauconnier : en fait, il est probablement le meilleur spécialiste français de cette discipline (c'est d'ailleurs à son équipe que la direction de l'Aviation civile s'est adressée pour déployer des faucons sur l'aéroport de Toulouse-Blagnac, afin d'écarter les vanneaux, les goélands et autres emmerdeurs qui, sur tel ou tel aéroport, auraient déjà causé la perte de plusieurs avions de chasse par étouffement des réacteurs).

Pour prouver ses bonnes dispositions à l'égard des rapaces, et parce qu'il a un sens aigu des affaires, J. R. a créé, en 1968, la Volerie des Aigles de Kintzheim (Bas-Rhin). Au pied du Haut-Koenigsbourg, dans les ruines d'un château gothique en grès rose, comme tout ce qui pousse dans la région, il installe des rapaces venus de tous les horizons, et qui tous, sans exception, ont l'air de se ressentir on ne peut mieux de ce séjour alsacien (« Les amis des animaux, lit-on à l'entrée, doivent savoir que tout a été fait pour le bien-être des rapaces. Relâchés, les oiseaux reviennent à la Volerie car ici, leur nourriture est bonne, facile à gagner, et ils n'ont que des amis »).

À l'occasion d'un spectacle présenté plusieurs fois par jour en saison, accompagné d'un commentaire irréprochable, bien documenté, dépourvu de tout anthropomorphisme, on peut y voir évoluer librement, planant dans les courants ascendants ou se posant sur les sapins alentour si le temps ne se prête pas au vol à voile, des aigles, des milans, des vautours fauves ou des vautours oricous, voire un condor des Andes. Tous ces oiseaux, on ne le dira jamais assez, ont conservé loin de leurs biotopes d'origine l'éclat du neuf, et paraissent s'accommoder plutôt bien des trois cent mille visiteurs que la Volerie reçoit en moyenne chaque année. En plus de cette présentation en vol, quelques rapaces se livrent à des démonstrations plus spécialisées : un aigle pêcheur capture de bonne grâce un poisson vivant et l'avale aux applaudissements de l'assistance, un petit vautour percnoptère stupéfie les excursionnistes du troisième âge et les enfants des écoles en prenant une grosse pierre dans son bec pour la laisser retomber sur un faux œuf d'autruche, en plâtre, dont il ne pourrait venir à bout autrement.

En dépit de l'innocence et de la qualité de ce spectacle, J. R. eut maille à partir avec les protecteurs de la faune sauvage, qui le soupçonnaient de prélever des jeunes dans la nature. La naissance à Kintzheim de deux jeunes aigles royaux, en 1983, et la même année de trois autours des palombes et d'un condor des Andes – une première en France, semble-t-il – ne les a pas désarmés. D'abord parce que les faits, aussi têtus soient-ils, n'ont jamais beaucoup impressionné les militants, ensuite parce que J. R. s'adonne sur une grande échelle à la fauconnerie, et qu'une fois de plus, c'est le rare et fragile faucon pèlerin qui est au cœur du problème.

Afin notamment de neutraliser ses détracteurs, J. R. s'emploie donc, non seulement à faire naître des pèlerins en captivité, mais à fabriquer par croisement des faucons hybrides, étant entendu qu'on ne peut guère le soupçonner d'avoir été dénicher dans la nature un mélange de pèlerin, par exemple, et de gerfaut blanc. Nulle part, sans doute, on a poussé à un tel degré de sophistication l'art de la reproduction de rapaces en captivité.

Une véritable usine à faucons – où seules quelques fientes, par-ci, par-là, ou quelques sanguinolents reliefs de festins carnés, rappellent tout de même qu'il s'agit de fabriquer des animaux vivants et de bon appétit –, avec ses salles d'insémination artificielle, ses incubateurs, son circuit vidéo et ses micros permettant de savoir à tout moment, au moins pendant la période de reproduction, ce que fabriquent les occupants des différentes cages, conçues par ailleurs afin de soustraire leurs occupants à tout contact stressant avec l'extérieur (en revanche, il n'est pas interdit de diffuser dans la cage d'un couple trop réservé, pour lui donner de l'allant, l'enregistrement des cris d'enthousiasme poussés dans une autre cage par un couple plus débridé). Un élevage de cailles destinées au repas des fauves complète le dispositif, avec un élevage de poules naines promises à un sort plus clément, puisque tout ce qu'on leur demande, c'est en somme de couver de bonne grâce des œufs de synthèse qu'elles n'ont jamais pondus. Cet élevage intensif du faucon sous toutes ses espèces semble donner d'excellents résultats, et il est permis d'espérer que dans un avenir proche, grâce à J. R., la France sera le premier producteur mondial de faucons.

Toutefois, il reste au moins deux questions en suspens. Après Kintzheim, les présentations de rapaces *in vivo* se sont multipliées en France : ce fut d'abord le Donjon des Aigles de Beaucens, près d'Argelès, dans les Pyrénées, où pour corser le spectacle on vous montre un circaète capturant des vipères toutes vives. Puis le Rocher des Aigles de Rocamadour, enfin les aigles de Picarel, près de Gramat, dans le Lot. Les aigles de Rocamadour et ceux de Picarel se font une concurrence tout à fait inamicale. Les premiers – regroupés en association 1901, affirmant ne poursuivre aucun but lucratif – accusent les seconds, inspirés par le maire de Gramat et par l'appât du gain, de leur avoir barboté quarante-sept rapaces confiés pour l'hiver au parc animalier de cette localité. L'affaire opposant les aigles de Picarel à ceux de Rocamadour a pris de telles proportions qu'un juge d'instruction a dû confisquer les rapaces litigieux, ou ce qu'il en restait, et les placer sous mandat de dépôt à Tonneins, où nous les retrouverons bientôt sains et saufs.

À travers ces vicissitudes plus ou moins clochemerlesques, et quelle que soit la bonne volonté des uns ou des autres, se développe un florissant marché du rapace. D'autant que le pékin, émerveillé par les prouesses des petites bêtes, se dit qu'il pourrait peut-être en obtenir autant pour son propre compte. Ainsi risque de se développer toute une fauconnerie underground, incontrôlée, ouvrant de nouveaux débouchés au commerce d'espèces protégées. (À cela, J. R. objecte que les effectifs de la fauconnerie française sont en régression, et que le spectacle présenté à Kintzheim n'a pas suscité dans toute l'Alsace une seule vocation déclarée de fauconnier. D'ailleurs, les défenseurs patentés ne font pas moins de foin autour des rapaces, et peuvent de ce fait encourir les mêmes accusations.)

Second problème : les expériences de reproduction en captivité d'espèces non indigènes, ou de croisements de ces dernières avec des espèces indigènes, peuvent entraîner de petites catastrophes écologiques. On cite ainsi l'exemple de la perruche à collier, originaire d'Asie, qui, introduite par inadvertance en Angleterre, y a contre toute attente prospéré au point de menacer la survie de toutes les autres espèces cavernicoles. Quant à l'écureuil de Corée, importé en Belgique pour un usage domestique, puis relâché par lassitude à la périphérie de Bruxelles, dans la forêt de Soignes, cet intéressant animal, au dos clair rayé de brun, s'y est multiplié depuis 1974 au grand dam des écureuils belges. Naturellement, on peut aussi se féliciter de ce genre d'accident si l'on estime que l'espèce introduite est plus séduisante que les espèces délogées : nous ne perdrions guère au change si, par exemple, l'oiseau de paradis se multipliait dans la région parisienne au détriment du pigeon biset.

J. R., dont on a dit plus haut qu'il était un homme d'affaires avisé, s'efforce d'autre part, à travers ses expériences, de mettre au point le faucon de chasse idéal – peut-être 25 % de gerfaut, 25 % de pèlerin et 50 % de sacre ? – à l'usage de l'Arabie Saoudite et des émirats du golfe Persique. Ne pouvant guère chasser à courre, faute de cuivres, les hobereaux du Golfe, à commencer par la famille royale d'Arabie Saoudite, sont extrêmement branchés sur la fauconnerie. Jusqu'à présent, ils n'utilisent qu'une espèce de faucon, le faucon sacre, une espèce proche du faucon pèlerin, mais habituée aux climats désertiques. Ce faucon ne court pas les rues, et tous les spécimens de cette espèce ne sont pas également doués pour la chasse à l'outarde houbara (ou abhara, ou plus simplement *chlamydotis undulata*), la seule proie qui se rencontre dans ces régions, d'ailleurs en très petit nombre. Autrefois, lorsque le roi Khaled perdait, au cours d'une partie de chasse à l'outarde, un de ses faucons préférés, on l'entendait pleurnicher jusque sur les plus hauts sommets du Rub al-Khali. Désormais, les drames sont évités au palais grâce à l'ingénieux dispositif mis au point par J. R. : un petit radio-émetteur, d'un poids maximum de sept grammes, attaché à la queue du faucon, et qui, pourvu que l'on ait pris la précaution de se munir auparavant du récepteur normalement livré sous le même emballage, et d'un porte-antenne ayant fait au moins une fois le pèlerinage de La Mecque, permet de retrouver à tous coups, dans un rayon de plusieurs dizaines de kilomètres, le faucon égaré. Déjà fournisseur exclusif de la famille royale et de quelques autres en matériel de radio-pistage, J. R., alarmé par la raréfaction de l'outarde abhara, étudie maintenant la possibilité de fabriquer cet animal en grandes quantités dans son laboratoire ornithologique de Kintzheim. Un jour viendra peut-être où il fournira aux émirs du Golfe, outre le matériel de radio-pistage, le faucon et la proie.

Le long détour des magots

En France, tout ce qui est rentable éveille la méfiance. Pour se faire pardonner les recettes de la Volerie des Aigles, Jacques Renaud a investi à fonds perdus dans le Centre de réintroduction des cigognes, fondé en 1972 à Kintzheim et déplacé depuis à Hunawihr, au beau milieu du vignoble alsacien. Tout autour, des bourgades tirées à quatre épingles posent à longueur d'année pour la photographie, et attendent de pied ferme les cars d'excursionnistes du troisième âge qui, hors saison, font désormais partie du paysage rural au même titre que les communions solennelles ou les succursales du Crédit mutuel.

En 1960, on recensait en Alsace beaucoup plus de cigognes que de succursales du Crédit mutuel, soit cent quarante-cinq couples d'adultes et trois ecnt soixante-cinq jeunes. En 1976, on ne comptait plus que dix couples, dont cinq tout à fait apprivoisés et donc manquant un peu de pittoresque. Le drame des cigognes alsaciennes, c'est la migration. Tandis que les cigognes d'au-delà du rideau de fer qui, semble-t-il, empruntent des routes aériennes relativement sûres et hivernent en Afrique du Sud, subissent lors de leurs migrations des pertes modérées, les cigognes d'Europe de l'Ouest fondaient comme neige au soleil, massacrées au passage par les énervés du Sud-Ouest qui tireraient sur le Saint-Esprit si, par inadvertance, il survolait un col pyrénéen, piégées par les câbles à haute tension, décimées par les pesticides dans leurs territoires d'hivernage, en Afrique de l'Ouest.

Pour sauver les cigognes alsaciennes, il fallait donc leur faire passer le goût de la migration. C'est à cette tâche que s'est attelé le centre d'Hunawihr, avec succès semble-t-il, puisque, désormais, une vingtaine de couples repeuplent ces nids que les Alsaciens entretiennent depuis l'aube des temps avec amour, changeant les draps chaque année dans l'espoir apparemment futile qu'un grand oiseau erratique finira par y pondre ses œufs.

Pour sédentariser une cigogne, il suffit de la prendre au saut du nid et de la contenir trois ans dans une volière suffisamment spacieuse pour qu'elle s'y sente à l'aise. Après trois ans, à raison de 500 à 600 g de viande hachée par jour en hiver – la cigogne, il faut en convenir, est carnivore – et de deux cent cinquante à trois cents grammes en été, l'instinct migratoire a disparu, la cigogne a perdu le sens des horizons lointains au fur et à mesure que se développait son goût pour la viande hachée et toutes les commodités qu'offre le vignoble alsacien.

Malheureusement, ce goût n'est pas héréditaire, et tout est à recommencer avec la génération suivante Moyennant quoi, outre les vingt couples précités, une centaine de cigognes ont élu domicile fixe dans le parc d'Hunawihr où, pour accélérer le processus, on les fait pondre deux fois chaque année, une première fois dans la couveuse électrique, et une seconde fois pour elles-mêmes. Et pour amuser le public, qui se lasse vite des cigognes pour peu qu'elles ne soient plus en voie de disparition, on a mis dans le parc un grand bassin aux parois transparentes où s'ébattent quelques phoques du lac Baïkal, un cormoran à l'appétit insatiable, une loutre d'Asie du Sud-Est et quelques manchots d'obédiences diverses.

S'il y a un animal dont le public redemande, c'est bien le singe, surtout en famille. En Alsace, il avait disparu depuis longtemps lorsque l'infatigable J. R., en 1968, partit dans les montagnes du Moyen-Atlas, armé de son fusil à narcose, et endormit adroitement cent cinquante magots dont le roi du Maroc lui avait fait présent en laissant la capture à sa charge.

Le magot, ou macaque de Barbarie, est ce singe sans queue qui symbolise l'orgueil et l'obstination britanniques, dans la mesure où les Anglais en élèvent quarante sur le Rocher de Gibraltar, au nez et à la barbe des Espagnols. Une histoire plus ou moins controuvée affirmant que les Anglais conserveront Gibraltar aussi longtemps que les singes s'y perpétueront, le maintien de cette population a revêtu dans la conscience britannique une telle importance qu'en pleine guerre, apprenant que les magots de Gibraltar étaient menacés de disparition, Churchill intervint personnellement auprès du Haut Commandement en Afrique du Nord pour que l'on transportât en toute hâte sur le Rocher quelques singes frais et dispos. Depuis, leur entretien est entièrement pris en charge par l'armée britannique, à raison de quatre pennies par personne et par jour.

Au demeurant, les origines de cette population sont sujettes à controverse. Bien qu'un ouvrage aussi sérieux que le *Guide des mammifères d'Europe occidentale* de F. H. Van den Brink (Delachaux et Niestlé) les recense parmi les espèces européennes, il laisse cette importante question en suspens : « Il est loin d'être certain que l'espèce s'y trouve [à Gibraltar] depuis des temps immémoriaux et qu'elle n'a pas été importée. » Toujours est-il que les cent cinquante magots capturés dans le Moyen-Atlas se sont si bien acclimatés dans les Vosges que l'on en a implanté une nouvelle colonie près de Rocamadour.

À Kintzheim, ils sont déjà plusieurs centaines (le taux de croissance annuelle de la population est de 15 %), répartis en trois groupes fortement structurés et hiérarchisés, campant chacun sur son territoire, et s'ignorant mutuellement la plupart du temps. Paradoxalement, le groupe établi le plus près de l'entrée du parc de Kintzheim, celui qui occupe la position la plus favorable pour recevoir le pop-corn distribué (à l'exclusion de toute autre nourriture) par les visiteurs, est le groupe le plus faible et le moins considéré. Le groupe le plus prestigieux a colonisé dans le parc la région des grands arbres, où les singes aiment se percher pour contempler la ligne bleue des Vosges et les tours toutes proches du Haut-Koenigsbourg

Avant leur installation à Kintzheim, on savait peu de choses des magots. Désormais, on en apprend tous les jours, et les éthologistes, pour qui la Montagne des Singes constitue un intéressant terrain d'observation, ont ainsi découvert que les singes plumaient parfois de petits oiseaux, mais ne les mangeaient pas, que le claquement des dents traduisait chez le magot des dispositions amicales (tandis que la bouche en cul-de-poule exprime le mécontentement et la menace), et encore d'autres choses plus importantes. Ainsi que le mâle dominant, à l'intérieur de chaque groupe, n'est pas nécessairement le plus fort (l'un des chefs actuellement homologués n'a presque plus de dents, tandis que ses subalternes ont pour la plupart des canines à broyer des noix de coco), mais celui – je cite une éthologiste bâloise faisant partie de l'équipe du parc – qui « jouit du soutien de tous les singes influents de son groupe ». Par ailleurs, un chef destitué n'est pas exclu du groupe, mais réintégré à un niveau aléatoire d'où il peut de nouveau gravir tous les échelons de la hiérarchie s'il est en termes cordiaux avec le nouveau chef.

Durant l'hiver, sous la neige, les magots – qui dans leur biotope d'origine sont habitués à des écarts de température comparables à ceux qu'ils rencontrent en Alsace – ne souffrent pas du froid. Ils se contentent de porter le poil plus long, et pour le reste, ils n'ont pas de queue, si bien qu'elle ne risque pas de geler. Pendant la période active de la végétation, les singes de Kintzheim trouvent 25 à 30 % de leur nourriture dans la nature – herbe, feuilles de hêtre et de chêne, racines, insectes, écorce, etc. –, le complément leur étant fourni sous forme de céréales, de farine de poisson, de granulés vitaminés, de fruits et légumes ou de fromage blanc.

Mais tandis que le magot fructifie à Kintzheim, il se raréfie dans son pays d'origine, victime de l'exploitation forestière et de la pénétration des troupeaux, au point que désormais c'est l'Alsace qui repeuple le Maghreb. En 1980, cent cinquante magots alsaciens formant un groupe homogène, des vieillards aux nouveau-nés, ont ainsi été réintroduits dans le Moyen-Atlas, où ils ont apparemment repris sans trop de difficultés l'habitude de se passer de choucroute et de se débrouiller par eux-mêmes. Parmi les plus vieux, certains provenaient du lot capturé en 1968 pour peupler la Montagne des Singes : bien que ce groupe réintroduit dans la nature fasse l'objet d'une attention particulière des éthologistes, on ne sait pas encore ce que les survivants du voyage aller pensent de cette curieuse démarche, qui consiste à prélever des singes dans l'Atlas pour les installer en Alsace, avant de les renvoyer sur leurs vieux jours à la case départ.

Les grenouilles se trouvent un droit

L'Alsace chérit ses animaux au point de s'en inventer de nouveaux, comme le singe magot, ou de redonner leur chance à ceux que la concurrence déloyale de l'homme avait éliminés, comme le lynx ou la cigogne. Même le chasseur alsacien a l'œil humide lorsqu'il parle du faon qui vient de naître, ou lorsqu'il compatit au stress des grands ongulés, et souvent, reconnaissant dans sa lunette de visée un chevreuil avec lequel il vit depuis plusieurs années, sous les mêmes frondaisons, en bonne intelligence, il lui adresse un petit salut sylvestre et remet l'arme à la bretelle.

Dès qu'il s'agit d'animaux, surtout en Alsace, les choses sont bien plus compliquées qu'on ne l'imagine. On a vu comment les forestiers avaient pu encourir l'accusation de ne promouvoir le lynx que pour contrarier l'ongulé. On a vu comment le lynx, selon qu'il mangeait plus ou moins de tétras que de fouines, pouvait être tenu, avec une bonne foi presque égale de part et d'autre, pour le pire ennemi du tétras vosgien ou son ultime recours. On va voir maintenant comme les Alsaciens, qui désormais dorlotent leurs cigognes, n'en aiment pas moins les grenouilles, encore que les premières aient la réputation, d'ailleurs usurpée, de se nourrir par prédilection des secondes.

Kruth-Wildenstein : déjà ce nom, associé à un petit lac de montagne, appelle la fable, et cet appel se fait plus impérieux sitôt que, parmi les murmures de la forêt prochaine, vous distinguez les ruines très illustres et très succinctes du Schlossberg.

Dans une fable, les grenouilles, dont certaines peuvent être des princes charmants métamorphosés par de méchantes fées, constituent un ingrédient de premier choix. D'où il découle manifestement qu'écraser des grenouilles est un acte nuisible, préjudiciable à l'imaginaire collectif, et par surcroît dangereux pour l'automobiliste qui s'y adonne, la grenouille écrasée étant excessivement glissante.

Jusqu'à l'année dernière, les grenouilles et tous les amphibiens riverains du lac de Kruth-Wildenstein étaient fort malheureux. Pour comprendre leur malheur, il faut savoir que les amphibiens, pour la plupart, passent le plus clair de leur temps dans les bois ou dans les prés, et ne vont à l'eau que pour s'y reproduire. Ainsi chaque année, de la mi-mars à la fin avril, par les douces nuits pluvieuses du printemps vosgien, les amphibiens du district de Kruth-Wildenstein avaient-ils l'habitude de sortir des bois par milliers pour aller pondre leurs œufs dans les étangs de la Thur. La construction d'un barrage de retenue sur cette rivière, en aval de Kruth, et sa mise en eau en 1960, se traduisit d'abord par une augmentation sensible des populations de *rana temporaria* (grenouille rousse) et de *bufo bufo* (crapaud commun), pour ne rien dire des tritons palmés, des tritons alpestres, des salamandres tachetées et des crapauds alytes (*alytes obstetricaus*) également recensés par l'Association fédérative régionale pour la protection de la nature (AFRPN).

Mais s'ils avaient été séduits, tout d'abord, par ce nouveau plan d'eau riche de potentialités biologiques inédites, les amphibiens durent rapidement déchanter, et leur population se mit bientôt à décroître aussi vite qu'elle avait crû dans les premières années de la mise en eau. Au début des années soixante, en effet, on se souciait plus de plaire aux automobilistes qu'aux grenouilles. Le lac artificiel de Kruth-Wildenstein fut donc ourlé sur tout son pourtour d'une route de onze kilomètres, à peu près inutile, au moins sur les deux tiers de sa longueur, sinon pour faire prendre l'air aux autos, et que l'association précitée qualifie de « véritable piège à batraciens ».

Lors de leurs migrations printanières, les batraciens devaient naturellement traverser la route pour atteindre le lac, se faisant écraser par milliers, et pour le reste tombant sous les coups des braconniers motorisés travaillant à la lumière des phares. Après la ponte, le retour des batraciens adultes vers la forêt puis, de la mi-juillet à la fin août, l'essaimage des jeunes métamorphosés – c'est-à-dire le grand départ des jeunes batraciens après qu'il leur a poussé des pattes – donnaient lieu à de nouvelles hécatombes.

Durant la seule nuit du 11 au 12 avril 1979, les protecteurs des batraciens recensèrent ainsi deux cent vingt-trois crapauds communs, cent vingt-sept tritons (en majorité alpestres), quatre grenouilles agiles, deux salamandres tachetées et une couleuvre à collier (il ne s'agit certes pas d'un batracien, la couleuvre ayant même tendance à se nourrir des premiers, mais nous la mentionnons dans la mesure où elle connut le même sort) écrasés sur la route de Kruth à Wildenstein alors qu'ils allaient paisiblement se reproduire. Encore n'est-ce pas un record, puisqu'il est arrivé qu'on en compte plus de mille en une seule nuit. Et le « prélèvement dû au braconnage », considérablement facilité par la nécessité pour les batraciens de traverser la route à découvert dans le pinceau des phares, se montait également à quelques milliers chaque année. Heureusement, les amis des batraciens ne demeuraient pas inactifs.

En mars 1980, forte de l'exemple donné par nos voisins helvétiques, qui depuis 1976 ne songent plus à construire une route, ou tout autre ouvrage d'art, sans prendre de dispositions appropriées pour la libre circulation des batraciens, l'AFRPN alerta la préfecture du Haut-Rhin sur la triste condition des grenouilles de Kruth-Wildenstein. La réaction ne se fit pas attendre : dès le 5 avril, le préfet prescrit par arrêté la fermeture nocturne (de vingt heures à sept heures), pendant toute la période de migration, du CD 13 qui contourne le lac sur sa rive droite. Un peu plus tard, la portion de route longeant le lac au sud, au pied du Schlossberg, est interdite de manière permanente à la circulation automobile et transformée en voie piétonnière, la première de ce genre, semble-t-il, en rase campagne.

Toutefois, on ne pouvait s'en tenir là, les batraciens continuant de se faire écraser, ou braconner, sur la route qui longe la rive gauche du lac et relie Kruth à Wildenstein. Il n'est pas question de fermer cette dernière route à la circulation, même pour quelques jours, sauf à couper irrémédiablement Kruth de Wildenstein, ce à quoi nul ne songe. Il faut donc promouvoir des solutions ingénieuses.

Dans un premier temps, le long du mur de soutènement protégeant du côté de la forêt la route litigieuse, on creuse une rigole qui draine les batraciens vers de grands sacs poubelles, les mettant ainsi à l'abri des automobiles, et permettant par surcroît de faire un comptage des différentes espèces.

Depuis le printemps 1984 on a prolongé, sur toute la section critique de la route, le mur de soutènement par un obstacle en « L » interdisant le passage des batraciens, doublé à l'intérieur d'une rigole qui les canalise vers les traversées sous chaussée aménagées à leur intention. Ces traversées sont constituées d'un conduit de ciment de trente centimètres de section, avec une pente de 0,5 % qui permet l'écoulement de l'eau et évite aux batraciens tout effort inutile. Le fond du conduit est revêtu d'un matériau filtrant afin que l'eau n'y stagne pas, autrement les batraciens risqueraient de s'y noyer, ou d'y pondre leurs œufs, se croyant déjà dans l'étang, ce qui prouve incidemment que le batracien n'est pas bien malin, puisqu'il suffit qu'il ait le cul dans l'eau pour se croire de retour au pays natal.

Naturellement, le même problème de collecte et d'acheminement souterrain des batraciens se posera au retour, et lors de l'essaimage des jeunes. On a donc également prévu un caniveau pour les recevoir, du côté du lac, et des tunnels à faible pente pour leur permettre de gagner en toute sécurité les bois et les prés où ils batifoleront jusqu'à la prochaine ponte.

Il reste à souhaiter que les batraciens ne se tromperont pas de sens, à l'aller ou au retour, car dès lors tout serait à recommencer. Le coût d'ensemble des travaux – pris en charge par le conseil général, la Direction des routes et la Direction de la protection de la nature – est estimé à un peu plus de onze millions de centimes, mais l'investissement sera vite amorti si l'on sauve ainsi, chaque année, quelques milliers de batraciens. D'ailleurs, l'exemple de Kruth-Wildenstein ayant été largement diffusé, il est vraisemblable que dorénavant les mœurs des batraciens seront enseignées dès l'école aux futurs ingénieurs des Ponts et Chaussées, et que ces animaux vivront désormais en bonne intelligence avec les automobiles.

L'abyssin et le taxidermiste

M. et Mme Dastros habitent une petite maison près des bois, à la limite de l'Agenais et de la forêt landaise. Tout autour, ils possèdent un vaste terrain qu'ils vendent progressivement par parcelles aussi petites que possible, afin d'avoir beaucoup de voisins pour boire l'apéritif, et, naturellement, il ne viendrait à personne l'idée de reprocher à ce couple isolé et sociable de livrer ces solitudes à l'imagination pavillonnaire sous prétexte qu'ils aiment la compagnie. En attendant l'apéritif, M. et Mme Dastros ont recherché celle des animaux.

Partout ça court, ça couve, ça couvre, ça broute, ça croûte, ça crotte et ça caquète. On voit ici et là des choses peu ordinaires, un couple de faisans perché sur un tracteur d'avant-guerre que l'on dirait sorti du *Pré de Béjine*, ou des poules allaitant dans des cages à lapins une couvée de canards (« ce sont les petites poules les meilleures », commente Mme Dastros, faisant allusion à leurs qualités de cœur, car pour ce qui est de tuer les poules, elle n'y songe pas un seul instant).

Condamnés à vivre, puisque personne ne veut les manger, des troupeaux de lapins et des hardes de brebis se partagent l'herbe d'un pré. Mis en alerte par la présence invisible d'un rapace, un grand vol de pigeons fait bruyamment et à plusieurs reprises le tour du verger où, par ailleurs, chante un coucou, picore une huppe, broute un chevreuil, roucoule une tourterelle, etc.

Les chiens – apparemment des lévriers du type greyhound, pour ce que j'en sais, et d'autres, plus petits, de la variété whippet – se reposent sur leurs lauriers. La plupart de ces animaux ont serré la main de la reine d'Angleterre, ou à tout le moins de la princesse de Monaco. Impala Azul del Mata Gato, pour ne vous citer qu'elle, chienne greyhound née le 12 avril 1973 (je reproduis le document officiel), primée en 1975 aux expositions de Brive, Toulouse, Agen, Deauville, La Bourboule et Le Bourget, puis en 1976 à Paris, Tarbes, Montauban, Barcelone, Angoulême, Lausanne et Deauville, a été élue championne du monde de beauté successivement à Rabat et à Innsbrück.

« On est bien content, dit Mme Dastros, avec Royal Canin. » Ça ne s'invente pas. Quant à Lydie de Maintenon, il s'agit à y regarder de plus près d'un chat abyssin roux de sexe féminin, lui aussi trois fois cité dans des concours internationaux au cours de l'année 1976. Le greyhound et l'abyssin sont les deux spécialités de M. et Mme Dastros, qui, entre l'Exposition mondiale canine de Madrid et une exposition de moindre importance à Caen, ont fort à faire.

À l'intérieur, la maison est encombrée de massacres de cerfs, de hures de sangliers, d'oiseaux empaillés et de coupes innombrables recueillies dans des compétitions nationales et internationales Le plus beau trophée : un service en argent de soixante pièces remis en mains propres par Jacques Chaban-Delmas. Les animaux vivants bondissent et cabriolent parmi leurs congénères morts.

Auparavant, M. Dastros était forestier, Mme Dastros était normande, c'est dire que rien ne les disposait à pratiquer l'élevage intensif du lévrier gris et de l'abyssin roux, vendus respectivement de 3 500 à 4 000 francs et de1 800 à 2 000 francs pour un sujet avec tous ses papiers.

Après bien des hésitations, Mme Dastros a décidé de confier à un taxidermiste de Casteljaloux la dépouille d'un de ses abyssins, une vedette internationale, récemment écrasé par un automobiliste qui l'avait pris pour un lièvre à cause de son pelage fauve. « Ça ne me tarde pas de l'avoir de retour, ajoute-t-elle, reprise par ses scrupules, au fond, ça va me peiner. »

Quant à M. Caubet, taxidermiste à Casteljaloux depuis 1973 et meilleur ouvrier de France en 1976, il se serait bien passé d'empailler ce chat abyssin, même compte tenu de la destinée exceptionnelle qui, de concours en concours, l'a finalement mené dans son congélateur. M. Caubet n'empaille qu'exceptionnellement, et pour des clients triés sur le volet, des animaux domestiques.

Le gros de sa clientèle est composé de chasseurs. « Hier, par exemple, vous m'auriez vu en plein dans les chevreuils. » Aujourd'hui, M. Caubet est jusqu'au cou dans un buffle rapporté d'Afrique par un assureur de Condom, et distribué en pièces détachées. (Du même safari, il reste une antilope au congélateur.) Les sabots feront des cendriers, et la tête, qui est en train de sécher, ne pourra qu'impressionner favorablement les clients au moment de contracter une assurance contre les dégâts des eaux.

D'une façon générale, le travail du taxidermiste consiste à peler et nettoyer le cuir, à le tanner pendant huit à dix jours, puis à le remonter sur une sculpture en polyuréthane ou en plâtre exécutée d'après la dépouille de l'animal. Pour les animaux de grande consommation, les chevreuils par exemple, M. Caubet dispose d'éléments préfabriqués. À la demande, il campe l'animal dans un décor évoquant succinctement son biotope, ou lui imprime une attitude naturelle qui, le plus souvent, consiste à grignoter quelque chose, une pomme de pin s'il s'agit d'un écureuil, ou une perdrix s'il s'agit d'une fouine.

À propos d'écureuils, il faut savoir qu'on ne devrait pas en trouver, empaillés, dans le commerce. Pas plus que des chouettes, et pourtant Dieu sait que ça n'est pas ce qui manque. La loi interdit en effet la naturalisation d'animaux protégés afin de décourager les braconniers, et plus particulièrement ceux qui seraient tentés de faire des hécatombes d'écureuils, par exemple (l'écureuil est très recherché par la clientèle, surtout lorsqu'il pousse une petite brouette) pour les monnayer à des taxidermistes.

Le taureau de combat n'étant pas protégé, M. Caubet peut en revanche fabriquer à la chaîne de ces trophées qui constituent l'ornement quasi obligatoire du bistrot landais. Il traite aussi beaucoup d'animaux de cirque ou de ménagerie, tel ce tigre mort dans un cirque de passage à Tarbes, cette panthère décédée dans les mêmes circonstances à Captieux, ou cette otarie du zoo de Toulouse qui mourut étouffée par une balle en caoutchouc qu'un abruti quelconque avait probablement voulu lui faire tenir en équilibre sur le nez.

Comptez 500 à 1 000 francs pour un python, 2 500 francs pour un trophée de buffle, 1 000 francs pour un renard, 300 à 500 francs pour un faisan et un peu plus de deux briques pour un ours brun si, au mépris des lois, vous l'amenez encore palpitant avec toutes ses plumes. Le plus gros animal que M. Caubet ait jamais traité, c'est un hippopotame mort de saisissement, de passage à Casteljaloux, qu'il eut toutes les peines du monde à remuer, à peler – comme il ne se trouvait pas dans le voisinage d'indigènes occupés à construire une voie ferrée, la viande fut distribuée à une meute de chasse à courre –, et dont la peau seule pesait près de deux cents kilos. M. Caubet revêtit de cette peau un hippopotame simplifié en polyuréthane et fibre de bois, et parvint à vendre le tout un million de centimes à un conférencier ambulant qui prétendait avoir découvert les sources du Nil.

Au fil du temps, les collections de M. Caubet ont pris une telle ampleur qu'il a dû installer quelques pièces dans la vitrine de la droguerie voisine, si bien que parmi les rouleaux de papier peint et les balais-brosses pointent la corne d'un cerf ou la crête d'un casoar. L'été, il travaille souvent jusqu'à minuit dans son atelier, laissant ouverte la porte de la boutique, où les enfants viennent se frotter dans l'ombre à la panthère de Tarbes ou au tigre de Captieux, deux espèces particulièrement redoutables.

Le loup et les ivrognes

« On ne parle pas assez du loup », observe Alexandre Vialatte à propos d'un livre d'Henri Pourrat. « Rien n'est plus passionnant que le loup. Le loup est parfaitement hirsute. Le loup est important. La zoologie le réclame, l'hiver le veut, le frisson le suppose. C'est une des grandes nécessités de l'histoire, du folklore et de l'esprit humain. Que d'exploitations agricoles, gérées d'ailleurs avec un zèle heureux par des pères de famille modestes, ne seraient sans lui que des lieux-dits ! Un loup mangeant méthodiquement un sous-préfet en uniforme, ou avalant à la sauvette un petit fonctionnaire rural, dans un site nettement bocager, coupé de ruisseaux et d'ombrages, est une des choses les plus décoratives qu'un graveur puisse imaginer. » (Alexandre Vialatte, *Dernières nouvelles de l'homme*, Julliard, 1978.)

Enfant, Gérard Ménatory faisait des rêves d'aigles et de loups qui le laissaient pantois. D'une manière générale, les animaux le terrorisaient. Il avait observé de bonne heure qu'un renard pouvait croquer de quinze à vingt mulots en une seule nuit, pour ne rien dire des lapins. Et s'il est une figure qui l'obsède, et qu'il reproduit à chaque instant, dans le cours de la conversation la plus anodine, c'est celle d'un grand animal fondant sur une proie en faisant claquer ses mâchoires. De fil en aiguille, à sept ou huit ans, il en vint à briser un crayon sur la nuque d'un camarade de classe, à l'école d'Alès. Le sang coula, le directeur s'en mêla, et Gérard Ménatory décida d'éviter dorénavant, dans la mesure du possible, tout commerce avec ses semblables. Sans doute tenait-il cette façon de voir de son père, qui après avoir été blessé à la bataille de la Marne se retira dans l'Aigoual pour élever des bergers allemands. Quand les pères ont mangé des raisins verts, les fils en ont les dents agacées.

Gérard Ménatory décida donc d'élever des loups. Dans les années soixante, après un détour par les maquis de Lozère et le camp de Mauthausen, puis d'autres péripéties moins romanesques, il installe dans le voisinage de Mende une volière à aigles et un parc à loups. Les loups viennent pour la plupart de la forêt de Bialowieza, à l'est de la Pologne, cette forêt demi-vierge où sous l'œil impavide des garde-frontière soviétiques, dans de grands nuages de moustiques, s'ébattent quelques-uns des derniers animaux légendaires du vieux monde, tels que lynx, bisons ou loups.

Gérard Ménatory tient par ailleurs une chronique dans le *Midi Libre* et il est l'auteur de plusieurs livres, dont *La Vie des loups* (Stock 1969), malheureusement épuisé, et *La Bête du Gévaudan* (à compte d'auteur, 1976). Dans ce second livre, Ménatory s'efforce d'innocenter le loup de la centaine de morts qu'on lui a imputés dans cette affaire du Gévaudan. Beaucoup de sottises ont été écrites sur la Bête, par des lanturlus qui n'entendaient rien à la zoologie. On a parlé sérieusement d'un croisement de loup et d'ours, comme si, depuis que le monde est monde – c'est-à-dire peuplé en grande partie de loups et d'ours –, une louve avait jamais eu spontanément l'idée de s'accoupler avec un ours, ou vice versa. On a parlé d'une hyène venue par elle-même d'Afrique en traversant la Méditerranée à la nage. On a parlé d'un lion ou d'un tigre échappé d'une ménagerie de Beaucaire, où la grande foire annuelle attirait traditionnellement un certain nombre de montreurs de fauves. On a parlé d'un croquemitaine armé d'une paire de tenailles. En fin de compte, après avoir passé en revue toute la littérature sur le sujet, ce qui donne de l'épaisseur à son livre, Ménatory avance sa propre hypothèse, une hypothèse non moins croquignolesque mais sans doute plus vraisemblable que les précédentes.

Du temps de la Bête, il vivait sur les pentes du mont Mouchet un individu un peu tapé et assez féroce, un certain Antoine Chastel, dont le père, Jean Chastel, l'un des meilleurs chasseurs de loups de la région, tua sinon la Bête elle-même du moins l'un de ses avatars. Or cet Antoine Chastel passait pour avoir survécu à une aventure hors du commun. Enlevé dans sa jeunesse par les pirates barbaresques, et probablement émasculé, il serait devenu outre-mer gardien d'une ménagerie, puis il se serait évadé, Dieu sait comment, en emmenant ses bêtes avec lui. Le reste de sa vie se passe, en compagnie des bêtes en question, dans d'obscures retraites du mont Mouchet. Antoine Chastel n'a donc aucune raison particulière d'aimer l'homme. Or la Bête serait une hyène ramenée par lui de chez les Barbaresques, une hyène née en captivité, et donc ayant perdu cette crainte de l'homme qui anime la totalité des mammifères sauvages, même carnivores. Incidemment, la prédilection de la Bête pour les petites bergères bien potelées aurait pu être partagée, d'une manière ou d'une autre, par son maître.

Le mérite de cette hypothèse ingénieuse – outre qu'elle relève d'un peu de sexe une histoire très saignante, dans ses précédentes versions, mais pas tellement croustillante –, c'est naturellement de disculper les loups, dont Ménatory soutient qu'ils sont à l'état naturel doux et humbles de mœurs, toujours prêts à rendre service. D'après lui, seuls des ivrognes ruraux ont pu dans le temps être mangés par des loups, lorsqu'au retour des foires ils titubaient, de nuit, sur le grand chemin, puis trébuchaient et tombaient la tête la première dans le fossé.

Lui-même, du temps qu'il élevait des loups, a maintes fois essayé de se faire dévorer : rien à faire. Robert Hainard, le naturaliste suisse déjà cité à propos du lynx, et que nous retrouverons lorsqu'il sera question des ours, abonde dans le sens de Ménatory : « Lorsqu'on me dit : vous n'avez donc pas lu que les loups ont (encore) mangé un facteur dans les Abruzzes?, je ne m'y laisse pas prendre. » Nous non plus, et s'il était avéré malgré tout que les loups dévorent de-ci de-là un facteur dans les Abruzzes, le plus simple ne serait-il pas de suspendre la distribution du courrier dans ces solitudes où d'ailleurs presque personne ne sait lire ?

Convaincu de l'innocuité du loup, Gérard Ménatory, au début des années soixante-dix, suggéra sa réintroduction dans le Parc national des Cévennes. Auparavant, on avait écarté sa proposition d'y mettre ruminer quelques bisons d'Europe, et ce fut naturellement bien pire avec les loups. Deux de ses loups s'étant échappés de leur enclos, il fallut les abattre, de nuit, sur la place de Chastel-Nouvel. Inutile d'ajouter que désormais les ruraux le regardaient d'un drôle d'air.

Il ne lui restait plus qu'à céder ses loups au Parc du Gévaudan, établi à Sainte-Lucie, aux confins de l'Aubrac et de la Margeride. Bien que ses animateurs fassent manifestement ce qu'ils peuvent, cet établissement n'a d'un parc que le nom. En réalité, il s'agit d'un zoo un peu amélioré et remarquablement situé, où, dans des enclos imitant sans convaincre la nature, des animaux pour la plupart originaires d'Europe se rongent les ongles en se remémorant l'époque où ils régnaient sur ce continent. Gérard Ménatory se désole de ce que les loups aient été installés dans un enclos trop boisé alors qu'il aiment le soleil. Le loup est un animal de lisière et de steppe, plutôt que de forêt.

Après avoir saucissonné sur les aires aménagées à cette fin, les familles viennent pousser des « hou-hou » arrogants et ridicules devant l'enclos des loups. Devant l'enclos des bisons, elles hésitent, ne sachant pas au juste quel genre de cri, gazouillis ou barrissement, pousse cet animal.

Beaucoup de gens demandent à acheter de jeunes loups, convaincus qu'en les croisant avec un fox-terrier ils vont obtenir un chien de garde encore plus féroce que le voisin d'en face, et qui fasse de plus grosses crottes sur le trottoir. Comptez 700 cents francs pour un louveteau. Après quelque temps, le propriétaire désespère d'apprivoiser son loup et il le relâche dans la nature. Tout serait donc pour le mieux si un loup solitaire, et de surcroît élevé en captivité, avait la moindre chance de faire souche dans le bois de Verrière.

Poli comme une vie d'ours

Pendant des siècles, les Pyrénéens se sont plaints d'être systématiquement dévorés par les ours. On sait aujourd'hui qu'il n'en était rien, puisque d'après Robert Hainard (le naturaliste suisse déjà cité) l'ours est si peu anthropophage que « les Romains n'ont jamais pu l'employer pour dévorer des chrétiens dans le cirque ».

À côté de ce témoignage, les accusations de la Bible ne pèsent pas lourd. Sans doute il est écrit, dans le Livre des Rois, que « des petits enfants s'étant moqués d'Élisée, ce prophète, les regardant, les maudit au nom du Seigneur : en même temps deux ours sortirent du bois et, s'étant jetés sur cette troupe d'enfants, ils en déchirèrent quarante-deux ». Mais la précision même de ce dernier chiffre nous amène à rejeter catégoriquement cette accusation.

Si l'ours ne mange pas plus de chrétiens que de Pyrénéens, il faut chercher ailleurs les causes de la mauvaise réputation qu'il traîne depuis toujours dans ces montagnes. Parmi les légendes et les traditions recueillies par Claude Dendaletche (de nos jours un des meilleurs amis de l'ours, et son principal interprète auprès des bergers) dans son livre *L'Homme et la Nature dans les Pyrénées* (Berger-Levrault), certaines devraient nous mettre la puce à l'oreille.

Provisoirement, laissons de côté la douloureuse question des brebis, et observons que, dans les hautes vallées, l'ours est communément appelé lou type, lou pedescaus (le va-nu-pieds), lou hilh de pute (le fils de pute), lou moussu (le monsieur), ou affublé de sobriquets masculins, tels que Dominique, Martin, Gaspard ou Jean.

Voyons un peu, justement, l'histoire de ce Jean l'Ours. Sa mère, nous dit-on, s'est fait manquer de respect par un plantigrade, alors qu'en toute innocence elle allait ramasser du petit fagot. Et Jean lui-même, le fruit de cette union contre nature, aura tant de succès auprès des femmes qu'après quelques crimes abominables il finira par épouser une belle princesse. Même son de cloche à Saint-Laurent-de-Cerdans, où l'ours emporte une jeune fille dans la forêt, avec toutes les conséquences que l'on imagine, et en vallée de Barèges, où Marie de Pescau s'en va d'elle-même à la rencontre de l'ours afin qu'il la guérisse de sa stérilité. À Cauterets, une variante significative fait confier à un homme noir, un Maure d'Espagne, le soin d'engrosser la pauvre Bertrande, et de lui faire un petit Mouret qui, à son tour, ensanglantera toute la région. À Arles-sur-Tech, on est encore plus scabreux, puisque la Rosetta, la fillette sur laquelle l'ours jette son dévolu, est en fait un jeune garçon travesti. Et ainsi de suite.

Toutes ces imaginations s'appuient sur des observations fort anciennes, puisqu'elles remontent à Pline, établissant notamment que l'ours copule non point par-derrière, *more ferrarum*, mais face à face. (Cf. Gaston Febus, *Le Livre de la Chasse* : « Et quand l'ours fait sa besogne avec l'ourse, ils se conduisent à la façon d'un homme et d'une femme tout étendus l'un sur l'autre. »)

Et si tout cela n'est pas assez clair, voyez ces montreurs d'ours du Comminges qui, jusque dans les années cinquante, promenaient de village en village leurs ours symboliquement dépouillés de leur virilité, vêtus en petites filles modèles d'un jupon et d'un bonnet de dentelles. Voyez ce rituel carnavalesque de la vallée de Barèges, dans lequel le personnage du médecin, qui traditionnellement accompagne l'ours dans ses facéties, lui souffle dans le cul à l'aide d'une longue paille, et porte par-dessus son pantalon un gigantesque braquemart en bois, stupéfiant de réalisme, avec lequel il asticote toutes les femmes de rencontre. Ajoutez à cela ce qu'observe judicieusement Dendaletche, que dans les Pyrénées de l'Est, les toponymes en « ours » (Pas-de-l'Ours, etc.) « marquent la limite entre l'*ager* et le *saltus*, le domaine cultivé et le domaine sauvage », et vous conviendrez qu'il y a anguille sous roche, et que ce qui chagrine l'homme, chez l'ours, pourrait être bien autre chose que le meurtre de quelques brebis, au demeurant innocentes, comme chacun sait.

Même quand il ne copule pas, l'ours fait quantité de choses intéressantes et qui nous touchent d'assez près. Dans son fameux rapport sur la réintroduction des ours dans le Vercors, rapport dans lequel il proposait d'acheter aux Roumains des ours payables en marmottes (« le taux ours/marmotte n'a pas encore été fixé, toutefois la quantité de marmottes désirées n'est sans doute pas illimitée »), Robert Hainard décrit ainsi sa soixante-dix-huitième rencontre avec un ours, en juin 1972, dans le Parc national de Retezat en Roumanie : « À une quinzaine de mètres, percevant sans doute notre odeur, l'ours leva ses tout petits yeux jaunes et poussa un "euh euh" lamentable… »

De son côté, le naturaliste allemand Peter Krott, qui vécut plusieurs mois dans la nature avec deux oursons, observe qu'« ils font un curieux bruit de machine à coudre – signe d'intense jubilation – quand [il] leur donne leur biberon de lait de chèvre additionné de miel ».

Enfin, dans le *Guide des mammifères sauvages d'Europe occidentale*, F. H. Van den Brink apporte les précisions suivantes : « Un grognement se fait le plus souvent entendre ; sous l'empire de la colère ou de la peur, un hurlement sonore, voire un rugissement déchirant ; quand l'animal est dérangé, une sorte de ronflement, ressemblant à "pfoui pfoui" ; la mère appelle ses petits au moyen d'un bêlement chevrotant et plaintif. » Or, il est bien certain qu'il n'y a dans toute la création que deux animaux capables de faire « euh euh » ou « pfoui pfoui », et plus généralement d'émettre une telle variété de sons, c'est l'homme et l'ours. Et la ressemblance ne s'arrête pas là.

Toujours selon Dendaletche (*op. cit.*), l'ours est « affligé d'un erratisme impénitent. C'est un grappilleur et un grand consommateur d'espace ». D'après le Dr Couturier[1], l'ours « n'a aucune prédilection pour la forêt aimable au sol régulier. Rien ne lui plaît autant qu'un boqueteau de sapins suspendus dans l'abîme ».

Ayant horreur de la monotonie, l'ours est naturellement omnivore. D'après les études les plus récentes et les plus minutieuses, appuyées sur l'examen microscopique de centaines de crottes récoltées dans les Pyrénées, le régime alimentaire de l'ours pyrénéen comporterait à peine 10 % de nourriture animale, encore s'agirait-il essentiellement de viande d'insecte. Les 90 % qui restent sont constitués d'herbe, de scolopendres, de glands et de faines, de myrtilles, de framboises ou de muguettes, ces noisettes des montagnes dont l'ours est si friand qu'à la fonte des neiges il éventre les nids des campagnols pour faire main basse sur leurs greniers à tubercules. Quant aux brebis, puisqu'il faut bien en parler tout de même, elles représenteraient quelque 5 % de la nourriture ursine. Quels terribles 5 % ! Tant d'ours assassinés en représailles d'une malheureuse petite brebis dévorée tous les mois et demi !

Dés le début – pour simplifier, datons ce début de la fin des années soixante –, les mesures tardivement prises pour la sauvegarde de l'ours pyrénéen se sont heurtées à l'hostilité des bergers ou, si l'on préfère, à la difficulté de faire coexister pacifiquement l'ours et l'élevage transhumant. La naissance du Parc national des Pyrénées occidentales, en 1968, permit d'autant moins de résoudre le problème que ses frontières, par suite de dérapages administratifs et d'autres glissements de terrain, ne coïncidaient pas du tout avec celles des derniers territoires de l'ours.

Le Parc fit cependant des efforts méritoires, mais généralement infructueux, pour changer les habitudes alimentaires de l'ours et éveiller son goût pour d'autres proies que les brebis. Malheureusement, les pommiers plantés en altitude à l'intention des ours, étant de souche sibérienne, refusèrent de fructifier sous nos latitudes, les mares à grenouilles tournèrent en eau de boudin, les marmottes venues des Alpes par train spécial voulurent bien faire souche dans les Pyrénées, mais elles s'obstinèrent à courir beaucoup plus vite que les ours, et à se cacher sous terre beaucoup plus adroitement que les moutons. Quant à installer des charniers, comme on y avait songé un moment, il fallut

1. Dans son livre *L'Ours brun* (1959, chez l'auteur à Grenoble). Avec l'ouvrage de Dendaletche déjà cité, le petit livre *L'Ours* publié en 1981 sous les auspices du Groupe Ours-Pyrénées, et *Un ours, je suis pourtant un ours* de Jorg Müller et Jorg Steiner (un album Duculot), le livre de Couturier compte parmi les quelques ouvrages de référence sur la question des ours.

rapidement y renoncer, car la tentation aurait été trop forte, pour le berger, d'empoisonner à la strychnine, conformément à une habitude ancestrale, les charognes destinées aux ours.

Le Parc ne fut guère plus heureux, tout d'abord, avec les mesures prises pour indemniser les bergers victimes de l'ours, ces derniers se plaignant de ce que les procédures étaient trop compliquées et les remboursements trop tardifs (les dégâts des ours se sont élevés en 1968 à quatre-vingt-dix-huit ovins, cinq caprins, un cheval et huit ruches; en 1979 à soixante-dix ovins, trois caprins et une vache; et en 1982 à soixante-quinze ovins, un caprin et quatre vaches).

Depuis quelques années, toutefois, un organisme privé, le Fonds d'intervention éco-pastoral (FIEP), partiellement financé par le WWF, attribue aux bergers une indemnisation complémentaire de 400 francs au titre du dérangement causé par les attaques d'ours. Le FIEP se charge par ailleurs de répartir, et le cas échéant d'arrondir, les indemnités allouées par le PNPO, soit au moins le prix de la bête à son cours le plus haut de l'année, plus 180 francs de *pretium doloris.*

Ainsi, en 1980, dans le cas d'une attaque d'ours ayant entraîné la mort d'une brebis (homologuée par les gardes du PNPO), un berger recevait du Parc 680 francs, et du FIEP 400 francs, soit au total un peu plus de 1 000 francs pour une bête dont la valeur réelle oscillait entre 450 et 500 francs[1]. En 1982, le montant total des indemnités réparties par le FIEP s'élevait à 98 970 francs correspondant à quarante et une attaques subies par trente-six bergers. Dans ces conditions, et si par ailleurs on l'équipe de bruyants mais inoffensifs canons à acétylène afin de tenir l'ours à distance de ses brebis, le berger est relativement disposé à se réconcilier avec l'ogre devenu vache à lait.

L'homme qui a vu l'homme qui a vu l'ours

Supposons le berger pyrénéen réconcilié pour de bon avec l'ours : supposons que, vaincu par les indemnités et les explications prodiguées par le FIEP, le berger ait définitivement renoncé à tirer l'ours, à lui faire péter au nez des machines infernales ou à l'empoisonner à la

1. Chiffres cités dans la brochure *L'Ours* éditée par le Groupe Ours-Pyrénées.

strychnine. Les lendemains de l'ours ne chantent pas pour autant. À l'heure actuelle, il subsiste dans les Pyrénées trois noyaux relictuels dont les effectifs ont régulièrement décliné au cours des vingt dernières années. En Ariège orientale, une minuscule population de trois ou quatre individus très erratiques. Dans le fond du Luchonnais, cinq individus tout au plus. Enfin, dans les Pyrénées occidentales, une huitaine d'ours approximativement localisés entre les vallées d'Ossau, d'Aspe et de Baretous [1]. Même avec le taux de reproduction le plus fort d'Europe (17 % environ : on estime que trois ours au moins sont nés dans les Pyrénées au cours des deux dernières années), cela fait encore bien peu de monde, compte tenu de tout ce qui conspire à la perte de l'animal.

D'après nos propres observations, fondées notamment sur l'étude scientifique des cartes postales vendues dans quatre départements des Pyrénées, l'impopularité de l'ours, suivant à peu près la même courbe que la pression de chasse, croît régulièrement d'est en ouest : Bagnères-de-Luchon marque, semble-t-il, la limite occidentale de la carte postale d'ours. D'autre part, M. Apiou et le curé de Sainte-Engrâce sont assez représentatifs de l'opinion défavorable qui prévaut à l'ouest de la chaîne. Exerçant son sacerdoce dans une zone de forte activité sismique, le curé de Sainte-Engrâce est un homme de caractère, d'une tournure peu ecclésiastique, qui fume le cigare et sur qui pèsent de légères présomptions à propos d'un ours rectifié en 1973 au lieu-dit l'Antre-de-l'Ours.

Bien entendu, il se défend d'avoir pris aucune part à cette affaire, mais il parle volontiers, avec une effervescence plutôt dionysiaque qu'apostolique, de ces battues qui, jadis, réunissaient tous les hommes valides d'un ou de plusieurs villages pour courir l'ours, battre la campagne, s'arsouiller de diverses manières, et à défaut d'ours allumer un peu tout ce qui évoluait dans le secteur, y compris des gardes civils si sans le faire exprès on avait empiété sur le territoire espagnol. (En raison de leur bicorne en carton bouilli, les gardes civils peuvent aisément être confondus avec des bouquetins.)

« Jusqu'à une époque récente, souligne le curé de Sainte-Engrâce, c'était un acte de courage et de civisme, encouragé par les autorités et la presse locale, de tuer un ours. » « Au demeurant, enchaîne-t-il avec un sourire cette fois plus apostolique que dionysiaque, tuer un ours

1. Révisant ces chiffres en baisse, les *Nouvelles du FIEP* estiment à douze ours maximum la population totale des Pyrénées, y compris le versant espagnol.

parce qu'il tue des brebis, c'est idiot. Mais il faut que chacun y mette du sien. »

M. Apiou, quant à lui, a sa ferme en vallée d'Aspe, un peu au-dessus du village de Borce, où l'on recueillit en 1971 un ourson dont la mère avait probablement été tuée dans le voisinage. L'ourson fut prénommé Jojo, élevé avec les crédits du Parc national dans le jardin du directeur de l'école, et c'est maintenant un gros ours hautement éducatif et récréatif, qui, derrière de solides barreaux, mange de la confiture de fraises et fait la fierté de son hôte.

Apprenant que nous enquêtons pour le compte d'un journal parisien sur l'avenir de l'ours, M. Apiou a la même réaction que vous ou moi si nous étions dérangés dans nos occupations par un envoyé spécial de l'*Asahi Shimbun* préparant une série sur les mouches à viande.

Son père, l'un des plus célèbres chasseurs d'ours de la vallée d'Aspe, avait officiellement neuf ours à son actif, et officieusement une vingtaine (un peu moins, tout de même, que l'illustrissime Toussaint Saint-Martin, natif d'Eaux-Chaudes, décédé en 1951, qui en aurait tué une cinquantaine). Lui-même s'enorgueillit d'avoir servi au célèbre Dr Couturier son premier ours pyrénéen.

Avec tout cela, M. Apiou est éminemment sympathique, et quand bien même il aurait tué un ours de-ci, de-là, on ne peut pas plus lui en vouloir qu'aux Esquimaux de chasser quelques baleines avec des cure-dents. « L'ours, dit-il, il faut le laisser courir. Mais si j'en vois un au milieu d'un troupeau, là, c'est sûr, je l'allume. »

M. Apiou a une vision globalement cataclysmique du règne animal. Depuis la création du Parc national, « les sangliers bouffent toute la montagne, que c'en est une honte ». Les ours, de leur côté, bouffent le bétail. Si les animaux sauvages dévorent la montagne et le bétail, que restera-t-il au berger ?

« Tout ça, c'est espagnol », conclut abruptement M. Apiou, sans que l'on sache au juste s'il s'agit des ours en général et sous toutes leurs espèces, des ours concrets (ceux qui attaquent les brebis), du pur concept d'ours (celui qu'il faut laisser courir), ou encore des hommes assez perdus d'esprit pour s'occuper de protéger l'ours, de le compter, de relever ses traces dans la neige, ou de ramasser ses crottes une à une pour les examiner au microscope.

Au plus fort de l'hiver, suspendant presque toute activité, l'ours ne fait de tort à personne. C'est pourtant cette saison que choisirent quelques fiers-à-bras de Laruns, en vallée d'Ossau, pour aller tuer dans sa retraite une ourse avec son petit. L'affaire, semble-t-il, remonte au mois de janvier 1982, et elle serait probablement passée inaperçue si l'un des conjurés, ayant un coup dans le nez, n'avait vendu la mèche quelques mois plus tard, contraignant les autorités à faire semblant d'agir. On parle de photographies qui auraient circulé dans la région, montrant les chasseurs en train de se bâfrer l'ours, au cours d'un banquet mérovingien, si ce n'est encore plus reculé. On soupçonne la Fédération départementale des chasseurs, prévenue, d'avoir écrasé le coup. Les corbeaux s'y mettent, la délation fleurit, et, à la surprise générale, le juge d'instruction chargé de l'affaire ordonne des perquisitions chez tous les braconniers notoires de la région. Les gendarmes s'exécutent en traînant les pieds, car il s'agit tout de même de braconniers qui ont pignon sur rue. Si les recherches entreprises pour retrouver des poils d'ours dans leurs vêtements se soldent par un échec – ils ont eu quelques mois pour se brosser –, les gendarmes, en ouvrant les congélateurs, découvrent en revanche des restes d'isards chassés pendant la fermeture, des merles à plastron et d'autres espèces archiprotégées, comme le desman, une taupe pyrénéenne absolument impropre à la consommation (mais très recherchée par les taxidermistes et les collectionneurs) et qui devrait attendrir le chasseur le plus endurci, avec ses larges pieds plats, ses doux yeux myopes et sa petite trompe flexible. En fin de compte, l'enquête n'a pas abouti, mais elle eut du moins le mérite de rabattre un peu, pour quelque temps, l'arrogance des braconniers.

Toutefois la chasse n'est malheureusement pas la seule menace qui pèse sur l'ours, ni même la plus grave. La pénétration touristique, et plus encore l'exploitation forestière à outrance – entraînant la construction de centaines de kilomètres de routes et de pistes, l'uniformisation du paysage et de la végétation, enfin le cloisonnement des derniers espaces libres –, confinent l'ours dans des retraites de plus en plus enclavées, de moins en moins propices à la satisfaction de ses besoins d'errance, de solitude et de diversité. Au train où va de nos jours la mise en coupe réglée de ses biotopes, l'ours n'a guère de chances de survivre dans les Pyrénées.

À l'instar de tout ce qui vit, l'ours est en fin de compte menacé par l'incurie, l'arrogance et la pesanteur administratives, par l'incapacité à se concerter et à s'entendre des différentes instances théoriquement concernées par sa sauvegarde. C'est le grand mérite du Fonds d'intervention éco-pastoral, après avoir réconcilié l'ours et le berger, de combattre l'inertie des DDA, des DDE, des DPN, des ONF et autres ONC, sans l'accord préalable desquels rien de conséquent ne peut être entrepris. Depuis quelque temps, le FIEP préconise notamment la création, dans certains massifs forestiers de la vallée d'Aspe, du Luchonnais ou de la Haute-Soule, de réserves biologiques intégrales, durablement soustraites à toute exploitation forestière ou touristique, et susceptibles de constituer pour l'ours des biotopes refuges. Faute de quoi la douzaine d'ours qui nous reste ne sera bientôt plus qu'un souvenir, et à l'instar des pays qui n'ont plus de légendes, nous serons condamnés à mourir de froid.

Hors du charnier natal

Rien, décidément, n'est plus délicat que les rapaces. Supposez par exemple que nous écrivions tout uniment dans quelle vallée des Pyrénées le vautour fauve niche par prédilection. Supposez qu'à défaut de nommer la vallée nous décrivions assez précisément la falaise où ça se passe, donnant son altitude exacte, ou dénombrant les essences qui croissent sur ses pentes. Aussitôt, dans un rayon de mille kilomètres autour de ce livre, au fin fond de l'Allemagne ou de la Hollande, voire de pays plus terribles encore, des hommes de l'ombre aux yeux allumés par la convoitise, d'une obstination et d'une sagacité kominterniennes, déployant à la lueur tremblante d'une lampe-pigeon des cartes d'état-major aux plis usés et recousus, entoureraient d'un trait rouge toutes les falaises pyrénéennes correspondant peu ou prou à notre description. Puis, de proche en proche, recoupant nos informations avec d'autres puisées dans des revues spécialisées, ou avec leurs propres observations, ils sélectionneraient trois ou quatre sites, qui dès la prochaine ponte seraient assaillis par des dénicheurs professionnels rompus à toutes les crapuleries, fournisseurs occultes d'émirs du Golfe, de zoos éhontés ou de collectionneurs psychopathes. Aussi ne dirons-nous rien de cette falaise, bien que d'un autre côté elle se voie dans les Pyrénées comme le nez au milieu de la figure.

La réserve dont il s'agit couvre donc une centaine d'hectares en moyenne montagne. Elle abrite aujourd'hui vingt-quatre couples nicheurs de vautours fauves, un couple nicheur de circaètes, un couple de grands ducs et quelques couples de pèlerins (ces trois dernières espèces, plus encore que les vautours, justifiant notre discrétion), enfin deux ménages de vautours percnoptères, dont un ménage à trois qui ne couve pas plus qu'il ne pond, passant son temps à se balader, à manger et à s'envoyer en l'air, donnant ainsi un exemple d'hédonisme, voire de libertinage, assez rare dans la nature, où d'habitude l'on vise plutôt à l'efficacité.

Dans le courant des années soixante-dix, cette réserve naquit des efforts conjugués – ou plutôt des antagonismes laborieusement surmontés – du Parc national et d'une association regroupant quelques ornithologues d'avant-garde, qui assez curieusement puisaient dans Guy Debord et dans les manuscrits de 1844 les principes devant présider à la sauvegarde de la nature pyrénéenne.

Dès le début, d'ailleurs, ces principes révolutionnaires de l'association entrèrent en conflit avec ceux du Parc national, encore largement tributaires de l'aliénation, du spectacle, et du règne de la marchandise. Tout d'abord, c'est un lâcher de vautour « imprégné » (c'est-à-dire élevé par l'homme et le prenant pour son congénère), organisé par le Parc contre l'avis de l'association, et qui tourne à la confusion de celui-ci, le vautour, aussitôt après le départ des journalistes, se laissant mourir de langueur sur le lieu même de son lâcher. (Depuis, le malheureux décore le hall d'entrée de la direction du Parc national, à Tarbes.) Ensuite, ce sont des gardes du Parc, affectés sans préparation à la surveillance de la colonie de vautours fauves, qui descendent en rappel sur les nids au moment de l'éclosion des œufs, avec les suites heureuses que l'on imagine sur la croissance des petits.

En dépit de toutes ces bévues, des polémiques et de la méfiance réciproque qu'elles alimentent, la coexistence entre le Parc et l'association se maintient tant bien que mal, et la colonie, après un déclin vertigineux dans les années soixante, retrouve aujourd'hui ses effectifs confortables de l'immédiat après-guerre.

À la différence de l'ours, le vautour rencontre chez les bergers une relative indulgence, dans la mesure où il assure la voirie des alpages en faisant disparaître les bêtes mortes : même si cette activité n'est pas aussi indispensable à l'élevage transhumant qu'on veut bien nous le dire, il est certain que ça ne mange pas de pain.

Cette circonstance n'a pas empêché, tout de même, que cinq vautours de la colonie se fassent allumer en 1982, dont un posé, à une distance de quelques dizaines de mètres, par un agriculteur qui pour toute défense prétendit l'avoir confondu avec une grue. Massacré par les chasseurs avec modération, le vautour est de plus en plus menacé, en revanche, par les pirates des aires plus haut cités, et même par les simples curieux, en particulier les photographes, amateurs ou professionnels, qui en toute innocence tirent à bout portant le portrait des jeunes à peine éclos, sans se soucier le moins du monde des conséquences désastreuses qu'entraîne inévitablement ce genre de familiarités.

Ainsi, en 1982, l'unique garde permanent, pas même assermenté, a dû, en six mois, intercepter et repousser une cinquantaine de clampins qui croisaient, sans l'ombre d'un prétexte ou d'une autorisation, sur le territoire de la réserve. (Afin de nous acquitter d'un devoir civique, et d'une dette personnelle, précisons que ce garde, un puits de science et de bonne volonté, est payé à peine le SMIC, et seulement six mois sur douze, pour un travail harassant et hautement qualifié. Dans ces conditions, et sachant qu'un collectionneur est prêt à aligner 4000 à 5000 mille francs pour se procurer un jeune vautour, il faut de la sainteté, quand on connaît par cœur toutes les aires, pour résister à la tentation de fourguer un petit par-ci, par-là.)

Le vautour adulte, après quatre ou cinq années d'erratisme, est un animal très occupé, auquel ses activités ne laissent guère de loisirs. Dans le courant du mois de février, il pond au milieu des frimas un gros œuf tout blanc, qui mettra pas loin de huit semaines pour éclore. Puis, pendant quatre mois et demi, il nourrit le petit au nid, lui régurgitant dans le bec de la charogne prémâchée, activité de prime abord assez répugnante, mais indispensable du point de vue de la conservation de l'espèce (cf. l'article des frères Terrasse sur les vautours de France paru dans *Le Courrier de la nature* en 1967 : « L'adulte tend le cou horizontalement et l'anime d'une vibration intense. Le jeune se met aussitôt à dévorer la viande qui coule de bec à bec, tirant même sur les gros morceaux, ou déroulant les intestins, qu'il avale avec des gloussements de satisfaction »).

Au mois d'août, les jeunes font leurs premiers essais en vol, mais les parents doivent encore pourvoir à leur alimentation pendant un mois et demi. Puis, dès l'automne, recommence le cycle parade nuptiale - construction de l'aire - accouplement, si bien qu'entre deux fournées un couple consciencieux ne dispose guère que d'un mois de battement.

Aux beaux jours, lorsque le berger emmène son troupeau prendre l'air en altitude, le vautour dispose avec les brebis mortes d'une nourriture relativement abondante et d'excellente qualité. Mais en hiver, nib de moutons, et le vautour claque du bec.

C'est pour lui apporter, dans ces moments difficiles, une aide alimentaire que la réserve a fait l'acquisition, sur l'autre versant de la vallée, d'un parc de nourrissage où les vautours trouvent de janvier à juillet un petit complément de 400 à 600 kg de barbaque par semaine.

La charogne est fournie, gratuitement désormais, par les abattoirs de Pau. Aujourd'hui, c'est un cheval, qui en dépit du temps frisquet coince pas mal, et dont la carcasse sera nettoyée en deux jours : tout autour, un grand lâcher de plumes longues comme ça témoigne d'une vigoureuse castagne pour le partage du butin. Conformément à leur habitude, pour ne pas se compliquer la vie, les vautours ont attaqué par l'anus, là où c'est le plus tendre.

Certains jours on peut compter sur le parc jusqu'à soixante vautours. (Dans l'article plus haut cité, les frères Terrasse observent à ce sujet qu'étant donné l'acuité visuelle des vautours, une charogne particulièrement appétissante et copieuse, une vache par exemple, peut en un jour ou deux rassembler près de la moitié des effectifs pyrénéens : il faut donc se garder de tirer, de l'observation de ces grands rassemblements, des conclusions hâtives sur la prolifération de l'espèce.)

Des grands corbeaux, des milans noirs et royaux, des percnoptères, des buses variables viennent parfois donner un coup de main. Plus rarement, on voit sur le charnier un aigle ou un gypaète, ce dernier se nourrissant des os nus, que personne ne lui dispute, et que son estomac hautement performant lui permet de résoudre en une nourriture assimilable. Rien, de ce fait, n'est moins salissant, ni moins nourrissant, qu'une crotte de gypaète.

En dehors de l'énergie qu'il mobilise, ce parc de nourrissage, qui rencontre un grand succès auprès des vautours, pose toutefois un problème déontologique. Il est en effet généralement admis que la sauvegarde d'une espèce sauvage, et libre, ne prend tout son sens que si, dans un avenir prévisible, elle peut retrouver la faculté de se débrouiller par elle-même. Pour ce qui concerne les vautours, un progrès notable sera fait le jour où les brebis mortes en hiver pourront leur être abandonnées, au lieu d'être portées à l'équarrissage en vertu des règlements sanitaires aujourd'hui en vigueur. Personne, à ce propos, n'a pu me dire comment les vautours se débrouillaient autrefois.

Le réparateur d'aigles

Autrefois, quand un oiseau était cassé, il n'y avait personne pour le réparer. Un crécerelle infirme était condamné à finir en objet d'opprobre pour ses semblables. Désormais, on a toujours la ressource de l'envoyer à Tonneins, dans le Lot-et-Garonne, et comme cette expérience réussie a fait école, chaque région aura bientôt son avi-clinique ouverte aux grues cendrées, cigognes noires, chouettes effraies, œdicnèmes criards, etc. Mais prenons les choses au commencement, c'est-à-dire au moment où le chasseur du Sud-Ouest entre en scène.

Si nous avons parfois prêté une oreille attentive aux propos des chasseurs alsaciens, si nous avons trouvé beaucoup de bons côtés à M. Apiou, le chasseur d'ours pyrénéens, ce n'est pas que nous ayons l'intention d'absoudre systématiquement les collectionneurs de tableaux de chasse. Ainsi nous refusons la communion au chasseur basque ou bordelais qui, au passage des cols pyrénéens, plus bardé de cartouchières qu'un dissident de l'OLP, crible de plombs les milans noirs, les vautours fauves, les craves à bec rouge et les hélicoptères de la protection civile, à défaut de palombes qui passent de plus en plus haut et de plus en plus rares. Quant au chasseur aquitain qui cyniquement camoufle un pédalo en jardinière de légumes, sur le bassin d'Arcachon, afin d'aller à bout portant larder de chevrotines un vol d'oies cendrées en voyage de noces, qu'il soit dit anathème !

Parmi les deux cent soixante-dix-neuf oiseaux recueillis en 1982 par le Centre de Tonneins – le premier établissement de ce genre, en France, à fonctionner sur une si grande échelle –, 62,5 % ont été victimes de la chasse (bien qu'appartenant à des espèces protégées), et cette proportion s'élève à plus de 80 % pour les rapaces diurnes, qui, toutes espèces confondues, représentent de 65 à 70 % des entrées.

Sitôt admis au Centre, les blessés y sont soumis à un examen radiographique qui permet de localiser leurs fractures, d'en déterminer les causes, et d'observer par exemple qu'une grue cendrée présente douze impacts de deux calibres différents, bien que cet oiseau appartienne à une espèce rigoureusement interdite de tir (notons aussi qu'à plusieurs reprises, des oiseaux sauvés par le Centre, sitôt relâchés, ont été de nouveau abattus, et ajoutons, pour faire bonne mesure, que certains oiseaux, des rapaces notamment, ont été acheminés jusqu'au Centre par des chasseurs d'une variété moins foudroyante que les précédents).

Une fois radiographiés, les entrants sont pourvus d'un dossier parfaitement conforme aux normes de l'Assistance publique, où sont consignés leur identité, leur date d'entrée, les avaries dont ils souffrent ou le traitement dont ils font l'objet. Ceux qui relèvent de la médecine générale sont traités sur place avec des gélules d'antibiotiques ou de polyvitamines fabriquées spécialement pour le Centre, ceux qui relèvent de la chirurgie sont dirigés vers une clinique vétérinaire d'Agen, où en deux temps trois mouvements, sous anesthésie générale et sous champ stérile, on vous pratique une ostéosynthèse sur un métacarpe de faucon crécerelle (actuellement, on expérimente à Agen des techniques sophistiquées de réduction de fractures par injection de résine).

L'euthanasie n'est pratiquée qu'en tout dernier recours, et selon des critères déontologiques sensiblement différents de ceux qui devraient prévaloir dans l'Assistance publique, puisqu'au moment d'entreprendre une opération longue et délicate – une tentative de brochage, par exemple –, on se résoudra plus facilement à la perte d'une chouette effraie ou d'une buse variable qu'à celle d'un gypaète ou d'un balbuzard fluviatile.

75 à 80 % des oiseaux traités par le Centre de Tonneins sont sauvés : 40 %, environ, en assez bon état pour être réintroduits dans la nature, les autres, les handicapés à vie, étant soit dirigés vers des centres de reproduction triés sur le volet, soit conservés au Centre de Tonneins où ils vaquent aux soins du ménage, la pipe au bec, en sautillant sur leurs petites béquilles.

Parmi les quelques dizaines d'oiseaux actuellement en traitement au Centre de Tonneins – et il en arrive chaque semaine, recueillis par des particuliers ou par les antennes régionales du Centre en Charente, Gironde, Dordogne, dans le Lot, etc., on trouve donc une grande majorité de rapaces diurnes, et une forte minorité de rapaces nocturnes.

Ces derniers – pour la plupart chouettes effraies ou hulottes – sont soit des jeunes désairés (c'est-à-dire dénichés, s'agissant des rapaces), soit des adultes entrés en collision avec des automobilistes.

Quelques très beaux rapaces de jour et de nuit – un circaète Jean-le-Blanc, un aigle royal, un faucon pèlerin, une paire de grands ducs – ont été placés à Tonneins par un juge d'instruction, deux montreurs d'ours du Lot-et-Garonne s'en disputant à grands cris la propriété. En attendant la conclusion de l'affaire, les rapaces sous séquestre se sont déjà tassé pour un million de centimes dans le cornet.

Il y a également parmi les pensionnaires un cygne tuberculé qui a dû être amputé d'une aile par suite d'une erreur de pilotage, un faucon lanier souffrant d'un cancer de la main, une jeune buse en observation après que sa sœur eut succombé à une aspergillose, un couple de pèlerins dont le mâle s'est luxé le coude en se plantant sur des fils électriques, tandis que la femelle, on ne sait trop comment, s'est cassé l'humérus.

Hormis les incurables, tous ces oiseaux, une fois retapés et débarrassés de leurs pansements, font l'objet d'une rééducation progressive en vue de leur réintroduction dans la nature. Aux différents stades de la convalescence correspondent différents types de volières, de plus en plus spacieuses, couvertes d'un filet souple pour que l'oiseau ne s'y blesse pas, bâties en longueur, et de coupe semi-circulaire, afin de favoriser le vol battu qui développe et fortifie la musculature.

Dans la dernière volière avant la liberté, dite « volière de réadaptation à la vie sauvage » (46 × 6 m pour 6 m de hauteur), les rapaces retrouvent des conditions de vie presque aussi acrobatiques que dans la nature : auparavant nourris de proies mortes, puis de proies vivantes mais guère en état de se défendre, ils doivent désormais se débrouiller avec des rongeurs décidés à vendre chèrement leur peau, et auxquels on a ménagé des retraites inaccessibles, afin de réveiller les réflexes de prédation amortis par les traitements de choc [1] (actuellement, le Centre de Tonneins a en chantier des volières de type Hurell – où les oiseaux sont à l'abri de toute influence humaine – pour le traitement ou la reproduction d'espèces particulièrement sensibles, comme l'épervier).

À propos de bouffe, c'est le moment de dire qu'en 1982 les pensionnaires du Centre de Tonneins ont consommé quelque cent vingt-cinq mille poussins, cinq à six mille souris, près d'un millier de rats, une centaine de cobayes, une vingtaine de pigeons, cent kilos de poissons et soixante-quatre kilos de viande rouge. Les poussins – des poussins mal formés, n'ayez crainte, et de toute manière promis à un sort funeste – sont fournis gratuitement par le fabricant de poussins. Mais les rats valent tout de même 12 francs pièce (et même de 18 à 20 francs pour un rat gris, bien plus savoureux que le rat blanc), et un aigle en croque facilement deux par jour. Même pour une vulgaire souris, il faut compter 5 francs, et si on les laissait faire, les rapaces du Centre, toutes espèces confondues, en consommeraient un bon millier en trois ou quatre jours.

Tout cela, par conséquent, occasionne des frais, et si le Centre a reçu pour s'installer quelque quinze millions de centimes de subventions, il

---

1. Notons que certaines espèces « à haute technicité de prédation » posent des problèmes de rééducation alimentaire particulièrement éprouvants : ainsi le circaète, qui dans la nature se nourrit exclusivement de reptiles, ou les nocturnes, qu'il faut stimuler en leur passant – de nuit... – des enregistrements magnétiques des bruits de leurs animaux-proies.

ne reçoit plus un fifrelin pour assurer son fonctionnement. Parmi les trois personnes qui s'en occupent régulièrement, deux sont bénévoles, et la troisième perçoit 75 % du SMIC. Puisque les chasseurs sont responsables de la plupart des dégâts infligés aux rapaces, on ne peut qu'applaudir à l'idée, lancée par le responsable du Centre, de faire supporter au moins une partie de ses frais de fonctionnement par les fédérations de chasseurs des dix ou douze départements concernés par son activité.

La fameuse invasion de la Brière par les rats

Auprès d'un certain nombre de spécialistes, M. H. passe pour le plus grand chasseur de rats musqués de toute la Brière, ou du marais indivis, ou au moins de l'île de Fedrun. L'île de Fedrun a ceci de particulier qu'elle n'est pas tout à fait une île, qu'elle affecte à peu près la forme et la structure d'une paramécie, qu'une route en fait plus ou moins le tour, qu'elle est parcourue en tous sens par des troupes de canards apprivoisés (qui se distinguent des canards sauvages par le fait qu'ils marchent au lieu de voler), enfin que le *Guide Michelin* la présente comme une très rare curiosité, et que pour toutes ces raisons de nombreux touristes, en saison, y tournent en rond indéfiniment, la sortie étant extrêmement difficile à trouver et le centre définitivement introuvable, en se demandant ce qui a bien pu motiver cet enthousiasme du *Guide Michelin*.

En fait, comme les plus obstinés le découvriront bientôt, et comme le suggèrent les incessantes allées et venues des canards, l'intérêt de l'île de Fedrun ne réside pas en elle-même. Pour cette raison, quelques guides agréés organisent des promenades en barque, certaines incluant une rencontre informelle avec des rats musqués.

M. H. est l'un d'entre eux. Sa maison, dans l'île de Fedrun, se signale extérieurement par un grand déploiement de nains de Blanche-Neige, et intérieurement par une magnifique collection d'animaux empaillés. Il y a là des courlis, des butors, des hérons tant cendrés que pourprés, des harles tant bièvres que piettes, des grèbes huppés ou castagneux, des canards de plusieurs tendances, des fouines, des hermines et des loutres, enfin des rats musqués et des ragondins, dont un albinos, d'une taille prodigieuse et d'un poids de vingt-deux livres. À coup sûr, la maison de M. H. est le seul endroit au monde où l'on puisse observer d'aussi près un ragondin albinos de vingt-deux livres.

Cependant pas plus le rat musqué que le ragondin ne sont indigènes en Brière. Le premier est originaire d'Amérique du Nord, le second d'Amérique du Sud[1]. Et tout ne va pas pour le mieux entre les deux espèces. En fait, d'après Mme H., « depuis l'arrivée des ragondins, le rat musqué est parti dans d'autres pays, parce que ça ne s'arrangeait pas les deux ensemble ». Ainsi la vie du rat musqué n'est-elle qu'une longue errance, heureusement coupée de petites siestes au soleil devant sa hutte.

Les Briérons – au moins ceux du marais indivis – étant gens fort secrets, et fort insaisissables, nous ne pûmes jamais rencontrer M. H., qui était toujours ailleurs à rassembler des moutons, mais nous obtînmes tout de même de Mme H. le nom d'un autre chasseur de rats

---

1. Tout ceci d'après le Delachaux et Niestlé qui observe, s'agissant du premier, qu'il « lézarde parfois au soleil devant sa hutte », et, s'agissant du second, qu'il « se déplace lentement sur la terre ferme », mais « nage et plonge extraordinairement ». Le même ouvrage ajoute prudemment, sans se mouiller, que le ragondin est « peu nuisible ». Cette observation est d'autant plus intéressante que le ragondin, comme le rat musqué, fait à l'heure actuelle l'objet de persécutions frénétiques, encouragées et parfois organisées par l'Administration, usant d'armes perfides comme les appâts empoisonnés, qui par surcroît mettent en danger d'autres espèces, y compris les pêcheurs, les facteurs ruraux, les idiots de village et d'autres paisibles promeneurs des berges. Peut-être ces mesures sont-elles justifiées par les dégâts qu'occasionnent les rats musqués. Il est certain que, livrés à eux-mêmes, ils peuvent en quelques années, par le grignotage méthodique des berges, rendre un canal impraticable à la navigation. L'éclusier-chef de Josselin, dans le Morbihan, un homme au demeurant complètement dépourvu de férocité, a consacré le meilleur de sa vie à tenter de sauver de la voracité des rats musqués le bief du canal de Nantes à Brest sur lequel s'étendait sa souveraineté. Des années plus tard, il évoquait cet épisode de sa carrière avec les mêmes accents qu'un survivant de la guerre de Corée se remémorant le déferlement des volontaires chinois sur les collines de Pan Mun Jon. Toutefois lorsqu'on imagine quels ressorts secrets et retors doit faire jouer dans les tréfonds de l'inconscient administratif la décision de classer une espèce comme utile ou nuisible – lorsque l'on observe, par exemple, qu'un peu partout en Europe, à risques équivalents de disparition, les espèces blanches, immaculées, ont fait l'objet de mesures de protection avant les espèces colorées ou tachetées les plus voisines –, on se dit qu'il vaudrait peut-être mieux y regarder à deux fois avant d'exterminer définitivement ragondins et rats musqués, plutôt que de devoir d'ici quelques années obtenir des subventions des conseils généraux afin de financer leur réintroduction. Rien, en effet, ne ressemble plus à un castor qu'un ragondin.

musqués également renommé, M. Moyon, un agriculteur domicilié au bout de l'île d'Errand, elle-même au bout du monde bien que ne payant pas de mine.

Lorsque nous l'atteignîmes, le clocher de Saint-Joachim se détachait à peine sur le ciel mauve, limpide, au-dessus des bovins, des saules rabougris, des prairies inondées nappées à ras de terre d'une brume onctueuse et ferme comme des blancs d'œufs battus en neige. C'était l'heure – exquise – des « volées », l'heure où, dans la clarté diffuse des dernières minutes du jour, l'on ne voit plus qu'à quelques dizaines de mètres, juste ce qu'il faut pour distinguer les canards que M. Moyon, chaussé de bottes, se disposait à aller tirer au bout de son pré.

D'entrée de jeu, après avoir en notre honneur retiré ses bottes et renoncé à sa volée, M. Moyon, sachant que nous venions de Fedrun, se mit à persifler l'accent des indigènes de cette île – ils prononcent « Erron » au lieu d'Errand –, leur âpreté au gain – ils payent tout, même leur téléviseur, en petites coupures –, leur mesquinerie – ils viennent pêcher ici, mais il ne fait pas bon aller chez eux –, et même leur ignorance des règles élémentaires de la chasse aux canards : ainsi les chasseurs de Fedrun disposent-ils leurs appelants en demi-cercle devant leurs bosses (leurs cabanes de tir), quand tout le monde devrait savoir qu'il faut les disposer en deux « V », la pointe vers la bosse, et ménageant entre eux un vaste espace libre, ne serait-ce que pour éviter de tuer ses appelants vivants lorsque les canards sauvages viennent se poser près d'eux. Près d'eux, mais non parmi eux, comme on le croit trop souvent à Fedrun. Tout cela illustrant le particularisme exacerbé des Briérons, qui se traduisit autrefois par une consanguinité génétiquement désastreuse, et aujourd'hui encore par le sentiment qu'ils professent d'appartenir à deux peuples aussi étrangers l'un à l'autre que les Scandinaves et les Papous, selon qu'ils habitent le marais indivis ou le marais privé. Pour le reste, M. Moyon, qui longtemps travailla aux Chantiers de l'Atlantique et demeure l'un des deux derniers cultivateurs d'Errand, estime que jadis les hommes – et les Briérons en particulier – étaient bien plus forts qu'aujourd'hui, puisque au sortir des Chantiers ils trouvaient tout naturel de faire les foins et de s'occuper de leurs vaches.

Bien plus tard, alors que l'homme avait déjà beaucoup perdu de sa force et ne faisait plus guère les foins, bien plus tard vinrent les rats musqués. Mme Moyon estime qu'« ils vinrent de Tours », et du moins est-il établi qu'ils descendirent la Loire avant de s'installer en Brière. Puis, plus tard encore, vinrent les ragondins, que tout le monde ici appelle des rats gondins, abrégés en « gondins », ce qui facilite le rapprochement avec les rats musqués, abrégés en « musqués ». « Les premiers gondins que j'ai vus, raconte M. Moyon, c'est un gars qui m'a dit : j'ai quatre rats musqués, mais tu parles des beaux ! Tellement beaux qu'en fait de musqués, c'étaient des enfants de ragondins ! »

C'est, semble-t-il, au début des années soixante-dix que les premiers ragondins, vraisemblablement échappés d'un élevage, firent leur apparition en Brière. Quelques années plus tôt, de leur côté, les rats musqués avaient acquis une certaine valeur marchande, tandis qu'auparavant ils emmerdaient le monde en se prenant sans le faire exprès dans les bosselles à deux pêchons que les Briérons immergent pour capturer des anguilles, et en mouraient. Tout d'abord on se contenta de leur couper la queue et de la remettre aux autorités, moyennant le prix approximatif d'un verre de blanc sec.

Cette activité ne concernait guère que des galopins faisant l'école buissonnière. Puis un homme d'affaires avisé, qui d'après la légende avait son repère au bord de l'immense et mystérieux lac de Grandlieu, et avait déjà fait fortune, ou peu s'en faut, dans le commerce des anguilles, parvint à convaincre les Briérons qu'il était plus intéressant de peler les rats musqués que de leur couper la queue. Trois ou quatre intermédiaires, dont M. Moyon, se mirent donc à collecter les rongeurs en Brière, pour le compte de cet industriel lacustre qui revendait les peaux à des tanneries de Montreuil.

Comptez quarante-cinq peaux entières de musqué pour un manteau de taille moyenne. « Si c'est que le dos, ajoute Mme Moyon, c'est plus beau, plus foncé, et plus cher ». Ajoutez que la peau est plus belle, plus fournie, au sortir de l'hiver, « après que les gelées ont passé dessus », si bien qu'à la fin des années soixante une peau de rat musqué valait 2 francs en novembre et 5 francs en mars. « En 1980, se souvient M. Moyon, on en a collecté jusqu'à 200 kg par semaine. » Cette année-là, la peau de rat musqué plafonne à 16 francs à la fin de l'hiver. L'affaire devient si juteuse que de nombreux Briérons s'équipent, investissent dans les pièges.

Le ragondin est encore d'un bien meilleur rapport : pourvu qu'il pèse au moins huit livres, sa peau peut coter 20 francs en automne et jusqu'à 30 francs au printemps. Par-dessus le marché, l'hiver, la chasse aux rongeurs est grandement facilitée par les difficultés qu'ils éprouvent à se déplacer sur la glace. Se méfier toutefois d'un ragondin sentant sa fin prochaine : Myrtille, le chien de M. Moyon, laissa quelques plumes dans un combat sur glace avec un spécimen de 14 livres, que M. Moyon dût achever à coups de pioche.

Le gondin, poursuit M. Moyon, ne mange pour ainsi dire que des produits de la ferme – choux, carottes, maïs... –, d'où sa mauvaise réputation auprès des cultivateurs. Mais en contrepartie il est propre, « il se lave comme il faut » – M. Moyon fait le geste de s'astiquer le museau avec ses deux pattes –, il est donc parfaitement comestible. « En pâté, ajoute Mme Moyon, vous ne le reconnaîtriez pas du lièvre, et c'est même plus digeste. » D'un goût moins subtil, la chair du rat musqué entrait dans la composition de certaines pâtées pour chiens.

Enfin tout allait pour le mieux lorsque survint ce fameux été de la Saint-Michel. C'était en 1981, semble-t-il, l'année de tous les dangers. L'homme de Grandlieu avait déjà stocké au bord du lac quelque cinquante mille peaux, gondins et musqués confondus, lorsque à la faveur d'un retour inopiné des beaux jours, la moisissure se mit dedans et détruisit toute sa récolte. L'homme de Grandlieu s'envola soudainement pour le Paraguay, d'un bout à l'autre de la terre les télex crépitèrent pour annoncer la nouvelle, à Saint-Joachim ou à Saint-Malo-de-Guersac, des financiers aventureux qui avaient tout misé sur le commerce des peaux se jetèrent du haut d'immeubles de cinquante étages et périrent écrabouillés comme de vulgaires rats musqués sur une route départementale. Cependant la guerre entre rats musqués et ragondins continuait de faire rage, et, sur le chemin de l'exil, de longues colonnes de rats musqués en déroute, se repliant vers la mer afin de retourner au pays natal, se mêlaient aux cohortes de Briérons ruinés par le commerce des peaux, et qui sans un regard en arrière allaient s'embarquer pour l'Amérique.

Le castor sortit à 5 heures

Pendant un peu plus d'un siècle, les Alsaciens durent se passer tout à fait de castors. Ce sont, semble-t-il, les travaux de canalisation entrepris dans le cadre du Plan Freycinet qui portèrent à la souche rhénane un coup fatal. Le castor, en effet, a horreur des berges stabilisées, si bien qu'il n'est guère compatible avec les progrès de la navigation intérieure. En revanche, il se perpétua dans la basse vallée du Rhône, où l'on en compterait aujourd'hui plusieurs milliers, certains aventurés jusqu'aux portes de Lyon, et tous faisant, au moins depuis la guerre, l'objet des soins attentifs du Père Richard, un ancien jésuite qui longtemps commanda en second la Société nationale pour la conservation du castor.

En 1968, dominant le brouhaha des discordes civiles, le porte-parole de cette société fit dans la capitale du Haut-Rhin une conférence qui, loin de tomber dans l'oreille d'un sourd, suscita immédiatement chez les Jeunes Amis des animaux et de la nature de Mulhouse un impérieux désir de rongeurs. Afin de fonder historiquement la légitimité de leur démarche, les instigateurs de la réintroduction du castor en Alsace exhumèrent d'une bibliothèque mulhousienne les recherches menées à la fin du siècle dernier par un avocat colmarien, Charles Gérard, et concernant l'ensemble des mammifères ayant vécu dans cette partie du monde durant la période historique. Les travaux de Charles Gérard attestaient en effet l'ancienneté en Alsace de ce rongeur hydraulique, que confirme d'ailleurs – en même temps qu'elle en souligne le prix, donc la rareté – la présence au XVIe siècle d'une incisive de castor dans le Trésor d'une abbaye riveraine de la Doller.

Parallèlement à ces recherches historiques, une étude menée sur le terrain permit d'établir que le castor rencontrerait précisément sur la basse vallée de la Doller, dans le Haut-Rhin, des conditions particulièrement propices à sa réintroduction. À l'époque où cette opération est envisagée, d'autres du même type ont déjà été conduites avec succès dans le Massif central, près de Saint-Dizier dans la Haute-Marne, dans le Parc régional d'Armorique, ainsi qu'aux environs de Poitiers, de Blois et d'Annecy. Toujours, semble-t-il, à partir de l'indestructible souche rhodanienne (d'après *Les Castors de la forêt du Rhin*, Dominique Ganter, Siconia, 1981).

Dès lors, il ne reste aux Jeunes Amis de la nature de Mulhouse qu'à se procurer dans le Midi quelques castors d'une certaine hauteur de vue, prêts à faire le sacrifice de leurs habitudes domestiques afin de rétablir leur espèce dans ses anciennes frontières.

Et c'est ainsi que le 19 avril 1970, en présence d'une cinquantaine de spectateurs trépignant d'enthousiasme en dépit d'une pluie battante, le castor Benoît, originaire de Montélimar, fut introduit dans une hutte érigée à son intention sur la berge de la Doller, devenant ainsi le premier castor alsacien contemporain.

De 1970 à 1973, une quinzaine de castors méridionaux, généralement regroupés par paires afin d'améliorer leurs chances de se reproduire – d'une façon générale, le *castor fiber* met bas deux jeunes vers le mois de mai –, suivirent les traces de Benoît sur le cours de la

Doller, de l'Ill, ou dans ce qui reste de la forêt du Rhin à la latitude de Schoenau et de Marckolsheim.

Dans l'ensemble, les castors firent à peu près ce qu'on attendait d'eux, à l'exception d'un mâle qui mourut prématurément de congestion pulmonaire, puis d'une femelle lâchée sur l'Ill, en avril 1973, à l'intention d'un mâle solitaire, et qu'un employé du gaz retrouva un mois plus tard, à la pointe de l'aube, errant sans rime ni raison parmi les HLM de Modenheim. D'après Antoine Waechter, l'un des meilleurs spécialistes français du *castor fiber* (avec Georges Érome, auteur d'une thèse modestement intitulée *Contribution à la connaissance éco-éthologique du castor de la vallée du Rhône*, bien que de l'avis général elle fasse au moins le tour du problème), et l'un des promoteurs de sa réintroduction en Alsace, le castor « n'a que deux exigences fondamentales : des eaux assez profondes pour maintenir en toute saison immergée l'entrée de son terrier, et en hiver du bois tendre, saule ou peuplier, à proximité immédiate de l'eau ».

Pour le reste, le castor s'accommode d'un certain degré de pollution, et il est susceptible de bâtir sa hutte – qui dans sa variante européenne se borne à protéger la partie la plus fragile du terrier, entre son ouverture immergée et sa cheminée d'aération – à portée de voix d'une route départementale, ou même en contrebas, et à vrai dire presque au milieu, d'un sentier emprunté chaque jour en été par quelques centaines de pêcheurs et de promeneurs dispensateurs de canettes de bière et de papiers gras.

Durant la période active de la végétation, le castor se nourrit de toutes les herbes aquatiques qu'il peut trouver, et l'on a observé qu'il consommait volontiers, parmi les plantes riveraines, certaines espèces exotiques, tels le topinambour américain, la grande balsamine himalayenne ou la renouée du Japon, qui, échappées des jardins, parviennent à coloniser les berges, régulièrement rajeunies par les crues, avant que les plantes indigènes aient le temps de réagir et de les éliminer.

Ne répugnant pas à l'éclectisme, le castor, bien qu'il ne faille pas trop le dire aux agriculteurs, fauche aussi dans les champs cultivés, quand l'occasion s'en présente, quelques épis de blé ou de maïs. Tout cela en été, donc, puisqu'en hiver il doit se contenter de l'écorce tendre des saules, des peupliers, ou, moins tendre, des épicéas.

Ainsi doué d'une grande faculté d'adaptation, le castor peut vivre paisiblement jusqu'à trente ou quarante ans, et peser jusqu'à 50 kg d'après Waechter, jusqu'à 38 kg d'après F. H. Van den Brink. En revanche il ne pullule pas, et ses populations sont strictement contingentées par un territorialisme intransigeant : on estime que sur une rivière présentant d'exceptionnelles potentialités biologiques, il ne se rencontre guère plus de six castors au kilomètre, et sur la Doller la moyenne serait actuellement d'un castor au kilomètre.

Avec tout cela, et bien qu'après la marmotte il soit certainement l'animal le plus proche du jouet en peluche, le castor est encore sujet à controverse. Certains pêcheurs l'accusent sans aucun fondement de détruire le poisson – alors que ses retenues d'eau peuvent sauver les truitelles de l'asphyxie en période d'étiage –, et il s'est trouvé en Alsace au moins un planteur de bouleaux pour lui reprocher amèrement l'abattage de quelques jeunes arbres, désormais préservés de toute atteinte par des chaussettes de grillage.

Dans le cadre de son étude déjà citée sur *Les Castors de la forêt du Rhin*, Dominique Ganter fait apparaître que sur trois cents riverains appelés à se prononcer sur la réintroduction du castor, soixante-douze seulement répondirent au questionnaire, parmi lesquels 56,9 % estimaient cette réintroduction justifiée, tandis que 8,3 % l'estimaient injustifiée, que 30,6 % demeuraient indécis et que 4,2 % se tenaient cois. Par ailleurs, le taux de croissance de cette population rhénane – même compte tenu de la médiocre fécondité du *castor fiber*, et des risques d'accident encourus par les rongeurs sur la route riveraine dite route EDF – fait apparaître une persistance probable du braconnage.

Mais que peut-on bien reprocher au castor, cet animal qui ne mord pas plus qu'il n'aboie, et présente en revanche toutes sortes de traits charmants, comme de marquer son territoire en frappant l'eau de sa large queue plate, ou en déposant du castoreum sur ses coulées ? (À propos de la queue du castor, voilà justement une partie de cet animal qui suscite bien des opinions divergentes. Au Moyen Âge, les moines considéraient qu'étant revêtue d'écailles, elle pouvait être consommée les jours maigres, et donc tenue pour une sorte de poisson attenant au corps d'un mammifère. Aujourd'hui, les scientifiques affirment qu'elle ne saurait être utilisée, comme dans les dessins animés, en guise de pelle ou de truelle pour le maçonnage de la hutte, mais un de nos informateurs, homme de terrain et fort averti, nous a soutenu le contraire avec opiniâtreté.)

Prenons l'exemple du castor du lac de Sewen (en fait, vraisemblablement, un couple avec ses deux jeunes de l'année), sans doute le plus populaire de toute l'Alsace. Chaque soir, il sort de sa hutte au coucher du soleil – tout le monde, à l'auberge du Cerf d'Or, vous le dira – avec une ponctualité d'horloge suisse. À la nuit tombée, il va s'assurer que ses réfectoires – c'est ainsi que l'on désigne l'endroit où le castor abat en saison de petits arbres pour sa nourriture – sont bien garnis, et sinon flanquer par terre quelques jeunes saules. Il vaque à ses ouvrages d'art, c'est-à-dire par exemple qu'il s'obstine à construire juste en amont du village, sur la Doller, un barrage rustique que les habitants doivent régulièrement détruire, il creuse ou entretient les canaux – d'une largeur réglementaire de quatre-vingts centimètres à un mètre, d'une profondeur de quarante à cinquante centimètres, et d'une longueur variant de trois fois rien à cinquante mètres dans les îles de Meysse en Ardèche – qui lui permettent de se rapprocher des sources de nourriture distantes de la rivière ou du plan d'eau, le castor professant pour les déplacements à pied sec une indicible horreur. Tout cela crée, dans la jungle de saules élastique et spongieuse qui s'étend en amont du lac de Sewen, un incroyable souk, et l'on pourrait en effet lever les bras au ciel, s'il n'était avéré que sur tout le pourtour du lac on ne rencontrera jamais plus d'une famille de castors, aux ambitions hydrauliques nécessairement limitées.

Toutefois, indéniablement, aucun animal, l'homme excepté, n'a la capacité de chambarder à ce point son environnement (encore ces travaux babyloniens sont-ils imputables à la variété européenne, réputée contemplative par rapport à sa cousine canadienne : des écologistes allemands ayant, semble-t-il, introduit des castors canadiens dans le Rhin, près de Mannheim, il sera intéressant, d'ici quelques années, de comparer les efforts déployés par les deux espèces). De plus le castor est incompatible, on l'a dit, avec les berges stabilisées, et donc avec le maïs pour lequel l'agriculteur contemporain manifeste une passion exclusive, venue du fond des âges et de l'Amérique précolombienne. Tant et si bien que si tout le monde, en face, fait bonne mine au castor et flatte ses petites oreilles, au demeurant presque invisibles, certains lui vouent par-derrière une vieille rancœur, qui ne devrait pas aller tout de même jusqu'à compromettre son avenir alsacien.

Libération, *11 au 23 juillet 1983*

Pique-nique à Salamine

Loin de Nantucket, un peu en retrait du quai Miaoulis, les petits hôtels sentant le renfermé accueillent par centaines les marins du tiers-monde à la recherche d'un embarquement. Nulle part, comme au Pirée, ils n'ont le choix entre tant de compagnies, armant des navires par milliers. Même si ce choix théoriquement si vaste est pratiquement si restreint qu'il faut allonger sous la table de 1 500 à 2 000 dollars de commission pour avoir quelques chances d'embarquer. Les sièges des compagnies, et des agences qui, moyennant finances, donnent accès aux compagnies, sont regroupés dans le même quartier que les hôtels rances, et c'est aussi le quartier des touristes fauchés en transit, et de ces bars aux noms inévitables – Acapulco, Pigalle's – où l'on est assailli par des dizaines de petites thaïes qui ne font plus recette, mais se maintiennent pour honorer cette tradition littéraire, certes très respectable, qui veut que partout où il y a des marins il y ait des putes.

L'hôtel Lux, dans Philonos, est par prédilection l'hôtel des Chiliens. Toute la nuit, il y traîne des échos de mélopées grecques débitées par les boîtes mitoyennes, entrecoupées de furieux éclats de voix (on gueule beaucoup au Pirée, mais on s'y bat rarement). On y vit à deux, trois ou quatre par chambre, le temps de trouver un embarquement, c'est-à-dire au moins quelques semaines, plus souvent quelques mois, parfois un an et au-delà. Quelques-uns ont attendu si longtemps qu'ils ont fini par oublier pourquoi ils étaient venus.

Bien que la vindicte des policiers grecs s'acharne plus spécialement sur les Africains, c'est aux Chiliens que s'attachent les rumeurs les plus glorieuses de pires embrouilles. Rien que pour prendre un bistrot en gérance, capables de se marier avec des Grecques quand ils ont déjà femme et enfants dans un autre hémisphère. Champions des pickpockets, razziant les touristes en été, et même les indigènes hors saison. Casseurs de bijouteries, à l'exclusion de tout autre commerce, et de préférence à la veille d'embarquer : on murmure qu'ils auraient des débouchés occultes pour la joaillerie, sur ce versant de la planète ou sur l'autre. Ressortissant d'un pays peu représenté au Pirée, Johann l'Autrichien, rebaptisé Iannis par les Grecs pour lesquels il navigue depuis six ans, s'est intégré au groupe des Chiliens. Après avoir déserté d'un cargo chypriote dans les écluses de Panama, il a vécu un an au Guatemala et parle couramment l'espagnol. Aussi ne sommes-nous pas surpris de le retrouver, avec un ancien plongeur professionnel de Coquimbo, à l'origine du fameux pique-nique polyglotte à Salamine.

Pour autant qu'il y a des Chiliens dans le coup, la conversation roule sur les maricons. Tout le monde est plus ou moins maricon, del culo, della bocca, ou des deux à la fois. La mer est un vaste théâtre de boulevard, tout bourdonnant en coulisses de maricons. Descendez dans la cuisine d'un bateau battant pavillon de complaisance, et, pour peu qu'il y ait un cuisinier qualifié, plutôt qu'un graisseur prélevé à la machine pour être collé aux fourneaux, vous pouvez être sûr qu'il s'agit d'une maricon chilienne. Iannis lui-même, bien entendu, enfilait Claudia-la-Francesa, le cuisinier du *Celia-Sophia*, qui de sa vie ne mit jamais les pieds dans sa patrie d'élection. Et ces plaisanteries de pure convention font encore rire aux larmes, quand bien même on les sent usées jusqu'à la corde. C'est dimanche : d'Akti Miaoulis, il y a des départs toutes les heures pour Salamine, et l'on a bien sûr raté le bateau de neuf heures, à battre rue Philonos le rappel des cuités de la veille, qui cuvaient au Lux quand on les cherchait au Gallos. On embarque finalement avec des guitares qui ne serviront pas, des marmites emballées dans des sacs-poubelles, et, sitôt arrivés à Salamine, alors que la noce s'engouffre dans un autocar qui mène au bout de l'île, face à la baie d'Éleusis, les deux Chiliens chargés des courses désertent avec des entraîneuses brésiliennes rencontrées sur la vedette, qui ont distribué à la ronde, en poussant de ces cris sans quoi l'on ne sentirait pas qu'il y a de la joie, des sucette écœurantes, roses ou mauves, grosses comme des balles de golf.

La mer hachée, mauvaise, brise sur des rochers pleins de piquants, au pied de la route en corniche qui dessert des petites maisons désertées à la morte-saison. Le pêcheur de Coquimbo est le seul à s'y risquer, armé d'une sarclette avec laquelle il traque les oursins, les huîtres et les moules nécessaires à la préparation du ceviche. La société parle au moins trois langues, et le magnétophone duty-free diffuse une chanson chilienne pleine d'amertume, la complainte rauque d'une borracha qui n'a d'autre amour que la bouteille. Mouillés par paquets de huit ou dix dans la baie d'Éleusis, sous la fameuse lumière grecque, des centaines de cargos et de pétroliers désarmés attendent des jours meilleurs, témoins d'une crise qui n'est pas due seulement à la mauvaise volonté des armateurs. Le spectacle, vertigineux, de ces kilomètres de coursives, de ces hectares de pont, livrés aux courants d'air – et l'on se plaît à imaginer ce qui est invisible, la salle des machines vaste comme une cathédrale et silencieuse, les énormes pistons baignant immobiles dans leur graisse, les échelles raisonnant sous les pas du garde qui une fois par semaine fait sa ronde, le carré avec ses sièges en skaï, sa poupée sous verre, son téléviseur et son bar déjà recouvert d'une fine couche de poussière –, excite à la fois la vindicte et l'espoir des marins mis au sec.

Dans ce milieu polyglotte, on fait une consommation importante d'informations, pourvu qu'elles aient un rapport, même lointain, avec les problèmes contemporains de la marine marchande. À défaut d'assurances tangibles, il n'est à peu près rien sur quoi l'on ne tire à tout hasard des plans funambulesques – l'hiver vient, les vagues se creusent en mer Égée, les Grecs, feignants et pétochards, tout le monde vous le dira, vont débarquer et laisser leurs places aux étrangers. Dans l'ensemble, l'esprit anti-impérialiste fait un peu défaut à cette société tricontinentale, où seuls les Africains les plus jeunes, peut-être formés en Libye, et quelques Tamils de Sri-Lanka, autrement doux comme des agneaux, sacrifient à une rhétorique qui d'ailleurs n'engage à rien. La nécessité de gagner de l'argent est beaucoup plus communément ressentie que celle de changer l'ordre économique mondial. Et si le camp socialiste est plébiscité, c'est pour les incomparables possibilités qu'offrent ses ports d'arrondir sa paie par des trafics en tous genres, des jeans au mètre cube, des produits de beauté, des sous-vêtements féminins non tributaires du réalisme socialiste. Toutes choses dont la petite nomenklatura portuaire est si friande qu'à Odessa, par exemple, il est d'usage que moyennant finance on vous donne aussitôt un poste à quai pour la contrebande, quand il faut plusieurs jours d'attente et de coups de gueule pour que puissent commencer les opérations commerciales officielles.

Un Brésilien de passage s'est joint à la partie de campagne. Hier matin, alors que trois à quatre cents marins grecs traînaient la savate sur Akti Miaoulis pour protester contre le chômage, Iannis l'Autrichien l'a retrouvé par hasard au siège de « XXIe siècle », une panaméenne qui arme une douzaine de fers à repasser dont la position est repérée, sur un planisphère, par de petits fuseaux de papier découpé. La dernière fois que Iannis a fait naufrage, c'était sous les auspices de « XXIe siècle » (ce qui ne l'empêche pas de lui faire à nouveau des offres de service), et le Brésilien était de la partie. Ce fut un naufrage très confortable, qui valut à tout l'équipage de nombreux avantages en nature, par exemple le déménagement de la cave et de la cambuse, une promenade en hélicoptère offerte par la marine américaine, et quinze jours aux frais de la princesse dans un hôtel de Mascate où il y avait la télé dans les chambres. De retour au pays natal, le Brésilien a découvert que son père était mort entre-temps, et que sa sœur, profitant de son absence, avait imité sa signature pour faire main basse sur l'héritage avant de filer aux États-Unis. C'est un coup dur mais il ne se frappe pas, il vous raconte ça comme dans une chanson de la Nouvelle-Angleterre, à la veille de rembarquer, le baleinier amoureux délesté en une nuit de dix-huit mois de gain.

Assis à l'écart sur un petit rocher en pointe, sa veste posée bien à plat sur ses genoux, Ludwig, l'Allemand de Stuttgart, prend au fur et à mesure que l'après-midi progresse la teinte appétissante d'un homard juste à point. Exclu de la conversation, qui désormais se déroule presque uniquement en espagnol, Ludwig se rattrape sur les boîtes de bière, qu'il siffle méthodiquement l'une après l'autre, de peur qu'elles explosent si elles restent trop longtemps exposées au soleil de Salamine. Personne n'a confiance en Ludwig, et il le sait. Même l'aumônier de la Mission évangélique allemande pour la marine, perché sur les hauteurs du Pirée dans sa maison pleine de lumière, constellée d'objets d'art nègre ramenés de son dernier poste, même l'aumônier n'a pas confiance en lui. Ludwig est le type même du faux jeton, et mythomane par-dessus le marché. En dépit de son uniforme d'officier à quatre galons – sans doute acheté 5 000 drachmes, avec la casquette assortie, dans l'une ou l'autre des boutiques spécialisées d'Akti Miaoulis –, en dépit des photos de carrés, d'escales, de passerelles ou de salles des machines que comme tout le monde, avec un coup dans le nez, il sort volontiers de son portefeuille, personne ne croit à sa qualité d'officier-mécanicien de la marine allemande. Il y a trois semaines, pour se payer une bière, il faisait la manche auprès des Africains du parc de la Troumpa, qui occupent le dernier échelon dans cette hiérarchie migratoire aussi rigide que celle du faubourg Saint-Germain.

Aujourd'hui, il loge dans un bon hôtel du Pirée, porte des chemises blanches repassées, et recrute, contre espèces, pour un cargo allemand de 50 000 tonnes, l'*Isabella*, attendu au Pirée en provenance de Durban via Marseille. La moitié de l'équipage, d'après lui, doit être renouvelée. Déjà une demi-douzaine de Chiliens sont passés à la caisse, qui dans quelques jours en seront pour leurs frais lorsque, Ludwig disparu, il s'avérera que l'*Isabella*, inconnu à la capitainerie du port comme au registre du *Lloyd's*, n'a jamais existé que dans l'imagination éthylique de l'Allemand.

On a vu pire. On a vu des Pakistanais, dont le visa grec avait expiré depuis longtemps, payer 1 500 dollars à des intermédiaires véreux pour se retrouver en Yougoslavie, attendant un bateau qui ne viendrait jamais. Sans un rond, désormais incapables, par défaut de visa, de retourner en Grèce, livrés au bon vouloir de la police yougoslave. On a vu tout un équipage, abandonné par son armateur sur un bateau privé de machine, vivre pendant un an de la pêche sur rade de Djibouti. Mais on a vu aussi – ou du moins on se persuade d'avoir vu – tout le contraire : des débrouillards gagner en deux ou trois embarquements de quoi ouvrir un hôtel ou un bistrot au pays natal, des Gambiens ou des Turcs devenus millionnaires à décharger de nuit des cigarettes américaines au large de Naples.

« Parfois », dit Cherif le Gambien en embrassant d'un geste vague les terrasses maintenant très clairsemées des cafés du port de plaisance, « parfois, en été, tu peux rencontrer une femme qui t'aime assez pour te payer un bon pantalon, et même un costume ». Les Africains – les autres aussi, dans une moindre mesure – ont la réputation de draguer en été, dans le parc de la Troumpa ou sur les quais de Passalimana, des touristes un peu moins fauchées qu'eux, pour se refaire. Le fait est qu'ils ne se gênent pas. Mais il doit y avoir longtemps que Cherif n'a pas rencontré une femme qui l'aime. Quand on lui demande pourquoi tant de Gambiens se retrouvent au Pirée – ils représentent, avec les Tanzaniens, les deux tiers de la colonie africaine –, Cherif répond après mûre réflexion que peut-être, un jour, on a vu revenir à Banjul un type qui par le plus grand des hasards avait embarqué, le premier, à bord d'un navire grec. Sans doute était-il couvert de cette camelote duty-free dont les marins de toutes nationalités font une énorme consommation, et de là le bruit s'est répandu dans Banjul, puis en brousse, que l'on pouvait faire fortune à naviguer chez les Grecs. À la fin des années soixante, les recruteurs des armements grecs, au carrefour de Merarchias et de Notara, se battaient pour harponner les candidats au départ et, le cas échéant, les traîner à bord séance tenante.

Depuis, les armateurs ont désarmé, les syndicats ont obtenu que l'on n'emploie pas plus de 25 % d'étrangers à bord des navires battant pavillon grec – mais il reste les navires grecs battant pavillon de complaisance, ce qui fait encore beaucoup de monde –, et les Gambiens continuent d'affluer, vivant le jour sur les bancs du parc de la Troumpa quand le temps le permet, traînant le soir à la terrasse du café – tenu par des Tamils du Sri-Lanka – qui fait le coin de Bouboulinas et de Notara, s'entassant la nuit à quinze ou vingt par chambre dans les dortoirs du Youth Hostel, dont le second étage est africain et le premier à prédominance asiatique.

Au premier étage, la chambre n° 1, la plus passante, est ces jours-ci le théâtre de grands bouleversements. Désespérant de trouver un embarquement à la mesure de ses ambitions, M. Li, le Chinois de Calcutta, est reparti en train pour l'Espagne. Saïd, le Marocain qui la semaine dernière, lui-même en loques, fourguait des sapes de seconde main aux ressortissants du deuxième étage, a reparu vêtu de neuf, costard à petites raies, annonçant à la cantonade qu'il embarquait dans deux jours sur un pétrolier saoudien dont l'armateur, il insiste sur ce point, est un prince.

Les Bengalis de la chambre n° 1 se sont multipliés : au groupe originel se sont joints trois rescapés d'une descente de police dans le quartier d'Omonia, qui s'est soldée par plusieurs expulsions. Désormais aucun ne se risque au-dehors, crainte de se faire alpaguer par les policiers, qui de leur côté, c'est entendu comme ça, ne mettent jamais les pieds au Youth Hotel, certainement le principal foyer, au Pirée, d'étrangers en situation irrégulière. En dépit de l'élargissement de leur groupe, Jaman demeure le leader incontournable des Bengalis : c'est lui qui a la plus longue expérience de navigation chez les Grecs, lui le plus qualifié pour négocier avec l'intermédiaire pakistanais qui, de temps à autre, vient à l'hôtel transmettre les offres d'armateurs véreux. Jaman joue une partie délicate : en refusant des propositions médiocres, il sait, et les armateurs savent aussi, qu'il risque de se retrouver bientôt sans un rond pour payer son embarquement, et à la merci d'une expulsion. D'un autre côté, il est décidé à attendre le temps qu'il faudra pour tenter cette fois un gros coup, assez gros pour réunir la somme qui lui manque afin d'ouvrir à Dacca, sur Elephant Road, un hôtel-restaurant à l'enseigne du Café de Paris.

Dans sa mallette, parmi des souvenirs de différents ports auxquels il fut attaché – un éventail de Valence qui représente une gitane dansant, un briquet made in Hong Kong ou des vues en couleur de la rade de Brest –, Jaman conserve la une d'un quotidien de Dacca avec sa photo en champion de boxe junior du Bangladesh, une photo de sa sœur en diplômée de l'université et un grand portrait de sa femme, admirablement belle, avec qui, souligne-t-il, il a fait un « love marriage » et non un « children marriage ».

Sa considération pour les femmes, assez exceptionnelle, il faut bien le dire, en milieu maritime, fait déjà de Jaman un être à part. Et pardessus le marché il tient un journal – à la manière d'un gentilhomme navigateur du XVIIIe siècle, Bougainville ou La Pérouse né au XXe siècle dans le delta du Gange – dans lequel il consigne depuis plusieurs années les observations, illustrées de polaroïds, que lui inspirent les mœurs, les monuments ou les institutions des peuples rencontrés au hasard de ses pérégrinations maritimes.

Quant à Iannis, l'Autrichien, après avoir été sur le point de partir en désespoir de cause faire la pêche à Naxos ou la cueillette des olives en Crète, il vient de trouver un petit boulot peinard à bord d'un chypriote dont l'état de santé n'est pas brillant. Le *Pasiphaé* est pourtant un joli bateau de 1 200 tonnes, très profilé, construit aux chantiers de Glasgow et primitivement destiné au transport de bois entre le Canada et la Grande-Bretagne, dont le seul tort est d'avoir vingt-cinq ans de carrière derrière lui, et de porter sur son étrave, un peu trop ostensiblement, les marques de ses nombreuses identifications successives. Présentement, le *Pasiphaé* est à quai, au fond d'un bassin d'Agios Georgios, entre la criée au poisson et des silos à grains. L'air empeste la pourriture et le diesel-oil, et le soir, quand toute vie s'est retirée du quai, il est difficile de déterminer si l'endroit incite plutôt au suicide ou au meurtre. La nuit dernière, Iannis a recueilli à bord du *Pasiphaé* une épave irlandaise, alcoolique comme il se doit, qui depuis quelques semaines survit au jour le jour en parasitant les bateaux à quai. Cette idée de clochardisation portuaire est un véritable trait de génie : comme, pour peu que vous ayez quelques références maritimes, il n'est guère de bateau à bord duquel on vous refusera pour une nuit le gîte et le couvert, comme il n'est guère de port où il n'y ait au moins un ou deux mouvements de navires toutes les vingt-quatre heures, il doit être théoriquement possible de vivre ainsi sans bourse délier, pendant des années, passant soir après soir d'un bateau à l'autre.

À bord du *Pasiphaé*, Iannis fait office de bosco – c'est-à-dire de contremaître – et de gardien de nuit. Le navire bat provisoirement pavillon chypriote et l'armateur se propose de le vendre à des Libanais. Or, pour le vendre au meilleur prix, il faut maquiller un peu son quart de siècle. L'affaire risque d'achopper sur la consommation tout à fait anormale du bateau en carburant, mais, en attendant, et dans l'espoir que les Libanais achèteront sans trop y regarder, Iannis, avec le renfort de deux Grecs et d'un Tanzanien d'origine indienne, a reçu mission de pomponner le bateau afin de le rendre extérieurement plus séduisant. Tout le pont de chargement est repeint à grands coups de brosse dans un vert prairie qui a tout le moelleux, l'élasticité, d'une pelouse de golf. Mais Iannis affirme que, sous la peinture neuve, le pont est tellement bouffé de rouille que l'on passe à travers si l'on se hasarde à faire un petit saut de kangourou. Le château n'est pas tellement plus reluisant. Toutefois Iannis, qui est vraiment le roi des braves types, fort comme un bœuf et doux comme un agneau, toujours à repeigner avec soin ses cheveux gominés à la Elvis, Iannis s'y trouve comme un coq en pâte.

Habitué à manœuvrer des équipages polyglottes, il parle couramment l'anglais, l'espagnol et le grec, se débrouille en arabe, connaît les rudiments de quelques langues asiatiques usitées dans la marine marchande, et s'est mis ces jours-ci à apprendre le portugais dans des romans de gare. N'importe qui mourrait de langueur à voir soir après soir le soleil se coucher sur ce bassin fétide d'Agios Georgios, cloué jour et nuit, la semaine et le dimanche, à ce bateau vermoulu qu'il s'agit de défendre contre d'improbables rôdeurs. Installé dans la cabine du second capitaine, sous les photos de famille de son prédécesseur, une image de la Vierge et une autre de la Kaaba – deux protections valent mieux qu'une –, Iannis, après le départ de l'équipe des maquilleurs, bouffe des conserves en regardant la télé grecque, ou en lisant ses petits romans en trois ou quatre langues. Il s'émerveille d'être si bien installé, de n'avoir à payer ni la nourriture ni l'hôtel, et de mettre de côté toute sa paie. Le samedi soir, ses copains chiliens du Lux ou du Gallos viennent faire la java sur le *Pasiphaé*. Si, dans quelques semaines, le bateau n'est toujours pas vendu aux Libanais, l'armateur a décidé de le passer sous pavillon du Honduras, moyennant quoi, Iannis – qui sait tout faire mais n'a aucun brevet – demeurerait à bord en qualité de second capitaine, avec une paie à l'avenant. Épinglant au-dessus de sa bannette des photos en couleurs du Castillo San Felipe – un château de pirates auprès duquel il vécut quelques temps, au Guatemala, dans un repli du Rio Dulce – Iannis se réjouit de cette perspective d'avancement. La seule chose qui le contrarie, c'est que, dans l'hypothèse où il naviguerait désormais sous pavillon hondurien, le *Pasiphaé* serait affecté à la ligne de Port-Soudan, un port où il y a énormément de mouches très emmerdantes, qui vous rentrent dans les yeux et les narines.

Libération, 12 octobre 1983

Le blues des gros transporteurs de brut

Cet été, dans la France balnéaire, l'annonce de la vente du *Pierre Guillaumat* à un chantier coréen de démolition est passée comme une lettre à la poste. Même la CGT s'est abstenue de pousser de ces cris de paon dont elle est coutumière lorsqu'on touche à « l'outil de travail ». Il est vrai que le contexte économique rendait cette vente inévitable, mais ni plus ni moins, par exemple, que la fermeture des mines de charbon du Gard. Lors de sa mise en service, en 1977, le *Pierre Guillaumat* était avec 555 031 tonnes de port en lourd, 414 mètres de long et 28,60 mètres de tirant d'eau à pleine charge, le plus gros navire du monde, et il le resta jusqu'à ce que l'armateur C.Y. Tung, de Hong Kong, prenne livraison dans un chantier japonais du *Sea-Wise Giant*, qui avec ses 564 764 tpl lui ravit de justesse le record du gigantisme. Né trop tard dans un monde désormais implacable pour les diplodocus maritimes, le *Sea-Wise* eut d'ailleurs à peine le temps d'étrenner à la mer son pavillon libérien avant sa reconversion en citerne flottante au large du Mexique. La carrière du *Pierre Guillaumat* ne fut guère plus brillante : commandé juste avant le premier choc pétrolier et mis en service à la veille du second, armé par la Compagnie nationale de navigation (CNN), affrété pour quinze ans (jusqu'en 1992) par Elf-Aquitaine, le *Pierre Guillaumat* n'aura finalement effectué qu'une vingtaine de rotations entre le Golfe et l'Europe, avant de se retrouver en novembre 1982 immobilisé, faute de chargement, en mer d'Oman. Le groupe Elf ayant résilié la charte qui le liait à sa filiale CNN, et l'échéance se rapprochant d'un coûteux passage en cale sèche, qui eût contraint le navire à rentrer sans fret sur l'Europe, la vente du *Pierre Guillaumat* devenait inéluctable. Bien que quelques pays européens – notamment l'Espagne et la Yougoslavie – soient présents sur ce marché, la démolition navale tend de plus en plus à devenir une spécialité asiatique. Après Taïwan et le Pakistan, l'Inde, le Bangladesh, la Corée du Sud s'y sont attelés, puis, tout récemment, la Thaïlande et la Chine populaire. Lorsque le *Pierre Guillaumat* est mis sur le marché de la démolition, le Pakistan est hors course : en été, des vagues gigantesques balaient régulièrement la plage de Gadani – le site de démolition le plus rustique du monde, mais aussi l'un des plus actifs –, interdisant aussi bien le « beachage » des navires que le travail à bord, puisque à défaut d'équipements plus sophistiqués, les démolisseurs pakistanais doivent gagner leurs postes de travail en faisant de l'équilibre sur les chaînes d'ancre... Restent Taïwan et la Corée, les deux leaders de la casse, et généralement les mieux offrants. Au moment de la vente, les démolisseurs taïwanais pâtissent également de ce que, sous leurs latitudes, la saison des typhons bat son plein. Depuis qu'en 1981, pendant une tempête, un VLCC [1] grec destiné à la casse, ayant rompu ses amarres, est entré en collision avec un tanker valide en cours de déchargement, les autorités du port de Kaohsiung – le premier port de Taïwan et le plus grand centre de démolition dans le monde – ont en effet pris des dispositions pour limiter l'appétit des casseurs, imposant des mesures de sécurité plus strictes, particulièrement de juin à octobre, pour la réception des navires de plus de 100 000 tonneaux de jauge brute. Les chantiers coréens ont aussi des problèmes météorologiques, mais chez eux ce sont les rigueurs de l'hiver qui engourdissent la main-d'œuvre et font baisser les cadences de la démolition. Comme par ailleurs les Coréens étaient disposés à acheter le navire « as is where is », c'est-à-dire là où il est – en l'occurrence au golfe Persique – et tel qu'il est – préalablement au nettoyage des citernes –, ce sont eux qui finalement ont emporté le morceau.

Le *Pierre Guillaumat* a donc été vendu au groupe coréen Hyundai – un géant qui fabrique de tout, de la cocotte-minute à la centrale nucléaire – pour quelque 9,3 millions de dollars, y compris les soutes (c'est-à-dire les réserves de carburant), ce qui de l'avis général constitue un bon prix dans les conditions actuelles du marché. À la construction, son coût s'était élevé à plus de 120 millions de dollars. Rebaptisé *Ulsan Master* et battant désormais pavillon coréen, le *Pierre Guillaumat* s'achemine à vitesse réduite vers le chantier d'Ulsan, à l'extrême

1. Les initiales VLCC – pour « Very Large Crude Carrier », en français « très gros transporteur de brut » – désignent les navires de plus de 200 000 tonnes de port en lourd. Au-delà de 300 000 tonnes de port en lourd, on entre dans la catégorie des ULCC, pour « Ultra Large Crude Carrier ». Le port en lourd représente le poids maximum que le navire peut charger : à ne pas confondre avec le « poids lège », c'est-à-dire le poids du navire vide. S'agissant de vente à la démolition, ce qui importe est le poids lège du navire, soit, en gros, son poids de ferraille. Pour un VLCC, le rapport du poids lège au port en lourd est approximativement de un septième.

sud de la péninsule coréenne, où il parvient dans la deuxième quinzaine d'octobre.

Le public français sera certainement heureux d'apprendre que, préalablement à sa démolition, le *Pierre Guillaumat*, comme tous les navires traités à Ulsan, a fait l'objet d'une « farewell ceremony ». Afin, selon un directeur du chantier, d'« apaiser l'âme du navire », des ministres du culte président sur le quai de démolition à divers rituels propitiatoires, auxquels s'associent bon gré mal gré les cent cinquante ou deux cents ouvriers mobilisés pour son démantèlement. Voilà le genre de petites attentions que l'on ne pourrait guère attendre des démolisseurs taïwanais, toujours pressés et soucieux d'économiser sur la main-d'œuvre. Après quoi le monstre est livré pour de bon à la démolition, et l'on prévoit d'en venir à bout en trois ou quatre mois.

L'agglomération d'Ulsan est connue localement sous le nom de Hyundai Kingdom (le royaume de Hyundai), et le groupe y est en effet omniprésent. Rien n'a été négligé pour assurer le bien-être matériel et moral de ses employés, qui se comptent par dizaines de milliers. Non seulement la sarcellisation des quartiers pourris, pleins de bordels et de lieux de culte, va bon train, mais dans l'enceinte même des chantiers navals – gardés par des miradors et quelques nids de mitrailleuses destinés paraît-il à repousser d'éventuelles incursions de saboteurs du Nord –, un « centre de rénovation spirituelle » accueille par rotation, de six mois en six mois, ouvriers et cadres, afin de les recycler en morale confucéenne. Si la dialectique ne casse pas des briques, la morale confucéenne peut assurément opérer des miracles, puisque le chantier naval d'Ulsan est désormais le premier du monde par sa capacité de production, et la Corée du Sud le second exportateur de navires dans le monde, après le Japon. (Pour conquérir cette place, la Corée n'a pas lésiné sur les moyens : actuellement, les chantiers coréens vendent les navires au prix des matières premières. Comme il faut bien malgré tout que quelqu'un paie la main-d'œuvre, les chantiers s'endettent si lourdement, notamment auprès de l'État, qu'à la longue cette situation pourrait devenir explosive, et le « miracle » se résoudre en catastrophe.)

Quelques kilomètres séparent le chantier de construction du chantier de démolition, situé à l'entrée de la baie d'Ulsan, à côté du terre-plein où l'on assemble d'arachnéennes et gigantesques structures métalliques destinées à l'exploitation de gisements offshore. En chemin, on aperçoit au large le *Michael C. Lemos*, un autre VLCC qui a encore toutes ses dents et attend patiemment d'être passé à la moulinette. Devant les jetées se décompose lentement un gros navire échoué, peut-être un client qui n'a pas eu la force de se traîner jusqu'à l'équarrissage. Sept VLCC et un OBO (navire mixte pétro-vraquier), préalablement sciés en deux tronçons, sont en cours de démolition. Sur le quai, parmi les hélices géantes aux ailes rognées, s'activent d'énormes grues sur voie ferrée et des grues automotrices de plus petit calibre. À bord, dans les citernes vides, avec des gerbes d'étincelles qui par instants révèlent des perspectives piranésiennes, les chalumeaux découpent les tôles de la coque en plaques aussi régulières que possible. (À bord de pétroliers, mêmes vides, le travail au chalumeau peut poser quelques problèmes. À Taïwan, qui ne dispose pas d'installations de nettoyage, il est arrivé que des citernes pètent mortellement au nez des démolisseurs. Aussi les chantiers taïwanais exigent-ils dorénavant que les navires livrés à la démolition soient munis d'un « gas-free certificate », garantissant la sécurité du travail à la flamme. L'obtention de ce certificat, généralement délivré, en Asie, par les chantiers singapouriens, coréens ou philippins, entraîne pour le vendeur un surcroît de frais. Étant équipés localement pour le nettoyage, les Coréens peuvent acheter les navires non débarbouillés.) Parfois le dépeçage d'un gigantesque quartier, emporté soudainement par une grue, met à nu la salle des machines, ou plusieurs étages de cabines dont tout un pan reste comme suspendu, reproduisant l'effet papier peint si caractéristique de la démolition urbaine.

Le chantier d'Ulsan a d'ores et déjà une capacité de démolition de trente à quarante VLCC par an, ce qui au bout du compte représente un million de tonnes de ferraille. D'après les chiffres communiqués par Hyundai, 40 % environ de l'acier de récupération serait destiné à l'exportation, essentiellement vers l'Asie du Sud-Est, et 60 % serait consommé localement, après retraitement par la Incheon Iron and Steel Co., une autre filiale du même groupe. La majeure partie est convertie en fer à béton et en poutres de différentes sections utilisées dans la construction et les travaux publics, un domaine dans lequel le groupe Hyundai a conquis une place de tout premier plan, en décrochant par exemple le contrat du pont de Penang, en Malaisie, ou en Arabie Saoudite celui du port de Jubail, qui à lui seul a nécessité la mise en œuvre de quelque 90 000 tonnes de structures métalliques. Le métro de Hong Kong aurait également absorbé une part non négligeable de cette production. Ainsi quantité d'autos, quantité de wagons, quantité de pékins de toutes confessions et de toutes latitudes fouleront-ils, sans même une pensée émue, les ossements de ces grands navires prématurément ravis à notre affection.

La Corée, qui met actuellement les bouchées doubles, n'est massivement présente sur le marché de la démolition que depuis 1982. À Taïwan, dont la capacité annuelle de démolition avoisinerait les cent vingt à cent quarante VLCC – soit plus d'un VLCC tous les trois jours... – cette activité, regroupée à Kaohsiung, remonte aux lendemains de la Seconde Guerre mondiale. Des « breakers » qui aujourd'hui roulent en Cadillac ont parfois démarré, dans les années cinquante, avec une paire de buffles pour remorquer les pièces de ferraille. De leurs débuts, beaucoup ont conservé un mépris latent des langues étrangères, et l'habitude de consigner leurs achats de VLCC dans des carnets graisseux. L'habitude, aussi, de considérer parfois les termes d'un contrat avec une certaine désinvolture, et de faire poireauter interminablement, sur rade, à bord de leurs bateaux fantômes, des équipages exaspérés par la lenteur des procédures. Les premiers bateaux démolis à Kaohsiung furent repêchés dans l'entrée du port, où les Japonais, avant de partir, en avaient coulé quelques-uns afin de compliquer la vie aux Américains. La prospérité vint avec les liberty-ships et les pétroliers T2 construits en grande série pendant la Seconde Guerre mondiale, et démolis sur une grande échelle dans les années soixante. Répugnant à investir pour s'équiper, mais disposant d'une vaste main-d'œuvre à bon marché et d'une imagination inépuisable, les « breakers » taïwanais ont démonté à bord des premiers cargos démolis treuils et mâts de charge, qui aujourd'hui, régulièrement alignés sur les quais de démolition comme sur le pont de chargement d'un immense navire, leur permettent de se passer de grues de gros calibre. Le premier VLCC vendu non accidenté à la démolition, en 1977, le fut à Taïwan. Mais bien que les VLCC soient particulièrement appréciés, en raison de l'énorme quantité d'acier que l'on peut en retirer, les « breakers » taïwanais, à la différence des Coréens, démolissent de tout : des pétroliers moyens ou petits, des vraquiers, dont la flotte mondiale présente également un considérable excédent de tonnage, des cargos réfrigérés, des paquebots italiens et hollandais ou des destroyers de la classe Fletcher.

Comme en Corée, une partie de l'acier est exportée vers l'Asie du Sud-Est ou le Moyen-Orient, l'autre recyclée localement, dans la construction principalement. La plupart des « breakers » possèdent eux-mêmes de petites aciéries dans lesquelles ils retraitent tout ou partie de leur ferraille. Dans les années soixante-dix, le boom de la construction et des travaux publics, à Taïwan, leur assurait des débouchés réguliers. Puis la récession dans ce secteur, et le déclin des exportations en contrecoup de la crise mondiale et de la concurrence coréenne ou japonaise, entraînèrent des faillites en cascade.

Aujourd'hui, bien que de plus en plus de pays voisins s'adonnent à la casse, le marché local et asiatique de l'acier paraît se raffermir, et les « breakers » recommencent à dévorer à belles dents les navires qui se bousculent sur le marché de la démolition. En plus de leur expérience, les casseurs taïwanais bénéficient, par rapport à leurs concurrents, d'un inégalable génie de la récupération, qui fait que rien ne se perd lors de la démolition d'un navire. Sans doute les Coréens se débrouillent-ils aussi pour refourguer d'occasion – notamment aux Grecs – des générateurs, des pompes, des pièces détachées de moteurs, des ancres, des arbres d'hélices, voire des hélices elles-mêmes si le navire détruit a des sisterships. Mais ici on recycle également les extincteurs et les brassières de sauvetage, le mobilier et la vaisselle, les vieux numéros de *Play Boy* et le papier à lettres, le faux Utrillo du carré et la chemise du capitaine. En plein centre de Kaohsiung, parmi quantité d'objets définitivement inutilisables, un brocanteur vendait ces jours-ci pour quelques centaines de dollars des embarcations de sauvetage en excellent état, brevetées pour quarante-six naufragés, provenant du *Texaco Amsterdam*, un VLCC norvégien lancé en 1972 et vendu à la démolition l'hiver dernier pour quelque 2 millions et demi de dollars.

Lendemains d'orgie énergétique

Entre l'apogée des VLCC et leur vente au prix de la ferraille, peu d'années se sont écoulées, mais elles ont été fertiles en rebondissements. Pour ce qui concerne la France, les importations de brut sont passées de 134 millions de tonnes, en 1973, à 75 millions de tonnes en 1982, alors qu'au début des années soixante-dix on tablait sur des importations de quelque 200 millions de tonnes à l'horizon 1980. En 1977, à l'occasion de la mise en service du *Pierre Guillaumat*, un porte-parole d'Elf estimait que l'approvisionnement des raffineries du groupe représentait environ 36 millions de tonnes par an, dont la majeure partie provenant du golfe persique. En 1981, Elf n'enlève déjà plus que 13 millions de tonnes dans le Golfe (« enlèvement » est le terme consacré s'agissant de cargaisons de pétrole), et aujourd'hui trois millions de tonnes, soit à peine plus que ce que le *Pierre Guillaumat*, à lui tout seul, peut transporter en cinq voyages. Conçu dans le cadre du contrat Jobert, qui, signé en pleine euphorie énergétique, garantissait à long terme d'énormes enlèvements de brut saoudien, le *Pierre Guillaumat* devenait pratiquement inutilisable dès lors que ce contrat n'était pas renouvelé. De même pour les trois autres géants français de plus de 500 000 tpl : le *Prairial*, également armé par la CNN et affrété par Elf – le Prairial n'ayant été livré qu'en décembre 1979, donc en plein marasme pétrolier, il est vraisemblable que sa construction n'a été parachevée que par souci de préserver l'emploi –, le *Batillus* et le *Bellamya*, tous deux livrés en 1976 et armés par la Société maritime Shell. Aujourd'hui, après avoir longuement stationné sur rade de Brest où il empoisonnait l'existence des riverains en perturbant la réception des émissions de télévision, le *Prairial*, désarmé, tire sur sa chaîne dans un fjord norvégien, tout comme, depuis peu, le *Batillus*.

Quant au *Bellamya*, après de longues et coûteuses vacances dans le Golfe, il a finalement trouvé assez de fret pour revenir sur l'Europe, où il pourrait être prochainement désarmé. Plus généralement, depuis 1978, la flotte pétrolière sous pavillon français s'est allégée d'une trentaine de navires. Et la fête continue. Au point que l'on s'attend cet hiver à des centaines de licenciements dans ce secteur.

Cette situation, naturellement, n'est pas particulière à la France. Dans son rapport annuel publié en septembre 1983, le Comité des transports maritimes de l'OCDE observe que le trafic mondial de pétrole brut et de produits pétroliers accuse en 1982, par rapport à l'année précédente, une baisse de 13 % en tonnage et de 18 % en demande de transport (exprimée en tonnes/milles, faisant intervenir à la fois le tonnage et les distances parcourues). En 1982 on a transporté six milliards de tonnes/milles, contre neuf à dix milliards par an de 1975 à 1979. Si bien qu'au début de 1983, on comptait dans le monde quatre cent soixante pétroliers désarmés, représentant quelque 78 millions de tonnes de port en lourd. Soixante autres pétroliers étaient utilisés statiquement pour le stockage d'hydrocarbures. En 1982, deux cent trente-neuf pétroliers, représentant 25 millions de tpl, ont été vendus à la démolition, et déjà cent cinquante-deux, représentant quelque 16 millions de tpl, dans les six premiers mois de l'année en cours. Une part prépondérante du tonnage des navires désarmés, convertis en unités de stockage, ou envoyés à la casse, concerne la catégorie des VLCC.

Ainsi entre mai 1982 et août 1983, le groupe Esso, à lui seul, a désarmé treize VLCC et en a envoyé quatorze à la démolition. Néanmoins, en dépit de cette hécatombe de navires, la flotte mondiale de VLCC comptait au 30 juin 1983 quelque cinq cent cinquante unités (dont une centaine d'ULCC), et c'est encore beaucoup trop. Pour rétablir l'équilibre entre l'offre et la demande, plusieurs centaines de VLCC devront encore être découpés en rondelles. Parmi eux, la plupart sont des navires en bon état, et certains n'ont jamais été exploités. Exemple limite et saugrenu de cette crise du transport pétrolier, le *S.106*, ULCC de 320 000 tpl commandé à Setenave par le groupe Thyssen en 1973 – avant le premier choc pétrolier – et livré dernièrement, avec un énorme retard, par le chantier portugais : Thyssen, évidemment, n'en veut plus, si bien que le *S.106* risque de sortir du chantier pour partir aussitôt, flambant neuf, à la casse.

En règle générale, on estime qu'aujourd'hui, pour être rentable, un pétrolier ne devrait guère excéder les 100 000 tpl. Au début des années cinquante, avant que soit lancée la course au gigantisme, les pétroliers standard – les T2, construits pendant la guerre en grande série, à l'instar des Liberty-ships – plafonnent à 16 000 tpl. Puis, en quelques années, la taille des navires va décupler, par les soins notamment des chantiers français et japonais, ces derniers travaillant alors pour le compte du milliardaire américain D.K. Ludwig, et sous l'égide du célèbre ingénieur Hisashi Shinto, le père du « miracle japonais » dans le domaine de la construction navale. En 1958, l'*Universe-Apollo*, un Ludwig, passe la barre des 100 000 tpl et décroche le label « mammoth-tanker ». Dix ans plus tard, c'est encore un Ludwig, l'*Universe-Ireland*, qui le premier franchit le cap des 300 000 tpl.

Le monde est alors en pleine orgie énergétique, la consommation de pétrole des pays développés augmente dans des proportions vertigineuses. Lorsque, à la fin des années soixante, les USA, qui jusqu'alors s'étaient reposés sur leur production domestique, se mettent à importer du brut, on calcule que pour satisfaire leurs nouveaux besoins, il faudrait une chaîne de T2 échelonnés de 500 mètres en 500 mètres entre la côte est et l'Europe. Ainsi, compte tenu de ce que les coûts de construction d'un très gros pétrolier sont sensiblement égaux, pour un tonnage équivalent, à ceux de plusieurs petits, et moindres ses coûts d'armement, c'est la recherche de la rentabilité qui anime cette course au tonnage engagée dès le milieu des années cinquante. La fermeture en 1967 du canal de Suez, en multipliant les distances à parcourir et en soulignant pour l'avenir les inconvénients stratégiques de cette voie d'eau, ne fera que précipiter, certes notablement, un mouvement amorcé longtemps auparavant.

Au début des années soixante-dix, on fabrique des VLCC comme des hot-dogs. Les chantiers japonais débitent à un train d'enfer, et c'est à cette occasion que la Corée du Sud se lance dans la construction navale de grande envergure.

Au 1er juillet 1973, on compte déjà quelque trois cents VLCC (dont une trentaine d'ULCC) en service dans le monde, et quelques centaines d'autres en commande. Cette production en série de monstres marins suscite ici et là d'extraordinaires vocations. Ainsi Ravi Tikkoo, plus connu désormais sous le nom de Tanker Tycoon, le Nabab des Tankers. Fils d'un ancien ministre des Finances du Rajah de Mandi, au Cachemire, Ravi débarque à Londres, à la fin des années soixante, avec en poche quelques dizaines de livres sterling. À cette époque, le gouvernement britannique verse aux armateurs une prime de 20 % du prix du navire, même s'il doit être construit à l'étranger, pourvu qu'il soit appelé à naviguer sous le pavillon national. Quant aux chantiers japonais, ils accordent facilement jusqu'à 80 % de crédit à long terme. C'est ainsi que Ravi, presque sans bourse délier, se fait construire au Japon deux mastodontes de 484 000 tpl, le *Globtik-London* et le *Globtik-Tokyo*, qui, affrétés par la Nippon Oil et battant pavillon britannique, détiendront le record du monde de l'obésité maritime jusqu'au lancement, en 1976, du français *Batillus*. Ses affaires sont bientôt si prospères que Ravi peut s'offrir une écurie de soixante-dix chevaux de course, qui transitera par la France avant d'émigrer aux États-Unis à la suite d'une malencontreuse affaire de dopage. En 1973, il récidive en signant avec un chantier japonais une lettre d'intention pour un pétrolier de 706 000 tpl qui ne dépassera jamais le stade des études, bien qu'à l'époque on envisage allégrement de grimper jusqu'au million de tonnes. En 1977, Ravi jette ses derniers feux en commandant aux chantiers de Newport-News, aux USA, trois pétroliers de 600 000 tpl à propulsion nucléaire. Une commande tellement insensée, dans le nouveau contexte international, qu'elle ne sera pas prise au sérieux, et qu'on la mettra sur le compte des difficultés croissantes que le fils du Rajah doit affronter dans sa patrie d'adoption.

C'est qu'entre-temps le premier choc pétrolier – consécutif à la guerre du Kippour, en 1973 – a porté un coup d'arrêt brutal à l'essor des VLCC. En janvier 1970, l'arabian light, le brut de référence, coûtait 1,8 dollar le baril. En novembre 1973, il est à 5,18 dollars, et en deux mois il passe à 11,65 dollars, soit plus du double. Cette hausse, entraînant d'abord une frénésie de stockage, se traduit dans les premiers mois de 1974 par une augmentation des taux de fret, puis, dès que les stocks sont constitués, par un effondrement de ces taux : en 1975, les frets obtenus par les pétroliers ne couvrent même plus les frais portuaires et les achats de soute (soit une tonne de brut : en 1970, le prix payé pour son transport équivaut à trois ou quatre fois le prix d'achat ; dix ans plus tard, le prix d'achat équivaut à vingt fois celui du transport). Panique à bord : parfaitement adaptés à la situation qui prévalait avant la guerre du Kippour, et mieux encore aux développements que l'on pouvait induire des tendances du marché, les VLCC tournent prématurément obsolètes dès lors que les prix flambent et que la consommation dégringole. Ainsi le premier choc pétrolier fait dans la construction navale l'effet d'un coup de pied dans une fourmilière. Dans les années qui suivent s'instaure une incroyable confusion, entretenue par des annulations de commandes en cascade. Par millions de tonnes, les VLCC en surnombre, dont les armateurs débordés refusent de prendre livraison, encombrent les chantiers qui parfois en sont réduits à les vendre aux enchères bien en dessous de leur prix de construction. Hyundai, qui vient de se lancer dans la production en série de VLCC, doit ainsi brader deux unités de 260 000 tpl, commandées en pleine euphorie pétrolière par l'armateur C.Y. Tung, et dont ce dernier se soucie d'autant moins qu'il est en train de racheter pour une bouchée de pain, aux chantiers A.G. Weser de Bremerhaven, un 400 000 tpl décommandé par Niarchos…

Fin 1975, deux cent huit commandes de navires, représentant près de 50 millions de tonnes de port en lourd, sont ainsi annulées. Plutôt que de payer aux chantiers les indemnités qu'entraînent normalement ces annulations, les armateurs choisissent parfois de transformer leurs commandes de pétroliers en commandes de vraquiers, ce qui dans les années à venir se traduira par un considérable excédent de tonnage dans le transport des vracs, contribuant à entraîner ce secteur dans la crise. Rares sont les armateurs qui, comme Onassis avec l'*Olympic Bravery*, ont la chance de planter sur les rochers un VLCC neuf, et de toucher des assurances sensiblement plus que le prix du navire à la construction. En revanche, il n'est pas rare que les VLCC qui, malgré tout, sortent des chantiers soient aussitôt désarmés, et désormais l'on se bouscule pour une place de parking à Brunei ou dans les fjords scandinaves (l'avantage de la Scandinavie étant que dans les eaux froides les petites bêtes se reproduisent moins fébrilement, et que par voie de conséquence les coques restent plus longtemps propres). Début 1976, on recense dans le monde plus de cinq cents VLCC à la chaîne. En 1977, l'excédent mondial de tonnage dépasse largement les 100 millions de tonnes, et c'est cette année-là que pour la première fois des VLCC en bon état sont vendus à la démolition. Désormais le flux ne tarira pas, même si son intensité varie, en fonction notamment des fluctuations du cours de la ferraille – de 60 à 250 dollars la tonne – liées à la concurrence entre démolisseurs, et à la capacité qu'ont les pays concernés d'absorber ou d'écouler les produits de la démolition.

Depuis 1977, les démolisseurs de Kaohsiung, à Taïwan, se flattent d'avoir déjà saucissonné quelque cent trente-cinq VLCC, et, dans les huit premiers mois de 1983, une cinquantaine de ces navires ont été vendus à la démolition.

Au cours des dernières années, toute une série de facteurs ont contribué à précipiter le déclin des VLCC. Après une reprise des importations de brut qui culmine en 1979, celles-ci dégringolent de nouveau après que le second choc pétrolier, consécutif à la révolution des ayatollahs, a fait grimper le baril de brut jusqu'au prix record de 36 dollars. Les mesures de restriction arrêtées après le premier choc de 1973, renforcées après le second choc de 1979, se font cruellement sentir au début des années quatre-vingt. Non seulement la consommation globale de brut diminue, mais le pourcentage de ce brut importé des pays du Golfe diminue également. Le potentiel de la mer du Nord, du Mexique, du Venezuela ou de l'Afrique de l'Ouest est mis à contribution plus que par le passé. Les sources se diversifient – beaucoup sont désormais inaccessibles aux VLCC –, les distances raccourcissent, le canal de Suez est rouvert à la navigation, les raffineries à la source se développent. Les compagnies pétrolières, qui auparavant traitaient directement avec les pays producteurs, doivent s'effacer derrière les États et perdent la maîtrise de leur stratégie.

Conçus pour transporter rapidement, sur de très grandes distances, des quantités considérables de brut enlevées par énormes lots, équipés de turbines développant une puissance formidable et voraces à proportion (un VLCC « moyen » consomme 170 tonnes de fuel par jour à 15 nœuds, le *Pierre Guillaumat* quelque 320 tonnes dans les mêmes conditions), les VLCC ne peuvent s'adapter à ces nouvelles contraintes d'économie, de souplesse, de grappillage et d'éparpillement. Par-dessus le marché, on leur cherche des poux, les conventions internationales Marpol et Solas, relatives à la sécurité et à la lutte contre la pollution, entrent finalement en vigueur, contraignant les armateurs qui n'ont pas pris les devants à engager des dépenses importantes pour mettre leurs navires en conformité avec les nouvelles normes. Dès 1976, quelques pétroliers ont été transformés en bergeries et affectés au transport des moutons vivants entre l'Australie et le golfe Persique (le principal problème technique que doit résoudre ce type de transport, outre l'évacuation de la merde ovine, est de prévenir l'« effet Panurge », qui fait se précipiter tous les moutons du même bord et déséquilibre le navire). Mais cette solution, d'ailleurs assez humiliante, ne concerne guère que les pétroliers de 7200 tpl au maximum. On a tiré des plans sur la transformation de VLCC en transporteurs d'eau douce à destination des pays du Golfe. Le port de Marseille-Fos et la Société du Canal de Provence ont fondé là-dessus de grands espoirs, les Japonais ont fait des offres dans ce sens à l'Union des Émirats Arabes, et les Gallois viennent d'approuver un plan visant à transformer dans cette perspective la raffinerie Esso de Milford Haven. Toutefois les armateurs considèrent généralement cette dernière issue comme utopique, d'autant que les pays du Golfe s'équipent rapidement en usines de dessalement de l'eau de mer. Outre les VLCC convertis en unités de stockage flottant d'hydrocarbures ou en stations de déballastage, certains pourraient être utilisés, après transformation, comme plateformes d'exploration et de production pétrolières. C'est déjà le cas du *Murex*, de la Shell, qui pompe, stocke et débite au large de la Tunisie, et les Canadiens envisagent d'utiliser des VLCC, préalablement coupés en deux afin que les deux tronçons puissent être réunis bord à bord, pour la prospection et l'exploitation des gisements de la mer de Beaufort. Sauvés in extremis par le fameux passage du Nord-Ouest ? Seuls de très gros navires pouvant tailler leur route parmi les glaces de l'Arctique, il est possible, dans l'avenir, que l'enlèvement du pétrole débité par ces gisements du Grand Nord nécessite la mise en œuvre de VLCC, mais probablement d'un modèle inédit, conçu à l'épreuve des banquises les plus épaisses et des ours blancs les plus mal léchés.

Libération, *9 au 11 décembre 1983*

VERDIGLIONE : MAIGRIR À TOKYO

Le congrès tenu à Tokyo par Armando Verdiglione fut par lui-même un événement considérable. Le courage d'Armando Verdiglione – l'organisateur de ce congrès, au cas où nous aurions oublié de le signaler – mérite d'être souligné d'autant plus qu'à Tokyo, ville peuplée d'un nombre indéterminé mais terrifiant de Japonais, les événements les plus extraordinaires passent facilement inaperçus. Trois événements considérables ont donc marqué ce congrès exceptionnel, malheureusement desservi par l'immensité même de son décor.

Le premier fut la confrontation, le 1er avril dans le hall de l'aéroport d'Anchorage, de Jorge Luis Borges et de cet ours blanc d'une taille prodigieuse qui toujours fait la joie des voyageurs empruntant vers l'Extrême-Orient la route du pôle. Le second événement fut la confrontation du même Borges avec Armando Verdiglione – l'organisateur de ce congrès, on ne le dira jamais assez – dans un salon de l'hôtel New Otani, à Tokyo. Armando Verdiglione, au demeurant, n'a rien d'un ours. Jadis, il promenait à travers le monde, de congrès en congrès et de Jérusalem à Tbilissi, une assez horrifique gidouille qui à coup sûr pesait plus que le mont Taïchan, mais désormais il est mince comme un jonc et, du train où vont les choses, il se peut qu'un jour prochain il n'ait pas plus de poids qu'une plume. Jorge Luis Borges, de son côté, est aveugle. Il ne peut donc admirer les sortes de bouchons de carafe, étincelants, qui boutonnent la veste pailletée d'Armando Verdiglione debout à ses côtés sur l'estrade dressée dans un salon de ce fameux hôtel. Borges, assis, pétrit la poignée de sa canne. Une poétesse – ou du moins une personne qui a la modestie de décliner cette qualité – lui pose une question embarrassante formulée à peu près comme suit : « Qu'est-ce que le jeune Borges, qui rêvait d'être l'homme invisible, penserait du Borges d'aujourd'hui, exposé aux regards comme un bœuf de comice agricole ? » Borges bredouille une réponse inintelligible, exit Marceline Desbordes-Valmore, tandis qu'Armando Verdiglione – l'organisateur de ce congrès – reprend vivement la parole pour souhaiter à tous les présents un joyeux congrès. Santé.

Entre-temps, l'organisateur de ce congrès, Armando Verdiglione, a parlé assez confusément de peste, de tremblement de terre, de parricide, d'indivisibilité du sexe et de l'empereur, et de différentes choses émargeant plus ou moins à cette « forme de croyance qui est un attrape-nigauds mais qui sévit encore de par le monde » (Vladimir Nabokov, 9 janvier 1970). Tout cela de nature à inspirer une grande frayeur, heureusement atténuée par l'affirmation que la Troisième Guerre mondiale a pris fin en 1978 à l'occasion du premier congrès organisé à Milan par le même Armando Verdiglione. Les interprètes indigènes paraissent fort embarrassés pour traduire dans leur idiome les termes de « schize » et de « scissure », qui n'existent dans aucune langue au monde, ce qui de toute manière n'a guère d'importance puisque les quelques Japonais présents avouent ne rien comprendre au discours tenu par l'organisateur du congrès. (Autre victime de la traduction simultanée, l'homélie de Carlo Ripa di Meana, dans laquelle le sempiternel appel à soutenir la dissidence dérape en « nous sommes obligés de supporter les dissidents dans le monde entier ».)

Le soir même, les journalistes présents au congrès apprennent que le petit-déjeuner (compter 1 500 à 2 000 yens) n'est pas compris dans le prix des chambres, et le lendemain matin, le dénommé Arrabal, un jeune Espagnol très bien habillé, fait une communication dans laquelle il est question d'une femme qui « d'une seule ventrée donna naissance à trois cent cinquante enfants de la taille d'ouné souris ». D'où il ressort qu'Arrabal ne se contente pas d'écrire des livres, mais qu'il lit également ceux des autres, même lorsqu'ils ont un nom difficile à retenir.

Le troisième événement de ce congrès fut, le même jour, la communication de J. L. Borges sur le thème : « La deuxième Renaissance et le Ragnarökrr ». La deuxième Renaissance, peut-être avons-nous oublié de le signaler, constitue le thème du congrès organisé à Tokyo par Armando Verdiglione. C'est pourquoi, sans doute, elle figure dans le titre de la communication de J. L. Borges. Quant au Ragnarökrr, c'est une histoire compliquée, et semble-t-il fort ancienne, dans laquelle Odin, d'un coup d'épée, déchire un arc-en-ciel d'où sortent des loups, ou d'autres animaux qui, passant de l'espagnol au français par les soins d'un traducteur japonais, chemin faisant deviennent des loups. « L'Histoire » conclut Borges, après avoir cité une trentaine d'auteurs pour des prunes, « l'Histoire est un long rêve sans héros ».

Cette dernière thèse fut d'ailleurs démentie, le soir même, lors d'une réception offerte aux congressistes par l'archevêque de Tokyo. L'archevêque de Tokyo ressemble à une grenouille, boit du whisky et fume clope sur clope, ce qui explique peut-être, pour une part, pourquoi une majorité de Japonais demeure adepte du shintoïsme. Des dames d'œuvre vêtues de kimonos distribuent à la ronde des petites saucisses et des verres de whisky Suntori copieusement étendu d'eau. Santé. Un vieux monsieur explique comment il a amené d'Italie la propre bicyclette (en bois) de Léonard de Vinci. Les congressistes se réjouissent fort d'être invités le lendemain à l'ambassade de France, et le surlendemain à l'ambassade d'Italie, d'où il ressort que les universitaires, au moins depuis qu'ils ne sont plus marxistes, regrettent finalement de ne pas avoir embrassé une carrière plus distrayante, dans laquelle ils auraient plus souvent le loisir de baiser la main des dames ou l'anneau des archevêques.

Soudainement, l'archevêque de Tokyo, estimant probablement que la plaisanterie a assez duré, vire tout le monde sous prétexte de nous faire visiter son église, qui en bonne logique doit être la cathédrale de Tokyo. Cette église, bâtie par Kenzo Tange, n'ajoute rien à la gloire de cet architecte, à notre avis plutôt plus inspiré lorsqu'il dessina le fameux hôtel New Otani. Armando Verdiglione, vêtu d'une incroyable pelisse de vison qui cache un peu ses bouchons de carafe, prend la tête de la colonne se dirigeant dans la pénombre vers l'autel. Environné de tous ses pique-assiettes et ramasse-miettes, agitant ses petits bras envisonnés, livide et sombre comme un torero appelé à mourir le lendemain même dans l'arène, il paraît soudain si minuscule et si fragile, sous cette écrasante voûte de béton, sous ces honneurs ridicules qu'il a dû tant ramer pour obtenir, que l'on se prend à regretter d'avoir écrit, dit ou pensé le moindre mal de lui. Il y a incontestablement chez Verdiglione une dimension de héros prolétarien, de parvenu magnificent – comme une sorte de Murat un peu juste sur la cavalerie –, qui entre pour beaucoup dans la haine, la fascination, le mépris ou l'affection gênée qu'il inspire. Enfin, chez l'archevêque, on a senti passer sur ce congrès ne serait-ce que l'ombre d'une corne de taureau.

Libération, *14 avril 1984*

Un chant d'espoir pour les baleines sur le rivage du Sussex

Précédant la réunion politique qui doit se tenir en juin à Rio de Janeiro, le comité scientifique de la Commission baleinière internationale se réunit cette semaine à Eastbourne, près de Brighton. Ainsi, ces jours-ci, les baleines du monde entier se tourneront par la pensée vers ce rivage du Sussex où l'on va décider de leur avenir. Le fait qu'Anne Collet fasse partie de la délégation française constitue pour les baleines une raison d'espérer. Car toutes les baleines, et plus généralement tous les mammifères marins, savent fort bien qu'Anne Collet est en France l'une des rares personnes sur lesquelles ils peuvent compter en toutes circonstances. Anne Collet, par ailleurs, commande en second le Centre national d'études des mammifères marins de La Rochelle. Pour l'y avoir rencontrée, il nous semble mieux comprendre désormais pourquoi certaines baleines, et non des moindres, se donnent la peine de chanter (à propos, toutes les nuits, les baleines chantent sur le répondeur automatique de la revue *L'Âne*, téléphone 878 05 65). Escorté d'un petit musée océanographique, et d'un bassin où deux phoques mâles essaient de se reproduire sans le secours d'aucune femelle, le Centre national est malheureusement situé, à La Rochelle, dans le nouveau quartier des Minimes, dont l'aspect général évoque une table de banquet après la dernière tournée de digestifs, quand le granité ou la plombière s'en vont rendre visite au gigot froid parmi les cendriers pleins et les verres renversés. Même pour les phoques, il y a de quoi désespérer de l'homme.

Bien que les cétacés aient donné lieu à une littérature abondante, ils demeurent, en fin de compte, mal connus. La marine américaine, par exemple, est capable de transformer un dauphin en Exocet, mais on ignore toujours à quel âge cet intéressant animal se reproduit. Cette méconnaissance est due tout d'abord à la difficulté de posséder chez soi, et donc d'observer, de grandes quantités de cétacés vivants, ou même de cétacés morts. Les Américains tournent cette difficulté, notamment, en observant les dauphins qui, par dizaines de milliers, se prennent chaque année par mégarde dans les sennes à thon. En France, où l'on se montre assez discret sur les services rendus à la cétologie par la senne à thon – en tout état de cause, les captures accidentelles sont beaucoup moins nombreuses qu'aux États-Unis –, on s'en remet plutôt aux tempêtes d'Ouest. Chaque année, en effet, et plus particulièrement pendant l'automne et l'hiver, les vents et les courants portent sur nos rivages un grand nombre de cétacés, avec semble-t-il une prédilections pour quelques points du littoral atlantique, comme Saint-Jean-de-Monts, en Vendée, ou les îles de Ré et d'Oléron. En 1983, année faste, la mer a ainsi livré les dépouilles de cent quarante-cinq cétacés, parmi lesquels quarante-quatre dauphins des Anciens, vingt-sept globicéphals noirs, vingt-trois dauphins rayés, onze marsouins, six dauphins à gros nez, trois cachalots, deux baleines à bec de Cuvier, deux dauphins de Risso, un dauphin à flancs blancs, un dauphin à bec blanc, un rorqual commun et un mégaptère.

Tout cétacé échoué entre Biarritz et Nantes fait en principe l'objet d'une visite des Minimes. Au-delà, et à moins qu'il s'agisse d'un animal véritablement exceptionnel, le Centre s'appuie sur un réseau de correspondants locaux, qui consignent leurs observations sur des fiches standard établies d'après la méthode de l'American Society of Mammalogists. Les fiches répertorient l'emplacement, la date et l'heure de l'échouage, celles de l'examen, l'état de l'animal, son espèce, son sexe, son poids, ses mensurations, sa dentition, son contenu stomacal, le détail des organes et des os prélevés, enfin quelques « observations complémentaires » généralement assez succinctes. Une fiche datée du 6 février 1984, et concernant l'échouage d'un cachalot à Saint-Jean-de-Monts, nous apprend ainsi qu'il s'agit d'un mâle, « très putréfié mais entier », auquel il manque six dents de la mandibule gauche arrachées par des naufrageurs. Ce n'est pas dans ces fiches que l'on risque de trouver le genre de réflexions qu'inspire à Paul Gardenne le spectacle d'une baleine échouée : « Devant cette chose qui ressemblait plus à un catafalque qu'à une bête morte, devant ce monument orné de signes délicats, qui viraient çà et là au colchique ou à la violette fanée, nous étions pris d'un doute – à quoi s'ajoutait par moments, d'une façon bien inattendue, la sorte d'inquiétude que l'on ressent au chevet d'une personne malade. » (*Baleine*, Actes Sud, 1982.)

En janvier dernier, tandis que les cétacés, emboîtant le pas aux mouettes tridactyles, venaient par dizaines s'échouer morts sur le littoral atlantique, Anne Collet et son assistante ont dû parcourir en trois semaines, de cadavre en cadavre, plus de 7 000 km. Lorsque sa taille et son état de décomposition le permettent, la bête est acheminée pour autopsie jusqu'au laboratoire des Minimes, qui dispose d'une chambre froide et d'une table de dissection adaptées aux dimensions de la clientèle. Les organes sont prélevés en fonction des besoins des recherches en cours, Anne Collet, par exemple, recueillant les gonades afin d'étayer ses travaux sur la reproduction des dauphins. Après autopsie, la bête est équarrie, et son squelette mis à mariner dans l'eau tiède afin que les bactéries boulottent ce qui reste de barbaque sur les os, lesquels sont, en fin de parcours, apprêtés par un taxidermiste, également commis à l'empaillage des phoques. Normalement, l'élimination des plus gros reliefs incombe désormais à l'équarrisseur (car il advint auparavant que les restes d'un cétacé ayant été placés sans façon dans des sacs-poubelles, le déchiquetage de ceux-ci par un chien errant fit soupçonner quelque temps à la police rochellaise la découverte d'une affaire criminelle de premier ordre).

L'autopsie sur le motif, pratiquée lorsque l'animal est intransportable, pose également de nombreux problèmes. D'une part, il n'est pas toujours agréable, ni commode, de découper au couteau de cuisine, en plein vent, un cétacé mort. D'autre part, il faut compter avec les habitudes ancestrales des tribus du littoral. Ainsi, l'hiver dernier, Anne Collet est prévenue par les gendarmes de Saint-Jean-de-Monts de l'échouage d'un mégaptère (*megaptera novaeangliae*), une bête comme on en voit peu. Lorsqu'elle arrive sur les lieux, une centaine d'indigènes, armés de divers objets contondants, sont déjà occupés à dépecer le cadavre afin d'en extraire les vertèbres, avec lesquelles ils se proposent de fabriquer des tabourets de jardin. Au nom de la Science et, dans une moindre mesure, au nom de la Loi, Anne Collet s'efforce de faire valoir ses droits exclusifs sur la bête. Clameur du populaire, entraîné par un charcutier brandissant son arme de service, et par un retraité de la marine armé d'un simple mais efficace Opinel. Le retraité de la marine est unijambiste, ce qui force le respect, surtout lorsqu'il est question de cétacés. En fin de compte, Anne Collet doit transiger, et accepter que le charcutier, assisté de ses aides, préside au découpage de la bête et à la distribution des morceaux, sous réserve qu'il lui en concède quelques-uns tout à fait indispensables à ses recherches.

Pour finir sur une note gaie, et sportive, nous tenons d'Anne Collet ce renseignement utile à tous ceux qui savent lire une carte marine et souhaitent observer de grands cétacés : le cachalot se nourrit de céphalopodes, et les céphalopodes se rencontrent en grand nombre, au large des côtes françaises, dans les zones de remontée des fonds sur le plateau continental.

Libération, *2 et 3 juin 1984*

À bord du *Ville de Bordeaux*, entre le Golfe et la mer Rouge

Armé par la Navale et commerciale havraise péninsulaire (NCHP, groupe Worms), le porte-conteneurs *Ville de Bordeaux* dessert une ligne régulière entre l'Europe et le golfe Persique. Les manifestes de son dernier chargement font apparaître du marbre et des parfums, dont l'Arabie Saoudite est apparemment insatiable, du whisky à destination des quelques États du Golfe où la consommation privée de ce breuvage ne vous mène pas tout droit au pilori, des ice-creams et du poulet pour Bahrein, du mobilier et de la literie pour tout le monde, des jouets et des machines à laver, des cagoinces, des matériaux de construction, de l'essence d'aviation, de l'argon et d'autres gaz rares diversement inflammables. Vingt-quatre personnes vivent à bord, qui le plus souvent travaillent et le reste du temps dorment, comme vous et moi, lisent des livres, barbotent dans la piscine, disputent un tournoi de ping-pong, commentent les résultats des Jeux olympiques, s'inquiètent de leur avenir professionnel, se reçoivent mutuellement au carré-équipage ou au carré-officiers à l'occasion d'un anniversaire, ou regardent les télévisions locales lorsque, par exception, elles montrent autre chose que des plans fixes sur la fameuse Pierre noire de La Mecque.

À une lettre près – que nous dissimulerons par un raffinement de sens civique –, les navires de la Marine nationale assurant la protection du commerce maritime en mer Rouge et dans l'océan Indien répondent à l'indicatif radio de *Papa Golf*. En règle générale, on ne sait rien de plus de ces navires, qui à moins d'être sollicités ne se montrent guère. La nuit précédant son passage dans le détroit d'Ormuz, à l'aube plus précisément, le *Ville de Bordeaux* tombe par le plus grand des hasards sur un *Papa Golf* en chair et en os. C'est un navire de taille médiocre, un aviso, gracieux comme un poisson pélagique, et guère plus bavard. Tous les matins, à l'heure de la « Gazette » – le rendez-vous radiotéléphonique, sur les ondes courtes, entre les navires de la NCHP – *Papa Golf* assure une présence discrète, ne prenant jamais la parole sans qu'on la lui ait adressée, et ne faisant alors que des réponses sibyllines, témoignant de sa discrétion ou de son ignorance.

Venant de Mascate, le *Ville de Bordeaux* se dispose à passer Ormuz dans la journée du 2 août. Au large de la côte orientale des Émirats, dans le golfe d'Oman, on distingue au radar de nombreux échos – plusieurs dizaines, approximativement de la taille d'une punaise des bois – signalant le grand troupeau de VLCC (pétroliers géants) sans emploi parqués devant les deux localités de Fujairah et de Kohr Fakkan. Auparavant, certains de ces VLCC campaient au large d'Oman, mais les Omanis, fin mai, ont mis tout le monde à la porte, s'avisant soudainement de ce que ces navires pouvaient leur attirer quantité de désagréments.

Pour décrire le calme plat de son *Dit du vieux marin*, Coleridge se sera certainement inspiré des parages du détroit d'Ormuz. Tous les éléments y mettent du leur pour se plier aux règles éternelles du cliché : soleil de plomb, horizon fallacieux, visibilité réduite à quatre ou cinq milles par des vapeurs nécessairement maléfiques. On ne voit pas l'ombre d'un oiseau, mais quantité de serpents de la taille d'une vipère, jaunes à rayures (à pois ?) noires, se tortillent à la surface d'une mer huileuse où bouillonnent de loin en loin des bancs de thons et de bonites. De temps à autre jaillit de la vague d'étrave un exocet étymologique, soit un poisson volant qui ne ferait pas de mal à une mouche. L'eau de mer est à 32°, le thermomètre extérieur affiche 38° sous abri.

À la suite d'une panne de climatisation, il fait un petit 43° dans le poste de contrôle de la salle des machines. Encore est-ce une journée plutôt fraîche pour la saison. Le cuisinier du bord – grâce auquel notre table est à coup sûr la meilleure dans le golfe d'Oman, et même bien au-delà – vaque à la préparation d'un déjeuner d'Ormuz composé de salade lorette, gougère au fromage, darne de cabillaud bonne femme, pintade au fumet de tilleul, etc. Rien, on le voit, que des plats légers et de saison.

Dans la matinée, l'officier radio d'un pétrolier français qui franchit Ormuz devant nous, un peu spleenétique, s'entretient longuement avec le lieutenant de quart, exhalant sa nostalgie bien compréhensible des nuits de Tamatave : qui n'a pas connu Madagascar avant la révolution n'a pas connu la douceur de vivre, qu'il s'agisse du bar l'Amiral, de la petite Casimir – celle qui ne se mélangeait qu'avec les commandants – ou de la métisse qui travaillait boulevard Joffre, « les plus beaux seins de Tamatave ». Et ce n'est rien de le dire.

En fait de primes, car l'homme ne vit pas que de souvenirs, l'équipage du pétrolier toucherait double paye pour risque de guerre sitôt passé le détroit d'Ormuz, tandis que l'équipage du *Ville de Bordeaux* n'a qu'un tiers de rallonge, et seulement au nord du 26e parallèle, en « zone orange ». Il est vrai qu'au moins dans cette partie du golfe, les pétroliers, bien plus que les porte-conteneurs, énervent les aviateurs. Autrement, les mesures de sécurité sont les mêmes à bord des deux navires : tenir les manches à incendie parées, maintenir fermées les portes coupe-feu, masquer de nuit tous les hublots et sabords. Peu de choses en somme.

En période de tension, il est recommandé de naviguer de nuit, et de faire dans toute la mesure du possible le silence radio (les communications entre la terre et les navires – ou des navires entre eux – fournissent en effet, à d'éventuels agresseurs, des données d'autant plus substantielles que la portée de la VHF (Very high frequency), ordinairement limitée à quelques milles, est multipliée dans le Golfe du fait de conditions climatiques exceptionnelles). Il semble que les pétroliers soient autorisés à déployer quelques ruses supplémentaires, comme de décaler leurs ETA (Expected Time of Arrival) afin de dissimuler leur position exacte, ou d'emprunter des routes maritimes au sud de l'île Petit Coin (Didamar), plutôt que le rail qui, dans le nord de cette même île, serre de près la limite des eaux territoriales iraniennes. En ce qui concerne les navires français, ces mesures auraient été définitivement arrêtées, début juin, à la suite d'une conférence donnée par un contre-amiral sous l'égide du Comité central des armateurs. Le contre-amiral soutint que les projectiles iraniens n'étaient opérationnels qu'à la lumière du jour – de même que l'électricité n'est dangereuse que crue –, et comme il ne se trouva dans la salle personne pour le contredire, il fut entendu que les navires français, en zone orange, pouvaient désormais naviguer de nuit sur leurs deux oreilles.

D'autres puissances maritimes ont imaginé des raffinements probablement inutiles : des armateurs scandinaves auraient ainsi acheté pour leurs pétroliers un gadget antimissiles mis sur le marché par MEL, une filiale de Philips, sous le joli nom de *Matilda*. Dans sa version économique, *Matilda*, moyennant 55 000 livres sterling, se borne à signaler trente secondes à l'avance l'angle d'arrivée du missile à 45° près. Sous cette forme, le dispositif ne sert donc qu'à empoisonner l'existence de l'officier de quart trente secondes avant celles du reste de l'équipage. Toutefois MEL avait prévu cette objection, et, pour quelque 200 000 livres de plus, *Matilda* est livrée avec un lanceur de leurre qui, à défaut de résultats plus tangibles, peut faire taire les scrupules de l'armateur, et dans une moindre mesure les craintes de l'équipage.

Quant aux Japonais, ils se contentent d'afficher leurs couleurs sous toutes les coutures, ce qui donne à leurs navires un petit air de fête, et témoigne d'une confiance inébranlable aussi bien dans leur propre crédit que dans la sagacité des belligérants. Car lorsque les Iraniens attaquent un pétrolier – le *British Renown* – venu récupérer la cargaison d'un autre pétrolier, le *Tiburon*, attaqué quelques jours auparavant devant Kharg par les Irakiens, ou lorsque ces derniers attaquent le *Safina al-Arab*, propriété partielle du fils du roi Fahd, c'est-à-dire d'un de leurs principaux bailleurs de fonds, il faut une sérieuse dose d'optimisme pour imaginer qu'un pavillon quelconque puisse au Golfe tenir lieu de laissez-passer.

À 10 h 20 GMT, alors qu'il se trouve à 50 milles dans l'est de Fujairah, et très précisément par 25° 10' Nord et 57° 16' Est, le *Ville de Bordeaux* est survolé à quatre reprises par un avion de surveillance maritime surgi de la brume à basse altitude. Le signalement de l'appareil – un quadrimoteur revêtu d'agréables peintures de camouflage – est aussitôt communiqué à *Papa Golf*, qui une heure plus tard confirme qu'il s'agit bien de l'« habituel Orion iranien ». La matinée s'achève sans autre incident notable que la rencontre d'un ou deux boutres, détail important pour la couleur locale, surtout si on nous accorde qu'il s'agit de boutres voués à la contrebande de l'or ou des spiritueux, comme cela se fait beaucoup à destination notamment de l'Inde et du Pakistan. Les boutres achemineraient au retour de la main-d'œuvre clandestine, et le tout, comme toute bonne contrebande, se déroulerait avec la complicité et la participation financière des plus hautes autorités – ou de certaines d'entre elles –, sans que ces lointaines protections mettent le patron du boutre, même si peu que ce soit, à l'abri des patrouilles de garde-côtes. Plus modestement, ces boutres, capables pour certains de charger de 150 à 200 tonnes, et une Mercedes en pontée par-dessus le marché, assurent à partir de Dubaï, et d'autres ports du Golfe, l'acheminement vers l'Iran, voire l'Irak, de marchandises déchargées en terrain neutre par de plus gros navires.

Au cours de ces derniers mois, un certain nombre de navires – notamment le porte-conteneurs *Wera-Express*, armement allemand, pavillon de Singapour, et plus récemment un autre porte-conteneurs battant pavillon du Koweït – ont été arraisonnés par des patrouilleurs iraniens dans le détroit d'Ormuz. L'un d'entre eux au moins a été dérouté sur Bandar Abbas pour examen détaillé de sa cargaison, les Iraniens se méfiant à juste titre des marchandises diverses, plus ou moins innocentes, qui par Koweït, ou d'autres pays non belligérants, transitent à destination de l'Irak. C'est donc avec une pointe d'appréhension que par 26° 36' Nord et 56° 26' Est, en pleine digestion, lourdement lestés de darnes et de gougères, nous voyons se profiler à la limite des eaux territoriales iraniennes un petit patrouilleur portant le numéro 10. Avec une politesse exquise, et d'autant plus méritoire si l'on songe au fumet de tilleul, nous le saluons, conformément à l'usage, en imprimant à notre pavillon national un mouvement de va-et-vient. Après un moment d'hésitation, le numéro 10 répond en envoyant les couleurs iraniennes, ce qui est une manière encore assez courtoise de nous signifier que pour aujourd'hui les choses en resteront là. À ce moment, pour vous donner une idée des dimensions du détroit d'Ormuz, nous avons 80 mètres d'eau sous les pieds, et la côte iranienne la plus proche est tout de même distante d'une vingtaine de milles.

Passé l'île Petit Coin – d'ailleurs invisible dans la brume –, la route du *Ville de Bordeaux* s'infléchit vers le sud-ouest et les eaux rassurantes des Émirats.

La journée du 2 août vit un curieux attelage franchir le détroit d'Ormuz : quelque chose comme Don Quichotte et Sancho Pança, l'un tirant l'autre, et le tout faisant route au Sud vers le golfe d'Oman. À y regarder de plus près, il s'agit d'un remorqueur de haute mer acheminant un pétrolier hors d'usage vers l'un ou l'autre des grands chantiers de démolition asiatiques. Le remorqueur est le *Salvana*, appartenant à l'une des entreprises de sauvetage les plus actives dans le Golfe. Le remorqué est le *Al-Ahood*, un pétrolier de 117 710 tpl battant pavillon saoudien, attaqué le 27 avril par l'aviation irakienne alors qu'il venait de charger au terminal iranien de Kharg Island.

Tel que nous le voyons aujourd'hui – le château noirci et tordu, un aileron et une cheminée en vrac, le pont-dunette retourné sur tribord comme une crêpe –, même en faisant la part des dégâts indirects causés par l'incendie qui fit rage à bord après l'attaque, l'*Al-Ahood* constitue somme toute une démonstration assez convaincante de l'efficacité du matériel « loué » par la France à l'Irak. Si l'on s'étonne parfois de ce que la plupart des navires victimes de telles attaques n'aient pas été détruits, c'est faute d'admettre que, au moins sous certaines conditions, le pétrole brut est en fin de compte une substance assez peu inflammable, et les pétroliers, du fait de leur taille et du cloisonnement de leurs citernes, des navires pratiquement insubmersibles à moins d'être coupés en deux ou trois morceaux.

Certes, les *Exocet* n'ont pas toujours donné complète satisfaction à leurs utilisateurs. Même si certaines attaques qui leur sont imputées ont été menées vraisemblablement avec du matériel plus rustique – quand il ne s'agit pas d'accidents complètement étrangers à ce registre, comme le naufrage du vraquier libérien *Dashaki*, coulé par une mine devant l'île de Lavan –, il semble qu'à plusieurs reprises ils aient effectivement fait long feu.

Ainsi, lors de l'attaque du *Nikon-L*, le 17 mars, généralement tenue pour le premier bal des *Super-Étendard*, le pétrolier grec n'aurait subi que des dégâts minimes, le missile n'ayant pas explosé et aucun incendie ne s'étant déclaré. Même refus d'exploser dans le cas du *Sea-Eagle*, un cargo exploité par une société de Sharjah et touché le 2 mai devant Bandar Khomeiny. Les méchantes langues prétendent que, dans un cas de ce genre, la marine américaine, dont plusieurs unités sont basées à Barhein, se serait fait un plaisir de recueillir un *Exocet* intact et tout frais pondu.

À propos de Bandar Khomeiny (ci-devant Bandar Shahpur), on peut s'étonner du succès médiatique remporté par les attaques de pétroliers, tandis que depuis des années des dizaines de cargos de toute nationalité, et plus encore de boutres, se font hacher menu en desservant le port iranien de Bushire ou ceux du Khowr Musa (à eux seuls, les Indiens auraient eu dix cargos et plus de vingt boutres endommagés depuis le début des hostilités). Même en tenant compte de quelques omissions toujours possibles, imputables à la sensibilité des armateurs, il ne semble pas que la chasse aux pétroliers ouverte en mars dernier ait fait beaucoup plus d'une douzaine de victimes. C'est-à-dire moins qu'une seule attaque – sans doute la plus meurtrière, il est vrai – contre un convoi à destination de Bandar Khomeiny, qui, au début de la guerre, aurait entraîné la mort de dix-sept marins philippins.

Certains rescapés de cette guerre méconnue ont souligné la redoutable efficacité des hélicoptères irakiens, beaucoup plus meurtriers que les avions, et souvent déployés dans le fond du Golfe. Jusque dans les parages de Kharg, certaines attaques contre des pétroliers, hâtivement attribuées aux *Super-Étendard*, auraient pu être menées par des hélicoptères. Et si l'on objecte le rayon d'action, nous nous retrancherons derrière le témoignage de l'équipage du pétrolier français *Chaumont*, qui en mai 1982, alors que nous allions encore charger à Kharg, fut témoin d'une attaque menée par des hélicoptères contre les installations du terminal iranien.

Le Moyen-Orient est fertile en catastrophes, ou en péripéties, dans lesquelles le commerce maritime se trouve directement ou indirectement impliqué. Si la guerre reflue momentanément du golfe Persique, elle se transporte, sous une forme d'ailleurs artisanale et brouillonne, avec ses marmites et ses bidons, dans les eaux de la mer Rouge et du golfe de Suez. Les premières mines signées du Jihad islamique font leur entrée en scène alors que les premiers fidèles, entassés à bord de paquebots vétustes, convergent sur Djeddah pour le Haj.

L'esprit français ne perdant pas ses droits, ces événements plus ou moins dramatiques sont traduits à bord en terme de primes et de doublement de congés. Plutôt par manière de plaisanterie, car il règne dans la marine marchande une atmosphère de fin de règne, entretenue par des rumeurs de sorties de flotte et de licenciements collectifs. D'ores et déjà, chacun s'est résolu à ne plus manger de pain frais depuis que l'on a supprimé le boulanger à bord. Et l'on évoque, non sans appréhension, le jour où il n'y aura plus de cuisinier du tout, partant plus de darne ni de fumet de tilleul.

Le spectacle des pays du Golfe incite d'ailleurs à la circonspection. Car même ces monstres de prospérité, où l'on nous décrivait des fleuves d'or coulant entre des berges de marbre, commencent à luire aux coudes et à montrer la trame. Le port de Jebel Ali, à Dubaï, est un bel exemple de ces désillusions. Construit par des Hollandais – pour qui ce fut sans doute une excellente affaire –, et conçu pour traiter en même temps trente ou quarante navires, il n'abrite guère aujourd'hui qu'une dizaine de cargos de l'United Arab Shipping Co. immobilisés faute de fret, et deux ou trois pétroliers de l'Arab Maritime Petroleum Co. également sans emploi. De nuit, sous la lumière orange si caractéristique de l'éclairage portuaire, ses quais déserts, admirablement propres bien que le sable règne tout autour, évoquent quelque site archéologique où l'on rechercherait les vestiges d'une civilisation disparue.

Cette prospérité vacillante, c'est ce qui, dans le Golfe, frappe au premier abord un observateur superficiel, avec la chaleur et la poussière. Et bien entendu la prudence des censeurs, qui dans chaque exemplaire du *Monde* distribué à Koweït ont retouché à la main les dessins de Konk afin qu'ils n'insultent pas la pudeur. Même à Bahrein, en quoi les Saoudiens, qui s'y bousculent, verraient avec une sainte horreur quelque chose comme Babylone, la Grande Prostituée, nous n'avons rien trouvé de plus émoustillant qu'un café-concert, au dernier étage d'un hôtel, où quelques Australiennes levaient la jambe et poussaient des cris perçants en singeant le « Gai Paris » du théâtre aux armées. Il y avait aussi une magicienne britannique, en bas résilles, qui affectait de découper un spectateur arabe en plusieurs morceaux.

Quant aux signes de tension internationale, ils sont rares et dispersés : quelques militaires, dans une rue de Manama, veillant la succursale locale d'une banque iranienne ; huit vedettes rapides livrées par l'Allemagne de l'Ouest au Koweït afin de renforcer la protection de son commerce maritime ; quelques affûts mobiles antiaériens déployés sur la jetée du port de Dammam, enfin cet hélicoptère embarqué, issu d'une frégate américaine, qui au large des Émirats vint amicalement nous renifler les ailerons.

Si Arthur Gordon Pym devait embarquer aujourd'hui, nous lui conseillerions d'éviter avec soin les porte-conteneurs. Les escales d'un navire de ce type sont d'une rapidité diabolique : des différents pays touchés, on ne verra guère que des portiques gigantesques, presque toujours fabriqués au Japon, se déplaçant sur leurs rails dans un perpétuel tintamarre d'avertisseurs, et des cavaliers à peine moins bruyants qui, sur les quais, font et défont des piles de conteneurs.

Lors de la dernière escale dans le Golfe – presque tout entière contenue dans les limites d'une nuit déjà bien avancée lorsque le navire touche terre – le commandant reçoit par télex les instructions de la compagnie concernant les fameuses mines de la mer Rouge. Très diplomatiquement, l'armement s'efforce à la fois de signaler les dangers et d'en souligner la bénignité. Conformément aux suggestions reçues de *Papa Golf*, on l'invite à renforcer la veille optique, particulièrement vers 29° 34' Nord, 32° 34' Est, ainsi que dans les parages de Ras Shukheir, à naviguer dans toute la mesure du possible par des fonds supérieurs à 100 mètres, et à éviter l'est des îles Hanish.

Le 8 août au matin, à l'heure de la « gazette », le pétrolier *Sologne*, sortant de la mer Rouge en route vers le Golfe, a transmis aux navires du groupe un inventaire des objets flottants non identifiés relevés au cours des quatre derniers jours dans la zone contaminée, avec la position précise de chaque découverte. On remarque un ballon rouge, un cylindre orange, un drum fraîchement peint en rouge avec une bande noire au milieu, une torpille également peinte en rouge (12° 28' Nord, 43° 37' Est) signalée par Djibouti Radio, un bidon jaune, encore trois drums à rayures et quatre autres d'une agréable couleur verte, enfin trois douzaines d'objets introuvables témoignant de la fantaisie du Jihad islamique et de sa prédilection pour les couleurs acides.

Un peu plus tard, c'est un cargo de Sa gracieuse Majesté, le *Wayfarer*, qui obligeamment nous communique la position des sept dernières explosions signalées en mer Rouge, couvrant une zone comprise entre 12 et 29 ° Nord, c'est-à-dire entre Suez et Djibouti.

Officiellement, les compagnies de navigation affichent une sérénité un peu condescendante, assurant qu'il n'y a pas de quoi fouetter un chat et qu'il doit s'agir tout au plus de bouteilles de carbure : en somme, un canular, plus bête que méchant, de ces garnements d'Iraniens (ou, aux dernières nouvelles, de Libyens). En privé, certaines prennent les choses un peu plus au sérieux, puisque le porte-conteneurs *Chevalier Roze*, des Chargeurs réunis, vient de recevoir l'ordre de mouiller toute une nuit au sortir du canal afin de passer de jour le golfe de Suez, et de même pour le détroit de Bab el-Mandeb, quitte à prendre du retard et à pousser par la suite sa vitesse à 20,5 nœuds. Le cargo polyvalent *Anjou*, de la CGM, qui s'est dérouté pour assister le tanker sino-libérien *Oceanic Energy*, confirme, au vu de son pont soulevé, jonché de débris métalliques, qu'il ne s'agit pas seulement d'une mauvaise blague. Toutefois un doute subsiste quant à l'origine du sinistre, les explosions accidentelles étant encore assez fréquentes à bord de pétroliers mal dégazés.

Doublé le cap Gardafui, on échappe à l'influence de la mousson pour entrer dans un périmètre défini par quelques repères essentiellement littéraires – Aden, Djibouti, Berbera, Massaoua – aujourd'hui ravalés au rang de points d'appui dans le dispositif militaire des puissances. Par suite de révolutions, ou par défaut de convictions bien établies, ces bases changent souvent de main, Russes et Américains s'échangeant Berbera contre Massaoua, et ainsi de suite.

À l'intention des lecteurs de Julien Gracq, signalons au passage que l'île yéménite de Perim, jaune et aride, rehaussée de l'épave d'un cargo échoué, ferait un début de Farghestan très passable. Pour être allé regarder cette île d'un peu trop près, voici quelques années, un escorteur d'escadre français a ramassé dans ses superstructures un obus aussitôt passé par profits et pertes. D'invisibles techniciens soviétiques y cuisent à l'étouffée dans de longues casemates, où l'on imagine à tort ou à raison des machines compliquées occupées à des opérations mystérieuses mais probablement révoltantes.

Un navire raisonnable aborde aujourd'hui le détroit de Bab el-Mandeb dans les mêmes dispositions qu'un enfant, ni spécialement prudent ni spécialement téméraire, qui s'apprête à franchir sans autorisation la grille d'un parc. L'écriteau « piège à loups » doit-il être pris au sérieux ? Et, si c'est le cas, que risque-t-on au juste à mettre le pied dans un piège à loups ? Les navires touchés ne donnent jamais le détail de leurs avaries, mais le fait qu'ils poursuivent leur route semble témoigner de leur innocuité.

En l'absence de toute information plus précise – à l'exception des rapports plus ou moins fantaisistes recueillis et répercutés par Jeddah

Radio –, la traversée de la mer Rouge prend le caractère d'un vaste jeu de piste, assez amusant tout d'abord, auquel les navires s'associent avec plus ou moins d'humour ou de gravité, selon le génie propre à telle ou telle peuplade maritime (les Philippins, par exemple, ayant la réputation d'être spécialement enclins à faire des farces, qu'il s'agisse d'imiter des grognements de porcs lorsqu'ils s'adressent aux stations-radio des pays les plus regardants sur la morale islamique, ou les chœurs de l'armée rouge lorsque la VHF est saturée de communications en cyrillique).

Les pays socialistes, peut-être afin de faire mieux ressortir leur innocence, donnent un grand retentissement aux déboires de leurs navires. Ainsi le *Joseph Wybicki*, un polonais dont on saura seulement, par ailleurs, qu'il ne lui a pas fallu plus de vingt-quatre heures, au mouillage, pour venir à bout de ses avaries. Autrement, Aden, siège de l'agence avec laquelle le navire se tient en contact, se refuse à communiquer le moindre détail sur les circonstances de l'accident, témoignant ainsi d'un goût des cachotteries caractéristique du commerce maritime plus encore que de tel ou tel système social.

Le 15 août, dans le détroit de Jubal, au large de l'île Shaker, le *Ville de Bordeaux* est visité successivement par un destroyer égyptien d'un modèle désuet, puis par une grosse tortue toute neuve, à la carapace étincelante, que l'on signalerait volontiers à Jeddah Radio si ses hochements de tête ne l'apparentaient incontestablement au règne animal.

Le trafic est normal – ou peut s'en faut – dans le golfe de Suez, entre une double haie de plates-formes de forage et de supply-ships, derrière lesquels, sur la droite, se profilent les hauteurs indécises du Sinaï. Au crépuscule, le *Ville de Bordeaux* croise un dragueur océanique de nationalité indéterminée, et sur rade de Suez, à la nuit tombée, le pilote égyptien confirme que les premiers navires de la force multinationale se sont en effet déployés ces jours-ci, croisant dans le canal quelques cargos réputés victimes des fameuses mines, dont aucun ne présente la moindre égratignure décelable à l'œil nu.

En fait de mines, les vrais poisons de la rade de Suez, ceux qui, pour le coup, déclenchent une véritable panique à bord dès que l'on est au mouillage, ce sont les essaims de parasites plus ou moins officiels déferlant par vagues successives sur les navires en attente de convoi, dans l'espoir d'une petite obole. Il y a là les canotiers – au moins six, ils sont supposés amarrer le navire en cas d'arrêt intempestif dans le canal –, les deux ingénieurs électriciens qui ronfleront toute la nuit au pied du projecteur dont ils ont la charge, les gardiens imposés qui sitôt payés disparaissent en abandonnant la coupée aux marchands de fatras, les marchands de fatras eux-mêmes, les shipchandlers, les inspecteurs du canal, enfin les représentants patentés ou non de la douane, de l'immigration, de la santé ou d'autres corps constitués dont les habitudes n'ont guère varié depuis la onzième dynastie.

Pour le reste, les Égyptiens aiment la gloire, et afin de commémorer une victoire qui d'ailleurs nous avait échappé, ils ont érigé à Suez, sur la rive occidentale du canal, un monument très horrifique. Il s'agit d'un char Centurion (sioniste?) hors d'usage, sur lequel l'artiste commémoratif a dardé une flèche gigantesque, figurant telle ou telle de ces entités suffisamment bonnes filles pour survivre aux changements de régime et au renversement des alliances. D'autres chars morts gisent sans cérémonie sur la rive orientale, et si l'on considère le décor, il faut bien convenir, en effet, de ce que, parmi toutes les activités humaines, seuls la guerre et l'anachorétisme sont suceptibles de s'y donner libre cours.

Smit & Co. : fructueux trafic de détresse

Le 7 août, à partir de 6h10 GMT, le *Ville de Bordeaux* reçoit sur la fréquence internationale de veille le trafic de détresse d'un pétrolier libérien de 267 600 tpl, le *Friendship L.*, attaqué par l'aviation irakienne à 23 milles dans le sud de Kharg Island. À 6h18 GMT, le pétrolier signale que l'incendie qui s'était déclaré à bord est maîtrisé.

Un peu plus tard, interrogé par Ras-Tannurah Radio (Arabie Saoudite), il confirme avoir été touché à 5h30 GMT par un missile (le texte dit d'abord « bombed by missile », plus tard « hit by missiles », au pluriel), puis donne sa position : 28° 43' Nord, 50° 27' Est. Trente secondes à peine après que le *Friendship L.* a communiqué cette position, il est appelé par Bahrein Radio qui lui propose les services d'un remorqueur : « Salvage Tug *Amsterdam* proceeding to your position offering assistance on basis Lloyds open form 1980 stop ETA 1600 GMT » (le remorqueur *Amsterdam* offre son assistance sur la base du Lloyds open form de 1980, et prévoit d'être sur les lieux à 16 heures GMT).

Le *Friendship L.* est prié de communiquer aussitôt sa réponse via Bahrein Radio, ce qu'il se garde de faire. Vingt minutes plus tard, en dépit de ce mutisme du principal intéressé, deux autres remorqueurs, le *Salvanguard* et le *Salveritas*, entrent dans la danse, promettant de leur côté d'être sur les lieux à 14 heures GMT. Le trafic de détresse s'interrompt vers 8h45 GMT, sans que le pétrolier ait répondu aux offres réitérées des trois remorqueurs, qui en seront cette fois pour leurs frais. Vraisemblablement, le *Friendship L.*, après avoir maîtrisé l'incendie par ses propres moyens, a pu poursuivre sa route sans assistance.

L'*Amsterdam* appartient à la société hollandaise Wijsmuller, le *Salvanguard* et le *Salveritas* à la société Selco Salvage de Singapour. Avec Smit Tak International et International Transport Contractors, toutes deux hollandaises, ces compagnies de remorquage et d'assistance seraient les plus actives dans le Golfe. Les conditions d'intervention des remorqueurs sont fixées par le Lloyds Standard Form qui stipule notamment que le « sauveteur » ne sera rémunéré qu'en cas de succès de son intervention : « No cure, no pay. » (Dans le cas – exceptionnel – où un pétrolier disparaît avec la cargaison, le sauveteur ne touche pas un centime. En cas de succès, c'est-à-dire le plus souvent, les gains du sauveteur sont proportionnels à ce qu'il a pu sauver du navire et de sa cargaison.)

Une fois l'incendie maîtrisé à bord et suivant l'importance des dégâts, le navire peut poursuivre sa route, entrer en réparation aux chantiers de Bahrein ou de Dubaï (qui, proches l'un et l'autre du théâtre des opérations, bénéficient d'une situation un peu comparable à celle des chantiers de Jurong, à Singapour, pendant la guerre du Vietnam). Si le cas est désespéré, le navire partira en remorque vers un chantier de démolition asiatique : après un séjour au « cimetière des pétroliers » – un mouillage dans le nord-est de Bahrein –, le *Safina al-Arab* a ainsi été acquis cet été, pour 4,2 millions de dollars, par un ferrailleur de Kaohsiung, à Taïwan. En revanche, un autre pétrolier saoudien, le *Yambu Pride*, dont l'attaque par l'aviation iranienne, le 16 mai dernier, avait également défrayé la chronique, s'est si bien tiré d'affaire qu'au début du mois d'août il approvisionnait la raffinerie de Frontignan, dans l'Hérault.

Sa résurrection serait probablement passée inaperçue si des pêcheurs de Sète, apparemment peu sensibles à ses malheurs récents, ne l'avaient retenu quelque temps sous prétexte d'obtenir réparation des compagnies pétrolières accusées de leur avoir vendu du gazole avarié : *Sic Transit Gloria Mundi.*

*Les mystères de l'*Oceanic Energy

Dimanche 3 août, le cargo polyvalent *Anjou*, de la CGM, naviguant vers Karachi, se déroute pour assister le tanker *Oceanic Energy* – pavillon libérien, armement taïwanais – qui aurait sauté sur une mine en mer Rouge, par 18° 15' Nord et 40° 10' Est. Le commandant de l'*Oceanic Energy* est semble-t-il à l'origine de la fausse nouvelle annonçant prématurément le naufrage du pétrolier, et ce n'est pas la seule bizarrerie que l'on relève dans son comportement.

Après que vingt et un membres de l'équipage ont été évacués, par hélicoptère, sur Jeddah, on ne compte plus que neuf personnes à bord, alors que le commandant avait auparavant annoncé des effectifs de trente et une personnes. Si le commandant sait compter, qu'est devenu le trente et unième membre de l'équipage? Par ailleurs, lors d'une communication avec Jeddah Radio, le commandant se plaint de ce que les vingt et une personnes aient quitté le bord sans autorisation.

Enfin, si l'*Oceanic Energy* a incontestablement subi une très forte explosion, sur l'avant, au niveau des citernes un et deux – selon des témoins oculaires, des tôles déchirées débordent d'une dizaine de mètres sur les deux côtés du navire, tandis que le pont, jonché de ferraille, est soulevé de plusieurs mètres sur une longueur d'environ 40 mètres –, rien ne prouve que cette explosion ait été causée par une mine. Le pétrolier était semble-t-il sur ballast (non chargé) lorsque l'accident s'est produit, et des citernes vides, mal dégazées, sont beaucoup plus sujettes à exploser que des citernes pleines.

Au cas où l'explosion serait la conséquence d'une erreur du bord, ou même d'un acte délibéré de baraterie – ce que rien ne permet d'affirmer –, il serait évidemment fort tentant de profiter du contexte pour l'attribuer à la rencontre d'une mine.

Toujours est-il qu'à Jeddah, où le pétrolier doit être remorqué, ses blessures feront certainement l'objet d'un examen attentif de la part des assureurs. D'autant que les Chinois, à égalité avec les Grecs, passent pour être les champions de la baraterie (la baraterie étant l'art de détruire délibérément son propre navire ou sa cargaison). Les côtes d'Arabie sont d'ailleurs festonnées de cargos plantés par les Grecs dans des circonstances qui, à tout le moins, laissent rêveur.

Libération, *22 au 24 août 1984*

Greenpeace passe, le *Mont-Louis* se casse

Pour vous représenter la vie à bord du *Sirius* – l'un des trois navires de Greenpeace –, imaginez une bergerie cévenole qui, partie de Saint-Hippolyte-du-Fort à la fin des années soixante, aurait navigué depuis sur les sept mers, et succombé chemin faisant au charme musical des baleines. Au départ, même indéfinissable fumet de fleurs séchées, de Lapsong Souchong et de frichtis, car si l'on ne mange jamais vraiment à bord d'une communauté, on y mijote et on y grignote énormément, les viandes bon marché étant par voie de conséquence excessivement longues à cuire, et plus longues encore à mâcher. Même passion pour la rotation des tâches, avec toutes les complications que cette gymnastique entraîne, à commencer par les petites affiches manuscrites rappelant les obligations de chacun et les devoirs de tous, etc. Enfin, même goût pour les références idéologiques tous azimuts mais de préférence insoupçonnables, les déclarations imputées à des Indiens d'Amérique du Nord étant à cet égard ce qui se fait de mieux.

À côté, donc, de magnifiques sentences attribuées à Seattle ou à Sitting Bull, concernant Frère-Bison, Mother-Earth et tout le tralala, on observe quelques affiches soviétiques invitant à la paix telle qu'on la conçoit de l'autre côté du rideau de fer, c'est-à-dire radieuse, prolétarienne et musclée, si possible regardée par en dessous et donc en contre-plongée. Toutefois il serait malhonnête de prêter à nos hôtes des accointances d'autant moins vraisemblables qu'à notre connaissance jamais personne n'a tété les yeux des Soviétiques avec la même ardeur que les militants de Greenpeace, engagés dans des opérations de sauvetage des grands cétacés jusque sous le nez des baleiniers russes.

Imaginez donc notre bergerie cévenole, toute peinturlurée aux couleurs de l'arc-en-ciel, faisant force de rames sur le canal maritime d'Amsterdam à Ijmuiden. Jusque-là, tout va bien, et tous les représentants de la presse, frais et dispos, sont sur la passerelle, au demeurant fort étroite, pour admirer l'un des remorqueurs de Smit Tak retournant à son port d'attache avec la même impassible assurance que Van Tromp s'en revenant, invaincu, après la bataille de Dogger Bank. Passé la jetée d'Ijmuiden, toutefois, les choses se détériorent à tel point que le lendemain, lorsque le *Sirius* parvient à hauteur de l'épave du *Mont-Louis* [1], au large d'Ostende, c'est une troupe livide et gémissante qui, au prix d'efforts surhumains, se hisse dans les hauteurs pour observer les vagues explosant en gerbes d'écume sur la barge Titan. Les grues, naturellement, sont immobiles, paralysées par le mauvais temps. Les journalistes, en revanche, ne restent pas inactifs, et c'est merveille de voir l'un d'entre eux, qui quelques instants plus tôt appelait la mort de ses vœux, retrouver instantanément un ton détaché, neutre et professionnel, pour enregistrer le message destiné à ses auditeurs scandinaves, sans aucun souci des paquets de mer qui s'écrasent à tout moment sur le pont.

De son côté, Jim Slater, secrétaire général du syndicat des marins britanniques, qui malgré ses vingt-huit ans de navigation était ce matin assez mal en point, a retrouvé sa belle humeur et croque une pomme golden face aux éléments déchaînés. Jim Slater est l'un des trois héros de cette aventure. Globalement, Jim a l'allure avenante d'un éléphant malicieux et débonnaire, et, dans le détail, il présente également de magnifiques tatouages attestant son long passé maritime. Ennemi acharné du nucléaire civil, renforcé dans ses convictions par quelques abus navrants, comme le transport régulier d'hexafluorure d'uranium à bord de navires à passagers opérant entre la Grande-Bretagne et la Hollande, Jim a engagé son syndicat, aux côtés de Greenpeace, dans la lutte contre le transport clandestin de matériaux intervenant dans le cycle de l'industrie nucléaire.

Hans Valenkamp est le second héros de cette aventure. « Senior Salvage officer » du détachement de Smit Tak opérant à bord du *Mont-Louis*, Hans Valenkamp a été fort opportunément pourvu par la nature d'une stature et d'un visage d'aventurier conradien. Ses nombreuses missions un peu partout dans le monde – y compris dans le golfe Persique, où Smit est très actif – ont fait le reste, en conférant à l'ensemble ce teint cuivré, mi-soleil, mi-bouteille, sans lequel il n'y a pas d'aventurier digne de ce nom. Lorsque nous le rencontrons, il est attablé devant un baquet de crème glacée, dans la salle à manger de l'hôtel Terkade, à Ostende, dont le hasard a fait le quartier général de tout ce qui

1. Lequel est fortement soupçonné d'être chargé de fûts d'haxafluorure d'uranium à destination de l'URSS.

gravite autour de l'épave du *Mont-Louis*. Valenkamp dirige les opérations de sauvetage main dans la main avec Paul Goris, son homologue belge de l'Union de remorquage et de sauvetage, bel homme également, peut-être un poil plus mondain, et cultivant semble-t-il une ressemblance indéniable avec Yves Montand.

Tous ces messieurs, le walkie-talkie à portée de la main, avalent avec entrain les soles et les gaufres du Terkade, de concert avec les représentants de la presse, de la Marine nationale, du CEA, du Saint-Office ou du ministère belge de l'Environnement. Cela fait énormément de soles et de gaufres. Mais l'air marin, on le sait, active la digestion, et le vent justement souffle avec furie, à deux pas de l'hôtel, sur la jetée d'Ostende.

Le troisième héros de cette aventure est l'amiral Crouzat, une vieille connaissance de Greenpeace, puisque en sa qualité de préfet de la première région maritime il eut souvent maille à partir avec les écologistes qui tentaient de contrer les mouvements du *Sigyn* dans le port de Cherbourg. Excédé, paraît-il, par l'arrogance de Smit Tak – qui, disposant de sa propre équipe de caméramen, monopoliserait l'information sur les opérations en cours – l'amiral Crouzat prit sous son bonnet d'embarquer à Dunkerque, lundi matin, une dizaine de journalistes à bord d'un dragueur de mines, pour les emmener visiter l'épave du *Mont-Louis*. Officieusement, la Marine nationale aurait pris cette initiative afin de prévenir la diffusion de fausses nouvelles, telles celles relatives à la présence d'armes à bord du cargo de la CGM. Le temps, malheureusement, ne permit pas de réaliser ce projet, si bien que les journalistes venus de Dunkerque se retrouvèrent à leur tour à l'hôtel Terkade, tandis que l'amiral était prématurément ravi à leur affection par un aéronef. Et pendant ce temps, l'épave du *Mont-Louis* continue à perdre ses tripes, et les sauveteurs à manger des gaufres.

Le vendredi 14 – c'est-à-dire le lendemain du jour choisi par Greenpeace pour adresser aux autorités françaises son ultimatum concernant la vente au porte-à-porte de légumes nucléaires –, le vendredi 14, donc, au large de Dieppe et au saut du lit, votre serviteur à bord du *Sirius* eut la surprise de découvrir qu'il avait été désigné pour la corvée de chiottes. Désigné démocratiquement, cela va sans dire, mais tout de même pas au point que l'on ait pris la peine de le consulter auparavant sur l'opportunité de cette décision. La surprise de votre serviteur s'accrut lorsque, en soumettant à un second examen l'affichette lui notifiant démocratiquement cette décision, il put vérifier que, parmi les trois chefs historiques présents à bord du *Sirius*, un seul était astreint aux tâches domestiques. Quant au soussigné, il est inutile de préciser qu'il ne tint aucun compte de cette injonction, quitte à être privé de tofu (côtelette de soja) pendant les prochaines vingt-quatre heures. Ces détails ne mériteraient pas d'être rapportés, s'ils ne témoignaient de l'extrême difficulté, pour Greenpeace, d'envisager les journalistes autrement que comme des militants, d'ailleurs de second ordre, puisqu'ils sont généralement tenus à l'écart des conciliabules.

Au cours de la même journée, à 16 h 45, le *Sirius* mouille sur rade du Havre au pied des falaises de la Hève. Vent de force 7, creux de trois à quatre mètres, et pour le reste, aussi banale que cette référence puisse paraître s'agissant de la baie de Seine, une lumière pathétique à souhait, qui évoque très précisément celle de Boudin dans ses toiles les plus orageuses. Le temps, dans cette campagne, est décidément contre Greenpeace. L'état de la mer rend en effet assez hasardeuse l'utilisation du « 28 », son arme absolue dès qu'il s'agit de harceler les baleiniers ou les navires déversant des cochonneries en haute mer. Le « 28 » est une espèce de zodiac taillé en pointe, extraordinairement maniable, d'une longueur de vingt-huit pieds (d'où son nom) et pourvu de deux moteurs de 150 chevaux qui autorisent, au moins par calme plat, des pointes de vitesse à près de 50 nœuds.

À 19 heures – habituellement l'heure du tofu, mais qu'à cela ne tienne – une assemblée générale est convoquée sur la passerelle afin de décider des prochaines étapes de la campagne. Même les journalistes y sont conviés. Face au soleil couchant, dans la douce lumière émanant des cuivres rutilants, les conjurés se pressent autour de la barre à roue pour prendre connaissance des manifestes de plusieurs cargos soupçonnés de transporter de l'hexafluorure, dont le port du Havre s'est fait une spécialité. Bien que le décor et l'atmosphère y invitent, il ne se trouve personne dans l'assistance pour chanter la chanson des pirates de l'île au Trésor, « Yohoho et une bouteille de rhum ». Mais on se dispute sur le point de savoir s'il convient de houspiller les navires qui ont dans le passé transporté des matériaux nucléaires – l'un d'entre eux, le *Clyde Bank*, retenu voici deux mois et demi par la section australienne de Greenpeace avec un chargement d'uranium « yellow cake » à bord, se trouve justement en escale au Havre – ou seulement ceux qui en transportent actuellement. Ces derniers, malheureusement, se font plus rares, peut-être parce qu'à l'instar des oiseaux migrateurs ils passent la mauvaise saison dans les mers du Sud. Finalement, la décision est prise de badigeonner un porte-conteneurs japonais de 51 000 tonnes, le *Kamakura Maru*, attendu dans la journée de lundi au Havre, où il doit charger deux conteneurs d'hexafluorure d'uranium. Sans doute n'est-ce pas une très grosse proie, mais on fait avec ce qu'on a. Le badigeonnage incombera au bord – c'est-à-dire aux zodiacs ou aux « 28 » –, le quai où doit accoster le *Kamakura* étant paraît-il d'ores et déjà envahi de poulagas grossièrement déguisés en mouettes tridactyles.

Le samedi 15, à la suite d'une avarie survenue à la machine, le *Sirius* doit rentrer dans le port du Havre pour y renouveler ses provisions d'huile. Peu après qu'il a accosté, dans la matinée, une délégation de pêcheurs à la ligne obtient sans difficulté du capitaine John qu'il déhale le *Sirius* sur quelques mètres, afin de libérer la portion de quai dont ils revendiquent l'exclusivité pour leur concours de pêche. Pendant que les concurrents, heureux, déploient fébrilement leurs pièges à hotus, trois authentiques marins pêcheurs viennent à bord du *Sirius* assurer l'équipage de leur sympathie et proposer leur aide en cas de besoin. Il y a là le patron du chalutier *Petit Voyou*, accompagné de son gendre et matelot, et le patron du caseyeur *Monette*, un ancien terre-neuvas, dont les avant-bras criblés d'ulcérations portent les stigmates des fameuses boues jaunes. On comprend mieux, dès lors, pourquoi, lors de sa campagne contre les déversements de phospho-gypse en baie de Seine, Greenpeace dut paradoxalement modérer l'ardeur des marins pêcheurs, qui, pour ce qui les concerne, étaient tout disposés à prendre d'assaut les navires pollueurs et à transformer leurs équipages en chair à saucisse.

Les dimanches havrais sont d'une tristesse déjà ancienne, et familière aux lecteurs d'*Un rude hiver*. Depuis Raymond Queneau, la guerre et Auguste Perret ont passé sur Le Havre, ce qui n'arrange rien. Restent le ciel et l'effet Boudin plus haut cité : mais, après quelques jours, on se lasse de tout. Lundi, en fin de soirée, le *Kamakura* mouille enfin sur rade du Havre. Il y est rejoint peu après 19 heures par les zodiacs du *Sirius*. Après lui avoir fait part – en anglais et à l'aide d'un haut-parleur – de leurs réflexions sur le transport maritime de matériaux nucléaires, les militants de Greenpeace, n'ayant pas obtenu de réponse, estampillent la coque du *Kamakura* de six « trèfles » symbolisant la radioactivité, à raison de trois trèfles sur bâbord lundi soir, et de trois trèfles sur tribord mardi matin. Ainsi oblitéré de six trèfles et d'une inscription à l'avenant – « non aux cargos nucléaires » –, le *Kamakura* fait mardi matin son entrée dans le port du Havre.

Cette séance d'action-painting ne constitue qu'un tout petit pas dans la campagne que Greenpeace est décidé à mener pour obtenir la réglementation des transports de matériaux nucléaires. Pour les avoir un peu étrillés à propos de leurs habitudes alimentaires ou de telle autre marotte, il nous paraît régulier de souligner en conclusion que, sans ces végétivores, perpétuant hors saison d'étranges habitudes militantes, le naufrage du *Mont-Louis* n'aurait sans doute été qu'une histoire belge. Pire encore, nous ne pourrions bientôt plus manger de soles normandes sans trembler pour notre descendance, ni voir des dauphins ailleurs que sur la scène du Moulin Rouge. Les baleines cesseraient de chanter, les lamantins iraient se faire voir, les pingouins seraient chassés de leurs nids par des aéroplanes, l'Antarctique perdrait sa belle couleur blanche, si rassurante même et surtout pour ceux qui n'y mettront jamais les pieds. Enfin les tortues-luths ne viendraient plus s'ébattre dans les pertuis charentais, étouffées par les sacs en plastique que, dans leur naïveté, elles prennent pour des méduses bien juteuses et cuites à point.

Libération, *11 et 19 septembre 1984*

Les dauphins du Moulin Rouge jouent les filles de l'air

Tout le monde connaît le Moulin Rouge, au moins de réputation. Chaque jour, des milliers de Parisiens passent devant sans le voir et, chaque soir, des centaines de Japonais, d'Allemands, de provinciaux, de commerçants chinois venus spécialement des îles de la Sonde, payent de 275 francs à l'infini pour y boire du champagne en regardant des danseuses lever la jambe et frétiller du derche en tutu pailleté. C'est l'image de Paris que, depuis l'aube des temps, on se fait à Plombières ou dans les faubourgs de Chiba ; et rien n'y fera, la Terre aura cessé de tourner que cette image persistera quelque part dans la galaxie.

Tout cela ne mange pas de pain et même rapporte des devises. Les ennuis du Moulin Rouge commencent voici une dizaine d'années, avec la présentation sur scène de deux cétacés vivants, deux dauphins du genre *tursiops truncatus*. Évoluant dans un bassin qu'un ingénieux système, au moment opportun, élève au-dessus de la scène, les dauphins se livrent à diverses simagrées, dont la plus intéressante consiste à ôter le soutien-gorge de leur dompteuse. Les bruits les plus rocambolesques ont couru à propos de cette exhibition. On a prétendu que la dompteuse, à l'insu des spectateurs, portait dans le dos, entre les omoplates, un hareng frais. Afin d'attirer sur le Moulin Rouge les foudres d'organisations déjà trop occupées par ailleurs pour se soucier beaucoup des cétacés, des fanatiques firent même courir le bruit qu'un travailleur immigré était mort électrocuté en vaquant à l'entretien du bassin. Mais rien n'y fit : en dépit des protestations sans lendemain de quelques emmerdeurs(euses) patenté(e)s, cette exhibition se renouvela chaque soir, pendant des années, sans susciter d'émotion particulière dans le public. Le troisième âge est sans pitié. Quant aux Japonais, on ne peut guère compter, pour prendre la défense de dauphins parisiens, sur des gens qui, chez eux, se régalent de baleine en sashimi.

C'est dans ce contexte que survient l'arrêté du 24 août 1981. La gauche, on s'en souvient, nage alors en pleine euphorie réformatrice.

Elle promet la lune à tout le monde, et même les cétacés ont droit à une petite part de lendemains qui chantent. Vu la loi du 10 juillet 1976 relative à la protection de la nature, et celle du 19 juillet de la même année relative aux installations classées pour la protection de l'environnement, l'arrêté du 24 août stipule notamment que « tout bassin de présentation destiné à recevoir des cétacés doit présenter une surface minimale de 800 m^2, et une profondeur au moins égale à une fois et demie la longueur moyenne de l'espèce concernée », soit 4,50 m dans le cas des *tursiops*, ou dauphins souffleurs. L'arrêté stipule également que, dans le cas d'installations couvertes, la hauteur d'air libre au-dessus du bassin doit être de 5 m. Il rentre même dans des détails assez chinois, mais probablement salutaires, en exigeant par exemple que soit placée « dans le fond des piscines une brosse qui permette aux cétacés de frotter les cellules desquamantes des couches épithéliales de la peau », c'est-à-dire, en clair, de se gratter le dos. Voilà pour l'arrêté.

La charge de le faire appliquer incombe aux préfectures. À cette fin, le ministère de l'Environnement adresse à tous les préfets de l'Hexagone une circulaire leur enjoignant de recenser les établissements détenant des cétacés, et de veiller à ce qu'ils se conforment à ces nouvelles dispositions, apparemment les plus sévères – et donc les meilleures – dans le monde. Or, pour ce qui concerne Paris, la préfecture de police, sollicitée par le ministère de l'Environnement, répond assez curieusement qu'aucun établissement, dans la capitale, ne tombe sous le coup de l'arrêté du 24 août 1981. Ce qui revient à dire qu'aucun établissement n'y possède de cétacés captifs, ou encore que la loi ne s'applique pas au Moulin Rouge. Car s'il est un point que nul ne conteste, c'est que les dimensions du bassin accueillant les dauphins du Moulin Rouge – quatre mètres sur cinq – contreviennent légèrement aux dispositions de l'arrêté : 20 m^2, c'est exactement quarante fois moins que le minimum requis.

C'est à ce stade de l'affaire que Greenpeace entre en scène. Se substituant à l'administration défaillante, l'association adresse le 25 novembre 1981 à la préfecture de police une lettre lui enjoignant de faire respecter la loi sur son territoire. Pas de réponse. Du coup, en décembre 1983, Greenpeace porte l'affaire devant le tribunal administratif. Placée devant ses responsabilités, la préfecture pond in extremis un petit rapport adressé le 9 mars 1984 au tribunal administratif, extrêmement favorable au Moulin Rouge, où on lit notamment que M. Le Bail Collet (le vétérinaire inspecteur commis par la maison poulaga) a estimé, « d'après l'état de ces poissons, que les faibles dimensions du bassin pouvaient être considérées comme tolérables étant donné le caractère limité du séjour des animaux ».

De ce rapport, il ressort au moins une chose, c'est que pour la préfecture il n'existe pas de différence appréciable entre les poissons (généralement ovipares) et les cétacés (définitivement mammifères). C'est dire que l'on n'étonnerait pas outre mesure le préfet – à supposer qu'il relise les textes établis sous sa responsabilité – en lui soutenant par exemple que les carpes, ou les brêmes, allaitent leurs petits. Pour ce qui concerne les brêmes, le préfet n'a pourtant qu'à se pencher à sa fenêtre pour en voir passer le ventre en l'air, mortes, au fil de la Seine. (Si l'occasion se présente, n'hésitez donc pas à déposer une brême morte sur le bureau du préfet, afin qu'il puisse constater de visu que les poissons, d'une façon générale, ne portent pas de mamelles.)

Dans cette affaire, le Moulin Rouge ne s'embarque pas tout à fait sans biscuit. Le lundi 15 octobre, dans l'après-midi, le soussigné s'est rendu place Blanche, au coin de la rue Lepic, afin de s'entretenir avec le directeur général, M. Léonar, et de vérifier si par hasard la queue d'un dauphin ne dépassait pas entre les planches de la scène. La salle était plongée dans la pénombre, les chaises retournées sur les tables, et trois danseuses peu vêtues – d'ailleurs très belles, il faut en convenir – répétaient dans l'intimité les pas de danse qu'elles exécuteraient le soir même devant quelques centaines de spectateurs extasiés, et dont le souvenir irait bientôt enrichir l'imagination collective jusque sur les plus hauts sommets du Karakorum.

M. Léonar arbore, m'a-t-il semblé, une rosette de commandeur dans l'ordre de la Légion d'honneur (à moins qu'il ne s'agisse des palmes académiques ?), ce qui justifierait partiellement la bienveillance que lui témoigne la préfecture de police. Dans son petit bureau, niché parmi des massifs de plumes d'autruche roses, il s'abrite derrière le satisfecit décerné par la police dans son fameux mémoire du 9 mars 1984, et derrière divers arguments laissés à l'appréciation de la clientèle. Tout d'abord, la brièveté des séjours effectués par les dauphins dans son établissement – d'après lui, jamais plus de trois mois consécutifs – le ferait échapper à la catégorie visée par l'arrêté du 24 août 1981, ce que le ministère de l'Environnement, de son côté, conteste vigoureusement.

D'autre part, durant leurs séjours au Moulin Rouge, les dauphins sont placés sous la surveillance médicale du Dr Klein, vétérinaire à Paris, ancien secrétaire général de la Société protectrice des animaux. Toutefois, quelle que soit l'expérience du Dr Klein, que nul ne conteste, et même l'étendue de son amour pour le règne animal, il est douteux que sa carrière parisienne l'ait beaucoup familiarisé avec la pathologie des cétacés. M. Léonar insiste également sur l'enthousiasme avec lequel les *tursiops*, de retour de vacances, retrouveraient les planches du Moulin Rouge. Leur joie, paraît-il, ferait plaisir à voir. Ce dernier point suppose, de la part de notre interlocuteur, une connaissance approfondie de la psychologie des dauphins, des animaux tout de même un petit peu moins bavards qu'on ne le prétend.

Enfin, coup de théâtre, M. Léonar soutient – sans donner de date précise – que les dauphins ont définitivement quitté le Moulin Rouge, bien que la publicité de cet établissement – et jusqu'au service des réservations – fasse toujours état du numéro dans lequel ils apparaissent. Cette révélation intervient l'avant-veille du jour – le 17 octobre – initialement prévu pour l'audience du tribunal administratif, repoussée in extremis au 14 novembre. Le soir même, des enquêteurs de Greenpeace déguisés en danseuses nues apprennent dans les coulisses du Moulin Rouge que l'évacuation des *tursiops* a eu lieu la veille, c'est-à-dire quelques heures avant la visite de l'envoyé spécial de *Libération*. Conclusion provisoire : l'affaire se corse.

La question, désormais, c'est : où sont passés les dauphins du Moulin Rouge ? Ces animaux, comme on l'imagine, M. Léonar n'a pas été les pêcher en famille aux Sables-d'Olonne. Ils lui sont loués – pour un prix que nous n'avons pu déterminer – par un montreur d'ours de nationalité helvétique, Bruno Lenhaerd, cité dans le mémoire de la préfecture comme le représentant de la société anonyme « International Dauphins Show SA ». Or il ne semble pas que cette société – apparemment basée en Suisse – dispose des installations nécessaires à l'hébergement des dauphins qu'elle gère. Pour ce qui concerne les dauphins du Moulin Rouge, elle les placerait habituellement en pension dans deux delphinariums, le zoo marin de Port-Barcarès, en France, et le parc Walibi de Limal, en Belgique.

Le porte-parole de ce dernier établissement soutient qu'il n'a accueilli récemment aucun dauphin francophone. Quant au zoo marin de Port-Barcarès, son directeur, Willy Stone – un enfant de la balle, et certainement l'un des plus anciens montreurs de dauphins en France –, affirme ne plus vouloir entendre parler du Moulin Rouge ni de Bruno Lenhaerd, contre lesquels il porte d'ailleurs des accusations extrêmement graves. Démentant les souvenirs attendris de M. Léonar, Willy Stone affirme que les dauphins du Moulin Rouge lui parvenaient généralement dans un état lamentable – l'un d'entre eux serait mort à Port-Barcarès, la colonne vertébrale en Z, des suites d'une électrocution. Il prétend aussi que le docteur Klein aurait menacé de faire fermer son parc d'attractions par les services vétérinaires de Perpignan s'il s'obstinait à chercher des poux au Moulin Rouge.

Quant à Bruno Lenhaerd, éminemment suspect d'importation frauduleuse de cétacés sans papiers, il aurait voici quelques années tenté de lui reprendre de force, avec le concours d'armoires à glace recrutées pour la circonstance, des dauphins hébergés par son établissement de Port-Barcarès en vertu d'une décision de justice. Willy Stone, dans cette affaire, n'aurait dû son salut qu'à un couteau de cuisine et, ultérieurement, à l'intervention de la police. On voit que tout n'est pas rose au pays des dauphins savants. Quant à ceux du Moulin Rouge, aux dernières nouvelles, ils demeuraient introuvables.

Comment se ravitaillent les marinelands

Pour ravitailler les marinelands et autres delphinariums qui, depuis une quinzaine d'années, se sont multipliés en Amérique du Nord, en Europe, en Australie, au Japon, et jusqu'à Hong Kong, et pour satisfaire la curiosité de véritables chercheurs ou d'azimutés plus ou moins redoutables, il a fallu prélever dans la nature quelques milliers de cétacés vivants.

Aux États-Unis et au Canada, on estime que jusqu'en 1973, des cétacés appartenant à vingt-huit espèces différentes étaient maintenus en captivité. Toutefois, ce sont les bélougas (*delphinapterus leucas*), les orques (*orcinus orca*) et surtout les dauphins souffleurs (*tursiops truncatus*) qui ont payé le plus lourd tribut à ces modernes fantaisies.

Dans un rapport soumis cette année à la Commission baleinière internationale, les chercheurs de l'Institut de recherches Hubbs-Sea World de San Diego, en Californie, estiment que de 1938 à 1980, environ mille cinq cents dauphins souffleurs ont été capturés vivants dans les eaux territoriales des États-Unis, certains destinés au marché intérieur et d'autres à l'exportation (au Japon, ce sont quelque cinq cents dauphins souffleurs qui auraient été capturés vivants au cours des dix dernières années). L'avantage du souffleur est qu'il supporte bien la captivité, qu'il ne fait guère de difficulté pour sauter dans un cerceau ou tenir un ballon en équilibre sur son nez, enfin qu'il abonde dans les eaux côtières de la Floride et des îles Hawaii.

De leur côté, les bélougas proviennent généralement de l'estuaire du Saint-Laurent et de la baie d'Hudson, et les orques des eaux côtières de l'État de Washington ou de la Colombie-Britannique. Depuis qu'en 1976 l'État de Washington, sous la pression des écologistes, a interdit la capture des orques dans ses eaux côtières, les amateurs ont pris l'habitude de se ravitailler en Islande. Toutefois, la société Sea-World Inc., en dépit de l'opposition active de Greenpeace et du Dolphin Action Group (DAG), pourrait obtenir l'autorisation de prélever cent orques dans les eaux de l'Alaska au cours des cinq prochaines années. Pour justifier leur opposition à ce projet – et bien qu'en principe, sur les cent, quatre-vingt-dix doivent être relâchés à brève échéance – les écologistes du DAG soutiennent que l'espérance de vie d'un orque serait de zéro à quinze ans en captivité, contre cinquante à cent ans en liberté.

D'autre part, pour un animal qui survit en captivité, il est fréquent que plusieurs périssent au cours de la capture ou pendant le transport. Incidemment, d'après Greenpeace Canada, le prix payé par l'aquarium de Vancouver pour l'acquisition en Islande d'un orque sachant lire, écrire et compter sur ses doigts, s'élevait en 1981 à 350 000 dollars.

En Europe, d'après le rapport soumis en 1984 à la Commission baleinière internationale par Anne Collet, du Centre national d'étude des mammifères marins de La Rochelle, c'est plus de deux cents dauphins souffleurs, originaires pour la plupart du golfe du Mexique, qui de 1965 à 1983 auraient été distribués entre une cinquantaine d'établissements plus ou moins spécialisés.

La France viendrait en tête des consommateurs, avec une bonne longueur d'avance sur ses quatre challengers, les Pays-Bas, la RFA, la Grande-Bretagne et l'Espagne. Bien que, dans les pays de la CEE, et notamment en France, des lois assez strictes réglementent désormais les importations de cétacés vivants, il ne semble pas qu'il soit au-delà des forces humaines de les contourner. La Société biologique des Caraïbes, basée à Rhenen, aux Pays-Bas, et la Sea Artist Entreprises Ltd. de Rapperswill, en Suisse, comptent parmi les quelques spécialistes européens de la capture et de l'importation.

Une institution assez controversée, le Marineland d'Antibes, vient de créer, à grands sons de trompe, un Centre de reproduction des mammifères marins, théoriquement destiné à limiter dans l'avenir les prélèvements de dauphins dans la nature. Dans l'immédiat, cette initiative a déjà le mérite de procurer du travail aux branleurs de dauphins du département des Alpes-Maritimes.

Libération, *21 octobre 1984*

La guerre de la tourterelle fera-t-elle rage dans le Médoc ?

Saisi par la Fédération française des sociétés de protection de la nature et la Ligue pour la protection des oiseaux, le Conseil d'État vient d'annuler les arrêtés pris en 1983 par le ministère de l'Environnement, qui autorisaient la chasse printanière à la tourterelle dans le département de la Gironde. Les protecteurs triomphent, les oiseaux respirent et la fièvre monte dans les chaumières du Médoc.

Pour comprendre l'émotion soulevée en Gironde par cette décision du Conseil d'État, il faut se reporter à la Préhistoire. Déjà, en effet, l'homme de Cro-Magnon avait coutume de chasser la tourterelle des bois sur la pointe de Grave. Descendu à bicyclette des grottes de Lascaux, il achetait, de passage à Lesparre, une bonne bouteille de médoc, une belle entrecôte à faire cuire sur un feu de sarments de vigne, quelques boîtes de cartouches Gévelot, et vogue la galère. On voit par là, soulignent ses partisans, que la chasse à la tourterelle remonte à la plus haute Antiquité, qu'elle ennoblit l'homme, et participe au progrès général de la civilisation. « Au Moyen Âge, déclare dans *Sud-Ouest* le maire de Saint-Vivien, l'une des communes concernées, les seigneurs médocains laissaient leurs serfs chasser le gibier de passage, dont bien sûr ces volatiles printaniers. » D'où il ressort nettement que les écologistes veulent nous faire revenir en deçà du Moyen Âge, et peut-être rétablir le servage dans le Médoc, consécutivement à l'interdiction de la chasse printanière à la tourterelle. De leur côté, les protecteurs de la nature soutiennent que cette chasse, telle qu'elle se pratique aujourd'hui, ne peut se prévaloir d'origines si lointaines. Au début du siècle, elle n'était encore pratiquée, en toute innocence, que par quelques dizaines de croquants riverains de la Gironde, qui capturaient les tourterelles au filet lors de leurs passages printaniers.

Puis, un beau jour, l'homme aquitain prit conscience de l'immense avantage que l'usage du fusil de chasse et de l'automobile pouvait lui conférer dans sa lutte titanesque contre les grands fauves de son terroir.

La motorisation entraîna le déferlement sur le Médoc, de Blanquefort à la pointe de Grave, et sur le littoral atlantique jusques et y compris le bassin d'Arcachon, de centaines, puis de milliers, d'énergumènes, qui à eux tous parvenaient à exterminer chaque saison – de la fin du mois d'avril au début du mois de juin – quelques dizaines de milliers de tourterelles des bois. Pour ne rien dire des huppes, des loriots, des martinets, des buses variables ou des bondrées apivores qui dégustaient au passage, le chasseur aquitain ayant souvent la vue basse, au point de ne pas toujours distinguer à coup sûr une autruche d'une souris verte.

Afin d'ôter tout scrupule aux adeptes de ce sport de masse, et compte tenu des énormes dégâts infligés aux biens et aux personnes par l'animal concerné, la tourterelle des bois fut entre les deux guerres classée parmi les nuisibles. Son extermination prenait désormais le caractère d'un véritable devoir civique, auquel les riverains de l'estuaire sacrifièrent de si bon cœur qu'il fallut rapidement prendre des mesures pour contenir leur enthousiasme, faute de quoi toute trace de vie sauvage risquait de disparaître à jamais au sud-ouest de la Gironde.

Un législateur particulièrement ingénieux imagina ainsi de restreindre le droit de tirer la tourterelle printanière aux chasseurs qui disposeraient d'un poste fixe, d'une hauteur minimale de trois mètres. Le législateur aurait tout aussi bien pu décréter que les chasseurs devraient désormais tirer en équilibre sur un pied, ou saluer réglementairement le garde champêtre en portant deux doigts de la main gauche à la couture du pantalon. Le Médoc se couvrit donc de petites tours d'une hauteur minimale de trois mètres, nommées pylônes, du haut desquelles les chasseurs perchés découvrirent de vastes horizons, ce qui accrut encore leur arrogance. Et le vocabulaire local s'enrichit de deux mots nouveaux, « empylônés » et « pédérastes », le second désignant les chasseurs à pied, désormais hors la loi, dont le nombre et la virulence ne furent pas le moins du monde affectés par ces nouvelles dispositions.

Cependant les oiseux tombaient, et les protecteurs de la nature les regardaient tomber en serrant les poings, jusqu'à ce qu'en 1969 le ministre de l'Agriculture (Robert Boulin, qui était à l'époque maire de Libourne) prenne la décision courageuse de retirer la tourterelle des bois des « nuisibles », restreignant par là même sa chasse aux périodes normales d'ouverture, et tirant un trait sur l'anomalie que constituaient ces massacres printaniers dans le Médoc.

Stupeur des chasseurs, des élus locaux et de la presse régionale, qui tout aussitôt découvrent une parade ingénieuse sous l'espèce de l'article 366 du Code rural. L'article 366 du Code rural stipule que tout citoyen en âge de porter les armes peut chasser sans restriction, sans permis, en toute saison, dans un « enclos attenant à une habitation ». Le Médoc se couvrit donc d'enclos attenant à des habitations, ces dernières se bornant généralement aux pylônes, dont le nombre augmentait chaque année, en même temps que leur valeur locative. Toute la région se mit à ressembler, au printemps, à un immense et joyeux stalag, où des milliers de sentinelles allumées par les grands crus locaux, juchées sur leurs miradors de poche, veillaient à perte de vue sur des milliers d'hectares de bois de pins et de prairies inondées.

Les laboratoires pharmaceutiques, et plus généralement toutes les entreprises qui ont recours aux petites attentions, aux petits cadeaux, pour circonvenir leurs gros clients, louèrent des pylônes par centaines, et les loueurs de pylônes s'en mirent plein les fouilles. Les épiciers, les bouchers-charcutiers, qui tassaient dans le cornet des chasseurs le médoc, l'entrecôte et le pâté de tête, les pompistes qui remplissaient leurs réservoirs, les hôteliers et les restaurateurs, tous s'en mirent plein les fouilles. Rarement une chasse traditionnelle, une petite chasse de rien du tout, interdite par-dessus le marché, avait compté chaque année autant d'adeptes nouveaux, fait tant d'heureux, rapporté tant d'artiche. Et tout irait encore pour le mieux si quelques ennemis du genre humain, sous prétexte de protéger la nature, ne s'étaient acharnés à faire le désespoir des chasseurs et la ruine du petit commerce.

Au cours des années soixante-dix, d'arrêtés préfectoraux en recours au Conseil d'État, de jugements du Tribunal administratif en arrêtés du secrétariat à l'Environnement, la tourterelle des bois fait l'objet d'innombrables procédures, d'innombrables décisions contradictoires, sans que ces péripéties juridiques et administratives influent sensiblement sur le cours de la chasse ou le tarif du pylône. La loi du 10 juillet 1976 relative à la protection de la nature, en modifiant le fameux article 366 du Code rural, en limitant le tir en enclos au gibier à poils et à quelques oiseaux d'élevage, aurait dû entraîner, une fois pour toutes, la disparition de la chasse printanière à la tourterelle. Elle n'entraîna, dans l'immédiat, que quelques mouvements d'humeur des élus locaux, qui montèrent au pylône l'arme à la bretelle, et quelques procès-verbaux timidement dressés par des gendarmes vraisemblablement peu enclins à risquer leur vie pour des tourterelles.

Le 2 avril 1979, les neuf États membres de la CEE signent à Bruxelles une directive sur la conservation des oiseaux sauvages, stipulant notamment que les espèces migratrices ne peuvent être chassées pendant leur période de reproduction, non plus que pendant le trajet de retour vers leurs lieux de nidification. Les tourterelles des bois rentrent incontestablement dans cette catégorie, puisque, au printemps, elles reviennent d'Afrique du Nord, où elles ont pris leurs quartiers d'hiver, pour se reproduire en Europe. (Notons à ce sujet que les considérations des chasseurs et de la presse locale sur les gigantesques concentrations de tourterelles des bois que l'on peut observer en Afrique du Nord, notamment dans la vallée du Sous, et qui attesteraient la pléthore de l'espèce, doivent être prises avec des pincettes : si, en hiver, les effectifs sont effectivement considérables dans le Maghreb, ils regroupent des tourterelles originaires d'Europe, mais aussi d'Afrique et d'Asie. D'autre part, une espèce victime de bouleversements écologiques ou de prélèvements inconsidérés peut passer en quelques dizaines d'années, voire en quelques années, de plusieurs millions d'individus à la disparition pure et simple, comme ce fut le cas des pigeons migrateurs d'Amérique du Nord, qui, dans la première moitié du XIXe siècle, « obscurcissaient le ciel de leurs vols immenses » (Jean Dorst), et ne subsistent désormais qu'à l'état de reliques poussiéreuses dans les collections de quelques muséums.)

La directive européenne entre légalement en vigueur le 2 avril 1981. Un an auparavant, les adeptes des différentes variétés de chasses traditionnelles ont tenu à Bordeaux un gigantesque rassemblement. Sur ces entrefaites, la gauche vient au pouvoir, et, dès le mois d'avril 1982, Michel Crépeau, probablement tisonné par le député de la 5e circonscription de la Gironde, qui appartient à la même tendance du parti radical, fabrique un arrêté autorisant de nouveau la chasse à la tourterelle du 1er au 23 mai, ruinant ainsi les efforts déployés depuis plus de vingt ans par les protecteurs de la nature (par la même occasion, le ministre de l'Environnement autorise également l'ouverture du tir de la tourterelle dès le 22 août, soit avant l'ouverture générale).

Rebelote en 1983 et 1984, les arrêtés étant signés cette fois par Huguette Bouchardeau, dont il semble d'ailleurs qu'elle n'ait agi que sur instructions des plus hautes sphères, en vertu de considérations électorales complètement étrangères à ses propres convictions. Dans les lettres échangées à ce sujet entre Pierre Petit, conseiller-biologiste régional, et Huguette Bouchardeau, le premier insiste notamment sur les difficultés supplémentaires rencontrées depuis quelques années dans le Sahel par les oiseaux migrateurs, du fait de la sécheresse, et sur le préjudice porté à toute l'avifaune médocaine, en pleine période de reproduction ou de migration prénuptiale, par les chasses printanières. Le ministre lui oppose la difficulté, bien réelle, de faire respecter, sans décréter l'état de siège dans le Médoc, une mesure d'interdiction extrêmement impopulaire, et son intention de commander dans les meilleurs délais une étude approfondie concernant l'impact de la chasse printanière sur les populations de tourterelles des bois.

Entre-temps, la Fédération française des sociétés de protection de la nature et la Ligue pour la protection des oiseaux ont porté l'affaire devant le Conseil d'État, qui vient de trancher dans leur sens, en se référant à la directive européenne de 1979. C'est la première fois, semble-t-il, que dans une affaire de ce genre cette instance se détermine par rapport à un règlement supranational, et ce précédent est évidemment de très bon augure pour tout ce qui concerne la protection de la nature.

Ce n'est pas, manifestement, l'avis de M. Riboulet, qui préside le Comité de défense de la chasse à la tourterelle, et vice-préside l'Union nationale de défense des chasses traditionnelles françaises. S'il existait, quelque part, une association pour la chasse de la pipistrelle au harpon, il est probable que M. Riboulet siégerait au comité directeur. Au demeurant, et en dépit de notre parti pris, flagrant dans toute cette affaire, il nous est impossible de le dépeindre sous les traits d'un beauf ou d'un « gros con », pour reprendre la terminologie de *Charlie Hebdo* concernant les chasseurs. Rue Marsans, à Bordeaux, M. Riboulet règne apparemment sans partage sur un petit garage assez vétuste, quasi rupestre, respirant l'honnêteté, enfin tout droit sorti d'un film de Grémillon. Même les flaques d'huile semblent dater d'un autre âge, pour ne rien dire des outils déployés sur l'établi à gauche de l'entrée. À droite, dans sa niche, un braque allemand aimable et silencieux, primé dans plusieurs concours et champion pour la bécasse, de toutes les chasses celle que son maître préfère.

Avant toute chose, M. Riboulet nous montre la maison d'en face, rue Marsans, où la Gestapo arrêta sous ses yeux un mécano soupçonné d'avoir saboté un Focke-Wulf sur la base aérienne de Mérignac, et qui ne revint pas de l'interrogatoire. Lui-même se vante, à demi-mots, d'avoir fait dérailler quelques trains sous l'Occupation. Après en avoir fait voir aux « Boches » de toutes les couleurs, M. Riboulet en usa de la même façon avec les patrons. Car il ne fait pas mystère d'être un vieux routier de la CGT, ajoutant que « si les gars font confiance à Riboulet, c'est qu'il les a toujours fait gagner ». À l'écouter pendant une heure plaider la cause des chasseurs de tourterelles sans reprendre son souffle, sa voix s'enflant parfois jusqu'à faire trembler les murs de l'atelier, emberlificotant magistralement son interlocuteur dans les rets d'une argumentation à la fois spécieuse et percutante, on imagine sans peine, en effet, le calvaire que durent vivre ses employeurs avant qu'il devienne son propre patron. Nous n'entrerons pas dans le détail de ses récriminations juridiques, essentiellement basées sur tel ou tel article du Traité de Rome – que M. Riboulet, sans cesser de nous haranguer comme si nous étions une foule immense, extrait en un tournemain d'une pile de dossiers plus haute que lui – délimitant fort étroitement les compétences des instances communautaires européennes. Ses arguments ethnologiques, ou sentimentaux, nous paraissent bien plus forts, lorsque dans un suprême assaut de lyrisme méridional, puisant aux meilleures sources homériques, il évoque les cimes des pins mouvantes et sombres comme les vagues de la mer, et les vols de tourterelles lancées comme des flèches dans la lumière oblique du matin : « Ce qu'il y a, monsieur, voyez-vous, c'est la beauté de la chose. »

En conclusion, M. Riboulet – qui aujourd'hui à Lesparre, demain à Saint-Vivien, mobilise à tour de bras et à grands renforts d'éloquence les chasseurs du Médoc – agite la menace de terribles vengeances, et promet à la gauche une déculottée magistrale dans les circonscriptions électorales concernées.

De son côté, M. Moussours habite une petite maison près de la mer, et sous les pins. Entre le garage de M. Riboulet et la maison de M. Moussours, quelques millions de ceps nus, mais combien prometteurs, s'élancent en rangs serrés à l'assaut des nuages, les canaux filent droit jusqu'au fleuve à travers les prairies inondées, et les « châteaux » si prestigieux paraissent abandonnés sous le ciel de décembre. Jadis hôtelier à Soulac-sur-Mer, M. Moussours y vit désormais retiré entre sa femme et ses chiens. Moins lyrique que celui de M. Riboulet, son plaidoyer en faveur de la chasse traduit plutôt les préoccupations du commerce local. Les chasseurs fortunés, qui auparavant dépensaient sans compter dans le Médoc, vont aujourd'hui flamber en Tunisie, où ils ont tout loisir de tirer en une seule journée plusieurs centaines de tourterelles, et presque autant de cailles vertes. Sans doute ces considérations nuisent-elles un peu à l'image d'une chasse vernaculaire, enracinée dans les traditions d'un terroir. Mais M. Moussours n'y voit pas malice, pas plus que lorsqu'il cite le nom d'une famille fort illustre, et qui sur ses vastes propriétés, en toute illégalité, louait chaque année quantité de pylônes à raison d'au moins 2 000 francs l'un.

Pour le reste, à l'unisson de M. Riboulet, M. Moussours insiste sur les énormes sacrifices déjà consentis par les chasseurs, qui avaient créé entre Soulac et la pointe de Grave une réserve où les tourterelles jouissaient du droit d'asile, et tout à fait renoncé à tirer inconsidérément des espèces protégées (sur ce dernier point, un observateur de la Sepanso [1] confirme qu'en mai 1984 on put voir au moins deux tadornes de Belon survoler sans dommages une zone à forte densité de pylônes). À peine remis d'un gros rhume attrapé à courre le lièvre en Poitou, M. Moussours prépare déjà une nouvelle expédition contre le canard dans la Brenne. Chasseur insatiable, par surcroît lieutenant de louveterie, et néanmoins honnête homme, il voit se profiler derrière l'interdiction de la tourterelle un vaste complot visant toutes les chasses traditionnelles – l'alouette à la pante, la palombe au filet, le canard à la tonne… – aussi aberrantes, vues de loin, que populaires dans le Sud-Ouest. Sur toutes ces questions, les oiseaux et les chasseurs devraient être consultés prochainement – séparément – par voie de référendum.

Libération, *26 décembre 1984*

1. Société pour l'étude, la protection et l'aménagement de la nature dans le Sud-Ouest.

Le Grand-Théâtre de Beyrouth-Ouest

Supposons un voyageur aux contours indécis mais coiffé si possible d'un chapeau à larges bords, mi-escrivion, mi-escopion, qu'un mystérieux rendez-vous appelle à la nuit tombée au Grand-Théâtre de Beyrouth, ville dans laquelle il se rend pour la première fois et bien contre son gré. Après avoir brouté quelques ornières et quelques nids-de-poule, franchi sans encombre deux ou trois barrages d'obédiences diverses et contourné les écueils très délibérément semés en travers de la place Riad el-Solh, le véhicule de l'escrivion (de l'escopion ?) plonge soudainement vers les ténèbres hirsutes du *no man's land*, d'où seule se détache l'entrée faiblement éclairée du Grand-Théâtre. Derrière la grille – elle-même cadenassée, entortillée de chaînes – on distingue à la lueur d'une ampoule nue les deux guichets, et sur le carrelage du parvis un chat errant, apparemment satisfait d'avoir trouvé là un refuge provisoire contre l'adversité. Nulle part, comme à la charnière de cette ville si malencontreusement coupée en deux, nulle part si soudainement, si péremptoirement, la nuit noire ne succède à la lumière, le silence à la rumeur, et la stupeur des ruines à l'agitation familière d'une capitale en état de marche. Ainsi le voyageur aux contours indécis, ayant quitté l'abri précaire de sa voiture, sentant peser sur ses épaules tout le poids des ténèbres, bientôt épouvanté du vacarme qu'il fait dans le silence des ruines en ébranlant vainement la grille du Grand-Théâtre, semble-t-il renoncer à son dessein pour remonter à pied la rue Emir-Bechir en direction de la place Riad el-Solh. (Puisque nous y sommes, autant dire tout de suite qu'à Beyrouth personne n'a jamais appelé une rue par son nom, et qu'ainsi la connaissance de ces noms n'y est d'aucun secours.) Parvenu à la hauteur du premier piquet de mourabitouns (ou de telle autre variété d'insectes ayant élu domicile dans cette anfractuosité de la place Riad el-Solh), il leur demande bien poliment, afin d'éviter toute investigation de son cas, où se trouve l'entrée accessible aux visiteurs du Grand-Théâtre. C'est, sur le côté du bâtiment, une petite porte masquée d'un lourd rideau noir tel que peut en prescrire la défense passive, qui ne laisse rien filtrer à l'extérieur de la lumière et des bruits du dedans, et derrière laquelle se révèle soudainement tout l'appareil ordinaire d'un tournage.

C'est ainsi que Jocelyne Saab, à la tête d'une équipe franco-libano-canadienne, tourne un long métrage de fiction dont l'action se situe à Beyrouth, et plus précisément, pour ce qui concerne la journée du samedi 17 novembre, au Grand-Théâtre de la place Riad el-Solh. De son côté, Jocelyne Saab en a vu d'autres, ayant vécu à Beyrouth les péripéties les plus sanglantes de ces dernières années, filmé pour la télévision dans tout le Moyen-Orient, et assisté Schlöndorff, ici même, dans la réalisation du *Faussaire*. Les obstacles qu'elle a dû surmonter pour réaliser son propre film, à la mémoire d'une ville jadis accueillante aux cultures les plus diverses, pourraient faire l'objet d'un traité de l'obstination. Mais cela est une autre histoire. Au soir du samedi 17, on remarque devant l'entrée latérale du théâtre un grand nombre d'énergumènes exhibant plusieurs sortes de fusils d'assaut. Les armes, et les gens pour s'en servir, sont ce qui manque le moins au Liban. Si bien qu'il n'est guère concevable d'y réaliser un film sans la bénédiction d'un groupe armé. Tournant à Beyrouth-Ouest, Jocelyne Saab a dû se placer sous la protection de la milice Amal, provisoirement hégémonique dans le secteur. Les difficultés viennent de ce qu'après quelques années de guerre civile, où que ce soit dans le monde, il devient difficile de faire la part exacte de la délinquance et du militantisme. Dans un pays en guerre, il sera toujours préférable, pour un bon à rien, de porter une arme et d'inspirer aux faibles une grande frayeur, plutôt que de persister stoïquement dans son être de bon à rien. Or, le bon à rien, qui dans l'ensemble ne dispose que d'un outillage intellectuel limité, choisira volontiers de vider une querelle bénigne à coups de lance-roquettes ou de mitrailleuse de 12,7 (s'agissant d'armes à feu, préciser toujours le calibre, sachant que pour une mitrailleuse, ce calibre est presque invariablement de 12,7. Un journaliste ignorant le calibre d'une mitrailleuse prête à rire, au même titre qu'une starlette qui ne se vanterait pas d'avoir lu Kierkegaard). Ainsi, dans l'après-midi, tandis que Jacques Weber, seul en scène, lisait précisément un passage de *L'Innommable*, une petite controverse, opposant à propos de bottes deux miliciens, prit en un rien de temps des proportions de bataille de la Marne. À l'exception d'une poignée de négociateurs – qui d'une façon générale, et tout au long du tournage, se trouvèrent être des négociatrices – toute l'équipe du film se retrouva bientôt dans la cave du théâtre, tandis qu'au balcon un autodidacte particulièrement exalté braquait un bazooka sur la scène en menaçant de hacher tout le monde menu comme chair à pâté. Une heure plus tard, l'incident était clos à la satisfaction générale, et sans que l'on eût à déplorer aucune victime. Dans la salle du théâtre, où le tournage avait repris, seule témoignait de cette agitation passagère la présence d'un infirme sautillant, chargé d'assez de munitions pour soutenir un siège de trois jours, et celle d'un colosse portant dans sa poche revolver, là où d'autres placent un mouchoir ou un trousseau de clés, un projectile à ailettes de la taille et de la forme approximative d'une grosse courgette.

Le lendemain, dimanche, à la lumière d'une journée claire et tiède, les ruines du centre ville baignent en plein midi dans un silence de nécropole. Bien que rien ne matérialise la ligne au-delà de laquelle on entre de plain-pied dans le champ de tir – hormis peut-être l'herbe poussée dans les plis de la chaussée –, il suffit normalement de faire mine de l'outrepasser pour être rappelé à l'ordre, d'ailleurs cordialement, par un militaire de la 6e brigade surgissant à l'improviste d'un trou de taupe. Sur toute l'étendue de la ligne de front, l'architecture de ce qui fut le plus beau quartier de Beyrouth, le plus cosmopolite et le plus vivant, a été rectifiée par la guerre, non pas grossièrement, d'ailleurs, comme on pourrait le penser, mais avec une diversité de résultats, sinon d'inspiration, qui permet de distinguer parmi les ruines plusieurs styles, depuis les plus rudimentaires – lorsque ne subsistent des édifices concernés qu'un trou et quelques chicots – jusqu'au plus sophistiqué, lorsqu'à l'instar d'un arbre visité par une coulée de lave, vidé de sa substance mais demeuré intact en apparence, un pan de mur, voire une maison ou une rue entière, sont restés debout, sculptés par la mitraille avec une minutie d'orfèvre, au point de présenter à la longue une surface aussi ouvragée que si le ciseau d'un architecte rococo y avait délibérément imprimé ces bossages, ces refends et ces vermiculures. Très curieusement, du sein de ces ruines toutes récentes, et toujours en travail, naissent par endroits des ruines bien plus anciennes, comme sur cette place de l'Étoile que l'on atteint en contournant des murailles de terre et de containers qui font sourire de nos barricades parisiennes, et au milieu de laquelle, dans un grand trou, poussent contre toute attente de minces et fragiles colonnes antiques. De son côté, le Grand-Théâtre date de l'époque où le mandat français répandait ses bienfaits sur le Liban. Parmi ces bienfaits, notre célèbre théâtre classique (« Dans l'Orient désert quel devint mon ennui », etc.), auquel on éleva entre les deux guerres ce tabernacle. On y montre l'endroit où le général Weygand, alors haut commissaire en Syrie, posa ses glorieuses fesses, encore toutes poudreuses de la poussière des plaines de Pologne.

Aujourd'hui le Grand-Théâtre sent le moisi et l'urine, et lorsque le temps le permet, c'est-à-dire lorsque la guerre fait relâche, on y projette des films de cul fabriqués en Italie à l'intention du marché local. L'un des derniers en date s'intitule très sobrement *Jouir* et se présente comme « le film sexuelle [*sic*] le plus important de l'année ». L'entrée du Grand-Théâtre, dallée de marbre, coiffée d'une coupole vitrée dodécagonale à laquelle il manque quelques morceaux, abritant un bar et des machines à sous, présente un échantillonnage d'affiches qui feraient la joie d'un collectionneur, et dont on s'étonne qu'elles n'aient pas attiré la sainte colère de quelques fous de Dieu. (À défaut, la tradition orale soutient que les deux loges du Grand-Théâtre les plus proches de la scène n'auraient été murées – elles le sont en effet – que parce qu'elles offraient un refuge trop propice à des pratiques infâmes.) De son premier emploi, le Grand-Théâtre conserve un vieux rideau de scène en velours rouge (à moins, réflexion faite, qu'il ne s'agisse d'un carton imitation velours), et des décors peints où l'on voit par exemple une pâle jeune fille jouant du piano, ou un Mexicain coiffé d'un sombrero s'apprêtant à embrasser une créature. Aucun de ces décors n'évoquant véritablement le Grand Siècle, il paraît vraisemblable qu'avant de se vouer au cinéma italien le Grand-Théâtre a pris le temps de moderniser son répertoire dramatique. Au-dessus des cintres, d'où pendent de grandes loques poussiéreuses, un toit-terrasse permet au visiteur intrépide d'embrasser tout un horizon de dévastation, y compris un petit bout de la fameuse place des Canons, désormais inaccessible sans escorte, et dont on n'imaginait sans doute pas, en la baptisant, à quel point son destin serait effectivement tributaire de l'artillerie.

Le film de Jocelyne Saab s'intitule (jusqu'à nouvel ordre) *La Porteuse d'eau et le Calligraphe*. Il s'agit donc, manifestement, d'un conte oriental, et non d'un film de circonstance ou de cette sorte de choses. Le rôle du calligraphe est tenu par Jacques Weber, qui a réussi la prouesse d'apprendre par cœur tout son texte, en arabe, une langue dont il ne parlait pas le premier mot. Seule sa main, lorsqu'elle forme sur la toile des lettres ou des arabesques, sera doublée par celle d'un authentique calligraphe, Samir Sayegh, autrement poète et journaliste. Quant à Samar, la porteuse d'eau, c'est dans la réalité une jeune fille de quatorze ans, originaire de la banlieue sud de Beyrouth, de confession chiite, et dont le père, un vendeur de journaux, a été assassiné en 1975 lors d'un des grands massacres qui ponctuent l'histoire récente, et même plus ancienne, du Liban. Dans la scène tournée le dimanche 18 au Grand-Théâtre de la place Riad el-Solh, il semble que Samar, en rêve, descende aux enfers où elle retrouve son père mort. Il semble aussi que le Grand-Théâtre brûle. La salle est donc remplie de fumée blanche au léger parfum d'encens. Quelques dizaines de figurants, d'une patience angélique, se laissent sans mot dire barbouiller d'un maquillage livide, puis emberlificoter de barbe à papa synthétique imitant la toile d'araignée. Ainsi font-ils les morts, puisque nous sommes en enfer. La plupart ont serré sur leurs épaules, ou déployé devant eux, sur le dossier des sièges, de ces couvertures rayées qui dans le monde entier constituent l'apanage des populations déplacées, et comme beaucoup sont originaires du Sud-Liban, chassés par la guerre et réfugiés à Beyrouth, on ne sait plus si ce détail vestimentaire procède de la nécessité quotidienne ou d'une exigence de la mise en scène.

C'est le lundi matin, alors que Samar, dans le cours de son voyage onirique, atteint le temple de l'Aleph – l'Aleph par quoi tout commence, en quoi tout se reflète –, qu'un pick-up Dodge armé pour la guerre de course fait bruyamment irruption dans la petite rue donnant accès à l'entrée latérale du théâtre. Le pick-up porte sur son pare-brise les images des deux barbus les plus populaires à Beyrouth-Ouest, l'imam Khomeiny et son défunt collègue Moussa Sadr. Avec l'ayatollah surviennent toujours quantité de désagréments : et voici qu'en effet bondit de la plate-forme un galopin serrant sur son cœur une mitrailleuse vraisemblablement de 12,7, en tout cas bien trop grande pour lui, et portant en écharpe trois ou quatre rangs de balles toutes brillantes et fort pointues. Cette irruption est d'autant plus désagréable que le porteur de la mitrailleuse, un rouquin efflanqué, d'âge scolaire, à tête de souris malade, donne tous les signes de ce déséquilibre mental si propice aux accidentelles boucheries. Cependant qu'il nous tient en respect – d'ailleurs distraitement, en se dévissant le cou afin d'essayer de regarder par-dessus l'épaule de la perchman des photos qu'en dépit des circonstances adverses elle affecte de scruter avec le plus grand soin –, son chef, un petit gros à la barbe effilée, fait connaître les conditions du racket, puisque c'est bien de cela qu'il s'agit : 6 000 livres, faute de quoi nous serons tous hachés menu comme chair à pâté. L'excellence des négociateurs fera qu'au bout du compte la production n'acquittera que la moitié de la somme, ce qui est encore cher payé pour rien, et bien peu pour éviter de finir hachés menu comme chair à pâté. Ce sur quoi les pieux racketteurs remballent leur outil de travail et démarrent à fond de train, en braillant un hymne magnifique à la gloire du racket et de Dieu tout-puissant. Car celui qui rançonne des infidèles, le royaume des Cieux lui appartient. À aucun moment ces péripéties n'ont interrompu l'interminable partie de loto qui se poursuit jour après jour au café du coin, un café comme il s'en retrouve, à quelques détails près, sur tout le pourtour de la Méditerranée. À longueur de journée, sous les grands ventilateurs immobiles, parmi les grêles colonnes et les chaises empilées, des messieurs apparemment désœuvrés y boivent des cafés turcs en tapant le carton, ou en cochant des numéros au fur et à mesure que les annonce, au micro, une dame mûrissante, à la chevelure rouge, qui dut être d'une grande beauté à l'époque où le centre ville était encore debout, et la place des Canons noire de monde. La direction met à la disposition de la clientèle tout un choix de narghilés. Le soir venant, on baisse le rideau de fer, et les parties se poursuivent à l'abri de ce fragile rempart, tandis que l'obscurité ranime des passions sporadiques de part et d'autre de la ligne de front.

Le mardi 20, à la suite de l'assassinat, imputé à l'occupant israélien, de l'imam de Sawwana, dans le Sud-Liban, le mouvement Amal et les Ulemas appellent à la grève générale à Beyrouth-Ouest. Après une scène filmée à la diable, en pleine rue, devant les locaux déserts de la Middle East, le tournage se transporte dans le quartier de la « première présidence de la République », où s'élevaient avant-guerre quelques-unes des plus belles villas de Beyrouth. Certaines sont encore debout, et lorsque leurs propriétaires ont fui à l'Est, ou plus loin encore, elles abritent bon gré mal gré des hordes de sans-logis, pour la plupart réfugiés du Sud-Liban. Dans le film, la famille de Samar occupe ainsi un grand palais jaune tout criblé d'impacts et de moisissures, planté juste au-dessus de ce « tunnel de la mort » qui, sur le Ring, fut depuis le début des hostilités le théâtre d'innombrables enlèvements sans retour. Les vrais réfugiés ont dans l'ensemble fait bon accueil au tournage, à l'exception d'un intégriste spécialement teigneux, dont la production envisagea un moment de se débarrasser en lui offrant un pèlerinage à Najaf, en Irak, ville sainte des chiites, et qu'elle neutralisa finalement en lui abandonnant une malheureuse chèvre, au grand dam des voisins désormais privés de sommeil par les braiments que l'animal poussait à longueur de nuit, en butte aux outrages répétés de son nouveau maître. En face du palais jaune où campent les réfugiés se dresse une villa magnifique, construite à la fin du siècle dernier dans le style italo-gothique qui faisait alors fureur dans la bourgeoisie beyrouthine. Percée sur deux étages de trois grandes baies en ogive, la façade sur rue est sommée de deux tourelles carrées, dont l'une a été emportée par un projectile de gros calibre. Il n'en subsiste qu'un petit pan de mur auquel s'accroche une liane-corail, ou quelque autre plante acrobatique et vorace, cascadant jusqu'au fond d'un jardin en loques, où la trace d'un bassin octogonal, en marbre, se devine encore parmi les gravats, les ordures ménagères et les carcasses de réfrigérateurs éventrés. Le premier étage est occupé par une famille de gardiens dont les poules vaquent à leurs petites affaires dans l'escalier. Le second, rouvert pour les besoins du tournage, abrite d'anachroniques vestiges des jours anciens, lorsque les banlieues se taisaient et que l'on allait tranquillement applaudir la Comédie-Française au Grand-Théâtre.

Le tournage ayant déposé ses propres sédiments de souvenirs apocryphes – ceux de Karim, le calligraphe, qui s'est abrité dans ce palais des désordres du monde où va le replonger l'irruption de Samar –, l'imagination échoue à démêler le vrai du faux, l'authentique du rapporté, parmi ces habits de soirée pendus dans des armoires bancales, ces vieux livres d'auteurs français tombés en désuétude, ces toiles inachevées, ces collections fourbues de revues d'art, ces lits défaits aux draps de satin passés, ces gravures, ces photos de famille, ce piano Érard désaccordé, ces meubles lourds et laids évoquant à s'y méprendre l'affreux salon de Proust boulevard Malesherbes, jusqu'au célèbre portrait de Jacques-Émile Blanche, auquel fait écho dans ce foutoir le portrait accroché de guingois d'un homme également pâle, presque verdâtre, les yeux cernés et la moustache tombante, portant une fleur à la boutonnière. Par-delà le Ring, au sommet d'une tour à demi consumée par l'incendie, et dont la structure vide n'a jamais dû servir que de perchoir à canons, un dresseur de pigeons agite inlassablement une flamme noire au bout d'une perche, entraînant les oiseaux dans un vol giratoire apparemment sans fin autour de l'immeuble dévasté.

Mercredi 21, le tournage est officiellement terminé depuis la veille, et c'est une équipe réduite, amputée des deux tiers, qui, dans la banlieue sud, au bord de la mer, tourne dans l'après-midi le dernier plan du film, qui se trouve être aussi le dernier mot de l'histoire. La veille, au crépuscule, Walid Joumblatt étant d'humeur maussade, l'artillerie druze a tonné longuement, sourdement, dans la montagne. Il s'en est suivi une nuit magnifique, et jusqu'aux petites heures de l'aube une fête a réuni sur le toit d'un immeuble de la corniche Mazraa toute l'équipe du film, avant qu'elle se disperse le jour venu. À l'occasion de cette fête, Samar-la-porteuse-d'eau, devant sa mère toute rechignée et ses sœurs toutes guillerettes, a dansé la danse du ventre avec une ferveur à faire frissonner des pieds à la tête un peintre orientaliste du siècle passé. Aujourd'hui pèse sur le tournage, imperceptiblement, ce climat de mélancolie qui toujours s'attache au dénouement d'une entreprise, à la dissolution d'un groupe, aussi étranger que l'on puisse être au destin de l'un ou de l'autre. Au Liban, même les falaises sont en ruine, et c'est au pied d'un éboulis de pierres, de terre et de gravats, que le tournage a planté sa caméra. Sur la droite, surplombant la corniche et la mer, Beyrouth apparaît dans le lointain comme une ville presque normale, pleine de promesses, à peine plus chaotique, par exemple, qu'Alger ou Le Pirée. Sur la gauche, au-dessus de l'hôtel Summerland, une gigantesque carcasse vide et ployée, couchée par quelque bombardement, offre un curieux exemple de la diversité des formes que le béton peut adopter dans sa chute, qu'il se dépose en strates, s'évide de l'intérieur, se plie par le milieu, ou s'éparpille en éclats innombrables dont l'explosion paraît comme retenue, figée, éternisée par la résistance de l'armature métallique. Toujours fidèle au poste, Abou Hassoun, le chef historique de notre détachement privé de miliciens Amal, escalade fébrilement le cône de déjection, pistolet au poing, sans doute dans l'hypothèse où un rat, une blatte ou un scolopendre du camp adverse surgirait à l'improviste d'entre deux pierres. Au moment de tourner le plan final – Samar descend vers le rivage, escortée d'une petite horde d'enfants déguenillés –, on a toutes les peines du monde à rameuter les gnards, qui, pour ce qui les concerne, se croient pour de bon à la plage, et rivalisent d'ardeur pour disséquer un petit poulpe jeté par une vague dans un trou de roche. « Khalass ! Khalass ! » (Assez, ça suffit. Enfin tous les enfants sont rassemblés dans le champ de la caméra. « Soukout ! » (Silence). Car il ne suffit pas qu'ils soient en place, il faut encore qu'ils la bouclent avant de lancer tous ensemble, *signo dato*, des cailloux dans l'eau. Une prise, deux prises, trois prises. Imperturbable, Samar redescend pour la troisième fois vers la mer, tandis que les enfants s'impatientent et lorgnent méchamment vers le poulpe assassiné dans son encre. Les techniciens, torse nu, pressés d'en finir, s'interpellent dans les trois langues du tournage – arabe, canadien et français – sous les yeux d'une petite foule de curieux rassemblés au sommet de la falaise, et se demandant probablement qui, en conclusion, va mourir. Le soleil décline sur l'horizon, et la lumière oblique confère aux ruines les plus séculières la dignité de l'Antique.

L'Autre Journal, *janvier 1985*

La vie de château promise aux marins de l'an 2000

À première vue, rien de moins maritime qu'Enfi-Design. Ça se trouve à Paris, au 34 de l'avenue Kléber, ça ne tangue pas plus que ça ne roule, et ça s'occupe généralement de choses aussi étrangères au grand large que la signalisation du métro de Lille, l'image de marque des sociétés Pronuptia et Saint-Maclou, le nouvel annuaire du téléphone ou la salle des cambistes au Crédit Lyonnais. Pourtant, ce bureau d'études tous azimuts peut se prévaloir d'une expérience maritime à la fois copieuse et variée.

La rencontre d'Enfi-Design avec la mer se fit assez curieusement par le truchement d'un petit studio rue d'Assas. On y manquait de place, et les dessinateurs du bureau d'études surent tirer le meilleur parti de cette exiguïté.

Or, le jour où l'équipe d'Enfi-Design mettait la dernière main à ses travaux, un amiral vint à passer rue d'Assas. Par chance, c'était un amiral plein de fantaisie. Un pigeon ayant fienté sur sa casquette, il leva le nez et vit au troisième étage une ravissante jeune fille qui arrosait ses géraniums. Comme l'amiral était aussi galant que fantaisiste, il se précipita dans l'escalier et, comme il était par surcroît fort distrait, il se trompa de porte et se retrouva dans le studio aménagé par Enfi-Design.

À la réflexion, il devait s'agir d'un hasard objectif. Car l'amiral se trouvait présider depuis peu aux destinées de nos SNLE (sous-marins nucléaires lanceurs d'engins) et, à ce titre, il en connaissait un rayon en fait d'espaces exigus, biscornus, anguleux et invivables. Surmontant sa contrariété, et oubliant bientôt la jeune fille aux géraniums – car c'était un amiral qui n'avait guère de suite dans les idées –, il visita le studio de fond en comble, s'en fit expliquer le fonctionnement par les spécialistes d'Enfi-Design, et ressortit si emballé qu'il lança sa casquette dans l'escalier.

Toute cette histoire est archiconfidentielle, car elle tombe sous les coup du secret défense, et les Russes donneraient cher pour la connaître. Toujours est-il que, de fil en aiguille, l'état-major de la

Marine nationale, qui se désolait de voir les équipages de SNLE succomber à la claustrophobie et à la mélancolie, émoussant ainsi la pointe la plus acérée de notre arsenal nucléaire, fit appel à Enfi-Design afin de sauver les meubles.

Les designers déployèrent mille ruses, à bord du *Terrible*, pour arrondir les angles, créer de l'espace à partir de rien ou diversifier l'identique. Ils parvinrent même à recréer un semblant de cycle solaire, à l'aide d'un éclairage qui, 20 000 lieues sous les mers, croît et décroît à l'instar de l'astre divin. Les sous-mariniers du *Terrible*, joyeux dans leur carré ovoïde, ayant retrouvé le sourire, Enfi-Design fut appelé à récidiver à bord des SNLE mis en service par la suite, puis à bord des sous-marins classiques de type *Agosta* et, pour finir, à bord des sous-marins nucléaires d'attaque.

Dans la marine marchande, Enfi-Design fait ses premières armes à bord d'un méthanier vedette, le *Descartes*, lancé à Saint-Nazaire au début des années soixante-dix, puis travaille sur les emménagements de plusieurs navires, en particulier des porte-conteneurs destinés à la CGM (Compagnie générale maritime) et des vraquiers destinés à l'armement Louis-Dreyfus.

De ces expériences, le bureau d'études tire la conclusion qu'une certaine improvisation préside en général à la conception des emménagements – ce qu'on a coutume d'appeler le « château » du navire. Avec pour conséquence des coûts élevés et des locaux malcommodes, où les différentes fonctions s'entremêlent au détriment de la sécurité, du rendement et du confort des équipages. Un comble, si l'on se rappelle la fascination qu'exerçait dans les années vingt, sur les adeptes de l'Esprit nouveau, l'architecture navale des ingénieurs, à propos de laquelle Le Corbusier inventa la célèbre formule : « L'architecture est le jeu savant, correct et magnifique des volumes assemblés sous la lumière. »

Une étude lancée en 1981 par le ministère de la Mer, en vue d'« améliorer les conditions de travail et la qualité de vie à bord des navires de charge », permet au groupe Enfi d'approfondir la question, en association avec les chantiers Normed et deux armements de grande envergure, la CGM et la SFTM (Société française de transports maritimes). Dans un premier temps, des psychosociologues, des ergonomes et d'autres emmerdeurs, fournis par la société CISTE-Réseau et placés à bord de différents types de navires, cuisinent scientifiquement les équipages afin de déterminer les causes de ce spleen maritime auquel on doit de nombreuses chansons, et même quelques romans de qualité. Les mêmes spécialistes recueillent les suggestions des navigants relatives à l'amélioration de leurs conditions de vie et de travail, singulièrement en ce qui concerne les emménagements.

Écartant les propositions fantaisistes – châteaux en forme de choux-fleurs ou d'ananas, cabines-duplex avec terrasse individuelle et vue sur la mer –, le bureau d'études synthétise les plus raisonnables, puis réfléchit avec les responsables des chantiers Normed et des deux armements précités. Et c'est le fruit de ce travail collectif qu'il présentait ces jours-ci à la presse, sous l'espèce d'un gros rapport et d'une maquette de château évolutif, adaptables à toutes les variétés de navires de charge : pétroliers, vraquiers, porte-conteneurs, rouliers, transporteurs de gaz ou de produits chimiques, etc.

Deux choses, au moins, sont remarquables dans ce projet de château. D'une part, il est en grande partie composé d'éléments standardisés, préfabriqués, susceptibles d'être diversement assemblés en fonction des besoins (l'expérience des chantiers finlandais Wartsila, grands constructeurs de paquebots et de ferries, a été mise à contribution dans ce domaine, et c'est leur procédé de préfabrication que le bureau d'études préconise de reprendre en France sous licence). Le module de base est la cabine individuelle.

À titre d'exemple, les cabines des officiers supérieurs peuvent faire deux ou trois fois, voire quatre fois, la taille des cabines du « personnel d'exécution » (module de base), selon les conceptions sociales prévalant dans le pays concerné par l'achat du navire. En revanche, les carrés officiers et équipage – que l'on avait d'abord songé, bien légèrement, à réunir – sont finalement séparés, mais situés sur le même pont et rigoureusement identiques. Ces dispositions « modulaires » confèrent au projet une grande souplesse. Elles évitent aux chantiers de devoir procéder à une étude complète pour les emménagements de chaque navire qu'ils construisent. Conjuguées avec la préfabrication, elles devraient se traduire par une réduction de 26 à 33 % du coût des emménagements, ce qui est loin d'être négligeable si l'on considère que la part du château peut représenter jusqu'à 22 % du coût total de la construction pour de petites unités, et de 12 à 15 % pour des unités moyennes.

Jamais, d'autre part, on n'avait si rigoureusement séparé les locaux voués respectivement au travail, au repos (solitaire) ou aux réjouissances (collectives), ni si clairement organisé les circulations entre ces différents locaux. La séparation du roof-habitation et du roof-technique, le rejet, en dehors du roof-habitation, en arrière et sur le côté, du tambour-machine et de la cheminée, sources de bruits, de vibrations et de pollutions diverses, devraient améliorer notablement les conditions de vie à bord, de même que le regroupement de toutes les cabines sur les trois ponts supérieurs, en dessous de la timonerie, à l'écart des nuisances et des circulations. Cette fuite des cabines vers le haut les met également à l'abri des hordes bureaucratiques ou mercantiles qui, lors de certaines escales, sèment à bord le trouble et la consternation.

Enfin l'organisation des locaux d'habitation ou de détente autour d'un espace extérieur abrité mais ouvert, le patio, sur lequel donnent à l'arrière du château de grandes terrasses « hors vent », permet de répondre à la demande apparemment contradictoire d'« ouverture » et de « protection » exprimée lors de l'enquête par les navigants.

Ce n'est pas diminuer le mérite du groupe Enfi ou de ses partenaires que de noter, en conclusion, le parti qu'ils ont pu tirer des expériences menées ces dernières années, pour le meilleur et pour le pire, par la Société navale des chargeurs Delmas-Vieljeux. Pour que ce nouveau projet puisse se démarquer aussi nettement de la « place du village » conçue par la SNCDV et les Chantiers de l'Atlantique, il fallait du moins qu'elle existe… Delmas a essuyé les plâtres, et c'est, pour une part, ce qui a permis au groupe Enfi de concevoir ce projet plus souple, plus clair, plus rigoureux et plus économique qui, à moins de réactions négatives des syndicats, devrait faire le bonheur des armateurs et des chantiers aussi bien que des équipages.

La place du village de Delmas-Vieljeux

La Société navale des chargeurs Delmas-Vieljeux, qui a fait parler d'elle à tort et à travers – mais surtout à tort – à propos de « l'affaire des grumiers », s'est également signalée par une politique d'innovation technique extrêmement audacieuse, aussi bien en matière d'économie d'énergie et d'amélioration du rendement que pour ce qui concerne les conditions de vie et de travail à bord. Primés en 1982 par la Direction générale de la marine marchande, dans le cadre du « concours du navire économique et performant », les quatre porte-conteneurs de la série *Nathalie* présentent, pour la première fois en ce qui concerne les emménagements, les dispositions caractéristiques désignées par l'armement sous le nom de « place du village ».

Pour l'essentiel, la « place du village » consiste en un vaste patio couvert, autour duquel sont distribués sur deux niveaux tous les équipements de détente et de loisirs. Au niveau inférieur (niveau 4), une piscine chauffée voisine avec une salle de jeu et un salon « de lecture et d'observation » ouvrant sur l'extérieur par de grandes baies. Au niveau supérieur (niveau 5), une galerie donnant sur la piscine, meublée de tables et de chaises supposées recréer cette atmosphère « villageoise » dont l'ensemble tire son nom. À bord des porte-conteneurs, plus récents, de la série *Thérèse*, la « place du village » est agrandie d'un solarium et l'on a disposé autour de la piscine des « tables de campagne pour pique-nique », dans le genre rustique.

Si cette idée de pique-nique en mer a parfois suscité l'hilarité des intéressés, si la piscine intérieure s'est avérée assez inconfortable et si, plus généralement, la conception d'ensemble de la « place du village » pèche par un excès de volontarisme ou d'utopie – qui évoque, toutes proportions gardées, les dispositions de certaines architectures phalanstériennes –, il n'en reste pas moins que Delmas-Vieljeux fut le premier armateur à consentir de tels efforts pour améliorer les conditions de vie à bord et clarifier le plan des emménagements.

Libération, *19 février 1985*

TOURISME : LA SYRIE EN SIX SCOOPS

Normalement, un article sur le tourisme en Syrie est un article qu'on saute, après avoir tout au plus accordé un regard distrait à l'inévitable photo de Palmyre, et vérifié au passage que le nom de cette localité s'écrit avec un *y*. Aussi, afin de forcer l'attention du lecteur récalcitrant, avons-nous pris le parti de placer en tête du nôtre une série de scoops numérotés de 1 à 6. Le classement est arbitraire, car ils sont tous de premier ordre. Et nous pouvons garantir que le reste est à l'avenant, aussi bien pour le style que pour la qualité de l'information.

La Syrie se dispose à ouvrir à Paris son premier office du tourisme à l'étranger.

Cet établissement sera situé 30, avenue George-V.

On ne sait pas encore s'il fera l'objet de mesures de sécurité particulières.

Nous tenons les scoops 1 et 2 de la bouche même du ministre syrien du Tourisme, qui a bien voulu nous recevoir tout récemment, à Damas, en compagnie de seize autre journalistes français, dans un bureau situé au sixième étage de son palais de beurre frais.

L'ascenseur – construit en bois de rose, comme tous les ascenseurs damascènes – était en panne ce jour-là.

Le ministre, qui parle le français comme vous et moi, présente de surcroît une ressemblance véritablement saisissante avec Laurent Fabius. Toute autre ressemblance avec des personnages ayant réellement existé serait due au hasard. Fin des scoops.

Pour le reste, l'entretien s'est déroulé entre un portrait du président Hafez al-Assad de taille standard, et un bas-relief à l'effigie du même, en cuivre repoussé, d'une conception un peu plus singulière. Certes, nous ne saurions passer pour des spécialistes de ces techniques, mais c'était la première fois que nous avions le loisir d'observer de si près un nœud de cravate en bas-relief et en cuivre repoussé. On peut arriver en Syrie sans connaître les traits du président al-Assad. Cela s'est vu. En revanche, si l'on passe ne serait-ce que vingt-quatre heures dans ce pays, on est assuré de ne jamais les oublier. Rien que dans le hall d'entrée de l'hôtel Méridien, à Damas, nous avons compté dix-sept de ses portraits. Les murs n'étant jamais assez vastes, ni assez nombreux, pour témoigner d'une pareille ferveur, on a dû tendre en travers des rues des cordes à linge afin d'y suspendre des portraits disposés en longues bandes, comme des timbres-poste. Tous les véhicules collectifs sont ornés d'au moins une de ces images propitiatoires, si possible de deux ou trois, et les automobilistes les plus flagorneurs ont encore la ressource de placer sur leur vitre arrière un autocollant associant un cœur rouge au souriant visage du président adoré.

Pour chaque bonne réponse qu'il fait en classe, un écolier syrien reçoit trois vignettes de format chèque-Tintin à l'effigie de Hafez al-Assad. S'ils parviennent à réunir quatre cent cinquante-six de ces vignettes, les meilleurs gagnent en échange une petite pelle, avec laquelle ils peuvent creuser la terre afin d'exhumer des ruines antiques. La Syrie est en effet d'une telle richesse archéologique que souvent il suffit de se pencher pour y ramasser des vestiges de premier choix. Ce que tant de peuples et de civilisations, parmi les plus excellents, sont allés faire en Syrie depuis l'aube des temps et jusque dans les premiers siècles du second millénaire, nous serions bien incapables de vous le dire. Après tout, les livres d'histoire et les voyages organisés ne sont pas faits pour les chiens. En revanche, ce que nous pouvons vous assurer, c'est qu'à chaque pas, on trébuche sur des merveilles d'autant plus stimulantes pour l'imagination que l'on est moins averti des circonstances précises de leur apparition. Pour en évoquer quelques-unes parmi les plus saisissantes, nous aurons de nouveau recours à la numérotation de 1 à 6, qui a fait ses preuves avec les scoops.

Le tell archéologique d'Ebla, une espèce de volcan arasé dominant les sillons de la Beauce syrienne et témoignant de la présence en ces lieux d'une ville florissante, quelque deux ou trois millénaires avant J.-C.

Le temple phénicien d'Amrit, au bord de la mer, où, si nous avons bien compris, l'on s'attirait les bonnes grâces d'une divinité maritime par des promenades en barque sur le bassin carré entourant le sanctuaire. Le jour de notre visite, les cyclamens sauvages croissaient impétueusement entre les pierres disjointes.

Palmyre (nous y reviendrons).

Shabba, ville natale de Philippe l'Arabe, le premier empereur chrétien (avant Constantin, dont l'orthodoxie laisse d'ailleurs beaucoup à désirer), et, non loin de là, le grand théâtre antique de Bosra, le tout en basalte noir.

La colonne (tronquée) d'où saint Siméon le Stylite entretenait, paraît-il, une correspondance suivie avec sainte Geneviève, qui, à la même époque, devait habiter déjà dans le voisinage du Panthéon.

Les ruines métaphysiques d'el-Bara, l'une des quelques centaines de villes mortes qui jalonnent le territoire de la Syrie, s'effritant inexorablement dans l'attente d'improbables archéologues.

La numérotation de 1 à 6 ne nous permet malheureusement pas de parler des forteresses croisées, ou de la mosquée des Omeyades, à Damas, dont la salle de prière à la triple nef, transie de calme, de fraîcheur et de béatitude, accueillante aux visiteurs discrets et même aux oiseaux de passage, offre de l'islam (sunnite, dans ce cas) une image diamétralement opposée aux excentricités diaboliques des ayatollahs.

Mais, direz-vous, à la fin, fûtes-vous, oui ou non, à Palmyre, Venise du désert et perle de l'Orient? Nous y fûmes. Nous y vîmes des hypogées et des tétrapylons, des téménos, des nymphées, et toutes sortes de choses agréables à nommer, belles à voir et douces au toucher. Les voyageurs qui ont séjourné à Palmyre sont presque tous passés à côté de l'essentiel. Ainsi la base aérienne voisine, apparemment l'une des plus prolifiques de toute la Syrie, dont les chasseurs bombardiers évoluent gracieusement, en rase-mottes et dans un bruit d'enfer, au-dessus des hypogées et des tétrapylons. Ainsi l'hôtel Zénobie, un petit hôtel de roman colonial, approximatif et charmant, sur lequel planent d'indélébiles odeurs de fuel et le souvenir de son ancienne propriétaire, au temps du mandat, une femme paraît-il extrêmement portée sur la chose, qui se serait envoyée en l'air avec tout ce que les déserts circonvoisins comptaient à l'époque de Bédouins nomades, et qui caracolait, à la tombée du jour, à cheval, et nue, cela va sans dire (sans quoi nous ne perdrions pas notre temps à vous raconter cette histoire), parmi les hypogées et les tétrapylons.

Ainsi les sources sulfureuses captées par l'hôtel Méridien (oui, cette chaîne nous fait une petite rente, c'est pourquoi nous l'avons mentionnée à deux reprises) et s'épanchant dans un labyrinthe de galeries souterraines où la pénombre, le confinement, l'air humide et chaud, les équivoques de l'hydrogène sulfuré, la boue délectable qui gicle entre les doigts de pied avant que l'on s'y enfonce jusqu'aux genoux, tout, enfin, invite aux plus vertigineuses régressions.

Ainsi Omar, que nous vous avons gardé pour la fin, Omar le gardien-chef des ruines de Palmyre, un inénarrable comique troupier, rescapé de plusieurs guerres en Syrie – dont celles que les Français se firent entre eux, avec le concours des Anglais – et qui, aujourd'hui, à l'ombre d'un hypogée ou d'un tétrapylon, s'interrompant de temps à autre pour s'en rouler une en fredonnant quelques mesures de *La Madelon*, raconte ses campagnes ou chante les louanges du régime en place avec une outrance et une faconde susceptibles de fléchir les plus réticents. Et la Syrie, direz-vous, dans tout cela ? Mais il me semble avoir déjà répondu que les guides et les voyages organisés n'étaient pas faits pour les chiens.

L'Événement du jeudi*, 11 au 17 avril 1985*

Tortues vertes : un steak bien saignant

Un beau jour de l'année 1973, outre-Atlantique, quelques fonctionnaires internationaux un peu simplets, qui avaient en commun l'innocente habitude de tromper l'ennui des longues négociations en dessinant sur leur buvard des petits animaux, et qui pour cette raison avaient été écartés par leurs gouvernements respectifs des grandes conférences où se discutent en secret les choses sérieuses, se retrouvèrent entre eux, à Washington, pour rédiger une convention réglementant le commerce international des plantes et des animaux sauvages menacés de disparition. Sitôt le texte paraphé, la nouvelle se répandit comme une traînée de poudre dans les toundras, les forêts primaires et les mangroves à palétuviers : désormais, lorsqu'un trafiquant sans scrupules se présenterait pour l'exporter, tout animal sauvage menacé de disparition pourrait lui opposer calmement, avec le sourire, les termes de la Convention de Washington (Convention on International Trade of Endangered Species, ou CITES).

Tous les deux ans, les quelque quatre-vingt-dix pays signataires (la France en fait partie depuis 1978) se réunissent pour faire le point sur la situation des espèces menacées, et pour étudier les propositions émanant de tel ou tel état membre. Cette année, lors de la réunion qui se tiendra du 12 avril au 3 mai à Buenos Aires, la CITES doit examiner, par exemple, les requêtes présentées par l'Australie, l'Indonésie, le Malawi ou le Mozambique concernant le déclassement de deux espèces différentes de crocodiles, ou celle présentée par la Chine à propos de l'ours noir du Tibet.

À l'inverse, il arrive aussi que certains États membres proposent le classement d'espèces dont le commerce était jusque-là laissé à la discrétion des pays producteurs. Généralement, c'est le pays concerné qui fait la demande – ainsi, cette année, le Brésil, pays proustien, demande-t-il le classement de sept variétés indigènes de cattleya –, mais certains pays particulièrement exigeants peuvent aller chercher des poux dans la tignasse des autres. Au fil du temps, l'Allemagne fédérale s'est ainsi fait une solide réputation d'emmerdeuse internationale, et elle récidive cette année en soulevant l'épineux problème des grenouilles asiatiques légalement immolées sur les tables européennes.

De son côté, la France, déjà montrée du doigt à propos de cette affaire de grenouilles, soumet à la CITES un dossier de derrière les fagots, concernant l'élevage intensif de la tortue verte (*Chelonia Mydas*) dans l'île de la Réunion. Soutenu par IFREMER (Institut français de recherche pour l'exploitation de la mer), le ministère de l'Environnement et celui des DOM-TOM, ce projet est combattu par de nombreuses associations, au premier rang desquelles Greenpeace et la FFSPN (Fédération française des sociétés de protection de la nature).

Actuellement, comme toutes les tortues marines, la tortue verte est classée par la CITES dans son annexe 1, parmi les espèces les plus menacées, dont l'import-export n'est autorisé qu'à des fins scientifiques, ou s'il s'agit d'animaux provenant d'élevages agréés par la Convention.

D'une manière générale, et notamment pour ce qui concerne les tortues, les élevages peuvent être des « fermes », comme à Grand Cayman dans les Antilles britanniques, ou des « ranchs », comma à Matapica au Surinam, ou à Saint-Leu dans l'île de la Réunion : dans les premières, les animaux se reproduisent en captivité, tandis que dans les seconds, le bétail est tout bêtement prélevé dans la nature, au sortir de l'œuf, puis engraissé en captivité.

À ce sujet, un texte adopté en 1981 par la CITES stipule que le commerce international des produits de ranching, qu'il s'agisse d'animaux entiers ou en pièces détachées, n'est autorisé que si : 1) le ranching favorise la conservation de la population locale ; 2) les produits du ranching sont correctement identifiés et assortis de documents adéquats (afin de prévenir l'exploitation frauduleuse, dans l'ombre de l'exploitation licite, des mêmes espèces ou d'espèces voisines) ; 3) le prélèvement dans la nature n'est pas préjudiciable aux populations sauvages ; 4) la probabilité de réussite biologique et économique est convenable ; 5) l'élevage est assuré sans cruauté.

Pour que la CITES autorise la commercialisation internationale de ses produits, il faudrait par conséquent que l'élevage réunionnais satisfasse à toutes ces conditions, dont la dernière, plus particulièrement, pourrait donner lieu à de jolis assauts de casuistique sur les bords du Rio de la Plata.

L'idée d'élever des tortues vertes sur l'île de la Réunion remonte au début des années soixante-dix. Dans le sillage des recherches menées localement, depuis 1972, par l'Institut scientifique et technique des pêches maritimes, la société CORAIL (Compagnie réunionnaise d'aquaculture et d'industries littorales) voit le jour en 1977. L'établissement aquacole de Saint-Leu accueille deux ans plus tard ses premières pensionnaires, et la CORAIL se fixe pour objectif la mise sur orbite de 400 tonnes de produits tortueux en 1984, au terme de son premier plan quinquennal.

Dans la vie d'une tortue verte élevée en captivité, le jour de son troisième anniversaire est à marquer d'une pierre noire : c'est à cet âge, en effet, et si tout s'est bien passé jusque-là, que, ayant atteint le poids réglementaire de 30 à 35 kg, la tortue verte est conduite sans cérémonie à l'abattoir de Saint-Pierre, pour y être exécutée d'un coup de pistolet d'abattage. Après cette mort digne d'un bœuf, la tortue verte connaît une destinée posthume digne d'un porc. Sa viande peut être consommée fraîche – en steak pour les meilleurs morceaux, en curry pour les plus bas –, fumée, surgelée ou en conserves. Son cartilage, ou « calipée », constitue l'ingrédient de base de la fameuse soupe à la tortue. Ses sucs et ses huiles entrent dans la composition de divers produits pharmaceutiques ou cosmétiques, sa peau est utilisée en maroquinerie, son écaille peut se résoudre en innombrables objets plus hideux les uns que les autres.

Parmi les innovations gastronomiques et technologiques les plus remarquables qu'ait entraînées l'élevage de la tortue verte dans l'île de la Réunion, deux surtout méritent de retenir l'attention. Les Grands Moulins de Paris détenant la plus grosse part de la société CORAIL, les tortues de Saint-Leu sont nourries d'exquis granulés spécialement conçus par la maison mère. Comme, d'autre part, elles s'ennuient énormément, à l'instar de tout bétail élevé en stabulation, les tortues se livrent à des excès de table qui entraînent à la longue une stéatose graisseuse du foie. Cette circonstance est à l'origine d'une production relativement importante de foie gras de tortue, auquel s'ajoutent des terrines, des rillettes, et d'autres bonnes choses que l'on peut goûter à Paris à la Maison de la Réunion et dans plusieurs restaurants spécialisés. De leur côté, les adversaires du ranching estiment que ces foies hypertrophiés illustrent l'inadéquation des techniques d'élevage, de même que les dermatoses dont souffrent beaucoup de tortues en captivité, ou les morsures qu'elles s'infligent, allant jusqu'à se croquer mutuellement les battoirs, tout cela se traduisant par un taux de mortalité très élevé, 65 % des tortues – d'après la FFSPN – mourant avant d'avoir atteint la taille commerciale réglementaire.

La seconde innovation concerne le travail de l'écaille. Pour en mesurer l'importance, il faut savoir que la carapace de tortue verte, trop mince pour être travaillée, est beaucoup moins recherchée par les artisans que la carapace de tortue imbriquée, ou tortue à écaille. Cette dernière fait donc l'objet d'un braconnage intensif, qui entame ses effectifs au point de menacer la survie de l'espèce. Or un artisan de la Réunion, ancien élève de l'école Boulle, a mis au point un procédé d'empilement à chaud des carapaces de tortues vertes, à l'aide d'une presse, qui permet d'obtenir des blocs d'écaille assez épais pour être commodément usinés.

Tous ces trésors d'imagination et de savoir-faire n'ont pas empêché la CORAIL de déposer son bilan en 1984. Les adversaires du ranching, qui auraient tort de se gêner, en concluent à son incongruité économique. Ses partisans objectent que la CORAIL, bonne en matière d'élevage, s'est égarée sur le plan commercial, en misant trop sur les produits de luxe, tels ces attachés-cases en peau de tortue à 6 000 francs pièce, ou ces luminaires en écaille, un peu trop effroyables, qui n'ont pu trouver acquéreurs. Pour ce qui concerne les produits alimentaires, même compte tenu de l'aide multiforme apportée à la CORAIL par les pouvoirs publics – ainsi, grâce aux subventions du conseil général, les écoliers réunionnais ont-ils depuis deux ans bouffé énormément de viande de tortue –, le ranch n'a pas eu le temps de faire ses preuves, et seule la liberté d'exporter, suspendue à l'agrément de la CITES, devrait lui permettre de donner toute sa mesure. La Société bourbonnaise d'aquaculture, qui depuis la faillite de la CORAIL assure la gérance des installations, aurait réalisé une étude de marché tout à fait prometteuse, notamment du côté des pays arabes.

Même si la rentabilité du projet était établie sans conteste, ses adversaires ne désarmeraient pas, puisque leur principale objection concerne le prélèvement de jeunes tortues vertes dans la nature, et plus précisément dans les îles Éparses (la FFFSPN, par exemple, préconise l'élevage en circuit fermé, avec reproduction à domicile. L'ennui est que la tortue verte n'atteint la maturité sexuelle qu'à un âge avancé – huit ans minimum –, qu'ensuite l'intervalle moyen entre les cycles de ponte est de trois ans, et qu'aucun investisseur potentiel n'a envie de payer des tortues vertes, pendant des années, à bouffer des granulés et à se mordiller les battoirs).

Comme leur nom le suggère, les îles Éparses ne constituent pas à proprement parler un archipel. L'une et l'autre classées en réserve naturelle depuis 1975, Tromelin et Europa, les deux îles concernées par le ramassage des jeunes tortues, sont situées respectivement à droite et à gauche de Madagascar, la première dans le nord de la Réunion, et la seconde au beau milieu du canal du Mozambique. L'une et l'autre abritent de rares météorologues sourds et muets, muets faute de quelqu'un à qui parler, sourds à force d'entendre les vagues se briser sur les récifs de corail, et les tempêtes hurler parmi les antennes paraboliques.

Sur Europa, l'Administration a réussi à acclimater une petite colonie de pensionnaires, pour la plupart prélevés dans la nature et engraissés en captivité. Chaque année, durant les nuits câlines de l'été austral, les tortues vertes en âge de se reproduire viennent sur les plages d'Europa et de Tromelin pondre en mugissant quelques millions d'œufs, d'où naîtront de un à deux millions et demi de petites tortues qui, pour la plupart, avant même d'avoir eu le temps de dire ouf, seront mangées toutes crues par les oiseaux-frégates, les rats, les bernard-l'hermite ou les gros poissons.

En 1983, lors de la dernière réunion de la CITES, au Botswana, la France dut très rapidement renoncer à défendre son dossier sur l'élevage des tortues vertes, tant il faisait pâle figure à côté du dossier constitué par les adversaires du projet. Depuis, les responsables, et particulièrement IFREMER, se sont efforcés de l'étoffer un peu, et, à cette fin, ils ont constitué une commission internationale d'experts, composée notamment de spécialistes américains, canadiens, sud-africains et réunionnais des tortues marines, qui l'an dernier ont été se promener au frais de la princesse dans les îles de la Réunion et de Tromelin, le mauvais temps n'ayant malheureusement pas permis à leur Transall de se poser sur Europa.

L'excursion sur Tromelin, de l'avis général, a été particulièrement réussie. Ces messieurs purent même assister à une grande partie de ponte organisée de nuit, à leur intention, par les tortues vertes. En s'efforçant de parler assez fort pour couvrir les mugissements des parturientes, ils profitèrent de cette occasion pour donner quelques conseils aux jeunes gens d'IFREMER, qui font de leur mieux mais ne sauraient penser à tout.

Ainsi les tortues destinées à l'élevage – jadis ramassées au petit bonheur par les sbires de la CORAIL – devront-elles désormais être prélevées uniquement parmi les couvées des pondeuses hâtives, que les pondeuses tardives détruisent à grands coups de battoirs, et qui, par là même, sont de toute manière sacrifiées. Ainsi le pinceau lumineux du phare de Tromelin – qui perturbait les tortues nouveau-nées au point de leur faire tourner le dos à la mer et à tout espoir de salut – a-t-il été muni d'un déflecteur idoine par les services de la Météorologie nationale. Les mêmes services, à l'invitation des mêmes experts, ont exterminé les rats – introduits par l'homme – qui avaient le tort de trop apprécier les œufs de tortue. Afin de décourager les nouveaux arrivants, on a également installé un dispositif d'incinération des ordures, les météorologues, sans doute par désœuvrement, produisant semble-t-il énormément de déchets.

Tel qu'il se présente aujourd'hui, le dossier français ne paraît pas indéfendable. D'autant qu'il suscite un intérêt certain dans d'autres pays de l'océan Indien – aux Seychelles, à Maurice, à Madagascar – et jusqu'aux Antilles. Pour ces pays, l'élevage des tortues pourrait constituer une source non négligeable de protéines animales, et approvisionner l'artisanat local en matières premières pour la fabrication de colifichets. Du point de vue de la protection, tout le problème est de savoir si le développement d'une filière légale de la tortue coupera l'herbe sous le pied des braconniers et des contrebandiers ou si, à l'inverse, en créant un marché, ou en raffermissant celui qui existe déjà pour ce genre de produits, elle hâtera la disparition d'espèces menacées (Jacques Fretey, l'un des meilleurs spécialistes français des tortues marines – et l'un des adversaires les plus déterminés de ce projet – signalait ainsi l'apparition récente, dans un supermarché Rondpoint, de « pâté de tortue » non identifié).

Quelle que soit en fin de compte la décision prise par la CITES, tout ce ramdam à propos des tortues marines n'aura peut-être pas été vain. À la suite du fameux voyage de la commission d'experts, la plupart des chercheurs français concernés peu ou prou par l'avenir des tortues marines se sont retrouvés une première fois pour échanger leurs expériences, et confronter leurs aspirations, dans une atmosphère survoltée. À la fin de l'année dernière, une seconde réunion s'est déroulée dans le calme. On en a profité pour mettre sur pied un programme quinquennal de recherches pluridisciplinaires. Un programme de recherches pluridisciplinaires est déjà une chose fort estimable, et qui, à coup sûr, force le respect des ignorants. S'il est par surcroît quinquennal, comme le plan ou les élections législatives, il n'y a plus qu'à se mettre au garde-à-vous.

Libération, *29 avril 1985*

La guerre de la tourterelle enflamme le Médoc

En décembre 1984, profitant de ce que les chasseurs médocains hibernent profondément, le Conseil d'État casse un arrêté du ministre de l'Environnement autorisant la chasse printanière à la tourterelle des bois dans le département de la Gironde. Pourtant, sur le papier, cette chasse est interdite depuis qu'en 1969 Robert Boulin, alors ministre de l'Agriculture, prit la décision de retirer la tourterelle des bois de la liste des « nuisibles ». Cette mesure ayant failli entraîner la sécession du Médoc, Michel Crépeau – qui compte de solides amitiés dans la région – la contourne en pondant en 1982 un arrêté autorisant de nouveau la chasse à la tourterelle du 1er au 23 mai.

Depuis lors, l'arrêté est renouvelé chaque année par le ministère de l'Environnement, à la satisfaction des chasseurs et au grand dam des protecteurs. Or, la Ligue pour la protection des oiseaux (LPO) s'est avisée de ce que cet arrêté contrevenait à la directive européenne sur la conservation des oiseaux sauvages, en vigueur depuis le 2 avril 1981. Elle stipule notamment que les espèces migratrices ne peuvent être chassées ni pendant leur période de reproduction, ni pendant le trajet de retour vers leurs lieux de nidification. La tourterelle des bois, lorsqu'elle survole le Médoc et la pointe de Grave, est incontestablement dans ce cas, puisqu'elle revient d'Afrique du Nord, où elle a pris ses quartiers d'hiver, pour se reproduire en Europe. La LPO, de concert avec la Fédération française des sociétés de protection de la nature, porte donc l'affaire devant le Conseil d'État, qui casse les arrêtés ministériels pour non-conformité à la directive européenne. La chasse printanière à la tourterelle retombe par conséquent dans l'illégalité.

Au moins autant que l'interdiction de chasser, le fait que cette interdiction soit prononcée en vertu d'une directive européenne, donc supranationale, et pour comble élaborée à Bruxelles, a le don d'exaspérer les chasseurs médocains. Sitôt connue la décision du Conseil d'État, l'Union nationale de défense des chasses traditionnelles, solidement implantée localement, monte en ligne. Et plus l'échéance du mois de mai se rapproche, plus l'éloquence de ses porte-parole emprunte volontiers au répertoire de la Convention ou des Commissaires à l'Armée du Rhin. Un peu comme si le Conseil d'État, au lieu de se contenter d'interdire la chasse à la tourterelle, avait par la même occasion confirmé la révocation de l'Édit de Nantes.

Lorsque la LPO appelle à un rassemblement à Lesparre, en plein cœur du Médoc, le dimanche 5 mai – c'est-à-dire le jour de l'ouverture, maintenue envers et contre tout par les chasseurs –, un quotidien de Bordeaux dénonce aussitôt, bille en tête, cette manifestation comme une « provocation manifeste ». « C'est, poursuit notre impétueux confrère bordelais, le combat des déracinés contre les enracinés, du parisianisme (voire bruxellisme) contre la France profonde, d'une société publicitaire contre la société de la qualité de la vie. » Cette diatribe sonne d'autant plus étrangement si l'on observe que certains propriétaires de « pylônes » (les postes de tirs) louaient volontiers leurs équipements, en toute illégalité, et dans l'unique dessein de s'en mettre plein les fouilles, à des laboratoires pharmaceutiques dont l'enracinement dans le terroir médocain n'est guère plus établi que celui des militants de la LPO.

Mais c'est à l'occasion de l'assemblée générale de la Fédération des chasseurs de Gironde, le 25 avril, que la ferveur antiécologiste atteint son plus haut degré d'exaspération. Ainsi, tandis que certains orateurs s'en prennent obliquement à nos voisins d'outre-Rhin – car chacun sait que si tous les écologistes ne sont pas allemands, tous les Allemands sont écologistes –, M. Sallenave, porte-parole des chasseurs des Landes, et président de la région cynégétique Sud-Ouest, annonce-t-il qu'il refusera désormais de siéger dans une commission aux côtés de représentants des associations de protection de la nature.

De leur côté, les adversaires de la chasse à la tourterelle ont décidé de ratisser large, en France et dans les pays limitrophes. Depuis que Brigitte Bardot a manifesté son intention de se joindre – au moins par la pensée, et peut-être en chair et en os – au rassemblement de Lesparre, les gros bataillons des adorateurs du bébé phoque ont adhéré à cette initiative, prise à l'origine par des associations plus soucieuses de gestion de la faune que de promotion du droit des bêtes à disposer d'elles-mêmes. Dimanche matin, tandis que les bons seront rassemblés à Lesparre, les méchants se sont donnés rendez-vous à Soulac-sur-Mer. Le préfet de la Gironde fera certainement le nécessaire pour prévenir tout contact entre les deux groupes. Quant aux principales intéressées, les tourterelles des bois, elles bouclent tranquillement leur valise avant d'entamer leur grand voyage de retour, complètement ignorantes des querelles assassines qu'elles déchaînent parmi les hommes.

Libération*, 3 mai 1985*

Guerre de la tourterelle : Brigitte et les quatre-vingts chasseurs

À première vue, il semble que la tourterelle des bois compte moins d'amis, dans toute la France, que d'ennemis dans le seul département de la Gironde. À l'appel de leur fédération départementale, les chasseurs ont été en effet plusieurs milliers à se rassembler à Soulac, et les défenseurs de la tourterelle seulement quelques centaines à se rassembler à Lesparre, à l'appel d'une demi-douzaine d'organisations représentant toutes les nuances de la sensibilité zoophile ou écologique. Il est vrai que les chasseurs avaient l'avantage du terrain, et que seuls des illuminés, qui ont une fois pour toutes trahi leur propre règne, et pris contre lui le parti du caillou, du chou et du hibou, pouvaient imaginer d'appeler à une manifestation un dimanche, à 8 heures du matin, en un lieu aussi retiré que Lesparre, au milieu d'une population si complètement acquise au parti adverse que seule la présence de nombreux gendarmes la retint de transformer les adversaires de la chasse en confit de canard.

En dépit de tout ce qui les oppose, les manifestants de Lesparre et ceux de Soulac ont en commun d'avoir placé Brigitte Bardot au centre de leur dispositif imaginaire et symbolique. Du côté de Soulac, parmi d'autres rodomontades, ce sont des menaces plus ou moins appuyées de la rouler dans le goudron et la plume, des cris d'« au cul, BB ! », des dessins sensés représenter la vedette, son cordon de la Légion d'honneur autour des reins « puisque c'est par là qu'elle l'a mérité », ou de gigantesques couilles toutes poilues, associées à ses initiales, barbouillées dans la nuit sur la route nationale reliant Bordeaux à Lesparre.

Du côté de Lesparre, le bruit courut tout d'abord que la sainte patronne des bébés phoques, par crainte d'une embuscade, pourrait rejoindre le rassemblement en hélicoptère, et descendre du ciel, parmi ses fidèles assemblés, comme la Jérusalem céleste au jour du jugement. En fin de compte, Brigitte Bardot vint en effet, mais par la route, dans une R25 qui, fendant la foule, la déposa au pied du kiosque à musique tenant lieu de tribune aux orateurs du parti des bêtes. Accueillie par des clameurs d'enthousiasme, l'artiste prononça sous le hérisson emblématique de la FFSPN (Fédération française des sociétés de protection de la nature) quelques paroles succinctes, de celles qu'on attend d'un vainqueur de Paris-Roubaix épuisé par l'enfer des pavés du Nord. Puis elle repartit comme elle était venue, entraînant dans son sillage les trois quarts des journalistes présents, et laissant tout pantois les manifestants clairsemés, surpris que l'on puisse faire tant de cas d'une seule personne et si peu de leur grande affaire. Car certains, tout de même, étaient venus jusque d'Allemagne ou de Grande-Bretagne pour défendre la tourterelle.

L'averse, qui menaçait, ne s'étant décidée à tomber que vers 10 heures, les chasseurs, dont le rassemblement commençait un peu plus tard, furent beaucoup plus mouillés que les écologistes. Dressée en face du casino de Soulac-sur-Mer, leur tribune est surmontée d'une banderole proclamant que si « les classes dirigeantes passent, les traditions restent », et encadrée de deux autres exigeant « la chasse aux chasseurs » et « la France aux Français ». Pour corriger, peut-être, l'impression fâcheuse produite par cette dernière inscription, M. Huet, administrateur de la Fédération, propose en préambule une quête au profit des enfants qui souffrent de la faim dans le monde, sans plus de précisions. Applaudissements nourris, clameurs. Au cours de la matinée, divers orateurs plus ou moins véhéments se succéderont pour tenir des discours de plus en plus brefs, en raison des trombes d'eau qui tombent de plus en plus dru, estompant au loin la silhouette du phare de Cordouan.

À l'heure où M. Huet tendait généreusement la main aux affamés, les gendarmes de Lesparre neutralisaient une bombe artisanale placée par une main anonyme à une cinquantaine de mètres du kiosque à musique où les amis des bêtes jouaient leur partition. Dissimulée dans une valise, la machine infernale consistait en un extincteur de taille standard, rempli de chlorate de soude et de graviers. D'après les démineurs de la gendarmerie, l'explosion de cet engin aurait pu causer des dégâts considérables dans un rayon de 25 mètres. Les chasseurs avaient bien prévenu, la veille, de ce qu'on ne devait pas les prendre pour des pigeons, mais ils n'avaient pas précisé qu'ils traiteraient les écologistes comme des tourterelles.

Libération*, 6 mai 1985*

ET VOGUE LA CROISIÈRE POUR SAINT-NAZAIRE

Yohoho… et une bouteille de rhum ! Les chantiers de Saint-Nazaire l'ont emporté de justesse sur leurs concurrents suédois et finlandais et construiront donc le prochain paquebot de l'armement norvégien Royal Caribbean. Une preuve de plus que le marché de la croisière reprend du poil de la bête.

De son côté, le Norvégien Knut Utstein Kloster, le géant mondial de la croisière, déjà propriétaire du *Norway* (ex-*France*) et de sept autres navires de gros calibre, confirme, lui, son intention de faire construire – vraisemblablement par les chantiers finlandais Wärtislä – un monstre marin de 210 000 tonneaux de jauge brute [1], susceptible d'accueillir cinq mille passagers, qui devrait entrer en service début 1989. Si le *Phœnix* – dont les premières ébauches évoquent la pire architecture balnéaire bien plus que les mastodontes du passé – est effectivement construit, l'entrée en flotte de cette nouvelle unité porterait la capacité d'accueil de Kloster à onze mille cinq cents passagers.

Enfin, l'hiver prochain, l'*United States* (302 mètres de long, 38 216 tonneaux) devrait entrer aux chantiers Howaldswerke de Hambourg, où, moyennant quelque 150 millions de dollars, il sera entièrement refondu afin de répondre à sa nouvelle vocation de paquebot de croisière. Lancé en 1952 à Newport-News, jadis concurrent du *France* sur l'Atlantique Nord, et toujours titulaire du « ruban bleu », l'*United States*, versé dans la réserve de l'US Navy, croupissait depuis 1969 dans un bassin de Hampton Roads.

Tout cela témoigne de la bonne santé du marché mondial de la croisière. Depuis 1970, une trentaine de paquebots ont été construits. Beaucoup d'autres ont été refondus : un ancien transbordeur norvégien, l'*Albatros*, converti entre-temps par le Koweït en transporteur de bétail, a même repris du service comme paquebot de croisière pour le compte

1. Unité de mesure du volume intérieur d'un navire.

d'un armement grec. On en compte aujourd'hui une bonne dizaine en construction. Si l'on ne comptabilise que les grandes et moyennes unités (jusqu'à 4000 tonneaux de jauge brute), la flotte mondiale de paquebots de croisière compte en 1985 environ cent vingt unités, auxquels il faudrait ajouter quinze paquebots soviétiques de la Morpasflot, placés juste en dessous de la barre des quatre mille.

Cet essor du marché de la croisière – régulier au cours des années soixante-dix (de 5 à 6 % par an), ralenti au début des années quatre-vingt, et de nouveau impétueux en 1984 – est largement tributaire de la clientèle américaine, qui, avec un peu plus de deux millions de « croisiéristes » par an (contre environ six cent mille pour l'ensemble de l'Europe), représente à elle seule près de 80 % des effectifs mondiaux. Les plus grands opérateurs – la Norvegian Caribbean de Kloster, la Royal Caribbean, également norvégienne, la Carnival américaine ou la britannique P & O – se disputent avec une âpreté particulière le marché américain. Aux États-Unis, par surcroît, les paquebots, sans avoir à couvrir de longues distances, peuvent barboter toute l'année dans les eaux tiédasses des Caraïbes. En France, les armateurs ont raté le coche, à l'exception des Croisières Paquet, filiale du groupe Chargeurs SA, qui traitent chaque année environ cinquante mille croisiéristes à bord de deux paquebots battant pavillon de complaisance – *Rhapsody* et *Mermoz* – et d'un troisième, *Azur*, qui vraisemblablement ne bat plus pavillon français que pour quelques mois. Cette ruée sur le pavillon de complaisance (le plus à la mode étant depuis quelques années celui des Bahamas), outre les avantages fiscaux qu'elle procure, permet, en recrutant des équipages généralement asiatiques, d'économiser sur les salaires et sur les charges, et de ne plus entendre parler des syndicats. Ce qui n'implique d'ailleurs pas que tous les paquebots naviguant sous pavillon de complaisance soient des bagnes flottants.

Le développement du marché s'est traduit, ces dernières années, par une diversification des produits. Même si on laisse de côté telle ou telle catégorie marginale, comme le Scandinave qui emprunte un ferry à destination de la Pologne pour bénéficier de l'alcool *duty free*, et qui débarque inconscient à Gdansk ou à Swinoujscie, il existe en effet de nombreuses espèces de croisiéristes, aux moyens et aux exigences très différents. Les Soviétiques, contrairement à toute attente, offrent, paraît-il, sur certains paquebots, des prestations très honorables, ce qui leur a permis de grignoter 50 % du marché allemand (le plus grand marché européen, avec environ cent quarante mille passagers) et de s'établir solidement sur le marché britannique, en profitant notamment de ce que leurs concurrents indigènes étaient mobilisés sur le front des Malouines. Néanmoins, on ne rencontrera pas, à bord du *Mikhail Lermontov* ou du *Taras Shevchenko*, la même clientèle qu'à bord des *Sea-Goddess I* et *II*, mis en œuvre par des Norvégiens dissidents de Kloster, qui tablent sur le développement du haut de gamme.

L'été en Méditerranée, l'hiver aux Caraïbes, les *Sea-Goddess* offrent à quelque cent vingt passagers, moyennant trois à quatre briques par semaine, le confort du *Schéhérazade*, le célèbre yacht de Rastapopoulos. Mieux que le *Schéhérazade*, les *Sea-Goddess* possèdent une plateforme arrière qui s'ouvre au ras des vagues, afin de permettre aux passagers de s'adonner commodément, en pleine mer, aux joies de la plongée, du ski nautique ou de la planche à voile.

Dans l'avenir, le fin du fin devrait être le paquebot à voile, à bord duquel le client peut se bercer d'illusions « stevensoniennes » dans un confort et une stabilité de palace. L'armement américain Windstar Sail a ainsi passé commande aux Ateliers et Chantiers du Havre de deux quatre-mâts de 134 mètres de long, qui emporteront leurs deux cents passagers à 10/12 nœuds sans jamais prendre plus de huit degrés de gîte. La décoration intérieure a été confiée à Marc Held, également maître d'œuvre de la rénovation du *Mermoz*, des croisières Paquet, parachevée en 1984.

En attendant la mise en service de ces monstres exquis, prévue pour 1986, il semble que la palme du luxe et de la sophistication revienne toujours au *Society Explorer*, un petit paquebot de 2 400 tonneaux armé désormais par la firme américaine Society Expeditions. Non seulement les cabines du *Society Explorer* sont lambrissées de bois précieux et décorées chacune de manière différente, non seulement on vous y tasse dans le cornet plus de homards à la nage et de Château-Margaux que partout ailleurs, mais en plus le *Society* se paie le luxe d'être le premier navire au monde à emprunter dans les deux sens le fameux passage du Nord-Ouest (de l'Atlantique au Pacifique), et de débarquer ses passagers dans des archipels où seules des expéditions scientifiques, et le cas échéant des militaires, ont jamais mis les pieds. Et afin que ce ne soit pas perdu pour tout le monde, le *Society Explorer* possède à bord un laboratoire géré par le Hubbs Sea-World de San Diego, l'un des instituts océanographiques les plus prestigieux dans le monde. « Imaginez votre émotion, lit-on dans la brochure de Society Expeditions, si vous étiez à bord au moment de la découverte d'une nouvelle espèce animale… » En attendant, les passagers, briefés et encadrés par des spécialistes de haut niveau, sont bel et bien embarqués sur des Zodiac et lâchés en pleine nature, en Nouvelle-Guinée ou dans l'Antarctique, pour aller se faire mettre un os dans le nez, ou chatouiller sous le menton des espèces rarissimes de pinnipèdes. Ce qui leur plaît le plus, paraît-il, c'est qu'au moment d'embarquer on leur fasse signer une déclaration par laquelle ils acceptent qu'en cas de décès leur corps soit passé par-dessus bord comme dans un roman de Joseph Conrad. Le coût de la croisière, pour ce qui concerne le passage du Nord-Ouest, est de 15 000 à 30 000 dollars par personne, sans compter naturellement les petits à-côtés. En revanche, l'acheminement aérien, au départ de n'importe quelle ville des États-Unis, est inclus dans le prix du billet.

Libération, *1er août 1985*

Quand croisent les pingouins

À terre, d'un monde à l'autre, les points de passage sont nombreux et finalement assez faciles à trouver. Il suffit parfois de se laisser glisser au fond d'un puits, ou de passer sans se couper à travers les miroirs. Et de même, à bord du *Mermoz*, une fois surmontée la crainte que lui ont tout d'abord inspirée tant de portes closes, frappées d'inscriptions polyglottes telles que « Passage interdit », « Dilarang liwat jalan ini » (traduction indonésienne du précédent), « Crew only », « Privé » (en anglais : « Watch your step »), etc., le néophyte ne tarde guère à découvrir les points faibles de ce dispositif labyrinthique et terriblement cloisonné, à l'instar d'un biotope où plusieurs espèces évoluent sans presque jamais se rencontrer.

À ceux qui aiment se donner des airs de mystère, et faire une affaire d'un rien, nous recommandons la petite porte, dissimulée par une tenture, qui, dans le fond du cinéma Gibraltar, donne accès aux régions inférieures. C'est là, comme il se doit, dans le bruit incessant des vagues se brisant sur les tôles du bordé, que l'on passe le plus abruptement de la scène à la coulisse, d'un univers de spectacle et d'oisiveté, de moleskine et de peluche rouge, à un univers de sacs à patates, d'épluchures et d'activité débridée. En fait, une coursive desservant notamment les frigos et la morgue du bord (détail pittoresque), provisoirement occupée par quelques milliers d'oignons crus, et quelques muids de ragougnasses exotiques, à base de poisson séché, destinées à la nourriture des Indonésiens.

Plus simplement, on empruntera l'escalier principal (réglementairement, il conviendrait de dire l'« échelle », car à bord d'un navire, fût-il à passagers, il n'y a pas plus d'escaliers que de bouts de ficelle) jusqu'au pont Équateur. De là, affichant la mine détachée du pique-assiette qui, sans raison avouable, traverse d'un bon pas le hall d'entrée d'un palace, on poussera la porte marquée « Watch your step », on laissera sur la droite la salle des machines, puis on obliquera sur la gauche pour atteindre la pâtisserie du bord, et le self où le personnel, toutes nationalités confondues, absorbe distraitement des repas évidemment sans rapport avec les Balthazars servis deux fois par jour aux trois cent cinquante-sept passagers.

Des inscriptions en trois langues (français, anglais et indonésien) invitent le personnel de service à se laver les mains fréquemment, et quelques Sénégalais épluchent gaiement des légumes, le plus âgé se plaignant tout de même de ce que c'était autre chose « lorsque nous n'étions que des Français à bord ». Dans la coursive, on observe pour la première fois un véritable plan du navire – d'ailleurs surmonté par une main anonyme d'un Jolly Roger grossièrement dessiné au feutre noir –, c'est-à-dire un plan réglementaire, sans lacune, mentionnant explicitement toutes ses fonctions, nobles et roturières. Dans les étages supérieurs, les passagers n'ont droit qu'à des plans beaucoup plus sommaires – mais rehaussés de couleurs agréables – où toute la partie utile du navire est uniformément représentée en gris, comme si elle demeurait ignorée du cartographe ou exempte de toute trace de vie : *Empty quarter*.

Si la découverte du self ne présente pas de difficultés particulières, il n'en va pas de même du Village, encore appelé Jakarta, où logent les quelque cent quarante-cinq Indonésiens qui désormais travaillent à bord du *Mermoz*. Les premiers ont fait leur apparition en 1978, au grand dam des syndicats, et bien qu'ils aient été tout d'abord confinés dans des tâches subalternes et peu maritimes, telles l'entretien des cabines, le blanchissage ou le service à table. Depuis que le 10 août 1984, dans le port de Tromsoe, en Norvège, le *Mermoz*, désormais légalement domicilié à Nassau, a sans cérémonie troqué le pavillon français contre celui des Bahamas, les Indonésiens ont proliféré jusqu'à empiéter sur les secteurs auparavant réservés aux marins français, c'est-à-dire le pont et la machine. Recrutés sur la base d'un accord passé à Jakarta entre l'Association des armateurs étrangers (Foreign Shipowners Employers Association) et le Syndicat des marins indonésiens (Kesatuan Pelaut Indonesia), ils gagnent pour la plupart entre 200 et 300 dollars de salaire de base, auxquels s'ajoutent les heures supplémentaires, qui leur permettraient généralement de doubler la mise.

Les coursives du Village sont perpétuellement encombrées de linge qui sèche, et les Indonésiens y vivent à quatre ou six par cabine. Ce qui est encore mieux que les Sénégalais, installés tous les douze dans le même dortoir, et ne disposant apparemment, en fait de douches, que de chiottes à la turque à géométrie variable. Le chef spirituel des Sénégalais est un vieux bourlingueur corse qui exerce à bord l'activité de veilleur de nuit. Avant que les Sénégalais aient découvert les mérites de la cassette, qui permet d'envoyer aux familles non seulement de ses nouvelles, mais la voix véritable de leur seigneur et maître, le veilleur de nuit faisait également office d'écrivain. Comme il a un joli coup de crayon, à ses moments perdus, il dessine à ses protégés des maisons, et la légende rapporte que tout un village de Casamance aurait été construit d'après ses indications.

Parmi les Indonésiens, quelques-uns sont catholiques ou bouddhistes, mais la grande majorité est musulmane, si bien qu'à certaines heures, et particulièrement en période de Ramadan, on risque à tout instant de trébucher au détour d'une coursive sur un croyant en prières, dont on se demande comment il est parvenu à retrouver la direction de La Mecque dans ce foutoir. Dans l'ensemble, les Indonésiens musulmans ne le sont pas au point de répudier complètement la bouteille ou le shit, ou les amours autarciques qui leur permettent de supporter tant bien que mal des embarquements de près d'un an. Autrement, ils respectent la plupart des lois divines et humaines, ils ont un sens de la famille que traduit l'abondance, dans leurs cabines, de photographies de jeunes épouses et de petits gniards, et rien ne permet d'affirmer qu'ils se sentent particulièrement malheureux à bord. En prévision du spectacle qu'ils donneront le 17 août, à l'occasion de leur fête nationale, le commandant a mis à leur disposition, pour les répétitions, la grande salle du restaurant Massilia, et en diverses circonstances, comme beaucoup sont musiciens et qu'ils disposent à bord de quantité d'instruments, ils organisent des javas auxquelles les autres nationalités s'associent généralement de bon gré.

Enfin, il est manifeste que les passagers n'ont pas perdu au change. Car quel est le loufiat français qui serait toujours aimable et souriant, qui vous citerait tout à trac le cours du cacatoès apprivoisé sur le marché des Célèbes (5 dollars aux dernières nouvelles), ou qui confectionnerait spontanément, et pour le plaisir, de merveilleuses grenouilles en papier plié qui sautent véritablement quand on leur appuie sur la queue ?

À bord du *Rhapsody*, armé par la branche américaine des Croisières Paquet, on compterait dans le personnel trente-deux nationalités. À bord du *Mermoz*, on n'en compte guère plus de quatre ou cinq, y compris les femmes de ménage suédoises ou norvégiennes, et à peu près autant de statuts différents. Après le contrat indonésien, le plus répandu à bord est le contrat Pricel, établi par une société disposant d'une boîte postale à Genève et d'une vitrine à Guernesey, qui concerne une centaine de personnes. Outre les officiers, quelques dizaines de navigants conservent sous pavillon des Bahamas le statut de marins français, aussi bien parmi le personnel de conduite que parmi les maîtres d'hôtel, dont quelques vétérans des lignes régulières que la Compagnie Paquet exploitait autrefois sur l'Afrique de l'Ouest.

Toutes ces acrobaties juridiques, pour ce qui concerne le *Mermoz*, permettent aux Croisières Paquet d'économiser sur un an 13 ou 14 millions de francs, soit quelque 6 % du chiffre d'affaires du navire. Faute de quoi, il faut bien le dire, les trois paquebots qu'elles arment encore auraient probablement été saucissonnés à Taïwan, ou revendus en Arabie Saoudite comme bétaillères à pèlerins.

Dans la matinée du 14 Juillet, venant du cap Nord, et faisant route vers le Spitzberg, le *Mermoz* double l'île de l'Ours. Jusqu'au cap Nord, dans ces bras de mer faufilés entre les îles qui presque tout du long ourlent la côte ouest de la Norvège, la navigation s'est déroulée dans des conditions évoquant la traversée d'un lac suisse. Même au large, la mer persiste dans ses dispositions lacustres, et le ciel, d'où jamais la lumière ne s'absente, même une minute, est exempt de nuages, à l'exception d'un seul, confortablement installé sur l'île de l'Ours dont il épouse exactement les contours.

Passé l'île, le temps paraît consentir à se détériorer légèrement, et la mer à retrouver sa vocation maritime. Tandis que les passagers les plus niais s'interrogent sur la configuration du Spitzberg – s'agit-il bien d'une « espèce d'île ? » – et les plus dégourdis sur la nature exacte des oiseaux que le *Mermoz* traîne en abondance après lui (des fulmars), la température extérieure tombe à 5°, le temps fraîchit, des sortes de vagues se forment à la surface du lac de Genève, et sur le coup de 5 heures le *Mermoz* est environné d'une brume assez dense pour qu'il se sente obligé de lâcher de loin en loin des coups de sifflet délicieusement lugubres, afin de donner l'alarme aux baleines et aux morses qui pourraient se trouver sur son passage.

Quelques Indonésiens escamotent à la hâte les chaises longues déployées sur les ponts promenade. Et le soussigné, avec une joie mauvaise, guette le moment où les passagers, en fait de cotillons et de musette, seront tous à lâcher des renards dans leurs cabines, au milieu des trousses de toilette, des crèmes solaires, des best-sellers et des tenues de soirée retournées à l'état sauvage.

De toutes les espèces présentes à bord – dont les territoires se recoupent parfois mais ne se recouvrent jamais, avec toutes les conséquences protocolaires qu'entraîne cette distribution très savante au sein d'un espace limité –, le passager, globalement, est de loin la moins intéressante. Naturellement, cette règle souffre quelques exceptions, dont la plus remarquable est pour cette fois le passager difforme et magnifique, qui se déplace en jetant ses membres autour de lui à la manière d'un céphalopode, et qui peut passer plusieurs heures, dans un face à face d'une pureté buñuélienne, à regarder sans mot dire l'hôtesse-au-visage-préraphaélite, tandis qu'elle répartit soigneusement les cartes blanches, bleues, vertes, rouges et jaunes, qui demain, si tout va bien, permettront aux trois cent cinquante-sept pingouins de débarquer sans se marcher sur les pieds.

Dans l'ensemble, cependant, il semble que le passager envisage surtout la croisière comme une occasion de se surclasser socialement, de contrefaire pendant quelques jours, ou quelques semaines, les gestes d'une société à laquelle il n'appartient pas, et qui d'ailleurs a vraisemblablement disparu depuis un demi-siècle. Le passager s'adonne donc du matin au soir au loisir, c'est-à-dire à cette variété particulière de dépense qui ne relève même pas de l'ethnologie. Ça commence à 8 h 30 avec la gymnastique, ça continue à 9 heures avec la messe célébrée par le curé de Notre-Dame-d'Auteuil dans le cinéma Gibraltar, provisoirement consacré par l'érection d'un crucifix escamotable et le déploiement d'un peu de vaisselle ecclésiastique.

Et toute la journée, ce sont sur tous les ponts, à tous les étages, des amusements inouïs, des fastes dont on n'a pas idée, des lotos, des bingos, des ping-pongs, des golfs, des parties de tir au pigeon, des conférences des plus instructives, des duos et des trios, des ateliers bijoux, des gags désopilants, des leçons de claquettes, des buffets froids et des gueuletons chauds... Tout cela ne donnant d'ailleurs qu'un petit avant-goût des réjouissances véritables, qui ne se donnent libre cours qu'après 20 heures et le dîner servi soit au Grill Renaissance, pour le gratin, soit au restaurant Massilia pour le fretin.

Pour en revenir au 14 Juillet, nos espérances furent déçues, et après le super-bingo, à l'heure où les passagers, frisés au petit fer et vêtus de leurs plus beaux atours, se pressaient dans le grand salon pour le cocktail du commandant, le temps s'était définitivement remis au beau. Le bal eut donc lieu, et costumé par-dessus le marché. Et cependant que les pingouins dansaient sous les lampions, aussi insouciants et joyeux que les passagers du *Titanic* quelques instants avant que le navire heurte son fameux iceberg, un autre bal se déroulait au self, organisé celui-là par l'équipage.

Autre pont, autres mœurs. Si le musette règne sans partage dans le Grand Salon, à l'équipage, c'est plutôt le rock qui domine. Mollasson, au demeurant, ce petit bal de la marine. De tout le personnel, il n'y a guère que les derniers inscrits maritimes, presque tous bretons, et quelques titulaires de contrats anglo-normands, pour émarger à la lessiveuse de sangria, tandis que défilent sur tribord les premières cimes du Spitzberg, et que dans l'ombre, à l'écart de la piste, se dénouent en silence quelques mystérieuses et terribles querelles de Brest.

Le lendemain, après avoir ravitaillé en pemmican plusieurs explorateurs (au-delà du cercle polaire, l'explorateur se reconnaît à son Zodiac), le *Mermoz* mouille dans la baie de la Madeleine, en face d'un glacier dont le front gigantesque s'ébroue de temps à autre avec des craquements d'artillerie légère. Ici même, en 1978, un alpiniste autrichien s'est fait manger tout cru par un ours blanc. Et tandis que les passagers, avant de débarquer, se regroupent sagement par couleurs, une chaloupe mène à terre quelques Indonésiens chargés d'établir une tête de pont, aussi insolites, dans ce décor, qu'un bataillon de Gurkas prenant pied sur le rivage des Malouines.

Une heure, peut-être moins, nous sépare du débarquement des pingouins. Mais quelle heure ! Quelles terribles cinq heures du soir ! Les siècles fuyaient au loin comme des orages. Vers les cimes, les piafs obscurcissaient le ciel de leurs vols immenses. On enfonçait dans un sol meuble, couvert de crottes de bernaches et de minuscules ossements d'oiseaux morts. Ici et là, un phoque barbu prenait le frais sur un gros glaçon. Quelquefois, nous vîmes même ce que l'homme a cru voir, tandis que résonnait dans les solitudes de l'Arctique le pépiement effroyable du mergule nain.

Libération, *3 et 4 août 1985*

Syrie, un chemin de fer en or

Le boulevard el-Jabry est à Damas l'une des artères les plus fréquentées par les pèlerins iraniens, qui viennent en Syrie adorer plusieurs reliques extrêmement sacrées. C'est à cette circonstance, et à l'habitude qu'ont les curistes persans d'afficher à l'extérieur de leurs casernes les portraits de leurs propres leaders, que l'on doit d'observer sur les murs du quartier d'autres bobines que celle du président Hafez al-Assad, omniprésente, énigmatique et immensément vallonnée.

En haut du boulevard el-Jabry se trouve la vieille gare ottomane, un petit palais ferroviaire dont le plafond présente une marqueterie polychrome extraordinairement compliquée, et d'apparence presque comestible. Les feuilles de cette marqueterie ne tiendraient d'ailleurs que par l'opération de quelques dizaines de milliers de jaunes d'œufs, que les ébénistes ottomans préféraient à tout autre genre de colle. Ces dizaines de milliers de jaunes d'œufs collés au plafond vous donnent une idée de la puissance et de la prodigalité des Turcs. Cependant toutes choses sont appelées à disparaître, y compris l'Empire ottoman, et, après sa défaite, les Français se sont sans façon installés dans ses meubles. Incapables de surpasser ou même d'égaler les Turcs sur le terrain de la décoration, ils se sont contentés d'exporter leur génie administratif et leurs convictions égalitaires, sous l'espèce de panneaux bilingues distribuant les passagers entre les guichets des première, deuxième et troisième classes. Du plafond comestible pend presque jusqu'à terre un lustre qui ne donne pas de lumière. Bien que la gare soit généralement déserte, on a veillé à garnir les cinq ou six étages du lustre de nombreux portraits du président al-Assad, qui, dans la pénombre, sourit aux mouches d'un air absent. La gare étant déserte, les quais le sont également – à l'exception d'une sorte d'allumeur de réverbères profondément endormi dans une chaise pliante –, et les voies étroites sont envahies d'herbe folle. Sur les voies de garage sont alignés par dizaines des wagons retirés du service, en bois, dont les plus anciens auraient été fabriqués au Creusot sous le règne de Napoléon III.

Cela sous toute réserve, car en dépit de longues et minutieuses explorations nous avons été incapables de découvrir leur marque de fabrique.

Chaque vendredi, et les jours de fêtes carillonnées, ce château de la Belle au bois dormant ouvre un œil, à deux reprises, le matin et le soir, à l'occasion du départ, puis du retour, du merveilleux petit train de Zabadani. L'arrivée du train de Zabadani est certainement l'un des spectacles les plus agréables et les plus réconfortants que l'on puisse voir à Damas. Il s'agit en effet d'un pur train de plaisir, dont le maintien en service, dans son état d'origine, n'est dû qu'à l'innocente ferveur qu'il inspire aux Damascènes. Grâce à lui, les citadins fauchés ou nostalgiques peuvent jouir en été de la verdure, des ombrages, des eaux claires et des guinguettes de Zabadani, une station thermale située dans la montagne à une cinquantaine de kilomètres de la capitale, et parée de tous les prestiges dont jouissaient aux temps impressionnistes Argenteuil, Chatou, Bougival ou l'île de la Jatte. Le chemin de fer gagne Zabadani à travers les gorges de Barada, s'aidant de crémaillères dans les passages les plus difficiles. En gare de Damas, son retour se signale tout d'abord par les bruyantes manifestations d'allégresse de la locomotive, une machine suisse fabriquée à Winterthur en 1884, ce qui en fait à coup sûr l'une des plus vieilles et des plus vaillantes locomotives en service dans le monde. La vitesse du convoi autorise les voyageurs à descendre avant l'arrêt, en prenant soin de n'oublier dans les wagons ni leurs mandolines, ni les reliefs de leur pique-nique, ni leurs moutards saouls de grand air, de cahots et d'escarbilles. Des témoins dignes de foi affirment que la ligne se poursuivait autrefois jusqu'à Beyrouth, et les mêmes nous ont signalé l'existence d'un cheminot en retraite qui, dans la plus pure tradition damascène, aurait composé à ce sujet une épopée de plusieurs centaines de vers.

Lui-même intarissable, et magnifique, dès lors qu'il s'agit par exemple de décrire les nuances de la peau nue d'un ennemi mort pourrissant sous la clarté lunaire, T.E. Lawrence, dans *Les Sept Piliers de la sagesse*, est malheureusement très succinct dans ses évocations du matériel ferroviaire ottoman. Tout ce qui l'intéresse est de savoir s'il convient de mettre à feu ses charges d'explosifs sous la première ou la seconde roue motrice de la locomotive, et divers détails concernant les moyens les plus expéditifs de la bousiller définitivement après qu'elle a sauté et déraillé, et que le contenu – turc – des wagons a été pour l'essentiel transformé en hachis parmentier par les mitrailleuses et les Howitzers de la Révolte arabe. Tout cela est certes très intéressant, mais ne nous dit pas s'il s'agit de matériel allemand, helvétique ou autre.

Dans le 119e chapitre des *Sept Piliers*, après avoir évoqué la déroute finale des troupes ottomanes dans des pages d'une beauté, d'une amertume et d'une férocité confondantes, où sa passion orgiaque du sang, de la destruction, de l'épuisement physique et moral se donne superbement libre cours, T.E. Lawrence livre néanmoins une indication assez précieuse pour l'archéologue industriel qui s'efforcerait aujourd'hui de rassembler les débris épars du chemin de fer du Hedjaz, dont quelques sections demeurent en service (notamment en Syrie, entre Damas et Deraa), et dont des pans entiers, irrémédiablement coupés, certains portant encore des convois foudroyés par les rezzous, tombent en poussière dans les déserts d'Arabie.

« Dans les jardins silencieux, écrit Lawrence, d'un vert que brouillait la brume du fleuve, restait sertie la cité frémissante, plus belle que jamais, comme une perle dans le soleil levant. Les grondements de la nuit s'étaient tus : seule une colonne de fumée, épaisse et haute, dressait sa noirceur funèbre au-dessus des magasins de Kadem, terminus de la ligne du Hedjaz. » Assez éloignée du centre de Damas, cette gare de Kadem n'a pas le charme suranné, rococo, de celle du chemin de fer de Zabadani. Construite à la va comme je te pousse en basalte noir du Hauran (comme, semble-t-il, la plupart des stations syriennes de la ligne du Hedjaz), elle n'en constitue pas moins, dans la terminologie officielle, un « objectif stratégique », dans la mesure où quelques trains diésélisés y prennent leur essor à destination de Homs, Hama ou Alep. Tout cela rend la visite de cette gare un peu plus hasardeuse que celle de la précédente, l'idée pouvant toujours venir à un fonctionnaire particulièrement zélé de confondre votre curiosité archéologique avec celle de l'ennemi héréditaire, dont les agents, un peu couillons, comme chacun sait, ont l'habitude de se promener le long des voies ferrées syriennes bardés d'appareils photographiques et de carnets de notes, à la recherche de locomotives obsolètes. Cette défiance ne concerne que l'échelon supérieur, car le cheminot de base est extrêmement débonnaire, et assez malin pour comprendre que seul un innocent peut enfreindre plusieurs règlements pour le simple plaisir de caresser les bielles ou le chasse-pierres d'une machine quasi centenaire.

Au prix d'un risque mineur, donc, qui relève cette visite d'un zeste d'anxiété, on peut voir à Kadem la plus extraordinaire collection de vieux wagons et de vieilles locomotives actuellement disponible dans le monde, en dehors de quelques musées. Il y a là, abandonnées sur des voies de garage, une dizaine de Winterthur de la même cuvée que celle de Zabadani, et dont il est raisonnable d'imaginer que certaines n'ont dû la vie sauve, durant la guerre du Hedjaz, qu'aux caprices des explosifs de Lawrence, qui n'obéissaient pas toujours au doigt et à l'œil. Cette circonstance confère aux antiques machines un surcroît de dignité dont elles pourraient très bien se passer, étant déjà fort admirables par elles-mêmes, ainsi chargées d'ans, couvertes de poussière, et tassées les unes sur les autres comme des éléphants tombés au champ d'honneur lors de quelque bataille des guerres puniques. En plus des Winterthur, les collections de Kadem comptent plusieurs locomotives allemandes de marque Saechs, fabriquées en 1906 et 1910 à Chemnitz, et d'un aspect encore plus antédiluvien, s'il se peut, que les précédentes. Enfin, dans un atelier, quelques mécaniciens s'affairent nonchalamment autour d'une superbe machine noire portant la marque de « A. Borsig, Berlin-Tegel, 1914 », dont il paraît exclu qu'ils envisagent sérieusement de la remettre en service. Pendant les quinze ou vingt minutes qu'a duré notre opération de commando archéologique en gare de Kadem, nous n'avons enregistré aucun mouvement de convoi, ce qui est assez dire : 1) que cette gare constitue un objectif stratégique de premier ordre ; 2) que nous sommes en effet, quant à nous, un espion ferroviaire des plus rusés.

Libération, *12 août 1985*

Géorgie soviétique : le concombre à visage inhumain

En face de la gare de Tbilissi, à trois heures de l'après-midi, le thermomètre autocuiseur affiche 36°. 36°, c'est une température qui n'a jamais empêché les oiseaux de faire leur nid. Aussi deux familles de moineaux ont-elles choisi de croître et de multiplier sur une effigie en bas-relief de Lénine, la première dans le coin de son œil gauche, qui offre en effet un petit encorbellement assez commode, et la seconde dans sa narine droite, où elle doit affronter des conditions de nidification beaucoup plus aléatoires.

L'activité de la famille « coin de l'œil » n'est pas vraiment attentatoire à la dignité du leader. En revanche, l'activité de la famille « narine » lui est assez préjudiciable, dans la mesure où la construction du nid entraîne un va-et-vient constant de piafs trimballant de la paille, des brindilles, des bouts de ficelle et d'autres menus fagots, qui, pour finir, lui sortent du naseau comme des poils incroyablement longs, rêches et jaunâtres, que le chef historique aurait oublié d'égaliser par suite d'une séance nocturne spécialement agitée à Smolny.

Les abords des gares sont partout dans le monde des lieux particulièrement propices à l'exercice de l'ethnologie approximative et de la sociologie sommaire. L'URSS n'échappe pas à cette règle, bien au contraire. Car l'un des principes du voyage en URSS, ou plus généralement dans les pays socialistes, c'est que tout ce que l'on y observe, même de plus anodin, est impitoyablement mis en demeure de signifier, de témoigner pour ou contre – mais si possible contre – le système politique, économique et social des pays concernés. Ainsi, par exemple, la découverte de hordes de dealers d'héroïne vaquant à leurs affaires aussi ouvertement que marchandes des quatre saisons, à deux pas de la gare d'Amsterdam, n'atteindra-t-elle jamais le même niveau de signification sociale que ces trois petites scènes de genre relevées en gare de Tbilissi : 1) Des Tziganes se roulant par terre, au risque d'étouffer leurs bébés plus ou moins postiches, dans l'espoir de gratter quelques kopecks ; 2) une vieille femme assise à même le trottoir, le regard vide, présentant à la foule trois tablettes de chewing-gum qu'elle tient en éventail dans sa main droite ; 3) un ivrogne ayant pissé sous lui mais demeurant accroché à son litron.

Ayant établi que le système socialiste écrasait les minorités ethniques et les contraignait plus ou moins à l'infanticide (petit un), qu'il abandonnait cyniquement les vieillards à leur triste sort (petit deux) et favorisait l'alcoolisme (petit trois), il nous reste à démontrer son ineptie économique, tout cela d'une seule main, et sans nous éloigner de la gare de Tbilissi. Il s'agit d'un exercice parfaitement rodé, qui ne présente aucune difficulté particulière, la seule nouveauté, dans notre démonstration, consistant à la mener à bien à l'aide d'un concombre. Par suite d'une erreur du plan quinquennal, les combinats où se forge le concombre soviétique – un concombre d'une autre étoffe – ont dû tourner tout l'hiver à plein rendement, si bien que cet été, toute la partie occidentale de l'URSS est submergée par un raz de marée de petits concombres que l'on vous sert à tous les repas, et généralement sans assaisonnement, les combinats à vinaigrette n'ayant malheureusement pu suivre le rythme effréné des stakhanovistes du concombre.

Pendant quelque temps, le voyageur supporte avec vaillance le spectacle du concombre dressé chaque matin, en fines tranches circulaires, sur la table du petit-déjeuner, du concombre en lanières fusiformes sur la table du déjeuner, du concombre en petits dés sur la table du dîner, des éventaires croulant sous les concombres dans des boutiques immenses et par ailleurs désespérément vides de toute autre denrée (excepté, pour ce qui concerne Tbilissi, le halva), des kolkhoziennes vendant au prix de l'ambre gris des concombres spéciaux dont le seul mérite est semble-t-il d'avoir poussé sur des lopins de terre arrachés à l'hydre collectiviste, des trottoirs où l'on a de la peine à se frayer un chemin parmi les montagnes, les pyramides, les barricades de concombres, chaque enlèvement de concombres entraînant automatiquement le déversement de quantités égales ou supérieures de concombres acheminés dans la nuit par train spécial. Puis le voyageur, sans crier gare, finit par s'emporter terriblement contre le concombre, et contre l'enthousiasme dont la ménagère soviétique entoure ce cornichon fadasse, pas beau, vaguement obscène et monstrueusement prolifique. Tout cela pour dire que l'on trouve également du concombre sur le parvis de la gare, à Tbilissi, et que le socialisme est un système qui produit énormément de concombres et très peu d'assaisonnement.

Parmi les articles en vente sur le parvis de la gare, il en est un beaucoup plus intéressant que le concombre, c'est le café moulu originaire du Brésil. Six roubles le pot. Et ne comptez pas sur nous pour vous donner le taux de change du rouble au marché noir, ni pour vous calculer combien de pots de café moulu représente le salaire moyen d'un ouvrier soviétique. De toute manière, l'ouvrier soviétique peut parfaitement se passer de café moulu. Quant à nous, qui avons des besoins bien supérieurs à ceux de l'ouvrier soviétique, nous avons dû traverser toute la ville à pied – non qu'il n'existe dans cette ville des taxis, des bus ou des tramways, et même un métro plus somptueux encore que celui de Moscou, mais parce que nous ne voulions négliger aucune chance – pour découvrir dans le voisinage du Bain turc l'unique établissement qui à Tbilissi serve du café, turc comme les bains, au prix de la corne d'opossum, et encore à certaines heures bien précises.

La chance nous sourit, car ce jour-là plusieurs mannequins soviétiques d'une beauté renversante, élancées et gracieuses que c'était à ne pas croire, posaient parmi les coupoles du Bain turc. Observons au passage, afin de couler définitivement le système, qu'elles ne disposaient pour se déplacer, se changer et s'apprêter que d'un vieil autocar « Gas » à museau carré que personnellement nous aurions volontiers affecté au ramassage des concombres, et qu'en dépit de ces conditions exceptionnellement favorables, aucun indigène ne prêtait la moindre intention à cette scène véritablement paradisiaque.

Au retour, afin de ne pas démériter aux yeux de ces créatures de rêve, nous empruntâmes un taxi. Lequel, nous prenant pour un Polonais, nous regarda d'un sale œil, puis, se ravisant, et découvrant notre véritable nationalité, manifesta un enthousiasme paroxystique pour notre pays, principalement sous l'espèce du général de Gaulle, de Jean Gabin et de Jean Marais, qu'il jurait être les trois hommes les plus forts du monde, surtout le dernier.

Chemin faisant, et bien que notre connaissance du russe se borne pour l'essentiel à la traduction des mots ours (metviet), bison (zoubr) et chimpanzé (chimpanze), l'homme nous expliqua laborieusement qu'il avait jadis étudié le français, dont il lui restait les noms de presque tous les secrétaires généraux que le PCF a connus depuis les années trente, c'est-à-dire finalement assez peu de monde.

Lui et moi, nous convînmes néanmoins de ce que presque toutes les choses en ce monde étaient « karacho » (bien, bon), voire « otchen karacho » (très bien), excepté la guerre (« boum-boum », car je n'arrivais pas plus à retrouver le nom russe de la guerre que lui son nom français), qui était le contraire de karacho, soit « niet karacho ». Au prix d'efforts surhumains, apoplectiques, le chauffeur parvint même à hurler en français une phrase entière – « Vive le camarade Joseph Staline » – que nous reprîmes en chœur, cette petite lâcheté nous valant de ne pas régler le prix de la course, car le Géorgien est aussi généreux qu'il est stal.

Staline, c'est indéniable, jouit d'une immense faveur dans cette ville de Tbilissi. Non seulement le parc qui couronne les hauteurs de la ville porte son nom, mais aussi le quai de la Koura – dont les Tbilissiens retirent une fierté prodigieuse, sous prétexte qu'il est bâti dans un granit imitant assez bien le béton armé –, et son effigie officielle, en bas-relief, apparaît à deux reprises, une fois en médaillon et une autre fois de pied en cap, sur la façade de l'Institut du marxisme-léninisme, un palais néoclassique dû à l'architecte Chtioussev, l'un des grands maîtres de l'académisme stalinien, et sans doute l'architecte favori du père des peuples. Enfin l'Intourist ne se gêne pas pour recommander l'excursion à Gori, ville natale du petit Joseph, comme l'une des deux ou trois choses que le touriste se doit de faire en Géorgie, sans parler de la visite du séminaire où il fit ses premières armes, de l'imprimerie où il imprima ses premiers tracts, etc.

En dehors de tout contexte officiel, il est fréquent à Tbilissi de trouver le portrait de Staline dans des autobus, dans des échoppes, dans de petits ateliers de cordonniers ou de réparateurs de montres, et ceci d'autant plus, en règle générale, que le local est plus minable, et plus pauvres ses usagers. Pour en revenir à la gare, c'est encore là, très précisément devant le terminus des tramways nos 2 et 6, que nous avons localisé le plus important gisement de ces images pieuses.

Il s'agit d'un kiosque qui ne débite apparemment que deux sortes d'articles, des photos de lutteurs dans le genre turc, excessivement gras, luisants, chauves et barrés d'énormes moustaches noires, et de très nombreuses images de Staline en plusieurs formats, parmi lesquelles nos préférences vont à une grande aquarelle représentant Staline aux champs, vêtu d'un uniforme clair, en compagnie d'une petite fille en jupe plissée (Svetlana ?) brandissant un filet à papillons, et d'un petit garçon en culottes courtes contemplant avec ravissement un vanesse vulcain posé sur son poing fermé. Cette image suggère que Staline aimait beaucoup la campagne, les enfants et la chasse aux papillons, ce que confirment tous les témoignages dignes de foi.

Libération, *23 août 1985*

Du rapport ambigu entre l'ours et les élus locaux

À la différence de l'ours, l'élu local est en France une espèce extrêmement prolifique dont l'ère de distribution ne se limite pas aux Pyrénées. Même en montagne, l'approche de l'élu local ne présente donc pas de difficultés particulières, celui-ci se reconnaissant aisément à l'écharpe tricolore dont il est ceint. Si l'on souhaite apprivoiser un élu local, on devra compter avec sa propension à dénier à l'étranger tout droit de regard sur sa commune.

Pourtant, considéré dans son ensemble, l'élu pyrénéen raconte volontiers des histoires d'ours. Parmi les élus que nous avons rencontrés dans le département des Pyrénées-Atlantiques, la plupart avaient été mêlés de près ou de loin à une affaire de plantigrade. Deux d'entre eux convenaient d'avoir tué au moins un ours, à l'époque où la loi ne se contentait pas d'autoriser la destruction de cet animal mais la préconisait, sous certaines conditions, afin de sauvegarder les intérêts du mouton.

M. Lonné-Peyret – dont le nom est associé par ailleurs à plusieurs choses terribles et magnifiques, tels le gouffre de la Pierre-Saint-Martin ou le tremblement de terre d'Arette – a tué son ours en 1953, dans le cadre d'une battue administrative. Il s'agit donc d'un ours parfaitement légal, dont la photographie peut trôner en bonne place dans la salle du conseil, presque sur le même pied que le portrait du président de la République.

Quant à M. Crampez, c'est à quatorze ans, avec du plomb de 4, et dans la vallée du Lys, qu'il abattit à bout portant une ourse en furie, qui lui était tombée dessus toutes griffes dehors.

Aujourd'hui, MM. Lonné-Peyret et Crampez président respectivement aux destinées des communes d'Arette (Pyrénées-Atlantiques) et de Castillon-de-Larboust (Haute-Garonne). Il est réconfortant de constater qu'ils comptent parmi les élus locaux les moins hostiles à la cause de l'ours. Aux côtés des maires de Saint-Aventin et d'Accous, ils seront en effet les premiers à accepter sans rechigner une indemnité versée dans le cadre du « Plan ours ». Ainsi la commune d'Arette va-telle percevoir quelque 28 millions de centimes, en dédommagement du « gel » pendant dix ans de trois coupes situées en zone rouge, et du débardage par hélicoptère d'une quatrième dont le bois est déjà vendu, abattu, écorcé et prêt à servir. Une fois les dix ans écoulés, les coupes devraient être remises sur le marché et l'État remboursé à raison de 60 % des sommes avancées.

La plupart des ours répertoriés sur le versant français des Pyrénées seraient domiciliés dans le massif de Sesques, qui s'étend entre les vallées d'Aspe et d'Ossau. Une grande partie du massif se trouvant sur le territoire des communes de Laruns et d'Etsaut, l'avenir de l'ours en France dépend très largement de la fantaisie de M. Charleix, maire d'Etsaut, et de M. Fabre, maire de Laruns. Dans le passé, M. Fabre s'est plutôt signalé comme un ami de l'ours puisque c'est lui qui, en 1965, après avoir obtenu que sa chasse soit définitivement et complètement interdite, mit sur pied le premier système d'indemnisation des dégâts des ours afin de prévenir une réaction brutale des bergers. Ses efforts n'ont pas empêché quelques fiers-à-bras non identifiés de rectifier en 1981 une ourse et son petit dans les gorges du Bitet, sur le territoire de la commune de Laruns. Ce drame et quelques autres ont à la longue entamé le crédit dont l'ours jouissait auprès de M. Fabre. Ayant observé récemment, dans des circonstances qui nous demeurent obscures, un ourson mort, il a constaté que l'animal avait beaucoup de dents cariées et en conclut assez cavalièrement que l'espèce est biologiquement condamnée.

La vérité est que le maire de Laruns, comme nombre d'élus pyrénéens, se soucie beaucoup moins d'ours que de remonte-pentes. Car ce qui fait joli, dans la montagne, ce n'est pas une tanière d'ours par-ci, par-là, c'est une bonne grosse station de sports d'hiver qui tourne deux mois de l'année et, pendant les dix autres, traîne dans le paysage comme des restes sur la table d'un banquet. Or, si d'un côté M. Fabre se dit prêt à surseoir à telle ou telle coupe litigieuse – tout en exprimant son inquiétude de voir la forêt dégénérer, à l'instar de l'ours, si on lui laisse pour dix ans la bride sur le cou –, de l'autre il caresse les projets d'aménagement les plus alarmants. On peut donc se demander si, en concédant quelques arpents de terre au Plan ours, le maire de Laruns n'aspire pas, avant tout, à se ménager des appuis contre la fureur des associations. Lesquelles, ayant dû renoncer à prévenir la construction d'une station de ski à Fabrèges, au bord du lac du même nom, s'efforcent désormais d'empêcher l'établissement d'une liaison entre Gourette et Artouste à travers la vallée du Sousséou.

Non moins que le maire de Laruns, le maire d'Etsaut – bien qu'il s'en défende – rêve de sports d'hiver. Et en attendant la station dont il a, semble-t-il, formé le projet, M. Charleix refuse, avec une obstination mérovingienne, d'accepter la subvention que l'Environnement lui propose pour renoncer à la construction de pistes et de routes en direction du col d'Arrao qui, si elles se font, entailleront cruellement ce massif de Sesques si fertile en ours. M. Charleix, qui ne décolère pas contre le parc national des Pyrénées-Occidentales, se plaint de ce que, depuis sa mise en place, on ait vu des ours saccager des ruchers presque sous le nez des apiculteurs.

En progressant vers l'est, on a tout d'abord l'impression que l'ours, qui conserve quelques positions isolées dans le Luchonnais et dans l'Ariège, éveille ici plus de sympathie que dans l'impitoyable département des Pyrénées-Atlantiques. En vallée d'Aure, et par surcroît dans un décor admirable, il s'est même trouvé un élu – M. Dubarry, maire d'Aulon – pour répondre l'hiver dernier dans les colonnes de *La Nouvelle République* aux rodomontades du ministre de l'Artisanat. Celui-ci, lors d'une visite dans les Hautes-Pyrénées, avait soutenu que l'on ne pouvait « compromettre le développement régional pour deux ou trois oursons ». Fier de ce que le territoire de sa commune abrite un couple d'aigles royaux, M. Dubarry regrette que l'ours ne fasse qu'y passer sur la pointe des pieds, au hasard de ses longues errances. Tant et si bien que tout ce qu'Aulon et son maire peuvent faire pour l'ours, en plus d'accueillir cet été une exposition à sa gloire, c'est de lui ménager une arrêt buffet, une zone de nourrissage qui devrait être installée cet automne avec le concours de la gendarmerie.

Luchon, célèbre pour ses bains, est aussi une capitale de l'ours. La ville lui a d'ailleurs élevé, dans le parc thermal, une statue qui, assez grossièrement, tourne le dos à une sorte de naïade en marbre blanc figurant probablement l'eau bienfaisante des sources, à moins qu'il s'agisse des munificences de l'industrie. Dans les années cinquante, on pouvait même voir deux ours captifs à l'Hospice de France. On faisait alors si bon marché des ours que M. Peyrafitte, sénateur-maire de Luchon, se souvient d'en avoir baptisé un au champagne dans la boîte de nuit de son hôtel Poste et Golfe. Pour qui vient de visiter pendant une semaine des bureaux d'élus pyrénéens, qui tous – à l'exception de celui de M. Fabre, tapissé d'imposantes vues prospectives de Fabrèges – se signalent par leur modestie, le bureau de M. Peyrafitte apparaît comme une sorte de galerie des glaces, bien que, tout compte fait, l'on n'y remarque rien de plus extraordinaire qu'un pot de cinéraires et cinq ou six fauteuils dorés de style louis-quinzien.

M. Peyrafitte, qui ne manque ni d'aisance ni de rondeur, se défend d'éprouver pour l'ours des sentiments mitigés. Mais il fait tant de réserves sur l'opportunité de sa protection – dans le genre : « Je ne demande pas mieux qu'ils prolifèrent, mais de là à tout supprimer pour les ours… » – que l'on peut, et encore par euphémisme, douter de la sincérité de son adhésion au Plan ours.

Quand M. Peyrafitte parle de « tout supprimer », il fait allusion à la route menant de Bagnères-de-Luchon à l'Hospice de France, emportée en 1977 par un glissement de terrain, et dont le Groupe ours souhaiterait qu'elle ne soit pas reconstruite afin de ménager la tranquillité des quelques plantigrades qui hantent aujourd'hui ces solitudes. Or, pour le sénateur-maire de Luchon, l'abandon de cette route serait non seulement une erreur sur le plan touristique, mais aussi une sorte de crime contre le genre humain. Car, selon lui, le site de l'Hospice de France jouit d'une faveur toute particulière auprès des vieillards, des handicapés et des rhumatisants. Comment les uns et les autres pourraient-ils monter là-haut sans une route goudronnée ?

On voit par là que les écologistes – d'ailleurs étrangers au pays, et peut-être même à toute espèce de pays – se soucient comme d'une guigne des vieillards, des handicapés et des rhumatisants. En conclusion de cet entretien, M. Peyrafitte promet de mentionner notre visite lors de l'émission qu'il consacre chaque dimanche, sur les ondes de la radio locale, à la description minutieuse, pittoresque et dithyrambique de son activité de la semaine écoulée.

On ne peut contester, par ailleurs, que M. Peyrafitte soit un excellent maire, et Bagnères-de-Luchon l'une des villes thermales les plus coquettes de tout l'Hexagone. On peut simplement regretter qu'à l'instar de bien d'autres élus locaux il ne soit guère conscient de tout ce que la présence de l'ours – même discrète, même évanescente – apporte à ces montagnes, et de tout ce qu'elles perdraient si, un jour prochain, l'autocar et le remonte-pente devaient y régner sans partage.

L'Événement du jeudi, *29 août au 4 septembre 1985*

Rien ne sert de bouillir, il faut la cuire à point

Lorsqu'il pleut en Bulgarie, il y a toujours au moins deux personnes pour s'en réjouir : le parapluie bulgare, qui retrouve ainsi son innocence, et la grenouille rieuse. La grenouille rieuse (*rana redibunda*) se réjouit bien que que ses jours, semble-t-il, soient comptés. La Bulgarie exporte en effet chaque année une centaine de tonnes de ces batraciens à destination de la France, de la Suisse ou de l'Italie. Toutefois, assure le professeur Vladimir Beshkov, de l'Institut de zoologie auprès de l'Académie bulgare des sciences, il n'y a pas lieu de s'en faire pour la grenouille, dans la mesure où, en Bulgarie, elle se reproduit encore plus vite qu'on ne l'exporte.

Quant à la tortue, c'est une autre affaire. La Bulgarie compte deux espèces de tortues terrestres, *Testudo Graeca Ibera*, et *Testudo Hermanni Hermanni*. L'une et l'autre, de l'avis des amateurs, sont excellentes à manger. Les Allemands, plus particulièrement, en sont friands. Pendant la guerre, quantité de tortues bulgares, dans les marmites de la Wehrmacht, périrent ainsi sur tous les fronts. Après guerre, l'instauration du pouvoir populaire n'entraîna pas de changements notables dans la triste condition des tortues bulgares. Comme disait l'inoubliable cochon de Copi : « Un jour, heureux. Le lendemain, rillettes. » Tout cela jusqu'au décret de 1961, pris à l'initiative du professeur Beshkov, qui proscrit l'exportation des tortues bulgares, et stipule qu'il est interdit de les capturer entre le 15 avril et le 30 août, c'est-à-dire pendant la période de reproduction, de même que, toute l'année, autour des grands centres touristiques. Le décret stipule également que les tortues mesurant moins de 15 cm ou plus de 22 ne peuvent être inquiétées.

Pour le professeur Beshkov, c'est une première victoire, mais dont il ne saurait se contenter. Aujourd'hui encore, son regard se voile de nostalgie lorsqu'il évoque les pages dans lesquelles Constantin Iretchek, le célèbre voyageur tchèque du XIXe siècle, écrit qu'en Thrace, on était enchanté par le spectacle des tortues, longues comme les deux mains, que l'on rencontrait à chaque pas. Une enquête méthodique, conduite par le professeur Beshkov, et consistant notamment en quelque cinq mille questionnaires expédiés jusque dans les hameaux les plus reculés des montagnes bulgares, fait ressortir que les tortues terrestres ont aujourd'hui disparu de la Thrace, et plus généralement des plaines, chassées par l'agriculture intensive et mécanisée. Dans le reste du pays, c'est-à-dire en terrain accidenté, les tortues sont menacées par l'explosion démographique des sangliers, qui se font des omelettes d'œufs de tortues et, en hiver, lorsqu'ils n'ont rien d'autre à se mettre sous la dent, n'hésitent pas à manger la bête elle-même, pourvu qu'elle ne mesure pas plus de quinze centimètres. Et Dieu sait, à en juger par le chambard qu'ils mettent dans les forêts, laissant derrière eux le sol retourné comme par l'explosion d'un obus, combien les sangliers bulgares peuvent être voraces et mal élevés. Là où elles demeurent abondantes, c'est-à-dire dans les Rhodopes orientales, dans le Straga, dans la vallée de la Struma, ou au Nord-Ouest dans les districts de Vidin et de Mikhaïlovgrad, les tortues sont menacées par la cueillette, qu'il s'agisse de les manger ou de les vendre vivantes à des touristes, les Allemands de l'Est, les Tchèques et les Polonais étant semble-t-il les plus gros consommateurs de cette denrée. Dans la région de Melnik, en Macédoine – l'une des plus fréquentées par les touristes en Bulgarie –, les tortues font ainsi l'objet d'un fructueux trafic, de même que les papillons et les reptiles, dont les effectifs sont considérables, et qui comptent ici plusieurs espèces très rares, ou même inédites, dans tout le reste de l'Europe.

Le 10 mars 1981, une clameur d'allégresse, jaillie de toutes les poitrines de tortues bulgares, salue la publication du décret qui les rend désormais intouchables, quelle que soit leur taille et quelle que soit la saison. Le plus beau jour de la vie du professeur Beshkov suit de peu la publication de ce décret qu'il a inspiré. Enfourchant sa motocyclette, il se rend, non loin de Plovdiv – où Lamartine, de retour d'Orient, faillit passer l'arme à gauche, et où il fut arraché à la mort par les soins attentifs des Bulgares –, dans le village de Rakovski, célèbre dans tout le pays, et même au-delà, pour son restaurant « Kostenourkata » (« À la tortue »). Selon les propres termes du professeur Beshkov, ce qui se passe à Rakovski l'empêche depuis plusieurs années de dormir : chaque jour, au Kostenourkata, plusieurs dizaines de tortues sont hachées menu comme chair à pâté, et la légende rapporte que l'on y a mangé, en une seule fois, jusqu'à 400 de ces animaux lourds et lents (comme dit le Petit Larousse). Sitôt dans le village, le professeur Beshkov, abrité derrière une identité de fantaisie, mène son enquête, remonte les filières d'approvisionnement, puis, dès qu'il a réuni contre le restaurant suffisamment de preuves, se rend au Kostenourkata où sous le regard médusé du personnel il décroche l'enseigne lumineuse, la jette par terre et la piétine avec rage. (La scène est d'autant plus comique si l'on tient compte du maintien habituellement très digne, très Mitteleuropa, du professeur Beshkov). Puis il arrose ça d'une bouteille de cognac, car en Bulgarie, tout comme en Pologne, il n'est pas d'événement, heureux ou malheureux, qui n'appelle aussitôt l'absorption d'une bouteille d'ouzou, et du foudroyant si possible. Précisons, afin que même les limonadiers puissent trinquer et se réjouir avec nous, que le restaurant a rouvert entre-temps, après que le patron se fut engagé à ne plus servir désormais de tortues à ses clients.

Le décret de 1981, cependant, n'a pas mis un terme définitif au calvaire des tortues bulgares. Depuis, des énergumènes se sont par exemple avisés des pouvoirs extraordinaires du sang frais de tortue, au point que les gardiens du zoo de Sofia étaient assaillis de propositions corruptrices, et que le professeur Beshkov dut se fendre d'un article dans le *Rabotnichesko Dielo* – la *Pravda* bulgare – pour réfuter toutes ces sornettes. Cet été, c'est un paysan de Lebnitza, près de Melnik, qui a été condamné à 400 levas d'amende, après qu'on l'eut surpris en train d'empaler des tortues vivantes afin de faire peur aux lapins qui broutaient l'herbe de son pré (l'histoire, malheureusement, ne précise pas si le spectacle des tortues empalées coupait effectivement l'appétit aux lapins). Afin que de telles horreurs ne se reproduisent pas, le professeur a décidé de couvrir tout le pays d'affiches polychromes – elles sont actuellement sous presse –, ornées d'un dessin de tortue que le professeur décrit comme « tout à fait réalistique et fantastique », et précisant en six langues, dont la nôtre, que ces innocents chéloniens font désormais l'objet d'une protection totale en Bulgarie.

Libération, *22 octobre 1985*

Le paysage est-il bon ou méchant ?

Comme dirait Vialatte : le paysage remonte à la plus haute Antiquité, et même bien au-delà. Jadis, à l'image des gens qui l'ordonnaient, le paysage français était noble, c'est-à-dire essentiellement rural, jalonné de repères du plus bel effet, d'ailleurs très espacés, et d'une signification évidente pour tout le monde, excepté peut-être les idiots de village, qui cependant faisaient eux-mêmes partie du paysage.

À gauche, des déserts, des chaos, des gouffres d'une sauvagerie et d'une profondeur dont nous n'avons plus aucune idée, tout cela effroyable et donnant le frisson ; à droite, d'aimables bosquets, des prairies moelleuses, de frais ombrages, des rivières et des sources dont les eaux désaltéraient des bergères, des moutons, des loups volontiers bavards et même sentencieux, des personnages mythologiques et parfois quelques comédiens ambulants. Au milieu, des aqueducs, des châteaux, des temples ou des cathédrales, des villes sagement contenues à l'intérieur de leurs remparts, généralement plantés d'arbres afin que l'on pût commodément s'y promener le soir. Lorsque l'État, incarné dans la personne du roi, décidait de grands travaux, le résultat était toujours d'un goût exquis : ainsi le canal du Midi, la corderie de Rochefort, ou les fortifications en étoile déployées par Vauban autour de nombreuses villes exposées à la convoitise de nos ennemis.

La première brèche dans le paysage fut ouverte par le sentiment de la nature, dont l'homme s'était très bien passé jusque-là, ne désirant pas dans l'ensemble en connaître plus long que ce que donnaient à voir les tableaux du Poussin et quelques lettres choisies de la marquise de Sévigné. Le sentiment de la nature – et plus particulièrement des gouffres, en quoi la nature consiste essentiellement – nous vint des Anglais, qui eux-mêmes le tenaient des Chinois. Ses premiers propagateurs furent en France le marquis de Girardin et l'abbé Delille. Lié à la représentation douloureuse de la solitude, le sentiment de la nature consiste notamment à s'adresser à celle-ci comme à une personne, et à la traiter en conséquence. Il engendra la Révolution française et la distribution de la

Convention en marais, plaine et montagne, plus tard Lamartine, le thermalisme et le guide bleu, qui tous trois devaient avoir un impact considérable sur l'organisation réelle ou imaginaire du paysage français.

L'hypertrophie du sentiment de la nature, qui contrevenait à l'amour des Français pour le juste milieu, entraîna en retour la révolution industrielle, qui progressivement remplaça l'agriculture par l'industrie, les matériaux nobles par des matériaux nouveaux, les villes par des banlieues et le Courrier de Lyon par le chemin de fer. Désormais, les voyageurs, y compris les navigateurs illustres, périrent dans des catastrophes ferroviaires plutôt que sous les coups des anthropophages ou des bandits de grand chemin. La révolution industrielle culmine avec l'ouverture à la navigation du pont-canal de Briare et l'érection de la tour Eiffel, que Guy de Maupassant trouva si laide qu'il en mourut de chagrin. Après la Première Guerre mondiale, qui transforma une partie du paysage en ruines et donna naissance à l'Esprit nouveau mais laissa intacte la tour Eiffel, André Citroën la rajeunit en l'habillant de lumière, puis, fort de ce premier succès, il constella le paysage français de plaques en émail bleu signalant les principales localités, ouvrant ainsi la voie à l'ère de l'automobile. André Citroën avait si fort le goût d'aménager le territoire qu'il voulut jalonner le Sahara d'hôtels relais : les rezzous s'y opposèrent avec succès, nonobstant le fait qu'à cette époque, et pour longtemps encore, le Sahara faisait partie intégrante du paysage français. Ce que ce paysage doit à André Citroën, nous le mesurons également à la haute teneur symbolique des carcasses de tractions avant se décomposant lentement dans des cours de fermes.

Tout naturellement, la traction avant nous amène à parler de la Seconde Guerre mondiale, qui consacra la supériorité des forces mécanisées. Aussi l'après-guerre fut-il marqué par la construction de voies et d'ouvrages d'art destinés à faciliter les mouvements de ces forces lors de la prochaine confrontation. Le paysage s'en trouva considérablement transformé. Énormément de hérissons moururent, remplacés peu à peu par des stations-service. Dans l'ensemble, les Français cultivés, passionnément attachés à leurs nids-de-poule, et non moins passionnément opposés à la mégalomanie du « pouvoir personnel », se montrèrent partisans des hérissons et hostiles au développement des autoroutes – ils estimaient qu'elles étaient juste assez bonnes pour les Allemands – de même qu'à la prolifération des stations-service, jusqu'à ce que la diffusion en Europe de l'œuvre d'Edward Hopper eût attiré leur attention sur les qualités esthétiques des pompes à essence. Par un phénomène très ordinaire de magie sympathique, le développement des autoroutes entraîna la disparition des haies et le remembrement agricole, le redressement du cours des rivières, la stabilisation des berges et la disparition progressive du castor, enfin l'hégémonie absolue du maïs, de tous les légumes le plus laid, le plus déprimant et le moins bon à manger. Par surcroît, le maïs n'est même pas français, il est aztèque. Par fidélité à *L'Angélus* de Millet, aux bleuets et aux coquelicots, beaucoup de laboureurs se laissèrent mourir de chagrin : ainsi naquirent l'exode rural et le désert français (d'une manière générale, seul le Français cultivé se soucie véritablement, d'un point de vue moral et métaphysique – c'est-à-dire d'un point de vue élevé –, des transformations du paysage. De son côté, l'agricole ne s'en soucie guère que dans la mesure, par exemple, où des chars d'assaut viennent brouter l'herbe rare qui entre traditionnellement dans la fabrication du Roquefort. En revanche, il lui est tout à fait indifférent que les couloirs du TGV nuisent à la circulation des grands animaux, qui, du coup, ne peuvent plus saillir même en course).

Inquiet de la morosité générale engendrée par la monoculture du légume aztèque, l'État crut bien faire, pour relever la monotonie des champs de maïs, en y plantant par dizaines de milliers des pylônes électriques qui d'abord firent pousser les hauts cris, et que désormais la plupart des Français cultivés s'accordent à trouver extrêmement beaux. Certains de ces pylônes sont peints en rouge et blanc, comme les colonnes du Parthénon sous le règne de Périclès et les chaussettes du meunier dans *Sylvain et Sylvette*, ce qui est assez dire que l'on n'a pas regardé à la dépense pour inscrire ces pylônes dans une tradition culturelle remontant à la plus haute Antiquité.

À la sortie de Nancy, le pont-canal de Varengeville remonte également à la plus haute Antiquité. D'un même mouvement, il fait franchir la Meurthe au canal de la Marne au Rhin, au chemin de fer, et au rare voyageur que ses affaires appellent à Dombasle, autrement qu'en automobile. Le tablier du pont est ébranlé chaque fois que passe une micheline, qui, de temps à autre, rencontre une péniche en plein ciel. Sur les deux rives de la Meurthe – dont le cours, à cette hauteur, est « paresseux » – s'étendent des prairies vallonnées, des vaches et des bouquets d'arbres, tandis que les lointains se partagent entre les hautes tours flamboyantes de l'abbaye de Saint-Nicolas-de-Port, et des superstructures industrielles éparses, extrêmement fumigènes et polluantes. L'ensemble, aussi peu réaliste qu'une peinture de paysage au XVIIe siècle, appelle deux réflexions :

1. Dans un paysage, tout ce qui fait naître des souvenirs, tout ce qui est accueillant aux significations les plus diverses, et donc invite à la

nostalgie ou à la gamberge, est par là même intégré à ce paysage. Ainsi un objet nouveau et incongru, surgissant dans un paysage auparavant homogène, ne suscitera plus l'indignation générale dès lors qu'il pourra être associé à des souvenirs ou à des significations personnelles. Les paysages composites se recommandent par l'abondance de souvenirs et de significations personnelles qu'ils peuvent supporter.

2. Les sujets les mieux adaptés aux transformations incessantes du paysage sont les plus enclins à fabriquer de la mémoire et du sens, à transformer à chaque instant le présent en passé, et la laideur d'hier en vivace et belle nostalgie.

Paysages / photographies *:*
La mission photographique de la Datar,
travaux en cours, Hazan, novembre 1985

Bangkok, la traite des Thaïes

Si vous avez navigué quelques mois à bord d'un cargo grec dont le capitaine n'avait pu se résoudre à vous jeter aux requins, il ne vous a pas échappé que, sous toutes les latitudes, les quartiers réservés des plus grands ports offraient à leur clientèle maritime de plus en plus de prestations asiatiques. En escale à Hambourg, vous vous êtes laissé entraîner à passer la soirée dans le quartier de Sankt Pauli, qui jouit dans les deux hémisphères d'une réputation solidement établie. Dans la Grosse Freiheit, racolé par un amiral de pacotille, vous vous retrouvez parmi d'autres marins civils ou militaires, et quelques hommes d'affaires à la triste figure, au premier étage du Colibri. Sur scène, un Noir infatigable besogne à longueur de nuit sept ou huit artistes de variétés, toutes asiatiques, et généralement originaires de Thaïlande ou des Philippines. Après le spectacle, les artistes font tout le nécessaire pour vous attirer dans leur loge et vous y soulager de votre paye du mois, sans cesser pour autant de bavarder entre elles en thaï, avec tout de même, à votre intention, quelques mots d'anglais par-ci par-là. Échaudé par vos expériences hambourgeoises, vous récidivez cependant, quelques semaines plus tard, à Singapour. En dépit d'imprévisibles rafles, les « Biergarten » de Clifford Pier sont à la nuit tombée accueillants aux prostituées professionnelles ou occasionnelles. Et là encore, votre connaissance des langues asiatiques ayant beaucoup progressé depuis que vous naviguez sous pavillon hellénique, vous remarquez parmi les filles une proportion considérable de sujettes du roi de Siam. Lorsque enfin vous débarquez au Pirée – pour découvrir que votre armateur a fait faillite et disparu sans laisser d'adresse –, vous ne pouvez résister à la tentation d'une dernière virée dans ces bars à matelots dont cependant vous auriez dû apprendre, à vos dépens, qu'ils se ressemblent tous d'un bout à l'autre de la planète. Et que vous propose-t-on, à l'Acapulco, au Pigalle's, ou dans tel autre rade minable de Notara ou de Philonos ? Des « ballets thaïs » ! Les inévitables « artistes de variétés » asiatiques qui ont remplacé nos compatriotes partout dans le monde où il y a des marins, ou d'autres gogos, à plumer.

En Grèce, ce phénomène a pris de telles proportions que rituellement, depuis quelques années, les autorités menacent d'expulser massivement les jeunes Asiatiques venues chercher fortune dans les bars. Toutefois, les affaires continuent, avec la bénédiction d'officiels qui prélèvent au passage une commission sur ce trafic. L'année dernière, le consul général honoraire de Thaïlande en Grèce, Panayotis Petridis, a été destitué par le ministère thaïlandais des Affaires étrangères, après que des témoignages de filles en rupture de bordel eurent permis d'établir que non seulement il procurait des artistes de variétés à des night-clubs locaux, mais qu'il avait retourné à leurs employeurs des fugitives qui, imprudemment, étaient venues se placer sous sa protection. La Grèce servirait également de plaque tournante dans la traite des Thaïes à destination de Chypre, et des pays du Moyen-Orient où elles sont de plus en plus recherchées. Récemment, une mission officielle thaïlandaise en Irak s'est émue de ce que la prolifération d'entraîneuses thaïes dans les cabarets de Bagdad risquait de nuire à la réputation de leur pays d'origine. Outre les filles ouvertement recrutées comme « artistes », il faut compter avec celles, bien plus nombreuses, aspirées vers les pays producteurs de pétrole par le grand flux d'importation de main-d'œuvre asiatique à bon marché. Les travailleurs immigrés thaïlandais ou philippins se comptent par dizaine de milliers dans les pays du Golfe, où leur situation est souvent tragique, soient qu'ils aient été attirés par des contrats bidons, soit que, pour des peccadilles, ils subissent les rigueurs d'une loi islamique généralement étrangère à leur mentalité.

Quelques milliers de Thaïlandaises se sont ainsi retrouvées en Arabie Saoudite, où elles occupent des emplois subalternes tels que réceptionniste, bonne ou baby-sitter. Beaucoup ont été contraintes à la prostitution, ou plus simplement à un esclavage sexuel à domicile qui ne fait l'objet d'aucune statistique, bien que, de retour d'une mission d'information, en 1982, le directeur du Labour Department de Bangkok ait estimé que 98 % des Thaïlandaises travaillant dans les pays du Moyen-Orient « devaient répondre au désir sexuel de leurs employeurs ». En dépit de la mauvaise réputation des pays arabes en matière de condition féminine – il circule même, à Singapour notamment, d'effroyables histoires de prostituées venues proposer leurs services, sur rade, à bord de navires en route pour le Golfe, et qui auraient disparu sans laisser de traces –, l'émigration de main-d'œuvre féminine à destination du Moyen-Orient se poursuit. En mars de cette année, le ministère de la Défense d'Arabie Saoudite s'est ainsi porté acquéreur, le plus officiellement du monde, d'un lot de femmes de ménage thaïlandaises. À

Bangkok, quantité d'agences de placement, alimentées par un flot régulier de jeunes filles en provenance des zones rurales du nord ou du nord-ouest de la Thaïlande, continuent d'expédier leurs recrues au Moyen-Orient au mépris de règlements officiels d'ailleurs extrêmement confus. Enfin, les ressortissants des pays arabes, depuis qu'ils ont découvert les gaietés de Bangkok, peuvent recruter directement dans leur quartier de prédilection, qui s'étend au voisinage du Soï Nana autour d'hôtels fameux comme le Rajah ou le Grace.

À Pattaya – la célèbre station balnéaire du golfe de Siam – comme à Bangkok, les « sex-tourists » musulmans sont désormais très nombreux, particulièrement pendant le mois de Ramadan, que les Iraniens, notamment, choisissent volontiers pour venir se soustraire quelque temps à la loi islamique (pas vraiment d'ailleurs, puisque la nourriture, dans les restaurants de Little Arabia, est souvent préparée « according to islamic law ». Les bordels, en revanche, ne précisent pas si leurs prestations sont délivrées conformément à cette même loi). Tard venus à Bangkok, les touristes arabes ou persans n'ont fait qu'emboîter le pas aux Américains, aux Allemands ou aux Japonais. Les Américains ont découvert les ressources de la Thaïlande à l'occasion de la guerre du Viêt-nam. Les Allemands se sont rués dans la brèche, et l'ont élargie. Cependant que les charters déversaient en Thaïlande leurs cargaisons de touristes en rut – les plus prévoyants ayant avant le départ choisi leur partenaire sur catalogue, et les plus désinvoltes s'étant simplement muni du très détaillé plan de Bangkok « pour célibataires » vendu 12 marks par une maison d'édition berlinoise –, les Thaïlandaises, par milliers, affluaient en RFA sur le marché du sexe. Elles sont aujourd'hui si nombreuses – et, pour beaucoup d'entre elles, si désemparées –, dans des villes telles que Hambourg, Munich, Berlin ou Francfort, que dans cette dernière ville vient de s'ouvrir un bureau d'assistance aux Thaïlandaises en difficulté.

Il n'est pas toujours facile, notamment pour ce qui concerne l'Allemagne fédérale, de faire la part des mariages arrangés et du commerce pur et simple de la chair humaine. En RFA, plus de deux cents agences arrangeraient aujourd'hui des mariages avec des Asiatiques. Une dizaine d'entre elles – telle l'agence Imta de Gunther Menger, l'agence Gompa de Gerd Schweikhards, l'agence Inter-Part de Rolf Loos ou l'agence Safim d'Ingo Engbert – traitent la plupart des mille ou quinze cents mariages arrangés chaque année, pour des prix variant de 4000 à 15000 marks (de 12000 à 45000 francs) à la charge du conjoint allemand. Ces mariages tarifés font également fureur en Australie, aux

États-Unis et, dans une moindre mesure, en Scandinavie. Cette année, lors d'une visite officielle au Danemark, le Premier ministre thaïlandais eut la surprise d'être accueilli à Copenhague par plusieurs centaines de ses compatriotes, en majorité des jeunes femmes mariées à des Danois par petites annonces... Beaucoup de ces mariages tiennent, et procurent aux deux conjoints les satisfactions qu'ils sont en droit d'attendre de cette coûteuse transaction. Beaucoup ne tiennent pas, soit que le conjoint allemand s'avère être un club de bowling au grand complet, ou un homosexuel qui sous-loue sa conjointe à un peep-show, ou un barbeau qui la met sur le trottoir sous prétexte de lui faire rembourser les frais de son mariage, soit que la fiancée thaïlandaise s'avère être une professionnelle endurcie, qui plaque son conjoint à la première occasion afin de retourner dans un Éros Center à de plus lucratives occupations.

Outre les victimes – ou les aventurières – du mariage arrangé, la plupart des prostituées thaïlandaises en RFA, en Autriche, en Suisse, et dans d'autres pays d'Europe, y sont entrées le plus légalement du monde comme « artistes ». Beaucoup d'agences se sont ainsi spécialisées dans l'importation d'artistes thaïlandaises, et certaines ont eu maille à partir avec la justice. Un ancien imprésario de Joséphine Baker, qui dirige aujourd'hui une « agence artistique » à Zurich, est ainsi soupçonné – mais non convaincu – d'avoir importé et dispatché en Europe quelques centaines de « go-go girls » sous divers prétextes chorégraphiques. En 1982, un ressortissant français d'origine russe, ancien danseur du marquis de Cuevas, fut jugé à Paris sous l'accusation de proxénétisme aggravé. Soupçonné d'avoir, de 1977 à 1980, importé et placé en Suisse, en Allemagne, en Autriche, voire jusqu'en Espagne et au Liban, plusieurs dizaines de jeunes artistes thaïlandaises – dont il aurait confisqué les passeports à l'arrivée, ne les rendant par la suite que moyennant 2 000 dollars –, le chorégraphe fut relaxé de l'accusation de proxénétisme, faute de preuves, et condamné symboliquement pour possession d'un 6,35 Herstal et d'un 22 L.R. Berreta avec lesquels il devait donner le tempo à ses danseuses. À la même époque – et sans qu'il y ait le moindre rapport entre les deux affaires –, une enquête ouverte à Bangkok contre un couple franco-vietnamien, pour trafic de drogue, conduisait à la découverte à Paris, dans le XIIIe arrondissement, d'un petit clandé asiatique où officiaient notamment quelques Thaïlandaises. Dans cette dernière affaire, le fournisseur était un Thaï qui tenait à Bangkok, sur Ploenchit Road, une « agence touristique ». Le visa de tourisme – en Allemagne, aucun visa n'est même demandé aux ressortissants thaïlandais, pour un séjour n'excédant pas trois mois – constitue le moyen le plus simple, pour des artistes thaïlandaises, de venir chercher fortune en Europe.

Pat-Pong, le Pigalle de Bangkok, compte d'innombrables clubs présentant le même sempiternel spectacle de filles utilisant leur entrejambe pour éteindre des bougies, allumer des cigarettes, décapsuler des bouteilles de Coca-Cola ou donner naissance à des balles de ping-pong. Connue des habitués sous le nom de Mademoiselle de Paris, d'ailleurs fort jolie et plus élégante que la moyenne, la gérante d'un de ces clubs passe pour avoir commencé sa carrière artistique, outre-mer, sous la protection de l'ancien danseur du marquis de Cuevas. À côté de centaines de victimes de cette « traite des Jaunes », elle offre l'exemple d'une certaine réussite matérielle, comme pas mal d'autres filles qui ont épargné à l'étranger de quoi bâtir une maison dans l'agglomération de Bangkok, ou acheter une automobile japonaise d'assez gros calibre pour frimer leurs copines de turf. Cet étalage d'une réussite, en vérité bien souvent très précaire, suscite de nouvelles vocations. Les parvenues de l'exil sont ainsi les meilleures pourvoyeuses de leurs anciens tauliers. Lesquels ont souvent la sagesse de se marier avec des Asiatiques, ce qui facilite beaucoup leurs transactions ultérieures. Les voies de recrutement sont d'ailleurs innombrables : cet Allemand quinquagénaire et plus très joli garçon – mais comme le dit la publicité des agences de mariage, en Asie, même des nains, des hémiplégiques et des amputés ont trouvé chaussure à leur pied – qui, dans la cafétéria d'un hôtel douteux, distribue des tracts bilingues intitulés « look at me ! » afin de rencontrer des candidates au mariage, comment savoir s'il travaille pour son propre compte, ou pour celui d'un patron de cabaret berlinois ? On cite le cas d'un truand français de très petite envergure qui, venu en Thaïlande afin de se lancer dans l'élevage des fraises, repartit après quelques mois avec une douzaine de filles pour ouvrir un bar en Allemagne. Parmi les bars à go-go girls qui continuent de fleurir à Pat-Pong ou dans son annexe du Soï Cow Boy, beaucoup sont gérés par des étrangers. Les derniers venus sont des Australiens ou des Américains assez mal dégrossis, qui ont gagné trop vite beaucoup d'argent dans le pétrole offshore et d'autres travaux de force en Asie du Sud-Est ou au Moyen-Orient, voire dans des affaires plus scabreuses, et que les scrupules n'étouffent pas. Un Autrichien qui, depuis plusieurs années, gère deux bars de Pat-Pong que nous ne nommerons pas passe pour ravitailler assez régulièrement quelques établissements de divers pays à l'est du Rhin.

Les arrestations opérées récemment par le corps spécial de la police thaïlandaise chargé de réprimer ce trafic permettent de se faire une idée des moyens mis en œuvre par les pourvoyeurs. En avril 1983, à la suite d'une plainte émanant d'une jeune femme qui, quelques mois auparavant, ayant répondu à une petite annonce proposant un emploi innocent, se serait retrouvée dans un bordel au Japon, le patron d'une agence de placement est arrêté à Bangkok. Au siège de l'agence, la police trouve treize catalogues de vente illustrés, destinés à divers pays d'Asie, d'Europe et du Moyen-Orient. Chaque catalogue répertorie soixante à soixante-dix jeunes femmes présentées comme « modèles », « danseuses », « réceptionnistes », « ménagères », etc.

En octobre de la même année, un ressortissant allemand et son épouse thaïlandaise sont arrêtés à Bangkok, à la suite de la plainte émanant d'une jeune femme qu'ils auraient abordée un an auparavant dans un restaurant de la capitale pour lui proposer un emploi de réceptionniste à Francfort. Une fois en RFA, la jeune femme aurait été contrainte à la prostitution. C'est un client compatissant qui lui aurait permis de s'échapper et de regagner Bangkok, où elle fit aussitôt arrêter le couple, aujourd'hui libéré sous caution. Toujours en 1983, lors d'une descente de police dans un grand hôtel de Sukhumvit Road, à Bangkok, un Thaïlandais et un couple originaire de Hong Kong sont surpris en train de « briefer » une cinquantaine de filles recrutées dans divers salons de massage de la capitale. Moyennant une commission de 20 000 bahts (à peu près 7 000 francs), payable aux intermédiaires, les filles sont invitées à travailler pour 8 000 bahts par mois dans des salons de massage de la colonie britannique.

En février 1984 – alors que des statistiques officielles, d'ailleurs très approximatives, font état de seize mille prostituées thaïlandaises à l'étranger, et de vingt à vingt-cinq départs quotidiens de jeunes femmes destinées d'une manière ou d'une autre au marché du sexe –, la directrice thaïlandaise d'une agence de placement non déclarée est arrêtée en même temps que son mari, un Portugais résidant à Hong Kong. L'un et l'autre sont soupçonnés d'avoir procuré à une cinquantaine de jeunes femmes, dont chacune se serait acquittée d'une indemnité forfaitaire de 30 000 bahts, des emplois dans trois bars de Berlin, le You and Me, le Rasputin et le Look-in Club. À la même époque, un ressortissant japonais et son épouse thaïe, possédant à Bangkok une agence de placement, sont accusés d'avoir soutiré de 30 000 à 100 000 bahts – y compris le billet aller et retour en avion, plus les frais de faux passeport et de faux visa – à des candidates au voyage à destination, notamment, du

Japon. Au siège de l'agence, la police découvre des cassettes vidéo présentant dans le détail chacune des candidates, et apparemment destinées à un salon de massage de Macao, le Sintra Sauna, où les filles auraient été mises à l'essai avant d'être dispatchées entre divers établissement de la colonie portugaise, de Taïwan et du Japon (certaines « agences de mariage » utilisent également la vidéo pour mettre leurs clients en appétit). Enfin, le 19 mars 1984, la police arrête trois Thaïlandais soupçonnés d'avoir organisé avec la Yakusa – la mafia nippone – le passage au Japon de plusieurs centaines de prostituées.

L'année dernière, la police a découvert dans le sud de la Thaïlande l'existence d'un réseau de pêcheurs introduisant des prostituées en Malaisie par la voie maritime. Il est vraisemblable que, parmi les nombreuses « boat people » enlevées par des pêcheurs au cours des dernières années, certaines ont été de cette façon vendues en Malaisie, et d'autres aux mille et un bordels qui, dans les villes thaïlandaises proches de la frontière, prodiguent aux Malaisiens des services difficilement accessibles dans leur pays d'origine. Les soudains accès de vertu des autorités, en Malaisie et à Singapour, ont rendu dans ces deux pays le métier assez aléatoire. Si bien que désormais, il semble qu'avec le Japon, c'est Hong Kong qui constitue le principal débouché asiatique du commerce des femmes. Au début des années soixante-dix, les Thaïlandaises vendues à Hong Kong l'étaient généralement en qualité d'épouses. Cette pratique serait également répandue à Taïwan, auprès d'une clientèle masculine préférant acheter une épouse sur le marché parallèle, plutôt que de payer la dot importante nécessaire pour convoler dans les règles. Aujourd'hui, les Thaïlandaises se rencontreraient en grand nombre, à Hong Kong, aussi bien dans les salons de massage que dans les « fishball-stalls », une institution propre à la colonie britannique, et particulièrement florissante, à Kowloon, dans le quartier de Mongkok.

Nommés d'après une spécialité culinaire chinoise, la boulette de poisson qui, comme on s'en doute, exige d'être longtemps pétrie, les fishball-stalls sont des établissements d'apparence anodine où, dans la pénombre, sur des sièges susceptibles d'accueillir deux personnes, les clients peuvent prodiguer aux hôtesses toutes les marques d'affection possibles et imaginables, à l'exception, du moins en théorie, des dernières. La police n'intervient normalement contre ces établissements que lorsque la règle de ne pas y copuler est enfreinte, ou lorsqu'ils offrent à leur clientèle des mineures de moins de seize ans, qui sont naturellement les plus recherchées. Les jeunes réfugiées de Chine populaire seraient également nombreuses dans les fishball-stalls. Quant aux prostituées thaïlandaises, elles seraient dans la colonie britannique près de cinq mille d'après certaines sources administratives à Bongkok, et sensiblement moins d'après les services de l'immigration à Hong Kong.

En dépit de toutes ces vicissitudes, il ne semble pas que la traite des Thaïlandaises soit à court terme menacée de tarir. La tendance actuelle serait plutôt à la conquête de nouveaux marchés. Une « star » du Hong-Hao, l'un des grands salons de massage de Bangkok, se vantait récemment d'avoir fait sa pelote à Nairobi. Et, en novembre dernier, le très officiel Comité de coordination pour l'investissement étranger du tout jeune État de Brunei a manifesté l'intention d'importer des baby-sitters thaïlandaises. Il ne s'est trouvé personne, semble-t-il, pour s'étonner que dans toute l'île de Bornéo on ne dispose pas d'assez de jeunes filles pour garder les précieux bébés du petit sultanat.

Lui, *août 1984*

Jeudi noir pour Mogadiscio

Au-dessus du port de Mogadiscio s'élève une forteresse dépenaillée, d'accès interdit – exception faite pour les vaches, qui jouissent en Somalie de nombreux privilèges –, gardée par des militaires en treillis de camouflage, et dont l'actuelle destination fait l'objet de spéculations variées. Personnellement, nous y verrions bien quelques détenus au secret, appelés à disparaître sans laisser de traces. À l'ouest s'étend un quartier de petites maisons basses, construites pour la plupart en déchets de corail. Un mur d'enceinte en fait le tour par intermittence, percé de plusieurs portes dans le style du pays, c'est-à-dire trilobé pour ce qui est de l'arc.

L'une d'entre elles donne accès à une rue en pente, non revêtue, animée par un continuel va-et-vient de croquants chargés de plaques de tôle, de rouleaux de câble électrique, et d'autre fourbi. Toute cette quincaillerie provient d'une épave encore fraîche, bien que coupée en deux, dont ont aperçoit en contrebas les morceaux, si proches qu'on les dirait abandonnés sur l'espèce de décharge, sédimentée d'ordures et saturée d'eaux mortes, par où le bas quartier se prolonge jusqu'à la mer. À gauche, tranché net au ras du château, l'arrière s'est couché sur le flanc, et s'est déchiré par en dessous de telle sorte que la salle des machines, éventrée, s'est comme vidée de ses tripes sur les hauts-fonds. Dans les superstructures, un œil exercé peut reconnaître le pavillon rouge qui, réglementairement, signale une cargaison dangereuse. Un peu plus loin, sur la droite, l'avant du navire, planté de quatre grues au poste de mer, accuse une gîte de 10 à 15° sur bâbord.

Sur le rivage, parmi les petites chèvres bicolores et sous les milans noirs, une foule sans cesse renouvelée d'innocents naufrageurs guette la manne que les vagues pourraient encore arracher aux cales disloquées. Barbotant dans une soupe d'hydrocarbures enrichie de millions de petites billes de polyéthylène base, et probablement d'autres condiments plus amers, quelques-uns s'obstinent à extirper des anfractuosités du rocher des bidons de beurre cabossés, parfois éventrés, qui seront ensuite recyclés sur le marché de Mogadiscio. D'autres, immergés seulement jusqu'à la taille, et armés d'instruments des plus rustiques, achèvent de dépecer des containers vides, dont il ne restera bientôt plus que l'ossature. Les plaques de métal feront d'excellentes portes ou des éléments de toitures. Une fois dépouillée, et pour peu que l'on dispose de quatre lanières de caoutchouc et de deux vieux morceaux de polystyrène expansé, l'armature elle-même peut être gréée en balançoire. Au fur et à mesure que s'éloigne la date du naufrage, les déchets flottés se font plus rares et moins substantiels. Un jour cependant, comme par miracle, les vagues se couvrent encore de milliers de barres de chocolat fourré au miel, ou d'innombrables boîtes de bière Beck's, toutes brillantes, que la marée porte jusqu'au rivage du bas quartier. Au détail, dans les hôtels, la boîte de bière se vend de 150 à 200 shillings, soit de 15 à 20 francs selon le cours officiel. Et ce dernier prodige, survenant au lendemain d'une éclipse de lune qui a déjà passablement échauffé les esprits, se solde par une poussée d'euphorie un peu démente, des centaines de gosses, pour être les premiers servis, se jetant dans des eaux infestées de requins. Le premier jour, la police laisse faire ; le lendemain, les flics, armés de longs fouets, se déploient sur le rivage, et estourbissent nonchalamment quelques récalcitrants.

Le surlendemain, les boîtes de bière jaillissant toujours plus nombreuses des cales du navire, quelques pillards surexcités prennent pied sur l'épave, et en viennent aux mains avec les techniciens hollandais chargés de la neutraliser. Cette fois, la police intervient à bord d'un remorqueur, et ouvre le feu, dans l'eau, sur les pillards, dont un au moins sera blessé par balle. Le bas quartier est bouclé. Plusieurs dizaines de ses habitants sont arrêtés. Et les petits trafics, qui malgré tout se poursuivent en douce, sont soudainement interrompus par l'irruption d'un de ces traîne-savates comme il s'en rencontre en grand nombre à Mogadiscio, apparemment chargés de veiller au respect de la règle universelle du secret.

Le secret engendre la rumeur, et Mogadiscio, parmi toutes les capitales africaines, est certainement l'une des plus pauvres en informations et l'une des plus fertiles en ragots. Ainsi, près d'un mois après l'échouage de l'*Ariadne*, survenu le 24 août au milieu du port, et à une centaine de mètres d'un rivage très densément peuplé, cet accident n'a toujours fait l'objet d'aucune information, d'aucun commentaire officiel, mais suscité en revanche quantité de balivernes et d'approximations. Les plus apocalyptiques – et les moins fondées – font état de la présence à bord d'une bombe atomique destinée à l'Afrique du Sud.

Aussi, lorsque le 19 septembre, sous les effets conjugués de la houle et des tentatives menées à hue et à dia par une entreprise locale, la société Murri, pour la remettre à flot, la coque de l'*Ariadne*, parcourue de craquements très suggestifs, donne les premiers signes d'une rupture imminente, tout le monde semble pris au dépourvu. En même temps qu'elle se fissure, la coque libère d'abondantes mousses blanchâtres, et des puanteurs diverses, non identifiées, mais assez cruelles dans l'ensemble. Le 21, au niveau de la cale n° 4 et de la cale n° 5 – cette dernière située à l'aplomb de la passerelle –, les fissures tournent crevasses, et quantité de poissons en meurent de saisissement, ce qui contribue à alourdir l'atmosphère. Enfin, le 24, l'*Ariadne* se casse pour de bon au niveau de la cale n° 5, et, quatre jours plus tard, les deux tronçons se sont écartés d'environ 25 mètres.

Tirée de sa torpeur, s'imaginant soudain menacée des mêmes châtiments que Sodome et Gomorrhe, Mogadiscio va vivre quelques jours de gesticulation d'autant plus débridée que la ville, qui ne dispose même pas d'un véritable corps de pompiers, pour ne rien dire de ses équipements médicaux, est totalement désarmée face à une catastrophe de ce genre. À tout hasard, dans les jours qui suivent, les autorités demanderont à leurs alliés occidentaux de leur procurer d'urgence quelques centaines de milliers de masques à gaz. Comme le régime démocratique et populaire du président Siad Barre s'apprête d'autre part à fêter son seizième anniversaire, il s'en est fallu de peu que les masses, qui à cette occasion ont l'habitude de manifester spontanément leur enthousiasme, ne paradent cette année sur l'avenue Lénine muselées de masques à gaz.

Ce sont, semble-t-il, des chimistes italiens, enseignant à l'université de Mogadiscio, qui ont donné l'alerte, relayés par des experts allemands détachés auprès du ministère de l'Agriculture. Avec les moyens du bord, les uns et les autres ont opéré quelques prélèvements, fait quelques analyses, et peut-être glané quelques informations auprès des autorités somaliennes, qui jusque là ne paraissent pas s'être souciées de l'affaire autrement que pour déterminer les meilleurs moyens d'en tirer d'une manière ou d'une autre quelques subsides. L'imminence de la visite officielle de Bettino Craxi, le Premier ministre italien, ne les incite d'ailleurs pas à faire trop de bruit autour d'un accident somme toute révélateur de leur impuissance, et dont les inquiétants développements pourraient faire reporter cette visite. Aussi, pour l'essentiel, se sont-elles contentées de tractations et de conciliabules avec la société Murri, qui fait du transport aérien au Rwanda, des travaux publics en

Somalie, du remorquage à Mombasa, et dont les fondateurs, quatre frères siciliens, jouissent à Mogadiscio de la confiance du président, ce qui aide beaucoup. Pour le reste, la société Murri, en dépit des deux remorqueurs et du chaland de débarquement dont elle dispose désormais à Mogadiscio, ne paraît nullement qualifiée pour mener à bien le sauvetage d'un navire bourré de produits chimiques.

Or les premières informations qui, tardivement, filtrent sur la cargaison de l'*Ariadne* font par comparaison apparaître le *Mont-Louis*, coulé l'an dernier devant Ostende avec une cargaison d'hexafluorure d'uranium, comme une voiturette de marchande des quatre saisons. Parmi d'autres cochonneries – toutes plus asphyxiantes, inflammables et explosives les unes que les autres –, l'*Ariadne* renferme du plomb tétraéthyle, insoluble dans l'eau mais très volatil, dont la concentration maximum tolérable dans l'air est de 0,01 partie par million, du sulfure de sodium, susceptible de s'enflammer par friction et de dégager en brûlant un gaz toxique, le dioxyde de soufre, enfin du carbure de calcium, qui au contact de l'eau produit de l'acétylène. Comme chacun sait, l'acétylène n'est pas bon à respirer, et c'est un gaz qui ne demande qu'à s'enflammer. Aussi la formation d'un nuage d'acétylène, au-dessus d'une ville frappée de stupeur, est-elle de nature à susciter l'inquiétude des plus flegmatiques.

On est là lorsque le jeudi 26 septembre, à 7 heures du matin, d'épaisses fumées noires jaillissent de l'épave. À 7 h 45, les premières flammes font leur apparition, tandis que les vents dominants, établis au sud-est, rabattent de doux effluves sur les quartiers nord-ouest de Mogadiscio. Vers 9 heures, n'écoutant que leur courage, les hommes de Murri passent à l'attaque sur deux fronts : d'un côté, le remorqueur *Bison*, équipé pour la lutte anti-incendie, attaque avec ses propres lances, appuyé de l'autre par le chaland *Citadelle*, qui a embarqué deux camions de pompiers miraculeusement disponibles. On saura plus tard que l'incendie a été provoqué par la rupture de fûts d'acide nitrique, dont le contenu s'est répandu sur des planches et sur une embarcation, qui traînaient sur le pont. Dans l'immédiat, ce sinistre – en fait limité et bientôt maîtrisé – va entraîner Mogadiscio dans une gigue endiablée, qui sans doute aurait fait les délices d'Evelyn Waugh, et plus encore ceux de Basil Seal, son odieux personnage favori. Il est difficile, les témoignages ne concordant qu'exceptionnellement, de désigner parmi les ambassades celle qui, ce jour-là, mérita la palme de la prudence. Il semble que l'ambassade des États-Unis – d'ailleurs la mieux informée et la plus copieuse à Mogadiscio, les USA estimant avoir en Somalie des intérêts stratégiques – ait été la première à réagir, et à diriger ses ressortissants vers une villa située à l'écart de la zone la plus menacée.

Côté français – la France disposant à Mogadiscio d'une petite colonie de diplomates et de coopérants –, l'ambassade, alertée par les Américains et les Allemands de l'Ouest, fait en fin de matinée prévenir nos compatriotes de se tenir prêts dans l'éventualité d'une catastrophe. Une liaison est établie avec Paris ; le centre antipoisons de l'hôpital Fernand-Vidal – dont la compétence, dans cette affaire, ne paraît guère plus établie que celle de Police-Secours s'agissant d'une attaque de chars – suggère d'arrêter les climatiseurs, de fermer portes et fenêtres, de préparer des mouchoirs et de faire des réserves d'eau... À 13 heures, une réunion se tient à l'ambassade, en présence de l'attaché militaire au Caire qui assure la liaison avec les forces françaises stationnées à Djibouti et dans l'océan Indien. Dans l'après-midi, tandis que deux Transall – l'un à Djibouti, l'autre à La Réunion – se tiennent prêts à décoller pour évacuer nos ressortissants – sans pour autant que les autorités somaliennes se soient jamais engagées à les laisser atterrir... –, la ronde des diplomates se poursuit, rythmée par le crépitement des téléscripteurs. Cependant, l'épave de l'*Ariadne*, éteinte désormais mais toujours fumante, continue d'exhaler des puanteurs troublantes et des mousses.

Côté somalien, il est avéré que, dès les dernières heures de la matinée, tous les locaux administratifs situés sous le vent de l'épave sont fermés et évacués sur ordre du ministère de la Santé. La route qui longe le port est bouclée par l'armée, de même que les quartiers situés en bordure de mer. Les autorités font état de l'évacuation de plusieurs centaines d'habitants et d'un plan prévoyant d'en déplacer de deux à trois cent mille, soit environ le tiers de la population de Mogadiscio... Ce dernier chiffre paraît lancé au petit bonheur, d'autant que les autorités ne disposent pas des premiers moyens pour procéder à une telle opération. Même les riverains du quartier le plus menacé – c'est-à-dire la vieille ville, ou ville arabe – n'ont dû évacuer qu'en petit nombre, et de très mauvaise grâce, par crainte d'abandonner leurs maisons à la discrétion de soldats et de policiers généralement assez prompts à se payer en nature. Dans la soirée, la plupart des ambassades occidentales ont achevé de regrouper leurs ouailles dans des villas éloignées de l'explosive épave. Si ça se gâte, les Français ont reçu pour consigne de gagner Afghoï, une localité située à une vingtaine de kilomètres de Mogadiscio, et non loin de laquelle se trouverait une piste susceptible d'accueillir les Transalls. Avec une précision véritablement fatidique, le big-bang a été programmé pour 20 h 45, l'heure de la basse mer. À l'heure dite, les oreilles se tendent, puis, comme rien ne vient, le soufflé retombe peu à peu. Au cours de la nuit, quelques coopérants, dignes héritiers d'une tradition nationale qui remonte à Pavie, décident d'aller se baigner en dépit des objurgations de l'ambassadeur.

Dans les derniers jours de septembre débarquent à Mogadiscio des experts dépêchés en toute hâte par la plupart des pays occidentaux représentés en Somalie. Les Américains ont envoyé des coast-guards, les Allemands des pompiers de Hambourg, les Français une délégation conduite par l'ingénieur Quinquis, de la direction de la Sécurité civile au ministère de l'Intérieur, et comprenant le commandant Riou, des sapeurs-pompiers du Havre, spécialistes de la lutte anti-incendie à bord des transports de produits chimiques, et le lieutenant de vaisseau Brutus, des marins-pompiers de Marseille. Tous ces experts, auxquels se sont joints des diplomates, des responsables somaliens, des représentants de compagnies de sauvetage ou d'entreprises chimiques comme Bayer et Octel – cette dernière étant l'un des premiers producteurs mondiaux de plomb tétra-étyle, utilisé comme antidétonant pour carburant automobile ou aéronautique –, se réunissent le samedi 28 à l'hôtel Uruba, gigantesque caravansérail situé sur le front de mer et géré par l'État somalien, c'est-à-dire accueillant aux petites bêtes, aux embruns et aux courants d'air. En tout, plus de cinquante personnes, représentant des intérêts forts éloignés, palabrent longuement sous les affiches célébrant la voie somalienne vers le socialisme, sans se mettre d'accord sur rien, sinon, pour la plupart, sur la persistance du danger et la nécessité d'arrêter des mesures d'urgence.

L'inconsistance, ou l'indécision, des représentants somaliens présents à cette réunion incite le chargé d'affaires des États-Unis et l'ambassadeur de France, mandaté par ses collègues européens, à se rendre dans la soirée à la villa *Somalia*. C'est là, derrière de hauts murs balayés toute la nuit par le pinceau d'un phare, au milieu des gorilles de la sécurité et d'autres bêtes sauvages plus gracieuses, que le président Siad Barre passe le plus clair de son temps, dans une hantise du complot et de l'assassinat digne des dernières années du Petit père des peuples. Convaincu par les arguments de ses visiteurs du soir, le président, dès le lendemain, afin de secouer les puces aux assureurs britanniques de l'*Ariadne* et de sa cargaison, dépêche à Londres une délégation conduite par son gendre, le vice-ministre des Ports et des Transports, et le secrétaire général des Affaires étrangères, ancien ambassadeur de Somalie auprès de Sa Gracieuse Majesté. Quant aux experts internationaux, ayant fait leur devoir, et craignant de se voir imputer, par les Somaliens, la responsabilité d'un accident dans lequel ils n'ont aucune part, ils repartent dans les premiers jours d'octobre. Oubliant sans doute qu'elles les ont appelés à grands cris avant de les traiter avec une certaine désinvolture, les autorités somaliennes, qui n'ont supporté aucun des frais de leur mission, feront acquitter aux experts français une taxe de 12 000 francs pour un excédent de bagages d'un peu plus de 150 kg…

Pour l'essentiel, toute cette tragi-comédie provient de ce que près d'un mois après l'échouage de l'*Ariadne* – dû semble-t-il à une erreur du capitaine qui, au moment d'appareiller, sous-estima la prise au vent de son navire chargé en pontée jusqu'au niveau de la passerelle – les autorités et les sauveteurs aient persisté dans l'ignorance de la nature exacte de sa cargaison. Dans le cas de navires armés comme l'*Ariadne* par des « Single Ship Companies » (cf. infra), il n'est pas rare, en cas de sinistre, que l'armateur choisisse de faire le mort. De même, il n'est pas exceptionnel, à bord d'un navire battant pavillon panaméen, que le capitaine ne dispose pas de manifestes détaillés de sa cargaison. Pour ce qui concerne l'*Ariadne*, et malgré les équivoques de son statut, on remarque que son affréteur le fait figurer noir sur blanc, avec la mention d'une escale à Marseille le 7 octobre, dans le planning publié en septembre par l'agence française de MSC. Nonobstant, donc, la notoriété de l'affréteur, ce n'est que le 18 septembre – c'est-à-dire au moment où la coque de l'*Ariadne* menaçait de se briser incessamment – que la société Murri obtient un état détaillé de sa cargaison de produits chimiques.

La récupération et le traitement de toutes ces friandises exigent l'intervention de spécialistes hautement qualifiés. Aussi bien, dès lors que les assureurs londoniens, tisonnés par la délégation officielle somalienne, se sont réveillés, et ont exercé les pressions adéquates sur les propriétaires du navire et de sa cargaison, un contrat est signé avec la firme hollandaise Smit Tak International, basée à Rotterdam, dont un « superintendant » est d'ailleurs présent à Mogadiscio depuis le 18 septembre. Smit Tak International, c'est le numéro un mondial du remorquage, du sauvetage et des interventions maritimes les plus acrobatiques.

Un rien frimeurs, au demeurant sympathiques, formant à Mogadiscio un groupe multinational et polychrome soudé par quelques idées simples telles que gagner beaucoup d'argent en prenant quelques risques et sans trop s'emmerder, les hommes de Smit achèvent en ce moment de décharger la cale n° 4 de l'*Ariadne*. Par une chaleur torride, dans le vacarme incessant d'une gigantesque grue automotrice, les containers éventrés, les fûts d'acétone, les tracteurs bancals et les automobiles aplaties s'entassent sur le pont de la barge, pêle-mêle avec des milliers de boîtes de bière soustraites au pillage et quelques coffres-forts flambant neuf, de marque Stattford, destinés à un client kénian qui, pour quelque temps encore, devra se contenter de sa lessiveuse. Bien que, naturellement, les requins que l'on voit de temps à autre pointer leur dorsale autour de la barge ne leur fassent pas peur, les gens de Smit admettent que le plus dur reste à faire, avec la récupération du chargement de la cale n° 5, éparpillé sur le fond depuis que le navire s'est cassé. Il y avait, dans cette cale n° 5, de quoi satisfaire une clientèle de gourmets des plus exigeants : de l'isopropanol, du xylène, de l'acétone, du butanol, du trichloréthylène ou du pentachlorophénate de sodium, ce dernier comptant parmi les pesticides organochlorés les plus virulents. Mais le plat de résistance, ce sont les 119 tonnes de plomb tétraéthyle.

En dépit de la propension des gens de Smit à sous-estimer, au moins pour la galerie, les dangers qu'ils affrontent, T. Stuurmann, un expert-chimiste hollandais qui assiste à Mogadiscio la compagnie de sauvetage, admet que cette opération nécessitera des mesures de sécurité exceptionnelles. « Sur la barge, tout le monde devra être habillé en cosmonaute… » Si des fûts venaient à se briser pendant les opérations de récupération, les conséquences pourraient être très graves, aussi bien pour les sauveteurs qu'à plus long terme pour la population de Mogadiscio. Jusqu'à nouvel ordre, cependant, force est de constater que l'échouage de l'*Ariadne*, qui aurait pu entraîner une catastrophe majeure, n'a fait d'autre victime que le capitaine du navire.

Coréen, âgé de vingt-huit ans et en paraissant dix de moins, celui-ci a en effet été pris en otage par les autorités somaliennes, et assigné à résidence à la Crocce del Sud, tout de même l'hôtel le plus décent de Mogadiscio. En short, coiffé d'une petite casquette à longue visière comme les Coréens du Sud en portent volontiers, à l'instar des Japonais qu'ils détestent, il traîne à longueur de journée un spleen de plus en plus pesant, escorté dans tous ses mouvements par deux agents de la Sécurité. Les autorités justifient leur assiduité par la nécessité de le protéger contre d'éventuels assassins, armés par l'une ou l'autre des parties dans la bataille juridique qui se profile autour de l'épave, ou contre lui-même.

Par bonheur, un soir qu'il avait faussé compagnie à ses anges gardiens, le capitaine a découvert sur le Lido, qui est à Mogadiscio ce que sont les planches à Deauville, un trio de compatriotes présidant aux destinées du casino. Un établissement où l'on peut non seulement jouer à des jeux de hasard, mais dîner après 9 heures du soir et boire du vin rouge, et tout cela à quelques pas d'une boîte de nuit qui est notoirement l'un des trois plus grands boxons de Mogadiscio. Par malheur, voilà deux ou trois semaines, un proche parent du président Siad Barre a tant perdu au jeu qu'il en a vidé son chargeur dans le plafond, entraînant très logiquement la fermeture du tripot. Depuis lors, le capitaine, qui semble n'avoir jamais lu *Lord Jim*, a sombré de nouveau dans la mélancolie, en attendant de devoir rendre compte de l'erreur qu'il a peut-être commise, ou peut-être pas, lors de cette funeste journée du samedi 24 août, à Mogadiscio.

Un navire, une compagnie

Conçu pour le transport des containers ou du vrac, à raison de 24200 tonnes de port en lourd, l'*Ariadne* bat pavillon de Panama. L'équipage et l'état-major sont uniformément sud-coréens. D'après l'hebdomadaire *Le Marin* – le premier journal qui ait soulevé cette affaire en France –, l'*Ariadne* appartient à l'Aria Shipping Corporation. Il s'agit d'une de ces compagnies, fort répandues en Grèce, dites « Single Ship Companies » : un navire, une compagnie et plusieurs associés détenant des parts qui peuvent être inégales. Généralement, la gestion de ces navires solitaires est confiée à des entreprises spécialisées, dont Universal Glow, qui appartient à l'armateur grec Lelakis, est l'une des plus notoires.

Apparemment, l'*Ariadne* était armé par une société londonienne, Internav Limited, qui se trouve être l'une des filiales du groupe Lelakis. Au moment de son échouage, l'*Ariadne*, qui avait chargé en Europe à destination de différents ports d'Afrique de l'Est, était affrété par Mediterranean Shipping Company (MSC), un important armement de lignes régulières basé en Suisse, mais d'inspiration italienne, et spécialisé dans les liaisons avec l'Afrique de l'Est, l'Afrique du Sud et les îles de l'océan Indien.

Libération, *25 novembre 1985*

Mogadiscio : une escale pour les squales

L'abattoir de Mogadiscio est probablement le seul au monde où les bêtes se rendent d'elles-mêmes, et mettent fin à leurs jours selon des modalités qu'il n'est pas donné à l'homme de connaître. Tout du moins est-ce l'impression que l'on retire d'une visite diurne à ce lieu merveilleusement sinistre, parfaitement désert, dont le silence de nécropole n'est troublé que par des cris d'oiseaux, et par le grondement des vagues.

Vides, ouverts à tous les vents, les bâtiments et les cours n'abritent au milieu de la journée que quelques corneilles, picoreuses de reliefs parmi les crottins et les bouses, et un héron noir qui paraît installé à demeure au point le plus élevé de l'édifice, dans une immobilité de girouette par calme plat. Effondré par endroits, le mur d'enceinte laisse ici et là entrevoir des enclos, dans lesquels parfois des brebis égarées épluchent de succulents arbustes, si savoureux que pas un instant elles ne songent à profiter de la brèche pour s'enfuir.

Tout autour de l'abattoir, sur des collines basses où l'on ne voit pourtant plus guère d'herbe à brouter, et jusqu'aux abords de l'immense décharge publique dont les sédiments n'en finiront jamais de se consumer, des animaux innombrables, avec ou sans cornes, placés sous la garde nonchalante d'aigrettes blanches, attendent paisiblement que l'on veuille bien se donner la peine de les égorger. Sur une hauteur, à égale distance de l'abattoir et de la décharge, aussi nourrissants l'un que l'autre, sont regroupés par dizaines des marabouts et des ibis sacrés tellement repus que l'on a beaucoup de mal à les faire lever.

Le plus étrange est qu'en l'absence de toute activité humaine l'abattoir donne naissance à un flot régulier de sang et de merde qui, à travers un canyon creusé dans l'épaisseur de ses propres alluvions, s'écoule régulièrement jusqu'à la falaise. De là, cascadant à travers des formations coralliennes compliquées, assez chinoises, portant encore quelques ibis et quelques marabouts qui ont dû payer fort cher ces places de choix, la lie dégringole jusqu'à la mer et s'y répand. C'est une bien belle chose, en vérité, que ce grand nuage brun-rouge en suspension dans les eaux claires, et bleu turquoise, du lagon. Et il y a là, dans ce merdier, de quoi becqueter pour un tas de monde : des limicoles, des hérons, des goélands, un balbuzard fluviatile que vous voyez pêcher, sans se gêner, juste sous votre nez.

Mais ce fleuve de sang et d'abats est surtout une aubaine pour les requins. Les Russes, qui ont construit l'abattoir, ayant eu cette idée géniale, et très sympathique pour les requins, de faire se déverser en mer les déchets, ont parachevé le travail en détruisant sur quelques centaines de mètres le lido, la barrière de corail qui protège les eaux peu profondes du lagon. Même s'il est douteux que tous les requins de l'océan Indien, comme on le soutient à Mogadiscio, se soient installés à demeure afin de profiter de cette manne, il est certain qu'ils sont dans les parages prodigieusement nombreux, et d'un appétit insatiable, continuellement aiguillonné par ces effusions de sang dans le lagon. Aussi Mogadiscio, à notre connaissance, est-elle la ville du monde où les requins dévorent le plus de petits enfants, et même de grandes personnes.

Si les gens, dans l'ensemble, ont donc à se plaindre des requins, Tiger n'est pas du nombre. Avec le concours occasionnel de ses cinq frères, dont trois au moins naviguent à la pêche, Tiger tient à proximité de l'Anglo-american Beach Club – l'un des hauts lieux de Mogadiscio, c'est-à-dire bien peu de chose – une boutique de souvenirs. Pour l'essentiel, ces souvenirs consistent en carapaces de tortues, soigneusement vernies, incrustées de cauris, et, pour les plus chères, chevauchées hardiment par des langoustes également vernies au petit poil, auxquelles il ne manque ni une patte ni une antenne. L'idée, assez étrange, de traiter la langouste en objet d'art procède d'un préjugé non moins étrange : en règle générale, les Somaliens jugent en effet ce décapode absolument imbouffable, et certains, parmi les plus fauchés, préféreraient crever de faim plutôt que de manger de la langouste.

Tiger possède également une remarquable collection de coquillages et, singulièrement, de porcelaines. À cet égard, sa boutique ne se distingue guère de ses voisines, la Somalie étant un des premiers producteurs mondiaux de ce genre d'articles. Ce qui sort un peu de l'ordinaire, c'est que Tiger connaît le nom de chacune de ses porcelaines en plusieurs langues, et particulièrement en latin, et que pour justifier ses exigences tarifaires, d'ailleurs raisonnables, il vous produit toute une tripotée d'ouvrages plus savants les uns que les autres, y compris le *Collector's Guide to Seashells of the World* by Jérôme M. Eisenberg,

McGraw-Hill Book Company, New York, 1981. Lequel donne non seulement les principales caractéristiques des coquillages répertoriés, mais aussi le prix de vente le plus élevé enregistré aux États-Unis. Si bien que c'est en toute connaissance de cause, et en toute honnêteté, qu'après l'avoir extraite de derrière les fagots, et dépouillée de ses huit ou dix épaisseurs de coton et de papier de soie, Tiger vous propose pour un peu plus de deux briques une porcelaine de Broderip (*Cypraea Broderipii*) que tous les ouvrages de référence donnent en effet pour rarissime.

En revanche, la porcelaine Zigzag (*Cypraea Zigzag*), grande comme l'ongle du pouce, classée dans le Petit Guide Hachette des coquillages (1975) parmi les « porcelaines indopacifiques peu communes », demeure accessible aux collectionneurs à revenus modestes. De même que les dents de requin en vrac, qu'il s'agisse de dents de *Longimanus* – petites, l'air de rien, mais coupantes comme des rasoirs – ou de requins blancs, deux espèces aussi friandes l'une que l'autre de chair humaine. Sensiblement plus cher, le collier de dents (panachées) est déjà passablement effroyable, et l'on se demande la tête que tirerait l'objet aimé si l'on s'avisait de lui offrir une pareille breloque, et si par surcroît, pour mettre le paquet, on y ajoutait un rostre de poisson-scie d'1,50 m de long, tout hérissé de pointes qui en font la plus meurtrière des armes blanches. Et cependant le collier n'est rien à côté de la mâchoire complète, au naturel, avec toutes ses dents, telle une gigantesque prothèse spécialement conçue pour un vieil anthropophage qui aurait du mal à se défaire de ses habitudes alimentaires. De prime abord, ces mâchoires paraissent fort encombrantes, au moins pour un usage domestique, et à moins que l'on envisage par exemple d'en faire des enseignes lumineuses, clignotantes, pour cabinets dentaires ouverts jour et nuit. Mais comme nous tirons prétexte de leur taille rédhibitoire pour n'en pas acheter, Tiger nous affirme, et nous démontre aussitôt, qu'elles sont entièrement pliables, quasi télescopiques, et susceptibles de s'assujettir au bagage le plus exigu.

Au cours de notre entretien avec Tiger, nous le verrons une seule fois se départir de sa bonne humeur. À la question de savoir si, quand il plonge en apnée, sans aucun matériel, pour se procurer toutes ces merveilles – la porcelaine de Broderip, par exemple, ne se rencontrerait que par trente ou quarante mètres de profondeur –, il ne craint pas d'être attaqué par un requin, Tiger fait cette réponse magnifique : « Sharks no problem : if you live, you live, and if you die, you die. » (Les requins ne sont pas un problème : si tu vis, tu vis, et si tu meurs, tu meurs.) Puis il se renfrogne soudainement, tandis qu'à la volée nous consignons cette phrase, en abrégé, sur une feuille de papier grande comme un timbre-poste et déjà couverte en tout sens de graffitis. Ajoutons que Tiger voit cette feuille à l'envers, la conversation se déroulant de part et d'autre d'un comptoir. Or, cinq minutes plus tard, après avoir donné des signes croissants d'inquiétude et de nervosité, il s'empare de notre stylo, et sans une hésitation, presque sans regarder, il barre d'un trait la transcription de sa fatidique maxime. Ce n'est pas parce que l'on ne craint guère les requins qu'il faut tenter le sort, dans un pays où ils croquent apparemment plus de monde, en un an, que la bête du Gévaudan pendant toute sa carrière.

Libération, *21 et 22 décembre 1985*

Mythologies d'un garde forestier

Sylvo-pastoral est sans conteste l'un des plus jolis adjectifs panachés de la langue française. Substantivé, et légèrement tiré par les cheveux, il engendre un prénom féminin biplace, Sylvie-Pastourelle, que nous donnerions volontiers à des jumelles si nous en avions une paire sous la main. À tous ceux qui regrettent d'avoir si peu le loisir d'en faire usage, nous recommandons une visite à Divtchovoto, une bourgade tellement sylvo-pastorale que si l'adjectif n'existait pas il aurait fallu pour elle l'inventer. Divtchovoto se situe à une altitude variable – mais vraisemblablement inférieure à 1 000 mètres – dans le Stara Planina, en Bulgarie.

Le Stara Planina, plus communément appelé Balkan, est l'un des rares massifs montagneux européens où la rencontre d'un loup ne relève pas seulement de la licence poétique, pour ne rien dire des vampires, qui devraient ici se sentir chez eux plus encore que dans les Carpates. Pour ce qui est des loups, on en a tué deux – un mâle et une femelle – l'été dernier, et manqué un troisième, qui a vengé les deux autres en égorgeant séance tenante plusieurs dizaines de brebis.

S'ils souhaitent varier leur ordinaire, les loups de Divtchovoto disposent, en plus des ovins, de plusieurs espèces de caprins, de bovins et d'équidés, toutes comestibles, et certaines si primitives, si vétustes, que vous n'en verrez nulle part ailleurs de semblables : ainsi de ces petits chevaux élevés en semi-liberté, et capables de se débrouiller tout seuls, en plein hiver, dans la nature. Et même si le petit cheval, dans ses hautes solitudes, a peur du loup, il ne changerait pas pour un empire sa condition contre celle de ces ânes, de ces mulets ou de ces bœufs que l'on rencontre à tout bout de champ, affublés d'un ridicule catadioptre entre les deux yeux, traînant de longues charrettes d'aspect mérovingien, dont les roues en bois n'arrivent que rarement à se mettre d'accord entre elles.

Autant le bestiau est nombreux, autant l'homme est rare à Divtchovoto : deux cent cinquante habitants, âgés pour la plupart, et une proportion de célibataires qui constitue semble-t-il une sorte de record national en Bulgarie. Ces rares spécimens du genre humain vivent de l'élevage, de la forêt, et, pour un petit nombre d'entre eux, de la surveillance de la réserve naturelle de Boatin, qui s'étend au-dessus du village sur un peu plus de 2 000 hectares. On y trouve l'une des plus belles forêts de hêtres qui soient au monde, même si les ours y laissent des crottes un peu partout. Mais de toutes les curiosités naturelles qu'abrite cette forêt, Stoïan Tchtovkanski, le chef des gardes, est sans conteste la plus étonnante. Lorsqu'il ne court pas les bois, aux trousses des braconniers qui traquent le cerf, le sanglier ou le chevreuil, Stoïan vit un peu en dessous de Divtchovoto, à Tchernivit, un gros village où chaque maison – c'est-à-dire chaque famille – dispose d'un poulailler, d'une ruche, d'une meule de foin, d'une treille, de plusieurs variétés de cucurbitacées, toutes enclines au gigantisme, de quelques plans de tomates et de piments, enfin d'une demi-douzaine de pommiers et de poiriers de haute tige.

Extérieurement, la maison de Stoïan ne se distingue en rien de ses voisines, à moins que son fils aîné, qui a la chance de servir dans la milice populaire à Teteven, ne se pavane sur le pas de la porte dans un uniforme rouge à parements dorés, copie conforme de ceux que portent à Sofia les gardes du mausolée de Dimitrov. Le culte des héros de la résistance anti-turque est en Bulgarie l'une des seules activités de l'esprit que l'État encourage sans réserve, payant lui-même d'exemple, au point que jamais l'on n'a vu un régime officiellement athée honorer tant de patriarches et de métropolites. Toutefois, il n'est sans doute guère de foyers où cette nostalgie atteigne au même paroxysme que chez Stoïan, chez qui elle se complique d'une passion débridée pour les armes à feu, et d'une fidélité au maréchal Staline dont témoigne un petit portrait, discret mais tout de même bien visible, dans le salon.

Dans ses collections, pêle-mêle avec des objets plus anodins, tels qu'une paire de bois de cerf ou une plume d'aigle royal, on trouve un pistolet de la Grande Armée, un revolver à crosse plaquée de nacre dont les balles auraient fracassé quantité de têtes de Turcs, une carabine Mannlicher de 1910 sur laquelle Hemingway n'eût pas craché, enfin un fusil de chasse aux canons juxtaposés, portant la marque de G. Tescher et Co., armuriers à Francfort, dont Hitler aurait fait don à l'infortuné roi Boris III. Il semble que Stoïan possède également un mortier en état de marche, mais il n'a pas voulu nous le montrer.

Le soir tombant, à l'heure où les nostalgies s'exaspèrent, Stoïan enfourche sa moto Jupiter et, confiant sa mère et sa femme aux bons soins du milicien de Teteven, il gagne le refuge, en lisière de la hêtraie, où séjournent habituellement les hôtes de la réserve de Boatin. Devant ce public éventuellement crédule et fréquemment renouvelé, Stoïan peut donner libre cours à ses rêves de grandeur. Après quelques bouteilles de Slivovic, dont il gère apparemment des réserves inépuisables, et s'il sent le terrain favorable, il s'éclipse pour reparaître bientôt dans un splendide uniforme de voïvode, tel que devaient en porter les chefs de partisans bulgares à l'époque de Christo Botev. Comme sa mythologie ne s'embarrasse pas d'un excès de rigueur chronologique, il complète sa panoplie d'une paire de grenades à manche datant de la Première Guerre mondiale, d'un fusil Beretta à canon court qui fit les beaux jours de la cavalerie italienne lors de la Seconde, et d'un pistolet automatique soviétique de 7,62 mm, le Tulski Tokarev, qui pourrait encore rendre des services lors d'une troisième.

Tout cela témoigne de la faveur dont Stoïan jouit auprès des autorités : car ce n'est tout de même pas le premier venu, en Bulgarie, qui peut errer dans la nature avec des armes de guerre en ordre de marche. Si tout se passe à sa convenance – c'est-à-dire si les hôtes de la réserve ne font pas de difficultés pour porter à sa santé, cul sec, autant de toasts qu'il lui plaît de leur en proposer –, Stoïan se contente d'ouvrir la fenêtre de temps à autre pour tirer en hauteur, et à grand fracas, quelques balles traçantes, dont la brève et lumineuse carrière doit semer la consternation parmi les habitants de la forêt. Mais si les hôtes ne lui plaisent pas, il n'hésite pas à pousser le bouchon un peu plus loin. Récemment, un groupe de naturalistes originaires d'Allemagne de l'Est, qui d'une manière ou d'une autre lui avaient manqué de respect, s'est fait assaisonner de quelques grenades au plâtre, entre la poire et le fromage. Magnanimes, ou résignées, les victimes n'ont consigné dans le livre d'or du refuge que leur émotion devant les efforts consentis par le peuple bulgare, sous la conduite du Parti, pour la protection de la nature.

Libération, *30 novembre et 1er décembre 1985*

L'OR DES BOUTRES

Ahmed le Belge et Monsieur Azor

Dans la banlieue d'un émirat jadis opulent, et demeuré confortable, Ahmed le Belge préside désormais aux destinées d'un petit atelier de mécanique générale. Assis en tailleur – c'est-à-dire en Bédouin – sur son fauteuil directorial, qui dès lors prend des allures de piédestal, son embonpoint, le négligé de sa toge, la vivacité malicieuse de son regard et l'hirsute de son poil lui composeraient une sympathique figure de Bacchus islamique, si une telle chose était concevable. D'ailleurs élevé à Stanleyville par les pères blancs, puis étudiant à Bruxelles, Ahmed parle un français délié, mais piqué d'une grosse pointe d'accent belge, ce qui reste tout de même assez rare parmi les indigènes de la Côte des Perles.

Son père – lui-même parle plus volontiers de son grand-père, afin de repousser tout cela un peu plus profond dans la nuit des temps – a fait sa pelote en vendant au détail des nègres grappillés sur les rivages de l'Afrique australe. Bien que la traite eût été depuis longtemps abolie, capturer des nègres restait entre les deux guerres la chose la plus simple du monde. Les boutres arabes arrivaient en Afrique chargés de dattes de Bassorah, les plus succulentes, celles dont on se désole qu'aujourd'hui l'Irak en vende la plupart à la Chine. (Le sort des boutres est tellement lié à celui des dattes qu'autrefois l'on estimait en couffins, plutôt qu'en tonnes, leur capacité de chargement.) Or les nègres, comme chacun sait, sont friands de dattes jusqu'à l'excès. D'après Ahmed, il suffisait donc de leur en jeter quelques poignées pour attirer à bord quantité d'enfants parmi lesquels on sélectionnait les plus vigoureux, les plus dodus, après quoi on larguait en hâte les amarres, et vogue la galère.

Il n'est pas sûr qu'Ahmed ait personnellement trempé dans ce trafic, tout de même tombé en désuétude, et dont lui-même souligne qu'il constituait une forme embryonnaire d'aide au tiers-monde, puisque les Africains qui survivaient au voyage étaient généralement bien nourris, et d'ailleurs bien traités, par leurs maîtres arabes. Dans les années cinquante, le boom pétrolier entraîna tout d'abord une recrudescence de ce commerce avant que les espoirs, ou les illusions, engendrés par la soudaine richesse des pays du Golfe ne drainent vers leurs rivages un flot énorme, et régulier, d'immigrants pakistanais ou indiens qu'il n'était pas nécessaire de contraindre pour les faire venir. Cette main-d'œuvre libre, mais complètement désarmée, fut pour les armateurs de boutres une nouvelle source de prospérité.

Dans les années soixante, au point le plus élevé de la crue, les patrouilleurs britanniques arraisonnaient régulièrement des boutres d'une vingtaine de mètres chargés de plusieurs centaines de zombies. Pendant la traversée, le nombre des morts équilibrait à peu près celui des naissances. La demande était telle que parfois les boutres précipitaient en pleine mer leurs passagers, afin de retourner faire le plein à Bombay ou Karachi, et de doubler leurs gains. Une solution intermédiaire, et moins brutale, consistait à débarquer les immigrants sur les côtes du Musandam, cette péninsule montagneuse qui, fermant à l'ouest le détroit d'Ormuz, marque le point le plus oriental des côtes d'Arabie. Quiconque a vu, même de loin, ces montagnes lunaires, absolument stériles, du Musandam sent bien que ce n'est pas le genre d'endroit où se retrouver seul, sans appui, sans biscuit, et dans l'ignorance des coutumes du pays.

Largués sur ces rivages, les immigrants, s'ils ne mouraient pas de soif ou de faim, y tombaient sous la coupe de chefs locaux – cela se voit encore – qui, lorsqu'ils en avaient en surnombre, les louaient à des entreprises étrangères engagées dans la prospection pétrolière ou d'autres grands travaux.

Aujourd'hui, la récession économique qui frappe les Émirats n'a pu tarir cet afflux de main-d'œuvre. Les nombreux retours plus ou moins volontaires, les arrestations, les expulsions, les rigueurs de la loi islamique, qui châtie sévèrement des délits que les Asiatiques ont l'habitude de considérer comme véniels, rien n'y fait. Chaque jour, la rubrique judiciaire des journaux du Golfe se fait l'écho de deux ou trois affaires d'immigration clandestine, presque toujours par voie de mer, et dont la plus remarquable, au cours de ces dernières semaines, concerne un boutre arraisonné à Dubaï avec une cargaison de cinquante-deux

Bengalis qui avaient acquitté un droit de passage s'élevant à 2 000 dollars par personne. La presse du Golfe est beaucoup plus discrète pour ce qui concerne les jeunes Indiennes achetées, razziées dans les campagnes, ou trompées par de fausses promesses de mariage, et soumises en Arabie à un esclavage infiniment plus brutal, et plus dénué d'espoir, que celui des nègres jadis.

Du temps de sa splendeur, Ahmed le Belge était associé avec un caïd de Bombay que nous appellerons Monsieur Azor. Monsieur Azor, qui dans sa ville natale passe pour l'un des criminels les plus retors et les plus avisés de l'après-guerre, vit aujourd'hui bourgeoisement dans une villa du quartier résidentiel de Malabar Hill. Sa maison ne paie pas de mine, mais une ruelle silencieuse et verte, soustraite à l'agitation et au vacarme diaboliques des grandes artères, constitue déjà, à Bombay, un luxe inappréciable.

Une dizaine de personnes, sans compter les gardes du corps, attendent dans l'antichambre de Monsieur Azor, et se lèvent bruyamment à son approche, afin d'être en mesure de s'incliner jusqu'à terre, et de lui prodiguer toutes les marques les plus extatiques du respect. Très simple, quant à lui, mince, tout de blanc vêtu, y compris les pompes, et tout frémissant d'une nervosité sans doute exacerbée par l'usage prolongé des toxiques, Monsieur Azor agite ses longues mains et tripote ses joues émaciées, à la recherche des quelques mots d'anglais qu'il tient en réserve à l'intention de ses visiteurs étrangers. Le salon est meublé, très sobrement, de fauteuils en bois sculpté dont le moins lourd doit peser un peu plus de 60 livres.

Peu bavard, Monsieur Azor parle plus volontiers du parti qu'il vient de fonder, voué à la défense des pauvres et des minorités opprimées, que de ses affaires, notamment immobilières, ce secteur très rémunérateur attirant irrésistiblement, à Bombay, l'argent douteux. Bien qu'il tire gloire d'avoir commencé au plus bas de l'échelle, parmi ces hordes dépenaillées qui pullulent aux alentours des docks, il n'a aucun souvenir de ce qui a bien pu le porter au sommet de la fortune. Si l'on insiste, Monsieur Azor, qui est doublement Hadji, puisqu'il a fait deux fois le pèlerinage de La Mecque, désigne le ciel et murmure « God », en vous regardant d'un œil tout plissé d'ironie. En anglais, cette boutade est exacte à une lettre près, puisque c'est à la contrebande de l'or qu'Hadji Azor doit d'être désormais l'un des parrains les plus respectés de Bombay.

Chaque jour, dans les Émirats, les pages financières du *Khaleej Times* ou du *Gulf News* donnent le prix de l'or à Zurich, à Londres, à Dubaï, etc., et à Bombay. (Dans les quotidiens de Bombay, les rubriques spécialisées précisent que l'or est en hausse à la suite d'importantes saisies opérées par les douanes, ou en baisse à la suite de gros arrivages en contrebande.) Les prix étant donnés en monnaies locales, il suffit d'un rapide calcul pour constater qu'en règle générale l'or se négocie à Bombay près de deux fois plus cher que dans le reste du monde, en raison des dispositions draconiennes prises par les autorités indiennes afin de contenir l'enthousiasme de leurs administrés pour le fabuleux métal.

Dans les années cinquante, le rapport était encore plus avantageux, et Sheikh Raschid, l'émir de Dubaï, fut l'un des premiers à comprendre tout le parti que l'on pouvait tirer de cette circonstance. Avec le concours d'aventuriers d'origines diverses – dont le plus fameux demeure Galladhari, jadis l'un des hommes d'affaires les plus considérables de Dubaï, aujourd'hui tombé en disgrâce et contraint à l'exil –, Sheikh Raschid fait de son émirat, quelques arpents de sable, un havre de prospérité par où les marchandises les plus diverses, en provenance du monde entier, transitent, en fraude ou en règle, à destination des pays voisins.

« Au cours des années cinquante, lit-on dans une brochure éditée par la Société de banque suisse, un port de pêcheurs de perles à peine connu, à l'époque encore protectorat britannique, fit son apparition dans le trafic de l'or. Une énorme demande émanant du sous-continent indien, dont l'étendue des côtes empêchait une surveillance efficace, incitait à l'importation illégale du métal jaune, d'autant que le prix indigène était le double de celui pratiqué sur le marché mondial. [...] Son port et sa population de marchands et de marins faisaient de Dubaï un point d'appui idéal pour ce genre de trafic. [...] En 1968, à son apogée, Dubaï importa de Zurich, Londres et Beyrouth pas moins de 580 tonnes d'or qui prirent presque exclusivement le chemin de l'Inde. Cette quantité correspondait à l'époque à 42 % de la production du monde libre. »

Dans les années soixante, l'or qui transite par Dubaï est chargé presque ouvertement, à la nuit tombée, à bord des boutres amarrés en pleine ville, le long de la Creek, dans ce que l'on appelle alors « le coin des contrebandiers ». L'acheminement vers l'Inde se fait parfois à bord de bateaux de pêche de conception récente, plus souvent à bord de « padaos », des navires en bois, non pontés, caractéristiques du nord-ouest de l'Inde, d'aspect vétuste et poussif, mais généralement dotés pour la circonstance de puissants moteurs, capables de surclasser ceux des garde-côtes indiens.

Si, malgré cela, le navire se trouve en danger imminent d'être arraisonné, l'énormité des bénéfices réalisés par les contrebandiers leur permet d'envisager sereinement le sacrifice d'une cargaison de temps à autre.

Aux dires d'Ahmed le Belge, et d'autres contrebandiers de sa génération, les sables du Gudjarat, du Maharashtra, et de toute la côte ouest de l'Inde, seraient ainsi pavés de lingots d'or passés par-dessus bord afin de les soustraire aux investigations de la douane. Certains navires de contrebande possèdent à bord des armes automatiques individuelles, voire des mitrailleuses, aussi bien pour tenir en respect les douaniers indiens que pour se défendre contre d'épisodiques pirates baloutches, qui, venus du littoral iranien ou pakistanais, s'efforcent parfois de prélever une dîme sur l'or des boutres.

La route des Indes

Dans les années soixante-dix, la guerre indo-pakistanaise, puis les offensives lancées par l'administration d'Indira Gandhi contre la fraude et la corruption, entraînent un net déclin du trafic de l'or. Toutefois, si l'offre baisse, la demande continue de croître et de multiplier. Pour reprendre la formule d'un responsable des douanes de Bombay : « Indians are crazy about gold : from birth to death, on every occasion, gold has to be there [1]. » Toutes les circonstances solennelles de l'existence appellent en effet la présence ostentatoire de l'or, sous forme de parures, de présents ou de dots. Les mariages, en particulier, entraînent une consommation d'or considérable et cela dans toutes les couches de la société, même si la quantité varie naturellement en fonction des ressources.

Même la mort est logée à cette enseigne : à Haridwar, sur les rives du Gange, lorsque après la crémation les cendres d'un défunt de confession hindoue doivent être immergées dans le fleuve, les prêtres insistent généralement pour que le mince fétu soit lesté d'un peu d'or, qu'ils récupèrent dès que la famille éplorée a tourné les talons. Enfin,

1. Les Indiens sont fous d'or. De la naissance à la mort, pour toutes les grandes occasions, il faut qu'il y ait de l'or.

dans un contexte d'incertitude économique et d'acrobaties monétaires, l'or est considéré par les Indiens de toutes obédiences comme le placement le plus sûr. Aussi, bien que la loi fasse obligation de déclarer toute quantité d'or supérieure à 400 grammes, estime-t-on que sur les quelque 60 000 tonnes d'or possédées dans le monde par des particuliers, environ 50 000 se trouveraient en Inde. Et chaque année, ce trésor s'accroît d'une centaine de tonnes.

Limitrophe d'Indira Docks, le quartier de Ballard Pier est un peu l'équivalent, à Bombay, de la City à Londres. Toute la logistique du commerce maritime s'y entasse dans d'énormes bâtisses stigmatisées de figures allégoriques, de frontons et de pilastres. Rien n'y est spécifiquement indien, sinon les chiques de bétel que mâchouillent pensivement les ronds-de-cuir, ou bien les avant-postes, faufilés dans les cours et les ruelles, de la misère paroxysmique qui, non loin de là, se déploie de part et d'autre de D. Mello Road.

La bureaucratie indienne est si furieusement papivore que, rien que dans l'immeuble des Douanes, l'équivalent d'un millier d'hectares de forêt doit se résoudre chaque jour en formulaires. Sur le bureau de M. Pali – un homme délicieux, et cependant l'un des plus grands pourvoyeurs des prisons de Bombay – sont étalés en vrac, pour notre édification, quelques échantillons des saisies de la veille, dont 5 kg d'or cousus dans une veste de toile. L'or des boutres, et plus généralement l'or de contrebande – il s'agit toujours d'or 24 carats – se présente presque invariablement sous forme de lingots de 10 tolas (1 tola = 11,6638 grammes, soit 0,375 once Troy), approximativement de la taille d'une triscotte, glissés par lots de cent, un par un, dans les poches spéciales, genre cartouchière, d'un gilet sans manches que l'on peut commodément porter sous une veste plus ample. Ceux-ci portent la marque de l'Union Bank of Switzerland et celle du fondeur-essayeur ASA. Ils ont été trouvés, tout à fait par hasard, dans les effets d'un motocycliste hospitalisé à la suite d'un accident de la circulation, et dont les aveux ont conduit, de proche en proche, à l'arrestation d'un bijoutier fraudeur. Selon M. Pali, après le déclin des années soixante-dix, la contrebande a repris sur une grande échelle dans les années quatre-vingt.

Les sources, les techniques, se sont diversifiées. De l'or en provenance de Singapour ou de Hong Kong entre en Inde via Katmandou, les communications avec le Népal étant nombreuses, faciles, et légères en formalités. Quant à l'or en provenance du Golfe, et en particulier de Dubaï, qui conserve sa position privilégiée, il peut être acheminé par bateau jusqu'à Karachi, et, de là, introduit en Inde par la route. Les liens communautaires, familiaux, maintenus par les populations distribuées de part et d'autre de la frontière indo-pakistanaise entraînent d'innombrables échanges qu'il est impossible de contrôler strictement.

Depuis quelques années, de nombreuses saisies ont été faites à bord d'avions de ligne opérant entre le Golfe et Bombay. À deux jours d'intervalle, en février, un ressortissant pakistanais et un Indien ont été arrêtés, à Bombay, respectivement sur un vol Saudia en provenance de Dahran, et sur un vol Air India en provenance de Dubaï. Le premier portait sur lui un peu moins de 4 kg d'or, le second en avait dissimulé près de 35 kg dans les toilettes de l'Airbus en service sur la ligne Dubaï-Bombay. Le coup des toilettes – très apprécié, ces derniers temps, par les contrebandiers – implique toute une chaîne de complicités, aussi bien parmi le personnel navigant que parmi le personnel de maintenance au sol. L'attention des douanes aurait été attirée sur cette technique de passage par la fréquence avec laquelle les équipes d'entretien démontaient les gogues des Airbus, sous prétexte d'introuvables défectuosités.

Une autre technique consiste à emprunter un vol long-courrier en provenance de Dubaï et transitant par Bombay, où l'or change de mains dans les toilettes ou les cabines téléphoniques des salles de transit. Les Indiens expatriés dans les Émirats et de retour au pays natal, de plus en plus nombreux par suite de la récession qui sévit dans les pays de l'or noir, font également l'objet d'une surveillance attentive. Les bénéfices de la contrebande sont tels que n'importe qui peut se laisser tenter : en 1983, l'ambassadeur du Paraguay en Inde s'est fait prendre la main dans le sac sur un vol en provenance de Singapour.

Certaines affaires récentes témoignent de l'intérêt que telle ou telle centrale palestinienne, à la recherche de liquidités, porte à cette filière. Des entreprises étrangères présentes sur les deux rives de la mer d'Arabie en useraient de même. Et l'année dernière, deux citoyens américains ont été arrêtés à l'aéroport de Bombay, en provenance de New York, lestés chacun d'une vingtaine de kilos d'or. Ils en étaient à leur treizième voyage en quelques mois : s'ils avaient été superstitieux, sans doute couleraient-ils des jours tranquilles du côté de Park Avenue.

Sur l'avion, le boutre présente toujours l'avantage du volume et de la mobilité. L'or acheminé par bateau se compte généralement par centaines de kilos. La technique la plus sûre consiste à transborder l'or, à la limite des eaux territoriales indiennes, sur des bateaux de pêche qui, à la différence des gros boutres en provenance des Émirats, ne peuvent faire l'objet de contrôles systématiques. Les liens privilégiés que les contrebandiers entretiennent avec les pêcheurs du littoral ont donné naissance à une autre technique encore plus discrète : à proximité des côtes indiennes, le chargement d'or est mouillé, de nuit, en un point convenu, et signalé à l'attention des pêcheurs complices par des flotteurs exactement semblables à ceux des filets, ou des casiers, ce qui les rend absolument indiscernables aux douaniers et aux garde-côtes. À moins, naturellement, que la cargaison ne soit discrètement surveillée depuis son embarquement à Dubaï – voire depuis l'achat à Zurich ou à Londres –, le renseignement, dans ce domaine, étant encore la meilleure arme des autorités.

Le 15 mai 1985, à 70 milles au sud de Bombay, 150 kg d'or mouillés de cette façon ont ainsi été interceptés par les douanes, alors qu'à la nuit tombée le destinataire les chargeait paisiblement dans le coffre de son 4×4. Trois mois plus tôt, le 8 février, agissant une fois de plus d'après une information en provenance de Dubaï, les douanes saisirent sur la côte du Gudjarat 160 kg d'or dissimulés, à bord d'un boutre, sous les planches du bordage. Le 23, près de 200 kg sont récupérés à Bombay, dans la vase du port des boutres, à marée basse. Se sentant surveillés, les contrebandiers avaient passé leur cargaison par-dessus bord. Enfin le 17 septembre, à 7 heures du soir, en pleine agglomération de Bombay, une barque équipée de puissants moteurs hors-bord, en provenance d'un boutre mouillé à quelques milles de la côte, est interceptée par la douane alors que son équipage s'apprête à prendre pied sur Juhu Beach, une plage noire de monde en ce début de soirée. À la faveur de la fusillade qui s'ensuit, la barque parvient à prendre le large, mais les 172 kg d'or qu'elle transportait seront saisis le lendemain dans Bombay. Au cours de l'année écoulée, 3 tonnes d'or de contrebande ont été saisies en Inde, où des quantités beaucoup plus importantes ont été introduites avec succès.

Au Bonheur des dames

Le port d'Hamriya, dans l'émirat de Dubaï, est réservé aux embarcations de sac et de corde, vieux caboteurs piqués de rouille, battant des pavillons de fantaisie, et boutres de toutes obédiences. On ne charge guère à Hamriya, un port voué pour l'essentiel aux importations. Les boutres en provenance de Somalie apportent des chèvres et des moutons bicolores, si nombreux, et si entassés, que le spectacle de leur débarquement s'apparente à un numéro d'illusionniste. D'Iran viennent de l'eau de rose, des pommes, des dattes, des raisins secs, des biscuits à la banane, des cailloux. L'Inde exporte vers les Émirats du fourrage, des engrais, des oignons du Gudjarat, des fruits de saison et d'autres comestibles.

Outre le coton brut, la réglisse en vrac, le riz et les célèbres chameaux du Baloutchistan – particulièrement appréciés lors de ces courses interminables, à mourir d'ennui, qui à Dubaï constituent l'une des rares distractions officielles du vendredi –, le Pakistan s'est fait une spécialité de la bouse de vache à différents degrés de transformation. Dans la mesure où cette bouse est abondante, odoriférante, grossièrement conditionnée, enfin, bien que séchée, d'un aspect qui n'incite guère le commun des douaniers à s'y frotter, elle fait à l'occasion une excellente couverture pour des denrées plus rares et plus précieuses.

En dépit de la croisade prêchée par le général Zia – et qui se heurte notamment à la corruption endémique de l'administration –, le Pakistan exporte en effet, via les Émirats, des quantités régulièrement croissantes de stupéfiants, héroïne, opium, haschich, ganja, tcharas, et d'autres mystérieuses décoctions, généralement originaires des confins pakistano-afghans.

Le haschich viendrait presque toujours par boutre, dissimulé dans des cargaisons de bouse, de riz ou de poisson séché. L'héroïne, d'un encombrement moindre, emprunterait plutôt les lignes aériennes. Toutefois, les rubriques spécialisées des quotidiens du Golfe, qui chaque jour font état de nouvelles saisies, mentionnaient tout récemment la découverte de 8 kg d'héroïne pakistanaise à bord d'un navire en escale dans le port de Fujairah, sur la côte du golfe d'Oman.

À partir des Émirats, haschich et héroïne – dont la consommation demeure localement très limitée – repartent en direction de la Méditerranée, de l'Europe ou des États-Unis, soit par avion, Dubaï notamment bénéficiant d'excellentes liaisons aériennes, soit à bord de camions qui, par escadres entières, approvisionnent chaque jour les marchés locaux en vivres frais du Proche-Orient. D'après un responsable des douanes de Bombay, si les contrebandiers d'or et de stupéfiants appartiennent généralement à des groupes distincts, les premiers feraient de plus en plus souvent appel aux seconds afin de se procurer rapidement les devises fortes nécessaires à leurs achats d'or sur les marchés de Londres ou de Zurich.

Il y a, dans Dubaï, quelque chose de Venise en son âge d'or. Une Venise du pauvre, si l'on veut, et qui manquerait un peu de Carpaccio. Toutefois, l'on retrouve le climat de certains tableaux des maîtres vénitiens, sur la Creek, lorsque, à l'occasion d'une visite officielle, le boutre de cérémonie, sous la protection d'une meute de patrouilleurs, y déploie sa longue flamme de guerre, tandis que des mollahs enturbannés, barbichus, président à de mystérieux chargements à bord de boutres en partance pour l'Iran, et que les représentants de sept ou huit peuplades originaires de trois parties du monde s'affairent sur les quais, parmi les emballages de marchandises de toutes sortes. Tous les trésors du souk s'y déversent à longueur de journée, dans un incessant va-et-vient de camions, de diables et de charrettes à bras.

Cette débauche de marchandises en mouvement donne l'impression d'une interminable et pacifique mise à sac. Sur plus d'un kilomètre, du siège de la Banque Indo-Suez à l'hôtel Sheraton, des boutres par centaines, souvent sur trois ou quatre rangs, sont regroupés en fonction de leur destination : l'Iran, d'autres pays du Golfe, l'Inde ou le Pakistan, le Yémen, Djibouti, la Somalie, le Kenya, Zanzibar. Dubaï est sans conteste, aujourd'hui, le plus grand port de boutres.

Dans ce fouillis d'antennes et de mâts de charge, un œil exercé peut s'efforcer de distinguer les différents types de « boutres », ce terme français ne désignant d'ailleurs aucun d'entre eux, non plus que le terme britannique équivalent de *dhows*. La classification des boutres a fait l'objet, de la part d'auteurs généralement britanniques, de controverses frénétiques, d'une complexité et d'une mauvaise foi byzantines.

Désormais, cette polémique est sans objet. Bien qu'exceptionnellement l'on puisse encore apercevoir à Dubaï un de ces *baghlas*, ou *ganjas*, ou *kotias*, dont le tableau de poupe arrondi, débordant sur les flancs, percé de fenêtres décorées, évoque exactement les navires portugais du XVIIe siècle qui à l'origine inspirèrent effectivement les charpentiers locaux, enfin bien que les *boums* iraniens, avec leur avant pointu et relevé, leur longues antennes, et leur gouvernail actionné par un système compliqué de chaînes et de poulies, soient indéniablement ce qui ressemble le plus à l'idée que l'on se fait en général d'un « boutre », toutes ces embarcations, qui pour la plupart n'utilisent plus leurs voiles qu'en appoint, et sont équipées de bons gros moteurs, répondent à l'appellation générale et fort triviale de *launches* ou de *country-crafts*.

Ces *boums* iraniens sont d'ailleurs de très loin les plus nombreux parmi les navires en cours de chargement sur la Creek. En mai 1985, quatre cent vingt boutres ont chargé à Dubaï à destination de l'Iran. À en juger par l'abondance de réfrigérateurs panoramiques, de fours autocuiseurs, de cafetières cybernétiques et de casseroles à géométrie variable – et, dans une moindre mesure, de canapés de style et de matelas multispires –, la condition de la ménagère iranienne, sous le régime des ayatollahs, doit être bien plus enviable qu'on ne nous le dit. Accessoirement, cette débauche de matériel haut de gamme – y compris des magnétoscopes ou des BMW neuves – témoigne ironiquement de la persistance d'inégalités sociales, et de goûts dépravés, hautement stigmatisés par les enturbannés.

Outre les banques représentées à Dubaï – Saderat, Melli, etc. –, et qui jouent un rôle notable dans les transactions financières de la République islamique, l'Iran dispose localement d'un bureau d'achats annexé à son consulat.

Contrairement à l'Arabie Saoudite, les Émirats, dans le conflit Iran-lrak, se sont bien gardés de mettre tous leurs œufs dans le même panier. Des rumeurs insistantes font état de cargaisons d'armes légères, et semi-lourdes, ou de pièces de rechange, qui tout récemment auraient transité par les Émirats à destination de l'Iran. Toujours est-il que les acheteurs officiels de la République islamique sont nombreux à se rendre à Dubaï, où, très ouvertement, ils font emplette de matériel qui, sans être directement stratégique, contribue à l'effort de guerre iranien. Ainsi des pièces de rechange pour l'industrie pétrolière, des engins Caterpillar (sous embargo...), du ciment, du fil de fer par bateaux entiers, des pick-up Toyota et des motocyclettes, des produits chimiques – y compris de l'antidétonant pour essence d'aviation – que l'on voit charger sur la Creek par des escogriffes barbus, le crâne rasé, vêtus de hardes paramilitaires, qui ont tout l'air d'être des pasdarans.

Les acheteurs officiels, qui jouissent d'une grande liberté de manœuvre, succombent parfois à la tentation de retirer un profit personnel des privilèges attachés à leur charge. Les cigarettes américaines – et plus particulièrement, Dieu sait pourquoi, les Winston –, achetées hors taxes à Dubaï, se revendent en Iran à prix d'or, et ce n'est encore rien à côté de l'alcool, dont les Émirats importent des quantités infiniment supérieures à leur propre consommation.

En retour, on trouve à Dubaï de l'excellent caviar iranien à 700 francs le kilo (soit près de dix fois moins que le meilleur caviar russe actuellement disponible chez Petrossian), et du tapis persan à l'hectare. Depuis quelques mois, tout ce qui touche à la contrebande avec l'Iran gamberge sur l'arrivée imminente d'un tapis commandé par le Shah au temps de sa splendeur, d'une superficie de 1 000 m^2, et d'une valeur estimée localement à 15 millions de francs.

Il serait fastidieux, et d'ailleurs au-delà des forces humaines, de dresser la liste exhaustive de tout ce qui rentre ou sort de Dubaï par la petite porte. Toutefois, alors que l'on nous rebat les oreilles, si l'on peut dire, des éléphants, et des efforts déployés ici et là dans le monde pour prévenir leur disparition, il est intéressant d'observer, à certains signes, que Dubaï est en train de devenir une plaque tournante du trafic de l'ivoire.

Certains États africains signataires de la Convention de Washington (Convention on International Trade of Endangered Species), qui impose à leurs exportations légales d'ivoire des limites précises, ne se gênent pas pour améliorer leurs fins de mois en tournant ces dispositions. Or Dubaï, aussi bien par boutre que par avion – deux liaisons aériennes directes, chaque semaine, avec Dar es-Salam –, entretient des relations nombreuses avec l'Afrique de l'Est. Localement, au niveau le plus élevé, les trafiquants d'ivoire sont souvent des Arabes, ou des Indiens, dont beaucoup ont de la famille, ou des relations commerciales, à Dubaï. De leur côté, les commerçants chinois implantés dans les Émirats se chargent d'écouler cet ivoire illicite vers Hong Kong, Macao ou Singapour, insatiables consommateurs de cette denrée.

Dubaï constitue donc une plaque tournante idéale, et il n'est pas surprenant que l'on y trouve en abondance des défenses de contrebande, dont le prix oscille actuellement autour de 50 dollars le kilo. En février 1986, environ quarante tonnes d'ivoire – soit de quatre à huit mille défenses – étaient bloquées à Dubaï, les destinataires asiatiques étant désormais plus nombreux à refuser la marchandise acheminée en contrebande.

Les dépositaires de ce genre de marchandise vous proposent également des peaux de zèbres ou de félins tachetés en provenance d'Afrique, des peaux de tigres, de cobras ou de daims en provenance d'Inde et du Pakistan.

Bien que les Émirats soient officiellement signataires de la Convention de Washington, ils ne semblent guère se soucier de la faire appliquer. À Sharjah, un oiseleur syrien qui tient boutique sur la Creek propose ouvertement, à côté de faucons pèlerins hors d'usage, de lémuriens hagards ou de renards argentés exténués de chaleur, des grues couronnées originaires d'Afrique de l'Est à 6000 francs la paire (et couvertes de merde de poule car, dans les cages étriquées, on n'hésite pas à mélanger les torchons et les serviettes), des gouras de Nouvelle-Guinée à 10000 francs la paire, et un cacatoès des palmes – un des oiseaux les plus laids et les plus précieux qui soient au monde – qui vaut une brique à lui tout seul, bien qu'il lui manque la queue, la crête, et plus généralement tout ce qui fait l'intérêt de ce monstrueux volatile.

Bombay, l'Inde promise

Encombré de plates-formes et de « supply-ships[1] » désœuvrés, le port de Sharjah témoigne de la récession qui frappe actuellement la recherche et l'exploitation du pétrole offshore. On y voit aussi des vaches squelettiques faire la sieste à l'ombre d'un remorqueur échoué au milieu des sables, ou la coque criblée d'éclats du *Smit-Maassluis*, durement assaisonné par l'aviation irakienne au large de l'île de Kharg.

« Bahar al-Arab Trading Corporation » est l'une des nombreuses petites agences qui procurent du fret aux boutres alignés le long de la Creek. Bel homme, enluminé d'une barbe biscornue et néanmoins fleurie, M. Bahar al-Arab, assis sous son propre portrait, s'efforce de ressembler aussi exactement que possible à ce double impavide et magnifiquement retouché, tel qu'en lui-même enfin l'éternité le change. Il se plaint de ce que le commerce maritime ait beaucoup décliné du fait de la guerre du Golfe, qui, par-dessus le marché, a entraîné la disparition de plusieurs dizaines de boutres. Lui-même en arme trois, dont l'un ou l'autre se hasarde parfois jusqu'à Sumatra, Singapour ou Hong Kong.

Immatriculé en Inde, à Veraval, dans le Gudjarat, le *M.S.V. Mandakini* peut charger 400 tonnes de fret. Construit en bois de jungle, il possède une figure de proue ichtyomorphe, polychrome, et d'ailleurs du plus bel effet, représentant un très long poisson jaune sur le point d'en croquer un plus petit. Tout naturellement, le grand poisson paraît enchanté de ce gueuleton désormais inéluctable, et il le manifeste en clignant de l'œil au spectateur, aussi longtemps du moins que le navire est à quai. Mandakini serait le prénom d'une des filles de l'armateur. Quant aux initiales M.S.V. – pour Motor-Sailing-Vessel –, elles signifient que le *Mandakini* peut naviguer aussi bien à la voile qu'au moteur – un Caterpillar de 800 chevaux – et de préférence, si les vents le permettent, à l'aide des deux.

L'équipage se compose de dix-sept hommes, parmi lesquels seuls le nakhoda – le capitaine –, le mécanicien et le coq sont affectés à des tâches précises. Le plus jeune peut avoir dix-huit ans, il est sourd-muet, joli garçon, et prend grand soin de sa chevelure. À vue de nez, les trois

1. Navires d'assistance logistique à la recherche et à l'exploitation du pétrole « offshore ».

plus vieux ont largement passé la soixantaine, mais on navigue en Inde aussi longtemps que l'on a bon pied et bon œil. Tous trois portent en toutes circonstances des casquettes de tankistes soviétiques, en skaï, fourrées, avec des oreillettes, qui en dépit de leur manifeste inadaptation au climat font aujourd'hui fureur parmi le peuple des boutres. Si tout l'équipage est originaire du Gudjarat, il se partage entre hindous et musulmans, les armateurs s'arrangeant pour ménager à bord des divisions ethniques, ou religieuses, supposées propices à l'étouffement des revendications collectives. Dans le cas du *Mandakini*, cependant, tous paraissent s'entendre comme larrons en foire, et, au moins en mer, se soucier comme d'une guigne de leurs religions respectives. Seul le capitaine sacrifie assez régulièrement, sous l'espèce de bâtons d'encens et d'autres modestes offrandes, à une divinité portative logée très à l'étroit entre la barre à roue, le compas et la petite estrade qui lui tient lieu de lit et de tout autre mobilier.

Ayant appareillé de Sharjah un samedi en début d'après-midi, le *Mandakini* franchit le détroit d'Ormuz le lendemain, dans les premières heures de la matinée. Au lever du jour, la terre est encore visible des deux côtés : au sud-ouest, en pleine lumière, les montagnes d'Oman, au nord-est la côte iranienne, à contre-jour une ligne brisée de falaises noires, sur lesquelles se détache la silhouette plus claire d'un petit croiseur immobile. Sitôt passé Ormuz, et le cap mis sur Bombay, on établit la voile, une gigantesque serpillière portée par une vergue de 20 mètres de long. Autant sont prestigieuses les marchandises acheminées en contrebande par les boutres, ou par certains d'entre eux, autant sont triviales celles qu'ils transportent ouvertement. Ainsi le *Mandakini* a-t-il embarqué à Sharjah une cargaison de vieux papiers qui envahit tout l'espace disponible, non seulement la cale et le pont, mais aussi le poste d'équipage, désormais rempli de ballots grossièrement ficelés qui ne ménagent à la circulation qu'un étroit passage.

Par comparaison avec les normes qui prévalent à bord des cargos battant des pavillons avouables, les conditions de sécurité à bord du *Mandakini* laissent rêveur. Non seulement la disposition de la cargaison rend illusoire toute idée de se servir de la baleinière – et donc d'évacuer – en cas de nécessité, mais cette montagne de paperasse est continuellement exposée aux gaz d'échappement surchauffés, aux clopes que nul ne se soucie d'éteindre avant de les jeter, ou aux braises du foyer situé à l'avant du bateau, et sur lesquelles mitonnent nuit et jour d'inflammatoires ragougnasses. Encore, afin de donner à l'incendie toutes ses chances, prend-on soin de fumer jusque dans le poste, la nuit, et de faire courir parmi les ballots de vieux papiers des fils électriques dénudés, que l'on renoue chaque soir brin à brin afin d'alimenter les feux de position.

Il est vrai qu'à défaut de cette menace constante, et des difficultés inhérentes à l'usage des gogues – deux paniers percés suspendus à l'arrière, de part et d'autre du navire –, la traversée serait d'une extrême monotonie, la mer, en cette saison, ne ménageant pas d'autres surprises que la rencontre de deux ou trois espèces d'oiseaux, de tout un catalogue de méduses, et d'un modèle unique, tout ce qu'il y a de plus infect, de serpent marin.

De temps à autre, on pêche un thon, ou bien le moteur tombe en panne, cette parenthèse de silence tirant de sa torpeur non seulement l'ouïe mais la vue, et permettant d'apprécier le spectacle des différentes activités auxquelles vaquent dans la journée les hommes d'équipage, et dont chacune pourrait faire l'objet d'une peinture de genre.

Dans la soirée du sixième jour, l'apparition sur l'horizon de grandes lueurs rouges suscite à bord une soudaine, et de prime abord mystérieuse, effervescence. L'étonnement du néophyte s'accroît lorsqu'il s'avère, sans aucun doute possible, qu'à cette apparition est associé l'espoir de satisfactions sexuelles imminentes. Un peu plus tard, l'origine de ces lueurs se précise, et vers minuit le *Mandakini* défile lentement au milieu d'une escadre de plates-formes empanachées de flammes gigantesques. De ce gisement, Bombay n'est plus qu'à dix ou douze heures de route, si bien que ces plates-formes sont en quelque sorte les propylées de la terre ferme, et la promesse de tous les agréments que le marin se propose d'en retirer.

Dans la matinée du lendemain, le *Mandakini* navigue sur des eaux brunes, désormais sillonnées d'embarcations de toutes sortes, lorsqu'une voix formidable, et comme tombée du ciel, lui intime l'ordre de mettre en panne, assorti de différentes considérations malheureusement proférées en hindi. L'ordre émane d'une frégate des Coast Guards, apparemment fort en colère, surgie à l'improviste d'une brume lumineuse qui en se dissipant, un peu plus tard, révélera sur l'horizon la silhouette des gratte-ciel de Nariman Point : vue de la mer, et par visibilité réduite, Bombay, de ce côté, pourrait assez facilement être confondue avec Manhattan.

Tandis que le *Mandakini* manœuvre pour se mettre à couple, deux troufions porteurs d'une mitrailleuse prennent le boutre en enfilade, et une dizaine d'autres, casqués, armés de longs bâtons, se déploient sur la plage arrière de la frégate. Un officier et un fonctionnaire en civil viennent à bord, et procèdent à des recherches assez aléatoires, consistant par exemple à vider de leur contenu, bien innocent, les malles de tout l'équipage.

Au demeurant, l'officier, qui paraît très imbu de sa mission, soutient que les garde-côtes sont depuis quelques jours en état d'alerte renforcée, un informateur à Dubaï leur ayant signalé l'arrivée imminente d'une importante cargaison d'or de contrebande. Ils recherchent également des stupéfiants originaires du Pakistan, des textiles ou des gadgets électroniques en provenance d'Extrême-Orient.

Cette perquisition, d'ailleurs infructueuse, ne constitue qu'un petit avant-goût de ce qui attend le *Mandakini* une fois arrivé à destination.

Auparavant, il lui faut traverser l'un des rassemblements de navires les plus denses et les plus hétéroclites dont on puisse rêver, véritable musée à flot de la marine. Au mouillage de Bombay voisinent en effet toutes sortes de cargos en attente d'un poste à quai, quelques éléments de la marine indienne, dont un porte-avions avec toutes ses dents et toutes ses écailles, des épaves à différents degrés de décrépitude, et même, pour cette fois, un transport de produits chimiques qui a ramassé au large de Bahrein un missile vraisemblablement iranien, depuis lors confortablement installé dans sa cargaison liquide de soude caustique.

En début d'après-midi, après avoir laissé sur sa gauche la Porte de l'Inde, Indira Docks et tout le port moderne de Bombay, le *Mandakini* mouille devant Hay Bunder, le port au foin, c'est-à-dire le port des boutres. Voisinant avec un chantier de démolition navale, dont les grandes carcasses désossées reposent à marée basse sur un fond de vase noire, Hay Bunder évoque très précisément ce que pouvait être un dock de Londres avant l'invention de la machine à vapeur. Alignés devant des entrepôts rustiques, à toits de tuiles et charpentes en bois, des dizaines de cargos à voile, non pontés, parmi lesquels dominent ces « batels » qui acheminent à Bombay du sel du Gudjarat, perpétuent d'anciennes et désormais précaires traditions, jusqu'à ces faux sabords peints sur certaines coques, aujourd'hui purement décoratifs, mais qui datent du temps où les pirates de Ras al-Khaima menaçaient en effet tout le commerce maritime en mer d'Arabie.

Avant d'aller à quai – et, une fois déchargé, il subira une dernière et minutieuse visite de la douane, afin d'inspecter les parties du navire auparavant masquées par la cargaison –, le *Mandakini* est envahi une première fois par un fonctionnaire de petite taille, chaussé de lunettes noires, vêtu d'une salopette, armé d'une lampe torche, d'un tournevis et d'un miroir de poche, ces derniers accessoires constituant d'ailleurs la panoplie complète de tout le corps des douanes à Hay Bunder. Après avoir fait quelques mots d'esprit, bu une tasse de thé, et pris à part le sourd-muet pour tâcher, par gestes, de lui faire cracher le morceau, le petit homme aux lunettes noires retrousse ses manches et, avec les gestes d'un vétérinaire assistant une vache parturiente, entreprend de sonder les carters à huile, et tous les cloaques les plus difficiles d'accès qu'il peut trouver à bord. Il semble qu'en effet les carters et les réservoirs aient la préférence des contrebandiers. Deux autres équipes suivront, sans plus de succès, tandis que le jour recommence et que le jour finit, que la mer couvre et découvre les vases nauséabondes de Hay Bunder, et que les batels vides, ou chargés de sel, tantôt hissent et tantôt affalent leurs voiles couleur de terre.

Libération, *5 au 9 mars 1986*

Oman : un sultanat à oryx

Dans *Le Désert des déserts*, alors qu'avec ses compagnons d'errance il vient de tomber à l'improviste sur les vestiges de plusieurs œufs d'autruche – une espèce qui a disparu depuis longtemps des sables de l'Arabie –, Wilfred Thesiger fait quelques réflexions désabusées sur l'avenir de la faune dans cette partie du monde, et singulièrement de l'oryx, encore abondant de son temps, mais qu'il estime condamné à court terme par la prolifération des automobiles. Thesiger voue d'ailleurs une haine inexpiable à l'automobile, qu'il accuse d'attenter non seulement à la tranquillité de cette sorte d'antilope, mais à l'essence même du désert.

Depuis, l'automobile a fait dans le Rub al-Khali des progrès dont Thesiger lui-même n'avait aucune idée. Quant à l'oryx, il avait en effet complètement disparu du Sultanat d'Oman lorsque, en 1980, le sultan Qaboos – que Dieu l'ait en Sa Sainte Garde – se procura aux États-Unis quelques spécimens de cet animal, que les Américains fabriquent en grande série dans leur déserts d'Arizona ou de Californie. Réintroduit dans son milieu d'origine, l'oryx semble s'y trouver tout à fait à son aise, et l'on a d'autant moins de souci à se faire à son sujet que depuis peu le sultanat d'Oman en fabrique à son tour, et d'excellente qualité, dans le cadre du sanctuaire de Yalloony.

Dans sa grande sagesse, le sultan Qaboos n'a pas voulu que le thar puisse se plaindre d'avoir été moins bien traité que l'oryx, et désormais cette chèvre rarissime jouit de quelques collines où elle peut s'ébattre en toute liberté.

Même les tortues marines, dont plusieurs espèces fréquentent les plages de l'océan pour y pondre leurs œufs, sont sur le point d'obtenir gain de cause. Depuis l'année dernière, les plages des environs de Mascate sont passées au peigne fin, afin d'éviter aux tortues nouveau-nées de se salir les pieds en marchant sur les ordures ménagères que les insouciants Omanais avaient auparavant l'habitude d'y déverser. Désormais, quiconque est surpris à répandre des cochonneries sur les plages est passible d'une lourde amende. Il est d'autre part interdit de s'y promener en voiture, et des panneaux explicatifs ont été disposés à l'intention des pique-niqueurs, pour les inviter notamment à ne pas faire griller leurs brochettes sur des nids de tortue. Enfin, avec le concours de l'Union internationale pour la conservation de la nature, 200 km de côtes, de Quryat à Ras al-Suwaidi, font l'objet d'un programme de recherches tous azimuts, destiné à dresser un inventaire systématique de la faune aérienne, terrestre ou maritime et à repérer les sites les plus favorables à sa protection.

La récente ouverture du Muséum d'histoire naturelle de Mascate témoigne également de la munificence du sultan Qaboos, et de son royal intérêt pour la conservation de la nature. Le musée de Mascate est placé sous l'invocation du caracal. D'après le *Khaleej Times*, cet animal – une sorte de lynx – a été choisi « en raison de son courage et de sa fière conduite ». Tous les lecteurs d'*Un homme au zoo* de David Garnett savent que le caracal présente encore d'autres qualités, comme de compatir à la peine des hommes ou de jouer magnifiquement à la balle.

En plus du caracal, et pour ne rien dire des splendides collections d'oiseaux, de coquillages, de coraux ou d'insectes, le visiteur du musée de Mascate y découvrira la rare mangouste à queue blanche, le loup du désert, plusieurs espèces de rongeurs et le léopard d'Arabie (« a full size leopard », précise le *Khaleej Times*, comme si cet article était disponible en plusieurs pointures).

Il va de soi que, pour vous les présenter empaillées, on n'a pas attenté délibérément à la vie de ces précieuses créatures. Ainsi l'oryx a-t-il été trouvé mort dans sa réserve et le léopard dans la gibecière d'un braconnier, tandis que le loup et le renard ont été victimes d'accidents de la circulation. Le Muséum est ouvert tous les jours de 9 heures du matin à 1 heure de l'après-midi, excepté le vendredi et les jours de fêtes carillonnées. Les groupes bénéficient de conditions particulières. Pour tout renseignement complémentaire, appelez le 602 565 à Mascate.

Libération, *19 mai 1986*

LES OISEAUX SONT-ILS SIONISTES ?

La Ligue pour la protection des oiseaux [1] publie depuis peu un magazine, *L'Oiseau*, qui paraît quasi tous les trois mois. Entendez par là qu'il s'efforce de soutenir ce rythme trimestriel, et qu'il devrait y arriver prochainement. Si David Garnett vivait de nos jours et si le hasard en avait fait un citoyen français, au lieu d'un sujet britannique, il ne fait aucun doute qu'il lirait *L'Oiseau* avec assiduité. On y trouve d'excellents articles sur tout ce qui intéresse les oiseaux, aussi bien les haies qu'il convient de planter si l'on veut en avoir plein son jardin, que le point sur la situation des cigognes, toujours délicate, mais en voie de légère amélioration.

Dans la dernière livraison, un article tout particulièrement retient l'attention, c'est celui que J. Dubois et J.-M. Thiollay consacrent à la condition des oiseaux en Israël. Les auteurs risquent de s'attirer de sérieux ennuis avec Abou Nidal. Non seulement, en effet, ils ont le culot de prétendre que sitôt mis le pied sur l'aéroport de Tel-Aviv, le nouveau venu est frappé par la familiarité d'oiseaux qui partout ailleurs s'enfuiraient à tire-d'aile, mais ils aggravent leur cas en opposant l'attitude d'Israël, où la Société de protection de la nature mobilise bon an mal an 10 % de la population, à celle des autres pays riverains de la Méditerranée, qui, toutes tendances confondues, massacrent chaque année plusieurs dizaines de milliers de migrateurs. Ils insinuent même que le Liban battrait dans ce domaine tous les records.

---

1. Ligue pour la protection des oiseaux (LPO) : La Corderie Royale, BP 263, 17305 Rochefort Cedex. La LPO gère en France plusieurs réserves naturelles, dont celle, fameuse, des Sept Îles, où les macareux et les fous de Bassan, parmi d'autres espèces, s'efforcent patiemment de reconstituer leurs effectifs décimés tous les cinq ou dix ans par une marée noire. La LPO organise également des voyages de découverte de l'avifaune en France ou à l'étranger. Le prochain, du 1er au 13 juin, aura pour théâtre l'Écosse.

Dans ces conditions, il ne faut pas s'étonner si, au printemps dernier, un million de rapaces, dont près de cent mille aigles des steppes, ont choisi de transiter par Eilat, sur le littoral de la mer Rouge. De son côté, le désert du Néguev voit passer chaque année des vols de cigognes blanches rassemblant plusieurs milliers d'individus, auxquels se mêlent parfois quelques centaines de cigognes noires, beaucoup plus rares, et dont nulle part au monde on ne peut observer de tels rassemblements.

Tout cela n'est encore rien à côté de ce que l'on peut voir à Kafr Qassem, dans l'ouest d'Israël, où plusieurs milliers de personnes viennent chaque automne admirer le passage d'aigles pomarins par dizaines de milliers (cent quarante-deux mille en 1982, dont quarante-six mille en une seule journée), les bondrées (deux cent quarante-deux mille en 48 heures, toujours en 1982) ou les éperviers à pieds (courts vingt-deux mille deux cent quatre-vingt-dix en septembre 1983, ce qui, d'après les auteurs précités, représenterait la quasi-totalité des effectifs de l'espèce).

En plus de ces hôtes saisonniers, originaires d'Europe, d'Afrique et d'Asie, Israël héberge également, cette fois comme nicheurs, les derniers spécimens d'espèces impitoyablement persécutées dans les pays voisins, tels l'outarde houbara, le faucon concolore, le ganga couronné ou le vautour oricou.

Libération, *19 mai 1986*

Le procès des zoos

En guise d'introduction à la fameuse querelle des zoos, on ne saurait trop recommander la lecture de *La Lettre du dodo*, bulletin bimestriel du Syndicat national des directeurs de parcs zoologiques français, ou celle d'*Interzoo*, un périodique émanant de la même source. Aux partisans et aux adversaires de la vie sauvage en conserve, *La Lettre du dodo* procure en effet tout ce qu'il faut d'arguments pour ne pas démordre de leurs positions, et se darder mutuellement des foudres terribles. Ainsi les premiers seront-ils heureux d'apprendre que le zoo de Pont-Scorff vient d'accueillir une panthère des neiges née dans un autre zoo, celui de Krefeld en RFA, que le zoo d'Augsbourg est parvenu à stimuler l'ardeur reproductrice d'un couple d'alligators en déchaînant dans leur enclos des orages artificiels, que celui d'Innsbruck a obtenu cent cinquante naissances d'ibis chauves, ou que le zoo de La Palmyre, où nous reviendrons, participe à la sauvegarde du désormais rarissime tamarin lion. Ou bien encore que, d'après le *China Daily*, plus de cent dix millions de Chinois sont allés au zoo en 1984, et que le zoo de Pékin, à lui seul, reçoit chaque jour trois cent mille visiteurs, soit beaucoup plus qu'en un an la plupart des zoos français.

Quant aux seconds, les « contre », ils ne manqueront pas non plus de beurre à mettre dans leurs épinards. Car si à Sigean, par une belle nuit de décembre, des revendeurs ont fait main basse sur une douzaine de boas, cinq caïmans à lunette, trois amazones à front bleu, deux perroquets gris du Gabon et un raton laveur, si le directeur du zoo de Cologne a été grièvement blessé par deux chimpanzés qui ont payé de leur vie cette agression, si un tigre de Sibérie a croqué son gardien (âgé de dix-sept ans) avant de s'évader du zoo de Diepholz, si les okapis offerts par le Zaïre au Portugal n'ont vécu que quelques jours au zoo de Lisbonne, si dans un zoo de Rome les chats errants dévorent les pensionnaires qui ne sont pas de taille à se défendre, tandis que le zoo de Turin doit fermer ses portes plutôt que de continuer d'offrir au public un spectacle de désolation, si en Australie deux jeunes gens reconnus coupables du meurtre de soixante-quatre animaux du zoo d'Adélaïde ont été condamnés à trois ans de prison ferme, enfin si treize loups polaires se sont échappés du zoo de Toronto, à qui la faute, en fin de compte ?

À propos de chats errants, on peut également signaler que, l'hiver dernier, le zoo de Fréjus s'est fait bouffer un certain nombre de gazelles rares par des chiens en vadrouille. La bonne volonté du directeur n'est pas en cause, d'ailleurs, non plus que l'intérêt qu'il porte à ses gazelles. À propos de bouffe, on peut rappeler que le précédent directeur de ce même zoo de Fréjus, pour avoir enfreint une règle élémentaire de la civilité léonine, connut la même fin que saint Irénée. À propos de lions, on ne peut guère éviter de faire allusion à ce zoo de Zwartberg, en Belgique, dont le directeur, faute de crédits, a dû au mois de mai sacrifier quelques-uns de ses herbivores à l'appétit de ses trois cents fauves (pourquoi trois cents fauves et pas huit mille, tant que l'on y était ?).

À propos d'okapis, on se doit de souligner l'échec total, en dépit de quelques prouesses médiatiques sans lendemain, de la diplomatie du panda pratiquée depuis quelques années par la Chine populaire sur une grande échelle, et sans aucun souci de ménager cette espèce au demeurant mal connue et hautement menacée de disparition. À propos d'Adélaïde, l'un des cas les plus étranges de zoocide recensé en France est celui de cet homme qui, voilà une douzaine d'années, étrangla nuitamment un nandou du Jardin des Plantes, et déclara par la suite avoir agi sous l'empire d'« une impulsion irrésistible ». À propos de vols, il faut savoir que les animaux les plus recherchés par les collectionneurs sont en général les reptiles, les oiseaux exotiques et les rapaces, au point, en ce qui concerne ces derniers, qu'un zoo de l'est de la France qui attendait ces jours-ci une naissance de vautour-moine a tenu à conserver l'anonymat par crainte de voir disparaître le nouveau-né.

Enfin, à propos de loups, nous examinerons brièvement, pour ne pas y revenir, les accusations de « pollution génétique » portées contre les zoos par les plus opiniâtres de leurs adversaires. Quant à nous, nous ne verrions pas d'inconvénients majeurs à ce que les loups évadés s'acclimatent à la périphérie des grandes villes, et nul ne songe à se plaindre de ce qu'à Paris quelques marmottes aient fait le mur de la ménagerie pour installer leurs pénates sous les parterres de fleurs du Jardin des Plantes. En revanche – et même si, d'une façon générale, ces désordres doivent être imputés à des particuliers insouciants beaucoup plus qu'aux parcs zoologiques –, des puristes se sont inquiétés de la prolifération de l'écureuil de Corée en forêt de Soignes (à la périphérie de Bruxelles), ou de ce que les castors américains évadés du parc de Boutissain, dans l'Yonne, risquaient de faire de l'ombre à leurs collègues indigènes. Tout cela pour ne rien dire de cette oie d'Égypte que l'on a observée sur la Penzé, non loin de Morlaix, ou de ces ibis du parc de Branféré, dans le Morbihan, qui essaiment jusque dans les marais de Brière.

Mais laissons-là les ibis, dont rien ne prouve qu'ils fassent beaucoup de dégâts en Brière, et revenons à nos dodos. Le dronte ou dodo, de son nom latin *Raphus Cucullatus*, est ce pigeon géant des Mascareignes dont l'espèce s'est éteinte voilà trois siècles, essentiellement pour la raison qu'elle ne pouvait voler et qu'elle courait moins vite que l'homme ; lequel, par voie de conséquence, la mangeait.

En se plaçant sous l'invocation du dodo, le syndicat des directeurs de zoos annonce la couleur. Car depuis quelques années, afin de parer aux campagnes hostiles qui, sans trop regarder aux détails, décrivent les zoos comme d'abominables mouroirs, l'ensemble de la profession, du véritable chercheur au simple montreur d'ours, a trouvé refuge sous la bannière de la protection des espèces menacées de disparition. Et chacun de se prévaloir de l'exemple donné par Gerald Durrell – le frère de l'autre, et un écrivain que l'on relira tout aussi volontiers d'ici un siècle ou deux – et par son zoo de Jersey. En fait, l'un et l'autre sont passablement atypiques. D'une part, parce que Durrell est un véritable naturaliste, ce qui parmi les directeurs de zoos demeure l'exception. Ensuite, parce que le Jersey Wildlife Preservation Fund a été créé dans le but explicite d'assurer la reproduction d'animaux sauvages menacés d'extinction dans leur milieu naturel, ce qui, à notre connaissance, n'est le cas d'aucun autre parc zoologique en Europe. Ainsi le zoo de Jersey, outre les efforts considérables qu'il déploie dans le domaine de l'information, a-t-il effectivement contribué – au minimum – à retarder l'échéance fatale pour des espèces comme le pigeon rose de l'île Maurice, le faisan-paon de Palawan, la roussette de Rodriguez, le tamarin doré ou le boa de la Jamaïque.

Au demeurant, et bien qu'il participe à des tentatives de réintroduction dans la nature de deux ou trois de ces espèces, même le zoo de Jersey n'échappe pas aux critiques des contempteurs les plus virulents de la captivité. Non plus, d'ailleurs, que le zoo de Howlett, en Grande-Bretagne, qui, de concert avec l'UICN (Union internationale pour la conservation de la nature), s'efforce de capturer une paire de rhinocéros de Sumatra afin de les faire se reproduire bon gré mal gré, la raréfaction de l'espèce et sa dispersion rendant désormais aléatoire la rencontre d'un mâle et d'une femelle dans la nature.

En vérité, les parcs zoologiques, pour autant ou si peu qu'ils ressemblent au jardin d'Éden, peuvent-ils contribuer à la sauvegarde des espèces menacées ? La controverse qui oppose à ce sujet partisans et adversaires de ces institutions met en œuvre une argumentation parfois si byzantine que, pour le simple croquant, il pourrait tout aussi bien s'agir de l'Immaculée Conception ou de la présence réelle du Christ dans l'Eucharistie.

Tout d'abord, les parcs zoologiques sont-ils en mesure de préserver le « potentiel génétique » d'une espèce donnée ? Non, répond – parmi d'autres – Jean-Claude Nouët, médecin biologiste, professeur à la faculté de médecine et porte-parole de la Ligue française des droits de l'animal. Laquelle, contrairement à un préjugé fort répandu parmi les directeurs de parcs zoologiques, ne regroupe pas que de vieilles dames un peu folles, adonnées au gavage des pigeons ou des chats de gouttière dans les jardins publics.

« Le confinement dans un milieu restreint, écrit à ce sujet le professeur Nouët, et la reproduction en effectifs réduits ne peuvent qu'entraîner des dérives géniques rapides. De surcroît, la modification du patrimoine génétique est d'autant plus rapide et accentuée que les espèces captives sont soustraites à la pression de la sélection naturelle : dans un zoo, il n'existe plus aucune compétition, ni sexuelle, ni alimentaire, ni territoriale ; les prédateurs n'éliminent plus les individus les plus faibles, et le milieu n'influence plus les modes de vie. »

À ces arguments, les défenseurs des zoos objectent qu'« une population de deux cent cinquante animaux adéquatement gérée peut en théorie préserver 95 % de la diversité génétique d'une espèce après cinquante générations » (Jacques Prescott, biologiste détaché auprès du jardin zoologique de Québec, dans un article publié par la revue *Interzoo*). Mais pour combien d'espèces dispose-t-on d'effectifs aussi considérables ? Prescott ajoute d'ailleurs que « si l'on prend l'exemple des félins, les zoos actuels ne pourraient probablement pas en garder plus de deux mille en tout et pour tout, ce qui ne laisse de place que pour huit espèces ». Encore la conservation de ces espèces en captivité entraîne-t-elle des frais considérables, puisque le même auteur estime que, d'ici à l'an 2000, le coût de l'entretien des tigres de Sibérie actuellement incarcérés dans le monde entier devrait atteindre quelque 50 millions de dollars US, une somme qui serait peut-être mieux employée à protéger le milieu naturel de l'espèce envisagée…

Côté gestion, le système ISIS (International Species Inventory System), créé en 1974 aux États-Unis par le zoo de Minnesota, et qui regroupe aujourd'hui plus de deux cents établissements dans le monde entier, permet de tenir à jour le registre des espèces conservées en captivité, de connaître le détail de leurs effectifs, leur répartition, et l'histoire génétique de tous les spécimens recensés. Les échanges et les prêts de reproducteurs, auxquels désormais procèdent systématiquement les zoos présentables, outre qu'ils rendent inutile, pour des espèces de plus en plus nombreuses, le prélèvement dans la nature, permettent également de réduire les risques de consanguinité. Et les progrès des techniques d'insémination artificielle, de transplantation d'embryons, de conservation de gamètes ou d'embryons congelés améliorent régulièrement les perspectives de reproduction hors nature.

Dans ce domaine, et bien que ces découvertes soient encore entourées de beaucoup de mystère, de chuchotements et de petites mines, il semble que l'équipe du professeur Petter – qui vient de s'offrir au zoo de Vincennes, avec l'ouverture de la maison des lémuriens, une spectaculaire vitrine pour ses travaux – achève de mettre au point des techniques si prometteuses qu'elles laisseraient pantois les Américains. À Vincennes, le lémurien sous toutes ses espèces est en train de pulvériser les records de popularité longtemps détenus par le panda géant, et, le dimanche, dans une obscurité propice aux gestes déplacés, les familles béates se pressent devant les aquariums déshydratés d'où émane une fatidique lumière orange. Apparemment, cet éclairage suffit à convaincre les lémuriens nocturnes qu'il fait nuit noire, et qu'ils peuvent dès lors vaquer sans se gêner à leurs occupations, lesquelles consistent pour l'essentiel en gueuletons et en acrobaties.

Des esprits chagrins, ou simplement exigeants, pourraient naturellement s'interroger sur l'opportunité de transplanter à Vincennes, après les avoir capturés à grand son de trompe à Madagascar, trois spécimens de aï-aï – une espèce si rare que l'on a pu, voilà quelques années, la croire éteinte –, mais on leur opposera que, sans l'intérêt que leur porte le professeur Petter, jamais les lémuriens ne se seraient vu offrir par les autorités malgaches, avec le soutien du World Wildlife Fund, l'île de Nosy-Mangabé, où quelques élus coulent désormais des jours heureux à l'abri de la malveillance et de l'appétit des hommes.

S'il n'est pas facile et peut-être vain de conserver en captivité des espèces menacées, c'est une tout autre affaire de les réintroduire dans la nature. Invariablement, parmi les exemples concluants de réintroduction, on vous citera le bison d'Europe, le cheval de Przewalski, l'oryx d'Arabie et la bernache néné des îles Hawaii.

S'il est indéniable que des individus conservés dans des zoos sont à l'origine de la reconstitution des populations sauvages de bisons d'Europe, en revanche, pour ce qui concerne le cheval de Przewalski, rien ne permet encore de crier victoire. À notre connaissance, toutes les tentatives de réintroduction se sont jusqu'à présent soldées par des échecs, et le zoo de Prague, spécialiste de cet animal, a observé qu'après cinq à huit générations les poulains naissaient volontiers hors saison, ce qui, dans la nature, constituerait un sérieux handicap.

Quant à l'oryx d'Arabie, qui disparut de son territoire dans les années cinquante par suite de la boucherie qu'entraîna l'ouverture du désert à l'automobile, sa situation s'est effectivement rétablie, au moins sur quelques arpents du sultanat d'Oman, grâce à l'élevage intensif développé aux États-Unis par les zoos de Phoenix (Arizona) et de San Diego (Californie). Il convient de noter que ce dernier bénéficie de conditions exceptionnelles, en ce qui concerne aussi bien le budget ou la superficie (près de 200 hectares, ce qui en fait le plus grand zoo du monde) que l'abondance et la qualité du personnel scientifique attaché à son Institut de recherche biologique.

Le cas de la bernache néné est également sujet à controverse. Sans doute a-t-elle été sauvée, in extremis, par sa mise sous cloche. Mais on a constaté qu'en captivité, après quelques générations, sous l'effet d'une nourriture facilement assimilable, son appareil digestif rétrécissait d'une quarantaine de centimètres, si bien qu'elle était incapable de digérer ses aliments naturels. Si les adversaires des zoos, lorsqu'ils sont de bonne humeur, admettent à la rigueur que l'on puisse envisager de réintroduire des espèces « rustiques », des herbivores en particulier, ils nient farouchement que de telles entreprises aient la moindre chance d'aboutir avec des espèces « sophistiquées ». « Une espèce, écrit le professeur Nouët, c'est aussi une éthologie, une écologie, une génétique. Un groupe – même important – d'individus ne compose pas une espèce, car des animaux nés en captivité, nourris artificiellement, n'ayant eu à affronter aucune difficulté, n'ayant pas connu l'apprentissage aux côtés des parents, sont perdus pour l'espèce. C'est le cas notamment des prédateurs, tels les félins ou les rapaces chez qui la technique de la chasse, la poursuite, la mise à mort, le dépeçage des proies résultent d'un enseignement parental : élevé à la viande hachée, un jeune faucon pèlerin ne saura jamais tuer un choucas ou un pigeon, pas plus qu'un jeune guépard ne saura attaquer une gazelle. »

À propos des rapaces, il faut tout de même observer que plusieurs zoos européens ont contribué à la réintroduction d'espèces telles que le vautour fauve ou le grand duc, que des expériences intéressantes sont en cours avec le gypaète, en Suisse notamment, et qu'aux États-Unis la reproduction en captivité constitue probablement la dernière chance, d'ailleurs bien ténue, du condor de Californie.

En revanche, de nombreuses tentatives de réintroduction de fauves ont tourné en eau de boudin. Quand un lion, depuis trois ou quatre générations, a pris l'habitude de manger à heures fixes et à la cuillère, il ne suffit pas de lui taper sur l'épaule pour qu'il s'en retourne de bon cœur courir à toutes jambes après les zèbres. Toutefois, le zoo de Vincennes se flatte d'avoir en dix ans réinstallé deux couples de panthères en Afrique de l'Est. Le zoo d'Ostrava, en Tchécoslovaquie, le premier exportateur mondial de lynx, a stocké en captivité, pour de brèves périodes, des lynx non « imprégnés », dont certains ont été réintroduits avec succès dans des pays qui en manquaient.

Pour pallier les difficultés mentionnées par Jean-Claude Nouët, on a élaboré des stratagèmes dont certains ont donné localement des résultats prometteurs. En 1937, afin de remettre des ours dans la forêt de Bialowieza, l'administration forestière polonaise eut l'idée d'installer en pleine nature une femelle pleine, et tout à fait corrompue par la captivité. Mais on l'enferma dans une cage dont l'écartement des barreaux permettait aux jeunes de prendre le large et, rejetant peu à peu l'influence de cette ourse trop bien léchée, de s'épanouir librement dans des conditions naturelles.

Tout récemment, dans le but d'infléchir le destin de la panthère de l'Amour – un fauve exclusivement socialiste, puisqu'à l'état sauvage il ne se rencontre que dans quelques districts de l'URSS, de la Chine et de la Corée du Nord –, les Soviétiques ont imaginé de capturer dans la nature, ponctuellement, quelques femelles, puis de les soumettre aux caprices de mâles en captivité, enfin de relâcher mères et marmots afin que ces derniers soient élevés à la dure, c'est-à-dire comme il convient.

On connaît le syndrome de la putain qui devient chaisière, ou, si l'on préfère, du libertin qui, l'âge venant, se fait dévot. Rien n'est plus répandu dans le cercle restreint des personnalités de toutes obédiences qui en France gravitent autour du règne animal, où chacun, d'ailleurs, afin de pouvoir leur clouer le bec, tient en réserve quelques révélations fracassantes sur le passé de ses adversaires ou de ses concurrents.

L'un des mérites de Claude Caillé – qui dirige à La Palmyre, près de Royan, l'un des deux ou trois zoos les plus réjouissants pour l'œil et les plus féconds en matière de reproduction qu'il y ait en France, probablement le seul où l'on puisse voir des gorilles « heureux », et aussi l'un des plus fréquentés, avec quelque cinq cent mille visiteurs annuels –, c'est de ne pas avoir tiré sur les frasques de sa jeunesse un voile pudique. À l'inverse de beaucoup de directeurs de zoo qui feignent d'avoir oublié que les animaux qu'ils présentent, si beaucoup y sont nés, n'ont tout de même pas été inventés en captivité, Claude Caillé ne fait pas mystère d'avoir lui-même capturé sous toutes les latitudes bon nombre des premiers pensionnaires de son zoo. Tout cela, bien sûr, en un temps où aucune loi ne s'y opposait.

Depuis, Caillé a été accusé à demi-mots de s'être procuré en contravention avec la Convention de Washington – qui réglemente le commerce international des espèces menacées – une ou deux paires de *Leontopithecus Chrysomelas*, ou tamarins-lions à tête dorée, de petits singes brésiliens dont les effectifs n'excèdent pas quelques centaines dans la nature. Lui-même jure ses grands dieux qu'il n'en est rien et, quelles que soient les voies empruntées par les *Chrysomelas* pour se retrouver à La Palmyre, ils y ont fait souche ; on n'en compte pas moins de onze aujourd'hui.

Avec les zoos de Jersey, de Washington, de Chicago, de Los Angeles et de Hong Kong, La Palmyre se retrouve donc associé au Comité international pour la sauvegarde du *Chrysomelas*, par les soins duquel quatorze de ces singes ont été relâchés l'été dernier dans la forêt brésilienne. Neuf d'entre eux auraient à ce jour survécu. Tout cela, éventuellement, pour des prunes, dans la mesure où, malgré les efforts déployés par le Centre des primates de Rio, les autorités brésiliennes continuent de défricher les derniers territoires du tamarin, ou de les noyer pour y installer des barrages. Car quoi que vous entendiez raconter au sujet des zoos, des laboratoires, ou d'autres institutions soupçonnées de concourir à l'anéantissement de tout le règne animal, dites-vous bien que le vrai problème, en fin de compte, c'est la destruction des milieux et la croissance effrénée de la population mondiale.

Si des zoos peuvent contribuer à la sauvegarde de la vie sauvage, ce ne saurait être que des établissements triés sur le volet, ouverts aux échanges internationaux et à la recherche, disposant enfin d'un budget qui leur permette de faire un peu plus que du gardiennage. Ce n'est pas nous qui le disons mais François Lernoux, responsable du zoo de Mulhouse et, avec son homologue du zoo de Vincennes, le seul directeur d'un zoo français affilié à l'Union internationale des directeurs de parcs zoologiques. En tant que spécialiste de cette espèce dont le zoo de Mulhouse héberge plusieurs spécimens, Lernoux est désormais chargé de tenir le registre, ou *studbook*, du gibbon concolore, de même que Vincennes tient le registre du cerf d'Eld, Helsinki celui du léopard des neiges, Washington celui du tamarin doré ou Prague celui du cheval de Przewalski, à charge pour chacun de ces établissements de gérer le stock international de spécimens conservés en captivité et de veiller au maintien de sa pureté génétique.

D'autre part, avec la faculté de Strasbourg, les zoos de Cologne et de Sarrebruck, le zoo de Mulhouse participe à un programme tous azimuts sur les lémuriens, ce que Lernoux, au demeurant sceptique sur les perspectives de réintroduction, justifie notamment en soutenant que les connaissances ainsi recueillies sur la biologie de ces animaux – même légèrement infléchie – seront un jour précieuses pour assurer leur protection dans la nature. Auteur d'une thèse sur la pathologie des animaux sauvages en captivité – dont le professeur Nouët, de son côté, a pu établir qu'elle présentait de troublantes analogies avec celle des prisonniers de droit commun, notamment la fréquence des maladies digestives, en particulier des ulcères, et des maladies cutanées –, Lernoux se soucie également beaucoup d'améliorer les conditions de détention et de présentation de ses pensionnaires.

La plupart des accidents survenus en captivité sont dus à l'ignorance du comportement des espèces présentées, particulièrement lorsqu'elles vivent en groupe, de leurs hiérarchies, de leurs exigences territoriales, des tensions et des conflits que peuvent entraîner par exemple l'accouplement et la reproduction.

Bien qu'ils bénéficient dans le public d'une meilleure image que les zoos, les « safaris-parcs » – outre qu'ils usent beaucoup plus d'animaux que les premiers, et qu'ils offrent un terrain spécialement favorable à la propagation des parasitoses et des épidémies – se sont signalés dans ce domaine par des erreurs spectaculaires, même si les hécatombes qui en résultèrent parfois furent éclipsées par de vaines prouesses, telles l'opération à cœur ouvert d'un zèbre ou l'extraction d'une molaire à un canari.

Lernoux cite l'exemple d'un mélange de mandrills et de macaques des Célèbes qui entraîna l'extermination des premiers, et le comte de La Panouse, cité dans *Cet animal est fou* d'Emilio Sanna (Fayard, 1976), raconte comment à Thoiry des ours du Tibet préférèrent mourir plutôt que d'endurer la cohabitation avec des ours blancs qui les terrorisaient et les confinaient aux quatre coins de la fosse. De l'animal en captivité, le même Sanna écrit qu'« il vit dans un état d'extrême instabilité émotive, passant de l'abattement le plus complet et de la prostration à une hyperagressivité, hypersexualité et hyperphagie, toutes manifestations évidentes de cet état de malaise et de tension ».

Parmi quantité d'autres exemples de ces dérèglements, Sanna cite celui d'un paon du zoo de Schönbrunn qui tenta – sans succès – de s'accoupler avec une tortue, et celui d'un ours blanc du zoo de Monaco qui, rescapé d'un cirque et installé dans un enclos spacieux, continuait inlassablement d'effectuer un trajet correspondant aux dimensions de son ancienne cage sans jamais en outrepasser les limites.

Il n'est pas toujours facile, s'agissant du bien-être des animaux en captivité, d'éviter les pièges de l'anthropomorphisme. Le meilleur enclos, ce n'est pas nécessairement le plus vaste ni le plus verdoyant, mais le plus conforme aux exigences biologiques de l'espèce concernée, pour autant qu'on les connaisse, et celui qui autorise le maximum d'activités découlant de ces exigences. Sanna rapporte le cas d'un tatou du zoo d'Amsterdam qui ne cessa d'arpenter frénétiquement sa cage que lorsqu'on eut recouvert le sol d'un peu de terre à creuser… À Mulhouse, il paraît indéniable que les lynx s'ennuient moins depuis que l'on a reconstitué dans leur enclos un échantillon de leur biotope. Et la palme revient une fois encore au zoo de San Diego, qui, dix ans avant d'accueillir ses premiers koalas, avait déjà planté à leur intention un petit bois d'eucalyptus.

Au zoo de Bâle, qui passe pour l'un des meilleurs établissements de ce genre en Europe, le souci de ménager aux animaux, souvent présentés en groupes, des conditions de détention compatibles avec leurs exigences biologiques, est également manifeste. Au printemps, tandis que des cigognes ou des hérons cendrés se mêlent en toute liberté à leurs congénères éjointés, le regain d'activité de la nature libre ou captive porte à son plus haut point l'illusion d'évoluer dans un microcosme de la création.

La visite des cuisines témoigne également du traitement de faveur dont bénéficient les pensionnaires, jusqu'à cette petite serre où, dans une atmosphère étouffante, propice à l'évanouissement, des millions de grillons chantent et mangent de la salade, en attendant de se faire croquer à leur tour par telle espèce de singe, d'oiseau ou de reptile.

Ces soins attentifs se traduisent par un taux de reproduction exceptionnellement élevé, ce qui paradoxalement ne va pas sans poser, à Bâle comme ailleurs, quelques petits problèmes déontologiques. En effet, de nombreuses espèces, notamment parmi les fauves ou les primates les plus communs, se reproduisent en captivité bien au-delà de ce que le marché, tout de même limité, peut absorber. Cet inconvénient peut être pallié par la stérilisation des espèces concernées, mais c'est alors se priver du spectacle des jeunes, et des petites scènes de famille dont le public ne se lasse pas.

Ainsi beaucoup de zoos laissent-ils se reproduire inconsidérément les ours, par exemple, afin de pouvoir montrer les jeunes, quitte à les euthanasier sitôt qu'ils auront pris de la bouteille et cessé d'être des oursons ! On voit d'autant moins pourquoi ils s'en priveraient qu'il n'est pas difficile de trouver preneur, et souvent à prix d'or, pour la viande d'ours. Quant aux singes, macaques ou babouins, qui croissent et multiplient comme des lapins, de mauvaises langues font remarquer qu'en Suisse, tout particulièrement, les zoos bénéficient fréquemment des largesses des grands laboratoires, et que leurs donations concernent volontiers le pavillon des singes…

S'il est un zoo où l'on ne risque pas de vous servir un gigot d'ours, c'est bien celui de Haye, dans la banlieue de Nancy. Situé en plein bois, et par conséquent dans un décor beaucoup plus « naturel » que le zoo le plus soucieux de mise en scène, le zoo de Haye n'accueille guère que des animaux victimes de l'homme, qu'ils aient été dénichés, fusillés, mazoutés, empoisonnés par des insecticides, séquestrés par des particuliers ou écrasés par des automobiles.

Des animaux qu'on lui amène, le zoo de Haye ne sauve pas plus d'un tiers. N'est considéré comme sauvé qu'un animal en état d'être relâché dans la nature. Ceux que nous voyons sont donc pour la plupart des handicapés physiques ou mentaux, et des représentants sains d'espèces domestiques menacées de disparition. Il faut du temps pour visiter le zoo de Haye, de la patience, et l'on n'y voit rien de plus spectaculaire que cette corneille jadis « imprégnée » par une institutrice et qui, depuis, ne manifeste d'intérêt que pour les jeunes femmes susceptibles d'enseigner dans le primaire. À part cela, rien. Pas le moindre éléphant assis sur un tabouret, même pas de perroquet faisant de la bicyclette. Moyennant quoi, c'est peut-être en France le seul zoo – avec celui de Chizé, dans les Deux-Sèvres – où l'on apprenne effectivement quelque chose sur la biologie ou le comportement des rares espèces que nous risquons d'observer un jour dans la nature.

Ainsi la chevrette, au printemps, met-elle au monde un ou deux faons qu'elle dépose ici ou là et dont elle ne s'occupe plus que pour venir, de temps à autre, les allaiter. Grâce au zoo de Haye, si vous trouvez un faon « abandonné » dans la nature, vous saurez dorénavant résister à la tentation de l'adopter.

La Guyane française, carrefour du trafic d'animaux sauvages

À Philadelphie, le plus ancien des zoos américains présente un peu plus de trois cent cinquante mammifères dont près de 90 % sont nés en captivité. Cette proportion, toutefois, tombe à 55 % pour les oiseaux, à 35 % environ pour les reptiles et les amphibiens.

À l'exception notable de certaines espèces – par exemple le guépard, la plupart des mammifères marins, plusieurs espèces de primates ou le panda qui meurt en captivité bien plus facilement qu'il ne s'y reproduit – la gestion internationale des stocks existants, pour ce qui concerne les mammifères, permet aux zoos de fonctionner de plus en plus en circuit fermé.

En 1978, sur cent mille mammifères, trois cent soixante-huit mille oiseaux, deux millions et demi de reptiles et d'amphibiens et deux cent soixante millions de poissons tropicaux importés vivants aux États-Unis, moins de 2 % étaient destinés à des aquariums ou à des zoos. En 1970 et 1971, l'US Fish and Wildlife Service estimait que 95 % des oiseaux importés aux États-Unis étaient destinés à des particuliers, et 1 % seulement à des parcs zoologiques. Pour les mammifères, les proportions étaient de 54 % pour la recherche scientifique (60 % en 1973, dont environ cinquante-deux mille primates...), 44 % comme animaux de compagnie, et 2 % seulement pour les zoos et les marinelands. En 1976, les cent quinze zoos américains et canadiens émargeant au programme ISIS ont importé neuf cent deux mammifères et en ont « produit » trois mille huit cent trente-sept.

Tandis que les ligues anti-zoos s'obstinent à opposer la gloutonnerie de ces établissements à la sobriété des muséums, les collections empaillées étant supposées plus économes de vie sauvage que les collections vivantes, il est assez troublant de constater que, d'après les mêmes sources, quatre-vingt-six mille nouveaux mammifères, cent mille oiseaux, cinq cent mille poissons et soixante-quinze mille reptiles ou amphibiens s'ajoutent chaque année aux collections déjà phénoménales des musées américains.

S'il est de mauvaise foi d'accuser les zoos de contribuer notablement à la disparition de la faune sauvage, il n'en est pas moins vrai que certaines espèces, tels hier l'aigle mangeur de singes des Philippines, ou aujourd'hui le panda géant et le gorille des montagnes, peuvent souffrir de la volonté qu'affichent certains établissements de présenter à tout prix des animaux rarissimes. Il est également indéniable que certains directeurs de parcs zoologiques continuent de traiter avec des trafiquants notoires, et à enfreindre les dispositions de la Convention de Washington (CITES), ratifiée par la France en 1978, qui réglemente le commerce international des espèces menacées. Laurent Forge, l'un des meilleurs spécialistes français du trafic d'animaux sauvages, raconte comment, de passage à la Martinique en janvier 1985, il se fit passer auprès d'un trafiquant pour l'émissaire d'un zoo très renommé. Conformément à son attente, le vieux trafiquant *béké* ne fit dès lors aucune difficulté pour admettre qu'il fournissait certains zoos privés en animaux rares, originaires d'Amérique tropicale et théoriquement protégés par la Convention de Washington. La Guyane faisant partie – comme les Antilles – du territoire français, les échanges entre ce pays et la France métropolitaine ne tombent pas sous le coup de la Convention, qui ne s'applique qu'aux échanges internationaux. Cette lacune juridique en a fait depuis quelques années la plaque tournante d'innombrables trafics concernant non seulement toutes les espèces originaires d'Amérique tropicale mais aussi, selon certaines sources, diverses espèces africaines, des cercopithèques notamment.

Le vieux *béké*, qui possédait en stock des jaguars, des ocelots, des cabiais et plusieurs espèces de primates – des atèles en particulier –, se fit un plaisir d'expliquer à Laurent Forge comment, pour répondre à la demande insatiable des marchands d'oiseaux exotiques – environ cinq millions d'oiseaux de volière sont vendus chaque année dans le monde et, rien que pour la France, on estime à plus de six millions et demi le nombre d'oiseaux détenus par des particuliers –, il capturait dans les marais côtiers de Guyane des ibis rouges en « amorçant » avec du crottin de cheval dans lequel il dissimule des collets.

« Il faut relever les collets à temps, précisait le trafiquant, sans quoi les ibis se noient, et c'est autant de perdu. » Dans cette hypothèse, il reste toujours la possibilité de fourguer les dépouilles aux bonnes sœurs, qui, en toute innocence, fabriquent avec les plumes de ravissants colifichets.

Aquariums : les petits poissons adorent les épinards

À l'exception notable de P.-J. Toulet (l'auteur de *Mon ami Nane* et de *La Jeune Fille verte*) qui, ayant abusé de divers toxiques, lançait des chaises dans le bassin des Tuileries « afin que les poissons puissent s'asseoir », les hommes n'ont guère l'habitude de compatir aux souffrances de ces animaux, auxquels ils ne s'intéressent que s'il y a de la sauce autour. Ainsi, parmi les défenseurs des bébés phoques, qui s'est jamais soucié de la fin effroyable des bébés morues, ouvrant de grands yeux arrondis par l'épouvante au moment de disparaître dans l'estomac des premiers ?

Le cas du professeur Condé n'en est que plus remarquable. Professeur de zoologie à l'université de Nancy et spécialiste incontesté du chat sauvage, cet infatigable défenseur des poissons préside aux destinées de l'aquarium de Nancy, lui-même annexé au musée de Zoologie. Les collections de l'aquarium sont splendides, admirablement présentées, et tous les poissons ont l'air de nager dans le bonheur. On retiendra plus particulièrement le cas du gymnote, qui, sans se fatiguer, produit assez d'électricité pour faire tourner les aiguilles d'une grosse horloge ; de ces poissons dont les yeux doubles leur permettent d'observer en même temps ce qui se passe au-dessus et en dessous de la surface ; ou de l'astyanax, qui, à l'inverse, vit sans yeux et néanmoins peinard au plus profond des grottes mexicaines.

En préambule de notre entretien, le professeur Condé souligne que la seule justification de l'existence d'un zoo, ou de tout autre lieu où l'on maintient en captivité des animaux sauvages, tient à sa capacité de faire progresser la connaissance scientifique ou technique. Quant aux établissements privés à but lucratif, il tient leurs responsables, globalement, pour des « maquereaux de la nature ».

À ce titre, le professeur Condé s'inquiète de la prolifération des aquariums-spectacles dépourvus de tout personnel scientifique, où l'on monte en épingle les espèces supposées dangereuses. L'aquarium de Nancy est en effet l'un des rares où le poisson-pierre, par exemple, est exposé sans qu'il soit fait mention de sa « piqûre mortelle ».

« Espèce dangereuse… espèce dangereuse… », pour un peu, le professeur Condé en perdrait son flegme de pince-sans-rire. « Et le canari ? Est-ce qu'un enfant ne peut pas s'étouffer en avalant un canari ? »

L'aquariophilie, à laquelle les défenseurs de la nature se sont abstenus jusqu'à présent de chercher des poux, fait cependant une consommation considérable de matériel vivant destiné le plus souvent à satisfaire la passion de collectionneurs particuliers : en 1978, par exemple, les États-Unis ont importé deux cent soixante millions de poissons tropicaux.

À la longue, ces prélèvements menacent-ils la tranquillité des poissons, la survie de telle ou telle espèce particulière, ou l'équilibre de tel ou tel milieu ? Probablement, puisque les autorités des îles Hawaii, l'un des principaux centres de ce commerce dans le monde, soumettent désormais à une réglementation très stricte la capture et le transport des poissons d'ornement.

Au demeurant, c'est plutôt pour des raisons d'éthique personnelle, par respect de la vie, que le professeur Condé prend soin de ménager son « matériel ». Ainsi possède-t-il à Nancy un spécimen de *Forcipiger Flavissimus* – une espèce assez familière au lecteur pour que nous nous dispensions de la décrire – entré dans la maison en 1968, ce qui en fait, dans sa catégorie, une sorte de champion de longévité en aquarium.

Dorloter des poissons – « les poissons sont comme tout le monde, observe le professeur Condé, ils ont leur caractère » – coûte en fin de compte beaucoup plus cher que de les renouveler à tout bout de champ. L'aquarium de Nancy dépense chaque année 90 000 francs rien que pour nourrir ses pensionnaires dont beaucoup, soit dit en passant, manifestent pour les épinards une prédilection d'autant plus étonnante que ce légume ne pousse que rarement au fond des mers. En contrepartie, l'aquarium a fait sur la longévité des poissons des découvertes fort intéressantes dont rend compte, parmi d'autres travaux scientifiques, la *Revue française d'aquariologie et d'herpétologie*. Nulle part ailleurs vous ne trouverez d'informations concernant par exemple le décès d'un *Arothron Citrinellus*, survenu par suite d'une occlusion du cholédoque, après huit ans d'une vie paisible sous le ciel de Meurthe-et-Moselle.

Selon la loi, les dauphins doivent pouvoir se gratter le dos

Un arrêté du 24 août 1981, annexé à la loi de 1976 relative à la protection de la nature, stipule que « tout bassin de présentation destiné à recevoir des cétacés doit présenter une surface minimale de 800 m^2 et une profondeur au moins égale à une fois et demie la longueur moyenne de l'espèce concernée » ; soit 4,50 m dans le cas des *tursiops*, ou dauphins souffleurs. L'arrêté stipule également que, dans le cas d'installations couvertes, la hauteur d'air libre au-dessus du bassin doit être de 5 m. Il rentre même dans des détails assez chinois mais probablement salutaires, en exigeant par exemple que soit placée « dans le fond des piscines une brosse qui permette aux cétacés de frotter les cellules desquamantes des couches épithéliales de la peau », c'est-à-dire, en clair, de se gratter le dos.

Bien que cet arrêté ait fait de son établissement le seul en France qui puisse désormais satisfaire aux exigences de la loi, Mike Riddell, l'entreprenant directeur du marineland d'Antibes, fait campagne pour la révision à la baisse de ces normes qu'il estime draconiennes et fondées sur des considérations arbitraires. Claude Caillé, qui voudrait bien faire bondir quelques dauphins sous les pins parasols de son zoo de La Palmyre, a pris également fait et cause pour la révision de ces normes.

Doit-on, pour autant, considérer Mike Riddell comme un bourreau de *tursiops* ? Avant même l'achèvement du bassin de 7 800 m^2 en cours de finition – le plus grand au monde après celui d'Orlando, aux États-Unis –, ses pensionnaires bénéficient apparemment de bonnes conditions de détention. Régulièrement suivis par le fameux docteur Taylor – un vétérinaire britannique, et l'un des rares hommes dans le monde à connaître quelque chose à la pathologie des cétacés –, leur alimentation et leur santé font l'objet d'études minutieuses. Les résultats sont comparés chaque année avec ceux d'autres établissements et de diverses institutions scientifiques, dans le cadre du symposium de l'European Association for Aquatic Mammals. Mike Riddell est d'autre part associé à un projet conçu par le ministère de l'Environnement et consistant, afin de sauver de la disparition le rarissime phoque-moine de Méditerranée, à capturer quelques-uns de ces animaux pour les faire se reproduire à Antibes. On les installerait ensuite dans une crique fermée du Parc national de Port-Cros, en vue de leur réintroduction ultérieure dans des sites triés sur le volet. Ce projet, qui impliquerait que l'on aille tout d'abord prélever quatre ou cinq paires de phoques-moines au large de la Mauritanie, ne fait d'ailleurs pas l'unanimité parmi les associations adonnées à la sauvegarde de ces pinnipèdes.

Outre huit *tursiops* et trois orques, et pour ne rien dire des poissons, le marineland héberge un peu plus d'une cinquantaine d'animaux, otaries, phoques, éléphants de mer ou manchots de différentes espèces. Tout ce monde, il faut bien le dire, ne se reproduit guère en captivité. En ce qui concerne les manchots royaux, Riddell ne fait d'ailleurs pas mystère d'avoir été chercher aux Kerguelen – avec une dispense adéquate – les œufs qui ont éclos à Antibes, donnant le jour à quelques bébés empotés et duveteux, toujours à manger ou à chier, qui font le ravissement des populations. Les *tursiops*, eux, ont tous été capturés au large de la Floride ou du Mississippi, de même que les orques proviennent des eaux islandaises (les écologistes américains du Dolphin Action Group soutiennent que l'espérance de vie d'un orque serait de cinquante à cent ans en liberté, et de quinze ans au maximum en captivité, mais on peut se demander sur quelles études se fondent ces estimations). Et, bien que l'on ait enregistré, en 1985, vingt-deux naissances aux États-Unis et sept en Europe, ce n'est sans doute pas demain que les marinelands pourront se passer de la capture pour maintenir leurs effectifs. Mais à ceux qui poussent les hauts cris, Mike Riddell, qui a effectivement contribué à empêcher de nuire quelques trafiquants européens de cétacés, a beau jeu d'objecter qu'en 1985 trente-deux dauphins en tout et pour tout ont été capturés dans les eaux américaines, tandis que quinze à vingt mille sont chaque année victimes, dans les mêmes eaux, de la pêche au thon.

L'Événement du jeudi, *17 au 23 juillet 1986*

Après le naufrage de l'*Admiral Nakhimov*, une mer d'hypothèses dont celle de l'erreur humaine

La flotte de croisière soviétique a beaucoup fait parler d'elle ces dernières années, essentiellement en raison de sa percée sur le marché occidental. Dans l'ensemble, les paquebots qu'elle aligne sont de belles unités, d'un âge raisonnable, et qui, apparemment, donnent satisfaction à leur clientèle. Tout au plus peut-on retenir, contre elle, les protestation d'un groupe de passagers britanniques qui, l'année dernière, en croisière à bord du *Leonid Brejnev*, se sont plaints de ce qu'on brouillait la BBC pour leur imposer les émissions de Radio-Moscou en anglais... Le naufrage, en février dernier, du *Mikhail Lermontov*, l'une des plus belles unités de cette flotte, ne me semble pas devoir être imputé à une erreur de son état-major.

Inconnu au bataillon, absent du *Répertoire des navires de croisière* publié chaque année en France par Michel Bagot, le paquebot *Admiral Nakhimov* était, semble-t-il, destiné uniquement à la clientèle soviétique. Or, il est manifeste que l'URSS, anxieuse de capter la clientèle occidentale dispensatrice de précieuses devises, déploie à l'extérieur ses unités les plus prestigieuses et ne garde, pour la consommation intérieure, que le dessous du panier.

L'âge et les caractéristiques de l'*Amiral Nakhimov* ne permettent pas de se faire une idée des causes de la catastrophe. Sans doute la vétusté de ses aménagements, et peut-être le défaut de cloisons étanches, peuvent-ils être incriminés, s'il s'avère que le navire a coulé très rapidement.

Mais un navire moderne ne résiste pas nécessairement beaucoup mieux qu'une vieille baille à un éperonnage dans les règles. On l'a vu, par exemple, à l'occasion du naufrage du *Mont-Louis*. Ce cargo français, tout pimpant, coula en quelques minutes, en 1984, après que l'*Olau-Ferry* l'eut presque coupé en deux. De telles catastrophes sont assez fréquentes, si l'on en juge par la page « Casualty » publiée quotidiennement par le *Lloyd's List*. Elles peuvent avoir des causes multiples.

Les parages très fréquentés, tels le Pas-de-Calais ou le détroit de Messine, sont évidemment les plus propices aux collisions, surtout par temps de brume, et si le trafic n'y est pas soumis à des règles strictes. Toutefois, il est exceptionnel qu'une collision se produise sans qu'une erreur humaine ait été commise à bord de l'un au moins des navires impliqués. C'est le rôle de la veille-radar ou de la veille optique de pallier les incertitudes de la météo ou les défaillances de l'organisation du trafic. Et c'est le rôle de l'officier de quart, s'il y a risque de collision, d'infléchir sa route, si possible de manière concertée avec son homologue du navire adverse…

L'une des collisions les plus étonnantes de l'après-guerre s'est produite le 5 août 1982 dans le Pas-de-Calais. À 4 h 4, par beau temps, deux transbordeurs de la SNCF, le *Côte d'Azur* et le *Chantilly*, se heurtaient étrave contre étrave devant les jetées de Calais.

Les procès de cette curieuse affaire, jugée en 1984 devant le tribunal maritime de Dunkerque, a permis d'établir que l'officier de quart à bord du *Chantilly* avait refusé d'infléchir son cap, alors qu'il était avéré que son navire faisait avec le *Côte d'Azur* route de collision. À plusieurs reprises, l'officier du *Côte d'Azur* l'avait appelé sans succès. Le timonier, quelques secondes avant le choc, passait outre aux ordres insensés de son officier, et prenait sur lui de battre en arrière toute.

Son réflexe évitait une catastrophe majeure. Plusieurs centaines de passagers ronflaient à bord des deux transbordeurs faisant route à près de 20 nœuds l'un vers l'autre… Dans ce cas, tout à fait exceptionnel, il semble que l'officier fautif, décédé entre-temps, ait été au moment des faits en proie à l'obsession de sa mort imminente, et d'une sanction – injuste – consécutive à un précédent accident dont il n'était pas responsable.

Plus récemment, le *Lloyd's List* s'est fait l'écho d'une enquête menée par le bureau libérien des Affaires maritimes, à propos d'une collision survenue dans le golfe Persique en décembre 1985. Les circonstances en sont assez obscures. Le 6 décembre, à 1 h 5 du matin, à 88 miles au sud de l'île de Kharg, le pétrolier *Nova* (239 435 tonnes de port en lourd, pavillon libérien) entrait en collision avec le pétrolier *Magnum* (300 000 tonnes, pavillon panaméen).

L'un et l'autre étaient affrétés par le gouvernement iranien dans le cadre de la navette mise en place entre le terminal de Kharg, exposé aux attaques de l'aviation irakienne, et le terminal de Sirri, plus au sud, qui passait pour ne pas l'être jusqu'au raid du 12 août dernier.

Les écologistes étant peu nombreux dans le golfe Persique, l'affaire ne fit guère de bruit. Mais elle se traduisit par une des plus gigantesques marées noires de l'histoire : 70 000 tonnes de brut répandues en quelques heures dans une mer qui, il est vrai, en a vu d'autres.

Les conclusions de l'enquête libérienne sont intéressantes parce qu'elles récapitulent un bon nombre des causes possibles d'un tel accident. Il y a, bien sûr, les circonstances particulières liées à la guerre du Golfe : les deux pétroliers naviguaient tous feux éteints, y compris les feux de position, et les hommes de quart étaient nerveusement éprouvés par la crainte d'une attaque aérienne. Mais la commission retint parmi les causes principales de la collision l'insuffisance, ou l'obscurité, des règles de navigation établies par les autorités iraniennes sur la route maritime Kharg-Sirri.

Sont aussi épinglées les erreurs commises par l'officier de quart à bord du *Magnum*, qui a infléchi sa route vers la gauche quand il aurait dû le faire vers la droite. De plus, il était semble-t-il peu familiarisé avec son « tableau de bord » : ainsi ignorait-il l'existence d'une commande d'arrêt d'urgence de la machine principale. Enfin, sa pusillanimité le fit hésiter à réveiller le commandant ou à prendre lui-même une initiative.

La commission insiste également sur la nécessité, dans ces parages difficiles, et de nuit, d'avoir sur la passerelle deux officiers de quart, et au moins deux hommes affectés à la veille. Chaque fois qu'une catastrophe de ce genre se produit, les syndicats insistent sur les risques que fait courir à la navigation la réduction, de plus en plus sévère, des équipages…

Dans le cas de la marine marchande soviétique, toutefois, ce n'est certainement pas le manque d'effectifs qui constitue son principal handicap. Peut-être, dans le naufrage de l'*Admiral Nakhimov*, est-ce la qualité du personnel navigant qui est en cause, ou, qui sait, sa sobriété. Il n'y a pas que les mauvaises langues pour prétendre que le marin soviétique a, plus souvent qu'à son tour, un coup dans le nez.

Un premier naufrage pendant la guerre

Le paquebot soviétique *Admiral Nakhimov* avait déjà sombré une première fois pendant la Seconde Guerre mondiale, alors qu'il servait de navire-hôpital dans la marine allemande, révèle mardi le journal *Lloyd's List*.

Les circonstances de son premier naufrage ne sont pas précisées, mais, selon le *Lloyd's List*, le navire avait été renfloué et reconstruit par un chantier est-allemand, puis livré, en 1957, à la compagnie soviétique de la mer Noire. C'était, toujours selon la même source, l'un des plus vieux navires de commerce – soixante et un ans – encore en service dans le monde.

Libération, *3 septembre 1986*

Le tour des mers en quatre-vingts jours

Us Lines largue ses amarres marseillaises

La sardine qui périodiquement bouche le port de Marseille a de nouveau fait des siennes. L'armement américain US Lines vient en effet d'annoncer qu'il retirait l'escale de Fos (avec celle de Djeddah, en Arabie Saoudite) du service « tour du monde » assuré par ses porte-conteneurs. Le coup est dur pour le port de Marseille, qui, de concert avec d'autres opérateurs, telle la Compagnie nouvelle de conteneurs, a consenti d'énormes efforts pour attirer et retenir le géant américain. Rien que pour les équipements portuaires, on estime à 130 millions de francs les investissements réalisés en moins de deux ans pour servir les porte-conteneurs des US Lines.

Même si le port de Marseille, où le trafic par conteneurs a enregistré en 1985 une progression de 60 %, a plus d'une corde à son arc, il est indéniable que le retrait des US Lines, dont les escales ont induit quelque cent mille mouvements de conteneurs en deux ans, contrarie son ambition proclamée de devenir « l'Europort du Sud ».

Cette décision soudaine en dit long sur les difficultés rencontrées par US Lines dans le développement de son service « tour du monde », qui est si bien l'œuvre d'un homme, et d'une vie, que de son succès, ou de son échec, dépend l'image que la postérité conservera de Malcolm McLean. C'est lui qui, d'une invention européenne, sut faire une nouvelle arme de la suprématie américaine, en inaugurant dès 1956, entre New York et Houston, le premier service maritime de transport par conteneurs, et dix ans plus tard la première liaison intercontinentale assurée par un navire porte-conteneurs « pur », le *Fairland*, entre New York et Rotterdam.

D'abord à la tête de Sea-Land, qui demeure l'un des plus puissants armements mondiaux dans ce secteur, puis à la tête des US Lines, McLean fut le principal artisan de la conquête du marché mondial par le conteneur, cette grosse boîte toute bête qui, par sa faculté d'adaptation à tous les moyens de transport maritimes, fluviaux, routiers ou ferroviaires, a ouvert de nouvelles et infinies perspectives au transport « multimodal » des marchandises diverses.

De 500000 en 1971, le parc mondial de conteneurs est passé en 1985 à près de 5 millions d'« EVP[1] », tandis que le trafic annuel passait de quelque dix-huit millions de mouvements, en 1975, à plus de cinquante l'an dernier. Parallèlement, la flotte mondiale de porte-conteneurs a connu depuis dix ans un développement vertigineux.

La taille des unités va également en augmentant. En 1984, en mettant en service l'*America-New York*, le premier des douze géants, d'une capacité de 4258 EVP, qu'elles déploient aujourd'hui dans le cadre de leur service « tour du monde », les US Lines ont établi un record jusqu'ici insurpassé. Le quart des navires en commande aura une capacité supérieure à 2000 EVP. Cette inflation se traduit par une surcapacité qui entraîne déjà le tassement des frets, et pourrait, dans l'avenir, déboucher sur une crise comparable à celle que subit le transport pétrolier consécutivement aux deux « chocs ».

Au moins en apparence, l'idée des services « tour du monde » procède logiquement de ce développement du transport par conteneurs, et de la concentration du fret « noble » sur quelques axes privilégiés. Aux allers et retours des navettes, aux aléas des lignes traditionnelles reliant des zones d'inégal développement, les « tours du monde » opposent un mouvement circulaire, régulier, délaissant les pays de l'hémisphère sud, et reliant entre eux les trois grands pôles économiques – Europe, États-Unis, Asie selon un axe Singapour-Hong Kong-Taïwan-Corée-Japon –, générateurs de flux de marchandises d'importance comparable, et déjà conteneurisés à près de 100 %.

Le principe de l'économie d'échelle impose théoriquement le choix de grands navires desservant avec une régularité métronomique un nombre limité de ports, vers lesquels sont rabattus les trafics secondaires. Pratiquement, on verra que les solutions retenues par les deux pionniers de ce nouveau service, l'Américain US Lines et le Taïwanais Evergreen, qui tous deux se retrouvent en 1984 sur la ligne de départ, n'ont guère en com-

1. Équivalent Vingt Pieds (en anglais TEU), le module de base étant jusqu'à nouvel ordre le conteneur de 20 pieds.

mun que de boucler plus ou moins le tour du monde en quatre-vingts jours…

Sitôt connus les projets de ces deux armateurs – et plus particulièrement ceux des US Lines, qui avaient tout d'abord proclamé leur intention de ne toucher en Europe qu'un seul port, puis deux, l'un au nord et l'autre au sud – les prétendants, d'ailleurs peu nombreux, font assaut de nouveaux équipements, de projets grandioses, de promesses et d'œillades. Au sud, Marseille emporta finalement de haute lutte, contre le port calabrais de Gioia Taura, ce « marché du siècle », dont on ne pouvait raisonnablement prévoir qu'il serait à ce point un marché de dupe.

Au nord, le port du Havre, handicapé par l'insuffisance ou l'étirement de ses dessertes routières, ferroviaires ou fluviales, se lança courageusement dans une bataille perdue d'avance contre les grands favoris, Felixstowe, Bremerhaven, Anvers (ou Zeebrugge) et Rotterdam. En fait, dès le départ, il ne faisait guère de doute que Rotterdam serait en fin de compte l'élu des US Lines.

Tout jouait en sa faveur. Sa situation par rapport au triangle Anvers-Bremerhaven-Francfort, origine ou destination de la majorité des conteneurs drainés en Europe par les US Lines. Stratégiquement, et compte tenu de ce que les US Lines – conjointement avec Sea-Land, ou Lykes-Lines, qui touchent également Rotterdam – assurent une part importante de la logistique des forces américaines stationnées en RFA, le port hollandais présentait, par rapport au Havre, de nombreux avantages, qu'il s'agisse de sa position au débouché du Rhin, de la situation sociale en Hollande ou de la fidélité de ce pays à l'OTAN. Enfin la qualité des services offerts par Rotterdam, sur le plan commercial comme sur le plan technique, est indéniablement hors pair.

Le nouveau Delta-Terminal d'ECT – l'entreprise qui traite à Rotterdam les navires des US Lines – constitue le nec plus ultra des techniques de manutention, de gestion et d'acheminement « multimodal » des conteneurs. C'en est bien fini du désordre des quais, auquel contribuait une humanité polyglotte, multicolore, généralement brutale et parfois même tatouée, de ce désordre littérairement si fécond, où les bananes de Koenigsberg voisinaient avec les moutons du Kamtchatka, et les broderies du Gabon avec le café du Labrador ou les salaisons d'Arkhangelsk.

On n'imagine pas de paysage moins sensuel, plus abstrait, et pour ainsi dire métaphysique, que celui d'un terminal à conteneurs. En matière d'esthétique les ports seront bientôt le dernier refuge de la modernité, du « jeu correct et magnifique des volumes sous la lumière ».

Taïwan gagne la guerre des mers

Soixante-dix-sept millions de dollars US : le montant du bénéfice net réalisé en 1985 par Evergreen, de Taïwan, excède d'une dizaine de millions celui des pertes avouées, la même année, par McLean Industries, la société mère des US Lines. L'armateur américain, qui annonçait un bénéfice de 61,5 millions de dollars en 1984, enregistre près de 77 millions de perte rien que pour le second trimestre de l'année 1986. On estime que l'investissement global consenti par les deux armements, pour mettre sur pied leurs services « tour du monde », avoisine le milliard de dollars.

Des chiffres qui, vus d'ici, donnent le vertige : en 1985, le délégué général du Comité central des armateurs de France estimait que « dès 1986, US Lines et Evergreen devraient débourser chacun entre 70 et 90 millions de dollars par an – soit à peu près le chiffre d'affaires annuel de la Compagnie générale maritime – rien que pour assurer le remboursement de leurs emprunts ».

Quant à ces résultats opposés, s'il est prématuré d'en tirer des conclusions définitives, on peut tout de même observer qu'ils sanctionnent deux tactiques radicalement différentes dans le développement des services « tour du monde ».

Non moins que les US Lines, Evergreen est au départ l'œuvre d'un seul homme – sinon d'un homme seul –, M. Chang Yung-fa, assez mystérieux comme il convient, mais dont on sait du moins qu'il débuta en 1968 avec un vieux cargo racheté d'occasion. Devenu entre-temps le premier armateur mondial de porte-conteneurs, Evergreen, pour son service « tour du monde », décide tout d'abord d'aligner vingt-quatre navires, puis, tout bien réfléchi, vingt-deux seulement. Même si, au vu des projets de McLean, M. Chang décida de faire rallonger, sur cale, ses bateaux, il s'agit en fin de compte de navire d'une taille « raisonnable » : la plupart ont une capacité de 2 728 EVP, et les plus récents une capacité de 2 940 EVP.

Quant aux « econ-ships » de McLean – qu'un responsable du port de Marseille, inspiré peut-être par quelque pressentiment de leur imminente trahison, décrivait assez méchamment comme « de grosses baignoires avec une hélice au cul » –, ce sont en effet d'assez énormes choses, d'une capacité de 4 258 EVP, mais au nombre de douze seulement. Ainsi McLean est-il fidèle, jusque dans ses conséquences ultimes, au principe de l'économie d'échelle. Bien que les US Lines bénéficient de subventions d'exploitation de la part de l'administration américaine, les douze « econ-ships » ont été commandés à un chantier coréen, Daewoo, et leur financement assuré, à concurrence de 285 millions de dollars, par l'Eximbank de Corée.

Tandis que les grosses baignoires de McLean tournent invariablement dans le même sens, « east-bound » (d'ouest en est), et ne touchent qu'un très petit nombre de ports (onze au total depuis l'éviction de Fos et de Djeddah), M. Chang étreint le monde de ses deux bras, et ses navires, onze par onze, touchent dix-neuf ports dans les deux sens. Il semble bien qu'en fin de compte, s'agissant de capter le maximum de fret et de s'encombrer d'un minimum de conteneurs vides, cette tactique, plus souple que celle des US Lines, se soit avérée plus payante. Un enfant de sept ans, comme dirait Groucho Marx, arriverait probablement à faire naviguer autour de la terre, dans les deux sens ou dans un seul, douze ou vingt-deux navires. Mais c'est une tout autre affaire de gérer les mouvements de centaines de milliers de conteneurs à destination ou en provenance des ports desservis, en s'efforçant d'assurer un coefficient maximum de remplissage, faute de quoi le service « tour du monde » perdrait son avantage sur les lignes régulières concurrentes.

L'effort consenti par Evergreen pour former ses cadres à la gestion des conteneurs est d'ailleurs particulièrement impressionnant : l'armateur n'a pas hésité à créer – et à financer – une section spéciale de l'université, et à transformer un de ses porte-conteneurs, l'*Ever-Trust*, en navire école, susceptible d'embarquer deux cent quatre élèves par roulement.

En plus de leur dette – dont elles s'efforcent de négocier le rééchelonnement –, les US Lines ont aujourd'hui fort à faire pour réajuster leur tactique à quelques données nouvelles du commerce maritime, toujours merveilleusement aléatoire. Après avoir défendu contre vents et marées le principe du « tout-maritime », et l'acheminement par mer des conteneurs entre les deux versants des États-Unis, McLean a dû rejoindre le mouvement lancé par Sea-Land, et recourir à son tour au ferroviaire, sous l'espèce de ces « double-stack-unit-trains » qui peuvent charger en hauteur deux rangs de conteneurs. D'autre part, il semble que le vent ait tourné dans le Pacifique, et qu'après une longue dépression les exportations de la côte ouest des États-Unis à destination du Japon, stimulées par l'écart croissant entre le dollar et le yen, accusent une nette tendance à la hausse, entraînant les frets dans leur sillage. Cette manne soudaine appelle naturellement un redéploiement de la flotte des US Lines, dont les douze « econ-ships » devraient cependant rester affectés au service « tour du monde ».

Les fortunes diverses des deux grands protagonistes n'ont pas découragé des armements de dimensions plus modestes, tels Barber-Blue-Sea, associé à Scan-Carriers, ou ABC Container Line, qui de leur côté, sans tapage, et selon des modalités diverses, bouclent tant bien que mal des tours du monde à leur façon. Hyundai Merchant Marine, émanation de la plus grande entreprise de construction navale coréenne, va se lancer à son tour dans l'aventure. L'armement national taïwanais, la Yangmin Maritime Corporation, pourrait y venir également. Enfin les bruits les plus stimulants pour l'imagination courent à propos de la restructuration du groupe Tung, de Hong Kong, et de ses projets, entravés tout de même par une dette de quelques milliards de dollars. Voilà quelque temps, on prêtait au groupe Tung l'intention d'associer l'une de ses filiales, Orient Overseas Containers Line, aux Neptune Orient Lines de Singapour, et au Japonais Kawasaki, dans une nouvelle mouture du tour du monde. On avait aussi envisagé une association de Pao, un autre géant de Hong Kong, avec Cosco, l'armement national de la Chine populaire.

Or, au milieu de toutes ces rumeurs, de tous ces démentis, de tous ces mouvements esquissés, de ces faillites et de ces reprises fracassantes, voici que se détache la silhouette de celui que la revue britannique *Seatrade* désigne comme « l'énigmatique Chevalier blanc ». Henry Fok, le très secret magnat des jeux de Macao, dont les origines demeurent environnées de brumes légendaires, semble tout droit sorti d'un roman de Le Carré. Avec une fortune personnelle estimée à 1 milliard de dollars, c'est, à coup sûr, l'un des hommes les plus riches du monde. C'est aussi un membre éminent du Jockey Club, un golfeur émérite, et l'ancien président de la Hong Kong Football Association. L'un de ses deux fils est marié à une ancienne Miss Hong Kong, du nom de Loretta Chu. Ce qui est avéré, c'est que pour avoir aidé la Chine populaire à tourner le blocus dont elle était victime, durant la guerre de Corée, et ne s'en être jamais repenti, il conserve avec elle des liens privilégiés. Lorsque Fok se dispose à investir 120 millions de dollars dans la restructuration de son département conteneurs, et de sa flotte appropriée, il est donc tentant d'imaginer qu'il agit pour le compte de Pékin. Quoi qu'il en soit, toutes tendances confondues, 15 % du tonnage conteneurisé mondial se trouvent d'ores et déjà entre des mains asiatiques, et cette tendance devrait s'accuser à l'avenir.

Libération, *9 septembre 1986*

LES ARMATEURS PÉTROLIERS SAUTENT SUR L'OCCASION

Voilà quelques années, dans le monde maritime, il paraissait à coup sûr plus raisonnable, et plus moderne, d'investir dans les économies d'énergie que dans l'achat de supertankers d'occasion. C'est ainsi que la Cunard Line, très raisonnablement, décida de remotoriser le *Queen Elizabeth II*. Le coût de cette intervention s'élevait à 80 millions de livres, mais le gain escompté était d'au moins 7 millions de livres par an, la nouvelle machine permettant de réduire de 40 % une facture de carburant tournant auparavant autour de 17 millions de livres.

De son côté, la Loews Corporation, de New York, plus connue pour ses activités dans le domaine des variétés, se lançait en 1983 dans l'acquisition d'une petite collection de supertankers de seconde main : sept au total, pour la modique somme de 46,5 millions de dollars. Aujourd'hui, la baisse des tarifs pétroliers, en ramenant à 7 millions de livres par an le coût des soutes du *Queen Elizabeth* équipé de ses bonnes vieilles turbines, rend caducs les efforts consentis par la Cunard.

En revanche, la reprise des exportations de brut du golfe Persique, la baisse du prix des soutes et la hausse de la rémunération du transport (taux de fret) justifient pleinement le périlleux exercice de la Loews, dont les sept supertankers pourraient aujourd'hui se négocier au double de leur prix d'achat. Elle récidive d'ailleurs en émettant 3 millions de titres à 20 dollars, afin de financer l'acquisition de deux nouvelles unités. Pariant sur la confirmation des tendances actuelles, la Loews estime qu'elle sera d'ici quelques années en mesure de liquider sa flotte aux meilleures conditions. Le mode d'emploi adressé aux acquéreurs de titres ne dissimule pas, toutefois, qu'il s'agit d'un pari fort risqué, et que de nouveaux développements pourraient tout aussi bien ramener la valeur de ces tankers au prix de la ferraille.

C'est au printemps que la baisse des tarifs pétroliers, conjuguée à la menace d'une réduction de la production des pays de l'Opep, provoqua dans le monde des tankers un grand remue-ménage. Entre le mois de janvier et le mois d'août, le nombre de supertankers désarmés chute de moitié. Les taux de fret s'envolent, atteignant des niveaux inconnus depuis près de six ans. Comme en même temps le prix des soutes est au plus bas, les armateurs pétroliers, après des années de marasme, peuvent de nouveau réaliser des bénéfices de près de 2 millions de dollars en un seul voyage entre le golfe Persique et le Japon. Ironiquement, cette manne profite tout d'abord à ceux qui, au cours de ces dernières années, se sont obstinément refusés à jouer le jeu de l'élimination du tonnage excédentaire.

Au fur et à mesure que se rapproche l'échéance fixée par l'Opep lors de sa réunion de Genève – qui a prévu de baisser de 4 millions de barils par jour sa production à compter du 1er septembre –, les pays du Golfe exportent des quantités de plus en plus considérables de brut, et l'agitation devient frénétique sur le marché des tankers.

Des navires qui se vendaient au prix de la ferraille voient leur prix doubler en quelques mois : la branche maritime de la Loews Corporation, la Majestic Shipping, acquiert par exemple en juin 1986 un pétrolier de 388 000 tonnes, l'*Esso-Le Havre*, pour 12 millions de dollars, alors que six mois plus tôt l'un de ses sister-ships, l'*Esso-Madrid*, ne lui avait coûté que 5,32 millions de dollars… Des navires déjà achetés par des chantiers de démolition asiatiques, et arrivés à destination, changent de mains in extremis.

Quant aux chantiers de démolition, jamais ils n'ont connu un tel déclin de leur activité : alors que l'année 1985 avait enregistré un nouveau record dans la démolition de tonnage pétrolier, en août 1986, seul un tanker, irrémédiablement endommagé par l'aviation irakienne, a été mis à la casse.

Plusieurs facteurs pourraient maintenant jouer en faveur d'une reprise durable. Tout d'abord le bas prix des soutes rend de nouveau compétitifs les mastodontes auparavant condamnés par la voracité de leurs machines. Ensuite, le maintien du prix du brut aux alentours de 15 dollars le baril devrait entraîner une recrudescence durable des importations en provenance du Golfe.

Quoi qu'il en soit – et bien que ces calculs soient à la merci d'un retournement du marché –, l'activité se maintient pour les tankers de seconde main : de nombreux affrètements à long terme ont été conclus, et les commandes de navires neufs ont atteint leur plus haut niveau depuis sept ans, les armateurs se hâtant de tirer parti des prix exceptionnellement bas offerts par les chantiers navals.

Libération, *6 octobre 1986*

DÉTROIT D'ORMUZ, ZONE DE TURBULENCES ISLAMIQUES

Pour les navires qui desservent régulièrement le golfe Persique, les visites de la marine iranienne, dans le détroit d'Ormuz, font désormais partie de la routine. Officier radio à bord d'un porte-conteneurs français familier de ces parages, Jean-Luc B, depuis quelques mois, a dû prendre l'habitude de soumettre ses instruments aux longues investigations d'escogriffes barbus, armés jusqu'aux dents, d'une piété irréprochable, et dont la cordialité est inversement proportionnelle à la dégradation des relations franco-iraniennes.

Lors d'une récente visite, ses hôtes manquèrent s'étrangler d'indignation lorsque le radio, en toute innocence, leur fit observer que les mitraillettes Uzi qu'ils lui agitaient sous le nez étaient de fabrication israélienne. Après leur départ, alors qu'il se disposait à prendre contact avec la marine Nationale, Jean-Luc B. constata que son système de communication par satellite avait été mis hors d'usage, vraisemblablement par une giclée d'ondes radioélectriques émises par le radar de la vedette iranienne qui venait de procéder à l'arraisonnement.

Dans la seule journée du 29 septembre, la marine iranienne a contrôlé vingt navires dans le détroit d'Ormuz, et dix-neuf, de nouveau, le lendemain. De temps à autre, les navires arraisonnés sont détournés *manu militari* sur Bandar Abbas, le port iranien le plus proche, où l'on procède à un examen détaillé de leur cargaison. S'ils refusent d'obtempérer, tel le soviétique *Piotr Venitsov*, le 2 septembre, la marine iranienne n'hésite pas à tirer quelques coups de semonce afin de leur apprendre à vivre.

Si, jusqu'à nouvel ordre, les vedettes qui assurent ces contrôles de routine ne mordent pas, on ne saurait en dire autant des hélicoptères. Désormais basés, semble-t-il, sur l'île d'Abu Musa, à un jet de pierre de la côte des Émirats, les hélicoptères iraniens se sont signalés récemment par plusieurs attaques contre des navires desservant des ports « neutres », et dans des parages auparavant épargnés par la guerre aéronavale. À quelques jours d'intervalle, en septembre, le pétrolier français

Brissac et le pétro-vraquier britannique *Pawnee* ont ainsi été attaqués par des hélicoptères, dans les eaux réputées « sûres » des Émirats. Aucun des deux missiles qui ont atteint le *Brissac* n'ayant explosé, le navire s'en est tiré pour 60 000 dollars de réparation dans un chantier de Dubaï. Une bagatelle. Mais compte tenu de ce que l'un des deux engins, d'après le *Lloyds List*, a terminé sa carrière dans le lit du chef mécanicien, qui venait de se lever pour prendre son travail, et de ce qu'il s'agissait apparemment d'un AS 12, d'un poids de 75 kg et d'une portée maximale de huit kilomètres, fabriqué en France par la SNIAS, on peut imaginer ce qui serait arrivé si nos industries d'armement, non contentes de vendre des missiles à l'Iran [1], lui vendaient par-dessus le marché des missiles qui explosent, au lieu de se glisser entre les draps du premier venu et d'y attendre sagement que l'on vienne les désamorcer.

Ce regain d'agressivité iranienne répond à l'escalade orchestrée pendant tout le mois d'août par l'aviation irakienne, alors que le trafic pétrolier, stimulé par la vertigineuse dégringolade du prix du brut, et par l'imminente entrée en vigueur des quotas fixés par l'Opep, atteignait un niveau inconnu depuis plusieurs années. Depuis la destruction du terminal iranien de Sirri, à la mi-août, ces attaques visent principalement les pétroliers géants affrétés par l'Iran dans le cadre de la navette entre Kharg et la nouvelle bouée de chargement de Valfajor 2, récemment mise en service près de l'île de Larak, à l'entrée du Golfe, et donc théoriquement hors de portée des chasseurs bombardiers irakiens. Rien que pendant le mois d'août, quinze navires ont été victime d'attaques aériennes, dont l'un à deux reprises. Les exportations de brut iranien seraient passées de 1,6 million à 1 million de barils par jour, et la situation devrait encore s'aggraver, le terminal de Valfajor ne permettant manifestement pas de répondre à la demande. L'attente y est très longue, et les Japonais – les plus gros consommateurs dans le monde de brut iranien – ont annoncé récemment qu'ils devraient aller se fournir ailleurs si les délais de chargement n'étaient pas considérablement raccourcis.

Face à la recrudescence des attaques aériennes, qui désormais n'épargnent plus aucun secteur du Golfe, les équipages concernés manifestent naturellement leur inquiétude – avant même que le *Pawnee* soit attaqué, la moitié de ses officiers britanniques avaient refusé de s'aventurer dans le Golfe, et avaient dû être remplacés au pied levé par

1. Il s'agit apparemment de livraisons anciennes.

des officiers indiens –, et les armateurs se creusent la tête pour imaginer des parades qui ne relèvent pas de l'incantation ou du gri-gri. La difficulté provient notamment de ce que les missiles anti-navires peuvent utiliser pour se guider vers leurs cibles des systèmes variés, dont chacun appelle une réponse spécifique. En août, sur les conseils de deux firmes britanniques, Hotforge et Hereford, associées à un consultant local, Gulf Agency Co., de nombreux pétroliers affectés à la navette Kharg-Larak ont été équipés par un chantier de Dubaï de lanceurs de leurres, et leurs coques revêtues de mystérieuses peintures gris sombre, vraisemblablement additionnées d'eau de Lourdes. Sans doute ces dispositions – ou tout du moins le lance-leurres, qui multiplie les échos en répandant dans l'atmosphère des paillettes d'aluminium – les prémunissent-elles tant bien que mal contre les missiles qui se dirigent au radar. En revanche, elles ne leur sont vraisemblablement d'aucun secours contre les missiles guidés vers le navire-cible par ses émissions de chaleur ou d'ondes radioélectriques.

Quant aux navires exposés aux attaques iraniennes – toujours menées à vue, semble-t-il, et le plus souvent à l'aide du missile français AS 12 ou du missile américain Maverick –, ils n'ont guère le choix qu'entre une solution inopérante et une solution impraticable, si l'on exclut le recours à l'écran de fumée, comme au bon vieux temps de la bataille du Jutland. La solution impraticable consiste à regrouper les pétroliers en convois placés sous la protection de navires de guerre : on imagine sans peine les objections d'ordre diplomatique ou commercial qu'elle soulève. La solution inopérante, qui prévaut jusqu'à nouvel ordre, consiste à ne naviguer que de nuit, et à se regrouper le jour dans des mouillages réputés sûrs. Avec cette réserve que le *Brissac*, précisément, s'est fait attaquer alors qu'il arrivait au mouillage, tôt le matin, dans l'une de ces zones auparavant préservées des fureurs iraniennes. Désormais, les équipages touchent double paie sitôt passé le détroit d'Ormuz. Cela n'a pas empêché dix-neuf officiers et marins français du pétrolier *Camargue* d'exiger – et d'obtenir – que leur navire fasse demi-tour, après qu'ils eurent été témoins d'une attaque particulièrement dévastatrice menée par l'aviation irakienne contre le terminal de Sirri.

Libération, *6 octobre 1986*

Liaison Rhin-Main-Danube : le triangle des écluses

Valse-hésitation de Charlemagne à Strauss

Que Franz-Joseph Strauss soit le continuateur de Charlemagne, c'est ce qui ressort de son obstination à parachever la liaison Rhin-Main-Danube, entreprise en l'an 793 par le futur empereur d'Occident. Quand ce sera chose faite, en 1992 (d'après les estimations officielles les plus optimistes), et à supposer que les derniers travaux de canalisation du Danube soient également menés à bien, l'Europe sera traversée de part en part, de Rotterdam à Sulina, par une voie navigable à grand gabarit[1], mettant en communication le bassin du Rhin et celui du Danube, l'Est et l'Ouest, Karl Marx et le Coca-Cola, la mer du Nord et la mer Noire.

D'après le témoignage d'Eginhard, la tentative de Charlemagne se termina en foirade, emportée en une nuit par des pluies diluviennes. Entre Austerlitz et la Berezina, Napoléon n'eut que le temps de rêver à cette liaison, comme Goethe de son côté, et il fallut attendre Louis Ier de Bavière pour qu'un premier canal, en 1846, relie le Main au Danube. Il s'agissait d'un petit canal de rien du tout, accessible à des navires de 120 tonnes au maximum, et dont les maisons éclusières avaient été dessinées par Leo von Klenze, grand maître du néoclassicisme bavarois. Entre-temps, d'ailleurs, le chemin de fer était passé par là, si bien que, dès la fin du siècle dernier, le revenu du canal de Louis était sensiblement inférieur à celui des pommiers dont ses berges avaient été plantées. À quelques détails près, c'est la destinée que ses adversaires

---

1. Accessible à des automoteurs de 1 350 tonnes et des convois poussés de 3 300 tonnes.

prédisent au projet actuel, porté à bout de bras par le taurin leader du parti social-chrétien bavarois.

Depuis 1921, année de naissance de la Société anonyme Rhin-Main-Danube – RMD (AG) – qui dès lors préside à ses destinées, ce projet a connu tant de vicissitudes que c'est à se demander comment il leur a survécu. Encore en 1981, sous le règne du chancelier Schmidt, le ministre des Transports, Volker Hauff, s'avise soudainement de ce qu'il s'agit du « projet le plus idiot » qu'ait engendré l'esprit humain « depuis la tour de Babel ». En conséquence, la commission du budget au Bundestag décide de lui couper les vivres, alors qu'il ne reste plus guère que 55 km de canal à creuser, et 60 km à rectifier sur le cours supérieur du Danube. Tout au plus l'affaire de 1 ou 2 petits milliards de deutsche marks supplémentaires, une bagatelle à côté de ce que le canal a déjà coûté. Et, de l'avis de ses défenseurs, une bouchée de pain par comparaison avec les 10 ou 12 milliards de deutsche marks que la République fédérale dépense chaque année pour ses chemins de fer. Aussi bien, l'admirable concept d'« achèvement limité » – quelque chose comme la quadrature du cercle, puisqu'il s'agissait ni plus ni moins que d'« achever les travaux en cours » tout en renonçant à les mener à leur terme – n'a pas résisté au changement de majorité en Allemagne fédérale. Depuis l'avènement du chancelier Kohl, les travaux ont repris de plus belle, et il semble que rien, désormais, ne puisse empêcher le Rhin de contracter avant la fin du millénaire cette fameuse liaison avec le Danube. Quant à savoir si cette liaison sera féconde, c'est une autre affaire.

En ce qui concerne l'activité industrielle induite, même compte tenu des quelques dizaines de centrales hydroélectriques échelonnées le long du canal, dont les revenus devraient permettre à la RMD (AG) de rembourser petit à petit les emprunts sans intérêt contractés auprès de la République fédérale, le temps n'est plus où l'ouverture d'une voie navigable attirait irrésistiblement les industries lourdes, grosses consommatrices de charbon et de minerais. Tout au plus la baisse des tarifs du chemin de fer, consécutive à l'ouverture du canal, profitera-t-elle aux industries riveraines, autant qu'elle creusera le déficit de la Bundesbahn. L'activité du canal lui-même fait l'objet de prévisions éminemment contradictoires, tributaires à la fois des présupposés de leurs commanditaires, et de la fluctuation des échanges commerciaux entre l'Est et l'Ouest.

En 1969, l'Institut munichois pour la recherche économique estime à 20 millions de tonnes le volume des marchandises qui devraient emprunter le canal chaque année. En 1982, il n'en prévoit plus que 5,5 millions. Quant au ministère bavarois des Transports, ses prévisions sont passées de 14 millions, en 1975, à une fourchette comprise entre 4 et 7 millions en 1983. Peu de choses par comparaison avec le débit commercial des deux fleuves que le canal réunit. Sur le Rhin, bien que l'importance de la navigation intérieure, par rapport aux autres moyens de transport, soit légèrement et régulièrement en baisse dans tous les pays riverains, le trafic annuel se maintient aux alentours de 275 millions de tonnes. Le déclin de certains trafics traditionnels, notamment les matériaux de construction, est compensé tant bien que mal, au moins qualitativement, par l'essor de nouveaux venus, tels les conteneurs. Mais, outre la Hollande, le gros de ce trafic concerne la Ruhr, et plus généralement les industries chimiques et sidérurgiques allemandes, c'est-à-dire le cours inférieur et moyen du fleuve. Plus on remonte, moins ça circule. Sur le Main, le trafic annuel n'est plus que d'environ 20 millions de tonnes. Et il en va de même sur le Danube, bien que le trafic, qui tourne aujourd'hui autour de 85 millions de tonnes, ait tout de même décuplé depuis la fin de la Seconde Guerre mondiale.

Kelheim, au confluent de l'Altmühl et du Danube, marque provisoirement la limite extrême atteinte par les « flottes rouges » – c'est le terme consacré en Allemagne – dans leur irrésistible progression vers l'Ouest. De hautes cheminées, signalant des industries chimiques, règnent sur la ville, conjointement avec quelques clochers à bulbe, et un temple de la Liberté édifié sur une hauteur par l'inévitable Klenze, afin semble-t-il de célébrer la déconfiture de Napoléon Ier. Au pied d'une usine d'ensachage d'engrais chimiques sont amarrés en vrac une douzaine de chalands battant pavillon roumain, yougoslave ou bulgare. Quelques plants de tomates en bacs, un ou deux élevages itinérants de lapins ou de chèvres, mettent à bord cette petite touche de bricolage et d'improvisation caractéristiques aussi bien du socialisme que de la batellerie. Le trait le plus remarquable de ces flottes rouges, c'est qu'elles mettent en œuvre beaucoup plus de chalands – inertes – que d'automoteurs, et que ces chalands se font généralement remorquer, alors que le poussage s'est depuis la guerre imposé sur toutes les voies d'eau civilisées des deux hémisphères. À première vue, le spectacle de ces convois poussifs, entraînés par de longs remorqueurs, et remontant le cours du Danube avec la majestueuse lenteur d'une migration d'escargots, n'a rien qui puisse donner le frisson. Et cependant, la perspective d'ouvrir tout grand à ces flottes rouges le réseau navigable occidental – auquel elles n'ont accès aujourd'hui qu'au compte-gouttes, via l'Elbe et le Mittellandkanal – parut assez effrayante, dans les années soixante-dix, pour que le *Spiegel* dénonce avec vigueur cette « voie à sens unique vers l'Ouest » que constituerait le canal, tandis que l'*International Herald Tribune* titrait sur le « Beau Danube Rouge ».

Compte tenu de l'importance stratégique du Rhin dans la perspective d'un conflit « conventionnel » en Europe, on peut craindre en effet de voir les bateliers soviétiques ou roumains, s'ils y ont accès sans restriction, prendre progressivement la relève des routiers bulgares. D'autant que, parmi ces marins d'eau douce, beaucoup seraient des militaires. À l'Est, où les opposants sont assez enclins aux visions apocalyptiques, on ne doute pas que la canalisation du Danube n'ait été entreprise qu'afin de permettre à des unités soviétiques d'accéder en deux temps trois mouvements au cœur du dispositif occidental. Déjà, dans *D'un château l'autre*, Céline rapporte comment l'amiral Corpechot vivait dans la hantise de voir des sous-marins soviétiques faire surface à Sigmaringen et ravir le Maréchal à l'affection des siens, comme le monstre le fit d'Hippolyte sur le rivage de Trézène.

Plus prosaïquement, compte tenu de ce que la flotte rhénane – tous pavillons confondus, plus de dix mille automoteurs, un millier de barges et près de six cents pousseurs et remorqueurs – souffre déjà d'une surcapacité dramatique, on craignait de voir les armements d'État des pays socialistes – qui alignent sur le Danube environ neuf cents remorqueurs et pousseurs, un peu moins de quatre mille chalands et quatre cents automoteurs, et se soucient comme d'une guigne de rentabilité, pourvu qu'il y ait des devises à prendre – se lancer à l'assaut du marché occidental, casser les prix du transport, et ruiner une batellerie rhénane qui se maintient tant bien que mal face à la concurrence du rail et de la route. D'autant qu'il n'y a pas d'exemple que les pays de l'Est aient respecté un accord commercial, au moins dans le domaine des transports, et ne se soient efforcés d'infléchir à leur avantage les règles de la concurrence.

Interdit de naviguer sauf aux riverains

Au 25 de la rue Benczur, à Budapest, la Commission du Danube siège dans un immeuble discret, dont la modestie tranche avec le luxe des villas voisines, souvent occupées par des ambassades, et dont quelques-unes illustrent la variété d'inspiration des adeptes hongrois du style Sécession. Conformément à une tradition solidement établie dans les pays socialistes, le visiteur y est cordialement accueilli – dans un grand bureau lambrissé, orné de maquettes de navires qui, par la force des choses, se trouvent être tous trois soviétiques –, mais ses hôtes, s'ils ne lui ménagent ni les égards, ni les rafraîchissements, ni les cigarettes d'importation, veillent à ce que jamais la discussion ne s'écarte des normes habituellement requises pour la rédaction d'un traité. La Commission du Danube réunit depuis 1948 les sept pays signataires de la Convention de Belgrade : l'URSS, l'Ukraine, la Roumanie, la Yougoslavie, la Bulgarie, la Hongrie et la Tchécoslovaquie, auxquels l'Autriche s'est jointe en 1960. Cette convention garantit à tous les pays riverains la liberté de naviguer et de commercer sur le Danube à leur guise.

Dans les faits, ces dispositions libérales sont battues en brèche par une politique tarifaire et des pratiques discriminatoires qui privilégient les armements des pays socialistes. Ainsi les tarifs du transport fluvial, fixés en 1955 par l'accord de Bratislava, et exprimés en roubles, n'ont-ils été augmentés qu'en 1978, uniquement par suite d'une dévaluation de la monnaie soviétique, et sans que les nouveaux tarifs tiennent compte de la réalité des coûts. En outre, les péniches socialistes – déjà privilégiées par la pratique des importations FOB et des exportations CAF, c'est-à-dire la réservation du fret au pavillon national – sont exemptées de droits portuaires dans les pays de même obédience, et systématiquement prioritaires pour les opérations de chargement ou de déchargement. Tant et si bien que les armements occidentaux sur le Danube, le Bayerischer Lloyd allemand ou la DDSG autrichienne, l'un et l'autre, à des degrés divers, sous contrôle de l'État, ne se maintiennent qu'à grand renfort de subventions.

Symétrique de la Commission du Danube, la Commission centrale pour la navigation du Rhin siège à Strasbourg, dans un palais édifié à l'époque funeste où les grandes oreilles de l'Alsace étaient férocement comprimées dans un casque à pointe. La Commission du Rhin a été instituée en 1816, dans la foulée du Congrès de Vienne, ce qui en fait sans doute la plus vénérable de toutes les institutions communautaires européennes. La Suisse, la France, la RFA, la Belgique et les Pays-Bas y sont représentés, de même que la Grande-Bretagne, accueillie dans le cercle des pays rhénans au terme du traité de Versailles. La tâche de la Commission consiste notamment à veiller à ce que la Convention de Mannheim, entrée en vigueur en 1868, et qui depuis lors préside à la navigation sur le Rhin, ne s'enrhume pas et ne perde pas son chapeau.

Aussi bonne fille que la Convention de Belgrade, la Convention de Mannheim invite toutes les nations, riveraines ou non, à naviguer et à commercer librement sur le Rhin.

L'Europe occidentale ayant tout d'abord appelé de ses vœux la liaison Rhin-Danube, on pouvait s'attendre à ce qu'elle se réjouisse de la voir sur le point d'aboutir. En fait, depuis une dizaine d'années, cette échéance a suscité parmi les instances communautaires une floraison de rapports, de commissions et de propositions, dont la plupart, beaucoup plus que sur ses promesses, insistent sur les menaces inhérentes à cette dangereuse liaison. En 1979, la Convention de Mannheim a été amendée afin de limiter la liberté de navigation sur le Rhin aux pays de la CEE et à la Suisse. Et comme les Soviétiques ne sont pas si nigauds qu'ils ne puissent faire naviguer sur le Rhin des bateaux battant pavillon de tel ou tel pays riverain, on s'est arrangé pour leur interdire également tout recours de ce côté-là. Au terme de ces nouvelles dispositions, les « flottes rouges » n'auront accès au réseau navigable rhénan qu'au coup par coup, dans le cadre d'accords bilatéraux signés avec les pays intéressés, c'est-à-dire essentiellement l'Allemagne fédérale et les Pays-Bas, et sur la base d'une stricte réciprocité. Naturellement, la Convention de Belgrade ne l'entend pas de cette oreille, et l'URSS s'est même avisée de ce que ces restrictions contrevenaient aux fameux accords d'Helsinki. Tout cela augure plutôt mal des échanges à venir, et de la prospérité de la liaison.

Ces hésitations de l'Europe de l'Ouest sont aussi liées au phénomène de renverse des courants, au moins partielle, auquel on assiste depuis quelques années sur l'axe mer du Nord-mer Noire. Jusque vers le milieu des années soixante, les ports du delta du Rhin, dans l'hypothèse où la liaison serait achevée, avaient tout lieu d'espérer que leur attraction s'exercerait sans partage sur le commerce des pays enclavés de l'Europe moyenne. Désormais, le versant danubien dispose d'arguments de poids, et rien ne garantit que l'ouverture du canal entraîne aussitôt un développement impétueux des échanges de l'Autriche ou de la Bavière avec Anvers ou Rotterdam. À titre d'exemple, les Soviétiques offrent au départ d'Ismaïl, sur le delta du Danube, des services réguliers de navires porte-barges à destination de la mer Noire, de la Méditerranée, du Moyen ou de l'Extrême-Orient. Avec l'ouverture du canal de Cernavoda à Constanza, les Roumains ont réduit de près de 400 km la distance à parcourir jusqu'à la mer, et ils ne cachent pas leur ambition, à tout le moins prématurée, de faire de Constanza « le Rotterdam de la mer Noire ».

Toujours sur le Danube, depuis 1982, la Société bulgare de transport fluvial, associée au Bayerischer Lloyd, met en œuvre plusieurs navires de type « roll-on roll-off » entre Passau, en Bavière, et Vidine, en Bulgarie. Apparemment, ces navires ne transportent guère que des camions bulgares. Le pays du yaourt s'étant fait une spécialité de trafics en tout genre, les méchantes langues prétendent que le débit s'est notablement accru à la faveur du conflit Iran-Irak, et que beaucoup de ces camions, sans parti pris, acheminent du matériel militaire à destination de l'un et l'autre des belligérants, ce relais bulgare faisant aussi l'affaire de tel ou tel pays auquel sa législation interdit de vendre ouvertement des armes à des pays en guerre.

Rien de tout cela, bien entendu, ne saurait entamer l'enthousiasme des Bavarois pour leur canal, ni leur volonté de servir de pont entre l'Est et l'Ouest, ni même leur conviction, maintes fois réaffirmée, de pouvoir infléchir vers l'Ouest, à travers le développement de ces échanges commerciaux, la politique de certains pays socialistes du glacis.

Les Roumains ont du pétrole, les Français savent le pousser

La France aligne sur le Rhin une flotte importante – sinon prospère – dont la Compagnie française de navigation rhénane constitue le noyau. Forte de vingt-cinq pousseurs, d'une centaine de barges et de vingt-cinq automoteurs affrétés, la CFNR a transporté, en 1985, 8,5 millions de tonnes de marchandises sur le Rhin et ses affluents. Si les négociations en cours avec ses partenaires allemands aboutissent, la CFNR devrait prochainement déployer sur le Danube un pousseur et quatre barges à hydrocarbures, afin semble-t-il de transporter du pétrole roumain.

En attendant, et bien qu'il s'agisse, en termes de tonnage et de puissance motrice, d'un apport si modeste que la Commission du Danube ne le fait même pas figurer dans ses statistiques, le pavillon français, vaille que vaille, se maintient sur le Danube depuis la fin de la Première Guerre mondiale. Il s'agit sans doute de l'un des plus curieux vestiges que l'histoire européenne, au gré de ses débordements, ait déposé sur les berges du fleuve.

La Société française de navigation danubienne fut en effet instituée en application du traité de Versailles (ou plus précisément de Trianon), et sa flotte constituée de prises de guerre de l'armée d'Orient dans les Balkans…

Depuis 1968, l'État, par l'intermédiaire de l'Office national de la navigation, détient 94 % des parts de cette société, les 6 % qui restent étant partagés entre la compagnie Fraissinet et la banque Louis Dreyfus. En 1981, pour un chiffre d'affaires de 6,6 millions de francs, la SFND dégageait un bénéfice d'exploitation de 700 000 francs. Louée à la société roumaine de navigation fluviale, la Navrom, la flotte de la SFND est armée par des équipages de retraités dont la moyenne d'âge tournerait autour de soixante-dix ans (celle du personnel administratif, également roumain, étant de soixante-quatorze ans). Le matériel – cinq remorqueurs et sept ou huit chalands – est d'ailleurs parfaitement assorti à ces équipages de vieillards.

Le doyen de la flotte, le remorqueur *Lavoisier*, vit le jour à Budapest en 1896, sous le règne de François-Joseph. Même sa machine à vapeur serait d'origine, à ce détail près qu'elle fonctionne aujourd'hui au fuel, et non plus au charbon. L'hiver dernier, avec plusieurs barges en remorque, le *Lavoisier* a remonté le Danube depuis Braïla, son port d'attache, près de la frontière soviétique, jusqu'à Turnu-Severin, au débouché des Portes de Fer.

Un pavé dans la mare de Donaustauf

Avant même que les apothicaires bâlois ne l'aient empoisonné, le Rhin équarri, rectifié, recalibré, offrait sur la plus grande partie de son cours, et singulièrement dans la traversée de la Hollande, un spectacle si fastidieux qu'il n'y avait guère que les vaches pour le regarder passer. À la remontée, le fleuve défile si lentement que les cyclistes qui, dans le même sens, pédalent sur la berge sont bientôt hors de vue, véritables bolides. Épuisé de scruter en vain des horizons désespérément vides, l'œil voit avec soulagement surgir des brumes le lent cortège des villes allemandes stigmatisées, et des industries gigantesques dont les rejets sont pourtant si néfastes aux arbres et aux petits poissons. Désormais, le plus beau spectacle que le Rhin puisse offrir, c'est celui des tramways, la nuit, dont la bruyante et lumineuse trajectoire fait tressaillir les ponts dans des villes endormies.

Pauvre en ressources naturelles, l'Allemagne s'est fait une montagne de l'Altmühltal, une petite vallée dont la « liaison » doit emprunter le cours. De Bamberg à Kelheim, entre Main et Danube, le canal proprement dit chemine tout d'abord à travers la vallée de la Regnitz, jusqu'à Nuremberg, puis franchit la ligne européenne de partage des eaux entre Hilpolstein et Bachhausen, avant de redescendre à grands pas vers le Danube, à travers l'Ottmaringertal et cette fameuse vallée de l'Altmühl. Le franchissement du bief de partage, à grand renfort d'écluses géantes et de terrassements inouïs, donne lieu à d'innombrables prouesses technologiques, dont la moindre consiste à faire disparaître tant bien que mal les millions de mètres cubes de terre que les excavatrices arrachent jour après jour à la tranchée du canal.

Toutefois les vraies difficultés ne commencent qu'au-delà, avec l'Ottmaringertal, une vallée sans rivière, mais riche en zones humides, où les écologistes ont recensé soixante-dix-sept des deux cent trente espèces d'oiseaux vivant en RFA, dont seize des plus menacées... Et ce n'est encore rien, décidément, à côté de l'Altmühltal, où, sur quelques kilomètres, entre les hautes collines du Jura blanc, se trouvent rassemblées presque toutes les merveilles qu'un Allemand de sensibilité moyennement bucolique associe au concept de nature ou de patrimoine. Aussi la simple idée que l'on pourrait équarrir l'Altmühltal, tailler à vif dans ses vertes prairies, ses eaux dormantes, ses berges inondées, ses bouquets d'arbres, et détruire le rapport en effet très harmonieux que l'ancien canal, celui de Ludwig, a su nouer avec ses vieux villages agricoles, a-t-elle entraîné dans toute l'Allemagne verte, et même au-delà, une levée de boucliers sur laquelle le projet faillit se casser les dents. Plutôt que de renoncer, cependant, ou de passer outre, la Société anonyme Rhin-Main-Danube a pris le parti raisonnable, mais terriblement onéreux, de confier à un paysagiste de Nuremberg, Reinhard Grebe, le soin de plier le canal aux contraintes de cet environnement si précieux et fragile.

Assisté d'une équipe pluridisciplinaire de haute voltige, où l'on n'a oublié ni le spécialiste des amphibiens ni celui des lépidoptères, le professeur Grebe s'est donc attelé à cette tâche véritablement miraculeuse, qui consiste à recréer la nature à partir de ce qui lui est le plus opposé. Alors qu'en général un canal à grand gabarit offre l'aspect engageant d'une autoroute liquide, comprimée entre de hautes berges régulièrement inclinées, parfaitement stériles quand même elles ne sont pas cimentées ou bitumées, la « liaison », aussi longtemps qu'elle emprunte le cours de l'Altmühl, se présente comme une succession de plans d'eau de dimensions et de formes aléatoires, communiquant avec les bras morts, soigneusement préservés, de la rivière, et dont les berges ont été conçues afin de favoriser le prompt retour de leur végétation d'origine et de ménager un réseau de mares, de fossés, où les poissons pourront frayer en toute quiétude, et les têtards frétiller à l'abri des turbulences engendrées par le passage des navires.

On a poussé le scrupule jusqu'à tracer des chemins de service sablés, non revêtus, sinueux à plaisir, et à restaurer intégralement, à l'identique, les maisons éclusières et les ponceaux du canal de Ludwig. Les abords du canal, dans la traversée de Kelheim, au confluent de l'Altmühl et du Danube, sont traités avec le même soin – sinon toujours avec le même bonheur –, et différents ouvrages d'art ont fait l'objet de concours d'architecture, dont les projets-lauréats font ronronner de satisfaction les élus locaux. Au passage, ils ont également décroché un boulevard périphérique et une caserne de pompiers flambant neufs. Mais de toutes les concessions faites par la Société du canal à la sensibilité des riverains ou des écologistes, la plus spectaculaire concerne Donaustauf, un village situé sur le Danube à quelques kilomètres en aval de Regensburg. Dans le voisinage de Donaustauf, en effet, s'étalait une mare à laquelle les grenouilles, et bien d'autres créatures attachantes, tenaient comme à la prunelle de leurs yeux. Or la rectification des berges appelait la destruction de cette mare. Croyant bien faire, à la faveur d'un hiver rigoureux où la mare était asséchée, et le sol de tourbe durci par le gel, la Société du canal l'a fait découper en tranches régulières pour la réinstaller un peu plus loin.

Bien que ce « déménagement de biotope » constitue apparemment une première mondiale, les protecteurs de la nature y ont trouvé à redire, tirant argument de ce que 90 % de la mare s'étaient égarés en chemin, et de ce que les 2 millions de marks investis dans cette opération l'eussent été plus utilement ailleurs. D'autre part, il n'est pas avéré que la faune et la flore qui s'y ébattaient autrefois aient été dupes de cette transplantation, avec tous les bouleversements qu'elle implique. Mais que les grenouilles repeuplent ou non la mare de Donaustauf, il est certain que les efforts consentis par la Société du canal ont créé un précédent, et établi des règles dont les associations de protection de la nature pourront dorénavant se prévaloir. Ainsi, à supposer que le hasardeux projet de liaison Rhin-Rhône à grand gabarit, à travers la vallée du Doubs, ressorte un jour des cartons, on voit mal comment les administrations et les entreprises françaises concernées pourraient se montrer moins généreuses, et moins scrupuleuses, que leurs homologues allemandes.

Histoire d'eaux troubles en Floride

Les mésaventures de la rivière Kissimmee, en Floride, devraient faire réfléchir les aménageurs. Jusqu'en 1973, nul ne se souciait de la rivière Kissimmee, qui, de son côté, ne demandait rien à personne. Entre le lac Kissimmee et le lac Okeechobee, sur 142 km, elle serpentait à travers une plaine marécageuse riche en sales bêtes de toutes sortes. D'humeur changeante, elle était tantôt écumante, torrentielle, et tantôt réduite à rien, ou à un simple filet d'eau. Estimant sans doute qu'une rivière n'a pas à changer de débit pour un oui pour un non, et que l'élevage extensif du bétail présente plus d'intérêt que la tranquillité des alligators, le corps des ingénieurs de l'US Army entreprit en 1973 de transformer la Kissimmee en un canal droit comme un i, et les marécages qu'elle drainait, sur plus de 80 000 hectares, en prairies sèches. Le résultat le plus notable de cette entreprise fut l'empoisonnement du lac Okeechobee, envahi peu à peu par des algues répugnantes. Les algues, en effet, se nourrissent de divers ingrédients – tel le phosphore – charriés en abondance par les eaux de la Kissimmee depuis qu'elles ne sont plus filtrées par les marécages. Afin de rendre leur pureté aux eaux du lac Okeechobee, l'État de Floride engage aujourd'hui pour 150 millions de dollars de travaux destinés à restaurer la rivière Kissimmee dans son état d'origine. D'après l'*International Herald Tribune*, auquel nous avons fauché cette histoire, « il pourrait s'agir de la somme la plus importante jamais dépensée pour défaire le travail du corps des ingénieurs »…

Le courant passe mieux par l'Est

Sans ces hauteurs providentielles du Kahlenberg, d'où la cavalerie de Jean III Sobieski, en 1683, put pendre son élan pour fondre soudainement sur l'armée turque paisiblement occupée à sucrer ses loukoums, Vienne n'aurait peut être jamais été que la capitale occidentale de l'Empire ottoman. Sous les yeux du roi polonais, dans ces minutes à coup sûr pathétiques qui précédèrent la charge, le Danube, avec ses multiples bras enserrant des îles boisées, devait offrir un spectacle assez roboratif. Aujourd'hui, il faut y mettre du sien pour reconnaître un fleuve dans cette voie express dont une île unique, interminable et filiforme, paraît constituer le terre-plein central, et l'Alte Donau une bretelle de dégagement. Encore heureux que jadis on ait fait appel à Otto Wagner pour dessiner le petit bâtiment et le pont qui marquent l'entrée du Donau-Kanal.

Dans les années à venir, une centrale hydroélectrique de grandes dimensions doit être édifiée dans les limites mêmes de l'agglomération viennoise. Sa mise en service va entraîner une élévation de cinq à huit mètres du niveau des eaux du Danube, ce qui bouleversera la physionomie des berges, et impliquera notamment que l'on surélève les ponts les plus anciens. Pour noyer le poisson – ou, comme disait le président Mao, afin de « transformer une mauvaise chose en une bonne » –, les autorités ont décidé de lancer à cette occasion un vaste programme d'urbanisme, le « Donauraum », à côté duquel nos « grands chantiers » parisiens font figure de jeux de construction. Ce projet concerne en effet un tiers de la superficie totale de l'agglomération viennoise, où, d'ici l'an 2001, vont surgir de terre des parcs d'attractions, des équipements olympiques, des gares tous azimuts, et quantités d'autres merveilles élues en toute indépendance par un jury international qui devrait se réunir en 1987.

Malgré cela, Vienne manquera bientôt d'électricité. Une récente décision de la Haute Cour ayant définitivement écarté le projet très controversé, et certainement très préjudiciable à l'environnement, de centrale hydroélectrique à Hainburg, en aval de Vienne, les autorités autrichiennes, plutôt que de s'exposer à de nouveaux déboires avec leur opinion publique, ont choisi de se tourner vers la Hongrie, où cette denrée n'est pas de cours légal. Depuis des années, en effet, la Tchécoslovaquie, qui peut-être y trouvera son compte, tente d'imposer fraternellement à la Hongrie, qui n'en retirera que des désagréments, la construction d'un vaste complexe hydroélectrique sur le Danube, à la frontière entre les deux pays.

À hauteur de Bratislava, en Tchécoslovaquie, doit être aménagé un lac de retenue d'environ 60 km^2. Partant de ce lac, un canal d'adduction de 26 km alimentera en eau une première centrale, Gabcikovo, d'une capacité de 720 MW, appelée à fonctionner au coup par coup pendant les heures de pointe. 125 kilomètres plus bas sur le cours du Danube, en amont de Budapest, les Hongrois devront construire une deuxième centrale, Nagymaros, d'une capacité de 160 MW, destinée notamment à écrêter les crues soudaines entraînées par les lâchers de Gabcikovo. En bref, et compte tenu de ce que le Danube, sur la section de son cours parallèle au canal d'adduction, ne débitera plus en moyenne que 50 m^3 d'eau par seconde – en période de basses eaux, le débit minimum est actuellement de 600 m^3 – cela revient à escamoter purement et simplement le fleuve sur plusieurs dizaines de kilomètres, et à bouleverser l'environnement d'une région comprise entre Bratislava et Budapest.

Parmi les châtiments les plus graves dont les écologistes hongrois agitent la menace, au cas où ce projet serait mené à bien, il y a la submersion de Budapest, ni plus ni moins, par une inondation consécutive à la rupture accidentelle du barrage de Nagymaros. Et, beaucoup plus vraisemblable, la pollution ou le tarissement des réserves d'eau de la capitale hongroise. Quant aux Tchèques, ils auront peut-être l'agréable surprise de voir les eaux de la Morava, l'une des rivières les plus polluées d'Europe, remonter vers leur source. Il semble également que toute l'économie des zones rurales situées sur la rive slovaque du Danube, qui se trouvent être peuplées de paysans hongrois, risque bien de péricliter par suite de cet escamotage du fleuve. Ensuite, il est avéré que l'une des zones humides les plus vastes d'Europe, et biologiquement l'une des plus fécondes, sera condamnée à disparaître, privant d'un de leurs derniers séjours des espèces aussi rares et aussi nécessaires que la cigogne noire, le pygargue à queue blanche, la loutre, le chat sauvage ou le chien viverrin. Un rapport réalisé cet été par un organisme officiel, le VATI – apparemment, une sorte d'équivalent local de la DATAR –, convient d'ailleurs de tous ces risques, ou de la plupart d'entre eux, se bornant à suggérer des remèdes qui doubleraient le coût, déjà astronomique, du projet.

Néanmoins, et bien que l'opposition à cette hasardeuse entreprise ait trouvé des défenseurs jusque dans les plus hautes instances de l'État, les autorités hongroises, après bien des hésitations et des revirements, ont apparemment décidé de passer outre, et de faire taire les écologistes du Duna-Kör, le « Cercle du Danube », qui en 1984 avaient réussi à recueillir plusieurs milliers de signatures, certaines illustres, contre ce projet. Deux dessins publiés récemment dans leur bulletin clandestin traduisent assez bien le nouvel état d'esprit de ces opposants. Sur le premier on voit l'Administration hongroise, représentée sous les traits d'un petit baigneur chaussé d'un unique ski nautique, entraîné dans une course folle, sur le Danube, par un gros requin figurant les banques autrichiennes. Sur le second, l'Administration a revêtu l'apparence d'un chirurgien fou, qui s'apprête à découper une splendide créature – le Danube – à l'aide d'une scie à métaux « made in Austria ». « Après l'opération, annonce le chirurgien, tu seras bien plus belle qu'avant. »

Pour l'essentiel, ce sont en effet des prêts autrichiens qui permettront aux Hongrois de saccager à grands frais leur environnement, avec le concours d'entreprises autrichiennes de travaux publics, et à charge pour eux de rembourser l'Autriche, pendant vingt ans, sous forme d'électricité. Comme la centrale de Nagymaros ne devrait pas entrer en service avant 1995, cela signifie que jusqu'en 2015 les travaux entrepris par la Hongrie ne lui procureront pas un kilowatt supplémentaire pour sa propre consommation. Les opposants hongrois, et leurs correspondants autrichiens, voient dans ce marché de dupes une intéressante illustration de la réalité des échanges entre l'Est et l'Ouest, que l'un de leurs porte-parole exprime en ces termes : « L'Autriche fournit les capitaux et la technologie, la Hongrie la censure et les matraques. »

Cette coopération internationale ne portera vraiment ses fruits que lorsque le Danube, ponctué de barrages, de centrales électriques et d'écluses géantes, sera devenu un fleuve aussi consternant que le Rhin. Aux touristes occidentaux, dont les devises sont si bonnes à prendre, et qui remplissent aujourd'hui les paquebots soviétiques de croisière sur le Danube, il restera toujours la ressource d'emprunter l'overcraft qui, chaque jour, relie Vienne et Budapest, afin de se donner du moins le plaisir de passer le rideau de fer sur coussin d'air.

Libération*, 2 au 5 décembre 1986*

Surenchère dans la guerre des pétroliers

Selon le quotidien britannique *Lloyd's List*, une centaine de navires ont été attaqués en 1986 dans le golfe Persique. Ainsi les forces armées des deux pays belligérants ont-elles nettement amélioré leur score de l'année précédente, qui plafonnait à soixante et une attaques.

Toujours en 1986, les Iraniens ont innové en utilisant contre des navires de commerce des missiles surface-surface, en plus des missiles air-surface qui, cependant, conservent leur préférence. Quant aux Irakiens, ils ont également amélioré leurs performances en portant le rayon d'action de leurs chasseurs bombardiers jusqu'au terminal de Larak, à proximité du détroit d'Ormuz, étendant ainsi à l'ensemble du golfe Persique la zone d'insécurité pour le commerce maritime. La plupart des attaques irakiennes ont été conduites à l'aide de missiles Exocet ou de missiles AS 30. Tous deux sont utilisables de nuit comme de jour, et tous deux, comme chacun sait, sont de conception française.

Dans un grand esprit d'équité, l'industrie française arme également les forces aériennes iraniennes, qui disposent ainsi d'un stock important de missiles air-surface AS 12, d'ailleurs de vieilles casseroles qui souvent se refusent à exploser. Apparemment, les pilotes iraniens obtiennent de meilleurs résultats avec le missile américain Maverick, plus lourd, plus sophistiqué, et de portée plus longue.

Face à la recrudescence des attaques, certains armateurs, et particulièrement ceux qui louent à l'Iran des pétroliers affectés à la navette entre Kharg, Sirri et Larak, ont fait équiper leurs navires de systèmes de protection antimissiles dont l'efficacité demeure assez douteuse. Depuis quelques mois, les pétroliers faisaient la queue, à Dubaï, afin d'être traités à l'aide d'un mystérieux badigeon dispensé par une entreprise britannique spécialisée, et qui aurait la merveilleuse propriété de repousser les missiles, ou de les tenir à l'écart. Lorsque le premier pétrolier équipé – à grand frais – de ce répulsif ramassa néanmoins un Exocet entre Kharg et Sirri, l'entreprise britannique expliqua aussitôt qu'à défaut de son badigeon le navire eût été beaucoup plus gravement endommagé. Il est d'ailleurs indéniable que le pétrolier ne coula pas, et tout aussi indéniable que le missile n'eut aucun mal à le découvrir et à y faire son trou.

Dans un article publié au début du mois de janvier, le *Lloyd's List* lève un pan du voile sur cette mystérieuse substance. D'après la firme britannique Carmichael and Sweet, de Portsmouth, qui en a équipé plusieurs navires, il s'agit d'un matériau qui, en absorbant, au moins partiellement, les ondes radar, réduit l'écho renvoyé par le navire attaqué. Autrement, cela se présente comme un revêtement de sol, ou de plafond, débité en bandes adhésives de couleur gris sombre, et que l'on peut appliquer sur les parois extérieures des navires « comme du papier peint ». Le papier peint en question n'exige pas d'entretien particulier, il est ignifugé, et il peut se décoller après usage. Nul doute que les marins britanniques, qui l'an dernier ont fait des caprices pour aller dans le Golfe, y retourneront allégrement dès lors que leurs navires auront été équipés de ces couches-culottes.

Libération, *13 janvier 1987*

Golfe : saute-mouton sur une mer d'huile

On n'imagine pas combien le destin du mouton australien est tributaire de celui du pétrole brut, au point que le prix du premier est généralement acquitté en barils.

C'est en effet la soudaine opulence des pays producteurs de brut et riverains du golfe Persique qui, dans les années soixante-dix, entraîna le développement du transport maritime des moutons vivants. Vivants, car le gigot islamique ne saurait provenir d'un mouton refroidi par des infidèles. De 1970 à 1982, le trafic de mouton entre l'Australie et les pays du Golfe est passé de trois cent trente mille têtes de bétail à cinq millions sept. En 1985, l'Australie – qui, à elle seule, possède environ 12 % du troupeau mondial d'ovins, estimé à un milliard cent cinquante millions d'individus – a passé le cap des six millions de moutons vivants exportés par voie maritime, suivie de près par l'URSS, et d'un peu plus loin par la Bulgarie, la Roumanie, la Hongrie, la Turquie, la Somalie, la Nouvelle-Zélande, et différents pays d'Amérique du Sud. Nouvelle venue sur ce marché, la Chine fait depuis quelques années une belle percée, et prévoit, en 1987, d'exporter à Koweït deux cent mille « moutons à grosse queue » (fat-tailed sheep).

Compte tenu de la récession qui sévit dans les pays de la péninsule arabique et de l'interruption des importations iraniennes, on comprend pourquoi les moutons australiens, bulgares et autres, se tiennent jour après jour au courant des fluctuations du prix du brut et des vicissitudes de la guerre du Golfe.

Le développement du transport maritime d'animaux vivants – qui concerne aujourd'hui dix-huit millions de moutons par an, dont les deux tiers destinés aux pays du Golfe – a rendu nécessaire la conception de navires spécialisés, auxquels l'hebdomadaire *Le Marin* consacre un dossier dans son numéro daté du 2 janvier. On apprend, sous la plume de Yann Le Gouard, que les deux plus grands armateurs de bergeries flottantes sont une entreprise saoudienne, la Saudi Livestock Transport and Trading, et une entreprise koweïtienne qui a le mauvais goût de porter le même nom que sa concurrente saoudienne, et de la devancer en nombre de moutons transportés.

Généralement, les navires spécialisés sont d'anciens pétroliers. C'est notamment le cas du plus grand d'entre eux, l'*Al-Shuwaikh*, armé par la LTT koweïtienne, qui avait commencé sa carrière en 1967 comme transporteur de brut, sous pavillon norvégien. En 1981, confié à une entreprise allemande et traité aux chantiers AG Weser de Brême, le navire fut tout d'abord coupé en trois morceaux, puis recollé après que l'on eut retiré la partie centrale afin d'améliorer son assise. Après cette amputation, l'*Al-Shuwaikh* fut surélevé, et il dispose désormais de quatorze étages de ponts-bergeries permettant d'accueillir cent vingt-cinq mille moutons.

Les problèmes techniques les plus difficiles à résoudre concernent la ventilation, l'évacuation de la merde et la fabrication d'eau potable, en plus des 15 000 tonnes que le navire peut stocker pour chaque traversée. Les premiers navires de ce type ayant souffert de ce que l'on appela l'« effet Panurge », et qui consistait, pour les moutons, à se rassembler soudainement d'un même bord, au risque de faire chavirer le navire, les sales bêtes sont désormais confinées à cinquante dans des stalles hautes de 1,50 m, où chacune dispose d'environ 0,3 m^2 de surface au sol.

Avant d'embarquer, les moutons sont tondus, nettoyés, purgés, et accoutumés à la nourriture sèche qui, pendant la traversée, remplacera l'herbe juteuse de leurs pâturages. Malgré cet entraînement, les moutons, qui sont bien plus délicats qu'on ne l'imagine, se plaignent du bruit, de la promiscuité, des vibrations, du roulis, du tangage, de la chaleur et de l'humidité. En moyenne, le stress tue de 1 à 1,5 % de la cargaison, et ces proportions sont multipliées en cas de défaillance de la ventilation, ce qui explique pourquoi il est si fréquent, sur les livres de bord bien tenus, de trouver mentionnée la rencontre d'une vache ou d'une paire de moutons dérivant au milieu de l'océan Indien.

En 1981 – année terrible – à quelques mois de distance, deux mille cinq cents animaux divers, y compris des buffles, puis sept mille chèvres bulgares, périrent en mer à la suite d'une panne du système de ventilation. Et, puisqu'il s'agit du golfe Persique, on imagine le spectacle s'il venait à l'aviation ou à la marine iranienne la fantaisie d'aligner un grand transport en route vers Koweït, transformant instantanément cent vingt-cinq mille moutons australiens en brochettes, d'ailleurs impropres à la consommation puisque non conformes aux règles de la gastronomie islamique.

Libération, *20 janvier 1987*

US LINES ACHÈVE SON TOUR DU MONDE

L'année 1986 aura été fertile en catastrophes dans le monde maritime. Sur le plan international, les difficultés des deux grands groupes de Hong Kong, Tung et Wha-Kwong, aux prises avec des dettes monstrueuses et des plans draconiens de restructuration, ont occupé longtemps le devant de la scène, mais c'est en fin de compte Malcolm McLean qui, en se prenant lourdement les pieds dans le tapis, aura fait le plus de bruit. Dans le rouge depuis 1985, McLean Industries, société mère de l'armement US Lines, affichait pour les trois premiers trimestres de 1986 des pertes d'environ 240 millions de dollars. Acculée à la faillite, elle a provisoirement trouvé refuge sous le « chapitre 11 » de la loi américaine sur les faillites. Ce texte l'autorise à poursuivre son activité à l'abri de ses créanciers, pendant les quelques mois nécessaires à la mise au point d'un plan de sauvetage.

À soixante dix ans passés, le vieux McLean, l'inventeur du transport maritime par conteneur, doit donc jeter l'éponge, céder sa place à la tête du groupe qui porte son nom, et quitter la scène au milieu d'un concert d'imprécations. Sa conception d'un « tour du monde » à sens unique, assuré par d'énormes porte-conteneurs lourds et lents, desservant un petit nombre de ports, s'est avérée moins bonne, à l'usage, que celle, plus souple et moins massive, de son grand rival, le taïwanais Evergreen, dont les navires continuent, avec profit, de tourner dans les deux sens autour de la planète.

Premières victimes de l'effondrement de McLean industries et de la suppression de son service « tour du monde », les employés de la firme, en Europe, dont beaucoup se sont retrouvés au chômage du jour au lendemain. À Rotterdam, c'est en se présentant à leur travail qu'ils ont été informés de leur licenciement. Pendant ce temps, les cadres tiraient leur épingle du jeu en offrant avec succès leurs services à la concurrence : en Grande-Bretagne, une quinzaine de dirigeants des US Lines en Europe se sont regroupés dans une nouvelle société, Brit-Ocean Agencies, chargée du marketing de l'armement hollandais Ned-Lloyd pour l'Atlantique Nord et Sud.

Les malheurs de McLean ont également entraîné de sérieuses difficultés pour les ports qui avaient consenti d'énormes investissements afin d'attirer ses porte-conteneurs géants. Outre ceux d'importance secondaire, tel celui de Khor Fakkan dans l'émirat de Fujairah, dont le développement était étroitement associé à celui des lignes « tour du monde » des US Lines, des ports de premier plan, tels Kobe (Japon) ou Rotterdam, vont enregistrer une baisse sensible de leur activité. À Rotterdam en particulier, le gigantesque terminal spécialisé de Maasvlakt, où la firme ECT (Europe Containers Terminus) traitait les navires des US Lines à l'aide du matériel le plus sophistiqué d'Europe, va perdre cette année l'équivalent de 200 000 containers de 20 pieds, soit environ 20 % de son activité. Les menaces que cette saignée fait peser sur l'emploi des dockers, jointes aux projets de fusion bercés par les trois autres grandes entreprises de manutention, ont entraîné des tensions sociales exceptionnelles dans le port hollandais.

Même les militaires auront à souffrir de la disparition du service « tour du monde » des US Lines : les porte-conteneurs de McLean contribuaient en effet à la logistique des forces américaines en Europe. Si bien que le responsable de l'« US Forces Terminal » du port de Felixstowe, en Grande-Bretagne, le lieutenant colonel David Lofgren, a confirmé récemment que les États-Unis devraient probablement amender la règle qui impose aux cargaisons destinées aux forces armées américaines de naviguer sous pavillon national. Enfin, cette faillite constitue pour les banques une nouvelle occasion de faire les gros yeux aux armateurs impécunieux : se référant manifestement à McLean, Jim Davis, le président de l'International Marine Industries Forum, a estimé que « les armateurs seraient plus prudents si leur propre argent, plutôt que celui des banques, était exposé » dans ce genre d'entreprises.

Cependant que plusieurs « econships » auparavant affectés au service tour du monde étaient traqués de port en port par les créanciers de McLean Industries – ainsi l'*American Oklahoma*, bloqué à Singapour à la suite d'une plainte pour non-paiement des soutes déposée par la Hollande et les Émirats, ou encore l'*American California*, retenu pour les mêmes raisons à Hong Kong –, le bruit courait que quelques-uns de ces navires pourraient être retournés à leur constructeur coréen, Daewoo, auquel McLean Industries doit encore plus de 150 millions de dollars. Alors que la surcapacité mondiale en tonnage conteneurisé augmente de façon inquiétante, et que les armateurs sud-coréens eux-mêmes, en dépit d'un vigoureux plan de restructuration, affichent un déficit de plus de 4 milliards de dollars, la mise en service par Daewoo de plusieurs econ-ships ne pourrait qu'aggraver ce problème apparemment sans fin. D'autant que la Corée vient de dévoiler un plan de construction, en grande partie financée par des fonds publics, de vingt-sept grands porte-conteneurs dans les trois années à venir.

Libération, *27 janvier 1987*

Pourquoi les bateaux coulent

L'hiver, saison des naufrages. Si les bateaux de pêche sont, de très loin, ceux qui paient le plus lourd tribut, les navires de commerce, y compris les géants, souffrent également des intempéries. Parmi les naufrages les plus meurtriers de l'hiver en cours, certains peuvent être imputés au hasard, à la malchance, à des erreurs humaines ou à des défaillances passagères des instruments de navigation. C'est, apparemment, le cas du *Syneta*, un petit tanker de 2 600 tonnes de port en lourd disparu fin décembre sur les côtes d'Islande, avec douze hommes à bord. Sans doute est-ce par suite d'une défaillance du radar, dont le commandant avait fait état peu avant le naufrage, que le navire est allé se briser sur les récifs de Skrudur. Et l'affaire en serait restée là, en dépit des protestations du syndicat britannique des officiers, si le *Syneta* n'avait battu depuis un peu plus d'un an le pavillon de Gibraltar.

Ce pavillon, comme celui d'autres territoires britanniques – les Bermudes, Cayman, l'île de Man, sans oublier Hong Kong – fait depuis quelques années les beaux jours des armateurs britanniques, soucieux de réduire leurs charges et d'échapper aux persécutions de syndicats particulièrement virulents. Or, si nul ne conteste le sérieux du registre de Hong Kong, voire de celui de l'île de Man, les registres de Gibraltar, de Cayman ou des Bermudes font l'objet de sérieuses réserves en Grande-Bretagne, et le naufrage du *Syneta* a relancé ce débat, qui pourrait se conclure par la limitation à 500 tonnes de la taille des navires susceptibles de trouver refuge sous ces pavillons accueillants.

Les contempteurs des pavillons de complaisance pourront également tirer argument du naufrage du *Cathay Seatrade*, un vraquier libérien de 64 620 tonnes, disparu le 14 janvier au large des Canaries avec vingt-sept personnes à bord, et sans laisser aucune trace. Ou de celui du *Kythera Star*, un cargo maltais de 5 000 tonnes de port en lourd qui, à la mi-janvier, a coulé au large de Majorque alors qu'il faisait route de Barcelone vers le Liban. Quatorze membres de l'équipage sont portés disparus. Mais le commandant, qui a survécu, a pu témoigner de ce que son navire avait coulé en quelques minutes, sans doute par suite d'un déplacement de sa cargaison. La mer était certes mauvaise, mais un navire en bonne condition devrait être prêt à affronter, en hiver, des vagues de 8 ou 10 mètres en Méditerranée. Et le quotidien madrilène *El País* rappelle que l'équipage du navire, un an auparavant, s'était plaint, entre autres choses, du mauvais état de la coque et des fuites de carburant qui en résultaient. Ces réclamations avaient donné lieu à une inspection conduite par un ingénieur espagnol dont le rapport ne fut jamais rendu public. On sait néanmoins qu'à cette occasion, une centaine de rats avaient été tués à bord du *Kythera Star*...

D'autres naufrages récents ont donné un regain d'actualité à d'anciennes controverses concernant les risques présentés par certains types de navires. Dans la nuit du 14 au 15 janvier, un roulier français, l'*Amira*, coule au sud des Baléares dans une mer énorme. Les seize membres de l'équipage sont recueillis à bord du gazier libérien *Anabella*. D'après le témoignage du commandant, publié par l'hebdomadaire *Le Marin* dans son numéro du 23 janvier, le navire a pris une forte gîte après que deux ballasts se furent inexplicablement remplis d'eau. Le désarrimage de la cargaison fait le reste, le navire prenant en quelques heures 30, puis 50° de gîte, avant que l'ordre d'évacuation soit donné. D'après le commandant René Tanguy, le remplissage intempestif des ballasts serait peut-être dû à « une fissure de la coque, soumise à des contraintes très importantes ».

Le Marin fait observer que de 1973 à 1982, dix-sept navires rouliers ont fait naufrage, entraînant la mort de quatre-vingt-dix-huit hommes d'équipage. Dans la plupart des cas, le naufrage fait suite à un désarrimage de la cargaison, qui imprime au navire une gîte irréversible. Munis de portes et de rampes permettant l'accès des camions, les navires rouliers (en anglais : roll-on/roll-off) disposent pour la plupart d'une cale unique, non cloisonnée, qui ne permet pas de circonscrire les dégâts en cas de désarrimage ou de voie d'eau. Les recommandations formulées à ce sujet par une commission technique réunie en France après le naufrage du roulier *Mont-Laurier*, en 1973, n'ont pas été reprises par l'Organisation maritime internationale. Il est vrai qu'en suivant ces recommandations, c'est-à-dire en compartimentant la cale des rouliers, on risquait du même coup de leur faire perdre tout intérêt commercial.

En Grande-Bretagne, c'est au sujet d'une série de six grands navires pétro-vraquiers (Ore-Bulk-Oil), construits dans les années soixante-dix par les chantiers Swan Hunter, que la polémique bat son plein. En 1980, un des navires de cette série, le *Derbyshire*, 169 044 tonnes de port en lourd, disparaissait au large du Japon avec quarante-quatre personnes à bord. Malgré les protestations des parents et des syndicats, et bien que le Département des transports ait signalé, depuis, que le naufrage était peut-être dû à des « faiblesses structurales », aucune enquête publique ne fut menée sur les circonstances et les causes de sa disparition. Et si, après six ans de tergiversations, le ministère britannique des Affaires maritimes a finalement décidé d'ouvrir une telle enquête, c'est que deux sister-ships du *Derbyshire* ont connu récemment des déboires qui pourraient témoigner en effet de sérieux défauts de construction.

En novembre 1986, l'un de ces sister-ships, le *Kowloon-Bridge*, battant pavillon de Hong Kong, en provenance du Canada avec un chargement de 160 000 tonnes de minerai de fer, trouve refuge en Irlande, à Bantry-Bay, contre la tempête qui fait rage sur l'Atlantique. Le navire, qui a beaucoup souffert durant la traversée, présente de nombreuses fissures du pont et de la coque. Quatre jours plus tard, ayant perdu une de ses ancres, le *Kowloon-Bridge* doit appareiller en catastrophe, par une tempête de force 10 à 11. Après quelques heures, ayant perdu son gouvernail, le *Knowloon-Bridge* lance un SOS : tandis que l'équipage, dans des conditions apparemment dantesques, est évacué par les valeureux hélicoptères Sea-King de la RAF, le navire, tous feux allumés, poursuit sa route en direction du célèbre rocher du Fastnet. Lancé à sa poursuite, le remorqueur hollandais *Typhoon*, 14 000 chevaux, doit faire demi-tour après qu'une vague monstrueuse s'est écrasée sur sa passerelle, blessant trois de ses quatorze hommes d'équipage. En fin de compte, le *Knowloon-Bridge* ira comme prévu se briser sur les rochers de la côte sud-ouest de l'Irlande, gratifiant le paysage de quelque 2 000 tonnes de fuel et 160 000 de minerai…

Quant à l'*East-Bridge*, un autre sister-ship du *Derbyshire*, il a dû ces jours-ci interrompre un voyage d'Australie en Europe après que des fissures eurent fait leur apparition en dessous de la ligne de flottaison. De leur côté, les actuels responsables des chantiers Swan-Hunter ont fait savoir qu'ils n'avaient rien de commun avec l'équipe en place au moment de la construction de cette série.

Libération, *3 février 1987*

Pouce-pied sous roche à Belle-Île

Le 14 janvier, sous un soleil glacial mais extraordinairement lumineux, le fond de la baie de Plouharnel se soulève en plaques étincelantes, et les bernaches cravant, de petites oies originaires de Nouvelle-Zemble, qui traditionnellement passaient dans le Morbihan des hivers paisibles et nourrissants, se demandent avec humeur quelle mouche, pour la troisième année consécutive, a piqué le fileur éternel des immobilités bleues.

Le vent ayant soufflé la veille en tempête, et la température étant descendue dans la nuit jusqu'à −15° C, le littoral de Belle-Île, vu de la cabine de l'*Acadie*, qui en toutes saisons assure la liaison avec le continent, apparaît uniformément festonné de blanches éclaboussures figées, si abondantes que l'on s'étonne tout d'abord de ce que tant d'oiseaux aient pu chier en même temps, avec une précision diabolique, le long de la même courbe de niveau, avant de découvrir qu'il s'agit d'embruns lancés par la tempête, à marée haute, et pris en glace.

Sitôt posé le pied sur le quai désert, lui-même environné de diverses pendeloques évoquant un simulacre de banquise, le premier objet qui attire le regard, c'est une Ford Fiesta les quatre pneus crevés. La voiture est immatriculée dans le Morbihan et porte un macaron de la SPA. Un peu plus tard, nous la retrouverons complètement déchaussée, ses essieux reposant sur des briques empilées. Ainsi, se dit l'intrus, on ne m'avait pas menti. Soyons sur nos gardes : il est bien vrai que la guerre de l'anatife bat son plein.

L'anatife est non seulement un crustacé, mais un crustacé inférieur. *Le Petit Larousse* précise qu'il ressemble à un mollusque. Un crustacé inférieur qui ressemble à un mollusque : de prime abord, on croit comprendre qu'il n'y a pas de quoi fouetter un chat. Cependant au comptoir d'un café des Ramblas ou de la Puerta del Sol, à l'heure tardive du paseo, l'idée même de l'anatife allume dans l'œil de tout caballero une lueur de convoitise. À Belle-Île, l'un de nos interlocuteurs qualifie l'anatife de « caviar des Espagnols ». Et l'Espagnol est en effet si friand d'anatifes qu'il se ruinerait volontiers pour grignoter le long pistil mauve, assez déconcertant, qu'après avoir cuit la bête comme une moule on retire de sa gaine en la pinçant d'une main, tandis que l'autre, d'un coup sec, tire sur l'espèce d'ongle qui l'obture, au risque de recevoir dans l'œil un petit jet d'eau tiède au goût d'oignon et de laurier.

La voracité des Espagnols a entraîné la quasi-disparition de ce crustacé (inférieur) dans presque toute son aire de distribution, depuis les côtes marocaines jusqu'à l'île d'Ouessant. Seule, aujourd'hui, Belle-Île possède encore des réserves stratégiques de cette matière première. Et c'est pourquoi cette petite île si douillette, si chère au cœur de Colette ou de Sarah Bernardt, si accueillante aux essences méditerranéennes, aux universitaires et aux psychanalystes dont elle présente en été une densité stupéfiante, devient en hiver le théâtre de luttes impitoyables entre les différentes puissances qui se disputent le marché de l'anatife.

Une enquête sur la pêche à l'anatife – plus connu localement sous le nom de « pousse-pied » –, publiée le mois dernier par l'hebdomadaire *Le Marin*, a entraîné dans l'île une effervescence considérable, et, selon la rumeur, le débarquement simultané de fins limiers de la brigade financière et des Renseignements généraux.

L'intérêt soudain de ces deux corps d'élite pour un crustacé inférieur tient à deux aspects différents de la question : les bénéfices réalisés par les pêcheurs de pouces-pieds, à propos desquels *Le Marin* citait des chiffres assez mirobolants, et les bruits, rapportés par l'hebdomadaire, selon lesquels une organisation séparatiste basque – à notre connaissance, il n'y en a pas trente-six – prélèverait une dîme sur ces fructueux et souterrains échanges entre la France et l'Espagne. Plus que les implications fiscales, qui de toute manière ne concernent que quelques particuliers, les possibles implications politiques de l'affaire font l'objet d'un black-out bien compréhensible des administrations concernées.

Le responsable des Affaires maritimes pour le quartier d'Auray – Belle-Île étant située dans sa juridiction – choisit de traiter ces spéculations par le mépris. Après nous avoir abruptement déclaré qu'« il n'y avait rien à dire sur l'anatife », il nuance son propos en un « moins on en parle, mieux ça vaut ».

À l'entendre, tout débat sur la pêche à l'anatife risque de raviver parmi les insulaires d'anciennes querelles de clans. Pis encore, l'excès de publicité donné à cette affaire, les chiffres cités, pourraient entraîner un nouvel afflux d'aventuriers ivres d'un rêve héroïque et brutal, ou tout du moins avides de gains rapides et discrets. Au début des années soixante, lorsque l'on découvrit l'intérêt porté par les Espagnols à ce crustacé, qui auparavant ne faisait l'objet que d'une consommation locale d'ailleurs fervente, mais limitée, la ruée sur l'anatife attira quantité de bricoleurs originaires du « continent », dont plusieurs dizaines se seraient fixés dans l'île pour exploiter ce filon. Tous n'étaient pas des anges.

Si le taux de rixes augmenta proportionnellement à cet apport extérieur, celui-ci contribua par ailleurs à freiner le déclin d'une population qui, comme sur toutes les îles bretonnes, vieillit et s'étiole inexorablement. Malgré cela, dans sa dernière livraison, la *Gazette de Belle-Île-en-Mer* fait état en 1986 de soixante-neuf décès pour vingt-huit naissances, dont celles de neuf enfants naturels.

En ce mois de janvier, l'hôtel de Bretagne, le seul qui soit ouvert au Palais, et d'ailleurs dans toute l'île, affiche dans l'entrée cet avis qui vous donne un aperçu des conditions climatiques : « Pour acheter des vêtements thermolactyl, s'adresser à "La Providence", avenue Carnot ». Avenue Carnot, « La Providence » voisine avec une autre mercerie à l'enseigne de « La Grâce de Dieu ».

Quant à la clientèle de cet excellent hôtel de Bretagne, elle se compose essentiellement d'une équipe de cinéma qui tourne un film publicitaire pour le Crédit Agricole, avec des goélands savants, ou du moins peu farouches, capturés sur la décharge publique de Marseille.

Tourner à Belle-Île, en plein hiver, avec des goélands marseillais, voilà qui en dit long sur les ressources du Crédit Agricole.

À l'heure du dîner, la salle de restaurant accueille également quelques individus qu'à certains signes, presque imperceptibles, nous soupçonnons aussitôt d'être des pêcheurs d'anatifes. Toutefois leur quartier général est ailleurs. Ce n'est pas, malheureusement, l'Étoile du Port, sur laquelle règne le patron de la très régulière association des pêcheurs professionnels. Mais un peu plus loin, sous les remparts de la Citadelle, dans un autre café dont nous tairons le nom, bien qu'il soit à peine moins simenonien que le précédent, on peut observer dans la soirée de grands rassemblements de pêcheurs d'anatifes.

Il y a là Untel, Untel et Untel – pas question de dévoiler leurs identités –, et surtout Untel, l'un des caïds, coiffé de son éternelle casquette-pilote, et flanqué d'un acheteur espagnol, court sur pattes, blanchi sous le harnois, qui ne pourrait que gagner à être connu. On se presse autour d'Untel (la casquette), après avoir longtemps espéré son arrivée avec cette même ferveur, nerveuse et taciturne, qui, dans un café de banlieue, anime des junkies dans l'attente d'un pourvoyeur.

Les bruits les plus avantageux courent sur le magot qu'Untel (la casquette) aurait retiré du commerce des pouces-pieds. Les autres convives sont, économiquement, de moindre envergure, mais non de moins belle tournure. On reconnaît notamment un ancien forgeron, un vétéran de la colonie pénitentiaire, un maçon et un pâtissier dans la force de l'âge, d'assez nombreux retraités de la marine et quelques marins-pêcheurs en activité, dont le fameux Untel (sans casquette), qui, pour reprendre les propos d'un de ses commensaux, « pêche les crabes en été, et l'hiver fait sa dentelle avec les pouces-pieds ».

Quelle que soit leur confrérie d'origine, leur mise ou leur coupe de cheveux, qui pour les plus jeunes tend parfois, à la mode celtique, vers l'excessivement long, tous ces pêcheurs d'anatifes lèvent le coude avec entrain. Au demeurant, les intéressés n'abordent le sujet du pouce-pied qu'avec un grand luxe de précautions oratoires, de sous-entendus, voire de menaces aussi conviviales qu'appuyées. Mais, sitôt lancés, ils se laissent aller volontiers à un grand déballage de ces petites intrigues et de ces vieilles querelles dont la vie des îliens est apparemment toute cousue, sitôt que les touristes ne sont plus là pour polluer leurs plages ou manger leurs crêpes, et dans une moindre mesure leurs langoustes.

La population de Belle-Île, qui peut s'élever en été jusqu'à cinquante mille âmes, retombe en hiver à quatre mille cinq cents dont cent cinquante-six marins-pêcheurs disposant de cinquante-cinq bateaux. Au sein de cet univers minuscule et panoptique, où chacun est sans cesse exposé au regard de tous, personne n'oublie ou ne pardonne rien. Au passage, les accusations les plus terribles sont lancées contre les autorités les plus considérables de l'île, convaincues de vols d'huîtres ou de détournements d'araignées.

On sent que s'il y a du scandale – et comment pourrait-il en aller autrement, avec l'intérêt que les emmerdeurs du continent, journalistes ou flics, manifestent soudainement pour les filières les plus secrètes de l'économie insulaire –, tout le monde en prendra pour son grade, à commencer par ceux qui, effectivement, en ont un.

Quant aux pouces-pieds, ils en parlent comme les habitants d'un coron, frappés de plein fouet par la crise, qui auraient découvert une mine d'or – soyons juste : une petite mine d'or – sous un vieux terril. Tantôt enclins à nier, à minimiser, à égarer délibérément l'intrus sur des chemins de traverse, tantôt à faire mousser jusqu'aux limites du vraisemblable cette ultime légende, cette ultime prouesse, d'une île qui en fut autrefois très prodigue.

Bien entendu, la pêche à l'anatife est un métier d'enfer. Au pied des falaises de la Côte sauvage, en cette saison battues par les tempêtes, l'anatife pousse en grappes dans les anfractuosités les plus vicieuses du schiste. Emportée par une lame, la dernière victime de cette pêche – il ne s'agissait pas d'un Bellilois – a été retrouvée au large, cet automne, les doigts sectionnés par la roche aiguisée à laquelle elle avait dû tenter de se raccrocher.

Dans ce décor dont la notoriété décourage toute description, illustré par les toiles de Claude Monet, la musique d'Albert Roussel ou les infructueuses tentatives d'évasion d'Auguste Blanqui, les pêcheurs d'anatife, généralement revêtus de combinaisons étanches, et souvent assurés par des cordes et des harnais, évoluent à marée basse comme de vigilants acrobates, un œil sur les vagues, l'autre sur le burin dont il faut jouer, à coups de masse, pour détacher l'opiniâtre bestiole de son socle rocheux.

Jadis, lorsque la pêche était ouverte toute l'année, on pouvait paraît-il ramasser en été de 200 à 300 kg d'anatifes en une marée. Mais dans les années soixante-dix, une étude menée par l'Institut des pêches maritimes conclut à la nécessité, pour préserver le stock, de n'autoriser la pêche que pendant quelques mois, généralement du 15 octobre au 15 janvier (cette année, les conditions météorologiques exceptionnellement défavorables, qui n'ont guère laissé aux pêcheurs plus d'une dizaine de jours pour exercer leur activité, ont incité les Affaires maritimes à prolonger l'ouverture jusqu'au 15 mars).

De mauvaises langues insinuent que ces dispositions restrictives auraient été prises beaucoup moins pour des raisons éco-biologiques qu'afin d'épargner aux touristes le spectacle des rixes, des muflées, des règlements de compte et des débordements en tous genres auxquels donnaient lieu, en été, ces pêches miraculeuses, qui attiraient quantité d'amateurs, et parfois de loin. De même les Affaires maritimes n'accorderaient désormais tant de licences de pêche, ou n'accéderaient si volontiers aux demandes de prolongation de l'ouverture, qu'afin de liquider le stock au plus vite, et de se débarrasser ainsi, par le vide, des problèmes d'ordre public engendrés par le précieux crustacé.

En période d'ouverture, il ne semble pas que les prises excèdent aujourd'hui de 30 à 40 kg d'anatifes par personne et par marée. On parle de pêches de 60 à 80 kg, mais elles doivent constituer des records rarement égalés. Quant au prix de cette denrée, c'est un sujet de controverses et d'embrouilles à n'en plus finir, la vantardise le disputant à la crainte des investigations du fisc. Un observateur local, qui a fait le voyage d'Espagne, soutient qu'à Bilbao, plaque tournante de ce marché, chez Pecci, un commerçant spécialisé, l'anatife se vendrait autour de 150 francs le kilo.

À Belle-Île, le tout-venant, c'est-à-dire l'anatife en grappes, non trié, et pêché en période d'ouverture, s'achèterait environ 50 francs le kilo. Mais les prix peuvent grimper, notamment en dehors des périodes d'ouverture, jusqu'à 600 francs le kilo, d'après un témoin local apparemment bien informé, et jusqu'à 800 francs d'après *Le Marin*.

Ces derniers chiffres, qui impliqueraient, pour certains pêcheurs, des revenus considérables, et soustraits à toute ponction fiscale, suscitent localement des dénégations indignées, même si l'on admet par ailleurs que le montant global des exportations d'anatifes, sur une année, doit s'élever à 300 ou 400 millions de centimes. Il est encore plus difficile d'évaluer en combien de parts ce fromage est habituellement partagé.

Cette année, les Affaires maritimes ont délivré cent trois licences pour la « godaille » – c'est-à-dire pour la pêche exclusivement destinée à la consommation familiale – et cent soixante-treize licences autorisant leurs détenteurs à vendre leur pêche. Pratiquement, les « professionnels » – « licenciés » ou non – ne sont vraisemblablement pas plus de quelques dizaines, regroupés en trois ou quatre bandes dont les obédiences et la distribution territoriale donnent lieu à des controverses difficiles à suivre pour le non-initié.

Toujours est-il que le partage de ce marché entraîne chaque année le poinçonnage de plusieurs centaines de pneus, le froissement de plusieurs mètres carrés de tôles, et la dispersion dans l'air du large, dans l'herbe rase ou sur les toits d'un nombre indéterminé de plombs de chasse de tous calibres. Cette année, un pêcheur chevronné, menacé avec une arme à feu alors qu'il remontait de son jardin secret, n'a dû son salut qu'à une chute de plusieurs dizaines de mètres dans la mer, dont il s'est tiré avec un bras cassé.

Dans un passé récent, le local de l'Inscription maritime a essuyé deux tirs de 7,65 mm, et en 1982, à la suite d'une saisie de 80 kg de pouces-pieds pêchés en dehors de la période d'ouverture, l'un des deux fonctionnaires assermentés des Affaires maritimes, en dépit de son appartenance au beau sexe, n'aurait échappé que de justesse à deux tentatives caractérisées de précipitation dans le bassin du port.

Une fois pêché, l'anatife peut gagner l'Espagne soit directement, par la voie maritime, soit via la terre ferme, cette seconde option étant plus souvent retenue bien qu'elle implique le franchissement d'obstacles plus nombreux. En dehors de la période d'ouverture, des cargaisons de pouces-pieds sont régulièrement interceptées à Quiberon, à bord du courrier de Belle-Île, généralement par suite de dénonciations.

Quant au passage de la frontière espagnole, il est souvent confié à des professionnels, qui peuvent s'en remettre soit aux ruses habituelles des contrebandiers, soit à la compréhension rétribuée des autorités concernées. Certains pêcheurs bellilois vont eux-mêmes vendre le produit de leur pêche en Espagne, et ces excursions ont parfois donné lieu à de fameuses empoignades avec la Garde civile, et à quelques séjours plus ou moins longs dans les prisons ibériques.

Mais, le plus souvent, la pêche est vendue sur place à des intermédiaires espagnols dont la plupart sont originaires du Pays basque. Cette circonstance est à l'origine de bruits insistants quant à l'implication de l'ETA dans ce commerce. C'est, à Belle-Île, un secret de polichinelle jalousement gardé, une suprême gourmandise à laquelle on ne touche qu'avec des mines de circonstance.

Peut-être le contact s'est-il fait lorsque, dans les années soixante-dix, des militants de l'ETA ont été assignés à résidence dans l'île. Certes, ils y faisaient l'objet d'une surveillance étroite, mais peut-être pas au point que quelques crustacés inférieurs ne soient parvenus à tromper la vigilance des CRS. Toujours est-il que, voilà quelques semaines, un petit groupe de Basques fichés comme terroristes ont semble-t-il fait une brève escale au Palais.

Tels que nous imaginons les militants de l'ETA, il est peu probable qu'ils se déplacent en groupe sans autre motif que de humer en plein hiver l'air du large, ou de verser quelques larmes sur les lieux d'une ancienne villégiature.

Libération, *12 février 1987*

Le trafic mondial de l'ivoire, ça trompe énormément

Du début des années cinquante à celui des années quatre-vingt, les exportations d'ivoire africain ont été multipliées par dix, passant de la centaine au millier de tonnes par an. En dix ans, le prix de l'ivoire a suivi la même progression, passant d'environ 7,50 dollars le kilo en 1970 à quelque 75 dollars en 1980 avant de décliner lentement et par à-coups, avec de brusques flambées qui l'ont fait culminer à plus de 100 dollars en 1985 au Zaïre.

Les plus gros consommateurs d'ivoire sont le Japon et Hong Kong, qui ne l'utilisent pas seulement pour sculpter des bijoux ou des figurines, dont certaines atteignent d'ailleurs la taille d'une armoire normande, mais aussi pour fabriquer des baguettes, des peignes, des chausse-pieds, des barrettes, des sceaux – et Dieu sait si les Japonais sont friands de sceaux –, des pipes, des pièces de mah-jong ou de jeux d'échecs, des rosaires, des boules de billard, des touches de piano et d'autres objets plus ou moins usuels, qu'il s'agisse de jouer de la musique ou de se gratter le dos.

À elle seule, la colonie britannique, où le travail de l'ivoire emploie plusieurs milliers de personnes distribuées entre une centaine d'ateliers, a importé en 1983 quelque 630 tonnes de défenses d'un poids moyen de 5,2 kg, ce qui implique la destruction d'environ soixante mille éléphants. La baisse régulière du poids des défenses atteste que les éléphants abattus sont de plus en plus jeunes.

Bien que certains doivent encore s'en remettre à des méthodes artisanales – sagaies, pièges ou appâts empoisonnés, la papaïe à l'acide de batterie étant, semble-t-il, particulièrement en faveur –, les braconniers sont de plus en plus nombreux à utiliser des armes modernes, notamment des fusils d'assaut soviétiques AK 47, plus connus sous le nom de Kalachnikov.

Les armes à feu sont d'autant plus efficaces qu'une fois l'animal-guide abattu, un troupeau d'éléphants s'avère incapable de fuir, en règle générale, et se laisse exterminer presque sans réagir. En outre, ces armes assurent aux braconniers la suprématie militaire sur le terrain, les gardes qui leur sont opposés ne disposant bien souvent, s'ils sont armés, que de fusils vétustes. Cette modernisation des techniques de braconnage est directement liée à l'extension, en Afrique, des conflits armés.

Ainsi le Soudan, déchiré par une interminable guerre civile, a-t-il perdu, depuis 1975, la moitié de son troupeau d'éléphants, et l'Ouganda la quasi-totalité du sien. Au Mozambique, les effectifs fondent également comme neige au soleil. Dans un passé récent, la Somalie et le Tchad ont connu des phénomènes du même ordre, que la porosité des frontières et la mobilité des bandes armées font s'étendre rapidement aux pays voisins.

Bien que nombre d'entre eux – tels Bokassa en Centrafrique ou, au Kenya, le défunt Jomo Kenyatta – aient retiré du commerce de l'ivoire des profits personnels considérables, les dirigeants africains se sont émus, parfois sincèrement, de cette hémorragie. Dès 1983, dix-sept pays africains réunis à Arusha, en Tanzanie, conviennent de la nécessité de fixer des quotas annuels d'exportation et de confier à la CITES [1] le soin d'établir un système de contrôle du commerce international de l'ivoire. Ces bonnes résolutions ont été confirmées, et ratifiées par sept nouveaux pays africains lors de la réunion de la CITES qui s'est tenue en 1984 à Bruxelles. Toutefois, la fixation des quotas relève uniquement des pays concernés, la CITES ne jouant à ce niveau qu'un rôle consultatif.

En principe, ces quotas d'exportation devraient être calculés sur la base d'estimations des populations d'éléphants, pays par pays, établies par une commission spécialisée de l'UICN (Union internationale pour la conservation de la nature). À ce stade, la difficulté vient tout d'abord de ce que les éléphants ne se laissent pas compter comme des moutons, particulièrement dans des pays démesurément étendus, presque toujours pauvres en moyens de communication, et dont l'Administration, intermittente et lunatique, se soucie parfois comme d'une guigne de la sauvegarde des pachydermes, et généralement beaucoup plus des profits immédiats qu'elle peut retirer des malversations en tout genre.

Ainsi les estimations publiées en 1985 par l'UICN font-elles état, au Zaïre, d'une population de cinq cent vingt-trois mille éléphants, soit près de la moitié des effectifs africains, estimé par la même source à

1. Convention sur le commerce international des espèces menacées. Établie à Washington en 1973 et placée sous l'égide du Programme des Nations unies pour l'environnement, la convention a été ratifiée depuis par plus de quatre-vingt-dix États.

près d'un million deux cent mille têtes. Or, de l'aveu même des spécialistes de l'UICN, ce chiffre a été obtenu un peu au petit bonheur, par extrapolation de données fragmentaires.

Ces incertitudes ont incité des personnes autorisées, tel Pierre Pfeiffer, du Muséum d'histoire naturelle, à contester vigoureusement les chiffres, et il semble que l'UICN ait, de son côté, révisé ses estimations à la baisse, les situant désormais entre sept cent mille et un million. Cela fait encore beaucoup de monde, même à l'échelle d'un continent, et les rumeurs périodiques d'extinction imminente de l'espèce sont d'autant moins fondées que, si la plupart des pays africains, depuis quelques années, ont vu en effet leurs populations pachydermiques s'étioler, certains, tels le Botswana ou le Zimbabwe, ont enregistré au contraire une hausse régulière des effectifs.

Quand on sait combien il est difficile de convaincre un élu pyrénéen de contribuer à la sauvegarde de l'ours brun – dont il ne reste en France qu'une vingtaine de spécimens – en renonçant provisoirement à une petite coupe forestière de rien du tout, on peut comprendre que les États africains concernés n'envisagent pas de gaieté de cœur de se priver d'une ressource estimée aujourd'hui à quelque 50 ou 60 millions de dollars par an, même si la plus grande partie de cette somme ne bénéficie qu'à des intérêts privés.

Les associations, au demeurant bien intentionnées, qui appellent au boycott pur et simple de l'ivoire méconnaissent également la nécessité, pour certains pays, de maintenir leur population d'éléphants à un niveau compatible avec la « capacité de charge » des territoires qu'ils occupent. On sait que jadis, au Kenya, le refus d'envisager cette nécessité entraîna une véritable hécatombe d'éléphants et d'autres herbivores dans le parc de Tsavo, par suite de l'épuisement de la couverture végétale. Au Zimbabwe – dont la politique de gestion de la faune constitue un exemple universellement reconnu –, on s'efforce actuellement de réduire de plusieurs milliers de têtes le troupeau national d'éléphants, aussi bien par souci de ménager la couverture végétale dans les zones de protection que pour diminuer la pression que les éléphants en surnombre exercent sur les terres cultivées. Cette politique permet au Zimbabwe d'exporter d'importantes quantités d'ivoire « propre », et de procurer aux populations riveraines des parcs des ressources complémentaires qui leur font envisager beaucoup plus sereinement le voisinage avec des animaux tout de même assez encombrants.

En 1986, les exportations légales d'ivoire se sont élevées à plus de quatre-vingt-dix mille défenses pour l'ensemble du continent africain. Ce chiffre, considérable, comprend des stocks constitués au cours des années précédentes, notamment en Somalie, au Soudan, en Tanzanie ou en Afrique du Sud, et mis sur le marché en 1986 : il n'implique donc pas que plus de quarante-cinq mille éléphants aient été abattus au cours de cette seule année.

Toutes les défenses exportées avec l'agrément de la CITES doivent être numérotées et les lots accompagnés de documents adéquats. L'ensemble des informations concernant les stocks disponibles dans le monde, et leur circulation, est centralisé, mis sur ordinateur et suivi jour après jour par un centre de surveillance établi à Cambridge, en Grande-Bretagne. L'unité de la CITES responsable de ce contrôle est en grande partie financée par la division « ivoire » de la Japan General Merchandise Importer's Association. Depuis deux ans, le Japon a saisi plusieurs cargaisons d'ivoire acheminées sans l'agrément de la CITES, dont une cargaison unitaire de 18 tonnes en 1986. Les autorités de Hong Kong et la plupart des importateurs de la colonie britannique semblent également décidés à jouer le jeu. Singapour, qui importe de l'ivoire pour le travailler sur place, mais qui joue surtout un rôle prépondérant pour le transit de cargaisons douteuses, vient à son tour de traiter – bien tardivement – avec la CITES.

Du côté des pays importateurs, soucieux de leur image de marque, il semble donc que le système fonctionne assez bien. On ne saurait en dire autant de certains pays de transit, et particulièrement des émirats du golfe Persique.

Bien qu'ils aient adhéré à la CITES – par distraction, semble-t-il –, les Émirats, perpétuant une tradition fort ancienne dans la région, accueillent sur leur territoire des cargaisons en transit de pièces détachées provenant de toutes les espèces menacées de la création : défenses d'éléphant, cornes de rhinocéros, peaux de tigre ou de cobra, oiseaux d'ornement originaires de toutes les parties du monde, et dont le commerce se fait parfois ouvertement, à Sharjah notamment, sur le quai du port aux boutres.

Dans le courant de l'année passée, on sait que les Émirats détenaient un stock de plusieurs dizaines de tonnes d'ivoire de contrebande originaire d'Afrique orientale. Toujours en 1986, une cargaison de mille neuf cents défenses, d'une valeur estimée à près de 1 million de dollars, déclarée comme « cire d'abeille » et en transit à destination de Dubaï, a été saisie par les douaniers d'Anvers. Actuellement, l'ivoire de contrebande se négocierait sur le marché international 35 à 40 dollars moins cher, au kilo, que l'ivoire régulièrement exporté.

Tous ces éléments, en particulier l'apparente bonne volonté des pays importateurs et, par voie de conséquence, la difficulté d'écouler désormais de la marchandise de contrebande, permettent d'espérer que dans les années à venir le commerce international de l'ivoire se pliera peu à peu aux règles mises en place par la CITES, auxquelles on pourrait appliquer le célèbre mot de Churchill à propos de la démocratie : c'est le pire des systèmes, à l'exception de tous les autres. Parmi ses lacunes les plus préoccupantes, outre l'impossibilité d'exercer en Afrique un contrôle rigoureux sur les mouvements internationaux de marchandise, il y a l'obstination de certains pays qui tirent outrageusement parti des dispositions restrictives de leurs voisins. Pendant longtemps, le Soudan, aujourd'hui revenu à de meilleurs sentiments, fut une plaie ouverte par où s'écoulaient tous les plus rares trésors de la faune africaine. Puis ce fut le tour du Burundi, ce petit pays francophone rendu célèbre par les frasques de Christian Nucci. À compter du 1er septembre 1986, le Burundi s'est engagé à respecter les dispositions relatives à l'ivoire prises par la CITES.

Le reportage qui suit atteste que, aujourd'hui, il est encore trop tôt pour savoir si ces engagements seront respectés, et si les trafiquants de Bujumbura seront effectivement mis hors d'état de nuire.

Afrique : sur la piste des contrebandiers de l'ivoire

À Paris, non loin du canal Saint-Martin, M. Boum tient une petite boutique d'aspect miteux. Coincée entre une épicerie tunisienne et un débit de godasses informes, la vitrine évoque l'univers de Robert Doisneau plutôt que celui des Triades. Jade et ivoire : des bibelots pour la plupart si repoussants qu'ils ne paraissent bons qu'à prendre la poussière sur une cheminée de notaire. Comme quoi la mise hors la loi du mauvais goût suffirait peut-être à tarir une de ces filières qui prennent naissance dans les savanes ou les forêts africaines, transitent par les entrepôts de toute une chaîne internationale de trafiquants, puis par les ateliers spécialisées de Hong Kong, avant de se résoudre en ces grotesques imitations d'objets anciens. Car M. Boum, sous ses dehors insignifiants, demeure l'un des caïds de ce trafic qui, hors de toute réglementation, de tout contrôle, et sans aucun bénéfice pour les pays « producteurs », entraîne chaque année le massacre de plusieurs milliers d'éléphants.

La maison Boum père et fils est située à Kowloon, Hong Kong, sur Nathan Road, d'où elle a essaimé dans tous les pays où l'ivoire se vend ou s'achète. Son chiffre d'affaires ferait probablement s'évanouir de stupeur les petits commerçants voisins de la succursale parisienne. Quant à M. Boum, il s'est beaucoup agité, l'été dernier, se rendant successivement à Bujumbura pour tenter de prévenir la conclusion d'un accord entre la CITES et les autorités du Burundi, puis à Singapour afin d'y rapatrier ses stocks éparpillés en Afrique ou dans les Émirats du golfe Persique, avant que ceux-ci ne ratifient à leur tour la convention de Washington.

Nous avons pris l'exemple, sémantiquement séduisant, de M. Boum, d'ailleurs affublé pour la circonstance d'un nom d'emprunt. Mais parmi les trafiquants les plus notoires de défenses braconnées et extraites en contrebande de leurs pays d'origine, nous pourrions tout aussi bien citer toute une kyrielle de négociants belges ou français qui ont pignon sur rue à Paris, Bruxelles ou Anvers, et dont nous avons relevé au Burundi les empreintes pachydermiques.

Dans le monde entier, Bujumbura est probablement la seule capitale où plusieurs accidents de la circulation aient été causés par la divagation nocturne des hippopotames. L'année dernière, quelques-uns de ces paisibles monstres – qui passent le plus clair de leurs journées dans l'eau à frétiller des oreilles, et le soir se rendent à terre afin de pâturer – sont allés folâtrer sur les pistes de l'aéroport. C'est à cette circonstance que l'on doit le projet d'ériger sur plusieurs kilomètres, moyennant 10 millions de francs Burundi (1 franc Burundi = 5 centimes), une clôture anti-hippopotames en plaques de béton, si possible assez lourdes pour que les riverains ne soient pas tentés de les escamoter à des fins architecturales et domestiques.

Pour autant qu'il prenne soin de ses hippopotames, le Burundi ne se soucie guère des éléphants de ses voisins. Limitrophe du Zaïre et de la Tanzanie – qui, à eux deux, possèdent vraisemblablement plus de la moitié des réserves africaines d'éléphants –, confinant à la Zambie par le lac Tanganyika, le Burundi, après la défection du Soudan, constitue en effet la plaque tournante du trafic de l'ivoire en Afrique. En 1985, plus de 215 tonnes d'ivoire ont ainsi quitté Bujumbura, ouvertement, à bord de Boeing 707 cargos immatriculés pour la plupart en Éthiopie ou en Grande-Bretagne. Durant les huit premiers mois de 1986, au moins huit avions-cargos éthiopiens, ougandais ou nigérians ont acheminé en Asie, au Moyen-Orient et en Europe près de 250 tonnes d'ivoire de contrebande.

Le Burundi, pour sa part, possède en tout et pour tout la moitié d'un éléphant : un vieux solitaire, qui hante la vallée de la Rusizi, au nord-ouest de Bujumbura, et fait de fréquentes escapades en territoire zaïrois. Après que le Burundi, en 1984, eut été condamné par une Cour internationale de justice des droits de l'animal, la presse locale – en l'occurrence, *Le Renouveau* – s'était d'ailleurs retranchée derrière cet argument particulièrement spécieux : puisque le Burundi n'abrite, à mi-temps, qu'un seul éléphant, comment pourrait-il être tenu pour responsable du massacre de ces animaux ? « Pour ce qui est du trafic, poursuivait *Le Renouveau*, nous pouvons noter que pas une seule autorité nationale ni même un seul simple citoyen n'a jamais été impliqué dans ce trafic. »

Il suffit pourtant de consulter le *Bulletin officiel* du Burundi pour constater que, chaque année, le montant de la « taxe d'enregistrement de l'ivoire » figure noir sur blanc dans les prévisions de recettes du ministère des Finances. En 1981, par exemple (*Bulletin* daté de mars 1981, p. 67), la Direction des douanes prévoyait à ce titre des recettes de 6 568 147 francs Burundi. Mieux encore, le montant de cette taxe a été fixé le plus officiellement du monde à 1 200 francs Burundi par kilo, en décembre 1979, par une ordonnance ministérielle portant le numéro 540-1316, article 1er, paragraphe 05-09-20.

Le trafic de l'ivoire est à ce point déclaré et ostentatoire que l'un des plus gros négociants de Bujumbura, G.D. Abdul, après un recours infructueux auprès du ministère des Finances en 1981, a engagé en 1984 une procédure judiciaire afin de recouvrer un peu plus de 2 millions de francs Burundi dont la Direction des douanes aurait surtaxé ses exportations d'ivoire en 1978 et 1979. De l'aveu même d'Abdul, ses exportations se sont élevées à près de 18 tonnes en 1978, et à plus de 35 tonnes rien que pendant les six premiers mois de 1979. Or Abdul, même s'il semble avoir pris aujourd'hui la tête du peloton, n'est jamais que l'un des trois ou quatre plus gros négociants en ivoire de Bujumbura. Apparemment originaire du Liban, ou tout du moins désigné comme Libanais par la rumeur publique, Abdul habite à l'est de Bujumbura, sur l'avenue de Kayanza, une grande villa qui lui sert également d'entrepôt. Pourvu d'une énorme bedaine, d'une grosse pépite d'or en sautoir et d'une barbe noire taillée en pointe, affublé parfois d'un singe ou d'un perroquet sur l'épaule, il réunit, avec une bonne volonté désarmante, tous les traits que le roman de gare ou la bande dessinée prêtent aux personnages de son espèce. Dépensant sans compter dans les quelques boîtes de nuit qui s'efforcent de rivaliser avec les fatidiques bouges zaïrois, cassant une

Mercedes ou une BMW de temps à autre, c'est un être particulièrement agité et bruyant, qui vociférait jour et nuit dans son émetteur récepteur en plusieurs langues internationales ou vernaculaires, jusqu'à ce que d'élémentaires considérations de prudence – peut-être suggérées par les autorités – le fassent renoncer, l'été dernier, à cet accessoire indiscret.

Même privée d'antenne, la villa d'Abdul conserve toutes les apparences d'une caverne d'Ali Baba. Tout ce quartier de Bujumbura semble d'ailleurs particulièrement accueillant aux trafics en tout genre. À 200 mètres de là, sur le même côté de l'avenue de Kayanza, un autre Libanais, qui rend à Abdul de fréquentes visites, préside aux destinées d'une petite société, Gemco, adonnée au commerce de l'or et des pierres précieuses acheminés en contrebande des pays voisins. Au coin de l'avenue de Kayanza et de l'avenue de l'Italie, c'est un Pakistanais, S..., qui, dans une villa protégée par l'œil invisible d'une caméra, se livre en toute impunité, parmi d'autres trafics, à celui des devises, et sur une si grande échelle que son comptoir doit voir passer plus d'argent que ceux de tous les changeurs autorisés de Bujumbura.

Flanquée d'un hangar éclairé toute la nuit par des projecteurs, peuplée de traîne-savates probablement affectés à la surveillance des stocks et sans nul doute à la dissuasion des curieux, la villa d'Abdul accueille de très nombreux visiteurs. Le représentant local d'Ethiopan Airlines et un négociant originaire d'Afrique de l'Ouest, dont le frère contrôlerait au Zaïre un des réseaux les plus performants dans le commerce de l'or, sont parmi les plus assidus. Quant aux défenses, elles arrivent à toute heure du jour ou de la nuit à bicyclette, en taxi, en pick-up ou en camion, selon l'envergure du fournisseur et l'importance du lot. Les véhicules qui les acheminent sont souvent immatriculés au Zaïre, dans la province du Kivu, ou dans différents pays d'Afrique anglophone, ce qui, d'ailleurs, ne constitue pas une preuve de leur origine, compte tenu des règles passablement farfelues qui président à la circulation des personnes et des biens dans cette partie du monde.

Le déchargement des lots les plus considérables peut durer plusieurs heures, dans le vacarme des défenses glissant, en vrac, le long des bennes inclinées. Les opérations les plus importantes ont généralement lieu de nuit, et dans une relative discrétion : les camions pénètrent d'abord dans la cour, et les portes de la villa se referment derrière eux. Mais il arrive aussi que des pick-up déchargent en plein jour, et dans la rue, des lots de plusieurs dizaines de défenses. Il s'agit le plus souvent de pointes maigrichonnes, attestant le jeune âge des victimes. Les experts prétendent reconnaître les défenses originaires de Tanzanie, plus claires, des défenses plus foncées originaires du Zaïre. Cette coloration plus sombre de l'ivoire zaïrois pourrait indiquer qu'il provient de stocks anciens, qui ont longtemps séjourné sous la terre avant de passer la frontière. Les longues périodes de troubles qu'ont connues les provinces orientales du Zaïre ont en effet donné lieu à des massacres particulièrement copieux d'éléphants, et il se peut que tous les stocks constitués dans ces circonstances n'aient pas encore été écoulés à l'extérieur.

Inquiet de la détérioration de son image de marque et soumis à des pressions de plus en plus accentuées, le Burundi s'est décidé en 1986 à traiter avec la CITES. L'été dernier, un spécialiste des questions éléphantesques, Joe Yovino, détaché auprès de la CITES par le Fish and Wildlife Service des États-Unis, s'est rendu à Bujumbura afin de négocier avec les autorités, puis d'enregistrer les stocks d'ivoire disponibles au Burundi. L'usage veut en effet que, lorsqu'une brebis égarée manifeste l'intention de rentrer dans le droit chemin, la CITES « blanchisse » toute la marchandise engrangée par le pays concerné avant la conclusion d'un accord.

C'est ainsi que dix-huit mille cent quarante-huit défenses, pour un poids total de 89 502 kg, ont fait officiellement surface à Bujumbura et reçu des papiers en règle en vue de leur exportation. En même temps, les autorités du Burundi, à commencer par le président de la République, le colonel Jean-Baptiste Bagaza, s'engagèrent à ce qu'à partir du 1er septembre 1986 le Burundi n'autorise plus aucune importation ou réexportation d'ivoire non estampillé par la CITES.

Tout irait donc pour le mieux si, depuis cette date, au moins 24 tonnes illicites n'avaient d'ores et déjà décollé de Bujumbura. Le 16 octobre, en effet, deux DC8 cargos, immatriculés respectivement au Zimbabwe et au Gabon – ce dernier avion appartenant apparemment à Mme Bongo –, ont quitté le Burundi avec une soixantaine de tonnes d'ivoire provenant du stock « blanchi », qui se sont retrouvées peu après à Anvers, traditionnellement l'une des plaques tournantes du marché de l'or blanc.

Plus récemment, le 28 novembre, un Boeing 747 combi d'Air Madagascar a acheminé à Paris, d'où il est aussitôt reparti sur Anvers, un lot d'environ 28 tonnes.

Si l'on additionne ces trois chargements, on obtient une quantité d'ivoire approximativement conforme au stock enregistré au Burundi avec la bénédiction de la CITES. Entre-temps, malheureusement, le 29 ou le 30 octobre, un 707 cargo immatriculé en Ouganda par la société Das Air Cargo avait décollé de Bujumbura à destination du Moyen-

Orient avec une cargaison de 24 à 27 tonnes d'ivoire. Or ce lot n'a pas été déclaré conformément aux procédures CITES, et c'est d'ailleurs pourquoi, vraisemblablement, il a pris le chemin des émirats du Golfe, spécialisés dans le trafic d'ivoire « hors quota ».

D'autres signes pourraient faire douter de la volonté des autorités burundaises de mettre fin à ce trafic. En décembre, il semble que l'administration des douanes n'avait toujours pas reçu d'instructions relatives à ces nouvelles dispositions, pas plus en ce qui concerne les importations que les exportations. Quant à Abdul, il continuait à recevoir chaque jour de nouvelles livraisons, et sans prendre plus de précautions qu'auparavant. En revanche, et c'est probablement le signe le plus encourageant, le bruit se répandait parmi les commerçants s'adonnant sur une échelle plus modeste à des trafics de toutes sortes que celui de l'ivoire n'avait guère d'avenir au Burundi. D'autres bruits couraient, déjà, sur la position de repli que pourrait offrir dans l'est du Zaïre l'aéroport de Goma, susceptible lui aussi d'accueillir des avions long-courriers.

En attendant, comment l'ivoire collecté dans les pays voisins franchit-il les frontières du Burundi ? Il existe des filières compliquées, telles celles qui transitent par les camps de réfugiés rwandais situés le long de la frontière tanzanienne : beaucoup de ces réfugiés mettent du beurre dans leurs épinards en passant de l'ivoire ou, plus modestement, des sacs de ciment ou des bicyclettes chinoises, deux articles vendus bon marché en Tanzanie et très recherchés au Burundi. D'autres cargaisons d'ivoire, à partir de la région de Kigoma, en Tanzanie, sont acheminées par bateau sur les eaux du lac Tanganyika. Ce lac constitue également un précieux auxiliaire de la contrebande en provenance du Zaïre.

Toutefois, ces filières acrobatiques ne concernent vraisemblablement qu'une faible proportion de l'ivoire introduit au Burundi. Presque partout en Afrique, dans un contexte de déréliction économique, d'absurdité réglementaire et de corruption endémique, la contrebande est en quelque sorte institutionnalisée, au point que l'on peut se demander si sa suppression pure et simple n'aggraverait pas encore le marasme général. C'est donc, semble-t-il, par camions entiers, et grâce à des réseaux bien huilés de complicités rémunérées, que l'ivoire franchit le plus souvent les frontières du Zaïre ou de la Tanzanie.

Tout récemment, les autorités de ce dernier pays ont décidé, à l'exemple du Zimbabwe, de concentrer entre les mains d'un organisme d'État tout le commerce d'ivoire et de retirer leurs licences aux négociants privés. Saluant cette décision dans son éditorial du 3 décembre, le quotidien tanzanien *Daily News*, soulignant qu'il ne se passait pas de semaine sans que la police saisisse une nouvelle cargaison de défenses, et qu'en quelques années les parcs nationaux de Serengueti et du lac Manyara avaient perdu les deux tiers de leurs troupeaux d'éléphants, exprimait en même temps la crainte que toutes les mesures prises par les autorités n'échouent à prévenir la disparition des espèces les plus menacées.

À la même époque, au cours d'une conférence réunie à Kampala, le professeur Douglas Hamilton, de Nairobi, communiquait les résultats d'un recensement aérien effectué l'année dernière dans la réserve de Selous, la plus étendue de Tanzanie : de 1976 à octobre 1986, la population d'éléphants y est passée de cent vingt-cinq à cinquante-cinq mille têtes – dix-neuf éléphants de moins par jour – et celle de rhinocéros noirs d'environ trois mille à moins d'une centaine…

La situation n'est guère plus brillante au Kenya, où les autorités s'efforcent actuellement d'opérer un regroupement de rhinocéros noirs aux portes de la ville de Nakuru : ils y disposeront d'une réserve à peine plus grande que le parc de Thoiry, mais du moins à l'abri des braconniers.

En novembre de l'année dernière, le Kenya a pris la décision d'interdire l'entrée de son territoire à tous les ressortissants – excepté les diplomates et les journalistes – du Sénégal, du Mali et de la Guinée, accusés de jouer un rôle prépondérant dans la contrebande de l'ivoire et de la corne de rhinocéros. À Bujumbura également, où l'on compte une importante colonie sénégalo-malienne, l'opinion publique est assez encline à la rendre responsable de tous les maux. On accuse notamment les « Sénégalais » – c'est le terme générique – d'exporter de l'or ou des diamants zaïrois dans l'estomac d'animaux de compagnie, des singes de préférence. Ou, mieux encore, d'en truffer les cadavres de leurs épouses, préalablement refroidies, après avoir obtenu l'autorisation de rapatrier les corps dans leur pays d'origine. Le truc des singes est probablement vrai, et celui des épouses à verser au crédit de la rumeur d'Orléans.

Il n'en est pas moins vrai que Sénégalais et Maliens, en Afrique centrale et australe, manifestent de remarquables dispositions pour le saut des barrières douanières. Les adeptes de ce sport d'équipe disposent généralement de plusieurs passeports, les documents officiels zaïrois ou zambiens étant particulièrement faciles à se procurer, ce qui naturellement rend caduques les mesures discriminatoires prises par les autorités kényanes.

Munis de faux papiers parfaitement en règle, souvent mariés localement pour des raisons d'intérêt plus que de sentiment, tous ces saute-frontières écument les pays riverains des grands lacs, touchant un peu à tout, des modestes trafics d'automobiles ou de téléviseurs jusqu'à ceux, beaucoup plus rémunérateurs et périlleux, de l'or et des pierres précieuses, de l'ivoire, de la corne de rhinocéros, ou de ces tablettes de Mandrax, fabriquées en Inde, dont la Zambie a longtemps inondé le marché sud-africain. C'est d'ailleurs ce trafic et celui, toujours florissant, des émeraudes – officiellement, la Zambie estime à 52 millions de dollars US le préjudice porté l'année dernière à son Trésor public par la contrebande de cette denrée – qui ont attiré à Lusaka de gros bataillons d'aventuriers originaires du monde entier, mais plus particulièrement du Zaïre et d'Afrique de l'Ouest. Et comme il faut bien que tout le monde vive et que les émeraudes ne suffisent plus, beaucoup d'entre eux se sont reconvertis dans le commerce de la corne de rhino.

Arrivée à destination, c'est-à-dire en Extrême-Orient, où elle entre dans la composition de pilules aphrodisiaques ou antipyrétiques, ou au Yémen et dans les pays voisins, où elle sert à la fabrication de poignées d'armes blanches, la corne se vendrait aujourd'hui entre 2 000 et 10 000 dollars le kilo... Tant et si bien qu'en l'espace d'une quinzaine d'années, la population africaine de rhinocéros noirs est passée d'environ soixante-cinq mille têtes à moins de cinq mille. En Afrique australe, après avoir ratissé les réserves tanzaniennes et zambiennes, les braconniers, qui bénéficient toujours à Lusaka d'un soutien logistique important, sont passés à l'attaque sur la rive droite du Zambèze, au Zimbabwe, où ils se sont – enfin – heurtés à forte partie. Depuis la mise sur pied, en 1985, d'une unité spéciale de rangers, armés notamment de fusils équipés d'amplificateurs de lumière qui leur permettent de tirer la nuit presque comme en plein jour, ces derniers auraient rectifié une vingtaine de braconniers.

À Bujumbura, dans les « cités » attenantes à la ville administrative et résidentielle, les « Sénégalais » sont assez nombreux à tenir de petites échoppes placées sous la double invocation du colonel Bagaza et du président Abdou Diouf. On y vend ouvertement des défenses entières ou en pièces détachées, des bijoux d'or, d'ivoire ou de malachite, et sur le pas de la porte il y a généralement un ou deux lascars pour vous proposer des peaux de zèbre ou d'autres espèces protégées.

Il est probable que certains de ces commerçants se livrent également au trafic de la corne de rhinocéros.

Quelques jours avant notre départ, Abdou Untel, un commerçant ouest-africain de Bujumbura, nous avait promis, dans un délai d'une semaine, un choix de cornes de tout calibre que son « propre frère », en camion, devait acheminer de Tanzanie. Un autre lot, sur lequel il comptait plus tôt, venait d'être intercepté en Zambie.

Le plus navrant, dans tout cela, c'est que cet Abdou Untel est l'une des figures les plus attachantes que nous ayons croisées à Bujumbura.

Aussi condamnable qu'il puisse nous paraître, son petit commerce fait vivre au Sénégal ou au Mali une famille entière et, plus vraisemblablement, tout un village. Pour le faire fructifier, Abdou doit déployer des trésors de ruse et de savoir-faire. Et il n'a nullement le sentiment de commettre un crime en contribuant à la disparition d'une grosse bête assez sotte, qui occasionne d'importants dégâts aux cultures.

Tant il est vrai qu'en Afrique, et plus généralement partout où le prélèvement dans la nature d'une dent ou d'une corne rapporte plus qu'une année de travail, le salut de la faune ne viendra pas d'un développement soudain de la sensibilité écologique, mais de lents et patients efforts, tels qu'en déploie aujourd'hui le Zimbabwe, pour faire en sorte que la protection rapporte plus aux populations concernées que la destruction.

L'Événement du jeudi, *12 au 18 février 1987*

NOUVELLES DU FRONT DE MER

La guerre navale dans le golfe Persique a donné lieu, ces derniers mois, à quelques innovations de la part des Iraniens. Leurs hélicoptères se sont montrés moins actifs qu'auparavant contre les navires neutres, tandis que leur marine de surface harcelait les navires en provenance ou à destination du Koweït, dont une quinzaine ont été attaqués au cours des six derniers mois. Au mois de janvier, l'attaque contre un transporteur de gaz liquide battant pavillon britannique, l'*Isomeria*, a soulevé une vive tension en Grande-Bretagne, aussi bien parce que le navire avait été placé auparavant sous la protection d'une frégate de la Royal Navy que parce que l'unité iranienne responsable de cette attaque avait inspecté l'*Isomeria* quelques heures avant de lui expédier cinq missiles dont aucun, d'ailleurs, n'a explosé. À l'occasion de cette inspection, les officiers de marine iraniens montés à bord de l'*Isomeria* avaient remercié le commandant de sa coopération et lui avaient souhaité bon voyage… Quant aux missiles, il s'agissait de modèles *Sea-Killer*, dont la date de péremption, peinte sur le fuselage, avait été fixée par leur fabricant italien à 1982.

De leur côté, les Irakiens n'ont guère relâché leurs efforts pour juguler les exportations iraniennes de pétrole brut. Un des pétroliers géants assurant la navette entre le terminal de Kharg et celui de Larak, le *Khark 3*, a même été attaqué à deux reprises au cours du mois de février. Pour faire face à ces difficultés, les Iraniens pourraient compter bientôt sur une aide imprévue de la Bulgarie. Ce pays, qui s'est fait une spécialité des transports scabreux en tous genres, vient en effet d'acheter un supertanker italien de 254 000 tonnes de port en lourd, qui porte le nom tout à fait approprié de *Nirvana*. On suppose que ce navire, avec une dizaine d'autres, pourrait être affecté prochainement à un nouveau service reliant directement le terminal de Kharg, aujourd'hui déserté par les pétroliers neutres, au Japon, très gros consommateur de brut iranien. Les gains, pour les Bulgares, seront sans doute à la mesure des risques encourus.

Décidément, le monde maritime n'est plus ce qu'il était et la férocité y fait de constants progrès. Vraisemblablement, c'est en effet dans les eaux internationales que la marine philippine a arraisonné et détourné le remorqueur *Mwokozi*, après lui avoir adressé des tirs de semonce et menacé de le prendre à l'abordage. Le remorqueur *Mwokozi* était d'autant moins en état de se défendre que, de conserve avec un remorqueur de Singapour, le *Salvalour*, il traînait après lui la carcasse encore fumante d'un tanker, le *Lady Rose*, assaisonné récemment dans le golfe Persique et destiné à un chantier de démolition taiwanais. Chemin faisant, l'attelage avait rencontré une tempête et les deux remorqueurs, trouvant ce jeu fort intéressant, avaient dû faire appel à un troisième éléphant, le *Hurricane 2*, armé par une société de Manille. Apparemment, au cours de cette intervention, un litige a surgi entre l'armateur du *Hurricane 2* et celui du *Mwokozi*, le premier a engagé à Manille une procédure contre le second, et c'est en application d'une décision de la justice philippine que la marine a procédé à l'arraisonnement en haute mer du convoi.

Libération, *7 et 8 mars 1987*

Pour une poignée de pépites cévenoles

Un beau jour de l'année 1889, tandis que Claude Monet travaillait à la série des *Meules*, Claude Debussy aux *Cinq Poèmes* de Baudelaire, Gustave Eiffel à serrer les derniers boulons de sa tour, et les ours savants de la social-démocratie à fonder la Seconde Internationale, Clément Trouillas, berger du village des Avols, dans la vallée du Chassezac, en Ardèche, piquait une grosse colère contre ses chèvres. En cherchant une pierre à leur lancer, il mit la main sur un caillou exceptionnellement lourd, pour sa taille, qu'il n'eut garde de conserver, tout ce qui l'intéressait étant de faire mal à ses bêtes, qui cependant le regardaient pensivement de leurs grands yeux doux ombragés de longs cils.

Plus avisé, le frère de Clément Trouillas, alerté par le récit du berger, se mit à la recherche de cet étrange caillou, et retrouva dans la broussaille une pépite d'or de 543 g. Il semble que cette pépite, la plus grosse jamais découverte en France, et peut-être dans toute l'Europe, soit aujourd'hui conservée à Harvard.

En dépit d'un article mirobolant publié quelques années plus tard par *L'Écho de Largentière*, et titré « La Californie méconnue », la trouvaille de Clément Trouillas n'entraîna pas de ruée vers l'or des Cévennes. Elle ne fit même pas le bonheur du berger, qui dilapida en chopines le prix de sa découverte, et échappa de justesse aux loups, encore nombreux à l'époque, et dont on sait qu'ils se nourrissaient par prédilection d'ivrognes ruraux.

Avant guerre, quelques capitalistes sans scrupules firent percer plusieurs trous au lieu-dit Le Bulidou, dans la vallée de la Ganière, voisine de celle du Chassezac. Pour forcer la main des actionnaires, ils « salèrent » la mine – vraisemblablement en tirant sur les parois des galeries avec un fusil chargé à la poudre d'or –, et toute l'affaire sombra dans le ridicule.

Désormais, pour chercher de l'or dans les Cévennes, il n'y eut plus guère que ces sympathiques hurluberlus que l'on voit encore, chaque été, écumer à la battée les alluvions de la Ganière, du Chassezac ou de la Cèze.

Bien qu'ils travaillent en duettistes, à l'instar de Croquebolle et de La Guillaumette, Pierre Nicolini et Michel Quint, quant à eux, ne sont pas des hurluberlus. Nicolini, la soixantaine alerte, et une maîtrise du verbe qui dans cette affaire donnera certainement du fil à retordre à ses adversaires, a passé sa vie à rechercher de l'or ou d'autres métaux précieux sous toutes les latitudes. Dans les années cinquante, pour le compte du service des mines et de la géologie d'AEF (Afrique équatoriale française), afin de dresser la carte géologique du Congo et du Gabon, il relie à pied Brazzaville à Libreville, muni d'une boussole et d'un podomètre, présidant pendant plusieurs mois aux destinées d'une centaine d'hommes qu'il nourrit en abattant une buffle chaque soir, à l'heure tranquille où les lions vont boire.

La nature se vengera en le faisant mordre par un cobra, en 1956, cette morsure mettant un terme provisoire à ses aventures africaines. Depuis, successivement pour le compte du BRGM, de la Société nationale des pétroles d'Aquitaine ou des Nations unies, Nicolini a recherché dans le monde entier – et de préférence dans des coins impossibles, tels la baie d'Hudson, le Kurdistan iranien ou le Katanga en pleine java des mercenaires – des gisements de métaux rares ou précieux.

Chemin faisant, il contribue à fonder la gitologie – la science (exacte ?) de la recherche des gisements – et enseigne cette discipline au Québec, à Tunis ou à Heidelberg. Pendant ce temps, Michel Quint, de son côté, ne reste pas inactif. Polytechnicien, il travaille douze ans chez Schlumberger, en qualité de géophysicien, puis fonde sa propre entreprise, qui se consacre notamment à l'évaluation des gisements de gaz ou de pétrole au Sahara. Depuis 1979, établi à Paris comme ingénieur-conseil en informatique, il fait bénéficier de son expérience les grandes entreprises adonnées à la recherche et à l'extraction des richesses du sous-sol. C'est d'ailleurs au pied de la tour Elf, sur le plateau de la Défense, que le destin réunit en 1983 Nicolini et Quint, l'un et l'autre sexagénaires, mais toujours débordants d'un enthousiasme juvénile pour le percement des trous et la découverte des trésors.

Entre Les Vans et Bessèges, une petite ville minière en passe de devenir, économiquement du moins, une « ghost town », la départementale 310 sinue parmi les forêts de pins qui, lorsqu'elles n'ont pas brûlé, dispensent en cette saison d'agréables odeurs de résine. « Ici, vous roulez sur l'or », annonce Quint, à moins que ce soit Nicolini, avant de se garer, au lieu-dit Le Bulidou, à égale distance des deux trous témoignant de l'existence éphémère, à la veille de la Première Guerre mondiale, de la Société des mines d'or de la Ganière.

Conjointement avec quatre autres sites répartis entre le Massif central, les Pyrénées et la Bretagne, le site de la Ganière a été sélectionné par Nicolini et Quint non par des recherches sur le terrain, tout d'abord, mais en vertu de critères géologiques complexes, et dont nous ne dirons rien parce qu'ils dépassent de beaucoup notre entendement.

Toujours est-il que ce travail théorique – qui ne doit guère plus à la pépite des Avols que l'élaboration des lois de la gravitation à la célèbre pomme tombée sur la tête de Newton – reçut dans la pratique une heureuse confirmation, lorsque Nicolini, à l'occasion d'une de ses premières visites, fonça droit sur un caillou d'une teneur en or de 28 g/tonne, soit beaucoup plus que la teneur minimale justifiant la mise en exploitation d'un gisement. Dans l'état actuel de leurs recherches, Nicolini et Quint, qui prétendent avoir mis en évidence la présence d'un filon auparavant non décelé, estiment que le site pourrait receler en sous-sol plus de 400 000 tonnes de minerai titrant au moins 8 g/tonne, et, en surface, plus de 500 000 tonnes, exploitables à ciel ouvert, d'une teneur égale ou supérieure à 3 g/tonne. Compte tenu du cours mondial de l'or, la mise en exploitation serait d'autant plus justifiée qu'elle créerait plusieurs centaines d'emplois dans une région dont les industries traditionnelles fondent comme neige au soleil.

On pouvait penser qu'une telle perspective ferait le bonheur des élus locaux : ce fut le contraire. Au mois de septembre de l'année dernière, Nicolini et Quint adressent au ministère de l'Industrie une « demande de permis exclusif de recherches de mines d'or, argent, tungstène, antimoine et substances connexes » sur une zone couvrant 38 km^2 répartis entre les communes de Banne, Malbosc et Les Vans, en Ardèche, et les communes d'Aujac, Bonnevaux, Bordezac et Gagnières dans le Gard.

Bien que cette demande de permis ait fait l'objet d'une procédure régulière d'enquête publique, entre le 16 février et le 15 mars 1987, et qu'à ce titre elle ait été publiée dans quatre quotidiens régionaux, et affichée dans les sous-préfectures de Largentière et d'Alès, ainsi que dans les chefs-lieux des cantons concernés, les maires de plusieurs communes situées sur le territoire de la zone de recherche prétendent n'avoir été avisés que 48 heures avant la clôture de l'enquête, qui permet à d'éventuels opposants de se faire connaître. Ce mouvement d'humeur des élus locaux, relayés par les préoccupations écologistes de certains de leurs administrés, donne naissance, le 10 mars, à un comité de vigilance qui s'est depuis transformé en association. Toutes les communes sont représentées au conseil d'administration, présidé par un de ces « néoruraux » qu'en d'autres circonstances les indigènes désignent volontiers comme des « zippis », des « bourrus », avec toute l'acrimonie que véhiculent de telles appellations.

Ce n'est pas le moindre paradoxe de cette affaire que d'avoir rassemblé, dans une commune méfiance vis-à-vis des projets de Nicolini et Quint, des gens aussi divers que le maire de Bordezac, par ailleurs directeur de la Caisse d'épargne d'Alès, un ancien mineur devenu propriétaire d'un camping nudiste au bord de la Cèze, Jean-Pierre Chabrol, le « conteur cévenol », et des éleveurs de chèvres bardés d'insignes antinucléaires, dont l'obstination à faire revivre des terres agricoles désertées, à la longue, force d'ailleurs le respect.

Les uns et les autres craignent que les décapages au bulldozer, qui devraient commencer dès cette année, ou a fortiori la mise en exploitation de la mine, ne détruisent irrémédiablement le fragile environnement d'une région dont le seul atout durable est probablement sa beauté, et qui, incidemment, est presque entièrement située dans la « zone périphérique » du Parc national des Cévennes.

Les « néoruraux » insistent sur les risques accrus d'incendies de forêt qu'entraînerait la suppression, ou le déclin, de l'élevage itinérant des animaux brouteurs, tandis que les notables craignent de voir remis en cause les projets de développement touristique dont rien ne prouve, cependant, qu'ils soient tellement plus propices à l'essor de l'imagination, ou moins préjudiciables à l'environnement, que l'ouverture d'une mine d'or.

Au cœur de la « zone de recherche exclusive » revendiquée par Nicolini et Quint, le village de Malbosc présente tous les signes de décrépitude généralement associés au phénomène de l'exode rural. L'opiniâtreté marginale des « néoruraux » n'y changera rien. Le monument aux morts affiche cinquante victimes pour la Première Guerre mondiale, et trois seulement pour la Seconde. La population du village, en hiver, s'élève à quelque dix-sept habitants. Tout autour, la châtaigneraie se meurt, aussi bien de maladie que de n'être plus exploitée. Le seul habitant valide que nous ayons rencontré à Malbosc, au volant d'un pick-up 403 fraîchement repeint d'une magnifique couleur bleu roi, se refusait à croire qu'il y eût de l'or sous ses pieds. Puisque son père, aujourd'hui âgé de quatre-vint-quatorze ans, avait travaillé pour des prunes, avant 1914, à la mine du Bulidou, pourquoi diable y en aurait-il à présent ?

Libération, *14 juin 1987*

Chagrins et jubilations

Quand les hommes jouent au pont

Le Muséum d'histoire naturelle de La Rochelle fait partie de ces endroits magiques vers lesquels inlassablement nous ramènent des forces mystérieuses. Outre une réplique exacte de la fameuse pépite de Clément Trouillas, soustraite depuis peu à la curiosité malveillante du public, cet établissement renferme quantité de merveilles parfaitement visibles telles que cimiers bambaras, têtes réduites, fœtus de siamois en voie de dédoublement, araignées géantes, crabes de terre, squelettes de chimpanzés ou de musaraignes, et même une tête de rhinocéros africain avec ses deux cornes en parfait état. À ce propos, il serait charitable, lors de votre prochaine visite, de signaler au responsable du muséum qu'en laissant ce dernier article exposé en plein air, à hauteur d'homme, et sans la moindre surveillance, il court le risque de voir un beau jour les deux cornes fausser compagnie au crâne du rhinocéros, compte tenu de ce que cette rarissime denrée se négocie désormais à prix d'or auprès de marchands spécialisés ; au passage, nous formons le vœu que ces derniers soient dits anathèmes et que leur descendance soit maudite jusqu'à la septième génération.

Ce long développement n'était destiné qu'à introduire la carapace – ou plutôt la peau, car il ne s'agit pas à proprement parler d'une carapace – de tortue-luth qui se voit dans l'entrée de l'annexe du muséum, sur la droite, attestant aussi bien la présence occasionnelle de ce chélonien géant dans les eaux charentaises que la maladresse du préparateur, qui n'a pas su préserver cette dépouille d'une continuelle suppuration du plus mauvais effet. Si les tortues-luths, dont la taille peut dépasser 2 mètres, font depuis quelques années l'objet de tous les soins du Fonds mondial pour la nature – il a contribué à développer pour elles diverses commodités en Guyane –, celles qui chaque été s'aventurent dans les pertuis charentais souffrent de leur propension à prendre pour des méduses – leur mets de prédilection – les sacs en plastique flottant entre deux eaux, dont l'ingestion répétée les fait apparemment mourir d'occlusion intestinale.

Quel rapport entre la tortue-luth et le pont de l'île de Ré ? Aucun, sinon que ce pont, en drainant vers les rivages de l'île de Ré, déjà surpeuplés en été, un surcroît d'automobiles et de petites familles, entraînera à coup sûr une recrudescence des loques de plastique, et donc des risques accrus de voir les tortues-luths périr d'occlusion intestinale. En même temps que s'étoufferont les tortues-luths, les oiseaux, qui jusqu'ici, en grand nombre, jouissaient d'une paix relative dans les marais du Fier d'Ars, pourront aller se faire voir, et les derniers arpents de vignoble succomberont à la frénésie de résidences secondaires. Pour faciliter la desserte de ces habitations, on élargira les routes existantes, on en construira de nouvelles, et on multipliera les rocades dans le genre de celle qui d'ores et déjà permet de contourner La Flotte. Le jour où les efforts conjugués des Ponts et Chaussées et des élus locaux auront privé de tout caractère champêtre le moindre chemin vicinal, lorsque toutes les routes auront été recalibrées, tous les ponts équarris, toutes les haies arrachées, tous les bocages remembrés, et lorsque le dernier village de la Creuse aura sa rocade et sa rue piétonnière, agrémentée de ces petits pavés roses et de ces lampadaires biscouillus (la simple honnêteté voudrait que leur fabricant les livre désormais hors d'usage, puisque de toute manière leur espérance de vie ne dépasse guère quelques semaines), les touristes qui se bousculent aujourd'hui pour visiter la France auront toujours la ressource de partir à la découverte des trésors du Schleswig-Holstein.

Quand les ponts rendent leurs tabliers

Tous les ponts ne sont pas haïssables. Le pont de Saint-Nazaire, avec sa double inflexion si abstraite, si déconcertante, qui se dérobe à toute représentation dans un plan, est par lui-même une merveille, et l'un des rares ouvrages d'art, en France, qui ne suscite aucune vocation homicide. Bien que l'interdiction d'y stationner soit parfaitement justifiée, il faut se résoudre, la mort dans l'âme, à l'enfreindre quelques instants, si possible le soir, ou tôt le matin, pour jouir du spectacle qu'offrent vus du ciel les Chantiers de l'Atlantique, où l'on construit toujours les plus gros, sinon les plus beaux, paquebots du monde, et le trafic, au demeurant réduit, du port de Montoire ou de la raffinerie de Donges. Le revers de la médaille, c'est que le pont de Saint-Nazaire draine vers le pays de Retz, discret paradis à l'usage des hérons et des rêveurs, une partie du flot motorisé qui jadis l'évitait pour se ruer en désordre vers les plages vendéennes, ces Éparges de l'impitoyable guerre balnéaire. Mais, de toute manière, il se serait bien trouvé tôt ou tard un élu pour faire son cheval de bataille du désenclavement du pays de Retz, comme un autre le fera bientôt pour la Xaintrie ou le Cézallier. Tant qu'il restera en France quelques arpents de terre d'où l'on n'entende pas la rumeur lointaine d'une autoroute, ce terrifiant silence empêchera toujours un élu de dormir. À propos de pont, voilà une vingtaine d'années, on a surélevé à grands frais le pont suspendu d'Aquitaine, sur la Garonne en aval de Bordeaux, afin de permettre aux navires de haute mer d'aller faire leurs courses en ville. En même temps, comme partout en Europe, s'accentuait le mouvement de transfert des installations portuaires vers l'aval, illustré par le développement du terminal à conteneurs du Verdon, si bien qu'en fin de compte le pont d'Aquitaine a été surélevé pour des prunes. Aujourd'hui, on reparle périodiquement de lancer un pont sur la Gironde, apparemment dans l'idée qu'un tel ouvrage d'art, à coup sûr titanesque, entraînerait irrésistiblement des flux de marchandises susceptibles de restaurer l'activité déclinante de la zone portuaire de Bordeaux. Dans l'immédiat, ce pont présenterait l'incontestable avantage de permettre aux tourterelles des bois, lors de leurs migrations printanières, de traverser la Gironde à pied, trompant ainsi la vigilance des chasseurs du Médoc qui chaque année guettent leur passage dans les airs.

Ajoutons que nous empruntons ces informations à un bulletin récent de la Sepanso [1] et que, dans la même livraison de ce périodique, sous la plume il est vrai de deux rédacteurs différents, on peut lire à propos de ce fameux pont « qu'il y a mieux à faire que d'engloutir des milliards à seule fin de permettre à quelques Allemands pressés d'aller plus vite en Espagne », et un peu plus loin, à propos d'un obscur projet de restauration de la ligne ferroviaire Oloron-Confranc, que cette liaison

1. Société pour l'étude, la protection et l'aménagement de la nature dans le Sud-Ouest.

« permettrait de franchir en neuf heures la distance Paris-Saragosse ». Or on ne voit guère, a priori, pourquoi ce gain de temps que l'on refuse avec hauteur à l'automobiliste allemand, on devrait impérativement l'accorder à l'hypothétique usager d'une liaison ferroviaire entre Paris et Saragosse… Tant qu'à se mêler de ce qui ne la regarde pas, la Sepanso, une association fort utile, et qu'en dépit des apparences nous chérissons tendrement, aurait sans doute été mieux inspirée en s'occupant des grues de Bordeaux. Depuis quelques années, ces bonnes vieilles grues, qui ponctuaient magnifiquement les quais de la Garonne, passaient le plus clair de leur temps les bras ballants, n'ayant plus guère de marchandises à lever. Le Port autonome a estimé que, dès lors, il n'y avait rien de mieux à faire que de les démonter promptement, afin de prévenir toute controverse, et de les jeter à la ferraille. Une fois ce crime consommé, il ne restera plus qu'à revêtir les quais de Bordeaux de petits pavés roses, et à les convertir en zone piétonnière vouée par exemple à une exposition permanente de sculpture en plein air. Chacun sait, en effet, qu'une sculpture neuve est toujours bien plus belle qu'une grue ancienne.

J'en passe et des cigognes

Jadis, les oiseaux abondaient et ne faisaient guère parler d'eux, à l'exception peut-être des aigles, compte tenu de leur propension détestable à enlever des petits enfants jusque dans le sein de leur mère. En Norvège, dans une île des Lofoten, ou peut-être des Vesteralen, on présente encore au visiteur une très vieille dame qui, dans le cours de sa première année, fut victime d'un tel enlèvement. C'est tout au moins ce qu'elle prétend : en effet, l'île compte également un comité pour la réhabilitation des aigles qui, depuis plus d'un demi-siècle, s'efforce patiemment de ruiner tous les arguments susceptibles d'accréditer ce prodige. L'exode rural, en privant l'aigle de nouveau-nés, entraîna le déclin de cette espèce. Beaucoup d'autres suivirent. Mais ce que les oiseaux perdirent en effectifs, ou en biotopes, ils le gagnèrent en notoriété, et certains jouissent aujourd'hui d'une célébrité qui eût paru tout à fait inconvenante voilà seulement quelques années.

Voyez par exemple la cigogne de Bruges, à la périphérie de Bordeaux. En sa qualité de première cigogne, de mémoire d'homme, à bien vouloir nidifier dans cette région, cet animal reçut l'an dernier la visite de plusieurs dizaines de journalistes ; ils passèrent une bonne heure à l'observer de loin, à la jumelle ou au télescope, avec des mines presque aussi extasiées que s'il s'agissait purement et simplement du retour sur terre de la Jérusalem céleste. Certes, il n'est pas question de minimiser les louables efforts du maire de Bruges, ceux du Fonds mondial pour la nature ou de la Sepanso, qui tous, à des degrés divers, ont contribué à préserver, au beau milieu d'une zone industrielle, ce petit biotope accueillant aux oiseaux de passage. Mais si de telles initiatives étaient la règle, et non l'exception, elles n'entraîneraient pas semblable effervescence médiatique.

Quant à la réserve ornithologique du Teich, sur le bassin d'Arcachon, c'est la troisième fois en un an qu'une administration quelconque nous invite à venir en corps constitué nous convaincre de son existence. La dernière fois, il s'agissait du Conservatoire du littoral, qui vient d'acquérir, non loin de là, le domaine de Certès. Il va de soi que nous rendons grâce au ciel de l'existence de ce Conservatoire, qui fait ce qu'il peut, et que nous nous félicitons hautement de le voir agrandir son domaine. Mais quand, dans le même temps, on observe que partout, sur le littoral, on assèche et on bétonne, qu'aux Aresquiers, par exemple, sur la côte du Languedoc, on laisse quelques élus locaux, d'ailleurs de toutes obédiences, saccager bras dessus bras dessous un écosystème délicat en lançant au-dessus du « canal des étangs » un absurde pont routier, on peut se demander si tout le tintamarre orchestré autour des quelques sempiternels sites protégés n'est pas destiné, pour une part, à nous distraire de la destruction méthodique de tout le reste.

Artichauts et saumons : la voie de l'Armorique

Du temps où ils avaient encore de la religion, tous les Bretons qui ne vivaient pas de la pêche s'adonnaient plus ou moins à la culture des artichauts. Dans le monde entier, la petite bourgade de Plougasnou (Finistère) était célèbre pour l'exceptionnelle qualité des siens, dont l'impératrice de Chine, en dépit de sa légendaire xénophobie, estimait la saveur plus fine et plus pénétrante que celle de tous les mets et de tous les plaisirs auxquels elle put goûter pendant ses vingt-sept années de règne, entre 1881 et 1908. La chute de cette impératrice fut d'ailleurs pour beaucoup dans le déclin de Plougasnou. Par la suite, la mode de l'artichaut s'effondra au point que, dans toute la *Recherche*, Marcel Proust ne fait pas une seule allusion à ce légume. Pendant la Grande Guerre, alors que l'on manquait de tout, Clemenceau le déconseillait formellement pour la troupe. De nos jours, en dépit de campagnes publicitaires tapageuses et indécentes, associant mensongèrement l'image de l'artichaut à des performances sexuelles d'ailleurs hors de saison, il est tombé dans une telle disgrâce que les agriculteurs ne prennent même plus la peine de le récolter. Cette circonstance aura du moins permis de découvrir que l'artichaut, laissé sur pied, fleurissait, ce que l'on ignorait auparavant, et cette inattendue beauté de sa fleur est peut-être, en fin de compte, ce par quoi l'artichaut saura de nouveau s'attirer la faveur du public. Si les ormes n'en avaient pas profité pour mourir, et par milliers – comme aujourd'hui les platanes, dont les frondaisons étiolées, rabougries, consumées par quelque mal mystérieux, offrent sur le boulevard du Montparnasse, au promeneur que déjà tout l'alcool bu à La Coupole ou au Select a mis de méchante humeur, un spectacle de désolation –, si les ormes n'en avaient pas profité pour mourir, Plougasnou, dont le beau clocher se voit de loin parmi les champs d'artichauts fleuris et les haies d'ormes morts, mériterait cent fois son surnom de Perle du Léon.

Durs à la tâche, ingénieux, les habitants de Plougasnou ne se sont pas laissé démonter par ces revers successifs dans lesquels leur responsabilité n'était d'ailleurs pas engagée. C'est ainsi que l'hebdomadaire *Le Marin*, que nous lirions volontiers tous les jours s'il ne paraissait pas qu'une seule fois par semaine, révélait récemment comment la société Primel, de Plougasnou, associée à des intérêts norvégiens, envisageait de convertir un navire vraquier de 100 000 tonnes de port en lourd et de 270 m de long en élevage flottant de saumons. Le vraquier serait mouillé à l'entrée de la baie de Morlaix, et ses cales seraient transformées en piscines où s'ébattraient quelques millions de jeunes saumons et, le cas échéant, de bars, de soles ou de turbots.

Et si le vraquier, en dépit de toutes les précautions prises, venait malgré tout à échouer, au lieu d'une marée noire, c'est une marée rose, toute frétillante et comestible, que, par un juste retour des choses, les riverains de la baie de Morlaix iraient recueillir sur les plages, à l'aide des petits seaux et des petites pelles qu'ils conservent avec soin depuis le naufrage du *Torrey Canyon*.

Miss Lou et la *Duchesse Anne*

Miss Lou, que nous avions quitté à regret, dans le voisinage de la gare du Nord, après un dernier regard à l'affolant retroussis de sa jupe framboise, nous avait heureusement précédé à Dunkerque. Sitôt notre bicyclette sellée et ferrée, nous pûmes donc reprendre le jeu intéressant, comme disent les éléphants, consistant à inventorier méthodiquement toutes les « sucettes » – puisque c'est le terme consacré et, dans ce cas, bienvenu, s'agissant effectivement d'une gâterie – où elle apparaissait, merveilleuse au grand soleil d'amour chargé, ses ravissantes petites mains, qui a coup sûr n'ont jamais pâli sur le bronze d'aucune mitrailleuse, soulignant d'un geste mutin le galbe parfait de ses hanches [1].

Toutefois, il est important de le noter, Miss Lou ne nous avait pas tourné la tête au point que nous ne puissions retrouver le chemin du port, et plus précisément de cette forme de radoub, entre le quai de Départ et l'écluse Trystram, où la *Duchesse Anne* attend que l'on se décide enfin à lui refaire une beauté. La *Duchesse Anne* est l'un des derniers représentants d'une longue lignée de grands trois-mâts en fer, et, telle que nous la voyons aujourd'hui, dans cette décrépitude et cet apparent abandon, c'est à coup sûr le spectacle le plus melvillesque, le plus conradien que l'on puisse s'offrir en France cet été. Par un comble de chance, ou de grâce divine, un couple de mainates semble avoir élu domicile dans ses hunes. Et comme il s'agit d'une espèce absolument inconnue sous nos climats, mais en revanche très répandue dans tout le Sud-Est asiatique, il est raisonnable d'imaginer que dans ces deux volatiles se sont réincarnées les âmes de deux marins disparus en mer de Chine, deux marins qui, à en juger par le comportement des mainates, s'aimaient d'amour tendre, et dont le Ciel a voulu qu'ils demeurent attachés, de concert, à la vieille carcasse de leur navire, aussi longtemps du moins qu'il en restera quelque chose.

Chacun a ses manies. Nous avons celle des grues, et, par bonheur, Dunkerque n'en manque pas. Si vous partagez cette passion, même si peu que ce soit, allez voir les cinq grues désaffectées qui, entre les

---

1. « Elles ont pâli, merveilleuses,
Au grand soleil d'amour chargé,
Sur le bronze des mitrailleuses,
À travers Paris insurgé. »
Rimbaud, *Les Mains de Jeanne-Marie.*

écluses Wattier et Charles-de-Gaulle, laissent pendre au-dessus de la route leurs chaînes et leurs crochets, à seule fin, semble-t-il, de rappeler au voyageur insouciant la précarité des destinées humaines et la vanité de toute chose. Puis recueillez-vous devant les splendides grues rouge et bleu des Chantiers France-Dunkerque, menacées de retraite prématurée par le déclin de notre industrie navale, comparez avec le Palais des communautés urbaines – en construction sur le quai des Hollandais – et jugez par vous-mêmes si la beauté, excepté peut-être dans le cas de Miss Lou, ne procède pas le plus souvent de ce qui ne prétend pas à la beauté.

À vélo : tout au nord

Le Nord, c'est un peu comme la Stout : pour les trois quarts des gens, imbuvable, une vraie purge, mais, pour le quart qui reste, un velours. Précisons tout de suite que le Nord, pour nous, ne se limite pas à l'ensemble formé par le département qui porte ce nom et son voisin, le Pas-de-Calais. Le Nord consiste fondamentalement dans l'harmonie spleenétique de trois couleurs littérairement essentielles, le rouge de la brique, le vert des prairies et le gris du ciel, ce dernier nuancé parfois de blanc ou de bleu, car s'il est vrai qu'il pleut beaucoup dans le Nord, ce n'est pas au point que l'on n'y jouisse parfois de belles éclaircies. C'est d'ailleurs cette instabilité du temps et cet éclairage vacillant qui confèrent aux objets les plus ordinaires une gravité à laquelle ils ne sauraient prétendre s'ils étaient plongés dans la lumière exténuante du Midi. Dans le Nord, le moindre clocher, le moindre mur de brique, la moindre écluse ruisselante et moussue, la moindre mare où les vaches vont boire, la moindre haie de saules ou de peupliers, doivent aux architectures nébuleuses d'un ciel omniprésent d'évoquer au minimum la peinture de Troyon, et plus souvent celle de Constable ou de Ruysdael.

Peut-être la solidité de ces références picturales est-elle pour quelque chose dans cette impression d'équilibre, de permanence et d'intangibilité que distille le paysage du Nord, cependant l'un des plus chamboulés par les efforts conjugués de la guerre et de l'industrie. Nulle part ailleurs, sinon dans quelques cantons reculés de l'Aubrac ou de la Margeride, on ne rencontrera de nos jours de vaches ou de prairies exprimant à ce point l'essence même de la vache, ou de la prairie, telle qu'elle se perpétue depuis l'invention de ces deux commodités par l'homme de Néandertal. Et si l'on choisit de découvrir le Nord à bicyclette, comme y invite sa platitude (par exemple de Bergues aux beaux remparts de Saint-Armand-les-Eaux, dont le carillon égrène à longueur de journée ses fausses notes), on ne manquera, à Cassel, à Saint-Omer, à Aire-sur-la-Lys, à Arras ou à Douai, ni de haltes accueillantes, ni de tables bien garnies, même si, dans la première de ces villes, nous avons eu la malchance de passer une nuit dans un hôtel trois étoiles où l'eau chaude était apparemment inconnue et le téléphone hors d'usage, sans que ces petits aléas troublent le moins du monde la somnolente quiétude de la direction. Du moins ce comportement demeure-t-il l'exception, dans une région où le visiteur, peut-être du fait de sa rareté, n'est pas encore envisagé sous l'angle de la volaille à plumer. D'ailleurs, dès le lendemain de cette douche froide, la rencontre à Strazeele d'une charcutière qui, sous le rapport de la distinction, aurait pu être une cousine de Mme de Gaulle, et qui fabriquait elle-même le meilleur jambon dont nous ayons goûté depuis des années, vint à point nommé restaurer notre enthousiasme pour le Nord et ses industrieux habitants.

L'Événement du jeudi*, entre le 28 juillet et le 14 septembre 1988*

Voyages en Afrique du Sud

Port Elizabeth : « Elle était blanche, mon frère, mais elle soutenait les Noirs »

Le long de la plage de Port Elizabeth, un samedi matin, se tient un rassemblement de sportifs amateurs qui viennent de disputer une course cycliste. Les familles les ont rejoints, et dans la fumée grasse du « brraï », le barbecue de saucisse de bœuf, sous un soleil de plomb, les sportifs éclusent vaillamment de grandes pintes de bière tiède. À l'écart, mais non ségrégés, quelques Noirs qui ont participé à la compétition boivent entre eux du Coca-Cola.

Consécutivement à la fermeture de nombreuses entreprises – victimes, au moins pour certaines, des sanctions – dans la zone industrielle de Port Elizabeth, le port connaît une activité réduite. On peut également voir un signe des difficultés économiques que traverse l'Afrique du Sud dans l'interruption soudaine, à la verticale de la gare, d'une autoroute urbaine sur pilotis, dont l'élan brisé net évoque ces peintures hyperréalistes anticipant sur l'apocalypse sismique en Californie. On ne peut pas dire, d'ailleurs, que ces parages de la gare respirent l'opulence ou la gaieté. À l'intérieur, un groupe de Noirs, croyant lire – ou feignant de lire – « Black », en anglais, là où il est écrit « Blank », en afrikaans, se précipitent comme un seul homme dans les chiottes pour Blancs. Aucun des Blancs présents, d'ailleurs très clairsemés – un contrôleur, deux militaires en permission, quelques voyageurs indécis –, ne fait un geste pour les arrêter. Devant la gare, un peloton de « Kitskonstabels », ces supplétifs noirs de la police, formés en trois coups de cuillère à pot, et réputés spécialement redoutables, fait un petit footing en survêtement bleu pétrole. Vide, et comme abandonné, sans surveillance, sur un parking, un véhicule « Casspir » de l'armée, barbouillé de peintures de camouflage, présente sur ses vitres blindées de nombreux impacts de balles.

Jeremiah et Aristides guettent le cave, le miché, à l'affût parmi les piliers monumentaux de cette autoroute mort-née. Tous deux arborent la panoplie complète, universelle, du vagabond. T-shirts en lambeaux, larges trous au cul et godasses béantes. Cherchons-nous des putes ? Non, nous ne cherchons pas de putes. Nous en cherchons d'autant moins que, quelque temps auparavant, un marin scandinave, pour avoir répondu favorablement à une proposition du même ordre, s'est retrouvé planté, mortellement, dans une de ces rues glissantes auxquelles l'autoroute fait un dais de béton. Un coup à boire ? Va pour un coup à boire. Jeremiah est originaire de New Brighton, une township noire de Port Elizabeth. Aristides, qui parle couramment le portugais, prétend venir du Mozambique, où sa famille était paraît-il riche, avant que la guerre, le socialisme ou tel autre fléau de Dieu ne fonde sur elle avec la soudaineté de l'éclair. Tous deux ont les mains qui tremblent, et paraissent fort pressés que nous leurs procurions de quoi mettre un terme provisoire à ces trépidations. Tous deux carburent au « Ship sherry », une variété inférieure de brandy, très sucré, vendu en bouteille d'un litre, et dont ils prétendent, pour forcer notre générosité, que la vente est interdite aux Noirs, bien que la boutique de spiritueux porte en évidence un large écriteau « Black only ». Brève halte dans un café « White only » où Blancs et Noirs jouent de concert au billard, dans une petite salle ornée de peintures innocemment pornographiques. Après avoir, à mon intention, crédité plusieurs femmes de rencontre, indifféremment noires ou blanches, d'aptitudes érotiques qu'ils n'ont certainement jamais eu l'occasion de tester, Jeremiah et Aristides atteignent au sommet de la ville la troisième étape de leur chemin de croix, un banc public situé en effet au beau milieu d'une espèce de Golgotha, planté d'un repère géodésique et d'un vieux phare bicolore, d'où l'on découvre de vastes horizons urbains, ferroviaires et maritimes. Engluée de chaleur, en plein midi, la ville ne respire que faiblement. Après avoir jeté de tous côtés des regards furtifs, afin de se prémunir contre l'arrivée inopinée d'un uniforme quelconque, Aristides et Jeremiah se collent dans le gosier le goulot de leur bouteille de « Ship sherry » enveloppée de papier journal, et la sifflent ainsi jusqu'à la dernière goutte, sans reprendre leur souffle, et sans même un hoquet.

Une fois les deux bouteilles balancées au loin dans un bosquet, leurs mains ne tremblent plus, mais leurs yeux sont légèrement injectés de sang. Un peu requinqués, pas pour longtemps d'ailleurs, puisque d'ici une heure il leur faudra renouveler la dose, l'un et l'autre expriment chaotiquement la même haine des Afrikaners, qu'ils appellent les « Dutch », les Hollandais, et la même lassitude de la violence – l'« unrest », comme disent les autorités – dans les townships.

Jeremiah évoque les grandes heures du boycott des commerces blancs, lorsque les ménagères – noires – étaient contraintes par les « camarades » à ingurgiter le contenu de leurs barils de lessive, ou de leurs flacons de débouche-chiottes, achetés dans les supermarchés du centre ville. Feuilletant d'une main hésitante le journal du jour – à la une duquel s'étale un gros titre sur les tortures et les exactions perpétrées par l'armée sud-africaine en Namibie, ce qui nuance un peu l'image d'une presse muselée –, Aristides commente les dernières nouvelles du procès de deux activistes blancs de l'ANC (Congrès national africain) qui se déroule actuellement à Pietermaritzburg.

Le 14 juin dernier, en compagnie d'un troisième activiste depuis « retourné » par la police, ils déposaient dans une voiture en stationnement devant le « Magoos Bar », sur Marine Parade, à Durban, une bombe dont l'explosion fit trois morts et plusieurs dizaines de blessés. D'après le « traître », qui comparaît aujourd'hui en qualité de « state witness », témoin de l'accusation, Robert John McBride, le chef du commando, se serait écrié, quelques minutes avant l'explosion : « Tout à l'heure, les Boers vont chier dans leur froc. »

Le même journal rapporte comment dans le village de Makgadi, au pied des collines de Sekukuni, une centaine de bambins, croyant bien faire, on infligé le supplice du necklace – un pneu autour des épaules afin d'immobiliser les bras de la victime, un peu d'essence et une allumette – à une trentaine de vieillards, des femmes pour la plupart, soupçonnés de s'adonner à la sorcellerie, et, par là même, de nuire à l'unité de la communauté villageoise dans la lutte de libération.

Même en faisant la part de sa volonté de ménager un interlocuteur blanc, par surcroît pourvoyeur de « Ship sherry », il semble qu'Aristides éprouve moins d'enthousiasme pour ce genre de hauts faits que pour les pacifiques exploits de Molly Blackburn, une militante anti-apartheid en effet hors du commun, et dont la brève carrière, interrompue soudainement, l'an dernier, par un accident d'automobile peut-être provoqué, atteint dans les townships de Port Elizabeth aux dimensions du mythe. « She was white, my brou, but she supported the Blacks » (« Elle était blanche, mon frère, mais elle soutenait les Noirs »). Agent immobilier, élue municipale d'un quartier chic, Molly Blackburn, dont Jane Fonda exige aujourd'hui le rôle dans une série pour la télévision américaine – bien qu'elle lui ressemble plutôt moins que Margaret

Thatcher –, s'était fait notamment une spécialité de débarquer à l'improviste dans les commissariats de police, afin de troubler la quiétude des flics occupés à cuisiner des prévenus noirs.

Quatorze heures d'autocar séparent Port Elizabeth du Cap, via le col d'Outenika Pass, les solitudes assez majestueuses du Petit Karoo et le gros bourg d'Oudtshoorn, où, dans un climat faulknérien, des fermiers blancs et des ouvriers noirs élèvent avec amour d'innombrables autruches, qui, vues de loin, au passage, ressemblent dans les prés à de très gros moutons dessinés de travers par un enfant maladroit.

Au Cap, la Montagne de la Table constitue un but d'excursion auquel il est difficile d'échapper. À la belle saison, les gens s'y rendent le soir, en téléphérique, pour pique-niquer sous l'œil amical de petites marmottes en voie d'apprivoisement, en regardant au loin se terminer l'Afrique, et les nuages amoncelés sur le cap de Bonne-Espérance hésiter entre les horizons, également tentants, de l'océan Atlantique et de l'océan Indien. Bien qu'elle habite depuis près de vingt ans une township du Cap, Flori X. n'a jamais mis les pieds au sommet de la Montagne de la Table, et l'idée même d'une telle excursion lui paraîtrait sans doute un acte caractérisé de collaboration. Flori, qui a elle-même donné le jour à un nombre indéterminé mais considérable d'enfants, préside aux destinées d'une crèche sauvage dans le ghetto noir de Z., de concert avec une autre femme dont le mari a disparu, apparemment assassiné par la police ou par une milice contre-révolutionnaire. Sans doute les conditions matérielles et morales d'existence dans les ghettos sont-elles à l'origine de la dissolution des liens de famille, et plus généralement des conventions sociales, qui font que les mères célibataires et les enfants naturels y sont extrêmement nombreux.

En dépit du vacarme que font les petits gnards – une cinquantaine – à longueur de journée, si l'on excepte l'heure de la promenade et celle de la sieste, la maison fait également office de lieu de réunion pour des militants politiques et syndicaux manifestement très proches, à tout le moins, de l'ANC.

Les murs sont couverts d'affiches réclamant la libération de Mandela et de tous les détenus politiques, reproduisant la Charte de la Liberté ou des mots d'ordre tels que « Workers Unite » ou « Don't Mourne, Mobilize ». Il y a aussi une reproduction de *L'Angelus* de Millet.

Cet après-midi, deux militants, l'un et l'autre métis, président à la réunion inaugurale d'un comité de chômeurs. Leur maîtrise, apparemment impeccable, de la bonne vieille dialectique unissant le parti d'avant-garde aux mouvements de masse, et consistant par exemple à multiplier les seconds à l'infini afin d'élargir la base du premier, leurs ruses procédurières, dans la plus pure tradition du « centralisme démocratique », ou la dextérité avec laquelle ils s'expriment dans une langue de bois particulièrement implacable, attestent sans ambiguïté leur obédience.

Tout le monde se donne du camarade gros comme le bras. Quant aux chômeurs, ce sont de vrais chômeurs, incontestablement, mais dont aucun, par exemple, n'aura l'audace de demander si le mouvement, en soutenant les sanctions économiques, prend le chemin le plus court pour réduire le chômage effectivement gigantesque dans la population noire sud-africaine. L'agenda 1987 de la Cosatu, la centrale syndicale « de gauche », circule de main en main. Toutes les deux ou trois pages, un court texte commémore les grandes heures du mouvement ouvrier international. Malheureusement, si telle grève récente des mineurs britanniques apparaît comme un mouvement aussi important que la Commune de Paris, l'histoire du mouvement ouvrier en Europe de l'Est s'arrête en 1917, étant entendu que cette année-là, « la Révolution d'Octobre, pour la première fois dans l'histoire de l'humanité, a porté la classe ouvrière au pouvoir, permettant ainsi à la Russie de devenir la seconde puissance industrielle dans le monde ».

Entendons-nous : sans doute n'y a-t-il pas de honte à être marxiste-léniniste. Mais il suffit d'assister – en l'occurrence, par hasard – à une réunion de ce genre, ou même de feuilleter l'agenda de la Cosatu, pour sourire de l'innocence avec laquelle certains libéraux blancs, et non des moindres, s'interrogent gravement sur le point de savoir quelle est l'idéologie dominante au sein de l'ANC ou des groupes apparentés, sous prétexte qu'Oliver Tambo, lorsqu'il reçoit en Zambie d'audacieux représentants du capital industriel ou financier sud-africain, se donne la peine de réciter les grâces avant de passer à table, ou de feindre pour le socialisme suédois, introuvable modèle, un intérêt qui a déjà beaucoup servi dans d'autres pays du tiers-monde.

La veille, une patrouille de la police s'est fait allumer au fusil d'assaut, si bien que Z. est aujourd'hui en proie à une activité miltaro-policière véritablement débridée. Conformément à une tactique éprouvée, la police, dans la soirée, prendra d'assaut à la grenade une bicoque du ghetto, et, après avoir rectifié son occupant, exhumera fort opportunément des décombres tout un lot de Kalachnikov, de pistolets Makarov, de mines et de grenades. On peut, naturellement, se demander si parfois ces petits assortiments ne servent pas à plusieurs reprises. En attendant, c'est un défilé permanent de blindés, Caspir, Hippos ou Buffalos, ces derniers ressemblant à s'y méprendre à des bétonnières, si bien que l'on s'attend à tout moment à les voir verser dans le caniveau, convenablement concassée et malaxée, leur cargaison de soldats ou de flics.

À proximité du commissariat – un ancien bistrot, nous signale notre guide, « que les camarades ont incendié l'an dernier parce que l'alcool détournait le peuple de la lutte », et l'on devine à quel point le peuple a gagné au change –, dont la tour de guet et les hautes palissades renforcées de filets anti-grenades évoquent un camp retranché de la plaine des Joncs, la rue, défoncée, ravinée par les pluies ou les énormes pneus des blindés, est littéralement envahie par une quarantaine de kitskonstabels en survêtement bleu, qui progressent le doigt sur la détente, et la main gauche crispée sur la poignée permettant d'engager un projectile dans le canon de leur fusil à pompe.

Le conducteur de notre véhicule – une vieille japonaise aux sièges crevés, dont le ventre traîne par terre –, bien qu'à notre avis sa casquette Gavroche le désigne comme un sympathisant de l'ANC, s'engage avec une impavidité remarquable entre cette double haie de poulagas bleus. Il manifeste en revanche beaucoup plus de nervosité, un peu plus tard, lorsque nous atteignons les premières bicoques d'un quartier tenu par le parti adverse, les « vitdoeks », des milices qui, l'an dernier, ont mis à sac plusieurs maisons voisines de l'usine Portland Cement, et chassé leurs habitants en prenant soin d'en tuer quelques-uns chemin faisant.

Ces évictions périodiques d'habitants « surnuméraires », dont le dessein est souvent de les expédier dans les bantoustans, ou au diable de toute manière, et parfois d'améliorer l'habitat afin d'y installer des Noirs plus convenables, se traduit notamment par la prolifération d'abris temporaires, où des familles entières vivent entre quatre bouts de bois tendus d'une loque de plastique, à la merci du moindre coup de vent ou d'une grosse averse.

La voiture circule maintenant au niveau d'un désert de caillasse et de poussière d'où se détache la silhouette d'une église superstitieusement épargnée par les démolisseurs. Sur un pan de mur encore debout s'étale un slogan insultant pour l'archevêque Desmond Tutu, que les « camarades » considèrent comme une pauvre carpette doublée d'une vipère lubrique. Soudain, au milieu d'un immense terrain vague labouré par les bulldozers, se dressent des centaines de chiottes en ciment alignées comme à la parade.

Ce spectacle, assez hallucinant, témoigne de la munificence des autorités, qui ont engagé pour près de 10 millions de rands (1 rand vaut environ 3 francs) de travaux afin d'améliorer l'habitat dans le quartier d'Old Crossroads. Une fois les chiottes créées, l'eau amenée, les rues tracées en dur et l'éclairage public planté, mille trois cent quarante-sept heureux élus, apparemment choisis parmi les squatters des villages en plastique, sont invités à construire le reste avec les moyens du bord. Une résidente d'Old Crossroads, Mme Mazie Madigani, mère de famille nombreuse, interviewée dans un quotidien du Cap, fait part de sa satisfaction : « Avec l'eau courante, nous pourrons désormais être propres. » Quant à notre guide, avec une pointe de mauvaise foi – qu'il a déjà manifestée, peu de temps auparavant, en faisant grief aux autorités de ne pas ouvrir de bureau de poste à Z. avant d'admettre que les « camarades » avaient mis le feu au précédent – il soutient que ce chantier n'est peut-être pas destiné au relogement, ni ces chiottes au garde-à-vous véritablement des chiottes. Porté par un vent aigre, dont on dirait qu'il souffle en permanence sur les townships du Cap, le sable soulevé par les bulldozers crépite sur les monolithes de cet étrange alignement.

Johannesburg : Roseline Naapo, les poings dans le plat

Johannesburg est sans conteste la ville du monde qui a la plus forte densité de piscines. Cette circonstance entraîne chaque année la perte d'un nombre considérable de bébés. En été, la température s'élevant couramment au-dessus de 30°, on compte jusqu'à cinq ou six noyades de bébés par jour. Naturellement, il s'agit toujours de bébés blancs. On imagine aisément la scène, le corps nacré du bébé blanc se débattant lamentablement dans l'eau turquoise, parmi les massifs de plantes d'agrément, sous les grands arbres au feuillage vert sombre, tandis que dans l'ombre d'une véranda la nounou noire de service, inévitablement coiffée d'un bonnet informe, affecte de se concentrer formidablement sur le repassage d'un col de chemise. La scène se termine par un orage d'une violence et d'une soudaineté inouïes, la pluie hachant la surface désormais immobile de la piscine, et précipitant dans une fuite éperdue vers le sec ces énormes sauterelles aptères qui, avec les domestiques, et le cas échéant quelques têtes empaillées d'ornithorynques ou de potamochtouques, constituent dans les quartiers nord de Johannesburg la seule touche licite d'exotisme.

On estime qu'environ un million de personnes travaillent en Afrique du Sud comme domestiques. La plupart sont des femmes, et presque toutes sont noires, ou métisses.

Dans les quartiers résidentiels, on ne les remarque tout d'abord qu'à leur étrange habitude de s'endormir dans les parcs, au pied des arbres, tous ces corps fatigués, abandonnés, souvent en grappes, figés parfois dans des poses évoquant la mort violente plutôt que le repos, constituant une véritable aubaine pour les photographes pressés, anxieux de rapporter à tout prix d'Afrique du Sud des clichés didactiques. Ces petites siestes, d'ailleurs, ne vont pas toujours sans risque, puisque tout récemment, dans le Natal, un jeune automobiliste blanc, vraisemblablement un peu ivre et désireux d'épater son passager, prit pour cible une de ces bonnes endormies et lui passa deux fois sur le corps. Le jeune homme affirma par la suite qu'il voulait simplement lui faire peur, et que ses freins l'avaient trahi. Quant au passager, un détail l'avait surtout frappé : l'extrême embonpoint de la victime, qui fit que le conducteur dut s'y reprendre à deux fois pour faire passer sur elle ses roues arrière.

Fondé l'an dernier au Cap, au milieu d'un grand concours de peuple et d'une grande allégresse, le syndicat des domestiques – South African Domestic Workers Union – compte aujourd'hui quelque cinquante mille adhérents. Il dispose de trois petites pièces au septième étage de l'immeuble de la Cosatu, la centrale syndicale « de gauche », sur Jeppe Street, dans le centre de Johannesburg.

Exclusivement féminine, sa direction est composée d'anciennes domestiques, fortes de plusieurs années d'expérience ancillaire au service d'employeurs blancs ou noirs. Les seconds, de l'aveu du porte-parole du syndicat, étant dans l'ensemble encore plus coriaces, méprisants et rapiats que les premiers.

Douée d'un physique de catcheuse et d'une voix de maître d'équipage – au point que l'on se demande comment plusieurs employeurs ont pu, successivement, commettre l'erreur de l'embaucher –, Roseline Naapo est un peu la vedette du syndicat, depuis que le magazine noir *True Love*, dans le cadre d'un numéro spécial sur les bonnes, lui a consacré une double page.

À supposer que quiconque soit jamais devenu domestique par vocation, ce n'est assurément pas le cas de Roseline Naapo. Après des études d'infirmière, elle s'engage dans la police – par amour, dit-elle, de l'uniforme –, où elle fait merveille jusqu'en 1976. Cette année-là, on l'affecte au commissariat de police de Moroka, au beau milieu de Soweto, quelques jours avant le début des émeutes entraînées par l'introduction de l'afrikaans comme langue obligatoire d'enseignement. Le bilan de la première journée d'émeute est de vingt-cinq morts. Roseline donne sa démission de la police, et se retrouve sur le carreau.

Sa « trahison » lui interdisant de retrouver du travail dans l'Administration, elle devient domestique dans une petite ville du Transvaal, où le salaire moyen est d'une trentaine de rands – 90 francs – par mois. Elle-même se vante d'en avoir gagné d'emblée 75, et d'avoir terminé à 300 rands par mois, c'est à dire 100 de plus que le salaire minimum revendiqué aujourd'hui par le syndicat. Tout cela, si l'on peut dire, à la force du poignet, ou plus précisément de ses poings, et grâce à la trouille salutaire que son crochet du gauche inspirait à ses employeurs.

De pugilat en pugilat, la redoutable Roseline collectionne les cocards, les licenciements sans préavis, les amendes et les peines de prison avec sursis. Un de ses employeurs menace de la tuer à coups de revolver, mais s'abstient. En fin de compte, c'est la découverte du syndicalisme, et des mérites de l'action collective organisée, qui la mènera en prison, où elle vient de passer quatre mois. Membre de la direction nationale du syndicat, elle se consacre désormais à l'assistance juridique aux domestiques en litige avec leurs employeurs, et qui n'ont pas, comme elle, la ressource de se défendre avec leurs poings.

Les araignées, race supérieure

Le mois dernier, la presse sud-africaine annonçait au monde étonné que la « baboon-spider » ferait désormais l'objet de mesures de protection très strictes dans le Transvaal.

La « baboon-spider » est une créature de cauchemar, une sorte de mygale grasse et poilue, mais paraît-il complètement inoffensive, qui à Johannesburg se vend une vingtaine de rands comme animal de compagnie, et jusqu'à 50 dollars aux États-Unis. L'an dernier, environ deux mille de ces innocentes créatures ont été arrachées à la nature pour être vendues à des particuliers.

Les animaux, sauvages ou familiers, suscitent dans la presse sud-africaine d'information générale – pour ne rien dire des publications spécialisées, nombreuses et souvent excellentes – un intérêt considérable. Cet engouement n'est pas exempt d'ambiguïté.

D'un côté, en effet, il y a tout le battage organisé autour des mesures de protection qui, indéniablement, font de l'Afrique du Sud, sous ce rapport, le pays le plus policé de tout le continent. (Ces dispositions générales souffrent de quelques exceptions, et nous avons même rencontré, à mi-chemin de Johannesburg et de Pretoria, un taxidermiste obèse qui se vantait de receler 1,5 tonne d'ivoire de contrebande originaire des pays voisins, et d'avoir récemment soustrait aux recherches de la police, avec la complicité rétribuée d'un des flics, plusieurs centaines de spécimens naturalisés d'espèces protégées.)

Le monde doit à l'Afrique du Sud la sauvegarde du rhinocéros blanc, aujourd'hui si bien revenu qu'on peut même le chasser, d'ailleurs en très petit nombre, et à raison de 8 000 à 15 000 dollars par tête de bétail. La chasse au rhinocéros blanc a d'ailleurs donné lieu à l'une des péripéties les plus ubuesques des relations commerciales américano-sud-africaines, lorsque le Congrès a classé le rhinocéros parmi les « produits de l'agriculture et de l'élevage » boycottés aux États-Unis, puis a dû revenir dare-dare sur sa décision, sous la pression des chasseurs américains, qui sont à peu près les seuls au monde à pouvoir s'offrir une bête aussi onéreuse. Le Congrès eût-il persisté dans son premier dessein que les chasseurs, une fois la bête rectifiée, auraient légalement été dans l'impossibilité de rapporter aux États-Unis la bête naturalisée. Or à quoi bon chasser le rhinocéros si l'on ne peut accrocher sa tête au-dessus de la cheminée ?

Après le rhinocéros blanc, l'Afrique du Sud s'attaque désormais au problème beaucoup plus épineux du rhinocéros noir, menacé d'extinction par le braconnage effréné dans tous les pays d'Afrique où il se rencontre. Les premiers résultats sont encourageants, et la firme Total, qui ne manque aucune occasion d'afficher sa présence en Afrique du Sud, vient de verser 20 000 rands, dans le cadre de ce projet, à la direction des parcs nationaux du Natal.

L'autre ligne de force, dans les rapports que les Sud-Africains blancs entretiennent avec la faune sauvage, c'est une méfiance et une fascination ataviques pour la férocité du règne animal, dont il n'est pas besoin d'être bien malin, ou bien retors, pour imaginer qu'elle traduit un désir de retour aux sources, ou de fidélité aux origines « pionnières » qui fondent la légitimité de leur présence en Afrique.

Ainsi ne se passe-t-il guère de jour sans que la presse rapporte quelques sournoises attaques du règne animal contre le genre humain, généralement contrées avec une maestria, un courage qui témoignent de la suprématie de l'homme, et si possible de l'homme blanc, dans la hiérarchie des espèces. Un jour, c'est un cobra qui meurt la tête tranchée après avoir mortellement frappé un fermier de la région du Cap. Ou bien une mère, la femme d'un policier, par-dessus le marché, qui, dans le Transvaal, arrache in extremis sa fille de quinze mois aux anneaux d'un python de 4 mètres de long. Une autre fois, c'est un type qui a déjà la cuisse toute mâchouillée, une main hors d'usage, et par surcroît sa tête dans la gueule d'une lionne, et qui, de sa main valide, parvient à se saisir de son couteau de poche et à en frapper mortellement le fauve.

Mais le mieux, naturellement, c'est encore lorsque de pauvres Noirs, et, si possible, de pauvres Noirs indépendants, font appel à un grand chasseur blanc pour les délivrer de quelque dragon furieux. À cet égard, il semble que le crocodile soit de très loin le meilleur agent de relations publiques de l'Afrique du Sud auprès de ses voisins immédiats. Il était une fois, dans le petit royaume de Swaziland, un village dont quatre habitants avaient été dévorés par un crocodile gigantesque. Le même crocodile, méthodiquement, mangeait tout le bétail du village à la croque-au-sel. Ne sachant que faire, les survivants se tournèrent vers le département (swazilandais) de l'Agriculture et des Forêts, qui, à peine plus avancé, fit appel à un célèbre chasseur de fauves domicilié en Afrique du Sud. Le journal qui rapporte cette affaire ne dit rien de sa conclusion. Il précise seulement que le chasseur, Werner Perchtold, âgé de quarante-six ans, est un ancien guide de chasse qui aujourd'hui tient une boutique de souvenirs à Johannesburg, et dont le record, en matière de crocodiles, consiste dans un spécimen de 5 mètres de long.

En revanche, lorsqu'un animal sauvage est tiré sans nécessité apparente, l'incident peut prendre les proportions d'une affaire nationale. On l'a vu lorsque pour limiter les populations, apparemment pléthoriques, d'otaries du Cap, il fut question d'en zigouiller sous contrôle quelques centaines. Même le projet, beaucoup plus pittoresque, qui consistait à rejeter à la mer toutes les otaries prenant pied sur le rivage avec l'intention manifeste de s'y envoyer en l'air a suscité une levée de boucliers. Tout récemment, les foudres de l'opinion publique se sont abattues sur un fermier de la région du Cap coupable d'avoir exécuté un léopard sous prétexte qu'il regardait ses moutons d'un drôle d'air. Parmi les nombreux lecteurs du *Cape Times* qui ont écrit au journal pour faire part de leur indignation, l'un d'eux propose carrément d'envoyer le fermier rejoindre le léopard.

Johannesburg : Hillbrow ou la coexistence raciale en « zone grise »

Dans la salle du café Havelka, qui n'a de viennois que le nom, quatre vieilles sorcières, trois blanches et une métisse, dévorent de bon appétit un gros gâteau en forme de char d'assaut, pavoisé aux couleurs de l'Afrique du Sud, et dont le glaçage reproduit savamment les ocelles d'une peinture de camouflage. C'est un article que l'on retrouve fréquemment dans les pâtisseries de Johannesburg, symptôme anodin d'une surenchère sécuritaire qu'expriment plus brutalement la prolifération des agences spécialisées – dont certaines font figurer le « contrôle d'émeutes » dans le catalogue de leurs prestations – ou l'engouement des familles rurales pour ces blindés à l'épreuve des mines, dérivés des véhicules à bord desquels la police et l'armée patrouillent dans les townships.

De son côté, Wieslawa s'est contentée d'un millefeuille, et d'un café dont l'insipidité lui fournit un prétexte à d'amères récriminations contre la barbarie des Sud-Africains. À l'instar des Hongrois, nombreux à Johannesburg, et pour qui, dans toute l'histoire moderne, seules les victimes de l'insurrection de 1956 sont véritablement dignes de commisération, les Polonais d'Afrique du Sud semblent sincèrement convaincus de ce que les malheurs de leur propre communauté l'emportent infiniment sur ceux de tout le reste de l'humanité.

Voilà quelques années, Wieslawa habitait à Poznan. Son mari, officier, enseignait à l'école de guerre, elle-même travaillait à la cantine des usines Trabant, où l'on fabrique ces étonnantes petites voitures carrées qui se déplacent très lentement dans un bruit de machine à coudre. Tous deux, à la faveur d'un voyage organisé, ont quitté la Pologne, au moment où Solidarité était à son zénith, par crainte des complications que toute cette agitation ne manquerait pas d'entraîner. Ils avaient choisi le Canada, ils se sont retrouvés en Afrique du Sud.

Trop tard, de l'avis de Wieslawa. « Regardez ce gouvernement, ils sont stupides, ils sont fous. » Le visiteur, habitué aux raisonnables diatribes des libéraux blancs contre l'intransigeance et l'immobilisme du gouvernement, opine du bonnet. Mais, cette fois, c'est de tout autre chose qu'il s'agit.

Alors que d'honnêtes Polonais, arrivés voilà plusieurs années, en sont encore à rechercher une villa avec piscine, le gouvernement investit 90 millions de rands dans la réhabilitation du ghetto noir d'Alexandra, un bidonville enclavé parmi les quartiers les plus chic de la banlieue résidentielle de Johannesburg. « Tout ce qu'ils font, se plaint Wieslawa, c'est pour les Noirs. » « Il n'y en a que pour eux. » Elle ne dit d'ailleurs pas Noirs, mais « Kaffir », un terme officiellement banni pour sa connotation raciste, et qu'elle savoure avec une expression presque démente de volupté. « Regardez autour de vous, insiste-t-elle, regardez comment ce quartier d'Hillbrow, traditionnellement un quartier blanc, est désormais infesté de nègres. »

Hillbrow, quelques rues tirées au cordeau, sur une hauteur, dans le centre de Johannesburg, constitue en effet une de ces entorses au système, de plus en plus nombreuses en Afrique du Sud, dont on ne sait trop si elles présentent un caractère expérimental ou fortuit, si elles sont appelées à se développer ou à disparaître, les autorités, afin de ne mécontenter personne, évitant en général de se prononcer sur ces situations de fait qui alimentent d'interminables controverses.

Depuis quelques années, et sans que le Group Area Act, qui préside à la ségrégation raciale dans le domaine du logement, ait jamais officiellement été remis en question, on assiste, en particulier dans le centre des grandes villes, au développement de ces « zones grises » où les races coexistent bon gré mal gré sous les auspices du fast-food, du lavomatic et des jeux électroniques.

Paradoxalement, ce qu'il y a de remarquable à Hillbrow, c'est précisément cette absence de tout caractère spécifique – à l'exception peut-être du Biltong, ces lanières de viande séchée de bœuf, d'antilope ou d'autruche, que les gens mâchouillent pensivement –, cette médiocrité tapageuse qui est le lot commun de tous les quartiers de nuit dans toutes les villes de l'hémisphère occidental.

Il y a là des restaurateurs italiens, portugais, allemands ou grecs – Hillbrow a toujours été un quartier de transit, une porte d'entrée pour les immigrants blancs nouveaux venus en Afrique du Sud – adonnés à la contrefaçon de leurs spécialités nationales, de sémillants homosexuels bondissant dans des tenues de jogging impeccables, des cinémas où l'on peut voir Whoopy Goldberg rouler ses yeux bleus globuleux parmi ses petites tresses noires, des théâtres et des boîtes de nuit, des épaves de toutes sortes, et de toutes les couleurs, à différents degrés de décrépitude, des flics extrêmement prompts à gifler à la volée les délinquants noirs, et peut-être même les blancs, des vieillards circonspects et qui ne sortent guère à la nuit tombée, des assassins que l'on a très rarement le loisir d'observer dans l'exercice de leur activité, mais dont on entend beaucoup parler, des gardiens noirs armés d'ordinaires matraques ou de casse-tête plus exotiques, des épiceries ouvertes toute la nuit, des tapineuses multiraciales en faction devant l'hôtel Quirinale, et même une libraire comme nous n'en avons pas cinq à Paris, où jusqu'à 10 heures du soir on débite au mètre cube de la littérature anti-apartheid.

Au coin de Van der Merwe et de Banket, sous l'œil indifférent d'une tapette noire costumée en jockey, une dame également noire, extrêmement forte, tabasse avec une férocité méthodique un vieil homme – sans doute son mari – manifestement annihilé par une cuite formidable. Les pochards sont extrêmement nombreux à Hillbrow, peut-être parce que le quartier offre des facilités particulières aussi bien pour faire la manche que pour se procurer de l'alcool. L'intégration raciale semble être d'ores et déjà une complète réussite chez les clochards qui, s'ils n'échangent pas encore leurs jambes de bois, cohabitent pacifiquement sur les mêmes emplacements. Hillbrow est ainsi l'un des rares endroits, en Afrique du Sud, où un Noir puisse s'offrir le luxe de faire l'aumône à un Blanc.

D'après des statistiques publiées récemment par la municipalité, rien que dans le Central Business District de Johannesburg, sept cent cinquante logements « blancs » seraient inoccupés, tandis que près de cinq mille métis et plus de huit mille Asiatiques moisissent depuis des années sur les listes d'attente.

À l'échelle du pays, et toujours d'après les chiffres officiels, c'est par centaines de milliers – plus de six cent mille – que se comptent les non-Blancs à la recherche d'un logement. Les Noirs, les métis et les Indiens qui ont illégalement élu domicile à Hillbrow peuvent être des squatters, ou des locataires réguliers qui, pour tourner le Group Area Act, ont loué par l'intermédiaire de prête-noms blancs. Il existe même des entreprises spécialisées dans ce genre de démarches, dont il n'est pas exclu qu'elles entraînent à la longue une véritable érosion de l'apartheid. Les loyers sont élevés, mais il y a toujours la ressource de partager, et ceux qui en ont les moyens estiment sans doute que l'on ne paye jamais trop cher pour échapper au désordre et à la violence des townships, celle de la police, de l'armée, des libérateurs ou des milices de toutes obédiences. Il est d'ailleurs intéressant d'observer que Hillbrow, avec un taux de criminalité apparemment comparable à celui de n'importe quel quartier de nuit dans une capitale européenne, est tenu pour un havre de paix par la plupart de ses habitants noirs ou métis, et pour un coupe-gorge par beaucoup de ses habitants blancs.

Une étude sur la perception des « zones grises » dans l'agglomération de Johannesburg, publiée récemment par une équipe de chercheurs de l'Université du Rand, fait apparaître qu'environ neuf mille métis, six mille Indiens et cinq mille Noirs, sur une population globale estimée à soixante-deux mille personnes, résident désormais dans les quartiers limitrophes de Hillbrow, Berea et Joubert Park. Parmi les cent soixante-huit chefs de famille, appartenant aux différents groupes raciaux, sélectionnés par les auteurs de l'étude, soixante-neuf, en majorité des Blancs, ont refusé de répondre à leurs questions.

Chemin faisant, les enquêteurs ont rencontré d'autres difficultés, liées à la composition socioculturelle assez particulière des quartiers concernés. Certains « chefs de famille », en effet, avaient le jour même de l'entretien abusé de toxiques divers au point de ne pouvoir articuler une réponse, et, parmi les « foyers » sélectionnés, il s'est avéré que plusieurs étaient des bordels, ou des communautés homosexuelles apparemment privées de chef de famille…

Bon an mal an, il ressort de cette étude qu'une grande majorité de sondés considèrent l'expérience des « zones grises » comme positive. Dans le détail, 100 % d'Indiens, plus de 90 % de Noirs et de métis, 76 % de Blancs expatriés et 67 % de Sud-Africains blancs perçoivent les relations interraciales comme bonnes ou très bonnes. C'est parmi les Sud-Africains blancs que l'on enregistre le plus de réponses négatives – 31,5 % –, et cela d'autant plus que l'on s'adresse à des gens plus pauvres et plus âgés.

À une question, plus subtile, sur l'évolution des relations interraciales à l'épreuve de la cohabitation, 83,5 % d'Indiens, 62,5 % de métis, 57,1 % de Noirs, et seulement 27 % de Blancs sud-africains, répondent qu'elles se sont améliorées, tandis que 36,5 % de Blancs, contre seulement 9,5 % de Noirs, considèrent qu'elles se sont détériorées.

En ce qui concerne les Noirs, il ressort du même sondage que plus de 76 % d'entre eux considèrent l'obtention du droit de vote comme tout à fait secondaire par rapport à la suppression de l'apartheid dans le domaine du logement, des loisirs, de la santé et de l'éducation.

Quant aux Blancs, de toutes les commodités qu'ils pourraient être amenés, dans un avenir proche, à partager avec les Noirs, ce sont les toilettes dont ils souhaitent le plus ardemment conserver l'exclusivité. En revanche, une grande majorité de sondés se félicite de l'ouverture des parcs et des jardins publics à toutes les races, même si, en privé, ou dans le courrier des lecteurs des journaux, les Blancs sont nombreux à se plaindre de la propension des Noirs à faire leur lessive de la semaine dans les pièces d'eau, à abandonner sur les pelouses les reliefs de leur pique-nique, voire à scier les arbres afin de se procurer du bois de chauffage.

Dans le même ordre d'idées, le curé de la plus vieille église de Durban se plaint dans les colonnes d'un quotidien local de ce que les usagers noirs d'une station de taxis collectifs aient ruiné son petit commerce, dérobant tous les objets sacerdotaux, importunant les fidèles, et poussant l'audace jusqu'à se soulager dans les confessionnaux, « alors, insiste le saint homme, qu'il y a des toilettes publiques à moins de 50 mètres. »

Johannesburg-Soweto, le rêve improbable d'une bourgeoisie noire

Le samedi, lorsque les bureaux du Central Business District sont désertés par leurs usagers blancs, le centre de Johannesburg s'africanise à tel point qu'un observateur superficiel, faisant abstraction de la taille inusitée des buildings, ou de leur densité, pourrait se croire transporté dans la capitale ne n'importe quel État au nord du fleuve Limpopo. Avec, toutefois, une petite touche afro-américaine caractéristique de la culture noire sud-africaine, et qu'accentue fortuitement, ici et là, une architecture des années trente très portée sur la brique, et très prodigue en escaliers de secours métalliques, dont le type a été immortalisé par *West Side Story*.

Le hululement des sirènes, que les flics sud-africains, particulièrement arrogants et frimeurs, utilisent peut-être encore plus volontiers que leurs collègues américains, ne dément pas cette illusion, non plus que les petits canotiers dont se coiffent volontiers les Noirs âgés, ou les casquettes discrètement provocantes des plus jeunes.

Les chemins de fer sud-africains ont trouvé un ingénieux équivalent de l'apartheid en réservant aux voyageurs de première classe les gares jadis réservées aux Blancs, les trains étant formés en sorte que les wagons de première classe s'arrêtent à la hauteur de cette gare pour riches, tandis qu'en queue, les wagons de deuxième et de troisième classes déversent leurs passagers noirs ou métis dans la gare pour pauvres. D'autre part, sur chaque train, plusieurs wagons de première classe sont toujours explicitement réservés aux Blancs, cette disposition étant notifiée sur des panneaux escamotables, et dont on ne peut prétendre, par conséquent, qu'ils résultent d'une négligence ou d'un oubli.

À Johannesburg, la gare des Blancs – pardon, la gare des premières – dispose d'une horloge en état de marche, et la gare des Noirs d'une horloge cassée, comme si le temps, désormais, n'était compté qu'aux premiers. C'est dans le voisinage de la gare que culmine l'impression fugitive de se trouver en Afrique tout court, et non pas en Afrique du Sud. Ici, les piétons traversent les rues sans regarder, juste sous le nez des automobiles. La foule, presque exclusivement noire, très dense, baguenaude ou s'attroupe dans les rues piétonnières, et sur les trottoirs encombrés de petites échoppes où l'on débite en plein vent des comestibles de toutes sortes, des peignes en plastique ou des bijoux de pacotille. Les magasins les plus conséquents sont tenus par des Indiens, et l'on y trouve de tout, y compris, dans certaines boutiques spécialisées, tout un bric-à-brac de petits fagots, de lambeaux d'écorce, de poudre et de brindilles, de touffes de poil et d'ailes d'oiseaux, de cauris, de têtes de poisson ou de queues de rat, qui selon des modalités mystérieuses doivent intervenir dans des rituels compliqués, peut-être légèrement inquiétants, et somme toute parfaitement conformes à l'idée que le premier venu se fait de l'Afrique des profondeurs.

Non loin de la gare ferroviaire, sur Union Grounds, s'est établie la gare des taxis collectifs. Conjointement avec les bus, ils relient le centre de Johannesburg à la lointaine et gigantesque métropole noire des South Western Townships (Soweto). Mais tandis que les autocars de la Putco, même lorsqu'ils ne tombent pas sous le coup d'un mot d'ordre de boycott, constituent un symbole éventuellement honni du pouvoir blanc, les taxis collectifs attestent la réussite, évidemment marginale, de quelques capitalistes noirs particulièrement avisés.

La Sabta – Southern African Bus and Taxi Association –, qui regroupe les entreprises noires de transport automobile, compte aujourd'hui quarante mille affiliés, et elle est représentée auprès de plusieurs instances officielles. Économiquement, elle « pèse » 800 millions de litres de carburant par an, et quelques 800 millions de rands rien qu'en pièces détachées. Cela n'a pas empêché les autorités, soutenues par les compagnies d'autobus, mais combattues par l'industrie automobile, de s'opposer longtemps au développement de ces entreprises noires indépendantes, et aujourd'hui encore, la municipalité de Pretoria s'obstine à leur refuser l'ouverture dans le centre ville d'une aire de stationnement. En même temps, le ministre des Transports prodigue à la Sabta toutes sortes de flatteries. Il se retrouve, côte à côte avec des personnalités militantes – et radicales – de Soweto, à la tribune d'une conférence organisée par l'association, et lors de laquelle son président noir,

M. James Ngcoya, provoque un incident de séance en se prononçant contre les sanctions économiques.

Ces péripéties illustrent les difficultés de toutes sortes auxquelles se heurte une bourgeoisie noire encore embryonnaire, et dont le développement est envisagé par beaucoup de libéraux blancs, ou de noirs modérés, comme le remède le moins dévastateur aux maux dont souffre la société sud-africaine.

Récemment, le « chief » Buthelezi s'en est fait l'avocat, avec sa fougue et son habileté coutumières, devant un public de banquiers et d'hommes d'affaires réunis pour l'entendre au Rand Club de Johannesburg, véritable saint des saints du grand capital, bâti au début du siècle sur le modèle du palais Farnèse. Premier ministre du Kwa-Zulu, dont il a refusé l'« indépendance » octroyée par Pretoria, et chef du puissant mouvement zoulou Inkatha, Buthelezi, avec un certain nombre d'intellectuels blancs libéraux, est à l'origine du projet de confédération du Natal – blanc – et du Kwa-Zulu – noir –, selon des modalités infiniment subtiles et complexes, ambiguës et séduisantes, destinées à sauvegarder, après l'abolition de l'apartheid, les intérêts vitaux des différents groupes raciaux.

Black is beautiful

Dernier-né d'un groupe de presse dirigé par un Grec, Greg Psilos, et qui publie déjà deux magazines chic, *Living* et *De Kat*, à l'intention respectivement des dames anglophones et néerlandophones, le mensuel *Tribute* vise explicitement la clientèle noire haut de gamme. Bien que la tonalité générale des articles de fond soit nettement anti-apartheid, et qu'il se garde sur sa gauche en publiant une assez anodine interview de Zinzi Mandela, l'une des filles de Nelson, tout ce qui concerne la consommation ou les loisirs, dans ce magazine, donne une impression d'irréalité, de vertige, presque comparable à celle qu'engendre dans les townships l'omniprésence orwellienne de ces immenses panneaux de propagande appelant Blancs et Noirs à « bâtir tous ensemble un avenir meilleur ».

La même impression, d'ailleurs, se dégage des affiches publicitaires qui désormais, régulièrement, mettent en scène quelques Noirs heureux, tirés à quatre épingles, au milieu d'une foule de Blancs hilares, enchantés à la fois de la qualité du produit vanté, et de se trouver en compagnie de Noirs d'aussi bonne composition. Le rapport réel des races y est systématiquement inversé, de même que dans ces spots, à la télévision, où l'on voit par exemple – il s'agit d'une publicité pour Volkswagen – un docker noir, sur un quai d'East London ou de Port Elizabeth, rabattre familièrement sur le nez d'un contremaître blanc la visière de son casque.

Quant au magazine *Tribute*, il présente ainsi toute une kyrielle de Noirs adonnés à des activités de Blancs, c'est-à-dire sirotant du champagne dans des trains de luxe, mangeant des pamplemousses et des yaourts maigres au petit-déjeuner afin de garder la ligne, décochant adroitement des balles de golf ou surveillant les progrès de leur chien de race lors d'une séance de dressage. La rubrique des mondanités, calquée sur celle de *Vogue*, met en scène des dames de la bonne société de Soweto qui, pour la plupart, n'ont manifestement pas tenu compte des conseils de diététique prodigués par le même journal. Enfin le comble du mimétisme – ou de la schizophrénie – est atteint dans la rubrique « Design et décor », où, dans le style « Maisons et Jardins », on nous présente sur quatre pages abondamment illustrées un intérieur de jardin, à Soweto, dont le niveau de luxe, ou de recherche décorative, n'excède guère les normes habituellement requises pour une maison de garde-barrière.

Au demeurant, le premier numéro de *Tribute* s'est vendu à plus de 20 000 exemplaires, même si sa rédactrice en chef, Maud Montanyane, convient de ce que le propos du magazine est de faire rêver ses lecteurs plutôt que de leur présenter une image réaliste de leurs conditions de vie. Elle-même habite une township très éloignée de Johannesburg, et dont les rues en terre sont généralement impraticables après la pluie…

L'autre côté de la légende

Aux côtés de Lucky Michaels, le président de l'Association des propriétaires noirs de débits de boisson, ou de Richard Maponya, vraisemblablement le seul Noir d'Afrique du Sud à posséder des chevaux de course, Ephraïm Tshaballala fait partie de ces capitalistes noirs que l'on vous cite à tout bout de champ, tant il est vrai qu'ils doivent se compter, à peu de choses près, sur les doigts des deux mains.

La légende prétend que Tshaballala aurait commencé sa carrière en ramassant dans les poubelles des Blancs des os dont il faisait de la gelée pour les Noirs. Maire démissionnaire de Soweto, il s'en remet aujourd'hui à son fils, formé aux États-Unis, pour la gestion de sa fortune, que l'on dit considérable. Il n'y paraît guère lorsque l'on considère sa maison, en plein cœur de Soweto, devant laquelle il passe le plus clair de son temps, dans un fauteuil d'osier, à boire et à fumer au point que sa poitrine, énorme, fait un bruit de soufflet de forge, et que sa voix est désormais presque inaudible.

Son parti politique, que personne ne semble prendre très au sérieux, fait campagne à la fois pour la disparition de l'apartheid et le retour à Soweto de l'Inkomazi, une entreprise alimentaire afrikaner actuellement victime d'un boycott. « C'est eux qui font la viande la moins chère », insiste Tshaballala. Lui-même a de gros intérêts dans le commerce d'alimentation. Puis, l'œil égaré, le souffle court et rauque, il bredouille quelques propos inintelligibles sur la cruauté du pouvoir blanc et les destinées de son peuple, agitant ses énormes mains, pathétique comme une très vieille baleine échouée sur le rivage d'une mer menaçante.

Rouleau compresseur sur Diagonal Street

Pendant longtemps, le quartier de Diagonal Street – « Diagonal City » – a constitué l'un des derniers refuges, à Johannesburg, de cette architecture coloniale britannique caractérisée notamment par ses galeries couvertes reposant sur de minces colonnettes de fonte. Toutes les races s'y côtoyaient, avec un très net avantage pour les Indiens, parmi des boutiques et des restaurants de toutes obédiences, ouverts jour et nuit. Les vices les plus nécessaires y fleurissaient en toute innocence, à tous les coins de rue.

Le rouleau compresseur du puritanisme mercantile est d'abord passé sur le quartier chinois, dont il ne reste plus que deux ou trois immeubles à vocation commerciale, perdus au milieu d'un parking sauvage aux contours indécis. Auparavant, on avait interdit aux Chinois de célébrer dans la rue le Nouvel An : tintamarres, feux d'artifices et dragons offensaient le bon goût des Sud-Africains blancs, dont les réjouissances habituelles sont tellement plus raffinées.

La De Beers, qui possédait presque tout la quartier, a installé sur Diagonal Street son nouveau siège, Barnib House, un énorme diamant – d'ailleurs magnifique, il faut en convenir – de verre et d'acier. En même temps, la De Beers faisait restaurer les derniers petits immeubles victoriens de Diagonal Street, et rajouter ici et là quelques lampadaires en fonte, biscouillus, du goût le plus exquis.

Et voici qu'aujourd'hui une filiale de la même société menace de jeter bas les derniers vestiges de ce quartier, pour construire à la place une tour de bureaux, alors que les tours voisines semblent largement inoccupées. Le marché aux fruits, notamment, où l'on mange les bananes les plus succulentes de tout l'hémisphère austral, serait appelé à disparaître dans la tourmente. Grande est la consternation des marchands indiens de fruits et d'épices, même si plusieurs associations, et des organismes officiels comme le National Monuments Council (Conseil national pour la préservation des monuments), se sont aussitôt élevés contre ce projet. « Anyway, they have already taken the beauty out of Johannesburg [1] », nous déclarait l'un d'eux en pelant tristement l'une de ces fameuses petites bananes.

Libération, *28 au 31 juillet 1987*

1. « De toute façon, ils ont déjà retiré la beauté de Johannesburg. »

La vie quotidienne dans le Golfe au temps des ayatollahs

En dehors des communiqués de guerre, le golfe Persique existe-t-il ? Et le détroit d'Ormuz ? Bien que les témoignages de marins divergent parfois sur ce point, la plupart permettent de répondre par l'affirmative. Si l'existence du détroit est sujette à caution, c'est que bien souvent on le franchit de nuit, et d'autres fois dans une brume de chaleur qui en dissimule les deux rives. Les routes maritimes les plus fréquentées passant au ras de l'île Didamar (ou Petit Coin), dans les eaux du sultanat d'Oman, la rive occidentale est généralement mieux connue des navigateurs que la rive adverse. Cette presqu'île de Musandam, dont les hautes falaises ocre et ravinées, par temps clair, forment avec les eaux bleues du golfe d'Oman un contraste des plus attrayants, constitue sur la rive arabe l'un des derniers refuges du pittoresque, l'un des derniers sanctuaires où se perpétuent des habitudes presque inchangées depuis que Thesiger hantait ces solitudes en compagnie de nomades farouches et charmants. On prétend même que l'esclavagisme – un esclavagisme d'ailleurs paternel, en quelque sorte, et bon enfant – s'y donnait encore récemment libre cours, au bénéfice de sheiks locaux, et au détriment d'immigrants indo-pakistanais clandestins, que leurs passeurs, après les avoir bien essorés, abandonnaient volontiers sur ces rivages désertiques.

Supposons que nous venions de passer le détroit d'Ormuz sans autre péripétie que la rencontre d'un patrouilleur iranien, et la visite à bord de quelques escogriffes barbus, dont nous avons noté avec intérêt qu'ils étaient armés de mitraillettes israéliennes Uzi. Sur la passerelle, le thermomètre affiche un petit 40°. Calme plat. Quelques piafs, de concert avec quelques dauphins bondissants, des bancs de thons ou de bonites, et quantité de serpents marins bicolores (jaune et noir) témoignent de la persistance d'une vie animale dans le Golfe. Ces détails méritent d'être rapportés, si l'on tient compte de ce que les bombardements de puits offshore, de terminaux pétroliers et de supertankers ont entraîné depuis quelques années le déversement dans ces eaux peu profondes de quantités apocalyptiques d'hydrocarbures.

À propos de forages offshore, on voit naturellement beaucoup de plates-formes dans le Golfe, un peu moins qu'autrefois, cependant, comme en témoigne tout le matériel déclassé, victime de la récession pétrolière, qui dans les Émirats encombre notamment les bassins du port de Sharjah. Jadis, le spectacle de ces architectures métalliques arachnéennes et puissantes, et des incessants mouvements de supply-ships qu'elles induisent, pouvait à la rigueur constituer une distraction, dans ces parages où l'œil n'a pas grand-chose à se mettre sous la dent. Depuis que l'Iran y fait paître ses hélicoptères, il inciterait plutôt à rentrer la tête dans les épaules, particulièrement dans les parages d'Abu Musa. En dépit de ces complications, le Golfe reste l'une des mers du globe les plus fertiles en navires de toutes sortes. Les pétroliers – et dans une moindre mesure les transporteurs de gaz liquide – se taillent naturellement la part du lion. Les cargos classiques, les porte-conteneurs et les vraquiers sont également nombreux. Quant aux remorqueurs spécialisés dans la lutte anti-incendie, on n'en trouvera nulle part ailleurs de telles concentrations.

Un autre type de navire caractéristique du golfe Persique, c'est le moutonnier. Les navires moutonniers, avec leur superposition de ponts à claire-voie, réunis par des échelles obliques, ressemblent assez à des parkings flottants ou au centre Pompidou tel que le décrivent ses contempteurs. Ils ne sont pas épargnés – particulièrement ceux qui desservent le Koweït – par la fureur des belligérants, et le martyr de milliers de moutons innocents a joué un rôle décisif dans le lancement en Australie d'une campagne hostile aux exportations maritimes d'ovins vivants.

Tout cela, cependant, pâlit à côté de la seule embarcation véritablement endémique de la région, le boutre, qui, sous différentes espèces, dont la plus belle, et la plus fidèle aux origines, est incontestablement le « boum » iranien, continue de pulluler. Le boutre est tellement polyvalent qu'on a pu le soupçonner, sans doute à bon escient, d'être pour quelque chose dans la prolifération de grosses marmites qui donnent tant de fil à retordre aux Américains. Le boutre est capable de tout, le meilleur et le pire. À la voile ou au moteur, et le plus souvent aux deux, il achemine vers le Golfe des chèvres somaliennes ou des chameaux du Baluchistan, des immigrants clandestins, de l'eau de rose iranienne, des oignons du Gudjarat, de l'héroïne afghane et de la bouse de vache pakistanaise. Le boutre redistribue dans tout le Golfe, et bien au-delà, jusqu'en Inde ou au Yémen, toute la camelote de précision qui transite, duty-free, par les Émirats. Dubaï est dans le monde le plus grand port de boutres. Le monarque local, Sheik Rashid, a bâti sa fortune sur la contrebande de l'or, que des boutres chargés à Dubaï acheminaient – et acheminent encore – en Inde. Sur la Creek, entre le Sheraton et le siège de Gray-Makenzie, des boutres iraniens, par dizaines, chargent à longueur de journée tout ce que les grands et les petits satans peuvent fabriquer de plus délétère, y compris des magnétoscopes, des lave-vaisselle ou des BMW, et des motocyclettes japonaises qui vraisemblablement, au moins pour certaines, seront utilisées sur le front par des pasdarans opérant en duettistes, l'un tenant le guidon et l'autre un lance-roquettes. On voit par là que rares sont dans le Golfe les pays qui mettent tous leurs œufs dans le même panier. C'est également à Dubaï que les pétroliers assurant la navette de Kharg viennent recevoir les soins préventifs de techniciens britanniques, ou se faire boucher les trous que leur font nos perçants Exocet.

Même du temps où l'on n'y risquait pas de rencontre fatale, le golfe Persique jouissait déjà, auprès des marins, d'une réputation détestable. Prenez par exemple Ras Tanurah, le grand terminal pétrolier saoudien. Les bouées de chargement sont à plusieurs milles du rivage que l'on distingue à peine, ou pas du tout. Il n'y a d'ailleurs rien à voir : chaleur et poussière, quelques vieux cargos plantés sur les bas-côtés du chenal de Damman par des capitaines de fortune. Bien que les marins ne risquent guère, par conséquent, de contaminer les pieux sujets du roi Fahd, les autorités interdisent la consommation d'alcool à bord des navires qui stationnent dans leurs eaux territoriales. Le jeu, pour les marins décidés à ne pas se mettre au régime, consiste à disposer une touque de pinard débouchée à proximité immédiate de la porte grillagée qui ferme la cambuse. Sitôt après la visite des autorités – parfois désignées comme les « chemises de nuit », par référence à leur costume national –, et la pose de scellés sur la cambuse, on glisse à travers le grillage un tuyau afin de siphonner autant de velours de l'estomac qu'il en faut pour la consommation du bord. Afin de parer à toute éventualité, le vin est présenté dans une cafetière et servi dans des tasses. Les règles sont encore plus strictes pour les navires qui doivent aller à quai au lieu de mouiller au large. Ce n'est pas, d'ailleurs, que les Saoudiens soient systématiquement hostiles à la présence d'étrangers sur les quais de Damman, où l'on ne voit guère que des Pakistanais, des Coréens ou des Philippins employés aux basses besognes. Mais cette tolérance ne s'étend pas aux marins, même l'officier chargé de surveiller les opérations de chargement ou de déchargement n'ayant pas le droit de mettre un pied sur le quai, protégé d'une telle souillure par un gardien armé posté en bas de la coupée. Peut-être ces mesures se justifient-elles, aux yeux des Saoudiens, par leur conviction, maintes fois réaffirmée, que leur pays tout entier est une mosquée, ce qu'atteste d'ailleurs l'extrême propreté de leurs ports et leur inflexible sévérité à l'égard des pollueurs nautiques.

L'accueil est sensiblement moins râpeux dans les Émirats ou dans les autres petits États arabes riverains du Golfe, où les infidèles ont généralement toute liberté d'aller à terre. Quant à s'y amuser, c'est une autre paire de manches. À Koweït, il y a toujours la ressource d'aller dans le souk pour acheter un narghilé probablement fabriqué à Hong Kong. L'honnêteté scrupuleuse des commerçants, susceptibles de courir à perdre haleine pour vous rapporter une pièce de monnaie oubliée sur le comptoir, fait toujours l'admiration du marin en escale, qui, pour sa part, l'aurait tout aussi bien mise dans sa poche. À Dubaï, outre d'inépuisables réserves de marchandises hors taxe et les boutiques d'orfèvres dont les bijoux viennent paraît-il d'Italie, il y a les planches à voile du Club nautique, le restaurant panoramique du Hyatt et sa patinoire – très recherchée par la clientèle locale pour les émouvantes jupettes des patineuses d'âge scolaire –, la clinique des faucons et le dromadodrome. Dans cette mer d'abstinence et de contention, Manama, sur l'île de Bahrein, faisait autrefois figure de Sodome et Gomorrhe. Il se peut que les pressions exercées par l'importante communauté chiite, ou par l'Arabie Saoudite, qui a financé la construction du pont reliant Bahrein à la terre ferme, aient mis un terme à ces débauches. Nous ne ferons pas le voyage pour vérifier ce qu'il en est aujourd'hui des deux ou trois boîtes où des Saoudiens, venus du fin fond de leur royaume, se damnaient pour boire du whisky-Coca et regarder des Australiennes dodues frétiller du derche en tutu pailleté.

L'Événement du jeudi, *10 au 16 septembre 1987*

En attendant le *Stakhanoviste*

De prime abord, on ne voit guère ce que les Russes, et moins encore les Russes envisagés sous l'espèce des Rouges (*Reds*), pourraient venir faire à Ullapool. Et cependant, n'était-ce pas sur les traces des Russes (des Rouges) que les hordes de Fleet Street vinrent à plusieurs reprises planter leurs tentes et dresser leurs antennes sur les rives généralement brumeuses du Loch Broom, autrement dit le Loch Balais ?

Oh ! Saisons ! Oh ! Balais ! Que de barques dans le port d'Ullapool, et, sur la place, quel froid ! Tout cela n'était pas clair non plus pour la réceptionniste du Royal Hotel, dont les fenêtres jouissent pourtant d'une vue imprenable sur les eaux couleur d'ardoise du Loch Broom. *The Russians ? Of course ! Yes indeed ! Many of them ! Quite a lot !* Je vous épargne l'accent écossais, et la précipitation du débit, comme si, de toute manière, la réceptionniste du Royal Hotel désespérait d'être entendue. *Herrings ! Mackerels !* Achetant des uns, vendant des autres, harengs contre maquereaux, et le tout à l'avenant. Mis en boîte ! *Frozen ! Factory-ships ! Klondykers !* De nouveau *quite a lot !* Un casse-tête. *Squid, yes, a little octopus, this size, I mean a kind of octopus* [1]. Et *friendly ! Defectors !* Au fait, que venaient-ils faire, les transfuges, dans cette histoire de petites pieuvres réfrigérées ? Sans doute, au terme de longues recherches, pûmes-nous dénicher dans l'annuaire du téléphone un Russe probable, Leontiev, ou peut-être Lermontov, dans la localité toute proche de Lochinver, qui s'enorgueillit également d'un hôtel Gulag, ou Culag, d'après la rivière du même nom. Toutefois Lermontiev ne répondait pas au téléphone, et l'hôtel Culag, d'où l'on voyait des phoques se livrer dans le Loch Inver à de véritables numéros de cirque, au point que je pourrais jurer que l'un d'entre eux au moins, ventre blanc ivoire taché de gris cendre (*Halichoerus grypus*), parvenait à se croiser les mains sous la nuque pour faire la planche, l'hôtel Culag

---

1. Calmar, oui, petite pieuvre, de cette taille, je veux dire une espèce de pieuvre.

paraissait peuplé uniquement de rares pêcheurs de saumons, ou tout du moins de pensionnaires affectant de s'adonner exclusivement à cette pêche délicate, et dont le dernier en date, un certain Jonathan Swann, avait consigné dans le livre d'or la prise de plusieurs spécimens remarquables, d'au moins 3 livres. Le jour où Swann, après qu'à l'occasion du high-tea une main anonyme eut déposé sur sa serviette, pliée avec soin, une fleur de bambou-flèche (circonstance d'autant plus remarquable que cette plante ne fleurit qu'une fois par siècle), quittait précipitamment l'hôtel Culag pour regagner Inverness, où nous tenons pour certain qu'il possède un commerce de *Ship-antiques*, la presse titrait sur les révélations fantastiques d'un vieil espion exilé chez les kangourous, Peter Wright, dont le livre venait d'être banni en Grande-Bretagne. *Assassination ! Plot ! Revealed ! Oust ! Soviet subversion of the Labour Party ! Frolic and August !* Il en ressortait notamment que les Russes, en 1963, avaient fait assassiner Hugh Gaitskell, le leader du parti travailliste, en lui inoculant le lupus, une maladie de chien, afin de pousser à sa place Harold Wilson, un homme à eux. Dans ce genre d'histoire, il faut toujours faire la part du goût insatiable des Britanniques pour la trahison et les scandales sexuels, la perfection du bonheur étant atteinte lorsque les deux sont réunis, comme dans l'affaire Profumo, qui permit au monde entier de découvrir les formes intéressantes de Christine Keeler. Les journaux qui portaient aux nues les révélations de Peter Wright se délectaient également des derniers rebondissements de l'insignifiante affaire Archer. Toutefois, si les Russes avaient fait assassiner Gaitskell, s'ils contrôlaient en effet les syndicats, les partis, et jusqu'aux services spéciaux britanniques, un tel déploiement, compte tenu du caractère insulaire de la Grande-Bretagne, impliquait naturellement l'existence de filières d'infiltration et d'exfiltration tirées à quatre épingles. Pas dans le genre des nôtres. Et, dans cette hypothèse, il est indéniable que le Loch Broom, où, pendant six mois de l'année, flotte en permanence le pavillon rouge frappé de la faucille et du marteau, avec quelques variantes, constitue un décor particulièrement propice aux exercices de métamorphose ou de transsubstantiation des hommes de l'ombre.

Au départ de Glasgow ou d'Édimbourg, il faut environ cinq heures de route pour atteindre Ullapool, et peut-être trois de moins au départ d'Inverness. En plein mois de juillet, c'est à peine si le bruit du moteur, et des essuie-glaces tournant à plein régime, parvient à couvrir celui de l'eau qui ruisselle, s'infiltre, resurgit, se divise et se réunit, bouillonne et cascade, formant à la longue des torrents si nombreux, au débit si formidable, que c'est à se demander comment l'Écosse tout entière ne s'est pas encore effondrée comme un vulgaire terrain de camping. Non seulement le sol est criblé de lacs et lardé de lochs, mais même ce qui a l'apparence de la fermeté présente au toucher la consistance de l'éponge ou du champignon pourri. Même les rochers sont nappés d'une mousse perfide qui décourage toute prise. Dans cet univers déliquescent, il n'y a guère que les moutons qui parviennent à se tenir debout, tant la nécessité de brouter l'emporte chez eux sur toute autre considération. À Ullapool, à peine avons-nous fait quelques pas dans Shore Street (Sraid a Chladaich) que d'une voiture en stationnement devant l'Arch Inn surgit une grosse dame très agitée, plus toute jeune, qui, sur le ton de ce mystérieux messager auquel le roi Charles VI dut de perdre définitivement la raison dans la forêt du Mans, nous enjoint de la suivre sur-le-champ. S'agit-il de notre agent traitant du MI5 ? D'une taupe (*mole*) de gros calibre ? La fausse épouse Untel ? Veut-elle, loin des oreilles indiscrètes, nous mettre en garde contre un danger imminent qui nous menacerait à l'Arch Inn ? Elle s'installe au volant de sa petite Hillman, nous lui emboîtons le pas, au premier carrefour elle cale, rate à plusieurs reprises son démarrage en côte, provoque un attroupement, disparaît soudainement, escamotée par un automobiliste de sexe masculin qui parvient à faire franchir à la Hillman l'obstacle sur lequel elle avait renâclé, avant de disparaître à son tour. Au terme de cet incident, que vous le croyiez ou non, il n'y a plus personne dans la Hillman, abandonnée sur le bord de la route. La foule s'est dispersée. Le vent souffle parmi les tombes cahotiques du vieux cimetière d'Ullapool (dont le désordre évoque paradoxalement les dispositions systématiques des mégalithes de Stonehenge), on entend au loin le bêlement mi-plaintif, mi-exaspéré, des moutons, dont les avant-gardes campent dans les premiers jardins de la ville, et les cris stridents des huîtriers pie qui se poursuivent inlassablement sur le rivage. C'est à donner le frisson, n'est-il pas ?

La Mission des pêcheurs est située sur Shore Street, en face de l'appontement que touche deux fois par jour le ferry à destination (ou en provenance) de Stornoway, dans les Hébrides extérieures. Dans la salle de restaurant – « Disasters at sea or problems at home, we care ! [1] » – la reine Élisabeth, telle qu'en l'année de son couronnement, jeune et fraîche, l'œil humide, la bouche entrouverte, aussi troublante

1. « Désastres en mer ou problèmes à la maison, nous veillons ! »

que Janet Leigh dans certaines séquences des *Vikings*, couve de son regard bienveillant les initiés qui, à longueur de journée, communient bruyamment sous les deux espèces du *fish and chips*. Le ministre, qui doit appartenir à l'Église d'Écosse, bien que sa mise soit celle d'un jeune patron pêcheur plutôt que d'un ecclésiastique, vaque à ses occupations dans un bureau situé un peu en retrait, parmi tout un assortiment de queues de billard neuves. Sur une étagère sont alignées des bibles, dont quelques-unes en cyrillique, et d'autres dans des langues slaves qui ont le bon goût de s'écrire comme les nôtres. S'il y a de la demande, pour les bibles ? Guère. Et, cependant, la saison des Russes attirerait chaque année à Ullapool des commis voyageurs de toutes les sectes chrétiennes accréditées en Grande-Bretagne. Mais si la propagande religieuse est tolérée, la propagande politique est rigoureusement prohibée, et les habitants d'Ullapool seraient d'ailleurs les premiers à précipiter dans le Loch quiconque dérogerait à cette règle. Au sujet des Russes, et des peuples de même obédience, le révérend, bien qu'il soit nouveau dans la paroisse, nous communique plusieurs informations décousues mais précises. Parfois cinquante navires sont mouillés de concert dans le Loch Broom. À raison de trente à quarante hommes d'équipage par navire – il s'agit le plus souvent de navires-usines – il arrive que le nombre de ressortissants des pays de l'Est en escale à Ullapool avoisine deux mille, soit autant que la population permanente. À terre, le comportement des Russes est irréprochable. Pas un mot plus haut que l'autre. Pas un geste déplacé. Une discrétion exemplaire à l'égard des femmes. Mais on ne saurait toujours en dire autant des Roumains, des Bulgares ou des Polonais. Les défections ? Rarissimes. D'ailleurs le commissaire politique veille au grain. N'ont qu'une idée en tête, voir le Loch Ness, le monstre, à tout prix. Depuis quinze ans que cela dure, il a fallu attendre l'année dernière pour que quelqu'un, un député semble-t-il, et vraisemblablement aiguillonné par des considérations électorales, s'avise soudainement de ce que tout ce monde débarquait, excursionnait, rembarquait, sans passer par aucun contrôle. Des dizaines de milliers de Russkofs, et, pis encore, de Bulgares, de Roumains, d'Allemands de l'Est, ont ainsi visité l'Écosse sans laisser la moindre trace administrative de leur passage. Il n'y a jamais eu d'officier d'immigration à Ullapool. Ou, s'il y en eut un, il n'y en a plus depuis belle lurette. On mégote sur le démantèlement des missiles de croisière, l'option zéro, l'équilibre des forces, pendant que tout le Pacte de Varsovie, en dimanche, ni vu ni connu, dévalise les boutiques de souvenirs de Lewiston et de Drumnadrochit ! Et Inverness, Maryburgh, Dingwall, Balnacra,

Lochluichart, Strathranhoch, Muir of Ord ! Mais surtout le monstre, le monstre avant toute chose. *Nessie number one behind the Iron curtain !* D'où les spéculations les plus folles, soudainement, les exagérations les plus manifestes. Qu'ils étaient tous là pour Greenock, sur la Clyde, où les Américains disposent d'une base ultrasecrète de télécommunication avec leurs sous-marins nucléaires, ou quelque chose de ce genre. Et le Cape-Wrath ! Une merveille, d'ailleurs, à deux heures de route d'Ullapool, via Inchnadamph, Unapool, Laxford Bridge et Rhiconich. La pointe extrême de l'Écosse, le fin du fin ! L'un des derniers déserts de l'Europe civilisée ! *Empty Quarters !* Tous les secrets de la *Navy* ! La route, qui vous fait faux bond à Keoldale, plonge soudainement dans les eaux du Kyle of Durness, Balnakeil Bay... *Royal Navy Bombardment Range ! It is dangerous to enter the area, owing to unexploded shells ! When a bombardment is in progress, inconvenients and delay caused to the visitors is much regretted and will be kept to the minimum* [1]. On imagine le désarroi du marin bulgare venu visiter le Cape-Wrath, ses colonies de phoques ou d'oiseaux de mer – *nesting birds ! common mure ! unique scenery !* – et tombant en plein festival d'artillerie.

Tout a commencé voilà douze ans – et non quinze – avec la fin du hareng et l'exode du maquereau. Tandis que le hareng jetait ses derniers feux, en effet, le maquereau désertait les côtes de Norvège, où il s'était tenu de toute éternité, pour s'établir dans le Minch, ce bras de mer qui s'étend entre l'Écosse du Nord et les Hébrides extérieures. C'est dans le sillage des maquereaux que les Russes, et leurs vassaux, firent leur apparition en Écosse, et plus particulièrement dans le Loch Broom, apparemment très propice au transbordement sur leurs navires-usines du poisson pêché par les chalutiers écossais. Plus de 200 000 tonnes. La saison s'étend du mois de septembre au mois de juin. En été, tout le monde, à commencer sans doute par le maquereau, se déplace vers le Nord et les Shetland, Lerwick prend le relais d'Ullapool pour les transactions avec le Pacte de Varsovie. Est-ce assez clair ? Les Russes régleraient leurs achats de maquereaux écossais en dollars provenant de la vente aux Japonais de calmars pêchés au large des Falklands. Voilà pourquoi, sans doute, on nous avait d'entrée de jeu parlé de ces « petites

1. Périmètre de bombardement de la Royal Navy. Du fait des obus non explosés, il est dangereux de pénétrer dans cette zone. Quand un bombardement est en cours, le dérangement et l'attente, dont nous nous excusons auprès des visiteurs, sont réduits au minimum.

pieuvres » ! C'est au moins ce qui ressort des explications parfois légèrement embrouillées du capitaine du port, un petit homme extrêmement cordial – mais qui n'est pas cordial à Ullapool ? – et dont le teint écarlate suggère qu'il ne doit pas sucer que de la glace. L'été dernier, le capitaine du port s'est offert un petit séjour à Sofia et sur le littoral de la mer Noire, où « la densité de Bulgares est à peine moindre qu'à Ullapool ». Sur les murs de son bureau sont affichées de nombreuses photographies de navires soviétiques ou assimilés, dont le plus beau fleuron est un remorqueur brise-glace surpuissant, le *Stakhanoviste.* Par chance, et bien que l'on soit hors saison, le *Stakhanoviste* est attendu en fin de semaine à Ullapool, où il doit charger 30 tonnes de vivres frais destinés au ravitaillement de navires soviétiques en pêche dans l'Atlantique Nord. Car si l'erratisme du maquereau induit des variations saisonnières dans le commerce du poisson, l'épicerie, elle, ne fait jamais relâche. Tout un réseau de shipchandlers et de commerçants spécialisés tirent parti de cette manne, d'autant plus substantielle que les équipages des navires-usines font fréquemment des embarquements d'au moins six mois, et qu'ils n'ont guère d'autres occasions de claquer leur paie avant le retour au pays des boutiques rares et des étalages vides. On comprend qu'Ullapool soit une des villes les moins anticommunistes du Royaume-Uni, et que ses habitants considèrent avec méfiance, ou tout du moins avec une extrême discrétion, les rares « defectors » qui, ailleurs, feraient les choux gras des journaux locaux. En une saison, les Bulgares auraient enlevé quelque sept mille appareils de chauffage à gaz, un article introuvable en Bulgarie, et cependant très recherché depuis que les coupures de courant se multiplient en hiver. L'usine qui les fabriquait, à Glasgow, aurait fait faillite après qu'à Sofia les responsables du Gosplan, s'étant avisés de ce que la flotte bulgare de l'Atlantique Nord, chargée à couler bas de chauffages au gaz, se désintéressait presque complètement de la pêche, eurent pris des mesures draconiennes pour mettre un terme à ce trafic. Les dessous chic, l'électroménager, la hi-fi et le matériel vidéo sont également très demandés. Edward, le vendeur-réparateur de télévisions et de magnétoscopes, ne se cache d'ailleurs pas de faire d'excellentes affaires avec les Rouges. *Friendly Reds !*

Bien que, dans ce pays, le moindre pompiste ait facilement l'air de sortir du 10 Downing Street, l'incroyable distinction d'Edward, son œil de verre, son flegme tel qu'il parvient à engueuler son fils, dans son dos, sans élever la voix, et sans cesser de nous adresser le demi-sourire indulgent et ironique d'un homme du monde qui, en visite chez un voisin de condition inférieure, s'apprêterait à porter à ses lèvres une tasse de thé, tout cela suggère des origines, une formation, un passé, sans rapport avec sa condition actuelle. Edward admet avoir séjourné en Iran et parler un peu le français. « Quite a happy man » : c'est ainsi qu'il caractérise le commandant du *Stakhanoviste*, qu'il connaît depuis plusieurs années. Quant à lui, on l'imagine très bien dans le rôle du type qui, du fond de quelque caverne du Jutland, sans se départir de son calme, pianote sur son manipulateur pour signaler à l'amirauté le passage dans le Skagerrak du croiseur *Prinz-Eugen* et du cuirassé *Bismarck*. À propos de bataille navale, avez-vous remarqué combien l'entrée du Loch Broom, lorsque l'interminable crépuscule boréal s'est enfin dissous dans la nuit noire, ressemble aux abords de la rade de Scapa Flow, dans les Orcades, où le cuirassé *Royal Oak* fut torpillé au mouillage par un U-Boot allemand ?

Vous ne connaissez pas l'agence North-Star ? s'était étonné Edward en haussant le sourcil. C'est le consignataire des navires soviétiques à Ullapool. Vous voyez, sur Shore Street, le petit bâtiment brun ? Présentez-vous de ma part. *Ask for Jo, she is in charge*. De Jo – dont le nom, sur sa carte de visite professionnelle, se détache en caractères dorés sur un fond rouge étamine frappé d'une étoile à cinq branches –, on peut dire qu'elle est un peu la mère de tout ce qui, dans le Loch Broom ou sur la rade de Lerwick, bat pavillon du Pacte de Varsovie. Ah, si Jo avait la plume de Stevenson, et si elle écrivait le roman du Loch Broom... À travers ses récits, il apparaît clairement que ce bras de mer a joué dans les rapports entre l'Est et l'Ouest un rôle autrement important que toutes les tribunes internationales. L'Europe des peuples, de l'Atlantique à l'Oural... Existe-t-il, dans le monde entier, un autre lieu où, par milliers, se rencontrent et fraternisent des citoyens russes, polonais, allemands de l'Est, irlandais, écossais, bulgares, espagnols, français, roumains ou hollandais ? Jo serait l'Homère du hareng, l'Arioste du maquereau, le Melville des « klondykers », ces navires-usines ainsi nommés, semble-t-il, parce qu'ils faisaient de l'or avec la manne frétillante tirée par millions de tonnes des mers du Nord. *Oh, the nice days that we have seen !* Ah, si vous aviez connu les bacchanales du Loch Broom, d'un bateau l'autre, les jambes qui refusaient de vous porter après le troisième bateau russe, et c'était encore pire avec les Polonais ! Happy les Russes, Hilarious les Polonais ! Et les Roumains aussi savaient vivre, et les Bulgares, et les Hollandais, et les Français du *Ster-Goz* ! Champagne ! Courvoisier ! Fine Napoléon ! À la vôtre ! Mais pourquoi faut-il toujours que l'on arrive après la bataille ? Pourquoi les épopées ne se conjuguent-elles qu'au passé ? Pourquoi faut-il toujours que la manne se raréfie, que les sources tarissent et que le hareng finisse ? Certes, il y avait des drames, aussi, de temps à autre. La haine traditionnelle, atavique, des crevettiers écossais pour les aspirateurs à poisson des pays de l'Est n'y était sans doute pas étrangère. Ni l'alcool, dont il semble, à travers les récits de Jo, qu'il coulait aussi profusément, à bord des *klondykers*, que l'eau du ciel sur les berges spongieuses du Loch Broom. Il y eut l'incendie chez les Bulgares, et tant de confusion, de précipitation, de surenchère chez les apprentis sauveteurs, pour ne rien dire des pompiers d'Ullapool, qu'il fallut en fin de compte l'intervention du *Stakhanoviste*, encore lui, qui par chance arrivait au mouillage, pour en venir à bout. Et des suicides, des accidents, des mélanges des deux, le Roumain tombé du haut du mât, le Polonais aux artères sectionnées qui agonisa longuement à l'hôpital d'Inverness sans que Jo obtienne pour sa famille l'autorisation de le rejoindre, ou celui qui « explosa de l'intérieur » et dont Harry dut ramener à terre le cadavre, à bord de sa pilotine si petite que l'on eut toutes les peines du monde à y faire tenir un cercueil… *Oh, the nice days !* Mais est-ce vraiment le déclin du hareng, ou la montée en puissance du maquereau, dont le capitaine du port datait au contraire l'apogée d'Ullapool, qui ont sonné le glas des temps héroïques ? Ou bien n'est-ce pas vous, Jo, qui, conformément à une habitude bien ancrée chez tous les familiers de la gueule de bois, avez tendance à magnifier le passé pour l'unique raison qu'il ne reviendra plus ? Les journalistes, engeance abominable, ont à coup sûr une part de responsabilité, pour avoir abusé de l'hospitalité des *klondykers* et trompé leur confiance. Et aussi, paradoxalement, l'avènement de *glasnost* et de *perestroïka*, qui se traduisit par une baisse vertigineuse de la consommation d'alcool à bord des navires soviétiques, où le triste Nescafé remplace désormais, au moins jusqu'à un certain point, la joyeuse vodka. Enfin, lorsque les Russes auront définitivement renoncé à boire, il restera toujours les Polonais.

Dans l'après-midi du vendredi, alors que nous venons de nous établir sur les hauteurs dominant Allt na h-Airbhe afin de profiter d'une brève éclaircie pour contempler Ullapool depuis la rive opposée du Loch Broom, le *Stakhanoviste* vient prendre son mouillage avec trois heures d'avance sur les prévisions de la capitainerie. À y regarder de plus près, il ne s'agit d'ailleurs pas du *Stakhanoviste*, mais de l'*Ouragan*, un remorqueur de haute mer d'une puissance sensiblement inférieure, construit en Finlande par les chantiers Velmet, de Turku. L'annuaire des flottes de combat signale que la marine de guerre soviétique dispose de quatre remorqueurs du même type, que leur équipage se compose de trente-sept hommes, et qu'ils sont propulsés par un moteur diesel Man de 1 700 chevaux entraînant une hélice unique. Sur l'avant de l'*Ouragan*, un artiste indéniablement populaire a peint sur une manche à air un dauphin bondissant du plus bel effet. Pour que Charlie McDonald entre en scène, il faut encore attendre que l'*Ouragan*, en début de soirée, vienne à quai (solennité de la manœuvre, aux accents d'un haut-parleur qui fait vibrer tout le Loch Broom de sonorités moussorgskiennes). Charlie McDonald est un des astres les plus brillants de la constellation du hareng. Tant qu'il y aura des types comme Charlie McDonald, le fil ténu qui relie les grands classiques du genre à la terne vie portuaire d'aujourd'hui ne sera pas rompu. Reportez-vous au passage de *Lord Jim* dans lequel celui-ci, à bord d'une petite barque, fait la retape pour un shipchandler au fond de quelque cul-de-sac des antipodes. Imaginez McDonald avec quinze ans de moins, à la tête déjà d'un petit bazar où l'on trouve tout ce qui se fait de plus hideux comme souvenirs d'Écosse, et se lançant à la conquête du marché soviétique. Se lancer n'est pas un vain mot, lorsqu'il s'agit, aux commandes d'un zodiac, sur une mer agitée par les tempêtes d'équinoxe, de se porter au-devant des *klondykers*, le plus au large possible, afin d'être le premier à leur présenter son catalogue de vivres et de colifichets. Car McDonald n'est pas seul. Il doit compter avec la concurrence de John McLeod, dont les ambitions et la témérité sont égales aux siennes. Tempête sur le Loch Broom ! Duel à mort ! Le zodiac de Charlie et celui de John lancés dans une course de vitesse où tous les coups sont permis ! Queues de poisson, abordages, intoxication, sabotage… Jusque sur l'échelle de pilote, où John et Charlie se marchent mutuellement sur les mains ! Et sur la passerelle, où ils s'invectivent encore sous les yeux médusés des capitaines russes. Ce duel de géants méritait une conclusion impériale : après des années de rivalité sauvage, Charlie et John ont fini par se mettre d'accord sur un partage du monde, une sorte de Yalta de la saumure, qui réserve au premier la flotte de la Baltique, au second celle de Mourmansk. Immatriculé à Tallinn, l'*Ouragan* échoit à McDonald. 30 tonnes de vivres frais, plus tous les petits à-côtés qu'autorise ce genre de transactions. Tandis que les dames du bord vont à terre faire emplette de laine peignée, les camionnettes de McDonald déchargent sur le quai des montagnes de fruits et de légumes qui tout aussitôt disparaissent dans les cales de l'*Ouragan*. Le réconfort du pêcheur ! Bananes de Surinam et de la Jamaïque, aubergines hollandaises, oignons gaulois, tomates de Guernesey, radis anglais, poires espagnoles, persil italien : l'internationale des légumes ! Il y a même une tonne ou deux de pommes sud-africaines, emballées à Johannesburg, et fières de l'être. Et suffisamment de chewing-gum ou de Nescafé pour monter un commerce d'épicerie, une fois de retour à Tallinn. McDonald rayonne de bonheur et déborde d'activité. Il vient de s'assurer l'exclusivité du capitaine, du commissaire politique et de sa mousmé pour un souper fin au Steak Plaice, le meilleur restaurant d'Ullapool. *Glasnost ! Za Zdarovié !* Douze ans d'âge ! À terre, et loin des regards indiscrets, on peut envisager quelques petites entorses au régime sec. Quant à l'*Ouragan*, il déborde bientôt de bouffe au point qu'il faut charger en pontée. À 10 heures du soir, dans l'interminable clarté des hautes latitudes, des petites familles de vacanciers british se pressent encore sur le quai pour assister à cet étrange spectacle : un marin soviétique mordant joyeusement dans une poire espagnole vendue par un shipchandler écossais. « Et dire, commente une vieille dame accablée, que toutes ces bonnes choses vont partir en Russie ! »

Le Journal littéraire*, 15 septembre-15 novembre 1987*

Impressions de vestiges

Les chantiers, les Nantais et les pêcheurs abusés

Les chantiers Dubigeon avaient une spécialité de sous-marins. Comme ces chantiers présentent la particularité de se trouver en pleine ville, les Nantais, depuis le quai de la Fosse, purent jouir pendant longtemps du spectacle qu'offrait l'un de ces navires, retenu par l'embargo sur les ventes de matériel militaire à destination de l'Afrique du Sud. Le sous-marin a finalement trouvé preneur dans un autre pays. Quant aux chantiers Dubigeon, ils ont mis la clef sous le paillasson. Leur fermeture libère 17 hectares de terrain sur l'île Sainte-Anne, dont l'extrémité occidentale ménage l'un des plus beaux points de vue d'une ville incroyablement maltraitée depuis la guerre, en dépit de l'extrême faveur dont elle jouit auprès de plusieurs écrivains et d'au moins un cinéaste également notoires. Là, devant le hangar à bananes aux vitres brisées, au pied d'une grue gigantesque dont les jours sont probablement comptés par suite du déplacement de l'activité portuaire vers l'aval, se réunissent les eaux de la Loire, labourées à contre-courant par des remorqueurs et d'autres embarcations affairées. Un petit aviso en visite de courtoisie est amarré au quai d'Aiguillon, sur la rive droite, et le vent porte au loin des effilochures de sonneries de trompettes ou d'ordres transmis par haut-parleurs. Stupéfiés et bougons, conformément à l'usage immémorial de leur corporation, des pêcheurs sans illusions, regardent danser leurs bouchons sur les eaux jaunes. Il s'agit peut-être du dernier endroit par lequel Nantes communique encore avec le large et avec cette dimension de son histoire .

La municipalité a d'abord songé à faire de ce terrain un « Jules Verne land », mais, l'engouement pour ce genre de pornographie culturelle ayant heureusement périclité, son cœur penche désormais en faveur d'une cité des affaires née de l'imagination terre-à-terre d'un promoteur luxembourgeois. Plusieurs associations, regroupées sous la bannière de « Nantes la bleue », et soucieuses de conserver à cette ville au moins quelques marques de son passé maritime, s'efforcent de sauver des chantiers ce qui peut l'être, à commencer par les deux cales de lancement et les anciens bâtiments de la direction. Bien que le comité d'entreprise de Dubigeon ait rassemblé une documentation fort intéressante sur l'évolution des techniques de la construction navale, et que le site se prête admirablement à la sédentarisation de vieilles unités, tel l'escorteur d'escadre dont la ville devrait hériter prochainement, l'idée d'un centre culturel maritime ne semble guère originale. Elle baigne peut-être un peu trop dans cette euphorie muséographique qui fait se multiplier comme des petits rongeurs, c'est-à-dire au-delà de toute raison, les collections d'empeignes et les festivals du moule-à-gaufre. Cependant l'île Sainte-Anne, ce bord mystérieux du bord occidental, mérite incontestablement mieux qu'une espèce de succédané du Front de Seine, et le projet de « Nantes la bleue », malgré ses lacunes ou ses insuffisances, mérite mieux que l'indifférence ou le mépris affichés jusqu'à présent par la mairie.

Les chars, les forges et le chef de gare

À la sortie du village de Villers-sur-Meuse, non loin de Verdun, deux chars AMX 30 du 57e régiment d'artillerie de Bitche se sont télescopés, pendant des manœuvres nocturnes, en se croisant sur un pont trop étroit. Envahie de petits blindés qui se sont portés au secours des deux gros, et de militaires en treillis manifestement assombris par cet accident, Villers-sur-Meuse offre pendant quelques heures le spectacle d'une ville en guerre. Tels qu'ils se présentent après l'accident, projetés de part et d'autre de la route par la violence du choc et environnés d'éclats de blindage, les deux AMX, au prix d'un petit travail d'entretien dont la commune s'acquitterait sans doute volontiers, pourraient être élevés à la dignité de monument d'archéologie industrielle et d'histoire militaire. Bien entendu, ce monument ne prendrait toute sa signification qu'avec le temps. Quand on songe aux prodiges que l'État s'apprête à mettre en œuvre pour acheminer jusque sur le parvis du musée de la Villette le sous-marin *Argonaute*, on ne voit pas pourquoi deux bons gros tanks victimes d'un accident de la circulation seraient indignes d'un effort bien plus mesuré, et qui rendrait Villers-sur-Meuse célèbre, parmi les nations, pour son musée de l'arme blindée.

Le chef de gare de Pompey a l'œil incroyablement bleu et un fort accent lorrain. La végétation des jardins ouvriers est étonnamment verte et prolifique. Comment tant de lilas, de glycines, de pivoines et de rosiers ont-ils pu croître et multiplier au souffle racornissant des aciéries ? « Je n'oublierai jamais les lilas et les roses, ni ceux que le printemps dans ses plis a gardés. » Le délestage de la sidérurgie française s'est traduit par la perte de plus de cent mille emplois, dont quelques milliers à Pompey. Les forges où furent fondues et laminées les 7 000 tonnes de fer destinées à la construction de la tour Eiffel se sont définitivement éteintes en 1985. Au-dessus des friches, où les cheminées des hauts fourneaux n'en finissent pas de s'abattre et de tomber en poussière, comme en témoigne l'impressionnante série de photographies réalisée par un employé de la SNCF et affichée aux guichets de la gare de Pompey, des Mirage de la base aérienne de Toul tissent un réseau de floconneuses trajectoires. Les voies sont régulièrement ébranlées par le passage de convois lourds et lents, entraînés par ces magnifiques locomotives électriques à double pente caractéristiques du réseau de l'Est, et connues localement sous le nom de crocodiles ou de fers à repasser. En haut de la rampe qui relie la gare à la route nationale, la brasserie de la Gare, aujourd'hui désaffectée, se dresse comme un défi aux louables intentions proclamées 200 mètres plus bas, en travers de la passerelle que les ouvriers devaient emprunter en quittant leur travail, par une pancarte ainsi libellée : « L'alcool détruit la santé et le bonheur familial. Écartez-le de votre route ! » D'innombrables graffitis, d'une tournure également incantatoire, perpétuent le souvenir d'un parti politique célèbre pour ses outrances, et que le déclin des activités qui le fortifièrent menace à son tour d'une prochaine disparition. Le site de Pompey devient ainsi le mausolée de différentes illusions perdues. Parmi les naufragés des aciéries, quelques-uns préconisèrent leur muséification, mais le maire, sans doute à juste titre, a préféré faire place nette pour de nouvelles entreprises. Les premières à s'implanter, par la modestie de leurs dimensions et l'indigence de leur architecture, illustrent la tendance inéluctable de l'industrie française à la reconversion dans le lilliputien, la production de lingerie fine, de couches-culottes super-absorbantes et de camemberts de synthèse. Il est certain que l'on ne peut maintenir des entreprises, ou même préserver leurs ruines, pour l'unique raison qu'elles constituent des repères faute desquels le paysage est comme privé de sens et de mémoire. Mais les pays qui n'ont plus de légendes ne sont-ils pas condamnés à mourir de froid ?

La raffinerie, les âmes simples et les flamants roses

Depuis quelques années, la raffinerie de Frontignan n'a guère fait parler d'elle qu'une fois, lorsque les pêcheurs de Sète, soutenant qu'elle leur avait vendu du gasoil avarié, en firent le blocus, par la mer, emprisonnant dans leur nasse un pétrolier géant qui en avait vu d'autres, ayant essuyé quelques mois auparavant un tir d'Exocet dans le golfe Persique. À supposer que l'équipage ait été le même dans les deux cas, on imagine sans peine les difficultés qu'il éprouvera désormais à se représenter la France telle qu'elle est, c'est-à-dire comme un pays aussi hospitalier, sur son propre sol, que peu enclin, ailleurs, à s'ingérer dans les affaires d'autrui.

En ce temps-là, si l'on suivait de nuit la berge du canal de Sète au Rhône en direction de Frontignan, venant de Maguelone où l'on avait été entendre le rossignol chanter parmi les blancs ossements de l'abbaye, la raffinerie dressait, à l'horizon des étangs, un grand pavois de flammes et de lumières électriques, aussi insolite, aussi troublant, qu'une aurore boréale sous le ciel du Midi ou que cette couronne de bougies dont Van Gogh, en Arles, se ceignait le front pour aller dans l'obscurité peindre sur le motif. La beauté de cette raffinerie était de nature à désespérer les âmes simples pour qui le paysage ne saurait tirer parti des violences de l'industrie. Certes, elle puait un peu le pétrole, mais ses exhalaisons, bien loin de les décourager, semblaient au contraire exciter l'appétit des flamants roses, qui venaient par centaines paître parmi les reflets de ses tubulures. L'être humain, pourtant si délicat, appréciait également sa compagnie.

Non loin de là, on pouvait le voir en grand nombre barboter à Frontignan-Plage ou planter des asperges dans le sable des petits jardins ombragés de tamaris. Tout cet aimable foutoir du vieux Frontignan-Plage, cabanons et guinguettes, si on le compare à la marina qui règne désormais tout autour du port de plaisance, atteste d'ailleurs que la croissance spontanée, anarchique et populaire d'une station balnéaire est souvent préférable à ce qui advient lorsqu'on s'en remet à des architectes du soin de présider à son développement. La fermeture de la raffinerie, puis sa destruction, qui va bon train, auraient pu constituer l'occasion d'une réflexion sur l'avenir de cet écosystème fragile et magnifique formé par la longue chaîne des étangs littoraux du Languedoc et déjà perturbé dans ce secteur par la construction aux Aresquiers d'un pont contrevenant à une demi-douzaine de règlements. Au lieu de cela, les confins de l'étang des Mouettes et de l'étang d'Ingril offrent depuis quelques mois le spectacle d'un invraisemblable capharnaüm, où des terres remuées émergent des ébauches d'ouvrages titanesques, dévorateurs d'argent public, et dont la logique plus ou moins avouée, à long terme, est la transformation de tous les étangs littoraux en baignoires saisonnières à l'usage des véliplanchistes.

En lisant ces lignes, les élus locaux ne manqueront pas d'entrer dans une grande colère et de décrocher leur téléphone pour fulminer quelques anathèmes, mais nous attendons de pied ferme qu'ils nous expliquent, par exemple, en quoi la mise au gabarit européen du canal de Sète au Rhône, sur lequel deux ou trois péniches pleines de dignité achèvent une existence nonchalante, constituait une nécessité économique de première urgence et telle que, pour s'en acquitter, on prenne le risque de déranger ne serait-ce qu'une colonie d'avocettes.

Le long tunnel et les Gignacais

Creusé de 1914 à 1925 sous la chaîne de l'Estaque, le tunnel du Rove reliait les bassins nord du port de Marseille à l'étang de Berre. Les dimensions de cet ouvrage, long d'un peu plus de 7 km, large de 22 m et haut de 15,4 m à la clef de voûte, témoignent de la légère frénésie qui dut s'emparer des cercles dirigeants de la IIIe République par suite de la récupération de l'Alsace et de la Lorraine. Conçus pour livrer passage, en plus des péniches, à des navires de haute mer, le canal et le tunnel servirent notamment à l'acheminement vers le port de Marseille des produits pétrolier raffinés à Lavera. Venant de Marseille, on découvre l'entrée sud du tunnel au terme de cette vertigineuse trajectoire que décrit au-dessus des entrepôts et des bassins du port l'espèce de toboggan autoroutier, sur pilotis, qui court presque sans interruption du Vieux-Port à l'Estaque, et fait se succéder les visions enchanteresses à un rythme quasi insoutenable pour les âmes sensibles. Quant à découvrir l'entrée nord, c'est une autre paire de manches, les habitants de Gignac-la-Nerthe, bien que fort aimables dans l'ensemble, étant généralement incapables de vous l'indiquer, soit qu'ils ignorent effectivement où elle se trouve, soit qu'ils continuent d'en vouloir au tunnel sous prétexte qu'au début des années soixante, en s'effondrant sur près de 200 m, et sur – ou, plus précisément, sous – le territoire de leur commune, il menaça de les engloutir.

Afin d'éviter le retour de pareils incidents, le tunnel fait régulièrement l'objet de travaux de « conformation », qui consistent principalement à injecter du béton dans la voûte. Le chantier se situe à près de 2 km de l'entrée nord, et, à pied, sur le chemin de halage où sont de loin en loin pratiquées de grandes niches sépulcrales à l'intention des chevaux, le franchissement de cette distance n'est pas exactement une partie de plaisir. L'eau ruisselle de la voûte tout hérissée de minuscules stalactites. Le pied glisse ou s'enfonce dans d'indiscernables gadoues. Il paraît qu'il y a des vipères. Des eaux mortes du canal, constellées de poissons asphyxiés et d'insubmersibles ordures, monte une odeur d'humus et de tombe qui se mêle délicieusement aux vapeurs de gas-oil exhalées par la pétaradante machinerie du chantier. Au retour, l'équipe du Port autonome engagée dans ces travaux de lémures aura la gentillesse de mettre à notre disposition une petite vedette destinée à l'acheminement du personnel, mais elle-même si pestilentielle, et si encroûtée de sédiments, qu'elle évoque le cadavre décomposé et fraîchement exhumé d'un bateau dont le métal, par exception, aurait reçu la faculté de pourrir, à l'instar des matières organiques.

Au sortir du cloaque, on est fort heureux de retrouver la lumière, les berges encaissées du canal plantées de pins maritimes et de genêts en fleur.

Dans cet état d'inutilité flagrante – voire de légère nocivité – et de relatif abandon où nous le voyons aujourd'hui, le tunnel du Rove illustre tout le bénéfice que l'imagination peut retirer de tels vestiges, quand l'impossibilité de leur assigner de nouveaux usages, ou de les faire disparaître, conduit à les laisser mourir tranquillement, longuement, de leur belle mort.

L'abbaye, l'architecte et le chêne usé

Si, usant d'une figure de style un peu passée de mode, on veut bien se représenter le parc naturel régional de Brotonne sous les traits d'une jeune personne au teint inévitablement fleuri et à la chevelure inévitablement de lin, puisqu'il s'agit d'une Normande, plus rien ne s'oppose à ce que l'on décrive l'abbaye de Jumièges comme la perle la plus éclatante de son diadème. La visite de cette abbaye invite à soulever quelques paradoxes assez inoffensifs, de ceux qui ne font guère de mal lorsqu'on se les fait tomber sur les pieds. Tout d'abord, c'est à une série de catastrophes qu'elle doit de présenter aujourd'hui cet aspect si merveilleux que nous refuserions tout net d'échanger ses ruines éparses contre sept abbayes en état de marche, auxquelles il ne manquerait ni une tuile ni une sœur tourière, et pas plus de denticules que de modillons. Parmi ces catastrophes, la dernière en date fut celle dont nous nous apprêtons à célébrer dans l'allégresse le bicentenaire, et qui pour l'abbaye se traduisit par sa vente comme bien national et sa transformation en carrière de pierres. On voit par là combien se vérifie chaque jour, dans tous les domaines, cet enseignement du président Mao selon lequel les bonnes choses peuvent naître des mauvaises, et vice versa.

D'autre part, c'est, semble-t-il, par défaut de soins que le parc est retourné à cet état de demi-sauvagerie, de quasi-savane, les allées de buis du jardin à la française disparaissant peu à peu sous un déferlement d'herbes folles, de toutes les garnitures végétales la seule qui convienne aux ruines de l'abbaye. Prions donc saint Philibert, saint Pierre et Notre Dame, ses trois divinités tutélaires, pour que jamais ne soient débloqués les crédits qui permettraient de ramener ce jardin à la raison, et d'organiser sous ses frondaisons des duos trompettes-et-orgues ou d'autres ménestrèleries.

A propos de la Raison, c'est en consacrant à cette dernière, par ruse, le chêne d'Allouville, auparavant dédié à Notre-Dame de la Paix, que le maître d'école du village, en 1793, sauva de mains iconoclastes cet arbre contemporain de saint Louis, et peut-être même de Charlemagne. Ayant survécu à la Révolution, le chêne d'Allouville, le plus ancien d'Europe, est aujourd'hui menacé de succomber sous le poids des ans. Il est si pourri de l'intérieur qu'il a du mal à se tenir debout, ce qui est une manière encore assez royale de mourir. Les spécialistes conviés à son chevet par le parc de Brotonne, après avoir songé à le pétrifier par injection de résine au plastique dans ses veines, lui ont accordé un sursis. Le traitement qu'ils s'apprêtent à lui administrer devrait permettre au chêne d'Allouville d'entrer la tête haute dans l'Europe sans frontières, deux siècles après sa consécration à la Raison. Mais, d'ici là, combien de milliers de pommiers auront-ils été arrachés en Normandie, et celle-ci ressemblera-t-elle encore à une vignette de camembert ?

L'Événement du jeudi, *entre le 28 juillet et le 14 septembre 1988*

Nemausus, les deux vaisseaux des platanes

Rien n'est plus important que la sociologie. C'est une science qui prend son temps, d'où, probablement, cette vieille croyance populaire, dont l'origine remonte à la plus haute Antiquité, qui en attribue l'invention à un pompiste corse.

Parmi d'autres merveilles, la sociologie permet d'établir scientifiquement, en quelques mois, ce qu'à défaut de ses services vous mettriez deux ou trois jours à découvrir, et de manière tout empirique. Aussi est-ce avec beaucoup d'impatience, et le secret espoir qu'ils recouperont les nôtres, que nous attendons les résultats de l'enquête menée auprès des habitants de Nemausus par un bureau d'études spécialisé dans le « conseil en stratégies communales », dont nous tairons le nom par souci de ménager malgré tout la chèvre et le chou.

L'ensemble de logements construits à la périphérie de Nîmes par Jean Nouvel et Jean-Marc Ibos est opérationnel depuis un an. Il semble que, parmi ses futurs usagers, la plupart ne s'en approchèrent tout d'abord qu'avec méfiance. Les parois brillantes et striées, les escaliers de salle des machines, aux marches de tôle perforée, les portes-fenêtres qui s'accordéonaient façon garage, les garde-corps en dévers, telles de titanesques râpes à fromage, les couleurs réglementaires des minces rideaux et les anneaux rouges des pilotis, tout cela leur fit penser qu'il s'agissait plutôt d'immeubles de bureaux. Et les premiers qui s'aventurèrent à l'intérieur ne furent pas rassurés, oh non, par les surfaces de béton brut, rayées de bleu « de cordeau de maçon », et dont le bail, pour comble, précisait qu'elles devaient impérativement demeurer en l'état. Enfin quel esprit farceur avait cochonné ces murs nus de hachures, de traces fluorescentes ou de sardoniques imitations de papier peint à fleurs, et poussé le cynisme jusqu'à souligner, encadrer ou cercler, d'un trait indélébile, les défauts du béton ou les prises d'électricité ?

Nemausus consiste en cent quatorze logements répartis entre deux immeubles sister-ships, à quelques importants détails près, la proue orientée dans le même sens, amarrés de part et d'autre d'un mail planté de bons gros platanes. En cette fin du mois de juillet placée sous le signe d'un bicentenaire prématuré, la température atteint à Nîmes des hauteurs historiques. Il règne sur la ville un de ces ciels de plâtre dont les lecteurs du *Hussard sur le toit* savent combien ils sont propices à la propagation des épidémies. Au fur et à mesure que les ombres s'allongent, les coursives de Nemausus se repeuplent, au moins du côté où elles sont divisées en terrasses privées, dont les aménagements, les meubles de jardin, les plantes vertes, les séchoirs à linge, les chiens qui se défient mutuellement d'une nacelle à l'autre, les braseros, quand ce ne sont pas des cuisines entières, trahissent parfois d'innocentes ambitions pavillonnaires. Bientôt le bruit des fourchettes et des controverses domestiques l'emporte sur la stridulation des cigales, qui dans la journée anesthésie l'oreille aussi sûrement que la lumière blanche le fait de l'œil.

Avec le temps, les habitants de Nemausus ont pris l'habitude d'être regardés. Parfois, c'est par autocars entiers que l'on vient les observer, et la tradition locale rapporte même comment un groupe de Japonais, qui avait dû prendre du retard lors de la visite des arènes, déchaîna un véritable orage de magnésium pour surprendre les secrets de leur vie nocturne. La plupart accueillent les visiteurs de bonne grâce, même si leur hospitalité, ou tout du moins le plaisir qu'ils retirent de telles visites, est généralement proportionnelle à leur âge ou à leur degré d'instruction, le second étant plus élevé que le premier, puisque 75 % d'entre eux ont moins de trente-cinq ans tandis qu'environ 50 % ont poursuivi des études au-delà de l'enseignement secondaire, d'après les chiffres aimablement communiqués par les stratèges plus haut cités. Même les plus accueillants s'irritent quelquefois de l'insatiable curiosité dont ils font l'objet, et lorsque l'on arpente les coursives, il n'est pas rare de voir un bras, mû par un corps invisible, se saisir d'un de ces fameux rideaux monochromes pour le tirer brutalement sous votre nez. Certains locataires ont pris des dispositions radicales, comme de tendre une chaîne en travers de la coursive, pour ceux qui sont logés dans la proue, et à ce titre les plus exposés aux indiscrétions de toutes sortes, ou de coller du papier peint épais jusqu'à mi-hauteur des fenêtres, ce qui, à défaut de décourager les curieux, les contraint tout du moins à faire des bonds et à prendre le risque d'une mauvaise chute.

Les locataires les plus complaisants au regard d'autrui sont aussi les plus dociles aux exigences stylistiques des architectes. Cette douce tyrannie esthétique, cette « radicalité », comme ils disent, ils la subissent d'autant plus volontiers, chez eux, que beaucoup doivent l'exercer d'une manière ou d'une autre à l'extérieur, dans le cadre de la médiathèque ou de l'école des beaux-arts. Ceux-là apprécient positivement le contact avec le béton brut, la théâtralité – magnifique, ne mégotons pas – des volumes, le vertige de ce vide scénique autour duquel s'organisent duplex et triplex, et cette transparence interne – d'opaque, il n'y a guère que les toilettes, d'ailleurs assez riquiqui et presque toujours mal situées – adéquate aux corps jeunes et vigoureux, au mobilier léger, aux peintures trans-avant-gardistes et aux accessoires ménagers de bande dessinée. Dans ce contexte, même les traces de semelles que l'on décèle parfois sur les dalles du plafond – mais non, tout de même, les « interventions » de François Seigneur –, plutôt que comme une bavure, peuvent être envisagées comme une aimable plaisanterie. Toutefois, le tour de force de Nemausus, ce n'est pas tant d'avoir séduit cette clientèle, acquise d'avance à toutes les figures de la modernité, que d'avoir vaincu les réticences, et finalement, semble-t-il, emporté l'adhésion, d'une clientèle beaucoup plus traditionaliste et beaucoup plus conforme à la norme du logement social. Certes, il y eut quelques cas de rejet – bien que l'installation à Nemausus relève toujours d'un choix, non d'une attribution autoritaire –, des vieilles dames horrifiées qui disparurent soudainement sans demander leur reste, d'autres qui épuisèrent leurs dernières forces à tendre méthodiquement de velours rose les âpres surfaces de béton. Il convient aussi de noter que la population de Nemausus est apparemment très mobile, la plupart des locataires n'envisageant pas d'y demeurer plus de deux ou trois ans (souvent moins), et que leur point de vue serait peut-être différent s'il s'agissait d'un choix engageant plus durablement leur avenir. Mais, et nous en témoignons d'autant plus solennellement que, pour ce qui nous concerne, nous préférerons toujours la plus tarte des petites moulures haussmanniennes, les angelots de plâtre les plus écœurants, à la simple menace d'une intervention de François Seigneur, nous n'avons pas rencontré un seul locataire de Nemausus qui fût totalement insensible à l'abondance d'espace, à la beauté des volumes, à la qualité – inattendue – des isolations, ni même à ce parti pris d'ouverture, de pénétrabilité, qui fait qu'en pleine canicule tous les logements que nous avons visités étaient bien ventilés et relativement frais. Ce sentiment général de satisfaction se traduit d'ailleurs par la conviction, très répandue, qu'il ne s'agit pas de HLM, bien que les loyers, au moins pour les locataires, largement majoritaires, qui bénéficient de l'APL (aide personnalisée au logement), soient indéniablement « modérés ».

Quant à l'austérité râpeuse des surfaces, quant à ces contraintes décoratives dont s'accommode si benoîtement la clientèle haut-de-gamme, elles suscitent chez les locataires moins allumés plus de perplexité que d'indignation. À tel point que pour exprimer leurs réserves ils s'abritent volontiers derrière les réactions d'un tiers, de l'entourage : « Ma mère, la première fois qu'elle a vu l'appartement, elle s'est demandée si l'architecte n'était pas tombé sur la tête ». Curieusement, alors que les baux – pour ne rien dire des fameuses interventions de François Seigneur – sont parfaitement explicites à ce sujet, la nudité du béton est souvent imputée à un manque de crédit plutôt qu'à la volonté délibérée de l'architecte, ce dernier, conformément au mythe du bon roi et de son méchant entourage, étant presque toujours crédité de tout ce qui fait l'objet d'un jugement favorable, et absous de ce qui est perçu comme raté ou inachevé. Quand on pense, s'agissant de logement social, à tous les architectes que leurs victimes ont rêvé de voir pendus et étranglés avec les tripes du dernier bureaucrate, cette espèce de révérence avec laquelle beaucoup d'habitants de Nemausus parlent de Jean Nouvel est tout de même assez flatteuse pour ce dernier. Autrement, et conformément au pronostic de l'architecte, le plupart des locataires s'efforcent de ruser avec ces contraintes, de peindre ou de tapisser, ce qui n'est guère envisageable que dans les simplex, ou bien d'apprivoiser cet espace et ces surfaces déconcertantes en les criblant de petits objets éparpillés, maigrichons (l'assiette peinte aux couleurs de Locminé venant parfois recouvrir une intervention de François Seigneur), aussi inadéquates et pathétiques, dans ce décor, que des statues saint-sulpiciennes dans une chapelle de Le Corbusier.

Mais si profond que soit parfois le malentendu entre la mariée mise à nu et ses célibataires même, si grande la perplexité de ces derniers, et si nombreux leurs griefs contre tel ou tel point de détail – difficulté de laver les surfaces vitrées, voire d'atteindre certaines fenêtres, fragilité du revêtement de sol, absence de caves, éloignement du local poubelles, défaut de gouttières sur les coursives, fréquentes défaillances des ascenseurs, ou des pompes d'évacuation dans les parkings, que leur disposition en baignoire expose à de saisonnières inondations –, ce n'est jamais au point d'altérer gravement le sentiment de participer à une « aventure » (le mot revient souvent), que le faubourg Saint-Germain de Nemausus qualifierait volontiers de « gratifiante », et que le faubourg Saint-Antoine se contente de trouver plus excitante, en dépit de quelques traverses, que véritablement périlleuse. Le seul à en refuser les risques, ce fut le concierge, qui après sept ans d'armée avait probablement son compte d'aventures et de promiscuité, et qui a préféré son petit pavillon à l'appartement de fonction mis à sa disposition par la société de gérance.

L'Architecture d'aujourd'hui, *décembre 1988*

LES TRÉSORS DE LA CRAU

Jadis, la Crau était tout à fait dénuée de montagnes. Mais les Marseillais, qui de leur côté en étaient largement pourvus, n'ont pas voulu que cette injustice se perpétue, et, de leurs mains, patiemment, en un peu plus d'un demi-siècle, ils ont élevé dans la Crau deux petits mamelons dont le plus haut culmine à près de 25 mètres d'altitude. Sur les cartes IGN au 1/25 000e, le massif formé dans le voisinage d'Entressen, sur la commune de Saint-Martin-de-Crau, par les deux collines de Ventoulet et de Bellevue, est encore désigné par son ancien nom, « Les Gadoues », sans lequel l'un des héros les plus attachants de Michel Tournier n'aurait jamais porté le titre de « Dandy des Gadoues [1] ».

Quant à la ville de Marseille, qui estimait sans doute que ce nom sonnait mal, même pour désigner le plus grand gisement d'ordures à ciel ouvert de l'Hexagone, elle lui a préféré l'appellation éminemment scientifique, hygiénique, et presque comestible, de Centre de traitement biologique des résidus urbains.

Juste sous le vent de la décharge, un grand mas entouré de platanes abrite un couple d'éleveurs présidant aux destinées de quelques centaines de moutons. Dans la cour de la ferme, on remarque également une demi-douzaine d'ânes, un nombre élevé de poules et de canards, un chenil contenant une meute de chiens de chasse. Aucun de ces animaux ne présente le moindre symptôme de troubles gastroentériques, bien que la proximité de la décharge se traduise par une invasion sans cesse renouvelée de loques de plastique de toute taille et de couleurs variées, accrochées par milliers au grillage entourant le domaine et aux arbres dont il est planté.

L'ensemble évoque une célébration locale du Bicentenaire conçue par un artiste psychopathe, mais de très grande envergure. Les loca-

---

1. Cf. *Les Météores* de Michel Tournier, Gallimard.

taires de la ferme ne semblent pas s'émouvoir le moins du monde de ce voisinage. Ils flattent l'encolure de leurs platanes, cultivent leur potager, engrangent leur foin comme si les uns et les autres n'étaient pas contaminés par cette lèpre plastifiée d'Entressen.

L'eau du puits ? Ah oui, sans doute, elle est impropre à la consommation depuis que le canal, obstrué par ces fameuses loques, a débordé, mais pour ce qui est de laver, elle est tout à fait adéquate. Autrement, voilà une dizaine d'années, le feu qui avait pris dans la décharge est venu lécher les murs de la maison, par temps de mistral, mais la chose ne s'est jamais reproduite.

Et les rats ? Oui, c'est indéniable, il y en a beaucoup, mais pas tant que de lapins, des lapins certes nourris d'ordures, pour l'essentiel, mais cependant bons à manger. Il y a en effet plus de lapins à la périphérie de la décharge d'Entressen qu'en tout autre endroit du monde, à l'exception peut-être de l'Australie avant l'invention de la myxomatose. Or ne dit-on pas que tant qu'il y a du lapin, tout va bien ?

Le seul animal qui soit plus abondant que le lapin, sur et à la périphérie de la décharge, c'est le goéland, dont les allées et venues contribuent à la dissémination (biologique ?) des résidus urbains.

Gérard Cheylan, directeur adjoint du Muséum d'histoire naturelle d'Aix-en-Provence, et l'un des meilleurs spécialistes de l'avifaune provençale – bien qu'il ait consacré sa thèse aux mœurs des populations insulaires et méditerranéennes de rats noirs (*rattus rattus*) –, estime à quarante mille les effectifs de goélands leucophées qui fréquentent la décharge d'Entressen, et à soixante-dix mille ceux de la mouette rieuse.

L'évolution des populations de goélands sur le littoral français de la Méditerranée est d'ailleurs étroitement liée aux tribulations des ordures marseillaises. Alors que, vers 1920, l'unique colonie provençale, domiciliée dans l'archipel de Marseille, sur l'île de Riou, ne comptait que cent cinquante couples environ, l'espèce niche aujourd'hui sur tout le littoral et jusque dans la vallée du Rhône, et rien que dans les îles de Marseille, ses effectifs tourneraient autour de dix mille couples. Jusqu'à une époque récente, cette engeance se nourrissait à la source, c'est-à-dire à la gare du Prado, d'où partent tous les jours les trains acheminant vers Entressen les déchets de Marseille. Depuis que le chargement se déroule souterrainement, les goélands doivent faire le voyage d'Entressen, où, pendant les quelques minutes séparant l'arrivée des ordures de leur inhumation sous une couche de terre, ils parviennent à en subtiliser quotidiennement entre 3 et 4 tonnes. Ce tonnage serait, malgré tout, insuffisant, puisque des témoignages dignes de foi font état d'un développement notable du cannibalisme, sous l'espèce de la pédophagie, parmi les goélands des îles de Marseille.

En plus des goélands et des mouettes, la décharge d'Entressen nourrit de cent à deux cents milans noirs, et deux ou trois couples du rare vautour percnoptère, généralement associé au décor plus gracieux des estives pyrénéennes. La cohabitation de tous ces volatiles avec les appareils militaires de la base d'Istres soulève un certain nombre de problèmes. Afin d'écarter les goélands et les mouettes, qui avaient la fâcheuse habitude de s'engouffrer dans les entrées d'air de réacteurs, l'armée de l'air a eu recours aux services d'un fauconnier, Bernard Prévot, qui a dû dresser des autours à chasser le goéland, ce qu'aucun autour ne ferait de lui-même, si on lui laissait le choix entre ces gros oiseaux extrêmement coriaces et d'autres plus chétifs et plus tendres. Même spécialement dressé, un autour ne peut se rendre maître d'un goéland qu'au sol. Et pour entretenir chez le goéland cette peur si peu naturelle de l'autour, il faut que chaque semaine, au minimum, l'un des seconds exécute publiquement l'un des premiers.

Quant aux milans noirs, ils n'ont absolument rien à craindre des autours, même dressés, si bien qu'ils persistent à entrer en collision avec les avions de la base et que le général commandant la quatrième région aérienne a récemment suggéré leur destruction pure et simple, au grand dam de la Ligue pour la protection des oiseaux. Autrement, il reste toujours au général la ressource d'attendre que la ville de Marseille, dont le bail expire prochainement, se décide à tenir sa promesse, régulièrement renouvelée depuis l'aube des temps, d'en finir une fois pour toutes avec la décharge d'Entressen.

Presque tout ce qu'une société moderne produit et dont elle ne sait trop que faire se retrouve, au moins sous forme d'échantillon, dans la Crau. Ainsi les riverains, qui avaient fini par s'habituer à la décharge d'Entressen, craignent-ils aujourd'hui que la nappe phréatique où puise la ville d'Istres soit irrémédiablement polluée par les déchets radioactifs (?) en provenance de l'usine de Pierrelatte, que la Cogema s'apprête à stocker en bordure de la route d'Istres à Miramas. La Crau dispose également de deux usines d'explosifs et de munitions, Nitrochimie et Matra-Manurhin, dont l'une vient d'être sérieusement endommagée par une explosion accidentelle, et de deux dépôts de munitions. Celui de Miramas, qui s'étend le long de la D 10, offre un spectacle si rare, si remarquable, qu'il mériterait d'être classé si les militaires, par malheur, décidaient un jour de s'en passer.

À l'intérieur d'une double enceinte de barbelés, surveillée par des miradors inhabités, et donc inutiles – en revanche, on n'a pas regardé à la dépense pour ce qui concerne l'éclairage nocturne –, de petites casemates imitant assez bien des pavillons de banlieue, avec leurs toits de tuiles à double pente et leurs volets blancs hermétiquement clos, sont alignées sur quatre rangs. Elles se trouvent le long des voies ferrées, à l'extrémité desquelles stationnent en permanence des wagons-citernes rouges, pas plus gardés que les miradors, bien qu'ils contiennent sans doute le liquide, ou la mousse, supposé limiter les dégâts dans l'hypothèse tout à fait gratuite où le feu prendrait à l'une de ces résidences secondaires à l'usage exclusif des obus.

L'armée pouvant, à ce titre, revendiquer un rôle peut-être passif, mais de premier plan, dans la protection de la nature en France, le dépôt, où personne ne met jamais les pieds, constitue une zone refuge non négligeable pour différentes espèces animales. Et c'est encore plus vrai du terrain qui jouxte le dépôt, Le Luquier, dont les 600 hectares de « coussous » – c'est-à-dire de caillasse et d'herbe rase – offrent en hiver le gîte et le couvert à de nombreux oiseaux. Avec sa clairvoyance habituelle, l'Administration avait choisi de faire passer à travers Le Luquier la future autoroute Arles-Salon, mais il semble qu'elle y ait finalement renoncé sous la pression des associations et de certains élus locaux.

Bien que le coussous, la steppe semi-aride de la Crau, voie désormais sa superficie se morceler et se rétracter d'environ 400 hectares par an, il nourrit encore, de la mi-février à la mi-juin, vingt à vingt-cinq troupeaux de moutons, soit de trente à trente-cinq mille bêtes. Jadis, ces troupeaux, du sein desquels on voit parfois pointer les cornes faramineuses de l'évanescente chèvre du Rove (ou plus précisément du bouc de la chèvre du Rove), étaient le plus souvent conduits par des Piémontais, que relaient aujourd'hui des bergers maghrébins, les seuls à accepter les conditions de vie fort austères et les gains médiocres de ce métier.

Le maintien de cette activité pastorale n'est pas seulement souhaitable d'un point de vue littéraire – car, à défaut de troupeaux « nimbés d'une gloire de poussière », qu'adviendra-t-il, par exemple, d'Alphonse Daudet ? –, il est également nécessaire à la préservation d'un équilibre écologique antédiluvien absolument unique en France. Car l'élevage itinérant du mouton, qui se passe aussi bien d'engrais que de pesticides, entretient la végétation dans l'état le plus propice à la prospérité des insectes – parmi lesquels l'incomparable criquet rhodanien, assez gras, non proliférant, tout à fait aptère et rigoureusement endémique –, lesquels, à leur tour, font le bonheur de reptiles tels que le lézard ocellé – le plus grand d'Europe – et d'oiseaux tels que le rollier, la pie-grièche à poitrine rose, ou le faucon crécerellette dont les derniers exemplaires disponibles en France sont tous domiciliés dans la Crau.

Parmi les cent vingt espèces d'oiseaux nichant en Crau, il y en a au moins une autre que l'on ne rencontrera, en France, nulle part ailleurs, c'est le ganga cata, une sorte de pigeon du désert dont c'est ici l'extrême limite septentrionale de la zone de distribution. Quant à l'outarde canepetière, sa population hivernante représente une des plus importantes concentrations mondiales de l'espèce.

Afin de protéger les hôtes du coussous des diverses menaces qui pèsent sur eux – et dont la moindre n'est pas le développement de l'arboriculture, qui, en huit ans, a progressé de quelque 1 500 hectares –, la Fondation européenne du patrimoine naturel, le Fonds mondial pour la nature, le Conservatoire régional du patrimoine naturel de Provence, et diverses associations ont collecté en RFA, en Grande-Bretagne et en France les premiers fonds nécessaires à l'achat d'un domaine de 150 hectares autour de la bergerie de Peau-de-Meau. Une subvention de la CEE a couvert le reste, c'est-à-dire, en somme, la plus grosse part.

La réserve a été inaugurée le mois dernier en grande pompe, et en présence de M. le maire de Saint-Martin-de-Crau, qui, pour sa peine, a reçu le symbolique prix Gentiane, décerné par la FFSPN (Fédération française des sociétés de protection de la nature). C'est un bon début, qui devrait permettre au criquet rhodanien et au lézard ocellé de souffler un peu. Mais pour sauver la Crau, il faudrait, comme disait le commandant Che Guevara, « crear dos, tres, muchos » Peau-de-Meau.

Le Figaro, *26 juillet 1989*

Voyage au fil du Nil

À Jinja, le fleuve naît redoutable

Sitôt qu'eut été révélée par Radio-Kampala l'existence du haricot miraculeux, William forma le projet de se rendre à Kayunga. L'émission consacrée au fabuleux légume – susceptible de produire une première récolte, et quelle récolte, en moins d'un mois – précisait en effet que l'unique stock disponible en Ouganda se trouvait dans un magasin de cette petite ville, à peu près équidistante de Kampala et de Jinja. Le magasin n'était pas identifié, mais la mention faite par la radio du débit de boissons le plus proche, le New Victory Bar, devait permettre à un auditeur opiniâtre et motorisé de mener sa propre enquête avec de raisonnables chances de succès. Aussi William, dès le surlendemain de l'émission, se mit-il en route de bon matin, à l'heure où les veilleurs de nuit armés de vieilles carabines Lee Enfield regagnent leur domicile à bicyclette, tandis que des hordes d'écoliers des deux sexes, en uniforme, disputent la chaussée à d'innombrables véhicules auxquels la certitude d'une fin prochaine insuffle l'énergie du désespoir.

William possède à 18 km de Kampala 6 acres de terre dont les produits, en temps de paix, lui permettent de subvenir pour l'essentiel aux besoins de sa petite famille. Lors des combats qui précédèrent l'entrée à Kampala de la National Resistance Army (NRA) de Museveni – l'actuel chef de l'État –, William, sa femme et leurs trois enfants se trouvèrent privés de potager, et donc de vivres frais, pendant plusieurs semaines. Puis, les combats se rapprochant, ils durent s'enfermer dans leur maison, où ils passèrent à plat ventre les dernières 48 heures de la bataille, ne se relevant qu'après qu'un tir de mortier bien ajusté eut réduit au silence la position la plus proche tenue par les soldats d'Okello. William vit s'extraire des décombres des blessés titubants dont certains avaient le feu à leurs vêtements. Après quelques minutes, les soldats de la NRA firent leur apparition. Ils distribuaient des biscuits et, par la suite, ils payèrent rubis sur l'ongle pour tout ce qu'ils achetaient. Jamais les habitants de Kampala n'avaient vu de soldats aussi bien élevés, et, au moins pour eux, le règne de Museveni s'annonçait sous les meilleurs auspices.

Unique lien terrestre entre l'océan Indien et trois pays enclavés – l'Ouganda, le Rwanda et le Burundi – et par là même voie royale de la propagation du sida, la route de Jinja, passé la frontière, se poursuit jusqu'à Nairobi et Mombasa. Il y règne généralement une atmosphère de débâcle mécanisée qui rend d'autant plus appréciable, par contraste, le calme rustique prévalant sur la route de Kayunga, où il faut cependant prendre garde aux bicyclettes lourdement bâtées d'ananas ou de bananes. À Kayunga, la clientèle du New Victory Bar se compose d'une femme endormie, allongée sur une banquette, et de trois soldats en treillis qui, en cette fin de matinée, ont déjà bu plus de bière que n'en pourrait régler leur solde du mois. Aucune animation particulière ne signale la boutique voisine du New Victory Bar, celle qui détient le monopole de ce haricot si ardemment convoité. Des piles de cahiers d'écoliers et de boîtes d'allumettes chinoises y voisinent avec des sacs de farine ou d'arachides, et deux grandes bassines malodorantes de « ghee », cette espèce de beurre inachevé, d'un jaune sale, dont Wilfred Thesiger, dans son autobiographie [1], observe que les jeunes guerriers Danakils s'enduisent la chevelure pour célébrer leur premier homicide. À Kayunga, il est vraisemblable que le ghee est destiné à des usages moins romanesques. Quant au haricot ultrarapide, la demande a été telle, depuis deux jours, qu'il est désormais rationné à 5 kg par personne. À vue d'œil, il s'agit pourtant d'un haricot tout à fait ordinaire, et qui ne présente aucun signe extérieur de sa prodigieuse fécondité.

La route de Jinja franchit le Nil sur le barrage d'Owen Falls, dont le plan d'eau, en amont, passe pour avoir servi de sépulture à un grand nombre d'opposants, tant sous le règne d'Idi Amin Dada que sous celui de Milton Obote. Toutefois, cette rumeur au sujet d'accointances crocodilo-présidentielles ayant cours dans une demi-douzaine au moins de pays d'Afrique, elle doit être prise avec des pincettes. Quoi qu'il en soit, il ne semble pas que les sauriens géants aient survécu aux progrès

1. Wilfred Thesiger, *The Life of My Choice*, William Collins, 1987, Fontana 1988.

accomplis depuis quelques années par l'Ouganda dans le domaine des droits de l'homme. Au-dessus du barrage, sur la rive droite du Nil, un promontoire aménagé en jardin permet de contempler l'ouvrage d'art, dont six turbines sont actuellement hors d'usage, les quatre qui restent ayant beaucoup de mal à fournir suffisamment d'électricité pour honorer les engagements du pays vis-à-vis de son voisin kényan, et alimenter par-dessus le marché Kampala, où l'éclairage nocturne demeure un luxe très inégalement partagé. Le point de vue est placé sous la protection d'une sentinelle armée, qui passe le plus clair de son temps à dormir, n'ouvrant un œil que pour taxer de quelques cigarettes les rares visiteurs. L'une ou l'autre des guerres qui ont ravagé le pays depuis son indépendance, en 1962, a déposé parmi les bosquets du promontoire l'épave d'un petit blindé.

La rue principale de Jinja, parfaitement rectiligne, est bordée de maisons basses, coiffées de toits de tôle qui souvent se prolongent en galeries couvertes. La plupart de ces maisons sont à usage commercial, et certaines sont encore rehaussées d'un fronton sculpté, représentant par exemple un phénix, attestant les origines indiennes de leurs anciens propriétaires. Chassés par Idi Amin et spoliés de tous leurs biens, les Indiens, depuis quelques années, reviennent en petit nombre, et sur la pointe des pieds. De l'autre côté de la frontière, au Kenya, ils ont conservé des positions solides, qu'ils s'efforcent de préserver du ressentiment populaire en étant les premiers, et les plus empressés, à flagorner le chef de l'État ou les institutions. À Jinja, si quelques commerçants ont repris leur faction derrière des comptoirs d'ailleurs pauvrement achalandés, ce retour de fortune n'est pas tel que les autorités aient jugé bon de rendre à son culte d'origine le temple hindouiste, où campe une petite garnison de jeunes musulmans assez bougons, ou du moins peu soucieux de prodiguer au visiteur des explications sur cette usurpation.

Excepté le jour où il découvrit le Nil à sa sortie du lac Victoria, le capitaine Speke n'a jamais eu de chance. Mort d'un accident de chasse, en Angleterre, la veille du débat qui devait l'opposer à son rival Burton devant une assemblée de la Royal Geographical Society, il dut encore subir, à titre posthume, la destruction du monument – jugé attentatoire à la dignité nationale ougandaise – qui dans le voisinage de Jinja commémorait sa découverte. Aujourd'hui encore, de fait de la précarité du réseau routier, et surtout de l'évanescence de la signalisation, la découverte, sinon de la source du Nil, du moins de l'endroit où le fleuve reçoit son nom, requiert beaucoup de patience et d'obstination. Trois marches permettent d'accéder à une sorte d'autel érigé en contrebas de la route, et qui, laissant de côté l'assommante question des sources, porte cette inscription, dont tout le génie consiste à dédoubler l'Ouganda afin d'augmenter son importance au détriment des autres pays riverains : « This spot marks the place from where the Nile starts its long journey to the Mediterranean sea through Central and Northern Uganda, Sudan and Egypt. » Quinze ou vingt marches plus bas, le Nil, resserré en un chenal étroit, barbote entre des îles dont l'une au moins, minuscule, est entièrement incluse dans la ramure sphérique d'un figuier. L'arbre est couvert de cormorans, tandis qu'au-dessus des remous des martins-pêcheurs pie font du vol stationnaire avant de se laisser tomber dans l'eau comme des pierres.

Speke avait eu la gentillesse de nommer « Napoleon Channel » – d'après le troisième du nom, naturellement, la magnanimité britannique ayant tout de même ses limites – l'espèce de diverticule du lac Victoria d'où procède le Nil. Plusieurs villages de pêcheurs sont installés sur ses rives, et tous s'adonnent à la monoculture de la perche du Nil, un poisson parfaitement comestible, et peu combatif une fois hameçonné, bien qu'il puisse atteindre un poids de 150 kg. En somme, il n'y aurait rien à dire contre la perche du Nil si elle n'était dans les eaux du lac Victoria une intruse, et une intruse aux tendances hégémoniques. Jusque dans les années cinquante, elle ne remontait pas le Nil au-delà des chutes Kabalega, situées à quelques dizaines de kilomètres en amont du lac Albert. Depuis, elle a été introduite accidentellement, ou bien histoire de rire, dans le Victoria Nile en aval de Jinja. Et comme la perche du Nil ne recule devant aucun obstacle, elle a trouvé le moyen de passer à travers les turbines du barrage et d'envahir le lac où elle fait des ravages parmi les espèces moins boulimiques. L'un de ces villages, qui est également le siège d'une importante activité nautique consacrée au commerce des bananes et du charbon de bois, reçoit aujourd'hui la visite d'un charlatan qui, pour placer ses potions magiques, commence par exécuter un numéro très réussi de multiplication des montres.

Au-dessus du lac Victoria s'amoncellent des nuages en forme d'enclume. Quelques soldats de la NRA, tant masculins que féminins – car c'est l'une des caractéristiques de cette armée d'avoir intégré des femmes en grand nombre –, traînent devant la grille interdisant l'entrée du port de Jinja. Aussi peu fanatique, jusqu'à nouvel ordre, que soit le socialisme ougandais, il a tout de même emprunté à ses anciens modèles un goût prononcé pour les procédures compliquées et suspicieuses, génératrices d'une hypertrophie des services de sécurité. Il y a donc au-delà de cette grille une petite cabane, où sous un portrait de Museveni officient des policiers en civil relativement aimables mais excessivement lents, qui ne nous laisseront avancer jusqu'à l'embarcadère qu'après avoir établi une liaison radio avec l'échelon supérieur. Un service de ferries relie Jinja à Kisumu, au Kenya, et à Mwanza, en Tanzanie. Ce service est assuré par trois navires, le *Kaawa*, le *Kabalega* et le *Pamba*, susceptibles d'embarquer vingt-deux wagons d'une capacité unitaire de 35 tonnes de marchandises sèches ou de 50 000 litres de carburant. À l'export, les ferries acheminent principalement du café, du thé, du coton et des peaux ; à l'import du carburant, du ciment, du sel, du sucre et des produits finis. L'intérêt de ce service, c'est aussi de réduire la dépendance de l'Ouganda vis-à-vis de son voisin kényan, auquel l'opposent d'incessantes bisbilles. En cas de regain de tension à la frontière, l'escale de Kisumu peut être sautée, et les trois ferries redéployés sur la ligne de Mwanza.

La gestation de ces navires a été particulièrement douloureuse. Commandés à la Belgian Shipbuilders Corporation (BSC) en 1976, ils devaient être livrés à l'Ouganda en pièces détachées et assemblés à Port-Bell, sur le lac Victoria, non loin de Kampala. Mais près de la moitié du personnel des chantiers de Port-Bell disparaît dans la tourmente qui accompagne la chute d'Idi Amin Dada, en 1979, et tout est à recommencer. Au début des années quatre-vingt, lorsque le premier de la série, le *Kaawa*, enfin assemblé, procède à des essais sur le lac Victoria, la population riveraine, dont l'expérience dans le domaine de la construction navale est limitée, s'étonne de voir le navire faire des ronds dans l'eau, s'arrêter soudainement, battre en arrière, et accomplir en somme toutes sortes de manœuvres apparemment fautives et désordonnées. Le bruit se répand que les esprits du lac sont hostiles à la mise en service des ferries belges. Aussi, lorsque plusieurs enfants disparaissent dans la région de Mukono, quelques prophètes du bocage accusent aussitôt les ingénieurs de BSC d'être à l'origine de ces disparitions. Car quel meilleur moyen d'apaiser les esprits du lac que de leur sacrifier quelques marmots ? L'affaire prend de telles proportions que plusieurs véhicules de BSC sont lapidés par la population, et que le gouvernement doit démentir officiellement l'existence d'un lien quelconque entre les disparitions d'enfants et la mise en service du *Kaawa*.

En 1987, l'armée du Saint-Esprit, venue du Nord sous le commandement d'Alice Lakwena, approche de la route de Jinja, par laquelle elle se dispose à marcher sur Kampala. Les dons thaumaturgiques de l'insaisissable Alice n'empêcheront pas son armée de va-nu-pieds d'être balayée en quelques heures par la NRA, à l'est de Jinja, dans des circonstances si obscures qu'elles donnent encore lieu aux plus audacieuses spéculations. Mais ces dons étaient tout de même suffisants pour inspirer à ses adversaires des craintes déraisonnables. Avant cette ultime bataille, en effet, il semble que la NRA fit installer à bord du *Kabalega* une batterie antiaérienne qui ne pouvait être destinée qu'à contenir une attaque des légions célestes, compte tenu de ce qu'Alice Lakwena, dont les combattants étaient pour la plupart armés de lances ou de coupe-coupe, ne disposait évidemment d'aucune aviation, et de ce que la pièce était disposée de telle sorte, en arrière de la passerelle, qu'elle ne pouvait tirer pratiquement qu'à la verticale. Depuis, le *Kabalega* serait interdit d'escale à Kisumu, les autorités kényanes refusant d'accueillir ce navire de commerce incongrûment armé d'un canon, quand bien même il ne s'agirait que d'un canon à tirer dans les coins.

À Moyo, le fleuve s'appelle Albert

« Vous, les gens de Kitgum, êtes-vous vivants? Et si vous êtes vivants, qu'est-ce que la vie? [...] Nous vous demandons de quitter la vie de ce monde et de vous joindre à nous. [...] N'entendez-vous pas les paroles de Dieu sur le salut? Et si vous les entendez, qu'attendez-vous pour quitter cette vie? » Le ton de cet anathème, fulminé contre la ville de Kitgum, dans le nord de l'Ouganda, par le commandement des « Forces spéciales du Saint-Esprit, armée de Dieu », témoigne d'une remarquable communauté d'inspiration entre les évêques qui prêchèrent les croisades contre les Albigeois, au XIIIe siècle, et les épigones d'Alice Lakwena; car la défaite de celle-ci n'a pas mis un terme définitif à la carrière du Saint-Esprit. Avec ou sans Alice, en effet, et si vagues que puissent être ses objectifs, le mouvement se nourrit aussi bien du désarroi des populations rurales, éternelles perdantes, que de l'amertume d'un groupe ethnique jadis prépondérant au sein des forces armées, et laissé de côté par la nouvelle donne. Publié par le quotidien semi-officiel de Kampala, le *New Vision*, cet anathème est attribué par les mêmes sources à un certain lieutenant Coo Pee Kwene, dont le nom signifierait : « Il y a virtuellement des hommes en tous lieux, ou dans quel lieu n'y a-t-il aucun homme? » Dans le même communiqué, le lieutenant « Il y a virtuellement, etc. » met la NRA (National Resistance Army, armée gouvernementale) au défi d'utiliser des hélicoptères de combat contre les positions du Saint-Esprit, affirmant que, quant à lui, « il n'a jamais vu d'hommes tués par les hélicoptères, mais seulement des chats et des grenouilles ». Au sud-ouest de Kitgum, dans la région de Gulu, et notamment sur le territoire du Parc national des chutes Kabalega, où le Nil Victoria se jette dans le lac Mobutu pour en ressortir sous le nom de Nil Albert, d'autres petits groupes de guérilla déploient une activité sporadique, attaquant de temps à autre un camion afin de mettre un peu de beurre dans leurs épinards.

La route d'Arua à Moyo, dans la province du West Nile, est empruntée dans le sens de la largeur par de très nombreux rats, et, dans le sens de la longueur, par d'assez rares véhicules. Parfois l'un de ces rares véhicules tombe dans une embuscade tendue par des contrebandiers qui l'exporteront au Zaïre. La clientèle zaïroise manifeste une préférence marquée pour les 4×4, et plus particulièrement pour ces Toyota Land Cruisers dont les organismes internationaux sont désormais si friands. Celles du Haut Commissariat des Nations unies pour les réfugiés (UNHCR), flambant neuves, auraient, sitôt débarquées, fait l'objet d'une commande zaïroise. L'intérêt des contrebandiers étant de faire le moins possible de trous dans ces véhicules destinés à l'exportation, les attaques ne sont pas toujours meurtrières. À l'occasion, elles peuvent survenir dans la ville même d'Arua, de nuit ou en plein jour, et l'impunité dont bénéficie le gang des voleurs de voitures, de même que la facilité apparente avec laquelle il se procure des armes modernes, amènent inévitablement à se poser des questions sur l'intégrité des responsables locaux de la sécurité.

À peu près équidistante d'Arua et de Moyo, la ville de Yumbe porte encore les marques des destructions systématiques que lui ont infligées, voilà dix ans, les soldats de Milton Obote ou leurs accompagnateurs tanzaniens, après que ces derniers eurent chassé du pouvoir le maréchal Idi Amin Dada. Car le renversement d'Idi Amin, s'il fut salué dans le monde comme une grande victoire des droits de l'homme, marqua pour les populations du West Nile, qui avaient le malheur d'entretenir avec le dictateur déchu des liens de parenté, le début d'une longue période d'expiation. Chaque attaque lancée contre les troupes gouvernementales par les groupes armés qui avaient trouvé refuge dans les campagnes – et dont l'un des plus ténus répondait à l'appellation poétique de « Red Rhino » (Rhino rouge) – entraînait de sanglantes représailles. Pour fuir la terreur, les habitants du West Nile durent s'exiler en masse dans les pays voisins, entrant dans cette espèce de tourbillon de populations déplacées qu'engendrent les conflits sans cesse renaissants aux confins du Soudan, du Zaïre et de l'Ouganda. Dans le West Nile, on reconnaît les réfugiés de retour du Zaïre à leur prédilection pour la numération française dans les transactions commerciales.

Quelques dizaines de kilomètres d'une très mauvaise piste relient Yumbe à Obongi, sur la rive gauche du Nil Albert. Aucun véhicule n'est basé de manière permanente à Obongi. Le village est organisé perpendiculairement au fleuve, le long d'une rue en terre bordée d'arbres gigantesques qui selon certaines interprétations seraient des iroccos, et selon d'autres des mvulis. Au-delà des dernières maisons du village, cet axe se prolonge jusqu'au fleuve à travers de petits champs de manioc, de sorgho, de bananiers ou de patates douces. L'extrémité du chemin est marquée par une sorte de plage inclinée vers le Nil, au milieu de laquelle ont poussé un arbre et une termitière, l'ombre du premier abritant une activité nonchalante et multiple.

Sept ou huit bicyclettes chinoises y stationnent, appuyées sur leurs béquilles. Une dame assise reçoit des mains d'une autre dame des soins capillaires attentifs. Des pêcheurs ont tiré sur la terre ferme des pirogues monoxyles extrêmement rudimentaires, au fond desquelles frétille une pêche assez maigre. Un fou, ou peut-être s'agit-il simplement d'un ivrogne, brandit à bout de bras un canard à demi étranglé, appartenant à l'espèce *Dendrocygna viduata*. Non loin de là se dresse la carcasse métallique de ce qui apparaît comme un hangar détruit et que la rumeur publique désigne comme un dancing en état de marche. Ayant fourni un certain nombre d'officiers et de soldats aux forces armées du maréchal Idi Amin Dada, le village d'Obongi, après la chute de ce dernier, a naturellement fait l'objet d'un traitement de faveur, dont témoignent encore les ruines, laissées en l'état, de la mosquée. Aux premiers signes annonciateurs d'une expédition punitive menée par les soldats d'Obote, les gens qui se trouvaient le plus près du fleuve avaient tout juste le temps de se réfugier dans les îles. Les autres non. Pas plus que les récoltes, ou les maisons, qui furent à plusieurs reprises incendiées. À la longue, d'après le témoignage d'un survivant de cette époque, Obongi devint une ville morte, et ce n'est que depuis quelques années qu'elle se repeuple, progressivement, de réfugiés de retour du Zaïre ou du Soudan. La pêche et l'agriculture, encore embryonnaires et sous-équipées, ne peuvent subvenir aux besoins de la population. Au demeurant, un responsable administratif du sous-comté, venu pour inspecter le travail d'une équipe de charpentiers, annonce fièrement l'ouverture prochaine, à l'ombre des iroccos (ou des mvulis ?), d'une succursale de la Banque commerciale de l'Ouganda.

L'aéroport de Moyo est irrégulièrement desservi par un petit bimoteur qu'affrète à la demande le UNHCR, et qui pour venir d'Entebbe doit couper trois fois le cours du Nil, tant le fleuve se tortille durant sa traversée de l'Ouganda. L'aéroport est tout de travers, si bien que ces petits avions s'y font quelquefois des entorses. Récemment, l'un d'entre deux s'est posé sur le ventre, sans dommage pour ses passagers. Au retour, le vol d'aujourd'hui doit ramener sur Entebbe une obstétricienne de Médecins sans frontières (MSF) qui a présidé pendant dix-huit mois aux destinées de la maternité, et les adieux que lui adresse le personnel de cet établissement, massé au grand complet sur la pelouse et chantant à tue-tête *Ce n'est qu'un au revoir*..., plaident nettement en faveur de l'action humanitaire. MSF s'occupe à Moyo du fonctionnement de l'hôpital, dont le rayon d'action s'étend bon an mal an aux quelque cent vingt mille habitants du district. Moins spectaculaire que les interventions ponctuelles sur fond de carnage organisé ou de catastrophe naturelle, ce travail de longue haleine, en fin de compte, est peut-être plus impressionnant. Car il s'agit aussi bien de prodiguer des soins immédiats que d'organiser, à l'échelle du district, la lutte contre les maladies endémiques, de reconstituer une infrastructure médicale saccagée par les conflits successifs, et de former le personnel susceptible d'en assurer le fonctionnement à long terme. La population du district est particulièrement affectée par la tuberculose et la maladie du sommeil. Cette dernière toucherait environ 1 % de la population, et une cinquantaine de cas sont traités chaque mois à l'hôpital de Moyo. C'est dans la région de Lefori, entre Moyo et Yumbe, que la mouche tsé-tsé a la réputation d'être la plus virulente, et, si l'on traverse cette région en voiture, cette réputation se traduit par une très grande agitation des passagers, éventuellement préjudiciable à la sécurité de la conduite, sitôt qu'une mouche tsé-tsé a été repérée à l'intérieur du véhicule. À titre de détail pittoresque, on peut mentionner que l'hôpital ferme par un portail métallique à claire-voie d'environ un 1,50 mètre de haut, que tout homme en possession de ses deux jambes peut franchir aisément au prix d'un effort mesuré, mais dont les soldats d'Obote se sont tout de même payé le luxe de détruire la serrure au bazooka.

La piste amorce sa descente vers Laropi, et, dans le lointain, s'arrondit la courbe du fleuve, divisé en plusieurs bras enserrant des îles de tailles diverses. Dans le sens de la montée peine un troupeau de vaches bossues, pas bien grasses, dont des militaires exténués, laqués de transpiration, accrochés des deux mains à leur fusil d'assaut jeté en travers des épaules, s'efforcent tant bien que mal de contrôler le débit. Les vaches, probablement originaires d'un pays limitrophe, étaient dépourvues de papiers, et c'est pourquoi elles sont passées sous le contrôle des militaires. À Laropi on reconnaît une fois de plus les arbres immenses, les destructions anciennes, et l'idiot du village sous l'espèce d'une vieille folle, nue jusqu'à la ceinture, qui soliloque. Les murs extérieurs du dispensaire sont réticulés de ces très fines galeries que les termites peuvent édifier sur de grandes distances afin d'atteindre les parties comestibles des maisons en dur. Sur la berge du Nil, le District Medical Officer (DMO), descendu d'un 4×4, négocie les conditions de son passage. Bien que le DMO semble considérer comme un exil son affectation dans le West Nile, il donne l'impression de faire ce qu'il peut. Il est accompagné du responsable régional de la prévention de la « slim disease », la maladie de la minceur, c'est-à-dire le sida. Tous deux doivent se rendre sur l'autre rive afin de récupérer la cargaison d'un camion de médicaments qui a versé sur la route d'Atiak, à moins qu'il ne s'agisse en fait d'une affaire plus compliquée, susceptible de procurer aux uns ou aux autres quelques avantages matériels. Le bac de Laropi est placé sous la protection d'un détachement de la NRA, hommes et femmes armés non seulement des inévitables Kalachnikov, mais d'une mitrailleuse et d'un lance-roquettes RPG. Avec une telle artillerie à bord du bac, on peut être assuré qu'une attaque rebelle, d'ailleurs très improbable en ce moment, ne laisserait aucun survivant. Plus on s'éloigne des temps héroïques où la NRA menait, dans les campagnes du Sud, une guerre efficace contre un gouvernement incapable et sanguinaire, plus cette armée, à l'origine assez homogène, doit intégrer des combattants de différents mouvements ralliés de plus ou moins bon gré au nouveau régime, après avoir participé pendant plusieurs années à la mise à sac du pays, plus elle se départit de sa civilité et contracte de ces mauvaises habitudes qui caractérisent la plupart des armées africaines.

À plusieurs reprises, la Fédération luthérienne mondiale, ayant pris le bac de Laropi sous sa protection, en a renouvelé les batteries, qui invariablement disparaissaient après quelques semaines. Puis les luthériens se sont lassés, et dorénavant, pour acquitter son droit de passage, il faut prêter la batterie de son propre véhicule et fournir par-dessus le marché 5 litres de carburant. Dans le cours de la traversée, le bac frôle des îles à papyrus dont se détachent parfois de gros morceaux qui partent à la dérive. À quelques kilomètres en aval de Laropi, le Nil, en franchissant la frontière du Soudan, devient le Bahr el-Jebel.

À Juba, la guerre encercle le fleuve

Les deux Hercules C130 de Southern Air Transport ont couvert en deux jours, et cinq étapes, la distance séparant Miami de Kampala. Les origines floridiennes de ces avions-cargos, de même que la dégaine de leurs pilotes, ont engendré d'inévitables rumeurs quant à la véritable obédience des uns et des autres. Un matin, dans la salle à manger du Sheraton de Kampala, les équipages de Southern Air Transport se sont retrouvés nez à nez avec Mohammed Ali-Cassius Clay, muette montagne de muscles qu'au tremblement de ses extrémités, à la vacuité de son regard, on imagine rongé par quelque mal incurable. Accompagné d'une épouse et d'un homme plus âgé que lui, vraisemblablement son médecin, Mohammed Ali se déplaçait en Afrique de l'Est afin d'y prôner les bienfaits de la solidarité islamique, et il ne semble pas qu'un contact se soit établi entre ces deux groupes, animés certainement de conceptions très différentes de la mission internationale des États-Unis.

En trois rotations, les deux C130 affrétés par le Fonds mondial pour l'alimentation (WFP) acheminent chaque jour un peu plus de 100 tonnes de farine de maïs à Juba, où la famine menaçait depuis que la capitale de la province d'Equatoria, encerclée par la guérilla, se trouvait privée de tout lien avec le monde extérieur. Les liaisons aériennes ayant été suspendues, quelques semaines auparavant, après que deux avions en provenance de Khartoum eurent essuyé des tirs de l'APLS (Armée populaire de libération du Soudan), les C130, afin d'éviter ce genre de désagréments, approchent de Juba en altitude, et descendent vers l'aéroport à la verticale, en une longue spirale qui procure aux passagers des sensations de fête foraine, révélant tour à tour un pont sur le Nil, des collines éparses, et les fumées obliques de feux de brousse allumés par les militaires afin d'exorciser leur crainte des hautes herbes.

Le CART (Combined Agencies Relief Team) regroupe l'ensemble des organisations non gouvernementales qui, à Juba, procèdent au stockage et à la redistribution de l'aide acheminée par le WFP. Recevant la visite d'un fonctionnaire de Khartoum, qui représente l'administration soudanaise officiellement chargée de l'aide humanitaire, les délégués du CART se sont réunis, pour le cuisiner, dans une salle de classe ornée d'un grand chromo de la Vierge Marie, que ce local ait été le seul disponible, ou qu'il ait été choisi à dessein pour affirmer les valeurs des Sudistes et mettre l'homme de Khartoum dans ses petits souliers. Après quelques échanges de politesse, le malheureux est soumis à un feu roulant d'interventions qui uniformément soulignent l'incompétence, la corruption et le sectarisme de l'administration ou de l'armée nordistes. Qu'une part substantielle de l'aide internationale soit détournée au profit de l'armée ou du commerce privé, qu'une autre soit retardée par des procédures particulièrement retorses, c'est en somme la routine. Mais les délégués se plaignent également de ce que, lors de l'attaque du dernier convoi routier qui, à partir de Yei, ait tenté d'atteindre Juba, les troupes gouvernementales aient abandonné à leur sort des véhicules chargés d'aide internationale, réservant tous leurs soins aux camions appartenant à des commerçants arabes et transportant des marchandises de valeur. Ou de ce que ces mêmes commerçants aient été laissés libres de vendre la farine à prix d'or, tandis que la population en était réduite à prendre d'assaut un entrepôt de nourriture destinée au bétail. Cette sévérité à l'égard du gouvernement n'implique aucune complaisance vis-à-vis de l'APLS, qui en affamant les villes, en ensemençant de mines antipersonnel les champs et les chantiers de brousse, manifeste un cynisme égal à celui de ses adversaires. Mais les délégués, sans prendre de gants, insistent sur le fait qu'à défaut de soins plus attentifs, la loyauté des populations équatoriennes – ou du moins leur relative indifférence aux séductions de la guérilla – pourrait être remise en cause.

Sur la berge, au bout d'une rue dont on devine l'ambition d'être l'artère principale de Juba, les chauffeurs des organisations internationales astiquent leurs véhicules tout-terrain auparavant aspergés d'eau du Nil. Ce sont pratiquement les derniers à rouler à Juba – encore ne le font-il qu'avec parcimonie –, où l'on manque de carburant comme de tout. Les citernes de stockage, établies le long du fleuve, constituent une si belle cible qu'il faut que l'APLS, pour les avoir négligées, soit particulièrement courte en fait d'artillerie. Ailleurs, un chaos de barges rouillées signale ce qui fut l'embarcadère des convois fluviaux à destination de Kosti, dont le service est interrompu depuis qu'en 1984 une attaque lancée par la guérilla contre l'un d'entre eux a entraîné la mort de plusieurs centaines de passagers. Sur la rive adverse se lève soudainement un orage sec, qui pendant quelques instants obscurcit le ciel, fait tourbillonner la poussière et prend aux cheveux les grands arbres plantés le long du bord.

Reconnaissables à leur tunique de grosse toile sur laquelle est épinglé un carré d'étoffe rouge, les prisonniers de droit commun, dans la journée, sont laissés libres d'aller et venir afin de mendier leur nourriture. Au hasard de cette ville particulièrement décousue, dont le tissu est largement échancré de terrains vagues, ou de zones cultivées, parmi lesquels ont poussé de véritables villages de brousse, ils croisent ces autres errants que sont les pasteurs Mundari, coiffés d'un casque de cheveux jaunes, armés d'un lourd bâton, contraints par la guerre à se réfugier avec leurs troupeaux à l'intérieur du « périmètre de sécurité ». Le principal marché de Juba draine une foule absolument sans rapport avec le volume des affaires qui s'y traitent. Les éventaires sont garnis de rares légumes, de citrons et de bananes un peu plus abondants, ou de quelques bassines de farine. De part et d'autres sont alignées les échoppes en dur où des commerçants arabes, invariablement vêtus d'une « galabieh » blanche, trônent derrière des piles de savons, de boîtes d'allumettes et d'autres rudimentaires produits finis.

L'une de ces boutiques signale par écrit qu'elle recherche des peaux de python ou de crocodile, mais le contexte militaire ne semble guère propice à la collecte de ces denrées. La surprise du marché de Juba, c'est le bouquiniste, sur l'éventaire duquel on remarque notamment un exemplaire en bon état des *Hauts de Hurlevent*. Plus surprenant encore, malgré la guerre, la famine, et tout ce qui s'ensuit, il se trouve des gens pour lui acheter des livres, tel X., qui possède chez lui une trentaine de volumes lus et relus avec toute la ferveur dont doit être capable un prisonnier ou un otage. Sa préférence va aux livres d'histoire, mais il lit également des romans.

Catholique, X. participe à un cercle de réflexion politique et morale qui se réunit de temps à autre autour de l'archevêque de Juba, et on sent dès le premier coup d'œil qu'il appartient à l'espèce de ceux qui chantent dans les supplices. Gaiement, par surcroît, car, pour être catholique, X. n'en est pas moins africain, et sa foi s'accommode par exemple de quelques petites entorses aux règles matrimoniales si contraignantes de l'Église romaine. Militant du premier mouvement Anyanya, qui dans les années soixante combattit l'hégémonie nordiste, son père a été capturé et coupé en morceaux par les troupes gouvernementales. Réfugié dans le nord de l'Ouganda, à Moyo, avec ce qui restait de sa famille, X. se souvient d'y avoir récupéré en 1979, alors qu'il devait être âgé d'une quinzaine d'années, des armes abandonnées dans leur déroute par les troupes d'Idi Amin. X. enterra son trésor dans un champ proche de Moyo, et crut sa dernière heure arrivée lorsqu'il fut repéré, puis exhumé, par des soldats du corps expéditionnaire tanzanien équipés de détecteurs de métal. De retour au Soudan, il ne semble pas que X. ait jamais pris une part active au mouvement de guérilla animé depuis 1983 par le colonel John Garang, mais il professe à son égard une sympathie qui n'est pas vraiment de règle à Juba, où les gens se méfient des tendances hégémoniques des Dinkas presque autant que de celles des Arabes.

À la nuit tombée, en dépit des lampes tempêtes, et des groupes électrogènes qui pétaradent çà et là, Juba devient dans l'ensemble une ville si obscure qu'il faut être un peu nyctalope pour s'y retrouver. L'expérience est à déconseiller à ceux qui craignent les chiens, car ces animaux sont extrêmement nombreux à Juba, et rien ne prouve qu'à force d'être affamés, encore bien plus que les humains, ils ne se décideront pas un beau soir à regrouper leurs efforts pour attaquer quelques-uns de ces derniers. La réception à laquelle X. nous a conviés se tient dans un petit jardin dont tout l'éclairage consiste dans une lampe à gaz, et les figures qui évoluent autour de cette lampe gagnent beaucoup, littérairement, à ce que l'on ne puisse jamais distinguer nettement leurs traits, et à ce qu'aussitôt évoquées elles soient de nouveau happées par les ténèbres.

Le menu consiste en quelques bouteilles de Johnny Walker – l'un des seuls articles dont Juba n'ait jamais manqué – et en un grand plat d'une ragougnasse peu substantielle, mais qui dans le contexte fait tout de même figure de balthazar. Les convives, dont la plupart, avant de manger, ont récité le bénédicité, sont au nombre d'une vingtaine, parmi lesquels une majorité de femmes. X. me confie que l'une d'elles est l'épouse d'un ancien officier d'Idi Amin Dada, qui, comme un certain nombre de ses pairs, a rejoint dans le maquis les troupes du colonel Garang. Deux autres étaient mariées à des officiers de l'entourage de Tito Okello, l'éphémère chef d'État ougandais détrôné par Museveni. Ni Okello ni Idi Amin n'ont laissé le souvenir d'ardents défenseurs des droits de l'homme. Mais en vertu peut-être de la tendance africaine à considérer que seules comptent en politique les alliances du moment, et qu'une commune appartenance ethnique, ou a fortiori des liens de parenté, entraîne une obligation de loyauté, bien que l'assistance soit majoritairement composée de gens qui sur l'échiquier politique européen pourraient être étiquetés « démocrates-chrétiens », personne ne songe à reprocher à ces dames les turpitudes passées de leurs époux, ni à s'étonner que d'anciens serviteurs de telle ou telle dictature se présentent aujourd'hui comme des combattants de la liberté.

Dans la maison privée d'électricité, silencieuse depuis que se sont tus les derniers grésillements de la radio, la « sentinelle » zaïroise recherche à tâtons une lampe à pétrole, l'allume, puis s'installe au-dehors, munie de l'arc et des flèches qui constituent son arme de service. Il ne semble pas que, de toute la journée, il ait mangé autre chose que quelques mangues vertes gaulées dans l'arbre du jardin. Cela fait plus de vingt ans qu'il vit à Juba, et, si l'on se livre a un calcul rapide, de tous les événements qui ont marqué l'histoire récente du Zaïre, on ne voit guère que la « rébellion » dans les provinces de l'Est, en 1964, qui ait pu l'amener à prendre la fuite au Soudan et à y demeurer si longuement. Ainsi ce petit homme ratatiné, complètement inoffensif, craignant Dieu, animé d'un sens effrayant de la hiérarchie, qu'il exprime en français par des formules de politesse surannées, fut peut-être un de ces « Simbas » qui causèrent aux Belges une si grande frayeur, et que l'on accusait de manger des religieuses à tous les repas. Le lendemain, le petit homme viendra au début de la soirée, ponctuellement, armé de son arc et de ses flèches, s'excuser de ne pouvoir monter la garde cette nuit-là, sa belle-fille ayant succombé dans la journée à une crise aiguë de paludisme.

À Bor, le fleuve s'évapore

Avec son aérogare inachevée, son port fluvial désaffecté, ses citernes vides, ses champs laissés en friche et ses ministères à l'abandon faute d'un territoire à administrer, Juba offre un bel exemple de développement à rebours.

Dans le prolongement de la piste d'envol, sur la rive gauche du Nil, encastrée parmi les jacinthes d'eau et les herbes du bord, une barge automotrice, qui jadis acheminait depuis le nord du Soudan le matériel destiné à la rénovation de l'aéroport, fait office de lavoir et de bains publics. Les vitres de la passerelle ayant par miracle résisté aux déprédations des pillards, ses équipements, après plusieurs années d'inemploi, semblent en état de marche. De tous les grands projets qui devaient transformer la physionomie des provinces du Sud et dont la reprise de la guerre a sonné le glas, le plus titanesque, et le plus controversé, était le percement du canal de Jonglei.

En aval de Juba, le Nil, ou plus précisément le Bahr el-Jebel, s'égare parmi les marécages du Sudd, où il perd par évaporation quelque 15 milliards de mètres cubes par an, soit environ la moitié de son débit au sortir des grands lacs. Dès avant la Seconde Guerre mondiale, tous ces mètres cubes perdus mettaient au désespoir les administrateurs britanniques, et le premier projet du canal de Jonglei naquit de leur volonté d'en sauver au moins 4 milliards, et si possible 6 ou 7, en redressant le cours du Nil afin de lui épargner le détour par les marais du Sudd. Successivement, la Seconde Guerre mondiale puis, dès 1956, le développement de la guerre civile dans le Sud s'opposèrent à la mise en œuvre du projet, bien que de 1947 à 1954 il ait fait l'objet d'une remarquable « étude d'impact » – l'une des premières du genre, au moins dans un pays du tiers-monde –, menée sous les auspices du Jonglei Investigation Team.

Les accords d'Addis-Abeba, qui en 1972 scellèrent la réconciliation provisoire du Nord et du Sud, redonnèrent sa chance au canal de Jonglei. Sans doute, en perçant le canal, prenait-on le risque de perturber considérablement le mode de vie de quelque trois cent mille transhumants appartenant aux ethnies Dinka, Nuer et Shillouk, pour ne rien dire des torts causés à la faune sauvage, dont les marais du Sudd abritent des espèces innombrables. Désormais les uns et les autres se heurteraient dans le cours de leurs migrations à cet obstacle liquide qui, en privant le Sudd d'une partie des eaux du Nil, risquerait également de réduire la superficie des pâturages d'inondation, et de détruire toute une vie aquatique dont les habitants de la région tirent une grande partie de leurs ressources.

Les adversaires du canal craignaient aussi que l'assèchement, même limité, des marais du Sudd n'entraîne une modification du régime des pluies à l'échelle de tout le continent, et le tarissement des oasis sahariennes jusqu'au fin fond du Tchad et de la Libye. À ces craintes, les défenseurs du canal objectaient que les oasis en question n'avaient aucune connexion avec le sous-sol des marais, et que, par ailleurs, le niveau du lac Victoria s'élevant régulièrement depuis 1961, la mise en eau du canal ne ferait que rétablir l'équilibre hydrographique qui prévalait avant cette date. De 1974 à 1979, une commission créée par le gouvernement soudanais enquêta cependant sur tous ces points, ou sur la plupart d'entre eux. Et ses conclusions aboutirent notamment à ce que le tracé du canal, afin de limiter les perturbations apportées à l'élevage transhumant, soit légèrement infléchi vers l'est, et sa longueur totale portée de 280 à 360 km. Même les animaux sauvages obtinrent un petit quelque chose, puisque l'on consentit à adoucir pour eux la pente des berges sur plus des deux tiers de la longueur du canal.

Entre-temps, sitôt le projet connu, en 1974, des émeutes avaient éclaté à Juba, la population équatorienne craignant que l'ouverture du canal n'entraîne une invasion des provinces du Sud par des Égyptiens, ou des militaires soudanais originaires du Nord, en bref de ces « Arabes » qu'elle confond dans une commune méfiance ou dans une commune exécration. En 1976, un groupe d'entreprises françaises entraîné par les Grands Travaux de Marseille (GTM) avait obtenu le contrat, et les travaux pouvaient commencer deux ans plus tard.

Aujourd'hui encore, quiconque se rend à l'ambassade du Soudan, à Paris, dans l'espoir insensé d'obtenir un visa, ou dans l'espoir plus modeste, mais également vain, d'apprendre du moins pourquoi on le lui refuse, peut constater que la salle d'attente de cet établissement est toujours ornée d'une grande photographie en couleurs de la roue-pelle. Pauvre roue-pelle. Venue du Pakistan, elle faisait la fierté des Grands Travaux de Marseille, qui n'avaient pas mis moins de deux ans à la démonter, à la transporter en pièces détachées puis à la remonter non loin du confluent de la Sobat et du Nil Blanc, où, dès le mois de juillet 1978, ses 2300 tonnes bien calées sur d'énormes patins, elle se mit à boulotter de la terre à raison de 280000 m^3 par semaine. À ce rythme, et compte tenu de ce qu'elle tournait 24 heures sur 24 et 7 jours sur 7, au moins quand les circonstances le permettaient, la roue-pelle avait en octobre 1982 progressé vers le sud de 152 km et excavé quelque 35 millions de mètres cubes. Elle ne se contentait pas d'excaver : tandis que l'un de ses organes fouissait et pelletait, un autre, sur la berge, tassait le remblai de la route qui devait doubler le canal tout du long.

Un millier d'hommes, tant soudanais que pakistanais et français, étaient au service de la roue-pelle, qu'assistaient également une vingtaine de bulldozers et une dizaine d'autres engins de chantier.

L'ensemble de ce matériel consommait, paraît-il, plus de fuel que toute la ville de Juba. Et tout cela pour des prunes. Car la reprise de la guerre dans le Sud, en 1983, et la pression croissante exercée par l'Armée populaire de libération du Soudan, qui en vint même à attaquer le « camp de base » de la Sobat et à enlever plusieurs techniciens, entraîna finalement la fermeture du chantier [1]. La roue-pelle avait alors progressé de près de 250 km. En 1986, l'année où le canal devait être mis en eau et ouvert à la navigation, des avions, officiellement non identifiés mais officieusement libyens, lâchèrent quelques bombes sur

1. La fermeture du chantier intervint durant le second semestre de 1983. Quelques mois plus tard, l'APLS attaquait le camp de base de la Sobat, enlevant deux techniciens français ainsi qu'un pilote kényan et son épouse. Tous seront libérés par la suite.

la roue-pelle. Politiquement, cette opération militaire était à coup sûr chargée de sens. Techniquement, elle se justifie d'autant moins qu'à cette date l'érosion tropicale avait certainement fait son œuvre et transformé la roue-pelle, nouvelle arche promise à de futurs aventuriers, en pur objet de bande dessinée.

Bien qu'à hauteur de Bor, c'est-à-dire au point le plus méridional que devait atteindre le canal de Jonglei, le Nil ait encore plusieurs milliers de kilomètres à parcourir avant de se heurter au barrage d'Aswan, ce projet concerne l'Égypte au moins autant que le Soudan. Et si la première s'efforce aujourd'hui de favoriser la conclusion d'un accord de paix entre l'APLS et le gouvernement de Khartoum, c'est sans doute en grande partie afin de voir reprendre les travaux. En exergue d'un rapport publié en 1982 par le Conseil national pour le développement de la zone du canal de Jonglei, on lit d'ailleurs qu'« en réalisant ce projet, le Soudan aura rempli ses obligations vis-à-vis des populations de la vallée du Nil et de l'Égypte voisine, laquelle, sans un débit accru des eaux du fleuve, pourrait être confrontée à la famine avant la fin de ce siècle ».

Cette crainte obsédante d'être privée d'eau et le rêve, concomitant, de « ramener chez elle les sources du Nil », pour reprendre la formule du géographe Habib Ayeb, ont de tout temps défini la politique de l'Égypte à l'égard du Soudan et de l'Éthiopie. S'agissant du premier, lorsqu'à la fin des années cinquante il entreprend sans l'accord de l'Égypte la construction du barrage de Roseires, sur le Nil Bleu, il s'attire une riposte foudroyante de Nasser, qui menace militairement sa frontière nord, et n'accepte de se retirer que sous la pression internationale. C'est à la suite de cette guerre larvée que le Soudan obtiendra de l'Égypte, en 1959, la signature d'un accord sur le partage des eaux du Nil, qui lui en attribue exactement le tiers de ce qu'elle se réserve pour elle-même.

S'agissant de l'Éthiopie, dont les hauts plateaux fournissent 85 % des eaux charriées par le Nil en aval de Khartoum, cela fait plusieurs siècles que le contrôle qu'elle pourrait un jour ou l'autre exercer sur le débit du Nil Bleu nourrit les cauchemars des Égyptiens. Lorsque les Américains voulurent punir Nasser de son alliance avec les Soviétiques, concrétisée par la mise en chantier du barrage d'Assouan, ils portèrent soudain un intérêt extraordinairement soutenu aux ressources hydroélectriques du Nil Bleu sur le territoire éthiopien. Et lorsque, au grand bal des alliances, l'Égypte et l'Éthiopie eurent échangé leurs cavaliers, ce fut au tour des Russes de s'intéresser à ces mêmes ressources, de si près que le président Sadate crut devoir agiter contre les Éthiopiens la menace d'une guerre.

À l'exception de ceux qui, depuis la mise en eau du barrage d'Assouan, ne sont accessibles qu'en bateau, le temple de Kalabsha est en Égypte l'un des rares monuments de la vallée du Nil où l'on puisse à la rigueur retrouver quelque chose de l'atmosphère des gravures de Roberts, ou des descriptions de tel ou tel voyageur littéraire du siècle passé. Sauvé des eaux du lac Nasser et déplacé sur près de 40 km par les soins de l'Allemagne fédérale, le temple se dresse désormais au sommet d'un petit promontoire d'où l'on peut observer la longue digue du Sad el-Aali, le haut barrage, et sur la gauche le monument, en forme de bonnet d'âne à oreilles multiples, élevé jadis à l'amitié désormais révolue des peuples soviétique et égyptien. En dehors de ce monument, sur tout le site du haut barrage, on ne trouvera guère d'autre souvenir de la présence soviétique qu'un petit écriteau, près de la centrale électrique, interdisant de fumer – *Nie kourit !* – en caractères cyrilliques.

Au pied du temple, dont la visite est guidée par un fou qui parle tout seul sans aucun souci de se faire entendre, une anse pestilentielle renferme quelques barcasses pour la plupart hors d'état de nuire, et une douzaine de gros chiens livrés à eux-mêmes, qui se nourrissent des déchets rejetés par la pêcherie. Ces pêcheries sont au nombre des promesses non tenues du barrage d'Assouan. Après quelques années, les eaux du lac Nasser devaient déborder de poissons gorgés de sédiments retenus par le haut barrage, et gras comme des dindes. En fait, pour des raisons qui tiennent sans doute plus à l'incurie administrative qu'au faible pouvoir nutritif de ses eaux, le nombre de pêcheurs établis sur les bords du lac est passé en dix ans d'un peu plus de dix mille à deux mille.

En fin de compte, l'Égypte est-elle un don du barrage d'Assouan ? Avant de rentrer dans les détails de la controverse qui, depuis bientôt trente ans, oppose partisans et détracteurs de ce colossal ouvrage d'art, il n'est pas inutile de rappeler, citant de nouveau Habib Ayeb, que, « sans le haut barrage, la vallée du Nil aurait subi au moins à deux reprises, en 1964 – l'année de sa mise en eau – et en 1975, des inondations catastrophiques, et qu'elle aurait ressenti bien plus douloureusement les effets de la sécheresse qui, avec quelques interruptions, sévit depuis 1979 ».

Les deux principaux objectifs visés par la construction du haut barrage étaient le développement de l'électrification et l'extension des zones cultivées. On peut considérer que le premier objectif a été atteint, dans la mesure où la mise en service du Sad el-Aali a effectivement permis l'électrification de milliers de villages et l'implantation dans la vallée du Nil de quelques grandes unités industrielles. Mais la baisse du niveau des eaux dans le lac Nasser, consécutive à la sécheresse, a montré les limites du haut barrage. En dessous de 147 m, les turbines s'arrêteraient de tourner, et le niveau atteint l'an dernier – environ 150 m –, juste avant que des pluies diluviennes s'abattent sur la région de Khartoum, a entraîné une diminution considérable de la production d'hydroélectricité.

Quant à l'extension des zones cultivées, très inférieure aux prévisions, elle a été pratiquement annulée par la croissance urbaine et par la salinisation des terres due à l'excès d'irrigation et à l'insuffisance du drainage. En revanche, la productivité a augmenté, et on enregistre aujourd'hui une moyenne annuelle de 1,9 récolte contre 1,4 auparavant. Tout cela au prix d'un épandage massif de fertilisants et d'insecticides, qui se traduit par une pollution désormais alarmante des eaux du Nil, et d'une recrudescence de la bilharziose due à ce que les paysans passent aujourd'hui beaucoup plus de temps les pieds dans l'eau, tandis que la crue du Nil ne vient plus balayer les mollusques qui véhiculent la maladie.

À l'extrémité orientale du haut barrage se trouve la gare maritime où l'on embarque à destination de Wadi Halfa, cette petite ville soudanaise qui doit tout son prestige au fait que Flaubert, d'après Maxime Du Camp, y aurait eu l'idée des nom et prénom de Mme Bovary. Quant au bateau de Wadi Halfa, il est célèbre à cause de l'incendie qui ravagea son prédécesseur, le *10 Ramadan*, en mai 1983. Dans son livre *The Other Nile*[1], l'écrivain britannique Charlie Pye-Smith cite le témoignage du maître d'hôtel du *10 Ramadan* qui eut la chance de survivre à cette catastrophe. D'après ce dernier, l'incendie serait paradoxalement imputable à une pénurie d'allumettes. En effet, le jour du drame, le cuisinier du bord s'était levé de bon matin pour faire du thé. Après avoir ouvert le gaz, il partit à la recherche d'une boîte d'allumettes. Cette recherche l'occupa fort longtemps, et lorsque enfin il revint dans la cuisine et gratta une allumette, il s'ensuivit une explosion formidable

1. Viking 1986, Penguin Books 1987. Dans le même livre, Charlie Pye-Smith raconte également – et il faut le croire, car il s'agit manifestement d'un auteur très soucieux d'exactitude – comment les chemins de fer égyptiens, pendant les premières années de leur existence, brûlaient dans leurs chaudières des momies de préférence à tout autre combustible.

qui se communiqua de proche en proche aux innombrables bouteilles de gaz ainsi qu'aux bidons d'essence ou de fuel que les voyageurs rapportaient d'Égypte au Soudan, où ces produits inflammables sont absolument introuvables. Les autorités égyptiennes firent état de cent quatre-vingt-dix-sept morts et d'une centaine de disparus qui, cinq ans après, ne se sont toujours pas fait connaître.

Presque tous les récits de la catastrophe font apparaître des crocodiles, lesquels, comme on peut le penser, s'acharnent sur les naufragés qui s'efforcent désespérément d'atteindre le rivage. L'idée des crocodiles est naturellement fort divertissante, mais il faut tout de même remarquer que le naufrage du *10 Ramadan* est presque la seule occasion où leur présence est signalée dans le lac Nasser, dont les 3 000 kilomètres de berges, généralement accores, sont extrêmement peu propices à la reproduction de ces animaux.

À Louxor, une corniche sur le fleuve

La route d'Abou Simbel n'est accessible au public que sur présentation d'un document visé par les autorités, mais que l'on obtient sans aucune difficulté. Sans doute ces demi-mesures tendent-elles à protéger d'une curiosité malveillante le dispositif militaire que l'on devine dans le désert, éparpillé, discret, destiné semble-t-il à contenir d'éventuels débordements du colonel Kadhafi. La première partie de la route permet d'apercevoir d'énormes quantités de fûts de gas-oil usagés, et, sur l'horizon incolore, des mirages à peine moins nombreux. Puis le paysage se complique, s'accidente de montagnes pyramidales ou tabulaires, d'entre lesquelles on voit parfois surgir une longue file de dromadaires qui, venus du Soudan, se dirigent vers le marché aux bestiaux de Daraw, entre Assouan et Kom Ombo. Une heure avant d'arriver à Abou Simbel, la route déborde sur la gauche une sorte de station-service à l'usage des chameliers, où la dernière caravane de passage a laissé derrière elle le cadavre d'un jeune dromadaire, blanc et duveteux comme une peluche de grand luxe. Sur le cadavre sont attablés une dizaine de corbeaux et une paire de très jolis vautours bicolores, appartenant par bonheur à l'espèce que les Anglais désignent comme *aegyptian vulture*, et qui se rencontre aussi dans les Pyrénées. Au pied des temples d'Abou Simbel, les eaux du lac Nasser présentent une couleur vert billard qui pourrait témoigner d'un début d'eutrophisation – le syndrome de Plestin-les-Grèves – imputable aux pharamineuses quantités d'engrais répandus par les Soudanais, au confluent des deux Nils, sur le domaine irrigué de la Gezirah.

Lorsque la Basse-Nubie a été submergée par les eaux du lac Nasser, la « communauté internationale », qui ne peut être à la fois au four et au moulin, a réservé sa sollicitude aux monuments antiques. Tandis qu'une quinzaine de temples, dans le cadre de la plus grande superproduction jamais mise en scène par l'Unesco, étaient sauvés des eaux, plus de quarante villages disparaissaient à jamais, et quelque soixante-dix mille Nubiens prenaient d'assez mauvaise grâce le chemin de l'exil. Encore faut-il porter au crédit de l'Égypte que ce grand dérangement se soit opéré sans effusion de sang, et qu'après quelques années de silence les Nubiens, dans certaines limites, jouissent aujourd'hui du droit de récriminer, et même de bercer, sans trop y croire, des rêves de retour. Le nouveau village d'Abou Simbel, où l'on a réinstallé la plupart des habitants de l'ancien, est situé dans la région de Kom Ombo, à la limite du désert, sur une zone récemment gagnée à la culture irriguée. Les maisons sont aussi laides, aussi médiocres, que dans toutes les agglomérations égyptiennes de construction récente. Au Moyen-Orient, un tel village pourrait recevoir l'appellation de camp de réfugiés. À 10 heures du matin, tous les hommes valides doivent être occupés dans les champs de canne à sucre, de maïs, de trèfle ou de melons d'eau, et le seul foyer visible d'activité est le *madyafa*, la maison d'hôtes, située en face de la principale mosquée d'Abou Simbel *bis*. Tout ce que le village et son voisinage comptent de notables y défile pour présenter ses condoléances à Mohammed Hassan, dont le père vient de mourir au Caire. Au fur et à mesure de leur arrivée, les visiteurs prennent place sur des nattes étendues à l'abri de la galerie couverte qui borde la cour sur trois côtés. Chacun, y compris ceux que l'on n'attendait pas, est alors restauré, désaltéré, et pourvu de cigarettes que l'on renouvelle assez vite pour ne pas lui laisser le temps de sortir les siennes. À près de cinquante ans, Mohammed Hassan en paraît quinze de moins. Au terme d'une carrière administrative auprès de l'ambassade britannique, il s'occupe désormais à Abou Simbel d'une institution, la Nubian House, dont le dessein est apparemment de renflouer tout ce qui peut l'être de la culture nubienne engloutie par les eaux du haut barrage. Dans un anglais auquel Evelyn Waugh ne trouverait rien à redire, et toujours relevé d'une pointe d'ironie, il évoque l'architecture des villages nubiens d'autrefois, les briques de boue, les coupoles,

les cours et les terrasses, les vertus hygiéniques de l'air et de la lumière, avec tout le candide enthousiasme d'un pionnier du mouvement moderne. Quoi qu'il advienne de son projet de faire revivre de tels villages sur les bords pétrifiés du lac Nasser, rien, manifestement, n'entamera la tranquille conviction de Mohammed Hassan que presque tout ce qu'il y a de bien en Égypte, y compris le nez de Cléopâtre et l'écriture hiéroglyphique, procède plus ou moins de la Nubie.

Dans la poussière qui jamais ne retombe, et qui fait de Louxor l'une des villes au monde où il est le plus difficile de conserver des chaussures propres, automobiles et voitures à chevaux se bousculent sur la corniche avec une opiniâtreté ben-hurienne. L'une des curiosités de l'Égypte, c'est que la férocité de leur conduite n'altère pas l'humeur généralement débonnaire des conducteurs. Quant à la poussière – faite de ce fameux limon du Nil que le haut barrage retient désormais en amont –, elle provient pour une part des travaux menés depuis plusieurs années par des coopérants chinois, auxquels leur ardeur à la tâche a valu tout d'abord d'être pris localement pour des déportés ou des bagnards. Lorsque les Chinois auront parachevé cette entreprise pharaonique, la berge du Nil sera irrémédiablement défigurée, c'est-à-dire mise au niveau de ce qui se fait de plus coquet, en fait d'architecture balnéaire, sur le littoral de la Floride ou du Languedoc. La comparaison avec le luxe des horribles paquebots du Nil, alignés en contrebas de la corniche, rend encore plus pathétique le dénuement de la barge à bord de laquelle sont cantonnés les Chinois. À la tombée de la nuit, alors que les projecteurs tirent de l'ombre les colonnades du temple de Louxor, et que, sur l'autre rive, un peu de lumière jaune traîne encore sur les premiers escarpements de la chaîne libyque, un de ces Chinois se prend de bec avec un fou parfaitement inoffensif, qui, à longueur de journée, imite entre autres bruits le mugissement d'une sirène de pompier. Après un bref échange d'insultes bilingues, le Chinois s'empare d'une planche qu'il brandit contre l'insensé, et dont il semble qu'il lui assène un premier coup. Successivement un couple de touristes, puis un flic, s'interposent entre les belligérants, tandis que s'attroupe une petite foule de badauds égyptiens étonnamment dépourvus d'agressivité à l'égard de cet étranger qui, le visage écarquillé par la haine, s'efforce d'assommer à coups de planche un de leurs compatriotes. Le simple d'esprit profite de la confusion pour s'éclipser, non sans balancer auparavant une pierre dans la direction du Chinois, qui, en quelques instants, vient de faire perdre à son pays tout le bénéfice de plusieurs années d'efforts diplomatiques.

Deux bacs relient Louxor à l'autre rive du Nil, celle des Colosses de Memnon et de la Vallée des Rois. Le premier bac est à l'usage des touristes, et le second également, mais comme ce dernier est moins cher, et donc accessible aux usagers locaux, les touristes qui l'empruntent jouissent sur ceux qui l'ignorent d'un sentiment manifeste de supériorité, tout à fait comparable à celui qu'ils éprouveraient à Venise si, ayant enfin compris la destination et la fréquence des différentes lignes de *vaporetti*, ils tombaient sur des compatriotes encore incapables de s'y retrouver. À peu près à égale distance de l'embarcadère et des Colosses, que l'on aperçoit dans le lointain se détachant sur l'horizon de la chaîne libyque, se trouve le village de Gurna el-Gadida, dont rien, à première vue, ne permet de comprendre comment il put jouir dans le monde architectural d'une notoriété presque égale à celle de Chandigârh ou des Cités radieuses. Dans le livre où il fait le récit de cette entreprise [1], Hassan Fathy, l'architecte de Gurna el-Gadida, raconte comment, après la Seconde Guerre mondiale, on décida de construire ce nouveau village afin de déloger, puis de reloger, les habitants de l'ancien, qui avaient établi leurs pénates parmi les tombes de la nécropole et les soumettaient à un pillage en règle. « Les bijoux, les plaques, les statuettes – chefs-d'œuvre d'artisanat sans prix –, tout va droit dans les cuves et est transformé en vulgaires lingots qui seront vendus au prix courant de l'or. » Combien de trésors de Toutânkhamon ont-ils ainsi pris le chemin de la lessiveuse ? Le scandale prend des proportions formidables lorsqu'un monument entier, découpé à même la montagne, disparaît un beau jour sans laisser de traces…

De l'exercice, a priori peu exaltant, qui consiste à déplacer contre leur gré de paisibles profanateurs de sépultures, Hassan Fathy, tout frémissant des généreuses illusions de l'après-guerre, va faire une expérience de retour aux sources qui fera couler des flots d'encre, et s'extasier plusieurs générations d'architectes et de sociologues. Émerveillé par cette fameuse architecture nubienne dont Mohammed Hassan conserve la nostalgie, et qu'il a, quant à lui, découverte en 1941 à l'occasion d'un voyage à Assouan, Hassan Fathy va s'efforcer d'en retrouver l'esprit, les techniques et les artisans afin de mener à bien la construction du nouveau Gurna. L'usage de la brique crue mêlée de paille hachée – un matériau bon marché, malléable, et produit localement –, l'attention portée à la circulation de l'air, la confiance absolue

1. *Construire avec le peuple*, Sinbad, 1970.

dans les vertus domestiques de la voûte et de la coupole constituent quelques-uns des traits les plus caractéristiques de cette architecture. Pour le reste, est-ce la faute d'Hassan Fathy si les habitants du vieux Gurna adhéraient aussi solidement que des berniques à leurs anciennes sépultures, et si, successivement, une inondation, puis des pluies consécutives à la mise en eau du haut barrage, dont l'immense lac de retenue a entraîné quelques modifications climatiques, ont fait un petit peu fondre ses chères briques de boue, et s'écrouler ici et là quelques-unes de ces coupoles si gracieuses ? Aujourd'hui, les habitants de Gurna el-Gadida, qui sont pour la plupart des nouveaux venus, s'efforcent de faire disparaître toute trace du travail d'Hassan Fathy, arasant les coupoles, bouchant les *claustra*, et tassant de la bonne brique rouge, bien cuite cette fois, entre d'inesthétiques piliers de béton armé. Les toits se hérissent de fer à béton et se couvrent de bottes de paille. Le peuple, pour lequel Hassan Fathy se faisait fort de construire, se révèle aussi rétrograde, aussi méfiant vis-à-vis de l'innovation architecturale, quand bien même elle renouerait avec la tradition, qu'à Pessac ou en tout autre lieu où des architectes ont voulu faire son bonheur. À côté du théâtre d'Hassan Fathy, dont il ne semble pas qu'il ait beaucoup servi, on a construit récemment une école d'une laideur absolument désarmante, mais dont les habitants de Gurna observent fièrement qu'elle est « de style moderne ». La seule tradition architecturale ou décorative qui demeure vivante, quelle que soit par ailleurs son ancienneté, c'est celle qui consiste à peindre sur le mur extérieur de la maison d'un *Hadj*, c'est-à-dire d'un musulman ayant fait le pèlerinage de La Mecque, une fresque représentant quelques objets évocateurs de ce pieux voyage. Il y a invariablement la Pierre noire et presque toujours un avion, un bateau et un dromadaire, le reste étant laissé à l'appréciation de l'artiste. Souvent, celui-ci a représenté un gros lion, dont notre informateur nous assure – mais il s'agit probablement d'une de ces informations tributaires de l'inspiration du moment, destinées soit à sauver la face, soit à induire délibérément en erreur l'ethnologue amateur – qu'il symbolise la paix que le pèlerin rencontre sur le chemin de La Mecque, même les fauves, bien loin de le dévorer, lui adressant au passage une petit salut amical.

Hadjaj exerce sur la rive droite du Nil, parmi les sites de la nécropole thébaine, le métier relativement lucratif de chauffeur d'autocar. À force de fréquenter des touristes, il s'est constitué un petit stock de plaisanteries susceptibles de lui attirer leur sympathie, comme de se présenter sous le nom de Ramsès II, et sa femme sous celui de Nefertari. Quant à sa femme, justement, si elle ne pousse pas l'audace jusqu'à partager au salon la conversation des hommes, elle se rappelle tout de même à leur bon souvenir par d'incessantes récriminations et quelques insolences de bon aloi, témoignant d'un lent mais irréversible progrès vers l'émancipation. Hadjaj, qui, durant note entretien, fumera deux petits joints d'une herbe assez inoffensive, et sifflera plusieurs verres d'une sympathique contrefaçon de cognac fabriquée à Alexandrie, se présente de lui-même comme un « musulman moderne », peut-être plus moderne, d'ailleurs, que musulman, bien qu'il affirme respecter tout de même le jeûne du Ramadan. Sa maison à Gurna est rustique mais confortable, tout béton et formica, en somme elle ne doit rien aux préceptes d'Hassan Fathy. Dans le salon trône un grand portrait de Nasser, qu'Hadjaj, à contre-courant de l'idéologie dominante parmi les classes moyennes, qui tendraient plutôt à lui dénier toute espèce de mérite, s'obstine à vénérer comme l'artisan de la réforme agraire et le libérateur des petits paysans. Il a servi huit ans et demi dans l'armée, pris part à la funeste guerre du Yémen et à l'une au moins de celles qui ont opposé l'Égypte à Israël. Modestement, il insiste sur le fait qu'en sa qualité de chauffeur – chauffeur de voiture, Dieu merci, et non de char – il n'a jamais vu le feu de très près. D'ailleurs c'est un homme manifestement si peu fait pour s'étriper avec ses semblables que, pour une fois, on ne peut que se féliciter de la sagacité du destin, qui l'a fait survivre à toutes ces hécatombes. En plus de son métier de chauffeur d'autocar, Hadjaj s'est associé avec le patron d'une petite entreprise qui, comme des dizaines d'autres dans le vieux Gurna, fabrique des vases d'albâtre et d'autres approximations d'antiquités. Le patron s'appelle M. Arabi, et l'entreprise Factory Titi Arabi Lelalabaster. Elle est établie sur l'une de ces fameuse tombes « privées », d'où depuis belle lurette il n'y a plus rien à retirer. Même à l'origine, ce devait être une tombe assez pauvre. Elle est en effet de dimensions si modestes que M. Arabi parvient tout juste à y faire tenir son poulailler.

Au Caire, la mer grignote le fleuve

Sur la droite, des tours ont poussé comme d'elles-mêmes, trop vite, si bien qu'elles ploient déjà sous le faix de leurs grandes carcasses vides. Sur la gauche, un portique monumental signale le « village pharaonique du Dr Ragab », dont l'intitulé, avec son petit air de joyeuse imposture, attire l'attention plutôt du côté du docteur que du village lui-même, quel que soit par ailleurs l'intérêt de voir évoluer dans une forêt de papyrus, aux portes du Caire, des Égyptiens contemporains attifés en sujets de la IVe dynastie. Isolée du monde extérieur par de hauts murs, au-dessus desquels pendent, raides et comme pétrifiées, des branches et des palmes blanchies par la poussière, une villa dont on dit qu'elle appartint à une tante du roi Farouk attend le premier coup de pioche des démolisseurs. Au pied de la villa, une volée de marches à peine esquissée dans la gadoue de la berge descend vers un petit embarcadère, d'où une barque vous mène sur l'île Jacob. En traversant le bras du Nil qui sépare l'île du faubourg, on voit pointer de part et d'autre les antennes obliques de ces curieuses embarcations, mi-felouques, mi-péniches, qui assurent le transport de la paille ou du fourrage frais en provenance du delta, et des sacs de ciment que débite en amont l'usine d'Hélouan.

La partie de l'île Jacob qui a échappé à l'influence du Dr Ragab est consacrée principalement à l'agriculture et à l'élevage, comme l'attestent ici un empilement de bidons de lait, là une paire de buffles cheminant en lisière d'un champ de trèfle. Presque tout ce qui porte des cornes, sur l'île Jacob, appartient à Ali, dont les étables renferment une centaine de vaches, tant blondes suisses que frisonnes pie-noires, et à peu près autant de bufflonnes. Beaucoup de ces bufflonnes sont albinos, et cette nuance rosâtre de leur emballage ajoute beaucoup à l'horreur du spectacle qu'elles offrent, à l'heure de la traite, dans la pénombre de l'étable, moutonnement d'échines anguleuses toutes frémissantes de nervosité à l'approche d'un nouveau venu, dans l'odeur chaude de la merde et le tintement des giclées de lait sur le métal des seaux. Les bufflonnes auraient été achetées dans le sud de l'Italie par le truchement d'une entreprise française ayant son siège à Paris sur les Champs-Élysées. En plus du lait, Ali fabrique aussi de la viande à l'intention des forces armées. Rien de ce qui concerne le commerce international des bovins, sur pied ou en pièces détachées, ne lui est étranger. Il a dix frères – ah ! et aussi trois sœurs – qui tous, y compris les sœurs qu'il était sur le point d'oublier, exercent des métiers prestigieux et rémunérateurs. En 1985, l'entreprise qui a son siège sur les Champs-Élysées lui a offert un séjour à Paris comportant une soirée au Crazy Horse.

À la pointe de l'île de Roda, située en aval de la précédente et en plein centre du Caire, on visite le Nilomètre, lequel, depuis la construction du haut barrage, a perdu beaucoup de son utilité. Les deux rives de l'île de Roda sont partiellement encombrées d'épaves, ou d'embarcations tendant vers ces extrémités, dont chacune pourrait illustrer un chapitre d'une histoire imaginaire de la navigation sur le Nil. Il y a là, en effet, des navires presque assez vieux pour avoir acheminé vers Khartoum les troupes du général Kitchener à la veille de la bataille d'Omdurman. L'un des plus vétustes – il s'agit d'un navire mû par des roues à aubes latérales – est amarré sur la rive gauche de l'île, à peu de distance de ce que certains plans du Caire désignent avantageusement comme un « centre pour l'art et la vie », bien qu'il s'agisse en fait d'une enceinte plus ou moins fortifiée, dont des gardes armés interdisent l'approche, ce qui témoigne d'une étrange conception tant de l'art que de la vie. Sur le Nil, des felouques naviguent accouplées à de petits remorqueurs, des pêcheurs lancent leurs filets dans les eaux bien grasses qui stagnent au débouché d'un collecteur. Le navire à roues latérales est squatté, ou peut-être gardé, par un vieil homme à l'œil droit blanchi par l'onchocercose, que l'on appelle aussi la cécité des rivières. Le vieil homme nous fait visiter la passerelle, les cabines où se devinent encore quelques traces d'un luxe relatif, le bar-fumoir, la salle des machines avec sa tuyauterie d'alambic et sa chaudière fabriquée à Glasgow. Puis il tire du Nil un demi-litre d'eau qu'il met à chauffer sur un réchaud à pétrole, pour le thé. Tandis que l'eau bout – et, oubliant ceux qui résistent aux hautes températures, on imagine avec soulagement tous les micro-organismes dont le cytoplasme se rétracte et le noyau éclate sous l'effet de cette agitation violente des molécules –, le vieil homme se lance dans un discours presque totalement incompréhensible, mais d'où il ressort malgré tout qu'il n'attend plus que la visite du chef mécanicien pour réparer la chaudière, laquelle manifestement n'a pas servi depuis un demi-siècle, et repartir vers Louxor, port auquel le navire fut attaché.

Tant sur l'île de Zamalek que sur celle de Roda, là où la berge est praticable, c'est-à-dire là où la pression immobilière, la circulation automobile et le débordement d'ordures domestiques lui laissent un peu de place pour respirer, elle est souvent occupée par de petites guinguettes que l'on appelle au Caire des casinos. L'été, les gens viennent en famille s'y reposer quelque temps de la chaleur et de la poussière. Hors saison, elles accueillent surtout des amoureux, qui là, à l'abri de chétives et sales frondaisons, osent du moins se tenir la main et se regarder dans les yeux aussi longtemps que cet exercice leur procure quelque satisfaction. La plupart de ces casinos se donnent beaucoup de mal pour préserver leurs plantations d'un environnement particulièrement incompatible avec l'idée même de verdure. Les plus calmes, les plus aérés, sont situés à la pointe de l'île de Zamalek, sur sa rive gauche, en face du faubourg d'Imbaba sur l'emplacement duquel se déroula, paraît-il, la fameuse bataille des Pyramides. Côté Imbaba, la berge de Chari el-Nil est le dernier refuge de ces maisons flottantes qui furent très en vogue sous le règne du roi Farouk. De mélancoliques étudiants de l'école des beaux-arts, située non loin de là, s'exercent à les dessiner sous des angles divers.

Quelques-unes de ces maisons flottantes ont coulé sur place, ou sont sur le point de le faire, mais d'autres, bourgeoisement occupées, sont entretenues avec soin. Deux d'entre elles ont été annexées au domaine d'un fleuriste qui, dans un petit jardin ombragé de palmiers, d'eucalyptus et d'acacias, expose les seules plantes effectivement vertes, et resplendissantes de santé, que nous ayons observées dans toute l'agglomération du Caire. En suivant Chari el-Nil en direction du nord, on atteint cet étonnant édifice qu'est le pont d'Imbaba, magnifique ouvrage métallique à deux étages et quantité de voies superposées, dont certaines sont réservées au train, d'autres aux automobiles, et les plus petites aux piétons et aux charrettes chargées à l'aller de légumes ou de trèfle, au retour de paysans. Passé le pont, on tombe sur un chantier naval où se fabriquent à la chaîne des paquebots du Nil, puis sur le premier jet d'une autoroute urbaine qui au moment de franchir le fleuve s'interrompt soudainement, alors qu'elle a déjà pris l'élan et amorcé la courbe qui lui permettrait d'atteindre l'autre rive.

À la sortie d'Aboukir, où l'on vient pour le désastre, et dans une moindre mesure pour le restaurant Zephyrion, qui n'a plus de grec que le nom, des centaines de permissionnaires de la marine s'égaillent sur la route, en proie à cette allégresse passagère, très fragile, qui dans le monde entier caractérise les débuts de perm. Sur la route de Rashid, comme dans presque tout le delta du Nil, le vieux rêve de supprimer la division entre villes et campagnes est en voie de se réaliser, mais plutôt sur le mode de la catastrophe que de l'utopie. Des usines puantes déversent leurs déchets dans des lacs en voie de stérilisation, des agglomérations dont le développement n'obéit à aucune règle débordent sur les zones cultivées, et sur la chaussée un embouteillage perpétuel mêle inextricablement les camions, les ânes, les charrettes, les troupeaux de moutons, les enfants des écoles, les tracteurs, les buffles, les engins de chantier, les fiacres, et ces taxis ruraux de marque Plymouth, Dodge ou Buick, qu'avec leurs formes arrondies, leur visibilité réduite et leur tirant d'air exceptionnellement élevé, on dirait sortis d'un film américain d'avant-guerre. Même dans les plus petits hameaux, comme celui de Drin, qui regroupe une vingtaine de familles, la paille de maïs alliée au béton armé donne naissance à une architecture de nulle part, qui tient du HLM et du village gaulois.

Toutes les maisons de Drin disposent de l'électricité, mais la nécessité d'économiser l'énergie fait qu'elle n'est actuellement disponible que de 6 heures à 18 heures, ce qui réduit un peu l'intérêt de posséder un téléviseur ou un réfrigérateur. Beaucoup disposent également d'un pigeonnier, une commodité qui jouit dans le delta d'une telle faveur que certains villages en prennent des allures de forteresse aux tours ajourées, toutes bruissantes de roucoulements et de battements d'ailes. À Drin, une maison type se compose de deux pièces hébergeant en moyenne une dizaine de personnes représentant trois générations successives, et d'un salon meublé de ces prodigieux fauteuils en bois doré, dans le goût turc, dont la ville de Damiette s'est fait une spécialité. Les gens se plaignent de ce que l'abus d'engrais et de pesticides ait gâté le goût des oranges, et de ce que le haut barrage, en supprimant les crues, ait favorisé la prolifération des rats et des scorpions. Ils se plaignent surtout de la hausse des prix, bien qu'un village comme Drin produise presque tout ce qu'il consomme, y compris le pain, et que cette économie autarcique le mette pour l'instant à l'abri de la misère que l'on rencontre dans les villes.

La colline du Marabout, qui domine le site de Tanis, et sur laquelle les paysans de San el-Hagar viennent en catimini capturer des faucons afin de les revendre en Arabie Saoudite, est-elle bien le point culminant du delta ? Du sommet, que l'on atteint en s'enfonçant jusqu'à la cheville dans de la poussière d'empire, on découvre un alignement de blocs épars, orientés d'ouest en est – dont le plus lisible est une statue colossale coupée net à hauteur de la ceinture –, et que l'administration égyptienne, afin de soutenir les imaginations chancelantes, a souligné sur toute sa longueur d'un rang de poteaux électriques particulièrement appropriés à la majesté du site.

À Tanis, qui fut la capitale de la XXIe et de la XXIIIe dynastie, il n'y a presque rien à voir, ce qui en fait un régal pour ceux qui craignent la foule, les autocars et les souvenirs, et pour tous les adeptes de cette variété particulière de snobisme consistant à préférer aux œuvres achevées d'un peintre ses esquisses, ou aux châteaux de la Loire ceux des Corbières. D'ailleurs, là où nous ne voyons que le chaos, Philippe Brissaud, qui depuis 1985 dirige la Mission française des fouilles de Tanis, distingue les contours d'un grand temple d'Amon, d'un lac sacré ou d'une porte monumentale, et là où nous ne voyons rien du tout, que de la poussière, les recherches conduites par la mission, avec le concours d'EDF, ont déjà permis de renifler la présence d'une énorme enceinte de brique crue, qui pourrait être le mur extérieur d'un ensemble aussi considérable, et non moins évasif, que celui déjà exhumé.

La fantaisie du Nil fait qu'il faut s'y reprendre à deux fois pour en voir la fin. La « branche de Damiette » se termine en queue de poisson, sous le regard atone des nombreux pêcheurs à la ligne rassemblés à la pointe extrême de Ras el-Bahr, une petite station balnéaire dont les alignements d'immeubles identiques, bien que désertés en hiver, évoquent irrésistiblement l'odeur de la friture et de l'ambre solaire, le bruit des transistors et des torgnoles. Du côté de Rashid, la mise en scène est un peu plus soignée. On sort de l'agglomération, en proie à l'habituel capharnaüm des villes égyptiennes, par une belle allée de palmiers que bordent sur la gauche des champs verts et brillants, régulièrement découpés par les canaux d'irrigation, et sur la droite par des dizaines de briqueteries où rôtit, si elle ne part pas en fumée, la rare, la précieuse terre agricole dont le gouvernement se donne par ailleurs tant de mal pour accroître la superficie.

Au-delà d'un château d'eau coiffé d'antennes radars, et d'autres organes sensoriels à vocation militaire, la route se perd, ou s'estompe, au milieu d'un vaste no man's land labouré par les traces d'énormes engins de chantier. Et sur l'autre rive, on distingue en effet le va-et-vient de tels engins, manœuvrés par des Chinois, encore une fois, qui se sont attelés à la tâche surhumaine de contenir les progrès de la Méditerranée et le recul du delta. Car le delta s'enfonce inexorablement, d'autant plus vite qu'il n'est plus renforcé par les quelque 150 millions de tonnes de sédiments que le Nil lui apportait chaque année, et qui sont désormais retenus en amont par le haut barrage. Si vite qu'à défaut de soins intensifs, on craint de voir la mer, d'ici quelques siècles, creuser entre Alexandrie et Port-Saïd une baie qui pourrait s'étendre jusqu'à Tanta.

Sur les bords du lac Victoria, à Jinja, le Nil commence sa carrière sous la surveillance d'un soldat, et ce sont également des soldats, ou peut-être des flics, qui assistent ses derniers efforts. À quelques dizaines de mètres du rempart de « tétrapodes », des sortes d'araignées de béton, dressé par les Chinois pour contenir la mer, la piste est interrompue par une barrière que gardent deux ou trois escogriffes en survêtement, d'ailleurs si peu imbus de leur mission que c'est un jeu d'enfant d'obtenir la levée de cet obstacle. Pour s'abriter, les escogriffes disposent d'une petite maison d'où l'on jouit d'une vue panoramique sur l'estuaire, si chétif que c'est à se demander s'il s'agit bien du plus long fleuve d'Afrique, et comment l'origine de cette misère, l'énigme de ses sources, a pu faire gamberger l'humanité depuis l'aube des temps. La maison recèle de formidables empilements de cahiers d'écoliers, sur lesquels les gardiens de l'estuaire doivent consigner leurs observations. Au crépuscule reviennent des bateaux de pêche que l'on voit chahuter quelques instants lorsqu'ils franchissent la barre. Puis, l'un après l'autre, ils viennent piquer du nez dans la vase au pied de la cabane, dont les occupants se livrent alors à divers contrôles, qui doivent être l'occasion de petites irrégularités lucratives. Bien que l'on ne voie guère pourquoi des bateaux animés de si coupables intentions viendraient atterrir en ce point précis, et se jeter ainsi dans la gueule du loup, les gardiens prétendent vérifier qu'aucun d'entre eux ne transporte de la contrebande, de la drogue en particulier, ou des « bad people », de « mauvaises personnes », en provenance de la Libye, le colonel Khadafi assumant désormais le monopole du mal qui incombait autrefois à l'ennemi sioniste. Pour ce qui est de la contrebande, les pêcheurs seraient d'autant plus enclins à s'y livrer que leurs prises n'ont cessé de diminuer depuis la construction du haut barrage qui, en retenant le limon du fleuve, détruit aussi la chaîne alimentaire dont bénéficiaient en fin de parcours les sardines de la Méditerranée… Les détracteurs les plus acharnés du haut barrage prétendent même qu'en limitant considérablement le débit du Nil, il aurait provoqué l'invasion de la Méditerranée orientale par les requins de la mer Rouge, lesquels ne se heurtent plus, au sortir du canal de Suez, à la « barrière d'eau douce » que ménageaient autrefois les eaux abondantes du fleuve. Lorsque tous les bateaux de pêche ont été soumis à la fouille réglementaire, ils remontent un par un vers Rashid, tandis que l'obscurité envahit la cabane où les gardiens du Nil, leur mission accomplie, se disposent à passer la nuit.

Ce reportage a été effectué entre octobre et décembre 1988.
Libération, *16 au 22 août 1989*

ÎLE Y A

Tatihou en Cotentin : la ville d'un héros ou la colline d'un dieu ?

Dans la brochure intitulée *Tatihou et l'îlet*, éditée par la ville de Saint-Vaast-la-Hougue et imprimée sur les presses de *La Dépêche* à Cherbourg, on lit sous la plume de C. Blanguernon que « l'étymologie de Tatihou doit se rapporter à l'époque normande ». « Certains auteurs, poursuit C. Blanguernon, tiennent pour certain que la terminaison *hou*, si fréquente au Cotentin, vient de *holm*, qui signifiait ville. » Mais à peine C. Blanguernon a-t-il énoncé cette thèse, à laquelle nous étions tout prêts à nous rallier, qu'il en sape méthodiquement les fondements, par le truchement d'un certain abbé Gohier, étymologiste normand, « dont l'érudition était grande ». Or, dans ses recherches sur l'origine d'un toponyme à tous égards voisin de Tatihou – Quettehou –, l'érudit abbé Gohier, cité par C. Blanguernon, en arrive à la conclusion que la première partie du nom vient d'un « homme du Nord que l'on peut supposer être le héros d'un combat local », tandis que la terminaison du *hou* pourrait venir du latin et signifier « île », ou tout aussi bien d'un « vocable viking voulant dire "colline" ». Pour ajouter à notre confusion, C. Blanguernon se souvient alors fort à propos d'un « érudit de Jersey » pour qui « *Hou* serait le nom du dieu des sorciers ». Puis C. Blanguernon, avec une désinvolture que nous n'attendions pas d'un Normand, nous plante là, au moins pour ce qui concerne l'étymologie, nous laissant sur les bras ce fagot d'interprétations divergentes, à charge pour nous de déterminer si Tatihou était plutôt la ville d'un héros, la colline d'un dieu ou l'île de l'un ou de l'autre. Afin d'aider le lecteur à s'y retrouver, il nous paraît utile de rappeler ici que, dans *À la recherche du temps perdu*, l'ancien curé de Combray est lui-même présenté comme l'auteur d'un ouvrage sur l'origine des noms de lieux en Normandie, dans lequel il s'attache notamment aux terminaisons en *hon*, *home* ou *holme*. Curieusement – et c'est ce qui nous met la puce à l'oreille –, Proust s'abstient de mentionner les terminaisons en *hou*, pourtant tout aussi répandues en Normandie, mais l'exemple qu'il cite d'un nom de lieu se terminant par *hon* – Quettehon – est évidemment dérivé de Quettehou, dont on sait la prédilection qu'il inspirait à l'abbé Gohier. D'après le curé de Combray, ces terminaisons en *hon, home* ou *holme* viendraient du latin *hullus* (colline), tandis que d'après le professeur Brichot, qui expose cette théorie au narrateur à bord du fameux petit chemin de fer d'intérêt local, alors que l'un et l'autre s'en vont dîner à la Raspelière chez Mme Verdurin, elles viendraient « du noris *holm*, île, que vous connaissez bien dans Stockholm ». Tout cela, certes, ne nous fait pas progresser d'un pouce dans l'étymologie de Tatihou – et d'autant moins que d'après les uns *hon* ou *hou* signifierait en latin « île » et en viking « colline », tandis que d'après les autres c'est exactement le contraire; de même pour *holm*, dont C. Blanguernon et le professeur Brichot nous proposent deux traductions incompatibles –, mais nous permet en revanche d'imaginer Marcel Proust en lecteur assidu de l'abbé Gohier.

Même lorsque par exception il fait beau sur le reste du Cotentin, il arrive que Tatihou demeure environnée de brumes si épaisses qu'elle est invisible de la côte, et c'est pourquoi, sans doute, tant d'explorateurs pourtant chevronnés passèrent à côté sans la voir, exactement comme Stanley avec les montagnes du Ruwenzori. Supposons cependant que Tatihou soit visible de Saint-Vaast-la-Hougue, ce qui se produit malgré tout de temps à autre, de même que les cimes du Ruwenzori se voient parfois depuis la berge du lac Mobutu, ex-Albert. À marée basse, il est possible de gagner l'île à pied sec, ou demi-sec, en marchant avec précaution sur ce qui redeviendra bientôt le fond de la mer et qui pour quelques heures affecte l'apparence de la campagne, avec ses parcs à huîtres aussi régulièrement alignés et cloisonnés que des vignes ou des cultures maraîchères, ses meules de varech, ses prairies d'algues vertes, ses tracteurs pétaradants et boueux, ses pêcheuses de coques et de couteaux cassées en deux, traquant le lamellibranche avec la même impassible obstination qu'apporte la glaneuse à la recherche de l'épi. Peut-être les lapins ont-ils été abusés par ces fallacieuses apparences agricoles. Peut-être ont-ils gagné Tatihou à pied sec, profitant de la marée basse, encore que, d'après M. et Mme Saillard, les gardiens de l'île, le lapin de Tatihou soit parfaitement capable de nager, même en mer. Compte tenu de la crainte superstitieuse qu'inspirent aux marins non seulement le lapin réel, en chair et en os, mais le nom même du lapin, telle qu'à bord d'un navire, si les circonstances exigent impérativement qu'il soit mentionné, ce n'est jamais que sous un pseudonyme – « le sujet », « la bête », « polop-polop » ou « grandes oreilles » –, on n'ose imaginer ce que donnerait la rencontre, en baie de Saint-Vaast, d'un chalutier immobilisé devant Tatihou par une panne de moteur et d'une troupe considérable de lapins nageurs.

Que les lapins aient gagné Tatihou à pied ou à la nage, ce qui est certain, c'est qu'ils y ont proliféré au-delà même de ce qu'on pouvait attendre d'une espèce naturellement si féconde. Il n'y a pas dans l'île un mètre carré qui ait échappé à leur emprise, et sitôt que la configuration du terrain autorise de telles dispositions, c'est par couches superposées que sont établis leurs terriers, comme les alvéoles d'un pigeonnier. Les lapins ont même atteint à Tatihou ce qui est probablement l'apogée de leur art, un peu l'équivalent, pour cette espèce, de ce que représentent pour la Grèce antique les accomplissements du siècle de Périclès, en parvenant à créer une brèche dans le mur de l'Atlantique, ou tout du moins à menacer sérieusement la stabilité de certains éléments de cet ensemble. Le plus bel exemple de ce dont les lapins sont capables, on le voit à l'intérieur de l'enceinte élevée par Vauban à la pointe de l'île qui fait face au large, où leurs ouvrages souterrains font vaciller les énormes masses de béton coulées par les Allemands parmi les ruines des fortifications du XVIIe siècle. Tout ce chambardement militaro-lapinesque est d'ailleurs si beau, si conforme à ce que l'imagination la plus exigeante est en droit d'attendre d'une île, que l'on forme des vœux pour que le Conservatoire du littoral, qui a pris Tatihou sous sa protection, parvienne à lui conserver ce caractère chaotique et précaire, à contenir ou à canaliser la volonté des élus locaux d'en faire « le porte-avions de la culture et du tourisme en Cotentin », pour reprendre la formule d'un quotidien régional.

La seule espèce qui ait tenté de tenir tête au lapin, c'est le goéland. Le goéland présente en effet les mêmes tendances que le lapin à la prolifération et à l'hégémonie. À en juger par les traces toutes fraîches de pattes palmées que l'on voit se bousculer à l'entrée de certains terriers parmi les plus spacieux, il semble que le goéland, qui ne recule devant rien, qui en Camargue n'hésite pas à boulotter de jeunes flamants roses en dépit de la taille apparemment rédhibitoire de ces monstrueux poussins, ait tenté et tente encore d'ajouter le lapin, ou le lapereau, à son régime déjà très éclectique. Il semble également que ces tentatives se soldent généralement par des échecs, les mœurs du lapin étant plutôt crépusculaires et nocturnes, et l'abondance de terriers rendant la partie trop inégale, le

lapin n'ayant jamais plus de deux bonds à faire pour se mettre à couvert. En fin de compte, les lapins et les goélands ont dû conclure une espèce de pacte germano-soviétique non exempt d'arrière-pensées de domination universelle, et, sur l'îlot du Lazaret, ils vivent désormais dans une symbiose si étroite et si envahissante qu'entre les nids des uns et les terriers des autres il n'y a plus de place pour un trou de mulot ou pour une couvée de bergeronnettes. M. et Mme Saillard, quant à eux, ont appris depuis longtemps à composer avec ces tendances hégémoniques du lapin. Chaque nuit, juste sous leurs fenêtres, les rosiers essuient de nouvelles attaques, et seuls demeurent indemnes les quelques légumes du potager protégés comme une batterie de missiles sol-air. « Quelquefois, dit M. Saillard, si on monte à la vigie (un petit poste de guet aménagé près de la maison, dans un angle du mur d'enceinte de ce qui fut d'abord une maison de redressement, puis un collège technique, puis plus rien), on en voit cent cinquante ou deux cents d'un coup. » L'année dernière, des chasseurs ont débarqué à Tatihou, leurs furets sous le bras, afin de capturer les lapins et de les relâcher sur la terre ferme. Mais, bien qu'ils aient été dûment vaccinés, à peine 10 % des quelque cinq cents lapins récoltés en deux jours ont survécu à leur transplantation sur le continent. Pour M. Saillard, c'est que le lapin de Tatihou constitue en quelque sorte une sous-espèce inédite, avec des habitudes et des exigences bien à elle. Ainsi, autant ils mangent volontiers du rosier ou de la rhubarbe, autant ils dédaignent les épluchures de carottes ou de navets.

« Le soir, dit encore M. Saillard, à marée basse, on les voit descendre à la mer. » Et pourquoi, en effet, le lapin serait-il si différent de l'homme que, lorsqu'il a pris l'habitude de voir la mer et de descendre sur la plage à marée basse, il accepterait de gaieté de cœur d'être à tout jamais privé de ce spectacle et de ces divertissements ?

À Hoëdic, cent vingt-trois personnes se partagent un fort, douze bateaux et un recteur

La traversée durant près d'une heure entre Quiberon et Houat, on a tout loisir de repérer parmi les passagers de la vedette ceux dont on souhaiterait qu'ils débarquent à la première escale, ou même avant, et ceux que l'on aimerait voir rester à bord jusqu'à Hoëdic. Inévitablement, c'est la jeune fille au pull irlandais et aux petites bottes bleues à double liseré blanc, celle dont le chignon un peu dénoué, non moins que sa prédilection pour les *Aventures d'Arthur Gordon Pym* dans une édition de poche déjà très usagée, nous faisaient rêver de réjouissances saines et iodées, c'est donc cette jeune fille qui disparaît à l'escale de Houat avant qu'on ait osé l'inviter à la Raspelière pour le prochain dîner de Mme Verdurin, tandis que restent à bord les deux marins de carnaval, coiffés de casquettes pilotes, le cou entortillé de foulards corsaires, dont on se disait justement qu'ils pourraient bien se noyer sous nos yeux sans que nous levions le petit doigt pour les secourir.

L'île de Hoëdic est si petite que l'usage de l'automobile y est proscrit, et même celui de la bicyclette apparaît bientôt comme un luxe. Un des avantages des petites îles, outre qu'elles ne font pas mal quand on se les laisse tomber sur les pieds, c'est qu'on en a vite fait le tour, et sans aucun risque de se perdre. L'arrivée du courant électrique à Hoëdic, le 4 novembre 1963 vers 3 heures de l'après-midi, a entraîné directement ou indirectement, dans les mois ou les années qui suivirent, la disparition des dernières vaches et des derniers cochons, l'introduction de la télévision, l'élévation du niveau de vie et le non-renouvellement des deux bonnes sœurs qui faisaient office l'une d'institutrice et l'autre d'infirmière, et dont une légende sans fondement, mais que propagent encore certains chauffeurs de taxi du littoral, affirme qu'elles fabriquaient des conserves de soupe de poisson absolument sans rivales. À l'inverse de ce qui se passe dans la plupart des îles, la population permanente à Hoëdic s'est remise à augmenter, voilà quelques années, pour atteindre en 1989 un effectif de cent vingt-trois personnes.

Et, ce qui est peut-être plus étonnant encore, l'île arme aujourd'hui douze bateaux de pêche, c'est-à-dire quatre fois plus qu'il y a six ans. Même si ce renouveau de la pêche est dû principalement au déclin de la marine marchande, qui a laissé beaucoup de marins sur le sable, cela ne gâte pas le goût des fruits de mer, les tourteaux en particulier, mais aussi les homards, les soles ou les bars, que l'on trouve en abondance dans les deux restaurants de l'île, Chez Jean-Paul et Les Cardinaux, le premier ayant notre préférence et le second allant de pair avec un petit hôtel.

L'île de Hoëdic, qui a beaucoup de charme mais peu de curiosités, possède cependant un fort, construit vraisemblablement au siècle passé. Afin que la garnison jouisse en toute circonstance d'une parfaite tranquillité, on a pris soin d'établir le fort au fond d'un trou, où personne ne pourrait s'aviser de venir le prendre. Et le fort était en effet si bien caché que même les Allemands sont passés à côté sans le voir, ou du moins ont-ils fait mine de ne pas le trouver et se sont-ils abstenus de l'aménager dans le goût du mur de l'Atlantique. Acquis voilà quelques années par le Conservatoire du littoral, le fort a fait l'objet de travaux de restauration plusieurs fois suspendus pour d'obscures raisons. Les rapports entre les élus locaux et tous les organismes qui empiètent peu ou prou sur leurs prérogatives étant ce qu'ils sont, peut-être le nouveau maire de Hoëdic, M. Marc Allanis, cependant tout acquis à la défense de l'environnement, a-t-il voulu s'assurer que le Conservatoire, à l'abri de ces murailles, ne se disposait pas à ourdir quelques machinations préjudiciables aux intérêts supérieurs de la commune. Récemment, des vandales ont cassé méthodiquement les carreaux des quelques fenêtres du fort qui en étaient pourvues. Mais il en faudrait beaucoup plus pour décourager les ornithologues de l'association Ar Vran – d'après le nom, en breton, du grand corbeau (*Corvus corax*) – qui, chaque automne, depuis 1982, et désormais chaque printemps, c'est-à-dire à l'aller et au retour des migrations, y tiennent une permanence afin de renseigner les oiseaux de passage. Si petite soit-elle, Hoëdic présente en effet une variété de milieux – plages, dunes, landes d'ajoncs, prairies et jardins à l'abandon, bouquets d'arbres, marais et roselières – qui, outre sa position géographique intéressante, en fait une halte privilégiée sur la route des migrations, beaucoup d'espèces différentes pouvant y trouver le gîte et le couvert sans se marcher sur les pieds.

Les ornithologues de l'association Ar Vran, neuf au total, si l'on compte aussi bien les initiés que les néophytes, campent donc au second étage du fort, dans des conditions de confort d'une précarité cistercienne. À 9 heures du matin, lorsqu'ils prennent leur petit-déjeuner au café du Repos (où, la veille au soir, nous étions bien malgré nous retombés sur les deux marins de carnaval, déjà fin saouls, comme prévu, et arrosant d'abondance les pelouses sans aucun souci de ce que ce spectacle pouvait avoir de décourageant pour les autres usagers de la terrasse), ils ont déjà fait deux fois la tournée des sept filets disposés dans des endroits stratégiques de l'île afin de capturer des migrateurs. Depuis le début de leur séjour, ils ont ainsi intercepté des loriots, des torcols, des merles à plastron, des pouillots, des gobe-mouches ou des fauvettes de différents modèles, parmi d'autres espèces en route depuis leurs quartiers d'hiver, en Afrique ou dans le bassin méditerranéen, vers leurs lieux de nidification. (En automne, c'est-à-dire à la saison des départs, il arrive que l'on observe à Hoëdic, comme sur d'autres îles du Ponant, des oiseaux migrateurs victimes d'erreurs de navigation, tel le vireo à œil rouge, qui est originaire d'Amérique, ou le pouillot à grands sourcils, qui, comme chacun sait, niche dans la toundra et passe l'hiver en Asie méridionale, et ne devrait par conséquent jamais toucher les rivages de la Bretagne.)

La tournée de 9 heures commence par un filet adroitement dissimulé au milieu d'un fouillis d'arbres et de buissons. Les ajoncs et les genêts sont en fleur, de même que les aubépines et d'autres plantes aussi intéressantes mais dont nous ne connaissons malheureusement pas les noms. De très nombreux coucous se font pourchasser dans les airs par les pipits farlouses ou les accenteurs mouchets (entre autres), dont ils s'efforcent de parasiter les nids, et malgré tout, si répréhensible que soit le fait de pondre ses œufs par surprise dans le nid des autres, on ne peut se défendre d'une certaine sympathie pour les mœurs dissolues de la femelle coucou (le fameux guide Peterson des oiseaux d'Europe l'accuse en effet de polyandrie), de même que pour son obstination à ne rien bâtir et à caser malgré tout sa progéniture. Bilan du filet n° 1 : une fauvette à tête noire, une femelle, malheureusement, si bien qu'elle ne présente pas cette coloration de la tête qui a justement donné son nom à l'espèce. Délicatement dégagé du filet, l'oiseau est enfourné dans un petit sac de toile où il ne risque pas de se blesser pendant le transport. Le chemin menant du filet n° 1 au filet n° 2 permet de se faire une idée de l'activité que déploient à marée basse les limicoles, ces petits échassiers du rivage toujours affairés et volontiers bruyants, pour lesquels Hoëdic constitue également une étape recommandée. Bilan du filet n° 2 : une bouscarle de Cetti et une hirondelle de cheminée. Le filet n°3, situé en plein vent, n'a rien donné. Sitôt que l'équipe est de retour au fort, les trois oiseaux sont tour à tour extraits de leurs sachets et soumis à toute une série de mesures : on les pèse, on observe s'ils ont ou non des réserves de graisse, s'ils présentent ou non une « plaque incubatrice », on en détermine le sexe et si possible l'âge, on mesure la longueur de l'aile. Toutes ces indications sont portées sur un registre où l'on consigne également le lieu de la prise, la date et l'heure. Puis les oiseaux sont bagués – la bague contenant un code qui, en cas de reprise, permettra de retrouver la fiche anthropométrique de chaque individu –, avant d'être relâchés par l'une de ces fenêtres auxquelles il manque des carreaux. À 10 heures du matin, la cloche de l'église de Hoëdic, située sur une petite butte en retrait du café La Trinquette, devant lequel se réunissent à heures fixes les nombreux adeptes du jeu de boules, sonne pour appeler le dernier carré des fidèles à la messe, dite par le vieux recteur dont on sait déjà qu'il ne sera pas remplacé.

Le banc d'Arguin : une géométrie variable pour sternes caugeks

Sur la liste des réserves naturelles d'Aquitaine publiée par la Sepanso (Société pour l'étude, la protection et l'aménagement de la nature dans le Sud-Ouest), il n'y a que le banc d'Arguin dont la superficie fasse l'objet d'une estimation – « de 150 à 500 hectares » – et non d'une mesure définitive. En fait, il s'agit d'une réserve à géométrie variable, probablement la seule, parmi les quatre-vingt-dix du territoire français, dont les jours, même à l'échelle humaine, soient comptés.

Le banc d'Arguin n'est en effet qu'une sorte de pseudopode émis par la pointe du cap Ferret en direction des dunes de Pilat et du Petit-Nice, auxquelles il se réunira au terme d'une traversée longue d'environ un siècle, et marquée par de continuelles variations de sa forme et de sa surface, dues à l'érosion éolienne ou marine. On voit par là combien l'abbé Delille, et tous les poètes qui lui emboîtèrent le pas, pouvaient se tromper lorsqu'ils opposaient la permanence de la nature à la précarité des œuvres humaines. Quant à l'actuel banc d'Arguin, il semble qu'il approche à grands pas du terme de son existence éphémère, vagabonde et tourmentée : depuis quelques années il a perdu en effet plus de la moitié de sa superficie, et l'anneau plus ou moins régulier qu'il formait autour de la « conche » s'est brisé en une série de petits îlots. Jean-Jacques Boubert, le garde animateur de la Sepanso en charge de la réserve, estime qu'à ce rythme le cycle de l'actuel banc d'Arguin devrait se terminer au plus tard durant la première décennie du siècle à venir.

Au flanc de la dune du Pilat, couronnée de vaporeux choux-fleurs, serpente une coulée d'énormes blocs de béton déchaussés, culbutés, percés de meurtrières, entraînés vers le bas par une force non moins irrésistible que celle qui préside aux mouvements d'un glacier. Dans une échancrure, une avancée de la forêt de pins maritimes forme un « V » sombre. Sur un banc de sable isolé, qui ne doit découvrir qu'à marée basse, un peintre du dimanche a planté son chevalet, et on sent que rien, ni le surgissement soudain d'un monstre marin, ni même l'exposition de Schnabel qui se tient en ce moment à Bordeaux, ne pourrait le détourner de son projet, pas plus qu'on ne pourrait empêcher le porc de Chaval d'extraire une racine carrée. La dissolution progressive du banc d'Arguin a contraint les gardes de la Sepanso à renoncer aux structures fixes, et relativement élégantes, qu'ils occupaient jusqu'en octobre 1987, pour emménager dans deux « alu-dômes » entièrement escamotables et transportables à dos d'homme, assez laids, bien que leur silhouette, vue de loin, lorsqu'elle se détache sur le blanc étincelant de la dune du Pilat, évoque les superstructures d'une station polaire. L'un des deux alu-dômes abrite un petit musée tout ce qu'il y a de plus instructif, et le second l'habitation du garde, dont l'une des moindres tâches consiste à tenir le livre de bord du banc d'Arguin, où l'on trouve consignées des observations de ce genre : « Lundi 1er mai. 11 heures : avion bleu. Dauphin agonisant sur la plage, côté océan. Mercredi 10 mai. Temps assez lourd, quelques éclaircies. Trente macreuses noires sur le banc sud. 17 heures : deux aigrettes en migration. Vingt à vingt-cinq barges rousses. Jeudi 11 mai. La tourterelle quitte Arguin ce matin », et ainsi de suite.

S'agissant des dauphins, il convient de préciser que Jean-Jacques Boubert anime un petit groupe qui étudie localement les mœurs du souffleur, ou dauphin à gros nez (*Tursiops truncatus*), et qu'en liaison avec le Musée océanographique de La Rochelle il tient la comptabilité des échouages de cétacés survenant entre Mimizan et le bassin d'Arcachon. Les échouages ont été particulièrement nombreux cet hiver, y compris sur le banc d'Arguin, comme en témoigne la présence de deux cadavres de dauphins dans un état avancé de décomposition. De temps à autre, le banc reçoit aussi la visite d'un phoque, et, voilà deux ans, on y a même aperçu brièvement un morse, si acharné à démentir tout ce que l'on croyait savoir de son espèce et de sa distribution qu'il se serait depuis fait remarquer au Portugal. À partir du mois d'avril, toute l'attention des gardes se concentre sur la colonie de sternes caugeks (*Sterna sandvicensis*), qui a elle seule justifie la mise en réserve du banc d'Arguin. Les sternes caugeks s'y reproduisent depuis 1966. Et leur colonie, qui est déjà la plus importante en France, est sur le point de devenir la première en Europe avec près de cinq mille couples. Actuellement – nous sommes à la mi-mai –, de quinze cents à deux mille sternes sont à pied d'œuvre, et leurs effectifs augmentent de jour en jour. Avant de s'accoupler, les sternes se livrent à des parades très gracieuses, dont les figures s'apparentent lointainement à celles du flamenco, et de plus près à celles que le baron de Charlus décrit devant Jupien dans les premières pages de *Sodome et Gomorrhe* : « On eût dit deux oiseaux, le mâle et la femelle, le mâle cherchant à s'avancer, la femelle – Jupien – ne répondant plus par aucun signe à ce manège, mais regardant son nouvel ami sans étonnement, avec une fixité inattentive, jugée sans doute plus troublante et seule utile, du moment que le mâle avait fait les premiers pas, et se contentant de lisser ses plumes. » Parmi les espèces nicheuses, on se doit de mentionner également le gravelot à collier interrompu, l'huîtrier pie et l'eider à duvet. Les uns et les autres souffrent différemment des pollutions engendrées par la présence humaine, compte tenu de ce que la « conche », en été, peut accueillir jusqu'à six cents bateaux. En sept ou huit ans, l'unique couple d'eiders à duvet – le plus méridional, semble-t-il, de toute l'Europe – n'a réussi à parachever l'éducation que de quatre poussins, tous les autres s'étant noyés en essayant de se soustraire à la curiosité des plaisanciers. La concurrence que leur font ces derniers, lorsque à marée basse ils se répandent sur les vasières afin de ramasser des coquillages, expliquerait aussi les très médiocres performances, en matière de reproduction, de la petite colonie d'huîtriers pies. Quant aux sternes, elles ont la fâcheuse habitude d'escagasser à coups de bec les jeunes qui se trompent de nid, ce qui se produit fréquemment lorsqu'une visite intempestive fait s'envoler les parents et se carapater en tous sens les enfants. Curieusement, tandis que les petits avions à hélice causent aux sternes une grande frayeur, les gros avions à réaction les laissent de marbre. Ainsi l'abondance des seconds, due notamment au voisinage de la base de Mérignac et du Centre d'essais des Landes, bien loin de nuire à la reproduction des sternes, la favorise au contraire dans la mesure où elle tient les premiers à l'écart. Le territoire du Centre d'essais constitue d'ailleurs une zone refuge pour de nombreuses espèces traquées dans tout le Sud-Ouest par la pression touristique et cynégétique. On voit par là que, même à défaut d'autres raisons, la France se doit d'entretenir une armée forte afin que les oiseaux puissent continuer à nicher en paix.

Sur la pseudîle de Sainte-Lucie brament chevreuils et scorpions

Entre mer et lagune, Port-la-Nouvelle est presque sétoise dans ses dispositions, telles que l'activité portuaire – qui lui vaut d'occuper la dixième place dans la hiérarchie des ports français – s'y déploie tout du long de ce qui constitue l'artère principale de la ville, ou du moins la plus propice à la promenade et, ce qui va de pair, à la restauration. De la terrasse du meilleur restaurant de Port-la-Nouvelle, on pourrait même suivre les mouvements des navires, soviétiques pour la plupart, venus téter au silo flambant neuf le grain si nécessaire à l'heureuse issue de la *glasnost* et de la *perestroïka*, si l'on n'était distrait de ce spectacle par celui, bien plus captivant encore, qu'offre une serveuse menue, véritable parangon de grâces méridionales, à laquelle on aimerait, tel le narrateur dans *Sodome et Gomorrhe*, après qu'il a bu « sept à huit verres de porto » chez le pâtissier-limonadier de Balbec, proposer d'aller « sur la falaise » où l'on n'« est dérangé par personne », « derrière le petit bois qui protège du vent la maison démontable actuellement inhabitée », même si cette proposition, d'une crudité assez déconcertante de la part d'un être habituellement aussi scrupuleux que le narrateur, est à la réflexion indigne de la jolie serveuse du meilleur restaurant de Port-la-Nouvelle.

Aucun petit bois ne protège du vent le camping municipal, où cependant les maisons démontables, actuellement inhabitées, se rencontrent en grand nombre. À proximité du camping municipal, on tombe sur le garage de M. Pertl, dont le nom à consonance austro-hongroise forme un violent contraste avec son accent de stricte obédience méridionale. Sans les ennuis mécaniques développés par notre véhicule alors que nous approchions de Port-la-Nouvelle sur l'autoroute la Languedocienne, et qui tout d'abord consistèrent en une plainte stridente d'autant plus soutenue (paradoxalement) que le moteur tournait moins vite, puis en un refus pur et simple d'avancer, nous continuerions d'ignorer que le moteur d'une R5 présente une certaine ressemblance avec un petit obus de mortier, et nous n'aurions jamais soupçonné : 1) qu'il existât en France, et par surcroît au sud de la Loire, un garagiste aussi diligent, aussi cordial et aussi mesuré dans ses exigences que M. Pertl ; 2) que ce dernier descendît d'une famille originaire de Salzbourg, et apparentée à celle de Mozart.

Peut-être, en fin de compte, en viendrons-nous à parler de l'île Sainte-Lucie, qui couvre 227 hectares situés respectivement sur les communes de Port-la-Nouvelle, pour 221 d'entre eux, et de Narbonne pour les 6 qui restent, mais auparavant il nous faut dire quelques mots des étangs de l'Ayrolle et de Bages-Sigean. L'étang de l'Ayrolle communique avec la mer par le grau de la Vieille-Nouvelle, pratiquement comblé, et celui de Bages-Sigean par le grau de la Nouvelle tout court, sur lequel est établi ce port dont nous avons dit plus haut qu'il occupait le dixième rang dans la hiérarchie des port français. Tant l'étang de l'Ayrolle que celui de Bages-Sigean sont menacés d'asphyxie, dans un premier temps, puis de comblement, si rien n'est fait pour faciliter leur respiration, c'est-à-dire pour approfondir leurs échanges avec la mer, rétablir leur profondeur d'eau et limiter les apports d'engrais et d'autres cochonneries favorisant le processus d'eutrophisation. Un projet de réserve naturelle sur l'étang de Bages-Sigean, agité voilà quelques années, a été promptement étouffé par une coalition d'intérêts locaux. Il est maintenant question de le classer en site naturel, dispositif moins contraignant pour les riverains, et qui consisterait sans doute, à défaut de réserve, un moindre mal.

Le 23 mai 1875, dans le cadre du programme d'excursions institué par le comice agricole de l'arrondissement de Narbonne, un fort parti de botanistes prenait pied sur l'île Sainte-Lucie afin d'herboriser. Les botanistes étaient venus de Narbonne par le chemin de fer, dont les rails, d'abord parallèles au canal de la Robine, s'en écartent peu à peu pour former avec ce dernier une sorte de pince très élégante, arachnéenne, entre les deux branches de laquelle est retenue prisonnière la pseudîle de Sainte-Lucie. Parvenu au sommet de l'île (39 m au-dessus du niveau de la mer), M. Gaston Gautier – auquel on doit la relation de cette excursion du 23 mai 1875 publiée l'année suivante par Emmanuel Caillard, imprimeur-libraire à Narbonne – découvre « un magnifique panorama » dont il donne la description suivante : « À nos pieds s'étendent les tranquilles eaux des étangs de Bages et de Gruissan et au-delà les flots azurés de la Méditerranée ; au sud-est, la Clappe vient y baigner ses derniers mamelons, tandis qu'à son autre extrémité elle paraît aller s'appuyer aux sombres montagnes des Cévennes. Celles-ci, grâce à un effet de perspective, semblent former le fond d'un tableau dont Narbonne et sa magnifique cathédrale sont les principaux motifs. » Cette description de Gaston Gautier court-circuitant nos propres souvenirs, nous ne parvenons pas à nous rappeler si, du haut du roc Saint-Antoine, on aperçoit oui ou non le village amphibie de Gruissan-Plage, l'un des derniers vestiges, et le plus intéressant, de l'architecture balnéaire « spontanée » du littoral, avec ses cabanes sur pilotis que l'imagination populaire associe dorénavant aux qualités de Béatrice Dalle.

L'île Sainte-Lucie fut inventée par les Romains, et le sable dans lequel ils faisaient voyager leurs amphores a transporté depuis l'Hellespont des graines de différentes espèces de plantes exotiques dont plusieurs se sont acclimatées sur l'île, de même, paraît-il, qu'une variété africaine de scorpion. En 1983, c'est-à-dire longtemps après que le container eut supplanté l'amphore dans le commerce maritime, le Conservatoire du littoral a fait l'acquisition de Sainte-Lucie, sur laquelle il veille depuis lors en compagnie de la commune de Port-la-Nouvelle et de l'association la Tramontane. L'île a fait l'objet de vigoureux reboisements et d'autres soins forestiers tels que l'élagage et le nettoyage des pinèdes. La Tramontane, c'est-à-dire au premier chef M. Pajot, s'emploie maintenant à restaurer des bâtiments établis le long du canal afin d'y installer une Maison des étangs, laquelle se propose notamment de publier de temps à autre un *Journal des étangs* consacré à l'inventaire du patrimoine lagunaire. L'autre grande affaire de Sainte-Lucie, c'est la réintroduction du chevreuil, dont plusieurs exemplaires ont été lâchés sur l'île depuis 1988.

D'un côté, on lit dans un document publié l'an dernier par le Conservatoire du littoral que « cent faons sont déjà nés à Sainte-Lucie » ; de l'autre, la rumeur des lagunes (pour ne rien dire de la rumeur des graus) prétend que parmi les chevreuils du premier lâcher, deux ou trois auraient été prématurément ravis à notre affection par suite d'infructueuses tentatives d'évasion à la nage. Quoi qu'il en soit, les chevreuils sont équipés désormais de colliers émetteurs, ce qui devrait éviter de les égarer. Pour le commun des mortels, cette présence demeure tout à fait imperceptible, même si, parmi les visiteurs du dimanche, les plus crédules arrivent à prendre pour ces fameux chevreuils les dix ou quinze boucs que l'éclusier de Sainte-Lucie a mis à paître sur le chemin de halage, de conserve avec une trentaine de chèvres et une cinquantaine de chats, l'extravagante prolifération de ces derniers constituant d'ailleurs une sérieuse menace pour la faune sauvage. Mais, d'un autre côté, quels arguments infaillibles pourrions-nous opposer à la candeur de l'éclusier de Sainte-Lucie, qui parle d'une toute petite voix et pousse le scrupule jusqu'à disposer sur la carrosserie de sa voiture un matelas, afin que les boucs ne se fassent pas mal aux pieds lorsqu'ils montent dessus pour brouter les basses branches des arbres du halage ?

À Riou et à Plane monte la haine du goéland nourri d'ordures fines

Du spectacle qu'offre au printemps, et peut-être même en toute saison, le plateau caillouteux dont est faite pour l'essentiel l'île Plane, un observateur superficiel pourrait tirer la conclusion que cette île reçoit régulièrement la visite de pique-niqueurs extrêmement nombreux, effroyablement gloutons, et manifestant à l'égard de l'environnement cette désinvolture qui est de règle sur tout le littoral de la Méditerranée. À moins que l'île n'ait été le théâtre d'une bataille de grande envergure mettant aux prises des armées de lapins et de poulets, quelque chose comme les champs Catalauniques de la basse-cour ? Le sol est en effet jonché d'ossements minuscules provenant de volailles et de petits mammifères domestiques, mêlés à ce qui pourrait être des pièces de leurs panoplies ou des insignes de leurs cohortes, sous l'espèce d'emballages indestructibles portant pour les siècles des siècles l'estampille de tel ou tel géant de la charcuterie industrielle, ou de cachets en matière plastique rouge imitant maladroitement la cire, garantissant l'origine bressane de poulets fermiers manifestement élevés en batterie dans les Hauts-de-Seine. En réalité, tout ce foutoir est entièrement imputable aux goélands – représentés ici par la sous-espèce « leucophée », qui n'est jamais qu'une variante méditerranéenne du goéland argenté –, lesquels, en période de reproduction, vont faire emplette de charcuterie fine, de pattes de poulets, de reliefs de lapin sauté chasseur et d'autres *delicacies* jusque sur la décharge de Marseille, distante de plusieurs dizaines de kilomètres, afin de les régurgiter, tout baveux, dans le gosier écarquillé de leurs insatiables poussins.

Parmi tous les oiseaux, le goéland est le seul, avec le pigeon, qui puisse inspirer de la haine. Sur les îles de Marseille, cette engeance engraissée d'ordures, dont elle consomme de 3 à 4 tonnes par jour, compte environ dix mille couples, auxquels il faut ajouter la marmaille à différents stades de sa croissance. Car tandis que l'île Plane est déjà constellée de gros poussins tachetés, dont l'inaptitude au vol, la démarche mal assurée et plus généralement l'air extrêmement couillon amènent à nuancer provisoirement le jugement sévère que nous portions tout à l'heure sur l'espèce, les plus attardés ne sont pas encore sortis de l'œuf, et pas une minute ne passe sans qu'une petite tête chauve n'émerge d'une coquille découpée avec soin de l'intérieur et se mettre aussitôt à claquer du bec pour obtenir sa part dans la distribution générale des ordures. L'ordure, quant à elle, se raréfiant, depuis que le train spécial qui l'achemine de Marseille à la décharge d'Entressen quitte souterrainement la gare du Prado, beaucoup de ces poussins finiront prématurément dans l'estomac de leurs parents ou des voisins, car le goéland est libre de tout préjugé en ce qui concerne la cannibalisme et la pédophagie.

En bon Marseillais, le patron du petit navire *la Reine des Pommes*, dont le t-shirt est adorné d'un dessin rigolo représentant un rat rose en train d'enfiler par-derrière une souris la tête coincée dans une tapette, ne doute pas que le touriste, et plus précisément le Parisien, soit si niais qu'on puisse lui faire gober les bobards les plus mal ficelés. Ainsi nous désigne-t-il sur l'île de Riou une calanque qu'auraient spécialement appréciée les contrebandiers du temps du *Combinati* – ce qui est vraisemblable –, mais pour ajouter aussitôt, s'affranchissant désormais de tout lien avec le sens commun, qu'à partir de cette crique la contrebande était acheminée à dos d'âne jusqu'à la crête, puis à dos d'homme sur l'autre versant, avant d'être réembarquée à destination de Marseille. Et tout cela parsemé de « Té ! », de « Vé ! » et d'« Oh Povre ! » pour la couleur locale. Apparemment, l'idée ne lui est pas venue que même un Parisien pourrait se demander pourquoi la marchandise n'était pas transbordée directement à l'abri de la calanque, et quelle variante mafieuse de la nietzschéenne morale des sommets aurait pu inciter d'ordinaires contrebandiers marseillais à escalader pour des prunes, fût-ce à dos d'âne, cette crête particulièrement escarpée. « Un instant – c'est le narrateur qui parle, fidèle à notre rendez-vous hebdomadaire avec *Sodome et Gomorrhe* –, les rochers dénudés dont j'étais entouré, la mer qu'on apercevait par leurs déchirures, flottèrent devant mes yeux comme des fragments d'un autre univers. » Le rocher dénudé, ce n'est pas ce qui manque le plus à Riou, bien que parfois la nudité de la caillasse soit pudiquement couverte d'une mince toison de végétation, tant halophyte que nitrophile et toujours anémomorphosée, c'est-à-dire peignée par le mistral en courtes mèches drues invariablement orientées dans le même sens. Cette végétation est accueillante aux lapins que l'homme y a introduits et qu'ils viennent régulièrement, au mépris des lois divines et humaines, décimer tant au fusil qu'au filet, jusqu'à remplir de pleins sacs postaux de ce gibier recherché qui se vendrait à Marseille 100 francs par tête.

Ces assassinats de lapins se font, bien entendu, contre la volonté de Jean Throude, intronisé voilà vingt-cinq ans « gouverneur de Riou » par l'amiral Brasseur-Kermadec, et qui depuis passe chaque année six à huit mois sur cette île, dans des conditions très voisines de celles qu'expérimentèrent au début de l'ère chrétienne les saints brouteurs et autres anachorètes des déserts de Nitrée. Cette référence (aux saints brouteurs), qui pourrait paraître gratuite, devient absolument nécessaire si l'on sait que Jean Throude séjourna tout d'abord dans une grotte, puis dans un petit cabanon dominant la plage de Monastereu. En 1971, ce premier cabanon a été détruit par une explosion dont l'indéniable origine criminelle est sans doute à rechercher du côté des pêcheurs à la dynamite, et Jean Throude à dû se construire un peu plus loin, au-dessus de la calanque de Fontague, un nouveau cabanon sur lequel flotte un drapeau tricolore presque aussi grand que lui. Le bruit ayant couru que la Royale, actuelle propriétaire des îles de Marseille, songeait à s'en défaire afin de mettre un peu de beurre dans ses épinards, Jean Throude, dit « Jean de Riou » tant son destin s'identifie désormais à celui de l'île, a mis en circulation une pétition suggérant qu'elle soit rachetée par le Conservatoire du littoral. Cette solution la mettrait à l'abri de projets touristiques et immobiliers dévastateurs, aussi préjudiciables à l'avenir du rat noir qu'à celui du puffin cendré, pour ne rien dire du merle bleu et du rare lézard phyllodactyle. La pétition à déjà recueilli, parmi quantité d'autres signatures moins illustres, celles d'Haroun Tazieff, de Mme Gaston Rebuffat, de la Confédération mondiale des activités subaquatiques et de la Société des excursionnistes marseillais.

Port-Cros : le déclin du phoque moine dans les herbiers de posidonies

Sur la côte sud de Port-Cros, on voit distinctement, taillées dans une roche si feuilletée que de loin elle paraît presque comestible, les grottes où les phoques moines menaient en petits groupes une existence cénobitique et discrète, jusqu'à leur extinction survenue au lendemain de la Seconde Guerre mondiale.

Avec les autres îles d'Hyères, les calanques de Cassis et la côte ouest de la Corse, où on le rencontrait encore au début des années soixante-dix, Port-Cros fut l'un des derniers havres du phoque moine sur le littoral français.

Ailleurs, quelques-uns de ces animaux survivent sur les deux rives de la mer Égée, peut-être dans la mer Adriatique, et en quelques points du littoral de l'Afrique du Nord, comme l'atteste le récit d'un fameux voyageur ardéchois, Jean-Jacques Salgon, qui, en 1976, surprit sur la plage d'Aïn el-Turk, dans la banlieue d'Oran, un phoque moine endormi qu'il confondit tout d'abord avec un routard enveloppé dans un sac de couchage. Si l'on observe que, sur tout le pourtour de la Méditerranée, le déclin du phoque moine va de pair avec le progrès de la motorisation des flottilles de pêche, l'un et l'autre accusant une accélération foudroyante à partir du début des années vingt, il est aisé de comprendre le rôle prépondérant joué par les pêcheurs dans l'anéantissement de cette espèce.

L'urbanisation du littoral, le tourisme et la pollution y ont également contribué.

Curieusement, bien qu'il s'agisse d'une espèce typiquement méditerranéenne, au point qu'elle est mentionnée dans Homère (*Odyssée*, livre IV) et décrite par le menu dans Aristote, la dernière colonie prospère de phoques moines est établie en Mauritanie.

Et lorsque le parc national de Port-Cros, de concert avec le Marineland d'Antibes, décida de lancer un programme de réhabilitation de cette espèce, fondé tout d'abord sur la reproduction en captivité, c'est tout naturellement vers la Mauritanie que les spécialistes du phoque moine, c'est-à-dire au premier chef Didier Marchessaux, s'orientèrent pour prélever dans la nature les quelques spécimens indispensables au démarrage du programme.

À la fin de l'année dernière, avec une équipe composée d'un garde du parc national du banc d'Arguin, d'un technicien du Marineland d'Antibes et d'un objecteur de conscience marseillais, Didier Marchessaux était à pied d'œuvre, sur le territoire mauritanien, lorsque son véhicule a sauté sur une mine dans ce qui fut voilà quelques années une zone de combat entre l'armée gouvernementale et le Polisario. Seul l'objecteur marseillais, par miracle, a survécu.

Après avoir songé à abandonner le programme ainsi décapité, ses promoteurs, et notamment le Conseil de l'Europe, ont décidé, ne seraitce que par respect pour la mémoire de Marchessaux et de ses compagnons, de le relancer, et c'est un vétérinaire de Maisons-Alfort, François Moutou, qui devrait assurer cette difficile succession.

L'un des divertissement les plus recherchés par les touristes qui dans la journée se pressent à Port-Cros – et qui repartiront le soir même, le camping étant interdit et l'unique hôtel de l'île, d'ailleurs excellent, mais d'un prix en rapport avec sa qualité, ne disposant que d'un petit nombre de chambres – consiste à excursionner dans une sorte de lessiveuse automotrice et semi-submersible, dont la partie immergée, presque entièrement vitrée, permet de prendre un aperçu des richesses de la flore et de la faune sous-marines et de voir par exemple la seiche avant qu'elle soit cuite dans son encre, ou le loup, encore exempt de fenouil, maraudant parmi les herbiers de posidonies. On n'insistera jamais assez sur les vertus de ces herbiers de posidonies. Ils produisent en effet une grande partie de l'oxygène nécessaire à la vie sous-marine, et c'est dans leur sein onduleux que quantité d'animaux marins trouvent de quoi se nourrir et s'abriter, en particulier lorsqu'il s'agit de se reproduire.

Or ces herbiers ont presque partout disparu, empoisonnés par la pollution, broutés par l'urbanisation ou labourés par les ancres.

Et s'ils ont à Port-Cros survécu et prospéré, c'est que le parc national, créé en 1963 et le plus petit de son espèce en France, fut aussi le premier, dans toute l'Europe, à prendre sous sa protection la faune et la flore sous-marines. Avec de tels résultats qu'à l'inverse de ce qui se passe dans tout le reste de la Méditerranée, ou peu s'en faut, les fonds marins ont retrouvé à Port-Cros l'aspect qu'ils présentaient lorsque le commandant Cousteau endossa pour la première fois un scaphandre autonome. Et les mérous y sont redevenus si dodus, si bons garçons, si confiants, si prompts à sortir de leur trou quand ils reçoivent de la visite, que l'un d'entre eux, par la prédilection qu'il manifeste pour les œufs durs, est en train de se tailler une réputation comparable à celle du fameux Jojo, en son temps le poisson le plus célèbre et le plus dorloté du monde entier.

Avec la plaisance – et ce qu'un responsable du parc appelle « l'effet Singapour », c'est-à-dire les 320 kg d'engrais humains que produisent quotidiennement, en moyenne, les deux cents bateaux de plaisance mouillés sur rade de Port-Cros, comme cela se voit en été –, la pêche est la principale menace qui pèse sur ce milieu fragile, à l'équilibre délicatement restauré. Dans les limites du parc, la pêche sous-marine est bien entendu interdite, de même que la pratique des « arts traînants », ce vocable désignant tous les engins de pêche qui se remorquent. Pour des raisons de sécurité militaire, ces dispositions, ou d'autres encore plus strictes, s'appliquent également aux parages de l'île voisine du Levant, où, comme chacun sait, la Marine nationale teste ses Exocet sur les nudistes. À contre-courant de ce qu'un vain peuple imagine, l'exemple du Levant, comme celui du Centre d'essai des Landes, prouve d'ailleurs combien les emprises militaires sont dans l'ensemble propices à la conservation de la nature et de la faune.

En dehors de cette zone, et jusqu'à l'intérieur des limites du parc pour ce qui concerne les arts non traînants, les poissons sont toujours exposés à ces persécutions qui les font se retrouver dans notre assiette, même si les responsables du parc observent depuis quelques années de notables progrès de la sensibilité écologique chez les marins-pêcheurs. Ainsi, l'année dernière, un palangrier qui en une semaine avait sorti de l'eau la moitié de la population de congres établie dans une épave voisine de l'îlot de Bagaud, et immergée par 52 m de fond, a finalement cédé à une demande amiable d'aller mouiller ailleurs ses palangres. De même en septembre 1988, ce sont des pêcheurs qui attirèrent l'attention des responsables du parc sur le cas lamentable d'un cachalot en train de se noyer, si étroitement emberlificoté dans les mailles d'un filet que trois plongeurs mirent plus de deux heures à le délivrer, au risque de se faire couper en deux sitôt que la bête eut retrouvé l'usage de ses mâchoires. Mais qu'adviendra-t-il à l'horizon 1993, lorsque les senneurs italiens, dont la réputation de ravageurs des mers est solidement établie, auront toute latitude de venir écumer nos eaux territoriales ?

À terre, ce qui se fait, à Port-Cros, c'est d'aller le soir écouter le chant mélodieux du discoglosse, puis les cris effroyables des puffins, que le n° 3 des *Cahiers du parc national de Port-Cros* décrit comme « affreux et inquiétants », « presque humains », enfin tels qu'ils « les font considérer (les puffins) dans beaucoup de régions comme la réincarnation des marins morts en mer ». Le discoglosse, et plus précisément le discoglosse sarde, est un petit batracien qui en dehors de Port-Cros ne se rencontre qu'en Sardaigne, comme son nom l'indique, en Corse et dans quelques îlots de la mer Tyrrhénienne. On peut l'entendre à la nuit tombée, de concert avec le petit-duc et le rossignol, près de l'étang formé par le barrage du Vallon-de-la-Solitude. Quant au puffin, c'est au crépuscule qu'il convient d'aller entendre ses hurlements, sur le sentier dit « sentier des plantes » qui, via le minuscule cimetière et la pointe du Miladou, mène à la baie de la Palud.

Les amateurs d'émotions fortes seront probablement déçus, car, au moins pour ce qui nous concerne, et bien que la visite préalable du cimetière nous eût mis dans des dispositions relativement propices à entendre la voix des âmes errantes dans le chant des puffins, nous avons échoué à distinguer ces fameux cris des pépiements et des couinements en effet assez « affreux », mais nullement « inquiétants » et moins encore « presque humains », qu'émettent continuellement les poussins de goélands, cette engeance ayant apparemment réussi, une fois de plus, sinon à éliminer la concurrence, du moins à la réduire au silence. Toutefois, cette excursion crépusculaire nous a donné l'occasion de jouir de la vue qu'au pied du fort de l'Estissac on a sur le rocher du Rascas, si belle qu'il est impossible, à son sujet, de ne pas évoquer celle que le narrateur, dans *Sodome et Gomorrhe*, découvre sur la côte normande à l'occasion d'une promenade à cheval, et dans laquelle il croit reconnaître « le paysage montagneux et marin qu'Elstir a donné pour cadre à ces deux admirables aquarelles, Poète rencontrant une muse, Jeune homme rencontrant un centaure, [qu'il avait] vues chez la duchesse de Guermantes ».

L'Événement du jeudi, *entre le 6 juillet et le 6 septembre 1989*

Voyage au pays du laogai et des Marlboro

> « Lutte, échec, nouvelle lutte, nouvel échec, nouvelle lutte encore, et cela jusqu'à la victoire – telle est la logique du peuple, et lui non plus, il n'ira jamais contre cette logique. »
>
> Mao Zedong,
> « Rejetez vos illusions et préparez-vous à la lutte »,
> *Œuvres choisies* (14 août 1949), t. IV.

Parmi les nombreuses promesses que le socialisme n'a jamais tenues, il y a celle relative aux pissotières en or. Bien loin de vouer le fabuleux métal à cet usage impie, la Chine populaire, sous l'espèce de la Bank of China, lui élève en plein cœur de Hong Kong un temple d'une splendeur et d'une altitude inégalables, telles qu'encore inachevé déjà il fait pâlir son voisin et rival, le sanctuaire de la Hong Kong and Shanghai Banking Corporation [1]. Au crépuscule, lorsque toute l'arborescente verroterie du quartier des affaires est déjà dans la nuit, seule la plus haute facette de ce polyèdre capte encore la lumière et la réfléchit. Au pied de ces gigantesques propylées, une poignée de militants trotskystes s'obstine à de microscopiques célébrations. À l'instar d'autres espèces rares et menacées, comme les lémuriens de Madagascar ou le cormoran aptère des Galapagos, les trotskystes ont toujours éprouvé moins de difficultés à se maintenir dans les îles que sur la terre ferme. Ceux-ci ont édifié à l'abri de l'embarcadère du Star Ferry un petit monument funéraire imitant la forme d'un corps recouvert d'un drap taché de sang, sur lequel sont éparpillés

1. Le premier est l'œuvre de l'architecte sino-américain Ieoh Ming Pei, le second de l'architecte britannique Norman Foster.

quelques symboles ténus, un stylo, une montre, une paire de lunettes, étant entendu qu'un véritable intellectuel est presque toujours myope, et un ouvrage à couverture rouge intitulé *A Short History of Chinese Communism*, dû à un certain W. Houn. Tout cela, bien sûr, illustre la Commune étudiante de la place Tiananmen, ou plutôt son écrasement. Dans les jours qui ont suivi le massacre du 4 juin, les résidents de Hong Kong étaient paraît-il nombreux à s'arrêter pour lire les tracts ou signer les pétitions mis à leur disposition par les trotskystes. Ils le sont aujourd'hui beaucoup moins, soit qu'ils aient été indisposés par les accents de *L'Internationale*, que les militants se sont avisés tardivement de remplacer par un hymne national et funèbre, soit qu'ils aient raisonnablement estimé que le temps du deuil était révolu, et qu'il leur fallait de nouveau se consacrer aux choses sérieuses. Rien – sinon l'impérieuse nécessité de se ménager pour l'après-1997 des points de chute, fût-ce à Belize, en Gambie ou dans l'archipel des Tonga –, rien n'a jamais pu détourner longtemps les résidents de Hong Kong de leurs affaires (de même, à Paris, ce qui aurait dû surprendre, ce n'est pas tant la présence d'ailleurs très limitée de la communauté chinoise – à l'exception bien sûr des étudiants – lors de la manifestation du 7 juin, mais plutôt son absence d'initiative – sa discrétion ? – tout au long des « événements de Pékin »).

Le 12 juillet, l'intention, imprudemment affichée par les autorités de Singapour, d'accueillir au cours des huit prochaines années de vingt à vingt-cinq mille résidents de Hong Kong lançait plusieurs milliers de ces derniers à l'assaut de la Commission de Singapour. Au bout d'une heure et demie, le bureau délivrant les formulaires de demande de visa devait fermer en toute hâte, tandis que la police intervenait pour calmer l'ardeur des postulants. Le surlendemain, c'est-à-dire le 14, au lieu de célébrer comme tout le monde le bicentenaire de notre Révolution, les résidents (ou certains d'entre eux) du district de Saï-Kung, dans les Nouveaux Territoires, manifestaient de nouveau contre la mise en chantier, près du réservoir d'eau de High Island, d'un centre de détention à l'usage des boat people vietnamiens. Les résidents ont traité les autorités de « fascistes » et menacé de recourir à la violence si la construction du centre se poursuivait. De leur côté, les autorités fascistes se sont efforcées de rassurer les résidents en promettant que la clôture du camp – 17 pieds de haut, dont 3 de barbelés – serait absolument infranchissable, et qu'elle serait renforcée sur 7 pieds de hauteur par des plaques métalliques destinées à empêcher les réfugiés de projeter leurs ordures à l'extérieur. Mais, ont insisté les résidents, ne pourrait-on interdire aux familles vietnamiennes établies légalement à Hong Kong de rendre visite à leurs parents détenus ? Les habitants du district de Saï-Kung se sont également beaucoup inquiétés des risques d'empoisonnement au cyanure, par les réfugiés du camp, des eaux du réservoir. Chacun sait en effet que les minorités, en tout temps et en tout lieu, ont toujours succombé à cette détestable manie d'empoisonner les puits. Cependant, bien loin de disqualifier ces appréhensions comme de purs fantasmes, les autorités ont le plus sérieusement du monde répondu aux résidents de Saï-Kung qu'en cas d'empoisonnement du réservoir « les poissons mourraient, et le personnel de surveillance en serait alerté ». Le jour même où les autorités (fascistes) débattaient avec les habitants de Saï-Kung de l'avenir des poissons dans le réservoir de High Island, cent cinquante boat people débarquaient à Hong Kong, portant à environ cinquante mille leur effectif global dans la colonie britannique. Tandis que les habitants de Hong Kong se battent pour évacuer le navire, les Vietnamiens continuent à se bousculer pour monter à bord. Le seul lien logique que l'on puisse établir entre ces démarches apparemment contradictoires, c'est que « les masses », comme nous l'enseigne le président Mao, « débordent d'enthousiasme pour le socialisme ». Elles en débordent au point que le reste du monde n'est pas assez vaste pour contenir leur enthousiasme.

Le petit navire *Tian-Hu* (le Lac du ciel) met un peu moins de douze heures à couvrir la distance séparant Hong Kong de Canton. Sitôt monté à bord, on est assailli par l'odeur d'ail et de tambouille qui flotte non seulement sur toutes les villes chinoises, mais sur tout ce qui en émane. Accoudés au bastingage sur le pont des premières, deux étudiants africains regardent s'éloigner les lumières de Hong Kong, tandis que le *Tian-Hu* se fraie un chemin à travers une véritable constellation de navires au mouillage. Premier étudiant africain : « Est-ce la mer même ? » Second étudiant africain : « Oui, c'est la mer même. » Pas pour longtemps, d'ailleurs, puisque le *Tian-Hu* embouque presque aussitôt la rivière des Perles. Après quelques tentatives hardies mais infructueuses pour se rendre maîtres de l'unique passagère européenne, les étudiants africains, désormais au nombre de quatre, reviennent s'accouder au bastingage. Tous quatre achèvent à Wuhan des études de mécanique navale qui ne semblent pas les avoir totalement convaincus du bien-fondé de cette discipline. Avec indulgence, ils estiment que les manifestations racistes des étudiants chinois, qui ont précédé de quelques mois le mouvement démocratique – et qui auraient épargné les étudiants africains de Wuhan –, n'étaient en somme qu'un prétexte pour s'affirmer face aux autorités, une occasion de se faire les griffes.

Dans le bar des premières, devant une quinzaine de buveurs de bière, une chanteuse étroitement vêtue interprète *Zou-weu-tak-si*, la version cantonaise de Joe le taxi.

Sur le pont de Haizhu, à Canton, une inscription géante, en caractères rouges sur fond blanc, invite les passants à s'inspirer « de l'esprit de "Yukong-qui-déplaça-les-montagnes" pour réaliser les objectifs du septième plan quinquennal ». On peut se demander si la résurgence de ce genre de slogans exprime la nostalgie que certains dirigeants ont conservée du bon vieux temps, leur volonté d'y revenir, ou si elle relève simplement de l'incantation, sans que nul ne se fasse d'illusion sur leur capacité à infléchir si peu que ce soit le cours des choses. D'ailleurs comment Yukong, ce revenant hagard de la Révolution culturelle, pourrait-il s'y retrouver dans ce décor où scintillent un peu partout les publicités de marques, américaines ou japonaises si possible, où le rez-de-chaussée des grandes artères, et même de plus petites, offre le spectacle délétère d'un étalage ininterrompu (et par étapes) des marchandises les plus diverses, où jusque dans les autobus des voix orwelliennes, tombant de grésillants haut-parleurs, exhortent les passagers non pas à « intensifier les préparatifs en vue d'une guerre », mais à consommer de la lessive ou de la pâte dentifrice? Tout le monde connaît, au moins de réputation, le marché libre de Qingping, certainement l'un des endroits du monde où le négoce atteint son plus haut degré de ferveur et de foisonnement. Rien que pour ce qui concerne la viande vivante, sur pied, le marché de Qingping vous permet de choisir entre au moins vingt espèces – parmi lesquelles une sorte d'animal fabuleux, mi-porc, mi-blaireau, et le chat domestique sont deux des plus recherchées –, et encore chacune de ces espèces, ou la plupart d'entre elles, par exemple la tortue, est-elle disponible en deux ou trois modèles différents. Si l'on met cette abondance, cette diversité, en parallèle avec le dénuement des marchés – mêmes libres – dans les pays de l'Est, presque toujours placés sous l'hégémonie absolue d'une seule variété de légume ou de fruit, pomme ou concombre, il y a de quoi s'interroger sur l'irréductible spécificité du « mode de production asiatique », quels que soient les rapports qui théoriquement l'organisent. Encore ce marché de Qingping n'est-il qu'une goutte d'eau dans l'océan du négoce cantonais.

Ces dernières années ont été marquées, en Chine, par l'essor impétueux de l'édition et de la vente de livres. Dans ce domaine, il ne fait aucun doute que les objectifs du plan quinquennal aient été atteints, ou dépassés, même si ce n'est pas toujours dans le sens souhaité par les autorités. On trouve à Canton – comme dans toutes les villes chinoises, semble-t-il –, le long des rues, d'innombrables librairies ambulantes proposant un choix étendu de livres et de brochures, dont beaucoup constituent un véritable défi à l'orthodoxie morale ou politique du régime. Le plus surprenant, c'est peut-être d'y découvrir *Prisonnier de Mao*, de Pasqualini, traduit en chinois et publié à Tientsin par les « Éditions de la recherche du réel ». Toutefois, d'après le *China Daily*, 70 % des livres vendus par ces librairies ambulantes seraient « pornographiques » (et les librairies d'État, bien entendu, ont suivi le mouvement, afin de ne pas abandonner cette manne aux privés...). En fait, la littérature incriminée par le *China Daily* est pornographique au sens où peuvent l'être par exemple *Radar* ou *Détective*. À l'exception des rares ouvrages faisant appel à la photographie en couleurs, ce qui les rend d'ailleurs inabordables – tel *Images du corps humain*, publié par les « Éditions artistiques de Tientsin », où le corps en question est évidemment limité à sa composante féminine –, la plupart de ces livres et de ces brochures sont très pauvrement illustrés. Mais ce n'est pas au point que le dessin en couleurs de la couverture, ou ceux, en noir et blanc, des pages intérieures, ne fournissent de claires indications sur l'orientation générale de l'ouvrage : dans l'un, c'est une malheureuse que l'on ficelle étroitement au tronc d'un arbre, dans l'autre un gros chien noir qui se dispose à prendre des libertés avec sa maîtresse. Le goût japonais du « bondage » compte manifestement beaucoup d'adeptes en Chine, et comme ce goût va souvent de pair avec celui des collégiennes en uniforme, on n'en est que plus réjoui de voir la télévision chinoise s'obstiner à édifier son public à grand renfort de parades mettant en scène de véritables bataillons de pionnières nattées, court vêtues (mais invariablement de jupettes plissées), socquettées de blanc et cravatées de rouge, qui sous les prétextes les plus divers frétillent de la cuisse, minaudent et s'égosillent devant un parterre de militaires héroïques ou de vieillards méritants.

Le « Cinéma de l'avant-garde » a reçu récemment le « diplôme de la salle polie et cultivée ». À côté d'un film pieux sur la Longue Marche – l'affiche représente Mao chevauchant avec Zhou Enlai –, il programme un navet français dans lequel Charles Denner donne la réplique à Belmondo – prodige du doublage, la voix de ce dernier a conservé dans la version cantonaise quelque chose de sa gouaille parisienne – et un film d'arts martiaux qui a dû être tourné en vingt-quatre heures, sur le modèle des productions taiwanaises ou hongkongiennes les plus mal ficelées. L'affiche : un pendu à l'œil exorbité, dont le ventre ouvert laisse échapper un flot de viscères et de raisiné, et l'inévitable jeune femme en sous-vêtements blancs (ou bleu turquoise?) que deux gaillards masqués entraînent, toute hurlante, vers de prometteurs sévices. L'intrigue : un nain psychopathe, horriblement cruel, expérimente sur d'innocentes créatures une potion caustique destinée à dissoudre entièrement, jusqu'à l'os, l'humanité. Pour délivrer son Andromède, le héros, vêtu d'un costume spatial jaune canari, doit affronter en de titanesques combats, tant à mains nues qu'au lance-flammes ou au M16 (le chic, en Asie du Sud-Est, c'est le M16, pas la Kalachnikov), une tribu de sauvages à la solde du nain psychopathe, et qui, dans l'intervalle entre deux roustes, dansent les fesses à l'air.

Deux vieilles femmes. La scène se déroule dans le quartier de petites ruelles bordées de maisons basses, façon Chine éternelle, qui s'étend à Canton entre l'avenue Jiefang et l'avenue Guangzhou Qiyi, dans le bas de celle-ci. La moyenne d'âge est élevée. Beaucoup de locataires ont accroché à une fenêtre une cage où s'égosille un oiseau chanteur. La pluie tombe, s'arrête, reprend, ici et là apparaissent des flaques d'eau propices à l'élevage extensif du canard. Au fond d'une impasse sur laquelle donne une crèche aux murs décorés de pandas, la première vieille femme veille sur ce qui paraît être la cour d'une école primaire vidée par les congés annuels. Souriante et charmante, elle est la seule propagandiste spontanée du régime que nous rencontrerons au cours de ce voyage. Certes, la plupart des salaires sont encore dramatiquement bas, l'écart entre les revenus s'est creusé depuis quelques années (l'« ouverture »), mais voyez comme notre sort s'est amélioré : la télévision, la cuisinière, et ainsi de suite. La seconde vieille femme a l'air d'un très antique bouledogue qui ne se serait résolu que difficilement à cesser de mordre. Elle est la doyenne du comité de quartier, instance locale de surveillance morale et de contrôle administratif. Trois personnes lui tiennent compagnie, un flic en short et gilet de corps, tabagique, venu en voisin du commissariat le plus proche, et deux autres femmes sensiblement moins âgées qu'elle, dont l'une recopie avec soin, sur une affiche, les dernières directives concernant le contrôle des naissances. Le comité s'apprête à prendre des dispositions pour protéger le quartier contre un typhon annoncé dans les heures à venir. Au mur du local sont accrochés d'innombrables ex-voto, certificats de bonne conduite et autres diplômes surchargés de pourpre et d'or, parmi lesquels se détache un calendrier dont l'image du mois représente une jeune fille ravissante, ultramoderne, occidentalisée jusqu'au bout des ongles, vêtue d'un t-shirt et d'un jean moulant, mollement étendue parmi des meubles tels que vous n'en verrez jamais en Chine, et tenant dans ses bras un chaton, non pas de ceux que l'on fait revenir aux petits oignons, comme au marché de Qingping, mais de ceux qu'on cajole.

Cinq jeunes Ouighours. La scène se déroule au bar de la Maison des jeunes et de la culture (à quelque chose près) de l'avenue de Pékin, à Canton. Les cinq jeunes Ouighours fument des Marlboro, et boivent les uns de la bière, les autres du Coca. Tous sont bien sapés, bien peignés, plutôt jolis garçons : on ne s'étonnerait pas de les rencontrer sur les gradins de Roland-Garros, et rien ne s'opposerait à ce qu'ils figurent dans une publicité télévisée pour telle ou telle marque de bière. Les cinq jeunes Ouighours offrent de nous changer au noir, à un taux raisonnable, ces yuans renforcés (FEC) que l'administration vend aux touristes près de deux fois le prix du yuan ordinaire. Tous sont étudiants en architecture, et l'un prétend être un ami de Wu'er Kaixi, dont il se réjouit d'apprendre qu'il a trouvé refuge en France. De familles musulmanes, ils s'affirment croyants, l'un d'entre eux jure même qu'il se sent plus arabe que chinois. Mais lorsqu'on lui demande de citer un pays musulman, après quelques hésitations, il ne trouve que le Turkestan.

Une affiche. Très décorative, placardée le long d'une artère fréquentée de Canton, elle se présente comme une bande dessinée et se propose d'attirer l'attention des passants sur les dispositions à prendre afin de protéger les « secrets ». L'affiche ne dit pas ce qu'est un secret, mais sans doute entre-t-il dans la nature même du secret d'être indicible. Parmi les erreurs à éviter lorsqu'on est dépositaire d'un secret, et qu'illustre la bande, apparemment par ordre croissant de gravité : le placer sur le porte-bagages de sa motocyclette (l'indicible secret se présente sous la forme d'un parallélépipède à peu près de la taille d'un livre), le porter dans un sac en bandoulière, l'abandonner sur sa table de chevet, où votre fille (votre fille, notez-le bien, et non votre fils) risque de s'en emparer pendant votre sommeil, le dire au téléphone, ou le laisser tomber entre les mains d'étrangers – bien reconnaissables à leurs longs pifs, et, pour l'un d'entre eux, à sa barbe – que l'on voit heureusement, à la dernière image, confondus, la police de l'air et des frontières récupérant in extremis, à l'aéroport, dans leurs bagages, l'inviolable et parallélépipédique secret.

Hors sujet. L'un des plus gros clients des usines Peugeot de Canton est la Gong An, la police, qui leur a passé commande de quatre cents breaks équipés de tout le confort moderne. Dans les locaux, nous croisons une équipe de la BNP venue sans doute mettre la dernière main à quelque « montage financier ». Des ouvriers (chinois) de cette usine, un cadre (mulhousien) dit : 1) qu'ils n'ont pas débrayé pendant le mouvement du printemps ; 2) qu'ils n'ont pour la plupart qu'une idée en tête : émigrer. Beaucoup d'employées féminines arrondiraient leurs fins de mois en se livrant furtivement à la prostitution. De ce qui précède, il ressort que quarante ans de socialisme ont résolu les problèmes essentiels des masses laborieuses, et qu'il est moins facile de geler ses investissements que de priver de défilé un attaché militaire.

La gare de Canton. À l'entrée de la gare, un contrôle de police. Il serait on ne peut plus simple de le contourner en passant par la galerie commerciale, mais non, décidément, tout le monde préfère encore se soumettre au contrôle. Plutôt que de risquer d'être vu le contournant ? Dans quelques minutes, un train doit partir à destination de Xian. Seuls les gens qui peuvent présenter un billet pour Xian sont admis à pénétrer dans la gare (exception faite des étrangers, qui peuvent aller et venir sans présenter quoi que ce soit). Parmi les voyageurs à destination de Xian, les flics, assis derrière une espèce de comptoir, choisissent neuf fois sur dix de contrôler les plus timides, les plus hésitants, les plus lourdement chargés, les plus ploucs, conformément à l'usage universel de toute bonne police. De temps en temps, histoire de rire, on intercepte aussi deux ou trois minettes. Dans l'exercice de cette mission, les flics sont assistés par une employée des chemins de fer en uniforme, à tête de kapo, dont la tâche consiste plus particulièrement à refouler tous les candidats à l'entrée dépourvus de billets pour Xian. Elle s'en acquitte avec un zèle inouï, vociférant dans l'oreille des contrevenants, à bout portant, mais par le truchement d'un haut-parleur que jamais elle n'éloigne de ses lèvres, un torrent d'imprécations, tout en bourrant leurs bagages de coups de pied. Un incident survenant – on vient de trouver un revolver dans une valise, mais, comme la terre ne s'arrête pas aussitôt de tourner, et comme le possesseur de l'arme plaisante avec les policiers en uniforme, il doit s'agir d'un collègue en civil –, elle réussit à hausser encore sa voix d'un ton pour disperser les badauds qui ont eu l'insolence de s'attrouper. Quant aux étrangers, auxquels elle regrette sans doute amèrement de ne pouvoir appliquer son haut-parleur sur l'oreille afin d'y vomir ses injonctions, elle les considère avec un mélange de haine et de crainte, qui est exactement ce qu'en retour elle nous inspire.

Guiyang. En face de l'hôtel Jinqiao, qui affiche dans l'entrée son diplôme d'« unité d'élite » (on se demande ce qu'une « unité » doit faire, les horreurs qu'elle doit commettre, les sabotages auxquels il lui faut se livrer, pour être privée de ce diplôme), et dont le parking accueille plusieurs de ces berlines « Shanghai » qui, on ne sait trop pourquoi, partagent avec les Tatra tchèques et les Pobieda soviétiques le privilège d'exprimer l'essence même du totalitarisme appliqué à l'automobile, en face de l'hôtel Jinqiao, et sur la rive adverse d'une rivière noire, pestilentielle, du lit de laquelle il se trouve tout de même des gens pour extraire d'anémiques crustacés, se dresse une magnifique pagode menaçant ruine, dont les trois étages abritent trois familles diversement nombreuses et uniformément pauvres. L'un des hôtes de la pagode, qui dans la soirée prend le frais sur le seuil, estime qu'elle pourrait s'écrouler « l'année prochaine ». Pourquoi pas l'année prochaine, en effet ?

Guiyang possède au moins un quartier de ces petites maisons basses séparées par des rues étroites. Ici et là s'élèvent de part et d'autre de la rue, voire au milieu, des amoncellements d'ordures si vénérables qu'ils n'ont plus rien de dégoûtant, leur masse ravinée par l'érosion, stratifiée, évoquant plutôt quelque énigme de la géologie comme il s'en rencontre beaucoup en Chine. Si pauvre que soit Guiyang, la plupart de ces petites maisons disposent de la télévision. Pour prendre leurs aises, les habitants, laissant le poste à l'intérieur, installent leurs chaises sur le trottoir, et c'est de l'extérieur qu'ils suivent avec une attention plus ou moins soutenue les péripéties d'un feuilleton mettant aux prises l'armée rouge et les troupes du Kuomintang. Les Kuomintaniens sont invariablement présentés comme de véritables bouffons, s'exprimant avec des voix de fausset, si bien qu'on ne voit pas du tout quelle gloire l'armée rouge peut retirer des défaites successives qu'elle leur inflige. Parmi d'autres activités qui se déroulent à l'extérieur : la livraison d'une pierre tombale dont le prix suscite une controverse entre le livreur et la famille du défunt, les parties de mah-jong ou de cartes, la vente à la sauvette d'une lotion favorisant la repousse des cheveux, de vêtements en provenance directe de l'usine ou d'une « méthode pour devenir riche par l'agriculture », les soins dentaires, les séances de « divination par les pieds » (podomancie ?), la restauration. Devant le quartier général de la police, les tréteaux des marchands de glace et de boissons gazeuses font concurrence à ceux des banques, qui rivalisent de taux d'intérêt pour attirer la petite épargne. Placez cent yuans – c'est la mise minimale – à 13,4 % par an ! Un panneau manuscrit signale le « centre de dénonciation », et, ce qui va de pair, le « centre d'autodénonciation », à l'intention des militants des associations suivantes : la Fédération autonome des étudiants du Guizhou (c'est le nom de la province), la Fédération autonome des ouvriers de Guiyang, et une mystérieuse Amicale du salon, ce terme étant probablement employé dans son acception républicaine.

À l'entrée de Xing-Yi, sur plusieurs hectares, de longs macaronis sèchent en plein vent sur des claies. La rue principale de Xing-Yi est partiellement envahie par l'eau qui monte, toute la Chine du Sud étant en proie aux inondations. De part et d'autre scintillent les lumières des restaurants de chien – Xing-Yi étant paraît-il la capitale de la cynophagie –, invariablement signalés par un cul de chien pelé et rôti, dressé sur une sorte de tournebroche, écarquillé, la queue adroitement retroussée – « en trompette » – au-dessus de la raie. Les chiens jaunes seraient, paraît-il, les plus savoureux. En revanche, les blancs ne seraient pas très recherchés (conseil aux chiens qui voyagent : se munir d'un pelage blanc pour traverser la Chine). Dans une rue adjacente se tient, en plein air, les pieds dans l'eau, un repas de funérailles. Seuls les hommes – le front ceint, pour certains, de ce même bandeau blanc, couleur de deuil, que portaient les étudiants de la place Tiananmen – participent au banquet, les femmes se tenant en retrait. L'homme qui paraît être le chef du deuil – un ouvrier originaire d'une autre ville –, après nous avoir invités à nous joindre à la célébration, nous demande ce que nous sommes venus faire dans cette province du Guizhou, qu'il tient personnellement pour le « trou du cul de la Chine ». Un des rares bons côtés de la province du Guizhou, c'est qu'elle produit énormément de tord-boyaux, notamment de l'alcool de sorgho que les convives ingurgitent par pleines bolées. On est très curieux de savoir combien gagnent en France un ouvrier, un professeur, combien coûtent une motocyclette, un paquet de Marlboro, une automobile Peugeot. Aucune allusion n'est faite aux « événements ». À la longue, les excès de boisson induisent une certaine tension. Une sorte de demi-clochard, qui souffre du double handicap d'être fou (idiot ?) et ivre mort, s'approchant l'écume aux lèvres de la table du banquet, se fait à deux reprises repousser, battre (modérément) et jeter à terre. La deuxième fois, il tombe entre les brancards d'une charrette, entraînant dans sa chute le contenu de celle-ci : une chèvre morte, préparée comme pour un méchoui, dont les viscères se répandent sur la chaussée boueuse. Pendant que l'on s'affaire pour renfourner tous ses organes dans le ventre ouvert de la chèvre, un des convives se lève, prend le fou au collet et lui porte au visage plusieurs coups de poing. Cette fois le fou, la bouche saignante, est étendu pour le compte. On le saisit par un pied et par une main, comme une viande de boucherie, et on le jette un peu plus loin dans le caniveau. Cependant l'homme qui a frappé ne se tient pas pour satisfait, et il faut que tout un concours de peuple se forme pour le contenir, le pousser, et l'enfermer dans sa maison, d'où il tente à plusieurs reprises de ressortir, vociférant, brandissant une planche.

Peut-être parce qu'il s'agit d'une petite ville, l'animation nocturne des rues donne à Xing-Yi une impression particulièrement saisissante de grouillement. C'est le « secteur privé » – salles de vidéo, restaurants, salons de coiffure, cabinets dentaires, commerces en tout genre – qui assure l'essentiel de cette animation. Dans le magma tourbillonnaire des piétons et des bicyclettes progressent à grand renfort d'avertisseur sonore des camions, des jeeps, des taxis, et de petits motoculteurs à remorque peut-être détournés de leur destination agricole. Toute cette activité gravite autour d'un parc où chaque soir, sitôt la nuit tombée, se rassemblent par centaines (par milliers ?) les habitants de Xing-Yi. Devant un public enthousiaste, des groupes d'hommes et de femmes généralement âgés, que leur vêtement signale paraît-il comme appartenant à la « minorité nationale » pu-yi, échangent interminablement des répliques dans une sorte d'étrange « parlé/chanté ». D'autres psalmodient en s'aidant d'un instrument monocorde ou de musique traditionnelle enregistrée. Dans l'indifférence générale, un type armé d'une épuisette de 4 mètres de long pourchasse à travers le parc de gigantesques papillons de nuit, qui volètent autour des réverbères sans jamais se poser.

L'arrivée inopinée d'un étranger parlant chinois (J.-L. Domenach, et non l'auteur de ces lignes) suscite une vive curiosité, qui momentanément l'emporte sur la méfiance et la crainte. Certes, ce qui dans l'ensemble intéresse les habitants de Xing-Yi, c'est encore une fois le prix des Peugeot ou des Marlboro, mais ce qui les épate le plus, c'est tout de même qu'il puisse exister des pays où le simple croquant ne soit pas absolument sans recours contre l'arbitraire de l'administration ou de la police.

Sur les routes de Yunnan, les camions ont des dents. Afin de prévenir les vols de pièces détachées, les capots des vieux camions « Libération » sont en effet renforcés d'un double cerclage métallique hérissé de pointes. À en juger par celle qui relie Guiyang à Kunming, via Xing-Yi et Shi-Lin, les routes de Chine souffrent d'une tendance irrépressible à l'effondrement, et cette circonstance se traduit par un continuel travail de rapiéçage, qui à son tour entraîne de fréquents embouteillages en dépit du nombre limité de véhicules. En vérité, ce ne sont pas seulement les routes, mais la terre elle-même, qui donnent l'impression de se désagréger, le déboisement, systématique et inconsidéré, ayant dénudé les montagnes, que les pluies emportent désormais par pans entiers (un rapport publié récemment par l'Institut de recherches sur les catastrophes géologiques, nouvellement créé, insiste sur le fait que la moitié des « désastres naturels », en Chine, et en particulier les glissements de terrain, les inondations, l'assèchement ou la pollution des nappes d'eau, sont imputables à une mauvaise gestion des ressources). Les villages traversés marient souvent la hutte mérovingienne, à toit de chaume, au néo-pavillon de banlieue, cette diversité architecturale traduisant l'écart croissant des revenus agricoles, certains paysans ayant tiré parti de la libéralisation économique, et d'autres non. La seule chose qui ne change pas, c'est le buffle, et aussi, du moins localement, l'habitude d'accrocher au-dessus de la porte d'entrée un miroir anti-diable (lorsqu'un diable baladeur se dispose à pénétrer dans la maison, il voit son reflet dans le miroir et fuit épouvanté). Shi-Lin, une sorte de Rocamadour ou de Vallon-Pont-d'Arc, établi au milieu de la « forêt des pierres », offre le spectacle déconcertant (dans ce pays) d'une ville entièrement tournée vers le loisir. Et cette impression se retrouve, à Kunming, sur la berge du lac Dianchi, ourlée d'un dépôt régulièrement croissant de coquillages morts, où s'entassent des milliers de baigneurs et de baigneuses, ces dernières uniformément vêtues du même maillot une pièce en tissu cloqué. Hormis ce détail vestimentaire, la seule chose qui atteste le caractère socialiste de la plage du lac Dianchi, ce sont ces pédalos collectifs, à roues latérales, dont la technologie évoque celle des toutes premières moissonneuses-batteuses.

Rien ne peut se comparer à la saleté du train qui relie Kunming à Chengdu. Au demeurant, les couchettes de première sont revêtues d'un tissu imprimé représentant des roses et des pandas (« Je n'oublierai jamais les pandas et les roses... »), mais gras de crasse, et ocelé de taches dont un examen attentif permettrait peut-être de dresser une liste exhaustive des pratiques ferroviaires des Chinois. Construite dans les années soixante, en plein apogée du maréchal Lin Biao, le « Ravi » de la crèche maoïste, cette voie ferrée, à vocation plutôt stratégique qu'économique, illustre admirablement la conception concentrationnaire des travaux publics qui devait prévaloir à l'époque. Au lieu d'épouser de temps en temps la courbe des rivières, ou de contourner ne serait-ce que quelques montagnes, la voie ferrée attaque tout de front, bille en tête, et le résultat, c'est une succession de tunnels (trois cents au total) si rapprochés et si interminables que pendant toute la première partie du trajet, c'est-à-dire avant la nuit, on pourrait se croire dans le métro. La main-d'œuvre concentrationnaire étant rarement qualifiée, cette voie ferrée est du reste construite à la va comme je te pousse, et le rapport plus haut cité de l'Institut des catastrophes, qui l'épingle comme une des plus dangereuses de Chine, dénombre sur son parcours mille deux cents points particulièrement exposés aux glissements de terrain. La voie en a déjà subi cent soixante-dix, qui ont occasionné pour 10 millions de yuans de dégâts. Que ce dispositif s'explique par la proximité des « événements », ou par la recrudescence du banditisme ferroviaire (ou par les deux), le train est placé sous la protection de policiers militaires armés et munis de walkie-talkies. Le compartiment voisin du nôtre en abrite deux ou trois, qui après de vains efforts de notre part pour entraîner la conversation vers des sujets plus élevés, mais aussi plus scabreux, dévient tout naturellement vers le prix des Peugeot et des Marlboro. Chemin faisant, on découvre sans surprise que l'acteur préféré des policiers chinois est Alain Delon. Si les questions politiques restent sans réponse, les questions sur les mœurs reçoivent un accueil plus favorable, et deux des flics en viennent même à controverser sur le point de savoir si le concubinage est interdit en Chine, ou s'il est seulement réprouvé. Évidemment, c'est le plus pessimiste des deux qui est dans le vrai.

Capitale de la province de Sichuan, Chengdu a contribué au mouvement du printemps dernier par des émeutes de grande envergure, dont la répression, selon certains témoignages, aurait fait plusieurs dizaines, voire plusieurs centaines, de victimes (« un mort », selon le guide-interprète mis à notre disposition par China International Travel Service). Au centre de la ville, le carrefour de deux grandes artères (l'avenue du Peuple et l'avenue Shuncheng) présente encore les stigmates d'un incendie allumé, semble-t-il, par les émeutiers dans la soirée du 10 juin, et qui a détruit un centre commercial d'environ 200 mètres sur 120. Partiellement entouré de palissades (où s'étalent des slogans dans le genre de celui-ci : « Le peuple s'unit pour réédifier le magasin du peuple ! »), le périmètre détruit est aujourd'hui le théâtre d'une activité frénétique mobilisant plusieurs centaines d'hommes, manœuvres, contremaîtres ou techniciens. Une rapide enquête auprès de représentants qualifiés de ces trois catégories de travailleurs ne nous permet pas d'obtenir le moindre éclaircissement sur la nature du chantier. Sans même parler des circonstances de l'incendie, aucun ne prendra le risque de confirmer que le centre commercial a été détruit par le feu. Leur demanderait-on s'ils travaillent sur un chantier, si c'est bien une brouette qu'ils poussent, voire si la Terre est ronde, qu'ils affirmeraient n'en rien savoir. Des loubards qui déambulent le long de l'avenue du Peuple feront preuve de la même ignorance délibérée, mais avec une ébauche de ricanement qui peut donner prise à diverses interprétations. Sur le trottoir, des vendeurs ambulants proposent du raisin, des écrevisses et de petits crabes sautés, des criquets chanteurs prisonniers de cages en raphia qui tiennent dans le creux de la main.

De celles que nous avons vues, Chengdu est la seule ville où la présence de l'armée et de la police soit aussi affirmée, aussi ostentatoire : bâtiments gardés par des soldats et des flics en armes (le siège du gouvernement municipal, le bureau du télégraphe, les locaux de l'agence Chine nouvelle ou du quotidien régional, etc.), camions militaires débâchés afin que le public puisse jouir du spectacle des soldats entassés, debout, sur le plateau. C'est aussi la seule sur laquelle règne encore une statue géante du président Mao, saluant les nuages d'une main potelée. Ici et là sont apposées des affiches invitant la « petite poignée » de criminels et de saboteurs – en Chine, vous ne trouverez jamais de contre-révolutionnaires en quantité suffisante pour garnir ne serait-ce qu'une corbeille ou un panier – à se faire connaître, et le public à les dénoncer. À cette fin, les numéros de téléphone suivants sont à votre disposition : le 660 800 pour les quartiers Est, le 20 300 pour les quartiers Ouest, le 331 495 pour le quartier du Buffle doré, le 254 pour le quartier du Fleuve blanc profond, et le 343 pour le quartier du mont de la Source du dragon. Rue du Ningxia, dans un quartier ancien du centre de Chengdu, on remarque une maison de thé plutôt accueillante – mais elles le sont toutes – qui a déployé quelques chaises sur le trottoir, et dont la clientèle, comme il se doit, est absorbée dans la contemplation d'un film de gnons, de gros calibres et de petites culottes. En face de la maison de thé s'ouvre une impasse perpendiculaire à la rue du Ningxia. À l'intersection de l'impasse et de la rue se rejoignent deux longs murs nus, auxquels s'attachent de chlorotiques pousses de lierre dont les autorités, par voie d'affiche, s'efforcent de favoriser les progrès en invitant la population à respecter la verdure, ou, plus exactement, à « faire vert ». En suivant l'impasse, qui se termine dans la cour d'une école primaire, on constate qu'un des angles de cette enceinte est flanqué d'une petite tour de guet, et qu'à l'intérieur, un peu en retrait du mur, s'élève un bâtiment cubique de deux ou trois étages, aux ouvertures occultées par des plaques de tôle. En l'espace de cinq minutes, six ou sept véhicules de police entrent ou sortent de ce périmètre, dont un minibus dans lequel on distingue des prisonniers menottés, le crâne rasé. Sur le mur qui longe la rue du Ningxia, à côté d'une affiche signalant un cours privé de guitare et de danse, il y en a une autre, plus grande, revêtue de ce paraphe rouge, affectant plus ou moins la forme d'un « V », qui, sur les affiches informant le public d'une condamnation à mort, atteste que la sentence a été exécutée. L'affiche (et le reste) concerne deux « paysans de la périphérie de Chengdu », Wang et Zhou, âgés respectivement de dix-neuf et soixante et un ans, le second ayant déjà été condamné à huit ans, pour vol, en 1958. L'un et l'autre sont accusés d'avoir joué un rôle actif dans « le renversement et l'incendie de deux véhicules militaires », à la faveur des troubles « répondant aux troubles contre-révolutionnaires de Pékin ». Les dégâts matériels sont estimés au total à 63 000 yuans. Aucun militaire n'a été tué, et l'affiche ne mentionne même pas de blessés. Pour 63 000 yuans, donc, soit environ le tiers du prix d'une Peugeot 505 fabriquée par l'usine de Canton, Wang et Zhou ont été condamnés à mort, et la sentence « exécutée lors d'un meeting condamnatoire de masse convoqué par le tribunal le 8 juillet ».

À Chengdu coule la rivière Huanhua. En suivant la berge de cette rivière, d'ouest en est, on peut admirer successivement la chaumière (évidemment apocryphe) où le poète Tou Fou, en exil, résida sous la dynastie des Tang, les locaux de l'administration régionale des camps de travail, plusieurs guinguettes, tant publiques que privées, et les deux hôtels « internationaux » de Chengdu. Au pied de ces hôtels, sur la berge, se tient deux fois par semaine, en soirée, l'« English Corner », une réunion d'étudiants en langues étrangères soucieux de « pratiquer leur anglais ». En voilà du moins qui n'attaquent pas d'entrée sur le prix des Peugeot ou des Marlboro, mais sur le bicentenaire de la Révolution, Victor Hugo et Romain Rolland, *Quatre-vingt-treize*, la Terreur, l'attitude – qu'ils prennent, s'en réjouissant, pour de la fermeté – de l'Europe vis-à-vis de la répression en Chine, ou la prise de la Bastille « qu'ils ont commémorée cette année avec quelques semaines d'avance ». Puis la conversation roule sur des sujets moins graves, mais d'où il ressort, encore une fois, à quel point l'exil est aujourd'hui le seul espoir des Chinois – de toutes conditions – qui ne peuvent s'accommoder du régime. Après qu'une alerte aux flics en civil a entraîné la dispersion du groupe, un étudiant solitaire, qui n'a pas pris part à la conversation, nous rejoint un peu plus loin sur la berge de la rivière Huanhua. Plus réservé que ses camarades, il estime que la répression était inévitable, et il ne tient pas à en parler. Ce qui l'intéresse, c'est de savoir si les Françaises sont aussi « graceful » qu'on le dit, et « how graceful ». Lui aussi souhaite partir à l'étranger « poursuivre ses études », sans préciser s'il envisage de revenir par la suite. À propos des « événements », il s'excuse de sa discrétion en disant que

« les Chinois, actuellement, ne veulent pas trop penser ». À quoi – le refus de penser – on pourrait opposer ces trois vers du poète Tou Fou :

« Les poules d'eau s'appellent d'une rive à l'autre.
Au loin le monde entier se fait la guerre.
Assis sur mon lit, j'écoute et réfléchis[1]. »

À Shanghai coule la rivière Huangpu. Le long de cette rivière, au-delà de son confluent avec une autre voie d'eau qui n'est guère plus qu'un égout, s'étend le Bund. À l'extrémité du Bund – c'est-à-dire à l'opposé de ce confluent –, l'hôtel Dong Feng (« Vent d'est ») abrite le siège du Shanghai International Seamen's Club, South Branch. Le vent d'est l'emportant décidément sur le vent d'ouest, le bar de l'hôtel Dong Feng, qui passait pour être le plus long bar d'Extrême-Orient, et peut-être du monde entier, est en voie de transformation en Kentucky Fried Chicken. À la mi-juillet, le *China Daily*, afin de convaincre ses lecteurs de l'insignifiance des événements de Pékin, et surtout de leur peu de conséquences sur la marche des affaires et la poursuite de l'« ouverture », citait en exemple les trois succursales pékinoises de cette chaîne américaine « dont le chiffre d'affaires, le 9 juillet, atteignait de nouveau 60 000 yuans, environ la même chose qu'avant l'émeute ». Pour être condamné à mort, en Chine, il suffit donc de bousiller en une journée, sous forme de matériel militaire, ce que gagnent dans le même temps trois succursales d'une chaîne américaine de fast-food. Désormais, le socialisme chinois, c'est la mitrailleuse *plus* le Kentucky Fried Chicken.

Documents Observateur, *septembre-octobre 1989*

1. Cité dans *Trésor de la poésie chinoise*, présentation et traduction de Claude Roy, le Club français du Livre, 1967.

Noël à Beyrouth

Au pied de la tribune dressée devant le palais de Baabda, on distingue aussitôt, parmi d'autres militaires en treillis de camouflage, une jeune femme-soldat d'une beauté si étourdissante que, s'il fallait juger d'après elle des chances de succès du général Aoun, ses partisans pourraient dormir sur leurs deux oreilles.

Sur la petite scène tendue d'une banderole ainsi libellée : « De Prague à Beyrouth, un même combat : la liberté », le peuple chrétien et son armée n'en finissent pas de se prodiguer toutes les marques de leur mutuelle affection. Le peuple chante des hymnes, martèle des slogans, applaudit, agite inlassablement des drapeaux, tandis que les soldats, par exemple, plongent à pleines brassées dans de grandes corbeilles remplies de jouets éducatifs et récréatifs. Beaucoup d'enfants ont dû venir moins pour les jouets eux-mêmes que pour le plaisir de voir les soldats les leur distribuer.

Le 24 décembre marque le vingt-septième jour du grand caravansérail de Baabda. Chaque soir, des autocars déversent dans la périphérie de ce terrain de camping improvisé leur cargaison de teenagers, venus prêter main-forte aux quelques centaines d'irréductibles qui dorment par roulement sous la tente. Parmi les campeurs, la France est représentée par trois étudiants parisiens, dont l'un a découvert Beyrouth en faisant son service dans la Finul. On les reconnaît aisément, même de loin, à notre emblème national, qu'ils brandissent en toute circonstance avec une ferveur digne du jeune Bara.

La journée de dimanche s'annonce sous les meilleurs auspices. Il fait un temps radieux, l'air est juste assez frais pour propager convenablement le son des cloches, dont celle que les habitants de Daraya ont apportée de leur village pour l'établir sur un échafaudage parmi les tentes du camping.

Quant aux habitants de Ghazir, ils ont fait venir de Syrie un lot de deux cents pigeons voyageurs, puis les ont relâchés à destination de leur pays d'origine, chacun lesté d'un petit message à la gloire du général Aoun. Dans la matinée, ce dernier nous a confirmé qu'il ne prononcerait ce soir aucun discours, « Noël étant une fête chrétienne, et non une fête nationale ».

À vol d'oiseau, une pincée de kilomètres sépare le palais de Baabda des hauteurs de Souk el-Gharb. Le « Verdun » du pays chrétien a été suffisamment décrit pour que l'on n'y revienne pas. On notera tout de même le hachis d'arbres très grossièrement émondés par les combats, et l'impact d'obus qui, dans le hall de l'hôtel Hajjar, interrompt brusquement une sorte de frise néo-assyrienne.

Les vestiges de l'hôtel abritent le PC du 101e bataillon. Le commandant Farajallah, qui, comme beaucoup d'officiers libanais, a fait en France une partie de ses études militaires, nous y reçoit au bar, dont les bouteilles ont malheureusement cédé la place à toute une collection de tessons de projectiles divers. Aux murs sont affichées des photographies en couleur, juxtaposées, dont l'ensemble dessine le front de Souk el-Gharb. Lequel est, en cette veille de Noël, d'un calme pastoral.

À 11 heures du soir, des dizaines de milliers de personnes, parmi lesquelles une écrasante majorité de jeunes, se pressent devant le palais de Baabda. Un camion militaire progressant à grand-peine dans la foule est bientôt submergé par les teenagers, qui entreprennent de distribuer au public son chargement de foulards aux couleurs du Liban. Soudainement, et comme s'il ne leur suffisait pas d'être adulés, les soldats retrouvent des réflexes d'arrogance et de brutalité prétoriennes qui pendant quelques instants rompent cette extraordinaire harmonie militaro-populaire. Le camion accélère pour se dégager de la foule, et son équipage refoule sans ménagement les distributeurs de foulards. Il s'ensuit un moment de flottement, d'indignation localisée, bientôt noyée de nouveau dans l'enthousiasme général.

À minuit, une foule immense est réunie pour assister à la messe célébrée en plein air, et acclamer le nom du général, qui, cette fois, ne paraîtra pas. À 2 heures du matin, ceux qui ont assisté à la messe commencent à se disperser, mais le flot montant vers Baabda reste presque aussi abondant que le flot descendant.

Le Figaro*, 26 décembre 1989*

Kartaba

« Les fromages français ne sont ni repris ni échangés », lit-on parmi les rayonnages du supermarché Mbassy, à Achrafieh, qui propose également tout un choix de champagnes et de cognacs. On voit par là que le Liban est en crise, car comment caractériser autrement un pays où les fromages français ne sont ni repris ni échangés ?

Au demeurant, une étude menée récemment par le directeur des statistiques de la Banque du Liban fait apparaître que le PNB a de nouveau atteint en 1987 le niveau record de 1974, que le secteur commercial est en progression et que l'écart des revenus s'est notablement élargi.

L'abondance fait à Beyrouth-Est bon ménage avec la dévastation. Les boutiques sont bien garnies, mais beaucoup abritent leur vitrines derrière de véritables fortifications de sacs de sable ou de fûts de ciment, et pallient les défaillances de l'éclairage public en faisant pétarader sur le trottoir des groupes électrogènes qui contribuent à la haute teneur de l'air en gaz d'échappement.

Car Beyrouth-Est n'a pas seulement des problèmes de fromages français. La ville souffre également d'une congestion automobile, d'autant plus préjudiciable à la santé publique que les voitures sont pour la plupart trop grosses, trop âgées, et fréquemment amputées d'au moins un organe essentiel.

L'état des routes libanaises laisse aussi beaucoup à désirer. Celle qui relie au littoral le bourg de Kartaba, dans l'arrière-pays de Jbeil-Byblos, est en hiver d'un maniement particulièrement délicat. Quant au bourg de Kartaba lui-même, il a plusieurs spécialités, la première étant d'être situé dans la haute vallée de l'Adonis et à proximité de la source de ce fleuve, au bord duquel le dieu du même nom, dans des temps très reculés, folâtrait avec Astarté avant d'être mortellement bousculé par un sanglier.

De l'Antiquité datent quelques maigres vestiges phéniciens éparpillés dans la vallée. Longtemps après les Phéniciens, Ernest Renan, Maurice Barrès et le général Gouraud visitèrent – séparément – la vallée de l'Adonis. La seconde spécialité de Kartaba était d'engraisser des vers à soie destinés à l'industrie lyonnaise, mais la faillite du bombyx a entraîné son remplacement par des champs de pommiers. Kartaba, donc, produit des pommes, de l'arak, et s'adonne également à l'élevage du mouton, de la chèvre et du porc. Mais ce qu'il y a de plus intéressant dans la région de Kartaba, c'est que, si l'on veut en croire les premiers, les chrétiens y vivraient en bonne intelligence avec des musulmans minoritaires et d'obédience chiite.

Kartaba ne compte qu'un petit nombre de commerces – bien qu'on y trouve au moins trois boutiques de coiffeur –, et parfois si pauvrement fournis qu'ils évoquent l'Afrique plutôt que le Moyen-Orient. Dans l'une des trois ou quatre épiceries, on trouve par exemple des produits aussi décourageants que du cassoulet originaire de Chine populaire et conditionné en boîtes de 3 litres, ou de la vodka mise en bouteille à Athis-Mons.

Mais la médiocrité de son commerce n'entame pas le moral de l'épicier, qui, comme tout le monde ici, ou peu s'en faut, semble n'avoir aucun doute quant à l'heureuse issue des entreprises du général Aoun. Le portrait de ce dernier est présent dans toutes les boutiques, où il voisine parfois avec celui de Samir Geagea, l'actuel leader des Forces libanaises, et plus rarement avec celui de Bechir Gemayel, le président assassiné en 1982.

Pour une ville du Liban, Kartaba n'a reçu que très peu de projectiles, ce qui ne l'a pas empêchée de perdre, par émigration, beaucoup de ses habitants. Certains de ces expatriés ont conservé des liens assez étroits avec leur passé et une confiance suffisante dans l'avenir pour revenir à Kartaba bâtir leur maison. Telle cette villa d'un luxe un peu inconvenant, par comparaison avec la modestie ou l'inachèvement de la plupart des autres, édifiée à l'entrée de l'agglomération par un enfant du pays qui a réussi dans les affaires en Arabie Saoudite.

Le faible niveau des précipitations d'artillerie fait aussi de Kartaba une villégiature très recherchée des Beyrouthins lorsque leur ville est soumise à des bombardements.

M. Khoury, dont le patronyme est l'un des plus répandus à Kartaba, exerçait autrefois le métier de tailleur. Il habite avec sa femme, ses cinq enfants, si nous n'en oublions pas, son petit-fils et un gendre revenu pour quelques mois d'Australie, une grande maison relativement confortable, très accueillante, mais chauffée par un simple poêle à bois, et dont le dernier étage abrite trois ou quatre moutons et sept cochons. Le huitième cochon a été tué pour Noël.

Parmi bien d'autres choses, M. Khoury est un chasseur impénitent, et sa collection d'animaux empaillés témoigne de l'urgence qu'il y aurait, pour les autorités libanaises, à désigner ne serait-ce qu'un secrétaire d'État chargé de la protection de la nature. Il y a deux ans, en plein hiver, M. Khoury affirme avoir été attaqué sur la route par une sorte de bête du Gévaudan que ses photographies permettent d'identifier comme une hyène rayée. Armé d'un simple bâton, M. Khoury aurait assommé la hyène, avant de la fourrer dans une cage et de la vendre à un commerçant de Tripoli dont elle améliore désormais considérablement le chiffre d'affaires.

Le même hiver fut témoin d'un autre prodige. Leurs lignes de communication ayant été interrompues par des chutes de neige, des soldats syriens, campant sur les hauteurs qui dominent Kartaba, manquèrent mourir de faim et de froid, et vinrent au village demander humblement le gîte et le couvert.

En se livrant dans le pays chrétien à des visites, même non guidées, de musulmans satisfaits de leur sort et investis de fonctions officielles, on risque sans doute de tomber dans des pièges relevant de ce que Gilbert Lascault, dans son dernier opuscule, désigne comme la Société amicale des loups pour la promotion des chaperons rouges. Toutefois, c'est indéniable, le maire d'un village voisin de Kartaba est chiite, et il reçoit aujourd'hui la visite de son fils, officier de gendarmerie, qui habite Beyrouth-Ouest, et franchit la ligne de démarcation deux fois par jour pour déposer ses enfants au lycée franco-libanais de Beyrouth-Est et les y reprendre.

Dans le même village, il y a une mosquée en état de marche, grande comme une boîte à chaussures et coiffée d'un bulbe bleu turquoise. Juste en face de la mosquée, dans une des dernières maisons traditionnelles à toit de terre, habite – ou plutôt séjourne, car il s'agit d'une situation provisoire – un couple mixte. Lui est chrétien, originaire de Baalbeck, et possède trois salons de coiffure dans les émirats du golfe Persique. Elle est chiite et native des bords de l'Adonis. La maison à toit de terre est celle de ses parents.

Dans le salon, à côté d'une extraordinaire tapisserie représentant des chiens jouant aux cartes (l'un des joueurs dissimule un as dans sa manche), on remarque un calendrier chrétien, à l'effigie de la Vierge Marie, épinglé au mur, sur un petit tapis de prières représentant la Pierre noire de La Mecque. Comme dans toutes les maisons de Kartaba disposant de cette commodité, la télévision, au repos, est couverte d'un napperon brodé qui lui donne des allures de tabernacle. Et c'est en effet sous l'espèce de la télévision que le coiffeur communie avec ses voisins musulmans, lorsqu'ils viennent chez lui regarder les cassettes vidéo achetées dans les Émirats pour une bouchée de pain.

Le Figaro, *2 janvier 1990*

Porcs, bull-terriers et crocodiles

Sitôt que l'homme blanc eut fait main basse sur l'Australie, il découvrit, avec dépit, que ce continent était entièrement dépourvu d'animaux susceptibles de domestication. Dans sa grande sagesse, la sous-classe des marsupiaux avait en effet soigneusement évité de développer des espèces à vocation agricole ou locomotrice : impossible d'atteler un kangourou ou de bâter un koala. Et, comme ledit homme blanc avait de grands projets pour l'Australie, il dut importer des différentes parties du monde où il s'était auparavant établi plusieurs espèces utiles, ou présumées telles, c'est-à-dire susceptibles de tirer, de porter ou de finir en sauce.

Cependant, au fur et à mesure que le progrès faisait valoir des exigences nouvelles, ces espèces importées se trouvèrent frappées d'obsolescence. N'ayant plus rien à faire, elles se retirèrent au désert, et c'est ainsi que l'Australie dispose aujourd'hui d'un stock apparemment inépuisable d'animaux domestiques retournés à l'état sauvage – dromadaires, ânes, chevaux, buffles ou porcs – auxquels elle témoigne sa reconnaissance en les massacrant sous les prétextes les plus divers. Écologiquement, ces malheureux animaux sont d'ailleurs, pour la plupart, indéfendables : transplantés par les hasards de l'Histoire dans des biotopes qui ne sont pas les leurs, ils en menacent par leurs déprédations les occupants légitimes. Ainsi, le piétinement des chevaux ou des buffles est-il extrêmement préjudiciable aux fragiles zones humides du nord de l'Australie.

En termes de protection de la nature, les fameuses chasses héliportées, visant des chevaux ou des buffles, ne soulèvent donc aucune objection majeure, même si leur but avéré n'est pas tant de restaurer les biotopes dans leur intégrité que de protéger le bétail des maladies – en particulier la bruxellose et la tuberculose – véhiculées par les animaux redevenus sauvages, afin de préserver les exportations australiennes de bidoche.

Parmi ces espèces ensauvagées qui hantent les solitudes de l'Australie du Nord, l'une des plus lucratives est le porc. Apparemment, le retour à la nature a insufflé au porc des forces prodigieuses. Tous les témoignages le confirment : le porc sauvage australien est exceptionnellement gros, exceptionnellement haut, et exceptionnellement enclin à foncer tête baissée sur une paisible assemblée de pique-niqueurs établis sur des chaises pliantes au beau milieu du bush.

Cependant, il y a au moins un être humain qui se satisfait de l'existence du porc, c'est le chasseur de porcs. Le quotidien de Darwin *Northern Territory News* estimait récemment qu'en une saison un chasseur de porcs pouvait gagner quelque 200 000 dollars australiens, soit environ 1 million de nos francs. À ce tarif, on conçoit que certains chasseurs de porcs puissent faire montre d'une audace inouïe. Récemment, après que trente-deux bull-terriers eurent disparu en un mois dans la région de Darwin, les soupçons de la police se sont tout naturellement portés sur des chasseurs de porcs de la Daly River. En effet, compte tenu de ce que nous avons dit précédemment du porc, et de ce que le seul moyen de le débusquer dans le bush est de l'y faire traquer par des chiens, on comprendra que cette tâche ne puisse être confiée à des caniches, et qu'elle convienne en revanche parfaitement à cet animal d'une férocité pathologique qu'est le bull-terrier.

Toujours d'après le quotidien de Darwin, il arrive qu'un chasseur parti avec huit chiens revienne avec un seul, les sept autres ayant péri éventrés. Comme dit Ron Richardson, officier de la Société royale pour la prévention de la cruauté à l'égard des animaux : « It's a shocking thing to happen to a family pet », ce que l'on pourrait traduire approximativement par : « C'est une chose choquante lorsqu'elle arrive à un petit animal de compagnie. » Dans ces conditions, il est raisonnable d'imaginer que certains de ces chiens, après une ou deux rencontres avec les porcs, préfèrent prendre la tangente, et aller grossir les rangs des animaux erratiques. Si les bull-terriers mobilisés comme chiens de chasse parviennent à se reproduire dans la nature, et si leur caractère sanguinaire, comme il est de règle, s'y exacerbe, cela promet des lendemains difficiles aux éleveurs de bétail. Il leur faudra peut-être renouveler l'inutile exploit de leurs collègues du Sud-Ouest australien, qui, pour protéger leurs moutons des dingos – ces chiens sauvages eux-mêmes venus d'ailleurs, mais dans des temps immémoriaux –, n'ont pas hésité à construire 5 614 km d'une « clôture anti-dingo », dont la suite des événements a prouvé qu'elle était une véritable passoire.

À l'inverse des porcs, les deux espèces de crocodiles qui se rencontrent en Australie sont tout à fait indigènes. L'une des deux – *Crocodylus johnstoni* – est même une espèce endémique, c'est-à-dire qu'elle ne se rencontre nulle part ailleurs. C'est aussi la moins romanesque. En dépit du fait qu'il est peut-être le seul crocodile du monde à galoper – la queue relevée, et les pattes postérieures bien tendues, dans une posture assez ridicule qui évoque plutôt le kangourou que le saurien géant –, le *johnstoni*, ou crocodile d'eau douce, est une espèce qui ne fait guère parler d'elle. C'est qu'elle n'attaque pas l'homme, ou seulement du bout des lèvres, et jamais dans le dessein de le dévorer (de tels crocodiles mordilleurs ont cependant été retirés récemment du plan d'eau très fréquenté d'Edith Falls, où ils avaient tendance à prendre trop de libertés avec le public. Un lecteur du *Northern Territory News* a aussitôt écrit au journal pour protester contre cet ostracisme frappant des animaux presque complètement inoffensifs, puisqu'ils ne mangent même pas l'homme jusqu'au bout).

À l'inverse du *johnstoni*, le *porosus*, ou crocodile de mer, est un mangeur d'homme avéré (ce qui, naturellement, ne signifie pas que n'importe quel homme, dans n'importe quelles circonstances, mis en présence de n'importe quel *porosus*, sera infailliblement dévoré : l'équipe Cousteau a filmé en 1987 sans aucune protection, et sans une égratignure, un *porosus* évoluant en plongée dans les eaux de la Jardine River, dans le nord du Queensland. Il s'agissait toutefois d'une première). Avant la guerre, et surtout dans les années cinquante et soixante, le crocodile de mer, dont la peau est particulièrement appréciée par les tanneurs, a fait l'objet d'une chasse intensive. De 1945 à 1971, environ cent trente mille peaux de crocodiles de mer ont été exportées par les trois États australiens où cet animal se rencontre, c'est-à-dire, d'ouest en est, l'Australie occidentale, le territoire du Nord et le Queensland.

À partir de 1971, les mesures de protection dont il fait progressivement l'objet – l'État du Queensland, où les marginaux n'ont jamais eu bonne presse, étant le dernier à lui accorder droit de cité – permettent au crocodile de mer de reconstituer ses effectifs. Bien que les chiffres varient considérablement selon que l'on consulte les statistiques de la Commission de conservation du territoire du Nord, par exemple, ou celles, beaucoup moins optimistes, du professeur Harry Messel, auteur d'un énorme rapport sur les populations australiennes de crocodiles de mer, il est vraisemblable que plusieurs dizaines de milliers de ces animaux hantent de nouveau les estuaires, les mangroves et les « billabongs » du littoral de l'Australie tropicale.

Après une véritable explosion démographique consécutive aux mesures de protection, le taux de croissance de la population s'est stabilisé, les premiers bénéficiaires du baby-boom ayant atteint l'âge et la taille adéquats pour boulotter leurs congénères plus récents. Par ailleurs, le crocodile de mer est un animal territorial – les mâles adultes s'affrontent à l'occasion férocement pour le contrôle d'un étang ou de quelques méandres –, ce qui écarte tout risque de pullulement.

Depuis que le professeur Harry Messel, plus haut cité, a pris sa retraite, Grahame Webb reste le seul prétendant légitime au titre de meilleur spécialiste mondial du crocodile de mer. Pour étudier la biologie de cet animal, il n'a pas hésité à se faire mordre, ou tout du moins à se placer dans une situation où il fut attaqué et sérieusement blessé à la jambe par une femelle au nid de laquelle il venait de soustraire quelques œufs. Diplômé de diverses universités, auteur – en collaboration avec Charlie Manolis – d'un ouvrage de référence intitulé *Crocodiles of Australia*, Webb dirige à Darwin un laboratoire de recherche sur la biologie, la conservation et la gestion des populations de crocodiles, qui travaille en étroite association avec la Commission de conservation du territoire du Nord. De l'extérieur, les locaux de son entreprise présentent une certaine ressemblance avec un campement de nomades, mais cet apparent désordre abrite un fichier informatisé qui représente la somme de toutes les connaissances humaines au sujet tant de *Crocodylus porosus* que de *Crocodylus johnstoni*.

Webb s'intéresse plus particulièrement à la reproduction, encore très mal connue, de ces deux espèces. À cette époque de l'année, les œufs de *johnstoni* recueillis dans la nature par Webb et son équipe commencent à éclore, tandis que débute à peine la périlleuse cueillette des œufs de *porosus*. Les recherches de Webb lui ont permis d'établir qu'en jouant sur la température d'incubation de ces derniers, on pouvait obtenir à volonté des mâles ou des femelles. Cette découverte devrait intéresser l'industrie naissante de l'élevage de crocodiles, laquelle, selon Webb, se trouve aujourd'hui à peu près dans la même situation que « le premier homme qui eut l'idée d'enfermer une poule dans une cage ».

Le Figaro, *8 janvier 1990*

LE ROYAUME DES CROCODILES

Peu avant l'intersection d'Arnhem Highway – la route goudronnée qui relie Darwin à Jabiru – et de la piste menant au gué de Shady Camp, Bark Hut Inn offre au voyageur tout un assortiment de nourritures sommaires et de souvenirs de mauvais goût. Les camions, certains attelés de trois remorques, s'y arrêtent nombreux pour faire le plein de bière, de saucisses et de fioul. La plupart des souvenirs sont crocodilomorphes.

L'un d'entre eux représente un crocodile souriant, déguisé en garde-chasse, en train de badigeonner à la peinture noire le « No » d'un de ces panneaux de signalisation – « No swimming, crocodiles » – que l'on rencontre désormais, en Australie du Nord, à peu près partout où l'on pourrait être tenté de se baigner. Au-dessus du comptoir de l'auberge de la Hutte d'Écorce, à côté d'un massacre de buffle et d'un vieux fusil 303 bayonnette au canon, on remarque une tête de porc qui incite à la réflexion, et qui donne tout son sens au commentaire de l'officier Richardson concernant les *family pets*.

Y a-t-il de tels porcs dans la forêt d'eucalyptus que traverse la piste de Shady Camp ? Ou bien est-ce le cri du kookaburra – l'oiseau national australien –, que les auteurs les plus mesurés comparent aux hurlements d'un fou ?

Toujours est-il que, aussi exempt de dangers réels que soit le « bush », il n'y a guère de milieu où l'on se sente à ce point déplacé. En aval de Shady Camp, la Mary River s'écoule vers le golfe de Van Diemen, distant d'une quarantaine de kilomètres, entre des berges plates, déboisées, couvertes d'oies sauvages si abondantes, si peu farouches, et morphologiquement si proches parentes du canard de Barbarie, que leur hégémonie engendrerait à la longue une monotonie de basse-cour si elle n'était tout de même battue en brèche par d'importants effectifs de hérons, d'aigrettes, de vanneaux masqués, de chevaliers, de milans ou d'aigles pêcheurs, et de ces blancs cacatoès qui ne se déplacent jamais qu'en troupes nombreuses et bruyantes.

En amont du gué, l'eau forme un petit lac autour duquel poussent des pandanus, des palétuviers et d'autres essences amphibies. À marée basse, les crocodiles de mer semblent particulièrement apprécier cette réserve d'eau profonde, où certains croisent en immersion périscopique, tandis que d'autres, dont au moins deux mesurent plus de 4 mètres, somnolent, les mâchoires entrouvertes, parmi les herbes du bord.

Depuis que l'homme a renoncé à se baigner, il n'y a plus guère qu'au sujet du barramundi qu'il entre en concurrence avec le crocodile. Car l'un et l'autre sont également friands de la chair de ce poisson dodu et sportif, bondissant volontiers, dont la pêche jouit auprès des Australiens du Nord d'un prestige comparable à celui de la bière en boîte. La dernière livraison du *Northern Territory News*, sous un de ces titres en caractères géants inévitables dès qu'il s'agit de crocodiles, signale comment l'un d'entre eux a tenté, la nuit dernière, de s'emparer du barramundi qu'un certain John Griffiths s'efforçait de hisser à bord de sa petite barque. Mr Griffiths, qui à aucun moment, semble-t-il, n'a envisagé de renoncer à son barramundi, aurait mis le crocodile en fuite en lui donnant sur le nez quelques coups d'épuisette, à défaut, sans doute, de parapluie.

Au muséum de Darwin, on visite la dépouille présumée de « Sweetheart », un crocodile de plus de 5 mètres de long et de près de 800 kg qui fit énormément parler de lui dans les années soixante-dix. Sweetheart régnait alors sur un billabong – un étang – tributaire de la rivière Finniss, dans le sud de Darwin.

Entre 1974 et 1979, il se rendit coupable d'au moins quinze attaques contre de petites embarcations, généralement de ces barques en aluminium, équipées de moteurs hors-bord, dont on peut difficilement se passer pour pêcher le barramundi. Invariablement, Sweetheart s'en prenait tout d'abord au moteur hors-bord, qu'il mettait en pièces, puis il infligeait au bateau des dégâts variables, soit qu'il le coulât purement et simplement, soit qu'il le retournât, ou le soulevât pour lui faire décrire un tour complet avant de le laisser retomber. Quant aux occupants du bateau, Sweetheart s'en désintéressait complètement. En dépit de sa magnanimité, il fut capturé en 1979 – à l'aide d'une dépouille de dingo légèrement faisandée, une délicatesse à laquelle peu de crocodiles adultes savent résister – et il mourut, noyé, pendant la durée de sa garde à vue.

Récemment, dans un ouvrage – *Crocodile Attack* – remarquablement documenté et terrifiant à souhait, Hugh Edwards a émis l'hypothèse que peut-être le crocodile noyé en juillet 1979 était un imposteur. Le vrai Sweetheart serait toujours vivant, sous le nom de Cassius, dans un Marineland de Green Island, au large de Cairns. Indéniablement, Cassius provient du même marigot que Sweetheart, il partage la haine de ce dernier pour les moteurs hors-bord, et, qui plus est, il lui manque quelques centimètres de museau, vraisemblablement emportés par une hélice. Cette amputation accidentelle, outre qu'elle le prive injustement du record du monde de longueur pour un crocodile en captivité, pourrait expliquer la fixation de Sweetheart sur les moteurs hors-bord.

Tous les crocodiles, malheureusement, ne sont pas aussi dédaigneux que Sweetheart de la chair humaine. Bien que les estimations des auteurs spécialisés varient de quelques unités, il semble que depuis la colonisation de l'Australie on ait enregistré une soixantaine d'attaques, dont environ trente mortelles. Cela fait du crocodile de mer un mangeur d'hommes bien timide, en comparaison du tigre, par exemple, et un danger infiniment moindre, pour les baigneurs, que ces méduses invisibles, innombrables dans les eaux côtières au début de la saison des pluies, dont le musée de Darwin annonce fièrement que « de tous les animaux venimeux, elles seules sont susceptibles d'expédier un homme en trois minutes ». D'après Graham Webb, depuis l'entrée en vigueur des mesures de protection, c'est-à-dire en une vingtaine d'années, onze personnes auraient été victimes de l'éclectique appétit de *Crocodylus porosus*.

Lorsque la victime est un camionneur pris de boisson – sans rentrer dans des détails impies, il est certain que parmi les victimes les plus récentes, au moins trois seraient encore de ce monde si leur goût des spiritueux avait été moins vif –, la presse internationale s'en soucie naturellement beaucoup moins que quand il s'agit d'une Américaine jeune et belle, à la vie sentimentale compliquée, qui, quelques semaines avant d'être dévorée, s'était fait remarquer sur les jetées de Perth à l'occasion de la Coupe de l'America. La mort de Ginger Faye Meadows, sur la rivière du Prince Regent, le 19 mars 1987 – exactement la veille de son vingt-cinquième anniversaire –, eut un retentissement d'autant plus grand qu'elle s'accompagnait de tout un luxe de détails abominables. C'est ainsi que le monde entier se délecta d'apprendre comment de grands crocodiles avaient sauté hors de l'eau jusqu'à 1,50 m de hauteur, en pleine nuit, pour tâcher d'atteindre le sac contenant les restes de Ginger Meadows sur la plage avant du navire, le *Penguin*, qui les acheminait vers Broome au fil de la rivière du Prince Regent.

Comme le dit Ross Blecher, l'officier de la commission de conservation plus spécialement chargé de la capture des « crocodiles à problèmes », « every crocodile is a problem-crocodile ». Toutefois, étant entendu que le crocodile de mer bénéficie désormais d'une protection totale, seules quelques zones à très forte densité humaine sont régulièrement écrémées de leurs sauriens, afin que les Australiens du Nord ne soient pas totalement privés de leurs divertissements favoris, le surf, la planche, le ski nautique ou la natation. C'est le cas en particulier de Darwin Harbour – la baie de Darwin – d'où plus de cinq cents crocodiles ont été retirés par les rangers de la commission de conservation depuis l'entrée en vigueur des mesures de protection.

Bien qu'il s'agisse en fait d'un territoire on ne peut plus quadrillé et surveillé, le décor dans lequel s'effectuent ces captures se prête assez à l'idée de disparaître sans laisser de trace. À la nuit tombante, et pour ce qu'on en voit du fond d'une petite barcasse en aluminium, cette mangrove, à la végétation étonnamment variée, pourrait atteindre aussi bien aux dimensions de l'Amazonie, ou tout du moins de l'estuaire de l'Amazone. Dans la pénombre, on entend, plutôt qu'on ne les voit, les vols de tadornes et d'oies sauvages ramer au ras des arbres dans l'air humide et chaud. L'eau saumâtre, à laquelle les courants de marée impriment de soudaines furies d'oued en crue, est aussi accueillante aux crocodiles qu'à d'autres espèces à la vocation maritime plus affirmée, requins, raies ou lamantins.

Parfois les chenaux sont si larges que l'on pourrait se croire au milieu d'un lac, et parfois si resserrés qu'il faut écarter à deux mains la végétation des berges. Plus le chenal est étroit, plus le moustique est nombreux et sanguinaire. Une énorme lune rouge se lève bientôt au-dessus de ce cloaque plein de bruits de succion et de déglutissements, éclairé d'autre part par d'incessantes fulgurations atmosphériques, et par les flammes lointaines d'un feu de brousse.

De ce chaos tout à fait primordial, les rangers ont extrait la semaine dernière, après quatre heures et demie d'un combat inégal, un crocodile de plus de 4 mètres. Cette nuit, nous n'aurons droit qu'à un de 2 mètres, mais c'est déjà tout autre chose de le ramener à bord qu'une langouste.

À l'exception des individus « à problèmes » capturés sur des terres aborigènes, et qui sont simplement déplacés – la coutume interdisant de les incarcérer –, tous les crocodiles ainsi prélevés dans la nature sont expédiés dans des élevages. Le territoire du Nord compte déjà quatre de ces élevages, dont l'un, le plus proche de Darwin, est certainement l'attraction touristique la plus demandée et la plus rémunératrice de la région.

Ainsi les sacrifices que l'homme a consentis pour la sauvegarde du crocodile ne sont-ils pas absolument gratuits. À moyen terme, ce pari pourrait même s'avérer extrêmement lucratif pour le territoire du Nord, qui en 1988 a reçu près de neuf cent mille touristes, exporté – notamment au Japon – plus de deux mille peaux, et vendu en Australie plus de 10 tonnes de viande crocodilienne, provenant aussi bien de *porosus* que de *johnstoni.* Si l'on rapproche ces 10 tonnes par an des onze victimes humaines recensées en vingt ans par Grahame Webb, on voit que l'homme est incomparablement plus mangeur de crocodiles que le crocodile n'est mangeur d'hommes. Quant à la chair du crocodile, que l'on mange à Darwin sous forme de hamburgers, elle n'a guère d'autre goût que celui des condiments qui, dans le monde entier, et quel que soit le lest, entrent réglementairement dans la composition de ces nourritures rapides.

Le Figaro, *15 janvier 1990*

Sur la piste du tigre

D'après Yao Ming-Le, auteur d'un livre remarqué sur les circonstances de la disparition du maréchal Lin Biao, ce dernier, quelques instants avant de succomber, en compagnie de son épouse, sous les coups de prolétariens sicaires à la solde du président Mao, se serait vu offrir par celui-ci, du bout de ses baguettes, de « délicieux tendons de tigre de Mandchourie ». De son côté, l'agence Chine nouvelle, dans une dépêche récente, porte à la connaissance du public que le repérage aérien effectué en 1987 afin de localiser les derniers tigres de Mandchourie n'a pas permis d'en retrouver un seul. Ainsi, s'il faut en croire l'agence Chine nouvelle et Yao Ming-Le, les derniers instants du maréchal Lin Biao auront été consacrés à la vaine manducation des délicieux tendons d'un des tout derniers tigres de Mandchourie. En 1972, un an après la disparition du maréchal Lin Biao, il restait en Inde un peu moins de deux mille tigres, soit l'équivalent de la consommation personnelle, à des fins cynégétiques, de trois ou quatre maharadjahs de corpulence moyenne dans le courant des années trente.

1972 est l'année de la mise en œuvre du « Plan Tigre » (« Project Tiger »), destiné à sauver de l'extinction cette espèce promue par l'Inde au rang de symbole national. Dix-sept ans plus tard, le dernier recensement (réalisé en avril 1989) fait apparaître un effectif d'environ quatre mille cinq cents tigres. Naturellement, ce dénombrement, établi par extrapolation, à partir d'indices plus ou moins volatils, ne présente pas les mêmes garanties d'exactitude que si les tigres, alignés au garde-à-vous dans la cour d'une caserne, avaient volontairement répondu un par un à un appel nominal.

Le major Jim Corbett fut à la fois un légendaire chasseur de tigres, et l'un des premiers à prendre la défense de cette espèce. Le premier chapitre de *Man-eaters of Kumaon*, où il décrit ses chasses aux mangeurs d'hommes dans le nord de l'Inde, est consacré à la tigresse de Champawatt qui, avant de tomber sous ses balles, avait dévoré tant en Inde qu'au Népal quatre cent trente-quatre personnes, ce qui rend assez ridicules les exploits présumés de la bête du Gévaudan.

Aux confins de l'Inde et du Bangladesh, dans le delta du Gange et du Brahmapoutre, s'étend sur plusieurs milliers de kilomètres carrés la plus vaste mangrove du monde, les Sundarbans, dont la population de tigres est estimée à quelque cinq cents individus. Ces tigres des Sundarbans, ou certains d'entre eux, sont particulièrement enclins à consommer de la chair humaine. Cette inclination est attestée dès le XVIIe siècle par les récits d'un voyageur français, François Bernier, qui observe que dans la région les tigres n'hésitent pas à se jeter à l'eau pour attaquer de petites embarcations. Dans les années soixante-dix, un chercheur allemand, dont les travaux tendant à innocenter 97 % des tigres des Sundarbans, et à faire porter le chapeau aux 3 % qui restent, a suggéré que peut-être la salinité des eaux était à l'origine de ces dérèglements. Depuis, avec des résultats inégaux, on s'est efforcé de neutraliser les mangeurs d'hommes en établissant ici et là des réservoirs d'eau douce, en envoyant au casse-pipe des porcs sauvages élevés en captivité, en dissuadant les populations locales de procéder à la cueillette d'une certaine variété de palmes à l'ombre desquelles les tigres aiment à prendre le frais, ou en laissant traîner dans la nature des mannequins anthropomorphes piégés à l'électricité. La dernière trouvaille, dans ce registre, consiste à faire porter à tous les usagers des Sundarbans, sur la nuque, un masque imitant un visage humain, compte tenu de ce que les tigres n'attaquent jamais en face… Cette méthode, introduite en 1986, aurait donné des résultats prometteurs, mais tout de même pas au point que pendant les six premiers mois de l'année (d'après *Cat News*, le bulletin semestriel du *Cat Specialist Group* de l'Union internationale pour la conservation de la nature), une cinquantaine de personnes n'ait été boulottée par des tigres peut-être plus malins que les autres, ou simplement assez patients pour attendre que leurs victimes se baissent afin de ramasser du petit bois, car on n'a pas encore songé à recommander aux glaneurs de porter également des masques sur les fesses.

Depuis quelques mois, dans l'Assam, le parc national de Manas, l'un des plus vastes de l'Inde, et biologiquement l'un des plus riches – c'est notamment le dernier refuge de la plus petite espèce connue de porc sauvage (*Sus salvanus*) –, est occupé militairement et mis en coupe réglée par des agités de la Bodo Students Union (nous laissons à d'autres le soin d'exposer les revendications des Bodos). Toujours est-il que ces « étudiants », qui doivent appartenir à une sous-espèce assez voisine de celle, iranienne, des « étudiants dans la ligne de l'imam », ont abattu sur le territoire une douzaine de gardes forestiers, et pratiqué sur une grande échelle tant le braconnage que le pillage du bois. Un nombre indéterminé de tigres, de rhinocéros et d'éléphants en a fait les frais. Les récentes élections législatives, lors desquelles le parti du Congrès-I a été mis à rude épreuve, de même qu'une volonté tout à fait respectable de traiter dans la mesure du possible par la négociation les conflits ethniques, ont incité le gouvernement indien à ne pas intervenir contre les envahisseurs du parc de Manas. En ce qui concerne le parc national de Bandhavgarh, les mêmes échéances électorales ont assuré l'impunité aux responsables du lynchage de deux gardes forestiers – dont l'un est toujours entre la vie et la mort – qui, en application de la loi, s'étaient efforcés d'empêcher des éleveurs riverains du parc d'y mener paître leur bétail. Dans la région de Palia, à la périphérie du parc national de Dudhwa, les tigres font chaque année un petit nombre de victimes humaines, ce qui tend à développer chez les secondes un certain ressentiment à l'égard des premiers. Localement, le mal vient de ce que le parc est cerné de tous côtés et à perte de vue par des cultures de canne à sucre, où les tigresses, imaginant sans doute qu'il s'agit de vulgaires herbes à éléphant, ont pris l'habitude de mettre bas. Or, si peu mangeurs d'hommes que soient les tigres, pour la plupart, la rencontre fortuite d'un coupeur de canne et d'une tigresse accompagnée de ses petits se passe presque toujours mal.

Lorsqu'il eut abattu son cent huitième tigre, le maharadjah de Rewa, qui ne devait s'arrêter de chasser qu'au cinq centième, lui éleva un petit monument sur les lieux mêmes où il succomba. Puis il fit taxidermiser sa dépouille. Au milieu du salon de son pavillon de chasse de Bandhavgarh, dans une vitrine, elle accueille désormais les hôtes du parc national et de K. K. Singh. Dans la soirée, si l'on s'attarde sur la véranda à bavarder avec K. K. Singh et son ami le colonel John Wakefield – et c'est ainsi, par exemple, que l'on apprend comment l'usage était autrefois de mesurer avec un mètre spécial, comptant onze pouces par pied (au lieu de douze), les dépouilles des tigres abattus lors d'une chasse offerte par le vice-roi des Indes, afin que ses invités ne courent aucun risque de rentrer à la maison avec une bête de moins de dix pieds –, il n'est pas rare d'entendre le cri d'alarme poussé par le daim tacheté lorsqu'il se sent observé avec insistance par un prédateur, tigre ou léopard.

Pendant plusieurs dizaines d'années, Billy Arjan Singh – sans lien de parenté avec K. K. – s'est battu pour obtenir la création du parc national de Dudhwa, puis pour éviter que l'administration de ce parc ne le vende en pièces détachées aux populations riveraines. Quand on voit le foin que font les éleveurs de l'Ain pour quelques dizaines de moutons égorgés par des lynx, on imagine sans peine combien le paysan indien, pour ce qui le concerne, se soucie de la protection d'espèces qui, dans le meilleur des cas, menacent son bétail ou ses récoltes, et, dans le pire, sa propre vie. « To protect animals, commente Billy, you have to be hated by humans [1]. » La loi indienne interdit le ramassage du bois – et a fortiori l'abattage des arbres – sur le territoire d'un parc national. Afin de ménager les paysans de Dudhwa, lorsque le parc fut créé, en 1977, on amenda la loi de telle sorte que, pendant trois ans, les gens qui habitaient à la périphérie, dans un rayon de 3 milles, fussent autorisés à y pénétrer pour ramasser du bois ou du fourrage. Douze ans plus tard, l'amendement est toujours en vigueur, et les chefs de villages inclus dans cette zone des 3 milles, de concert avec l'administration des forêts, vendent à des commerçants de villes éloignées le droit de se servir à l'intérieur du parc en bois d'œuvre ou en bois de chauffage. Pour avoir porté l'affaire devant la Haute Cour d'État, et obtenu gain de cause – sur le papier –, Billy est désormais en butte aux persécutions de l'administration locale et à la vindicte des ruraux. Voilà seize ans, en conclusion de son livre *Tiger Heaven* (publié à Londres chez MacMillan), Billy se demandait si le cafard, présent sur la Terre depuis 350 millions d'années, n'en serait pas le dernier habitant après l'extermination mutuelle des autres espèces.

Il y a au moins un endroit, dans le monde, où l'on est assuré de rencontrer et d'observer sans danger un tigre mangeur d'hommes, c'est le zoo de Katmandou (auparavant, il est recommandé de visiter, dans la même ville, la Kaiser Mahal Library, un curieux bâtiment dans le style anglo-népalais, dont les arbres du parc abritent une colonie effroyablement prolifique et bruyante de chauves-souris géantes, et dont les collections photographiques illustrent la boulimie cynégétique des souverains du Népal. Détail curieux, sur toutes ces photos de tableaux de chasse, on voit invariablement poser devant des amoncellements de tigres, d'éléphants, de rhinocéros ou de gavials, un personnage ambigu, chaussé de bottes et coiffé d'un chapeau à larges bords, dont rien n'indique que s'il s'agit du souverain lui-même ou de son grand veneur, et qui présente une ressemblance troublante avec Pierre Laval). Le tigre mangeur d'hommes du zoo de Katmandou, qui a reçu le nom de Bange Bhale, s'est fait remarquer au cours de l'année 1984 en dévorant successivement trois personnes à l'intérieur ou à la périphérie du parc

1. « Pour protéger les animaux, vous devez vous faire haïr des humains. »

national de Chitwan. La quatrième et dernière de ces attaques devait sonner l'heure de gloire d'un individu auparavant obscur, Khadga Bahadur Magar, qui était attaché au lodge de Tiger Tops en qualité de conducteur d'éléphants. K. B. M. était en train de ramasser du fourrage pour son éléphant préféré, lorsque Bange Bhale l'a attaqué de côté. Il semble que, Bange Bhale, en fait, visait une autre personne, dont tout le haut du corps était masqué par la végétation d'un arbuste, et qu'il ait attaqué K. B. M. de manière improvisée, simplement parce qu'il se trouvait sur sa trajectoire. Toujours est-il que K. B. M., qui était armé d'une serpette, en assena de tels coups à Bange Bhale que ce dernier dut lâcher prise, et qu'il en porte encore les marques dans sa cage du zoo de Katmandou. De son côté, Khadga Bahadur Magar – qui, désormais, ne s'occupe plus des éléphants, mais travaille en cuisine à Tiger Tops – reçut des blessures bien plus terribles encore, il perdit même un œil dans la bagarre, mais il en ressortit invaincu, auréolé de la réputation flatteuse de « l'homme qui s'est battu avec le tigre » (« the man who fought the tiger »), réputation qu'il s'empressa de mettre lui-même en vers et en musique, considérant qu'en matière de gloire on n'est jamais si bien servi que par soi-même.

Par temps clair, on voit à l'arrière-plan du parc national de Chitwan, dans le lointain, chevaucher les cimes étincelantes de l'Himal Chuli, du Manaslu, et de quelques autres pics culminant dans le voisinage de 8 000 mètres. Bien que la modestie de Kalu Ram – un des guides du lodge de Tiger Tops – lui interdise de composer sur son propre compte des odes en vers, il passe pour être le meilleur ornithologue de l'équipe, et le seul agréé localement par Robert L. Fleming père et fils, lesquels, comme chacun sait, sont avec Lain Singh Bangdel les auteurs de l'unique livre de référence sur les oiseaux du Népal (*Birds of Nepal*, Nature Himalaya, Katmandou, 1984, pour la troisième édition). En deux temps trois mouvements, Kalu Ram s'était débrouillé pour nous faire observer la *rufous necked laughing thrust* et le *scarlet minivet*, ce dernier l'un des oiseaux les plus brillamment colorés de la création. Puis les choses se corsèrent. À défaut de tigres en chair et en os, les signes de leur activité nocturne se multipliaient sur le sable humide du sentier, ou sur l'écorce des arbres dont nous devions écarter les branches au passage. Kalu Ram s'était mis en tête de suivre, à pied, les traces d'un rhinocéros acrobate qui, pour atteindre un gisement de sel situé en amont, avait remonté le cours d'une petite rivière encaissée dans une gorge profonde. Personnellement, il me semblait que nous aurions très bien pu laisser cet agile rhinocéros vaquer seul à la recherche du sel, sans prendre le risque de tomber nez à nez avec lui dans ce passage tout juste assez large pour permettre à deux vaches indiennes de se croiser sans heurt. Curieusement – et très opportunément, à mon avis –, les traces du rhinocéros s'interrompaient soudainement, comme si, las de progresser parmi tous ces obstacles d'un pas sautillant de danseuse si peu adapté à sa morphologie, l'animal avait pris le parti de se remplir d'hélium et, usant peut-être de sa corne unique comme d'un rotor, de s'élever à la verticale dans les airs. Toujours est-il qu'en redescendant, d'un pas plus léger, le lit de ce cours d'eau, je remarquai sur le sable les empreintes toutes fraîches d'un tigre de belle taille, étroitement associées à celles d'un tout petit pied humain. Or, de deux choses l'une. Ou bien cette découverte confirmait le soupçon qui lentement faisait en moi son chemin depuis quelques jours, qu'afin de combler au moins partiellement l'attente des touristes, qui avaient dépensé des fortunes pour apercevoir à Tiger Tops ne serait-ce que la queue d'un tigre, on diligentait chaque matin, juste avant le lever du jour, afin de consteller d'empreintes le sol encore humide, un garde muni d'un instrument hautement spécialisé que je me représentais comme une sorte de tisonnier muni à l'une de ses extrémités d'une patte de tigre. Ou bien – et cette hypothèse était de beaucoup la plus intéressante – il existait dans ces savanes et ces forêts de Chitwan un enfant sauvage qui cheminait la nuit en compagnie des tigres, mêlant sans aucune frayeur ses pas aux leurs.

Vogue Hommes*, février 1990*

Reportage dans le huis clos albanais

Les loups et les taupes

S'il existe un plan de Tirana, on a oublié de nous le signaler. Quoi qu'il en soit, on chercherait en vain un tel plan dans le guide de la ville et de ses environs publié en 1986 par les éditions 8 Nëntori, où l'on trouve, en revanche, quantité de renseignements de premier ordre, parmi lesquels nos préférences personnelles vont à celui-ci, qui concerne la faune du district de Tirana : « Les animaux qu'on y rencontre, selon les zones de végétation, sont les suivants : le lièvre, le sanglier, le renard, la martre, la loutre, le putois, la belette, la taupe, le loup, le chamois et le chevreuil. »

Capitale dont l'arrière-pays est peuplé pour une part de taupes et de loups, Tirana, par bonheur, dispose également d'un centre, la place Skanderbeg, d'autant plus facile à trouver que tout le reste de la ville présente un caractère nettement périphérique. Au fond de la place se dresse le monument au héros de la résistance contre les Turcs, lequel est représenté à cheval, l'épée en main, et coiffé d'un casque d'inspiration gauloise, mais qui dépasse celui de Vercingétorix de toute la hauteur d'une petite paire de cornes de chevreuil. Ce monument est fortement concurrencé par la statue géante d'Enver Hoxha, érigée, l'an dernier, à l'occasion du quatrième anniversaire de sa mort. (Selon le point de vue d'où l'on se place, Enver Hoxha peut être envisagé comme un ancien étudiant de l'université de Montpellier, l'auteur de soixante-neuf volumes d'œuvres complètes, un des clients les plus fidèles du professeur Paul Milliez, un amateur éclairé de notre littérature, le fondateur du parti communiste albanais ou l'organisateur de la guerre de libération, qui, dès 1944, porta ce dernier au pouvoir.)

À main droite, le Musée historique national ; un peu plus loin, le premier self-service de la capitale albanaise, devant lequel des Tsiganes vendent des graines de tournesol et d'autres commodités. À main gauche, une mosquée au minaret ultramince, dans le style turc, fermée au culte depuis des lustres, mais entrouverte en qualité de « kultur-monument ». En face, le grand Palais de la culture, au rez-de-chaussée duquel s'est ouvert, au mois de janvier, un café, qui, en soirée, ne désemplit pas, au moins quand le palais n'est pas réquisitionné et la place interdite au public pour quelque célébration officielle. Tous ces édifices, de même que les bâtiments ocre qui, à l'entrée de l'avenue des Martyrs-de-la-Nation, abritent différentes instances du pouvoir, sont ornés de mots d'ordre composés en grands caractères éventuellement lumineux. Puisant dans un répertoire limité, ces mots d'ordre commencent presque invariablement par « Lavdi » (« Gloire à ») ou « Rrofte » (« Vive »). À titre d'exemple : « Lavdi Vepres se ndritur te shokut Enver Hoxha ! » ; « Rrofte shoku Ramiz Alia ! » (il s'agit du successeur d'Enver Hoxha), et, pour finir, un facile « Lavdi Marxizem-Leninismit ! »

Non loin de l'embouchure de l'avenue des Martyrs, la plus vaste de Tirana et l'une de celles où se fait le mieux sentir l'extrême rareté des véhicules individuels, les statues de Lénine et de Staline se font face et se regardent dans les yeux. Barbichette en avant, Lénine semble prendre son élan pour lancer à la figure de Staline sa fameuse casquette, qu'il serre, un peu bouchonnée, dans son poing fermé. Quant au « petit père des peuples », faux jeton, il affecte de n'avoir rien remarqué et de se gratter le sternum de sa main droite impérialement glissée entre les pans de sa gabardine. Mais un examen plus attentif révèle qu'il se tient prêt à riposter à toute agression de Lénine par le jet d'un gant tenu fermement de la main gauche, et adroitement dissimulé dans son dos. Cette immobile confrontation, appelée à se prolonger aussi longtemps que le régime albanais persistera dans son être et les deux statues dans la position verticale, se déroule à quelques pas de l'hôtel Dajti, que l'on désignerait volontiers comme le rendez-vous du gratin si le vocabulaire de Proust n'était pas aussi déplacé dans la capitale albanaise. Du moins est-ce sur le parking du Dajti que l'on observe la plus grande concentration de Mercedes, et dans les salons du même hôtel que l'on a les meilleures chances d'apercevoir à l'improviste Ismaïl Kadaré, le poète le plus national et l'écrivain le plus officiel de cette fin de siècle.

Encore un effort. Nous venons de franchir un filet d'eau, contenu entre des berges rectilignes, qui ne mérite pas le nom de rivière. Sur notre gauche, l'édifice le plus moderne, et de très loin le mieux équipé, de toute l'Albanie est entièrement consacré à la célébration posthume d'Enver Hoxha. Il y a dans ce musée suffisamment d'objets hétéroclites – pistolets, étui à cigarettes, mobilier, pendulettes, photos de famille – pour faire fortune aux puces de Saint-Ouen. Tout cela, pour le mécréant, ne présente guère d'intérêt, à l'exception de la bibliothèque en langue française du défunt, dont la richesse et l'éclectisme évoquent furtivement une personnalité certainement plus complexe que son culte ne le suggère. Ce n'est pas dans la bibliothèque de Ceauşescu, par exemple, que l'on risquait de trouver des livres d'auteurs aussi divers que Ronsard, Flaubert, Musil, Léon Daudet, Daniel-Rops, Maerterlinck (*La Vie des fourmis*), Henri Guillemin (*L'Homme des* Mémoires d'outre-tombe), Robert Paxton (*La France de Vichy*) ou Michel Contat (*Les Écrits de Sartre*), sans parler d'un certain Louis Batifol, représenté par au moins deux titres, et dont nous ne savons rien.

En face de ce temple dédié à la mémoire d'Enver Hoxha s'étend un quartier résidentiel de forme approximativement rectangulaire, délimité par l'avenue des Martyrs, le canal, la rue Vaso-Pasha et la rue Miqesia. Conformément à l'universelle habitude du pouvoir populaire, qui est de se tenir aussi éloigné que possible du public, ce quartier de haute sécurité est strictement inaccessible aux simples croquants. Tous ses accès, balayés comme les salles d'un musée par d'aériennes caméras, sont bloqués par des soldats en armes, la plupart debout, certains allongés sur les pelouses derrière des fusils-mitrailleurs soviétiques ou chinois à chargeur circulaire.

À partir du crépuscule et jusque tard dans la soirée, l'avenue des Martyrs accueille une foule si dense, animée d'une telle obstination dans le piétinement, qu'il est parfois tentant de lui prêter, contre toute vraisemblance, de vagues dispositions séditieuses. Lorsque cette foule s'est dispersée, et que du même coup se dissipe l'illusion d'une révolution imminente, l'avenue des Martyrs et la place Skanderbeg sont abandonnées sans partage à des femmes tsiganes armées de longs balais, à l'aide desquels elles repoussent – en chantant, le cas échéant – d'invisibles poussières. C'est le moment que choisit en général le correspondant déguisé (grossièrement) en touriste, et voyageant avec un groupe sous les auspices de l'Association des amitiés franco-albanaises, pour sortir de sa réserve et errer le long de l'avenue déserte à la recherche d'un dissident de bonne composition, assez complaisant pour l'avoir attendu jusque-là, et assez équivoque pour prendre le risque d'être vu conversant avec un étranger devant le perron éclairé de l'hôtel Dajti. Parfois, le correspondant a la chance de rencontrer un jeune noctambule qui, du même air traqué que s'il venait de se prononcer ouvertement pour la restauration de la monarchie, confesse un goût décevant pour les cassettes de Michael Jackson.

Manifestations

À la mi-décembre 1989, l'agence yougoslave Tanjug publiait un premier communiqué mentionnant des manifestations à Shkodër, dans le nord de l'Albanie. Par la suite, la même source fit état de divers mouvements dans plusieurs villes du pays. Bien que tout soit fait, en Albanie, pour empêcher quiconque d'enquêter sur la réalité de ces événements, il semble en effet qu'à la mi-décembre une tentative de manifestation à Shkodër se soit soldée par un échec. La police, prévenue, aurait bouclé le périmètre avant tout rassemblement.

Lors de notre très brève visite à Shkodër, le dimanche 4 mars, un ouvrier d'une usine de la ville, agissant de manière extrêmement rapide et circonspecte, est parvenu à nous glisser qu'une manifestation avait bien eu lieu en janvier pour réclamer « la liberté ». Nulle part la crainte qu'éprouvent les Albanais d'être vus s'entretenant avec des étrangers n'est aussi manifeste qu'à Shkodër. Toujours au mois de janvier, des jeunes – universitaires et non-universitaires – auraient tenté d'organiser à Tirana une manifestation. Là encore, la police aurait pris les devants, et arrêté par la suite une centaine de personnes dont on est sans nouvelles depuis. Du moins cette tentative aurait-elle entraîné une recrudescence sensible du *paseo*, de ces longues déambulations vespérales qui sont pour les Albanais l'une des seules occasions d'échanger sans trop de risques des informations.

Bien entendu, les autorités ne sauraient admettre que des événements dont elles nient la réalité aient pu peser sur les orientations du parti. Pas plus, d'ailleurs, que les événements de Roumanie, que les Albanais ont pu suivre en détail grâce aux télévisions italiennes ou yougoslaves. Toujours est-il que le neuvième plénum du parti du travail, qui s'est tenu les 22 et 23 janvier, a pris quelques mesures de « libéralisation », dont l'une des plus notables est la promesse de créer un ministère de la Justice… Peut-être, tant qu'elles y sont, les autorités albanaises pousseront-elles un jour le libéralisme jusqu'à reconnaître à tout accusé le droit d'être défendu.

En attendant, le neuvième plénum a rétabli, dans le domaine du logement, certaines formes élémentaires de propriété privée. Enfin, c'est au cours des derniers mois que se sont ouverts à Tirana les premiers magasins où l'on paie en devises, et que la télévision albanaise a programmé un clip de Dire Straits.

Les murs de Tirana

En albanais, cela s'appelle *Veshje te Brendshme e Artikuj te imet*. Il s'agit d'un des quelques magasins de Tirana où l'on peut payer en devises, ce qui en limite l'accès aux Albanais – apparemment nombreux – qui ont de la famille à l'étranger, et à ceux – apparemment rares – qui pratiquent le change au marché noir. À 11 heures du matin, le magasin est fermé pour inventaire, mais le spectacle des trésors épars derrière la vitrine (motos MZ, réfrigérateurs Atlantic, téléviseurs Philips, cassettes, balalaïkas, tapis, théières, casques de moto, et suffisamment de valises pour faciliter la fuite d'une vingtaine de familles) attire néanmoins une petite foule, régulièrement renouvelée, d'effarés. En face stationne une Fiat Polski occupée par deux lascars et immatriculée TR 06642, dont nous vous invitons à vous méfier si vous la croisez dans les rues de Tirana.

À deux pas de l'Artikuj, la librairie internationale propose au visiteur francophone tout un choix d'œuvres d'Enver Hoxha traduites dans notre idiome, et affichant des titres aussi engageants que *Les Titistes* ou *Les Khrouchtchéviens*. Parmi les nouveautés, nous vous recommandons le grand album illustré sur la vie et l'œuvre du maréchal Staline. Les officiels albanais se vantent volontiers du niveau culturel exceptionnel atteint dans ce pays par les masses populaires, et, c'est indéniable, même en laissant de côté les innombrables lecteurs déclarés de Kadaré, dont on peut se demander si les préférences littéraires sont absolument spontanées, nous avons rencontré, dans une usine textile de Berat, une ouvrière qui avait lu *La Chartreuse de Parme*, et, dans une coopérative agricole voisine de Gjirokaster, des peintres du dimanche qui ne se débrouillaient pas si mal.

À propos de culture, un responsable de l'usine textile, « cadeau du parti au peuple de Berat », nous confie que « les ouvriers manifestent leur satisfaction des activités culturelles en dépassant les normes du plan ». Cette affirmation est partiellement démentie par les statistiques affichées dans le hall de l'usine, d'où il ressort qu'en 1989 la production d'« ombrelles » n'a atteint que le niveau 21 (prévision du plan : 70), ce léger déficit en ombrelles étant heureusement compensé par un excédent de « kabot » (95,6 au lieu de 95).

Devant un *fruta-perime* (fruits et légumes), dont l'étalage est déjà garni de choux et d'oignons, une camionnette miraculeuse déverse à l'improviste un flot poussiéreux de pommes de terre, aussitôt une queue se forme, dans laquelle une vieille dame trépigne – « Patatas ! patatas ! » – comme si le spectacle de cette denrée, au moins en grandes quantités, était assez rare pour justifier de telles démonstrations d'enthousiasme. À Tirana, il faut se lever avant 6 heures pour avoir une chance de se procurer du lait, et une famille de six ou sept personnes dispose par semaine d'un kilo de viande. En revanche, les Albanais ne risquent pas de manquer avant longtemps de « biskotas », ou de petits légumes conservés dans le vinaigre, et la pénurie, moindre que dans certains pays du pacte de Varsovie, reste sensiblement au-dessus du seuil de la famine.

Un autre régime aurait-il évité – ou limité – le désastre de ces logements caverneux, alvéolaires, à côté desquels les Minguettes feraient figure de Sans-Souci ? Est-ce par nécessité, ou par choix politique, que l'on a défait à grands coups d'avenues rectilignes et de blocs plus ou moins orthogonaux le tissu méditerranéen de maisons basses à toits de tuile, faufilées de petits jardins, dont de grands pans subsistent à l'écart des axes principaux ? De part et d'autre d'une de ces rues anciennes au charme suburbain se font face la résidence de l'ambassadeur de France et celle de son homologue italien. Ce dernier eut la malchance d'accueillir, voilà quelques années, six frères et sœurs albanais désireux d'émigrer en Italie ou aux États-Unis. Bien entendu, les autorités albanaises ont refusé d'accéder à cette demande, et les autorités italiennes ont, de leur côté, résisté à la tentation de livrer aux premières ces hôtes indésirables. D'après Dritëro Agolli, président de la Ligue des écrivains et artistes – ce qui est commode, dans un pays comme l'Albanie, c'est qu'un écrivain officiel est à peine moins qualifié qu'un vice-ministre, et quelquefois plus, pour exprimer le point de vue des autorités –, les six « dissidents » de l'ambassade d'Italie ont déjà été amnistiés à trois reprises, et seule leur incompréhensible obstination fait obstacle à l'heureuse issue de cette affaire. Dritëro Agolli, qui est décidément très au fait de l'actualité judiciaire, confirme, en outre, que quatre « criminels politiques » ont été exécutés en Albanie depuis 1980. Sur les quatre, on compte deux anciens ministres de l'Intérieur, ce qui nous permet d'affirmer, sans crainte d'être démenti, que parmi les criminels politiques exécutés en Albanie depuis 1980, la proportion de ministres de l'Intérieur s'élève à 50 %.

Pourquoi ont-ils été exécutés? Parce qu'il s'agissait de criminels endurcis. À une question de notre confrère de *Libération*, qui, tout naturellement, se demande comment des criminels endurcis ont pu accéder à d'aussi hautes responsabilités, dans un pays où aucune décision n'est prise sans faire préalablement l'objet d'un débat « large et approfondi », Dritëro Agolli, enfin, reste sans voix.

Le Figaro, *12 et 13 mars 1990*

Albanie : la croisade contre les croyants

Une haute cheminée de brique signale ce que l'on prend tout d'abord pour une usine, et qui s'avère n'être que la chaufferie de la cité universitaire de Tirana (la plupart des camions que l'on rencontre en ville transportent du charbon, et plus souvent du bois, pour le chauffage). Quelques moutons mâchouillent sur les pelouses du campus, et, au-delà, un chemin de terre qui se perd dans la campagne décrit une courbe légèrement relevée. À l'une des extrémités du campus est établie une caserne gardée par des soldats en longues capotes verdâtres, Kalachnikov en travers de la poitrine, d'un abord assez rugueux.

Devant la caserne, les militaires disposent d'un stand de tir garni de quatre ou cinq cibles, dont le dessin reproduit grossièrement le haut d'une silhouette humaine. Deux autres variétés de militaires, plus policées, se rencontrent sur le campus : les élèves officiers de l'école Enver-Hoxha, qui viennent courtiser très pudiquement les jeunes filles, et les étudiants qui, à tour de rôle, à raison d'un jour par an, assurent en uniforme, armés d'un fusil baïonnette au canon, la garde des objectifs stratégiques, tels le dépôt d'armes de la cité universitaire ou le foyer culturel où l'on projette, ce soir, un film de Louis de Funès.

Bien entendu, les résidences des filles sont inaccessibles aux garçons, et vice versa. Les uns et les autres habitent à quatre par chambre, et chaque bâtiment possède une entrée assez vaste pour accueillir – outre l'inévitable buste d'Enver, et la non moins inévitable brochette sur laquelle sont réglementairement enfilées les têtes des pères-fondateurs (Marx, Engels, Lénine et Staline) – environ un demi-hectare vertical de propagande imprimée, manuscrite ou photographique. Quel que soit le diplôme qu'ils préparent, les étudiants albanais bénéficient chaque semaine de plusieurs heures d'enseignement du marxisme-léninisme.

En revanche, ils ne font que trois mois de préparation militaire, au lieu de deux ans de service pour le commun des mortels. Alma et Genci étudient, dans la même faculté, la première la mécanique pétrolière et le second la géologie minière. L'un et l'autre professent spontanément

– et nous les avons rencontrés par hasard – une si touchante orthodoxie que nous nous en voulons de ne pas citer intégralement leurs noms pour les désigner aux récompenses qu'ils méritent. Alma maîtrise parfaitement le français, et c'était justement « son rêve de rencontrer des gens qui le parlent ». Au demeurant, chacune de nos questions est traduite en albanais à l'intention de Genci, et c'est la réponse de ce dernier, traduite en français, qui fait autorité.

Genci, quant à lui, rêve d'une motocyclette importée à 800 dollars, mais l'un et l'autre se réjouissent d'exercer bientôt « le plus beau métier du monde » et de « contribuer au développement de leur pays ». Même quand ils regardent les émissions de la télévision yougoslave ou italienne – plaisir désormais licite –, l'un et l'autre affirment s'en détourner sitôt que les programmes sont suspects « d'érotisme ou de pornographie ». À une question particulièrement insidieuse sur les éventuels inconvénients du système du parti unique, Alma se récrie qu'au contraire il n'y en a pas de meilleur, que c'est tellement plus simple d'avoir un seul parti pour s'occuper de tout. Et, l'air émerveillé, elle compte sur ses doigts tous les domaines de la vie sur lesquels le parti règne sans partage : la politique, l'économie, la société, la culture…

En Albanie, tous les officiels vous le diront, il n'est pas une seule décision qui, avant d'être scellée, n'ait fait l'objet d'un examen aussi « large » qu'« approfondi ». C'est le cas, par exemple, de l'interdiction de la religion, inscrite dans la Constitution en 1976 et appliquée depuis avec la plus extrême rigueur. Jusqu'en 1967, la religion, sous les trois espèces de l'islam, de l'orthodoxie et du catholicisme, survivait tant bien que mal en Albanie, comme dans d'autres pays socialistes. Mais, cette année-là, des lycéens de Durres, sur le littoral de l'Adriatique, prirent en leur âme et conscience, et sans en référer à quiconque, la décision de fermer tous les lieux de culte de la ville. La presse albanaise, dont l'habitude est, en effet, d'amplifier toutes les manifestations spontanées de la population, se fit l'écho de cette initiative, il s'ensuivit un débat aussi large qu'approfondi – dont ne furent exclus, en somme, que les croyants – au terme duquel l'innocente plaisanterie des lycéens de Durres prit force de loi et fut étendue à tout le pays.

Des prêtres, nous assure-t-on – mais il n'est jamais possible de les rencontrer – choisirent de grand cœur de devenir maçons ou ingénieurs chimistes. Les morts ne firent aucune difficulté pour se faire enterrer désormais sans sacrements. Les lieux de culte, quand ils n'étaient pas purement et simplement détruits, furent convertis en maisons de la culture, en salles de sport, ou en magasins de calicots et de banderoles à l'usage des manifestations spontanées. Si l'on demande à un officiel albanais pourquoi ses compatriotes se défirent aussi volontiers d'une habitude aussi ancienne, il répond invariablement que toutes les religions de l'Albanie n'étaient que produits de contrebande introduits par des occupants étrangers.

Le Figaro, *4 avril 1990*

Au pays des tigres mangeurs d'hommes

Dans les derniers jours du mois de janvier, la presse de Calcutta rapportait comment les habitants de deux villages du district des Vingt-Quatre Parganas, à la limite nord des Sunderbans, vivaient depuis une semaine dans la terreur d'un tigre particulièrement audacieux qui, à quelques jours d'intervalle, venait de dévorer deux femmes et de blesser un homme grièvement. Excédés, les habitants des deux villages concernés, Samser Nagar et Kali Nagar, s'étaient rendus au chef-lieu du canton, à Hingalganj, afin d'y faire le siège de l'antenne locale de « Project Tiger ».

Institué en 1972 dans le dessein de protéger les tigres, dont les effectifs déclinaient rapidement, et dont l'espace vital, étouffé par la pression démographique, s'effilochait, ce « Plan Tigre » associe désormais plusieurs départements de l'administration indienne dans la gestion des réserves où l'espèce, petit à petit, se refait une santé. À Hingalganj, les représentants locaux du Plan Tigre se firent donc prendre à partie par les ruraux. Il fallut appeler la police. Accouru en renfort afin de protéger ses collaborateurs, Arin Ghosh, « field director » du Plan Tigre pour la région des Sunderbans, eut beaucoup de mal à convaincre les villageois que tout serait entrepris pour neutraliser le tigre mangeur d'hommes.

Car ce « tout » n'est que bien peu de choses. Il n'est pas question, en effet, de tuer un seul de ces animaux dont l'espèce a été promue au rang de symbole national, et fait l'objet d'une protection rigoureuse. Il faudra donc essayer de capturer le tigre litigieux pour le relâcher dans une zone éloignée de toute activité humaine. Et, dans l'impossibilité de lui injecter à distance une dose de tranquillisants – car la nature du terrain fait que le tigre aurait tout le temps de disparaître dans la végétation avant que la drogue fasse son effet –, on devra recourir à une technique de piégeage aux chances de succès limitées.

Afin de mettre tout le monde d'accord, au moins sur un point, on décida lors du rassemblement d'Hingalganj que le tigre mangeur d'hommes était originaire du Bangladesh, en vertu du principe selon lequel les choses contrariantes viennent presque toujours d'à côté. Dans le sud de la Tanzanie, dans la région de Tunduru, où une créature dévorante et non identifiée, responsable de plusieurs dizaines de meurtres, sème la consternation depuis quelques années, les autorités, à défaut de se prononcer sur la nature exacte du fléau – car il pourrait s'agir soit d'un lion réel, soit d'un lion surnaturel né des sortilèges d'un sorcier capable de changer en lion une pelote de ficelle, soit du sorcier lui-même, soit encore d'un contrebandier spolié par un gendarme et mû désormais par une inextinguible soif de vengeance –, les autorités ont depuis longtemps établi qu'il était originaire du Mozambique.

Les Sunderbans – dont le nom signifie en bengali « belle forêt » – couvrent environ 9 000 km² inégalement répartis entre le territoire de l'Inde et celui du Bangladesh, dans le delta où se réunissent, avant de se jeter dans le golfe du Bengale, les eaux du Gange et celles du Brahmapoutre. Au cœur des Sunderbans s'étend une mangrove – la plus vaste du monde – dont le sol spongieux, en grande partie recouvert par la haute mer, supporte une végétation monotone, plus ou moins touffue, de plantes résistantes au sel, en particulier des palétuviers.

Tout cela n'étant guère propice au développement de l'agriculture ou de l'élevage, les Sunderbans, bien que grignotés sur les bords, ont pour l'essentiel conservé leur intégrité, et ils continuent de jouer le rôle providentiel d'une éponge où les typhons du golfe du Bengale perdent de leur vigueur avant d'atteindre les zones habitées. Cette éponge est également indispensable à la reproduction des crustacés qui constituent l'une des ressources traditionnelles de la région.

Si personne n'est domicilié dans la mangrove des Sunderbans, ce labyrinthe d'îlots, de bras d'eau et de vasières accueille tout de même quelques milliers d'usagers sporadiques, qu'il s'agisse de pêcheurs, de bûcherons, de ramasseurs de bois, de coupeurs de palmes, de collecteurs de miel sauvage, ou, au moins pour ce qui concerne le Bangladesh, d'aquatiques bandits vivant au détriment des uns ou des autres. Toutefois, cette menace des dacoïts – ainsi que l'on nomme en Inde les bandits de grand chemin – est bien moindre que celle des tigres. Car dans un monde où presque partout cette espèce recule ou disparaît – à moins que, dans le meilleur des cas, elle soit artificiellement confinée à des territoires trop exigus pour la soutenir – les Sunderbans abritent sans doute la dernière population assez nombreuse (de quatre à cinq cents, dont deux cent soixante-quatre en Inde d'après les chiffres – douteux – du recensement de 1983) pour croître et multiplier à l'abri de tout risque de consanguinité. Malheureusement, ces tigres des Sunderbans ont un petit défaut, c'est leur goût très vif, très ancien, et tout à fait atypique, pour la chair humaine.

Ce n'est pas qu'en dehors des Sunderbans les tigres ne se laissent aller à croquer un homme de temps à autre. La semaine même où deux femmes étaient dévorées par un tigre dans la région des Vingt-Quatre Parganas, à des centaines de kilomètres de là, dans un autre État de l'Union, un garde forestier connaissait le même sort. Mais ailleurs, ces rencontres fatales surviennent presque toujours dans un contexte exceptionnel, soit qu'un coupeur de cannes dont le champ jouxte le territoire d'un parc national tombe nez à nez dans les hautes herbes avec une tigresse accompagnée de ses petits, soit qu'un tigre malade, ou blessé – par exemple un tigre amputé de ses indispensables canines par l'explosion d'une bombe artisanale placée sur le cadavre d'un animal domestique –, se résolve en dernier ressort à manger de l'homme.

Ainsi tous les mangeurs d'hommes abattus par le major Jim Corbett, le plus célèbre chasseur de fauves des Indes britanniques, souffraient-ils de quelque insurmontable handicap. La tigresse de Champawatt qui, à elle seule, dévora quatre cent trente-quatre personnes avant d'être abattue par Corbett n'avait pris cette fâcheuse habitude qu'après s'être abîmé les mâchoires et les pattes antérieures en tentant d'avaler un porc-épic.

La réputation des tigres des Sunderbans est attestée, dès le XVIIe siècle, par les récits d'un voyageur français, François Bernier, qui signale également leurs remarquables dispositions pour la natation. Au siècle dernier, d'après W.T. Blanford, un auteur britannique digne de foi, la consommation des tigres riverains du delta du Gange atteint le niveau record de quatre mille deux cent dix-huit personnes pour une période de sept ans, entre 1860 et 1866. Bien que l'appétit des tigres, avec des hauts et des bas, tende à décroître tout au long du XXe siècle, même les chiffres les plus récents laissent rêveur.

D'après *Cat News*, le semestriel bulletin de liaison du Cat Specialist Group de l'Union internationale pour la conservation de la nature (UICN), la moyenne annuelle, pendant les années quatre-vingt, serait de cinquante à soixante victimes pour l'ensemble des Sunderbans, tant en Inde qu'au Bangladesh. Vinod Rishi, ancien « field director » du Plan Tigre dans les Sunderbans, estime que, entre le début des années soixante-dix et le milieu des années quatre-vingt, et uniquement pour ce qui concerne la partie indienne du delta, on serait passé d'une soixantaine à une trentaine de victimes annuelles. En 1987, on aurait dénombré trente et une victimes côté indien, en 1988 trente-deux, et en

1989 une dizaine. Côté Bangladesh, en revanche, d'après une source non identifiée citée par *Cat News*, au cours des cinq premiers mois de l'année dernière, une cinquantaine de personnes auraient été tuées par des tigres dans les Sunderbans.

Le delta du Gange et du Brahmapoutre serait donc le dernier refuge, dans le monde, d'une population de carnivores réticente à prendre acte de la suprématie de l'homme sur le reste des mammifères, et à le considérer plutôt comme une proie parmi d'autres, au même titre que le daim tacheté ou le porc sauvage. Cette insolence, ou cet anachronisme, a naturellement suscité de nombreuses interrogations et de longues recherches. L'étude la plus complète, en ce qui concerne ces tendances anthropophages du tigre des Sunderbans, a été menée en 1971 par un biologiste allemand, Hubert Hendrichs, sous les auspices du World Wildlife Fund. Interrompues par la guerre d'indépendance de ce qui n'était encore que le Pakistan-Oriental, les investigations d'Hendrichs se sont étendues sur plusieurs mois et représentent exactement 519 heures de travail sur le terrain d'après les estimations personnelles de cet auteur.

Le fait qu'Hendrichs n'ait pas succombé à la tentation d'arrondir à 520 le chiffre précédent nous donne la plus haute idée de sa rigueur et de sa ponctualité, et il n'y a donc aucune raison de ne pas le croire lorsqu'il affirme que seuls 3 % des tigres des Sunderbans sont des mangeurs d'hommes invétérés, concédant toutefois que, en plus de ces 3 % de récidivistes, 30 % peuvent attaquer l'homme « on sight » (« à vue »), c'est-à-dire lorsque se présente, sous la forme d'un collecteur de miel ou d'un boisilleur de fagot, l'une de ces occasions qui font le larron.

Mais la découverte la plus importante d'Hendrichs, c'est la corrélation qu'il croit pouvoir établir entre la salinité de l'eau et le goût pour la chair humaine : en gros, plus l'eau douce est rare – et elle l'est presque partout dans les Sunderbans –, plus le tigre est mangeur d'hommes. En conclusion de son rapport, Hendrichs suggérait donc d'établir ici et là des sortes de piscines destinées à recueillir l'eau des pluies et à étancher la soif des tigres. Le conseil a été suivi, au moins côté indien, mais il ne semble pas que les tigres, en dépit de leur goût déjà signalé pour la natation, en soient devenus plus aimables. Tout au moins cela n'apparaît pas clairement dans le bilan des pertes humaines.

L'année dernière, Billy Arjan Singh, le créateur de Tiger Haven et du parc national de Dudwa, dans le nord de l'Inde, a passé quelques jours dans les Sunderbans afin de tirer cette affaire au clair. Dans ses conclusions, après avoir souligné que les tigres s'en prenaient également aux animaux domestiques, il estime que leur agressivité vis-à-vis de l'homme serait due à un déficit en ongulés et qu'il suffit donc, pour régler le problème, de réintroduire dans les Sunderbans quelques espèces bien charnues, très nourrissantes, comme le buffle ou le cerf de Duvaucel, qui en ont disparu l'une et l'autre au début du siècle, en même temps que le rhinocéros.

Mais quel que soit le respect dû à Billy – probablement le meilleur spécialiste du tigre « in vivo » et l'un des hommes qui ont le plus fait pour sa sauvegarde –, il semble que, cette fois, il ait été un peu aveuglé par son amour pour cette espèce. Car, en 1865, lorsque les tigres, dans les Sunderbans, mangeaient 602,57 personnes par an, tout ce bétail herbivore y était encore disponible en grandes quantités.

Le Figaro, *30 avril 1990*

COMMENT DISSUADER LE TIGRE D'ATTAQUER L'HOMME

À partir de Sieldah Station, dans le centre de Calcutta, il faut environ deux heures pour atteindre Canning – que l'on pourrait désigner emphatiquement comme la porte des Sunderbans –, si on a la chance de ne pas se tromper de train. Sur le port de Canning flottent autant de drapeaux rouges que si l'on y tournait un remake bengali du *Docteur Jivago*. Sur tout le territoire du West Bengal, il n'est d'ailleurs pas un pan de mur, une surface verticale à peu près unie, fût-ce sur le parvis d'un temple ou dans la réception d'un crématorium, qui ne soient estampillés de la faucille et du marteau, cette obsession symbolique confirmant combien les succursales tropicales du marxisme-léninisme renâclent à s'aligner sur la maison mère.

La Sunderban Tiger Reserve couvre 2 585 km^2, c'est-à-dire environ les trois quarts de la partie indienne des Sunderbans. Au sein de cette réserve, on distingue une zone centrale de 1 330 km^2, classée en parc national et récemment promue par l'Unesco au rang de « réserve de la biosphère », et une zone tampon de 1 255 km^2. En principe, toute activité humaine autre que de recherche scientifique est bannie de la zone centrale, tandis qu'un certain nombre d'activités restent autorisées dans la zone tampon, moyennant la délivrance de permis spéciaux. Quant aux visiteurs, ils sont admis sur les 600 km^2 – inclus à l'intérieur de la zone tampon – du Sajnakhali Wild Life Sanctuary, où se trouve l'unique « lodge » susceptible de les accueillir.

L'un des agréments du voyage de Canning à Sajnakhali, c'est qu'il permet de tester presque tous les moyens précaires dont disposent pour se déplacer les populations du West Bengal : il faut, en effet, traverser trois rivières à bord de ferries chargés à couler bas, et parcourir successivement en bus, en auto-rickshaw, puis en rickshaw tout court, c'est-à-dire sur le plateau en bois d'une bicyclette à trois roues, de vastes étendues tantôt sèches et tantôt mouillées, rarement vertes et souvent jaune paille, et toujours si plates et rases que, pour avoir une chance de passer inaperçus, les tigres ne doivent guère s'y déplacer qu'en ULM, et de nuit. Parfois, on traverse un village non moins pavoisé de drapeaux rouges que le port de Canning, où l'apparition d'un touriste monté sur roues fait invariablement la joie des enfants les plus beaux, les plus souriants, les plus adorables qui soient au monde.

Au terme de cette excursion, nous découvrons enfin le spleen du tigre (« spleen of tiger »). Il est bien décevant. C'est, dans un bocal, un petit morceau de viande aux formes indécises, de cette indéfinissable couleur des organes qui ont longtemps mariné dans le formol. Le bocal du spleen n'est que l'une des nombreuses pièces conservées dans le musée du lodge de Sajnakhali, qui possède également un tigre complet, bien qu'empaillé, et tout un échantillonnage des subterfuges que l'homme, au moins depuis le début des années soixante, déploie sans grand succès pour dissuader le tigre de le manger.

Outre les piscines déjà mentionnées et d'épisodiques lâchers de porcs à vocation de coupe-faim, la première ruse un peu achéenne conçue par l'administration des forêts, en collaboration avec diverses associations internationales vouées à la conservation de la nature, consistait à disposer sur les terres émergées de la mangrove des mannequins anthropomorphes piégés à l'électricité, de telle sorte que le tigre, lorsqu'il refermait ses mâchoires sur la nuque de l'un d'entre eux, recevait une décharge assez forte pour le mettre en rage au point de labourer profondément le sol de ses griffes.

On peut voir à proximité du lodge quelques-uns de ces mannequins, vêtus de loques préalablement imprégnées d'odeurs humaines, et figés dans des poses évoquant les activités habituelles des usagers de la mangrove, telles que ravauder un filet, trancher une pastèque ou ramasser du petit bois. On a pris soin de les rassembler dans une cage pourvue de barreaux en fer, et comme certains d'entre eux sont assez gravement mutilés, on peut éprouver, en croisant leur regard blanc, écarquillé et vide, l'impression désagréable qu'il s'agit de prisonniers renfermés dans leur cellule après de longues séances d'interrogatoire.

Une autre technique consiste à porter sur la tête et sur les épaules une sorte de casque intégral, hérissé sur la nuque de pointes de fer, qui évoque les combinaisons des spationautes dans les dessins animés japonais. Mais le coût de cette prothèse et la difficulté de se mouvoir une fois que l'on en est affublé devaient en réserver l'usage aux agents de l'administration. Puis en 1986, alors que l'homme était sur le point de jeter l'éponge, et de prendre son parti des risques de dévoration qu'il encourait en vaquant à ses occupations dans les Sunderbans, un certain Arun Ram, membre d'une société savante de Calcutta, qui avait développé un intérêt particulier pour le mimétisme animal, se tint à peu près le raisonnement suivant : 1) le tigre n'attaque jamais de face, mais toujours dans le dos; 2) de ce qui précède, il ressort que si l'homme avait un visage dans le dos, il ne serait jamais attaqué; 3) pour prévenir de nouvelles attaques, il suffit donc de faire porter à tout homme pénétrant dans les Sunderbans un masque sur la nuque.

L'usage des masques a été introduit dans la réserve en novembre 1986. Il concerne principalement les collecteurs de miel sauvage, de tous les usagers des Sunderbans ceux qui passent le plus de temps sur le territoire du tigre et, proportionnellement, ceux qui paient à ses tendances anthropophages le plus lourd tribut. Parmi les détenteurs de permis spéciaux pour se déplacer et travailler dans la réserve – les seuls qui fassent l'objet d'un véritable suivi de l'administration, et les seuls auxquels elle propose systématiquement des masques –, on compte environ 70 % de pêcheurs, 15 % de ramasseurs de bois et 15 % de collecteurs de miel. Le succès des masques, auprès de leurs utilisateurs potentiels, fut d'autant plus grand que ces derniers étaient plus souvent en contact avec le monde extérieur.

Ainsi les détenteurs de permis de Sajnakhali, habitués au commerce des visiteurs de la réserve, manifestèrent-ils pour les masques beaucoup plus d'enthousiasme que leurs collègues de Bagna, un poste plus reculé, où l'on s'en remet plutôt à l'intercession de la divinité forestière Bono-Bibi et de son compère Dakin-Roy (plusieurs temples rustiques, régulièrement approvisionnés en offrandes, leur sont consacrés dans les Sunderbans, et ce sont probablement les seules divinités païennes auxquelles les musulmans sacrifient aussi volontiers que les hindous).

À en croire certains responsables de l'administration forestière, aucun porteur de masque n'aurait été attaqué par un tigre. Et les chiffres semblent confirmer le succès, au moins relatif, de cette méthode, puisque, à l'intérieur de la réserve, on enregistre apparemment vingt-deux morts en 1987, dix-sept en 1988, et sept en 1989. Toutefois, sur le terrain, les gens se montrent beaucoup plus sceptiques qu'à Calcutta. Car si le nombre de morts a sensiblement diminué, ce n'est pas tant, dit-on, à cause des masques, que parce que l'interdiction d'accéder à la zone centrale est plus strictement appliquée, et aussi parce que le nombre de demandeurs de permis, au moins pour la collecte du miel, décroît régulièrement. Il est vrai qu'une des causes de ce déclin pourrait attester obliquement l'efficacité du port du masque. Pour certains collecteurs de miel, s'ils ont renoncé à leur activité ou rendu leur permis avant la fin de la saison, en avril-mai, c'est en effet parce qu'ils avaient observé que des tigres les suivaient, sans les attaquer, parfois pendant plusieurs heures. Auparavant, ceux qui rencontraient des tigres dans la mangrove n'avaient que très rarement le loisir de faire le récit de ces rencontres.

Le Figaro*, 2 mai 1990*

Du marxisme chez les pêcheurs à la ligne

« Dom Wedkarza », la Maison du Pêcheur, occupe plusieurs étages d'un petit immeuble dans le centre de Varsovie. Samedi matin, sur le trottoir d'en face, une dizaine de vendeurs proposent aux amateurs du matériel de pêche et différentes sortes de vers ou d'asticots.

Celui des vendeurs que son âge et son autorité naturelle désignent comme le porte-parole du groupe refuse malheureusement de dire son nom, ou le métier qu'il exerçait avant de prendre sa retraite. Il admet cependant que ses lombrics, gras et vigoureux, agréablement présentés sur une garniture de feuilles fraîches, proviennent de son jardin, où il s'est bricolé un petit élevage. D'après lui, près de cent mille habitants de Varsovie s'adonneraient à la pêche à la ligne sur les bords de la Vistule. L'ordinaire consiste surtout en poissons-chats, dont un pêcheur expérimenté pourrait prendre jusqu'à 20 kg dans la journée. Le porte-parole se récrie à l'idée que cette paisible activité puisse être exercée dans un but lucratif.

Va pour le commerce des asticots ou des lombrics, mais qui songerait à vendre les poissons pollués et vaseux de la Vistule ? Seuls les clochards – qu'il désigne en polonais comme « les gens qui puent » – mangent parfois de ces poissons, et encore pourvu qu'ils soient copieusement arrosés de vodka. Il cite le cas de l'un de ces « puants » qui n'a pas hésité à plonger pour décrocher d'une ligne, afin de se l'approprier, un monstre de 7 kg. Dans son analyse sociologique de la consommation de poissons pollués, le porte-parole a plusieurs fois recours au concept de « lumpenprolétariat », ce qui paraît témoigner de l'influence persistante de la terminologie marxiste chez les pêcheurs à la ligne varsoviens.

Le marché aux voitures de Bemowo – en polonais « Gietda Samochodowa » – est un endroit très couru, le dimanche, par les habitants de Varsovie. Ce marché affecte approximativement la forme d'un U, dont les deux branches embrassent un terrain vague quadrillé de petits jardins ouvriers. La première réflexion qui vient à l'esprit, devant cet étalage de grosses cylindrées (Mercedes, BMW, Volvo ou Audi), c'est que, désormais, il y a de l'argent en Pologne, et que ça se voit. C'est aussi l'avis des petits délinquants qui, de plus en plus systématiquement, s'en prennent à ces voitures de luxe (ou de demi-luxe), rarement pour les voler, plus souvent pour soustraire des accessoires faciles à monnayer, tels les roues ou les autoradios.

Parmi les grandes villes de Pologne, Lodz, capitale du textile, est l'une des plus touchées par le chômage. La section locale de Solidarité fut longtemps présidée par un des dirigeants les plus radicaux de ce mouvement, et l'un des plus hostiles aux orientations modérées de Lech Walesa. Les passages souterrains qui permettent aux piétons de franchir les carrefours à l'abri de la circulation, dans les villes polonaises, sont généralement très propices à l'observation des signes extérieurs de différents fléaux sociaux. C'est là que l'on rencontre le plus souvent des ivrognes, des clochards, des vieillards sans ressources qui jouent de la musique pour récolter quelques petites coupures, ou des malades du sida, vrais ou faux, faisant étalage de leur décrépitude afin de susciter la compassion. Le passage souterrain de la gare de Lodz est constellé de graffitis exaltant la culture punk, portant aux nues le club local de football et flétrissant ses rivaux, insultant les Juifs ou traitant Lech Walesa d'imbécile.

Sur toute la ville plane l'odeur aigrelette du charbon. Lodz est tout à fait le genre d'endroit où, lorsqu'il pleut, on doit craindre de perdre ses cheveux. Le long de l'artère principale ou des rues adjacentes, on remarque des immeubles jadis bourgeois dont les balcons se sont effondrés, et dont les façades très ouvragées sont noircies et rongées par l'érosion industrielle. Parmi toutes ces sombres artères, la rue Zachodnia, dominée à l'arrière-plan par de hautes cheminées d'usine, est l'une des plus noires, des plus larges et des plus sinistres. L'éclairage public, déjà succinct, risque d'être bientôt réduit afin d'économiser l'énergie. En bref, c'est exactement le décor qui convient à un établissement d'aussi mauvaise réputation que le « Casanova ».

Miroslav, qui dirige le « Casanova » depuis 1981, ne fait aucune difficulté pour convenir de cette réputation. Mais Miroslav est un fonctionnaire de la restauration, et c'est Gastronomia, son administration de tutelle, qui a décidé de son affectation. Seul établissement de Lodz où l'on serve à boire – et à la rigueur à manger – jusqu'à 4 heures du matin, le « Casanova » exerce naturellement une attraction irrésistible sur les ivrognes les plus décidés.

Sa clientèle habituelle se compose de trafiquants du marché noir, de commerçants nouvellement enrichis, de voyous – dont les rangs se sont sensiblement étoffés depuis l'amnistie de 1989 – et de gens de passage. L'établissement dispose d'une piste de danse, d'un orchestre et d'un parterre de prostituées occasionnelles. À l'intérieur, les bagarres sont rares, mais il est en revanche assez fréquent que des clients bien mûrs, à l'équilibre précaire, soient cueillis par des loubards et dépouillés lorsqu'ils sortent du « Casanova ». Si l'on appelle la police, se plaint Miroslav, elle refuse de se déplacer, sous prétexte qu'elle manque de véhicules, ou d'essence pour les faire marcher.

Depuis quelque temps, Miroslav observe une raréfaction de sa clientèle, due peut-être à la crainte des agressions, mais plus vraisemblablement à l'érosion du pouvoir d'achat. Car le « Casanova », aussi sordide soit-il, est un établissement de luxe, avec une carte polyglotte dont la version française propose des spécialités aussi rares que la « cuissette de châtelain », les « boulettes chevaleresques » ou la « pomme en prince ».

Avec un peu de chance, il ne faut pas plus de deux heures de train pour couvrir la distance séparant Lodz de Varsovie. Au passage, une tentative d'utilisation des toilettes nous donne l'occasion de rendre un dernier hommage au génie du socialisme, avant que la Pologne s'en détourne irrémédiablement.

Comme il se doit, ces toilettes, même en première classe, sont en effet complètement dépourvues d'eau, ce qui les rend d'un usage incertain. Mais le temps que l'usager se disposait à perdre en se lavant les mains, il peut le dépenser de manière beaucoup plus instructive en prenant connaissance d'un « plan de l'installation d'eau » remarquablement détaillé, traduit en quatre langues, et qui fait brillamment ressortir la sophistication de ce dispositif, auquel il ne manque finalement qu'un peu d'eau pour servir, en plus, à quelque chose.

Le Figaro*, 24 mai 1990*

Cour des Miracles à Varsovie

Situé sur la rive droite de la Vistule, à Praga, le Bazar de la Rose, et le quartier qui l'entoure, c'est un peu la cour des Miracles de Varsovie.

Miraculeuse, la facilité avec laquelle, de tout temps, ceux qui en avaient les moyens ont pu se procurer à prix d'or, dans l'enceinte du bazar, tout ce qui faisait défaut dans le commerce d'État : des fruits tropicaux, de la viande de bonne qualité, du caviar, des cassettes de rock, des devises, de la littérature prohibée, des habits mettables ou des bijoux provenant d'un cambriolage. Voire, au prix d'un petit effort supplémentaire, des armes rudimentaires ou d'honnêtes contrefaçons de documents officiels.

Miraculeuse, l'atmosphère médiévale à laquelle contribuent la densité et la mobilité de la foule, le contraste entre la discrète opulence de certains et la misère pouilleuse de la plupart, les accidents d'un terrain inégal, tour à tour pulvérulent et marécageux. Entre la « place Rouge », où des ressortissants soviétiques écoulent du matériel électroménager ou des jouets d'une laideur onirique, et « Bucarest », le trottoir sur lequel les Roumains déploient les hideux produits textiles extraits de leurs Dacia chargées à plier les essieux, des Tziganes – désormais moins nombreuses – disent la bonne aventure, et des petits marlous plument les provinciaux au jeu des « trois cartes », l'équivalent local du bonneteau.

Les miliciens chargés de la surveillance du marché jouissant d'une réputation de corruption solidement établie, et leur incapacité à prévenir ou à réprimer le crime étant à la mesure de cette réputation, ils ont été remplacés, voilà trois mois et demi, par une équipe réduite d'inspecteurs de choc. Lesquels disposent, à l'intérieur du marché, d'un local de la taille d'une chambre de bonne, payant si peu de mine qu'à tout instant la porte d'entrée est poussée plus ou moins rudement par des poivrots distraits demandant si on n'a pas de la vodka ou de la bière à leur vendre.

Les inspecteurs de choc ont égayé leur local d'un portrait du maréchal Pilsudski (1867-1935) et d'une caricature représentant Lech Walesa et le général Jaruzelski en jeunes mariés. Autrement, les murs sont couverts de photographies de disparus et de portraits-robots de criminels, ou de fiches techniques concernant différents modèles de pistolets à gaz. Facile à se procurer, pas trop chère, cette arme jouit en effet d'un égal prestige auprès des délinquants et des adeptes polonais de l'autodéfense.

L'équipement le plus sophistiqué de la police du bazar est un téléphone dans lequel il faut hurler pour se faire entendre. « D'ailleurs, précise l'un des trois inspecteurs de permanence, il ne fonctionne que quand il ne pleut pas. » Tomasz, le plus communicatif des trois, un grand type un peu fort, avec une bonne tête de Polonais moustachu, a étudié la psychologie à l'université catholique de Lublin, ce qui en fait un flic assez atypique. Au demeurant aussi enclin que les autres à se plaindre du manque de moyens, ou de la méfiance qui entoure désormais les activités de la police.

Notre entretien est interrompu par l'irruption simultanée d'un commerçant russe et d'un nécessiteux polonais que le premier accuse de lui avoir fauché un sèche-cheveux électrique de premier choix. Très à son aise, le nécessiteux polonais restitue le sèche-cheveux, puis rallume un vieux mégot en attendant que l'on veuille bien statuer sur son sort. D'après Tomasz, le déploiement de son équipe s'est traduit par une diminution sensible des agressions à force ouverte dans l'enceinte du marché, mais le vol à la tire se pratique toujours sur une grande échelle, et vise aussi bien les commerçants que les chalands.

Limitrophe du bazar, la rue Brzeska est l'une des plus misérables et des plus criminogènes de ce quartier de Praga. Or, le long de cette rue Brzeska, stationnent un grand nombre de voitures souvent chargées de marchandises à destination ou en provenance du bazar. Cette circonstance a donné naissance à une véritable industrie de l'effraction, assez efficace pour qu'en une heure, le jour de notre visite, trois voitures aient été vidées de tout ce qu'elles contenaient de négociable.

Les perceurs de voitures, qui opèrent sans se cacher lorsqu'il n'y a pas de flic dans le secteur, ont établi le long du trottoir une chaîne de « courriers » qui, dès qu'un danger est signalé, font passer le mot jusqu'au bout de la rue sans faire un geste, simplement en appelant un prénom convenu. Stefan était le prénom qui avait cours ce jour-là. Récemment, un commerçant en fruits et légumes, qui avait pris l'initiative hasardeuse de baisser ses prix, s'est fait rouer de coups et piller sa marchandise par une bande de perceurs de voitures louée par la concurrence.

De nos jours, la police polonaise est sans doute la plus bavarde du monde. Et le commissaire de Praga-Nord l'un des représentants les plus loquaces de cette police. Situé en face d'un gigantesque monument à la gloire de l'Armée rouge, que les Polonais n'ont dû renoncer à profaner qu'en raison de sa taille décourageante, le commissariat de Praga-Nord a la responsabilité d'un district dans lequel il se commet habituellement presque autant de crimes et de délits que dans tout le reste de Varsovie.

Or le commissariat, pour faire face à cette situation préoccupante, ne dispose que de deux ou trois voitures de patrouille, d'une pincée de vieux paniers à salade, et d'effectifs prélevés dans des unités de province. « Et naturellement, précise le commissaire, ces unités n'ont aucune raison de se défaire de ce qu'elles ont de meilleur. » L'impopularité de la milice, la médiocrité de la paie et des conditions de travail ont entraîné, depuis le changement de régime, des démissions si nombreuses qu'elle accuse aujourd'hui un déficit d'environ 30 % de ses effectifs.

Et cette pénurie de flics coïncide, en même temps qu'elle l'encourage, avec un développement de la criminalité – en progression de 100 % dans le district de Praga, selon le commissaire, pour le premier trimestre de l'année en cours – qui incite les Polonais à reprocher déjà à leur nouveau gouvernement son amnistie de l'an dernier. Et Lech Walesa à suggérer – mais peut-être ne s'agit-il que d'une de ces boutades ou de ces approximations dont il est coutumier – la création de « gardes ouvrières » afin de pallier localement les déficiences de la milice.

Le Figaro*, 25 mai 1990*

L'ÉDIFIANTE HISTOIRE DE L'ABOMINABLE KAZIMIERZ

Voici, telle que la raconte le commissaire de Praga-Nord, l'édifiante histoire de l'abominable Kazimierz. « Bien connu des services de police », ce Kazimierz est une vraie figure emblématique du Praga noir, un salaud de première. Ainsi, en juillet dernier, Kazimierz a-t-il assassiné froidement, à coups de couteau, le fils de sa concubine, qui s'était courageusement porté au secours de sa mère battue comme plâtre par son concubin.

Le meurtre s'est déroulé sans témoins, car la mère avait profité de ce que Kazimierz était occupé avec son fils pour s'enfuir, mais les présomptions sont accablantes. Néanmoins, après l'arrestation de Kazimierz, le juge décide de le remettre en liberté. Peu de temps après, naturellement, Kazimierz récidive et, de nouveau sans témoins, assassine une nouvelle conquête.

Pour le commissaire de Praga-Nord, cette histoire, dont nous ne pouvons garantir l'exactitude, illustre le danger d'un excès de droits de l'homme ou d'un excès de scrupules dans le maniement de ces droits. Sur plus de cinq cents criminels arrêtés en flagrant délit à Praga durant le premier trimestre, moins d'une centaine, gémit-il, ont été inculpés et écroués. Ainsi désavouée par la justice, honnie par l'opinion, narguée par les criminels et paralysée par la crainte d'être accusée d'atteinte aux droits de l'homme, la police – ou la milice, car on ne sait même plus comment elle s'appelle – serait dans l'impossibilité de faire son travail.

Les deux Piotr ont le même âge – vingt-cinq ans –, le même gabarit, les mêmes jeans et les mêmes Adidas. Ils sont tous les deux flics, et ils sont affectés aux mêmes patrouilles de nuit à bord de l'unique Polonez banalisée du commissariat de Praga-Nord. La seule différence notable entre les deux Piotr, c'est que l'un est brun et l'autre blond, et que seul le blond dispose d'un 9 mm élégamment glissé sous son aisselle gauche dans un holster.

Grésillement de la radio de bord : la première alerte concerne un cambriolage imminent dans une boutique de vêtements, au coin des rues Mala et Inzynierska. Un peu de cinéma – gyrophare, sirène hurlante et crissement de pneus – et la Polonez pile devant le magasin concerné. Les deux Piotr inspectent les environs, visitent les caves, reviennent bredouilles et probablement contents de l'être. Pendant les fêtes de Noël, toujours selon le commissaire, c'est une centaine de commerçants du quartier qui ont été visités par des cambrioleurs.

En attendant le prochain appel, la voiture remonte au ralenti des rues sordides où tanguent des poivrots, traverse des carrefours déserts labourés de rails de tramway, puis s'engage sur le quai de la Vistule. À droite, la masse sombre des arbres du zoo. En face, au bord du fleuve, l'enseigne clignotante du Rusalka, archétype de la boîte louche, fait écho à celle du zoo. Les deux Piotr affirment qu'ils répugnent à intervenir au Rusalka, par crainte d'être poursuivis par la justice s'ils devaient faire usage de leurs poings ou, a fortiori, de leur arme.

La seconde alerte survient un peu avant 23 heures. Rue Smolenska, dans un quartier de HLM dont plusieurs portent les marques de pillages récents, une bande de plusieurs dizaines de loubards sèmerait la terreur dans une tour d'habitation. Lorsque la Polonez arrive sur les lieux, il s'y trouve déjà un panier à salade de la milice en uniforme, à l'arrière duquel gît un blessé.

L'escalier et les parties communes de l'immeuble offrent un spectacle de dévastation. Au dernier étage, que l'on atteint en progressant au milieu d'un véritable torrent de verre brisé et de débris divers, la porte d'un appartement a été enfoncée, l'appartement saccagé et ses occupants battus. Devant la porte arrachée, des dizaines de voisins habillés à la hâte commentent avec véhémence les événements de la soirée.

Aux vociférations qu'on lui adresse, on comprend que la milice, accusée d'arriver toujours après la bataille, n'est pas en odeur de sainteté. Au pied de la tour, devant l'entrée de l'escalier, deux groupes de commères paraissent sur le point d'en venir aux mains. « Eh bien, trépigne l'une d'elles, si c'est ça la démocratie ! » Abandonnant l'affaire aux miliciens en uniforme qui semblent, en effet, tout désignés pour essuyer les insultes et les quolibets, Piotr et Piotr s'éclipsent sur la pointe des pieds.

Le Figaro*, 28 mai 1990*

Pardubice, capitale du Semtex

Si le monde ignore généralement le nom de Pardubice, la spécialité de cette petite ville industrielle de Bohême, en revanche, est presque aussi connue que le nougat de Montélimar. C'est, en effet, dans un faubourg de Pardubice, à Semtin – d'où dérive le nom du produit –, que l'on fabrique le Semtex, cet explosif pour lequel le colonel Kadhafi et certains terroristes proche-orientaux manifestent une nette prédilection.

Pardubice ne disposant que de trois hôtels, dont deux franchement sordides, il est raisonnable de penser que les amateurs de Semtex séjournaient dans le troisième, c'est-à-dire le moderne et relativement confortable hôtel Labe (Elbe). Lequel est surtout apprécié pour sa boîte de nuit, qui, en fin de semaine, accueille jusqu'à 1 heure du matin tout le demi-monde pardubicéen, ce qui fait plus de monde qu'on ne pourrait le croire. Autrement, cet hôtel semble assez lent à se plier au nouveau cours des choses, et il s'obstine par exemple à ne mettre à la disposition de ses clients que des journaux aussi divertissants que la *Pravda*, Neues *Deutschland* ou le *Morning Star*, aucun n'étant d'ailleurs âgé de moins d'une semaine. Quant au personnel, il n'est évidemment guère enclin à se répandre en confidences au sujet d'éventuels clients libyens ou hezbollahiques, bien que l'un de ses représentants les plus qualifiés nous ait tout de même indiqué que, pour nous rendre à l'usine de Semtin, il nous suffisait d'emprunter le trolleybus n° 3, dont un arrêt, par bonheur, est situé juste en face de l'hôtel Labe.

La première chose que fait le trolleybus n° 3, c'est de passer l'Elbe, après quoi il parcourt quelques kilomètres à travers une banlieue tantôt résidentielle et tantôt agricole. L'usine de Semtin est assez éloignée du centre ville, mais pas au point qu'on ne voie de partout la plus haute de ses deux cheminées et que toute la ville ne bénéficie par roulement, selon que le vent souffle de telle ou telle direction, des âcres fumées qu'elle dégage nuit et jour. Au demeurant, les abords immédiats de l'usine sont très champêtres (et d'ailleurs couverts de lapins), le spectacle des bois de feuillus qui l'environnent, et de la chaussée pavée, doublée d'une piste cyclable, qui la dessert, évoquant certains paysages industrialo-ruraux du nord de la France. L'usine de Semtin, il convient de le préciser, fabrique toutes sortes de produits chimiques d'un usage innocent, et la production de Semtex – surtout depuis que les nouvelles autorités se sont engagées à interdire toute exportation de cette substance – n'est en somme qu'une goutte d'eau dans l'océan de ses activités.

Quand on vient du centre de Pardubice, les installations de l'entreprise VCHZ-Synthesia s'étendent principalement sur le côté gauche de la route, et sur une distance correspondant à trois arrêts successifs du trolleybus : Semtin 1, Semtin 2 et Rybitvi. Les choses les plus sérieuses se passent apparemment dans les ateliers les plus éloignés de la ville, c'est-à-dire du côté de Rybitvi. L'entrée située à cette hauteur est en effet gardée par deux surveillants en uniforme gris, armés de pistolets, qui, lors d'un changement partiel d'équipe, à 17 h 30, vérifient les papiers de tous les entrants, et le contenu des sacs de tous les sortants. Une plaque gravée précise qu'il est interdit de photographier. L'un des surveillants est un vieil homme à tête de bouledogue, l'autre une dame un peu moins âgée, à la chevelure teinte d'une foudroyante couleur rouge. Lorsque nous faisons mine d'entrer, expliquant – en anglais, c'est-à-dire pour des prunes – que nous sommes désireux d'« acheter un peu de Semtex pour notre consommation personnelle », la dame répète le nom du produit et semble plutôt amusée, tandis que le bouledogue paraît regretter de ne pouvoir en user avec nous comme au bon vieux temps.

À côté d'un kiosque destiné à l'édification du public, et dans la vitrine duquel sont exposés quelques accessoires empruntés à la panoplie du petit chimiste, des panneaux de propagande semblent attendre que quelqu'un veuille bien prendre la peine de les détruire. On y retrouve intacte, émaillée de citations de Gustav Husak ou d'autres penseurs de la même envergure, toute l'imagerie socialiste : brochettes de vieillards médaillés agitant des sortes de plumeaux au-dessus de leurs têtes, enfants en uniforme, le mollet cambré, déposant des gerbes au pied d'une statue de Lénine. Sur une image sans doute particulièrement compromettante, on a eu la prudence de coller un portrait de Vàclav Havel.

Le Figaro, *9 et 10 juin 1990*

Scènes de la vie quotidienne en Bohême d'aujourd'hui

Généralement, les singes ne fument pas, et ceux du zoo d'Usti-Nad-Labem pas plus que les autres. Cependant, tous les primates décédés au zoo d'Usti présentent à l'autopsie des poumons de grands fumeurs, ce qui donne une idée de la qualité de l'air que l'on inhale dans cette métropole industrielle de Bohême du Nord, au confluent de l'Elbe et de la Bilina. Toutefois, ce qui est néfaste aux bronches des primates peut se révéler propice à la sexualité des rhinocéros blancs. Le même zoo d'Usti possède en effet une paire de ces animaux rares, si ardents que, à eux deux, ils en ont fait un troisième, et que le zoo de Berlin, du coup, a envoyé son unique femelle en villégiature à Usti. On voit par là que si l'homme descendait du rhinocéros blanc, il s'accommoderait peut-être mieux du climat de la Bohême du Nord.

L'ingénieur Borek Vorac dirige depuis vingt ans le zoo d'Usti Nad Labem. Sous son règne, la superficie de cet établissement est passée de 4 à 27 hectares, et son personnel de dix-huit à près de cent personnes. Pour comprendre la passion qu'il apporte à la défense et à l'illustration de cette entreprise, il faut se figurer le zoo d'Usti comme un équivalent local de l'opéra de Manaus. Faire venir des rhinocéros blancs en Bohême du Nord – et les convaincre de s'y reproduire – représente un exploit aussi audacieux que l'organisation d'un tour de chant de Caruso dans la jungle amazonienne. Ce zoo, avec sa collection presque exhaustive d'antilopes africaines – un raffinement qu'environ un visiteur sur dix mille, de l'aveu même du directeur, est en mesure d'apprécier –, c'est le seul luxe d'une région où même le nécessaire fait défaut, la seule fantaisie d'une ville étouffée par les émanations de ses industries au point que l'on y vit en moyenne quatre ans de moins que dans le reste de la Tchécoslovaquie. Dans le cours de son développement, faute de pouvoir beaucoup gagner en largeur, le zoo s'est étendu en hauteur jusqu'à confiner au sommet de la colline de Marianska Skala, ce qui en fait l'établissement de ce genre le plus escarpé de la planète. Cet élan ascensionnel permet de dramatiser la présentation des différentes espèces, et, par exemple, de faire ressortir la magnificence des rhinocéros blancs, dont l'enclos occupe le point le plus élevé du dispositif.

C'est aussi du haut de cette colline que, dominant la ville et ses environs, on peut le plus rapidement mesurer l'ampleur du désastre. Plusieurs usines chimiques sont établies au cœur même de l'agglomération, que sillonnent en tous sens des voies ferrées empruntées jour et nuit, à grand fracas, par des convois de produits toxiques, éventuellement explosifs ou inflammables. La plus considérable est l'usine Spolchemie, d'où diverge un tentaculaire réseau d'énormes et fumantes tuyauteries. En hiver, quand le plafond est bas et que les rejets de ces usines stagnent à ras de terre, il est fréquent que les parents doivent retenir leurs enfants à la maison tant l'air extérieur est irrespirable. Au pied de la colline poudroie une carrière de pierre, d'où l'on retire du ballast pour les voies ferrées, et qu'ébranlent de temps à autres des tirs de mines. La complexité du relief, l'encaissement de ce confluent autour duquel la ville s'est développée font que ce capharnaüm industriel est entrelacé malgré tout de bois touffus et verts ou de falaises abruptes, et qu'il se trouve même sur la rive droite de l'Elbe, en amont, au sommet d'un éperon rocheux, un petit château fort dont le gothicisme doit procurer aux touristes allemands l'illusion délicieuse de se trouver sur le Rhin.

À la sortie d'Usti, on prend la route de Teplice, puis après 12 km, on la quitte sur la droite pour traverser Krupka en direction de Horni Krupka (les Hauts de Krupka), un village agricole situé à peu de distance de la frontière est-allemande, sur le versant sud des monts Métallifères. À la périphérie de Krupka, le printemps y mettant du sien, la végétation paraît saine et vigoureuse, les arbres ont toutes leurs feuilles, chacune d'un vert irréprochable, et les jardins débordent de lilas. Mais au fur et à mesure que l'on s'élève vers la crête, les premiers signes de dévastation apparaissent, et sitôt passé Horni Krupka, c'est une végétation entièrement rectifiée par le dioxyde de soufre que l'on découvre en se rapprochant de la frontière.

Au pied des longues perches dépouillées, souvent fendues par le gel de l'hiver dernier, qui marquent l'emplacement d'une ancienne formation d'épicéas, de jeunes arbres repoussent, qui bientôt développeront les mêmes symptômes et dépériront à leur tour. Toute la région qui, en contrebas de ces collines, s'étend de Chomutov à Decin, est rongée, littéralement, par l'extraction à ciel ouvert du lignite, ce charbon pauvre – mais riche en soufre – qui procure à la Tchécoslovaquie une part importante de ses ressources énergétiques, et dont la seule Bohême du Nord brûle chaque année environ 1 million de tonnes, rien que pour le chauffage domestique.

Or, tandis que la combustion du lignite entraîne d'importants dégagements de dioxyde de soufre – responsable, entre autres, du dépérissement des forêts –, son extraction à ciel ouvert, à l'aide de gigantesques excavatrices, remodèle sur des milliers d'hectares le paysage de la plaine, engloutissant sur son passage les champs, les villages et parfois une ville entière, telle celle de Most, dont seule l'église a été épargnée, tandis que ses habitants étaient relogés un peu plus loin dans une ville nouvelle admirablement rectiligne. C'est aujourd'hui le tour de Chabarovice, entre Usti et Teplice, de se faire boulotter par les excavatrices, qui attendent de pied ferme à quelques kilomètres de là. Déjà, de part et d'autre de la route, les maisons s'effondrent et les gravats s'amoncellent, comme après un pilonnage d'artillerie.

Mais, cette fois, les mangeurs de lignite sont tombés sur un os exceptionnellement dur à avaler. Car, sur le territoire de la commune de Chabarovice, se dresse une formidable montagne de déchets, accumulés par l'industrie chimique depuis des temps immémoriaux. On prétend même que les Allemands s'y seraient débarrassés d'un stock d'ypérite. En vérité, personne ne sait au juste ce que contient cette espèce de volcan silencieux dressé au milieu des champs de blé et de colza, avec en son centre un vaste cratère, au fond duquel des fûts éventrés baignent dans une boue bien épaisse, délicatement marbrée de beige et de brun. Ce qu'on sait, en revanche, c'est que l'évacuation ou le déplacement de cette curiosité présente des difficultés apparemment insurmontables, et qu'il faudra bien pourtant que l'on statue rapidement sur son sort.

Le Figaro, *25 juin 1990*

Chasse aux « golans » dans les rues de Bucarest

La « révolution roumaine » est décidément un étrange animal.

Dans la soirée de mardi, les derniers « golans » rassemblés place de l'Université, au pied de l'hôtel Intercontinental, faisaient si piètre figure que l'on s'étonnait presque de les trouver encore là. Quelle pusillanimité retenait le gouvernement – si largement plébiscité lors des dernières élections – d'intervenir contre une poignée de braillards épisodiquement réunis autour de quelques tentes, où gisaient des grévistes de la faim dont même la constance dans le jeûne faisait parfois l'objet d'un certain scepticisme ?

Et, en effet, mercredi aux aurores, les autorités lancent des unités de la police et de la police militaire à l'assaut du dernier carré de ces virulents adversaires du « néocommunisme ».

C'est alors que les choses, à la roumaine, se compliquent. Menée avec brutalité, l'intervention fait de nombreux blessés, et la rumeur se répand bientôt que deux « étudiants innocents » auraient été tués. Durant toute la matinée, manifestants et badauds houspillent les policiers qui bouclent la place de l'Université, dont les accès sont bloqués par des barrages d'autocars et de camions.

Puis, dans l'après-midi, ce dispositif assez mince et décousu cède à une pression un peu plus appuyée des manifestants, qui, sans trop de difficulté, réoccupent la place, mettent les policiers en déroute et brûlent leurs véhicules, dont les carcasses se consumeront longuement en dégageant d'énormes volutes de fumée noire.

Ce premier succès semble regagner à la cause des « golans » ce soutien populaire qui, depuis quelque temps, leur faisait défaut. Certes, ce ne sont pas les « masses » qui déferlent dans les rues de Bucarest, mais tout de même quelques milliers de manifestants, dont tous ne sont pas des jeunes gens. Pendant quelques heures, ils vont régner sans partage sur le centre de la ville et mettre à profit cette vacance du pouvoir pour incendier le siège de la police municipale, sur la calea Victorei, et les archives du ministère de l'Intérieur.

De nombreux véhicules, dont certains appartiennent à cette police municipale, sont également incendiés. Cela commence à faire beaucoup de flammes, beaucoup de bruit et beaucoup de fumée, mais ce spectacle de guerre civile ne semble guère impressionner les riverains, qui, pour certains, viennent y assister en famille.

Fidèle compagne des coups de théâtre et des retournements de la « révolution roumaine », la rumeur continue à galoper, stimulant l'ardeur vengeresse des manifestants. Alors que les autorités estiment désormais à un mort le bilan des affrontements de la journée, les manifestants en revendiquent déjà plusieurs, et des témoins dignes de foi font état d'au moins deux blessés par balles lors de l'attaque contre le siège de la police municipale et les bâtiments adjacents. Un peu après 20 heures, une soudaine interruption des programmes de la télévision semble confirmer que les manifestants se sont rendus maîtres de ses installations.

En fait, leur tentative d'occupation, après quelques saccages, a tourné court, et une brève intervention militaire a redonné au gouvernement la maîtrise de cette position stratégique. Il ne se fait pas faute d'en abuser. Lamentablement, entre deux retransmissions du Mondial, la télévision montre des images de vitrines détruites ou de marchandises profanées, qui traduisent une véritable fascination pour la symbolique du verre brisé. Des cameramen molestés par la foule viennent pleurnicher et faire étalage de leurs contusions avec une insistance dans laquelle les manifestants puiseront certainement d'excellentes raisons de récidiver.

Dans la soirée, Iliescu a délivré d'une voix pâteuse un discours extrêmement virulent, dénonçant dans la plus pure rhétorique totalitaire le « complot légionnaire » ourdi par les ennemis de la démocratie. À son appel, des contre-manifestants loyalistes commencent à se rassembler devant le siège du gouvernement. Quant aux adversaires du « néocommunisme », dont le plan paraît beaucoup moins méticuleux qu'Iliescu ne feint de le croire, ils tiennent toujours, par groupes plus ou moins nombreux, le pavé du centre ville, grisés par une « victoire » qu'ils n'ont pas les moyens d'exploiter et qui n'est peut-être qu'un piège dans lequel ils ont donné tête baissée.

Dans les premières heures de la matinée d'hier, des tirs se font entendre dans les parages de l'intersection de l'avenue Ghiorghiu-Dej et de la calea Victorei, et à proximité du siège de la télévision. Au moins deux victimes des tirs de l'armée sont relevées, place de l'Université. Un peu plus tard, vers 4 heures du matin, les « masses laborieuses », conviées aux réjouissances par Iliescu, commencent à converger, en train, en autocar, puis à pied, par groupes compacts, vers le centre de Bucarest. Armés de gourdins, de haches ou de tuyaux de plomb, ils donnent la chasse aux derniers manifestants ou aux simples badauds, avec un zèle si remarquable que ce serait un miracle si la liste des victimes ne s'allongeait pas notablement dans les heures à venir.

Hier matin, vers 9 heures, le responsable de Médecins du monde à Bucarest, de retour de l'hôpital des Urgences, confirmait y avoir vu plusieurs dizaines de blessés graves, la plupart ayant été lynchés, pendant la nuit, par les milices ouvrières fidèles au régime. Toute la matinée, ces dernières ont paradé place de l'Université et dans les grandes artères du centre ville, exerçant la dictature du prolétariat à coups de gourdin, au détriment de tous ceux qui avaient le malheur de leur déplaire, dévastant au passage, avenue Balcescu, le siège d'un parti d'opposition, menaçant d'envahir l'hôtel Intercontinental pour y traquer d'éventuels manifestants réfugiés, saluant par des clameurs enthousiastes les évolutions à basse altitude d'un gros hélicoptère militaire de fabrication soviétique.

Toutes ces images, plutôt que la démocratie, évoquent bien le « néo-communisme » dénoncé par les manifestants.

Le Figaro, *15 juin 1990*

Au pays des mille et une horreurs

Nulle part, comme en Roumanie, le paysage n'aura été contraint, dévasté, remodelé par l'idéologie, au point de tendre parfois vers la pure abstraction. Ici des campagnes absolument sans relief, sans limites perceptibles à l'œil nu, sans même un arbre pour donner de l'ombre ou faire obstacle à la progression des moissonneuses-batteuses déployées comme un escadron de T-34 pendant la bataille de Koursk. Non plus des campagnes, mais une simple anticipation de futures statistiques sur la production de céréales.

Là des alignements de titanesques clapiers, de caverneux palais de la culture, de monuments héroïques et de magasins vides, orientés de façon à ménager d'avantageuses perspectives sur des horizons de torchères ou de hauts fourneaux. Non plus des villes, mais des unités industrielles avec leur infrastructure logistique.

C'en est même à se demander pourquoi ça ne marche pas, pourquoi un pays dont la moindre ville est asphyxiée par une demi-douzaine de fabriques, et dont la campagne, au moins en plaine, ne forme à perte de vue qu'un seul champ, est en fin de compte incapable non seulement d'assurer à sa population un niveau de vie décent, mais de la nourrir.

Le samedi soir, à Tulcea, la jeunesse locale déambule tout au long de cette promenade établie au bord du Danube, en épousant la courbe, et dont l'hôtel Danube, justement, marque l'extrémité orientale. Bien qu'au-delà du fleuve s'étende l'Union soviétique, la clientèle demi-mondaine de l'hôtel Danube – ainsi le genre de types qui, au détour d'une conversation, vous propose sa voisine de table pour un prix raisonnable – n'a d'yeux que pour la Turquie, plus lointaine, mais où l'on fabrique ces jeans bon marché, de mauvaise qualité, dont les petits trafiquants roumains inondent l'Europe orientale jusqu'à la porte de Brandebourg.

Parmi les promeneurs, on remarque beaucoup de marins, qu'avec leurs uniformes blancs et leurs bérets à rubans on dirait sortis d'un de ces romans de Mac Orlan qui sentent bon les préparatifs de guerre, les lendemains d'émeute, les vilaines embrouilles et les fructueuses trahisons. Délibérément, sans doute, plutôt que par erreur – car il ne faut tout de même pas prendre les planificateurs socialistes pour encore plus bêtes qu'ils ne sont –, la promenade a été aménagée sous le vent d'une aciérie. De loin, ses rougeoyantes émanations font apparaître la ville entière, qu'elles couronnent nuit et jour, comme un petit volcan en activité. Le long du canal de Sullina, qui coupe en deux le delta dans le sens de la longueur, sont amarrés de loin en loin, en rase campagne, des cargos dont les feux brillent dans l'obscurité comme ceux de hameaux isolés.

C'est dimanche dans le delta, sur la route de Mahmoudia, là où les dernières collines de la Dobroudja surplombent le bras de Sfintu Gheorghe. Sur la gauche de la route, en bordure d'un champ incliné qui vient d'être moissonné, sont éparpillées des carrioles attelées d'ânes ou de mulets. À mi-pente de la colline, autour d'une petite scène où le prêtre officie parmi des icônes portatives, et tout un bric-à-brac qu'un œil profane pourrait identifier comme du matériel de camping, quelques centaines de paysans et de paysannes, âgés pour la plupart, s'agenouillent dans le chaume, se relèvent, s'agenouillent de nouveau, entonnent des cantiques, lèvent haut de lourdes bannières qui claquent au vent comme des oriflammes.

Quand la messe se termine enfin, la plupart des carrioles, où se sont entassés pêle-mêle les fidèles, leurs bannières et leurs icônes, reprennent la route en dur, dans un grand raclement de roues cerclées de fer, en direction de Mahmoudia, mais quelques-unes s'engagent sur une piste à peine visible qui, parmi des prairies à moutons, rejoint la berge du Danube.

Au bout de la piste, sur un éperon rocheux dominant le bras de Sfintu Gheorghe, il y a un petit village – murs de pisé, toits de chaume – qui ferait parfaitement l'affaire d'Irréductibles Gaulois (ou d'Irréductibles Daces). Le village dispose tout de même d'une petite école primaire et d'un nid de cigogne, la première en vacances et le second en activité. Quelques enfants hirsutes, vêtus de loques, jouent dans la poussière, avant de se pendre à nos basques en réclamant – gentiment – du chewing-gum et des cigarettes. Sur la berge du Danube, des grands-mères en fichus pataugent dans les eaux basses, généreusement irisées d'hydrocarbures, pour aller un peu plus loin puiser dans de grands seaux métalliques l'eau de la toilette ou du dîner.

Du temps de Ceauşescu – et jusqu'à nouvel ordre, car, dans ce domaine non plus, ses successeurs ne semblent guère pressés d'innover –, les innombrables enfants victimes de la politique nataliste du régime, et renfermés dans des orphelinats, passaient à trois ans devant une « commission de tri ». Laquelle, en son âme et conscience, décidait d'accorder à certains une chance de mener un jour une vie normale, et d'en priver les autres, ceux qu'elle définissait comme « irrécupérables ».

Les estimations du nombre d'enfants actuellement détenus dans ces « centres pour irrécupérables » – dont la gestion, avec une logique typiquement roumaine, incombe au ministère du Travail – varient entre quatre mille huit cents et quarante mille. Tous ces centres ont en commun de ne prodiguer aucun soin aux enfants dont ils ont la charge.

Situé à l'extrémité d'un village agricole proche de la frontière bulgare, le « centre pour irrécupérables » de Negru Voda contient actuellement deux cent vingt enfants des deux sexes, dont l'âge s'échelonne entre trois et dix-huit ans, entassés dans trois petits bâtiments dont aucun ne dispose de l'électricité, ni d'une douche, ni même d'une toilette.

Il règne à l'intérieur une odeur d'urine et un vacarme qui pourraient faire penser que l'on se trouve dans la ménagerie d'un laboratoire. À l'étage supérieur sont parqués les enfants les plus jeunes, dont quelques-uns présentent, en effet, des malformations considérables. Certains, immobilisés, ont le visage couvert de mouches, d'autres sont entassés à trois ou quatre dans le même lit-cage, sur un matelas fait d'une couverture pliée, si gorgée de pisse qu'une flaque s'est formée sur le sol, en dessous du lit.

Un de ces enfants s'est complètement pelé la nuque à force de se cogner la tête, en arrière, contre les barreaux de son lit-cage. Au rez-de-chaussée, soixante enfants plus âgés, garçons et filles, sont enfermés toute la journée dans une pièce d'environ 3 mètres sur 5, sous la surveillance d'une sorte d'aide-soignante.

Ce qui est extraordinaire, ce n'est pas que certains de ces enfants, ou de ces adolescents, présentent des symptômes de graves désordres mentaux, mais que la plupart n'en présentent absolument aucun, à moins de considérer comme un signe de folie leur désir effréné de parler, de rire, de toucher ou d'être touchés.

Le simple fait de les saluer de la voix, et du geste, semble les tirer aussitôt de cette espèce de cauchemar éveillé dans lequel ils végètent. À 17h45, tous les enfants valides se transportent au réfectoire pour un repas de stalag, composé exclusivement de patates, de boules de pain grossier et d'un peu de lait.

Le Dr M. dirige un service de l'hôpital municipal de Constanta, sur le littoral de la mer Noire, où sont traités une cinquantaine d'enfants atteints du sida, et condamnés à plus ou moins brève échéance. Elle coordonne d'autre part l'activité médicale « anti-sida » pour l'ensemble du district, et siège à Bucarest dans une commission gouvernementale chargée d'élaborer une stratégie globale contre ce qui a pris, en Roumanie, les dimensions d'un véritable fléau national. De juillet 1989 à juin 1990, cent six enfants sont morts du sida dans le district de Constanta, le plus touché en Roumanie.

Le Dr M. attribue cette circonstance à la position particulière de Constanta, le port le plus actif du pays, et l'une des villes qui comptent la plus forte proportion de travailleurs migrants, en raison de la demande de main-d'œuvre entraînée par de gigantesques chantiers, comme celui du canal Danube-mer Noire ou de la centrale nucléaire de Cernavoda.

Beaucoup de ces migrants, auxquels le docteur impute curieusement une propension marquée à la bisexualité, auraient vendu leur sang, pour des transfusions, afin d'arrondir leurs fins de mois. Le Dr M. se félicite de la reprise des échanges scientifiques entre la Roumanie et le reste du monde, qui lui a donné l'occasion de faire un stage à l'hôpital Necker, à Paris, et d'en rapporter des méthodes qui, en attendant mieux, permettent de prolonger de quelques mois l'existence des enfants soignés dans son service.

Comme notre visite à Constanta survient quelques jours après l'intervention des « mineurs » à Bucarest, et les vingt-quatre heures de pure barbarie auxquelles cette intervention a donné lieu, nous nous permettons de demander au Dr M. ce qu'elle pense de ces récents événements. Sans la moindre hésitation apparente, elle nous régurgite la pâtée officielle sur le « complot » fomenté par des « fascistes réfugiés aux États-Unis », précisant que ces « fascistes », avant-guerre, « ont tué beaucoup d'intellectuels ».

On voit par là que le fasciste roumain est une denrée qui se conserve particulièrement bien, puisque, s'il faut en croire les porte-parole du gouvernement, des gens qui assassinaient des intellectuels dans les années trente sont encore capables, soixante ans plus tard, de battre le pavé de Bucarest et de mettre le feu aux bâtiments de la police. En somme, les émeutes du 13 juin, c'était la nuit des morts vivants.

Si nous rapportons ces propos, ce n'est évidemment pas dans le dessein de nuire à la réputation du Dr M., ou de nous payer sa tête, mais pour illustrer le climat qui, de nouveau, règne dans ce pays, et qui, toutes proportions gardées, évoque la Chine de Li Peng beaucoup plus que la Tchécoslovaquie de Václav Havel.

Le Figaro, *5 juillet 1990*

Le Caire : une journée ordinaire

Avant même de commencer, le sommet arabe du Caire, en aggravant sensiblement le légendaire désordre de la circulation dans la capitale égyptienne, avait déjà atteint un premier résultat tangible.

Pour des raisons de sécurité, tout le périmètre entourant le palais où doivent se réunir les chefs d'État arabes a en effet été fermé à la circulation, et c'est en marchant longuement sous un soleil de plomb le long d'avenues désertes, gardées par des soldats de bonne composition, que la plupart des journalistes accrédités ont pu rejoindre la salle de conférences, ou plutôt sa périphérie.

Cette progression fut d'autant plus solennelle qu'elle les fit passer, toujours à découvert, entre la tribune où fut assassiné le président Sadate et le mausolée érigé juste en face afin de perpétuer son souvenir. Dans un pays plus superstitieux que l'Égypte, on y aurait peut-être regardé à deux fois avant de choisir un tel lieu, si hautement symbolique des déchirements du monde arabe, pour tenir ce que *Le Progrès égyptien* désigne comme « le sommet de la dernière chance ».

Quant à Naguib Mahfouz, le prix Nobel égyptien, il stigmatise, dans le quotidien *Al-Ahram*, ceux qui tirent prétexte des événements du Golfe pour remettre en cause l'unité arabe, et dont le crime, écrit-il, est aussi grave que l'invasion elle-même.

Lorsque Cheikh Jaber, ce malheureux souverain si soudainement chassé de son palais, et dépouillé de son petit royaume, est arrivé à l'aéroport du Caire, le président Moubarak l'a pris par la main et toute la délégation koweïtienne a fondu en larmes en écoutant son hymne national exécuté par la fanfare de la garde. Tout du moins est-ce en ces termes que l'arrivée de Cheikh Jaber est décrite par la presse égyptienne, qui rapporte également comment le conseil d'administration de la Fédération des coopératives d'habitations a décidé d'attribuer cinquante appartements à des familles koweïtiennes dont le séjour au Caire risque de se prolonger.

Cette générosité est d'autant plus méritoire si l'on envisage les difficultés que les Égyptiens vont devoir affronter pour prendre en charge leurs propres concitoyens établis en Irak ou au Koweït et qui, désormais, pour autant qu'on leur en laisse le loisir, refluent en désordre vers la mère patrie.

Vendredi, les autorités estiment à mille neuf cent cinquante-neuf le nombre de leurs ressortissants ayant déjà regagné l'Égypte en provenance de l'Irak ou du Koweït. Mais ils seraient plusieurs dizaines de milliers à s'être réfugiés en Arabie Saoudite, et le ministère des Transports a décidé d'adjoindre une nouvelle unité aux deux ferries, le *Farah* et le *Al-Hussein*, qui font la navette entre le port jordanien d'Akaba et le port égyptien de Noueba, dans le Sinaï. L'exode des Égyptiens du Golfe – ils étaient plus d'un million entre l'Irak et le Koweït – va tarir une des principales sources de devises de l'Égypte et grossir les rangs de ses chômeurs, qui se comptent déjà par millions.

Cette circonstance, et l'écho des persécutions dont étaient victimes les Égyptiens d'Irak bien avant les dernières excentricités de Saddam Hussein, n'incitent guère « l'homme de la rue » à prendre fait et cause pour le pseudo-Nasser de Bagdad. Au demeurant, rien ne prouve que la population égyptienne éprouve un enthousiasme indescriptible pour la restauration de la monarchie koweïtienne, dont les sujets, lorsqu'ils venaient passer des vacances en Égypte, ne se comportaient pas toujours avec beaucoup plus de tact que les Saoudiens dans leurs quartiers réservés de Bangkok.

Ce vendredi sommital étant un dimanche pour les Cairotes – au moins pour ceux qui ne participent pas au sommet, c'est-à-dire la plupart –, ils sont nombreux à rechercher la relative fraîcheur que prodiguent les berges du Nil. La pointe de l'île de Zamalek, en face du faubourg d'Imbaba, est l'un des endroits les plus paisibles du Caire, où le calme demeure une denrée extrêmement rare. C'est aussi l'un des derniers gisements de ces maisons flottantes qui étaient très en vogue sous le règne du roi Farouk.

Attablé à la terrasse d'une guinguette ombragée d'arbres poussiéreux, Tahar, que nous avons choisi pour le rôle de « l'Égyptien moyen », consomme en compagnie de quelques amis d'inoffensives boissons. Tahar exerce le métier, relativement lucratif, de chauffeur de « taxi de luxe », et il redoute que les événements du Golfe ne dissuadent les touristes américains, si prompts à s'effaroucher, de visiter l'Égypte. Un déclin du tourisme, dont la saison devrait redémarrer en septembre, achèverait de mettre l'Égypte sur la paille. Pour le reste,

Tahar, qui, en qualité de chauffeur de camion, a déjà participé à deux guerres contre Israël, se dispenserait volontiers de reprendre du service dans une troisième, qu'il craint pourtant de voir se profiler à l'horizon de cette nouvelle crise.

Le Figaro*, 11 et 12 août 1990*

« Le loup américain dans la bergerie arabe »

Dans l'intervalle de quelques heures entre deux rotations de ferry, à destination ou en provenance d'Aqaba, les dromadaires sont à peu près les seuls usagers de l'artère principale – la seule, en fait – de Nouéba-Port. Pendant ces heures-là, qui sont aussi les plus chaudes de la journée, on entend voler les mouches – elles apprécient beaucoup la compagnie des dromadaires – et froufrouter les pales des ventilateurs de la « gare maritime ».

Le long de l'artère principale et unique, dont l'une des extrémités est marquée par l'entrée du port, sont éparpillés deux ou trois hôtels, quelques commerces de première urgence, des immeubles inachevés, carcasses vides hérissées de fer à béton, une succursale de la banque d'Alexandrie et le café Al-Wadi, qui est en quelque sorte le centre de la vie sociale à Nouéba-Port.

Construit dans les années quatre-vingt sur le golfe d'Aqaba, ce port était notamment destiné à l'acheminement des pèlerins, en période de Hadj (pèlerinage à La Mecque), et, en toute saison, à celui des Égyptiens émigrés en Irak, dont le nombre, au plus fort de la guerre contre l'Iran, avoisinait deux millions. Sa position, à trois heures de mer d'Aqaba, en fait aujourd'hui l'un des principaux points de passage des expatriés, dont le retour au pays a été précipité par l'annexion du Koweït et la détérioration des relations entre Le Caire et Bagdad.

Au petit matin, alors que le soleil, sur l'autre rive du golfe, se hausse au-dessus des montagnes d'Arabie, certains des passagers débarqués la veille au soir du ferry *Al-Hussein* n'en ont toujours pas terminé avec les formalités de douane ou d'immigration. Rassemblés à l'ombre d'une bâche, dont l'utilité ne se fera sentir que plus tard, les taxis collectifs attendent les retardataires afin de les conduire vers leur prochaine destination égyptienne, qui, pour la plupart, sera Le Caire.

En sens inverse (mais toujours sous la bâche), se regroupent les grosses américaines et les Toyota Land Cruiser des riverains du Golfe que l'incertitude de l'avenir n'a pas dissuadés de rentrer chez eux. Sous les plaques minéralogiques égyptiennes, que l'on dévisse avant d'embarquer, réapparaissent les plaques d'origine, aux initiales de l'Arabie Saoudite, des Émirats, d'Oman, du Qatar, ou du ci-devant Koweït.

À l'intérieur des voitures, au milieu de tout un bric-à-brac d'articles balnéaires ou électroménagers – parasols, glacières, ventilateurs ou mixeurs –, somnolent des dames entortillées d'abondants voiles noirs, et des enfants généralement trop gras. Parmi les embarquants, un grand barbu accompagné de sa jeune épouse, intégralement tchadorisée, et de ses deux enfants, se distingue par ses allures de mollah. Originaire du delta du Nil, il enseigne, en effet, la religion, et part suivre en Arabie Saoudite un stage de perfectionnement. Que pense-t-il de Saddam Hussein?

– De la m...

Toutefois, le barbu ne tarde pas à lui trouver des excuses. En l'espèce, bien entendu, les juifs, et plus spécialement les Juifs originaires d'Union soviétique, dont « l'invasion menace l'intégrité du territoire irakien ». Un Égyptien en partance pour la Jordanie – où il entraîne une équipe de football – se mêle à la conversation, puis, nous tirant à part, nous invite à nous méfier du mollah, et des ennuis qu'il pourrait nous causer.

À propos des événements du Golfe, lui-même, l'entraîneur, condamne les agissements de Saddam. Mais il lui en veut plutôt moins d'avoir annexé le Koweït que d'avoir introduit le loup américain dans la bergerie arabe.

Le soleil est maintenant assez haut pour éclairer les montagnes ocre rouge du Sinaï. De grands vols de pigeons décrivent des cercles concentriques au-dessus de Nouéba. À la terrasse du Wadi, qui ouvre avant l'aube – peut-être même ne ferme-t-il pas de la nuit? –, se rencontrent embarquants et débarquants.

Il y a là un technicien égyptien qui a quitté le Koweït quelques jours avant l'invasion, laissant derrière lui toute sa famille, dont il est sans nouvelles depuis, et qu'il est bien décidé à retrouver coûte que coûte. Sans lâcher son sac de voyage orné d'un autocollant *Happy journey* (« bon voyage »), il s'enquiert auprès d'un compatriote plus prospère qui, au volant de sa 405 GL blanche, vient de couvrir en vingt-cinq heures, pas une de plus, la distance séparant Kuwait City d'Aqaba.

L'homme à la 405 décline la profession d'avocat. Sa résidence à Koweït étant située à proximité du QG des forces armées, il l'a évacuée dès les premières heures de l'intervention irakienne pour se réfugier dans un secteur moins exposé de la ville. De l'invasion elle-même, il n'a pas vu grand-chose sinon des militaires irakiens faisant du rodéo au volant de grosses américaines qu'ils venaient de s'approprier, puis les abandonnant, criblées de balles, lorsqu'elles tombaient en panne d'essence.

Mais son témoignage se signale surtout par la version très hétérodoxe qu'il donne du comportement des troupes irakiennes vis-à-vis des ressortissants égyptiens. Des brutalités, des brimades ? Non, il n'a rien vu de tel. Et s'il y en eut, n'était-ce pas, suggère-t-il avec une pointe de mépris, aux dépens de Nubiens, c'est-à-dire d'Égyptiens de seconde zone ?

Quant à lui, non seulement on ne lui a rien dérobé – à l'exception tout de même d'une boîte de dattes –, mais le fonctionnaire de l'émigration devant lequel il s'est présenté, à Bagdad, afin de faire viser son passeport, a insisté pour l'accompagner, à bord de son propre véhicule, jusqu'à ce qu'il soit bien engagé sur la route d'Amman et à l'abri de toute erreur d'itinéraire.

À midi, le *Al-Hussein* appareille à destination d'Aqaba. Six heures plus tard, le *Fahra*, en provenance d'Aqaba, est amarré l'arrière au quai. À bord sont entassés quelque cinq cents passagers – dont environ la moitié seraient des réfugiés égyptiens – et une cinquantaine de véhicules. Les réfugiés les plus démunis sont les premiers à franchir les différents contrôles, avant d'être soustraits à la curiosité publique et embarqués, à l'intérieur de la zone portuaire, dans des bus qui les achemineront au Caire aux frais du gouvernement.

Devant la grille du port se forment des groupes mêlant, autour d'amoncellements de bagages pauvres, des réfugiés d'allure paysanne – l'Égypte a exporté de très nombreux fellahs en Irak – et des chauffeurs de taxis collectifs, ou de camions, qui vraisemblablement s'efforcent de les arnaquer. L'une de ces discussions est interrompue par l'intervention d'un soldat au moment où elle est sur le point de dégénérer en échange de coups.

À l'entrée du port, un sous-officier exceptionnellement bavard insiste pour nous donner un tuyau tout à fait mirobolant, dont il se demande même s'il ne devrait pas plutôt nous le vendre. Qu'on en juge : le sous-officier sait de source sûre que si les États-Unis ont les mains liées dans leur confrontation avec les Irakiens, c'est que ces derniers ont menacé, au premier geste suspect des Américains, d'anéantir l'Europe avec leurs armes chimiques.

Le Figaro*, 15 août 1990*

ÉGYPTE : VOLONTAIRES POUR LA BRIGADE ISLAMIQUE

Il y a au moins un habitant du Caire qui n'a aucune raison de se plaindre de Saddam Hussein, c'est celui qui tient la buvette établie sur le trottoir face à l'ambassade d'Arabie Saoudite.

À contre-courant de l'économie égyptienne dans son ensemble, son petit commerce s'est engagé depuis quelques jours dans une spirale ascendante dont l'élan devrait se maintenir aussi longtemps que pèsera la menace d'une agression irakienne contre l'Arabie Saoudite. Rien que pendant la journée d'hier – une journée modérément chaude, cependant, pour la saison –, l'heureux homme a vendu plus de cinq cents bouteilles de l'équivalent local du Pschitt orange, et il vient de témoigner sa reconnaissance à la monarchie wahhabite en installant sur sa glacière un lecteur de cassettes qui diffuse à plein régime les homélies d'un prédicateur saoudien particulièrement éloquent.

Les beaux jours du vendeur de limonade ont débuté dimanche dernier, lorsque des centaines de jeunes Égyptiens, dans un mouvement apparemment spontané, ont commencé à se rassembler devant l'ambassade avec l'espoir de se faire enrôler dans une sorte de brigade internationale islamique pour la défense des lieux saints.

Chaque volontaire remplit un formulaire à en-tête d'Allah le miséricordieux, dans lequel il doit préciser son nom, son âge, son adresse, sa nationalité, sa religion – cette question-là au moins paraissant de pure forme –, sa profession, la date de son service militaire et sa spécialité dans l'armée. Puis les formulaires sont regroupés et confiés à un planton de l'ambassade ou à l'un des policiers égyptiens qui en assurent la protection. Les volontaires ne savent pas au juste quelle suite sera donnée à leur démarche, mais ils semblent persuadés qu'on les contactera dans les jours à venir.

Trois mille candidatures

Le vendeur de limonade n'est pas le seul Cairote à tirer de petits profits de ce grand élan de ferveur, qui fait également le bonheur des marchands ambulants de boissons glacées, de fèves ou de formulaires imprimés. Car ces derniers ne sont pas fournis gratuitement par l'ambassade, mais vendus par des particuliers pour la modique somme de 25 piastres.

Cette règle s'accommode peut-être de quelques exceptions, tel M. El-Bana, un professeur de comptabilité qui a enseigné en Algérie et qui, si son âge ne lui permet guère de se porter volontaire, affirme procéder gratuitement, par conviction, à la distribution de ces prospectus. Quant au collecteur de formulaires – celui qui les centralise et les remet au planton –, il estime en avoir recueilli un millier dans la journée. L'ambassade, de son côté, fait état d'une moyenne quotidienne de trois mille candidatures.

Les mêmes scènes se reproduisent chaque jour devant deux autres ambassades, celles du Koweït et des Émirats arabes unis. Devant l'ambassade du Koweït, dont l'entrée est décorée de plusieurs portraits souriants de l'émir détrôné, un policier égyptien, trop enclin à se pavaner, les bras chargés de formulaires, devant les télévisions étrangères, se fait rappeler à l'ordre par son chef, avec une telle véhémence que les seuls échos de cette engueulade, en l'absence de toute autre démonstration policière, font instantanément le vide dans un rayon de 50 mètres autour des deux protagonistes.

En dépit de quelques incidents de ce genre, le climat de ces rassemblements est généralement détendu, un climat de départ en vacances plutôt que de montée en ligne. Les candidats au départ ne sont pas tous des chômeurs ou des désœuvrés. Sans doute y a-t-il dans le lot une forte proportion de militaires démobilisés et incapables de trouver un emploi, mais on y rencontre également des enseignants, des ingénieurs, des médecins et des comptables, ou des gens qui prétendent l'être, et qui n'envisagent d'aller combattre en Arabie Saoudite que dans le cadre d'une sorte de congé sabbatique.

Peut-être la rumeur selon laquelle les Saoudiens étaient disposés à payer les volontaires 15 000 dollars par an a-t-elle stimulé certaines de ces vocations. Mohammed Salah, qui vient de faire acte de candidature auprès de l'ambassade des Émirats, exerce le métier d'ingénieur du bâtiment. Il possède un logement à Giza et gagne 500 livres par mois, ce qui en fait un Égyptien nettement privilégié. Il affiche trente-cinq ans et prétend avoir servi en 1973 dans les commandos qui ont franchi le canal de Suez. C'est un homme sympathique, ouvert, xénophile, qui s'exprime convenablement en anglais, et dont le profil, en somme, n'est pas du tout celui d'un agité de la guerre sainte.

En fait, la composition de cette armée de volontaires est si variée que, devant l'ambassade du Koweït, on pouvait même hier rencontrer deux étudiants ghanéens dont la motivation principale était peut-être moins la ferveur islamique que le démon de l'aventure. Et pourtant Dieu sait que l'Arabie Saoudite n'est pas exactement le genre de pays dont rêvent habituellement les étudiants africains.

Le Figaro, *17 août 1990*

Égypte : l'optimisme des gens du Canal

Le premier magasin que l'on rencontre à l'entrée d'Ismaïlia, sur la droite, est un commerce de bouées-canards et d'autres jouets de plage.

Le fait que l'on vende des bouées-canards sur le bord du canal de Suez illustre l'optimisme avec lequel l'Égypte envisage l'issue de la crise. Et il en va de même des banderoles que quelques milliers de manifestants sages, répondant à l'appel des syndicats officiels, ont laissées, la semaine dernière, accrochées aux grilles de la mairie d'Ismaïlia : les ingénieurs « soutiennent de tout cœur Hosni Moubarak », les commerçants soulignent que « les principes de l'islam interdisent l'invasion d'un autre pays », et tout le monde s'entend à reconnaître dans l'Égypte « le leader du peuple arabe et musulman ».

Quant au canal, nulle part, à Ismaïlia, on ne le verra d'aussi près qu'à l'embarcadère du bac n° 6, lequel raccorde les deux tronçons de la route menant à Gisgafa, dans le Sinaï. Un peu en retrait de l'embarcadère se découpe la silhouette caractéristique d'un château d'eau transformé en passoire lors des combats de 1973. Les soldats sont nombreux à emprunter le bac, mais sans doute pas plus que d'habitude, et rien ne trahit la mise en place d'un dispositif militaire exceptionnel.

On remarque d'ailleurs presque autant de pêcheurs à la ligne que de soldats. Le coin est en effet idéal pour les premiers, auxquels les règles de navigation sur le canal garantissent de n'être dérangés que trois fois par jour, à l'occasion du passage des deux convois nord-sud et de l'unique convoi sud-nord. Ce dernier défile généralement devant Ismaïlia en fin de matinée ou en début d'après-midi, et il se compose aujourd'hui d'une trentaine de navires répartis en deux groupes : en tête, les plus gros – transporteurs de voitures, supertankers ou porte-conteneurs géants –, et, loin derrière, tout un menu peuple de cargos et de tankers de moindre tonnage.

Le bâtiment de l'administration du canal, à Ismaïlia, se présente un peu comme un hôtel de haut de gamme surmonté d'un restaurant panoramique. L'hôtel abrite des bureaux, et le restaurant panoramique une tour de contrôle. Dimanche, il règne dans l'entrée de cet établissement un climat de languissante fébrilité, dû à ce que notre visite survient peu de temps après que la circulation sur le canal a été interrompue quelques heures, par suite d'un incident qu'il importe au plus haut point de nous dissimuler.

Les autorités du canal redoutent que nous nous emparions de cet incident pour faire une mauvaise réputation à la sécurité de leur entreprise, alors que, renseignements pris, il s'agit d'un échouage sans conséquence et qui ne les met pas en cause. En début d'après-midi, l'activité du bureau – mais non la navigation sur le canal – s'interrompt quelques instants pour permettre aux fonctionnaires pieux de faire leur prière de la mi-journée.

Le capitaine Adel Abdel Salam exerce les responsabilités de chef pilote du canal de Suez. Il a derrière lui vingt-cinq ans de pilotage avec une interruption de quelques années, suite à la guerre des Six Jours, qu'il mit à profit pour découvrir le monde, en commençant par les États-Unis. Le capitaine Salam préférerait certainement nous entretenir des pacifiques projets qui, dans un avenir indéterminé, pourraient faire passer le tirant d'eau maximum autorisé dans le canal de 53 à 67 pieds, et le rendre accessible aux pétroliers de 250 000 tonnes à pleine charge (contre 150 000 aujourd'hui).

Son optimisme ne souffre d'ailleurs pas trop des tensions actuelles, car, à contre-courant de l'opinion qui prévaut dans la presse égyptienne, il soutient que le tarissement des sources irakiennes ou koweïtiennes ne devrait pas se traduire par une baisse sensible du tonnage de pétrole brut transitant par le canal, et donc des revenus de celui-ci, estimés l'an dernier à 1,375 milliard de dollars.

D'une part, selon le capitaine Salam, une grande partie du pétrole koweïtien était destinée au Japon, et donc perdue, de toute manière, pour le canal. D'autre part, l'augmentation des exportations des autres pays du Golfe devrait compenser le déficit irakien. En commerçant avisé, le capitaine Salam observe également que les navires de guerre, qui se bousculent en ce moment pour passer le canal, acquittent des taxes beaucoup plus élevées que les navires de commerce (à titre d'exemple, le passage du *Clemenceau* nous aurait été facturé environ 90 millions de centimes).

À ce sujet, et bien que les autorités du canal aient éprouvé la semaine dernière quelques difficultés avec un cargo irakien qui refusait de payer son passage, le capitaine Salam estime qu'aussi longtemps que l'Égypte ne pratiquera aucune discrimination à l'égard des navires visés par l'embargo, le canal ne risquera pas de mauvaise surprise, dans le genre de ces mystérieuses mines qui, voilà quelques années, avaient momentanément perturbé la navigation dans le golfe de Suez. Quant au cargo irakien récalcitrant, le *Zein al-Qaws*, il est signalé lundi au large d'Akaba, où il devrait débarquer sa cargaison dans les jours à venir... Comme quoi, décidément, il n'y a rien au monde de plus délicat à gérer qu'un embargo.

Au menu du convoi de ce matin, dans le sens nord-sud, figuraient deux destroyers américains en route pour le golfe Persique. Depuis deux semaines, les habitants d'Ismaïlia sont aux premières loges pour voir défiler quelques-uns des plus beaux fleurons de la puissance américaine. Mais ce n'est pas au point que, après l'annonce de la rafle de ressortissants occidentaux à laquelle vient de procéder Saddam Hussein, on ne rencontre ici, comme sans doute dans toute l'Égypte, des gens apparemment influents qui doutent ouvertement de la capacité des États-Unis à relever le défi irakien.

Dimanche, à Ismaïlia, un ancien officier devenu promoteur immobilier, que nous interrogions à ce sujet, nous a répondu sans hésiter qu'à son avis la partie était déjà jouée, et que « les États-Unis ne s'en tireraient pas mieux qu'au Liban ».

Le Figaro, *21 août 1990*

Le Caire : la « résistance » d'un journal en exil

C'est bien injustement que l'on accuse les riches de manquer de cœur. Pour tordre le cou à ce préjugé, il suffit d'observer comment les meilleurs hôtels du Caire font assaut de zèle pour secourir les réfugiés koweïtiens – ou du moins ceux qui, jusqu'à la semaine dernière, avaient les moyens de séjourner à leurs frais dans ce genre d'établissement.

Ainsi le Marriott – dont le cadre splendide a été partiellement défiguré voilà quelques années par des « embellissements » d'inspiration saoudienne – vient-il de faire savoir qu'il mettait à la disposition des Koweïtiens retenus au Caire vingt chambres supplémentaires. L'annonce ne précise pas s'il s'agit d'une offre gratuite, mais tout laisse à penser que la facture, comme dans les deux Hilton, le Safir ou le Sémiramis, sera payée rubis sur l'ongle par l'ambassade du Koweït.

Hier soir, vers minuit, dans le hall du Marriott, des petites filles koweïtiennes – qui, en d'autres circonstances, auraient certainement été couchées depuis longtemps – distribuaient à leurs compatriotes la dernière édition du quotidien *Al-Anba* (« Les Nouvelles »). Figurait à la une la seconde adresse de l'émir du Koweït à son peuple depuis l'invasion irakienne.

L'émir, qui, en ces temps de sang, de sueur et de larmes, manque décidément de l'éloquence d'un Churchill, appelle en peu de mots le peuple à ne pas désespérer, et à partager sa conviction que « le Koweït, après la défaite de l'envahisseur, connaîtra de nouveau des jours tranquilles ».

Après l'invasion, le quotidien *Al-Anba* – qui paraissait à Kuwait City depuis 1976 – a transporté ses pénates au Caire, où il reparaît depuis le 15 août. Au Koweït, il tirait chaque jour à environ cent cinquante mille exemplaires sur quarante pages, dont vingt-deux en couleurs. Au Caire, il doit se contenter de quatre pages en noir et blanc, tirées à quelque trente mille exemplaires auxquels il faut ajouter quinze mille exemplaires en Arabie Saoudite, cinq mille à Bahrein et dix mille à Londres.

T-shirt et voile islamique

La rédaction cairote, dont les effectifs se comptent sur les doigts des deux mains, dispose d'un petit bureau dans le quartier d'El-Aguza, et d'une sorte d'arrière-boutique prêtée par les Égyptiens dans les locaux du grand quotidien *Al-Ahram*.

Même ainsi amputée de 90 % de ses effectifs, et reléguée dans cette arrière-boutique d'*Al-Ahram*, la rédaction d'*Al-Anba* conserve un atout aussi décisif qu'inattendu : son charme. Excepté peut-être le Liban, on ne voit guère d'autre pays arabe où la rédaction d'un quelconque média pourrait compter une telle proportion de jeunes femmes aussi gracieuses, aussi polyglottes, et dont l'exemple illustre aussi nettement la supériorité du t-shirt jaune canari sur le voile islamique.

La directrice de la rédaction, Bibi al-Marzook, explique cette particularité – avec peut-être une pointe de mauvaise foi – par la tradition koweïtienne, qui aurait de tout temps concédé d'importantes responsabilités aux femmes, dans la mesure où les hommes étaient occupés au loin à commercer ou à pêcher les perles. On voit par là tout le bénéfice que le monde arabe aurait pu retirer d'un plus vaste essaimage de l'huître perlière.

Le 2 août, Bibi al-Marzook – dont le père, un promoteur immobilier, est le propriétaire du journal – prenait le frais dans sa maison du littoral, à Kuwait City, lorsque les échos d'un bombardement aérien, puis de tirs d'artillerie, l'avertirent de ce qui était en train de se passer en ville. Dès le lendemain, elle prenait la route, dans un convoi composé uniquement de femmes et d'enfants, à destination de l'Arabie Saoudite. De là, elle gagnait Le Caire pour y reconstituer, avec quelques amis et l'aide de l'ambassade du Koweït, la rédaction d'*Al-Anba*.

Sans aucun complexe, elle annonce d'entrée de jeu qu'*Al-Anba* était et demeure « un journal conservateur et pro-régime ». En dépit de la précarité des moyens techniques dont il dispose, le quotidien se veut le porte-parole de la « résistance koweïtienne », dans la mesure où diverses informations paraissent confirmer qu'il existe désormais quelque chose de ce genre.

Dans une interview publiée hier par *Al-Anba*, le ministre de la Défense de l'émirat prétend que mille deux cents soldats irakiens auraient déserté depuis l'invasion, et que quatre cents auraient été tués, ces deux chiffres relevant sans doute très largement de l'incantation.

Plus modestement, mais sans apporter beaucoup de précisions, Bibi al-Marzook fait état de plusieurs attentats – en plus du « camion-suicide » lancé contre un cantonnement de troupes irakiennes – exécutés ces derniers jours par des « résistants », dont certains seraient rentrés clandestinement au Koweït, après avoir mis leurs familles à l'abri en Arabie Saoudite. Elle confirme également que de simples civils manifestent régulièrement, de jour comme de nuit, en se rassemblant sur les toits-terrasses de leurs maisons pour invoquer le nom de Dieu, celui du Koweït et celui de l'émir déchu.

Même si de telles manifestations ne doivent guère empêcher Saddam Hussein de dormir, elles pourraient à la longue transformer l'image de société anonyme à succursales multiples que l'on se fait habituellement du Koweït.

Le Figaro, *28 août 1990*

Égypte : la thèse du complot

À entendre les réflexions faites en privé par telle ou telle vedette de la gauche caviar, ou à lire certains commentaires de la presse, on constate que l'opinion égyptienne, et notamment sa frange la plus bavarde, n'est pas unanime, il s'en faut de beaucoup, à soutenir l'alliance américaine dont le président Moubarak a fait le pivot de sa politique étrangère.

Même les défenseurs de cette politique ne semblent jamais l'envisager que comme un pis-aller, une concession douloureuse faite aux dures réalités du moment. Parmi ces adversaires déclarés, l'un des plus pittoresques, sinon des plus notoires, est un certain Raed Attar, que *The Egyptian Gazette*, le quotidien en langue anglaise, présente comme rédacteur en chef adjoint et « officier de liaison » du grand quotidien *Al-Ahram*.

Avec des titres aussi prestigieux, Raed Attar devrait être connu comme le loup blanc, mais la vérité oblige à reconnaître qu'au terme d'une rapide enquête, nous n'avons trouvé personne au Caire qui se souvînt d'avoir lu d'autres commentaires de sa plume, ni même qui pût nous le situer précisément sur l'échiquier politique égyptien.

L'article de *The Egyptian Gazette* – qui reprend, en les résumant, les thèses développées par Raed Attar dans un hebdomadaire d'opposition – est illustré par une photo de l'intéressé. Il en ressort qu'il porte au milieu du front, bien en évidence, cette petite bosse que les musulmans pieux développent en se prosternant et qu'ils entretiennent avec soin comme une preuve tangible de leur dévotion.

La thèse centrale de Raed Attar – pour autant que son analyse puisse être envisagée comme un ensemble cohérent –, c'est que le déploiement des troupes américaines en Arabie Saoudite constitue la première phase d'un plan stratégique visant l'ensemble des pays arabes, et appelé à se développer sur trois ans.

Les objectifs de cette « grande conspiration » triennale sont à la hauteur de l'effort prolongé qu'elle implique, puisqu'il s'agit tout à la fois, en dressant les pays arabes les uns contre les autres dans une interminable confrontation militaire, d'établir le « Grand Israël » dans des frontières infiniment plus spacieuses que celles dont dispose aujourd'hui l'État juif, de chasser les Palestiniens de Cisjordanie et du Liban, et de casser les reins d'institutions communautaires arabes telles que le Conseil de coopération du Golfe ou son équivalent maghrébin.

Sans doute le troisième objectif apparaît-il un peu futile, ou déplacé, au regard des moyens mis en œuvre, mais Raed Attar ne s'arrête pas à ce genre de détails. Un peu plus loin, il affirme d'ailleurs que la CIA est à l'origine de la chute de la monarchie koweïtienne, coupable, aux yeux des Américains, de développer ses relations commerciales avec la Chine et l'URSS… En fait, si George Bush est tellement désireux de faire disparaître Saddam Hussein, c'est en sa qualité de témoin dans cette ténébreuse affaire, où l'Irak aurait finalement fait le jeu des Américains.

On imagine bien qu'un plan aussi diabolique, aussi retors, implique d'une manière ou d'une autre les « sionistes ». Et c'est là que le raisonnement de Raed Attar devient véritablement divertissant. Après avoir rappelé au passage, comme si cette thèse allait de soi et ne devait soulever aucune objection, que Kennedy avait été assassiné et Richard Nixon compromis au moment où leur politique proche-orientale allait s'infléchir dans un sens favorable aux Arabes, Attar nous révèle que, George Bush s'étant engagé sur la même voie, les « pouvoirs sionistes » l'ont terrassé en dévoilant le scandale financier dans lequel son fils Neil était impliqué…

Depuis, le malheureux est à la merci de ces « pouvoirs sionistes » qui l'ont obligé, bon gré mal gré, à mettre en œuvre, avec le déploiement de troupes en Arabie Saoudite, la première étape de leur plan stratégique, entièrement financé par les capitaux koweïtiens bloqués dont disposent à leur guise les banques occidentales…

Ce genre de raisonnement psychopathologique ne mériterait guère qu'on s'y attarde s'il n'était assez caractéristique des libertés que les Égyptiens, même « bien informés », prennent volontiers avec la réalité ou la vraisemblance.

Ainsi l'idée que les Américains et les Irakiens ont, depuis le début, partie liée est-elle au Caire d'un usage courant. Il en va de même de la conviction que les « sionistes », d'une manière ou d'une autre, sont toujours à l'origine de tout ce qui peut arriver de fâcheux dans cette partie du monde.

Mercredi dernier, alors que, après la diffusion du message solennel adressé à son homologue irakien par le président Moubarak, toute la ville du Caire bruissait de rumeurs de guerre, un responsable égyptien de l'information, auquel nous demandions son avis sur l'origine de ces rumeurs, n'a pas hésité à mettre en cause la télévision israélienne. C'est elle, assurait-il, qui, dans l'après-midi, avait annoncé l'ouverture des hostilités. Ce disant, le responsable égyptien savait parfaitement qu'il mentait, mais il pensait sans doute qu'à tout prendre, un mensonge anti-israélien valait mieux qu'une vérité neutre.

Le Figaro*, 31 août 1990*

ÉGYPTE : L'OPTIMISME DE RIGUEUR COMMENCE À VACILLER

Il y a quelques jours, la télévision égyptienne a montré des images de Niçois apparemment rendus fous par l'imminence de la guerre, et prenant d'assaut les rayons des supermarchés. À coup sûr, ces images de nos compatriotes se battant pour trois morceaux de sucre auront beaucoup contribué à rehausser le prestige de la France en Égypte. Merci, donc, aux Niçois.

Quant aux Cairotes, leur optimisme, leur foi dans un miracle de dernière heure commencent à vaciller. « Il faut bien que je continue à jouer, mais mon cœur n'y est plus », nous dit un Égyptien d'origine grecque qui exerce le double métier de pianiste de bar et de fabricant de cartons à gâteaux. Or, si les pianistes de bar sont notoirement dépressifs, chacun sait qu'à l'inverse les fabricants de cartons à gâteaux prennent toujours les choses du bon côté.

Plus l'échéance se rapproche, plus les rumeurs sont nombreuses et rapides à se propager. Hier, c'était l'Irak qui venait de déclarer la guerre aux États-Unis, puis le roi Hussein que l'on attendait à l'aéroport pour une visite inopinée au président Moubarak. « Renforcement du dispositif défensif en Haute-Égypte » : si vague qu'elle soit, cette information, divulguée hier par des « sources militaires », alimente d'inconsistantes appréhensions de bombardements du barrage d'Assouan par des avions irakiens basés au Soudan.

Il y a aussi les rumeurs destinées plus spécialement à telle ou telle catégorie de résidents étrangers. Des Américains ont entendu dire que leur ambassadeur avait rapatrié sa femme et ses enfants. L'ambassade dément, et fait répondre qu'elle n'est pas « une agence de voyages ». D'après Richard T., qui a assisté hier au briefing organisé par l'ambassade américaine à l'intention de ses ressortissants, on leur a simplement recommandé d'adopter, dans les jours à venir, « un profil bas ».

Originaire de Californie, Richard T. enseigne depuis quelques mois le journalisme à l'Université américaine du Caire. Il est accablé par les derniers développements de cette guerre annoncée, dans lesquels il voit une « défaite de la raison » et un « triomphe de l'irrationnel ». Ni lui ni aucun de ses collègues américains – ils sont environ cent cinquante à enseigner dans cette université – n'envisagent pour l'instant de quitter l'Égypte. Située en plein centre du Caire, à deux pas du ministère des Affaires étrangères, l'Université américaine accueille un peu plus de trois mille cinq cents étudiants, parmi lesquels 75 % d'Égyptiens et 25 % d'étrangers, originaires pour la plupart des pays voisins.

La terrasse de la cafétéria, par exemple, offre un spectacle véritablement satanique, selon des critères intégristes : des jeunes gens des deux sexes en jeans, walkman sur les oreilles, boivent du yaourt liquide avant d'aller consulter des livres athées. Certaines jeunes filles, mais elles sont rares, se tiennent à l'abri de ces horreurs derrière un foulard islamique.

Ce vernis occidental n'implique aucunement que tous ces étudiants portent les États-Unis dans leur cœur. Il s'en faut de beaucoup. Pour une Nermin, étudiante en business, qui prétend vouloir fuir jusqu'en Alaska le climat empoisonné du Moyen-Orient, il doit bien se trouver dans cette université dix ou douze Maghdi. Égyptien d'origine palestinienne, étudiant en sciences politiques, Maghdi représente le syndicat des étudiants. Avec beaucoup de conviction et de douceur – il se félicite de ce que les opinions divergentes des étudiants n'aient entraîné que des discussions et jamais de bagarres –, Maghdi met en balance les conséquences positives et négatives, selon ses propres termes, de l'invasion du Koweït.

Parmi les conséquences positives, il énumère la résurgence de la cause palestinienne, le déclin de l'hégémonie israélienne, la mise en évidence de l'hypocrisie des Occidentaux – dont la notion du droit varie selon qu'il est violé par leurs amis ou leurs ennemis –, enfin la remise en cause d'un ordre international injuste, qui interdit par exemple aux Arabes de se doter de la bombe atomique. Face à tant de bienfaits, ce qu'il concède de « conséquences négatives » – une légère violation du droit international et quelques atteintes aux droits de l'homme – pourrait relever d'une simple contravention.

Le Figaro, *17 janvier 1991*

Égypte : Shoubra applaudit l'Amérique

À l'intersection de ces deux rues du quartier de Shoubra, l'un des plus vastes et des plus densément peuplés du Caire, la pluie qui est tombée ces derniers jours a formé une flaque boueuse.

Comme souvent au Caire, on pourrait se croire dans une cour de ferme : il n'y manque ni la gadoue, ni le crottin, ni les charrettes chargées de trèfle du Delta, ni les cages grillagées dans lesquelles des poules ou des dindons attendent stoïquement de se faire plumer. Mais, d'un autre côté, avec tout ce linge qui sèche aux fenêtres, tous ces véhicules et toutes ces marchandises en mouvement, tous ces cafés devant lesquels s'attardent buveurs de thé et fumeurs de narguilé, on ne fait pas plus urbain.

Le marchand de tripes et d'abats, qui est en train d'astiquer d'énormes pieds de bœuf alors que l'aviation américaine effectue sa énième sortie au-dessus de Bagdad, semble se réjouir beaucoup de ces coups que l'Irak encaisse. D'ailleurs, si vous y tenez absolument, tout le monde ici est prêt à vous dire pis que pendre de Saddam Hussein. Mais si vous insistez un peu, on vous dira tout autant de mal d'Israël, et à peine moins des États-Unis.

Au demeurant, la puissance de ces derniers impressionne, et, si leur victoire se confirme, il n'est pas impossible que tous ces spectateurs de Shoubra applaudissent le vainqueur comme ils le feraient s'agissant d'un combat de boxe ou d'un match de football.

Le café El-Fichaoui est un des hauts lieux du Khan el-Khalili, le grand souk du Caire, où les touristes, en cette saison, devraient pulluler. Or la guerre du Golfe fait qu'ils se comptent aujourd'hui sur les doigts d'une main. Cela se traduit par une baisse vertigineuse du prix des antiquités de pacotille et par la mélancolie croissante des commerçants. Le Khan est donc un des endroits du Caire où se rencontrent les adversaires les plus acharnés de Saddam Hussein. Un client égyptien du café El-Fichaoui affirme avoir rêvé la nuit dernière que le chef de l'État irakien était terrassé par une crise cardiaque, et que, du coup, « le monde était sauvé ». Quant au garçon de café, qui a travaillé en Irak et en Jordanie, il a contracté dans ces deux pays une haine apparemment tenace tant des Irakiens que des Palestiniens. Tant et si bien qu'il ne peut que se réjouir de la tournure que prennent les choses. Pour penser autrement, assure-t-il, il n'y a que de « mauvais musulmans », dont la police, Dieu merci, prend le plus grand soin.

Ces « mauvais musulmans », on peut notamment les apercevoir le vendredi matin autour de la mosquée Salah el-Din, située au centre du Caire, sur la rive occidentale de l'île de Roda. En temps ordinaire, cette mosquée « intégriste » bénéficie déjà d'une attention particulière des services de sécurité. La prière du vendredi survenant quelques heures après que Saddam Hussein a lancé des missiles sur Israël pour l'impliquer dans le conflit, il n'y a pas lieu de s'étonner si la mosquée Salah el-Din fait aujourd'hui l'objet d'une surveillance renforcée. Longtemps avant l'arrivée des fidèles, une demi-douzaine de véhicules chargés de policiers prennent position sur le quai qui fait face au quartier de Dokki.

À deux pas d'ici, de l'autre côté du pont, flotte en altitude, sur les inaccessibles locaux de l'ambassade israélienne, le seul drapeau frappé de l'étoile de David que l'on puisse voir au Caire. Encore un peu plus loin, une foule extrêmement dense, composée en majeure partie de femmes et d'enfants, piétine devant l'entrée du zoo, lieu traditionnel de pique-nique du vendredi.

La prière s'étant déroulée sans incident, les policiers pourront peut-être rejoindre cet après-midi leurs familles au zoo. Quant aux intégristes, ils ont toujours la ressource de méditer sur les dernières déclarations du grand imam d'Al-Azhar – la plus grande université religieuse sunnite – qui, dans un entretien publié par *Al-Goumhouriya*, affirme que « la guerre menée contre l'oppresseur irakien est licite », même si un fâcheux concours de circonstances a mêlé quantité d'infidèles à cette louable entreprise.

Même les Frères musulmans, qui bénéficient en Égypte d'un régime de liberté très surveillée, adoptent jusqu'à nouvel ordre un profil bas. Avant l'attaque irakienne contre Israël, leur porte-parole s'était en effet contenté d'exprimer sa « tristesse » à propos de cette guerre dont l'issue « ne profitera ni aux Arabes ni aux musulmans ». Bien entendu, cette modération pourrait ne pas résister à une riposte israélienne foudroyante.

Le Figaro, *19 et 20 janvier 1991*

Égypte : rafle d'intégristes

Huit mille personnes ont été arrêtées en Haute-Égypte, au cours de ces deux dernières semaines, selon le journal *Al-Ahram*. Bien que cette rafle se soit déroulée dans une région englobant les villes d'Assiout, de Minya et de Qena, toutes trois réputées pour leur taux élevé d'intégristes musulmans, le quotidien ne mentionne parmi les personnes arrêtées que des malfaiteurs, des trafiquants, des terroristes et des réfractaires au service militaire. Au cours de cette rafle, mille cinq cents armes auraient été saisies, dont quatre cent vingt fusils automatiques et quinze mitrailleuses. Quelle que soit leur obédience, il s'agirait donc de réfractaires bien équipés.

Un haut responsable militaire égyptien, à qui nous demandions comment il se faisait que de simples hors-la-loi possèdent un tel arsenal, nous a répondu qu'il s'agissait d'une tradition régionale comparable, selon ses propres termes, à celle que cultive en France le fameux « peuple corse ». D'après ce responsable, il ne serait pas exceptionnel que ces hors-la-loi, réfugiés dans les régions montagneuses de Haute-Égypte, règlent leurs différends non seulement à l'aide de mitrailleuses, mais de mortiers.

Officiellement, cette gigantesque opération de police n'aurait donc rien à voir avec la guerre du Golfe et le risque concomitant de voir se développer en Haute-Égypte une agitation intégriste plus ou moins favorable aux thèses irakiennes.

À entendre ce responsable, non seulement l'Égypte serait plus que jamais décidée à persister dans la politique adoptée dès le début du mois d'août – et cela quelle que puisse être l'attitude d'Israël vis-à-vis de nouvelles provocations irakiennes –, mais cette politique ne ferait l'objet d'aucune opposition organisée. Les « intégristes » ne constitueraient une menace sérieuse que s'ils parvenaient à se rassembler dans un mouvement unitaire et structuré, ce qui est loin d'être le cas. Quant aux rumeurs concernant de possibles attaques aériennes lancées contre le barrage d'Assouan par des appareils irakiens basés au Soudan, elles relèveraient de la plus pure fantaisie.

Des menaces plus concrètes pèsent sur le canal de Suez, par où transitent régulièrement des navires de guerre, des transports de troupes et d'autres navires assurant la logistique de la coalition. Mais les mesures de sécurité adoptées par les autorités égyptiennes mettraient cette voie d'eau à l'abri de toute fâcheuse surprise. Et il en va de même, bien entendu, pour les aéroports, compte tenu du rôle considérable joué par l'Égypte dans la logistique aérienne de la coalition : depuis le début de la crise, douze mille opérations de ravitaillement ont eu lieu sur des aéroports égyptiens, et quarante mille autorisations de survol du territoire ont été accordées à des avions alliés, c'est-à-dire, pour l'essentiel, américains.

Les responsables militaires égyptiens semblent donc très optimistes quant à l'issue de cette guerre, dont notre interlocuteur affirme que le déroulement est remarquablement « conforme à leurs estimations ». Selon lui, les opérations s'étendront sur plusieurs semaines – au minimum un mois – et la préparation aérienne devrait se prolonger assez longtemps pour anéantir la combativité des troupes irakiennes. L'Égypte, qui dispose en Arabie Saoudite d'environ quarante mille hommes, de quatre cents chars et de deux cent soixante pièces d'artillerie, a toutes les raisons de souhaiter qu'un assaut terrestre ne soit lancé qu'avec un maximum de garanties.

Le Figaro, *21 janvier 1991*

ÉGYPTE : LE JEU DIFFICILE DE MOUBARAK

« Si un seul soldat de la coalition franchit la frontière de l'Irak, nous descendrons dans la rue pour mourir. » Et si les troupes égyptiennes déployées en Arabie Saoudite participent, même sans déborder du territoire koweïtien, aux combats terrestres que la coalition devra un jour ou l'autre mener contre les troupes irakiennes, ce sera l'émeute au Caire, et les jours du régime seront comptés. Pour recueillir ce genre de propos, il n'est pas nécessaire de fréquenter les réunions clandestines des cellules intégristes. Il suffit d'être reçu dans une famille cairote on ne peut plus laïque, progressiste, francophile, au moins jusqu'à la semaine dernière, se réclamant, le cas échéant, du gaullisme, et frottée de culture occidentale au point que, pendant que l'impérialisme américain en prend pour son grade au salon, dans la pièce voisine les enfants regardent *Blanche-Neige* en version originale et sans sous-titres.

Notre hôte, qui a fait ses études à Paris, et qui a pris part à toutes les équipées de la gauche égyptienne, enseigne le droit à l'université d'Ein Chams, près d'Héliopolis. Pour lui, il ne fait aucun doute que le report de la rentrée universitaire, ajournée d'une ou deux semaines, traduit l'embarras des autorités devant l'opposition de plus en plus virulente des étudiants et des enseignants. Si divisée soit-elle – entre les intégristes de choc des Gamaat, les Frères musulmans, les libéraux, la gauche nassérienne ou marxiste –, cette opposition intellectuelle, qui affirme bénéficier d'un soutien populaire de plus en plus étendu au fur et à mesure que paraît s'éloigner l'issue de la guerre du Golfe, se retrouve d'accord au moins sur trois points : la dénonciation de la « croisade » menée par l'Occident contre l'islam et les Arabes, la fierté engendrée par la résistance de Saddam Hussein – quels que soient les défauts de ce dernier, et on lui en trouve d'ailleurs de moins en moins – à l'offensive aérienne des alliés, enfin la satisfaction de voir les Israéliens menacés par un État arabe non plus seulement sur leurs frontières, mais au cœur de leur territoire.

Notre hôte, le professeur de droit, affirme qu'il reçoit régulièrement des appels téléphoniques de ses étudiants le congratulant pour la chute sur Tel-Aviv d'un nouveau missile Scud. D'après l'un de ses interlocuteurs, qui habite le quartier populaire et intégriste d'Ein Chams, l'enthousiasme y battait son plein, mercredi, après que Tel-Aviv eut été frappé par un missile irakien ayant échappé au barrage des Patriot. Bannis des média officiels, ces sentiments s'expriment dans les petits journaux de l'opposition, dont la diffusion aurait considérablement augmenté depuis l'ouverture des hostilités. Dans son édition de mardi dernier, *Al-Chaab*, l'hebdomadaire du parti travailliste (islamiste), publie sur une pleine page un appel émanant de différents syndicats d'ingénieurs, d'avocats, de médecins ou d'infirmières, intitulé : « Non à la guerre de destruction contre l'Irak », et exigeant l'arrêt immédiat des hostilités.

Le même journal publie une interview, réalisée par téléphone, du chef d'état-major de l'armée égyptienne pendant la guerre de 1973, Saad Eddin Chazli, qui vit aujourd'hui en exil en Algérie. « S'il y a une guerre terrestre, prophétise le général, qui sait sans doute de quoi il parle, puisqu'il a rendu visite aux troupes irakiennes après l'invasion du Koweït, l'Irak utilisera tous les moyens, y compris les armes chimiques, et les Américains auront vingt mille tués et quatre-vingt mille blessés. »

L'éditorial d'*Al-Chaab* condamne en termes extrêmement vifs la politique du président Moubarak, et exprime « la honte qu'éprouvent les Égyptiens à se retrouver dans le même camp qu'Israël et les États-Unis ». Enfin, le journal, avec beaucoup de tact et de finesse, se réjouit des dégâts infligés à Israël par les missiles irakiens et de la frayeur que ces attaques inspireraient tant à la population qu'aux dirigeants israéliens : « Les sionistes se sont cachés comme des rats. » « En Israël, on ne meurt pas des attaques de missiles, mais seulement de peur. » « Pour la première fois dans son histoire, l'État juif est paralysé par la peur. » Ce dernier titre faisant, allusion, bien sûr, à l'absence de riposte militaire israélienne, dont le journal islamiste n'envisage pas un instant qu'elle puisse être dictée par un calcul politique, plutôt que par la peur d'attirer sur Israël un surcroît de foudres irakiennes.

Sur un ton légèrement plus mesuré – peut-être parce qu'il s'adresse à une clientèle plus « progressiste » –, l'hebdomadaire *Al-Aali*, émanation d'un petit parti regroupant des opposants marxistes et nassériens, exprime des vues assez proches. Dans l'éditorial de sa dernière livraison, parue mercredi, le rédacteur en chef revient sur le thème, indéniablement très populaire dans les pays arabes, y compris l'Égypte, des « doubles critères » appliqués par les Occidentaux en matière de droit international, selon que ce dernier est mis à mal par leurs alliés ou par leurs adversaires. Le leader du petit parti cité plus haut, Khaled Mohieddine, ancien compagnon d'armes de Nasser dans le groupe des « officiers libres » et figure tutélaire de la gauche égyptienne, déclare dans les colonnes d'*Al-Aali* que « toute attaque contre un pays arabe est une attaque contre l'Égypte ». Les deux pages centrales du journal reproduisent les professions de foi antiguerre d'intellectuels et d'artistes égyptiens renommés. Ainsi Youssef Chahine, le cinéaste égyptien le plus connu du public français, dénonce-t-il l'intervention d'Israël et des États-Unis dans une affaire qui aurait dû se régler entre Arabes. Le cinéaste proteste également contre l'attitude des médias officiels, « qui ne reproduisent que les déclarations de responsables sionistes comme Kissinger » et ignorent les manifestations pacifistes qui se sont déroulées en Europe ou aux États-Unis.

Bien qu'elle n'hésite pas, lorsqu'il s'agit d'Israël, à titiller sa fibre nationaliste et guerrière, l'opposition peut sans doute tabler plus durablement sur les sentiments pacifistes du peuple égyptien, qui, dans le passé, a payé un lourd tribut à la guerre sans en retirer de grands bénéfices. Si peu qu'ils aiment les Irakiens, les Égyptiens ne sont certainement pas pressés de voir leurs soldats mourir dans des combats contre un autre pays arabe, au service d'une cause qu'à tort ou à raison ils perçoivent surtout comme celle des États-Unis. Ce sentiment est d'autant plus profond que, bien qu'il s'agisse d'un sujet tabou, il est de notoriété publique que plusieurs milliers d'Égyptiens, sinon plusieurs dizaines de milliers, servent dans l'armée irakienne, plutôt par nécessité alimentaire, d'ailleurs, que par conviction.

Ce matin, pendant que le président Moubarak s'adressait à l'Assemblée nationale, et, citant l'« union sacrée » réalisée dans les pays occidentaux, mettait l'opposition égyptienne en garde contre toute tentative de dissidence, plusieurs partis de cette opposition, des Frères musulmans aux marxistes, devaient se réunir au Caire pour arrêter une tactique commune. Même si, pour l'instant, ces conciliabules ne constituent pas un véritable danger pour le pouvoir, il pourrait en aller autrement si la guerre s'éternisait dans le Golfe, et si l'armée égyptienne était appelée à y jouer un rôle actif.

Le Figaro, *25 janvier 1991*

La longue route du Caire à Tel-Aviv

À 4 h 30 du matin, en hiver, le centre du Caire a un petit air de Whitechapel du temps de Jack l'Éventreur. Il fait un froid de canard, et des bancs de brume teintés de jaune par l'éclairage au sodium traînent sur les eaux du Nil.

Les barrages que la police établit chaque nuit sur les ponts ne filtrent à ces heures-là que de rares taxis, quelques camions, et les premières charrettes chargées de fourrage ou de légumes. Au pied de l'hôtel Sheraton, sous une enseigne rouge de l'Aéroflot, les clients qui attendent le départ du bus à destination de Tel-Aviv offriraient une cible idéale à des terroristes paresseux et cependant matinaux.

Interrompue pendant quelques jours après le début des hostilités, cette liaison routière Le Caire - Tel-Aviv fonctionne de nouveau, à raison de trois départs par semaine au lieu de six. Les passagers, en effet, se font rares. Ce matin, on en compte tout de même une douzaine, parmi lesquels cinq Égyptiens qui vont rencontrer sur la frontière des membres de leur famille vivant en Israël ; deux étudiants néerlandais parachevant un voyage initiatique aux sources de la civilisation judéo-chrétienne ; deux étudiants originaires du Nigeria et résidant à Tel-Aviv, enfin un journaliste coréen qui souffre du froid plus que quiconque, car il est arrivé la veille de Bangkok.

À la sortie du Caire, le bus a rendez-vous avec un pick-up bâché de la police qui lui ouvrira la voie jusqu'au canal de Suez, au-delà duquel il sera relayé par un autre pick-up, également bâché, mais appartenant cette fois à l'armée. Le premier contient quatre policiers, le second quatre soldats, et les uns comme les autres sont armés de Kalachnikovs.

Vers midi, on atteint la rive occidentale du canal, au grand émerveillement du journaliste coréen qui, semble-t-il, ignorait l'existence de cette voie d'eau. C'est du moins le point de vue d'un des passagers égyptiens qui longuement, patiemment, explique au Coréen ébahi le fonctionnement de la chose. Le Coréen semble douter encore, lorsque défile sous ses yeux le convoi nord-sud, en tête duquel vient un navire auxiliaire de l'US Navy, le *Rigel*, chargé probablement de munitions à destination du corps expéditionnaire américain.

Sur la rive orientale, seule une voiture bondée de réfugiés égyptiens en provenance d'Irak, dont les bagages s'entassent sur le toit, attend le départ du bac. Les dromadaires broutent parmi les épaves calcinées de tanks soviétiques datant de la Seconde Guerre mondiale.

Plus on se rapproche d'El-Arish et de la frontière israélienne, plus les véhicules se font rares, tandis que les barrages de l'armée se multiplient. On aperçoit la mer sur le côté gauche de la route. Sur le côté droit, des panneaux bilingues signalent aux « étrangers » qu'il leur est interdit de quitter la route principale. Et c'est ainsi que l'on atteint la frontière, laquelle, comme partout dans le monde, se compose principalement d'un bureau de la douane et d'un autre de l'immigration.

L'arrivée du bus coïncidant avec la prière de la mi-journée, les formalités en sont un peu ralenties. Il en ressort également que 80 % du personnel de ce poste frontière égyptien est musulman et pratiquant.

Le passage d'Égypte en Israël se traduit par de nombreux changements : 1) Changement de bus. Le chauffeur du bus israélien, un peu plus confortable que le bus égyptien, présente une ressemblance saisissante avec Mel Brooks. 2) Changement de mœurs. Tout le personnel de la douane et de l'immigration israéliennes, sans exception, au moins dans les échelons inférieurs, est jeune et féminin. 3) Changement de standing. Le Restoroute où le bus s'arrête peu de temps après le passage de la frontière, avec ses bacs à fleurs, ses toilettes impeccables, ses poubelles garnies de sacs en plastique, son self-service débitant des frites grasses et des escalopes de dinde panées, est un luxe que l'Égypte ne connaîtra pendant longtemps encore qu'à travers les séries télévisées américaines.

Au départ du poste frontière israélien, le bus conduit par Mel Brooks compte un passager de moins. L'un des étudiants nigérians a en effet été refoulé vers l'Égypte, où son visa était expiré, si bien qu'il est peut-être condamné à errer pour le restant de ses jours dans le no man's land entre deux haies de barbelés et de miradors.

Les raisons de son refoulement ne nous ont pas été communiquées, pas plus qu'au chauffeur du bus. Mais il s'agit, bien entendu, de raisons de sécurité. L'infortune de cet étudiant nigérian est d'autant plus étonnante que, sitôt franchie la frontière égyptienne, il nous avait expliqué sans se faire prier combien il détestait l'Égypte, si sale, si désordre, et combien il préférait Israël, tellement plus propre.

Amputé de son passager nigérian, le bus poursuit sa route vers Tel-Aviv, qu'il atteint en fin d'après-midi, à l'heure où ses habitants la fuient par milliers, en voiture, afin de passer la nuit à l'abri des missiles irakiens.

Le Figaro*, 30 janvier 1991*

La vie quotidienne à l'heure du couvre-feu

Venant de Jérusalem, il faut environ un quart d'heure pour se rendre à Ramallah, si l'on franchit sans encombre le point de contrôle établi par l'armée israélienne à mi-distance des deux villes. Comme dans toute la Cisjordanie occupée, la vie s'est arrêtée à Ramallah à l'aube du jeudi 17 janvier, lorsque des véhicules de l'armée, équipés de haut-parleurs, se sont répandus dans toute la ville pour informer ses habitants qu'ils vivaient désormais sous le régime du couvre-feu.

Plus que d'un couvre-feu, c'est en fait d'un véritable internement qu'il s'agit, puisque les Palestiniens de Cisjordanie, en dehors de brèves récréations survenant deux ou trois fois par semaine, sont consignés nuit et jour à domicile. Toute infraction à ces dispositions – même le simple fait de traverser la rue pour se rendre chez le voisin d'en face, ou d'étendre du linge dans la cour – est théoriquement passible d'une peine de prison pouvant aller jusqu'à cinq ans ou d'une amende pouvant s'élever jusqu'à 30 000 shekels (environ 75 000 francs).

À Ramallah, lorsque le couvre-feu est levé, c'est de préférence l'après-midi, afin de placer les organisateurs de l'Intifada devant ce dilemme embarrassant : soit ils maintiennent leur mot d'ordre de grève des commerces l'après-midi, et ils courent le risque de s'aliéner la population palestinienne en contribuant à l'aggravation de ses conditions d'existence. Soit, pour permettre à la population de se ravitailler, ils reportent ou ils assouplissent les consignes de grève, ce qui pourrait apparaître comme un enterrement de l'Intifada.

Une heure avant la levée du couvre-feu, on entendrait une mouche voler dans les rues de Ramallah. Mais dès que les véhicules de l'armée ont propagé la nouvelle de la levée provisoire du couvre-feu, la population reprend possession de la ville, avec une hâte d'autant plus fébrile que le temps de vivre lui est plus chichement compté. Quatre heures au maximum, si tout le monde se tient tranquille. Aujourd'hui, la récréation sera amputée de près d'une heure, les hommes âgés de moins de vingt-cinq ans en seront privés, afin de prévenir tout risque d'agitation ;

et, pour n'avoir pas tenu compte de cette restriction notifiée après coup, plusieurs dizaines de jeunes contrevenants termineront la journée assis par terre, sous la surveillance des militaires, derrière la clôture grillagée d'un poste de police disposé comme un camp retranché.

Il est difficile d'imaginer tout ce que l'on peut faire de trois ou quatre heures de liberté survenant tous les trois jours. Les gens se précipitent à la poste pour retirer du courrier ou de l'argent, chez le dentiste – il y en a quarante à Ramallah, et celui auquel nous avons rendu visite avait deux vitres de son cabinet cassées par des tirs de balles en plastique –, font la queue chez le boulanger, furètent à la recherche des rares boutiques d'alimentation qui ont relevé leur rideau de fer et qui ont pu regarnir leurs stocks depuis l'instauration du couvre-feu.

En fait, beaucoup de commerçants restent dans une prudente expectative. Tel épicier, dont le tiroir-caisse est surmonté d'un chromo représentant saint Georges terrassant le dragon, a « entrouvert » sa boutique, de manière qu'il puisse en même temps satisfaire aux exigences de la clientèle et souscrire aux consignes de l'Intifada.

Déjà éprouvée par cette dernière, l'économie cisjordanienne risque de ne pas survivre au couvre-feu. À l'exception de celles, quelques dizaines, qui ont obtenu des laissez-passer pour leurs employés – encore ces laissez-passer seraient-ils parfois en nombre insuffisant pour permettre une réouverture –, les entreprises ne travaillent plus, les marchandises ne circulent plus, et la majeure partie des récoltes de légumes ou de fruits seraient menacées de pourrir sur pied.

Le rétablissement du couvre-feu, un peu après 3 heures de l'après-midi, est notifié sans ménagements aux habitants de Ramallah. Comme l'ensemble de la population palestinienne, Souad et Slimane, en affectant tout de même de ne pas trop se presser, retournent à leur internement. Souad et Slimane peuvent avoir l'un et l'autre une cinquantaine d'années. En temps normal, Slimane est marchand ambulant de fruits et légumes. Les nuits et les journées interminables du couvre-feu, ils les passent enfermés dans l'unique pièce de leur maison de la vieille ville, avec leurs six enfants, deux filles et quatre garçons, dont les deux aînés, généralement, se relaient en prison.

L'un et l'autre sont en effet du genre à lancer des pierres lorsque l'occasion s'en présente, et à monter la nuit sur le toit pour saluer par des sifflements et des tambourinements la chute d'un nouveau missile irakien sur le sol israélien. Souad fait le pain elle-même, à la maison, et elle avait accumulé avant le couvre-feu quelques provisions de riz, de farine, de sucre ou de sardines à l'huile. Rahed, celui des deux aînés qui est en liberté ces jours-ci, regarde pendant huit heures d'affilée les programmes de la télévision jordanienne, laquelle fonctionne de plus en plus comme un relais de la propagande irakienne. Quelquefois, des voisins arrivent à sauter le mur pour faire une partie de cartes.

À défaut de masques à gaz – sur environ un million sept cent mille habitants des territoires occupés, seules quelques dizaines de milliers en ont été pourvus jusqu'à présent –, Souad a calfeutré ses deux fenêtres avec des bouts de plastique, du papier collant et un grand poster de Boy George. Si des missiles irakiens s'obstinent à tomber sur les territoires occupés, l'enthousiasme qu'une majorité de Palestiniens éprouvent pour Saddam Hussein en sera peut-être émoussé. Mais il en faudrait beaucoup pour rapprocher les populations qui vivent de part et d'autre de la « ligne verte », et dont les intérêts, les sentiments, les allégeances n'ont sans doute jamais été aussi rigoureusement incompatibles.

Le Figaro, *5 février 1991*

Jéricho : les fruits de la paix, les barbelés de la guerre

Après une longue période de sécheresse, les pluies abondantes de ces derniers jours ont apporté un peu de réconfort aux chèvres et aux moutons des collines de Judée. Des deux côtés de la route de Jéricho, qui depuis les hauteurs de Jérusalem descend vers la mer Morte et la vallée du Jourdain, le sol, d'une couleur et d'une texture de tapis-brosse, présente désormais quelques plaques vertes, en particulier dans les creux où sont généralement établis les campements des Bédouins.

Les exigences du nomadisme pastoral n'étant guère compatibles avec les contraintes du couvre-feu, les autorités israéliennes ont apparemment pris le parti de fermer les yeux sur la divagation des chèvres et l'erratisme des bergers.

Quelques kilomètres avant que la route de Jéricho passe en dessous du niveau de la mer, à une intersection, un homme âgé fait du stop, coiffé d'un petit chapeau et portant pour tout bagage la boîte en carton de son masque à gaz.

Le vieil homme vient de Tachkent, en Ouzbékistan, il est arrivé en Israël voilà trois mois, et il habite avec d'autres Juifs soviétiques dans une espèce de cité de transit construite de bric et de broc, au sommet d'une colline, dans un décor absolument nu, aride, battu des vents, et d'une stupéfiante beauté.

De ce nid d'aigle, la vue porte jusqu'à la mer Morte et aux collines de Jordanie, du même ocre jaune que leurs cousines de Judée.

Sur ces hauteurs adverses, de part et d'autre de la dépression qui constitue le premier maillon du Grand Rift, pèsent des nuages sombres, ménageant une éclaircie au-dessus de la vallée du Jourdain qu'enjambe d'une rive à l'autre un arc-en-ciel de carte postale.

Dans ce décor digne d'une rencontre au sommet entre Dieu et Satan – c'est d'ailleurs non loin d'ici que la tradition situe l'épisode de la tentation du Christ –, les fantaisies de l'Administration israélienne ont fait surgir cette colonie de peuplement particulièrement isolée et mal lotie.

Quelques belles maisons en pierre, dont certaines déjà menacent ruine, et les vestiges d'un monument représentant un monstre marin semblent attester que les fondateurs de cette colonie ont nourri autrefois de grands desseins.

Mais les constructions les plus récentes sont de simples caissons préfabriqués, désignés pompeusement du nom de caravane, où s'entassent des immigrants de fraîche date. Le vieil homme de Tachkent partage sa caravane avec cinq autres Juifs soviétiques de provenances diverses, hommes et femmes, dont un électronicien qui, avant de quitter l'URSS, bricolait sur les ordinateurs de l'agence Tass.

Depuis l'époque où Josué jouait de la trompette sous ses remparts, Jéricho a beaucoup perdu de sa superbe, mais elle demeure un centre important de culture maraîchère. De source palestinienne, on chiffre déjà en millions de dollars les pertes encourues par les agriculteurs de la région, du fait du couvre-feu, qui leur interdirait de ventiler leurs serres, d'arroser, de vaporiser des insecticides ou de récolter les fruits et les légumes parvenus à maturité. Sur place, la réalité apparaît un peu plus nuancée.

En bordure de la route qui de Jéricho mène aux rivages de la mer Morte, les militaires israéliens sont mystérieusement occupés à dérouler du fil de fer barbelé le long d'un champ que rien, à première vue, ne désigne comme un objectif stratégique.

À l'arrière-plan, deux agriculteurs palestiniens récoltent des aubergines, un autre conduit un tracteur à la remorque chargée d'oranges.

Un peu plus loin, devant une maison basse, plusieurs personnes sont installées sous une treille, parmi des caisses d'aubergines, de tomates, de poivrons et d'autres légumes de saison. La maison est la propriété d'une famille de réfugiés qui, avant 1948, possédaient des terres situées à l'ouest de Jérusalem.

Aujourd'hui, ils louent les terres qu'ils exploitent à un propriétaire, également palestinien, auquel ils versent 50 % du produit de la récolte. Durant le couvre-feu, pour travailler dans leurs champs, ils doivent obtenir un permis délivré par l'administration israélienne à Jéricho.

Ces permis, selon eux, seraient trop chichement accordés, et pour un nombre d'heures insuffisant. Au demeurant, il ne semble pas que l'armée israélienne, localement, exerce des contrôles très rigoureux, en tout cas pas au point que plusieurs personnes ne parviennent à travailler avec le même permis, et peut-être un peu au-delà de l'heure limite.

Les problèmes les plus urgents se poseraient plutôt au niveau du transport et de la distribution. Dans l'impossibilité de vendre leurs produits, comme ils en ont l'habitude, sur le marché de Jéricho, les agriculteurs sont entièrement tributaires des grossistes qui ont obtenu un permis de circuler, et qui passent de temps à autre, en camion, ramasser les caisses de fruits et de légumes empilées en bordure de la route devant les fermes.

Toutes ces difficultés, dont la gravité augmente au fur et à mesure que le couvre-feu se prolonge, n'empêchent pas le maître de maison de professer des opinions très modérées, très conciliatrices, en somme très rurales.

Indéniablement, la sophistication des moyens techniques dont il dispose laisserait pantois un agriculteur du delta du Nil. Et, bien qu'il se plaigne de leur coût élevé, il reconnaît sans aucune gêne que, grâce à ces techniques importées d'Israël, les agriculteurs de Cisjordanie restent les plus performants du Moyen-Orient.

La ferme de notre hôte est située à environ 5 km du Jourdain. « 1 km de fermiers, commente-t-il, et 4 km de soldats. » En deçà de la ligne sinueuse qui délimite les territoires respectifs de l'agriculteur et du soldat, on roule au milieu de champs d'une incroyable fertilité, où tous les légumes du monde, et des fraises d'une taille presque monstrueuse, poussent sous de longues bandes de plastique régulièrement alignées. Les ruines assez succinctes du palais d'Hisham, dixième calife de la lignée des Omeyyades, marquent l'un des points de passage entre les deux territoires.

Au-delà, cette terre si propice aux légumes est nue comme la main, et ratissée avec soin par des engins spéciaux, afin que la moindre trace de pas s'y voie comme le nez au milieu de la figure. Une clôture métallique d'environ 2 m de haut, hérissée de fil de fer barbelé, interdit l'accès de ce no man's land qui s'étend donc sur 4 km de profondeur, afin de prévenir toute incursion de commandos palestiniens en provenance de Jordanie. De part et d'autre de la clôture gambade une petite harde de gazelles, de tous les mammifères le seul qui soit assez souple pour la franchir d'un bond, et assez léger pour fouler ce territoire interdit sans faire détonner les mines dont il est truffé.

Le Figaro, *12 février 1991*

La vie continue autour des lieux saints

Parmi les sept portes de la Ville sainte, la porte des Immondices est celle qui vous introduit le plus rapidement dans le vif du sujet. Sitôt qu'on l'a franchie, il faut passer sous les fourches caudines d'un détecteur de métal et se soumettre à un contrôle de l'armée israélienne. En effet, la porte des Immondices donne accès au mur des Lamentations et à l'esplanade des Mosquées, dont le voisinage fut à l'origine des sanglants incidents du mois d'octobre.

L'esplanade des Mosquées surplombant le mur des Lamentations, on atteint la première en empruntant une rampe dont l'ascension offre une vue plongeante sur le second, devant lequel les hommes et les femmes se recueillent séparément de part et d'autre d'une barrière métallique. Installés dans une position dominante d'où ils peuvent observer tout ce qui se passe sur l'esplanade des Mosquées – même si généralement il ne s'y passe rien, puisque l'accès en est désormais interdit aux jeunes, y compris et surtout pour le prêche du vendredi –, plusieurs dizaines de militaires israéliens suivent les mouvements des rares visiteurs.

Sur le sol de l'esplanade, des pots de fleurs généralement défleuris marquent les emplacements où des manifestants sont tombés lors des incidents d'octobre.

À l'extérieur de la porte des Lions, en contrebas de l'esplanade des Mosquées, s'étend un cimetière musulman. Pour cause de couvre-feu, les morts en provenance des territoires occupés n'ont droit qu'à des convois funèbres très réduits, en tête desquels progressent généralement deux enfants portant des palmes.

Passé la porte des Lions, on entre dans la via Dolorosa qui porte à cette hauteur le nom jordanien de rue des Moudjahidin. La via Dolorosa correspond au parcours que la tradition chrétienne a retenu comme étant celui du chemin de croix. À l'entrée de cette rue des Moudjahidin, deux guides palestiniens battent la semelle : « No tourist, no business. » « Et rien à manger », ajoute, avec une pointe d'exagération, une dame assise sur le pas de sa porte.

Sur le côté droit de la rue gît l'épave calcinée d'une voiture ayant appartenu à un Palestinien soupçonné de collaboration avec les autorités israéliennes. Les murs sont couverts de slogans, la plupart en arabe, quelques-uns en anglais : « Israel new fascist », « PLO here and everywhere » (« L'OLP ici et partout »).

Les croisés ont bâti l'église Sainte-Anne sur le lieu présumé où naquit la Vierge Marie. Non loin de là s'ouvre une profonde excavation, pleine de vestiges archéologiques, et dans le fond de laquelle croupit l'eau de la miraculeuse piscine de Bethesda. Pendant le mois d'octobre, toutes ces reliques et le jardin qui les entoure ont reçu pas mal de grenades lacrymogènes. Un des jardiniers, qui se trouvait sur l'esplanade des Mosquées lors de la fusillade, a été blessé d'une balle dans le poumon. « En ce moment, commente le père Philippe Thiez, le quartier est calme. D'habitude, pourtant, les gamins d'ici sont assez coriaces. »

L'arc de l'Ecce Homo est-il effectivement contemporain du Christ ? Autrement dit, s'agit-il véritablement de l'arc de l'Ecce Homo ? Même les sœurs de N.-D.-de-Sion ont des doutes à ce sujet, car cet arc, en fin de compte, pourrait bien dater du règne d'Hadrien. Toujours est-il que l'arc dit de l'Ecce Homo prend naissance dans une basilique, franchit la via Dolorosa et retombe dans une mosquée connue des sœurs de N.-D.-de-Sion pour sa spécialité de derviches tourneurs.

Même si cet arc n'est pas le bon, les sœurs sont en revanche assurées que le dallage strié de leur crypte, le lithostratos, a bien été foulé par les pas du Christ. En temps ordinaire, le lithostratos reçoit près d'un millier de visiteurs par jours. Depuis le début de la guerre, les sœurs de N.-D.-de-Sion n'ont accueilli que quelques centaines d'habitants du quartier, tous musulmans, venus chez les infidèles chercher refuge contre les missiles irakiens.

En face de chez les sœurs, M. Hassan tient depuis plus de vingt ans une petite boutique de souvenirs pieux. M. Hassan est tout à fait musulman, mais il a le sens des affaires et la religion qu'il professe est très œcuménique. Le Christ, comme il aime à le rappeler, n'est-il pas un prophète reconnu par l'islam ? Enfin, « en tant qu'êtres humains » – il s'agit d'une tournure particulièrement appréciée des Palestiniens –, chrétiens et musulmans n'endurent-ils pas les mêmes souffrances et ne luttent-ils pas pour la même cause ? M. Hassan laisse à son interlocuteur le soin de deviner de quelles souffrances et de quelle cause il s'agit.

Quant aux affaires, elles vont de mal en pis. De l'aveu de M. Hassan, l'Intifada les avait déjà bien entamées, et la guerre leur a porté le coup de grâce. Plus l'ombre d'un client pour ces christs saint-sulpiciens et ces fausses icônes byzantines.

Et voilà que, par-dessus le marché, les postes israéliennes choisissent ce moment pour lui adresser une facture de 300 shekels, alors que son téléphone, comme celui de la plupart des habitants du quartier, est coupé depuis trois semaines. À 1 heure de l'après-midi, M. Hassan, qui n'a rien vendu de la matinée, doit baisser son rideau de fer s'il ne veut encourir les foudres des contrôleurs agréés de l'Intifada.

À la hauteur du patriarcat catholique arménien, la via Dolorosa fait un coude et emprunte sur quelques dizaines de mètres la rue El-Wad. C'est ici, en plein quartier musulman de la vieille ville, que le général Sharon a acheté une maison où il ne séjourne guère, semble-t-il, mais où sa présence sporadique entraîne celle, permanente, d'un dispositif militaire assez voyant.

En l'absence du général, cette présence militaire profite du moins aux adeptes de la Yeshiva du IIIe Temple, les extrémistes juifs partisans de reconstruire le temple sur l'esplanade des Mosquées, qui se sont installés, non loin de là, dans un vieil immeuble. La via Dolorosa reprend là où le Christ, tombé sous le poids de la croix, a été secouru par Simon de Cyrène. Le mur où, selon la tradition, s'est imprimée l'empreinte de la main du Christ, porte une inscription toute récente, à la peinture rouge, invitant les États-Unis à se retirer du golfe Persique.

Dans le souk Kahn Ez-Zeit, qui, passé 1 heure de l'après-midi, ne présente plus qu'un morne alignement de rideaux de fer, une rampe permet de rejoindre l'impasse, couverte de graffitis vengeurs, qui mène au monastère éthiopien. Installés dans de petites maisons basses, toutes de guingois, quelques dizaines de moines y coulent une existence assez inconfortable et paisible. Exclus, semble-t-il, du Saint-Sépulcre, pour le partage duquel les différentes Églises chrétiennes s'affrontent depuis des siècles dans une véritable querelle de maquignons, les Éthiopiens disposent en revanche d'un accès direct au parvis de la basilique.

L'entrée de cette dernière est gardée par un policier israélien assis sur un petit banc, à côté duquel une demi-douzaine de croix sont adossées au mur. Arabe et musulman, le policier se flatte d'avoir derrière lui quarante années de maison, dont vingt-sept sous l'uniforme jordanien et treize sous l'uniforme israélien. Cela fait douze ans qu'il garde l'entrée du Saint-Sépulcre. À l'intérieur de la basilique, les Grecs orthodoxes ont édifié un hideux mur de béton qui masque la vue du chœur.

Auparavant, ils avaient recouvert le Saint Tombeau de ce que Pierre Loti décrit comme « un grand kiosque de marbre d'un luxe à moitié barbare ». À force d'intrigues et de palabres, le clergé copte a obtenu de son côté la gestion d'une petite chapelle attenante à ce kiosque. La chapelle abrite un moine copte qui, tapi dans l'ombre, attend les rares visiteurs pour tâcher de leur vendre à prix d'or de la bimbeloterie, et, s'ils refusent de se laisser faire, pour les accabler de malédictions.

DIALOGUE PAR-DESSUS LES BARBELÉS

Que l'espèce humaine se soit maintenue vaille que vaille sur les hauteurs du Golan, c'est ce qu'atteste la présence intermittente de quelques vaches rousses qui doivent avoir de la parenté dans le Limousin. Avant d'atteindre la périphérie de Kuneitra, la route venant du lac de Tibériade traverse bien une ville, mais une ville absolument déserte, vidée de toute substance, dont les rares bâtiments encore debout sont éventrés, éviscérés et criblés d'impacts au point de ressembler désormais à des amas de madrépores.

En plus des rochers noirs, des eaux claires, des villes mortes, des vaches rousses et de quelques représentants des Nations unies, on rencontre sur les hauteurs du Golan énormément de chars d'assaut, la plupart bien vivants, et quelques-uns dont les carcasses foudroyées, abandonnées dans la nature ou érigées en monuments, commémorent le formidable choc de cuirasses dont la région fut le théâtre durant la guerre du Kippour.

En annexant les hauteurs du Golan, éloignant ainsi la menace que les Syriens faisaient peser sur les kibboutzim de Galilée, Israël a hérité d'une poignée de villages druzes dont les habitants s'obstinent à refuser la nationalité, au demeurant pleine d'avantages, que leur offre leur nouveau maître. Chaque année, depuis 1982, à la mi-février, ces villages font la grève pendant une journée afin de réitérer l'expression de ce refus.

Compte tenu des circonstances, la grève a attiré cette année un peu plus de policiers et de soldats que d'habitude, mais elle n'a pas donné lieu à de notables incidents. Et, malgré la coïncidence avec les trois jours de deuil décrétés dans les territoires occupés par suite du bombardement de l'abri de Bagdad, les Druzes n'ont pas saisi l'occasion de fondre leur mouvement dans cette protestation générale.

Situé au pied du mont Hermon, dont les pentes neigeuses ménagent aux Israéliens leur unique possibilité de pratiquer chez eux les sports d'hiver, le village druze de Majdal Shams a, depuis l'annexion, le nez sur la frontière, matérialisée par une clôture hérissée de barbelés, que double un chemin de ronde régulièrement emprunté par des véhicules de patrouille israéliens. De part et d'autre de cette frontière – que les Syriens, de leur côté, ont assaisonnée d'un champ de mines –, deux collines se font face, d'où les militaires israéliens, syriens et onusiens s'épient triangulairement du haut de leurs miradors.

Bien qu'il ne se prête guère aux confidences ou aux épanchements, c'est ce site sous haute surveillance – faute sans doute d'un autre plus propice – que les familles séparées par cette frontière ont élu pour se retrouver, autant que le permet l'usage simultané des jumelles et du haut-parleur.

Le vendredi, jour chômé, est généralement celui que les familles choisissent pour ces retrouvailles. Supposons, par exemple, que dans une famille druze, la branche demeurée en Syrie souhaite entrer en contact avec la branche située désormais en Israël. Dans la matinée, un représentant de la branche syrienne se présente au sommet de la colline, d'où, par haut-parleur, il fait connaître son intention de parler aux cousins.

Côté israélien, quelqu'un reçoit le message et le transmet par téléphone à la branche locale de la famille, laquelle, sitôt prévenue, se hâte de revêtir ses plus beaux habits – ce souci vestimentaire est particulièrement marqué chez les hommes, dont le costume traditionnel est d'ailleurs effectivement très seyant – et de gagner le terre-plein grossièrement aménagé pour ces échanges au pied de la colline israélienne.

Dans un premier temps, les cousins, de part et d'autre de la frontière, se reconnaissent à la jumelle ; puis, à l'aide du haut-parleur et à grands renforts de gestes, ils échangent des questions et des réponses portant le plus souvent sur la santé des uns et des autres. « Comment va le cousin Untel ? » « Dieu merci, il est en bonne santé. »

Quelquefois l'un des protagonistes de cet entretien à distance s'autorise une petite plaisanterie, comme d'adresser à une cousine deux baisers sonores, ce qui déclenche les rires et les commentaires de l'assistance. Si limités qu'ils soient, ces échanges interdruzes reflètent d'ailleurs une liberté de ton et d'allure, en particulier dans les rapports entre hommes et femmes, qui contraste nettement avec les habitudes d'autres obédiences islamiques.

Ismaïl, qui habite, du côté israélien de la frontière, le village de Bokkata, distant d'une dizaine de kilomètres, a été prévenu voilà une heure que son oncle et sa tante, du côté syrien, désiraient s'entretenir avec lui. Tout d'abord, il a failli être victime de ce malentendu qui, dans la légende de Tristan et Iseut, coûte la vie au premier, lorsqu'en la voyant de loin il a cru que sa tante portait des habits de deuil. Puis l'examen à la jumelle a dissipé le malentendu, et le neveu a pu échanger avec ses oncle et tante de bonnes nouvelles des deux branches de la famille.

Ismaïl, qui est âgé de trente-cinq ans, et qui enseigne la chimie dans un lycée agricole israélien, n'a pu franchir la frontière qu'une seule fois depuis 1967, l'année de la guerre des Six Jours, au terme de laquelle les Israéliens ont occupé ces hauteurs du Golan. D'un autre côté, la carrière d'Ismaïl illustre les avantages que les Druzes peuvent retirer de l'annexion israélienne, et lui-même est d'ailleurs très mesuré lorsqu'il s'exprime sur ce sujet.

La politique, précise-t-il en préambule, a quelque chose d'impie, voire de sacrilège, aux yeux des Druzes, dont la conduite devrait se guider uniquement sur la religion. D'après Ismaïl, la guerre du Golfe ferait le bonheur des Druzes dans la mesure où elle annonce la fin du monde, et par conséquent la délivrance prochaine de l'humanité en général, et des Druzes en particulier. En attendant, et parce que, tant qu'il existe, il faut bien composer avec les puissances de ce monde, certains Druzes, en particulier parmi les jeunes, éprouvent quelques faiblesses pour Saddam Hussein. Et comme ce sont les mêmes, en gros, qui revendiquent le plus bruyamment le retour à la mère patrie syrienne, l'engagement d'Hafez al-Assad du côté de la coalition les plonge dans un certain embarras. Sans trop s'attarder sur ces contradictions, quelques-uns imaginent déjà que la Syrie, en récompense de son alignement sur les États-Unis et de ses velléités, non confirmées, de reconnaissance d'Israël, obtiendra de ce dernier la restitution des hauteurs du Golan. D'autres, sans doute plus réalistes, estiment qu'en aucun cas Israël ne reviendra sur cette annexion.

Il n'est d'ailleurs pas sûr que la perspective de demeurer israéliens soit aussi navrante pour les Druzes que les plus militants d'entre eux veulent bien le dire. Si le village de Majdal Shams – dont l'activité principale est officiellement la culture des pommes – était demeuré du côté syrien de la frontière, sans doute y verrait-on un peu moins de Mercedes et autres grosses cylindrées. Ismaïl, quant à lui, souhaite que le Golan devienne une zone franche placée sous mandat des Nations unies, d'où l'on pourrait en un rien de temps se rendre par la route à Damas ou à Haïfa, et qui préfigurerait l'union de tous les pays de la région dans une sorte de confédération helvétique. L'air des cimes a toujours été propice à la rêverie.

Le Figaro, *18 février 1991*

Israël : le non sans équivoque des orthodoxes

Meah Shearim est l'un des quartiers de Jérusalem où les prescriptions de la Torah sont le plus strictement observées. La liste des activités qu'on peut y pratiquer le jour du sabbat tiendrait aisément, même écrites en gros caractères, dans la paume de la main. En semaine, c'est un quartier animé, mais soumis à des règles de conduite qu'illustre notamment le port généralisé de la redingote et du chapeau noir.

Afin que nul n'en ignore, des panneaux métalliques rédigés en anglais, placés au-dessus des principaux accès et relayés à l'intérieur du quartier par d'innombrables affiches, invitent les visiteurs à ne pas se déplacer tête nue, et, ce qui est encore beaucoup plus important, les visiteuses à « ne pas réveiller les bas instincts » des riverains « en portant des vêtements indécents ». On voit par là combien, même à Meah Shearim, les contempteurs de l'instinct demeurent conscients de sa force, et de la fragilité des barrières qu'ils ont érigées pour le contenir.

Au cœur de Meah Shearim, David Ezra tient une boutique d'antiquités toute proche d'une yeshiva d'où émane un brouhaha de voix enfantines. Bien qu'une affiche manuscrite collée au-dessus du seuil de sa boutique, rédigée en hébreu, en arabe et en anglais, précise une fois de plus que « seules les femmes décemment habillées seront servies », l'antiquaire n'a pas les apparences rébarbatives d'un parangon de vertu.

Les risques de voir une femme légèrement vêtue franchir le seuil de sa boutique sont d'ailleurs d'autant plus minces que David Ezra n'a rien à vendre, à l'exception tout de même de trois vieux pots en cuivre. En fait, il semble que David Ezra ne tienne boutique ouverte qu'afin d'y passer tranquillement sa journée, car le commerce a cessé depuis longtemps de l'intéresser.

De temps à autre, deux ou trois voisins vêtus de la redingote et du chapeau réglementaires rentrent dans la boutique pour échanger quelques mots avec l'antiquaire, qui, de quart d'heure en quart d'heure, écoute scrupuleusement tous les bulletins d'informations diffusés par la radio des forces armées israéliennes. Le plan de paix soviétique fait tous les frais de leurs commentaires.

David Ezra, dont la famille est depuis dix générations en Israël, et qui a lui-même contribué de dix enfants et de douze petits-enfants – pour commencer – à la croissance démographique de ce pays, s'indigne à l'idée que l'on puisse envisager de laisser à Saddam Hussein un délai de réflexion.

« Si on lui laisse trois jours, dit-il, il en profitera pour changer de bunker. » Car il est persuadé que les Américains connaissent l'actuelle cachette de Saddam Hussein et que celui-ci ne feint de vouloir négocier que pour s'éclipser à la faveur de cette diversion. « Il faut l'écraser, poursuit David Ezra, et après nous aurons la paix dans toute la région. »

Les marchands d'accessoires de la foi sont, à Meah Shearim, presque aussi nombreux que les antiquaires. Celui-ci appartient à la secte des loubavitch. Sur la vitrine sont affichés de nombreux slogans en hébreu, et celui-ci, en anglais : « Nous voulons le messie maintenant ! »

Parmi les objets exposés dans le magasin, il y a une reconstitution en carton du grand temple de Jérusalem dans sa version d'origine. À moins qu'il ne s'agisse d'un projet pour le troisième temple, celui que les juifs orthodoxes les plus foudroyants se proposent d'édifier sur l'esplanade des Mosquées après avoir fait place nette de ces dernières. Ici, le simple fait de tester les réactions de la clientèle aux propositions soviétiques risque d'apparaître comme une obscénité. « Si on vous colle un revolver sur la tempe, tonne le fils du patron, vous appelez ça un plan de paix ? »

L'opinion la plus modérée, à Meah Shearim, nous l'avons recueillie auprès d'un second antiquaire, beaucoup mieux approvisionné que le premier. Shlomo Saidian, d'origine libanaise, vend notamment de très jolies miniatures persanes. Sa boutique, en souvenir du Liban, porte un nom français : « Le petit musée ».

Shlomo ne se fait aucune illusion sur l'attachement des Américains et de leurs alliés occidentaux à leurs principes déclarés : « Pour eux, la seule chose qui compte, c'est l'argent. » De ce point de vue, d'après Shlomo, ils ont intérêt à faire la paix dès maintenant, tant que l'Irak est encore en mesure de leur acheter au prix fort du matériel neuf.

Devant la boutique de Shlomo, un vieil homme solitaire, peut-être un peu fou, distribue un tract représentant un drapeau américain dont les étoiles ont été remplacées par des croix gammées. Le tract traite Bush d'antisémite et, ce qui est peut-être plus grave encore, il compare les Américains aux Amalécites, un peuple qui, dans le temps, eut souvent maille à partir avec les Hébreux.

Le Figaro, *21 février 1991*

Territoires occupés : les colons redoutent l'après-guerre

La colonie juive de Qiryat Arba s'est établie sur des hauteurs caillouteuses à la périphérie de la ville d'Hébron, dans les territoires occupés de Cisjordanie. Au lendemain du déclenchement de l'offensive terrestre des alliés, la vie des résidents de Qiryat Arbat ne semble guère affectée par ses développements. Devant les deux cafés du centre commercial – dont l'une des boutiques a déployé en terrasse tout un choix de masques et de costumes dans la perspective de la fête de Pourim, que l'on célébrera jeudi et vendredi prochains –, des soldats des deux sexes, nombreux, sont attablés ou assis sur le bord du trottoir. Deux résidents de Qiryat Arba, qui s'apprêtent à franchir, à pied et sac au dos, l'enceinte de grillage marquant la limite extérieure de la colonie, portent en bandoulière leur mitraillette Uzi, cet indispensable élément de la panoplie du colon.

La marchande de falafels (beignets aux légumes), qui, avec dix-sept ans d'ancienneté, doit être une des pionnières de la colonie, affirme quant à elle ne jamais porter d'arme. Son mari suivrait la même ligne de conduite. « D'ailleurs, commente-t-elle, à quoi bon porter une arme, puisque le couvre-feu empêche désormais les Arabes, entre autres choses, de lapider les voitures des colons ? Jamais, ajoute la marchande de falafels, nous ne nous sommes sentis à ce point en sécurité. »

En ce qui concerne Saddam Hussein, il faut, bien sûr, le faire rentrer sous terre car, si son armée ou son régime survivait à la guerre, il constituerait à moyen ou à long terme une sérieuse menace pour Israël et pour d'autres pays de la région. La marchande de falafels s'attend à ce qu'après la guerre Israël soit soumis à de fortes pressions internationales concernant le sort des Palestiniens et des territoires occupés. Une chose est certaine : quoi qu'il arrive, jamais, à aucun prix, elle ne quittera Qiryat Arba. En vérité, la marchande de falafels se fait d'autant moins de souci pour l'avenir qu'elle attend l'arrivée imminente du

Messie, laquelle, si nous avons bien compris, n'annoncera pas la fin du monde mais tout au plus celle de l'Histoire.

Cette conviction que les Temps sont proches se retrouve actuellement – avec quelques variantes en ce qui concerne la suite du programme – chez de nombreux adeptes des différentes religions accréditées en Terre sainte. Dans un monastère grec des collines de Judée, nous avons rencontré un prêtre orthodoxe très serein et sûr de son affaire, convaincu que la guerre du Golfe annonçait à moyen terme la fin du monde, mais non sans que ce dernier dispose, in extremis, d'un petit délai de quelques années – ou de quelques siècles, les ermites ne s'arrêtant pas à ces détails – pour se convertir à la vraie religion et jouir de tous les avantages concomitants.

Dans un premier temps, le couvre-feu dans les territoires occupés a entraîné une très nette amélioration de la condition des chiens et des chats, enfin délivrés de la menace des voitures. Puis les dispositions du couvre-feu se sont un peu assouplies et quelques véhicules, munis des autorisations indispensables, ont repris possession de la chaussée. Ces véhicules étant d'autant plus rapides qu'ils étaient moins nombreux, leur retour s'est traduit par une véritable hécatombe de quadrupèdes.

Aujourd'hui, pour des raisons d'ailleurs étrangères à la sauvegarde des animaux, mais tributaires en revanche des progrès de l'offensive terrestre dans le Golfe, les autorités israéliennes ont resserré drastiquement la vis du couvre-feu, les routes des territoires sont de nouveau désertes et les barrages se sont multipliés. Il est désormais presque aussi difficile, pour un véhicule non autorisé, de circuler en Cisjordanie que pour un dromadaire de passer par le chas d'une aiguille. Aux barrages, même les ambulances du Croissant-Rouge font l'objet de contrôles approfondis.

Le village de X…, dans l'arrière-pays de Jérusalem, entrera bientôt dans sa septième semaine de couvre-feu. Au pied de la mosquée, la place du village, déserte au moment de notre arrivée – à l'exception de quelques gamins armés de frondes, qui prennent la fuite à notre approche –, se remplit en quelques minutes d'une foule surexcitée, partagée entre l'hilarité goguenarde et l'hostilité déclarée. D'entrée de jeu, l'un des villageois les plus véhéments, se tenant un pied, et désignant la semelle de son soulier, nous montre où il met la France, la Grande-Bretagne, l'Amérique et tous les autres pays de la coalition. Un barbu taillé en armoire à glace paraît assez disposé à endommager notre véhicule, pour commencer, mais il en est fermement dissuadé par un autre villageois que son autorité et son style, à la fois articulé et stéréotypé, permettent de désigner presque à coup sûr comme le représentant local du Fatah.

Le villageois opposé à l'endommagement de notre véhicule et de nos personnes affirme avoir passé sept ans et demi en prison du fait de ses activités politiques, et être désormais titulaire d'une carte d'identité verte, la carte des réprouvés, celle qui, même en dehors des périodes de couvre-feu, équivaut à une interdiction de sortie des territoires occupés.

Par chance, lorsqu'il était en prison, sa femme et ses huit enfants ont été soutenus par une association charitable française, et c'est sans doute à cette circonstance que nous devons son intervention modératrice de tout à l'heure. La foule continue de se partager entre partisans du dialogue et de l'anathème. Avec plus ou moins de violence, chacun tient à nous faire savoir combien les alliés sont honnis dans ce village et avec quel enthousiasme on y salue chaque fois la chute d'un missile irakien sur le sol d'Israël.

Le militant du Fatah explique courtoisement que les villageois sont d'autant plus remontés contre les Français qu'« avant cette guerre, ils les prenaient pour des amis ». L'appel à la prière de la mi-journée aspire à l'intérieur de la mosquée une grande partie de la foule.

Qu'est-ce que le militant du Fatah attend de la guerre ? Rien que des désastres, comme d'habitude, de nouveaux désastres s'ajoutant aux anciens désastres. Mais il ne doute pas qu'elle sera longue, et il s'en félicite car, plus cette bataille durera, plus elle ajoutera à la gloire déjà insurpassable de Saddam Hussein.

Le Figaro, *26 février 1991*

Les Palestiniens s'accrochent à leur version de la guerre

M. Hassan tient dans la vieille ville de Jérusalem une petite boutique de souvenirs pieux. Son magasin, *Christ Prison Souvenirs*, est situé sur la via Dolorosa, près de l'arc de l'Ecce Homo, en face du couvent des sœurs de Notre-Dame-de-Sion.

En ce qui concerne la via Dolorosa, il convient de noter que son parcours s'est enrichi tout récemment – peut-être la nuit dernière – de nouvelles peintures rupestres d'une tonalité nettement vindicative, représentant par exemple un bras tendu brandissant une Kalachnikov, ou un Scud simplifié, genre tuyau de poêle, portant les couleurs de l'Irak et de l'OLP.

Quant à M. Hassan, le déclin ininterrompu de son commerce et la débâcle des armées irakiennes l'ont, certes, beaucoup affecté, mais pas au point de renoncer à la partie de jacquet qu'il dispute chaque matin en tirant pensivement sur son narguilé, dans le fond de sa boutique, sous le regard inspiré d'une Jeanne d'Arc en bois peint grandeur nature. Bien que M. Hassan et son partenaire au jacquet appartiennent à une couche relativement privilégiée, et par conséquent modérée, de la population palestinienne, ils n'en usent pas moins de véritables trésors de rhétorique pour tenter de se convaincre que rien n'est perdu, et que la gloire de Saddam Hussein, ou la puissance de son armée, ne sont qu'à peine entamées par la mère de toutes les déroutes.

Tout d'abord, Saddam Hussein aurait joué un bon tour aux alliés en leur laissant croire que le Koweït était toujours occupé militairement, alors que ses troupes s'étaient retirées en douce, sur la pointe des pieds, une ou deux semaines avant le début de l'offensive terrestre. Les dizaines de milliers de prisonniers faits par les alliés durant les deux premiers jours de l'offensive n'infirment que très superficiellement cette hypothèse, car il pourrait s'agir d'une simple apparence : où est, en effet, la preuve que ces images n'ont pas été montées à partir de documents concernant la précédente guerre du Golfe, opposant l'Irak à l'Iran ? Et s'il s'agit malgré tout de soldats irakiens faits prisonniers au Koweït, cela confirme, de manière éclatante, que l'armée déployée face aux forces alliées n'était qu'une armée virtuelle, composée de figurants. Des deux hypothèses précédentes, et quelle que soit la bonne, il découle tout naturellement que l'armée réelle de Saddam Hussein n'a pas pris part aux combats et que son potentiel demeure inentamé.

Étant entendu que Saddam Hussein s'est retiré délibérément, en bon ordre, du Koweït, quel dessein stratégique est à l'origine de ce repli tactique ? Premièrement, il s'agissait d'éviter une attaque que les Turcs préparaient de longue date contre le territoire irakien. Deuxièmement, en évacuant le Koweït, Saddam Hussein a voulu séparer le bon grain de l'ivraie parmi les forces de la coalition, c'est-à-dire isoler l'Amérique et la Grande-Bretagne des pays moins délibérément hostiles au régime irakien. Troisièmement – ce troisième point, affirme M. Hassan, « est un secret », qu'il ne consent à nous livrer que parce que les circonstances l'exigent –, l'URSS a conclu un accord avec Saddam Hussein, prévoyant notamment de reprendre les livraisons d'armes à l'Irak sitôt achevée l'évacuation du Koweït.

L'URSS – « le lion qui a perdu ses dents, et qui voudrait bien qu'il lui en repousse quelques-unes », pour reprendre la formule du partenaire au jacquet de M. Hassan –, l'URSS a également décidé de faire désormais bénéficier l'Irak des renseignements transmis par ses satellites. C'est à cette circonstance que l'Irak doit le succès éclatant du dernier tir de Scud contre l'Arabie Saoudite. Quatrième et dernier point : l'Iran a décidé de se joindre à cette coalition irako-soviétique. Conclusion : les Américains et leurs alliés n'ont qu'à bien se tenir. D'ailleurs, Saddam Hussein n'avait-il pas affirmé que, s'il était en danger, il aurait recours à l'arme chimique ? Puisqu'il ne s'en est pas encore servi, c'est qu'il ne s'estime pas menacé.

La dernière réflexion du partenaire de M. Hassan ruine toute l'argumentation précédente et projette un éclairage nouveau, plus nuancé, sur l'enthousiasme que les Palestiniens continuent officiellement de professer pour le leader irakien. « Même si Saddam est fini, un autre cinglé [crazy man] prendra le relais, en Irak, en Syrie, en Égypte, en Libye ou dans un autre pays arabe. » « Et il en sera ainsi, conclut le second joueur de jacquet, aussi longtemps que le problème palestinien ne sera pas réglé. »

Le Figaro, *28 février 1991*

Israël : retour à la conscience palestinienne

La fête de Pourim, que l'on célébrait ces jours-ci en Israël, commémore le succès de la reine Esther et de son oncle Mordechaï, dont les efforts conjugués firent revenir le roi de Perse Assuérus sur son projet de massacrer les Juifs placés sous sa juridiction. Ce funeste projet ayant été inspiré au roi Assuérus par son vizir Haman, il s'est trouvé beaucoup d'Israéliens pour reconnaître dans le chef de l'État irakien un lointain successeur du vizir, si bien qu'en s'acquittant de la coutume qui consiste, le jour de Pourim, à manger des petits gâteaux triangulaires bourrés de graines de pavot et nommés « oreilles d'Haman », c'était un peu, cette année, comme si l'on croquait les oreilles de Saddam Hussein. Cette confusion ajoutait beaucoup de sel à la consommation rituelle des petits gâteaux.

La veille de Pourim, un étudiant d'une yeshiva située dans la vieille ville de Jérusalem, en plein quartier musulman, a été retrouvé égorgé à proximité de l'école talmudique dont il suivait l'enseignement. Son corps avait été dissimulé dans les décombres d'une boutique abandonnée, un peu avant l'intersection de la rue El-Wad et de la rue Bab el-Silsileh, cette dernière conduisant à la porte de la Chaîne, par où l'on accède à l'esplanade des Mosquées. Quant à la rue El-Wad, on n'y compte pas moins de trois stations du chemin de croix et d'une demi-douzaine d'écoles talmudiques. L'assassinat de l'étudiant juif survient donc en un lieu particulièrement chargé de références sacrées, et particulièrement fertile en incidents témoignant des rapports exécrables qu'entretiennent à Jérusalem les trois religions du Livre.

Devant le débarras où le corps a été retrouvé, on a érigé en toute hâte un monument fait de pierres entassées et grossièrement cimentées, sur lequel veillent une demi-douzaine de religieux barbus, vêtus et coiffés de noir. À deux pas de là, un commerçant palestinien tient une petite boutique de fruits et légumes. Interrogé sur l'assassinat de l'étudiant talmudique, il répond aussitôt qu'il s'agit d'un crime crapuleux, probablement lié à un trafic de drogue et certainement commis par d'autres

Juifs. Quiconque a déjà rencontré des étudiants talmudiques dans la vieille ville de Jérusalem n'a pu manquer d'observer combien ils étaient en effet du genre à se poignarder mutuellement pour une affaire de drogue.

Dans les premiers jours qui ont suivi la défaite de Saddam Hussein, la mauvaise foi des Palestiniens a d'ailleurs atteint de vertigineuses altitudes. Tandis que certains fêtaient encore sa victoire quand son armée se rendait par bataillons entiers, d'autres vous expliquaient sans rire que Saddam Hussein s'était retiré du Koweït en bon ordre, de son plein gré, et dans le seul souci d'« épargner des vies humaines ». Aujourd'hui, bien que le soixante-huitième communiqué de la direction unifiée de l'Intifada appelle encore à des manifestations de soutien à l'Irak et au boycott des produits émanant des pays de la coalition, les Palestiniens semblent amorcer un repli tactique et comprendre enfin que leur identification avec le leader irakien risque de leur faire perdre une chance historique de se rappeler au bon souvenir du monde extérieur. Déjà, le fait de décliner sa nationalité française ne vous attire plus, au moins à Jérusalem, le concert d'imprécations auquel le même aveu vous aurait exposé voilà seulement quelques jours.

Deux résidents du quartier musulman de la vieille ville exprimaient ce matin, à propos de l'avenir de leurs compatriotes, des vues contradictoires qui reflètent assez fidèlement l'état des réflexions en cours chez les Palestiniens. Pour le premier, qui affecte théâtralement de regretter que les missiles irakiens n'aient pas détruit toute la région, c'est-à-dire aussi bien Israël que les territoires occupés, aucune forme de cohabitation n'est envisageable entre Israéliens et Arabes. « S'ils ne nous tuent pas, c'est nous qui les tuerons. » Quant au Conseil de sécurité des Nations unies, tout comme le gouvernement des États-Unis, ce n'est qu'« un repaire de Juifs et de sionistes ». Le second résident de la vieille ville, au contraire, espère sans trop y croire que la question palestinienne va revenir au premier plan dans les négociations de l'après-guerre et que les Européens, sinon même James Baker lors de sa prochaine visite, exerceront sur Israël les pressions nécessaires pour que l'État juif se résolve à coexister avec un État palestinien.

En début d'après-midi, à l'heure où les commerçants baissent leurs rideaux de fer pour cause d'Intifada, tandis que les curieux petits tracteurs de la voirie entreprennent à grand bruit leur œuvre quotidienne d'assainissement, une patrouille israélienne remonte la rue Sultan-Suleïman, qui, à l'extérieur des remparts, joint la porte de Damas à la tour de la Cigogne. Soudainement, sans que personne leur ait causé le moindre tort, les soldats se mettent à renverser les éventaires de quelques commerçants en plein air, à piétiner ou à disperser à coups de botte leurs marchandises, et à molester les individus de sexe masculin qui commentent défavorablement cette entreprise de rapprochement entre les peuples.

Un peu plus loin, rue Salah el-Din, des policiers font évoluer sur la chaussée un extraordinaire robot à roulettes, spécialisé dans la découverte et le désamorçage des bombes. La scène se passe entre les locaux du journal palestinien *Al-Fajr* et le couvent dominicain de Saint-Étienne, qui abrite l'École biblique et archéologique française. Sur le pas de sa porte, un dominicain irlandais jette un œil réprobateur sur les évolutions du robot à roulettes. Sans doute y a-t-il actuellement des risques d'attentats contre les établissements français, convient le dominicain, mais pour ce qui le concerne, appeler la police israélienne est bien la dernière chose à laquelle il se résoudrait. On voit par là que les dominicains, ou tout du moins les dominicains irlandais, préfèrent prendre le risque de périr dans un attentat plutôt que d'alerter la police israélienne. Dans les deux anecdotes qui précèdent, l'écrivain auvergnat Alexandre Vialatte aurait certainement vu une preuve supplémentaire, et peut-être définitive, de la grandeur d'Allah.

Le Figaro, *5 mars 1991*

Les îles Marquises

Petit lexique polynésien à l'usage des voyageurs désireux de se rendre par voie maritime aux îles Marquises

Aranui

Fleuron de la marine marchande tahitienne, l'*Aranui* – dont le nom signifierait tout à la fois « bon voyage », « bon chemin » et « bon lever » – déplace 2 806 tonnes pour un port en lourd de 1 500 tonnes. Construit en 1971, l'*Aranui* a été entièrement refourbi en 1989 par les chantiers navals de Flennsberg en RFA. Il est propulsé désormais par un moteur Deutz de 4 870 chevaux. Comme presque tout ce qui rapporte de l'argent, en Polynésie, l'*Aranui* est la propriété d'un Chinois, l'industrieux M. Wong. Basé à Papeete, il met dix-sept jours pour desservir deux atolls des Tuamotus – Takapoto et Rangiroa –, six îles de l'archipel des Marquises – soit la totalité des îles habitées de cet archipel – et, sur la route du retour, Bora Bora. Les qualités manœuvrières de l'*Aranui* et de son commandant, Jean Voirin, véritable virtuose du cabotage, autorisent quelques escales dans des sites si vertigineux, si peu propices à la navigation, que le commun des mortels hésiterait à s'y risquer avec un zodiac. En plus des passagers – une cinquantaine – aux soins desquels veille un personnel essentiellement féminin, généralement qualifié et presque toujours gracieux, l'*Aranui* embarque toutes sortes de commodités manufacturées à destination des Marquises et, en provenance de ces mêmes îles, des matières premières parmi lesquelles dominent le coprah, le thon réfrigéré et le menu bétail.

Bar

Natif de Clermont-Ferrand, Pierre, le barman de l'*Aranui*, présente une ressemblance presque hallucinante avec Serge July avant la découverte de sa vocation directoriale. Plusieurs fois par semaine, le bar se transforme en bal musette, animé par les membres de l'équipage les plus doués pour l'*ukulélé* et le *tamouré*.

BŒUF

Dans les îles Marquises, l'homme que saisit une soudaine envie de côte de bœuf ne se rend pas à la boucherie. Si cette envie le prend alors qu'il joue à la pétanque – l'une des occupations favorites des Marquisiens –, il pose ses boules, siffle ses chiens, décroche son fusil et, dans le fond du jardin, ou un peu au-delà, abat d'une balle entre les deux yeux le premier bœuf qu'il rencontre. Au lieu d'être domestique, en effet, le bœuf, dans les îles Marquises, est sauvage. Et il en va de même de la chèvre, du mouton, du porc, du chien, du coq ou du cheval. Tous, bien entendu, ont été introduits par l'homme, et certains continuent même à le servir bon gré mal gré, mais la plupart s'en sont éloignés pour mener dans les montagnes une existence indépendante et précaire. On trouve même dans l'archipel des Marquises cette curiosité : une île peuplée uniquement de moutons sauvages, dont la laine n'a pas été tondue depuis plusieurs générations. N'ayant vu cette île que de loin, nous ne saurions dire si le mouton, dans la sauvagerie, devient dangereux pour l'homme (consulter également les articles « Bouc », « Chèvre », « Chien » et « Porc »).

BOUC

À l'escale de Ua Pou embarquent sur l'*Aranui* un bouc (domestique) accompagné de sa chèvre favorite. L'un et l'autre sont chargés en pontée, c'est-à-dire à ciel ouvert. À bord, le bouc, attaché, adopte une attitude digne et compassée. Quant à la chèvre, libre de ses mouvements, après plusieurs jours de mer elle s'obstine à arpenter le pont de chargement à la recherche de quelque nourriture, ses yeux jaunes exprimant sa surprise, mais aussi sa détresse, à découvrir que d'aussi vastes étendues peuvent être totalement dépourvues d'herbe à brouter.

BRITANNICUS

Britannicus Richmond exerce les fonctions de receveur principal de la poste de Taiohae, dans l'île de Nuku Hiva, et de correspondant local du quotidien tahitien *La Dépêche*. Parmi les plus beaux timbres en vente à la poste de Taiohae, celui, tout en longueur, qui reproduit un bois sculpté de Gauguin avec cette inscription : « Soyez mystérieuses. »

BRUIT

Bruits des Marquises : ressac, bêlements (béguètements) de chèvres, grognements de porcs, chant du coq, querelles de cabots (variante : hurlement du chien qui vient de recevoir un formidable coup de pied dans les côtes), criailleries de merles des Moluques, appels brefs et poignants du chevalier errant (*Heteroscelus incanus*) qui vient d'Alaska pour passer ses vacances sur les chauds rivages de la Polynésie.

CHÈVRE

Il n'est pas aux Marquises de hauteurs si inaccessibles, de parois si abruptes, qu'un troupeau de chèvres (sauvages) ne parvienne à s'y déplacer avec une aisance de sauterelles, au point que parfois l'on serait tenté de parler de vols de chèvres. Perchées, immobiles, sur fond de roches rougeâtres, elles soutiennent la comparaison avec n'importe quel chef-d'œuvre de l'art tant pariétal que magdalénien.

CHIEN

Le premier chien que nous voyons aux Marquises est installé avec toute sa famille dans une cabine téléphonique posée dans le sens de la longueur – couchée, en somme – sur le quai de Hakahau, dans l'île de Ua Pou. Puis le nombre de chiens va régulièrement croissant, et ce pullulement atteint son apogée, son paroxysme, à Hanavave, dans l'île de Fatu Hiva. Sur le quai d'Hanavave, plusieurs dizaines de chiens de toutes tailles, crasseux et couverts de gnons, faux jetons, craignant les coups, sont rassemblés, debout, en silence, face à la mer, comme des adeptes d'une variante canine du cargo-cult. Peut-être, parmi ces animaux si confiants dans tout ce qui vient de la mer, certains ont-ils entendu parler de l'Amérique, le pays où même les chiens peuvent consulter un psychiatre, et où la vie n'est qu'un interminable gueuleton. D'après le père Francis, curé des Trois-Îles-du-Sud (voire également l'article « Œcuménisme »), bien que la loi limite à trois le nombre de chiens par famille, certaines en possèdent jusqu'à quinze. En règle générale, ces chiens ne doivent pas trop compter sur leur maître pour les nourrir. En revanche, ils peuvent compter sur eux pour les envoyer au casse-pipe, le chien marquisien étant régulièrement utilisé pour chasser le porc (voir l'article « Porc »), à pied ou à cheval, au fusil, à l'épieu ou au coupe-coupe. La chasse au porc est en effet presque aussi populaire, aux Marquises, que la pétanque. L'idéal, pour chasser le porc, c'est une meute de chiens faméliques, plus ou moins domestiques, entraînée par un « pistard » qui, lui, doit impérativement être né sauvage. L'unique moyen de se procurer un tel « pistard » est de repérer dans la nature une chienne sauvage qui vient de mettre bas, de lui faire la peau et de soustraire un de ses petits pour l'élever au biberon.

Coco

Avec la nostalgie (Gauguin, Brel...), l'exotisme et les allocations familiales, le coprah – c'est-à-dire la chair séchée des noix de coco – constitue la principale ressource des îles Marquises. Afin de protéger cette ressource, le tronc des cocotiers est généralement cerclé à mi-hauteur d'un corset métallique destiné à briser l'élan ascensionnel des petits animaux dévoreurs de noix de coco. Dans le silence oppressant des cocoteraies, il est recommandé d'avoir l'œil et de prêter l'oreille à la chute accidentelle des noix de coco.

Hakahetau

À Hakahetau, dans l'île de Ua Pou, l'embarcadère en pierre noire, constellé de coquillages brisés, semble procéder d'un chaos rocheux dans les anfractuosités duquel la mer a laissé des mares. Si l'on considère une mare moyenne, approximativement de la taille d'un grand lavabo – le genre de mares qui en France, dans le meilleur des cas, abriterait une étrille, quelques crevettes et une paire de gobies promeneurs –, on y observe une vingtaine de poissons appartenant à cinq ou six espèces différentes dont au moins deux sont assez décoratives.

De la route (non revêtue) qui relie Hakahetau à Hakahau, on surplombe une petite baie isolée au milieu de laquelle nage sans se presser une raie manta de deux ou trois mètres d'envergure, tandis qu'au ras de la plage, dans les brisants, se suivent à la queue leu leu quatorze requins appartenant à une espèce réputée pour son innocuité, mais parmi lesquels on hésiterait tout de même à faire quelques brasses.

Nono

La malédiction des Marquises. Ce moucheron, cousin de l'aoûtat, évolue à l'extrême limite de la vision, mais plutôt légèrement en dessous de cette limite. À peine visible, donc, ce monstre minuscule, armé de mandibules proportionnellement gigantesques, dispense des morsures de prime abord indolores. Et ce n'est que beaucoup plus tard, alors que la bête, repue, a depuis longtemps pris le large, que sa victime ressent des démangeaisons effroyables. Seules les applications d'eau de Javel ont, semble-t-il, le pouvoir de les apaiser. Dans la mesure où le nono abonde presque toujours là où il y a des tikis (voir ce mot), cet animal peut ruiner en quelques heures une vocation d'archéologue.

OBÉSITÉ

L'obésité, tant féminine que masculine, est très répandue en Polynésie, où elle ne fait l'objet d'aucun opprobre. Les Marquises s'enorgueillissent de compter parmi leurs habitants une femme qui est peut-être la plus grosse du monde, et dont l'embonpoint, d'après des témoins oculaires, est tel qu'il l'empêche totalement de se mouvoir, de se lever et même de s'asseoir. À Tahiti, dans la presqu'île, quelques privilégiés ont pu rendre visite à un homme dont le poids estimé est de 250 kg, et que l'on ne peut laver qu'au jet.

ŒCUMÉNISME

À l'escale de Vaitahu, dans l'île de Tahuata, débarque de l'*Aranui* une paire de missionnaires mormons – l'un Américain, l'autre Polynésien – en tenue de combat : pantalons noirs, chemises blanches, cravates filiformes et lunettes noires. Cet ensemble, si on le sommait d'un petit chapeau noir, reproduirait fidèlement la tenue de scène des Blues Brothers dans le film du même nom. Vaitahu, qui fut la première position occupée par les Français lors de leur installation aux Marquises, compte environ trois cents habitants, dont deux cent soixante catholiques et quarante protestants. C'est aussi le port d'attache du père Francis, curé (français) des Trois-Îles-du-Sud. « Ah ! soupire-t-il en apprenant l'arrivée des Mormons, cela faisait deux ans que nous n'avions pas été dérangés. » Ce que redoute le père Francis, ce n'est pas tant la concurrence doctrinale des Mormons que les excès de zèle de ses propres ouailles. Car la dernière fois que les représentants d'une église périphérique ont établi dans l'île une tête de pont, l'affaire a été à deux doigts de mal tourner. C'était en décembre 1988, et les Témoins de Jéhovah avaient débarqué à quarante sur le rivage de Vaitahu. Assez stricts sur le chapitre des spiritueux, les Témoins parvinrent à gagner à leurs vues un certain nombre de femmes que l'alcoolisme de leurs époux, générateur de violences domestiques, avait cessé depuis longtemps de divertir. Encouragées par les Témoins, les femmes se firent de plus en plus véhémentes dans leurs récriminations, jusqu'à ce que leurs époux, excédés, regroupés à l'occasion de quelque beuverie collective de fin de semaine, marchent sur le camp des Témoins et les précipitent à la mer avec armes et bagages. On voit par là combien il peut être dangereux, quelquefois, de ne pas s'adonner à la boisson.

PORC

En l'absence de lions, le porc est aux Marquises le roi des animaux. Et les porcs, pour la plupart sauvages, pour certains domestiques, ou feignant de l'être, couleraient aux Marquises des jours heureux si les Marquisiens ne professaient un goût aussi vif tant pour la chasse au porc que pour la viande de ce dernier. La chasse au porc, on l'a vu, fait aussi le malheur du chien. Pour les uns et les autres, la fin de la semaine est le moment le plus difficile à passer. « Chaque week-end, nous confie un tueur de porcs d'Atuona, il y a quelqu'un qui chasse le cochon. » Lui-même en a rectifié d'innombrables, son record étant un porc abattu en juillet 1990 et dont il estime le poids à près de 200 kg. Avant de mourir, ce porc tua d'ailleurs un chien sous lui. Une fois le porc occis, on en prélève la viande, ainsi que la mâchoire inférieure en guise de trophée.

RÉRÉ

Tout homosexuel est-il un réré, ou bien le mot ne s'applique-t-il qu'aux travestis ? Toujours est-il que les rérés sont nombreux, entourés, non moins que les obèses, de l'estime générale, et qu'il n'y a pas de banquet qui vaille si au moins l'une des serveuses n'est un réré.

STERNES

Au petit jour, l'*Aranui* est mouillé devant l'« île aux oiseaux », en fait deux îlots satellites de l'île de Ua Huka. En son point le plus proche des deux îlots, la côte de Ua Huka offre l'aspect grandiose et désolé du cap Nord ou des Shetland : herbe rase, hautes falaises, vagues se brisant sur des roches nues. Les saints irlandais de la haute époque, ceux qui sillonnaient les mers dans des auges de pierre, ne se seraient pas sentis dépaysés en prenant pied sur le rivage de Ua Huka. Tout au plus auraient-ils souri, si seulement ils avaient remarqué ces cocotiers que par erreur, ou par jeu, le Créateur a fait pousser ici et là dans les creux. Quant aux sternes, déployées au-dessus de l'*Aranui* en un innombrable et bruyant essaim, elles se reproduisent par milliers sur ces deux îlots. Venus de l'île principale, des naturels se hissent à l'aide d'une corde jusqu'au rebord du moins escarpé des deux îlots, puis, armés de seaux, ils quadrillent le plateau et recueillent les œufs tachetés des sternes. Xavier Lambours, le photographe, qui s'est rendu coupable de sternicide en mangeant, à la coque, un de ces œufs, prétend que leur saveur est voisine de celle des œufs de poule.

TAÏPIVAÏ
La baie la plus profonde de l'île de Naku-Hiva. Cocoteraie. Nonos. Herman Melville y coula des jours heureux parmi d'accueillants cannibales.

TIKI
Divinité polynésienne dont les effigies en pierre ont été amputées par les missionnaires de leurs organes génitaux. Locution populaire marquisienne : « Un bon Tiki vaut mieux que deux tu l'auras. »

Cap d'Antibes : alerte à l'écureuil ravageur

Le Jardin Thuret, qui s'étend sur 3,5 hectares à la pointe du cap d'Antibes, abrite une station de botanique et de pathologie végétale dépendant de l'Institut national de la recherche agronomique (Inra).

Par voie de conséquence, près de cinq mille espèces de végétaux croissent et multiplient dans le Jardin Thuret, où l'on expérimente chaque année plusieurs dizaines de plantes inédites. La graineterie du jardin – aux destinées de laquelle préside M. Rolando, dont l'empire s'étend également sur les serres – voit germer des choses si rares, si précieuses, que l'on ne devrait s'y déplacer que sur la pointe des pieds. Or voilà que, depuis quelques années, ces trésors si fragiles sont exposés aux déprédations d'un animal particulièrement audacieux, et dont le débarquement inopiné sur le littoral des Alpes-Maritimes a de quoi laisser rêveur, puisque les spécialistes, s'ils hésitent encore sur la dénomination exacte du monstre, sont assurés du moins de ses origines asiatiques. Mais revenons-en à M. Rolando, le responsable de la graineterie et des serres, qui compte parmi les premiers témoins de ce prodige.

Cercler les troncs

D'après lui – et son témoignage est sur ce point, comme sur la plupart des autres, conforme à celui de M. Marius, un autre jardinier –, c'est vers le milieu des années soixante-dix que l'intrus aurait été aperçu pour la première fois parmi les plantes rares du Jardin Thuret. « Tout d'abord, dit M. Rolando, on n'en a vu que deux ou trois couples, on trouvait ça mignon. » M. Marius ajoute que, dans cet âge d'or, il « s'amusait parfois à leur porter des noisettes ». Dans un premier temps, il semble d'ailleurs que tous les habitants du cap d'Antibes, qui ne sont pas si nombreux, aient succombé au charme du nouveau venu, dont la petite taille, la queue bien fournie et blanche à son extrémité, le pelage présentant d'agréables nuances olive foncé et brun-roux, laissaient présager des mœurs paisibles et plutôt divertissantes, sur ce promontoire où, hors saison, on manque un peu de distraction. Tout au plus pouvait-on lui reprocher ses vocalisations fréquentes et peu mélodieuses. Pendant plusieurs années, le nouveau venu, qui n'avait encore rien laissé paraître de ses dispositions à pulluler, ne s'attaqua aux collections végétales du Jardin Thuret que du bout des lèvres.

Quand les choses ont-elles commencé à se gâter ? À défaut d'une date plus précise, disons que, dès le début des années quatre-vingt, la fécondité remarquable de l'intrus, en l'absence de tout prédateur susceptible d'en limiter les effectifs, était de notoriété publique au cap d'Antibes, et particulièrement dans les allées de la Villa Thuret. Et, plus l'intrus pullulait, plus il devenait audacieux, s'en prenant en plein jour aux espèces les plus délicates, privant de sève des arbres sans prix en rongeant méthodiquement leur écorce, boulottant des graines acheminées à grands frais des antipodes sans même leur laisser le temps d'éclore, et cela jusque dans la graineterie, et pour ainsi dire sous le nez de M. Rolando.

Ce vandalisme prit de telles proportions que, pour ménager l'avenir des palmiers *Jubaea* et *Butia*, qui parmi d'autres splendeurs végétales font l'orgueil du Jardin Thuret, et dont l'intrus avait pris l'habitude de détruire les fruits, on dut cercler leurs troncs sur deux mètres de hauteur d'inélégants corsets de tôle galvanisée destinés à briser l'élan ascensionnel des assaillants. Privés de *Jubaea*, l'intrus se fit les dents sur d'autres végétaux. Personnellement, nous avons pu constater les dégâts récemment infligés tant aux *Caragana chamlagu* qu'aux *Torreya californica*, deux plantes dont il n'existe peut-être aucun exemplaire de rechange dans tout le département des Alpes-Maritimes.

À la longue, puisque l'affaire se passe en France, et par surcroît dans le Midi, ce cas particulier d'immigration clandestine devait inévitablement susciter de la controverse. La controverse advint. La presse même s'en mêla. Le maire, nous dit-on, s'efforça de donner satisfaction à l'ensemble de ses administrés, ce qui bien entendu en mécontenta le plus grand nombre et engendra des rancunes tenaces. Aujourd'hui encore, nous confie M. Rolando sur le lieu même de la mise à sac toute récente du *Caragana chamlagu*, aujourd'hui encore « les gens ne vous diront trop rien, il se méfient, ils craignent surtout que les amis des bêtes se mettent de la partie ».

Ce débat opposant certains riverains du cap d'Antibes aux « amis des bêtes », sans plus de précisions, concerne bien entendu les dégâts commis par l'intrus et les moyens à mettre en œuvre afin de prévenir leur extension. La lutte de classe, on s'en doutait, n'est pas absente de ce débat : ainsi les industrieux propriétaires de petits jardins potagers, dont les légumes sont mis en coupe réglée, seraient-ils beaucoup plus remontés contre l'intrus que les indolents possesseurs de grands parcs, qui n'ont rien de pire à lui reprocher que le grignotage de quelques pommes de pin.

Dérèglement alimentaire

Toutefois, il s'est avéré que l'intrus, indépendamment de la superficie du terrain ou des ressources du propriétaire, s'en prenait systématiquement aux oranges et aux clémentines, mais qu'il dédaignait les citrons. Depuis l'an dernier, il s'en prend également aux tuyaux d'arrosage ou tout du moins à certains d'entre eux, car il faut qu'ils soient d'une texture bien particulière, ni trop durs ni trop mous. Pourquoi l'intrus a-t-il attendu une dizaine d'années avant de contracter ce goût immodéré du polyéthylène ? Toujours est-il que cette nouvelle manie aurait coûté l'an dernier au Jardin Thuret de 8 000 à 10 000 francs de tuyaux. Le revêtement des câbles téléphoniques, dont le goût doit être assez voisin de celui des tuyaux, pâtit également de ces dérèglements alimentaires, et, comme ces dégâts causés aux câbles sont à peine visibles à l'œil nu, les pannes qu'ils occasionnent constitueraient pour France Télécom un véritable casse-tête.

À l'exception des Antibois, le monde serait peut-être resté dans l'ignorance de cette invasion si, parmi les riverains du cap d'Antibes, il ne s'était trouvé un éminent spécialiste de la faune sauvage, qui fut le premier à décrire scientifiquement l'envahisseur et à s'approcher de son identification.

Dans un article publié en 1986 par la revue d'écologie *La Terre et la Vie*, et intitulé « Une espèce inattendue pour la faune française : un écureuil asiatique acclimaté sur le cap d'Antibes », Christian Jouanin, du Laboratoire de zoologie du Muséum national d'histoire naturelle, lève en effet le voile, au moins partiellement, sur l'identité de ce mystérieux animal, qu'il a eu tout loisir d'observer dans son propre jardin. « Il s'agit indiscutablement, écrit Christian Jouanin, d'un écureuil d'origine asiatique appartenant à l'une des nombreuses formes qui peuplent l'Asie sud-orientale et que Moore a réparties en deux espèces : *Callosciurus erythraeus* et *Callosciurus flavimanus*. »

Ayant donc établi qu'il s'agissait d'un *Callosciurus* – ce qui, comme chacun sait, ne signifie rien d'autre que « bel écureuil » –, Christian Jouanin n'avait pas atteint le bout de ses peines. Lorsque nous l'avons rencontré au Muséum, il ne nous a pas caché que le genre *Callosciurus* ne comptait pas moins de soixante sous-espèces indéniables et d'une centaine d'autres douteuses. Et le plus fort, c'est que le *Callosciurus* du cap d'Antibes, s'il se rapproche beaucoup de *Callosciurus flavimanus hendeei*, qui habite les régions montagneuses du Tonkin et du Laos, en diffère cependant, comme de toutes les espèces de *Callosciurus* précédemment décrites, par d'infimes détails relatifs notamment à la coloration de son poil.

Afin d'en avoir le cœur net, Christian Jouanin envisage de se rendre à Londres pour y consulter les collections d'écureuils naturalisés dont dispose le British Museum. Car il est grand temps, en effet, de pouvoir nommer à coup sûr cet animal exotique échoué on ne sait trop comment sur le rivage du cap d'Antibes, si robuste – il a déjà résisté, en 1985, à d'abondantes chutes de neige et à des températures de − 6° – et si prolifique que s'il parvenait un jour à franchir l'obstacle apparemment insurmontable constitué par la ville d'Antibes, ou par la circulation automobile qu'engendre cette dernière, il pourrait se répandre à travers la France et l'Europe, chassant impitoyablement de son territoire l'écureuil roux, se régalant au passage de tuyaux d'arrosage et de câbles téléphoniques, et ruinant les efforts de plusieurs générations de jardiniers.

Le Figaro, *6 et 7 avril 1991*

La route de l'interminable exode

La route d'Erbil à Piranchahr, par laquelle des centaines de milliers de Kurdes irakiens auraient déjà fui vers l'Iran, continue de drainer un flot apparemment intarissable de réfugiés épuisés, décimés jour après jour par cet exode.

À hauteur du col, entouré de sommets enneigés, par où la route franchit la frontière, les autorités iraniennes, décidément plus accueillantes, à tout prendre, que celles de Turquie, ont établi un poste de contrôle destiné non pas à contenir ce flot, mais à en limiter le débit afin de retarder le moment où la petite ville de Piranchahr sera définitivement submergée.

Le col de Piranchahr est également l'un des premiers points atteints par l'aide internationale, si lente à venir et si maigre, à en juger par le volume et par la qualité de ce qui parvient effectivement aux réfugiés kurdes.

Hier matin, dans un grand déploiement de presse, de bonnes volontés proclamées et de fanions étoilés aux couleurs de la Communauté européenne (le moment et le lieu étaient-ils vraiment bien choisis pour pavoiser ?), l'organisation Médecins du monde a établi sur la frontière, de concert avec l'armée iranienne, un avant-poste médical qui devrait être opérationnel dans les jours à venir.

Mais quels que soient le dévouement et la compétence du personnel engagé dans cette opération, elle ne pourra couvrir qu'une part infime des besoins de ces dizaines de milliers d'hommes, de femmes et d'enfants bloqués depuis plus de dix jours sur une route de montagne où il neigeait encore la semaine dernière.

Bien qu'il soit naturellement impossible de vérifier ces chiffres, il semble que plusieurs centaines de personnes, pour la plupart des enfants et des vieillards, ont déjà trouvé la mort sur cette route d'Erbil à Piranchahr.

Hier matin, dans le cimetière de Piranchahr, on enterrait encore dix enfants morts la nuit précédente de malnutrition, de froid et d'épuisement.

Piranchahr – dont la population serait passée en deux semaines d'environ trente mille à près de deux cent mille habitants – peut faire figure de terre promise pour les réfugiés encore englués dans la cohue de l'autre côté de la frontière. Ces derniers y retrouveront pourtant des conditions presque aussi désastreuses que celles qu'ils viennent d'endurer dans la montagne.

Beaucoup de familles ne disposent pour tout abri que d'une loque de plastique et regardent comme des privilégiés les femmes et les enfants qui, par milliers, ont trouvé refuge dans une mosquée inachevée, ouverte à tous les vents, où les femmes préparent le pain dans une cour en terre battue, constellée d'ordures et d'excréments.

Sur combien de kilomètres, en territoire irakien, serpente l'immense cohorte que draine au compte-gouttes le poste établi par les militaires iraniens au col de Piranchahr ? La plupart des réfugiés citent le chiffre de 50 km, ce qui représente à peu près le tiers de la distance séparant Erbil, une des grandes villes du Kurdistan irakien, de Piranchahr.

Sitôt franchi, en direction d'Erbil, la frontière, que marquent du côté irakien les ruines d'un bunker écrasé par les bombardements, on remonte avec difficulté ce flot presque immobile, mêlant dans une invraisemblable confusion les piétons, le bétail, les automobiles, les tracteurs, les camions et d'autres véhicules totalement inadaptés au transport de passagers, tels qu'engins de chantier ou moissonneuses-batteuses.

La plupart de ces véhicules, quelle que soit leur destination d'origine, sont chargés non seulement des effets personnels que les réfugiés ont pu rassembler avant de fuir, mais de bois mort ramassé en cours de route afin de limiter les risques de mourir de faim ou de froid.

Un peu partout – en particulier là où la route enjambe le cours d'un torrent grossi par la fonte des neiges –, des campements sont établis sur les bas-côtés, en dépit de la présence de mines éparses qui ont déjà causé plusieurs morts et de nombreux blessés.

Sur la berge d'un de ces torrents, à côté du cadavre ballonné d'un âne, des femmes font la lessive et étendent leur linge, profitant de quelques heures d'ensoleillement après plusieurs jours de mauvais temps.

Sur le sol boueux, jonché de détritus, de douilles de Kalachnikov et de tessons de projectiles de gros calibre, des familles sont installées autour de petits feux sur lesquels cuisent le pain et le riz qui constituent l'essentiel de leur nourriture.

À 10 mètres de là, on remarque deux monticules de terre fraîchement remuée, de taille inégale, sous lesquels reposent un enfant de cinq mois et un homme de vingt-cinq ans, morts la nuit dernière.

Dans une voiture, d'où ses deux pieds nus dépassent par la porte arrière entrouverte, une femme agonise, tandis que son mari ou son fils lui soutient les épaules et lui prodigue d'inutiles paroles d'encouragement.

Il n'y a pas ici une seule famille qui n'ait perdu plusieurs des siens, soit pendant les bombardements de l'armée irakienne sur les villes kurdes, soit sur la route de l'exode.

Les récits que font les réfugiés sont si semblables, si accablants, que, à force d'entendre cette longue litanie de morts et de destructions, on ne s'étonne plus de voir un père, qui, voilà deux semaines, a perdu deux de ses enfants, l'un déchiqueté par des roquettes, l'autre brûlé au napalm, en enterrer un troisième, mort de froid ou de faim, sans une larme et sans une parole de colère.

« À quoi bon nous mettre colère ? nous disait l'un d'entre eux, qui venait d'enterrer son enfant au cimetière de Piranchahr. Nous sommes pauvres et faibles. Nous nous sommes mis en colère tant de fois, et voyez ce que nous en avons retiré. »

L'espoir de reprendre le combat

À 5 km environ de la frontière, en territoire irakien, la cohorte des réfugiés campe parmi les ruines du village d'Hadji Omran, détruit par l'armée irakienne en 1975, après avoir pendant plusieurs années abrité l'état-major du général Barzani, figure légendaire de la résistance kurde.

Les peshmergas, qui circulent librement dans toute cette région frontalière, y ont installé un poste de contrôle où sont recueillies les armes des hommes qui vont chercher refuge en Iran.

La plupart soutiennent d'ailleurs qu'ils reprendront le combat sitôt leur famille mise en lieu sûr. À cette fin, ils se font délivrer par les peshmergas un reçu en bonne et due forme.

Mais, à en juger par l'état de ces armes – Kalachnikov, lance-roquettes RPG, grenades – amoncelées en un énorme tas et déjà piquées de rouille, il est douteux qu'elles soient appelées à resservir.

Sans doute l'image de ces réfugiés exsangues, défilant devant un amoncellement d'armes rouillées, est-elle celle d'un peuple défait.

Depuis quelques jours, le bruit court d'ailleurs que, afin de parachever son anéantissement, les autorités irakiennes installeraient des colons palestiniens, soudanais ou yéménites dans les villes reprises aux Kurdes.

Et cependant, lorsqu'on voit cet enfant qui, la main droite brûlée par le phosphore ou le napalm, trouve la force de sourire et de saluer de quelques mots d'anglais le journaliste de passage, ou ces familles décimées qui, parmi les décombres, se font un devoir de vous inviter à prendre le thé pour vous entretenir de leurs vagues espoirs ou remercier la France de sa tardive intervention en leur faveur, on se dit qu'il ne saurait être au pouvoir d'un Saddam Hussein d'en finir avec un tel peuple.

Le Figaro, *17 avril 1991*

Les vantardises de l'Iran

Depuis le début de l'exode des réfugiés irakiens, les autorités iraniennes, qui ont une tendance prononcée à se rendre hommage, ont à maintes reprises opposé leur propre générosité à l'indifférence et à la mesquinerie de la communauté internationale. Dans un récent discours, le président Rafsandjani, s'adressant à une foule nombreuse rassemblée pour exiger la libération des lieux saints, a même affirmé que toute l'aide du monde occidental était « inférieure à celle d'un seul village iranien ».

Les autorités iraniennes soutiennent, d'autre part, que cet afflux de réfugiés traduit l'enthousiasme des populations irakiennes pour la révolution islamique. Ce qui revient à dire que, lorsqu'il y a le feu à bord d'un navire, tous les passagers qui se jettent à la mer témoignent ainsi de leur amour de l'eau.

Bien qu'il soit impossible d'établir avec précision combien d'Irakiens ont déjà trouvé refuge en Iran – les estimations officielles étant sujettes à des oscillations dont la logique n'apparaît pas toujours clairement –, leur nombre doit dépasser le million, et il n'est pas avéré que les dispositions prises depuis quelques jours par les alliés occidentaux se traduisent rapidement par des retours massifs.

Le traitement appliqué aux réfugiés varie beaucoup d'un camp à l'autre, même si les conditions d'hygiène y sont presque toujours déplorables. Dans ces camps, comme aux points de passage empruntés par les réfugiés le long de la frontière, l'aide iranienne se manifeste également par des distributions de pain et d'eau, effectuées souvent dans des conditions peu propices à la restauration de la dignité des bénéficiaires. Encore ces défaillances de l'aide iranienne doivent-elles être replacées dans le contexte d'un pays saigné à blanc par une guerre interminable, et frappé depuis par des catastrophes naturelles à répétition.

En plus de ceux qui sont hébergés dans des camps, ou des privilégiés qui ont été accueillis par des particuliers, des dizaines de milliers de réfugiés sans abri continuent d'errer dans les villes proches de la frontière, ou dans la campagne, le long des routes. À Piranchahr, presque tous les réfugiés erratiques que nous avons interrogés se plaignaient de l'indifférence des autorités iraniennes. Ils soulignaient que seule la générosité privée leur avait permis jusque-là de survivre.

Quant à l'aide internationale, ces réfugiés n'en avaient aperçu aucune trace. Et sans doute cette aide internationale était-elle, en effet, notoirement insuffisante. Mais si l'on en juge par l'insistance des institutions iraniennes – en particulier le Croissant-Rouge – à procéder elles-mêmes à la répartition de l'aide, et leur peu d'empressement, au moins localement, à distribuer par exemple les rations alimentaires acheminées par diverses organisations internationales, on peut se demander si ces atermoiements sont uniquement imputables à des difficultés techniques, ou s'ils ne traduisent pas également une volonté politique. Après tout, ces ratés de l'aide internationale viennent à point nommé nourrir la rhétorique antioccidentale de certains responsables iraniens.

Hypothèse similaire à propos des Kurdes irakiens : même s'ils sont les bienvenus en Iran, peut-être convient-il de leur faire sentir qu'ils le seront d'autant plus qu'ils y resteront moins longtemps. Toutes ces restrictions, bien entendu, ne doivent pas masquer la réelle solidarité témoignée aux réfugiés par la population iranienne ou les efforts déployés localement par des responsables civils ou militaires souvent bien plus ouverts, voire chaleureux, qu'on ne l'imagine.

En se déplaçant du nord au sud, le long de la frontière, à travers les trois provinces d'Azerbaïdjan, du Kurdistan et de Bakhtaran, on mesure combien les autorités iraniennes, pour être accueillantes aux réfugiés irakiens, demeurent méfiantes vis-à-vis de leurs propres Kurdes. Autant que de villages d'une rusticité médiévale – chacun ayant reçu son lot de réfugiés, comme en témoignent quelques tentes serrées autour d'un feu, ou deux ou trois taxis orange et blanc immatriculés à Kirkouk ou Erbil –, on y voit en effet de loin en loin, ou plutôt de proche en proche, des sortes de petits châteaux forts dont les tours rondes et crénelées abritent des mitrailleuses, des émetteurs-récepteurs et des gardiens de l'ordre islamique.

À l'entrée de Paveh (province de Bakhtaran), sur le bas-côté de la route, il y a également de l'artillerie – deux batteries antiaériennes montées sur roues –, mais elle appartiendrait à l'un des deux mouvements de la résistance kurde irakienne.

De Paveh, par la route de montagne sur laquelle se pressent depuis plusieurs semaines des milliers de réfugiés, on est à quelques dizaines de kilomètres de Halabja, où Saddam Hussein, en mars 1988, profitant d'une légère indisposition de la conscience universelle, testa les performances de ses armes chimiques. La route serpente à travers des gorges dont le relief assez grandiose, prodigieusement tourmenté, disparaît aujourd'hui sous des trombes d'eau. Par endroits, la piste est coupée par de véritables torrents de boue liquide. De chaque côté s'alignent des files de réfugiés qui, presque toujours, comptent une majorité d'enfants…

À hauteur d'un pont métallique, un convoi de camions charge certains de ces réfugiés pour les acheminer vers des camps. Le pont est dominé par un fortin où séjourne une garnison de pasdaran, dont certains s'emploient à peindre sur des banderoles des inscriptions polychromes flétrissant le régime de Saddam Hussein, ou exaltant les efforts de solidarité consentis par l'Iran.

Dans le bureau où nous sera finalement notifiée l'interdiction de nous rendre au col, le responsable local des pasdaran siège sous un rare portrait de l'ayatollah Khomeyni en bras de chemise, coiffé d'une toque noire et recevant d'un air distrait les effusions d'un petit enfant.

Le Figaro, *22 avril 1991*

La tragédie des plus vieux chrétiens du monde

À la mi-juin, alors que la plupart des Kurdes, mis en confiance par le déploiement des troupes alliées, avaient regagné leur pays, plusieurs centaines de réfugiés irakiens refusaient de quitter le camp de Silopi, situé, en Turquie, à quelques kilomètres de la frontière. Hébergés dans un camp destiné aux pèlerins du hadj – le pèlerinage de La Mecque – que domine une mosquée flambant neuve, ces réfugiés, dont le nombre pourrait s'élever jusqu'à deux mille, sont dans leur grande majorité des chrétiens, qui justifient leur refus de retourner en Irak par les traitements discriminatoires dont ils seraient victimes dans ce pays.

Ainsi Yakoud, originaire de Bagdad, affirme-t-il s'être fait prendre à partie dans les rues de la capitale irakienne, et traiter d'agent des États-Unis, lorsque, après plusieurs années de captivité en Iran, il put revenir en Irak, à la faveur de l'accord intervenu entre les deux pays peu de temps après l'invasion du Koweït. Yakoud affirme d'autre part qu'en Iran les prisonniers de guerre chrétiens étaient plus mal traités que les musulmans, et qu'à plusieurs reprises, notamment après le raid aérien américain contre Tripoli, ils auraient été séparés des autres prisonniers, puis insultés et battus par leurs geôliers iraniens. Le témoignage de Petros, un de ses compagnons de tente au camp de Silopi, est encore plus accablant. Amputé d'une jambe, gravement blessé à la tête et à l'abdomen durant des combats dans la région de Bassora, en 1983, Petros n'aurait touché aucune pension après sa démobilisation. Pleins d'amertume contre les Américains, qu'ils accusent d'avoir trahi l'opposition irakienne, ces réfugiés, dont beaucoup sont des déserteurs de l'armée de Saddam Hussein, craignent pour leur vie si l'administration turque décide de les renvoyer en Irak, et ils comptent sur la solidarité de l'Église et des chrétiens pour prévenir une telle issue. La plupart souhaitent bénéficier du droit d'asile en Europe ou aux États-Unis, où certains comptent déjà un ou plusieurs membres de leur famille.

À la limite – et même, désormais, hors limites – de la « zone de sécurité » établie par les alliés dans le nord-ouest de l'Irak, Dohuk est l'agglomération la plus peuplée de cette région, et celle qui compte la minorité chrétienne la plus nombreuse. À l'entrée de Dohuk – que l'on atteint, au départ de la frontière turque, après avoir traversé sur plusieurs dizaines de kilomètres d'immenses champs de céréales qui sèchent sur pied, faute de bras pour les moissonner –, le siège du parti Baas porte les stigmates d'une récente explosion de vindicte populaire. Vestiges de ces affrontements qui ont fait plusieurs victimes, tant du côté des manifestants que des hommes de main du Baas, des carcasses de véhicules calcinés traînent encore au milieu de la chaussée. Juste en face du siège du parti, une grande bâtisse inachevée, mais assez avancée tout de même pour trahir un certain souci d'apparat, voisine avec une église plus ancienne, d'une sobriété architecturale de boîte à chaussures.

Ces trois édifices – le siège du parti, la bâtisse inachevée et l'église parallélépipédique – entretiennent depuis plusieurs années une relation triangulaire assez symptomatique de celle qui unit l'État baassiste et le clergé chaldéen.

À l'origine, c'est-à-dire au milieu des années quatre-vingt, la grande bâtisse avait été conçue comme une maison de repos, une sorte de club, à l'usage des hiérarques du parti. Par commodité, et sans doute aussi dans le dessein de se payer un peu la tête des chrétiens, dans ce pays « laïc » dont le chef suprême drape volontiers ses lubies dans l'étendard de la guerre sainte, le Baas annexera purement et simplement l'église au territoire de sa future maison de repos. Mais l'évêque chaldéen de Zakho ne l'entendait pas de cette oreille.

Excipant de ses bonnes relations avec Saddam Hussein, il en référa à ce dernier, qui enjoignit à la direction locale du parti non seulement de restituer l'église à ses usagers habituels, mais également, pour faire bon poids, d'y rajouter la maison de repos. D'après la rumeur locale, ce cadeau empoisonné devait coûter la vie à l'évêque. Car bien qu'il eût pris soin de ne jamais honorer la seconde partie de l'offre de Saddam Hussein et de laisser en déshérence la grande bâtisse inachevée du Baas, les cadres locaux du parti lui en auraient voulu au point d'organiser l'« accident de la circulation » dans lequel l'évêque trouva la mort en 1987.

Majoritaire au sein de la minorité chrétienne d'Irak, l'Église chaldéenne – tout comme les deux Églises syriennes – se cantonne vis-à-vis de l'État baassiste dans une attitude attentiste, que l'on pourrait taxer de complaisance si la précarité de sa condition, et la diversité des périls entre lesquels elle doit louvoyer pour survivre, n'invitaient à se garder des jugements hâtifs.

À Mangesh, haut lieu chrétien, ville natale de l'actuel évêque chaldéen d'Amadiya et de Zakho, où l'on est accueilli par une banderole de l'Union patriotique du Kurdistan invitant en anglais « toutes les religions, les minorités et les cultures à partager la même patrie. », le père Hanna, de l'Église chaldéenne, fêtait vers la mi-juin ses vingt-sept ans de sacerdoce.

À cette occasion, dans la salle paroissiale, sous des portraits d'évêques enturbannés et en présence d'un aumônier des troupes britanniques, une trentaine de jeunes filles très gracieuses entonnaient des alléluias et mangeaient des équivalents locaux de petits-fours. Pour un peu, on aurait pu se croire à Auteuil.

Interrogé sur le comportement de la population, lors du retour des troupes irakiennes à Mangesh, après l'éphémère victoire des insurgés kurdes, le père Hanna souligne la différence de comportement entre les Kurdes, qui presque tous ont cherché refuge dans les montagnes, et les chrétiens, qui pour la plupart sont demeurés sur place, tant parce que leur familles, du fait de l'émigration massive, comptent une proportion anormalement élevée d'enfants et de vieillards, que parce que, insiste le prêtre, « ils n'avaient rien à se reprocher, n'ayant rien entrepris contre le gouvernement ».

À Dohuk, à la même époque, nous avons été reçus par un prêtre chaldéen dans le salon duquel le portrait de Saddam Hussein trônait en bonne place, ce qui ne laisse pas de surprendre dans une ville où toutes les effigies du chef de l'État irakien ont été saccagées avec un soin méthodique. À Zahko, un prêtre d'obédience syrienne-catholique, en nous faisant visiter l'église Saint-Georges, louait à tout bout de champ la munificence, pour ne pas dire la prodigalité, de l'administration irakienne, à laquelle les fidèles de cette Église sont notamment redevables d'un revêtement de sol de troisième main, et de quelques fleurs en plastique, sous cellophane, offertes par un satrape baassiste à l'occasion des fêtes de Noël.

Par une petite ironie de l'histoire, ou de la liturgie, l'Évangile que le bon père révisait lorsque nous l'avons dérangé, et qu'il devait lire le dimanche suivant à l'occasion d'une messe concélébrée avec un aumônier italien des forces alliées, contenait quelques-unes des paroles les plus tranchantes, les moins conciliantes du Christ : « Qui ne prend pas sa croix pour me suivre, n'est pas digne de moi. Qui cherche à conserver sa vie la perdra : qui perd sa vie à cause de moi la retrouvera. »

« Mon Dieu, mon Dieu, pourquoi m'as-tu abandonné ? »

Minoritaires et généralement opprimés ou tenus à l'écart, en raison de leurs convictions religieuses, soupçonnés d'être inféodés à l'Occident, qui se soucie d'eux comme d'une guigne, et traités en étrangers dans leurs propres pays – quand bien même leur présence et celle du christianisme peuvent s'y prévaloir de quelques siècles d'antériorité sur l'islam –, les chrétiens d'Irak, de Syrie, de Turquie ou d'Iran souffrent par surcroît de la division de leurs Églises, héritage des querelles dogmatiques qui ont marqué les premiers siècles de l'ère chrétienne. Au cours de l'Histoire, ces divisions ont parfois prévalu sur la communauté d'origine, au point que, par exemple, les fidèles de telle Église d'Orient n'hésitaient pas à s'allier à tel conquérant islamique contre leurs coreligionnaires de Byzance, dont le zèle à persécuter les « hérétiques » fut longtemps d'une férocité sans égale.

Après avoir été l'une des plus puissantes et des plus nombreuses du monde chrétien, essaimant jusqu'en Chine et en Inde, l'Église assyrienne compte aujourd'hui quelques centaines de milliers de fidèles, pour la plupart exilés de leurs pays d'origine – Irak, Iran et Turquie – et dispersés entre l'Amérique du Nord, l'Europe occidentale, le Liban et l'Australie. Sa rupture avec la maison mère remonte au concile d'Éphèse, qui, en 431, condamna les thèses de son chef spirituel, l'évêque Nestorius. Les divergences – dont la plupart des chrétiens, toutes tendances confondues, s'accordent désormais à reconnaître qu'elles étaient plutôt linguistiques que doctrinales – portaient sur le mystère de la double nature du Christ, à la fois pleinement humaine et pleinement divine, et sur le dosage, dans sa personne, de ces différents ingrédients.

Au XVIe siècle, une partie de ces chrétiens assyriens abjurèrent les doctrines de Nestorius et reconnurent l'autorité de Rome, donnant naissance à l'Église chaldéenne. Séparés par d'anciennes divergences doctrinales, assyriens (nestoriens) et chaldéens (catholiques) partagent la même liturgie, et leurs relations sont désormais assez œcuméniques pour qu'ils n'hésitent pas, localement, à se dépanner mutuellement d'un prêtre ou d'un lieu de culte. L'histoire de l'Église syrienne décrit une trajectoire parallèle à celle de l'Église assyrienne. Détachés de l'Église gréco-latine après le concile de Chalcédoine, en 451, les Syriens se divisent depuis la fin du XVIIe siècle en deux branches : l'Église syrienne-catholique, revenue dans le sein de l'Église romaine, au terme de péripéties particulièrement confuses et sanglantes, et l'Église syrienne-orthodoxe, ou « jacobite », qui a conservé jusqu'à nos jours son organisation séparée.

Par-delà leurs différences religieuses, de moins en moins affirmées, Syriens des deux obédiences, assyriens et chaldéens, revendiquent volontiers leur appartenance à un même peuple, voire à une même nation. Leur plus grand dénominateur commun est la langue araméenne – même si l'araméen occidental, ou syriaque, diffère légèrement de l'araméen oriental, ou assyrien –, qui, pour les uns et les autres, est non seulement la langue liturgique, mais celle de la vie quotidienne, défendue vaille que vaille contre les tendances hégémoniques de l'arabe, du persan, du kurde ou du turc. Cette langue, dans laquelle le Christ s'est exprimé, nous est généralement connue par ses dernières paroles, sur la Croix : « Eli Eli lamma sabaqtani… » (« Mon Dieu, Mon Dieu, pourquoi m'as-tu abandonné ? »).

Le Figaro, *28 juin 1991*

IRAK : UNE ÉGLISE ENTRE LE MARTEAU ET L'ENCLUME

Au regard de l'intolérance qui a longtemps caractérisé les relations entre les différentes Églises chrétiennes du Proche-Orient, l'itinéraire spirituel et sacerdotal du père Daniel a de quoi surprendre. Né à Kirkouk, en Irak, dans une famille chaldéenne (catholique) originaire d'Ourmiah, en Iran, il a fait une partie de ses études à Rome avant d'être intronisé prêtre chaldéen à Dohuk. Après huit ans de ce ministère, le spectacle du déclin de l'Église assyrienne – plutôt qu'une tardive et soudaine conversion aux thèses « hérétiques » de Nestorius – l'incite à quitter sans éclat, et sans rupture, l'Église chaldéenne, pour se mettre au service de cette Église assyrienne cruellement éprouvée par l'émigration, et qui, par défaut de prêtres, menace de s'éteindre dans son pays d'origine. Consulté, le nonce apostolique à Bagdad donne son accord.

Œcuménique et polyglotte – il parle couramment une demi-douzaine de langues, et si bien la nôtre que *Le Diable et le Bon Dieu* de Jean-Paul Sartre est l'un des premiers ouvrages que l'on remarque dans sa bibliothèque –, le père Daniel a, par ailleurs, l'étoffe de ces chrétiens qui chantaient dans les supplices, et il ne fait aucun doute que son ralliement a beaucoup relevé localement le prestige de l'Église assyrienne. Lorsque les troupes irakiennes, à grand fracas, reprirent le contrôle de Dohuk – où l'une de leurs premières manifestations fut de dynamiter des dizaines de maisons « suspectes » avant que les Américains ne leur enjoignent de renoncer à ce petit jeu –, le père Daniel disait sa messe de Pâques devant les fidèles rassemblés dans leur nouvelle église, une crypte souterraine dont la partie supérieure n'a toujours pas vu le jour, par manque de crédits et faute des autorisations administratives indispensables.

Le clergé assyrien disposait bien à Dohuk d'une église plus ancienne, mais, voilà sept ans, cette église et le terrain adjacent avaient été réquisitionnés pour édifier l'un de ces temples de la question et de l'incarcération pour lesquels l'administration baassiste n'a jamais regardé à la dépense. Toujours debout, mais à l'abandon, l'ancienne église assyrienne jouxte désormais un immeuble de plusieurs étages, sur le toit duquel quantité de douilles de Kalachnikov ou de mitrailleuse témoignent de l'intensité des combats qui ont opposé ses occupants aux peshmergas kurdes. Dans les caves de cet immeuble, qui a fait l'objet d'un pillage en règle, les peshmergas font visiter les cellules souterraines où des dizaines – et peut-être des centaines – de détenus politiques, régulièrement soumis à la torture, ont passé des années sans jamais apercevoir la lumière du jour.

Sur la route de Dohuk à Zakho, dans le nord-ouest de l'Irak, la ville de Simélé fut, en août 1933, le théâtre d'un pogrom antiassyrien qui se solda par plusieurs centaines de victimes et par le départ d'un grand nombre de survivants vers la Syrie sous mandat français. Même si ce massacre fut essentiellement l'œuvre de l'armée irakienne, il semble que la population autochtone, majoritairement composée de Kurdes, s'y associa tout de même d'assez bon cœur. À hauteur de Simélé, une route non revêtue mène au village chaldéen de Shesé, dont toutes les maisons – une centaine – et jusqu'à l'église ont été méthodiquement rasées par l'armée irakienne en 1988. Seules les tombes du cimetière, envahies d'herbe folle mais encore bien visibles, ont été épargnées. À la même époque, plusieurs milliers de villages et de petites villes du Kurdistan ont connu le même sort, pour le seul motif que certains avaient pu abriter des combattants de l'un ou l'autre mouvement de résistance. Parmi ces milliers de villages rasés, plusieurs dizaines au moins étaient peuplés de chrétiens, qui ont depuis trouvé refuge à l'étranger ou dans les grandes villes irakiennes.

Le drame de ces chrétiens du nord de l'Irak, c'est que, n'étant ni tout à fait d'un bord ni tout à fait de l'autre – même si les Assyriens, dont le sentiment national est généralement plus affirmé que celui des Chaldéens, sont plus que ces derniers enclins à s'allier, au moins tactiquement, avec les Kurdes –, ils prennent des coups des deux côtés. Au début des années soixante, ce sont des insurgés kurdes qui mirent à sac l'évêché de la magnifique ville-promontoire d'Amadiya, détruisant au passage des manuscrits datant de l'Antiquité. Mais, à deux pas d'Amadiya, c'est l'armée irakienne qui, à deux reprises, dans les années soixante, puis à la fin des années quatre-vingt, rasa le village chrétien d'Araden, celui de Bébédé et celui de Déré.

Quant au monastère de Mar Odisho, dont la fondation remonterait au IVe siècle et qui constituait l'un des lieux les plus sacrés de la foi assyro-chaldéenne, il n'en reste, dans un décor idyllique, qu'un monceau de décombres en équilibre instable, parmi lesquels de petits bergers kurdes et assyriens font paître leurs troupeaux de chèvres. C'était, en 1988, la troisième fois depuis le début des années soixante, semble-t-il, que l'armée irakienne procédait à la destruction de ce monastère.

Fidèle à la politique d'alliance avec les Kurdes, suivie, au moins depuis le début des années soixante-dix, par une partie de la communauté assyrienne, le Mouvement démocratique assyrien, qui revendique quelques centaines de combattants, fait partie du front regroupant les principales organisations de la résistance kurde. Ici et là, dans le nord-ouest de l'Irak, on aperçoit en effet, mêlés aux peshmergas, quelques combattants assyriens reconnaissables à leur bonnet conique. Sans trop se faire d'illusions, les Assyriens – ou les plus militants d'entre eux – bercent l'espoir que les Kurdes, une fois qu'ils auront obtenu leur autonomie, concéderont à cette minorité dispersée le droit de se regrouper territorialement – c'est la principale exigence, constamment réaffirmée, des Assyriens – et de mettre sur pied ses propres institutions culturelles et scolaires, afin notamment de sauvegarder la langue araméenne.

À Benata, une bourgade chrétienne proche d'Amadiya, le chef de village a été assassiné voilà quelques semaines, vraisemblablement par un Kurde. Lors de notre visite à Benata, une dizaine de peshmergas en armes nous avaient précédés, à bord de deux véhicules tout-terrain ayant jadis appartenu à l'armée irakienne et d'ailleurs étoilés de nombreux impacts. Se disant persuadés que l'assassin était un provocateur à la solde du Baas, agissant pour semer la zizanie entre Assyriens et Kurdes, les peshmergas insistaient, d'autre part, sur leur volonté de tirer l'affaire au clair, et, en attendant, de protéger les habitants de Benata contre toute nouvelle exaction.

Soixante-quinze familles, nous dit-on, ont été expulsées pour faire place au palais d'Ashawa, l'un de ces petits pied-à-terre de quelques milliers d'hectares qui, dans le nord de l'Irak, illustrent la modestie des goûts de Saddam Hussein. Sur plusieurs kilomètres, une muraille en pierre de taille – dans laquelle, tous les 50 mètres environ, est enchâssée une pierre portant en bas-relief le nom calligraphié du chef de l'État – protège ce « Sans-Souci » des regards indiscrets. À l'intérieur de ce périmètre, une route en lacets, dont la construction a dû nécessiter le remblayage de plusieurs millions de mètres cubes de terre, dessert une sorte de belvédère perché au sommet d'un piton rocheux, d'où Saddam Hussein devait jouir d'une vue imprenable sur les décombres des centaines de villages rasés par ses soins dans la région. Quant au palais lui-même, c'est tout le chic babylonien accommodé au goût d'un officier putschiste.

La ville de Sersang, où une forte minorité assyrienne coexiste avec une majorité de Kurdes, est située à quelques kilomètres de ce palais d'Ashawa, sur la route reliant Dohuk à Amadiya. La population chrétienne de Sersang est originaire de la région du Hakkari, en Turquie, d'où les Assyriens furent chassés peu après le génocide des Arméniens et pour ainsi dire dans la foulée de ces derniers. Depuis le parvis de l'église Saint-Matthieu, située sur les hauteurs de Sersang, par beau temps, les trois derniers survivants de cet exode peuvent apercevoir leurs montagnes natales du Hakkari, d'où la jeune République turque, voilà trois quarts de siècle, les a bannis sans espoir de retour.

Le Figaro, *1er juillet 1991*

LA CHASSE AUX CRUCIFIX

Au mur de la salle paroissiale, on remarque un portrait du patriarche de l'Église assyrienne, le vrai, celui qui vit désormais à Chicago, dont les hasards de l'exil ont fait la capitale spirituelle, et peut-être la capitale tout court, de cette communauté dispersée. La messe dite par le père Salomon vient de réunir quelques dizaines de fidèles, les hommes d'un côté, les femmes de l'autre, dans la petite église assyrienne des hauts de Sersang. Sliwo Youhanna, qui est né en 1904 à Asiuta, dans le Hakkari, est localement l'un des trois derniers témoins de l'interminable exode au terme duquel, en 1921, plusieurs familles assyriennes originaires de Turquie purent enfin jeter l'encre à Sersang, en plein Kurdistan irakien.

Chassés de leurs villages, en 1915, par les assauts combinés de soldats turcs et d'irréguliers kurdes, les Assyriens du Hakkari, qui, dès le début de la guerre, avaient sans tergiverser pris le parti des Russes, gagnèrent Ourmiah, en Iran, afin de s'y placer sous la protection de ces derniers. Mais, au lendemain de la Révolution d'octobre, les troupes russes se retirèrent d'Ourmiah et de tout le front du Caucase, laissant les Assyriens seuls et privés de soutien logistique face à des forces turques, kurdes et perses considérablement supérieures en nombre.

En mars 1918, nouveau coup du sort, leur patriarche, Mar Benyamin XXI, est assassiné par un chef kurde. Démoralisés et redoutant d'être submergés par leurs assaillants, les Assyriens, dans le courant du mois d'août, réussissent une percée à travers le dispositif d'encerclement et sortent en masse d'Ourmiah, dans le dessein d'opérer leur jonction avec les troupes britanniques déployées dans la région d'Hamadan, environ 500 km au sud-est d'Ourmiah.

Harcelés sans répit par les Turcs et par les Kurdes, décimés par les épidémies, les Assyriens, hommes, femmes, enfants et bêtes mêlés dans une pathétique et vulnérable cohue, perdront au moins vingt mille des leurs avant d'atteindre Hamadan. Quant aux survivants, hébergés par les Britanniques dans des camps de transit autour de Bagdad ou de

Mossoul, ils feront l'objet de tous les soins de la communauté internationale – qui envisagera successivement de les transplanter au Brésil, dans le Panama, en Guyane britannique ou en Syrie, dans les marais de l'Oronte – avant d'être dispersés en petits groupes épars sur le territoire de l'Irak. Et c'est ainsi qu'en 1921 la famille de Sliwo Youhanna, six ans après avoir été chassée du Hakkari par les Turcs, s'établit à Sersang, sous les auspices de l'administration britannique.

Asiuta, le village natal de Sliwo Youhanna, a été rebaptisé Cigli par l'Administration turque, aussi délibérément amnésique en ce qui concerne les Assyriens que les Arméniens. Voisin de Cukurca, où des dizaines de milliers de Kurdes irakiens trouvèrent refuge lors de leur récent exode, le bourg de Cigli-Asiuta est situé dans une zone montagneuse longtemps inaccessible, aujourd'hui desservie par des routes généralement carrossables, mais coupées de très nombreux barrages de l'armée ou de la gendarmerie turques. Les montagnes du Hakkari sont en effet propices aux guérilleros du PKK, le parti des travailleurs du Kurdistan, qui, avec des méthodes aussi expéditives que celles de leurs adversaires, luttent pour l'instauration d'un Kurdistan à la fois indépendant et socialiste.

Pour contrer les activités du PKK, les autorités turques imposent aux villageois de former des milices armées, et c'est le chef local de cette milice qui nous reçoit à Asiuta, où l'importance du dispositif militaire, l'exubérance de la végétation et l'impétuosité du relief entretiennent une atmosphère cinématographique de guerre coloniale. L'une des filles de la maison, âgée de quatorze ans, doit se marier la semaine prochaine, en règlement d'une dette de sang, à un homme qu'elle n'a aperçu qu'une fois dans sa vie, mais qui, par bonheur, n'a que cinq ans de plus qu'elle. En ce qui concerne l'histoire du village, le chef de la milice concède qu'en effet, d'après la rumeur, il y vivait autrefois des chrétiens, qui en auraient été chassés après la Première Guerre mondiale par suite d'une « mauvaise action » contre l'État. Quant à l'église où Sliwo Youhanna dut être porté sur les fonts baptismaux, notre obstination à en retrouver ne serait-ce qu'une trace suscite une légère irritation chez nos interlocuteurs, tous Kurdes et musulmans. En fin de compte, un soldat turc d'une unité d'élite, treillis camouflé et béret bleu, nous expliquera qu'à sa connaissance il n'en subsiste que des ruines, et que ces ruines elles-mêmes, situées dans une zone militaire interdite, sont désormais inaccessibles.

Au cours des deux dernières décennies, ce qui restait de chrétiens – en majorité assyriens et chaldéens – dans le Hakkari, après l'exode de

1915, a massivement émigré vers l'Europe, l'Amérique ou l'Australie. Les assyro-chaldéens du Hakkari sont aujourd'hui plus nombreux dans la région parisienne, entre le Val-d'Oise et la Seine-Saint-Denis – où beaucoup ont monté des ateliers de confection – que dans leur pays d'origine. Tous affirment avoir quitté la Turquie pour fuir les persécutions que les petits hobereaux kurdes leur infligeaient en toute impunité, sans que l'administration turque fasse quoi que ce soit pour les y soustraire.

Aujourd'hui, après le Hakkari, c'est au tour des chrétiens du Bohtan et du Tur Abdin – pour la plupart d'obédience syrienne « jacobite » – de disparaître, victimes de l'intolérance des uns et de l'indifférence des autres. À Midyat, dans le Tur Abdin, à proximité du monastère de Mar Gabriel – où réside, tout de pourpre vêtu, l'évêque syrien de ce diocèse –, les clochers l'emportent encore sur les minarets par 4 à 2, mais les chrétiens, jadis majoritaires, ne sont plus que quelques centaines parmi quelques dizaines de milliers de musulmans.

À Yemisli – distant d'une dizaine de kilomètres de Midyat et qu'un barrage de la police nous empêchera d'atteindre –, deux chrétiens de confession syrienne, un père et son fils, qui se disposaient à émigrer en Europe, ont été assassinés l'an dernier par des bandits kurdes que la police locale aurait relâchés après les avoir arrêtés. À Idil – qui, d'après le diacre de l'église Sainte-Marie, fut dès le premier siècle de notre ère le premier village chrétien de la région –, la communauté syrienne-jacobite se réduit à une trentaine de familles composées essentiellement de vieillards, de femmes et d'enfants, tous les hommes valides ayant émigré dans différents pays d'Europe de l'Ouest.

Même le prêtre est actuellement en Europe, pour rendre à sa famille une « visite » dont ses ouailles craignent qu'elle soit sans retour. Eliza, qui est âgée de dix-huit ans, et dont les quatre frères se sont établis en Suisse, vit seule avec sa mère en attendant de pouvoir les rejoindre. L'an dernier, une de ses amies a été enlevée, violée et contrainte au mariage par un Kurde du même village, chez lequel personne, pas même ses parents, n'a pu lui rendre visite depuis son enlèvement. Depuis, Eliza évite de s'éloigner de chez elle, ne serait-ce que pour faire des courses, et vit confinée dans le « ghetto » chrétien, quelques maisons groupées autour de l'église Sainte-Marie.

La plus belle de ces maisons, à proximité d'une fontaine plus ou moins sacrée, appartient à M. Melki, lequel ne doit pas être un grand buveur d'eau, à en juger par le nombre de bouteilles de raki converties en bordures pour ses plates-bandes. En été, sous ce climat torride, le jardin de M. Melki, avec sa tonnelle et son bassin rond où s'ébattent quelques petits poissons, fait un peu figure de miracle. Mais la tonnelle, le bassin rond et les petits poissons sont voués à disparaître prochainement, M. Melki ayant déjà fait tout le nécessaire pour aller retrouver ses enfants, établis depuis plusieurs années dans une ville allemande où la vigne ne pousse pas.

Le Figaro, *2 juillet 1991*

Yougoslavie : le front du Danube

À l'ouest de Novi Sad, sur la rive gauche du Danube, le village de Vajska accueille des réfugiés serbes en provenance de l'autre rive, sur laquelle s'exerce désormais l'autorité de l'Union démocratique de Croatie. L'école du village a été convertie en « centre de réception pour les réfugiés serbes ».

Ces derniers ne séjournent dans les locaux scolaires que quelques heures, avant d'être acheminés par autocars vers différentes localités de Voïvodine ou de Serbie, où la plupart seront pris en charge par des parents ou des amis. Sans doute la condition de ces familles serbes n'évoque-t-elle que de très loin celle des hordes de réfugiés kurdes entassés dans les camps de la frontière turque.

Mais depuis le début du mois de mai, et s'il faut en croire le témoignage de la directrice de l'école, ce sont tout de même près de six mille Serbes qui ont transité par Vajska, après avoir quitté en catastrophe leurs villages assiégés par la police croate ou par des civils armés.

Parmi les derniers arrivés – une vingtaine de femmes et d'enfants qui ont passé le Danube ce matin –, rares sont ceux qui acceptent de témoigner, tant par crainte d'attirer des représailles sur leurs parents demeurés en Croatie, semble-t-il, que par une vieille habitude socialiste de défiance vis-à-vis des journalistes étrangers, ces derniers étant d'ailleurs soupçonnés de sympathiser avec la cause des « sécessionnistes » croates.

Ces conditions ne sont évidemment guère propices à l'établissement de la vérité. D'après une jeune femme sur le point d'accoucher, son village, dont elle s'obstine à taire le nom, a été attaqué en plein jour par environ deux cents civils armés venus des villes voisines de Vinkovci et de Vukovar.

Plus explicite, une autre jeune femme, accompagnée de deux enfants âgés de trois et deux ans, raconte comment la semaine dernière, le quartier serbe de Borovo Na Selje, faubourg industriel de la petite ville de Vukovar, a été pris sous le feu des policiers croates pendant plusieurs heures avant d'être mis à sac. Elle-même aurait cherché à fuir à travers champs, avec un groupe de civils, dès le début de l'attaque, et c'est dans ces circonstances que son frère, âgé de vingt-six ans, aurait été abattu dans le dos par des policiers croates.

Quelques kilomètres d'une route étroite, encombrée de moissonneuses-batteuses et de charrettes hippomobiles chargées de foin, séparent Vajska du débarcadère, sur la rive gauche du Danube, où, plusieurs fois par jour, le bac en provenance de l'autre rive dépose un nouveau contingent de réfugiés serbes.

Au hasard des villages traversés, dans une monotone succession de maisons basses, de clochers à bulbe, de champs de blé, de tournesol ou de patates, on voit flotter ici et là – mollement, d'ailleurs, car l'air est à couper au couteau – des drapeaux serbes flambant neufs. Au bord du fleuve, la Croix-Rouge de Voïvodine a planté une tente où les réfugiés peuvent recevoir des soins d'urgence.

À côté de la tente, des policiers en uniforme démontent et graissent nonchalamment leurs Kalachnikov, tandis qu'un jeune franc-tireur serbe assez content de lui – d'autant plus qu'il est accompagné d'une jolie fiancée – se fait panser une blessure superficielle au bras gauche. De l'autre rive, dans la direction de l'enclave serbe de Borovo Selo, parviennent de loin en loin les échos d'une fusillade peu nourrie.

Pour passer de la rive « serbe » à la rive « croate » du Danube, le plus simple, au moins en apparence, est d'emprunter le pont qui relie Packa Palanka à Ilok. Les parages de ce pont ayant été ces jours derniers le théâtre d'affrontements confus – lors desquels, d'après les Croates, l'armée fédérale aurait même fait usage de son aviation –, son extrémité serbe est marquée par un imposant déploiement de blindés.

Côté croate, on ne voit pas âme qui vive, le paysage distille une impression de calme véritablement idyllique, et même les premiers barrages de la police locale, par l'usage qu'ils font du gros matériel agricole, respectent dans une certaine mesure cette tonalité bucolique.

À Vukovar, au moins deux couples de cigognes ont établi leur nid sur des cheminées.

Au-delà de Vukovar, le paysage s'industrialise et se durcit. Il faut errer quelque temps parmi les voies de chemin de fer, les ateliers d'usine et les alignements de logements sociaux, sur la rive droite du Danube, avant de dénicher ce faubourg de Borovo Na Selje qu'a fui une semaine auparavant la jeune femme abandonnant derrière elle son frère mort.

En approchant de la limite nord du faubourg, on tombe sur un barrage tenu par des éléments disparates des forces croates. Certains, vêtus de treillis de camouflage, sont apparemment des « gardes nationaux ».

De simples francs-tireurs arborent des tenues composites – bandanas, gilet pare-balles, t-shirt et pantalon de survêtement – et un armement à l'avenant, où les mitraillettes soviétiques voisinent avec les fusils à pompe et les grenades à main avec les pains d'explosif.

Dans ce qui paraît être le quartier général de cette troupe, un responsable civil à cheveux blancs nous accueille en se plaignant du parti pris des Français en faveur des Serbes. À proximité de Borovo, nous assure-t-il, les « tchetniks », les extrémistes serbes, ont détruit la semaine dernière le village croate de Celije, laissant sur le terrain une trentaine de victimes. Malheureusement, ajoute-t-il, la présence des « tchetniks » ne permet pas que nous nous rendions à Celije.

Plus on se rapproche de son extrémité nord – celle qui fait face à l'enclave serbe de Borovo Selo –, plus le faubourg de Borovo Na Selje présente un spectacle de dévastation. Ici, c'est une maison pulvérisée par des tirs de lance-grenades : notre guide croate, un « garde national », affirme qu'elle abritait un tireur serbe isolé.

À côté, une autre maison éventrée, criblée d'impacts, dégorge sur la chaussée tout un flot d'objets domestiques étalés et dispersés avec rage : de ces décombres, le « garde national » exhume une photo du maître de maison dansant avec son épouse. « Kaput ! », commente-t-il, en désignant sur la photo l'élément masculin du couple. Il s'agissait apparemment d'un policier serbe. « D'ailleurs, poursuit notre guide, nous n'avons chassé que les mauvais Serbes. Les autres peuvent rester. »

À en juger par l'état des lieux, les bons Serbes devaient tout de même être assez rares dans ce quartier de Borovo Na Selje. Toutes les maisons, ou peu s'en faut, présentent des impacts de balles tirées en rafales, les fenêtres et les vitrines des magasins ont volé en éclats, et le macadam, de loin en loin, est écaillé là où des obus de mortier ont explosé.

Abrités derrière le mur du jardin de la dernière maison du bourg, parmi les légumes et les plantes d'agrément, des gardes nationaux et des francs-tireurs croates observent à la jumelle leurs homologues serbes, retranchés dans les premières maisons de Borovo Selo. Il vient du *no man's land* une odeur de décomposition que notre guide croate, avec une expression désabusée de professionnel, attribue aux cadavres des « tchetniks » tombés la semaine dernière entre les lignes.

Le Figaro, *13 et 14 juillet 1991*

La présidence veut désarmer les milices

Pour cause de restauration, Gazi Husrevbeg, la « mosquée du bey », que les guides présentent à tort ou à raison comme la plus vaste d'Europe, est momentanément impropre à tout usage religieux ou profane.

C'est donc la mosquée dite « de l'empereur », moins majestueuse et de conception plus récente, qui accueille les fidèles de la vieille ville de Sarajevo à l'occasion de la prière du vendredi. Notons que l'imam de cette mosquée est certainement l'un des derniers dans le monde à ne disposer que de sa voix nue, sans le secours d'aucun haut-parleur, pour appeler à la prière.

Quant aux fidèles, leur allure décontractée, leur élégance parfois – au moins pour ce qui concerne les femmes, et surtout les plus jeunes d'entre elles –, constitueraient certainement un objet de scandale pour la police religieuse saoudienne. Et que dire du fait que, pendant la prière, de petits orchestres, à deux pas de la mosquée, continuent à jouer en plein air de la musique éminemment profane, tandis que le plus grand cinéma de Sarajevo programme imperturbablement *U Krevetu sa Madonom* (« Au lit avec Madonna »).

En face de la mosquée du bey, parmi les petites échoppes débitant des nourritures approximatives et de la camelote pour touristes, une librairie musulmane propose à sa pieuse clientèle toute une littérature spécialisée, dont les œuvres récentes de Roger Garaudy traduites en serbo-croate. Le libraire est un jeune homme blond, porteur de lunettes à fine monture, qui a l'air de sortir de HEC.

C'est à l'un de ses clients que nous dûmes de rencontrer le gardien zaïrois de la mosquée du bey. Originaire de Thysville, dans le Bas-Zaïre, Hussein, dit Abbas, a été confronté à l'islam dans sa ville natale par un prédicateur sénégalais qui, du même coup, l'a guéri de ses tendances à l'ivrognerie.

Après avoir vainement cherché à parfaire au Caire puis à Damas sa connaissance de l'islam, Hussein, sous le coup d'un arrêté d'expulsion pris par les autorités syriennes, s'est retrouvé en Yougoslavie bien malgré lui. Et c'est dans ce pays, qu'il se représentait comme entièrement soumis aux fallacieuses doctrines du christianisme, que Hussein a finalement rencontré une communauté musulmane assez généreuse pour l'accueillir, lui prodiguer ces enseignements qu'on lui avait refusés dans le monde arabe, et lui procurer par surcroît ce petit emploi de gardien de mosquée. Depuis, Hussein s'est marié avec une Slave musulmane, dont il a un enfant. Et tout irait pour le mieux si les troubles civils qui agitent désormais la Yougoslavie ne menaçaient le fragile équilibre de la Bosnie-Herzégovine, au point que, selon certaines rumeurs, dont Hussein nous fait part sous réserve que nous n'en parlions à personne, des bandes de partisans serbes ou croates écumeraient les forêts proches de Sarajevo, arrachant les yeux et coupant les testicules de leurs victimes.

Le fait que presque personne à Sarajevo ne connaisse l'adresse du parti d'action démocratique – pourtant majoritaire lors des dernières élections –, voilà qui, déjà, plaide en faveur de ce parti. Et le fait qu'à l'occasion d'une réunion de toute sa direction aucun dispositif de sécurité ne soit visible autour du siège de ce parti, au quatrième étage d'un immeuble modeste, voilà qui achève de nous gagner à sa cause.

Majoritaire en Bosnie-Herzégovine, le parti d'action démocratique est l'émanation du peuple musulman de cette république, lequel représente 43 ou 44 % de la population, à côté de 32 % de Serbes, de 17 % de Croates et de 7 à 8 % de non-inscrits. Le peuple musulman, d'origine slave, ne doit pas être confondu avec la communauté islamique de Yougoslavie, qui compte également des Turcs, des Albanais, des Macédoniens ou des Tsiganes [1].

D'après des sources gouvernementales de Bosnie-Herzégovine, le premier compterait environ trois millions d'âmes, contre près de six millions et demi pour la seconde. Et si les Musulmans (peuple) insistent sur la solidarité islamique (religieuse), ils n'en sont pas moins attachés à leur caractère européen et slave.

---

1. Le maréchal Tito avait fait des « Musulmans » de Bosnie-Herzégovine l'une des nationalités constitutives de la Yougoslavie. Il est donc conforme à l'usage d'orthographier le substantif « Musulman » avec une majuscule dès lors qu'il désigne cette nationalité ou tel ou tel de ses membres, et non un fidèle de la religion qui lui est associée.

Quant au parti d'action démocratique, il semble jouer dans la crise actuelle un rôle modérateur, avec le souci d'éviter que la Bosnie-Herzégovine ne succombe aux tendances hégémoniques de ses voisins serbes ou croates.

Le Figaro, *16 juillet 1991*

La mélancolie du Kosovo

Situé à une quinzaine de kilomètres de Pristina dans la direction de Pec, le village albanais de Belaçevc présente un aspect désolé qui n'a rien d'exceptionnel au Kosovo. En dehors des axes principaux, les rues ne sont pas revêtues. L'éclairage public est inexistant, les commerces rares et mal fournis, et, si aucune maison n'est achevée, certaines sont même demeurées à l'état de simples ébauches de brique nue.

Sans doute la Yougoslavie du Sud, dans son ensemble, ne respire-t-elle pas l'opulence : mais on a l'impression que le Kosovo a été désigné pour subir le premier les effets d'une crise ailleurs différée, ou diluée. À Belgrade ou à Sarajevo, on trouve de l'essence sans difficulté, tandis qu'à Pristina, il faut faire la queue, parfois longuement, pour en obtenir. Tout du moins le séjour prolongé d'importants renforts de police, généralement originaires de Serbie, assure-t-il aux hôtels du Kosovo un taux de remplissage inconnu dans tout le reste de la Yougoslavie. Quant à l'armée, si on ne la voit plus guère dans la rue, elle maintient à la périphérie des villes, dans des camps qu'il est interdit de photographier mais non de regarder au passage, suffisamment d'hommes, de camions et de tanks pour occuper de nouveau le terrain si le besoin s'en faisait sentir.

Tout l'horizon de Belaçevc est barré par les installations d'une mine à ciel ouvert de lignite, dont la combustion, dans une centrale thermique proche, dégage un parfum tenace et corrosif de dioxyde de soufre. Autour de la mine s'étendent des champs de maïs ou d'autres céréales clairsemées et maigrichonnes, à l'unisson de ces petits chevaux qui sont encore nombreux à traîner des carrioles sur les routes du Kosovo.

Les Albanais de Belaçevc se plaignent de ce que la mise en exploitation de ce gisement de lignite, au début des années soixante, les a privés de leurs meilleures terres agricoles. Sur une population de quelques milliers d'habitants, plus de cinq cents avaient trouvé du travail dans la mine, mais la plupart auraient été licenciés, et remplacés, après la grève de septembre dernier, par des Serbes venus de toute la Yougoslavie. « Tous les jours, commente un habitant de Belaçevc qui se fait peut-être quelques illusions sur la prospérité de l'exploitation du lignite, cette mine rapporte 1 million de dollars à la Serbie. »

De leurs origines agricoles, certains habitants de Belaçevc ont conservé l'habitude de posséder quelques vaches ou quelques buffles, qui paissent l'herbe des prairies épargnées par le développement de la mine. Ce sont généralement des enfants qui mènent les vaches au pâturage, et qui, le soir, à travers les rues boueuses et mal éclairées du village, les ramènent à l'étable. À l'intention du journaliste étranger, si par hasard il s'en trouve un à Belaçevc, ces enfants font volontiers, de l'index et du majeur, le V de la victoire.

Le 27 mai, un de ces petits vachers, Afrim Prebreza, alors qu'il gardait ses bêtes dans un champ proche du village serbe de Kuzmin, a été attaqué et tué à coups de pelle par trois jeunes hommes de ce village. D'après les habitants de Belaçevc, les témoignages de trois autres enfants albanais, qui avaient assisté au meurtre, auraient permis d'identifier les assassins, mais la police n'en a pas tenu compte. Afrim Prebreza aurait eu onze ans à la mi-juillet. C'était, semble-t-il, la première fois qu'un enfant était assassiné par des « civils » depuis le début des troubles au Kosovo.

Isak, qui est âgé d'une trentaine d'années, était, à l'école élémentaire de Belaçevc, l'un des maîtres d'Afrim Prebreza. Depuis que lui-même et ses collègues ont refusé d'appliquer les nouveaux programmes scolaires – qui, selon lui, prévoyaient d'élargir la place faite à la langue et à l'histoire serbes au détriment de la langue et de l'histoire albanaises –, ils ne reçoivent plus leur traitement. Quant à l'école secondaire de Belaçevc, elle a été purement et simplement fermée par décision des autorités. Les enseignants de cette école ont continué quelque temps à donner leurs cours dans les deux mosquées du village, puis ils y ont renoncé par crainte que les mosquées soient fermées à leur tour. À la rentrée prochaine, toutefois, les cours devraient reprendre chez des particuliers.

Parmi les sept frères et sœurs d'Isak, trois étaient employés à la mine, d'où ils ont été licenciés. L'un d'entre eux travaille désormais comme ouvrier agricole en Grèce, à l'instar de très nombreux Albanais du Kosovo qui se sont expatriés pour subvenir aux besoins de leur famille ou – plus rarement – pour faire fortune aux États-Unis. Bien qu'Isak n'appartienne à aucun parti politique, lui-même et ses amis du même âge – tous au chômage, ou en rupture d'études supérieures, et condamnés à différents expédients pour gagner leur vie – doivent passer plusieurs heures par jour, depuis près de dix ans, à discuter de l'avenir du Kosovo.

L'union avec l'Albanie ? La dissolution du socialisme dans ce pays a redonné un certain lustre à cette perspective, et Ismaïl Kadaré, l'écrivain national albanais, même exilé en France, demeure leur héros favori. Quant au maintien dans la Fédération yougoslave, ils ne l'envisagent que si le Kosovo est reconnu comme une République à part entière, et s'ils ne risquent pas, après le départ des Slovènes et des Croates, de s'y retrouver en tête-à-tête avec les Serbes.

Le Figaro, *19 juillet 1991*

Six cents ans de vendetta

Située au pied d'une petite montagne surgissant inopinément d'une plaine céréalière assez monotone, la ville de Vrsac, au nord-est de Belgrade, conserve de beaux vestiges, un peu dégradés tout de même, de son passé austro-hongrois. Ses habitants allemands, au moins ceux qui eurent la chance d'échapper à la justice expéditive des partisans, en ont été chassés après la Seconde Guerre mondiale. Mais quelques bâtiments baroques et au moins deux paires de grands clochers à bulbes témoignent des anciens privilèges accordés aux Serbes du Banat par la monarchie austro-hongroise et des contraintes architecturales qu'elle leur imposait, allant jusqu'à prohiber le style byzantin dans la construction des églises orthodoxes.

Et c'est ainsi que Mgr Athanase, évêque orthodoxe du Banat, Serbe parmi les Serbes, loge à Vrsac dans une demeure baroque au crépi jaune tout écaillé, dont les aménagements intérieurs évoquent le pensionnat plutôt que le palais épiscopal. Quant à Mgr Athanase, c'est un évêque barbu d'une taille colossale et dont le pessimisme, qui est extrême, n'a d'égal que la cordialité.

La spécialité de Mgr Athanase, et ce qu'il considère comme la véritable clef du destin des Serbes, c'est le Kosovo, au sujet duquel il a rédigé plusieurs ouvrages et quantité d'articles, dont un recueil a été publié en français aux éditions L'Âge d'homme. Le point de vue de Mgr Athanase sur le Kosovo tranche avec ce qu'on a l'habitude d'entendre ou de lire sur ce sujet. Sans nier que le régime communiste yougoslave, pour lequel il n'éprouve aucune sympathie, ait pu manquer de tact à leur égard, il estime que les Albanais du Kosovo, s'ils peuvent prétendre aux mêmes droits que toute autre minorité nationale, ne jouissent d'aucune légitimité historique dans ce qui est une fois pour toutes le berceau de la nation serbe.

D'après Mgr Athanase, les Albanais, avant la conquête ottomane, ne représentaient pas plus de 2 ou 3 % de la population du Kosovo, où plus de mille trois cents églises et monastères gravitaient autour du patriarcat orthodoxe serbe de Pec. Et les Albanais n'y seraient devenus majoritaires qu'à la faveur des massacres et des exodes entraînés par les soulèvements successifs des Serbes contre la domination ottomane. Cette substitution de populations se serait poursuivie jusque pendant la Seconde Guerre mondiale, lors de laquelle les « fascistes » albanais auraient tué plus de soixante mille Serbes au Kosovo, et en auraient chassé environ cent mille. Après la guerre, Tito se serait abstenu de renvoyer chez eux les Albanais accourus par dizaines de milliers pour prendre la place des Serbes massacrés ou déportés.

Depuis, les Albanais n'auraient pas cessé de favoriser l'exode des Serbes, désormais réduits à une petite minorité, en alternant les pressions physiques et morales. Beaucoup de monuments religieux orthodoxes auraient été détruits ou profanés et beaucoup de Serbes molestés. L'actuel patriarche orthodoxe, qui a résidé au Kosovo de 1957 à 1990, aurait lui-même été frappé ou insulté à plusieurs reprises par des musulmans albanais.

Magnanime, Mgr Athanase est cependant tout prêt à concéder à cette minorité devenue majoritaire au Kosovo l'exercice de ses droits fondamentaux, mais uniquement dans le cadre de la République serbe une et indivisible. « Les Serbes peuvent céder sur tout, conclut Mgr Athanase, et la Yougoslavie peut bien disparaître dans les eaux de la mer Noire ou de l'Adriatique. Mais le Kosovo c'est notre Jérusalem, et, si nous l'abandonnions, nous cesserions d'être Serbes. »

Comme la plupart des Serbes, Mgr Athanase se résout sereinement au départ de la Slovénie. Quant à la « sécession » croate, il estime que des gouvernements issus d'élections libres et démocratiques – qualité qu'il dénie au dernier scrutin, d'où sont sortis les actuels gouvernements serbe et croate – pourraient rechercher en commun une solution confédérale à ce problème délicat, mais non insoluble. Une telle solution impliquerait nécessairement un nouveau découpage du territoire croate, afin de protéger les droits des minorités serbes de ce pays.

Car, pas plus que les Serbes ne renonceront au Kosovo, ils n'accepteront de se soumettre, sur le territoire de la Croatie, à un régime que Mgr Athanase accuse de nier la réalité des crimes commis pendant la guerre par les oustachis, si même il n'en éprouve pas une secrète nostalgie.

Dans sa dernière édition, l'hebdomadaire yougoslave *International Weekly* publie un intéressant et apocalyptique éditorial d'un certain Slobodan Inic, membre de l'Institut d'études européennes de Belgrade. En préambule, l'auteur rappelle que, d'après des sources autorisées, les troupes d'occupation – qu'elles fussent allemandes, italiennes, bulgares ou hongroises – n'ont tué que 10 à 12 % des victimes yougoslaves de la Seconde Guerre mondiale.

88 à 90 % de ces victimes ont donc succombé à des luttes fratricides opposant des « Yougoslaves » à d'autres « Yougoslaves ». Et l'auteur d'imaginer ce que serait l'avenir de ce pays si les Serbes s'empoignaient pour de bon avec les Croates, les Musulmans de Bosnie-Herzégovine avec les uns et les autres, tandis que les Albanais du Kosovo feraient sécession et que la Macédoine verrait s'affronter sur son territoire Albanais, Serbes, Bulgares et Macédoniens. Sans oublier, par exemple, la minorité hongroise de Voïvodine, dont un éventuel soulèvement pourrait entraîner la Hongrie dans la mêlée. Et ainsi de suite, d'après l'auteur, jusqu'à la Troisième Guerre mondiale.

Le Figaro, *23 juillet 1991*

LA FORTERESSE DES KNINJAS

Depuis l'époque toute récente où il exerçait le métier de dentiste, soignant indifféremment les caries des Serbes et celles des Croates, Milan Babic a fait du chemin. Âgé de trente-cinq ans, cet homme aux allures de notable provincial, que ses détracteurs accusent de tendances dictatoriales et peut-être même bolchevistes, représente à lui seul l'essentiel du gouvernement de la Krajina, qu'il préside et dans lequel il détient aussi le portefeuille de la Défense.

Tout cela pouvait prêter à sourire tant que l'autorité de ce gouvernement s'étendait sur quelques arpents de terres caillouteuses autour de la petite ville de Knin, perchée dans l'arrière-pays de Split. Mais le gouvernement de la Krajina prétend aujourd'hui rassembler sous sa juridiction tous les Serbes qui vivent en territoire croate et, le cas échéant, ceux qui vivent sur le territoire de la Bosnie-Herzégovine, si cette république s'avisait de quitter la Fédération yougoslave.

Dans sa phase actuelle, ce plan consiste à chasser les forces croates des territoires revendiqués par les Serbes, ce dont les milices relevant du micro-gouvernement de Knin se sont acquittées ces derniers temps avec un succès d'autant plus complet que l'armée fédérale n'a rien fait pour le compromettre.

En plus d'un gouvernement autonome, Knin possède également une usine métallurgique en train de péricliter, et une gare de triage dont l'activité est très réduite depuis que les liaisons ferroviaires avec Belgrade ont été suspendues par suite de sabotages. Quant au train qui relie Knin à Split, sur la côte dalmate, il fonctionne toujours au ralenti. Mais les habitants de Knin sont rares à l'emprunter, par crainte des vexations qu'ils pourraient subir de la part de la police croate, sitôt franchie la fluctuante frontière de leur « territoire libéré ».

Knin, depuis que ses nuits ne sont plus troublées par des attentats visant de préférence des magasins croates, serait une petite ville méridionale assez ordinaire, abondamment pourvue de jardins, de terrasses de café et de salons de coiffure, si elle ne présentait une densité tout à fait extraordinaire d'uniformes si disparates que même les habitués ont du mal à s'y retrouver.

Il y a, bien sûr, l'armée fédérale, qui dispose à Knin de commodités importantes, et les forces territoriales, dont les soldats semblent parfois proches de l'âge de la retraite. Il y a la milice, au sens socialiste de ce mot, c'est-à-dire la police civile en uniforme bleu. Enfin, il y a la milice de la Krajina, une armée de volontaires non rétribués dont l'élément de base est un peu dépenaillé et passe beaucoup de temps au bistrot, mais dont l'élément de choc constitue le fer de lance de la reconquête des territoires revendiqués par les Serbes en Croatie.

Sur les hauteurs de Knin règne une forteresse que les Turcs, puis les Vénitiens, ont successivement améliorée, où les Français auraient séjourné du temps de Napoléon et dont le décor se prêterait merveilleusement à l'organisation de spectacles « son et lumière ».

Au-dessus de la forteresse flottent le drapeau serbe et, un peu plus petit, celui de la Yougoslavie. Avec le sens de la mise en scène qui le caractérise, le capitaine Dragan se devait d'établir dans cette forteresse son quartier général. Il n'y a pas manqué. Quant aux habitants de Knin, ils ont perdu dans l'affaire l'usage d'un restaurant qui jouissait d'une vue magnifique. Ils y ont gagné un héros national dont il est encore difficile de savoir s'il tient davantage de Jeanne d'Arc ou de Bob Denard.

Âgé d'un peu moins de quarante ans, le capitaine est petit et mince, blanc de poil, et il s'exprime avec une aisance qui impressionne généralement ses interlocuteurs. Il n'est pas rare de le rencontrer en ville, à la terrasse d'un café, en compagnie de quelques-uns de ses hommes ou de robustes amazones sanglées dans des treillis de camouflage.

Étant entendu que le capitaine Dragan est un Serbe d'origine et que son anglais, au demeurant irréprochable, est relevé d'une pointe d'accent australien, les plus fins limiers de la presse de Sydney se sont efforcés sans succès de percer le mystère de ses origines. Lui-même se refuse à toute précision autobiographique, se contentant d'affirmer qu'il est diplômé d'une académie militaire et qu'il a beaucoup voyagé.

Le capitaine Dragan, dont l'apparition à Knin date seulement de quelques mois, est à la fois le commandant en chef et le premier instructeur des forces spéciales de la milice de la Krajina. Par référence au nom de la ville où elles sont basées, et par allusion aux célèbres tortues redresseuses de torts et mangeuses de pizzas, ces forces spéciales ont été baptisées « Kninjas ».

D'après le capitaine Dragan, quatre mille combattants de ces forces spéciales ont été engagés dans les récents combats entre Dvor et Kostajnica, sur un front de plus de 50 km le long de la rivière Una. Il s'agit, souligne-t-il, de la plus grande bataille disputée en Europe depuis la Seconde Guerre mondiale, ce qui n'engage à rien puisque ce continent n'a pas connu de conflit majeur depuis lors.

S'il impute aux « Kninjas » tout le mérite des récentes victoires remportées par les milices serbes, le capitaine leur dénie, en revanche, toute responsabilité dans les atrocités commises contre des Croates à Struga et en d'autres lieux, bien qu'il admette en même temps avoir ouvert une enquête à ce sujet.

Autrement, le capitaine Dragan, pas plus que le président Babic, ne fait de difficulté pour admettre que l'offensive serbe va se poursuivre vers le nord en direction de Karlovac, à une quarantaine de kilomètres de Zagreb, et vers l'ouest en direction de la mer. Le jour où les milices serbes auront atteint le littoral dalmate, la Croatie sera coupée en deux.

À une quinzaine de kilomètres de Knin, dans la direction de la mer, à hauteur du hameau de Tepljun, l'armée yougoslave vient de déployer quatre chars, protégés par des remblais de terre, de part et d'autre de la route. Dans la ville croate la plus proche, à Drnis – dont il semble que la population ait été partiellement évacuée –, le chef de la milice, Joseph Mamic, a reporté au feutre rouge, sur sa carte de la région, la silhouette des quatre blindés. Pour lui, ce mouvement signifie indubitablement que les milices serbes vont attaquer et que, par la suite, l'armée fédérale « s'interposera » afin de protéger les positions dans lesquelles elles se seront établies.

Après avoir affirmé que la minorité serbe de Drnis – environ 12 %, d'après lui, de la population – était loyale au gouvernement de Croatie, le chef de la milice se lance dans une incroyable diatribe contre les « Serbes des montagnes », dont il oppose le caractère « turc » au caractère « européen » des Croates et, à la rigueur, des Serbes assimilés. Le Serbe des montagnes est sous-développé intellectuellement, il est menteur, frondeur, et il vous tire dans le dos à la première occasion.

De leur côté, les Serbes soutiennent volontiers que, dans les combats, la première ligne des forces croates est généralement composée d'Albanais, et la seconde de criminels de droit commun, de mercenaires kurdes et d'agents de la Securitate roumaine.

Dès lors que les protagonistes de la « guerre civile » yougoslave ont atteint ce degré d'aveuglement, on ne voit pas ce qui pourrait les arrêter en si bon chemin.

Le Figaro, *5 août 1991*

Climat de peur et de suspicion

Jusqu'à nouvel ordre, et que le cessez-le-feu soit respecté ou non, la rivière Kupa marque la limite nord du territoire croate revendiqué par les leaders serbes de la Krajina. À l'entrée de Petrinja – une ville « mixte » de plus de quinze mille habitants, que les milices serbes auraient désignée comme un de leurs prochains objectifs – un pont métallique franchit la Kupa, dont les eaux jaunes ont la réputation d'être exceptionnellement poissonneuses.

Des chicanes sont disposées en travers du pont, et, à son extrémité sud, quelques réservistes de la police croate ont établi un poste de garde dont la mission consiste pour l'instant à contrôler le trafic automobile, et ultérieurement, si les circonstances l'exigeaient, à interdire l'accès du pont à d'éventuels renforts de l'armée yougoslave. Celle-ci dispose déjà, à l'intérieur de Petrinja, d'une caserne où sont stationnés des chars et d'autres véhicules blindés.

De leur côté, les miliciens croates, comme à l'accoutumée, sont équipés d'un armement disparate, où les Kalachnikov voisinent avec de simples fusils de chasse à canons superposés chargés de balles destinées, en temps de paix, aux sangliers. Pour la plupart, leur expérience militaire se limite à un an de service. L'équipe de jour, qui est relevée à 19 heures, termine son tour de garde dans des dispositions assez exaltées, entretenues à grand renfort de bière et de saucisson. L'un des réservistes explique qu'il s'agit d'un saucisson de tchetnik, comme on dit un saucisson de porc.

La relève est sensiblement plus calme. Il y a dans le lot un technicien de l'usine pétrochimique de Sisak – l'une des plus grosses entreprises de la région – chez qui le sentiment du devoir n'a pas aboli toute capacité de réflexion. « Personne, dit-il en essuyant ses lunettes, n'aime faire la guerre. » Si raisonnable que soit cette proposition, elle est à tout bout de champ démentie par l'enthousiasme des nombreux Yougoslaves, serbes ou croates, que l'effondrement de la fédération à transformés du jour au lendemain en soldats de fortune. Pour ceux-là, le cessez-le-feu sera une couleuvre difficile à avaler.

Il règne à Petrinja un climat de peur et de suspicion si pesant qu'il est impossible de citer un témoignage précis sans mettre son auteur en danger. Sans plus de précisions, disons donc qu'il se trouve à Petrinja des gens nombreux pour refuser la logique de guerre civile ou de guerre tribale qu'une minorité d'agités essaie de leur imposer. « Les gens ordinaires, dit l'un de ces modérés, restent des gens ordinaires. Seuls les extrémistes prennent les armes. » Place du Maréchal-Tito, au centre de Petrinja, à la terrasse de l'hôtel-restaurant Banija, il est encore possible de rencontrer des Serbes qui se souviennent d'avoir été soustraits à la terreur oustachi, pendant la guerre, par des voisins croates, et des Croates qui, dès le début des troubles, ont placé leurs enfants en sécurité, à l'étranger, chez des cousins serbes.

Les jeunes, en particulier ceux qui ont fait des études secondaires, semblent totalement pris au dépourvu par cette soudaine fracture entre deux peuples dont ils croyaient le mélange irréversiblement consommé. Certains sont issus de ce mélange et ils se demandent avec ironie si désormais le bas de leur corps est croate et le haut serbe, ou l'inverse. Faute de pouvoir répondre à cette question, beaucoup envisagent d'émigrer si les chefs des tribus yougoslaves ne parviennent pas rapidement à un accord.

Dans la journée, la vie à Petrinja semble presque normale. La principale entreprise de la ville, Gavrilovic – une charcuterie industrielle fondée en 1821 et dont le salami est paraît-il connu dans les deux hémisphères –, tourne au ralenti, mais elle tourne. L'exode des populations rurales du voisinage se serait même traduit par un léger excédent de porc frais. En se promenant en ville, on remarque tout de même quelques magasins et quelques cafés détruits par des explosions ou mis à sac avec des moyens plus rustiques. On ne risque guère à présumer qu'ils appartenaient à des Serbes. Rue Gajeva, une maison anonyme et le domicile d'un avocat ont été criblés de balles.

Toutes ces réjouissances se déroulent après la tombée de la nuit, pendant laquelle les rues de Petrinja sont entièrement livrées à des hommes armés, souvent pris de boisson, circulant à toute allure dans les voitures bicolores de la milice ou dans des véhicules civils. Bien qu'il ne se passe guère de nuits, à Petrinja, qui ne soient troublées par des explosions ou des rafales d'armes automatiques, personne, le lendemain, n'a la témérité de s'enquérir des objectifs visés par ces démonstrations.

À quelques kilomètres de Petrinja, en pleine campagne, sur la route de Kostajnica, un barrage fait de herses agricoles, à la sortie d'un virage, marque la limite du territoire contrôlé par la milice serbe du village voisin de Blinja. Dissimulé derrière un écran de végétation et de bottes de foin, un fusil-mitrailleur prend la route en enfilade, et sitôt qu'un véhicule se présente devant le barrage – ce qui ne se produit qu'assez rarement – des paysans armés de fusils, baïonnette au canon, surgissent de la verdure pour interroger le visiteur sur ses intentions. Ils sont ainsi près d'une quinzaine, installés de part et d'autre de la route, sous les arbres, saucissonnant avec le même entrain que leurs adversaires, réunis pour ce qui a tout l'air d'une joyeuse partie de campagne.

Il y a même dans le groupe une pétroleuse de village, brune et élancée, qui ferait merveille sur la couverture d'un magazine. Le village de Blinja, tout pavoisé de drapeaux yougoslaves, est situé au fond d'un vallon, à deux ou trois kilomètres de cette bucolique barricade. Les miliciens serbes qui l'occupent, quand ce ne sont pas des ruraux, travaillaient auparavant dans les mêmes usines que leurs homologues croates.

Ils affirment que leur village est totalement enclavé à l'intérieur du dispositif de la police croate et que, le téléphone ayant été coupé, ils n'ont plus aucun lien avec le monde extérieur. Mais cette circonstance ne semble pas entamer leur enthousiasme, même s'ils refusent de se laisser photographier par crainte de représailles si la situation tournait à leur désavantage.

Le Figaro, *8 août 1991*

Amazonie

Avant de visiter l'Amazonie, il est indispensable de se renseigner sur les dimensions de la Belgique. C'est en effet à l'aune de la seconde que, le plus souvent, on mesurera la première. Tel parc national – ou plutôt tel concept de parc, car du décret instituant un territoire protégé à la mise en œuvre de mesures effectives de protection, il faut parcourir un long chemin sur lequel les États d'Amazonie n'en sont qu'à leurs tout premiers pas –, tel parc national, donc, équivaut à la moitié de la Belgique, et telle *fazenda* (exploitation) à un douzième, tandis que la surface boisée détruite par le défrichement peut également être estimée en multiples ou sous-multiples de la Belgique, selon la durée de la période envisagée. On a peine à imaginer le nombre de Belgiques que les Brésiliens parviennent à faire tenir en une seule Amazonie. Les plus emphatiques n'en sont d'ailleurs plus à compter en Belgiques, mais en Benelux. De toute manière, pas plus que vous, les Brésiliens n'ont la moindre idée de la superficie de l'une ou de l'autre.

Toujours est-il que l'Amazonie est vaste. Tout le monde le sait. Il est même superflu, tant cette donnée est universellement admise, de faire le voyage pour s'en convaincre. L'Amazonie est si vaste qu'en se penchant sur cette immensité, souvent l'homme prend peur. Si par bonheur, à ce moment précis, l'homme se trouve à Santarem, au confluent de l'Amazone et du rio Tapajos, il a toujours la ressource d'aller boire un verre de Pirassununga 61 – « uma boa ideia » – et danser la lambada (ou, pour ce qui nous concerne, la regarder danser) au *Bom Paladar* (le « Bon Goût »). Le 61 est un alcool de canne extrêmement fort, translucide, légèrement sucré, qu'il est recommandé de boire additionné de jus de citron vert. Tout autour du *Bom Paladar* tombe une pluie diluvienne, striée d'éclairs, qui interdit l'usage des tables périphériques et fait refluer la clientèle vers le centre du dispositif, où se tient la piste de danse. *Uma boa ideia*. Puisque c'est une bonne idée, remettons ça au *Sonho Azul* (le « Rêve bleu »). Le décor change. Le *Sonho Azul* est l'une des plus petites gargotes d'Alter do Chao, un village situé à une heure de route et cinq *igarrapes* (cours d'eau) de Santarem, sur la rive droite du Tapajos. Dans un passé récent – disons : de mémoire d'homme –, l'eau du Tapajos était si pure qu'on pouvait la boire, telle quelle, sans danger. Aujourd'hui, ce n'est pas recommandé ; mais ce qu'elles ont perdu en fraîcheur, les eaux du Tapajos l'ont gagné en notoriété, et devant Alter do Chao mouillent désormais des paquebots de croisière dont les passagers sont attendus de pied ferme, au débarcadère, par de fausses vahinés et d'authentiques marchands de pacotille.

Toutes les planches qui entrent dans la composition du *Sonho Azul* sont peintes dans différents tons de bleu, cette monochromie nuancée tendant à rapprocher le buveur de l'atmosphère prénatale, intra-utérine, à laquelle, dit-on, il aspire. À l'extérieur tombe une pluie fine, interminable, pleurnicharde, que le machisme brésilien désigne comme *chuva de mulher* (littéralement, « pluie de femme »), par opposition à la *chuva de homem*, l'averse violente et brève dont le type nous est donné par les trombes d'eau qui, hier soir, environnaient de toutes parts l'étroite piste de danse du *Bom Paladar*. Le client le plus saoul du *Sonho Azul* est le postier Mario, torse nu, l'œil injecté de sang, coiffé de la réglementaire casquette jaune des postes amazoniennes. Et un petit dernier, n'est-ce pas, pour la route. Certes, il faut user du 61 avec modération, mais comment refuser un verre que l'on vous offre de si bonne grâce au bar du *Viageiro IV*, *O Mais Querido* (« le plus chéri »), le bateau qui, trois fois par semaine, avec une ponctualité remarquable, quitte Santarem au crépuscule afin d'atteindre Itaïtuba le lendemain matin ? Environ 400 km d'eau – de ces eaux, jadis potables, du Tapajos – séparent Santarem d'Itaïtuba, « Pepita City », éphémère capitale de la ruée vers l'or avant que l'attention des *garimpeiros* (les chercheurs d'or) ne se déplace vers le nord et le Roraima. En retrait du quai boueux – car non revêtu – d'Itaïtuba, sont alignés des casinos minuscules d'où émanent des bruits ténus de quincaillerie, raclements de roues et crépitements de billes. Plus loin, une petite escouade de cyclistes, revêtus d'uniformes du ministère de la Santé, propage nonchalamment les dernières nouvelles concernant la prophylaxie du paludisme et de la fièvre jaune.

Les dimensions des pharmacies – telle la *drogaria Transamazonica*, à l'entrée de la route du même nom –, non moins que le choix exceptionnellement étendu de médicaments qu'elles proposent, donnent un aperçu du nombre de maladies localement disponibles. Une autre curiosité d'Itaïtuba est l'absence de flic. Sans doute la fébrilité qui s'attache à la recherche et au commerce de l'or peut-elle expliquer que l'on ait négligé, dans les aménagements d'Itaïtuba, certains détails (par exemple, le revêtement des routes ou l'adduction d'eau). Toutefois, l'absence de la police ne semble pas résulter d'un oubli, mais de la dissolution récente de cette administration, dont les turpitudes ne faisaient qu'ajouter à la confusion générale.

Désormais, c'est à l'armée qu'incombe le maintien de l'ordre, et le président de l'association des commerçants d'Itaïtuba vient de solliciter la mise en état d'alerte du 53e bataillon d'*Infantaria de Selva*, en prévision du déferlement imminent d'une vague de plusieurs milliers de garimpeiros ruinés par l'effondrement du prix de l'or et la raréfaction du numéraire.

Avant de prendre le volant du 4×4 battant pavillon du parc national d'Amazonie, Salis, dans un geste relativement théâtral, a posé bien en évidence sur le tableau de bord son 7,65 de fabrication brésilienne. Salis est l'un des deux gardes assermentés du parc national, qui couvre un petit million d'hectares (à convertir en sous-multiples de la Belgique) répartis entre les deux États d'Amazonas et de Para. À raison d'un garde pour 500 000 hectares, il n'y a pas lieu de s'étonner si quelques légères infractions, par-ci par-là, passent inaperçues. À propos de la faune indigène, Salis professe des vues si originales qu'elles pourraient amener à douter de son sérieux (au hasard : l'aigle-harpie soulève aisément des poids de 20 kg, aucun serpent venimeux ne fuit devant l'homme, ou encore : l'on observe dans la région au moins quatre modèles de jaguar, le tacheté, le noir, le rouge, et le plus beau de tous, celui dont les pattes se terminent par de petits sabots, ce qui compliquerait sérieusement son existence de carnassier s'il ne s'agissait d'une pure affabulation). Mais plus que la classification du règne animal, c'est la chronique des homicides qui est la vraie passion de Salis. Et si vous accueillez avec scepticisme ses méticuleux récits de meurtres gratuits ou rétribués, de corps décapités (le tueur à gages devant présenter au commanditaire une preuve tangible de l'exécution du contrat), il se fait un plaisir de vous dénicher en bordure de la Transamazonienne, sous le couvert, un gisement de tibias, de fémurs et de côtelettes dont l'origine humaine ne fait aucun doute, un passant charitable ayant d'ailleurs consacré le site par l'érection d'une croix rudimentaire, dont la branche horizontale est ornée symétriquement de deux os iliaques.

Le campement d'Urua consiste en trois cabanes de bois peintes en bleu (comme le *Sonho Azul*), et dont tout l'équipement a été récemment razzié par des garimpeiros en goguette. En quelques minutes, confirmant ainsi sa nature semi-divine – plus précisément, féerique –, Beatriz

Imbiriba, notre guide, transforme l'une des trois pouilleuses cabanes en une maisonnette parfaitement habitable par les Sept Nains. Chacun des Sept Nains dispose même d'un petit oreiller délicatement parfumé à l'eau de Cologne. Les trois cabanes d'Urua, cousines amazoniennes de l'Auberge rouge de Peyrebeille, sont situées en retrait de la Transamazonienne, sur un terrain défriché dominant une boucle du Tapajos, à quelques kilomètres du port illégal de Bubure.

Ce port n'est illégal que dans la mesure où il contrevient au règlement du parc national : pour autant, personne n'envisage de mettre un terme à ses activités, aussi longtemps du moins qu'il servira de base logistique aux chercheurs d'or éparpillés sur le cours supérieur du Tapajos. Les garimpeiros peuvent se ravitailler en carburant auprès de deux stations-service flottantes, et en tord-boyaux auprès d'une épicerie-buvette qui dispose également de deux billards et, probablement, d'une table de jeux. À partir de Bubure, il faut environ trois heures de « speed-boat » pour atteindre le site de Chapeu do Sol (« Chapeau de soleil »), où la densité de barges a considérablement diminué depuis que le gramme d'or, en un rien de temps, est passé de 850 à 300 cruzeiros. Sur le parcours, les berges du Tapajos, à peine entamées par les garimpeiros, présentent encore l'aspect de véritables forteresses végétales. Exceptionnellement, une paire d'aras – les aras se déplacent toujours par deux – traverse la rivière en ligne droite, et des dauphins amazoniens barbotent en surface. Mario de Nascimento est l'un des derniers chercheurs d'or à maintenir des barges en activité dans ce secteur. Trois sont au repos, amarrées aux arbres de la rive gauche, à côté de sa maison flottante, deux autres sont mouillées au milieu de la rivière. À bord des deux barges opérationnelles pétaradent de gros moteurs diesel entraînant des pompes aspirantes, dont les organes externes, en forme de trompe ou d'œsophage, sucent la vase du fond et la régurgitent, en vrac, sur un tamis. L'extrémité de la trompe est guidée par un plongeur qui travaille jusqu'à six heures d'affilée par douze ou quinze mètres de fond. Quant à la pollution spectaculaire qu'entraînent les opérations de pompage et de tamisage, avec leurs effusions de boues et de détergents, elle est somme toute négligeable par comparaison avec celle, invisible, qui résulte à la longue de l'usage du mercure pour fixer l'or, et le séparer des sédiments impropres à la consommation.

L'un des plongeurs fait ce métier depuis sept ans. Il annonce vingt-cinq ans et en paraît dix de plus. Il porte sur le côté de la tête une petite ampoule de lampe de chevet, protégée par un grillage, dont on se demande à quoi elle peut bien servir par quinze mètres de fond.

Débrayé, le moteur de la pompe continue son vacarme, suffisamment pour qu'il soit difficile de s'entendre, à moins de hurler, à bord de la barge. Est-ce que ce métier lui plaît ? Et comment donc ! Impeccable ! *Todo ben !* Et il lève le pouce, dans un geste auquel les Brésiliens ont volontiers recours pour exprimer leur adhésion aux propositions les plus diverses. « Au fond, ajoute-t-il, pressé par le chef d'équipe visiblement irrité de tout ce bavardage pris sur ses horaires de travail, au fond, on ne voit rien, on n'entend rien, et il n'y a personne pour vous emmerder. » Avec un peu de chance, et s'il ne force pas trop sur la cocaïne pour supporter les longues immersions, le plongeur vivra assez longtemps pour ouvrir dans son village natal sa propre version du *Sonho Azul*, un endroit bien à lui où il n'aura pas besoin de 15 mètres d'eau pour se protéger des emmerdeurs.

Vogue Hommes, *septembre 1991*

TACHKENT : LE PARTI FAIT TOUJOURS LA LOI

Une fois de plus, trop impatients de désespérer Billancourt, les fossoyeurs du socialisme ont prématurément crié victoire. Aux confins de la moribonde Union des républiques socialistes soviétiques, il existe encore quelques petits paradis où Georges Marchais pourrait être reçu comme un chef d'État et Erich Honecker jouir paisiblement de sa retraite.

À Tachkent, capitale de la république virtuellement indépendante d'Ouzbékistan, les autorités ne voient rien d'archaïque ou d'inconvenant à interdire à l'ensemble de la population l'accès du centre ville, un dimanche, par suite d'un appel à manifester lancé bien timidement par un groupe d'opposition.

À l'entrée des hôtels « touristiques », où, pour un tarif de palace, on met à votre disposition l'habituelle baignoire sans bonde et le traditionnel lavabo qui ne se vide pas, les rares visiteurs sont toujours strictement contrôlés – et souvent refoulés – par une demi-douzaine de bons à rien.

La viande est rationnée – 1 kg par personne et par mois –, le sucre est introuvable depuis plusieurs semaines, et on manque désormais de tissu dans ce pays pourtant adonné à la monoculture du coton. Mais l'Exposition des réalisations de l'industrie, comme si de rien n'était, s'obstine à porter aux nues le système économique socialiste. Depuis que les partisans de Boris Eltsine s'en sont emparés, la télévision russe n'est plus reçue à Tachkent. En revanche, la presse locale compte de nombreux titres, parmi lesquels l'un des plus alléchants est la *Pravda des campagnes*, un quotidien prolétaro-agricole à la une duquel on peut voir par exemple une kolkhozienne empaquetée de coton comme le diable de la Ouate thermogène, et dont le visage dilaté de bonheur préfigure l'abondance de la récolte à venir.

Situé non loin de Tachkent, le kolkhoze Section-Politique passe pour être le plus riche de la région. Il compte une vingtaine de milliers d'âmes et couvre près de 4 500 hectares sur lesquels on cultive du coton, bien entendu, mais aussi du jute et du maïs de premier choix. La superficie de terre agricole allouée à chaque famille pour sa production privée est passée récemment de 800 à 1 200 m^2.

Fondé en 1937 par des Coréens dont Staline avait estimé qu'ils faisaient désordre sur les frontières extrême-orientales de son empire, et qu'ils seraient bien plus à leur aise entre le Pamir et la mer d'Aral, le kolkhoze Détachement-Politique rassemble aujourd'hui dix-sept nationalités, et l'élément ouzbek l'emporte désormais sur l'élément coréen.

Au-dessus de l'entrée du bâtiment administratif, un slogan de grande taille exhorte le parti communiste à « vivre toujours et à se renforcer sans cesse ». Manifestement, la décision de suspendre les activités de ce parti a perdu beaucoup de sa vigueur en traversant les steppes de l'Asie centrale. Le vice-président du kolkhoze, Inokenti Pak, un Coréen qui a trente ans de parti derrière lui, admet sans aucune gêne que cette mesure est restée lettre morte en Ouzbékistan.

En revanche, il ne voit aucun inconvénient à ce que le parti change de nom si le maintien de son hégémonie est à ce prix, et si les trois cent vingt membres de la cellule du kolkhoze peuvent continuer à y faire la pluie et le beau temps.

En ce qui concerne le système économique socialiste, M. Pak persiste à penser qu'en resserrant ici et là quelques boulons il devrait pouvoir fonctionner à merveille : « Peut-être la génération suivante choisira-t-elle le capitalisme, mais la nôtre persévérera dans le socialisme. »

En bordure de la route qui relie à Tachkent le kolkhoze Détachement-Politique, une douzaine de femmes sont occupées à trier des épis de maïs. Moins éduquées politiquement que M. Pak, elles se plaignent de ne manger depuis des semaines que du pain et quelques légumes, et d'avoir « oublié le goût de la viande ou du sucre ». Mais il est vrai que, même chez les gens ordinaires, la responsabilité de ces pénuries est moins souvent imputée au système qu'à ceux qui s'efforcent de le transformer.

Non content d'y déporter des populations entières – Coréens, Kalmouks, Tatars de Crimée, Allemands de la Volga ou Meskhs de Géorgie –, le pouvoir soviétique a découpé le territoire de l'Asie centrale en républiques dont les frontières, comme il se doit, ne recouvrent pas celles des différents groupes ethniques. Outre la présence de « minorités » russes qui, localement, comme au Kazakhstan, peuvent l'emporter numériquement sur l'élément indigène, cette divagation des frontières devrait empoisonner l'indépendance, si dépourvue d'enthousiasme, des républiques d'Asie centrale.

Un an après les affrontements qui, en 1989, avaient opposé en Ouzbékistan, dans la vallée de Fergana, Ouzbeks et Meskhs originaires de Géorgie, ce fut au tour de la ville d'Osh, située en Kirghizie mais peuplée majoritairement d'Ouzbeks, d'être, en 1990, le théâtre de violents affrontements ethniques.

D'après *Les Nouvelles de Moscou*, plus de trois cents personnes auraient trouvé la mort lors de ces troubles. Comme il n'y a aucune raison que les choses en restent là, beaucoup de minoritaires – en particulier les plus avertis, Juifs ou Arméniens – ont décidé de prendre les devants et choisi de s'expatrier avant qu'on ne les y contraigne.

À défaut de véritable sentiment national, pour lequel toutes ces républiques mal taillées manquent de références historiques, l'islam devrait s'imposer rapidement comme l'unique drapeau de ces peuples émancipés par surprise.

Même les communistes, à toutes fins utiles – et parfois, sans doute, sincèrement –, se découvrent soudain des réserves insoupçonnées de piété. D'après la Direction spirituelle des musulmans d'Asie centrale, dont le siège est à Tachkent, alors que, en 1989, seuls deux Ouzbeks avaient pu faire le pèlerinage de La Mecque, on en comptait cette année mille deux cents. Les pèlerins reviennent d'Arabie Saoudite pleins de zèle religieux, mais aussi transportés d'enthousiasme par le spectacle des réfrigérateurs débordant de victuailles et des autoroutes sans nids-de-poule. Au regard de tels avantages, les petits inconvénients de la société saoudienne – amputation par-ci, flagellation par-là – ne doivent pas peser bien lourd.

Toujours est-il que les élèves se bousculent pour suivre les cours de l'École supérieure coranique de Tachkent, qui dispense en quatre ans une formation exhaustive, tant en matière de religion proprement dite qu'en matière de droit islamique. De leur propre aveu, cependant, les autorités religieuses « officielles » ne peuvent former assez d'imams pour présider aux destinées de toutes les mosquées qui, grâce notamment à l'aide saoudienne, poussent en Ouzbékistan et dans les républiques voisines comme des champignons après la pluie.

L'une de ces mosquées neuves est en train de sortir de terre à Onkurgan, un petit village agricole proche de Tachkent. Le gardien du chantier, qui est en même temps le fossoyeur du village, habite près de la mosquée en construction une maison qu'il partage avec quelques-uns de ses six enfants et dix-huit petits-enfants. La cour de la maison est pleine de rosiers. Tout autour de cette cour, une treille laisse pendre d'énormes grappes de raisin, et de petites cages dans lesquelles s'égosillent des cailles, dont le maître de maison affirme que la chair constitue un remède souverain contre le paludisme.

Avant d'être fossoyeur, notre hôte – dont l'accueil fait paraître presque fade ce que le Guide bleu, pourtant hyperbolique, écrit au sujet de l'hospitalité des Ouzbeks – s'est occupé pendant longtemps de mécanique et de tracteurs. Avec émotion, il se souvient des années de guerre, quand « on travaillait jour et nuit pour le front ». En revanche, il se scandalise à l'idée que, dans les années cinquante, il ait dû initier des jeunes filles au maniement des machines agricoles. Comme s'il était convenable, pour une jeune fille ouzbèke, « de porter des pantalons et de conduire un tracteur »... Qu'en penserait, en effet, le nouvel imam d'Onkurgan qui, dans ses prêches du vendredi, insiste tout particulièrement, paraît-il, sur la nécessité de donner aux enfants une éducation rigoureusement conforme à la tradition islamique ?

Le Figaro, *13 septembre 1991*

Le Tadjikistan saisi par les transes de l'islam

Avec ses larges avenues abondamment plantées d'arbres, ses grands parcs et ses bâtiments officiels de style néoclassique ou néo-Tamerlan, le centre de Douchanbe plaide plutôt en faveur de l'architecture et de l'urbanisme staliniens. Jadis escamotable, puisqu'elle consistait en quelques dizaines de tentes, Douchanbe ne devint un centre urbain qu'après la révolution soviétique qui, par la suite, en fit la capitale de la République du Tadjikistan.

Pour éviter qu'elle ne s'envole, les Soviétiques ont posé en son centre deux statues considérables, l'une de Lénine et l'autre de Sadriddine Aïni, écrivain révolutionnaire qu'il est convenu de désigner comme le « Gorki tadjik ». L'indépendance fraîchement proclamée du Tadjikistan préservera sans doute ce héros national, mais elle entraînera peut-être quelques petites difficultés pour le monument qui l'honore, dont les contreforts sont ornés de groupes sculptés représentant des combattants de l'Armée rouge aux prises avec des défenseurs enturbannés du féodalisme et de la tradition. Or, autant l'Armée rouge est désormais passée de mode, autant la tradition reprend, jour après jour, du poil de la bête.

En face du Parlement du Tadjikistan, la statue de Lénine se dresse au-dessus d'une tribune en marbre rouge, dont l'architecte n'avait certainement pas prévu qu'elle servirait un jour de tremplin à la renaissance de l'islam. Or, pendant les journées « historiques » qui ont précédé et immédiatement suivi la proclamation de l'indépendance, la semaine dernière, cette tribune a été occupée jour et nuit par des mollahs qui n'ont en commun avec Lénine que de s'exprimer véhémentement et de souligner volontiers leurs diatribes de violentes oscillations de leur barbichette.

Devant quinze cents à deux mille supporters qui endurent vaillamment la fournaise, coiffés de chapeaux pointus en papier noir, les mollahs réclament invariablement la légalisation du parti de la Renaissance islamique – c'est désormais chose faite –, la suppression du parti communiste, la rétrocession au « peuple » de ses biens, et le contrôle de ce même peuple sur la radio et la télévision. En vérité, les mollahs ne sont pas seuls à occuper la tribune. Le parti démocratique et l'association Renaissance, qui regroupent des intellectuels nationalistes, y jouent bravement le rôle de l'alouette dans le fameux pâté. Les mollahs, qui ont de l'éducation, font en sorte que leurs supporters applaudissent, assez mollement néanmoins, les orateurs des partis laïcs, même lorsque, exceptionnellement, ils ont la maladresse de s'exprimer en russe.

Jamshed, qui porte le brassard vert du service d'ordre, étudie l'anglais à l'Institut pédagogique de Douchanbe. C'est un jeune homme charmant, plein de sollicitude pour les étrangers, et qui nous fait même la faveur de placer la France en troisième position parmi les pays avec lesquels la jeune République tadjike devrait établir des relations diplomatiques. En tête de ces pays vient l'Iran – qui bénéficie au Tadjikistan d'un prestige d'autant plus grand que la langue tadjik est une proche parente du farsi –, suivi du Pakistan. Quant à l'Arabie Saoudite, Jamshed ne veut même pas en entendre parler : « Elle ne fait qu'un avec l'Amérique, et je hais l'Amérique. »

L'enthousiasme de Jamshed pour le régime de Téhéran doit beaucoup à une exposition que ce dernier a organisée à Douchanbe au mois d'août, et qui a rencontré, semble-t-il, un gros succès populaire. Consacrée aux réalisations de l'industrie iranienne – mais elle a également donné lieu à d'amples distributions d'ouvrages de propagande et de portraits de l'imam Khomeyni –, cette exposition, pour Jamshed, apporte la preuve qu'une République islamique n'est pas seulement capable d'organiser selon les préceptes du Coran la vie de ses ressortissants, mais qu'elle peut aussi leur procurer des voitures, des autobus, des frigidaires, des télévisions et des costumes de bonne qualité. Jamshed insiste beaucoup sur l'excellence des costumes. Et, pour clore ce chapitre de l'élégance vestimentaire, il estime que le port du voile, bien loin de nuire au confort du beau sexe, l'améliore, au contraire, en le protégeant de la concupiscence des mâles.

Quand on lui demande quel régime il souhaite pour le Tadjikistan, Jamshed répond aussitôt, sans réfléchir : « Une République islamique. » Puis, après consultation d'un des mollahs qui vient de haranguer la foule, il se ravise : « C'est le peuple qui décidera. » Mais dans la mesure où le peuple, d'après lui, est à 80 % favorable au parti de la Renaissance islamique, cela ne fait guère de différence.

Parmi les religieux qui se succèdent à la tribune, il semble que les plus fougueux soient presque toujours originaires du Sud du Tadjikistan. Pour Jamshed, il n'y a même que dans le Sud – à Kurgan-Tepa, à Kelob – que l'on trouve de « vrais imams », ceux de la capitale étant tous, à ses yeux, coupables de tiédeur. Il est vrai que, dans le Sud, la propagande islamiste bénéficie de conditions particulièrement favorables, tant du fait du sous-développement et de l'archaïsme des mœurs que de la proximité de la frontière afghane, dont la porosité, au moins depuis quelques mois, rapproche les populations « soviétiques » des combattants de la résistance.

La Mosquée de l'Amitié – elle va probablement changer de nom – est l'une des deux plus grandes mosquées de Kurgan-Tepa. À l'occasion du prêche du vendredi, elle accueille jusqu'à deux ou trois mille fidèles, âgés pour la plupart, magnifiquement barbus, coiffés de turbans et vêtus d'habits traditionnels, qui, avant leurs dévotions, passent des heures à palabrer gaiement dans la maison de thé située juste en face du sanctuaire. L'imam de cette mosquée, Murodjon Sobitzoba, est l'homme le plus aimable et le plus accueillant du monde, le plus exempt de toute trace de fanatisme. Il s'inquiète d'ailleurs de ce que la multiplication des lieux de culte – on en compterait déjà plus de deux mille dans l'agglomération de Kurgan-Tepa, et lui-même avoue ne pas en connaître le nombre exact – entraîne une prolifération concomitante de religieux irréguliers, susceptibles de propager parmi les fidèles des conceptions erronées.

Grand voyageur de la foi, l'imam Murodjon ne s'est pas contenté de faire le pèlerinage de La Mecque, il s'est également rendu dans la plupart des pays musulmans de la région et jusqu'en Libye. L'an dernier, il était invité en Iran pour l'anniversaire de la mort de l'imam Khomeyni. Or, si modéré que soit en apparence l'imam Murodjon, il est revenu de ce voyage en Iran conquis par le régime islamique, dont les lois interdisent non seulement l'alcool et la prostitution, mais plus généralement tout ce qui constitue pour l'homme une occasion de péché. Et tout cela, notez-le bien, sans porter préjudice au développement économique de la République islamique, dont le peuple est infiniment plus prospère que celui du Tadjikistan.

De ces observations, l'imam a retiré la conclusion que le seul moyen de juguler la misère et le crime, et de restaurer des sociétés saccagées par soixante-dix ans de socialisme, c'était l'instauration d'une République islamique, non pas seulement sur le territoire du Tadjikistan, mais sur l'ensemble de ce qui fut l'Asie centrale soviétique. En attendant, à l'occasion du prêche du vendredi, il propose aux fidèles une excursion en Iran pour le prix, à vrai dire astronomique, de 15 000 roubles.

À dix kilomètres environ de Kurgan-Tepa, au milieu des champs où la récolte vient de commencer, des employés d'un sovkhoze sèchent le coton sur une aire goudronnée, torride et poussiéreuse. Même en rase campagne, à peine un visiteur est-il en vue qu'à son intention on prépare du thé et on ouvre deux ou trois pastèques. Celui qui paraît être le chef d'équipe, après nous avoir longuement entretenus, comme à l'accoutumée, des pénuries dont souffre la population, exprime le souhait que le prochain président de la République – « qu'il soit russe, ukrainien, juif ou tadjik » – fasse revenir des vivres dans les magasins (des élections présidentielles au suffrage universel doivent avoir lieu au Tadjikistan le 27 octobre).

Puis il insiste pour nous mener au village le plus proche, Nav-Obod, où son père, Ishan Omid Hudja, habite parmi ses deux épouses et ses quinze enfants, dont le petit dernier n'a que quatre mois. On voit par là qu'au Tadjikistan, même la polygamie a survécu à plus d'un demi-siècle de pouvoir soviétique. Mais Ishan Omid Hudja ne se contente pas de faire des enfants. C'est aussi une autorité religieuse considérable que l'on vient consulter de tout le Tadjikistan et des Républiques voisines.

C'est sous son impulsion que les habitants du village de Nav-Obod, qui, apparemment, manquent de tout, ont construit l'an dernier une mosquée magnifique entièrement équipée de l'air conditionné. Quand on voit la fierté que les habitants de Nav-Obod retirent de leur mosquée neuve et le respect, certainement légitime, qu'ils prodiguent à Ishan Omid Hudja, ou quand on voit dans les mosquées de Kurgan-Tepa des fidèles danser en rond jusqu'à la transe en invoquant le nom de Dieu, on se dit qu'il faudra aux partis laïcs beaucoup d'imagination et de constance pour faire prévaloir leurs conceptions.

Le Figaro, *17 septembre 1991*

L'errance de Karl et Maria, Allemands de la Volga

À la périphérie d'un gros bourg agricole du Kazakhstan, au pied d'une dune surplombant de vastes étendues de cultures irriguées, Karl et Maria habitent une petite maison à l'intérieur de laquelle règne un ordre méticuleux. À l'heure où tout le monde, en URSS, se trouve ou s'invente une patrie, il semble que Karl et Maria aient renoncé depuis longtemps à toute ambition de ce genre. Qu'on les laisse vieillir en paix dans ce trou perdu, voilà le dernier mot de leurs exigences.

Ancien ouvrier du bâtiment, Karl, qui est âgé de soixante-huit ans, touche un peu moins de 200 roubles de retraite par mois. Quant à Maria, elle perçoit une retraite deux fois moins élevée, si bien que, à soixante-deux ans, elle doit continuer à travailler comme fille de salle à l'hôpital de la ville la plus proche. D'entrée de jeu, Maria s'excuse d'être complètement sourde, mais la visite d'un étranger la surprend si agréablement que, pour la peine, elle se remet à entendre un peu.

Karl et Maria sont tous deux originaires de la région de Saratov, tous deux sont des Allemands de la Volga. Ni l'un ni l'autre ne savent précisément comment ni pourquoi leurs ancêtres se sont établis dans cette région, mais ils ont entendu dire que cela s'était passé sous le règne de Catherine II. Avant que leurs villages ne soient rebaptisés, respectivement, Krasni-Yar et Krasni-Kout, c'est-à-dire « Rouge-Ceci » et « Rouge-Cela », leurs familles – tous deux sont d'origine paysanne – y jouissaient d'une relative prospérité.

Leurs ennuis commencèrent avec la collectivisation, et l'obligation faite à leurs parents de s'intégrer à des kolkhozes. Karl se souvient du déchirement de son père lorsqu'il dut remettre au kolkhoze ses trois chevaux. En 1937, le père de Maria fut arrêté à son domicile, en pleine nuit, et disparut pour toujours. Le père de Karl, lui, avait eu la chance de mourir un peu plus tôt de mort naturelle. Lorsque son père mourut, Karl avait dix ans, et la famine entraînée par la collectivisation agraire battait son plein. Karl se souvient d'avoir dû, pour nourrir ses quatre frères et sœurs, errer à longueur de journée à la recherche de quelque chose à manger, parmi des champs où gisaient de loin en loin les cadavres d'hommes et de femmes morts de faim. Abasourdi par ses propres souvenirs, Karl s'interrompt pour dire que ce qu'il a vécu à cette époque, on pourrait en faire un roman, mais que « personne ne le croirait ».

Un nouveau chapitre du roman s'ouvre avec le début de la guerre. Le 25 juin 1941 – c'est du moins la date qu'il a retenue –, Karl est arraché à son travail, sur le chantier d'un terrain d'aviation, et sommé de rejoindre son village. Puis les habitants sont prévenus qu'ils ont quarante-huit heures pour rassembler quelques affaires, le strict minimum, en prévision d'un long voyage. Le voyage vers la Sibérie durera onze jours, dans des fourgons à bestiaux où beaucoup mourront de soif ou de faim. Arrivés à destination, à Altaïski Kraï, près de Barnaul, les Allemands du convoi sont pourvus d'un mois de vivres et progressivement expédiés vers différents lieux de travail et d'expiation.

À la même époque, Maria a douze ans, sa petite sœur en a dix, et toutes deux, après avoir été déportées, travailleront jusqu'en 1948 dans un kolkhoze de cette même région d'Altaïski Kraï. Maria se souvient d'avoir dû mendier pour survivre.

Quant à Karl, on l'envoie bientôt sur un chantier, près de Leningrad, où il reçoit 300 grammes de pain par jour. On y meurt beaucoup, et, pour gagner du temps, les cadavres sont évacués en vrac, sur des remorques que tirent des tracteurs, et enterrés à proximité dans des fosses communes. Karl bénéficie de ce régime jusqu'en 1946. Après la guerre, il est encore astreint à dix ans de travail surveillé – il doit pointer chaque semaine auprès de ce qu'il appelle la « kommandantur » – dans une mine d'or près d'Irkoutsk. En 1956, il reçoit un passeport intérieur soviétique, ce qui fait de lui, toutes proportions gardées, un homme libre.

Bien qu'ils soient originaires de la même région et que leurs trajectoires se soient déjà croisées à maintes reprises, Karl et Maria ne se sont connus qu'en 1967, au Kazakhstan, où ils se sont épousés. Auparavant, tous deux avaient été mariés, peut-être de manière plus ou moins arrangée, avec des conjoints russes dont ils se sont séparés. Chacun a de son premier mariage deux enfants, dont les photographies, à différents stades de leur croissance, couvrent les murs de la maison.

À l'exception d'une des filles de Maria, qui a épousé un Azerbaïdjanais, tous leurs enfants sont mariés à des Russes et vivent en Sibérie, si bien qu'ils n'ont guère l'occasion de les rencontrer. Aucun de leurs quatre enfants ne parle un mot d'allemand. « Nos enfants, dit Karl, n'admettent pas que nous nous retrouvions aussi démunis après toute une vie de travail. Ils ne comprennent pas ce que nous avons vécu. »

Jusqu'à ces dernières années, un certain nombre de familles allemandes étaient installées dans la région. À défaut de temple, ils se réunissaient chez l'un ou chez l'autre pour prier. Car, si élémentaires que soient leurs conceptions religieuses, Karl et Maria croient en Dieu, un dieu de colère plutôt que de miséricorde, qui se manifeste notamment en déclenchant des tempêtes chaque fois que les Russes procèdent à des essais nucléaires ou mettent un satellite sur orbite.

Depuis la réunification, leurs voisins allemands ont pour la plupart rejoint la mère patrie, ou, comme dit Maria, la « terre de nos ancêtres ». Eux-mêmes n'envisagent pas de se lancer dans cette aventure, n'ayant là-bas ni famille ni relations. Il semble d'ailleurs que l'Allemagne, même s'ils se félicitent de ce qu'elle soit de nouveau réunie, n'éveille chez eux qu'une curiosité assez lointaine, peut-être par défaut de référence. Ainsi Karl, en nous interrogeant sur la distance qui sépare la France de l'Allemagne, semble-t-il découvrir que les deux pays ont une frontière commune…

Et, quand on lui demande s'il se sent citoyen d'un pays quelconque, il répond que non, qu'il ne s'est jamais senti chez lui que dans la région de Saratov, avant la guerre, parmi les Allemands de la Volga.

Le Figaro, *26 septembre 1991*

QUAND LES CAVALIERS DU KIRGHIZISTAN RETROUVENT LA LIBERTÉ

Avenue Lénine, en plein centre de Bichkek, entre un *Ounivermag* (un grand magasin), et un immeuble dont le rez-de-chaussée abrite un salon de coiffure pour dames, vient de s'ouvrir le premier café rigoureusement *privé* de la capitale du Kirghizistan.

En fait de café, il s'agit d'un de ces établissements comme on en rencontre beaucoup dans les pays de l'Est, où l'on mange debout, si par hasard il y a quelque chose à manger, autour de tables généralement malpropres.

Outre les dimensions très modestes de l'établissement, ce qui limite encore la portée de l'événement, c'est que ce café existait déjà auparavant. Mais il s'agissait alors d'un café *d'État*, tandis qu'aujourd'hui, ayant été acquis pour la somme de 406 000 roubles, lors d'une vente aux enchères publiques, par un certain Valeri Serkov, il est la propriété de ce dernier.

Cela fait-il une différence pour la clientèle, certes très nombreuse, mais qui, par nécessité, ne l'était pas moins lorsqu'on y consommait des nourritures étatiques ?

D'après une grosse dame toute réjouie, qui mange de bon appétit des sortes de raviolis chinois – le plat unique – disposés devant elle sur un morceau de papier graisseux, la différence est indéniable : la viande est plus fraîche, de meilleure qualité, les raviolis sont plus savoureux. Il est vrai qu'ils sont aussi un peu plus chers, leur prix étant passé de 65 à 70 kopecks, mais il n'y a pas de quoi fouetter un chat. Quant aux employés, ils travaillent douze heures par jour, une semaine sur deux, et ils sont associés aux bénéfices de l'entreprise selon des modalités encore assez mystérieuses.

L'heureux propriétaire du premier café privé de Bichkek est déjà un vieux routier de ce capitalisme embryonnaire que les Soviétiques découvrent peu à peu avec des sentiments mitigés. Ses parents tenaient un magasin d'État mais s'adonnaient aussi, par-derrière, au commerce privé, ce qui revient à dire que, comme tout bon gérant d'une entreprise d'État dans un pays socialiste, ils vendaient une partie de ses biens pour leur propre compte.

Initié de bonne heure aux secrets du tiroir-caisse, le jeune Valeri a aussi tâté de la prison. Pour le bon motif, affirme-t-il, et parce qu'il avait défié les communistes, en 1957, lors d'un soulèvement populaire à Bichkek. Toujours est-il qu'en prison Valeri rencontre des détenus condamnés pour *crimes économiques*, auprès desquels, de son propre aveu, il a beaucoup appris. D'après lui, ces détenus n'étaient d'ailleurs que des commerçants avisés, coupables tout au plus de précéder de quelques pas l'évolution générale de la société.

Une fois diplômé de cette HEC carcérale, Valeri, dès sa sortie de prison, se lance à son tour dans les affaires. Officiellement, il est responsable de l'entretien des calculatrices de trois ou quatre entreprises d'État. Officieusement, il fait la même chose, au noir, pour le compte de plusieurs dizaines d'entreprises. Et lorsque la perestroïka entrouve la porte du commerce privé, en 1987, il est parmi les trois premiers citoyens de Bichkek à monter une coopérative.

Adonnée à la distribution de produits alimentaires, sa coopérative fait de si bonnes affaires qu'elle s'attire les foudres des autorités. Qu'à cela ne tienne : avec quelques associés – ils sont aujourd'hui une centaine – Valeri gravit un échelon dans la hiérarchie du commerce et s'initie au métier de *broker*. Un mot si riche, si onctueux, si prometteur, que Valeri en use à tout propos avec une ferveur gourmande de néophyte.

Mais à quoi, au juste, reconnaît-on aujourd'hui un *broker* soviétique ? À ce qu'il ne conduit pas lui-même sa vieille Lada rouge, à ce qu'il possède au moins deux téléphones et un fax en état de marche, à ce qu'il ne lira probablement jamais les classiques russes dont les belles reliures font honneur à la vitrine du salon, aux dimensions de sa baignoire qui évoquent un bassin de pisciculture, ou bien à ce qu'il vient d'acheter pour 350 000 roubles de venin d'abeille avec l'intention d'en tirer le double ?

Il n'y a pas que dans le domaine du petit commerce que le Kirghizistan, parmi toutes les républiques d'Asie centrale, fasse figure d'élève modèle de la réforme. Son président, Askar Akaïev, est un scientifique de classe internationale. Lors du putsch de Moscou, il a soutenu sans ambiguïté les positions de Boris Eltsine, dont la télévision locale a répercuté les appels.

Candidat unique – mais ce n'est semble-t-il pas de sa faute – aux élections présidentielles qui doivent se tenir le 12 octobre, Akaïev est donc assuré de les gagner. D'ores et déjà, il a su profiter de ce que le premier secrétaire du parti de la République avait soutenu les putschistes de Moscou pour se débarrasser des communistes sans coup férir. Le Kirghizistan est à ce jour la seule république d'Asie centrale à avoir promulgué une loi interdisant l'activité du parti communiste et de toutes ses organisations. Quant à l'islam kirghize, il paraît jusqu'à nouvel ordre bien plus bénin, bien moins politisé que celui des républiques voisines. Il y a deux mois, une délégation israélienne a même pu visiter le Kirghizistan sans mettre le pays à feu et à sang.

Économiquement, les dirigeants du Kirghizistan semblent également décidés à mettre les bouchées doubles. Des entreprises italiennes – dans le domaine du textile – ou coréennes – dans celui de la télévision – ont déjà tiré parti des nouvelles dispositions, paraît-il très avantageuses, de la loi concernant les investissements étrangers.

Précédant une fois de plus les fringants coursiers d'Édith Cresson, les fourmis japonaises se sont livrées à quelques investigations concernant les potentialités du sous-sol et des grandes cultures industrielles de coton ou de tabac. Tout cela, sans doute, ne fait pas une révolution. Mais afin d'accélérer le processus, encore bien lent et bien timide, de dé-socialisation de l'économie, les autorités du Kirghizistan, stimulées par les événements de Moscou, ont, voilà trois semaines, mis sur pied un *comité d'État pour la gestion des biens de l'État*, dont la mission consiste à privatiser chaque année 10 à 15 % de ces derniers.

Conscientes de ce que ce processus allait inévitablement mettre beaucoup de gens au chômage, les autorités ont également créé une sorte d'agence pour l'emploi dont les compétences sont assez mal définies. Quant aux lois sociales, destinées à protéger les employés des nouvelles entreprises privées, les spécialistes – au moins ceux que nous avons consultés – avouent n'y avoir pas encore songé, mais promettent de le faire sans tarder.

En ce qui concerne la terre, les autorités ont décidé de respecter jusqu'à nouvel ordre le tabou de la propriété privée. Elles justifient cette prudence par le risque d'affrontement ethnique qu'une privatisation trop rapide pourrait entraîner, comme ce fut le cas dans la région d'Och, en 1990, lorsque l'on attribua à des Kirghizes sans logis, pour qu'ils y bâtissent leur maison, des terres appartenant à des kolkhozes majoritairement peuplés d'Ouzbeks. À défaut de privatiser la terre, le *comité d'État pour la réforme agraire* encourage les anciens kolkhoziens et sovkhoziens à créer des fermes privées sur des terres prêtées par l'État. L'une des premières entreprises à bénéficier de ces nouvelles mesures a été le sovkhoze Kizil-Souou – *l'eau rouge* –, situé à une centaine de kilomètres à l'est de Bichkek.

Ysakov Esengoul fait partie des audacieux sovkhoziens de Kizil-Souou qui ont choisi de se mettre à leur compte (ils sont nettement majoritaires, mais il s'est tout de même trouvé, parmi les quelques cinq cents familles employées par le sovkhoze, un noyau dur de réfractaires à l'initiative privée qui continue à sovkhozer comme si de rien n'était).

Associé avec trois de ses frères, Ysakov, en février, a reçu de l'État 30 hectares, trois cents moutons, trois vaches, trois juments et trois chevaux. On voit par là que tout ce qui procède du sovkhoze est divisible par trois, à l'exception des poules, des canards et des lapins dont on ne tient pas un compte précis. Les trois cents moutons sont actuellement de passage dans la vallée, mais ils doivent incessamment repartir dans la montagne, où Ysakov, installé dans sa yourte – car il y a toujours des yourtes en Kirghizie –, leur tiendra compagnie et les protégera des loups – car il y a des loups – jusqu'à la mi-décembre.

Au mois de juin, Ysakov et ses trois frères ont tondu leurs trois cents moutons, et la vente de la laine leur a rapporté 47 000 roubles, soit environ vingt-six fois le revenu annuel d'un sovkhozien d'élite.

Pendant qu'Ysakov chante les louanges de l'initiative privée, comme seul peut le faire un rescapé du socialisme réel, un de ses frères arrive du fond de l'horizon, à cheval, poussant devant lui les trois cents moutons enveloppés d'un nuage de poussière. Le président du Soviet local, qui lui-même ne dédaigne pas de monter à cheval, considère la scène du même air attendri et fier que devait avoir son prédécesseur, soixante-dix ans plus tôt, en annonçant aux bergers kirghizes l'abolition de la propriété privée et la fin de l'exploitation de l'homme par l'homme.

Le Figaro, *1er octobre 1991*

Nomvula ou la foi dans le communisme

Nomvula Mokonyane est-elle au nombre de ces « militants d'acier » évoqués par un dirigeant régional du parti, Jabu Moleketi, dans une récente envolée de rhétorique stalinienne ? Toujours est-il que le vendredi 15 novembre dans la soirée, de retour dans sa « township » de Kagiso – théâtre de sanglants affrontements entre supporters de l'ANC (African National Congress) et adversaires de ce dernier –, elle s'est fait prendre à partie par deux gaillards surexcités armés de pangas (coupe-coupe) qui l'ont traitée de « putain communiste », et pourchassée jusque dans un taxi grâce auquel elle parvint finalement à leur échapper.

Mais le plus douloureux est que l'un de ses deux agresseurs était un jeune homme qu'elle avait recruté quelques mois auparavant pour l'ANC et qui, semble-t-il, avait été entre-temps « retourné » par l'ennemi de classe. Déjà, l'an dernier, une bombe artisanale d'origine indéterminée avait atterri dans la salle à manger de Nomvula, pendant qu'elle se trouvait à la cuisine avec ses deux enfants. Et le lendemain, cependant, comme dans la chanson, « elle était souriante à sa fenêtre ».

Nomvula est âgée de vingt-huit ans. Elle a une dent contre les bonnes sœurs et particulièrement contre les bonnes sœurs françaises qu'elle accuse d'avoir exploité son père, modeste employé d'une institution religieuse. Quant à sa mère, elle était domestique, comme beaucoup de Sud-Africaines noires, les conditions de vie des Blancs de ce pays ayant donné naissance à une classe ancillaire démesurément étendue.

Initiée au militantisme radical en 1976, dès le début de la grande révolte des « townships », Nomvula s'y consacre depuis lors à plein temps, bien qu'elle n'ait formellement adhéré au parti communiste que l'an dernier, après la levée de l'interdiction qui le frappait depuis 1950. Si on demande à Nomvula ce qui lui plaît dans le communisme, elle répond que c'est le projet d'une société sans classe, sans riches ni pauvres, où le peuple décidera souverainement des orientations économiques.

En 1989, parrainée sans doute par l'ANC, elle a fait en Amérique un long voyage d'études qui lui a permis de vérifier point par point la justesse de ses théories : aux États-Unis, elle n'a vu que le chômage, la misère et le racisme. Au Nicaragua, elle a vécu en direct la défaite électorale des sandinistes, mais même ce revers passager l'a convaincue de l'excellence de la politique des vaincus. Enfin, à Cuba, ce fut l'apothéose. « Pour moi, dit-elle, depuis que j'ai visité Cuba, je sais que le paradis existe. » Et s'il ne devait rester à Fidel Castro qu'un seul allié dans le monde, ce serait le parti communiste sud-africain.

Auréolée du prestige des combats menés en Angola contre l'armée sud-africaine et ses alliés de l'Unita, Cuba jouit en effet, auprès des militants du SACP (South African Communist Party), d'un crédit que son isolement ne fait que renforcer. Avides de prodiguer leur « internationalisme prolétarien » dans un monde où cette denrée n'a pratiquement plus cours, les communistes sud-africains viennent de lancer une campagne de soutien à l'île assiégée par le capitalisme – « bas les pattes devant Cuba ! » – consistant notamment en « collecte de médicaments et de produits de première nécessité ».

Exaltée par son voyage à Cuba, la foi de Nomvula a-t-elle été ébranlée par les changements survenus en Europe de l'Est et par la récente abjuration des Soviétiques eux-mêmes ? « Pas le moins du monde », ou plutôt, si elle convient d'avoir été d'abord assaillie par le doute, elle assure que cette crise est maintenant résorbée.

Car, une fois de plus, les vicissitudes du socialisme réel ne sont pas imputables aux principes du marxisme-léninisme, mais seulement à l'abandon ou à la mauvaise application de ces principes. Si bien que tout ce qu'enseigne la débâcle planétaire du socialisme, c'est la nécessité de s'en tenir fermement aux principes.

Depuis le putsch avorté de Moscou, la cellule de Nomvula, qui comptait auparavant quarante-deux membres, en a d'ailleurs recruté seize de plus. Au sujet des activités de cette cellule, Nomvula reste assez succincte : recruter pour l'ANC, développer l'éducation politique, promouvoir l'autodéfense. Compte tenu du climat de violence qui règne aujourd'hui dans les townships, tant du fait des affrontements entre groupes rivaux que d'une criminalité en plein essor, cette politique d'autodéfense ne risque-t-elle pas de jeter de l'huile sur le feu ? Les porte-parole du parti s'en défendent, affirmant qu'il s'agit, au contraire, de rétablir la paix dans les townships tout en assurant la sécurité de leurs militants.

Mais un tract diffusé à Soweto par la branche locale du parti donne cependant une définition très musclée de cette politique d'autodéfense. Sous le titre « Gloire à nos héros ! », le tract, dédié à la mémoire de militants communistes tombés au cours des affrontements de ces derniers mois, appelle à « établir des unités de défense », à « rassembler des armes de tous modèles » et à « user de tous les moyens pour frapper ceux qui veulent [nous] détruire ». « Armons-nous, conclut le tract, pour défendre la paix ! »

Dans la dernière livraison de *The African Communist*, la revue théorique du SACP, la presse sud-africaine est accusée d'avoir passé sous silence une remarquable performance d'un parti marxiste chypriote qui, en mai dernier, aurait progressé de près de 3 % lors d'une élection législative. Dans une autre publication du SACP, *Umsebenzi*, Angela Davis, lors d'une récente visite en Afrique du Sud, lance un appel pathétique aux communistes sud-africains : « Ne nous laissez pas tomber ! Vous êtes la preuve, ajoute Angela Davis, que les partis communistes et le socialisme sont historiquement pertinents. »

Ce qu'Angela Davis ne dit pas, mais ce que la tournure de sa phrase implique, c'est que le SACP sera bientôt, sinon l'unique, du moins l'une des très rares preuves de cette pertinence, et que sa survie revêt par conséquent une importance exceptionnelle pour les derniers adeptes de cette doctrine.

En effet, non seulement le SACP existe, mais, bien qu'il n'ait mis qu'un peu d'eau dans son vin, il joue un rôle important – aussi bien en tant que tel qu'à travers sa présence dans l'ANC et les « organisations de masse » qui lui sont apparentées – dans le processus de négociation où s'élabore la future configuration de l'Afrique du Sud.

Les 29 et 30 novembre derniers, lors de la réunion préliminaire à la conférence multipartite qui doit se tenir à la fin du mois de décembre, la délégation du SACP siégeait à côté de la délégation du gouvernement, ce qui a donné au ministre de la Défense, Roelf Meyer, l'occasion d'échanger une poignée de main avec Joe Slovo, secrétaire général du parti et ancien chef d'état-major de la branche militaire de l'ANC, que les autorités sud-africaines ont, pendant des années, présenté comme un « colonel du KGB ».

Le Figaro, *6 décembre 1991*

Afrique du Sud : les derniers vrais marxistes-léninistes

Né en 1921 – comme le nôtre, avec lequel il présente d'ailleurs de nombreuses affinités –, le parti communiste sud-africain, après quarante ans de clandestinité, a désormais pignon sur rue. Il vient de réunir son congrès à Johannesburg, et il dispose, dans le centre de cette même ville, sur Rissik Street, d'un local encore assez modeste, mais dont l'existence même aurait fait dresser les cheveux sur la tête de P.W. Botha, le prédécesseur de Frederik De Klerk.

Le responsable des relations publiques du parti, Jeremy Cronin, est un intellectuel qui a été formé à la meilleure école, ayant été en Sorbonne l'élève des deux plus brillants disciples d'Althusser. Il a, d'autre part, passé trois ans et demi dans le quartier des condamnés à mort de la prison de Pretoria, d'où deux ou trois de ses camarades étaient extraits chaque mois pour être pendus.

Cronin est un homme charmant, cultivé, auteur par surcroît d'un recueil de poèmes, et tout à fait conforme à l'idéal de l'aristocrate « kominternien » tel que l'ont codifié John Steinbeck ou Jorge Semprun. Il est donc particulièrement qualifié pour convaincre des interlocuteurs étrangers de l'irréversibilité des nouvelles orientations du SACP, désormais tout dévoué au multipartisme et aux solutions négociées. Cela posé, il peut même se permettre d'ironiser sur l'exceptionnelle docilité dont le SACP a toujours fait preuve à l'égard de l'URSS avant que celle-ci ne sombre dans l'hérésie.

L'ennui, c'est que le parti ne se soit pas contenté d'obtempérer dans son coin à toutes les injonctions du Kremlin, mais qu'il ait entraîné l'ANC sur les mêmes positions, amenant ce dernier à applaudir aussi bien à l'intervention soviétique en Tchécoslovaquie qu'à l'instauration de l'« état de guerre » en Pologne, ce qui est fâcheux pour un « mouvement de libération » théoriquement non aligné. La nature des relations entre le SACP et l'ANC, dont le sort est étroitement lié au moins depuis le milieu des années quarante, est un des plus vieux serpents de mer de la politique sud-africaine.

Pour Musa Myeni, membre du comité central de l'Inkatha (le parti « modéré » du chef zoulou Buthelezi), l'affaire ne fait pas un pli : « L'ANC, c'est le cheval, et le jockey, c'est le SACP. » Devant une assemblée régionale de son parti, le parti national, Frederik De Klerk a exprimé récemment un point de vue un peu différent : « Le petit SACP, à l'agonie, s'accroche à l'ANC comme un parasite et sape sa réputation sur les plans national et international. » Or, si le jockey mène son cheval où il veut, on ne saurait en dire autant d'un parasite.

Bien qu'il soit aujourd'hui membre de l'Inkatha, Rowley Israël Arenstein n'a rien renié de ses convictions marxistes, et ses quatre années de prison, sans compter près d'un quart de siècle d'assignation à résidence à Durban, font de lui un « renégat » que même l'ANC ne peut traiter par-dessus la jambe. D'origine juive lituanienne – comme Joe Slovo, le prédécesseur de Chris Hani au secrétariat général du parti communiste –, Arenstein est né en Afrique du Sud le 9 juillet 1918, neuf jour exactement avant Nelson Mandela.

Sa mère, sympathisante menchevik, avait émigré de Lituanie quelques années auparavant, et aussitôt fait scandale parmi la communauté juive d'Ermelo, dans le Transvaal, en comparant le sort des Noirs d'Afrique du Sud à celui des Juifs dans son pays d'origine. Ayant achevé ses études de droit à Johannesburg, Arenstein, devenu avocat, décide en 1938 d'adhérer au parti communiste sud-africain. À l'époque, insiste-t-il, c'était en Afrique du Sud le seul parti multiracial, et le seul à se soucier vraiment des progrès du fascisme en Europe. Toujours est-il que la liaison d'Arenstein avec le SACP se poursuivra, sans crise majeure, jusqu'en 1960, l'année du massacre de Sharpeville, de la première introduction de l'état d'urgence et de l'interdiction de l'ANC.

À la fin de cette année 1960, la direction clandestine du SACP prend la décision de s'engager, et d'engager l'ANC, dans la voie de la lutte armée. En 1961, les premières bombes explosent en Afrique du Sud, et la création d'Umkhonto we sizwe, la branche armée de l'ANC, est portée à la connaissance du public.

D'après Arenstein, cette décision – à laquelle il s'est opposé, et qu'il a combattue jusqu'à son exclusion, en 1962 – a été prise sans débats, sans consultation des militants du parti, encore moins de l'ANC, et elle a entraîné pour ce dernier des conséquences désastreuses.

La répression qu'elle déchaîne, en effet, se solde par l'écrasement de l'organisation à l'intérieur de l'Afrique du Sud, où la « lutte armée » ne dépassera jamais le stade du terrorisme brouillon. Et les militants qui en réchappent doivent se réfugier dans les pays voisins, où les coûteuses nécessités de l'entraînement militaire placent l'ANC dans une dépendance de plus en plus étroite vis-à-vis du SACP, lui-même entièrement tributaire de l'aide soviétique.

Au demeurant, Arenstein se refuse à considérer l'ANC, tel qu'il se présente aujourd'hui, c'est-à-dire libéré des contraintes de la clandestinité, comme une simple « couverture » du SACP. Et il estime que plus le processus des négociations multipartites progressera, plus les tensions s'aiguiseront, à la direction et dans toutes les instances de l'ANC, entre les communistes et les non-communistes.

À quelques mois près, Ronnie Kasrils a rejoint le SACP lorsque Arenstein le quittait, et il l'a rejoint précisément pour les raisons qui en ont éloigné Arenstein. Après avoir posé quelques bombes – une tâche à laquelle ne l'avait guère préparé sont précédent métier de rédacteur de scripts –, Kasrils doit se réfugier à l'étranger, où il devient le responsable du renseignement au sein de la branche militaire de l'ANC. À ce titre, il passe pour détenir des informations de première main sur les mutineries qui ont agité certains camps d'Umkhonto we sizwe, en Angola notamment, au cours des années quatre-vingt.

Aujourd'hui, Kasrils siège à la fois au comité central du SACP et dans les deux instances suprêmes de l'ANC, le National Working Committee et le National Executive Committee. Sa conception des relations entre la direction du parti et celle de l'ANC est assez originale, pour quelqu'un qui se réclame du léninisme, mais pas plus, après tout, que l'idée de décréter en 1960 le déclenchement de la lutte armée au mépris de toutes les « conditions objectives ».

D'après Kasrils, donc, les communistes qui siègent dans les instances dirigeantes de l'ANC le font en ordre dispersé, sans s'être concertés sur la conduite à tenir, et par conséquent sans dessein de faire prévaloir des conceptions homogènes. Kasrils soutient même qu'il leur arrive d'y professer des opinions divergentes. Mais quels peuvent bien être, à plus long terme, les objectifs d'un parti communiste aussi confiant dans les ressources de l'improvisation, et aussi respectueux du non-alignement des alliances auxquelles il participe ?

« L'homme le plus haï par les capitalistes » : c'est ainsi, entre autres, que le meneur de jeu introduit Chris Hani à la tribune d'un meeting organisé par le parti communiste à Soweto, dans le quartier d'Orlando

East. En vérité, Chris Hani, nouveau secrétaire général du parti et ancien chef d'état-major d'Umkhonto we sizwe, n'a pas besoin d'être introduit, car c'est l'un des dirigeants les plus populaires tant de l'ANC que du SACP. Par surcroît, Chris Hani a de l'humour, si bien que, en général, ses auditeurs ne s'ennuient pas. Dans son discours d'aujourd'hui, Chris Hani s'efforce d'expliquer comment, au-delà des objectifs poursuivis en commun par l'ANC et le SACP – notamment la formation d'un gouvernement provisoire et l'élection d'une Assemblée constituante –, ce dernier doit guider les « masses » vers d'autres horizons encore plus séduisants. En quoi consistent ces horizons ?

Jusqu'à son dernier congrès, le parti combattait pour l'instauration du « socialisme démocratique ». Mais beaucoup de militants se sont émus de cette formulation ambiguë, un peu molle, et d'ailleurs inutile, puisque, comme chacun sait, le socialisme scientifique est intrinsèquement « démocratique ». Le congrès a donc tranché en faveur du socialisme tout court, sans assaisonnement, en même temps qu'il renouvelait l'expression de la confiance du parti dans les principes du marxisme-léninisme, dont seule la mauvaise application est à l'origine des petites difficultés rencontrées par les partis frères d'Union soviétique ou d'Europe de l'Est.

Le Figaro, *27 décembre 1991*

Afrique du Sud : recrudescence de la violence

Dans la plupart des journaux sud-africains, les faits divers, au lieu d'être confinés dans une rubrique spécialisée, sont généreusement répartis entre toutes les pages, et ce saupoudrage renforce l'impression que la violence et le crime non seulement prolifèrent, mais s'étendent désormais à tous les secteurs de la société.

Non que la violence politique ou la violence crapuleuse constituent des données nouvelles dans ce pays, dont le destin est indissolublement lié à la première, laquelle offre à son tour un terrain très propice à la propagation de la seconde. Mais l'actuel déchaînement de l'une et de l'autre inquiète d'autant plus que l'Afrique du Sud est engagée dans un processus de redistribution des cartes qui promet d'être long et douloureux. Or, tandis que sur le terrain les protagonistes ordinaires de cette entreprise continuent de s'étriper avec une ferveur inentamée, leurs porte-parole officiels, à quelques exceptions près, protestent de leur volonté de parvenir à un accord, signent des traités de paix et affirment avoir renoncé à régler leurs différends par le meurtre, la coercition ou l'invective.

Un autre élément nouveau, c'est que la violence, après avoir gagné le centre des grandes villes, plongé dès la tombée de la nuit dans une atmosphère de couvre-feu, s'étend désormais à ces banlieues résidentielles où les Blancs menaient auparavant une existence sans danger, entourés de serviteurs qui ne s'avisaient qu'exceptionnellement de les assassiner, et qu'eux-mêmes ne tuaient, somme toute, que très rarement.

Au demeurant, ce sont les townships noires, et les *hostels* où s'entassent les travailleurs migrants, qui restent les plus touchés par cette explosion de violence. Celle qui quotidiennement met aux prises l'Inkatha – le parti *modéré* du chef zoulou Buthelezi –, l'ANC (African National Congress) ou le PAC (Pan Africanist Congress), l'alliance conclue entre ces deux mouvements dans le cadre du Front patriotique n'ayant pas complètement dissuadé les supporters du premier d'infliger à leurs camarades du second le fameux supplice du collier (un pneu enflammé passé autour du cou de la victime). Ou celle qui, dans le centre du pays, près de Welkom, oppose depuis plusieurs semaines, sur le carreau de la mine Président Steyn, et dans les *hostels* avoisinants, des mineurs d'origine ethnique et d'obédience politico-syndicale différentes, et dont le dernier bilan s'élève à quatre-vingt-six morts.

De leur côté, les « forces de sécurité », la police en particulier, ont manifestement beaucoup de mal à se défaire de leurs anciennes habitudes. Lors d'une affaire qui remonte au mois de mars dernier mais qui passe en ce moment devant la justice, la police, confrontée dans la township de Daveyton à un groupe d'environ deux cents supporters de l'ANC, en a laissé quarante-neuf sur le carreau, douze morts et trente-sept blessés. Plus une petite fille de huit ans que personne n'a tuée, mais qui est tout de même morte d'une balle dans la tête. Certes, il convient de préciser que la police a également perdu dans l'affaire un sergent haché menu par les supporters de l'ANC. Mais il semble que la confrontation entre policiers et manifestants n'ait pris cette tournure sanglante qu'après que le sergent eut ouvert le feu sur la foule. Et il est avéré qu'en moins de deux minutes les policiers ont tiré plus de deux cent cinquante balles, ce qui, de l'aveu du juge chargé de l'affaire, pourrait constituer « un usage excessif de leur puissance de feu ».

Tout ce qui précède relève de la violence « politique », ou de ce qu'on l'on a pris l'habitude, en Afrique du Sud, de considérer comme telle. Mais que dire de la violence qui a fait plus de trente morts et près de cent cinquante blessés, depuis le début de l'année, parmi les usagers des trains de Soweto ? De celle qui tue chaque jour des convoyeurs de fonds, des employés de banque ?

Dans un numéro ordinaire du *Citizen*, un quotidien de Johannesburg, on relève ainsi le cas de deux convoyeurs de fonds tués et de trois blessés, lors d'une attaque menée par sept hommes armés de Kalachnikov. D'un homme (blanc) dépouillé de ses vêtements et lynché par une foule (noire) en plein jour, non loin du centre de Johannesburg, tandis que son compagnon (également blanc) réussit à prendre la fuite, après avoir tué d'un coup de revolver un autre homme (noir). D'une femme attaquée dans sa ferme par trois hommes, dont un la viole tandis qu'un autre sodomise son mari, jusqu'à ce que ce dernier parvienne à s'emparer d'une pelle à l'aide de laquelle il abat raide mort un des trois agresseurs et met les deux autres en fuite.

Naturellement, même la violence « non politique » fait l'objet d'interprétations politiques divergentes.

Pour les supporters des « mouvements de libération », elle est la conséquence inéluctable des conditions de vie de la population des townships, et des frustrations engendrées par les inégalités formidables qui caractérisent toujours la société sud-africaine.

Dans la mesure où l'économie stagne, où les investissements ne se bousculent pas – la violence et l'insécurité contribuant d'ailleurs à les tenir à distance –, où mille personnes arrivent chaque jour sur le marché du travail, qui ne peut en absorber plus de cent vingt-cinq, il n'y a pas la moindre raison d'espérer dans ce domaine des progrès rapides.

Mais les « camarades » n'incriminent pas seulement les conditions économiques. Pour eux, il ne fait aucun doute que cette explosion de violence participe d'un plan concerté, et qu'elle met en œuvre des éléments de la « troisième force », une nébuleuse cohorte manipulée par les services de sécurité et que ces derniers auraient été recruter jusque dans les rangs de la Renamo mozambicaine. Rien, d'ailleurs, ne permet d'affirmer que cette hypothèse soit totalement étrangère à la réalité, mais elle aurait plus de force si l'ANC et ses alliés n'y avaient trop souvent recours pour expliquer tout ce qui les dérange, y compris les sanglants affrontements de la mine Président Steyn.

Quant aux adversaires de l'ANC, ils soulignent que la mobilisation permanente des « masses », à travers des manifestations, des grèves ou des boycottages, entretient un climat de haine et d'anarchie favorable à l'essor de la criminalité crapuleuse. Ils incriminent aussi les éléments désœuvrés de la branche militaire du mouvement, orphelins du grand soir et revenus d'exil pour se retrouver au chômage. Mais que les Kalachnikov soient d'origine révolutionnaire ou contre-révolutionnaire, il est indéniable qu'elles se multiplient aujourd'hui comme des petits pains. Et il est aisé de comprendre pourquoi le responsable de la « campagne contre le désarmement » de Krugersdorp, dans le Transvaal, écrit au *Citizen* pour se plaindre de ce que les Blancs ne soient plus autorisés à posséder que deux armes – et encore sous certaines conditions – quand certains avaient l'habitude d'en détenir jusqu'à six ou huit, adaptées peut-être aux saisons, aux âges de la vie et aux circonstances changeantes de l'existence.

Le Figaro*, 9 janvier 1992*

Macédoine : une indépendance difficile

Aux deux tiers, environ, de la distance séparant Skopje de Tirana, le poste frontière de Radozda marque l'unique point de passage routier entre l'Albanie et la république auparavant yougoslave de Macédoine.

Du côté albanais, le déboisement des collines permet d'apercevoir une bonne douzaine de ces cloques de béton, percées d'étroites embrasures, dont la fièvre obsidionale de l'ancien régime avait constellé tout le territoire du « pays des aigles », le dotant ainsi, à long terme, d'un réseau de toilettes publiques d'une incomparable densité.

Dans le *no man's land*, les armoiries de l'Albanie ont été amputées de deux initiales, sans doute trop connotées politiquement, mais, au revers du même panneau, les profanateurs d'armoiries ont laissé intacte l'image officielle d'un partisan initiant un enfant au maniement d'armes.

Deux escogriffes surgis d'une camionnette de la Croix-Rouge albanaise se précipitent sur le premier étranger disponible pour l'entretenir du naufrage de leur pays – « Albania kaputt ! Finish ! » –, puis se livrer, debout sur un pied, à une étrange gymnastique qui consiste à désigner tour à tour chaque pièce de leurs vêtements en en indiquant l'origine : « Amerika » (trois fois), « Italia » (deux fois), la France n'étant citée qu'une fois, pour les chaussures, dues sans doute au génie industrieux de Bernard Tapie.

En tête de la file de véhicules sollicitant l'entrée en Albanie se présente un camion suédois, chargé de 20 tonnes de nourriture et de vêtements, affrété par une église d'Uppsala. Le trajet depuis la Suède, via la Hongrie et Belgrade, a déjà duré cinq jours, et le chauffeur s'impatiente de ne pas trouver à la frontière, comme convenu, l'escorte militaire sous la protection de laquelle il doit couvrir la centaine de kilomètres le séparant encore de Tirana. Dans la capitale albanaise, les représentants de l'église d'Uppsala, qui supervisent de bout en bout l'acheminement de l'aide afin qu'elle ne soit pas recyclée par la « mafia », ont vu quelqu'un se faire poignarder en plein jour, dans la rue, pour quelques kilos de vivres.

Parmi les six camions qui attendent de passer la frontière, cinq sont chargés d'aide internationale, un seul est mû, pourrait-on dire, par l'appât du gain. Il s'agit d'un camion italien qui, contre toute attente, se rend à Durrës, sur l'Adriatique, pour y prendre livraison de plusieurs milliers de faisans destinés à la reproduction et, par conséquent, bien vivants. Le chauffeur n'est qu'à demi rasséréné par la nouvelle, émanant de son employeur, selon laquelle la sécurité du port albanais de Durrës est assurée dorénavant par des Italiens. Car c'est sur la route du retour, une fois le camion lesté de sa caquetante cargaison, qu'il risque d'attirer l'attention. À moins, observe cyniquement le chauffeur, que les Albanais, fines gueules, n'attaquent les camions de faisans que lorsqu'ils sont accompagnés d'un camion de choux.

Du côté macédonien, le poste frontière est gardé par des jeunes gens en uniforme qui, n'appartenant plus à l'armée ou à la police yougoslave, estiment que le devoir de réserve leur interdit de décliner devant un étranger leur nouvelle obédience. Peut-être, d'ailleurs, l'ignorent-ils eux-mêmes ? Toujours est-il que le portrait de Tito, dans le bureau de la douane, vient d'être remplacé par celui, moustachu, de Goce Delcev, associé à un chromo représentant des guerriers macédoniens repoussant à coups de pierres les assauts d'une horde de *bachi-bouzouks*.

Goce Delcev fut l'un des premiers dirigeants de l'Organisation révolutionnaire intérieure macédonienne (Orim), fondée en 1893 afin d'affirmer, notamment par le terrorisme, l'identité nationale macédonienne, non seulement contre l'occupant turc mais aussi contre les visées hégémonistes des entreprenants et peu scrupuleux voisins grecs, bulgares et serbes. Abattu lors d'une embuscade tendue par les Turcs, en mai 1903, Goce Delcev manqua de quelques mois le soulèvement de la Saint-Élie (*Elinden*), au mois d'août de la même année, au cours duquel quelques milliers d'insurgés macédoniens furent rapidement écrasés par des troupes ottomanes infiniment supérieures en nombre. La Macédoine devra encore attendre une dizaine d'années pour être « libérée », c'est-à-dire découpée en trois parts inégales que se disputèrent farouchement les Grecs, les Serbes et les Bulgares après leur victoire commune, en 1912, contre les Turcs.

À Bitola, une ville du sud de la Macédoine que des liens fraternels unissent à la ville vosgienne d'Épinal, treize mille soldats français de l'Armée d'Orient, dont sept mille inconnus, reposent sous la protection d'une petite famille de Valaques. De l'examen de ces tombes, entretenues avec beaucoup de soin par les Valaques, il ressort qu'énormément de soldats français professaient alors la religion musulmane. Et pourquoi, toutes religions confondues, des milliers de soldats français se firent-ils hacher menu sur les pentes du Dobropol? Pour aider les Serbes à en déloger les Bulgares. Cette circonstance – l'alliance avec les Serbes – fait que les Macédoniens ne savent plus trop, aujourd'hui qu'ils sont indépendants, s'ils doivent considérer ces soldats français, a posteriori, comme des libérateurs ou des occupants…

Quant à nos frères d'armes, les soldats serbes, ils achèvent de se retirer en bon ordre des positions qu'ils occupaient en Macédoine, abandonnant le terrain à des troupes macédoniennes dont on ne sait toujours pas si elles constitueront une armée ou une simple garde territoriale. Le terrain, mais non le matériel : ainsi une unité de la marine yougoslave qui assurait la surveillance du lac d'Ohrid, au milieu duquel passe la frontière albanaise, se replie-t-elle vers Nis, en Serbie, en emportant avec elle toute sa quincaillerie, dont deux vedettes rapides, hissées sur des remorques de porte-chars.

À Debar, dans les montagnes de l'Ouest, sur la grand-place dont on débite les arbres pour en faire du petit bois, il traîne encore quelques soldats yougoslaves, bras dessus bras dessous avec des policiers macédoniens à la casquette toujours ornée de l'étoile rouge fédérale.

Sur la grand-place, on rencontre aussi les éléments épars d'un troupeau de moutons, deux ou trois vaches, quelques mules, dont certaines attelées à des carrioles, un cireur de chaussures tzigane d'excellente humeur et un Albanais fou, qui, dans un anglais fortement américanisé, récrimine inlassablement contre le retrait de sa carte verte par un policier new-yorkais.

Étrange ville de Debar. Un peu moyenâgeuse côté moutons, bien délabrée, mal remise du tremblement de terre qui l'a secouée en 1967, et cependant étonnamment moderne avec son agence de voyages proposant à prix réduit des billets pour New York ou Toronto, sa population polyglotte et ses oncles d'Amérique. L'un d'entre eux, plus heureux que le fou privé de sa carte verte, vient de rentrer à Debar, fortune faite, et d'investir dans l'achat de deux hôtels sur le littoral albanais, tablant témérairement sur la stabilisation de ce pays et sur son ouverture prochaine au tourisme européen.

Quant à Sabri, qui, à vingt-sept ans, se définit comme un « musulman modeste » et qui possède une voiture neuve immatriculée dans l'Oise, c'est en France, à Méru, qu'il est parti chercher fortune. Sabri estime que dans toute la Macédoine les Albanais représentent de 35 % à 40 % de la population, ce qui est nettement supérieur aux estimations officielles et à peu près conforme à celles du principal parti albanais représenté au Parlement de Skopje, le parti de la prospérité démocratique.

Comme le porte-parole de ce dernier, Muhamet Halili, professeur de langue et de littérature françaises à l'université de Belgrade, Sabri fait partie de ces Albanais « modérés » qui se disent prêts à jouer le jeu de l'indépendance macédonienne, pourvu que le nouvel État reconnaisse l'autonomie politique et culturelle de leur communauté. Toutefois, le parti de Muhamet Halili revendique également la disparition progressive des frontières séparant la Macédoine de l'Albanie et du Kosovo, ce qui, pour le coup, réduirait la « majorité » slave de Macédoine à la portion congrue…

Dans le village de Negotino, où un commerçant de Skopje vient de déployer tout un assortiment de livres pieux, notre arrivée suscite un attroupement où un peu d'agressivité se mêle à la curiosité goguenarde de la plupart. « Ne leur parlez pas, ce sont des provocateurs ! » vitupère un des attroupés, que notre interprète, à son accent, identifie comme originaire du Kosovo. Les Slaves macédoniens accusent volontiers les Albanais du Kosovo de venir en masse grossir les rangs de leurs compatriotes en Macédoine, au risque de ruiner l'équilibre précaire de cette fameuse salade ethnique. Pendant la Seconde Guerre mondiale, toute cette région a été annexée à l'Albanie sous protectorat italien, et les Slaves de Macédoine ont conservé de cette occupation albanaise un souvenir assez cuisant.

Le Figaro, *27 mars 1992*

DANS DUBROVNIK, ASSIÉGÉE DEPUIS HUIT MOIS

Le vendredi 19, à 5 heures de l'après-midi, lorsque le car-ferry *Ilirja*, en provenance de Rijeka, entre dans le port de Dubrovnik, le seul détail anormal que l'on remarque tout d'abord, c'est que les rues alentour sont désertes, et qu'il n'y a personne sur le quai pour accueillir les passagers. Cependant, la plupart sont des réfugiés, femmes ou enfants, de retour à Dubrovnik. Et puis, soudainement, alors que le ferry déjà manœuvre pour se mettre à quai, deux, quatre, six, huit corolles de fumée noire s'épanouissent à diverses hauteurs sur les collines de pierraille dominant le bassin du port, suivies de déflagrations assez retentissantes pour faire dégringoler les passagers depuis le pont promenade jusqu'au fond de la cale à voitures. Et c'est ainsi que l'*Ilirija*, ayant fait demi-tour au ras du quai, doit chercher refuge dans l'île voisine de Mljet et y passer la nuit au fond d'une petite baie pleine de moustiques et de rossignols, hors de portée des obus serbes ou monténégrins.

D'après le maire de Dubrovnik, Pero Poljanic, ce bombardement est le plus violent que la ville ait subi depuis celui du 29 mai, qui suivit de quelques jours le repli des troupes serbo-monténégrines vers le sud, en direction de l'aéroport, autour duquel leurs positions sont toujours solidement établies. Le maire pense que les Serbes bombardent plus volontiers le vendredi parce que les institutions internationales, et même la presse, sont moins vigilantes durant le week-end.

Le bombardement du 19 juin n'a pas fait de victime – Dubrovnik en compterait cent quatre-vingts depuis le début du siège, à l'automne dernier –, mais il a entraîné de nouvelles destructions dans la Vieille Ville, déjà considérablement émiettée, trouée, lézardée par huit mois d'une guerre intermittente à laquelle elle n'était aucunement préparée. Les Ragusains insistent volontiers sur l'absence d'intérêt stratégique de leur ville, sur la médiocrité de ses ressources industrielles et sur l'inexistence en son sein d'une communauté serbe assez nombreuse pour justifier les apocalyptiques mesures de protection dont l'armée ci-devant fédérale s'est fait ailleurs une spécialité.

Le samedi 20, la Vieille Ville, une fois de plus, s'éveille donc au milieu des gravats. Sur le Stradun, la large avenue qui tient lieu ici de Grand Canal, le dallage de marbre, déjà tout rapiécé de gros emplâtres de ciment, porte les traces étoilées de nouveaux impacts, dont les éclats ont criblé les façades les plus proches et brisé quelques vitrines. Au coin de la Judioska – la rue des Juifs, qui mène à la synagogue – et du Stradun, un obus a transpercé la chaussée, mettant à nu tout un écheveau de canalisations. Sur cet axe monumental, au moins deux maisons ont été complètement évidées par des incendies consécutifs à des bombardements antérieurs, et les dômes de la tour de l'Horloge et du clocher des franciscains, aux deux extrémités du Stradun, ont été perforés par des impacts directs, de même que la coupole de pierre qui couvre la fontaine d'Onofrio.

Perpendiculaire au Stradun, la rue Siroka semble avoir particulièrement souffert du bombardement de la nuit dernière. Le sol est couvert de fragments de corniches détachés des toits par les explosions, de morceaux de bois, de tuiles et d'éclats de verre, parmi lesquels les habitants, armés de brouettes et de pelles, s'affairent déjà dans un grand bruit de vaisselle brisée.

De toutes les petites rues adjacentes au Stradun monte un incessant tambourinement de coups de marteaux, les habitants les plus imprévoyants – car les autres y avaient déjà pourvu – se hâtant de clouer des planches sur leurs portes et leurs fenêtres.

Parmi ces cloueurs de planches, Matija, qui est âgé d'une cinquantaine d'années, a déjà perdu sa maison, dans la banlieue de Dubrovnik, détruite par les Serbes dès les premiers jours de leur occupation. À rebours de beaucoup d'habitants de la Vieille Ville – près de trois mille, nous dit-on, sur les quatre mille qu'elle comptait avant la guerre –, qui l'ont fuie pour échapper aux bombardements, Matija s'est réfugié dans son atelier d'ébéniste, rue Miha Pracata, où il loge désormais très à l'étroit, sans électricité – toute la ville en est privée, à l'exception des hôtels, des institutions ou des privilégiés qui disposent de groupes électrogènes –, avec sa femme, son chien, sa collection de chromos et quelques vieux meubles à restaurer dont la livraison a été reportée *sine die*. La nuit dernière, un obus a explosé sur le toit de la maison d'en face, dévastant la chambre sur rue et la salle de bains de ses voisins du dessus, ainsi que la salle paroissiale de la petite mosquée d'à côté, dont le curé d'une église voisine vient constater les dégâts en connaisseur.

Sur le parvis de la cathédrale – dont la façade, égratignée de quelques éclats, ressemble beaucoup à celle de l'église Saint-Paul, dans le Marais –, deux bonnes sœurs balaient les gravats provenant des hauteurs du palais Gozze, déjà endommagé en décembre et touché de nouveau la nuit dernière.

Juste derrière ce palais, la place Gunduliceva, constellée elle aussi de décombres tout frais, accueille en ce samedi matin un petit marché en plein air dont les éventaires, couverts de tomates, de poivrons, de courgettes, d'oignons, de choux, de bananes ou d'œufs frais, feraient pâlir d'envie les assiégés de Sarajevo. Toutefois, ces denrées, provenant des jardins de la ville ou acheminées de Split par bateau, sont apparemment inaccessibles à beaucoup d'habitants de Dubrovnik, dont la plupart ne travaillent plus depuis plusieurs mois.

Quelques dizaines de milliers d'entre eux – d'après le maire, Pero Poljanic, Dubrovnik comptait avant la guerre environ soixante-dix mille habitants – ont fui la ville cet hiver, mais certains sont revenus entre-temps, et Dubrovnik, d'autre part, a dû accueillir de douze à treize mille réfugiés de son arrière-pays occupé par les Serbes. On voit aujourd'hui sécher leur linge aux fenêtres des grands hôtels touristiques, ces fructueuses pompes à devises dont nul ne sait quand elles fonctionneront à nouveau.

Parmi ces réfugiés, certains des plus misérables, ou des plus traumatisés par l'exode et les bombardements, ont élu domicile, parfois depuis l'automne dernier, dans les locaux de l'Aquarium, situé au rez-de-chaussée d'un des deux édifices les plus massivement fortifiés, mais aussi l'un des plus humides et des plus obscurs, de la Vieille Ville. La plupart de ces reclus du fort Saint-Jean sont des vieux qui, pour certains, restent claquemurés nuit et jour, les hommes tapant le carton, les femmes somnolant sur leurs grabats, parmi les aquariums et les bassins où thons, daurades et langoustes grouillent inlassablement dans une pénombre cauchemardesque. Pendant ce temps, au pied des remparts de ce même fort Saint-Jean, en pleine lumière, une bande de galopins des deux sexes, armés de tridents, estramaçonnent des poulpes bien vivants dans les eaux peu profondes.

Après plus de huit mois de siège, Dubrovnik reste toujours privé de liens routiers directs avec le monde extérieur. Au nord, pour rejoindre la route de Split, il faut prendre le bac jusqu'à Zaton, à une dizaine de kilomètres de Dubrovnik, le dernier segment de la route étant toujours sous le feu de miliciens serbes établis sur les hauteurs.

Au sud, à une douzaine de kilomètres de Dubrovnik, le front sinue de part et d'autre de l'Adriatica, la route qui jadis drainait des centaines de milliers de touristes le long de la côte dalmate, et jusqu'aux bouches de Kotor. Aujourd'hui écaillée d'impacts, partiellement détruite à la dynamite, elle n'est ouverte qu'aux véhicules – des Golf de préférence, revêtues de peintures de camouflage témoignant d'une certaine fantaisie – que les miliciens croates empruntent pour aller et venir entre la ville et les zones de combat.

Les localités évacuées ces dernières semaines par les Serbes offrent un édifiant spectacle de destructions, certaines imputables aux affrontements, d'autres à un pur déchaînement de vandalisme. Au bout d'une petite route labourée par les chenilles de chars, au bord de la mer, face à la localité de Cavtat, toujours aux mains des Serbes, des militaires croates sont établis parmi les ruines, d'ailleurs bien conservées, d'un grand hôtel jadis réservé aux officiers de l'armée yougoslave. Un coup d'œil au registre – capitaine Milicevic, capitaine Ivanovic, capitaine Milutinovic... – permet de constater que cette armée comptait une proportion anormalement élevée de capitaines et, parmi ces derniers, une majorité considérable de Serbes.

Aujourd'hui, l'hôtel des capitaines abrite une unité blindée de la « brigade des tigres » de Zagreb. Les blindés – de vieux T-55 dont la tourelle est estampillée d'une tête de tigre – sont arrivés par des voies mystérieuses il y a une vingtaine de jours. Les équipages, venus par bateau, disent avoir retrouvé leurs chars sur place.

Dans un décor idyllique, en bordure d'une allée de palmiers, au milieu d'un fouillis de magnolias, de lauriers-roses et de bougainvillées, l'équipage du char *Éclair* est en train de renouveler sa provision d'obus. Comme beaucoup de soldats croates, Frano, le conducteur du char, porte autour du cou un chapelet à gros grains orné d'un crucifix de grande taille. On pourrait se croire au Liban. Darko, le canonnier, insiste sur le fait que les chars croates ne tirent pas sur le village de Cavtat, où, d'après lui, près de trois mille civils seraient retenus en otages par les Serbes. « Nous, ajoute-t-il, nous ne tirons qu'au commandement, et pas au petit bonheur comme les Serbes. »

Tard dans la soirée de dimanche, cependant, sur le littoral de Dubrovnik, à proximité immédiate de l'hôtel Argentina, une batterie croate tirait à l'aveuglette en direction du territoire sous contrôle serbe.

Le Figaro, *23 juin 1992*

À Osojnik, les Serbes ont saccagé même le cimetière

Bien que pour l'essentiel l'affaire se déroule désormais au sud de la ville, dans la direction de l'aéroport, au nord de Dubrovnik des combats intermittents mettent toujours aux prises les forces croates et serbes sur les hauteurs dominant l'Ombla, cette espèce de fjord balkanique, bordé de HLM désertées et de palais en ruine, dont la profondeur et l'encaissement assurent au moindre coup de canon des répercussions infinies.

La route qui fait le tour de l'Ombla étant par conséquent impraticable au commun des mortels – car les miliciens les plus fanfarons, quant à eux, se font un devoir de l'emprunter –, il faut, pour franchir ce bras de mer et rejoindre la route de Split, prendre le bac qui, plusieurs fois par jour, relie le port de Dubrovnik à la petite station balnéaire de Zaton. Ce bac, dont la capacité est limitée, est pratiquement réservé aux véhicules des forces armées croates, les véhicules civils faisant la queue à tout hasard, pour le cas où il resterait en fin de compte une petite place où se caser, entre deux taxis de la Marne acheminant vers le front des jeunes gens d'une arrogante ferveur, et un camion porte-char qui, à lui seul, occupe presque la moitié de l'espace disponible.

Parmi les soldats et les miliciens croates, exception faite des musulmans, le port d'un chapelet en sautoir semble désormais de rigueur. Quelques-uns – ils sont certes peu nombreux, mais leur attitude ne suscite ni la réprobation ni même l'étonnement de leurs camarades – portent épinglé sur leurs treillis l'insigne des oustachis, et deux miliciens qui montent en ligne ont affiché sur leur pare-brise un portrait d'Ante Pavelic, le chef du gouvernement pronazi des années de guerre.

Sur la rive nord de l'Ombla s'étend le faubourg de Mokosica, mi-pavillons, mi-HLM, dont beaucoup d'habitants, d'origine serbe, ont suivi l'armée dans son repli vers le sud. Les autres – les Croates –, chassés de leurs maisons à l'automne dernier, les retrouvent aujourd'hui saccagées, pour la plupart, et dépouillées de tout ce que les militaires ont pu emporter dans leur fuite.

La maison de Darko n'a pas été épargnée, mais elle n'a subi, somme toute, que des dégâts mineurs : tout y est sens dessus dessous, mais les murs et le toit sont intacts, et si les Serbes ont fauché la chaîne hi-fi, ils ont dédaigné la télé couleur. Darko, la cinquantaine musclée, originaire de Dalmatie, a passé la moitié de sa vie en Australie avant de revenir à Dubrovnik, où il exerçait jusqu'à l'an dernier le métier de chauffeur de taxi. Les circonstances en ont fait un guerrier d'allure redoutable, dont le taxi orange, converti en transport de troupes et de munitions, porte tous les stigmates d'un véhicule de l'avant.

Sur le littoral, quelque part entre Mokosica et Zaton, Darko, qui semble connaître comme sa poche le dispositif des forces armées croates, s'arrête à proximité d'une position d'artillerie extrêmement bien camouflée, afin d'échanger six balles de son 357 Magnum et trois bouteilles de vin rouge contre deux douilles vides d'obus de 155.

Lorsqu'on demande aux militaires croates d'où sort tout ce matériel lourd, dont ils étaient si tragiquement dépourvus l'an dernier, et qui eût peut-être changé le cours de la bataille de Vukovar, ils affirment sans conviction, contre toute vraisemblance, qu'il provient de dépôts abandonnés par l'armée yougoslave.

La route d'Osojnik, qui grimpe en lacets depuis la rive nord de l'Ombla jusqu'aux confins montagneux du territoire croate et de l'Herzégovine, reçoit chaque jour une dose variable, mais généralement élevée, de projectiles serbes. Un autre inconvénient de cette route, d'ailleurs très peu fréquentée, c'est que les véhicules, blindés ou non, de la fameuse « Brigade des tigres » de Zagreb la parcourent dans les deux sens avec une telle impétuosité que, nous confie Darko sur le ton de l'admiration la plus sincère : « Ils ont déjà écrasé au moins cinq véhicules venant en sens inverse. »

Situé en altitude, à un jet de pierre de la frontière de l'Herzégovine, entouré de collines calcaires où partout affleure la roche nue, le village d'Osojnik a été occupé dès l'automne dernier par les troupes serbo-monténégrines. Le village comptait alors une centaine de feux et un peu plus de trois cents habitants, tous Croates, paraît-il, et qui, avant de se retirer vers la mer et Dubrovnik, auraient opposé à leurs assaillants une résistance farouche.

À quelques dizaines d'années près, un demi-siècle tout au plus, le village d'Osojnik pourrait se trouver dans le midi de la France, dans le Gard, par exemple, ou en Ardèche. En cette saison, les figuiers y répandent la même odeur de confiture, entre les mêmes murets de pierre sèche enserrant des chemins étroits où l'on est à l'abri de la chaleur. Quant à l'aire à blé, au pressoir à huile et aux six ou huit baudets, livrés à eux-mêmes, qui ont survécu à toutes les vicissitudes des derniers mois, ils évoquent les Cévennes de Stevenson et de son ânesse Modestine.

À l'entrée d'Osojnik – de nouveau bombardé dans la matinée, mais sur lequel règne en ce début d'après-midi un silence pesant –, sur le mur d'une grange qu'ils avaient transformée en « night-club » et barbouillé de slogans divers, les occupants ont également peint avec beaucoup de soin, en grands caractères blancs sur fond bleu, les mots « Sloboda » et « Mir », Liberté et Paix. Mais en se retirant, le 26 mai, de ce village auquel ils n'avaient apporté ni l'une ni l'autre, les Serbes l'ont méthodiquement dévasté, cassant et incendiant tout ce qu'ils ne pouvaient emporter. Aucune maison n'a été épargnée, et moins encore l'église, dont la nef, à ciel ouvert désormais, est encombrée d'un fouillis de tuiles brisées et de poutres noircies. Enfin, dans un suprême effort d'anéantissement, ils se sont attaqués au cimetière, brisant les pierres tombales, éventrant les cercueils, mettant à nu de macabres reliefs qu'ils auraient dépouillés, par surcroît, de leurs ornements funéraires.

Les troupes croates qui ont pris position dans le village, après le départ des Serbes, ont installé leur cantonnement – un cantonnement impeccable, qui ferait le bonheur d'un adjudant de carrière – à proximité de l'église. Ces troupes sont composées de volontaires locaux et de soldats originaires de Zagreb, déjà plus aguerris, puisqu'ils appartiendraient à l'une des plus anciennes unités, formée en juin dernier, de l'armée croate.

Bons citoyens et petites frappes s'y côtoient dans ce mélange déconcertant de Sambre et Meuse et de chienlit beyrouthine qui caractérise probablement toute armée formée de volontaires et levée dans l'urgence. Si la section dite des « Barbares », qui se déplace dans un camion orné à l'avant d'une hure de sanglier, relève peut-être de la seconde catégorie, l'équipage du char « Bon Garçon », comme son nom l'indique, appartient certainement à la première.

Ni Hassan, le commandant du char, ni Pavo, le conducteur, ni Pepo, le canonnier, n'avaient jamais éprouvé, avant l'automne dernier, la moindre vocation pour le métier des armes. Titulaire d'un diplôme d'ingénieur mécanicien, Pavo tenait à Dubrovnik un magasin hors taxe. Son père, originaire d'une région occupée par les Serbes, installé avec d'autres réfugiés dans les locaux de l'hôtel Lero, a été tué, le 6 décembre, lors du plus violent bombardement que la ville ait subi.

Quant au char « Bon Garçon », c'est en lui-même une véritable légende : il s'agit en effet d'un T-34, c'est-à-dire d'un char du même modèle que ceux qui affrontèrent les panzers allemands lors de la bataille de Stalingrad. Qu'une telle antiquité, conduite par un gérant de supermarché, ait pu se traîner jusque sur les hauteurs d'Osojnik – et il y en a au moins deux autres en position parmi les ruines du village – constitue déjà une sorte de miracle, digne de faire l'objet, plus tard, d'un poème épique.

Le Figaro, 26 juin 1992

Les collines de Bosnie sous la loi de Belgrade

Tous les matins, à 6 heures, un autocar quitte la gare de Belgrade à destination de Pale, capitale de la Romanija, l'une de ces « régions autonomes » dont l'ambition déclarée est de se réunir pour former la « république serbe de Bosnie-Herzégovine ». Pale a, d'autre part, le privilège d'abriter le gouvernement provisoire de cette république autoproclamée, et d'être située à une quinzaine de kilomètres de Sarajevo. L'autocar qui assure la liaison quotidienne entre Belgrade et Pale est d'ailleurs immatriculé à Sarajevo, et il appartient à une société de transport dont le siège se trouvait autrefois dans cette ville.

Contrairement à toute attente, cet autocar matinal est littéralement pris d'assaut par une foule de postulants remarquablement indisciplinés, dont les plus malchanceux, ou les moins pugnaces, resteront debout pendant les huit heures que dure habituellement le voyage, dont la trajectoire peut varier en fonction des combats qui agitent encore par intermittence les régions traversées. Mais, invariablement, il ne se passe pas deux heures sans qu'un enfant se mette à vomir sur les genoux d'un des privilégiés qui ont réussi à conquérir de haute lutte une place assise. Et, non moins invariablement, l'autocar franchit la frontière entre la Serbie et la Bosnie-Herzégovine par un pont sur la Drina, dans les parages de Zvornik, dont les alentours portent les traces, sinon de violents combats, du moins des violentes évictions qui suivirent l'occupation par les Serbes de cette région à majorité musulmane.

Petite station climatique promue capitale provisoire d'un gouvernement séditieux, Pale, qui comptait une quinzaine de milliers d'habitants avant la guerre, a vu sa population doubler avec l'afflux de réfugiés serbes en provenance de Sarajevo. Au demeurant, et bien qu'elle soit privée d'électricité depuis quelques jours, Pale n'a pas eu beaucoup à souffrir de la guerre, toute proche, mais dont les échos ont du mal à franchir l'écran des vertes collines, couvertes de forêts et de pâturages, qui l'entourent. De telle sorte que l'on y entend plus souvent le tintement des cloches à vache que le son du canon. Un peu en dehors de la ville, dans un petit hôtel devant lequel stationne un char enjuponné de filets de camouflage, l'agence de presse Srna prodigue aux journalistes de passage des analyses qui reflètent assez fidèlement le point de vue du gouvernement de Pale.

Ainsi, ces jours-ci, Brano Ilitch, le directeur adjoint de l'agence Srna, insiste-t-il sur les efforts déployés par les Serbes pour complaire aux Nations unies et permettre l'acheminement de l'aide humanitaire internationale *via* l'aéroport de Sarajevo. Il semble que les Serbes, déjà surpris par l'embargo qui les frappe, aient été assez effrayés par la perspective d'une intervention américaine pour envisager la visite de notre président comme une ultime occasion d'assouplir leur position sans perdre la face. Ilitch souligne également qu'au moins en ce qui concerne la Bosnie-Herzégovine, les vues des Serbes et des Croates se sont désormais rapprochées, les seconds, sans beaucoup plus d'égards que les premiers pour les autorités légales de ce pays, accentuant chaque jour leur emprise, militaire et politique, sur les régions où ils sont majoritaires.

Quant aux Musulmans, après avoir affirmé que les Serbes n'avaient aucunement l'intention de les évincer par la force – à l'exception, bien sûr, des « terroristes » –, Ilitch concède qu'il a bien fallu en chasser quelques-uns, ici et là, et qu'il faudra de nouveau recourir à cette méthode, ne serait-ce que pour « faire de la place aux réfugiés serbes ». Enfin, en ce qui concerne Sarajevo, le point de vue des curistes de Pale demeure inchangé : seul le regroupement séparé des différentes communautés et, si possible, l'érection d'un mur pour matérialiser cette séparation, seraient susceptibles d'assurer la sécurité des Serbes et, accessoirement, celle des autres. Ainsi se précise la perspective d'une Bosnie-Herzégovine où la communauté la plus nombreuse – les Musulmans – serait réduite au statut de minorité ethnique par les Serbes et les Croates agissant d'un commun accord.

Bien qu'à vol d'oiseau Pale ne soit guère éloignée de Sarajevo que d'une quinzaine de kilomètres, il faut aujourd'hui en parcourir une cinquantaine, sur une mauvaise piste, pour réunir ces deux villes. Aux deux tiers environ de cette distance, la piste franchit un col d'où l'on découvre en contrebas l'aéroport de Sarajevo et les HLM du quartier mitoyen de Dobrinja, théâtre des plus violents affrontements de ces dernières semaines. Plantée en bordure de la piste à hauteur de ce col, comme si d'anachroniques considérations touristiques avaient guidé le choix des autorités militaires, une cantine roulante débite à l'intention des soldats des boissons fraîches, des savonnettes, des mouchoirs jetables et autres commodités.

Originaire de Sarajevo, le cantinier affirme ne porter l'uniforme que depuis un mois et demi, après avoir été chassé de son quartier – le quartier de Pofalici – par la vindicte des miliciens musulmans. Avec le sens de la mesure qui caractérise tous les protagonistes de ce conflit, le cantinier ajoute que quarante vieilles dames, ni plus ni moins, auraient été massacrées, la même nuit, dans le quartier de Pofalici.

Des vieilles dames, on peut en voir de bien vivantes s'affairer dans le quartier de Grbavitsa, l'un des bastions serbes de Sarajevo, en face du quartier du Parlement et de l'Holiday Inn. Comme si de rien n'était, elles profitent de l'accalmie consécutive à la neutralisation de l'aéroport pour faire leurs courses dans ce qui reste d'un supermarché simplifié par les combats. Le choix est limité, la quantité aussi, mais les liens que les quartiers serbes de Sarajevo ont toujours maintenus avec leur arrière-pays leur ont épargné la pénurie dramatique dont souffre le reste de la ville.

En face de ce supermarché à ciel ouvert, à côté des restes calcinés d'un poste de police, des civils en armes posent plus qu'ils ne veillent autour d'un tank en stationnement. Un autre tank passe et repasse sans cesse dans la rue pleine de décombres, apparemment sans autre dessein que celui de faire énormément de bruit et de fumée. Lorsque le temps se calme, on entend quelques tirs d'armes automatiques, et ces crissements de pneus si caractéristiques des villes livrées au bon plaisir des miliciens.

Le Figaro, *4 et 5 juillet 1992*

Pour les paysans du Danube, la vie n'est pas un long fleuve tranquille

Dominée par deux usines dont les cheminées vomissent nuit et jour d'abondantes fumées, la ville roumaine de Tulcea, au sommet du triangle formé par le delta du Danube, s'est développée sur la rive droite du fleuve, abandonnant la rive gauche à un aimable désordre de jardinets, de pylônes, d'épaves et de bicoques. Ainsi n'y a-t-il que le Danube à franchir – ou, plus précisément, la moitié du Danube, puisqu'en amont de Tulcea le fleuve s'est déjà divisé en deux branches – pour se rendre de la ville à la campagne. Et, depuis la terrasse de l'hôtel Delta, au centre de Tulcea, M. Giurgiveanu peut apercevoir son potager situé sur l'autre rive, et au milieu de ce potager, dressé sur ses béquilles, le cotre de 9 mètres avec lequel il se dispose à visiter le Bosphore et les îles de la mer Égée.

Depuis qu'il est à la retraite, Alexandru Giurgiveanu consacre chaque jour plusieurs heures à veiller sur la croissance de ses légumes. Auparavant, il a travaillé une vingtaine d'années en qualité d'ingénieur agronome, puis de directeur scientifique, auprès de l'Institut de recherches du delta. Il a découvert ce dernier au début des années soixante, à l'époque où les loups étaient encore relativement nombreux à le fréquenter, au moins dans le quart nord-est, le long du bras de Chilia qui marque la frontière avec l'ex-Union soviétique. La disparition récente du loup serait imputable à l'exploitation industrielle du roseau, dont les usines de cellulose et de pâte à papier de Braïla, en amont de Tulcea, sur le cours inférieur du Danube, firent dans les années soixante une consommation d'autant plus effrénée que les Soviétiques, après la guerre, avaient dévasté les forêts roumaines pour alimenter leurs propres industries. Ainsi les Soviétiques, d'après M. Giurgiveanu, seraient-ils indirectement responsables non seulement de la mort du loup, mais de l'assèchement d'immenses superficies du delta afin de les rendre accessibles aux engins coupeurs de roseaux. Cette première atteinte sérieuse à l'intégrité du delta devait en entraîner beaucoup d'autres – qu'il s'agisse du développement inconsidéré, et d'ailleurs souvent infructueux, des cultures céréalières, de la pisciculture ou de l'élevage –, qui, en un peu moins d'un demi-siècle, en firent ce grand malade, ou ce grand souffreteux, dont le classement parmi les « réserves mondiales de la biosphère », en 1990, intervient peut-être trop tard pour le sauver. D'autant que, d'après M. Giurgiveanu, depuis la construction du barrage des Portes de Fer, sur la frontière yougoslave, le Danube souffre d'un déficit d'alluvions qui se traduit par le grignotage du delta, où la mer regagnerait petit à petit une partie du terrain perdu.

Le 2 septembre 1991, à 9 heures du matin, Mme Panaghia Gregore eut la surprise de voir un cargo russe de grande taille, le *Rostok*, venir s'échouer devant sa porte. D'autres auraient peut-être pris la chose du bon côté. Un cargo russe qui s'échoue, en cette saison, quoi de plus naturel ? De l'aveu même de Mme Panaghia, parmi les cinq cent soixante habitants du village de Partizan – situé sur le bras de Sulina, à quelques dizaines de kilomètres de Tulcea par une mauvaise piste, et à un peu moins d'une heure de la même ville par le bateau à moteur qui livre la bière et d'autres produits de première nécessité –, beaucoup se sont copieusement servis, à bord de l'épave du *Rostok*, de mobilier ou de vivres. Mais Mme Panaghia affirme n'avoir pris aucune part à ce pillage, par égards pour son fils qui se trouvait à l'époque sous les drapeaux. En revanche, l'eau qui s'engouffrait entre la poupe du *Rostok* et la berge a entraîné l'effondrement de cette dernière sur quelques dizaines de mètres, et, bien qu'elle ait été remblayée depuis, les maisons les plus proches de l'échouage continuent inexorablement à s'enfoncer dans le sol et à se lézarder.

Mais les habitants de l'autre rive ont été encore plus éprouvés par ce sinistre. L'épave du *Rostok* s'étant couchée sur le fond perpendiculairement à la rive droite, elle barre le chenal emprunté par les navires sur plus de la moitié de sa largeur, si bien que, pour rétablir la circulation nautique, il a fallu élargir le chenal en empiétant sur l'autre rive, ce qui a entraîné la destruction d'une dizaine de maisons et le relogement de leurs habitants dans d'assez piètres bicoques préfabriquées. Et, comme il est d'usage, ici, de soupçonner les Russes des plus noirs desseins, tout le monde croit dur comme fer qu'ils ont sabordé le *Rostok* délibérément, afin de punir les Roumains de leur parti pris dans le conflit qui oppose les Moldaves à la minorité russophone de Transnistrie…

Le bourg de Murighiol marque l'extrémité de l'unique route asphaltée qui, à partir de Tulcea, s'enfonce vers l'intérieur du delta. Murighiol – dont le nom signifie, en turc, « Lac violet » – ayant été rebaptisé Independenta après la guerre, le village figure sur les cartes sous son nom d'origine, et sous son nom d'emprunt sur les rares panneaux de signalisation, ces tergiversations étant assez caractéristiques de la pudeur des Roumains pour tout ce qui concerne leurs relations historiques avec la Turquie. La plupart des habitants de Murighiol sont d'origine ukrainienne, et ils tiennent beaucoup à ne pas être confondus avec les Lipovènes – la seconde communauté, par le nombre, dans le delta –, russes d'origine et adeptes d'une religion considérée comme schismatique par les orthodoxes. Si l'on ajoute à ce qui précède quelques toits de chaume, quelques nids de cigognes, l'œil grand ouvert d'un tournesol au-dessus d'un petit jardin, les trottoirs jonchés de prunes ou d'abricots tombés d'arbres ployant sous le poids de leurs fruits, les chemins poussiéreux et le mépris haineux qu'on réserve aux Tziganes dont les carrioles bâchées remontent parfois la grand-rue au pas lent des chevaux, on se fera une idée assez exacte d'un village danubien en général et de Murighiol en particulier. Jadis, Murighiol était peuplé en majorité de pêcheurs professionnels, mais il n'en reste aujourd'hui que soixante-seize, dont quarante ont atteint ou dépassé l'âge de la retraite, ce qui ne les empêche pas de passer encore des nuits entières sur l'eau, sans autre abri qu'une mauvaise bâche, et sans autre viatique qu'une poignée de légumes, le produit de leur pêche et deux ou trois bouteilles de vodka.

Natif de Murighiol, Nicu est fort comme un Turc, et sans doute encore un peu plus porté sur la boisson que la moyenne des habitants du delta. Bien que son activité principale consiste dans l'élevage des vaches et des cochons, il met un peu de beurre dans ses épinards en organisant pour les touristes des promenades en barque, et, d'autre part, il se définit lui-même, sans complexe, comme un « braconnier fully qualificat ». Au demeurant, Nicu n'est pas hostile au classement du delta comme « réserve de la biosphère », dans la mesure où ces dispositions permettraient de lutter contre la pollution du fleuve, dont il impute toute la responsabilité aux Bulgares. Nicu se plaint aussi des pêcheurs qui capturent des poissons en dessous de la taille minimale, alors que la pollution bulgare, d'après lui, a déjà tendance à les empêcher de grandir. En revanche, bien que le règlement de la réserve l'interdise, il ne se gêne pas pour naviguer au moteur sur les étangs d'Uzlina et d'Isakov, ni pour promener des touristes dépourvus du permis de circuler qu'ils auraient dû solliciter auparavant auprès de l'administration de la réserve.

Le père de Nicu, qui pêche sur l'étang d'Uzlina – si méthodiquement quadrillé de filets qu'on se demande comment quelques poissons arrivent à passer au travers, sans parler des oiseaux plongeurs, comme les grèbes –, habite par intermittence une petite maison dans le hameau à l'abandon d'Uzlina, globalement détruit par une crue en 1971, mais dont quelques maisons ont été repeuplées par des ermites qui s'adonnent à l'élevage, à la pêche, au braconnage ou à l'ensemble de ces activités. En face d'Uzlina, Ceauşescu possédait un pavillon de chasse où « il choisissait lui-même, dans un aquarium, le poisson qu'il allait manger le soir », insiste Nicu, comme si cette innocente habitude pouvait contribuer notablement à la réputation satanique du dictateur roumain.

Nicu et son père sont aussi hostiles l'un que l'autre à toute réglementation qui limiterait leur droit de se servir dans la nature de tout ce dont ils estiment avoir besoin. Ainsi Nicu capture-t-il des rats musqués avec des pièges à mâchoire dont lui-même admet qu'ils ne font pas le détail et attrapent aussi bien des loutres, par exemple, qui sont de plus en plus rares et strictement protégées. Enfin, si l'on insiste, Nicu est prêt à renoncer pour deux ans, au maximum, à poser des pièges à mâchoire, afin de laisser aux loutres le temps de souffler un peu. « Mais notez bien, observe le père, que dans le temps, nous ne détruisions que des animaux nuisibles comme les renards, les loups, les cormorans… » « Non, pas les cormorans, corrige Nicu. Les cormorans sont protégés. » Cette nouvelle paraît surprendre et chagriner le père. « Les cormorans sont peut-être protégés, mais ils mangent tout le poisson. » « Et les pélicans ? enchaîne-t-il, vous savez combien ça mange, un pélican ? 15 kg de poisson par jour. » Puis, avec la même emphase, et parce qu'en Roumanie, comme ailleurs, il faut bien que tout ce qui est nuisible vienne peu ou prou de l'étranger, le père ajoute que les pélicans ukrainiens, chassés sans pitié dans leur propre pays, se réfugient par milliers dans la partie roumaine du delta. Et chacun sait qu'il n'y a rien d'aussi vorace qu'un pélican ukrainien, ni d'aussi obstiné qu'un paysan du Danube.

Le Figaro, *5 août 1992*

TRNO POLJE, OMARSKA, MANJACA : TROIS CAMPS SOUS HAUTE GARDE

Située à une cinquantaine de kilomètres à l'ouest de Banja Luka, la ville de Prijedor occupe une position clé dans le dispositif carcéral de la « République serbe de Bosnie-Herzégovine ».

Deux des trois camps de prisonniers désormais accessibles à la presse et aux organisations internationales sont situés à la périphérie ou à proximité de Prijedor. Il est donc tout à fait conforme à la logique que le chef de la police de cette localité se charge d'accueillir et de chapitrer les journalistes préalablement à la visite guidée des camps de Trno Polje et Omarska.

En préambule, le chef de la police insiste sur l'existence de « camps de concentration » chez les Croates et les Musulmans – terme que les Serbes récusent évidemment en ce qui concerne leurs propres installations. Les autorités de la « République serbe de Bosnie-Herzégovine » ont dressé une liste d'un peu plus de vingt-cinq camps de toutes dimensions – depuis le stade olympique jusqu'au simple bistrot – où des Serbes seraient détenus, tant en Croatie que dans les parties de la Bosnie-Herzégovine contrôlées par les autorités de Sarajevo.

En ce qui concerne les camps serbes de sa juridiction, le chef de la police de Prijedor affirme que le premier, celui de Keraterm – établi dans une usine de céramique à la périphérie de la ville, et aujourd'hui fermé –, n'a été mis en service que le 23 mai, afin de faire face à l'insurrection de villages musulmans situés pour la plupart le long de la route de Prijedor à Banja Luka. D'après le chef de la police, les insurgés musulmans de ces villages auraient érigé des barricades en travers de la route, et y auraient installé leurs femmes et leurs enfants. Par souci de protéger ces derniers, les autorités se seraient trouvées bien malgré elles dans l'obligation de les rafler en masse, et de les placer en lieu sûr avant de lancer la police et l'armée à l'assaut des barricades.

Aujourd'hui, le plus important de ces villages musulmans, Kozarac, présente le spectacle de centaines de maisons méthodiquement incendiées – à l'exception de quelques-unes qui portent l'inscription « maison serbe » – et parmi lesquelles les autorités nous interdisent de nous arrêter sous prétexte que « notre sécurité n'y serait pas assurée ». Ce prétexte est d'ailleurs continuellement invoqué pour empêcher les journalistes d'échapper, même quelques instants, à la surveillance de leurs guides officiels, qu'il s'agisse de visiter les ruines de villages détruits ou de découvrir l'origine et la destination de quelques centaines de femmes et d'enfants entassés dans une quinzaine d'autocars et de camions bâchés, immobilisés sur le bord de la route entre Prijedor et Banja Luka.

Sans doute le camp de Trno Polje est-il l'un de ces lieux où les femmes et les enfants de Kozarac furent placés à la fin du mois de mai « sous la protection » des autorités serbes. Aujourd'hui, la population de ce camp – apparemment, entre quinze cents et deux mille personnes – est constituée presque exclusivement d'hommes séparés de leurs familles, que les autorités s'obstinent à présenter comme des réfugiés musulmans ou croates, en dépit des mitrailleuses placées bien en évidence à la périphérie de ce dispositif. Ces « réfugiés » sont entassés dans une grande bâtisse et à l'extérieur de celle-ci sous des tentes de fortune fabriquées avec des couvertures.

Les conditions d'hygiène sont déplorables; il flotte sur le camp une tenace odeur d'excréments. Les détenus dont les familles n'ont pas disparu dans la tourmente peuvent apparemment recevoir des visites, mais ils sont placés sous la surveillance constante de militaires et de policiers. En dehors de la présence de ces derniers, Ziad, qui est originaire de Kozarac, affirme qu'il est détenu à Trno Polje depuis environ soixante-dix jours, et qu'une centaine de personnes y sont mortes depuis son arrivée, certaines assassinées par des Serbes du voisinage sans que la police intervienne pour les protéger. Toujours d'après le témoignage de ce détenu, près de quarante mille personnes auraient transité par le camp de Trno Polje, qui, depuis une quinzaine de jours, accueillerait de nombreux « réfugiés » en provenance des camps d'Omarska et de Keraterm.

Le camp d'Omarska est établi dans les installations d'une mine de fer située à une dizaine de kilomètres de Prijedor. Là encore, c'est le chef de la police de cette localité qui préside à la visite guidée et délivre le petit discours introductif. D'après lui, pas plus que celui de Trno Polje, le site d'Omarska ne peut-être considéré comme un camp, puisqu'il s'agit d'un « centre d'investigation des prisonniers de guerre ». Depuis sa mise en service, et toujours d'après les autorités, un peu plus de trois mille « prisonniers de guerre » auraient été soumis aux investigations des quarante-deux policiers et militaires habilités à recueillir leurs aveux.

En fonction des résultats de ces interrogatoires, les prisonniers sont répartis en trois catégories : la première regroupe les plus « coupables », c'est-à-dire ceux qui sont convaincus d'avoir inspiré, financé ou dirigé la « rébellion musulmane ». Dans un premier temps, notre interlocuteur inclut dans cette première catégorie les adhérents du SDA – le parti musulman de Bosnie-Herzégovine –, avant de se reprendre pour n'y inclure finalement que les cadres de ce parti. La deuxième catégorie regroupe les combattants subalternes de la défense territoriale musulmane et tous les possesseurs d'armes. Enfin, la troisième concerne les civils contre lesquels aucune charge n'a été retenue.

Une fois ce tri opéré, poursuit le chef de la police de Prijedor, les prisonniers appartenant aux deux premières catégories sont envoyés au camp de Manjaca, le seul dont les autorités serbes admettent qu'il s'agit effectivement d'un camp de prisonniers. Les détenus appartenant à la troisième catégorie – c'est-à-dire, de l'aveu même des autorités, des innocents – sont dirigés vers le camp de Trno Polje.

Mais pourquoi des innocents, au lieu d'être purement et simplement libérés, sont-ils envoyés à Trno Polje ? « Parce qu'ils n'ont plus de maison », répond sans aucune gêne le chef de la police de Prijedor. D'ailleurs, ne nous a-t-il pas déjà expliqué que le camp de Trno Polje était un camp de réfugiés ?

Lors de notre visite à Omarska, les autorités de ce camp affirmaient n'y détenir désormais que cent soixante-treize prisonniers, dont l'« investigation » avait permis d'établir qu'ils appartenaient tous aux deux premières catégories. À en juger par leur expression hagarde et leurs traits émaciés, certains de ces détenus avaient indéniablement été soumis à des investigations très poussées. Bien que, dans les conditions d'étroite surveillance qui présidaient à cette visite, il fût impossible de s'entretenir avec eux, quelques-uns réussirent à nous glisser qu'ils n'étaient pas des combattants, et qu'ils ne savaient pas pourquoi ils étaient détenus – certains depuis plus de trois semaines – à Omarska.

Situé dans la montagne à une quarantaine de kilomètres de Banja Luka, le camp de Manjaca, que les autorités serbes désignent comme un camp de prisonniers de guerre, occupe les locaux de ce qui dut être une sorte de ferme modèle. Les prisonniers sont détenus dans les anciennes étables. L'infirmerie du camp est également installée dans une étable, et les malades et les blessés y sont allongés sur des couvertures sales que seule une mince couche de paille isole du sol cimenté.

L'un des blessés de cette infirmerie est un Croate âgé de trente-huit ans, Dovor, qui a passé presque toute sa vie au Canada, et qui, semble-t-il, s'est retrouvé dans l'armée croate alors qu'il était retourné à Zagreb dans l'intention de travailler pour le ministère de l'Information. Blessé aux deux jambes, Dovor a d'autre part été amputé de son oreille droite. Quand on lui demande dans quelles circonstances est survenue cette amputation, il se contente de répondre : « Quinze à vingt minutes après que j'ai été fait prisonnier. »

La plupart des prisonniers du camp de Manjaca sont extrêmement maigres, certains semblent brisés, prostrés, et, durant la visite guidée organisée pour la presse, on croise souvent les mêmes regards vides qu'à Omarska.

Comme à Omarska, les détenus qui parviennent à communiquer avec les visiteurs en dehors de la surveillance de leurs gardiens affirment généralement n'avoir pris aucune part à des combats et provenir de villages musulmans détruits par les troupes serbes.

D'après les autorités du camp, entre trois et quatre mille prisonniers seraient aujourd'hui détenus à Manjaca. Le nouveau directeur du camp est un certain M. Popovitch. Auparavant, M. Popovitch dirigeait une maison de la culture à Banja Luka, et cette promotion lui paraît non seulement fort heureuse pour lui-même, mais également très propice à l'amélioration de la condition des détenus puisque, comme il le souligne avec bonhomie, « un directeur de maison de la culture se doit d'être un humaniste ».

Le Figaro, *17 août 1992*

Bosnie : la « purification ethnique » en marche

Les autorités de Celinac – une bourgade située à une quinzaine de kilomètres au sud-est de Banja Luka – se sont attirées une certaine notoriété en instaurant, le 23 juillet dernier, un « statut de la population non serbe » qui évoque les dispositions prises par le régime de Vichy à l'encontre des Juifs. Ainsi l'article 5 de ce règlement communal stipule, entre autres, qu'il est interdit aux « non-Serbes » de circuler dans les rues entre 18 heures et 8 heures, de se déplacer sans autorisation, de conduire des voitures, de se rassembler par groupes de plus de trois personnes, d'utiliser le téléphone – à l'exception de celui de la poste – ou de se baigner dans la rivière. L'article 6 du même règlement instaure pour les « non-Serbes » l'« obligation de travail », qui consiste à vaquer plusieurs heures par jour, pendant des périodes déterminées, à des travaux non rémunérés tels que le nettoyage des rues ou le ramassage du foin. Mais ces mesures discriminatoires étaient encore insuffisantes pour se débarrasser une fois pour toutes de la population musulmane – environ 8 % des habitants de la commune – dans le cadre de cette politique de « purification ethnique » qui, de toute évidence, demeure l'un des objectifs prioritaires des autorités de la « république serbe de Bosnie ». Aussi, la semaine dernière, des mesures plus radicales ont-elles été mises en œuvre contre la population « non serbe » de cette commune.

Celinac fait partie des très nombreuses localités de la région de Banja Luka dont les autorités serbes interdisent l'accès aux journalistes – de même qu'aux représentants des organisations internationales – sous prétexte que l'armée ne pourrait y assurer leur sécurité. Officiellement, les forces serbes procéderaient depuis une dizaine de jours, dans la région s'étendant au sud-est de Banja Luka en direction de Kotor Varos, à l'encerclement d'un groupe de trois cents « terroristes fondamentalistes ». Les combats qui se dérouleraient de part et d'autre de la route seraient à l'origine de l'interdiction de l'emprunter notifiée aux journalistes et autres fauteurs de troubles.

Mais les témoignages – recoupés et concordants – recueillis auprès des habitants « non serbes » de Celinac qui ont eu la chance de fuir le village traduisent une réalité sensiblement différente. D'après ces témoignages, la mort récente de sept ou huit soldats serbes originaires de la région de Celinac, lors de combats contre la « défense territoriale » bosniaque dans le massif montagneux de Vlasic – et peut-être le refus opposé par la partie adverse à une demande serbe de restitution des corps –, aurait entraîné des représailles, sans doutes prévues de longue date, contre la minorité musulmane de cette commune.

Au mois de juin, sur le territoire de la même commune, les habitants de deux hameaux musulmans auraient déjà été la cible de telles attaques, et contraints d'abandonner leurs maisons pour chercher refuge à Celinac ou à Banja Luka. À la même époque – plus précisément à l'occasion de l'anniversaire de la bataille de Kosovo, lors de laquelle les Serbes furent autrefois défaits par les Turcs –, une première mosquée aurait été détruite à Celinac.

Dans la nuit du samedi 15 au dimanche 16 août, des éléments de la défense territoriale ou de telle autre bande armée serbe – car, désormais, les bouffonneries de Milan Panic ayant fait école, les autorités serbes de Bosnie-Herzégovine attribuent volontiers les exactions commises sur leur territoire à des « éléments incontrôlés » dont elles semblent cependant peu pressées de reprendre le contrôle – auraient envahi le quartier musulman de Celinac, incendiant des dizaines de maisons, assassinant une personne et en blessant plusieurs autres.

Le lendemain, d'autres maisons auraient été incendiées et la seconde mosquée de Celinac détruite. Puis les Musulmans auraient été invités à se rassembler devant la municipalité où des autocars les attendaient pour les conduire en lieu sûr, pour peu qu'auparavant ils aient signé l'habituelle déclaration par laquelle les « non-Serbes » s'engagent à renoncer – librement, bien entendu – à tous leurs biens. Mais, une fois rassemblés, les Musulmans de Celinac – environ mille trois cents personnes –, au lieu d'être évacués par des autocars, auraient été parqués devant la municipalité dans une sorte d'enclos à ciel ouvert et soumis à des vexations et à des brutalités diverses. Un peu plus tard, tous auraient été regroupés dans les locaux de l'école Milos Dujic, où environ six cent cinquante d'entre eux étaient encore retenus à la fin de la semaine dernière.

Il semble que, dans le courant de la semaine, plusieurs centaines de ces déportés – ou de ces « réfugiés », comme disent les autorités serbes – aient réussi à s'échapper et à trouver refuge dans des localités avoisinantes. Certains auraient monnayé en devises fortes le prix de leur provisoire liberté ; d'autres auraient été échangés contre les corps de soldats serbes tués dans la région par les forces bosniaques.

Enfin, un nombre indéterminé de ces déportés aurait été acheminé dans le massif de Vlasic et relâché à pied, à travers la ligne de front, en direction des positions ennemies, c'est-à-dire bosniaques ou croates.

Cette méthode serait employée de plus en plus fréquemment et de plus en plus massivement, comme en témoignait la semaine dernière l'arrivée quotidienne de plusieurs centaines de réfugiés, à pied, dans la région de Travnik, toujours contrôlée par les forces bosniaques. L'autre partie en userait d'ailleurs de la même façon avec les Serbes dont elle souhaite se débarrasser.

Le vendredi 21 août, en compagnie d'un photographe de l'agence Sygma, nous avons pu nous rendre brièvement à Celinac en déjouant la surveillance des autorités de Banja Luka, après avoir épuisé tous les recours légaux auprès de l'armée ou de la police et nous être partout heurtés aux mêmes arguments spécieux concernant notre sécurité. Or, manifestement, aucun combat ne se déroule actuellement sur la route entre Banja Luka et Celinac, pas plus qu'à l'intérieur de cette localité. En revanche, l'entrée de celle-ci est gardée par un point de contrôle dont le personnel est particulièrement nombreux et vigilant. En ville, nous avons pu observer plusieurs maisons incendiées, ainsi qu'une mosquée détruite, en contrebas de la route principale, sur la berge de la rivière Vrbanja.

Dans le centre, où les Serbes vaquent comme si de rien n'était à leurs occupations – qui, pour l'essentiel, consistent ce jour-là à faire la queue pendant plusieurs heures pour se procurer de l'essence –, on remarque une densité considérable d'hommes armés, certains en civil, la plupart porteurs d'uniforme de la milice ou de ce qui paraît être la défense territoriale serbe. Après environ quarante minutes de cette escapade, nous avons été rattrapés, interrogés et remis *manu militari* sur la route de Banja Luka par un groupe de six ou huit individus se déplaçant dans une camionnette civile, vêtus de treillis de camouflage et puissamment équipés d'armes diverses, parmi lesquelles une énorme matraque électrifiée dont l'usage, tout du moins en plein jour et sur la voie publique, est assez inhabituel, même dans un pays aussi policé que la république serbe de Bosnie.

Pendant que des forces serbes « non identifiées » – puisque les autorités, contre toute vraisemblance, nient la responsabilité de ces exactions – procédaient au nettoyage de Celinac et d'autres localités situées à proximité de Banja Luka en direction de Kotor Varos, la purification ethnique allait également bon train dans la région de Sanski Most. D'après des informations puisées aux meilleures sources, environ quinze mille Musulmans de cette région auraient été sommés de déguerpir la semaine dernière, et mille à deux mille d'entre eux auraient déjà été embarqués dans des autocars vers une destination inconnue qui pourrait être le massif montagneux de Vlasic et la ligne de front.

La déportation d'un millier d'autres, vendredi dernier, aurait été différée in extremis. Au sud de Sanski Most, dans la région de Kljuc, de nombreuses localités auraient déjà été sévèrement « purifiées » ; beaucoup de magasins, de maisons et de lieux de culte musulmans auraient été détruits, certains habitants « non serbes » ayant toutefois été autorisés à revenir, sans doute provisoirement, dans leurs villages mutilés, après avoir séjourné plus ou moins longtemps dans des camps d'internement ou des centres d'interrogatoire.

À Bosanska Gradica – au bord de la rivière Sava, qui marquait la frontière avec la Croatie avant que les forces serbes ne « libèrent » une partie du territoire située sur la rive nord de cette rivière –, c'est un bombardement d'artillerie croate sur des positions serbes qui aurait entraîné « en représailles », le 13 août, un pogrom dans le quartier « non serbe » de cette ville, où vivaient avant la guerre un peu plus de 25 % de Musulmans et 5 à 6 % de Croates.

Il semble que le pogrom ait visé plus particulièrement le quartier situé en face du stade, sur le côté gauche de la route reliant Banja Luka à Bosanska Gradica. On y remarque notamment les ruines calcinées de deux édifices : un petit immeuble de plusieurs étages qui abritait un café dont le propriétaire avait depuis longtemps trouvé refuge en Croatie, et une maison sans étage où quatre habitants du quartier auraient été assassinés lors de ce pogrom du 13 août.

Une semaine après, les rares habitants qui se hasardent sur le pas de leur porte semblent littéralement terrorisés, frappés de stupeur, au point que le propriétaire du pavillon situé juste en face du lieu de ce quadruple meurtre, avant de se réfugier précipitamment à l'intérieur de sa maison, affirme n'avoir rien vu, rien entendu, et tout ignorer de ce qui s'est passé ce jour-là, le 13 août 1992, à Bosanska Gradica.

Le Figaro, *24 août 1992*

Bosnie : les Musulmans prisonniers dans leurs villages

Indéniablement, le major Milutinovic est un homme sympathique avec qui, en d'autres circonstances, on aurait plaisir à parler de la pluie et du beau temps. Mais le major Milutinovic, pour son malheur, a reçu des autorités de Banja Luka – capitale à demi de la « république serbe de Bosnie » – la redoutable mission de s'occuper des journalistes étrangers, c'est-à-dire de veiller à ce qu'ils s'écartent le moins possible des sentiers battus. La visite des camps de prisonniers est un exercice que les autorités maîtrisent d'autant mieux que, désormais, officiellement tout du moins, il n'y en a plus que deux en activité : Trno Polje et Manjaca.

Chaque jour, le rituel de ces visites reçoit quelques nouvelles améliorations, et bientôt, avec un peu de chance, on y verra des prisonniers triés sur le volet s'adonner joyeusement à la poterie, à la vannerie ou à d'autres petits ouvrages d'artisanat. Mais que faire des journalistes qui ont déjà vu les camps et qui n'en redemandent pas ? Presque tous les itinéraires leur sont interdits, et même lorsque le major Milutinovic, n'écoutant que son bon cœur, leur tamponne une petite autorisation de folâtrer un peu en marge des visites guidées, il arrive assez souvent qu'elle soit tenue pour lettre morte par les militaires ou les policiers en charge de la zone concernée.

C'est dans un de ces jours de bonté que le major nous a délivré une autorisation de nous rendre sans escorte, entre nous, à Orahova. Situé à une vingtaine de kilomètres à l'ouest de Bosanska Gradiska, Orahova nous avait été présenté par le major comme « le village des Musulmans heureux », en somme une perle rare dans cette « république serbe de Bosnie » en proie à la folie de la « purification ethnique ». Sans doute la mosquée d'Orahova, sur le côté droit de la route, présente-t-elle des centaines d'impacts de balles, mais enfin peut-être ne s'agit-il que d'une bavure ? D'ailleurs, à l'entrée de la rue principale, juste en face de cette mosquée malencontreusement criblée de balles, un immense drapeau serbe pend bel et bien, mollement, dans l'air brûlant, sur toute la hauteur d'une façade couronnée d'un nid de cigognes.

Quant à la rue elle-même, maculée de bouse de vache et de prunes écrasées, elle est étrangement vide et silencieuse. Mais que l'on parvienne à se faire reconnaître d'un seul habitant de ce village, et il en arrive aussitôt quinze ou vingt pour prendre part à une sorte de conférence de presse improvisée dans une cour de ferme, autour d'une bouteille de cet alcool de prune dont la consommation, ou l'abus, constitue désormais l'unique point commun à toutes les nationalités de l'ex-Yougoslavie.

Ainsi, tout va donc pour le mieux à Orahova? « Oui, répondent avec ensemble les porte-parole improvisés de la population. Tout va bien. » Une minute passe. « À part, ajoute l'un des porte-parole, approuvé par les autres, qu'il ne nous est permis de travailler dans les champs qu'entre 7 heures et 9 heures. Il nous est également interdit de sortir du village ou de nous rassembler. » Par voie de conséquence, toute activité agricole est donc suspendue dans le village d'Orahova. Quant aux habitants qui travaillaient en ville, à Bosanska Gradiska pour la plupart, ils ont tous été renvoyés. Le village – qui dispose heureusement d'un certain nombre de pompes et de puits – est privé d'eau courante depuis trois mois.

Lorsque, par hasard, il y a de l'électricité – miracle qui survient en moyenne une heure ou deux tous les quatre ou cinq jours, ce qui, il est vrai, est à peu près la norme sur tout le territoire de la « république serbe » – les habitants d'Orahova qui s'avisent de regarder la télévision croate le font à leurs risques et périls : surpris en flagrant délit, ils seront battus par leurs irascibles protecteurs. Même les secours de la religion leur sont désormais inaccessibles, nul n'osant se rendre à la mosquée, sur laquelle les soldats serbes de retour du front ont pris l'habitude de vider au passage le chargeur de leurs Kalachnikov.

Cette habitude a d'ailleurs contraint les habitants dont les maisons donnaient sur la grand-route à chercher refuge à l'intérieur du village. Quant au drapeau serbe, il n'a été déployé que dans l'espoir de limiter ces débordements. Et c'est ainsi que tout va pour le mieux à Orahova, que près de la moitié de ses habitants auraient déjà fui pour chercher refuge à l'étranger.

Notre visite à Orahova est interrompue très rapidement par la milice, qui nous fait les honneurs de son quartier général, installé depuis peu dans l'ancienne école du village, dont nous ne sortirons, une heure et demie plus tard, que sous escorte. Le directeur de l'école, Fadil Draganovic – un Musulman –, est également le maire du village et désormais, donc, l'hôte de la milice, qui compte douze membres à Orahova, huit Musulmans et quatre Serbes. En présence de la moitié de ces effectifs et, pour faire bonne mesure, de deux officiers de la défense territoriale, en toute liberté par conséquent, le maire se livre pour nous à un exercice oratoire de haute voltige, d'où il ressort que, le 31 juillet, les habitants d'Orahova, réunis en une sorte d'assemblée constituante, ont souverainement fait acte d'allégeance aux autorités serbes de Bosanska Gradiska. Seuls trois « criminels » se sont opposés à la ligne générale et ont dû « traverser la rivière » pour se réfugier en Croatie.

« Si nous avions adopté l'attitude qu'ils préconisaient, poursuit le maire, le village aurait été détruit. » Les militaires présents opinent du bonnet. Et par qui le village aurait-il été détruit ? « Vous le savez aussi bien que moi », répond le maire en haussant les épaules, avant de conclure, diplomate : « Les autorités civiles et militaires de Bosanska Gradiska témoignent d'une compréhension particulière pour notre village. » Et c'est ainsi qu'Orahova s'est provisoirement soustrait à la « purification ethnique » qui fait rage dans toute la région.

On voit par là que l'incendie, le meurtre, l'emprisonnement et la déportation, même s'ils sont employés sur une grande échelle, ne sont pas les seuls instruments dont disposent les Serbes pour se débarrasser de la population musulmane. Même là où la « purification ethnique » n'a pas été menée à son terme tambour battant, l'intimidation, le chantage, les interdictions professionnelles, les entraves systématiques à la liberté de circuler, de se réunir ou de communiquer permettent de réduire peu à peu cette population à une condition si précaire que l'exil lui apparaisse comme la seule issue.

Ainsi, en apparence, les Musulmans de la « capitale », Banja Luka, jouissent-ils encore d'une relative sécurité. Aucun d'entre eux, semble-t-il, n'a été assassiné, au moins dans les limites de la ville. La grande mosquée Ferhadija ne présente que deux ou trois impacts de balles, ce qui, compte tenu de ce que l'on observe partout ailleurs, témoigne d'une remarquable modération. Chaque semaine, elle accueille encore une centaine de fidèles à l'occasion de la prière du vendredi. Et, dans l'ombre de cette mosquée, l'organisation humanitaire Merhamet peut, dans des limites très étroites, vaquer à ses œuvres de charité.

Banja Luka dispose également d'une agence publique et de plusieurs autres privées, spécialisées dans ces échanges « volontaires » d'appartements ou de maisons que les Serbes présentent volontiers comme le plus beau fleuron de leur politique d'apartheid. Mais, outre qu'il est évidemment difficile d'échanger un tas de poutres calcinées contre un appartement confortable à Zagreb, même les Musulmans qui disposent encore de tous leurs biens rencontrent paradoxalement toute sorte de difficultés auprès des autorités pour quitter librement le territoire de la « république serbe de Bosnie ». Et il est vraisemblable que seuls quelques privilégiés, susceptibles de rémunérer au passage un certain nombre d'intermédiaires, parviennent à échanger leur logement dans des conditions acceptables.

D'autant que les possibilités d'échange et de transfert « pacifique » de population sont encore limitées par le refus des organisations internationales, telles le UNHCR ou le CICR, de cautionner cette politique d'exclusion, et par le refus des autorités croates d'accueillir de nouveaux réfugiés de Bosnie-Herzégovine.

Enfin, les Musulmans qui parviennent envers et contre tout à se réfugier en Croatie risquent désormais, en vertu d'un accord liant le gouvernement de Zagreb et celui de Sarajevo, d'être enrôlés de force dans les rangs de la défense territoriale bosniaque.

À la sortie de Banja Luka, le quartier musulman de Gorni Sheher domine la rive droite de la rivière Vrbas. Profitant du beau temps et des loisirs forcés auxquels la plupart d'entre eux sont désormais condamnés – ce que la population appelle ironiquement les « vacances musulmanes » –, les habitants de Gorni Sheher, qui, à la différence de leurs cousins de Celinac, n'ont pas encore été interdits de baignade, sont nombreux, en fin de journée, à barboter dans les eaux de la Vrbas. À la tombée de la nuit, des soldats serbes, de retour du « front » – ou, tout simplement, de quelque expédition punitive contre un village du voisinage –, passent en camion sur la rive opposée et brusquement déchaînent un vacarme d'enfer en vidant en l'air les chargeurs de leur Kalachnikov.

Aujourd'hui, il ne s'agit encore que d'un avertissement, au même titre que ces rafales que tirent de temps à autre, dans la nuit, les gardiens des barrages serbes établis à la périphérie du quartier. Mais les habitants de Gorni Sheher ne doutent pas que leur tour viendra. Et quand bien même les Serbes les laisseraient en paix au cours des semaines et des mois à venir, comment survivront-ils à l'hiver prochain, sans ressources, puisqu'ils ont été chassés de leur travail, sans réserve de nourriture ou de combustible, sans électricité, et sous la menace des mitrailleuses installées sur les hauteurs de la colline qui leur fait face ?

Le Figaro, *26 août 1992*

NINI, LE MATON DEVENU « AGENT ÉCOLOGUE » DU DANUBE

Le camping Pélican est l'une des institutions les plus considérables de Murighiol, et Argus Limited « la première entreprise privée de tourisme dans le delta ». Argus Ltd. a son siège dans un cabanon situé en lisière du camping Pélican, au bord d'un petit bras mort du Danube dont les eaux dormantes produisent infiniment plus de moustiques qu'il n'en faut pour empoisonner l'existence des campeurs. Stefanigu Doru-Sorin, le fondateur et l'unique employé, semble-t-il, de l'agence Argus, possède une carabine soviétique équipée d'une lunette à infrarouge pour la vision nocturne, et il affirme qu'il ne doit son salut qu'à la circonspection qu'inspirent aux braconniers les étonnantes performances de cette arme. À l'en croire, Stefanigu est à peu près le seul usager du delta à jouer le jeu de la « réserve de la biosphère », et à respecter scrupuleusement les règles qu'elle s'efforce de promouvoir.

Les autres « entreprises de tourisme » – un homme, une barque, un moteur – promènent leurs clients dans les secteurs de la réserve interdits au public, les pêcheurs capturent des poissons nouveau-nés, dépassent leurs quotas et vendent l'excédent, c'est-à-dire au moins la moitié de leurs prises, à des trafiquants qui le leur achètent deux fois plus cher que les coopératives agréées, les éleveurs laissent paître leur bétail n'importe où, les agriculteurs répandent des pesticides qui empoisonnent les oiseaux migrateurs – l'automne dernier, Stefanigu a découvert dans un champ de céréales une centaine de grues cendrées foudroyées par un produit particulièrement virulent –, les chasseurs braconnent, la police – ou au moins certains policiers – ferme les yeux, et les « agents écologues » employés par la réserve sont paralysés par la crainte des représailles. L'un d'entre eux s'est d'ailleurs fait tirer dessus en janvier dernier. « À ce train-là, conclut abruptement l'intrépide directeur de l'agence Argus, le delta sera complètement bousillé dans deux ou trois ans. »

Sur l'ensemble du delta, la « réserve de la biosphère » emploie quatre-vingts de ces « agents écologues » qui débutent avec un salaire de 15 000 lei, c'est-à-dire le prix d'une nuit en chambre simple dans un hôtel très modérément confortable de Tulcea. L'« agent écologue » en chef dans le secteur de Murighiol est un tout jeune homme qui répond au surnom de Nini et qui porte, dans l'exercice de ses fonctions, un treillis de camouflage. Nini semble persuadé qu'ainsi vêtu de sa tenue léopard il inspire une grande frayeur aux braconniers et aux contrevenants de tout poil, mais, d'un autre côté, il admet qu'il ne peut rien contre eux s'il ne les surprend pas en flagrant délit, ce qui, bien entendu, relève du miracle. Avec une candeur désarmante, Nini explique d'ailleurs comment les braconniers s'enfuient à son approche, aux cris de : « Attention, Nini arrive ! »

Bien qu'il ait fait des études de mécanique, Nini a débuté dans la vie active comme gardien dans une prison militaire, un métier peu compatible avec l'idée que l'on se fait habituellement de la sensibilité écologique. Mais il affirme, et il n'y a aucune raison de ne pas lui faire confiance sur ce point, qu'il s'acquittait de cette fonction avec mansuétude, par horreur de la brutalité dont son père lui avait donné l'exemple : éleveur de bétail, ce père est, d'après lui, l'homme le plus fort et le plus bagarreur de toute la région. Quant à sa mère, c'est une femme apparemment très douce, qui tient avec un soin méticuleux son intérieur et son petit jardin, et qui se demande comment son fils, plus tard, pourra subvenir aux besoins d'une famille avec son misérable salaire d'« écologue ».

En mission de routine sur le bras de Saint-Georges qui, entre Murighiol et la mer Noire, se tortille sur une soixantaine de kilomètres, Nini houspille quelques campeurs dépourvus des autorisations adéquates et arraisonne pacifiquement deux ou trois barques de pêcheurs professionnels, pour la plupart très âgés et le visage ridé comme une vieille pomme par quelques dizaines d'années d'accoutumance à la réverbération de la lumière sur les eaux. En chemin, Nini fait une visite de courtoisie à deux jumeaux employés par l'administration des Forêts, Ilié et Gheorghie, dont le logement de fonction, entouré d'eau mais évidemment dépourvu d'eau courante et d'électricité, se trouve à 20 km de l'agglomération la plus proche. Dans un recoin du jardin sont entassées des centaines de bouteilles vides. Ilié et Gheorghie, qui tous deux portent des chapeaux pointus, se plaignent surtout de l'absence d'électricité et de l'abondance des moustiques. En 1989, leur père a été tué par la foudre près de la pêcherie du kilomètre 55.

Saint-Georges – en roumain Sfintu Gheorghe – marque l'extrémité du bras le plus méridional du Danube. Inaccessible par la route, Saint-Georges est, par conséquent, dépourvu d'automobile, et le boulanger y fait sa tournée dans une voiture attelée dont la remorque a curieusement la forme approximative d'un cercueil. Les chevaux sont nombreux à Saint-Georges, mais aussi les chiens, les oies qui se déplacent par troupeaux, les cochons qui se vautrent volontiers dans la gadoue des berges, et les vaches qui semblent avoir un goût prononcé pour les longues promenades solitaires. En débarquant à Saint-Georges, qu'un petit paquebot fluvial relie tous les deux jours à Tulcea, la première créature vivante que nous avons rencontrée était un taureau à l'encolure épaisse, installé au milieu du principal carrefour, comme un agent de la circulation. Et la seconde, un être humain au regard torve qui, avec des mines et des intonations de conspirateur, nous proposait 1 kg de « caviar naturel » pour 12 000 lei, c'est-à-dire environ cinq fois moins que le prix officiel. Du moins ce trafic de caviar atteste-t-il la présence de l'esturgeon, et il circule même dans la région une rumeur, évidemment sans fondement, selon laquelle un spécimen géant de cette espèce aurait avalé récemment deux petites filles et deux petits garçons.

Au bout de la levée de terre qui protège Saint-Georges des crues du fleuve et qui, le soir, fait plus ou moins office de boulevard, il y a une petite construction militaire hérissée d'antennes et environnée de camions bâchés. Des pélicans volent en formations serrées au-dessus de l'estuaire. Sur l'autre rive, à l'intérieur de la dernière courbe que décrit le fleuve avant de se jeter dans la mer Noire, l'île de Sacalinul abrite sur ses étangs et dans ses roselières d'innombrables oiseaux. Malheureusement, elle n'est plus séparée de la terre ferme que par un filet d'eau, si bien que les bovins en vadrouille et les chiens errants l'envahissent désormais, menaçant la tranquillité de ce paradis aquatique.

Si loin de tout que se trouve Saint-Georges, le village dispose cependant d'une discothèque extrêmement bruyante, au moins pendant le week-end, de deux ou trois bistrots et d'un poste de police. Le chef de la police de Saint-Georges, Platon Vasile, est en poste depuis 1983. Il est bien embarrassé pour dire ce qui a changé dans le village depuis la « révolution » de 1989. Pour faire comme tout le monde, les habitants de Saint-Georges ont destitué l'ancien maire, contre lequel ils n'avaient, semble-t-il, aucun grief particulier, et en ont élu un nouveau. Les touristes roumains se sont faits moins nombreux. Enfin, vraisemblablement pour des raisons plutôt économiques qu'écologiques, on a abandonné la construction des quelques HLM qui avaient été mis en chantier près du port. Il ne semble pas que la délinquance, à Saint-Georges, soit beaucoup plus active que la vie politique. Depuis le début de l'année, Platon ne se souvient d'être intervenu qu'une fois, pour saisir 40 kg de poissons pêchés en fraude. Sans doute ce fraudeur-là s'était-il donné beaucoup de mal pour attirer l'attention de la police. L'année prochaine, Platon doit être muté à Tulcea, et il se réjouit sans vergogne de quitter ce trou, où il aura passé dix ans de sa vie, pour une ville où sa fille pourra recevoir un enseignement approprié de gymnastique.

Le Figaro, *1er octobre 1992*

La peau de l'ours

La principale différence entre l'homme et l'ours, c'est que le second est rare et silencieux, tandis que le premier est nombreux et bavard. Et plus l'ours se raréfie, plus l'homme se divise et s'éparpille au sujet des moyens de le conserver. Depuis 1984, année de la mise en œuvre à grands sons de trompes du *plan ours*, le nombre de ces derniers n'a cessé de s'amenuiser. Et, du train où vont les choses, on a tout lieu de craindre que le dernier ours des Pyrénées ne disparaisse longtemps avant que l'homme se soit mis d'accord sur les modalités de sa protection.

En 1990, les différents protagonistes de cette interminable controverse – pouvoir public, élus locaux, associations ou scientifiques – étaient sur le point de tomber d'accord, semble-t-il, lorsqu'un revirement de dernière minute vint ruiner soudainement le résultat de plusieurs mois d'efforts. Tout était à recommencer.

Apparemment excédé, le ministre de l'Environnement prit alors la décision d'instituer par arrêté, sur les territoires où vaquent nos derniers ours, entre les vallées d'Aspe, d'Ossau et de Baretous, quelques milliers d'hectares de réserves auxquels son nom fut associé. Ainsi naquirent, au moins sur le papier, les *réserves Lalonde*, dont les élus locaux affirmèrent aussitôt qu'ils ne tiendraient aucun compte. En 1990, l'interdiction de chasser sur le territoire de ces réserves fut en effet copieusement bafouée, et la justice se tint coite.

L'année suivante, pour dix infractions constatées, trois procès-verbaux ont été dressés, et les contrevenants doivent comparaître devant le tribunal de police d'Oloron, le 20 octobre, en pleine saison de chasse, ce qui laisse présager un beau déploiement de treillis, de bottes, d'escopettes et d'écharpes tricolores. Non loin d'Oloron, en vallée d'Aspe, l'ours – qui n'en peut mais – se trouve mêlé à une autre querelle concernant cette fois le percement d'un tunnel en dessous du col du Somport, et l'aménagement, en aval, de la nationale 134. Avec toutes les apparences de la bonne foi, les élus locaux favorables au projet – à défaut duquel, selon eux, la vallée d'Aspe serait condamnée à dépérir – affirment qu'il ne débordera jamais de ses limites actuelles, c'est-à-dire un tunnel à deux voies, et une route également à deux voies, excepté quelques sections à trois voies pour le dépassement.

Avec toutes les apparences d'une égale bonne foi, les adversaires du projet soutiennent que sa logique implique, à plus ou moins long terme, l'élargissement à quatre voies, et la transformation de la vallée d'Aspe en aspirateur à poids lourds. À défaut d'une véritable étude d'impact, un rapport commandé par la DDE des Pyrénées-Atlantiques au Cemagref – un centre de recherche du ministère de l'Agriculture – et publié cet été souligne les risques que la réalisation du projet entraînerait pour la grande faune pyrénéenne. S'agissant des ours – dont le dernier carré, composé tout au plus d'une douzaine d'individus, se trouve en effet déployé de part et d'autre de la nationale 134 en haute vallée d'Aspe –, le rapport du Cemagref affirme que « les risques encourus sont d'abord liés à la fragmentation de la population, puis [...] à la disparition de secteurs favorables et à une mortalité par collision ».

Ainsi l'ours apparaît-il, une fois de plus, comme l'irréconciliable adversaire de l'élu local. En de telles circonstances, déjà montré du doigt comme un obstacle au développement, l'ours aurait dû se tenir à carreau. Or, c'est le moment qu'il choisit pour se livrer en vallée d'Aspe, et dans une moindre mesure en vallée d'Ossau, à des turpitudes si effroyables que les brebis n'osent plus sortir le soir pour aller danser, et que les bergers, si l'on en croit du moins les élus locaux, redescendent quatre à quatre des estives. Depuis deux ans, en effet, un ours dit familier sème la consternation dans les hautes vallées en attaquant des brebis en plein jour et par temps clair, en tuant bien au-delà de ce que nécessite sa consommation personnelle, en farfouillant dans les décharges publiques, ou en renversant par pure malice des bidons de lait. Alors que, pendant une année normale, on enregistre une quarantaine d'attaques d'ours, entraînant la perte de cent à cent vingt brebis, en 1991, ces chiffres se sont élevés à plus de soixante-quinze attaques et près de cent quatre-vingt bêtes tuées, rien ne prouvant d'ailleurs que l'ours familier soit l'unique responsable de cette inflation.

En 1992, l'ours familier remet ça dès le mois de mai, et les attaques se multiplient en dépit des efforts déployés sans compter par le personnel du parc national des Pyrénées Occidentales ou de l'Office national de la chasse pour les prévenir. Même le tir répété de balles en plastique dans les fesses de l'ours s'avère insuffisant pour le détourner durablement des brebis.

Devant la résistance opiniâtre de cet ours à toutes les mesures habituelles d'effarouchement, la décision est prise à la mi-juin de le capturer afin de l'équiper d'un collier émetteur qui devrait permettre de suivre ses déplacements et de prévenir ses attaques. Un technicien de l'ONC, spécialiste de l'ours et formé sur le terrain aux méthodes américaines de piégeage, est chargé de la conduite des opérations. Grosso modo, le piège consiste en un câble métallique amarré à un rocher ou à un arbre et formant une boucle qui se resserre lorsque l'ours y a passé une patte ; le piège est généralement disposé à côté d'un enclos garni de quelques chèvres ou de quelques brebis.

Le 30 juillet, au-dessus du bourg d'Aydius, en vallée d'Aspe, l'ours familier tombe dans le piège à l'américaine où il se débattra près de quatre heures avant de parvenir à ronger le câble métallique et à prendre le large. Comme il fallait s'y attendre, les circonstances de cet échec attisent une nouvelle polémique, alimentée aussi bien par les élus locaux, les chasseurs ou les bergers, que par certains défenseurs brevetés de l'ours des Pyrénées.

Chacun s'étonne en effet de ce qu'il ait fallu plusieurs heures pour que le vétérinaire et le tireur d'élite chargé de la téléanesthésie arrivent sur les lieux. Et parmi les défenseurs de l'ours, certains s'opposent désormais ouvertement au principe même du piégeage, qui, selon eux, s'inscrit dans une logique d'artificialisation de l'espèce, dont la pose de colliers émetteurs ne serait que le premier maillon. Quant à la protection des brebis et au repos du berger, ils estiment que l'une et l'autre pourraient être assurés à meilleur compte en parquant les premières, le soir, dans des enclos, sous la garde de deux ou trois patous, ce chien pyrénéen qui est le seul à tenir tête à l'ours, et dont l'unique défaut est de ne pas faire toujours très nettement la différence entre randonneur et plantigrade. Au-dessus du bourg d'Aydius, sous le couvert de la hêtraie-sapinière, où l'ours familier avait ses habitudes et les a peut-être toujours, on remarque encore quelques pitons métalliques fichés dans la roche là où des pièges avaient été tendus. Passé la limite des arbres, et quand les nuages se dissipent, le génie des alpages ménage au visiteur une vue plongeante sur un des plus beaux paysages de toute l'Europe. Bien que les brebis qui paissent dans ce secteur aient été à coup sûr traumatisées par ce qu'elles ont vu cet été, elles n'en tondent pas moins la pelouse de bon appétit.

Détail horrifiant, on observe pourtant sur le bord du sentier quelques côtelettes peintes en rouge, attestant qu'une brebis a trouvé la mort à cet endroit, et qu'un garde du parc national est venu constater les dégâts afin que le berger soit indemnisé. Ce dernier, Rémi Larraneta, originaire d'Hasparren, au Pays basque, ne s'en plaint pas moins, rituellement, de ce que les lourdes pertes que l'ours lui a causées n'aient toujours pas été indemnisées. En revanche, du fait de sa présence dans la zone à ours, il dispose gratuitement d'un radio-téléphone et d'un réseau de clôture électrique, alimentés l'un et l'autre par des capteurs solaires. Rémi Larraneta, qui s'apprête à redescendre ses brebis dans la vallée, a été le dernier à voir l'ours familier, le 13 septembre, près de deux semaines après sa capture manquée. D'après son témoignage, l'ours marchait sur trois pattes mais n'avait rien perdu de son audace, puisqu'il se promenait, en plein jour, au beau milieu de son troupeau.

Le Figaro*, 14 octobre 1992*

Reliques d'ours

Non seulement les congrès d'ursologie élargissent le champ des connaissances humaines, mais ils favorisent le rapprochement entre les peuples. Accessoirement, ils peuvent même contribuer à l'amélioration de la condition – si précaire – des ours. Louons donc le Muséum d'histoire naturelle de Grenoble et l'Association internationale pour la recherche et la gestion des ours, coorganisateurs de la conférence qui s'est tenue la semaine dernière dans la capitale du Dauphiné sur le thème suivant : « Gestion et restauration des petites populations et des populations reliques d'ours ».

Pour ce qui est de la gestion, en matière d'ours comme dans d'autres domaines, il n'y a rien au monde de plus moderne ni de moins salissant. Dans la mesure où, inévitablement, elle fait de plus en plus largement appel à l'informatique, la gestion des ours peut même, à la rigueur, se passer d'ours, du moment qu'il lui reste des chiffres à aligner, des courbes à tracer et des modèles à mettre en œuvre. Quant à la « restauration », c'est déjà une autre paire de manches.

À mi-chemin de la gestion et de la restauration, la délégation chinoise a présenté au colloque international de Grenoble une communication assez obscure, mais d'un très haut niveau de technicité, intitulée « Un modèle informatisé de la population de grands pandas à Wuipeng », dont le contenu peut être ainsi résumé : si rien ne change, à Wuipeng et dans le reste de la Chine, le panda géant ne survivra bientôt que dans la mémoire des ordinateurs. Et comme un malheur ne vient jamais seul, la même délégation a brossé un tableau particulièrement affligeant de la situation actuelle de l'ours noir asiatique (*Selenarctos thibetanus*) dans le nord-est de la Chine, où six cents de ces animaux seraient éliminés chaque année.

Par suite d'un fléchissement momentané de la traduction simultanée, une certaine perplexité s'est emparée du public de la conférence de Grenoble à l'énoncé de phrases comme celle-ci : « Dans le nord-est de la Chine, l'ours noir a perdu sa place dans les affaires militaires et a dû fuir vers des régions marécageuses », et les yeux du public se sont encore agrandis lorsque la délégation chinoise a projeté quelques diapositives, heureusement floues, d'une sorte de stalag où *Selenarctos thibetanus* vit misérablement, entassé dans des cages minuscules.

« Ces élevages, commente le spécialiste chinois, permettent d'augmenter la quantité d'ours. » « Mais, interroge quelqu'un dans le public, est-ce afin de les réintroduire dans la nature ? » « Non point, rétorque le spécialiste chinois. Mais du moins ces ours d'élevage permettent-ils de réduire la pression qui s'exerce sur leurs congénères demeurés libres, en fournissant le marché de deux produits de première nécessité : la vésicule biliaire d'ours noir et la patte du même animal. »

On a peine à imaginer, en effet, le nombre d'ours noirs qui sont sacrifiés chaque année au goût étrange de certaines populations asiatiques – en particulier, semble-t-il, les Chinois et les Coréens, ou du moins les plus riches et les plus sophistiqués d'entre eux – pour ces deux organes, la vésicule et la patte, à l'exclusion de toute autre partie du corps. La délégation chinoise à la conférence de Grenoble, tout en attestant les propriétés curatives de la vésicule – ou, plus précisément, de la bile séchée – d'ours noir, s'est montrée discrète sur le genre d'affection que cette substance pouvait contribuer à guérir. Apparemment, l'impuissance et le vieillissement seraient au nombre de ces dernières, ce qui donne une idée de l'importance de la demande. Quant à la patte d'ours, c'est tout simplement un mets de choix. Toujours est-il que l'une et l'autre sont assez recherchées pour alimenter un trafic qui affecte non seulement les populations asiatiques d'ours noirs, jusqu'au Japon, mais également les populations américaines d'une espèce voisine (*Ursus americanus*) et, depuis peu, les populations ci-devant soviétiques d'ours bruns (*Ursus arctos*), déjà très menacées par le prix qui s'attache désormais à leur graisse et à leur fourrure.

D'une comparaison entre les communications américaines et les communications russes au colloque de Grenoble, il ressort d'ailleurs que si l'économie de marché, à son apogée, est sensiblement plus propice au bien-être de l'ours que la planification socialiste, l'effondrement de la seconde, et l'avènement anarchique de la première, entraîne pour les plantigrades des difficultés considérables.

En somme, rien n'indique que l'ours, en Europe de l'Est tout du moins, ne fasse pas bientôt partie des nostalgiques du socialisme. La communication d'un spécialiste croate, le Dr Duro Huber, tend malheureusement à confirmer cette hypothèse. Avant la guerre, le professeur Huber, de l'Université de Zagreb, présidait à un programme de recherches sur le comportement de l'ours brun – en particulier sur ses plus ou moins longues siestes hivernales – basées notamment sur le radio-pistage et menées dans le cadre grandiose du parc national de Plitvice, à la frontière de la Croatie et de la Bosnie-Herzégovine. Or c'est probablement dans ce parc national de Plitvice que furent tirés les premiers coups de feu de la guerre yougoslave, et son territoire est toujours occupé par des miliciens serbes dont l'écologie, en règle générale, ne constitue pas le premier souci. Avec un bel esprit d'équité, le professeur Huber admet que le sort des ours bruns livrés par les hasards de la guerre au bon vouloir des miliciens croates, ou bosniaques, ne doit guère être plus enviable. En dehors des ours froidement assassinés par les combattants de l'un ou l'autre bord, ou détenus par ces derniers en qualité de mascotte – c'était le cas d'un ourson, originaire du parc de Plitvice, que nous avons rencontré en août 1991 dans l'enceinte de la forteresse de Knin, où il tenait malgré lui compagnie aux miliciens d'un douteux héros serbe, le « capitaine Dragan » –, beaucoup d'autres, selon le professeur Huber, ont dû être indirectement victimes des combats, et lui-même a noté le cas de huit ours, de deux loups et d'un lynx détruits par des mines en territoire croate. Ajoutons, pour rendre justice au professeur Huber, qu'il est le premier à souligner combien le sort des ours, dans cette partie du monde, reste malgré tout moins préoccupant que celui des hommes. Et le premier à sourire de l'initiative extravagante d'une association anglo-saxonne qui, paraît-il, s'emploierait depuis quelques semaines à soustraire aux rigueurs du siège le dernier ours vivant du zoo de Sarajevo…

Si funeste que soit la condition de l'ours dans les Balkans, elle supporte avantageusement la comparaison avec sa condition dans notre propre pays. Le colloque de Grenoble a en effet permis de faire le point sur les efforts déployés sans compter, mais apparemment en vain, pour sauver les quelques plantigrades qui s'obstinent à survivre dans les Pyrénées. Compte tenu des innombrables obstacles auxquels ce plan de sauvetage se heurte depuis une dizaine d'années, quelques naturalistes, animés certainement des meilleures intentions du monde, ont imaginé de faire un détour par les Alpes, et de réintroduire l'ours dans le Vercors, d'où il a disparu voilà environ un demi-siècle. Le maire de Grenoble lui-même, Alain Carignon, dans un petit discours de circonstance très agréablement tourné, a fait part de son intérêt pour ce projet. Malheureusement, avant même qu'il ait pris tournure, les moutons, par la voix d'un représentant qualifié de l'élevage ovin présent au colloque de Grenoble, se mobilisent déjà pour le combattre. La seule consolation des ours français, c'est que personne, dans ce pays, ne songe encore à se prémunir contre la vieillesse ou l'impuissance en leur arrachant la vésicule biliaire.

Le Figaro*, 22 octobre 1992*

Bosnie : le bataillon dans la « poche »

Presque chaque jour, et que soit ou non en vigueur ce que les diplomates considèrent comme « un cessez-le-feu qui tient », la ville de Bihac, à une soixantaine de kilomètres dans le sud de Velika Kladusa, reçoit juste ce qu'il faut d'obus serbes pour expédier un ou deux de ses habitants à la morgue. D'après le directeur de l'hôpital de Bihac, le Dr Mansour Cabulic, depuis le début du bombardement de la ville, à la mi-juin, plus de trois cents civils auraient été traités dans son établissement pour des blessures graves, soixante-six auraient été amputés, et deux cent trente-cinq personnes – civils ou combattants de la « défense territoriale » – y auraient succombé à leurs blessures. Ce chiffre ne tient pas compte des personnes tuées net lors des bombardements ou dans des combats et qui, par conséquent, n'ont pas reçu de soins hospitaliers, ni des treize pensionnaires de l'hôpital de Bihac tués à l'intérieur même de son enceinte par des tirs de l'artillerie serbe.

Au cours des trois derniers jours, l'hôpital a reçu neuf nouvelles victimes des bombardements, dont quatre auraient succombé à leurs blessures. Bien que le Dr Kabulic se montre très élogieux à l'égard du bataillon français – qui lui a notamment procuré des bouteilles d'oxygène dont il manquait depuis plusieurs mois, et dont l'antenne chirurgicale apporte une aide précieuse à l'hôpital voisin de Cazin –, il observe à contrecœur que son arrivée dans la région n'a pas sensiblement modifié les habitudes de l'artillerie serbe. Et le centre de Bihac, plein de trous et de débris, présente désormais cet aspect caractéristique des villes que les Serbes, dans un premier temps, s'efforcent de tuer à petit feu en les rendant invivables pour leurs habitants.

La « poche de Bihac », dont le territoire couvre environ 175 km^2, compte quelque deux cent vingt mille habitants, dont plus de trente-quatre mille réfugiés. Si tous souffrent – inégalement – de la paralysie économique et de la pénurie engendrées par l'isolement complet de cette enclave, encerclée de tous côtés par différentes « républiques serbes » de contrebande, leur situation présente de notables différences selon qu'ils habitent à proximité ou à distance de la ligne de confrontation marquée approximativement par la rivière Una, et la voie de chemin de fer « stratégique » qui reliait autrefois Belgrade à la côte dalmate. Dans d'autres villes situées sur cette ligne de front, telles Bosanska Krupa ou Otaka, la situation est encore beaucoup plus dramatique qu'à Bihac. Mais dès que l'on est hors de portée de l'artillerie serbe, établie au sud de la Una, ce qui frappe, par comparaison avec le reste de la Bosnie, c'est plutôt l'absence de destruction et la persistance des signes extérieurs de la relative aisance, d'origine agricole et touristique, qui devait prévaloir dans cette région avant qu'elle se retrouve prise au piège.

L'un des moteurs de ce développement était une entreprise agro-industrielle, Agrokomerc, qui, avant la guerre, employait dans la région quelque sept mille personnes, et qui, parmi quantité d'autres produits, exportait chaque année dix-huit millions de poulets à destination de trente-huit pays, dont le nôtre. Le patron de cette entreprise, Fikret Abdic, par surcroît membre de la présidence bosniaque, se considère, pour ce qui le concerne, comme le sauveur de la « poche » et le garant de son avenir, tandis que ses détracteurs lui reprochent d'avoir tiré le meilleur parti des difficultés de la région et d'être mû par une insatiable ambition personnelle. Il est avéré, tout du moins, qu'Abdic a imposé localement l'usage quasi exclusif du deutschmark, au détriment de la monnaie bosniaque.

« Doucement, Delpech ! » Cette injonction, que le capitaine Guéguen adresse de loin en loin à l'impétueux pilote de son VAB (véhicule de l'avant blindé), ponctue la progression de la colonne française chargée de reconnaître, sur les deux rives de la Una, l'un des itinéraires que devraient emprunter cet hiver les convois humanitaires à destination de la Bosnie centrale. Avec ses cent vingt-huit blindés, dont dix-huit chars légers Sagaie armés de canons de 90 mm, le bataillon français – environ mille trois cents hommes – en met indéniablement plein la vue. Sur son passage, il suscite toujours un enthousiasme délirant des enfants, et souvent la sympathie plus discrète des adultes. Le risque est d'autant plus grand de décevoir les uns et les autres. La mission de ce bataillon, comme l'explique son chef de corps, le colonel Bresse, ne consiste pas, en effet, à défendre, ni même à protéger des bombardements, la poche de Bihac, mais à aider le UNHCR dans l'ensemble de ses missions, en particulier l'acheminement de secours vers l'intérieur de la Bosnie, où l'hiver risque d'entraîner une véritable hécatombe. Jusqu'à présent, le bataillon français n'a pas rencontré d'obstacles insurmontables du côté des autorités civiles et militaires de la « poche » – le plus difficile étant parfois de s'y retrouver parmi les nombreux détenteurs de pouvoirs limités et indécis –, mais il en va autrement avec les autorités de la « république serbe de Bosnie », qui, vraisemblablement, ont besoin d'encore un peu de temps pour parachever leur entreprise de déportation des populations non serbes. Il circule également une rumeur, bien entendu invérifiable, selon laquelle les Serbes s'emploieraient actuellement à faire disparaître – ou à éparpiller – quelques charniers disséminés le long du cours supérieur de la Una. Enfin, il semble qu'ils aient essuyé récemment, dans la région de Bihac, des revers militaires, sans doute limités, et d'ailleurs très coûteux pour leurs adversaires bosniaques, mais suffisants pour les rendre encore plus irascibles et suspicieux qu'à l'accoutumée.

Passé le hameau de Visibaba, la piste qui descend vers Bosanska Krupa plonge à travers ces bois, aujourd'hui clairsemés et dégarnis, qu'un guide touristique publié au temps heureux du titisme décrit comme « retentissant des cris victorieux des chasseurs au petit et au gros gibier ». Désormais, le son du canon de 105 – dont les obus ont creusé d'impressionnants cratères tout autour de la maison, à demi détruite, où les forces bosniaques ont établi un petit PC à mi-pente – s'y fait entendre plus souvent que le cri des chasseurs. Au demeurant, jeudi, en fin de matinée, le cessez-le-feu local négocié par le colonel Bresse semble globalement respecté lorsque d'importants effectifs du bataillon français, dans une manœuvre impeccablement réglée, descendent dans la fosse aux lions pour acheminer vers un entrepôt de la ville 25 tonnes de nourriture fournies par le UNHCR. Depuis plusieurs mois, les habitants de Bosanska Krupa – tout du moins ceux de la rive gauche, la ville étant coupée en deux par la Una –, soumis à d'incessants bombardements et au tir des snipers serbes établis sur la rive droite, n'ont reçu que quelques tonnes d'aide que le UNHCR, pour des raisons de sécurité, n'a pu acheminer jusqu'au centre de la ville.

Guidés par les flèches blanches qu'un capitaine, avec beaucoup de sang-froid et un joli coup de pinceau, a tracées en hâte sur le macadam de rues où il ne fait pas bon s'attarder, huit camions, encadrés par des VAB, se relaient deux par deux devant l'entrepôt installé dans les locaux d'une usine, dévastée par les bombardements, comme d'ailleurs l'ensemble de la ville.

Vers 14h30, alors que l'opération touche à sa fin, l'avant-dernier camion et l'un des VAB qui l'escortent sont pris pour cible et touchés à plusieurs reprises par des snipers, vraisemblablement bosniaques, à en juger par la direction des tirs. Cette fusillade, qui ne fera pas de victimes, engendre néanmoins une tension assez vive du côté de l'entrepôt, d'autant que les miliciens serbes en profitent pour arroser copieusement à la mitrailleuse lourde les toits des maisons voisines, dont on voit les tuiles voler en éclats. Le colonel Bresse fait alors tirer en l'air, mais pas trop haut, le canon de 20 mm d'un de ses VAB, et cette démonstration symbolique ramène dans le secteur un calme très relatif, qui permet de terminer en hâte le déchargement et de faire repartir en bon ordre les derniers véhicules du bataillon français.

Lors d'un petit gueuleton offert dans la soirée, au son lointain du canon tonnant de nouveau sur Bosanska Krupa, par le commandant de la 111e brigade de l'armée bosniaque, chargée de la défense de ce secteur du front, entre deux tournées obligatoires d'alcool de prune et quelques plateaux de dinde fumée provenant des stocks d'Agrokomerc, le chef de corps du bataillon français a assuré ses interlocuteurs que s'il avait fait aujourd'hui tirer en l'air, faute d'une localisation précise de l'origine des tirs, et par crainte d'impliquer des civils dans cette échauffourée, à l'avenir, il n'hésiterait pas, le cas échéant, à « mettre le paquet ».

Le Figaro*, 23 novembre 1992*

BOSNIE : DIAMOND ROAD

Dans cette zone industrielle de la banlieue de Split, à la sortie de la ville en direction de Dubrovnik, une centaine de camions rescapés du « convoi de la joie » se sont regroupés en plus ou moins bon ordre. Organisé en juin dernier par des habitants de la région de Tuzla, le convoi a dû rebrousser chemin à hauteur de Novi-Travnik, après que dix chauffeurs eurent été exécutés par des miliciens du HVO, l'« armée » des Croates de Bosnie. Depuis, les équipages des camions repliés sur Split – environ deux cents personnes – vivent à bord de leurs véhicules, dénués de tout, en butte à des vexations de plus en plus systématiques au fur et à mesure que s'étendent, à l'intérieur de la Bosnie, les affrontements entre Croates et Musulmans. Ils ne sont d'ailleurs pas les seuls à payer le prix de cette rupture sanglante entre alliés de la veille : un peu partout en Croatie, les réfugiés musulmans de Bosnie, en particulier s'ils sont de sexe masculin, sont traités désormais en parias, exposés à des rafles, et souvent expédiés vers des centres de regroupement qui n'ont plus rien à voir avec des camps de réfugiés.

À 3 heures du matin, aucun bruit ne s'échappe des véhicules échoués du « convoi de la joie », tandis que les cinq camions de l'association Première Urgence procèdent à d'ultimes et caverneux réglages sur le parking de l'entrepôt où ils ont chargé la veille quelque 40 tonnes de « colis familiaux ». Fondée en juin 1992 par un quatuor d'amis dont l'un avait le bonheur d'être marié à une beauté de Sarajevo, Première Urgence aligne sur les routes et les pistes de Bosnie-Herzégovine cinq camions Unic, bientôt dix, pilotés et entretenus par des chauffeurs-mécaniciens bénévoles. Sans doute la plus petite et la plus jeune ONG (organisation non gouvernementale) à jouir d'une telle faveur auprès des grands, elle a le privilège d'être agréée par le Haut Commissariat des Nations unies pour les réfugiés, et de s'être vu confier par la CEE l'acheminement de quatre-vingt mille colis d'un poids unitaire de 8 kg, chacun enluminé de ce drapeau bleu étoilé dont le conflit yougoslave a fait cruellement ressortir la ressemblance avec un vieux fond de culotte rapiécé.

À 6 heures du matin, les douaniers de Kamensko ne consentent que d'assez mauvaise grâce à ouvrir la frontière croato-bosniaque, qui d'ailleurs, dans l'état actuel des choses, se trouve être une frontière croato-croate. Auparavant, le plus bête de ces douaniers, armé d'un couteau de poche, a perdu plusieurs minutes à bousiller très progressivement, sans se presser surtout, l'emballage puis le contenu – dentifrice, haricots secs, corned-beef, etc. – d'un des colis, histoire de montrer en quelle piètre estime il nous tient.

D'autres douaniers plus jeunes, plus coulants, nous entretiennent d'Alain Delon et de Platini, sans lesquels la réputation de la France dans le monde ne dépasserait guère celle du Botswana. Les lenteurs administratives permettent de se familiariser avec les usagers de cette route qui, une trentaine de kilomètres plus loin, va devenir une piste et prendre le nom onusien de Diamond Road. Au lever du jour, une vingtaine de véhicules humanitaires attendent déjà le bon vouloir des douaniers croates. Selon que les camionneurs portent ou non des boucles d'oreille, des queues de cheval ou des tatouages, selon qu'ils évoquent ou non des péripéties plus ou moins scabreuses de la route et des stimulants plus ou moins légaux de la conduite, selon qu'ils cultivent une dégaine plus ou moins destroy, ce rapide survol permet d'opérer un premier tri entre, disons, les « allumés » et les « compatissants ».

L'allumé s'éclate – du moins c'est ce qu'il dit – tandis que le compatissant n'est là que pour soulager la misère humaine. Mais comme on peut s'éclater en soulageant, et comme la plupart des chauffeurs, au moins parmi les bénévoles, présentent un mélange des deux genres dont seul le dosage varie, cette distinction n'indique que des tendances, elle ne définit pas des catégories opposées. Parmi les pilotes de Première Urgence, la moyenne d'âge est d'une trentaine d'années. Dans le civil, Sonia est conductrice de bus à Uzès. Marc a près de Grenoble deux petites filles qu'il adore. Rudy ne se sépare que rarement de sa casquette et rêve d'ouvrir un labo-photo en Dordogne. Jean-Pierre, le plus âgé, qui se définit lui-même comme « un Léonard du pays des choux-fleurs », était chef d'atelier, à Brest, chez un concessionnaire RVI. Fred – le plus jeune – n'est pas bavard : avant de se retrouver à Split, il dit « avoir fait de tout et de rien, plutôt de rien d'ailleurs ». Quant à Alex, le chef du convoi, qui ouvre la voie dans un Nissan Patrol, il était au dernier pointage responsable des ventes et de la logistique dans une entreprise de jouets. Ajoutons, mais sans dire lesquels, que trois des précités ont servi plus ou moins longtemps chez les parachutistes ou dans l'infanterie de marine, et qu'au moins deux des trois ne s'en plaignent pas.

Les ingénieurs britanniques qui font et refont inlassablement les pistes de Bosnie centrale comptent parmi les rares militaires de la Forpronu auxquels presque tout le monde rend hommage. Et Dieu sait que l'entretien de ces pistes, quotidiennement malaxées par d'innombrables véhicules à roues ou à chenilles, n'est pas une mince affaire. L'embouteillage dans lequel nous nous trouvons englués, sur la section de la piste qui descend en lacets vers le lac de Prozor, donne une idée de l'ampleur de la tâche. Dans une cacophonie babélienne, l'embouteillage réunit, sur quelques kilomètres d'une étroite corniche dominant le lac, au moins quatre nationalités, deux types de blindés de la Forpronu, plusieurs dizaines de poids lourds humanitaires parmi lesquels des tankers et des semi-remorques, et tout un panaché de fourgonnettes et d'autocars acheminant vers le col de Prozor des troupes fraîches du HVO. Chacun, au moins s'il porte un uniforme, se mêlant de régler la circulation dans le sens le plus conforme à ses intérêts immédiats, la situation devient bientôt inextricable au point que, pour la dénouer, il faudra que bascule dans le ravin un camion britannique de l'organisation Save the Children, qui ouvre une saignée d'au moins 50 mètres dans la forêt en contrebas, et qui répand en se désintégrant plusieurs tonnes de colis destinés aux enfants de Zenica ou de Sarajevo...

Sous un ciel bleu traversé par les dérisoires – mais bruyants – aéronefs de l'ONU, à moins que ce soit ceux de l'OTAN, le lac de Prozor s'étend au fond d'une cuvette particulièrement étouffante. C'est ici, sur cette péninsule bien reconnaissable, nue comme la main, que les cosmopolites campeurs de Mir Sada (La paix maintenant), partis la veille de Split dans une poussiéreuse cohue d'autocars et de véhicules de toutes sortes (parmi lesquels une ambulance monégasque et une Estafette des Restos du Cœur de la Marne), furent tirés de leur court sommeil, à l'aube du 5 août, par le vacarme d'une batterie croate expédiant présomptueusement ses roquettes en direction de positions « musulmanes » situées de l'autre côté du col de Prozor.

C'est ici que, le lendemain, au terme d'une hallucinante assemblée générale polyglotte, réunie en plein soleil pendant plusieurs heures d'affilée, leur cohorte s'est scindée en deux groupes, dont le plus nombreux décida de battre en retraite sur Split, tandis que les plus téméraires affirmaient leur intention de poursuivre coûte que coûte jusqu'à Sarajevo, où ne parviendront finalement, plusieurs jours et bien des

« check-points » plus tard, qu'une poignée d'irréductibles. Louons cependant Mir Sada. Car ces quinze cents ou deux mille énergumènes, mélange instable d'enseignants et d'autonomes, d'infirmières et de curés de choc, de hippies enchristés et de bonzes percussionnistes, si flottants qu'ils aient été, valaient pourtant mieux que tous ceux – à commencer par les signataires absentéistes de l'appel auquel ils avaient répondu… – qui traitèrent leur incertaine tentative par le silence ou le mépris.

Les choses sérieuses commencent à Prozor, depuis peu ville de garnison du HVO, dont le climat est donné par les armoiries oustachies dont les murs sont généreusement badigeonnés, à côté d'inscriptions dans le genre : « Dehors les pédés de l'ONU ! » Il est vrai que le passage incessant, dans les rues étroites du village, de convois brinquebalants et fumigènes ne peut qu'irriter les populations auxquelles les vivres qu'ils transportent ne sont pas encore destinés. Au col de Prozor, les Croates font manœuvrer des tanks, disposent des mortiers. C'est ici, généralement, que les convoyeurs enfilent le gilet pare-balles qui peut leur donner plus ou moins le sentiment d'être protégés.

Quelques kilomètres en contrebas, à Gornji-Vakuf, Musulmans et Croates, à coups de mitrailleuses et de mortiers, achèvent d'appliquer les dispositions de la communauté internationale concernant le dépeçage de la Bosnie. L'entrée de Gornji-Vakuf offre le spectacle d'une vie presque normale, bien que troublée tout de même par des bruits guerriers assez proches. Puis tout se gâte sitôt passé le pont sur la Vrbas, au-delà duquel toutes les maisons sont détruites, ou au moins criblées d'éclats, certaines, incendiées, achevant de se consumer à côté de petits jardins où le maïs, les pommes de terre ou les choux régulièrement alignés, et arrosés jusqu'à ces derniers jours avec soin, ne seront jamais récoltés par ceux qui les ont semés ou plantés.

Au-delà de Gornji-Vakuf, et jusqu'aux abords de Sarajevo, c'est, aujourd'hui du moins, le calme plat. Beaucoup de ruines, beaucoup de maisons – comme à la périphérie de Vitez – vidées de leurs habitants, beaucoup de miliciens de toutes obédiences, beaucoup de silence et de gravats, mais pas de combats. Au point que le passage d'une zone contrôlée par les Croates à une zone contrôlée par les Musulmans ne se manifeste souvent, pour le convoi, que par l'accueil nettement plus chaleureux des seconds. Et, dans le centre montagneux de la Bosnie, la piste traverse parfois des villages où pas une tuile ne manque aux toits, où pas une plume ne manque aux oies, où les vieux prennent le frais en tapant le carton sur le seuil de jardins pleins de courges, de fleurs et d'arbres chargés de fruits, où les gamins s'éclaboussent dans la rivière ; seul le nombre anormalement élevé de ces derniers traduisant la proximité de la guerre, de ses exodes et de ses déportations.

À la périphérie de Busovaca, sur un « check-point » du HVO, quelqu'un nous remet un document, rédigé dans un français pathétique, attirant l'attention des organisations humanitaires sur la condition dramatique des milliers de réfugiés croates qui ont afflué récemment dans cette région : « Très mauvais situation avec malade femme et enfants, car à Busovaca il n'y a pas hospital, et maintenant muslim interdiront croate population medical traitement à Travnik et Zenica… »

À Kiseljak, en revanche, les Croates tiennent le haut du pavé, ce qu'illustre notamment l'état de dévastation de la mosquée. C'est ici, aux portes de Sarajevo, dans le climat relativement confortable d'une petite station climatique d'altitude, que la Forpronu a établi son quartier général pour la Bosnie. À l'entrée du mess, réservé au personnel accrédité, une note rédigée en anglais rappelle qu'il est interdit d'y porter « des shorts, des maillots ou des vêtements de gymnastique suants ». Heureux « soldats de la paix » qui ont le loisir de se changer tous les jours avant le dîner… Et, tant que nous en sommes au chapitre de la Forpronu, signalons au passage que l'escorte – canadienne – que l'on nous confiera demain pour entrer à Sarajevo nous exposera à plus de dangers qu'elle ne nous en épargnera. Nos escorteurs étant des nouveaux venus, qui n'ont jamais mis le nez dans la capitale bosniaque, il faudra en effet que notre chef de convoi sorte de son véhicule, dans un endroit tout de même assez malsain, pour aller, à pied, désigner aux chasseurs d'orignal, bien abrités dans leur blindé, la silhouette pourtant incomparable de PTT-Building, point limite au-delà duquel les escortes laissent se débrouiller tout seuls les convois.

Au sortir de la « douane » serbe de « Sierra One » (correspondant à l'arrêt « Zelena Meraja » de l'ancienne ligne de bus n° 34), devant laquelle une colonne de blindés onusiens se soumet placidement à la fouille d'une fonctionnaire de vingt ans, sanglée dans l'uniforme flambant neuf d'une république de contrebande, lorsque, sur la route de l'aéroport, la ville au détour d'un virage apparaît, ce qui frappe tout d'abord, c'est son silence, son immobilité, son état pétrifié. État de ce qui est – de ce que l'on a – abandonné. Puis, au fur et à mesure que l'on se rapproche, on découvre la vie grouillant dans les interstices, dans les angles morts, partout où l'on n'est pas vu, partout où l'on est moins exposé. On remarque aussi que la ville est submergée d'ordures, qui par endroits sédimentent déjà en une couche assez homogène, dure et bosselée. À proximité de l'Holiday Inn – dont ne les sépare qu'une chétive pelouse qu'il est tout de même recommandé de franchir en courant –, les tours Unis, deux des plus hauts buildings de Sarajevo, ont un peu moins souffert de la frénésie des artilleurs serbes que, par exemple, la tour d'Oslobodjenje, mais tous leurs étages supérieurs sont cependant dévastés et noircis. Beaucoup d'organisations humanitaires basées à Sarajevo ont élu domicile dans les étages inférieurs d'une des deux tours, privés d'eau et d'électricité comme le reste de la ville, donc sales et puants, mais épargnés par les projectiles de gros calibre.

C'est dans l'ombre de cette tour, sur un terre-plein échappant à la vigilance des snipers, que les camions stationnent, au milieu d'une nuée d'enfants, avant de manœuvrer pour décharger un par un sur le plan incliné qui dessert le parking souterrain. Là, toutes les opérations se déroulent à la lueur des bougies. Stockés sur le parking, les colis seront distribués, par les soins d'une équipe locale triée sur le volet, à des retraités – une des catégories les plus touchées par les restrictions obsidionales – dont la liste a été établie à partir de documents d'entreprises. Le carburant étant à Sarajevo introuvable, ou hors de prix, il faut, pour remplir les réservoirs des véhicules chargés de la distribution des colis, siphonner au préalable ceux des camions. Ce n'est qu'en contournant, par des ruses de ce genre, les règles draconiennes imposées par les Serbes (et acceptées, de fait, par les Nations unies) que l'aide « indépendante » parvient aux assiégés de Sarajevo. Ainsi les quelques jouets que l'on distribue aux enfants ont-ils dû être passés en fraude, car ils ne relèvent pas de l'« aide humanitaire » tolérée par les assiégeants...

Du troisième étage de la tour Unis, un type aux cheveux décolorés, lunetté de noir, la dégaine de Christophe Lambert dans *Subway*, tire à la sarbacane des flèches de papier sur les enfants rassemblés autour des camions. Armés de sarbacanes du même modèle, des enfants trépignant d'enthousiasme ripostent et arrivent à placer deux flèches dans la fenêtre du tireur embusqué. Cette guerre de papier se déroule à quelques mètres d'un carrefour exposé aux tirs des snipers, dont les balles, elles, ne pardonnent pas. L'idée absurde de ce combat de sarbacanes émane d'un groupe britannique, The Serious Road Trip, qui est certainement la plus atypique et la plus pittoresques de toutes les ONG opérant en Bosnie. Jamais le Haut Comité pour les réfugiés ne les accréditera, et d'ailleurs ils seraient capables, si l'accréditation leur était accordée, de la refuser.

La moyenne d'âge des « Serious » est sensiblement inférieure à celle des autres convoyeurs. Si la légende veut qu'ils soient pour la plupart originaires des squats de Londres, le fait est qu'ils regroupent, outre quelques Français, des ressortissants de toutes ces provinces du Royaume-Uni ou de ces dominions qui ont généralement plus donné pour les bonnes causes, proportionnellement, que l'Angleterre elle-même. Leur leader, Tony, est irlandais. Le soir, ils ne dédaignent pas de se lancer quelques canettes de bière à la tête, après en avoir gobé le contenu, aux accents de la musique des Pogues. Leur bureau à Sarajevo est orné d'un portrait d'Elvis Presley et d'une grande loque de drap rouge qui, peut-être fortuitement, a des allures d'oriflamme.

Dans cette situation où peu de choses prêtent à rire, ils sont sans doute les seuls à feindre de ne rien prendre au sérieux. Et s'ils passent, envers et contre tout, acheminant non seulement des vivres mais bientôt des clowns, c'est sans doute parce que les austères gardiens des « check-points » ne peuvent se retenir de sourire en voyant paraître leurs camions jaunes peinturlurés de Schtroumpfs, de panthères roses et de Mickeys, guidés par une land-rover dont le pare-brise, étoilé d'impacts, s'orne de cette fière devise : « More balls than most », ce qui ne peut guère se traduire que par « Plus couillus que la plupart ».

Le Monde, *4 septembre 1993*

La guerre de Macédoine n'aura pas lieu, etc.

Coincée entre deux embargos – au sud, celui que lui impose la Grèce et, au nord, celui, beaucoup moins draconien, que la « communauté internationale » inflige à la Serbie –, la Macédoine, la plus pauvre des ex-républiques yougoslaves, doit compter d'autre part avec cette particularité qui lui a valu de donner son nom à une salade : la complexité de sa composition ethnique, qui fait cohabiter sur un territoire minuscule, peuplé d'à peine plus de deux millions d'habitants, une majorité de Slaves macédoniens et diverses minorités parmi lesquelles la plus nombreuse et la plus remuante est la minorité albanaise. Autant dire que la survie de ce pays, véritable microcosme de l'imbroglio balkanique, en butte à la malveillance ou à l'hégémonisme de la plupart de ses voisins, tient du miracle. Un miracle qu'un rien pourrait faire tourner au cauchemar : si les Serbes en venaient un jour à tenter d'appliquer au Kosovo les méthodes de purification ethnique qui leur ont si bien réussi en Bosnie-Herzégovine, on voit mal comment la Macédoine pourrait se tenir à l'écart de ce nouveau conflit, dans lequel, de proche en proche, pourraient se trouver entraînées l'Albanie, la Grèce, la Bulgarie et la Turquie. Mais l'hypothèse de cette troisième guerre balkanique est si vraisemblable que c'est peut-être la raison pour laquelle elle n'aura jamais lieu.

À un long jet de pierre du cimetière français de l'armée d'Orient, à la périphérie de Skopje, s'étend un quartier miteux, précaire, tout de guingois, où les eaux usées s'écoulent parfois à ciel ouvert, et où l'on remarque une proportion anormalement élevée de véhicules hippomobiles et de types portant un accordéon en bandoulière. C'est le quartier de Topana, un avant-poste de l'immense ghetto rom de Sutka, si sombre la nuit, si près du sol, si séparé, qu'il évoque ce que dans les villes coloniales on appelait la médina. Comme beaucoup de citoyens macédoniens, les Roms – les Tziganes – sont parfois des résidents intermittents, ce qui ne simplifie pas l'épineuse question de leur dénombrement. Il y a ceux que l'Allemagne a « rapatriés » et logés à ses frais dans d'assez sordides cahutes préfabriquées. Il y a ceux qui viennent de Belgique et qui affirment être sur le point d'y retourner. Il y a ceux qui ont des parents aux États-Unis et rêvent de les y retrouver. Même Berishan, qui dit que sa famille vit dans le quartier de Topana depuis quatre générations, a des cousins en Allemagne et d'autres en Suède, et lui-même a voyagé dans plusieurs pays d'Europe. Il travaille à Skopje dans une usine métallurgique que le blocus grec et l'embargo contre la Serbie ont a peu près étouffée. Bien qu'il ait trois enfants, il se plaint de ne plus recevoir d'allocations familiales depuis plusieurs mois. « Quand la maison est détruite, dit-il à propos de l'ex-Yougoslavie, chacun des enfants cherche sa propre voie. » Mais est-ce qu'il se sent « macédonien » ? « Puisque nous sommes nés ici, ce doit être notre pays... » Comme la plupart, sinon la totalité, des Roms de Macédoine, Berishan est musulman. Fréquente-t-il les mêmes mosquées que les Albanais ? « Les mêmes mosquées que les Turcs, oui, mais pas celles des Albanais. » D'ailleurs, « même le contenu du Coran est différent, pour les Turcs ou les Roms et pour les Albanais »...

Berishan pensait que les Roms pouvaient être « entre trente-cinq et quarante mille » à Sutka. Le patron du café Vardar, une guinguette de Sutka animée en soirée par un orchestre, renchérit à soixante-cinq mille. Dans l'après-midi, la salle du Vardar est occupée par des hommes – rien que des hommes – dont certains tapent le carton et d'autres jouent aux dominos. Il y a également un gnome en survêtement bleu qui fait les courses des uns et des autres. Un des joueurs de cartes interrompt sèchement le patron : « Sutka est le plus grand ghetto rom dans le monde. » L'interrupteur est un grand type aux allures de chef, qui se présente comme un responsable local du Parti des Roms et souhaiterait que nous nous adressions aux instances nationales de ce parti. C'est une caractéristique des minoritaires, en Macédoine, que de s'identifier massivement à des partis ethniques et de s'en remettre à ces derniers du soin de parler pour eux. Fadil, le gros joueur de cartes, accepte de mauvaise grâce de se prêter au jeu des estimations numériques. « Est-ce que tu veux les chiffres officiels ou la vérité ? » Va pour les deux...

D'après Fadil, les Roms seraient « officiellement » deux cent mille en Macédoine – en fait, le recensement de 1994 n'en dénombrerait qu'un peu plus de quarante-quatre mille... – et, « en vérité », entre « un tiers et la moitié de la population ». Si l'on additionne tous les « tiers » et toutes les « moitiés » revendiqués par des minorités diverses, on obtient un total d'environ neuf tiers ou six moitiés, et tout cela sans compter les Macédoniens... Quand on le fait remarquer à Fadil, il garde son calme – bien que, c'est une affaire entendue, les journalistes l'emmerdent – et maintient ses estimations précédentes : « Je dis bien que les Roms sont près de la moitié de la population si l'on compte avec eux les Torbèches. » Et comment explique-t-il que les estimations officielles soient si éloignées de « la vérité » ? Cela tient, d'après lui, à ce que « beaucoup de Roms se sont fait recenser comme Turcs ou comme Albanais ». Comme Turcs par habitude – « sous l'empire ottoman, nous étions tous turcs, nous n'avions pas le choix » – et comme Albanais « sous la pression » de ces derniers. Il ajoute que dans l'ouest de la Macédoine – la région, à majorité albanaise, de Tetovo, Gostivar et Debar – les Roms, et peut-être aussi les Turcs, ont dû se déclarer Albanais « pour sauver leur peau », mais Fadil refuse de développer sous prétexte qu'« il n'est pas mandaté par son parti ».

Lorsque Fadil a suggéré d'ajouter les Torbèches au total des Roms, Zoran a blêmi sous l'outrage. Zoran, la trentaine, diplômé d'études supérieures d'électronique, a fait à peu près tous les métiers, y compris celui de militaire, avant de quitter l'armée, lorsqu'elle eut cessé d'être « yougoslave », pour se retrouver chauffeur de taxi spécialisé dans les longues courses et la clientèle étrangère.

Zoran fait partie de cette majorité d'habitants de la Macédoine (un peu moins de 65 %) qui se considèrent comme Macédoniens, ni plus ni moins, c'est-à-dire issus de ce peuple si peu nombreux, si récemment établi à son compte, enfin si mal placé, au carrefour de trois hégémonismes balkaniques, qu'aucun de ses voisins, serbe, bulgare ou grec, ne lui reconnaît à la fois le statut d'une nation distincte, le droit de former un État et celui de porter son nom... Zoran est orthodoxe ou, du moins, pense l'être. Mais il soutient que les Torbèches – des Macédoniens islamisés, mais slaves – ne sauraient en aucun cas être confondus avec les Roms et qu'ils sont même, de tous les Macédoniens, ceux qui parlent « la langue la plus pure ». Comme la plupart des « majoritaires », Zoran se défie des Roms mais surtout, comme presque tout le monde, y compris les Roms, il soupçonne les Albanais des plus noirs desseins. L'été dernier, Zoran a participé au recensement dans le quartier de Gazi Baba, l'un des plus anciens de Skopje, d'où les Albanais, selon lui, auraient au cours des trente dernières années évincé peu à peu la population traditionnelle, macédonienne et turque. Comme dans tous les quartiers mixtes – à supposer qu'il y ait à Skopje des quartiers qui ne le soient pas –, chaque communauté était représentée dans le groupe des agents recenseurs. Or, d'après Zoran, le représentant albanais aurait systématiquement fait de l'obstruction en ne se présentant pas aux réunions, en escamotant les formulaires ou en exigeant que lui seul soit habilité à procéder au décompte des Albanais de Gazi Baba. Quant au PDP (Parti de la prospérité démocratique), le principal parti « communautaire » albanais, il a par avance récusé non seulement les résultats de ce recensement, arguant du fait qu'aucun expert albanais n'avait été associé à son dépouillement, mais son principe même, en laissant entendre qu'« aucun pourcentage d'Albanais inférieur à 30 % ne pourrait être accepté ». (Le recensement n'en ferait apparaître qu'un peu plus de 21 %.)

Au pied des hautes montagnes du Sar qui la séparent du Kosovo, et à travers lesquelles l'armée serbe dut battre en retraite au début de la Première Guerre mondiale, Tetovo, parmi les grandes villes de Macédoine, est celle qui compte la proportion la plus élevée d'Albanais (mais Muhamet Halili, élu de Tetovo et chef du PDP, se plaint de ce que les circonscriptions électorales y aient été retaillées au détriment de ces derniers).

Tetovo est reliée à Gostivar, plus au sud, par une route nationale, mais aussi, en retrait de celle-ci, par une vieille route toute défoncée qui, au cœur de cette Albanie macédonienne, connecte tous les gros villages échelonnés au pied de la montagne, si denses, si prolifiques, qu'ils forment à la longue une véritable conurbation. La vieille route est encombrée de carrioles, d'autocars, d'antiques tracteurs rouges, de troupeaux de moutons, de vaches solitaires, de paysans fourchus, de femmes presque toujours en groupes, coiffées de fichus et uniformément vêtues, même sous un soleil de plomb, de cette espèce d'imperméable réglementaire qui leur dessine des épaules en portemanteau et les couvre jusqu'à la cheville. Englués dans le lent écoulement de cet exode rural, des cortèges matrimoniaux de Mercedes ou de BMW enguirlandées, presque toujours immatriculées à l'étranger, illustrent la prospérité volontiers ostentatoire des Albanais expatriés. Au bord de la route, les cafés, les boutiques ont poussé depuis deux ans et demi comme des champignons, à côté de ces minuscules agences de voyages qui offrent des billets à prix réduit pour l'Europe de l'Ouest, l'Australie ou l'Amérique, enfin pour toutes les destinations de la diaspora albanaise.

Un peu en retrait de la route, à laquelle les relie souvent une simple piste, les villages offrent un aspect à peu près invariable de l'un à l'autre, où le pittoresque balkanique cède peu à peu le pas à la modernité relative, sans signe particulier, des nombreuses mosquées neuves, ou rénovées, et des confortables villas des expatriés, parfois soustraites au regard par des murs de parpaings, auxquels certains Macédoniens, sans doute abusivement, prêtent une vocation défensive. Sur la place du village de Kamenjane, entre le parvis de la mosquée, celui de l'école primaire et une cour de ferme pleine de meuglements et de bottes de foin, un tracteur attelé d'une remorque – pour les passagers – stationne devant le store jaune et rouge d'un café (le store porte le logo de McDonald's, mais il s'agit d'une simple fantaisie, sans implication commerciale, d'un artisan de Tetovo). À l'intérieur, la télévision turque, captée par une antenne parabolique, diffuse de lancinantes images de chanteuses plus ou moins dévêtues et sirupeuses. Comme on est vendredi, en milieu de journée, tous les hommes du village sont à la prière ; il n'y a dans le café que le fils du patron, pour assurer la continuité des affaires, et un réfugié albanais de Bosnie, qui est apparemment le seul mécréant affirmé de tout Kamenjane. Le fils du patron vient de Belgrade, où il tient un commerce de fruits et légumes à la tête duquel son frère est parti le remplacer pour deux mois. Le mécréant de Bosnie est dans le même cas, sauf que c'est à Tuzla, sous d'éventuels bombardements, et pour une durée indéterminée, que son frère est allé prendre sa place. Ce cosmopolitisme familial des Albanais, cette permutabilité, outre qu'ils alimentent une rumeur des plus scabreuses au sujet de leur taux très élevé de natalité, contribuent à faire de leur recensement un véritable casse-tête, et à préserver ce flou statistique si propice aux desseins politiques de leurs partis. À la sortie de la prière, le café se remplit d'hommes jeunes, calottés de blanc, dont l'un se trouve bientôt plus ou moins coopté pour nous parler. Bien qu'il semble jouir d'une certaine autorité sur ses concitoyens, Ferzi affirme ne représenter et ne soutenir aucun parti. Nanti de la double nationalité slovène et macédonienne, il est originaire de ce village où il s'est établi comme artisan chaussetier après des études d'économie. Curieusement, et comme s'il s'agissait une fois de plus d'embrouiller à plaisir les choses, même les plus simples et les moins compromettantes, Ferzi prétend que l'agriculture et l'élevage comptent pour presque rien dans l'activité du village, alors qu'autant le spectacle de la rue que le témoignage de nos deux précédents interlocuteurs tendraient à prouver le contraire... En revanche, il est très vraisemblable que, comme il le soutient, beaucoup d'hommes du village se sont expatriés, à mi-temps ou durablement, et qu'aucune famille n'est épargnée par ce phénomène. Évasif dès que l'on aborde des sujets politiques, auxquels il dit « ne pas s'intéresser », le chaussetier n'en disqualifie pas moins par avance les résultats du dernier recensement. Les observateurs internationaux censés garantir la régularité du processus ? Il ne les a pas vus. Certes, avec ou sans observateur, le recensement a bien eu lieu dans le village, « mais la situation politique en Macédoine ne permet pas d'accorder le moindre crédit à ses résultats ». Une fois de plus, il semble que pour les Albanais – et pas seulement pour eux – il n'y ait aucune réalité objective des chiffres, et que les pourcentages respectifs de telle ou telle communauté résultent uniquement d'un rapport de forces. C'est un peu comme si la date du jour ou la distance séparant Tetovo de Gostivar devaient être réévaluées quotidiennement à la lumière des derniers développements politiques. « D'habitude, précise Ferzi, le recensement a lieu tous les dix ans. Or il y en a eu un en 1991 : s'ils en refont un en 1994, c'est qu'il est truqué ! »

Il n'y a qu'un petit détail qui cloche dans ce raisonnement, c'est que s'il a fallu en refaire un en 1994, sous contrôle international et avec l'accord au moins verbal de toutes les communautés, c'est parce que celui de 1991 avait été boycotté par les Albanais...

Au sortir des gorges de la Radika, la route, à peu près déserte désormais, à l'exception d'un épisodique autocar de la compagnie « Proleter », s'élève en direction de Debar et de la frontière albanaise. Juste avant Debar, à l'extérieur d'une courbe d'où l'on découvre en contrebas le lac de retenue du Drin Noir, le hameau de Raïchitza, presque invisible de la route, regroupe autour d'une vieille église orthodoxe une poignée de maisons à divers degrés d'écroulement. À l'extérieur du hameau, une fontaine jaillit à l'abri d'un petit auvent orné d'une plaque à la mémoire du partisan Jovan Simonovski, tombé en cet endroit un jour non précisé de 1944 : « Gloire éternelle et gratitude au soldat mort lors de la guerre populaire de libération. » Dans l'unique rue, très inclinée, du village, une vieille folle, assise sur un seuil, pousse des hululements inarticulés (il est évidemment tentant de voir en elle la mère ou la fiancée inconsolée de Simonovski), et un peu plus loin, au milieu de son potager, un vieil homme est occupé à déterrer des oignons dont il tient une botte dans sa main gauche. « Dans tout le village, dit l'homme aux oignons, il n'y a plus que trois maisons habitées : deux maisons orthodoxes, une maison torbèche. » Et il ajoute, sans doute dans le souci de passer à la postérité : « L'été, les moutons sont dans les alpages et les loups aussi ; l'hiver, les moutons redescendent jusqu'ici et les loups les suivent. »

Lors d'une première visite à Raïchitza, il y a deux ans et demi, nous avions commis dans ce hameau une gaffe historique (relative à l'Histoire). À l'époque, il y vivait encore un vieux berger albanais qu'en fin de matinée nous avions trouvé déjà passablement soûl, ce qui était peut-être l'unique raison pour laquelle il nous avait introduits chez lui sans se faire prier. À l'intérieur, il n'y avait rien, ou presque, si ce n'est une photo jaunie représentant le maître de maison en uniforme, et datant apparemment de la Seconde Guerre mondiale. Mais lorsque nous l'avions interrogé sur ses souvenirs de partisan – peut-être à cause de Simonovski, ou en vertu d'un préjugé « titiste » assez répandu à l'époque parmi les journalistes occidentaux –, le berger intempérant s'était muré dans un silence définitif, et notre interprète nous avait tirés à l'écart pour nous suggérer que l'uniforme du vieux était, selon toute vraisemblance, celui d'une milice qui avait lourdement sévi contre les Macédoniens, à l'époque où toute cette région se trouvait annexée à l'Albanie sous protectorat italien…

Devant le poste frontière de Kafasan, à la chute du jour, des camions bulgares, macédoniens ou turcs sont alignés, immobiles, sur environ 500 mètres. D'habitude, à pareille heure, et depuis la fermeture au commerce macédonien de la frontière grecque, la file s'allonge au moins sur cinq ou six kilomètres. Mais l'épidémie de choléra qui sévit depuis quelque temps en Albanie fait craindre aux camionneurs, autant que la contagion, leur mise en quarantaine et l'immobilisation de leurs véhicules au retour. Le premier camion de la file – arrivé la veille au soir en vue du poste, et immobilisé depuis 5 heures du matin – est immatriculé à Kumanovo et conduit par un certain Sretchko dont le nom signifie en macédonien « chanceux », ce qui, à l'évidence, ne colle pas avec l'idée que lui-même se fait de son propre destin. Pour commencer, Chanceux se plaint de ce que les Macédoniens tout court, pour obtenir un visa albanais, doivent acquitter une taxe de 40 DM dont sont exemptés les Macédoniens d'origine albanaise. Puis, désignant les cicatrices dont sa bâche est toute couturée, il explique que dans la traversée de l'Albanie, sur des routes dont le délabrement ne permet pas de rouler vite, les camions sont souvent lapidés, harcelés par des hordes d'enfants et des essaims de policiers racketteurs, les premiers mettant à profit les longs arrêts imposés par les seconds pour piller tout ce qu'ils peuvent de la cargaison ou des organes externes du camion… Sretchko soutient aussi que les policiers albanais en poste sur la frontière sont de mèche avec des bandits de grands chemins auxquels ils signalent les cargaisons les plus fructueuses, et que c'est même dans ce dessein qu'ils retiennent de longues heures les camions venant de Macédoine, afin de les contraindre à traverser de nuit l'Albanie. Lors de son dernier passage, Sretchko se serait ainsi fait soustraire pour environ 9 000 DM de marchandises. Un policier macédonien qui s'est mêlé à la conversation confirme globalement les accusations des camionneurs, mais ajoute que certains d'entre eux profitent de cette situation pour participer au pillage de leur propre cargaison. Voilà quelques années, de Kafasan, en découvrant les pustuleux bunkers dont la garrigue était toute criblée, de l'autre côté de la frontière, on avait le sentiment d'effleurer la limite d'un autre monde, à peu près inaccessible et radicalement étranger, où l'air devait être irrespirable, et que l'on ne connaissait guère à l'extérieur qu'à travers les récits ambigus de Kadaré. Aujourd'hui, beaucoup de ces bunkers ont été détruits, et ceux qui restent signalent simplement la frontière d'un pays pauvre de plus, même si celui-là, au regard de critères européens, l'est démesurément.

En franchissant le Vardar (l'Axios des Grecs), Zoran – le Macédonien majoritaire – nous signale que des eaux de ce fleuve, en amont, on a retiré l'an dernier un silure de 3,20 m. « Et le plus curieux, précise Zoran, c'est que le type qui a pêché le silure ne mesurait quant à lui que 1,60 m. »

La route qui suit les gorges du Vardar était autrefois – avant l'entrée en vigueur de l'embargo imposé par la Grèce à la Macédoine pour la contraindre à changer de nom – la principale artère du commerce macédonien, avec celle qui, au nord, et dans le prolongement de la précédente, relie Skopje à Belgrade, *via* Nis. Aujourd'hui, les douaniers du poste frontière de Bogorodica jouent aux échecs pour tuer le temps, tandis que sur le quai de la gare de Gevgelija – où un panneau datant des années soixante-dix affiche encore, en français, les horaires du Paris-Athènes – les employés de chemin de fer, affalés sur des bancs, se plaignent de n'avoir rien à faire depuis qu'aucun wagon de marchandise ne franchit plus la frontière grecque. Devant cette gare encalminée, poussiéreuse, une passagère énorme, accablée de chaleur, chargée en particulier d'animaux en peluche, attend un train dont il n'est que trop facile de prévoir qu'il ne passera pas, et un Tzigane ivre mort vomit un torrent d'insultes qui ne s'adressent à personne en particulier.

Si Gevgelija paraît s'être endormie avec la fermeture de la frontière grecque, Bogdanci, distante d'une dizaine de kilomètres, semble avoir au contraire redoublé d'activité depuis que la Bulgarie est devenue la principale issue du trafic routier en provenance ou à destination de la Macédoine. Bogdanci abrite, entre autres, le siège d'une entreprise, Mlaz, dont les cinquante camions-citernes font chaque jour jusqu'à trois allers et retours avec la Bulgarie pour s'y procurer de l'essence et, accessoirement, des vêtements de qualité médiocre, fabriqués en Turquie, dont les chauffeurs bourrent leur cabine sur la route du retour. Le mari de Sloboda – « Liberté » – était autrefois directeur financier de Mlaz-Bogdanci, il est aujourd'hui transitaire, et elle-même travaille au dispensaire de cette petite ville très affairée. L'histoire de Sloboda offre un raccourci de ces terribles embrouilles frontalières qui ensanglantent l'histoire des Balkans depuis que les Turcs s'en sont retirés. Sloboda, en effet, est née en 1948 dans le nord de la Grèce, près de Florina – « Lerin » en macédonien –, au cœur de cette région où vit encore une importante minorité slave dont la Grèce s'obstine à nier non seulement les droits, mais l'existence même. Les parents de Sloboda étaient l'un et l'autre partisans, d'abord dans la résistance grecque d'obédience communiste, puis dans les rangs de l'Armée démocratique lors de la guerre civile, qui, après la fin de la Seconde Guerre mondiale, mit aux prises monarchistes et communistes dans le nord de la Grèce. Après l'écrasement de ces derniers, en septembre 1949, Sloboda, comme à la même époque des dizaines de milliers de Macédoniens, fut déportée par les Grecs en Yougoslavie avec toute la population de son village, c'est-à-dire pour l'essentiel des enfants et des vieillards, les adultes étant au maquis [1]. Placée dans une sorte d'orphelinat kominformiste, en Pologne, Sloboda retrouvera dans ce pays une de ses sœurs – une autre avait échoué en Tchécoslovaquie – puis son père, dont elle apprendra que lui-même a été blessé lors des derniers combats du maquis communiste, et que sa mère est morte de ses blessures en Albanie où elle avait été évacuée. Sloboda est rentrée en Yougoslavie en 1958. En 1989, autorisée pour la première fois à se

1. Il y deux ans et demi, nous avions rencontré à Salonique un vieux Grec qui affirmait avoir été l'un des gardes du corps de Paul Éluard lors du séjour que fit ce dernier, en juin 1949, dans le maquis communiste – helléno-slave – du mont Grammos. Quelques semaines après avoir assuré la protection du poète français, il avait rejoint, volontairement d'après lui, l'armée royaliste, parce qu'à tout prendre il préférait combattre dans les rangs de « fascistes » hellènes plutôt qu'au côté de Slaves macédoniens, fussent-ils communistes comme il l'était lui-même à cette époque…

rendre en Grèce, elle n'a pu cependant retourner dans le village de ses parents, Orovo, situé dans une « zone militaire interdite ». Il y a peu, elle affirme avoir vu dans un reportage de la télévision australienne des images de ce village, détruit par les Grecs en 1949 et jamais relevé de ses ruines. Tout cela n'a pas empêché Sloboda de baptiser sa fille Athena.

C'est dans le cadre d'une campagne de vaccination que Sloboda a découvert Kurthamzali, un des cinq villages turcs du district de Gevgelija, tous situés dans les montagnes dominant le lac de Dojran. À l'époque, Kurthamzali n'avait ni l'eau ni l'électricité et n'était relié au reste du monde que par une piste impraticable par mauvais temps. L'électricité est arrivée en 1974, l'eau courante en 1977, la route en 1985, mais toutes ces commodités n'empêchent pas ce village d'être encore un des plus pauvres du pays, ni ses habitants d'être fort surpris, voire effarouchés, lorsqu'il leur arrive de la visite. Leur consternation s'accroît de ce que le hodja, hors de la présence duquel personne n'envisage de nous parler, est en visite chez le docteur, à Valandovo. Trois lascars, souriants mais fort embarrassés, s'affairent à regrouper selon des combinaisons différentes les pièces défaillantes d'un de ces vieux tracteurs rouges. Un âne brait, passent quelques vaches. Ah ! Mais, par bonheur, voici le hodja de retour, au volant de sa vieille guimbarde, haut comme trois pommes, de petits yeux en vrille et un bonnet noir enfoncé si profondément sur les yeux qu'il exagère encore la taille phénoménale de son pif. D'autre part, on l'aura compris dès le premier coup d'œil, ce hodja est un homme extrêmement sympathique, fort rusé, et en tout point digne du respect un peu médusé qu'il inspire à ses ouailles, de concert avec les deux instituteurs qui forment avec lui une sorte de débonnaire triumvirat. Visite de la mosquée, rénovée par les soins du hodja il y a deux ans, coup d'œil à l'école, bâtie sur ses instances en 1979 – où l'enseignement se fait en turc, mais avec trois leçons de macédonien par semaine –, puis réunion chez le hodja avec les deux instituteurs pour un exposé succinct de la situation du village. Évidemment, elle est catastrophique. Kurthamzali compte deux cent cinquante quatre habitants, qui vivent principalement de la production de lait et de tabac. Plusieurs années de sécheresse consécutives ont beaucoup réduit la récolte de tabac, et la coopérative le leur paie de moins en moins cher. « Du temps d'Ante Markovic – l'ultime Premier ministre de la Fédération yougoslave, auteur d'une réforme économique qui aurait peut-être réussi si elle n'avait été méthodiquement sapée par la

République de Serbie –, avec une année de tabac, on pouvait s'acheter une voiture ou un tracteur, aujourd'hui, ça ne paie pas les pneus… » Pareil avec l'élevage et la production laitière que la coopérative, insolvable, leur échange contre de la farine et du sel. Mais le village manque d'argent pour acheter de la nourriture pour le bétail, et son cheptel s'étiole inexorablement : « Il y a cinq ans, dit le hodja, on avait quatre mille moutons, aujourd'hui, il n'y en a plus que quatre cents. » Lui-même en possède deux cents, ainsi que soixante chèvres et trente vaches, et, au demeurant, depuis plusieurs années, il n'a plus de quoi cotiser pour sa retraite. Du moins le hodja peut-il compter sur le soutien de ses huit enfants et de ses vingt-trois petits-enfants, qu'il est fier d'avoir su convaincre de rester au pays. Mais, en dehors de sa propre famille, ses exhortations n'ont pas suffi à interrompre l'exode des habitants du village – les filles en particulier – vers la Turquie, où ils trouveraient plus facilement du travail. Cette année, quatre familles – une trentaine de personnes – ont quitté le village pour la Turquie. « Beaucoup de jeunes, commente le hodja, se sont retrouvés sans travail après la faillite des entreprises agricoles étatisées. Ici, il y a des gens qui mourraient de faim s'ils ne recevaient pas d'aide sociale. » En dépit de la solidité du trio formé par le hodja et les deux instituteurs – le plus âgé des deux, un bras passé autour du cou du hodja, dit de lui : « C'est un universaliste, il est très tolérant, nous faisons tout d'un commun accord et aucun de nous trois ne peut rien sans les deux autres » –, tous trois n'ont que bien peu d'espoir pour l'avenir. Le hodja est peut-être le plus pessimiste, et le plus affecté, comme le sont, à des degrés divers, la plupart des Macédoniens, par le soudain rétrécissement de leur sphère économique et de leur espace vital entraîné par l'éclatement de la Yougoslavie : « Le jour où j'ai appris que Belgrade, pour nous, c'était désormais l'étranger, j'en ai eu les larmes aux yeux. Enfin, encore heureux qu'il nous reste grand-père Kiro (Kiro Gligorov, le président de la République de Macédoine) pour maintenir la paix ici ! »

Après la Première Guerre mondiale et la création, sous l'égide de la monarchie serbe, de la première Yougoslavie, des paysans de la région montagneuse et déshéritée de Vranje, dans le sud de la Serbie, furent transplantés le long de la frontière gréco-yougoslave, dans la région de Gevgelija. À l'époque, il n'y avait pas plus de Macédoine que de beurre en broche – la République de Macédoine ne fut instaurée qu'après la Seconde Guerre mondiale, dans le cadre de la fédération socialiste yougoslave –, les Bulgares, qui avaient perdu la guerre, tenaient les Macédoniens pour Bulgares, tandis que les Serbes affectaient de les considérer comme des « Serbes du Sud », sans trop y croire bien sûr, et comme deux précautions valent mieux qu'une, ils avaient estimé plus prudent d'installer des Serbes tout court le long de leur nouvelle frontière sud. C'est ainsi qu'est né le village de Selemlija – et d'autres villages de la région –, si proche de la frontière que ce sont des lumières grecques que l'on voit scintiller à flanc de montagne, la nuit, dans l'alignement de la rue principale, non revêtue, et large comme il est d'usage dans les villages agricoles serbes. L'ambiance du village de Selemlija – environ quatre cents habitants – est un peu plus « moderne » que celle du village de Kurthamzali, mais on y trouve les mêmes tracteurs rouges en train de recevoir les mêmes soins intensifs, la même volaille caquetante et, en prime, deux cafés bien éclairés et quelques gros cochons grognants qui attestent que l'on ne se trouve pas dans un village turc. Au demeurant, les griefs des paysans serbes sont assez semblables à ceux des paysans turcs : le raisin qu'ils produisent – avec difficulté, compte tenu de la sécheresse persistante – leur est échangé à la coopérative contre du vin, ils manquent d'argent pour s'équiper et pour vivre, l'éclatement de la Yougoslavie les prive de leurs débouchés traditionnels, et d'abord du marché slovène.

Ducko Slavic est agriculteur et propriétaire d'une des deux épiceries-buvettes de Selemlija. Son père est né ici, et sa mère – aujourd'hui une petit dame bien fluette, sèche comme un sarment de vigne, tout de noir vêtue y compris le fichu –, originaire de Serbie, est venue l'y rejoindre et l'épouser en 1950. Quand on s'étonne de n'avoir pas remarqué d'église orthodoxe dans le village, Ducko, goguenard, dit que c'est à son avis « le seul village des Balkans sans une église ou une mosquée ». « Nous voudrions bien une église, ajoute-t-il, mais nous n'avons pas d'argent pour la construire, et si nous faisons appel à l'Église de Serbie, cela va faire des histoires… » Pendant ce temps, passe à la télévision macédonienne le journal en albanais, qui montre des images de Sarajevo. Survient Karadzic, qui fait un petit discours traduit au fur et à mesure en albanais. « Tiens, dit la grand-mère tout en noir, c'est Karadzic ! » Un ange passe. Plus tard, le maître de maison – au demeurant, l'hôte le plus accueillant et le plus cordial qui soit – ne pourra s'empêcher de nous demander « pourquoi la France a tourné le dos à la Serbie », ajoutant que son arrière-grand-père a combattu aux côtés des Français de l'armée d'Orient. Lesquels, à en juger par l'ossuaire et le cimetière français de Bitola, ont perdu dans la région quelque treize mille soldats, dont sept mille inconnus, « morts pour la France et la Serbie » lors des combats – victorieux – de 1918.

« À Krucevo, nous avait assuré Sloboda, ils sont presque tous valaques. » Plein d'espoir – et d'autant plus que Zoran se souvenait d'avoir connu à l'armée un tractoriste originaire de Krucevo et 100 % valaque – nous avons donc pris la route de Krucevo, dans les montagnes, avec l'espoir d'y recueillir, pour finir, les impressions d'un Valaque. Après de longues recherches, nous avons bien retrouvé un tractoriste qui avait été à l'armée en même temps que Zoran, mais ce n'était pas le bon et il n'était pas valaque (tout du moins affirmait-il ne pas l'être, mais en Macédoine il ne faut généralement pas prendre pour argent comptant ce que les gens disent être ou ne pas être). Macédonien non valaque, Petar, le tractoriste, était en revanche un patriote et, sans que nous lui ayons rien demandé, il sauta dans sa Zastava rouge pour nous conduire sur le site grandiose, à 1 250 m d'altitude, où Pitu Guli, le dernier combattant de l'insurrection de la Saint-Élie, tomba sous les balles des Turcs alors qu'il n'avait plus que des pierres à leur lancer. Cela se passait en 1903, et il devait encore s'écouler dix années avant que la Macédoine, au terme de deux guerres balkaniques, soit libérée des Turcs et partagée entre les Serbes, les Grecs et les Bulgares. Sur le site présumé de la mort de Pitu Guli a été édifié un monument effroyable, au pied duquel court dans l'herbe, en lettres de bronze, l'inscription, « Sloboda ili Smrt », « La Liberté ou la Mort ». Après nous avoir demandé si « tout le monde, en France, connaissait la république de Krucevo (instaurée pendant les quelques semaines que dura l'insurrection de 1903), la première république des Balkans », Petar se met à quatre pattes, pieusement, pour redresser l'une des quatre lettres du mot « Smrt » (Mort) qui a dévié de son alignement.

Le Magazine de Libération, *26 novembre-2 décembre 1994*

Visite de courtoisie à la classe ouvrière

En cette veille de Toussaint, il tombe sur Le Creusot une de ces pluies interminables sous lesquelles même un moral d'acier finit par tourner en eau de boudin. On a l'impression qu'aujourd'hui, seules deux catégories de Creusotins sont en activité : ceux qui achètent des chrysanthèmes et ceux qui les vendent. Sur l'esplanade de Larc, en dessous de l'hôtel de ville, on remarque pourtant cent cinquante ou deux cents personnes rassemblées par petits groupes sous de trop rares parapluies. Ce sont les quelques braves qui ont répondu à l'appel lancé par la CGT à un « vaste rassemblement de l'ensemble de la population creusotine et des environs ». « Le Creusot, lit-on dans le tract de la CGT intitulé “Tous dans l'action pour l'emploi et les salaires”, détient le record du chômage en Saône-et-Loire avec 17 % de la population active. [...] Notre vie est menacée de précarité, de misère, d'exclusion. « L'ombre du grand Creusot-Loire, poursuit le tract, est encore présente dans nos esprits, dans nos cœurs. L'ombre des grandes manifestations plane encore sur le boulevard Schneider. » Est-ce à dire que l'industrie lourde et la classe ouvrière ont déjà rejoint le royaume des ombres ? Après un discours presque inaudible d'un responsable syndical – dans lequel, pas plus que dans le tract, il n'est question d'« ouvriers » ou de « travailleurs » mais seulement de « salariés » –, le mince cortège, sous son dais clairsemé de parapluies, s'engage sur le pont de la Direction. Dans le vallonnement qu'il enjambe se déroulait autrefois le cycle complet de la transformation du minerai de fer en canons ou en locomotives. Aujourd'hui, sur la gauche, parmi quelques vestiges des hauts fourneaux arasés s'élèvent une université de poche, une résidence pour étudiants, quelques ateliers désaffectés, une antique usine de carbure et un établissement flambant neuf, rutilant, de la Snecma : beaucoup d'allure, mais peu d'emplois. Sur la droite, ce qui reste du « grand Creusot-Loire » : une masse encore imposante de bâtiments pour la plupart vétustes et sombres – à l'exception de l'atelier translucide, tout en hauteur, où l'on trempe les arbres d'hélice – mais où l'on fabrique aussi bien des éléments de TGV que de la fusée Ariane. Le long de la rue Foch, toute droite, puis par les rues Victor-Hugo et Marceau, la manifestation, toujours bien arrosée, suit son bonhomme de chemin jusqu'à la permanence du député RPR d'Autun et du Creusot, devant laquelle elle se disperse après un nouveau discours d'une pugnacité de pure forme.

« Déjà que, habituellement, ce n'est pas facile de mobiliser les gens, commente Christian L., alors avec un temps pareil... » Élu d'une commune limitrophe du Creusot – celle où se dresse, statufié, bêtement repeint d'une couleur neutre, le fameux marteau-pilon –, Chrsitian travaille à Creusot-Loire depuis vingt-deux ans et gagne aujourd'hui 7 000 francs par mois. Marié, père de trois enfants dont l'aînée vient d'entrer en fac, il a acheté en 1981 une maison pour laquelle il lui reste sept ans de crédit à payer. Son père et l'un de ses grands-pères travaillaient déjà dans la même entreprise, même si elle a entre-temps changé de nom et de structure. De son grand-père ouvrier, Christian dit que « Schneider était son Dieu ». « Celui-là disait toujours : vote donc d'où que vient le pain ! » Mais l'autre grand-père de Christian, bien qu'artisan-coiffeur, l'incitait à voter « au plus rouge : en vieillissant, ils blanchissent tous ! ». C'est de ce second grand-père – et aussi de son père, délégué CGT de l'âge héroïque – que tient Christian. En même temps qu'il entrait à Creusot-Loire, il a adhéré au parti communiste, et, bien qu'il soit homme de conscience, rien n'a pu l'en éloigner depuis : « C'est le parti communiste qui a donné un sens à ma vie. » Quoi que l'on pense des positions de ce parti, on ne peut qu'être ému par la foi de Christian – inébranlable, sans nuances – parce qu'elle est d'abord foi dans l'homme. Les malheurs qu'il subit, les crimes qu'il commet, contre ses semblables ou contre la nature, sont pour lui massivement imputables au « système ».

La seule « grande lutte » à laquelle Christian ait pris part dans son entreprise est celle qu'évoquait nostalgiquement le tract, celle de 1984, année du « démantèlement » de Creusot-Loire, contre quoi les syndicats, au premier rang desquels la CGT, mobilisaient alors les Creusotins par milliers. Qu'est-ce qui a changé, depuis lors ? En premier lieu, Christian cite la crainte – ou plutôt la hantise – du chômage : « Autrefois, une fois embauché à Creusot-Loire, on s'y sentait plus à l'abri que dans l'administration. » « Au milieu des années soixante-dix, on était encore dans les onze mille à Creusot-Loire. »

Aujourd'hui, les différentes entreprises nées de la restructuration du groupe n'emploient dans la région qu'un peu moins de trois mille personnes. On n'embauche plus de jeunes – sinon avec des contrats à durée déterminée, ou bien dans l'intérim –, et les anciens partent en préretraite. « Le potentiel industriel déménage, les grosses boîtes deviennent des sociétés d'ingénierie : la classe ouvrière, elle est déplacée là-dedans. » En conséquence, l'image de l'ouvrier a subi une dégradation qu'induisent ou que reflètent les médias : « À la télévision, tout se passe dans des bureaux, on ne valorise jamais l'atelier ou l'ouvrier. » Pourtant, d'après Christian, « physiquement, la classe ouvrière est toujours là. Mais moralement, elle est en train de disparaître. Et, du coup, toutes ses grandes idées disparaissent avec elle ». Christian, lui, croit toujours à la nécessité d'une transformation en profondeur de la société : « Ce sera ça ou le chaos ! D'un côté, on aura une élite protégée par la police, de l'autre une masse de gens qui ne vivront que du système D, de petits boulots plus ou moins honnêtes, comme dans les films américains d'anticipation ».

Charles G. assistait à la pluvieuse manifestation de la CGT en compagnie de son chien, une sorte de fox-terrier. Charles G. est retraité. Dans la rue où il habite un petit pavillon – une rue en pente, avec un cimetière sur la gauche –, Charles dit qu'il n'y a que deux personne qui travaillent, et que d'ailleurs, au Creusot, on compte désormais « plus de chômeurs et de retraités que d'actifs ». En 1948, après deux ans de formation au centre d'apprentissage Schneider, Charles, selon ses propres termes, est « monté aux hommes », c'est-à-dire entré chez Schneider et Cie en qualité de fraiseur-aléseur, département locomotives. Adhérent à la CGT dès 1950, élu délégué sept ans plus tard, il affirme n'avoir rejoint le PCF qu'en 1966. Du moins devait-il en être très proche depuis longtemps. Au premier rang, pendant près de trente ans, de toutes les grèves et de tous les conflits qui ont émaillé l'histoire de Schneider, puis de la Sfac, puis de Creusot-Loire, Charles, qui se définit lui-même comme un « homme de masses », a conservé tout un répertoire de tournures idiomatiques très représentatives de ce que fut le « mouvement ouvrier » de ces années-là. « On avait les gars derrière nous… Tout ce qu'on décidait, on le décidait sur le tas… au moment qu'on tenait la direction par le col, on a été trahis ! » D'où il ressort que Charles n'a pas dû mener la vie dure seulement au patronat, mais aussi, parfois, au syndicat. En 1968, pendant l'occupation de l'usine, il fait partie de ceux qui s'interrogent très sérieusement sur l'opportunité de foutre par terre la statue du « bambouaille », autrement dit « l'Eugène » – Eugène Schneider, le fondateur de la dynastie – qui trônait alors au milieu de la place principale du Creusot. Avant d'y renoncer par crainte de « diviser le mouvement » : « Aujourd'hui encore, il y a des gars pour dire que jamais un Schneider n'aurait laissé démanteler l'entreprise ! » Devenu en 1977 permanent de la CGT, c'est en cette qualité que Charles a vécu, à Paris, la « victoire de la gauche » en 1981. Lui-même ne fait pas mystère d'avoir voté blanc au second tour, ni d'avoir refusé de trinquer avec ses camarades aux résultats de ce dernier… « Le lundi matin, lorsqu'ils m'ont appelé dans le bureau de Louis Viannet, j'ai dit à ma secrétaire : "Vas-y donc ! Va vite boire le champagne parce que le François, il va pas tarder à te faire boire du vinaigre !" » Pour Charles, la responsabilité des socialistes dans la « démobilisation de la classe ouvrière » ne fait donc aucun doute : « Dans les années soixante, on pouvait encore penser qu'on allait changer les choses. Après, il y a eu le programme commun. Des idées qui ouvraient des perspectives. Aujourd'hui, les gars, ils n'ont plus de perspectives. La droite ou la gauche, pour eux, c'est du kif-kif. »

À peu près équidistante de Dunkerque et de Calais, toute proche de la centrale nucléaire de Gravelines qui l'alimente en électricité, l'usine Aluminium-Dunkerque est une nouvelle venue – elle entre dans sa quatrième année de fonctionnement –, avec une vocation presque trop affirmée, trop serinée, à être la première de la classe dans toutes les matières. Sous son bardage étincelant d'aluminium, elle est belle comme un train de luxe, accueillante et spacieuse comme un musée, elle ne pollue pas – ou si peu –, elle ne fait pas de bruit, et elle assure, avec un effectif d'un peu plus de cinq cent cinquante salariés, la moitié de la production française d'aluminium. Et, surtout, elle met en œuvre une conception inédite de l'organisation du travail, née des efforts conjoints de Jean Gandois, alors PDG du groupe Pechiney, et de Martine Aubry, son directeur général chargé des affaires sociales. Ce n'est pas seulement que le patron, l'encadrement et les ouvriers – rebaptisés « opérateurs » – se tutoient ou s'appellent mutuellement par leurs prénoms. Il y a plus sérieux : les huit échelons traditionnels de la hiérarchie ramenée à trois – la direction, les chefs de secteur et les « opérateurs » –, l'autonomie, la polyvalence et la responsabilité accrues de ces derniers, la « démarche qualifiante », qui devrait leur permettre d'élargir leurs compétences et de faire valider ces acquisitions par des diplômes. Dès le début du mouvement lancé le 25 octobre, les grévistes, par souci de « préserver l'outil de travail », font tourner les trois grandes divisions de l'usine – fabrication des anodes, électrolyse et fonderie – comme si de rien n'était, à ce détail près que ce qu'ils produisent, à raison de 540 tonnes par jour, est du rebut, c'est-à-dire de l'aluminium fondu avec ses impuretés, et qu'il faudra refondre pour qu'il soit commercialisable. « C'est une grève, commente l'un d'entre eux, où chacun est à son poste et où tout le monde travaille. » Au neuvième jour de la grève, aucun des opérateurs réunis dans le local de la CFDT, à l'intérieur de l'usine, ne remet en question l'organisation du travail qui, parmi d'autres innovations, a fait la réputation d'Aluminium-Dunkerque.

Didier, trente-six ans, un frère Rmiste, lui-même licencié en 1990 par une entreprise textile de Calais qui a fermé ses portes, travaille à la division des anodes. « Dans un atelier, chacun remplit toutes les tâches à tour de rôle. Tous les mois, l'un des opérateurs est désigné comme coordinateur, à charge pour lui de gérer l'équipe. Ce système donne beaucoup de liberté de manœuvre, et non moins de responsabilités. » Si Didier se voit mal « revenir au système ancien où on faisait toujours la même chose, avec un contremaître sur le dos », il estime que ce surcroît de responsabilité devrait « être rémunéré en conséquence ». « Au bout d'un an, ajoute-t-il, en dépit de nombreux ratés au démarrage, l'usine avait atteint le volume de production et le niveau de qualité requis par la direction. Les gens ont toujours répondu à son attente. Or il y a de sa part un déficit social, tant en ce qui concerne les qualifications que les salaires ou l'emploi. » Didier estime aussi que les conditions de sécurité ne sont pas satisfaisantes, en particulier dans le secteur où il travaille, aux anodes. C'est dans ce secteur que, le 10 décembre 1993, un opérateur a été victime d'un accident mortel. D'après ses voisins d'atelier, la machine sur laquelle il travaillait avait été signalée auparavant comme défectueuse. « Pour moi, dit l'un d'eux, je croyais qu'ici il n'y aurait jamais eu un mort… » « Et moi, répond un délégué, je te dis qu'on a beaucoup de chance qu'il n'y en ait eu qu'un ! »

À la Sollac aussi – après la fermeture des chantiers navals, le dernier géant de l'industrie dunkerquoise –, on parle désormais d'« opérateurs » et de « ressources humaines ». Dans les années soixante-dix, entre les sites de Dunkerque, de Mardyck et des Dunes, la sidérurgie dunkerquoise employait quelque dix-sept mille personnes. De restructuration en restructuration, ces effectifs sont passés aujourd'hui à moins de sept mille, sans compter les sous-traitants et les intérimaires. Encore les sidérurgistes dunkerquois s'en sont-ils mieux tirés que leurs collègues de Denain, dans le Valenciennois, où, des installations d'Usinor qui s'étendaient autrefois sur plus de 10 km, il ne reste aujourd'hui que de la pelouse.

D'origine polonaise, Jean-Luc M. est né à Bruay-en-Artois, où son père était boulanger et ses oncles mineurs. La trentaine, marié, sans enfant – « Je ne veux pas faire de futurs chômeurs » –, il a débuté à la Sollac (à l'époque Usinor) muni d'un BTS de fabrication mécanique, il y a dix ans, alors que l'on achevait d'y monter l'installation d'affinage sous vide sur laquelle il travaille aujourd'hui. Avec une indéniable satisfaction, voire une certaine fierté, Jean-Luc explique que cette installation, de type « RHOB », est la seule de ce modèle en France et l'une des meilleures dans le monde. En donnant à l'acier « une plus grande malléabilité tout en lui conservant sa solidité », elle permet de « former profondément les tôles », en particulier les tôles destinées à l'automobile, et serait à l'origine de ces « voitures rondes », aux formes molles, qui prolifèrent aujourd'hui. À l'instar de beaucoup d'ouvriers contemporains très qualifiés – mais à l'inverse de ceux qui interviennent en amont dans le processus de fabrication de l'acier, au niveau des hauts fourneaux ou des convertisseurs –, Jean-Luc n'est le plus souvent en contact avec son « produit » qu'à travers des écrans ou des claviers, d'assez loin pour que la chaleur de la coulée ne l'incommode plus. Il travaille dans une équipe de six personnes où chacun est « à peu près capable de faire le boulot des autres », et à laquelle incombe aussi la maintenance de l'installation. Tous les membres de l'équipe sont de la même génération et travaillent ensemble, depuis plusieurs années, à raison de deux matinées (5 h-13 h), de deux après-midi (13 h-21 h) et de deux nuits (21 h-5 h), suivies de quatre jours de repos. « Cela développe des relations beaucoup plus étroites qu'entre les gens qui font des journées de travail normales. Quand vous passez une nuit de Noël ou de Nouvel An avec des collègues, il se crée des liens. L'équipe, c'est un peu comme une seconde famille… » Mais même ces horaires de travail sont menacés : à Mardyck – un autre site de la Sollac dans la région dunkerquoise –, ils ont été bouleversés de telle sorte que « plus personne ne peut prévoir quand il aura un week-end libre ». Or Jean-Luc demeure particulièrement attaché à ces quatre jours de liberté dont le retour régulier, programmé, lui permet de tirer le meilleur parti. « Le boulot, c'est bien, mais le reste, c'est important aussi… » Avec sa femme, institutrice en maternelle et grande dévoreuse de livres, ils « retapent » une vieille ferme qu'ils ont achetée dans un village proche de Dunkerque. Adversaires déclarés de la télévision – ils n'en ont pas –, ce sont en revanche des cinéphiles et des amateurs de musique assez mordus pour aller jusqu'à Gand assister à un concert d'Eric Clapton. Tous deux nourrissent également une innocente passion pour l'ornithologie, favorisée par le fait que le littoral du Nord et du Pas-de-Calais est très propice à l'observation des oiseaux de passage. Ainsi le harle bièvre et le fuligule morillon n'ont-ils plus de secrets pour eux.

« Chacun cherche sa propre voie », confirme Jo R. « Le militantisme, le bénévolat, tout ça est en train de disparaître : on se recentre sur l'individu… » Quand Jo évoque son activisme tous azimuts des années soixante-dix et quatre-vingt, ça le fait sourire : « Je me rappelle les discussions qu'on pouvait avoir, pendant des soirées entières… bonjour la vie de famille après ça ! Si j'avais eu des enfants à cette époque, je me demande ce qu'ils seraient devenus. » Il lui semble que le dernier élan d'« idéalisme », de solidarité collective, dont il a été témoin et partie prenante, c'était au début des années quatre-vingt, avec le comité « Solidarnosc » d'aide aux militants polonais. Entré aux Chantiers de l'Atlantique en 1975, après un apprentissage de pâtissier, Jo, la quarantaine peu marquée, est tuyauteur P4 – ce qui lui assure un salaire mensuel d'un peu moins de 7 000 francs net, sans compter l'intéressement et d'autres babioles – et secrétaire adjoint du comité d'entreprise, conquis par la CFDT en 1990 après plusieurs décennies d'hégémonie cégétiste. Il travaille à bord de l'un des cinq méthaniers commandés aux chantiers par Petronas, un armement malaisien, dont le premier a été livré en juillet dernier. Avec les quatre paquebots commandés par la RCCL et le ferry à l'étude pour la SNCM, ils devraient donner aux Chantiers du grain à moudre jusqu'en 1998. Ce sont ces deux types de navires, paquebots et méthaniers, qui ont assuré jusqu'à maintenant la survie des Chantiers : livré en 1987, le premier paquebot de la série destinée à la RCCL, le *Sovereign*, a été construit en un peu plus de vingt-sept mois avec un effectif d'environ cinq mille ouvriers, quand il avait fallu dix mille ouvriers pour la construction du *France*, livré en 1962… Jo ne dissimule pas que la commande du *Sovereign* avait suscité chez les ouvriers des Chantiers un réel enthousiasme, et une certaine identification de chacun au destin de l'entreprise. Mais après l'effort exceptionnel fourni par les salariés, entre 1985 et 1987, pour que le monstre soit livré dans les délais prescrits, la mise en congé de conversion de cent trente-cinq d'entre eux, début 1988, a été reçue comme une véritable gifle. Il s'ensuit un conflit sans résultat tangible, puis un autre, sur les salaires, en 1989. Depuis 1991, les Chantiers réembauchent avec des pincettes, et le mouvement se confirme après la signature, en 1993, d'un accord sur la préretraite progressive. En revanche, la direction maintient une forte pression sur les salaires en agitant le spectre de la concurrence internationale : « Quand on sait, commente un ouvrier résigné aux paradoxes du marché mondial, que les chantiers finlandais prennent 30 % de moins que nous, on se dit qu'en effet la survie des Chantiers de l'Atlantique ne doit tenir qu'à un fil… »

Un méthanier géant, qui en est au stade des essais, dans la forme Joubert; un autre moins avancé, déjà colossal mais proche encore du « tas de tôle », à quai dans le bassin de Penhoët. Le long du bassin, l'avenue du même nom compte moins de cafés et plus d'agences d'intérim qu'il y a vingt-cinq ans, mais, malgré tout, quelqu'un qui ne l'aurait pas revue depuis la reconnaîtrait aussitôt. C'est dans ce décor que Jean-François V., quarante-quatre ans aujourd'hui, a fait, de 1965 à 1968, son apprentissage à l'école des Chantiers. « Quand j'étais enfant, des grèves, à Saint-Nazaire, il y en avait chaque année. Nous habitions rue d'Anjou, à proximité de l'itinéraire qu'empruntaient les cortèges en se dirigeant vers la préfecture. Pour ne pas être en reste, avec des copains, on allait derrière chez moi ramasser des cailloux pour les distribuer aux manifestants : certains nous engueulaient, mais d'autres les mettaient dans leurs poches, à toutes fins utiles. » Jean-François se souvient aussi d'avoir vu, dans le hall de la Bourse du travail, le catafalque d'un ouvrier tué lors de la grève de 1955 ou de 1957. En 1968, sa participation à la grève des apprentis lui vaut d'être affecté par l'encadrement des Chantiers à l'atelier de Montoire, dont son éloignement fait un lieu de relégation tout désigné pour les fortes têtes. « Mai 68, c'est ma seconde naissance, ma sortie de l'œuf. » Jean-François participe à toutes les manifs et va écouter Daniel Cohn-Bendit lorsque ce dernier organise un meeting informel sur la plage de Saint-Nazaire. À l'époque, les Chantiers illustraient encore cette tradition de pluralisme et d'autonomie qui chiffonnait Karl Marx, dans le mouvement ouvrier français du XIXe siècle, et qui devait faire à la fois le bonheur et le désespoir des groupuscules. Un temps compagnon de route des « maos » de la Gauche prolétarienne, Jean-François, qui a quitté les Chantiers en 1971, se retrouve la même année dans une ferme du Causse noir où il porte la bonne parole aux paysans. Il en conservera le goût du contact avec les agriculteurs, une parfaite maîtrise des tracteurs et un talent certain pour la confection du fromage de chèvre.

De retour à Saint-Nazaire, Jean-François milite aux Groupes de salariés pour une économie distributive (GSED), qui prônent la « grève générale productrice et distributive ». Il exerce un grand nombre de métiers dont certains laissent rêveur : docker occasionnel, pêcheur de rigadaux, ouvrier de nouveau, à la SEM, puis dans la réparation navale jusqu'à ce que cette activité disparaisse, à Saint-Nazaire, au milieu des années quatre-vingt. Jean-François redevient nomade : de stage de conversion en « dispositif de perfectionnement en ressources humaines », de boîte en boîte. Les stages lui conviennent. Il aime rencontrer des gens nouveaux, il aime apprendre : « Un ouvrier doit toujours être au top. » Jean-François – qui, entre-temps, a eu deux enfants, aujourd'hui âgés de six et huit ans – pense avoir enfin trouvé, sinon la boîte de ses rêves, du moins la plus susceptible de lui convenir. Petite – soixante-dix employés –, peinarde – « on ne fait pas de production, c'est presque un travail d'artisan » –, jolie – Jean-François dit même « ravissante », et il apprécie particulièrement le jardin attenant où, en saison, lors de la pause de midi, il lit *Le Monde* à l'ombre du « plus grand hêtre pourpre de toute la région » –, proche enfin de la maison où il s'est installé, à la campagne, dans un hameau à peu près introuvable. Il n'y a guère que la Loire à traverser. Pour le reste… Sans rien renier de ses convictions antérieures, Jean-François observe que, « si plus personne ne pense que la classe ouvrière est appelée à transformer la société, c'est qu'elle ne l'a pas fait quand elle en avait les moyens ». « Aujourd'hui, avec la crainte du chômage, tout le monde rentre la tête dans les épaules. On devient lâche… Pourtant le jour où le salarié verra qu'il ne peut plus payer ses traites, ce ne sera pas le grand soir, mais il risque d'y avoir un sérieux coup de torchon. »

« Ça devait être un lundi matin plus dur que les autres… », hasarde l'un. « Tous les lundis matin sont durs », tranche un autre. Tous deux sont jeunes – vingt-deux et vingt-cinq ans – et, bien qu'aucun des deux n'ait assisté au démarrage de la grève à l'usine EGT de Bourgogne, ils sont l'un et l'autre persuadés qu'elle s'est déclarée le 24 octobre – ce point est indéniable – à 5 heures du matin, c'est-à-dire avant l'arrivée de la maîtrise, et à l'initiative d'un groupe de jeunes réunis autour d'une machine à café. Dix jours plus tard, le mouvement lancé à Bourgogne s'est étendu à toutes les filiales du groupe GEC-Alsthom à Belfort – outre EGT, qui fabrique des éléments de turbines à gaz, les divisions Transports, où sont assemblées les motrices des TGV,

Électromécanique et Cycles combinés – et concerne désormais quelque sept mille six-cents salariés. « Dès qu'on a su que Bourgogne était en grève, on s'est dit qu'il fallait s'y mettre, nous aussi. Et c'est les jeunes qui sont partis ! » Laurent venait de prendre un appartement avec sa fiancée, et, après deux semaines de grève, il se demande comment il va pouvoir s'arranger avec sa banque. Ouvrier de père en fils, Alsthom de père en fils : Laurent se souvient d'être venu encourager son père, en 1979, lors de la fameuse grève du « Centenaire », qui dura deux mois. « On chantait "Le chiffon rouge", on faisait cramer des pneus sur la voie ferrée. Mais il y avait moins de monde aux portes (aux piquets) qu'aujourd'hui. » Même en travaillant de nuit, Laurent plafonne à 7 100 francs par mois de salaire brut. Mais, d'après lui, il y a dans l'entreprise des gens qui gagnent moins de 6 000 francs par mois... Avec 7 500 francs brut, Nicolas, son aîné de trois ans, fait donc figure de privilégié. En revanche, cela fait plusieurs années qu'il traîne de filiale en filiale, en intérim ou sous CDD (contrat à durée déterminée), et il se bat pour assurer la sécurité de son emploi.

Il est rare qu'une grève de cette ampleur – une grève dans laquelle plusieurs milliers d'ouvriers sont prêts à perdre un mois, ou plus, de leur salaire – ait une cause unique. Déclenchée par des jeunes pour la plupart non syndiqués, et d'ailleurs plus que sceptiques quant à l'efficacité des rituels débrayages d'une heure organisés par les grandes centrales – même si ces dernières, bien que prises de court, les ont soutenus dès le début, puis tant bien que mal encadrés –, celle de GEC-Alsthom procède de causes multiples et, pourrait-on dire, vieilles comme le monde, ou du moins comme la « condition ouvrière ». L'une d'elles est un sentiment croissant d'exaspération contre une maîtrise jugée inadaptée et tatillonne, privilégiant la docilité au détriment de la compétence : « La maîtrise nous traitait comme des pions, alors on a renversé l'échiquier. » Ou encore : « C'est plus en pantalon qu'il faut venir au travail, c'est en string ! » Les ouvriers, les jeunes en particulier, se plaignent aussi de ce que leurs qualifications ne soient pas reconnues, et leur progression d'une lenteur décourageante : « Aujourd'hui, pour devenir P3, il faut compter trente ans, et encore si tu ne fais pas de conneries. » Les conditions de travail sont jugées précaires, voire dangereuses. En 1994, il y a eu deux morts sur le site de Belfort, dont un par asphyxie, dans une cuve, lors d'une soudure à l'argon : « Ils auraient dû être deux pour faire ce travail, mais il fallait bourrer, comme d'habitude ! Et qu'on ne vienne pas nous dire que c'est la fatalité. » Enfin, les rémunérations stagnent, alors qu'imprudemment, peut-être, on claironne un peu partout que la reprise est là. Les grévistes – dont la plupart portent malgré tout une appréciation positive sur leur travail, surtout par comparaison avec celui des ouvriers de Peugeot-Sochaux, qu'ils envisagent volontiers comme « des esclaves » – estiment, comme aux Chantiers de l'Atlantique, avoir fourni depuis quelques années des efforts exceptionnels d'adaptation, de productivité, de qualité, qui n'ont pas été payés en retour : « La génération des vingt-cinq - trente-cinq ans, ça fait cinq ou dix ans qu'on lui agite la carotte sous le nez. » L'entreprise – et cet état d'esprit n'est pas limité à GEC-Alsthom – est perçue de plus en plus comme une simple machine à faire du fric. « C'est plus des vraies entreprises, c'est rien que des actionnaires qui placent leur argent et veulent que ça rapporte le plus vite possible. » « Le pognon est planqué en Suisse, et il sert à financer les partis politiques ou à d'autres combines. » « Il y a eu trop de choses à la télé, comme quoi Suard, il s'en mettait plein les poches… » Les bons résultats affichés du groupe – d'après *Le Monde* daté du 22 novembre, GEC-Alsthom a réalisé en 1993-1994 un bénéfice net de 2,2 milliards de francs –, la publication du salaire présumé de Pierre Suard, PDG d'Alcatel-Alsthom – 12 millions de francs par an –, enfin l'implication probable de ce groupe dans le financement du parti républicain, engendrent un sentiment aigu d'injustice, de gâchis, qu'en d'autres temps on aurait pu qualifier de « sentiment de classe ». Sous la tente dressée par le piquet de grève, près de l'entrée principale de l'usine – le long de la voie ferrée sur laquelle, au passage, les locomotives attelées ou non lancent de longs coups de sifflet « en signe de solidarité » –, à côté d'articles sur le conflit découpés dans les journaux locaux mais aussi dans la presse trotskiste – *Informations ouvrières* ou *Lutte ouvrière* – les grévistes, outre les trois billets de 500 francs illustrant la revendication d'une augmentation uniforme de 1 500 francs par mois, ont affiché une photographie du château de 35 millions récemment acquis par le groupe et destiné à la « formation des cadres ». « Rien que de vaisselle, commente un gréviste, il y en a pour au moins 3 milliards de centimes ! » Peu importe que le chiffre soit faux : il l'est certainement. Mais peut-être a-t-on cru un peu vite que, dans une société où les exclus du travail se comptent désormais par millions, les « privilégiés » qui ont un emploi s'accommoderaient éternellement d'être payés près de cent cinquante fois moins que leurs patrons.

Le Magazine de Libération, *28 janvier - 3 février 1995*

À Mostar, il n'y a plus de pont entre Croates et Musulmans

Dimanche, dans le cimetière proche de la cathédrale, on inhumait avec les honneurs militaires, salves de fusils d'assaut et sonneries de trompettes, trois jeunes combattants du HVO – la milice croate de Bosnie-Herzégovine – originaires de la région. La semaine dernière, les autorités de Mostar-Ouest, pour cause d'offensive des forces croates à l'est de Knin, ont imposé à leurs administrés un demi-couvre-feu un peu faux cul, consistant principalement dans la fermeture des bistrots, et pour lequel il n'est pas facile de déterminer s'il était dicté par des considérations militaires – une sorte de pré-mobilisation – ou morales : s'abstenir de tout excès à l'arrière par solidarité avec le front.

Quoi qu'il en soit, cette sage mesure a rendu pour quelque temps leur calme et leur beauté aux nuits de Mostar-Ouest. On entendait de nouveau les chiens aboyer, les coqs chanter, les grillons striduler, un oiseau non identifié, installé dans un des énormes platanes de la rue Kneza Branimira, lancer à intervalles réguliers une note unique et, de temps à autre, un milicien nerveux, ou simplement de bonne humeur, tirer contre les fantômes une rafale de mitrailleuse ou de Kalachnikov. C'était le bon temps. Dans la nuit du 31 juillet au 1er août, sans doute à la suite de la confirmation du succès des armes croates à Glamoc et à Bosanska Grahovo (et ce n'était qu'un début), cette mesure a été abrogée. Et, de nouveau, les rues où il y a des rades – ce n'est pas ce qui manque à Mostar-Ouest – ont été livrées sans défense, jusqu'au lever du jour, à l'agression sonore de la musique disco-balkanique, des querelles d'ivrognes, des claquements de portière, des gloussements de pétasse et de ces démarrages patinés qui, sous toutes les latitudes, sont un des moyens les plus sûrs de reconnaître à l'oreille un gros con. Par voie de conséquence, ce bruit odieux des roues arrière patinant sur le bitume, consécutivement au démarrage, est également une caractéristique des villes tombées au pouvoir de miliciens mafieux ou présentant, du moins, une forte densité de ces derniers. Un de leurs passe-temps favoris, à Mostar-Ouest, est de soustraire aux organisations internationales, gouvernementales ou non, ces 4×4 hérissés d'antennes dans lesquels leurs représentants se promènent si volontiers (on ne soulignera jamais assez le rôle de la firme Toyota dans la mise en scène de la guerre moderne, de sa garniture humanitaire et de sa couverture médiatique).

La police multinationale déployée par l'Union européenne – cent cinquante policiers et gendarmes de dix ou douze nationalités européennes, dont vingt Français – a bien tenté de s'y opposer, mais il n'est pas avéré que la police croate, de son côté, soit animée d'une volonté inébranlable de mettre un terme à ce trafic. Les policiers européens n'ont guère été plus heureux dans leurs tentatives pour réunir les polices croate et bosniaque, ou pour les amener à coordonner leurs efforts. Ce déploiement policier n'est toutefois qu'un des aspects de la politique mise en œuvre par l'administration européenne, qui, depuis un peu plus d'un an et jusqu'en juillet 1996, préside aux destinées de la ville de Mostar et s'efforce de la réunifier, ou, à défaut, de rapprocher les deux communautés. À écouter les uns et les autres, il semble douteux qu'elle y parvienne avant la date prévue pour son retrait.

Au pied d'une HLM de Mostar-Ouest toute trouée d'obus et rapiécée, deux compères discutent autour d'un bac où rafraîchissent force canettes de bière et une bouteille de Loza. Il n'est que 17 heures, et les esprits sont déjà bien échauffés. Zdravko, maigre comme un clou, teint brouillé d'hépatique, l'œil légèrement vitreux, nous glisse sous le nez, sans que nous lui ayons rien demandé, sa carte du HVO et décline sa qualité de « major dans l'artillerie lourde ». Volontaire du HVO dès le début de la guerre contre les Serbes, Zdravko ne doute pas d'être connu dans le monde entier sous le nom de « Thompson », pour être apparu dans un reportage de CNN armé de la fameuse mitraillette américaine à chargeur cylindrique. Il s'agissait, précise-t-il, d'un exemplaire datant de 1931. Pendant la Seconde Guerre mondiale, le père de « Thompson » était officier de l'armée d'Ante Pavelic (le chef de « l'État indépendant de Croatie », pronazi). Il a même trouvé le moyen de ne pas se faire fusiller après la victoire des partisans. Une famille de veinards. Prenez la femme de « Thompson », par exemple. Elle est d'origine serbe et, dès le début des combats, il l'a envoyée se réfugier avec sa fille dans sa région d'origine, à Berkovici, non loin de Mostar. Quelques semaines plus tard, les troupes du HVO ayant progressé vers le sud-est, la batterie de Zdravko reçoit l'ordre de bombarder Berkovici, et ce dernier se vante d'avoir exécuté l'ordre sans sourciller, sans même un pincement de cœur. Pour leur malheur, peut-être, la femme et la fille ont survécu à ce bombardement familial et se retrouvent maintenant à Mostar...

En ce qui concerne les Musulmans, Zdravko veut bien « leur laisser une chance de rester », mais « à condition qu'ils vivent séparément et qu'ils acceptent notre autorité ». Pas question de rétablir la libre circulation entre les deux communautés ou, a fortiori, de réunifier la ville. D'ailleurs, « nous n'avons rien de commun avec les Musulmans, tous les Croates d'ici vous le diront ». S'échauffant, Zdravko éructe bientôt que « Mostar sera une ville croate ou rien », et qu'« ici tout le monde dort avec son arme ». Un de ses commensaux, un vieux qui affirme s'être fait dépouiller de ses deux boutiques, l'une à Konjic, l'autre à Jablanica, par les Musulmans, ajoute qu'à tout prendre il préférerait encore se réconcilier avec les Serbes plutôt qu'avec ceux-là.

Jadis cadre de l'une des deux grandes usines de Mostar, Tvrtko est aujourd'hui gardien de nuit. Vivant seul, il occupe ses loisirs à fabriquer de petits objets de bois qu'il souhaite à la fois « beaux et utiles ». Il représente un type humain tellement éloigné de celui de Zdravko que l'on pourrait douter qu'ils appartiennent à la même espèce. D'une voix très douce, Tvrtko explique que « les Musulmans sont de braves gens, qui ne se battent que pour sauver leurs vies. Alija [Izetbegovic, le président bosniaque] ne voulait pas la guerre. Il a attendu le dernier moment pour s'y résoudre. » « Ici, ajoute-t-il, à Mostar, les Musulmans étaient des Européens à part entière. Ils fréquentaient peu les mosquées et ils avaient un haut niveau d'éducation. Pendant qu'ils attendaient, on les tuait des deux côtés (serbe et croate). Durant la guerre (croato-bosniaque), notre camp les a furieusement attaqués et a détruit toutes leurs habitations. » Inutile de dire qu'il est exceptionnel de rencontrer à Mostar-Ouest un Croate qui tienne ce langage... Et, cependant, même Tvrtko considère qu'il serait aujourd'hui « difficile et dangereux de réunir l'Est et l'Ouest, car les gens se défient désormais les uns des autres : les catholiques (Tvrtko emploie ce terme beaucoup plus volontiers que celui de « Croate ») craignent la revanche des Musulmans ». « Je suppose, conclut-il de manière assez obscure, avec résignation, comme s'il s'agissait d'un décret divin, que nous avions atteint le moment où les gens devaient être séparés ».

Au milieu d'une place déserte – Hit Square selon la terminologie européenne –, jonchée de gravats, envahie localement par la végétation caractéristique des ruines récentes, une cabane en préfabriqué abrite les policiers croates et bosniaques chargés de contrôler les papiers des habitants de Mostar qui, en petit nombre, se rendent d'un secteur à l'autre, généralement d'est en ouest, et le plus souvent pour faire des courses. Hit Square dut être une assez belle place, dans le temps, si l'on en juge par le seul de ses éléments demeuré presque intact, la façade néomauresque, couleur pêche, d'un établissement d'enseignement datant de l'époque austro-hongroise. Autrement, il n'y a là que du vide, de la lumière aveuglante, du béton, de la pierre ou de la brique torturés par l'artillerie et fignolés à la mitrailleuse, mais alors avec énormément d'obstination, bien à fond, rien que de l'éventré, de l'évidé, du broyé, de l'aplati, du tordu et retordu, en somme la copie conforme de Vukovar, bien qu'en plus petit. Comme si les Croates, piqués au vif, avaient tenu à disputer aux Serbes la palme de l'urbicide.

C'est donc le boulevard de la Révolution-Populaire – en abrégé « le Boulevard » –, sur lequel se situe Hit Square, qui marque la limite entre l'Est et l'Ouest, et non la rivière Neretva, qui coule une centaine de mètres en contrebas. Le quartier demeuré sous contrôle bosniaque, sur la rive droite, entre la rivière et le boulevard, a bénéficié d'un traitement de faveur de la part de « Thompson » et de ses collègues du HVO. La plupart des immeubles sont totalement détruits, et il n'en est aucun qui n'ait été touché à plusieurs reprises par l'artillerie croate. Qu'un certain nombre de gens aient pu survivre dans ce quartier pendant toute la durée du siège tient du prodige. « Pendant quelques jours, raconte Haris, l'un de ces miraculés, après la destruction de tous les ponts sur la Neretva, nous avons été totalement isolés, totalement coupés des autres quartiers de l'Est. Et nos soldats n'avaient presque plus de munitions. Jamais il n'auraient pu tenir s'ils avaient eu en face d'eux une vraie armée. Heureusement, ils n'avaient que le HVO. » Si Haris, même au plus fort du siège, ne s'est pas réfugié sur l'autre rive, c'est que l'un de ses fils, mobilisé dans l'armée bosniaque, se battait à quelques blocs de là sur la ligne de front. Son appartement, qui avait déjà été touché à plusieurs reprises, pendant le siège « serbe », par des obus antiaériens, a reçu des Croates deux obus de gros calibre et un plus petit. « Chaque pièce, commente Haris, a eu son obus… »

Avant que l'administration européenne ne rétablisse un pont provisoire à l'emplacement du pont Tito, la passerelle branlante qui franchit la Neretva quelque 100 mètres en aval, tout près des eaux tourbillonnantes, était le seul lien entre les deux rives. Une des particularités de Mostar, c'est d'être bâtie dans des gorges – l'habitude étant plutôt de laisser les gorges, celles du Tarn par exemple, à la campagne – au pied de hautes collines sèches qui, sur deux côtés, enserrent les quartiers de l'Est entre de véritables murs, très propices au déchaînement de l'artillerie. Bien que les Serbes continuent à bombarder sporadiquement la ville, cela n'empêche pas les plus audacieux des habitants de l'Est, par une belle journée, de barboter dans les eaux de la Neretva. Les cafés sont également très nombreux et très actifs de ce côté de la ville, et les magasins d'alimentation plutôt bien garnis désormais, même si les produits que l'on y trouve sont plus chers qu'à l'Ouest, et inaccessibles, entre autres, aux milliers de réfugiés, chassés de chez eux par les Croates ou par les Serbes, dont certains s'entassent encore dans des camps de conteneurs. Même les commerces d'« antiquités » ont timidement repris près de l'emplacement du Vieux Pont. Hormis quelques cartes postales d'avant-guerre, on n'y trouve le plus souvent que des culots d'obus de mortier ou des projectiles désamorcés de RPG, que le vendeur désigne ironiquement comme des « souvenirs de Tudjman et de Milosevic ».

Pas de chance pour les Croates : toute l'histoire de Mostar, toute sa beauté, sont de ce côté, et la dévastation qu'ils y ont apportée n'en a délogé ni l'une ni l'autre. Avec ses rues étroites, ses fontaines, ses places à palabres, ses murs à travers lesquels on voit le ciel et ses minarets effondrés, l'Est conserve un caractère urbain beaucoup plus affirmé que l'Ouest, où dominent les alignements de cages à lapins socialistes. De certains monuments historiques, pour ne rien dire des bâtiments plus usuels, il ne subsiste que quelques pans de mur. Mais d'autres sont restés debout, bien que criblés d'impacts, et les plus prestigieux font aujourd'hui l'objet de travaux de consolidation afin de les aider à passer le prochain hiver. C'est le cas, par exemple, de la mosquée Koski Mehmed Pasina, avec sa medresa, ses quelques tombes enturbannées et son petit jardin donnant sur la Neretva, à proximité de laquelle se trouvent le café Rose et la maison de Maida.

Car il est temps de parler de Maida, de son gâteau et de quelques obus serbes. Le jeudi 3 août, en début d'après-midi, un premier obus serbe est tombé près de l'église orthodoxe, puis un second est passé en sifflant au-dessus de la maison, avant d'aller exploser sur la berge, au moment précis où Maida venait de casser les œufs et d'en répandre les jaunes sur la farine. Maida a sauté de côté, elle a eu le temps d'attraper le saladier où gisait le gâteau inachevé, puis elle a insisté pour que tout le monde, c'est-à-dire son fils de seize ans, Dragan, et votre serviteur, aille se mettre à l'abri chez sa mère, qui habite non loin de là un immeuble plus solide. Car la maison de Maida, une maison ancienne et charmante, dominant la rivière – en se penchant, on peut voir par la fenêtre les retombées de l'arc que formait autrefois le Vieux Pont –, est en papier mâché, et sa voisine a reçu la semaine dernière un obus qui a transformé son toit de tuiles en confettis.

On traverse la place à vive allure, on passe devant le café Rose, qui a replié sa terrasse, on récupère au passage la mère de Maida qui a trouvé refuge dans l'escalier. Comme beaucoup d'habitants de l'Est, la mère a eu sa maison détruite par l'artillerie serbe dès la première phase de la guerre, elle s'est donc réfugiée chez des parents à l'Ouest, pour se faire expulser et dépouiller de tout ce qu'elle avait emporté lorsque la guerre, dans sa seconde phase, a opposé les Croates aux Bosniaques. Pour finir, la mère s'est donc installée dans cet immeuble au-dessus du café Rose, partiellement détruit par un incendie, dont la carcasse de béton, bien que rissolée, demeure accueillante aux squatters. Maida vient de terminer son gâteau et de le mettre au four lorsque se présente un voisin, la cinquantaine, que tout le monde appelle « professeur » et qui a en effet l'allure d'un universitaire, bien qu'il ait été garagiste avant la guerre. Arrêté par des miliciens croates le 30 juin 1993, le garagiste a passé six mois dans un camp installé sur le site de l'usine aéronautique Soko, où, d'après lui, plus de douze mille personnes auraient été retenues dans différents locaux.

Lui-même a été à plusieurs reprises, pendant sa détention, extrait du camp et utilisé soit à renforcer les défenses du HVO, soit comme « bouclier humain » lors d'assauts contre les troupes bosniaques dans le quartier du Boulevard. Il est un des rares prisonniers ainsi utilisés à s'en être tirés. Or, s'il affirme que les anciens détenus ont fait serment de « retrouver » ceux des gardiens du camp – et surtout ceux d'un autre camp, au régime beaucoup plus dur, dans les collines – qui se sont rendus coupables de meurtres, de viols ou de tortures, il insiste plutôt sur le fait que, parmi les geôliers, tous n'étaient pas des salauds ou des brutes. Certains leur donnaient des nouvelles de leurs familles et, non sans risques probablement, leur faisaient parvenir des lettres ou des colis. Lorsque les Croates ont détruit le Vieux Pont de Mostar, le garagiste se trouvait avec d'autres détenus en dehors du camp, travaillant sous la surveillance de quelques miliciens croates. L'un d'entre eux fut tellement indigné à l'annonce de cette nouvelle, raconte-t-il, qu'il alla Dieu sait où se procurer des bougies, les disposa sur le sol de telle sorte qu'elles dessinent approximativement la silhouette du Vieux Pont, puis les alluma et se tint coi. Ainsi, par une nuit de guerre, des miliciens croates et des prisonniers bosniaques veillèrent-ils ensemble le Vieux Pont.

Peu après 18 heures, le bombardement serbe a repris brièvement, alors que Maida sortait son gâteau du four. À 20 heures – une heure avant le couvre-feu toujours en vigueur à Mostar-Est –, Dragan s'est lassé d'attendre et il est descendu pêcher la truite sur la berge de la Neretva. À 20 h 30, l'appel à la prière a retenti, lancé du haut du minaret de la mosquée voisine, lequel porte un trou par où une vache pourrait passer, et un passant a pesté contre ces « péquenots [les réfugiés] qui nous cassent les oreilles avec leurs prières, alors qu'ici personne n'est croyant ». Edina, la nouvelle et provisoire serveuse – provisoire, car le métier ne l'emballe pas –, s'apprête à fermer le café Rose. Edina a dix-neuf ans et prétend ne plus rien attendre de la vie, bien qu'elle ne rate pas une occasion d'aller acheter des fringues à Mostar-Ouest. On lui demande ce qu'elle pense des Croates. Edina hésite longuement, hoche la tête, puis se décide : « Ils ne sont pas tous les mêmes, mais je ne peux oublier ce qu'ils nous ont fait. » Pense-t-elle que les deux communautés puissent de nouveau vivre ensemble ? « Vous avez vu notre cimetière, sur la colline ? C'est là que se trouve la réponse. » Et comment envisage-t-elle son avenir, elle qui n'était jamais sortie de Yougoslavie avant la guerre, qui rêve de voyager et qui ne sait même pas si elle pourra un jour quitter Mostar : « Tout en noir. Il n'y pas de beauté dans le monde... » Mais vous vous trompez, Edina : il suffit, pour s'en convaincre, de vous regarder ou de parcourir les rues dévastées du vieux Mostar, ou encore de guetter, du haut de la passerelle, l'apparition d'une truite dans les eaux sales et cependant bleu turquoise de la Neretva.

Vendredi 4 août : la nuit dernière, l'armée croate a lancé une offensive généralisée contre les Serbes de Krajina, et ce matin, vers 7 heures, en représailles, une giclée d'obus serbes s'est abattue sans discrimination sur l'est et sur l'ouest de la ville. Le bruit court que deux personnes ont été tuées dans le quartier qui jouxte la ligne de démarcation.

L'Événement du jeudi, *10 au 16 août 1995*

Revivre à Belfast quand la guerre vous a laissé aveugle et sourd

Et si on commençait par un incendie? Après tout, Belfast est une ville qui a brûlé beaucoup plus que la moyenne. Et la première fois que nous y avons mis les pieds, en 1971, l'année de l'introduction de l'« internement », la première chose que nous avions observée à Belfast était un incendie. C'était, si ma mémoire est bonne, un cinéma qui cramait, le Clonard, avec énormément de flammes et de fumée, de craquements et de ronflements. Cela se passait dans le quartier catholique, donc « républicain », de Falls Road. Les pompiers faisaient de leur mieux pour l'éteindre, mais les gamins – catholiques, donc « républicains » – étaient en désaccord avec eux sur ce point : après tout, il s'agissait sans doute d'un incendie lui-même catholique et « républicain ». Les gamins s'efforçaient donc de compliquer la tâche des pompiers, la police (Royal Ulster Constabulary, en abrégé RUC) ne pouvait guère s'en mêler – à l'époque, elle ne se montrait plus dans les quartiers catholiques, et cela valait mieux, compte tenu de la manière dont elle s'y était comportée –, ce fut donc l'armée britannique qui intervint, à grand renfort de petits blindés montés sur roues, des Saracen, des Saladin, tous plus mésozoïques et plus effrayants les uns que les autres. Les gamins empêchaient de plus belle les pompiers de travailler et mettaient des bâtons dans les roues – au sens strict – aux mésozoïques petits blindés. Ceux-ci manœuvraient inconsidérément, dangereusement, dans la foule.

Cela sentait le roussi, même si l'affaire, autant que je m'en souvienne, se régla ce jour-là sans heurts sérieux. Mais un incident du même genre, à la même époque, pouvait laisser plusieurs personnes – de préférence des civils catholiques – sur le carreau. Au cours de ce mois d'août 1971 et des trois qui suivirent, soixante-treize civils (dont certains, bien entendu, pouvaient être membres d'organisations clandestines et, même sans cela, s'être livrés à des attaques contre la police ou l'armée), trente soldats et onze flics restèrent sur le carreau. On voit par là que l'introduction de l'internement fut une mesure d'une grande sagesse, et d'une non moindre efficacité.

Vingt-quatre ans ont passé, presque jour pour jour, et c'est par un incendie, de nouveau, que nous sommes accueillis à Belfast. Celui-ci fait rage, de nouveau, dans le quartier de Falls Road. Plus précisément dans l'Albert Street, à deux pas de la cathédrale Saint-Pierre, en face d'un groupe d'HLM relativement récentes mais que l'on est en train de démolir pour cause d'insalubrité : « Appartements infestés de cafards », peut-on lire sur les fenêtres que l'on a pris soin de murer afin de décourager les squatters. L'édifice en proie aux flammes – une ancienne église presbytérienne reconvertie en centre récréatif et social – dégage d'âcres et abondantes fumées blanches qui se voient de partout en ville.

Même sans cela, il fait une chaleur accablante, une chaleur et une sécheresse telles que l'on n'en a pas enregistrées dans la région depuis le XVIIe siècle, selon les commentateurs les plus emphatiques, et depuis le XIXe selon les plus réservés. Devant l'église qui se consume, trois camions de pompiers ont déroulé les gros tuyaux de leurs lances, des tuyaux un peu mités, semble-t-il, pleins de trous que des enfants en grappe s'efforcent d'élargir, aussi bien pour emmerder le monde, tout simplement, que pour s'asperger avec l'eau des fuites.

Un enfant à vocation de leader brandit la carcasse à moitié rôtie d'un pigeon qu'il vient de retirer des décombres, au milieu des trombes d'eau et des avalanches d'ardoises qui dégringolent du toit sur le point de s'effondrer. Les pompiers gueulent, pourchassent dans la fumée, en riant, les enfants qui reviennent aussitôt à la charge : tout se passe en famille et dans la bonne humeur.

Mais le plus remarquable, c'est que cet incendie, je l'ai repéré alors que je me trouvais dans Shankill Road et que, pour l'atteindre, j'ai dû emprunter Northumberland Street, une rue transversale qui franchit la limite entre le quartier protestant – « loyaliste » – de Shankill et le quartier catholique – « républicain » – de Falls, par un défilé assez peu engageant entre les hauts murs de la minoterie Andrews. La frontière est marquée par une grille – ce que, dans le jargon orwellien des « troubles », on appelait une « ligne de paix » – et par une porte marquée « road closed » – « rue fermée » – dont les deux battants sont aujourd'hui grands ouverts.

Or, même si presque personne ne se hasarde encore, à pied, sur cet itinéraire, le fait que l'on puisse se rendre directement de Shankill à Falls, et vice versa, constitue une nouveauté presque aussi saisissante que la disparition de l'armée britannique des rues de Belfast, où elle était omniprésente avant le cessez-le-feu. Sans doute l'hélicoptère qui pendant des années a scanné la ville vingt-quatre heures sur vingt-quatre reste-t-il interminablement suspendu au-dessus des quartiers ouest. Mais depuis un an, et sauf avis contraire, on le débranche toutes les nuits entre 23 heures et 7 heures.

Vous qui, en ces mémorables journées d'août 1971, aviez traversé la Manche, puis le canal Saint-George, pour venir échanger des insultes, des pierres et des cocktails Molotov contre des balles en plastique avec le RUC et l'armée britannique, vous ne reconnaîtriez pas le centre de Belfast. Comme on nous l'a changé ! Victime de l'homogénéisation du paysage urbain dans l'hémisphère occidental avant même d'être touché par la paix, le centre de Belfast a perdu beaucoup de cette raideur et de cette arrogance victoriennes qui le rendaient si délicieusement haïssable. On y trouve aujourd'hui autant de galeries marchandes et de fantaisies piétonnières, autant de kookaïeries et de benettonnades, autant de Kentucky Fried Chicken et de McDo que dans le reste du monde civilisé.

Mais la grande nouveauté, depuis l'an dernier, c'est que l'on n'y est plus stoppé et fouillé à tout bout de champ par des militaires ou des flics, et que l'on a désormais toutes les chances de retrouver sa voiture, intacte, dans le parking où on l'a garée pour faire des courses. « C'est agréable, commente sobrement la gérante du Bambrick's, de ne plus entendre les bombes exploser ! » Avec sa devanture Art nouveau, le Bambrick's, sur Wellington Place, est un des plus jolis bistrots à sandwichs du centre ville, et peut-être celui où l'on boit le meilleur café. Ses recettes ont augmenté, cet été, de 25 % par rapport à l'été dernier. Sa clientèle est composée en grande partie de touristes, cette denrée auparavant si rare à Belfast et dans toute l'Irlande du Nord, bien que cette dernière n'ait rien à envier à sa voisine du Sud, ni à l'Écosse, pour ce qui est des beautés de la nature ou de l'hospitalité de ses habitants. Au cours des six premiers mois de 1995, on a compté cent cinquante-six mille touristes « purs » en Irlande du Nord, soit 56 % de plus que l'année dernière.

Les hôtels de Belfast affichent complet, et leurs prix ont grimpé si vite que la capitale de l'Irlande du Nord est désormais, sous ce rapport, une des villes les plus chères du Royaume-Uni. De cette manne touristique, on attend la création d'une dizaine de milliers d'emplois dans les années à venir, si la paix ne vole pas en éclats. Mais la Confédération des industries britanniques, qui est à l'origine de ce pronostic, estime d'autre part que le retour au calme, s'il se confirme, devrait entraîner pendant la même période la disparition d'environ vingt mille emplois dans le domaine de la sécurité, ce qui est assez dire que l'Irlande du Nord ne se débarrassera pas de sitôt des problèmes économiques et sociaux qui ont contribué à la transformer en poudrière.

En haut de Crumlin Road – laquelle longe l'une des prisons les plus célèbres du Royaume-Uni, notamment pour ses évasions, bien que l'on ne voie guère désormais comment un colibri pourrait passer à travers les mailles de ses emballages successifs, ou échapper au balayage de ses myriades d'yeux électroniques –, les deux tours jumelles de l'église Sainte-Croix dominent ce qui tient lieu de centre au ghetto catholique et prolétarien d'Ardoyne : quelques boutiques alignées, dont deux ou trois brûlées et pleines de gravats, et une ou deux officines de paris équestres, comme on en voit à profusion dans tous les quartiers pauvres de cette ville, confrontées, de part et d'autre d'une route très fréquentée, à un garage d'ambulances et à une station Shell encadrant une bibliothèque de prêt.

À la bibliothèque, où je demande à m'entretenir avec quelqu'un d'Ardoyne, le personnel, après s'être concerté, décide de m'envoyer au Flax Trust et me confie à un jeune homme sympathique, peu bavard, qui en chemin me demande sans insister si je ne préfère pas m'adresser à la permanence locale du Sinn Féin (le parti nationaliste, légal, dont l'IRA continue la politique par d'autres moyens).

Installé à mi-hauteur de Crumlin Road, dans les murs d'anciennes filatures, le Flax Trust, dont le but affiché est de « réconcilier les communautés à travers le développement économique et social », regroupe environ soixante-dix PME employant quelque huit cents salariés, tant catholiques que protestants, et un nombre croissant de petites structures associatives qui interviennent partout où le tissu social a tendance à s'effilocher. Ce charitable trust est avant tout l'œuvre du père Myles Kavanagh, dit « le père Myles », prieur du couvent de la Sainte-Croix et l'une des divinités tutélaires de ce quartier d'Ardoyne.

En ce qui concerne les curés, comme dans beaucoup d'autres domaines, l'Irlande est capable du meilleur comme du pire. Il semble que le père Myles procède du meilleur : toujours est-il qu'il a mis la moitié du Congrès américain dans sa poche – il est vrai que le lobby irlandais y est puissant – et fait de ce Flax Trust, avec énormément d'aides extérieures, un exemple assez convaincant de l'efficacité, dans un contexte troublé, d'un mélange bien dosé de christianisme social et de libre entreprise. Tout cela sans se départir d'un humour et d'un pessimisme raisonné, qui, de son travail, lui font dire : « Nous ne faisons presque rien qui vise directement à la réconciliation. Mais nous faisons des choses dont les deux communautés ont également besoin, et dans lesquelles elles devraient par conséquent s'impliquer presque sans s'en apercevoir… Pour le moment, nous n'avons pas identifié de but commun plus élevé ; n'oubliez pas que les blessures du passé nous ont laissés, les uns et les autres, aveugles et sourds… »

Dans la cour de l'usine désaffectée qui héberge le Flax Trust, quelques carcasses de voitures calcinées illustrent la violence des affrontements qui, en juillet, ont suivi la remise en liberté de Lee Clegg[1]. Ces voitures, clairement identifiées comme appartenant au Flax Trust, ont été, pendant les émeutes, détournées et brûlées par des jeunes d'Ardoyne. Bien que le père Myles, avec diplomatie, affirme qu'aucun litige sérieux n'oppose son entreprise aux instances locales du « mouvement républicain » (l'IRA et le Sinn Féin) et que ces actes de vandalisme n'engagent pas la responsabilité de ces dernières, certains de ses collaborateurs subalternes, plus proches de la rue, envisagent les choses moins sereinement.

En organisant une consultation de la population d'Ardoyne afin qu'elle définisse ses besoins en matière de police et de sécurité – puisqu'il est encore beaucoup trop tôt pour qu'elle songe à s'adresser au RUC, cependant que les actes de délinquance, notamment aux dépens des vieux, se multiplient depuis le cessez-le-feu –, le Flax Trust fait une concurrence directe aux paramilitaires « républicains » qui, tout en affirmant le contraire, s'efforcent de maintenir leur emprise sur la population en exerçant une justice sommaire et en châtiant les « traîtres », les voleurs de voitures ou les dealers – voire les simples usagers – à coups de batte de base-ball, de masse ou de planche à clous, quand ils ne prennent pas des mesures d'expulsion, absolument sans recours, contre des éléments jugés indésirables…

Or le Flax Trust s'efforce de promouvoir une tout autre conception de la justice, et les différentes associations qu'il anime travaillent souvent avec des victimes de ces « beatings » (passages à tabac). Récemment, lors d'une excursion organisée par l'une de ces associations pour une dizaine de jeunes à problèmes, quatre avaient été récemment battus comme plâtre, et deux n'ont pu se joindre au groupe parce que les paramilitaires venaient de les déporter en Norvège.

---

1. Lee Clegg, un militaire britannique, avait été auparavant condamné à perpétuité pour avoir tué par balle, en 1990, une jeune catholique qui, au volant d'une voiture volée, avait tenté de passer en force un check-point.

Puisqu'il est possible, désormais, de se rendre d'Ardoyne à Shankill sans faire un détour par le centre, on ne va pas se gêner. Au passage, depuis les hauteurs de Woodvale Park, on découvre à perte de vue, dans toutes les directions, de longues enfilades de petites maisons ouvrières toutes semblables, bien que certains de ces corons soient d'obédience « républicaine » et d'autres d'obédience « loyaliste ». De quelle obédience est Shankill ? On ne peut s'y tromper, les murs étant couverts de slogans et d'affiches appelant à la libération des prisonniers « loyalistes » (ou réclamant, plus brutalement, « l'interdiction de toutes les manifestations catholiques »), les pignons aveugles décorés de peintures représentant invariablement des paramilitaires armés jusqu'aux dents et cagoulés de noir, et les rues pavoisées de drapeaux britanniques ou unionistes.

Autrement, la densité de bureaux d'aide sociale ou d'officines de paris équestres, la présence de quelques poivrots institutionnels, assis dès le matin sur le trottoir en compagnie d'un litre de gnôle, ou la fréquence des mises en garde contre le commerce ou l'usage des drogues attestent que Shankill souffre exactement des mêmes maux qu'Ardoyne. Et, comme à Ardoyne, la population, même en temps de paix, y reste exposée à l'inquisition, et le cas échéant aux « beatings », de ses propres paramilitaires. Ajoutons que les habitants de Shankill ne bénéficient même pas des consolations d'une religion accommodante : le jour de ma visite, un couple de prédicateurs, sur fond de musique religieuse tonitruante, distribuait un tract d'inspiration janséniste rappelant que c'était Dieu, et lui seul, qui décidait de qui serait sauvé, et que les œuvres des hommes n'y pouvaient rien changer.

Ayant commis l'erreur d'utiliser les toilettes du pub Berlin Arms sans consommer, je fus peu après interpellé en pleine rue par un client assez hargneux, qui, m'ayant suivi, voulait savoir ce que je fabriquais à Shankill : « Pourquoi est-ce que vous allez et venez dans la rue ? D'où venez-vous ? Que cherchez-vous ? » Mon accent l'ayant rassuré, le client s'amadoua mais tint tout de même à me mettre en garde : « Soyez plus prudent à l'avenir. Si vous aviez eu le même comportement dans Falls Road [le ghetto catholique et « républicain » d'à côté], vous auriez déjà dix mecs en train de vous secouer ! » Tom, l'un des responsables du Community Council, devant les locaux duquel je m'étais fait interpeller, tint à s'excuser pour cet incident. « Mais il faut les comprendre : cela fait un quart de siècle que ce quartier ouvrier souffre du terrorisme. Au Berlin Arms, vous étiez sans le savoir à quelques pas du lieu d'une des dernières et des plus terribles atrocités terroristes. » C'était le samedi 23 octobre 1993, et la bombe avait été placée devant une poissonnerie, dans la partie la plus commerçante et la plus animée de Shankill. Tom venait de déposer sa femme et ses trois enfants dans le coin, et il se souvient de s'être précipité pour aider à évacuer les blessés, et d'avoir ramassé sur le trottoir le corps d'une jeune fille à laquelle il manquait un bras et dont le visage ne ressemblait plus à rien : « Je pouvais juste dire qu'elle était de sexe féminin et que son âge se situait probablement entre quinze et vingt ans. »

Ce matin, le *Belfast Telegraph* publie une interview du mari de l'une des neuf victimes de cet attentat de Shankill – un homme qui désormais élève seul sa petite fille de quatre ans – et, en regard, une interview de la veuve d'une des victimes de l'attentat organisé trois jours plus tard dans Falls Road, en « représailles », par les paramilitaires protestants. L'une et l'autre sont admirables, confondantes. « Je ne fais aucune différence, déclare le type de Shankill, entre les paramilitaires : l'IRA, l'INLA [« républicains »], l'UVF, l'UDA ou l'UFF [« loyalistes »]. Pour moi, ce sont tous les mêmes, ils sont tous répugnants. »

Quant à la dame de Falls, une infirmière, elle faisait partie des gens qui, dès l'annonce de l'attentat de Shankill, s'étaient précipités à l'hôpital Victoria pour offrir leur aide.

Bien que l'un et l'autre semblent remarquablement exempts de haine, ils sont d'accord pour s'étonner de la sollicitude (y compris sous forme de fonds européens pour leur « réhabilitation ») dont sont entourés les « prisonniers politiques » des deux camps, pour beaucoup d'incontestables poseurs de bombes et autres fusilleurs d'innocents, et de l'oubli dans lequel sont tombées leurs victimes. Lors du procès de l'assassin de son mari, elle l'a entendu grommeler que « son seul regret était de ne pas en avoir tué plus ». « Je ne veux pas, commente-t-elle, voir des types de ce genre se promener de nouveau dans les rues. » Et, cependant, la libération des « types de ce genre » fera certainement partie des conditions posées par les groupes paramilitaires pour rendre leurs armes, faute de quoi « la paix » consécutive au cessez-le-feu n'aura été qu'une parenthèse dans une guerre interminable et absurde.

De retour de Shankill, je me suis rendu au vernissage d'une exposition de peintres sud-africains qui se tient actuellement à Ormeau Baths, une galerie qui vient de s'ouvrir dans d'anciens bains publics d'une belle architecture victorienne, et qui est appelée à devenir la locomotive de l'art contemporain à Belfast. J'y avais été convié par une artiste rencontrée la veille dans Falls Road, où elle mettait la dernière main à une fresque illustrant à même le mur la Grande Famine consécutive à la maladie de la pomme de terre en Irlande, dont on célèbre ces jours-ci le cent cinquantième anniversaire. Les passants étaient nombreux à s'arrêter pour photographier et commenter, et l'artiste m'avait fait remarquer qu'ils étaient « contents de voir une fresque sans fusils et sans armes », à la différence de celles inspirées par les groupes paramilitaires.

Au vernissage de l'exposition d'Ormeau Baths, en compagnie de petits-bourgeois tolérants, civilisés, comme vous et moi, qui pour la plupart doivent se soucier comme d'une guigne de ce qui se passe à deux pas de chez eux dans les ghettos « loyalistes » ou « républicains », on est invité à goûter des vins sud-africains, tant rouges que blancs. Santé. Ce matin, aux aurores, un camion chargé de trois cent soixante fûts de Guinness a été détourné, sous la menace d'une arme, dans Glenmachan Street, à proximité du centre de Belfast, ce qui peut être envisagé comme un signe encourageant de retour à la normale.

Les six comtés sanglants de la Couronne britannique

L'Irlande – catholique – ayant été pendant plusieurs siècles soumise à l'Angleterre – protestante –, le nationalisme irlandais, bien qu'il ait pu se parer des couleurs de la Révolution française (Wolfe Tone) ou du socialisme (James Connolly), a généralement entretenu des relations assez étroites avec le catholicisme. En 1921, lorsque au terme de plusieurs années de guérilla la République d'Irlande vit enfin reconnaître son indépendance, six comtés du nord du pays, avec pour capitale Belfast, demeurèrent attachés à la Couronne britannique.

Dans ces six comtés d'Irlande du Nord, la majorité protestante se définit généralement comme « loyaliste », ou « unioniste », c'est-à-dire favorable au maintien de l'union avec la Grande-Bretagne, et la minorité catholique comme « nationaliste » ou « républicaine », c'est-à-dire favorable à la réunion des six comtés à la république d'Irlande.

Dans les années soixante s'est développé en Irlande du Nord un mouvement de masse de la minorité catholique contre le traitement discriminatoire dont elle faisait l'objet. Ce mouvement pour les « droits civiques » entraîna une répression si brutale, de la part de la police nord-irlandaise (RUC) et des groupes paramilitaires protestants, que l'armée britannique dut se déployer dans les quartiers catholiques pour protéger leurs habitants. Mais, bien que le mouvement pour les droits civiques n'ait pas présenté, à l'origine, de caractère nationaliste, sa radicalisation et la multiplication des affrontements favorisèrent le retour sur le devant de la scène de l'Armée républicaine irlandaise (IRA), une organisation paramilitaire « catholique » qui se donne pour but la réunification de l'Irlande.

En 1971, dans l'espoir de contenir la montée de la violence, la Grande-Bretagne promulgua en Irlande du Nord une législation d'exception dont la pièce maîtresse était l'« internement », qui permettait d'incarcérer sans jugement quiconque était suspecté d'appartenir à une organisation clandestine. L'Irlande du Nord entrait alors dans un cycle de violences terroristes perpétrées par les groupes paramilitaires, tant « républicains » (catholiques) que « loyalistes » (protestants), dont elle n'est sortie – provisoirement ? – qu'avec l'entrée en vigueur d'un cessez-le-feu le 31 août 1994.

L'Événement du Jeudi, *31 août au 6 septembre 1995*

Levée de siège en trompe-l'œil

Sitôt que vos hôtes vous ont fait asseoir sur la terrasse, par une journée bien calme cependant, vous ne pouvez vous retenir d'imaginer que tout ce que la périphérie compte de canardeurs n'a plus d'yeux que pour vous. Et vous vous faites tout petit sur votre chaise bancale, devant une tasse de thé, tandis que vos hôtes, des cinéphiles, vous entretiennent avec une insistance à la longue irritante de la dernière édition du festival de Locarno. Aménagée sur le toit d'un immeuble particulièrement mal placé – même si, à proprement parler, il n'y a pas à Sarajevo d'immeubles bien placés – au-dessus du quai rive droite de la Miljacka et en plein centre du quartier austro-hongrois, cette terrasse ménage des vues intéressantes sur les hauteurs, certaines toutes proches, d'autres plus éloignées, certaines boisées, d'autres nues comme la main et scarifiées par les tranchées, d'où les Serbes, depuis plus de trois ans, arrosent la ville de projectiles de tout calibre. À l'occasion, un ou deux de ces obus en ont même détaché de petits morceaux, et beaucoup, dont les impacts sont encore bien visibles, ont explosé en contrebas dans la cour cimentée où les riverains viennent tirer de l'eau – non potable – à la pompe, et où les enfants du voisinage se hasardent, par temps calme, à jouer au football. Cette terrasse est aussi l'une des rares, à Sarajevo, où il ne pousse pas de tomates, de haricots, de piments ou de poivrons, peut-être parce que les usagers se soucient trop du festival de Locarno pour songer à faire croître des légumes aussi ordinaires. Dans un passé récent, il y a poussé en revanche pas mal d'herbe, destinée, comme beaucoup de choses ici, à partir en fumée. C'est de là que, dans l'après-midi du 13 septembre, alertés par un bruit de réacteurs, nous avons vu tomber l'ultime bombe – ou du moins s'élever la fumée consécutive à l'explosion de celle-ci – lâchée par l'OTAN sur une position serbe à la périphérie de Sarajevo.

De prime abord, on croit qu'il s'agit d'un gag, d'un détournement du même type que ceux que les designers de l'agence Trio – l'une des institutions les plus célèbres de Sarajevo – ont déjà fait subir aux logos de

Coca-Cola, de Marlboro ou de la vodka Absolut. Mais non, c'est bien en effet Benetton, le macabre marchand de layette, qui vient d'ouvrir une succursale au confluent de Marsala Tita et de Vase Miskina, en face du monument aux morts, non loin du petit autel dressé à même la chaussée devant le marché couvert de Markale, là où trente-neuf personnes ont été tuées le 28 août par l'explosion d'un obus serbe. La vitrine est bardée de sacs de sable, on accède à l'intérieur par une chicane ; mais dedans on pourrait se croire dans le trou des Halles : même affluence, même camelote, mêmes cabines d'essayage. La firme italienne n'a pas poussé le sens de la publicité jusqu'à consentir aux Sarajéviens des prix spéciaux. D'après une jeune visiteuse qui n'achètera rien, c'est même plus cher qu'à Split, en Croatie, sur la côte dalmate. Du moins est-on heureux d'apprendre par la rumeur que l'entrepôt de cette entreprise à Sarajevo aurait été partiellement pillé, de même que les véhicules acheminant la layette par la piste du mont Igman. Espérons que le magasin, s'il ne se décide pas à baisser ses prix, connaîtra le même sort.

De nouvelles boutiques, de nouveaux cafés, ce n'est pas ce qui manque à Sarajevo. Comme si les habitants de cette ville avaient une fois de plus décidé de forcer le destin en plantant par anticipation le décor d'une vie redevenue normale. Il y a même un nouvel hôtel d'un luxe relatif, le Bosna, qui vient d'ouvrir dans les anciens locaux de l'hôtel Beograd, occupé depuis des années par des hommes en treillis qui ne paraissaient pas particulièrement désireux que l'on s'intéresse de trop près à leurs activités. L'entrée de l'hôtel jouxte celle du BB, le night-club historique de Sarajevo, et celle d'une salle de jeu où clignotent dans la pénombre plusieurs dizaines de machines à sous flambant neuves. L'ensemble – le club, la salle de jeux et l'hôtel – est situé dans une rue perpendiculaire à Marsala Tita, dont l'entrée fut longtemps barrée par une plaque de béton anti-snipers. Cette rue, qui jadis portait le nom de Slobodana Principa, s'appelle désormais Kulovica. Quant à la Vase Miskina – principal théâtre du « paseo » de Sarajevo chaque fois que le temps le permet –, elle a retrouvé son ancien nom de Ferhadija. Mais elle conserve le privilège d'être la mieux achalandée en passantes qui donnent à rêver, et, même si vous l'avez déjà lu ici ou là, il ne faut pas se lasser de répéter que Sarajevo présente une densité exceptionnellement élevée de ces dernières. Malheureusement, les mêmes circonstances entraînent aussi une recrudescence de ces gros chiens – rottweilers, bergers allemands, dobermans ou pitbulls – dont la capitale bosniaque semble receler également des réserves inépuisables.

Tout au long de la Ferhadija, les murs sont couverts d'affichettes signalant des cours de langues étrangères – l'anglais toujours en tête, l'arabe gagnant du terrain –, ce qui peut traduire aussi bien l'optimisme retrouvé des habitants de Sarajevo que leur espoir de se soustraire par l'exil au piège dans lequel ils sont enfermés depuis plus de trois ans. Ce qui est encore une manière d'être optimiste.

Au cœur de Bascarsija, devant la plus belle mosquée de la vieille ville, un enfant qui tenait la main de son grand-père lui échappe et se précipite en courant vers la fontaine où les passants avaient l'habitude de boire ou de faire quelques ablutions. « Pollako, pollako » (« doucement, doucement »), gémit le grand-père : « Nema voda ! » (« il n'y a pas d'eau »). Et, en effet, cette fontaine qui a coulé sans faiblir pendant presque toute la durée du siège est aujourd'hui tarie, les Serbes n'ayant toujours pas relâché le blocus qu'ils exercent sur l'eau, le gaz ou l'électricité. En revanche, les vendeurs de souvenirs de Bascarsija n'ont jamais été si nombreux, ni si bien fournis, et jamais autant de « touristes » – essentiellement des soldats de la Forpronu – n'ont musardé devant leurs éventaires. Il devrait y avoir beaucoup de services à café turc, l'an prochain, dans les casernes de Tarbes ou de Mont-de-Marsan. À la pointe du vieux quartier, dans les ruines de la bibliothèque désormais constellée d'étrons par des Sarajéviens peu respectueux de leur histoire, un chat noir efflanqué vient de tuer un pigeon presque aussi gros que lui, et se faufile au milieu des gravats avec deux ailes grises ajustées comme des moustaches de fantaisie à son museau noir.

Lors d'une des premières journées de combat à Sarajevo, en avril 1992, dans la matinée, des miliciens équipés d'armes disparates, mitraillettes ou simples fusils à pompe, y bondissaient dans toutes les directions, cassés en deux, prenant des poses dont ils avaient peut-être trouvé le modèle dans des films de guerre. Pris au dépourvu, les passants couraient ou se réfugiaient dans des encoignures, pour certains, et pour d'autres affectaient de lire le journal au soleil, la cigarette au bec, comme si de rien n'était. Des chiens errants, enchantés par ce dérapage soudain de l'ordre des choses, se pourchassaient de-ci de-là, à la queue leu leu, tandis que le premier feu tricolore de Sarajevo spécialement équipé pour les aveugles égrenait à intervalles réguliers son signal sonore au milieu des détonations et des rafales. Pendant toute la guerre, le carrefour de Marsala Tita et de Dure Dakovica a été l'un des plus dangereux du centre ville, comme en témoignent les barricades de conteneurs et les panneaux manuscrits mettant en garde contre les snipers. Ce matin, au pied du feu tricolore qui a tout de même fini par se taire, une vieille femme apparemment folle est assise à même le trottoir, et un gamin qui revient de faire les courses s'accroupit auprès d'elle pour fourrer quelques légumes dans sa besace. Débouchant de Marsala Tita, un cortège nuptial de voitures fleuries de roses et d'œillets s'engage joyeusement, klaxons bloqués, dans la direction de l'allée des canardeurs.

À tous les coins de rue, il y a du nouveau, de l'inédit. Devant la galerie d'art de Bosnie-Herzégovine, sur la place de la Libération, une foule au sein de laquelle on remarque nombre de moines ventrus, avec des faces réjouies de clips gastronomiques, se presse au vernissage de l'exposition de Fra Petar, un franciscain originaire de Sarajevo dont les meilleures toiles évoquent celles d'Emil Nolde, et les plus mauvaises celles de Fra Petar. À la poste de la rue Ferhadija, on tamponne les enveloppes « premier jour » d'une série de sept timbres dessinés par l'agence Trio et représentant différents aspects de la Grande Poste, de style austro-hongrois, dans son actuel état de dévastation. Devant l'ambassade d'Iran – un petit palais refait à neuf et situé sur la rive gauche de la Miljacka, au bord de l'eau, à deux pas de l'ancienne académie des beaux-arts où l'on doit inaugurer demain la nouvelle exposition du centre d'art Obala –, la sentinelle bosniaque, un grand type blond, mince et glabre, regarde d'un air étonné le chauffeur du chef de mission, un petit barbu grassouillet, sortir de sa Mercedes noire en se grattant les couilles et cracher par terre après s'être raclé la gorge.

Au terme de cette journée de vendredi qui vit se poser sur l'aéroport de Sarajevo le premier avion-cargo depuis de longs mois, le soleil couchant ressort in extremis de sous une couche épaisse de nuages tordus et violacés et prend en enfilade la Miljacka, modelant au petit poil les volumes compliqué des immeubles riverains, dont beaucoup ont été sérieusement retravaillés par l'artillerie serbe. Un fort vent d'ouest, chargé de poussières et de menus déchets, pousse à contre-courant de la rivière un vol de plusieurs centaines de corneilles toutes caquetantes. Pour ceux qui aiment les signes, celui-là ne devrait pas être très encourageant.

Le jeune voisin d'Atso vient d'avoir un enfant, un fils auquel il a donné le nom d'Ermin. Pourtant il ne fait guère confiance à cette paix soudaine, négociée en échange de la poursuite indéfinie du blocus de la ville : « Quand les autres étaient pessimistes, j'étais optimiste. Maintenant qu'ils deviennent optimistes... » Quant à Atso, il n'est ni optimiste ni pessimiste, mais toujours, simplement, de bonne humeur. Athlète d'un bon niveau, membre de la direction du syndicat des chemins de fer, Atso habitait avant la guerre le quartier de Grbavica, aujourd'hui contrôlé par les agités de Pale. Chassé de sa maison, emprisonné, il a été séparé de sa femme, et quand elle est morte, voilà deux ans, il n'a pas eu le droit de sortir pour assister à son enterrement.

L'année dernière, Atso a pu quitter Grbavica à la faveur d'un échange de prisonniers, n'emportant avec lui qu'un sac de vêtements et un volume de reproductions d'Honoré Daumier. Relogé à Skenderija, juste au-dessus de l'énorme coquille de béton sous laquelle nichent les légionnaires français de la Forpronu, il possède aussi un petit jardin sur les premières pentes du mont Trebevic, à un jet de pierre des lignes serbes, où il fait pousser toutes sortes de légumes. De retour de son jardin, en ce samedi matin, Atso brandit triomphalement une poignée de carottes toutes terreuses : « Agricola ! exulte-t-il. Garten ! Agricola ! » Ce soir les carottes figureront au menu du dîner qui, tous les samedis, du moins quand c'est possible, réunit chez la sœur d'Atso ce dernier et une poignée d'amis enclins à lever le coude, ce qui n'est pas exceptionnel à Sarajevo, et, ce qui ne l'est guère plus, à raconter des histoires, à chanter des chansons et à jouer de la guitare. Parmi les convives de ce soir figurent un ancien avant-centre de l'équipe de Liège qui affirme avoir marqué dix-neuf buts chez les Belges, puis encore vingt et un, par la suite, chez les Turcs. Depuis huit ans, Tariq possède dans Bascarsija un bistrot qui porte son nom. La version améliorée, soft, du siège de Sarajevo semble moins l'emballer que les étranges victoires des forces croates et bosniaques dans le nord-ouest du pays : « Quand je regarde les collines, les maniaques sont toujours là. Le jour où ils seront partis, on pourra dire que les choses sont sur la bonne voie. »

Passé le mont Igman et ses embouteillages de pacifiques blindés, de 4×4 plus ou moins humanitaires et de lucratifs camions chargés à plier les essieux, sur la route de Mostar, à la sortie de Jablanica, l'usage est de s'arrêter chez Gojko. Serbe bosniaque (et non « Bosno-serbe »), Gojko tient un restaurant sur la berge de la Neretva, juste avant que la rivière s'engage dans ces gorges spectaculaires que franchit en aval un pont à demi explosé, sur lequel veillent des soldats malaisiens bien emmerdés de se trouver là, au fin fond de la Bosnie, à garder un pont dont il manque la moitié dans le sens de la largeur.

Dans la cour de chez Gojko se promènent des paons, et trois chevreuils attendent misérablement, dans une cage grillagée, que Brigitte Bardot vienne se pencher sur leur sort. Aujourd'hui, le temps permet que l'on déjeune en terrasse à côté du brasero sur lequel rôtissent à la broche deux agneaux gigantesques, plus grands que des moutons. L'odeur de la terre mouillée, des arbres qui s'égouttent au soleil, le dispute à celle du méchoui. Des mésanges font de la balançoire au-dessus des tables. Vu de chez Gojko, qui dirait qu'il y a encore la guerre en Bosnie ?

L'Événement du jeudi, *5 au 11 octobre 1995*

Les naufragés du lac Victoria

S'il fallait évoquer l'Afrique en une seule image, ce pourrait être celle-ci : au milieu d'une végétation dégradée, mi-brousse, mi-cultures, avec quelques grands arbres par-ci par-là, une piste bien ravinée, bien bosselée, trace dans le vert une ligne jaune-rouge. Parfois d'inopinées résurgences de revêtement, redoutables pièges pour pneus usés, attestent que cette piste a été une route, autrefois. De part et d'autre, quelle que soit la distance de l'agglomération la plus proche, des gens marchent ou poussent des bicyclettes. Ce sont généralement des hommes qui poussent ces dernières, et celles-ci peuvent être chargées de jerricanes, de régimes de bananes, de sacs de farine ou de poisson séché. Quant aux femmes, si elles ne poussent pas des bicyclettes, elles portent sur la tête des bidons d'eau, des faisceaux de joncs, de bois d'œuvre ou de bois de chauffe. Le milieu de la piste est occupé par des camions, des minibus, de rares voitures de luxe ou de tourisme menaçant ruine, enfin des 4×4 hérissés d'antennes, battant pavillon de ces agences ou de ces associations, innombrables, vouées à l'endiguement de toutes sortes de fléaux, et dont on peut se demander si leur prolifération, à la longue, n'en constitue pas un nouveau.

Plus on approche de la zone des camps – Kyabalisa 1 et 2 – où sont regroupés plusieurs dizaines de milliers de réfugiés rwandais, plus les collines sont déboisées, plus les porteuses de fagots, les pousseurs de bicyclettes et les véhicules humanitaires sont nombreux. Le premier camp apparaît soudainement en contrebas de la route, et ce qui frappe tout d'abord, outre son étendue, c'est l'impeccable rigueur de ses dispositions : alignements tirés au cordeau de cahutes toutes semblables, caniveaux bien tracés, alternance de parcelles bâties et de lopins cultivés, écoles et lieux de culte, dispensaires et centres de distribution de vivres. À la sortie du premier camp, de part et d'autre de la piste s'étend un marché africain exactement semblable à celui de n'importe quelle agglomération de la même importance. Des couturières y pédalent sur leurs machines

Singer, des réparateurs de cycles assurent également la vente des pièces de rechange, des coiffeurs proposent dans des échoppes de 2 m^2, ou en plein air, des coupes inspirées des modes américaines les plus récentes. Le Fantastic Hotel and Bar, une hutte renforcée de bâches en plastique distribuées par le Haut Commissariat des Nations unies pour les réfugiés (UNHCR), débite des flots de bière et de musique zaïroise.

Les enfants sont aussi joyeux, aussi charmants, que partout en Afrique, les chalands donnent cette inimitable impression d'avoir la vie devant eux et de ne pas s'en faire. Il est troublant de penser qu'inévitablement certains d'entre eux, voici un peu moins de deux ans, ont allégrement découpé un grand nombre de leurs semblables à la machette. Mais il est à peine moins troublant de penser qu'à Dar es-Salaam, la capitale de la Tanzanie, il ne se passe guère une journée sans qu'un voleur de bout de ficelle soit lynché à mort par la foule paisible et souriante d'un marché. Ou qu'à Nairobi, lorsqu'un autocar, cette semaine, est entré en collision avec un train, les témoins, sans se soucier des éventuels morts ou blessés, ni même de savoir qui des deux conducteurs était responsable de l'accident, se sont précipités toutes affaires cessantes pour faire la peau, équitablement, à l'un et à l'autre.

À Kayanga, la ville la plus proche des deux camps, à côté de la base de l'UNHCR, le Green Cafe accueille quelques employés locaux de cet organisme. Bien qu'aucun d'entre eux ne parle cette langue, la télévision diffuse à plein régime un programme en français d'Euronews. Edison, auparavant chauffeur pour une entreprise agricole de Bukoba, sur le lac Victoria, a quitté son travail pour bénéficier des tarifs bien plus avantageux consentis par l'UNHCR. C'est un des effets pervers de l'aide humanitaire : dès que sa logistique se déploie dans une région quelconque, elle draine tout le personnel qualifié des autres entreprises, à commencer par les hôpitaux et les dispensaires, et les prive ainsi de leurs ressources humaines.

Second effet pervers, elle fait monter les prix. D'après Edison, le régime de bananes, qui se vendait auparavant de 100 à 200 shillings tanzaniens, atteint aujourd'hui 1 000 shillings, et il en va de même pour les œufs, les poulets, les légumes et, plus généralement, pour toutes les denrées entrant dans l'alimentation des expatriés. C'est à cette aune que les habitants de la région jugent les réfugiés : ceux qui ont quelque chose à vendre se félicitent de leur présence, et les autres s'en plaignent.

Edison, de son côté, ne voit pas pourquoi les Rwandais regagneraient leur pays à moins d'y être contraints, puisqu'ils trouvent dans les camps diverses commodités qu'ils ignoraient peut-être dans leurs villages d'origine. Il concède que la peur des représailles ne les incite pas non plus à rebrousser chemin : « Certains sont effrayés parce qu'ils ont fait des bêtises dans leur pays. » Cette semaine, la Tanzanie a dû, bon gré mal gré, accueillir une nouvelle vague de plusieurs dizaines de milliers de réfugiés rwandais en provenance du Burundi, où ils étaient en butte aux persécutions de l'armée à dominante tutsie. Avant de devenir à leur tour des victimes traquées, combien d'entre eux avaient-ils fait « des bêtises » dans leur pays ?

La route qui, de Kayanga, descend vers Bukoba et le lac Victoria, est bordée tout du long de poteaux électriques sur lesquels, de loin en loin, sont perchés des aigles noirs à grande huppe. Abdallah, le taxi, dit qu'il arrive encore que des bandits rançonnent les automobilistes sur cette route, mais beaucoup moins que dans le temps. Il dit aussi que les crédits affectés à la réfection de la route, par endroits aussi tourmentée que le lit d'un oued, se sont égarés dans les poches de quelques responsables. Cela n'a pas l'air de le choquer outre mesure. « Ça ne changera jamais : les gens qui reçoivent l'aide gardent l'argent pour eux et pour leurs familles... » À hauteur de Kyaka, la route longe la Kagera, dont les eaux ont charrié et déversé dans le lac Victoria un nombre indéterminé mais très élevé de cadavres après les massacres au Rwanda. Au centre de Kyaka, les ruines calcinées de l'église, sur une hauteur, datent de la guerre qui, à la fin des années soixante-dix, mit aux prises l'armée tanzanienne et celle du maréchal Idi Amin Dada.

Les Ougandais font volontiers remonter à cette époque l'apparition, dans leur pays, du sida, qui serait arrivé dans les fourgons de l'armée tanzanienne. Quant aux Tanzaniens, ils ne doutent pas que le syndrome soit originaire d'Ouganda, ce que paraît confirmer le taux particulièrement élevé de mortalité sidéenne dans la région frontalière. D'après Abdallah, 70 % des habitants de Kanyigo, un gros bourg proche de la frontière, sont morts du sida. Même s'il s'agit d'une statistique de pure fantaisie, elle illustre l'idée que l'on se fait, localement, de la propagation de la maladie. Au demeurant, dans cette région qui est l'une des plus affectées dans le monde par le sida, il est exceptionnel que les gens le citent spontanément parmi les problèmes les plus graves auxquels ils sont confrontés. Peter a vingt-trois ans, il vit dans le village de Nyamkazi, situé sur le bord du lac à quelque distance de Bukoba, il exerce depuis l'an dernier le métier de pêcheur, et il vient de perdre dans un accident du travail la dernière phalange d'un de ses doigts. Son père est mort – il ne précise pas de quoi – et lui-même habite avec sa mère, deux frères et une sœur plus jeunes que lui, dans une hutte minuscule au sol de terre battue, enfumée par le feu que l'on entretient à l'intérieur pour la cuisine. Peter, qui parle convenablement l'anglais, et qui, pendant sa brève scolarité, s'est passionné pour la physique, la chimie et les sciences naturelles, a dû renoncer à poursuivre ses études, bien qu'il ait été poussé par le directeur de son école, parce qu'il manquait de l'argent nécessaire. Non seulement l'argent des droits d'inscription et des frais scolaires – relativement élevés depuis que la Tanzanie, renonçant au socialisme, est devenue un bon élève du FMI –, mais l'argent indispensable à l'arrosage des différents intermédiaires susceptibles de favoriser son admission dans un centre de formation d'enseignants. Et il semble qu'il en soit toujours ainsi, dans un cercle vicieux qui hypothèque tout espoir de développement, les élèves les plus doués étant écartés pour faire place à ceux qui sont les mieux à même de payer.

Peter exerce donc un métier qu'il déteste et qui ne le nourrit pas, dans un village loqueteux d'où il rêve de s'échapper. L'électricité y parvient, mais la plupart des habitants n'ont pas de quoi se l'offrir. Quant à l'eau, celle du lac est polluée, infestée de bilharzies, et l'unique robinet du village appartient à un « riche » qui vend l'eau à un tarif jugé excessif par ses concitoyens. Quand on parle à Peter du sida, il répond que, sans doute, la maladie tue beaucoup de monde, mais que « cela met du temps, tandis que l'argent, c'est tous les jours qu'on en manque ». Le sida n'est d'ailleurs pas la seule cause de mortalité, en particulier infantile, dans la région, où la malnutrition, la dysenterie, la tuberculose ou la malaria font aussi des ravages. L'Église évangélique luthérienne de Tanzanie entretient à Bukoba une mission importante, dont l'aide aux orphelins constitue l'une des principales activités laïques. Bien que Peter, avec un pessimisme racial assez typiquement africain, nous ait assuré que l'aide distribuée par la mission ne parvenait plus aux intéressés dès que Sister Deborah, la responsable suédoise du programme, était en vacances en Europe, il semble difficile d'accréditer cette accusation lorsqu'on a rencontré ses collaborateurs locaux.

Parmi ces derniers, Mlle Judith, une assistante sociale, affirme que dans les trois districts dont elle s'occupe, sur les cinq que compte la région administrative de la Kagera, on recensait, pour une population d'environ 1 million d'habitants, près de quarante-deux mille orphelins en 1995, contre un peu plus de sept mille six ans plus tôt. « Dans certains villages proches de la frontière ougandaise, ajoute-t-elle, on enterre chaque jour deux ou trois personnes ». « Parfois même cinq ou six », l'interrompt un vieil avocat qui, dans le cadre du même programme, s'efforce de faire respecter les droits matériels des orphelins. Et quelle est l'attitude de la mission vis-à-vis des préservatifs ? « L'Église est là pour prêcher l'Évangile et appeler les gens à changer de vie », répond Mlle Judith. Mais elle laisse entendre que l'Église luthérienne ne milite pas, du moins, contre l'usage des préservatifs, contrairement à l'Église catholique, dont l'évêque local passe pour être particulièrement borné, allant jusqu'à faire interdire, dans les établissements qu'il contrôle, les opérations de stérilisation réclamées à cor et à cri par des femmes épuisées par trop de maternités.

Quant au missionnaire coréen de l'« Église baptiste du Sud » installé à demeure au Lake Hotel – où la légende veut que Humphrey Bogart ait séjourné pendant le tournage d'*African Queen* –, il déplore également les mœurs dissolues de ses ouailles, tout en soutenant qu'il n'est pas de son ressort de les en détourner. « Dans les îles Makibwa [le prédicateur coréen semble avoir une prédilection pour les îles, peut-être moins systématiquement écrémées par la concurrence], à trois heures de bateau de Bukoba, les habitants, peu nombreux, gagnent bien leur vie avec la pêche. » Et ils mènent une « very ugly life » (« une vie très hideuse »), ajoute le baptiste, précisant qu'ils ne font que « baiser, boire et fumer de la marijuana ». En face du Lake Hotel, au milieu de l'espèce de pelouse qui s'étend sur la berge du lac, trois étranges structures de très antique béton encadrent une petite butte envahie par la végétation. Ce monument est une des énigmes de Bukoba. Des trois personnes que nous avons interrogées à son sujet, la première soutenait qu'il s'agissait d'un crématorium à l'usage des banians ; la deuxième, des ruines d'un fort allemand datant de la Première Guerre mondiale ; et la troisième, d'anciennes rampes de lancement de missiles chinois.

Le village de Mutukula marque la frontière entre la Tanzanie et l'Ouganda. L'officier d'immigration tanzanien est aussi aimable, aussi peu faiseur d'embrouilles, que la plupart de ses concitoyens, y compris ceux qui détiennent une parcelle d'autorité. (Dans quel autre pays voit-on un gardien de prison vous souhaiter chaleureusement la bienvenue, après vous avoir signalé que vous vous trouviez – par inadvertance – à l'intérieur d'un périmètre de sécurité interdit au public ?) Quant à son homologue ougandais, il tamponne les passeports sur une table où trône un épais volume d'œuvres choisies de Karl Marx. « C'est un bon livre, commente-t-il, auquel il faut retourner de temps en temps. Même si certains de ses principes se sont révélés inapplicables, ce sont tout de même de beaux principes. » Sitôt passé la frontière, la première chose que l'on remarque en Ouganda, c'est un panneau « Condom sales point » (point de vente de préservatifs) planté par l'Uganda Aids Commission. Et la deuxième, c'est que le chauffeur du taxi qui doit nous emmener à Kampala conduit si furieusement, sans jamais lever le pied, qu'au bout de quelques dizaines de kilomètres, juste sous l'équateur, son moteur rend l'âme irrémédiablement. Chose étrange, et qui témoigne de l'étendue des problèmes gastroentériques du véhicule, toute l'eau – recueillie à l'aide d'un tapis de sol dans le marigot le plus proche – que le chauffeur verse à profusion dans le radiateur ressort presque aussitôt par le tuyau d'échappement.

La Tanzanie vient de s'offrir des élections plus ou moins régulières qui ont envoyé au Parlement une majorité de candidats de l'ex-parti unique et placé l'un de ses membres à la tête de l'État. Bien que Yoweri Museveni, l'homme providentiel de l'Ouganda, ait le multipartisme en horreur, des élections législatives et présidentielles, ouvertes aux candidats de l'opposition, sont également prévues dans ce pays en mai. Et l'Ouganda, désormais porté aux nues par les États-Unis et les instances internationales qu'ils contrôlent, aurait connu cette année le plus fort taux de croissance, en Afrique, après la Tunisie. Toutefois, si le pays s'est beaucoup amélioré sous le règne décennal de Museveni, ce n'est pas au point d'avoir renoncé à toutes les fâcheuses habitudes du passé. Ainsi les militaires jaloux de leur fiancée sont-ils toujours enclins à jeter des grenades dans les dancings – bilan provisoire du dernier incident de ce genre, dans la région de Kitgum : onze morts, quarante-deux blessés –, tandis que la chasse aux sorcières compte encore de nombreux adeptes, notamment dans la région frontalière de Mbale : au mois de janvier, une quarantaine de personnes, âgées pour la plupart, y ont été victimes de la crédulité ombrageuse des masses rurales.

À travers des villages à demi dépeuplés et des lambeaux de forêt où l'on observe une exceptionnelle densité de touracos, 17 km de piste séparent Katosi, village riverain du lac, de la grande route qui relie Nairobi à Kampala. Les visiteurs sont rares à Katosi – les derniers en date étaient un couple de prédicateurs américains qui s'est embarqué pour les îles, décidément très recherchées par les demi-soldes de l'Éternité – où l'on recense de trois mille à six mille habitants selon que l'on s'adresse à Christopher, le tenancier d'une buvette, ou au vieux tailleur, son mètre ruban autour du cou, qui exerce les fonctions de président du Local Council. Le village ne dispose ni de l'électricité ni de l'eau courante – quant à l'eau potable, elle est acheminée par bicyclette depuis les rivières du voisinage et se vend 200 shillings le jerricane de 20 litres –, mais, parmi d'autres commodités, on y trouve une succursale rustique de la Banque commerciale d'Ouganda, une station-service Total et plusieurs salons de beauté. Katosi vit de la pêche, plutôt bien à en juger par le nombre de maisons neuves, et par le fait que les gens viennent de loin pour exercer ce métier. Ainsi Biggiriva, originaire du nord du pays, nouveau venu à Katosi, et si passionnément curieux de ce qui se passe dans le reste du monde qu'il écoute plusieurs fois par jour la BBC, et n'ignore rien des derniers développements de la guerre en Bosnie ou en Tchétchénie. Il profite même du passage d'un journaliste à Katosi pour se renseigner sur la réalité du socialisme en Chine, doutant des vérités officielles – ou des ex-vérités officielles – qu'on lui a inculquées à l'école sur ce sujet. Beaucoup de pêcheurs passent plusieurs mois sans revenir à leur port d'attache, campant sur des îles plus ou moins éloignées d'où chaque jour, en début d'après-midi, des pirogues apportent de grandes quantités de poisson frais, presque invariablement du tilapia ou de la perche du Nil, cette dernière atteignant assez communément la taille et le poids d'un homme.

Lorsque l'Afrique aura le temps de s'occuper de ce genre de détails, on découvrira que Jinja recèle de vrais petits trésors d'architecture coloniale tardive, en particulier des magasins construits dans les années quarante et cinquante par ces commerçants indiens que le maréchal Idi Amin devait expulser en masse quelques décennies plus tard. Étant entendu que le Nil n'a pas de source, ou qu'il en a trop, c'est à Jinja, tout du moins, que sort du lac Victoria le fleuve qui par la suite porte ce nom, et c'est là que John Speke l'a découvert. À peine né, le Nil s'engage dans une série de rapides, les chutes Owen, barrées par une usine hydroélectrique à côté de laquelle on est en train d'en édifier une autre plus puissante, et dont le bassin de retenue est si densément recouvert de jacinthes d'eau qu'il évoque une prairie plutôt qu'un lac. Or les jacinthes d'eau ne se contentent pas de perturber le fonctionnement des turbines de la centrale : leur prolifération devient un obstacle à la navigation et, surtout, elle menace les ressources halieutiques du lac, déjà compromises par les tendances hégémoniques de la puissante et vorace perche du Nil. Aujourd'hui, quelques ramasseurs de jacinthes, équipés de brouettes, se démènent mollement pour écrémer le bassin de retenue de la centrale. Leurs efforts étant notoirement insuffisants, la Banque mondiale va consacrer 20 millions de dollars à un programme d'éradication de ce fléau végétal et d'amélioration de la qualité des eaux du lac. C'est une bonne nouvelle pour Toyota, dans la mesure où les experts en jacinthes, comme tous les éradicateurs de fléaux, se déplaceront inévitablement en Land Cruiser. Mais est-ce faire preuve de mauvais esprit que de se demander comment et pourquoi – le Zaïre, par exemple, étant confronté depuis plusieurs dizaines d'années, de manière aiguë, au même problème – il est aujourd'hui nécessaire de désigner de nouveaux experts pour le résoudre ? Lasse des experts, l'Afrique a de plus en plus tendance à se tourner vers les thaumaturges. À Jinja, le jour du dixième anniversaire du nouveau régime, cependant que quelques milliers de patriotes assistaient au défilé devant le Town Hall, à quelques centaines de mètres de là, l'ex-cinéma Odéon, rebaptisé Jinja Miracle Center, faisait salle comble, pour le cinquième jour consécutif, à l'occasion d'une séance de guérison miraculeuse orchestrée par le révérend Steven F. Kabuunga. « Amenez les malades, précisait une affiche placardée un peu partout en ville, les boiteux les aveugles, les sourds, les cancéreux, les asthmatiques, les inféconds, les possédés du démon, les sidéens ! *God is at the move !* »

Et quelques jours plus tard, à Kisumu, la troisième ville du Kenya, la première question que l'on nous ait posée concernait nos éventuels liens de nationalité avec le dernier imposteur blanc venu miraculer dans cette ville. Un fameux, lui aussi, et dont les guérisons miraculeuses étaient attestées par notre interlocuteur, officier de police, et fidèle de l'Église du Dieu des prophéties. On était un dimanche, et l'officier de police, sa Bible sous le bras, s'était aimablement imposé dans notre taxi pour aller à la messe. La veille, pour la première fois depuis dix-huit ans, un ferry tanzanien, le *Bukoba*, avait touché le port de Kisumu. Symbole de la réconciliation récente, et fragile, entre les trois pays riverains du lac Victoria, le *Bukoba* reliera désormais deux fois par semaine Mwanza, en Tanzanie, Port Bell, en Ouganda, et Kisumu, au Kenya. La reprise de ces échanges, et l'éventuelle restauration de l'East African Community, disparue en 1977, apporteront peut-être un peu d'air frais à Kisumu, qui en a bien besoin. Aujourd'hui, les rues et les trottoirs y sont défoncés, l'éclairage public inexistant, le siège de l'administration régionale – de très loin le plus vaste et le plus haut immeuble de la ville – se dresse, inachevé et béant, comme un symbole de gabegie, et le port est endormi d'un sommeil si profond qu'il faudra beaucoup de faiseurs de miracles pour l'en tirer.

L'Événement du jeudi*, 29 février au 6 mars 1996*

Bosnie sans domicile fixe

De ce printemps bosniaque – le premier printemps de paix, ou au moins de non-guerre, depuis cinq ans – on retiendra d'abord l'extraordinaire abondance des lilas et des roses. À Sarajevo, la plus grosse concentration de lilas se rencontre à la sortie de la ville en direction de Pale, là où les berges de la Miljacka se resserrent pour former des gorges magnifiques, bien que jonchées d'ordures parmi lesquelles on voit rôder des chats efflanqués, souvent noirs, l'œil parfois d'un jaune bouton d'or, et dont il est difficile de juger s'il sont de bon ou de mauvais augure. Mais le lilas est partout, dans toutes les maisons, sur toutes les tables, et jusque dans les bras des passagères qui, sans risque désormais, empruntent le tramway de bout en bout de la ligne, depuis la carcasse calcinée de la bibliothèque néomauresque, dans la vieille ville, jusqu'au pied des ruines mégalithiques de la tour d'Oslobodjenje. Au-delà de ce terminus s'étend un monde lunaire, l'ex-faubourg de Stup, puis, deux ou trois kilomètres plus loin, le faubourg d'Ilidza, l'un des quartiers rétrocédés par les Serbes aux autorités de Sarajevo dans le cadre des accords de Dayton. Au n° 65 de la rue Gavrilo Princip – une rue calme, ombragée, et qui ne va pas tarder à changer de nom –, le mur extérieur d'un pavillon méthodiquement évidé porte cette inscription : « Avec Muslim jamais et nullement. » En dépit des exactions et des pillages diligentés par les précédents habitants du quartier, avant leur retrait, puis, après ce dernier, par des agités ou des voyous de Sarajevo, Ilidza conserve en grande partie l'aspect du faubourg résidentiel qu'il était au début de la guerre, lorsque la presse et le gratin du nationalisme serbe s'y côtoyaient dans la salle à manger de l'hôtel le plus chic de la capitale bosniaque. On imagine sans peine les iniquités, les trafics, auxquels son repeuplement doit donner lieu. En revanche, de l'autre côté de la voie de chemin de fer, le faubourg d'Otes attire peu de candidats au relogement. Il est vrai qu'il ne présente guère que des ruines, au pied desquelles s'entassent des gravats.

Au balcon de l'un des rares immeubles encore habitables, trois personnes – un couple de quinquagénaires et une dame sensiblement plus âgée – contemplent ces décombres. Tous trois sont revenus dès le 15 mars, dans les jours qui ont suivi le départ des Serbes. La dame âgée se présente comme « orthodoxe » – c'est-à-dire serbe… – et c'est elle qui, spontanément, évoque les quatre journées d'enfer, à l'automne 1992, lors desquelles ce faubourg d'Otes a été détruit par l'artillerie serbe.

D'après elle, environ mille cinq cents personnes, dont son mari, auraient été tuées dans ce bombardement. Le couple est « catholique » – c'est-à-dire croate… –, et tous trois, après leur fuite d'Otes, se sont réfugiés en Dalmatie. Le couple « catholique » ajoute que d'autres voisins, une dame « musulmane » et son enfant, ont fui avec eux en Dalmatie et ont partagé leur exil jusqu'en 1994, date à laquelle la dame est partie rejoindre son mari, lui aussi « musulman », à Sarajevo, dans le quartier de Bistrik. Lorsque eux-mêmes, en mars, sont revenus de Dalmatie, le couple de Bistrik, sitôt prévenu de leur retour, s'est précipité pour les accueillir et les aider à se réinstaller. Quant à la fille du couple « catholique », mariée à un Serbe et réfugiée à Belgrade, elle a pu récemment rendre visite à ses parents sans être inquiétée. Ces précisions ethnico-religieuses sont peut-être fastidieuses, mais elles aident à comprendre ce qu'a été la Bosnie (ce que vraisemblablement elle ne sera jamais plus), et pas seulement dans les songes de quelques rêveurs parisiens.

Le couple et la dame âgée avouent qu'ils ont souvent peur la nuit : de l'obscurité, du silence, sans doute aussi de tout ce que ces ruines évoquent, mais également des intrus qui pourraient s'aviser de les déloger. Car, dans leur dénuement, ils ont le relatif privilège d'être parmi les rares personnes « déplacées » qui aient retrouvé leur logement d'avant-guerre. Autrement, on a l'impression que la Bosnie est désormais peuplée de gens qui se sont installés chez les autres, soit dans le cadre d'une politique délibérée de « nettoyage ethnique », soit, tout simplement, parce que la place était vacante et qu'ils n'avaient pas le choix. Le couple d'Otes nous signale ainsi que, dans un quartier voisin, des Croates de retour d'exil se seraient heurtés à des réfugiés de Srebrenica. (À Sarajevo, les autorités bosniaques sont souvent accusées d'encourager les réfugiés – de Srebrenica ou d'ailleurs – à s'installer dans des logements occupés au début de la guerre par des Bosniaques qui ont choisi momentanément de s'expatrier, et dont le retour pourrait contrarier les ambitions du parti dominant, le SDA. Encore convient-il de noter, une fois de plus, que l'hégémonisme du SDA et des bigots, de plus en plus pesant, aggravé d'ailleurs par le non-respect des accords de Dayton à l'exception de leur volet militaire, reste bénin si on le compare à la dictature exercée par le HDZ dans la partie de l'Herzégovine annexée de fait à la Croatie, ou par le SDS sur le territoire de la République serbe, annexé de fait à la Serbie.)

Il semble que ces Croates habitaient avant-guerre le quartier de Bare, et que, l'ayant retrouvé dans un état décourageant de dévastation, ils aient été invités à se reloger un peu plus loin, dans le quartier relativement épargné de Doglodi. Des réfugiés de Srebrenica seraient arrivés en autocar pour leur disputer les logements vacants de Doglodi, et des incidents auraient éclaté entre les deux groupes… L'une des premières maisons de Doglodi, lorsqu'on vient de Bare, porte en effet un écriteau signalant qu'elle est « occupée par sept familles de Srebrenica ». À notre approche, quatre hommes sortent de la maison, d'abord méfiants, puis plus détendus en apprenant que nous sommes français : car, dans leur magnanimité, ils considèrent que « les Français [sans doute pensent-ils au général Morillon] ont aidé les habitants de Srebrenica ». Après la chute de la ville et les massacres qui suivirent, ayant échappé au zèle des soldats du général Mladic, ils ont avec leur famille trouvé refuge à Tuzla, dans une école où ils ont vécu plusieurs mois. Récemment, « on » leur a proposé de s'installer à Doglodi, et ils sont arrivés voici deux jours en éclaireurs. Des incidents avec les Croates ? Ils en ont entendu parler, mais ils affirment ne pas comprendre de quoi se plaignent ces derniers. L'un des membres du groupe ajoute que la maison qu'ils occupent a dû être habitée par des Serbes, et qu'il est prêt à la leur rendre si lui-même peut retourner dans la maison d'où d'autres Serbes l'ont chassé voilà quatre ans, à Bratunac, près de Srebrenica…

Dès 1992, la vallée de la Sana, entre Prijedor et Kljuc, fit de la part des Serbes de Bosnie l'objet d'une campagne de nettoyage particulièrement soignée. Aujourd'hui encore, lorsque, venant de Kljuc, on se dirige vers Sanski Most, sur une quarantaine de kilomètres la route ne traverse ou ne côtoie que des villages fantômes, où la présence épisodique d'une bande d'écumeurs de gravats, ou d'une famille à la recherche d'un toit, ne fait que souligner l'impression de désolation. La plupart de ces destructions ne sont pas imputables à des combats, ce qui signifie qu'elles ont été commises de sang-froid. Quelques kilomètres avant d'atteindre Sanski Most, la route franchit la Sana, en cette saison une grosse rivière écumante et boueuse, d'allure tropicale. Le pont ayant été détruit – vraisemblablement lors de la retraite serbe de l'automne dernier –, l'armée britannique a rafistolé la partie manquante et l'a doublée d'un pont flottant. Sur la rive droite, un petit blindé stationne sur la partie du tablier encore en place, et là où elle se termine abruptement, quelques Bosniaques, venus en famille, observent sur l'autre rive une excavatrice en train de remuer de grosses mottes de terre qu'un soldat en treillis émiette à l'aide d'un couteau de peintre. Le site a été désigné par des rescapés comme contenant plusieurs charniers, et, sur la rive droite, vingt-quatre corps ont déjà été exhumés d'une fosse creusée juste sous le pont. Les corps ont été transportés pour examen dans une base britannique, mais on a laissé dans la fosse ouverte les feuilles de plastique dont ils étaient enveloppés, et qui exhalent une puanteur virulente. Les Bosniaques venus en famille s'épongent le front – un orage s'annonce, et il fait de plus en plus chaud –, échangent quelques commentaires d'un ton badin, sans aucune émotion apparente – on a l'impression que tout le monde, dans ce pays, « en a vu d'autres » –, puis repartent dans leur voiture en direction de Sanski Most. D'après le quotidien bosniaque *Oslobodjenje*, environ deux mille cinq cents personnes auraient disparu à Sanski Most du temps où la ville était sous contrôle serbe, et environ cinq cents à Vrhpolje, le village le plus proche du pont.

Parfois, comme nous l'enseigne le président Mao, une mauvaise chose peut se transformer en une bonne. Ainsi, de prime abord, l'explosion d'une roue arrière de notre Land Rover, à quelques kilomètres de Sanski Most, pouvait-elle être envisagée comme une mauvaise chose, compte tenu de ce que la voiture était dépourvue de cric, et de ce que la roue de secours s'avéra, par la suite, sensiblement plus grande que les trois autres. Mais ces vicissitudes nous valurent de faire la connaissance de Merzuk, l'homme à tout faire de l'unique garage opérationnel à Sanski Most. À trente-deux ans, flottant dans une salopette rouge graisseuse et coiffé d'une casquette à longue visière – l'allure d'un garagiste dans un film noir américain –, Merzuk a échappé à tant de morts possibles qu'il peut se considérer comme un homme heureux. Raflé dès 1992 par les Serbes à Kozarac – un village à dominante musulmane, près de Prijedor, dont la population a fourni de gros contingents aux camps, en particulier celui d'Omarska, par lesquels cette région s'est illustrée –, il a transité par le camp de Trnopolje avant d'être expulsé du territoire serbe et de rejoindre à pied les lignes bosniaques. À Travnik, il s'est marié avec une autre réfugiée de la région de Prijedor, puis il a servi quatre ans dans l'armée bosniaque : quatre ans dont il ne semble guère avoir envie de parler. En décembre 1995, quelques mois après la fin de l'offensive croato-bosniaque qui repoussa les Serbes vers le nord et jeta des dizaines de milliers d'entre eux, à leur tour, sur les routes de l'exil, Merzuk s'est installé à Sanski Most, où il a trouvé du travail dans ce garage récupéré par un autre réfugié de Kozarac, de dix-huit ans son aîné. L'un et l'autre conviennent que les réfugiés de Kozarac sont nombreux à s'être installés – ou à avoir été installés – à Sanski Most : ce qui s'explique sans peine notamment par des considérations militaires, quand on sait que ces réfugiés ont eu particulièrement à souffrir de la République serbe, que la « frontière » avec cette dernière passe juste au nord de Sanski Most, et que leur propre village n'en est éloigné que d'une quarantaine de kilomètres. 40 km qu'ils ne franchiront peut-être pas de toute leur vie, les clauses des accords de Dayton prévoyant le retour des réfugiés et la libre circulation entre les différentes « entités » n'ayant jamais connu le moindre début d'application. Merzuk et son patron, Suad, ne se montrent guère optimistes quant à l'avenir de leur pays : à Sanski Most, comme dans le reste de la Bosnie, on n'observe aucune reprise notable de l'activité économique, à l'exception du commerce ou de la limonaderie. Les gens vivent un peu de l'aide humanitaire, beaucoup des subsides envoyés par des parents expatriés, et aussi, pour les plus heureux, des salaires versés par la florissante bureaucratie internationale déployée dans le cadre des accords. Mais pour combien de temps ? Quant aux élections, il semble que personne n'y croie vraiment : « Les uns et les autres voteront pour des partis ethniques, commente Suad, et il n'en sortira aucune solution politique. »

À la sortie de Prijedor, en direction de Banja Luka, le village de Kozarac s'étendait sur plusieurs kilomètres de part et d'autre de la rue du Maréchal-Tito – on n'a pas pris le temps de la débaptiser –, qui, au-delà, se transforme en une route de montagne serpentant parmi les hêtres et les sapins d'un parc national. Toutes les maisons de Kozarac, presque sans exception, sont aujourd'hui détruites, la plupart marquées d'un « x », inscrit dans un cercle, dont on peut penser qu'il les désignait à l'attention des vandales, ou qu'il signalait à ces derniers que le boulot avait déjà été fait. Les ruines – et les cimetières qui permettent d'identifier ce village comme musulman – sont envahies par la végétation. De loin en loin, la route est étoilée de bouses ou de crottins de cheval, ce qui semble prouver que l'endroit est encore utilisé comme lieu de pâturage. Une pincée de kilomètres sépare Kozarac d'Omarska : en 1992, cette circonstance dut faciliter la tâche des épurateurs, qui acheminèrent de l'un à l'autre une grande partie de la population mâle du village. Peut-être le procès Tadic apportera-t-il quelques éclaircissements sur le nombre de personnes massacrées à Omarska et, le cas échéant, sur le nombre de cadavres précipités dans les galeries de cette mine de fer.

Merzuk, le garagiste de Sanski Most, nous avait précisé avoir travaillé pendant sept ans à Omarska. L'activité minière ne paraît pas encore avoir repris. Devant l'entrée de la mine, au pied des hautes tours rouges des chevalements, quelques policiers, revêtus des étranges treillis violets à rayures de la police serbe, trinquent à la terrasse du café Atina avec quelques civils. À 100 mètres de là, sur le terrain de sport de l'école primaire Vuk Karadzic, une trentaine de supporters locaux attendent le début du match amical qui doit opposer des militaires britanniques de l'Ifor à des militaires serbes de la 5e brigade, dite « brigade de Kozara ». En pleine vue de ce qui fut notoirement, sans discussion possible, une porte de l'enfer, l'idée de ce « match amical » semble assez incongrue. À 15 heures précises, les Britanniques arrivent, se changent dans les vestiaires de l'école, et reparaissent sur le terrain vêtus de maillots roses. Les militaires serbes portent des maillots bleus. La plupart des joueurs, de part et d'autre, ne disposent pas de chaussures adéquates. Le premier but est marqué par l'équipe serbe.

En 1992, les services de propagande de l'armée serbe à Banja Luka, après avoir mûrement réfléchi, nous avaient invités à visiter le village d'Orahovo, près de Bosanska Gradiska. L'intérêt de ce village, à leurs yeux, était qu'il fût peuplé, en territoire serbe, de « Musulmans heureux ». Pendant les dix ou quinze minutes que nous avions passées avec les habitants d'Orahovo avant que cette réunion soit interrompue par la milice, ces derniers avaient eu le temps de nous expliquer que leur bonheur consistait surtout à n'avoir pas été massacrés, ni même, pour la plupart, chassés de leur maison. Autrement, il leur était interdit de s'occuper de leur bétail et de travailler aux champs, et les maisons situées en bordure de la route, de même que la mosquée, étaient régulièrement mitraillées par des soldats serbes empruntant cette route en camion. Bref, c'était le village des Musulmans heureux. Un peu moins de quatre ans plus tard, il nous tardait de retourner à Orahovo. Dès l'entrée du village, on remarque que la mosquée, sur la gauche de la route, a été aplatie, rasée presque jusqu'au sol. La plupart des maisons situées au bord de la route sont également détruites. Le long de la rue principale, perpendiculaire à la route, beaucoup de maisons en bon état arborent les couleurs serbes, ce qui, dans un tel contexte, signifie toujours qu'elles ont récemment changé de mains. Beaucoup de cochons s'ébattent dans les cours, beaucoup de poules sur la chaussée, et presque autant de cigognes sur les toits.

Le premier habitant que nous croisons est un homme d'une quarantaine d'années, un Serbe originaire de Visoko (près de Sarajevo) qui affirme avoir été séquestré par l'armée bosniaque et utilisé comme bouclier humain lors de combats dans la région de Maglaj. Le deuxième, Milutin, est un petit bonhomme de soixante-quatre ans, l'œil bleu et vif, qui possède cent trente moutons et quatre vaches dans le village de Donje Sokolovo, au nord-est de Kljuc. En octobre 1995, il a dû fuir à pied l'avance des « Turcs » (*Turski*) pour se réfugier à Prijedor. Aujourd'hui, son village est repassé pour moitié sous contrôle serbe, mais il craint trop d'éventuelles incursions nocturnes des « terroristes » pour y retourner. Le troisième, barbu, la trentaine et l'allure d'un ingénieur ou d'un prof, se promène sur la route avec sa fille. Venant de Sanski Most, il s'est installé à Orahovo en décembre 1995, en même temps qu'une cinquantaine de familles serbes originaires de la même ville. Bien qu'il prétende, sans insister, que la mosquée a été détruite par l'artillerie croate – ce qui paraît impossible, ne serait-ce qu'à cause de la nature des dégâts, beaucoup plus méticuleux que ceux qu'inflige en général l'artillerie –, il admet que ce village était au début de la guerre peuplé de Musulmans, il cite le chiffre de quatre cents familles, et ne comptait guère plus de deux ou trois familles serbes. Il n'a manifestement pas choisi de s'installer à Orahovo, et précise qu'il est prêt à partir n'importe où dans le monde pourvu qu'on lui propose du travail.

À une vingtaine de kilomètres à l'est d'Orahovo s'étend sur la rive droite de la Sava la ville de Bosanska Gradiska, désormais Gradiska tout court. Sur la place de la ville, un groupe d'hommes armés de fusils de chasse, et vêtus pour certains d'uniformes, tirent les corneilles qui nichent au sommet des grands arbres. Chaque fois qu'une corneille est abattue, un homme se détache du groupe pour la saisir par une aile et l'ajouter au tas déjà bien fourni des oiseaux morts. À l'intention de Peter Handke, je précise que cet ultime détail n'est pas destiné à donner une mauvaise image des Serbes : à coup sûr, les Bosniaques aussi sont susceptibles de tuer des corneilles.

L'Événement du jeudi, *20 au 26 juin 1996*

Argentan : Moulinex pour la vie

Même si c'est le propre des villes d'être entourées de campagnes, il y en a qui le sont plus que d'autres : c'est le cas d'Argentan. Vues du train, ces campagnes apparaissent assez conformes à ce qu'en attend un Parisien en excursion : jaune des blés (chichement piquetés de rouge coquelicot), vert des haies et des bois qui n'ont pas succombé à la frénésie remembreuse, brun lustré des chevaux, car nous sommes ici dans un pays de haras.

Juste avant d'entrer en gare d'Argentan, le train – ce train que l'on a beaucoup de mal à dénicher, relégué au fond de la gare Montparnasse – longe un curieux édifice à toits rouges entouré d'un glacis qui le désigne comme un établissement carcéral. En sortant de la gare, on prend sur la gauche, on passe au pied d'un monument à la Résistance d'inspiration réaliste socialiste avant de s'engager sur ce qui constitue l'axe principal d'Argentan, lequel franchit l'Orne à deux reprises. Sur le second pont, des graffitis flétrissant les vaches britanniques confirment nos audacieuses conjectures relatives à l'encerclement de cette ville par la campagne. Quant à l'artère principale, comme toutes les artères principales elle est bordée de succursales de banques et de compagnies d'assurances, d'agences immobilières et d'entreprises de travail intérimaire, de salons de coiffure et de magasins où l'on peut acheter de quoi se faire beau, et même le redevenir quand on a cessé de l'être. En somme, il s'agit d'une rue commerçante. À égale distance de l'Orne et de l'église Saint-Germain, la rue s'élargit en une sorte de place assez vaste pour accueillir la terrasse d'un café, *The Garden*.

C'est avec le *Bentley's* l'un des deux endroits où se retrouvent « les jeunes ». C'est du moins ce que dit Ali, qui, lui-même, est jeune – bientôt dix-neuf ans – et qui vient de se planter au bac, comme d'ailleurs la très grande majorité de ses condisciples de terminale scientifique au lycée Mezeray. Inévitablement, Ali considère que la ville ne fait rien pour « les jeunes » (ce qui, semble-t-il, est un peu vite dit).

« D'ici à vingt ans, ajoute Ali, Argentan sera une ville de retraités. Dans la région, c'est mort, il n'y a pas de boulot. J'ai un ami, avec un diplôme d'ingénieur, il est resté un an et demi au chômage avant d'aller tenter sa chance en Afrique du Sud. » Sa famille n'est pas directement concernée par la fermeture de Moulinex, mais la mère d'un de ses copains, divorcée, treize ans de bons et loyaux services dans l'entreprise et 13 000 francs de découvert bancaire, fait partie des quelque deux cent soixante employés qui, l'an prochain, vont se retrouver sur le carreau.

Tout le monde s'y attendait plus ou moins – il n'y a guère que la CGT pour prétendre le contraire –, mais l'annonce, survenue le 18 juin, de la fermeture de deux sites du groupe Moulinex dans la région Basse-Normandie – Mamers, un peu plus de quatre cents salariés, et Argentan, un peu plus de deux cent soixante – a tout de même surpris par sa brutalité. Il est vrai que Pierre Blayau, le tout nouveau patron de Moulinex, n'a pas la réputation de faire dans la dentelle. L'information publiée récemment par *Le Canard enchaîné* – le groupe Pinault-Printemps-Redoute lui aurait versé 9 millions de francs de prime de départ, après neuf mois passés à sa tête – n'a guère contribué à rehausser son prestige auprès des ouvrières de Moulinex, payées pour la plupart 5 800 francs par mois malgré, souvent, plus de vingt ans d'ancienneté.

Lors de la manifestation qui, le 28 juin, a rassemblé à Argentan les salariés de Moulinex et d'autres entreprises de la région, Constance Pointeau s'est fait remarquer par un petit discours improvisé qui a bouleversé tous ceux qui ont eu le privilège de l'entendre.

Intimidée, Constance préfère répondre aux questions des journalistes en compagnie de Martine, qui semble être sa meilleure amie. Constance a travaillé vingt-quatre ans chez Moulinex et elle élève seule ses trois fils âgés de quinze, seize et dix-huit ans. Martine, elle, a trente-trois ans de boîte, et sa situation de famille est la même que celle de Constance, mais elle n'a qu'un seul enfant – un fils de 16 ans – à sa charge. Elle ajoute aussitôt que son fils, c'est son « rayon de soleil ». Constance parle des siens avec un égal enthousiasme. Martine : « Je me rappelle, j'ai commencé, j'avais quatorze ans et demi. On était traitées comme des gamines et j'ai pleuré plus d'une fois en rentrant chez mes parents. On en bavait mais, au moins, on avait du travail, on avait tout de même plus de chance que les jeunes de maintenant. Quand on a commencé, on se disait qu'on allait gagner un peu d'argent avant de chercher ailleurs, d'essayer de faire autre chose. Et puis on est restées. C'est ça qui est vraiment dur, avec tous les efforts qu'on a faits pour eux, de se retrouver sans rien, dans le néant. L'avenir, on préfère ne pas y penser. Si au moins on partait avec la prime que Blayau a reçue après neuf mois de travail… »

Constance : « Moi, je n'aurais jamais pensé que Moulinex-Argentan puisse fermer vraiment. Pourtant les rendements augmentent. On nous a demandé de faire des efforts, et, au bout, on aura la porte. Si l'usine ferme, qu'est-ce qu'on va devenir ? Qu'est-ce qu'on va leur donner, à nos enfants ? Tant que je peux payer leurs études, ça va, mais le jour où je ne pourrai plus, ça sera triste. Mon aîné veut arrêter l'école et travailler, mais je lui dis qu'il n'y aura pas de travail pour lui non plus. » Martine : « Après, on dit qu'il y a de la délinquance, mais comment une femme qui travaille en équipe jusqu'à 21 h 30 peut-elle s'occuper convenablement de ses enfants ? »

« Qu'est-ce qu'il faudrait faire, se demande Constance. Déjà, mieux répartir l'argent : il y a du gaspillage dans notre entreprise. » Martine : « Et encore beaucoup plus dans la société que dans notre entreprise. » Constance Pointeau ne partira pas en vacances avec ses enfants : « Depuis le mois de septembre de l'année dernière, je suis dans le rouge à la banque. » Martine, elle, partira quand même : « Ce seront peut-être les dernières, on verra bien, on ne peut pas se priver de tout… »

Bien qu'encerclée par la campagne, Argentan a longtemps eu la réputation d'être une ville « rouge », ou du moins « rose ». Particulièrement du temps où, après la guerre, le dépôt de chemin de fer employait près d'un millier de salariés, parmi lesquels une forte proportion de cégétistes.

Aujourd'hui, la ville est dirigée par une municipalité que l'on pourrait qualifier d'« union de la gauche » si cette marchandise était encore disponible. Pour Jean-Luc Tabesse, trente-neuf ans, dont vingt passés comme tourneur chez Mic, la plus grosse entreprise d'Argentan et le « leader mondial du transpalette manuel », il ne fait guère de doute que cette image de ville ouvrière, de bastion syndicaliste – même si elle date un peu –, n'est pas étrangère à la volonté des « bourgeois » d'en finir avec la tradition industrielle. « Est-ce un hasard si ce sont deux municipalités de gauche, Argentan et Mamers, qui se voient privées de leurs usines Moulinex ? »

Mamers, qui ne compte qu'un peu plus de six mille habitants et où l'entreprise Moulinex représentait plus de 40 % de la taxe professionnelle, ne se relèvera sans doute pas de la fermeture de l'usine et de la perte de plus de quatre cents emplois. Argentan, trois fois plus peuplé (à peu de chose près), dispose encore de quelques atouts industriels, mais pour combien de temps ?

Le groupe multinational qui contrôle la Mic ne va-t-il pas peu à peu délaisser le site d'Argentan au bénéfice d'autres usines implantées en Allemagne ? Les employés de la Cogesal, contrôlée par Unilever, craignent que le rachat par le groupe de l'usine Miko à Saint-Dizier n'entraîne des conséquences du même ordre. La Soudure moderne bat de l'aile et ne travaille plus que deux ou trois jours par semaine…

La fonderie Waeles, apparemment, se porte plutôt bien, mais on soupçonne Magneti-Marelli de s'apprêter à licencier, et Sufren, l'usine de meubles, va de dépôt de bilan en dépôt de bilan et n'en finit pas de s'étioler.

Aux dernières élections législatives (partielles), en mars 1996, le Front national a recueilli 11 % des voix et Lutte ouvrière 4,5 %, observe Jean-Luc Tabesse. « À l'usine, il y a de plus en plus de gens, habituellement calmes, réfléchis, qui disent que ça ne pourrait pas faire de mal s'il y en avait deux ou trois de flingués. Des choses comme ça, on n'en entendait plus depuis des années ! »

Claude Bigot dirige l'imprimerie Graph 2000, l'une des entreprises d'Argentan qui paraît le moins menacée, en tout cas à court terme. Il est par ailleurs président du tribunal de commerce et membre du comité d'expansion de la ville. Ce dernier réunit des responsables industriels et commerciaux qui, « en étroite collaboration avec la ville », s'efforcent de convaincre des entreprises de venir s'installer à Argentan. Sans beaucoup de succès, semble-t-il, et sans se bercer d'illusions. « Argentan n'échappe pas à la restructuration globale de l'industrie française et internationale, et la pérennité d'une entreprise comme Moulinex passe nécessairement par des réajustements qui, aujourd'hui, peuvent paraître dramatiques. »

De nouveau sur l'encerclement des villes par les campagnes : « Dans cette région, comme dans une grande partie de la France, les campagnes se sont vidées, puis ça a été le tour des chefs-lieux de canton, et maintenant, dans le cadre des restructurations, les petites villes situées à l'écart des grands réseaux autoroutiers et ferroviaires sont à leur tour menacées dans leur existence même. Seule une volonté politique affirmée – impliquant la ville, le département, la région et l'État – pourrait permettre de retarder cette évolution et de maintenir, même artificiellement, un certain niveau d'activité. » « Il faut se battre, je le fais », conclut Claude Bigot. Et il ajoute, ce qui n'est guère encourageant : « Il faut avoir l'air d'y croire. »

François Doubin, le maire (ex-MRG) d'Argentan, a l'air d'y croire, et les ouvrières de Moulinex, auprès desquelles il semble jouir d'une raisonnable popularité, ont elles aussi l'air de croire, au moins pour certaines, que la ville et son maire ne les laisseront pas tomber sans coup férir. Le maire d'Argentan a une stature, une faconde aussi, qui de prime abord inspirent confiance. Mais il n'est pas sûr que cela suffise.

« Je ne veux pas seulement que l'on recase les salariés, affirme François Doubin, je veux que l'on maintienne une entreprise sur le site. J'attends de savoir combien Moulinex, l'État, la région et le département sont prêts à payer, puis, avec des partenaires qualifiés, on se mettra au travail pour recréer des emplois… et si nous n'obtenons pas rapidement les éclaircissements que nous demandons, il faudra envisager des actions de toute nature pour trouver du travail aux employés. »

Pour quitter Argentan, il suffit de suivre à rebours l'itinéraire emprunté au début de cet article, de franchir à nouveau l'Orne à deux reprises, de saluer au passage les mollets cambrés des maquisards, de stationner quelque temps sur le quai de cette gare jadis bourdonnante d'activité et toute frémissante de combativité syndicale, puis de monter dans l'un de ces trains rares et peu peuplés, assez lents, qui vous déposent au fin fond de la gare Montparnasse.

L'Événement du jeudi, *25 au 30 juillet 1996*

Les deux faces de l'islamisme à la turque

La scène se déroule à Istanbul dans le quartier de Chichli, au lieu dit La Colline de la liberté éternelle, dans le sein de laquelle reposent déjà Midhat Pacha – le père de la première Constitution de l'Empire ottoman, promulguée en 1876 – et trois autres pachas : Talat, Chevket et Cemal. L'homme dont on rapatrie la dépouille, providentiellement retrouvée dans quelque bourgade du Tadjikistan, fut avec les trois précités l'une des figures marquantes du mouvement Union et Progrès qui, mûri en exil puis dans des cercles d'officiers, s'empara du pouvoir en 1908 et précipita la ruine de l'Empire ottoman avec le louable désir de le moderniser. Ministre de la Défense dans ce gouvernement Jeune-Turc instauré en 1908, Enver Pacha, dès le début de la Première Guerre mondiale, entraîna son pays dans une périlleuse alliance avec l'Allemagne. En janvier 1915, il lance contre les Russes une campagne qui se soldera par la mort de dizaines de milliers de soldats turcs et entraînera la déportation et le massacre des Arméniens. Après la défaite, il est exfiltré d'Istanbul à bord d'un sous-marin allemand. Ayant flirté quelque temps avec Lénine et les bolcheviques, il embrasse finalement la cause du « panturquisme » – qui vise à rassembler dans un pays mythique, le Turan, toutes les populations d'origine turque – et part en Asie centrale organiser la résistance des Basmachis musulmans à l'Armée rouge. Il a le temps de prendre à cette dernière la ville de Douchanbe, actuelle capitale du Tadjikistan, avant de mourir criblé de balles, le 4 avril 1922, lors d'une charge de cavalerie. À la même époque, son grand rival Mustafa Kemal (le futur Atatürk), également officier et adepte d'Union et Progrès, est en train d'étriller les troupes grecques qui ont envahi l'Anatolie et s'apprête à proclamer la république, une fois restaurée tant bien que mal l'intégrité territoriale de la Turquie dépouillée de son empire.

La carrière d'Enver Pacha, fort sanglante, toute en conspirations et en palinodies, et cependant toujours orientée par de grands principes, permet à la plupart des forces politiques occupant aujourd'hui le devant de la scène d'y grappiller quelque chose qui leur convienne : le nationalisme – y compris sous l'espèce du « panturquisme » –, l'islam combattant – puisqu'il trouva la mort dans une sorte de djihad contre les Russes –, ou l'« ottomanisme », cette confuse nostalgie d'un empire idéalisé, mythifié, qui, désormais, fait fureur en Turquie. Ainsi voit-on se presser autour du mausolée d'Enver quantité de dignitaires religieux priant à gorge déployée, d'officiers supérieurs que pour la plupart on n'aimerait pas rencontrer le soir au coin d'un bois, de politiciens âgés et bien en chair se déplaçant en Mercedes noires, de responsables ou de militants de partis de droite et d'extrême droite. Brandissant un immense drapeau turc, un homme à longues moustaches explique à un enfant que « ce drapeau, le sais-tu ? est rouge du sang de nos martyrs ». Venus en force, de jeunes militants du MHP (Parti du mouvement nationaliste), dont l'emblème est un loup, et que l'on peut sans excès de langage définir comme fascisant, hurlent leur foi dans l'« idéal de Turan » (la « Grande Turquie »). L'un d'eux porte un t-shirt frappé de cette inscription : « Who says we can't rule the world ? » (Qui dit que nous ne pouvons diriger le monde ?) à laquelle fait écho ce slogan : « Le jour où tu seras redevenu 100 % turc, tout l'univers t'appartiendra. » Enfin, bref, il y a de la joie. Et que l'on n'oublie pas qu'il s'agit en quelque sorte de réjouissances officielles.

Bien entendu, tous les participants à cette cérémonie ne se laissent pas aller à de tels écarts de langage ou de conduite. En général, les militants du Refah (le parti de la prospérité), celui du Premier ministre islamiste Necmettin Erbakan, ont une attitude plus discrète, plus réservée, à l'instar d'Abdurrahman Dilipak, qui assiste à la scène de loin, sans se mêler à la foule. Auteur de nombreux livres – parmi lesquels *Vive la charia !* et *Vers une société islamiste* –, il passe pour être l'un des idéologues les plus en vue du Refah, et aussi l'un des plus critiques. Avec d'autres intellectuels de même obédience, il dirige une agence de copyright, Teha, dont toutes les employées, bien que rompues aux dernières subtilités de l'informatique, travaillent encapuchonnées et vêtues de longues blouses boutonnées jusqu'au col.

Un entretien avec Dilipak offre une excellente occasion de se familiariser avec les séductions et les paradoxes du discours islamiste à l'usage du monde extérieur. Adversaire déclaré de l'appareil d'État kémaliste – par référence au système républicain, autoritaire et laïque mis en place par Mustapha Kemal Atatürk –, Dilipak préconise une réforme qui rendrait l'initiative aux citoyens libérés de la bureaucratie et qui innoverait totalement dans le domaine de la justice, chaque communauté, si nous avons bien compris, ou mieux encore chaque famille de pensée, étant habilitée à choisir les normes juridiques qui lui conviennent. Lui-même n'hésite pas à caractériser ce programme d'« anarchisme pacifique », qui garantirait aux citoyens des « droits beaucoup plus étendus que dans les démocraties occidentales ». Mais la majorité des Turcs se réclamant, avec une opiniâtreté sans cesse croissante, de l'islam sunnite, il est facile également d'envisager cette justice modulable comme une porte ouverte à l'instauration progressive de la charia.

D'ailleurs, si Dilipak se pose en défenseur des droits de l'homme, sans restriction – au point d'insister sur le fait qu'il s'est solidarisé, jadis, avec les militants communistes en grève de la faim pour obtenir la légalisation de leur parti –, il nuance aussitôt son propos en énonçant ce que nous désignerons comme l'axiome de la vache dans le quartier hindou. Ainsi, que pense-t-il de ces militants islamistes radicaux – vraisemblablement le groupe clandestin IBDA-C (Front islamiste des combattants du Grand-Orient) – qui viennent d'attaquer les locaux d'un éditeur coupable d'avoir publié un livre réputé hostile à la charia ? (En vérité, les justiciers se sont trompés d'adresse et ont endommagé les bureaux d'une société qui porte le même nom que l'éditeur.) Dilipak renvoie l'agresseur et l'agressé dos à dos : tous des provocateurs ! Quant au principe même de la publication d'un tel livre, dans un pays majoritairement musulman, cela revient, dit-il, à « équarrir une vache dans un quartier hindou ». Nous y voilà. Car cette malheureuse vache, qui permet de justifier ou d'excuser tous les excès actuels, et d'assigner des limites très strictes aux libertés promises dans l'avenir, nous la retrouverons à tous les carrefours du discours islamiste.

Sibel Ersalan présente de l'islamisme politique une image encore plus accommodante que Dilipak, qui, cependant, doit être un de ses maîtres à penser. Âgée de vingt-neuf ans, elle est l'épouse du maire islamiste d'un quartier populaire d'Istanbul, situé sur la rive asiatique du Bosphore. C'est aussi une pionnière de l'aile féminine du Refah et une militante ouverte à la discussion, précédée d'une paradoxale réputation de féministe islamiste. Fille d'officier, élevée dans la tradition kémaliste – ses trois tantes, qui assistent à l'entretien sans foulard, en jean et t-shirt pour l'une d'elles, restent fidèles à cette tradition –, Sibel n'a été frappée par la grâce qu'à l'université où elle avait entrepris des études de droit.

Ayant surmonté par son adhésion à l'islam ce qu'elle décrit elle-même comme une crise d'identité, elle mène sur son campus, au milieu des années quatre-vingt, une campagne pour le droit au port du foulard qui lui vaut d'être exclue pendant six mois de l'université. C'est de cette campagne pour la « reconnaissance de l'identité musulmane » à l'université que Sibel date l'essor de la mobilisation féminine sous la bannière du Refah, d'abord en milieu étudiant, puis dans les couches les plus déshéritées de la société. À défaut de préciser ce que le Refah peut bien proposer de si exaltant aux femmes, Sibel souligne que, « pour la première fois, un parti s'est soucié de ce qu'elles pensaient de la Turquie, pour la première fois, elles se sont senties importantes, reconnues comme des personnes ». Sibel se plaint toutefois de ce que le Refah n'ait pas donné aux femmes, dans ses instances dirigeantes ou au Parlement, la place qu'elles méritent. Mais plus que ce féminisme bien timide, c'est la virulence antiétatique qui surprend dans les propos de Sibel Ersalan : « En Turquie, l'État est devenu un monstre, un Léviathan qui, au lieu de servir les gens, les écrase. » Aussi, le premier objectif politique qu'elle assigne au parti est-il de « permettre à tous les démocrates de respirer » et, à plus long terme, d'obtenir un changement de la Constitution dans le sens d'une libéralisation globale du système. Quant à la religion ou à la charia, il ne saurait bien entendu être question de les imposer à quiconque : « Si l'État devait contraindre les gens à vivre selon les règles de l'islam, cela ne ferait que perpétuer la culture étatique autoritaire avec laquelle nous voulons rompre. »

Cette volonté proclamée de réforme et de consensus se retrouve dans les positions qu'affichent en général militants ou sympathisants du Refah au sujet de la guerre interminable, aussi sanglante que ruineuse (mais très rémunératrice pour quelques-uns), que l'armée et la police turques mènent dans le sud-est du pays contre le PKK (Parti des travailleurs du Kurdistan, un groupe armé sécessionniste qui lui non plus ne fait pas dans la dentelle) et, par voie de conséquence, contre la population de cette région. L'écrasante majorité des Kurdes étant de confession musulmane – même si le PKK se réclame encore du marxisme-léninisme... –, cette volonté de régler les conflits par la négociation procède aussi d'un sentiment de fraternité islamique (et ce sentiment est souvent associé à l'insistante nostalgie, déjà citée, de l'Empire ottoman, envisagé rêveusement, dans ce cas, comme un système où la communauté de religion effaçait les différences ethniques). Erbakan lui-même a pu donner l'impression d'adhérer à cette perspective de règlement pacifique du problème kurde, jusqu'à ce qu'une visite impromptue du chef des forces armées le fasse brusquement s'aligner sur les positions jusqu'au-boutistes des gouvernements précédents. Ce revirement illustre à la fois l'omnipotence en Turquie des « forces de sécurité » et l'ambiguïté de la position du Refah, obligé de composer avec un appareil étatique qu'il prétendait vouloir transformer en profondeur. Aussi bien, et que ces velléités aient été sincères ou non, il semble que le Refah préfère désormais profiter de son passage au pouvoir pour infiltrer sans aucune retenue les instances les plus poreuses du système – et peut-être aussi les plus productives à long terme –, à commencer par l'administration, l'enseignement et la justice. Quitte, si besoin est, à s'allier dans cette entreprise à un parti comme le MHP (le parti du loup), dont le moins que l'on puisse dire est qu'il n'aspire pas à la démocratisation des institutions.

Sultanbeyli est l'une de ces lointaines banlieues d'Istanbul sorties de terre, au milieu de paysages lunaires, au cours des quinze ou vingt dernières années, et abritant une population d'origine rurale attirée par le mirage de la grande ville, ou plus simplement chassée par la misère, ou par la terreur qui sévit dans le sud-est du pays. Tandis qu'à l'échelle de la Turquie le Refah n'a obtenu que 21 % des suffrages aux élections législatives de décembre 1995 – ce qui en fait tout de même la première force politique du pays –, il dispose à Sultanbeyli d'une confortable majorité. En face du siège du Refah, à peu près au coin de la rue de l'École de Coran et de l'avenue Fatih (d'après le surnom – « le Conquérant » – du sultan Mehmed II, l'homme qui, en 1453, en s'emparant de Constantinople, mit fin au Moyen Âge sans le savoir), le café Kara Deniz (Mer Noire) accueille sous un portrait réglementaire d'Atatürk, voisinant avec une pieuse calligraphie, une clientèle exclusivement masculine. Ibrahim, militant du Refah, a vingt-six ans et exerce le métier de coiffeur. Firar, vingt-huit ans, est militant du MHP et tient une boutique d'accessoires automobiles. Quant à Hussein, la quarantaine et barbu, sa profession de coureur des mers ne l'empêche pas de militer au BBP (Parti de la grande union), le petit parti islamiste d'extrême droite qui, au Parlement, lors du vote « historique » du 8 juillet dernier, a fourni à Necmettin Erbakan les quelques voix qui lui manquaient pour former son gouvernement.

Si tous trois se félicitent de la gestion municipale du Refah, qu'ils jugent efficace, intègre et proche des administrés, s'ils aspirent unanimement à ce que le pays soit gouverné « selon les lois de l'islam », ils divergent cependant sur des points de détail. Ainsi le barbu, auquel ses agissements dans la clandestinité ont valu de faire trois ans de taule, regrette-t-il de ne pas avoir « cassé suffisamment de têtes de communistes » dans ses jeunes années, tandis que Firar, l'homme du parti du loup, éprouve quelques scrupules à en avoir tant cassé, aujourd'hui qu'il « rencontre les anciens militants communistes à la mosquée ».

Nos interlocuteurs nous ayant affirmé qu'il y avait déjà « cent cinquante mosquées dans le quartier, et au moins cent en construction » – ce qui constitue une exagération manifeste –, Ibrahim, le coiffeur, insiste pour nous faire visiter le chantier le plus proche. Au coin de la rue de l'École de Coran, il y a déjà une mosquée, juste en face d'un supermarché tout neuf dans lequel Ibrahim voit une nouvelle preuve de la munificence du Refah. À l'inévitable question : « Y trouve-t-on de la bière, du vin ou de l'alcool ? », il répond que non, pas plus que dans les autres commerces de Sultanbeyli, « parce qu'il n'y a pas de demande dans ce sens ». 150 mètres plus haut, sur la droite, se dresse le chantier de la mosquée en construction, au-dessus de laquelle s'élèvera une « école de religion », également de taille appréciable. Bien que notre guide ne le précise pas, si cette école est bâtie dans l'enceinte de la mosquée, il s'agit vraisemblablement d'une *medrese*, c'est-à-dire d'une école purement religieuse, théoriquement interdite par la législation kémaliste toujours en vigueur, et non d'un *imamhatip*, ces espèces de collèges techniques pour la formation des imams, instaurés dans le cadre de la même législation, et qui, désormais, s'étant multipliés comme des petits pains, déversent par milliers leurs diplômés dans les universités. Quant à l'école d'où la rue tire son nom, ce n'est ni une *medrese* ni un *imamhatip*, mais un établissement où l'on n'enseigne que la récitation, diversement modulée, de l'écriture sainte : d'après notre guide, on y compterait près d'un millier d'élèves, dont « plusieurs ont remporté des concours internationaux de psalmodie du Coran ». Pour rester dans ce pieux registre, nous demandons à Ibrahim ce qu'il pense du projet (dont nul ne peut dire s'il existe réellement, bien qu'il ait déjà entraîné des protestations enflammées de la Grèce) de transformer – ou plutôt de retransformer – Sainte-Sophie en mosquée. Pour lui, cela ne fait aucun doute : Sainte-Sophie redeviendra inéluctablement une mosquée, « conformément à la volonté du sultan Fatih ». « Si notre pays est tombé si bas, ajoute Ibrahim, s'il est devenu plus pauvre que les tribus cannibales, c'est parce qu'il s'est écarté de la voix tracée par Fatih. Le jour où sa volonté sera de nouveau respectée, on sera un pays super ! » (*Sic.*)

Abordé dans le centre ville, le chauffeur de taxi avoue ne s'être jamais rendu dans le quartier de Gazi, et tout ignorer de la route à prendre. Tout ce qu'il sait, ou croit savoir, c'est qu'il s'agit d'un quartier « dangereux », où il n'accepterait en aucun cas de se rendre à la nuit tombée, et dont la population, composée d'alévis, de supporters du

PKK ou des groupes d'extrême gauche, « fait tout le temps des émeutes » (l'an dernier, en effet, la répression d'une émeute de protestation contre un attentat islamiste a fait plus de vingt morts dans la population du quartier). Il n'entre pas dans nos intentions, ni dans nos compétences, de donner une définition, même succincte, de l'alévisme. Que l'on sache simplement que les alévis se réclament d'Ali, gendre de Mahomet et quatrième calife, ce qui les apparente à l'islam chiite, mais que leur religion emprunte également aux traditions chamaniques des Turcs nomades, au manichéisme persan et à diverses branches éteintes du christianisme. Ajoutons que beaucoup d'alévis ne croient ni à Dieu ni à diable, qu'ils affirment représenter 25 % de la population, que beaucoup ont le cœur à gauche, voire à l'extrême gauche, qu'ils ont la charia en horreur, enfin qu'ils sont généralement enclins à considérer la femme comme l'égale de l'homme, et que tout ce qui précède ne peut qu'engendrer la méfiance, quand ce n'est pas la haine, de la majorité sunnite. D'ailleurs, un signe qui ne trompe pas, c'est que, avant même qu'on lui ait rien demandé, un sunnite – en l'occurrence, notre chauffeur de taxi – précisera volontiers qu'il « n'a rien, personnellement, contre les alévis », qu'il « a même un (ou plusieurs) ami alévi » (en l'occurrence, le garagiste du chauffeur), exactement comme un antisémite parle des Juifs. Plus on se rapproche de Gazi, plus la ville se défait, se désagrège, cette décomposition ayant été aujourd'hui précipitée par des pluies torrentielles qui ont arraché le revêtement de certaines rues et transformé plusieurs carrefours en infranchissables lacs de boue. Dans le local de l'association culturelle Hadji Bektach Veli – du nom d'un saint homme qui prêcha au XIIIe siècle un islam hétérodoxe, et dont les enseignements ont inspiré aussi bien, dans le passé, le corps des janissaires que, aujourd'hui, certains courants de l'extrême gauche –, le portrait du susnommé côtoie celui d'Atatürk, et une affiche reproduisant la Déclaration universelle des droits de l'homme. Il y a aussi des portraits d'Ali, le gendre de Mahomet, ce qui n'est pas indifférent quand on sait que l'islam sunnite considère de telles représentations comme sacrilèges. Le gardien du local est un homme d'une cinquantaine d'années, un ancien tourneur qui souligne le caractère « ouvrier » du quartier avant de mentionner qu'il compte une majorité d'alévis. La laïcité supposée de la législation en vigueur s'exerçant beaucoup plus strictement à l'égard des alévis que des sunnites, les premiers n'ont pas le droit de disposer de lieux de culte et doivent tenir leurs assemblées dans le cadre d'« associations culturelles » à l'image de celle-ci. « Les sunnites, dit le tourneur, prétendent qu'ils ne veulent contraindre personne, mais ils font tout le contraire. Avec nos impôts, l'État construit des mosquées et paie le salaire de leurs imams. Quant à nous, nous n'attendons rien de l'État, nous ne lui demandons rien, mais nous ne voulons plus payer pour construire des mosquées. » Le tourneur précise qu'il ne tient pas à « parler de politique » : « Nous avons déjà eu trop d'ennuis, et cela continue. » Le passage du Refah au gouvernement lui apparaît d'ailleurs comme une simple péripétie : « Cela ne change rien. Ils sont venus et ils repartiront comme ils sont venus. »

Le fait est que l'hégémonie de l'islam sunnite en Turquie ne date pas du Refah, qu'elle l'a précédé et qu'elle lui survivra. L'alliance du parti de Tansu Ciller (vice-Premier ministre) avec d'autres partis de la droite présumée « laïque » aurait peut-être maintenu la politique étrangère de la Turquie dans une direction plus conforme aux intérêts des États-Unis, mais elle n'aurait sans doute rien changé à l'islamisation de plus en plus marquée de la société, à laquelle les gouvernements précédents ont diversement contribué.

L'Événement du jeudi, *12 au 18 septembre 1996*

Dingo

Dans un livre intitulé *Along the Dingo Fence* (« Le long de la clôture des dingos ») et publié chez Hodder et Stoughton en 1991, Philip Holden désigne le dingo comme « l'animal le plus coûteux qui ait jamais sapé l'industrie lainière d'une nation ». Mais cette thèse lapidaire, si elle reflète incontestablement le point de vue de l'industrie lainière australienne, ne nous en apprend guère sur le dingo, un animal que tous les anathèmes fulminés contre lui – lors du célèbre procès Chamberlain, on a été jusqu'à l'accuser d'homicide et de rapt d'enfant – ne peuvent manquer de rendre sympathique, à la longue. Dans un ouvrage moins partial que le précédent, *The Dingo in Australia and Asia* (University of New South Wales, 1995), qui se trouve être aussi le plus récent, et sans doute le plus complet, jamais publié sur ce sujet, Laurie Corbett désigne le dingo (*Canis lupus dingo*) comme un « chien primitif » et estime qu'il a été introduit en Australie, il y a environ quatre mille ans, par des navigateurs originaires du Sud-Est asiatique. D'autres auteurs font remonter son introduction à huit mille ans. Ces questions de date sont moins futiles qu'il n'y paraît, dans un pays où la majorité de la population est elle-même d'introduction assez récente, et où l'ancienneté d'une espèce animale peut décider de ses chances de survie. Ainsi la plupart des espèces introduites après l'arrivée des Britanniques, et qui se sont depuis inconsidérément multipliées à l'état sauvage – rats, lapins, chèvres, chevaux, dromadaires, etc. –, sont-elles considérées comme « vermines » et traitées en fonction des menaces réelles ou supposées qu'elles font peser sur l'agriculture, l'élevage ou la survie des espèces animales et végétales dûment répertoriées comme indigènes. Mais au bout de combien de siècles, ou de millénaires, une espèce peut-elle bénéficier de ce statut, et de quelles preuves dispose-t-on pour dater l'apparition de certaines sur le sol australien ? Vaste problème, illustré récemment par une nouvelle controverse au sujet des porcs. Leurs adversaires – en particulier les éleveurs de moutons, une fois de plus, qui les accusent d'endommager les clôtures et de se repaître d'agneaux de lait – affirment qu'ils furent introduits par les premiers colons blancs. Leurs défenseurs – encore est-ce une façon de parler, puisqu'il s'agit surtout de chasseurs professionnels et d'exportateurs de viande porcine, opposés pour des raisons commerciales à leur élimination méthodique – soutiennent qu'ils sont originaires de Papouasie-Nouvelle-Guinée et qu'ils se sont établis en Australie dès l'époque préhistorique.

En ce qui concerne le dingo, il ne fait du moins aucun doute que son arrivée dans le pays est antérieure de quelques milliers d'années à celle des colons britanniques. On sait aussi que les Aborigènes l'utilisaient, comme chien de chasse selon certains auteurs, comme chien de garde selon d'autres. Il arrivait aussi qu'ils le mangent, ou s'en servent comme d'une vivante couverture chauffante. Mais aucun litige majeur n'opposait le dingo aux premiers habitants de l'Australie, et ce n'est qu'avec le développement de l'élevage du mouton, consécutif à la colonisation britannique, qu'il acquiert le statut d'ennemi public. Dès la fin du XIXe siècle, il fait l'objet du même opprobre que le lapin, et ce sont souvent les clôtures anti-lapins, érigées à cette époque sur plusieurs milliers de kilomètres, qui seront plus tard rehaussées et renforcées en clôtures anti-dingos. Il semble que les premières sections « publiques » de cette clôture – car il en existait auparavant de privées – aient été édifiées à partir de 1914 entre Lake Charles et Hungerford (un peu moins de 600 km) en passant par Cameron Corner, cet angle droit magique, au milieu de nulle part, où se rejoignent les frontières du Queensland, de l'Australie du Sud et de la Nouvelle-Galles du Sud. Ainsi Hungerford peut-elle être tenue pour une ville pionnière dans l'histoire de la grande clôture des dingos. Par la suite, et bien que son développement connaisse toutes sortes de vicissitudes liées aux conditions climatiques et aux circonstances économiques et politiques, ce dispositif se renforcera progressivement jusqu'à atteindre, dans son état actuel, la longueur totale de 5 309 km. Ce qui en fait, d'après le *Guinness Book of Records*, « la plus longue clôture élevée par l'homme », à raison de 2 500 km de « barrier fence » au Queensland, de 2 225 km de « dog fence » en Australie du Sud et de 584 km de « border fence » le long de la frontière séparant les deux États précédents de la Nouvelle-Galles du Sud.

En Nouvelle Galles du Sud, la clôture (border fence) est depuis 1957 placée sous la responsabilité d'une administration, le Wild Dog Destruction Board, basée à Broken Hill. Dans son dernier rapport annuel, le Wild Dog Destruction Board, qui emploie sur le terrain dix « coureurs de frontière » (« boundary riders ») et six conducteurs d'engins, définit sa mission comme consistant à « protéger l'élevage du mouton (environ huit millions de têtes, dont la production annuelle de laine représente quelque 188 millions de dollars australiens) des destructions causées par les dingos et autres chiens sauvages ». La clôture n'est d'ailleurs pas la seule arme des éleveurs, qui ont également recours aux appâts empoisonnés et au tir : toujours d'après le rapport du Wild Dog Destruction Board, au cours de l'année écoulée cent quatre-vingt-dix-neuf scalps de chiens sauvages ont été payés par l'administration 10 dollars pièce à des chasseurs, professionnels ou non, contre deux cent soixante-quinze l'année précédente.

Toutefois, bien que le dingo – qui ne bénéficie d'une protection légale que dans les limites de certains parcs nationaux – soit traité comme une « vermine », dont la tête est mise à prix, sur la majeure partie du territoire australien, la survie de l'espèce, d'après Laurie Corbett, est moins menacée par le poison, le tir ou les clôtures que par le croisement avec des chiens domestiques. À moins d'interdire la possession de chiens partout où ces derniers peuvent entrer en contact avec leurs cousins sauvages, « l'extinction du dingo pur, écrit Corbett, semble inévitable ». Or il n'est pas nécessaire d'avoir séjourné longtemps dans l'intérieur de l'Australie – l'« outback » – pour savoir que ses habitants n'envisageront de s'y passer de chien que lorsque les poules auront des dents.

Hungerford : dix-sept âmes sur la grande clôture des dingos

Auprès de la population des grandes villes australiennes, la clôture des dingos ne jouit pas d'un immense prestige : à Sydney, rares sont les gens capables de situer un point quelconque sur la longue trajectoire qu'elle décrit à travers trois États de la Fédération, et le fichier de la Mitchell Library ne possède qu'un très petit nombre d'ouvrages traitant de ce sujet. Quant à Hungerford, la seule mention de cette bourgade dans la littérature « classique » australienne, sauf erreur de notre part, est le fait de Henry Lawson, un poète de la fin du siècle passé qui aimait mieux le prolétariat que la bourgeoisie, et la bouteille plus encore que le prolétariat. C'est, semble-t-il, afin de le sauver de son alcoolisme que le directeur du journal auquel il collaborait de temps à autre le convainquit en 1893 d'aller faire un tour dans l'« outback » (l'intérieur) : étrange idée, car on y buvait déjà au moins autant que dans les villes de la côte. Arrivé à Bourke, dans le nord-ouest de la Nouvelle-Galles du Sud, Lawson s'y livra à divers scandales témoignant de son caractère facétieux et prit quelques terribles cuites. C'est sans doute au lendemain de l'une d'elles qu'il conçut le projet de parcourir à pied, malgré la chaleur infernale – on était en janvier, le mois le plus chaud de l'année –, en compagnie de quelques compagnons d'infortune, ouvriers saisonniers assoiffés, sans toit ni loi, la distance – plus de 200 km – séparant Bourke de Hungerford. Bien qu'il n'ait guère passé plus de vingt-quatre heures dans la seconde, Lawson parvint à en dire en quelques pages presque autant de mal que Rimbaud de Charleville (il existe d'ailleurs, dans le sud du Queensland, une localité qui porte ce nom, mais il n'y a aucune raison de penser que ce soit en hommage à l'auteur d'*Une saison en enfer*), si bien qu'il se trouve encore des résidents de Hungerford pour lui en vouloir de ses sarcasmes, tout en les imputant à ses humeurs fantasques d'alcoolique. Avant de repartir, Lawson eut le temps de dormir quelques heures le dos appuyé à ce qui n'était alors que la « rabbit-fence », et d'observer qu'il se trouvait autant de lapins des deux côtés. « Cette clôture, ajoute-t-il, est un sujet de plaisanterie convenu parmi les lapins australiens. »

Quiconque souhaite en savoir plus sur le séjour de Lawson dans la région peut se procurer l'ouvrage de Robyn Burrows et Alan Barton intitulé *A Stranger on the Darling*, publié en 1996 par Angus et Robertson. On le trouve facilement chez le Newsagent de Bourke, ainsi qu'en beaucoup d'autres lieux. On trouve toutes sortes de choses chez le Newsagent de Bourke : des journaux nationaux et locaux, des revues d'intérêt général et d'autres plus spécialisées – élevage, agriculture, chasse et pêche, jardinage ou tricot –, des boissons non alcoolisées, des cartes postales et des souvenirs, des accessoires de pêche et tout un choix de fusils et de munitions destinés principalement à la chasse au porc. Cette chasse est un des passe-temps les plus populaires dans la région, et quelques-uns en ont même fait leur gagne-pain. Dans le journal local, John Pearce, l'un de ces chasseurs professionnels, explique qu'il consacre quatre nuits par semaine à la décimation des porcs sur des propriétés situées dans un rayon de 120 km autour de Bourke, et qu'il gagne en moyenne 400 dollars par nuit. L'article est illustré par une photographie du véhicule de John Pearce, un vieux pick-up Toyota équipé d'un projecteur, et dont les ridelles sont armées de crocs de boucherie. Le principal débouché de la viande de porc sauvage australien est le marché allemand. Il y a quelques années, la presse de Darwin s'était faite l'écho d'une polémique qui agitait alors l'opinion dans le Territoire du Nord. En pleine vogue des pitt-bulls et autres chiens psychopathes, les propriétaires de ces derniers s'étaient inquiétés d'une vague de disparitions mystérieuses, jusqu'à ce qu'on découvre que les chiens kidnappés étaient utilisés par une bande de chasseurs-flibustiers pour traquer le porc dans le « bush » (la brousse). Les chiens ordinaires, en effet, éprouvent une crainte légitime des sangliers. Sachant que la multiplication dans la nature de spécimens domestiques égarés est une des spécialités de l'Australie, et que plusieurs espèces ainsi retournées à l'état sauvage y sont à l'origine de divers problèmes, on peut se demander ce qu'il adviendrait si des pitbulls ou des bull-terriers échappés d'une meute reconstituaient une lignée sauvage de chiens de combat. Sans doute les dingos n'auraient-ils qu'à bien se tenir.

Brewarrina, 100 km à l'est de Bourke, est une petite ville torride à l'entrée de laquelle un panneau routier invite les camions à stopper pour se débarrasser de leur poussière. C'est aussi un lieu important dans la tradition aborigène, à cause notamment de ces « pièges à poissons », de sinueux murets de pierre infléchissant le cours de la rivière Barwon, autour desquels se tenaient autrefois de grands rassemblements intertribaux. Le site, dominé par un petit musée, est aujourd'hui pollué par les milliers de bouteilles de bière « Victoria Bitter » (la moins chère) balancées dans le ravin par les poivrots du coin, nombreux si l'on en juge par l'abondance de ces reliefs. La citoyenne la plus célèbre de Brewarrina est sans doute Evelyn Crawford, une dame aborigène à la forte stature, regard bleu et cheveux blancs, auteur d'un témoignage autobiographique – *Over My Tracks, A Remarkable Life* – et véritable mine de récits ou d'anecdotes dont l'intérêt dépasse de beaucoup les limites de l'histoire locale. Au milieu de ses nains de jardin, sous une tapisserie représentant une chasse à courre, Evelyn Crawford est capable de passer de l'évocation de son dîner avec la reine d'Angleterre, à Sydney, lors duquel elle ne put se résoudre à avaler même un grain de caviar, à celle de l'époque, beaucoup plus éloignée, où elle conduisait ses chèvres, dans le voisinage de Hungerford, le long de la clôture des dingos. Comme il n'y a pas de transports publics entre Bourke, la ville la plus proche, et Hungerford, c'est elle qui nous a suggéré de tenter notre chance auprès de George White, patron d'une entreprise de transport qui deux fois par semaine achemine de Bourke à Hungerford le courrier en provenance de Nouvelle-Galles du Sud. Et comme les habitants de l'outback sont généralement enclins à rendre service, le lendemain de notre entretien téléphonique avec George

White son camion nous ramassait à 4 h 30 du matin devant l'Old Royal Hotel, un des plus jolis édifices de Bourke, qui en compte au moins trois autres de la même qualité, tous quatre datant de la fin du XIXe siècle.

Dans la nuit, sous les étoiles qui dans l'hémisphère sud semblent toujours plus proches et plus nombreuses que dans l'autre, le camion franchit la rivière Darling sur le vieux pont à chaussée de planches avant de s'engager sur la route – non revêtue – menant à Hungerford via Fords Bridge. Au lever du jour, un gros renard fuse sur le côté droit de la piste et disparaît dans le bush. Le renard fait partie de ces immigrants illégaux introduits par les colons britanniques et désormais considérés comme « vermine ». Plus loin, un couple d'aigles se dispose à nettoyer la carcasse d'un mouton victime d'un accident de la circulation : le mouton, le kangourou et l'émeu sont les trois animaux les plus susceptibles de se faire écraser, et la plupart des véhicules de l'outback sont équipés de pare-chocs spéciaux à l'épreuve de ces trois espèces. Bevin, le chauffeur du camion, s'efforce par jeu de rouler dans ses traces de la semaine dernière, ce qui donne une idée de l'importance du trafic. Au tiers du parcours, au milieu d'un paysage de steppe arborée qui évoque l'Afrique, le camion tombe en panne et Bevin, par radio, demande l'assistance du fermier le plus proche. Dans le véhicule de ce dernier, sur le siège du passager, un fusil est paré pour tirer à l'occasion un kangourou, dont la viande améliorera l'ordinaire des chiens, ou, avec un peu plus de chance, un porc sauvage. Dès que le camion redémarre, Bevin annonce que nous entrons dans « le pays des porcs », et il en surgit en effet trois ou quatre, noirs et trapus, sur un chemin de traverse menant à une ferme – une « station », dans la terminologie locale – éloignée de la piste. Le camion de George White ne livre pas que du courrier : on y trouve aussi des sacs de croquettes pour chiens, de la nourriture compactée pour le bétail, des fûts de carburant, des rouleaux de fil de fer ou une bonbonne contenant du sperme de taureau congelé. Chaque station offre à peu près le même spectacle : château d'eau, éolienne, antenne radio, toit de tôle ondulée portant le nom de la ferme peint en grands caractères à l'usage des hélicoptères. Tout autour sont éparpillées des carcasses de véhicules et les vestiges rouillés de deux ou trois générations de machinisme agricole.

Hungerford est situé sur la frontière entre la Nouvelle-Galles du Sud et le Queensland. En fait, le village ne compte qu'une maison au sud de la frontière, côté Nouvelle-Galles du Sud, dont les occupants se trouvent ainsi décalés d'une heure par rapport au reste de la population. Le

Queensland vit en effet avec une heure de retard sur la Nouvelle-Galles du Sud. Entre Cameron Corner et un point situé à une quinzaine de kilomètres dans l'est de Hungerford, la frontière, comme jadis entre deux États à « systèmes sociaux différents », est matérialisée par une forte clôture grillagée, la fameuse clôture des dingos, qui sur cette partie de son tracé répond à l'appellation de « border fence » (clôture frontalière). La clôture coupe la route, et c'est par une porte de la largeur de cette dernière que l'on pénètre au Queensland. Un panneau précise qu'il en coûte 1 000 dollars d'oublier de la refermer. Sur la gauche de la piste – revêtue de macadam dans la traversée du village –, la première maison habitée, côté Queensland, est aussi le pub local, le Royal Mail Hotel, qui met trois chambres à la disposition des visiteurs, rares en été mais plus nombreux, paraît-il, en hiver. Maureen et Doug Bloomfield, les patrons du pub, sont arrivés de Brisbane – la capitale du Queensland, sur le littoral du Pacifique – il y a quatre ans. Aussi étrange que cela puisse paraître, non seulement ils ne regrettent pas d'avoir quitté Brisbane, mais ils affirment ne jamais s'ennuyer à Hungerford, dont la population permanente s'élève d'après Maureen à dix-sept habitants. Ils étaient beaucoup plus nombreux à l'époque de la visite de Henry Lawson, avant que, parmi d'autres causes d'exode rural, la Première Guerre mondiale ne décime la population des campagnes, et que le déclin du cheval, au bénéfice du 4×4 et de la moto tout-terrain, voire de l'hélicoptère, ne réduise considérablement la main-d'œuvre attachée à l'élevage du mouton.

À partir de la clôture des dingos, et si l'on progresse en tournant le dos à celle-ci, Hungerford se présente à peu près de la manière suivante : le premier édifice sur la droite est une maison d'allure confortable, devant laquelle sont alignés des animaux fabriqués avec des fûts de carburant (koala, kangourou, émeu, rhinocéros, éléphant, crocodile, etc.) dont la parade vise à recueillir des fonds pour le service des Royal Flying Doctors. De l'autre côté de la route, un hangar en tôle ondulée – le matériau dominant à Hungerford – abrite en saison des collecteurs de miel. Puis il y a une échancrure dans le tissu urbain, d'où pointe un mât de télévision qui assure aux habitants de Hungerford la réception, généralement médiocre, de deux chaînes. Au-delà de ce terrain vague, quelques arbres étendent leur ombre clairsemée sur le Royal Mail Hotel et l'unique cabine téléphonique (à pièces) du village. Derrière l'hôtel se dressent le château d'eau et les installations de traitement, au pied desquels on remarque le logement de fonction de l'homme qui représente la loi et l'ordre à Hungerford. Sous les pilotis de sa maison stationne un somptueux véhicule tout-terrain, bardé de rampes lumineuses et d'avertisseurs sonores dont il est douteux qu'ils aient jamais servi, tant il paraît futile et déplacé de commettre des crimes dans une localité isolée de dix-sept habitants. En face du poste de police s'étend un court de tennis que domine un alignement de palmiers élancés mais chétifs, et que jouxte le bâtiment du State Emergency Service, illustration de l'autarcie dans laquelle vivent les habitants de Hungerford. Trop peu nombreux pour disposer d'un service de pompiers ou d'une clinique avec le personnel médical adéquat – sauf urgence, les Royal Flying Doctors ne touchent terre ici que toutes les six semaines –, ils possèdent tous, en revanche, de solides notions de secourisme et de lutte contre les catastrophes naturelles, et ils conservent dans leur bâtiment du SES de quoi combattre sans secours extérieur les incendies ou les inondations, voire de quoi prodiguer des soins médicaux élémentaires, avec la possibilité de consulter des spécialistes par radio.

À l'approche de Noël, la chaleur devient telle, à Hungerford, qu'elle décourage toute activité pendant la plus grande partie de la journée. Le déclin de la lumière rend aux objets leurs formes et leurs couleurs, et à l'air une légèreté compatible avec les exigences de la marche. Il entraîne aussi un regain d'activité animale, qu'il s'agisse des pigeons à crête, très élégants, qui produisent en vol un sifflement d'ailes permettant de les reconnaître à coup sûr, des canards percheurs (*dendrocygnes*) dont une famille traverse chaque soir la route, à pied et en file indienne, ou des deux chevaux de Hungerford, l'un gris, l'autre blanc et roux, qui a la tombée de la nuit se mettent volontiers à galoper et à hennir de manière assez inquiétante, parfois, pour quiconque ignore jusqu'aux rudiments de l'art équestre. Cette effervescence vespérale ne présente pas que des avantages : car à côté des oiseaux ou des mammifères, Hungerford abrite inévitablement des insectes beaucoup plus nombreux qui, à l'exception des mouches, se tiennent tranquilles dans la journée, et qui se déchaînent au crépuscule. Le réveil des insectes entraîne celui des batraciens, en particulier les grenouilles vertes, si grasses, lisses et brillantes que de prime abord on pourrait les croire en céramique, et qui ont colonisé les coins les plus inattendus du Royal Mail : elles sont une demi-douzaine à dormir toute la journée, invisibles, dans une paire de godillots suspendue à une poutre de la véranda devant l'entrée du pub, l'unique baignoire et le lavabo en sont pleins, et aussi les toilettes, où l'une d'elles a élu domicile dans la cuvette et refuse de s'en éloigner même un instant, en dépit de tous les désagréments inhérents à cette position. Il arrive aussi – mais pas en notre présence – que l'on intercepte des serpents au moment où ils se hissent sur la véranda, et Maureen, la patronne du pub-hôtel, possède tout un assortiment de bocaux contenant les dépouilles de reptiles diversement venimeux, dont deux ou trois au moins qui ne pardonnent pas. Enfin le crépuscule est aussi, pour le pub, l'heure des habitués, c'est-à-dire à peu près la moitié de l'élément mâle de Hungerford, et parfois quelques « graziers » (éleveurs de moutons) venus des « stations » les moins éloignées. Sauf exception, les femmes ne fréquentent pas le pub, et cette donnée culturelle anglo-saxonne complique la tâche de l'observateur qui s'efforce de déterminer discrètement la proportion de célibataires dans la population du village.

Deux des habitués les plus ponctuels – et aussi, en apparence, les plus célibataires, à supposer qu'il y ait des degrés dans le célibat – sont Max et Stan, qui chaque soir se rendent au pub en voiture, bien que leurs domiciles n'en soient éloignés respectivement que de 100 et 200 mètres. Stan habite dans ce qui a l'allure d'une caravane sédentarisée, et Max dans une maison plus réglementaire. Tous deux, au moins au pub, sont inséparables, et l'un et l'autre sont très représentatifs de l'idée qu'un étranger peut se faire de l'outback avant même d'y mettre les pieds. Couvert de tatouages, ce qui n'a rien de très original en Australie, Max, qui est extrêmement costaud, peut-être même un peu trop, a pris sa retraite à Hungerford, après avoir exercé successivement le métier de « dogger », c'est-à-dire de tueur de chiens sauvages, puis celui de conducteur d'engins affecté à l'entretien de la clôture des dingos. C'est donc un homme dont l'existence est étroitement liée à celle de ces derniers. Quant à Stan, coiffé en toutes circonstances, comme beaucoup d'hommes de l'intérieur, d'un chapeau de cow-boy, et chaussé de bottes à l'avenant, il a passé des années à rassembler et à conduire – à cheval – des troupeaux de moutons, et il continue à fabriquer des accessoires en cuir pour l'équitation, selles ou cravaches. Il y a un an, presque jour pour jour, la plupart des habitants de Hungerford ont arrosé copieusement la traditionnelle visite du père Noël organisée pour les enfants de la région : trente-six heures de libations conclues par une partie de cricket en plein soleil, par 40° à l'ombre, devant le poste de police. À cette occasion, la tradition rapporte que Stan a pris une cuite phénoménale, à tomber par terre, ce qui ne l'empêchera sans doute pas de récidiver cette année, ni d'être à soixante et onze ans frais comme un gardon, et de tenir d'une main ferme les canettes de bière qu'il sirote chaque soir au comptoir en compagnie de son ami l'ancien tueur de chiens. En fait, Stan donne l'impression d'être un homme heureux. En cette veille de fête, lorsque le postier officiel, celui qui achemine le courrier en provenance du Queensland, procède à la distribution des lettres devant le comptoir du pub, avec la même solennité que l'on apporte à ce rite à bord d'un cargo n'ayant pas touché terre depuis plusieurs semaines, Stan en reçoit un lot abondant, et par-dessus son épaule on peut voir qu'elles sont pleines de photos de mômes, sans doute ses petits-enfants, qu'il considère longuement d'un œil attendri.

Le dimanche, le Royal Mail ferme dans la matinée. Maureen et Doug en profitent pour emmener leur hôte (votre serviteur) visiter le parc national du Currawinya, l'un des plus jeunes en Australie, qui depuis 1991 s'étend sur les 151 000 hectares de ce qui fut auparavant une exploitation agricole d'un seul tenant. L'ancien propriétaire a paraît-il vu d'un assez mauvais œil ses terres à moutons transformées en parc national : les éleveurs et les agriculteurs australiens, comme leurs congénères dans le reste du monde, n'ont guère de sympathie pour la « protection de la nature ». Au-dessus du comptoir du Royal Mail, on lit sur un autocollant cette injonction d'un goût discutable : « Fertilize the bush, Doze in a greenie », qui peut se traduire approximativement par : « Fertilisez le bush, plantez-y un écolo. » Toutefois Maureen et Doug, l'un et l'autre ruraux d'adoption, ne sont pas tenus de partager tous les préjugés de leur clientèle, d'autant, pour ce qui concerne le parc national, qu'il doit leur attirer du monde en saison. Le jour de notre visite, en revanche, on ne rencontre pas âme qui vive sur le territoire du parc. Il est vrai que la chaleur, dès 9 heures du matin, est intenable. L'une des curiosités de ce vaste territoire est un groupe de collines rougeâtres, constituées de gros blocs de rochers arrondis, posés parfois dans un équilibre apparemment instable et dont certains, contre toute attente, sonnent creux. Exactement comme les rochers assez semblables que l'on peut voir au sud du Zimbabwe, dans le Matabeleland. La seule différence notable est qu'il y a la guerre au Matabeleland (enfin, il y avait la guerre : avec un peu de chance, peut-être s'est-elle terminée depuis). Autrement, de même que les rochers du Matabeleland portent de nombreuses gravures rupestres laissées par les Bushmen au cours de leurs errances, les rochers de Currawinya renferment quantité de pierres taillées par les Aborigènes en des temps immémoriaux. Maureen dit que dans ces collines aux formes étranges, émergeant d'un paysage d'une vertigineuse monotonie, elle peut sentir la « présence du sacré ». Et c'est vrai que, sans trop savoir pourquoi, on n'en mène pas large dans la proximité de ces pierres sonores. Peut-être une réminiscence du beau film de Peter Weir *Pique-nique à Hanging-*

Rock? Et voici qu'à point nommé surgit d'une anfractuosité de la roche un bouc immense, aux larges cornes évasées, noir comme l'enfer dont il est bien possible qu'il émane. Le spectacle des lacs – l'un d'eau douce, et l'autre d'eau salée – qui constituent la principale richesse biologique du parc, est moins étrange, sinon moins beau. Le premier, rempli d'une eau trouble et tiédasse, n'est pas très fréquenté en cette saison, mais le second, beaucoup plus riche en plantes du fait de la transparence de ses eaux bleues à reflets roses, accueille de prodigieux effectifs de canards, de sarcelles, de cormorans ou de pélicans, des grues et des aigrettes, des échasses et des avocettes, enfin des cygnes noirs par véritables escadres.

Dans l'après-midi du dimanche, le pub ayant rouvert, les habitués regardent à la télé un match de cricket dont les images sont rayées de barres transversales dues à la mauvaise réception et à la vétusté du poste. Pour qui ne s'intéresse pas au cricket, la principale caractéristique de ces matchs est qu'ils donnent l'impression de durer des journées entières, et parfois même au-delà. Pendant ce temps, Maureen, sous la véranda, compose un poème héroï-comique très réussi, à partir du récit que vient de lui faire George de la démence sénile de son père. Retraité, George est un autre habitué du Royal Mail. Poil blanc, short et chapeau de brousse, il a la dégaine d'un ancien militaire de bonne composition, et, en effet, il a servi la plus grande partie de sa vie comme sous-officier dans l'armée australienne, qu'il a accompagnée dans quelques-uns des épisodes les plus scabreux de son histoire récente. Ainsi George, qui a fait le Vietnam et pris part à d'autres guerres exotiques et oubliées, commence-t-il volontiers ses phrases par des expressions dans le genre : « When I was in bloody Malaya… » (« Quand j'étais en foutue Malaisie… ») Mais il ne raconte jamais de récit de guerre à proprement parler, et celui que Maureen est en train de mettre en vers concerne donc son père, ancien éleveur, qui continue à se croire dans sa ferme, à donner des ordres relatifs au bétail, et à interpeller par leurs noms les chiens et les vaches qu'il voit défiler dans sa chambre de malade. Le récit de George a fait s'étrangler de rire, littéralement, Dave, qui est peut-être le plus sympathique et le plus déconcertant des clients du pub. Avec son teint rouge brique, ses yeux bleus délavés au regard enfantin et légèrement égaré, Dave fait penser à ces paysans pauvres du sud des États-Unis dont les portraits illustrent le livre de James Agee *Louons maintenant les grands hommes*. La soixantaine, ou peut-être moins, Dave a derrière lui un long passé de cow-boy – ou, plus précisément, de rassembleur et de conducteur de moutons –, et c'est à lui qu'appartient l'impulsif cheval blanc et roux qu'il monte de temps à autre dans des rodéos. Pour gagner sa vie, Dave capture des chèvres et des boucs erratiques, retournés à l'état sauvage, qu'il rassemble dans un enclos assez malodorant avant de les acheminer par camion à l'abattoir de Bourke. Les pays d'Asie du Sud-Est sont paraît-il d'insatiables consommateurs de viande de chèvre, et chaque bête lui est payée 20 dollars par l'abattoir de Bourke. Autant dire qu'il faut en réunir beaucoup pour vivre de ce commerce. Afin d'accélérer le mouvement, Dave a placé à l'extérieur du pub une affichette ainsi libellée : « Wanted. Live goats [chèvres vivantes]. Cash payment. Deliver to Royal Mail Hotel Hungerford. Contact : Dave Thresher, agent for Bourke Meatworks. » Et enfin, en caractères majuscules et soulignés : « Goats urgently required ! » (« Chèvres demandées d'urgence ! ») Même quand il ne traque pas la chèvre sauvage, Dave se déplace généralement avec deux chiens, qu'il parvient même à faire tenir sur la selle de sa moto tout-terrain. Il y a quelques mois, c'est dans cet équipage qu'en pleine nuit, et à vive allure, il est entré en collision avec un émeu. Par chance, Doug, le patron du pub, vint à passer au volant de sa voiture peu de temps après l'accident. Ayant relevé Dave inanimé, il l'a conduit aussi vite que possible jusqu'à l'hôpital le plus proche, à environ 200 km de Hungerford, et lui a ainsi sauvé la vie.

L'inimitié des frères W. est un des sujets qui défraient la chronique à Hungerford. Bien sûr, il n'est pas très civil, pour un étranger de passage, de se faire l'écho d'une telle discorde, mais d'un autre côté il nous paraît difficile de passer sous silence le seul lien que ce village entretienne avec la tragédie antique ou la mythologie. Par discrétion, ou par ignorance (mais cette seconde hypothèse est tout de même peu vraisemblable), personne n'est en mesure de préciser quelle embrouille est à l'origine de cette inimitié légendaire, mais tout le monde est susceptible de vous en parler. D'ailleurs les frères W., bien loin d'en faire mystère, affichent leur mutuelle aversion. Lorsque l'un d'entre eux se présente au pub, l'autre s'en va. Les choses se compliquent du fait que la maison de l'un des deux frères, Aldin, est située au sud de la clôture, et donc sur le territoire de la Nouvelle-Galles du Sud (elle est d'ailleurs la seule maison de Hungerford dans ce cas), tandis que la maison de l'autre frère, Nelson, est la première que l'on rencontre sur le territoire du Queensland. Ainsi les deux maisons ennemies sont-elles confrontées dans un face à face assez solennel de part et d'autre de la clôture et de la frontière. Les deux frères sont mariés, même si leurs épouses ne se montrent guère. Nelson, celui qui vit sur le territoire du Queensland, et donc une heure en retard sur son frère Aldin, semble être un homme assez renfermé, ou du moins peu enclin à se mêler à ses semblables. C'est lui qui fabrique des animaux avec des fûts de gasoil. Lors de l'unique visite que nous lui avons faite, nous avons eu le temps de lire sur sa porte d'entrée un panneau de bienvenue ainsi libellé : « This house is full of love » (« Cette maison est pleine d'amour »), et d'apprendre qu'il se disposait à augmenter d'un zèbre sa collection de sculptures en bidons.

De son côté, Aldin possède un élevage de paons qui introduisent dans l'aride décor de Hungerford une touche de parc à l'anglaise : cependant, Aldin ne les élève pas pour la beauté de leur plumage, encore moins pour celle de leur chant, mais pour la qualité de leurs œufs et de leur chair, qu'il affirme être bien plus savoureuse que celle de la dinde. Aldin a dirigé dans le temps une petite entreprise spécialisée dans la construction et l'entretien des clôtures, et donc, au premier chef, de la grande clôture des dingos, et depuis quelques années il est employé comme « boundary rider » (« coureur de frontière ») par l'administration responsable de cette dernière sur le territoire de Nouvelle-Galles du Sud, le Wild Dog Destruction Board. Sa tâche consiste à surveiller et à entretenir une soixantaine de kilomètres de clôture courant parallèlement à la frontière. Pour s'en acquitter, Aldin dispose d'un véhicule de service, un petit 4×4 qui a tendance à caler plus souvent qu'il ne faudrait : dans la cabine, on trouve sans surprise, à côté de l'émetteur-récepteur, l'inévitable fusil à lunettes pour le tir du porc ou, beaucoup plus rarement, du dingo. Dans la région de Hungerford, ce dernier est devenu très rare, mais à une centaine de kilomètres d'ici en direction de l'ouest, d'autres « boundary riders » peuvent en abattre chaque année une trentaine. Encore ne s'agit-il pas toujours de vrais dingos mais parfois de simples chiens sauvages, produits de croisements entre des dingos « purs » et des animaux domestiques en rupture de ban. Aldin, professionnellement intéressé à donner une image aussi sombre que possible des dingos et autres chiens sauvages, insiste sur la férocité de ces derniers, qui tueraient sans nécessité, par plaisir, les innocents moutons, et parfois même se contenteraient de leur arracher de grands pans de bidoche sans prendre la peine de les achever. La clôture, qui réglementairement mesure 1,80 m au-dessus du sol et 30 cm en dessous – et dont la partie basse, au grillage plus fin, n'est autre que la fameuse « rabbit fence » décriée par le poète Henry Lawson – est principalement menacée par l'ensablement et les inondations, et secondairement par les destructions qu'occasionnent des animaux fouisseurs comme le wombat, le porc sauvage ou l'échidné. L'échidné est l'une des bêtes noires d'Aldin, qui le piège allégrement et le traite de « foutu hérisson », alors que, si l'on envisage son cas avec plus de sérénité, il s'agit tout de même avec l'ornithorynque de l'un des deux seuls représentants de l'ordre très primitif des monotrèmes, ces mammifères qui pondent des œufs et cependant allaitent leurs petits.

Au sortir de Hungerford, la clôture – munie sur cette section, dans sa partie basse, de pans mobiles susceptibles de laisser passer le flot et ce qu'il entraîne – traverse sur plusieurs kilomètres le cours irrégulier, et généralement asséché, de la rivière Paroo. En fait, on a l'impression que toute cette région ne sort d'une inondation que pour affronter une sécheresse, et vice versa. En période d'inondation, Hungerford peut se retrouver insularisée pendant de longues semaines. Quant à la clôture, si elle n'est pas emportée, elle disparaît sous les eaux et ne sert donc plus à grand-chose. En période de sécheresse, la même clôture doit faire face aux assauts d'innombrables animaux fuyant les zones arides à la recherche de l'eau. En 1992 et 1993, des milliers d'émeus venus du nord se sont ainsi rassemblés pendant plusieurs semaines le long de la clôture, s'efforçant désespérément de la franchir – l'émeu est un animal obstiné et sans grande finesse –, mourant par centaines de soif, de faim ou d'épuisement, jusqu'à ce que les survivants se décident à faire demi-tour, vraisemblablement pour aller mourir plus au nord. Lyrique lorsqu'il évoque ce foisonnement d'émeus parmi lesquels son véhicule tout-terrain était comme noyé, Aldin se souvient surtout des dizaines de trous qu'ils parvinrent à percer dans la clôture et qu'il dut reboucher jour après jour. Aujourd'hui, par une journée ordinaire d'un été normal – c'est-à-dire avec des pics de température supérieurs à 45° C –, les émeus ne sont que quelques dizaines à courir inlassablement devant le véhicule. L'un d'eux, qui a dû se jeter sur le grillage à de nombreuses reprises, a le poitrail couvert de sang. D'autres animaux abondants dans le voisinage, et qui ont le privilège de jouir de la bienveillance d'Aldin dans la mesure où ils ne creusent pas de trou, sont les « shingle backs », des lézards gras et trapus, à dos écailleux, qui se déplacent si lentement que l'on peut s'en saisir et les soulever de terre entre deux doigts. Plus gracieux, le « spotted bowerbird » (l'« oiseau-tonnelle », en latin *Chlamydera maculata*), à la saison des amours, édifie pour attirer sa partenaire une sorte de couloir de branchages et de brindilles décoré de petits cailloux blancs, de morceaux de verre et le cas échéant de goupilles provenant des nombreuses boîtes de bière abandonnées dans le bush. Plusieurs de ces architectures aviaires, d'une grande finesse d'exécution, sont visibles dans des fourrés proches de la clôture. Enfin, en plus des sempiternels kangourous, la région abonde en chèvres et dans une moindre mesure en moutons retournés à l'état sauvage. L'année dernière, un tireur d'élite opérant à partir d'un hélicoptère en a exécuté plusieurs centaines sur le territoire du parc national de Currawinya, ce qui choque beaucoup Aldin, non qu'il s'apitoie sur le sort des chèvres sauvages, mais parce que cela en fait autant de moins que Dave pourra capturer et vendre à l'abattoir de Bourke. Au retour, il s'attarde d'ailleurs quelque temps à faire des détours parmi les bouquets d'eucalyptus, dans le lit asséché de la rivière Paroo, afin de repérer des gisements de chèvres pour Dave. À l'heure où la mission quotidienne d'Aldin se termine, en fin de matinée, il fait à Hungerford une chaleur étouffante, des bourrasques font s'élever sur la route des tourbillons de poussière rouge et à l'horizon se dressent des orages, hautes colonnes grises et mobiles qui parfois se défont avant d'avoir donné une goutte d'eau. Au-dessus du comptoir du Royal Mail, la télévision à rayures, qui par exception ne retransmet pas de match de cricket, diffuse un spot invitant les téléspectateurs du Queensland à « se tenir prêts pour la saison des cyclones ».

Géo, janvier 1997

Retour en Bosnie

Le jour où l'on pourra de nouveau s'y rendre par le train, ce jour-là le siège de Sarajevo sera terminé pour de bon. Sans doute, pour quiconque a connu cette ville pendant les quelques années où il était pratiquement impossible à ses habitants d'en sortir, et passablement difficile pour un simple visiteur d'y entrer – avec les détours obligés par Split ou Ancône, l'attente d'une place disponible à bord d'un vol militaro-humanitaire, le port obligatoire du gilet pare-balles ou la nécessité de présenter à tout bout de champ l'un de ces laissez-passer attribués parcimonieusement par les Nations unies –, il y a déjà quelque chose d'étrange et de réconfortant à constater que chaque jour des autocars accessibles au premier venu la relient au monde extérieur. Plus surprenant encore, l'aéroport, toujours en grande partie dévasté, mais qui accueille bon an mal an plusieurs vols internationaux réguliers, sans compter que l'on y trouve désormais des comptoirs de location de voitures ou de réservation de chambres d'hôtel. Toutefois rien ne remplace une bonne vieille gare, l'animation de bon ou de mauvais aloi qu'elle engendre, et la possibilité d'y entrer sans projet précis, pour jeter un œil sur le tableau des arrivées et des départs, comme on consulte le menu à l'entrée d'un restaurant. Or la gare de Sarajevo est encore bien loin d'autoriser de telles fantaisies. D'entrée de jeu, les deux horloges de sa façade, arrêtées à vingt minutes d'intervalle depuis les premiers jours de mai 1992, suggèrent que le temps n'y a pas repris son cours normal. Les quais ne sont guère engageants, ni les voies de garage avec leurs longs alignements de wagons estropiés. Pourtant il y a déjà un semblant de buffet, des kiosques à journaux, quelques petits cafés ici et là. Et même un train, paraît-il, de temps à autre, à destination de Zenica (une soixantaine de kilomètres) ou de Vogosca (une dizaine). Sur le parvis, le tramway s'arrête de nouveau, ce tramway dont la plupart des voitures ont été remplacées mais dont le bruit si caractéristique, ce léger ferraillement, s'impose discrètement comme un des fils invisibles qui relient la ville d'aujourd'hui à celle d'avant. Tout comme la mélodie, répétitive et inévitablement assez triste, que tire de son accordéon un môme tsigane affalé avec deux ou trois compagnons devant l'arrêt du tram, au pied d'un bassin rond orné de grenouilles en bronze au gosier sec.

Droit devant, l'Holiday Inn a retrouvé toutes les écailles jaunes de sa hideuse carapace d'avant-guerre. Le hall en est toujours – ou de nouveau – aussi vaste, aussi vain, et les hôtesses de la réception ont renoué avec cette taciturne langueur dont l'origine se perd dans la nuit des temps socialistes. C'est à de tels signes que l'on reconnaît l'indestructibilité de l'espèce humaine, et comment l'expérience, même la plus cruelle, glisse sur elle presque sans laisser de traces. Sur le côté de l'Holiday Inn, on distingue dans l'herbe de la pelouse le tracé du sentier qui mène obliquement vers l'entrée latérale des tours Unis : à l'époque où la ligne de front passait à quelques centaines de mètres sur la rive opposée de la Miljacka, ce passage à découvert était particulièrement exposé au tir des snipers, et la plupart des usagers du sentier ne l'empruntaient qu'au galop. À moins qu'ils ne missent un point d'honneur à faire comme si de rien n'était, tels ces musiciens de l'orchestre de Sarajevo que nous y avons croisés au sortir d'un concert, à l'automne 1993, cheminant d'un pas nonchalant, chargés de leurs instruments. En de telles circonstances, on se félicite de n'être pas soi-même violoncelliste. Quant aux tours Unis, elles ont brûlé dès le mois de mai 1992, mais leurs étages inférieurs, qui offraient encore quelques très relatives commodités, ont accueilli longtemps le personnel d'organisations humanitaires parmi les plus déjantées. C'est là que l'on trouvait par exemple, après avoir tâtonné dans des escaliers obscurs et sentant la merde, le quartier général des Serious Road Trip, un groupe britannique équipé de vieux camions Bedford jaunes décorés de personnages de bande dessinée peints à la main, agissant pour son propre compte, sans accréditation onusienne d'aucune sorte. Pour la plupart, les Serious avaient l'air échappés de *Subway* ou de *Blade Runner*, ils ne lésinaient ni sur les canettes ni sur les joints et bien des menaces semblaient peser sur les quelques éléments féminins de leur smala, mais tout cela ne les empêchait pas de faire quelquefois des prodiges, à leur façon. À peine arrivés de convoi et réinstallés dans leur base des tours Unis, ils organisaient avec les mômes du quartier de grandes batailles de flèches en papier, à la sarbacane, qui rencontraient beaucoup de succès.

Si le nom de la plupart des grandes artères de Sarajevo a changé, ce n'est pas le cas de la Marsala Tita, les Bosniaques, parmi tous les peuples de l'ex-Yougoslavie, étant les derniers à cultiver une certaine nostalgie du maréchal. C'est sur cette avenue, par surcroît, que donne le siège de la présidence bosniaque, dans tout le pays l'un des seuls édifices à afficher les couleurs de cette « Fédération croato-musulmane » à laquelle personne ne croit, à l'exception peut-être des diplomates américains qui l'ont inventée. Dans le prolongement de la Marsala Tita, sur la droite, s'ouvre la rue piétonne Ferhadija, jadis Vase Miskina, illustrée par l'un des premiers massacres qui ont émaillé le siège de Sarajevo, celui de la boulangerie. Quand presque tous les autres ont été rebouchés et effacés, les impacts des deux obus de mortier responsables de ce massacre ont été conservés et soulignés à la peinture rouge. Quant aux locaux de la boulangerie, ils sont occupés désormais par une succursale d'Yves Rocher. À toute heure du jour la Ferhadija est la rue la plus animée de Sarajevo, mais c'est surtout le soir, après 6 heures, qu'elle draine des foules considérables, dans une sorte de « paseo » réglé comme un défilé de mode, et d'ailleurs très fertile en jeunes femmes d'une sveltesse et d'une prestance de mannequins. À l'extrémité de cet axe – là où le paseo fait demi-tour pour repartir en sens inverse –, une rue au nom imprononçable, la Sagrdzije, s'élève en pente raide vers une crête plantée de pins. Du temps où elle s'appelait encore Remzije Omanovica, cette rue était de celles que l'on empruntait parfois en serrant les fesses, dans la mesure où, rectiligne, elle vous exposait sans aucun obstacle à la vue des hauteurs hostiles dominant le quartier de Bistrik, sur la rive opposée de la Miljacka. L'une des caractéristiques les plus remarquables de Sarajevo, c'est comment la ville, qui à l'ouest s'étale assez largement de part et d'autre de son axe, vers l'est se resserre et s'accidente avant de se terminer abruptement, sans transition de banlieue, dans un enchevêtrement magnifique de ravins et de gorges. En remontant une de ces rues en pente, on se retrouve ainsi très rapidement à la campagne, dans des sites agrestes où les bergers menant leurs troupeaux de chèvres ont repris le pas, depuis peu, sur les soldats et les canons. Ces quartiers accidentés sont aussi les plus anciens, donc les plus ottomanisés, de Sarajevo, et culturellement les plus éloignés de ce « paseo », pourtant tout proche, dont nous évoquions tout à l'heure les séductions. Ce sont aussi les seuls où l'on retrouve quelque chose de l'atmosphère si prenante, si belle et si désespérante, des romans d'Ivo Andric ou de Mesa Selimovic, les deux géants de la littérature bosniaque moderne, aujourd'hui tirés bien malgré eux à hue et à dia.

Petites et souvent jolies, les mosquées sont nombreuses dans ces quartiers, peut-être même un peu plus qu'avant la guerre. Ou bien cette impression vient-elle seulement de ce que leurs imams lancent l'appel à la prière avec plus de conviction qu'autrefois ? À hauteur de l'une d'elles, entourée d'un cimetière de poche avec ses herbes folles et ses turbans de pierre, nous prenons sur la gauche la rue Golobrdica. C'est là, dans une maison prolongée par un bout de jardin d'où l'on jouissait d'une vue exceptionnelle sur la ville, et où l'on retrouvait parfois des balles de mitrailleuse toutes brillantes parmi les salades et les radis, qu'habitait pendant la guerre le vieil Ibro, sorte de génie tutélaire de la ville et de sa culture d'autrefois. Ibro avait exercé jadis le métier de guide et d'interprète pour les touristes, il se débrouillait dans plusieurs langues et connaissait Sarajevo comme sa poche. Sa tolérance et son ironie, pour ne rien dire de son athéisme, illustraient mieux que de longs discours la fameuse tradition « pluriethnique et multiculturelle » de la ville. Un jour de la fin de l'été 93, Ibro, tout en sarclant ses plates-bandes saupoudrées de plomb, nous avait offert la première grappe de raisin produite par la treille qui donnait de l'ombre à la terrasse. Ibro fumait inlassablement des blondes en vous considérant, amusé, de son œil délavé et plissé de vieux dragueur. Sa fille, Nermina, était directrice adjointe de la Galerie d'Art de Bosnie-Herzégovine. Elle était aussi très recherchée par les journalistes et les humanitaires français du fait de sa parfaite maîtrise de notre langue. Dans la troisième année de la guerre et du siège, Nermina, lasse d'attendre son salut de l'Europe et des démocraties, avait manifesté des velléités de devenir une vraie musulmane. Puis, semble-t-il, elle y avait renoncé. Aujourd'hui, nul ne répond lorsque l'on frappe à la porte du n° 16, une porte en bois qui donnait accès au jardin. Les enfants qui jouent dans la rue Golobrdica, dans la mesure où nous parvenons à les comprendre, disent que Nermina est partie en Amérique et que nul ne sait ce qu'est devenu le vieil Ibro.

À la sortie de Kljuz, impossible de trouver la route. On en essaie une autre, qui ne figure pas sur les cartes, et qui n'est pas la même que celle que nous avions empruntée l'an dernier. C'est cela aussi la Bosnie, un pays où l'on ne retrouve ni les gens, ni les routes, ni quelquefois les monuments ou même les villages là où on les avait laissés un, deux ou trois ans auparavant. Un pays dont aucune carte ne recouvre exactement le territoire. La nouvelle route évite les interminables et lugubres alignements de maisons détruites qui faisaient escorte à l'ancienne. Les deux se rejoignent à hauteur du hameau de Vrhpolje, où se dresse depuis peu une école toute neuve, construite avec des fonds norvégiens. En face de l'école, un cimetière également neuf, où sont inhumés parmi d'autres les corps retrouvés l'an dernier, par dizaines, dans une fosse creusée non loin de là sur la berge de la Sana. La plupart des victimes étaient originaires de Sanski Most, une ville de quelques dizaines de milliers d'habitants qui a d'abord été occupée par les Serbes, et soumise à un « nettoyage ethnique » méthodique et sanglant, puis reconquise par les Bosniaques au terme de l'offensive de 1995, laquelle a provoqué l'exode massif des Serbes de la région… Aujourd'hui, Sanski Most est une ville assez lugubre, où s'entasse une population composée en majeure partie de réfugiés bosniaques chassés par les Serbes de la région de Prijedor et de Banja Luka. Sans doute est-ce intentionnellement qu'ils ont été regroupés en si grand nombre dans la ville la plus proche de leurs localités d'origine, désormais aussi inaccessibles pour eux, en dépit des accords de Dayton, que si elles se trouvaient sur la Lune. La mosquée de Sanski Most a été rasée dès 1992, et l'église orthodoxe vandalisée après la reconquête de 1995. Bien qu'à l'occasion on se salue ici à coups de « Salam Aleikoum » au lieu du « Dobre Dan » traditionnel, bien que l'appel à la prière, en dépit de l'absence de mosquée, y résonne avec une insistance particulière, enfin bien que la ville soit à l'évidence étroitement contrôlée par le SDA (le parti musulman) et soumise à une intense propagande nationaliste, les habitants de Sanski Most ne semblent ni très pieux ni vraiment belliqueux, plutôt désœuvrés et nostalgiques, tournant en rond dans l'attente d'un « retour » auquel pour la plupart ils ne croient plus. Lors de notre dernière visite, la grande attraction de la ville était un manège de foire sur lequel les jeunes exécutaient chaque soir des prodiges d'acrobatie, et qui faisait l'objet d'une telle ferveur que depuis plusieurs semaines le public s'opposait au démontage du manège et au départ des forains.

Depuis la piste qui, à travers des collines à moutons, descend vers Omarska, on aperçoit de loin les superstructures rouge sombre de la mine. Puis la piste, de plus en plus mauvaise au fur et à mesure que l'on se rapproche, cahote longuement le long d'une voie de chemin de fer désaffectée. Sur la place, devant l'entrée principale de la mine, à côté d'une boutique de pompes funèbres, la terrasse du café Atina accueille une clientèle masculine assez rugueuse et, une fois de plus, désœuvrée. La serveuse, une belle brune en chemisier rouge, n'a manifestement aucune idée du rôle joué par la mine d'Omarska pendant la guerre. Envisage-t-on de la remettre en service ? Elle l'ignore. En revanche, un grand costaud, qui a entendu notre question et, quant à lui, se doute qu'elle dissimule un piège, répond que « l'activité de la mine reprendra quand la guerre sera finie ». Mais ne l'est-elle pas déjà ? « Pas encore », tranche le costaud. À deux pas d'Omarska, de l'autre côté de la grand-route reliant Prijedor à Banja Luka, s'étend sur plusieurs kilomètres le bourg de Kozarac. Ou plutôt s'étendait, car Kozarac, jadis peuplé majoritairement de Musulmans, livré en 1992 à la fureur des milices animées par le chef de la police de Prijedor[1], a été systématiquement détruit, maison après maison, mosquée après mosquée, et ses habitants mâles massivement internés dans la mine d'Omarska et d'autres camps de la région, dont beaucoup ne sont jamais ressortis. Ainsi Kozarac est-elle aujourd'hui une ville morte, une sorte d'Oradour aux maisons foudroyées et béantes, aux jardins envahis par la végétation et constellés de débris. Les voitures des anciens habitants, au moins celles qui n'ont pas trouvé preneur, rouillent ici et là, parfois dans la position qu'elles devaient occuper lorsque leurs passagers les ont abandonnées en catastrophe. De loin en loin traîne un peu de bétail, et des réfugiés serbes de Krajina, en petit nombre, s'installent dans les décombres ou y stockent du bois pour l'hiver. Le village est adossé à la chaîne de Kozara, une montagne jadis élevée au rang de parc national. Les gens du coin, futures victimes et futurs bourreaux, allaient y faire du ski en hiver et y pique-niquer à la belle saison. Une route, qui rapidement se dégrade en piste, permet de traverser le massif sur la pointe des pieds, de nid-de-poule en fondrière, sous le couvert d'une hêtraie-sapinière. La première maison que l'on rencontre sur l'autre versant, au milieu de nulle part, à cent lieues du champ de bataille le plus proche, est détruite, absurde témoignage de l'acharnement des éradicateurs. Puis la piste redevient une route, la température s'élève de plusieurs degrés, les villages traversés, intacts et peuplés, entourés de champs de maïs et de tournesols, prennent une tournure danubienne : il y a des nids de cigogne sur les cheminées, et sur les panneaux routiers des affiches à la gloire de Karadzic dont certaines ont été déchirées – ou retouchées afin de maquiller le leader serbe en Hitler –, ce qui prouve qu'il ne faut jamais désespérer. Et c'est ainsi que l'on atteint Bosanska Gradiska – aujourd'hui Gradiska tout court –, où la Save marque la frontière entre la « République serbe » et la Croatie. Le pont métallique qui relie les deux rives de la Save a perdu dans la guerre une partie de son tablier, mais il n'en est pas moins accessible à la circulation. Au demeurant, peu de véhicules l'empruntent, et ceux qui le font portent pour la plupart des plaques des Nations unies. Sur les deux rives des gens se baignent ou pêchent à la ligne, en dépit des orages, brefs et violents, qui par instants brouillent le paysage, le plongent dans une confusion assez tropicale des éléments. En 1992, avant d'être chassé de chez lui par la police serbe, nous avions été brièvement l'hôte à Bosanska Gradiska d'un artisan « musulman » qui avait passé une grande partie de sa vie en France, où il travaillait aux halles de Rungis. Déjà plusieurs maisons autour de la sienne avaient été incendiées, et plusieurs de ses voisins égorgés. Tout ce que l'on peut souhaiter, c'est que lui-même ait eu la possibilité de fuir avant de connaître le même sort. Mais une chose est certaine, c'est qu'il est inutile de chercher aujourd'hui à le retrouver à Gradiska.

Inutile également de rechercher la famille qui, toujours en 1992, nous avait hébergés à Banja Luka dans le quartier « musulman » situé à l'entrée des gorges de la Vrbas. L'an dernier, déjà, nous avions constaté que la maison, comme beaucoup d'autres dans le même quartier, affichait sur sa façade les couleurs serbes, signe certain d'un changement de propriétaire effectué dans les conditions que l'on imagine. Inutile enfin de rechercher la mosquée, l'une des plus anciennes et des plus belles de Bosnie, qui constituait le principal ornement de Banja Luka (et le seul signalé par la carte Michelin au 1/1 000 000e de la Yougoslavie dans son édition de 1992…). Sur son emplacement, en plein centre ville, s'étend désormais une pelouse. Sur le côté, un nouveau magasin propose des fringues pour jeunes à l'enseigne de « Van Gogh » (pourquoi pas), et sur le trottoir d'en face s'alignent des terrasses de café où règne en soirée une atmosphère musicale vaguement techno. Snjezana, notre interprète, dont le nom signifie « Blanche-Neige » en serbo-croate, est une jeune fille originaire d'une famille « mixte » de Banja Luka. C'est une personne extrêmement pacifique et très encline à la réconciliation : « Puisque nous vivions tous ensemble avant la guerre, c'est que l'on peut y arriver. » Récemment, elle a dû se rendre à Sarajevo – dans un véhicule de l'UNHCR et en compagnie de membres de cette organisation – afin de s'y procurer son nouveau passeport bosniaque. D'abord terrorisée, elle avoue s'être très vite enhardie jusqu'à se promener seule pour faire les boutiques – Sarajevo est aujourd'hui une ville beaucoup plus riche que Banja Luka, étranglée par l'isolement économique de la « République serbe » – et désormais elle y retournerait volontiers. Snjezana fait donc partie des gens, un peu plus nombreux depuis que Biljana Plavsic a soulevé le couvercle de la marmite, qui en territoire serbe se posent ouvertement des questions

1. Simo Drljaca, abattu en juillet 1997 lors de son arrestation par des commandos britanniques.

sur l'origine de la guerre, et sont prêts à jouer le jeu d'une Bosnie réunifiée. Au demeurant, quand on l'interroge au sujet de la destruction de la mosquée, elle en parle comme on pourrait le faire des Halles de Baltard : ainsi regrette-t-elle la disparition du monument historique, sans prendre garde, semble-t-il, à ce qu'il s'agissait avant tout d'un lieu de culte en activité, dont la destruction est allée de pair avec l'élimination de toute une communauté.

Même les ours, vous ne les retrouverez pas. Lors de notre premier séjour en Yougoslavie, au début des années quatre-vingt – à une époque où assez peu de Français auraient été capables d'épeler les deux mots de « Bosnie-Herzégovine » –, nous avions visité près de Bugojno une réserve naturelle où étaient entassés des quantités d'ours, que le maréchal Tito et ses invités de marque allaient de temps à autre décimer. L'excursion commençait rituellement par la visite, à la sortie de Bugojno, d'un musée consacré à Tito envisagé sous l'angle cynégétique et se poursuivait par celle du somptueux chalet situé au cœur de la réserve, puis par un séjour de quelques heures, à la nuit tombée, dans l'un des miradors d'où le maréchal et ses hôtes, assis dans de bons fauteuils, exécutaient des plantigrades attirés par un étalage de maïs et de déchets d'équarrissage. Non sans peine, nous avons retrouvé le musée à la sortie de Bugojno, dans un tel état de destruction que seule la découverte au milieu des décombres d'une page à demi calcinée du catalogue nous a permis de l'identifier à coup sûr. (Sur ce qui reste de cette page, on peut lire par exemple que « dans ses moments de repos, Tito aimait se rendre dans la nature, dans le silence des montagnes, où il passait des vacances actives », sans oublier de se préoccuper du « niveau de vie des ouvriers ».) Puis, sur la route de Kupres, que la plupart des Bosniaques évitent par crainte des nationalistes croates (et sans doute les habitants croates de Kupres évitent-ils Bugojno pour les mêmes raisons), nous avons retrouvé, dévastés, les bâtiments qui abritaient autrefois le personnel de la réserve. Dans le lointain, au milieu des collines boisées, on aperçoit la silhouette du chalet, toujours debout bien qu'en piteux état. Plus près de la route se dresse l'abri camouflé, en rondins, d'où l'on guettait les ours à la tombée de la nuit. À côté, un fauteuil à roulettes (peut-être celui de Tito ?) gît, abandonné, derrière le parapet de sacs de sable d'une casemate. Quant aux ours, les gens de Bugojno affirment – sans doute par manière de plaisanterie – qu'ils se sont réfugiés en Slovénie.

Entre Kljuz et Travnik, la route traverse successivement des territoires dépendant de la « République serbe » ou de la Fédération, et à l'intérieur même de celle-ci elle passe de zones contrôlées par les Croates à d'autres contrôlées par les Bosniaques. Il ne s'agit pas, malheureusement, d'une simple clause de style : à quelques kilomètres de distance, quand ce n'est pas l'alphabet qui change – du latin au cyrillique, puis retour au latin –, ce sont au moins les drapeaux, les uniformes, la monnaie, les plaques minéralogiques, les journaux, les partis politiques, les marques de cigarettes et jusqu'à la langue parlée, que les officiels de chacun des trois peuples s'efforcent de rendre de moins en moins compatible avec celles des deux autres. À l'entrée de Travnik, sous contrôle bosniaque, de grands panneaux d'affichage représentant un frêle mannequin blond de Calvin Klein ont été surchargés de graffitis « Putain oustachi ». Capitale de la Bosnie ottomane jusque dans le courant du XIXe siècle (avant d'être détrônée par Sarajevo), Travnik est surtout connue parmi les nations pour avoir inspiré l'un des plus beaux livres d'Ivo Andric, enfant du pays et prix Nobel de littérature en 1961. *La Chronique de Travnik* décrit – entre autres choses – les relations ambiguës qu'entretiennent dans cette capitale hors du temps, perdue au fond des montagnes, le consul de France, le consul d'Autriche et leurs entourages respectifs, de l'apogée de Napoléon jusqu'à sa chute. Le malheur a voulu qu'Ivo Andric, dont la réputation souffrait déjà de son statut d'écrivain officiel sous le règne de Tito, soit dès le début de la guerre annexé par les nationalistes serbes, qui ont fait de son pessimisme, très profond, une machine de guerre contre cette Bosnie pluriethnique dont ils ne voulaient à aucun prix. Du coup les Bosniaques se sont empressés de découvrir chez Andric toutes sortes de tares qui leur avaient dans l'ensemble échappé jusque-là, la seule conséquence positive de cette réévaluation étant d'avoir porté à son zénith l'étoile du grand rival d'Andric dans les lettres bosniaques, Mesa Selimovic, un écrivain considérable, et peut-être en effet plus profond, plus universel, encore plus sombre et en un mot plus génial que le précédent. Dans la valse récente des noms de rues à Sarajevo, Selimovic a hérité – légitimement – de la moitié au moins de « Snipers Alley » (avant-guerre Proleterske Brigade). Quant à Andric, même s'il a conservé dans la capitale bosniaque l'artère assez moche (et perpendiculaire à la précédente) qu'il détenait auparavant, on sent qu'il n'est plus en odeur de sainteté dans sa ville natale. Ainsi le musée régional de Travnik, spécialisé il est vrai dans les sciences naturelles, ne lui consacre-t-il qu'une vitrine dans la salle dévolue à l'histoire locale. Encore l'hommage est-il indirect, puisqu'il ne s'agit que de deux ou trois lettres, photocopiées, de ce consul de France dont la correspondance aurait inspiré la chronique. Mais si l'on insiste auprès du conservateur, il ne fait pas de difficulté pour se munir d'une petite clef, et pour vous escorter jusqu'à une maison située non loin de là, et toute pimpante dans ses habits neufs d'après-guerre. À première vue, cet édifice, qu'une plaque signale tout de même comme la maison natale d'Ivo Andric, n'abrite qu'un restaurant, le Divan, qui en occupe le rez-de-chaussée et la cour. Mais à l'étage deux ou trois pièces peu visitées, bien entretenues, accueillent quelques souvenirs de l'écrivain, et un berceau dont personne ne sait au juste s'il s'agit d'une pièce authentique ou d'un objet échoué là par hasard.

Retour à la gare. Les deux horloges sont toujours arrêtées, les grenouilles en bronze de la fontaine, certaines descellées, ont toujours le gosier sec. Il est encore trop tôt pour le gamin tsigane et son accordéon. Parti de Sarajevo à 7 h 15, le bus à destination de Dubrovnik atteint Mostar quelque trois heures plus tard. La gare, flambant neuve, est aussi vide de trains que celle de Sarajevo, et le grand pont qui franchit d'est en ouest la Neretva, détruit pendant la guerre et reconstruit par des ingénieurs français dans son style austro-hongrois d'origine, n'est emprunté que par de rares véhicules. Après avoir écrasé Mostar-Est sous un déluge d'artillerie, et détruit la plupart de ses monuments, à commencer par le célèbre Vieux Pont, les nationalistes croates continuent de s'opposer, non sans succès, à toutes les tentatives de réunification de la ville. Quant aux Bosniaques, ils viennent d'accueillir à Mostar-Est un consulat d'Iran, ce qui n'est pas forcément de bon augure. De la guerre de Yougoslavie, on a pu dire qu'elle était une guerre des campagnes contre les villes, ce qui, à notre avis, est inexact au moins pour deux raisons. La première, c'est que si les servants des canons sont souvent originaires des campagnes, ceux qui désignent les cibles sont presque toujours d'honnêtes citadins, parfois même bardés de diplômes universitaires. Et la seconde, c'est que lors de cette guerre, comme en somme de toute autre, les destructions, bien loin de se limiter aux villes grandes ou moyennes, se sont étendues à toutes les parties des territoires concernés. Alors que l'armée croate, au printemps 1992, achevait de desserrer l'étau dans lequel les forces serbo-monténégrines avaient enfermé Dubrovnik, nous avions visité le village d'Osojnik, situé dans les montagnes à une quinzaine de kilomètres de la ville historique. La route d'accès, très étroite, serpentant parmi les vignes et le maquis, étoilée d'impacts de projectiles de mortier, était encombrée de véhicules militaires et de chars appartenant à la « brigade des Tigres » de Zagreb. Plusieurs de ces chars étaient en position sur la place du village, que ses occupants serbomonténégrins avaient mis à sac avant de s'en retirer, non sans barbouiller les murs du slogan « Liberté et Paix ». Dans l'église incendiée, son toit parti en fumée, ses statues brisées, une infirmière de la « brigade des Tigres » s'efforçait de recoller les morceaux épars d'un crucifix. Dans le cimetière, également profané, des pierres tombales retournées laissaient apercevoir des cercueils éventrés. Aujourd'hui, en ces derniers jours du mois d'août 1997, le village ne présente plus aucune trace de ces destructions, et seul le monument aux morts du printemps 1992 témoigne de la violence des combats qui se sont déroulés dans les parages. L'église, le cimetière et les maisons incendiés ont été restaurés grâce à un don de la Confédération helvétique. Pour visiter l'église, il faut se procurer la clef auprès d'une dame qui habite derrière l'épicerie-buvette. Chassée de son village par l'avance serbe en octobre 1991, la dame ne s'y est réinstallée qu'en 1995, comme la plupart des quelque trois cents personnes qui peuplent aujourd'hui Osojnik. Du moins ces trois cents-là, contrairement à beaucoup d'habitants de l'ex-Yougoslavie, ont-ils retrouvé leurs pénates. Lorsqu'on l'interroge sur les problèmes actuels du village, la dame à la clef, après réflexion, se plaint de la sécheresse, ce qui constitue un signe indiscutable du retour à une vie normale. Personnellement, nous serions tentés de mentionner également parmi ces problèmes l'humeur fantasque d'une vache, munie d'une cloche et coiffée de cornes dissymétriques, qui galope en liberté dans les rues d'Osojnik, et qui a même tenté de s'introduire sur nos talons dans l'église.

Inédit destiné à Géo, *septembre 1997*

Hambourg côté port

Entre les rails du métro, une souris se hâte, transportant – un peu à la manière du chien qui rapporte le journal – un morceau de papier d'une taille si disproportionnée qu'il finit par lui échapper. Après quelques hésitations, extériorisées par de sautillantes volte-face, la souris revient sur ses pas, recharge son fardeau et disparaît, invaincue, sous une traverse. Ainsi ce qui se rencontre assez rarement chez l'homme – une volonté surhumaine – peut-il s'observer chez une petite souris du métro de Hambourg. La scène se déroule sur la ligne U3, à la station Baumwall, à notre avis l'un des lieux de Hambourg les plus stimulants pour les sens, y compris le sens historique et le géographique. On est ici à la charnière de la ville, là où se raccordent à l'Elbe les vieux canaux qui relient le fleuve à l'Alster, ce lac des cygnes bordé de verdure, de grands hôtels et d'opulentes villas. L'Alster qu'il faut avoir vu en hiver, si possible gelé – l'appétit, le terrible appétit des cygnes et des canards lorsque les eaux sont prises ! –, pour comprendre à quel point Hambourg est une ville du Nord, déjà presque scandinave, et peut-être même un peu russe. Enfin, c'est à deux pas de la station Baumwall, autour du Nikolaifleet où sur un fond de vase reposent à marée basse quelques péniches de fantaisie, qu'est né le port de Hambourg, dans des temps très reculés qu'il nous plaît d'imaginer plein de brumes, de moines patibulaires, d'exclamations gutturales et de casques cornus.

Afin de faire mieux comprendre notre enthousiasme pour la station Baumwall, il convient de préciser dès maintenant que la ligne U3, sur cette partie de son cours, est aérienne. Juste sous la station, et pour ainsi dire entre ses pieds, le Herrengrabenfleet se jette dans l'Elbe. Si bien qu'au sortir du métro, la logique voudrait que nous remontions ce canal, ou son voisin l'Alsterfleet, en direction de ce qu'il y a de plus central et de mieux achalandé à Hambourg, c'est-à-dire l'hôtel de ville néorenaissant, avec son environnement de rues plus ou moins piétonnières, de passages, de boutiques de luxe ou de pacotille, de succursales de banques et de cafés. Mais, contre toute logique, c'est vers l'Est que nous nous dirigerons, empruntant successivement l'antique Deichstrasse, puis l'insipide Ost-West Strasse, passant sous le clocher solitaire et quelque peu lugubre de l'église Sankt Nicolaus, conservée dans l'état où l'ont laissée les bombardements dévastateurs de 1943, avant d'atteindre le sombre massif de briques rouges formé par les immeubles commerciaux du Sprinkenhof, du Messberghof et de la Chilehaus. Les constructions faramineuses – y compris de très récentes, et d'autres en chantier – sont monnaie courante à Hambourg, mais il n'y en a guère qui puissent rivaliser avec cet ensemble caractéristique des années vingt, de proportions si vastes et d'une morphologie si étrange que sous certains angles il semble résulter de quelque convulsion tellurique, imputable peut-être à la tectonique des plaques, plutôt que des efforts raisonnés d'un architecte.

Juste en face du Messberghof, une passerelle relie la terre ferme à la Speicherstadt, un quartier d'entrepôts bâti au début du siècle et situé sur le territoire du Freihafen, le port franc, de telle sorte que l'on ne peut y accéder ou en sortir qu'en franchissant les barrières de la douane. Le long du Brooktorkai, l'artère principale – avec deux canaux resserrés entre des murs de brique – de cette féerie d'architecture éclectique et de commerce international, s'alignent des entrepôts renfermant d'effarantes quantités de tapis d'Orient, et incidemment quelques grains de caviar et d'autres amuse-gueules. Si mauvaises que soient les relations entre l'Allemagne et l'Iran, ce n'est pas au point de menacer ce commerce florissant, si l'on en juge par le nombre de camions stationnés sur Brooktorkai et immatriculés au pays des ayatollahs. Extraits des semi-remorques, les ballots de tapis s'élèvent dans les airs, au bout d'une corde, vers une porte ouverte sur le vide au cinquième étage d'un entrepôt, d'où l'on voit se pencher des hommes d'affaires tirés à quatre épingles, aussi exempts de vertige que dispensateurs d'exotisme. Plus rarement, d'une autre porte céleste descend tout seul un tapis, qui disparaît bientôt dans le coffre d'une Mercedes ou d'une Audi. Et rien qu'à déchiffrer les noms de ces maisons de commerce, on fait le tour de la Caspienne, voyageant ainsi sans plus se fatiguer, et tout aussi bien, qu'à lire par exemple *La Prose du Transsibérien*.

On suit le quai qui borde le Zollkanal, on jette un œil, à la pointe de l'île, sur le chantier de l'Hanseatic Trade Center qui s'annonce déjà comme un bâtiment d'une certaine tenue, on passe la douane, on emprunte la Niederbaumbrücke et on se retrouve au pied de la station Baumwall. On est content d'éprouver sa fidélité, de vérifier que, comme prévu, elle n'a pas bougé d'un poil. Alors on reprend le quai, mais en direction de l'ouest, cette fois, on laisse sur la droite un ensemble high-tech à la carapace métallique toute brillante, on salue au passage les deux bateaux-musées, le trois-mâts *Rickmer Rickmers* et le cargo *Cap San Diego*, on atteint le quartier de ces restaurants portugais qui passent pour avoir les faveurs des marins en escale, dans la mesure où ces derniers ont encore le temps de dîner en ville, puis on tombe en arrêt, les bras ballants et l'œil écarquillé, devant la boutique de cartes postales nautiques et de maquettes sise au n° 19 de Johannisbollwerk. Dans la vitrine remplie de bateaux miniaturisés, on vient de reconnaître le paquebot *Bremen* – le futur *Liberté* – revêtu de peintures de guerre, et, parmi d'autres navires plus ou moins illustres, le porte-avions *Béarn*, qui nous est d'autant plus cher qu'il est généralement ignoré. Les connaisseurs apprécieront. Bien entendu, on y trouve aussi l'inévitable cuirassé *Bismarck*, orgueil des chantiers navals Blohm und Voss, coulé le 27 mai 1941 par la marine britannique à 700 milles au large de Brest. Et comme le hasard fait bien les choses, au sortir de la boutique nous apercevons bientôt sur la gauche les installations de Blohm und Voss – ou ce qu'il en reste, c'est-à-dire essentiellement quelques grandes formes de réparation navale – et sur la droite, pointant au-dessus des arbres d'un parc, la tête d'une statue colossale de Bismarck.

Si loin qu'aient été les navires de la Hamburg-Amerika Linie, ce ne fut jamais jusqu'au pôle Nord, et l'on ne voit donc pas où l'architecte des Landungsbrücken – l'ancienne gare maritime – a été chercher l'ours blanc qui fait saillie à l'angle sud-est de ce bâtiment. Mais on ne s'en plaint pas, car cet ours est très décoratif, et penché si audacieusement qu'il semble sur le point de perdre l'équilibre. Bien qu'enlaidis par des ajouts récents, ces Landungsbrücken demeurent un bâtiment attachant et propice à l'essor de l'imagination, de même qu'un peu plus loin la tour qui abrite les ascenseurs menant au vieux tunnel de l'Elbe. Long de 426 mètres, percé de 1907 à 1911 et fermé le dimanche, ce tunnel, frère jumeau de celui qui à Anvers passe sous l'Escaut, permet au promeneur de s'imprégner de sensations portuaires sans se mouiller les pieds. Son revêtement de carrelage blanc est ponctué de motifs décoratifs évoquant la faune sous-marine – celle qui est supposée se mouvoir tout autour, même s'il est difficile d'admettre que tant d'esturgeons, de homards, de phoques ou de dauphins se rencontraient, même à l'époque, dans les eaux de l'Elbe – parmi lesquels le céramiste, un certain Hermann Perl, a facétieusement introduit une bande de rats en train de grignoter une vieille botte. Au débouché du tunnel, de nouveau dans l'enceinte du port franc et à deux pas de chez Blohm und Voss, il suffit de se retourner et de faire quelques pas sur les bords de l'Elbe pour embrasser une vue de Hambourg, toute hérissée de vieux clochers verdis, qui rend justice à la plupart des monuments laissés de côté par notre itinéraire.

Le dimanche matin, même le quartier spectaculaire et bordelier de Sankt Pauli fait relâche. La plus célèbre des rues chaudes, la Herbertstrasse, offre l'étrange spectacle d'un alignement de vitrines derrière lesquelles les néons de couleur n'éclairent plus que des sièges vides, cet éclairage et cette vacuité leur conférant momentanément l'hésitante solennité d'une installation d'artiste. Entre la Reeperbahn et la Bernhard Nocht Strasse, des mouettes braillardes explorent les déchets, pour certains comestibles, que la nuit a laissés en se retirant. Par endroits le sol est jonché de boîtes de bière. Ici et là, des zonards, comme il s'en rencontre énormément à Hambourg, parfois bien amochés, ânonnent des paroles sans suite ou engueulent leurs chiens. Sur le quai de l'Elbe, les puces matinales du Fischmarkt, que tous les guides signalent comme une attraction de premier ordre, s'effilochent et plient bagage. À Altona, le terminal des ferries est fermé : ce n'est pas aujourd'hui que nous nous embarquerons pour l'Angleterre. En revanche le café Rive – la plus belle vue sur la zone portuaire – est ouvert, et de même un peu plus loin ce restaurant de poissons (le Fischereihafen) aux allures de club privé, d'un luxe intimidant, sur le parking duquel stationnent de grosses voitures noires brillantes comme des pompes neuves. Si on poursuit au-delà, le long de la Grosse Elbstrasse, il faut remonter le col de sa veste – ou de son manteau, tout dépend de la saison – tant le vent fraîchit. On ne sait pas très bien où on va mais on se sent déjà loin de la ville, et comme happé par des influences maritimes. Sur le fleuve les cargos se signalent à grands coups de trompe, sans se gêner. Toute la rive gauche de l'Elbe est envahie par les conteneurs, tant de 20 pieds que de 40, dont les empilements sont inlassablement remodelés par des engins de levage d'une effrayante vélocité. Sur la rive droite, une muraille d'entrepôts frigorifiques longe le bassin du port de pêche, au bout duquel un quai flottant accueille toute une escadre de remorqueurs. Le long du Neumühlen Kai, à l'abri du ponton des remorqueurs, sont amarrées des sortes de HLM aquatiques, des barges où sur quatre niveaux s'entassent des logements préfabriqués comme ceux que l'on voit sur les chantiers, et qui accueillent des demandeurs d'asile originaires de toute la planète, d'Afrique, de Turquie, d'Albanie ou de Bosnie-Herzégovine, attendant là que l'on ait statué sur leur sort. Le jour de notre visite, des gamins bosniaques logés à l'enseigne de cette

Babel aquatique, et qui avaient déjà eu le temps d'en cerner les abords de graffitis nostalgiques ou vengeurs, étaient en train de tester au bout du quai un matériel de pêche assez rudimentaire, à côté de deux vieux pêcheurs locaux pourvus d'un attirail bien plus sophistiqué. Au bout de quelque temps, alors que nous nous apprêtions à laisser tomber et à reprendre le bus H112 en direction du centre, l'un des gamins, contre toute attente, a tiré des eaux turbides de l'Elbe une bête prodigieuse, couleur de terre, qui tenait de la carpe et de la plie et devait bien peser dans les 4 kg. Les deux pêcheurs locaux se sont regardés, incrédules. Puis ils ont dû se rappeler que Hambourg, même dans la période difficile qu'elle traverse, se devait d'honorer sa tradition d'ouverture aux influences étrangères, et ils ont congratulé le gamin bosniaque.

Air France Magazine*, n° 5, septembre 1997*

Le Cap

À l'époque très reculée où la barbarie sévissait encore ici et là sur la terre, il advint, lors d'un voyage en Afrique du Sud, que je dus prendre le train (ségrégué) entre Kimberley et Le Cap. Au wagon-restaurant, le serveur, lorsque pour régler un ou deux gobelets de brandy Richelieu je lui tendis un billet à l'effigie de Jan Van Riebeeck, désigna ce dernier comme « the guy who started the business ». Et, en effet, en fondant en 1962 la colonie hollandaise du Cap, c'est bien Jan Van Riebeeck qui fut à l'origine de toute cette affaire, quelle que soit la manière dont on l'envisage. Aujourd'hui son effigie a disparu des billets de banque (les nouveaux représentent tous des animaux sauvages, ce qui ne tire pas à conséquence), mais on la trouve encore un peu partout dans la ville du Cap et aux environs. L'une des versions les plus réussies est celle qui porte le n° 1 dans la série de fresques ornant la salle principale de la Grande Poste, et qui représente notre héros prenant pied sur le rivage sud-africain, vêtu d'un uniforme très seyant et tenant de la main droite un drapeau hollandais, car en ce temps-là on plantait des drapeaux comme on exhibe aujourd'hui des cartes de crédit. Ayant pris ce premier contact avec Jan Van Riebeeck, les voyageurs français le reconnaîtront d'autant plus facilement, par la suite, qu'il présente une étonnante ressemblance avec Descartes, à se demander lequel des deux était le plus hollandais. À propos de la Grande Poste, il est recommandé de s'y rendre dès l'ouverture, à 9 heures. On attendra moins si l'on a quelque chose à expédier, et à cette heure-là les rues du centre, désertes pendant la nuit, conservent quelque chose de cette longue parenthèse de silence et d'immobilité. Les vendeurs du *Cape Times* s'y répandent pour vendre le journal à la criée. On pourrait se croire à New York, surtout si l'on n'y est jamais allé, mais également dans le cas contraire. Sur Greenmarket Square – par son architecture l'une des places les moins africaines de toute l'Afrique –, les vendeuses (et dans une moindre mesure les vendeurs) de fringues et de pacotille commencent à étaler leur marchandise. Au coin de Burg Street, le Petit Paris vient d'ouvrir :

sans excès de chauvinisme, on peut à l'occasion se réjouir d'y trouver un expresso convenable, des croissants très bien imités et même des Gauloises bleues d'une insoupçonnable authenticité. D'après nos observations, même en hiver il fait presque toujours beau le matin. L'air est délicieusement frais, plein de cris de mouettes et d'odeurs légères. Du haut de la montagne de la Table, les nuages, d'une texture si crémeuse et si appétissante, s'écoulent lentement sur ses pentes, comme une glace que les premiers rayons du soleil feraient fondre. En sortant de la Grande Poste, elle-même remarquable, on se heurte, de l'autre côté de Darling Street, au siège de l'Old Mutual, le gratte-ciel le plus élégant du centre ville. Le bas-relief qui court le long de sa façade illustre différents aspects de l'histoire de l'Afrique du Sud, envisagée du point de vue des Blancs : on peut s'amuser à rechercher Kruger (il s'y trouve) parmi les innombrables personnages de cette bande dessinée. Les rues du centre sont maintenant pleines de bureaucrates et d'employés affairés dont le retour quotidien, à heures fixes, fait momentanément refluer les « street kids » et autres vagabonds qui, la nuit et le dimanche, y règnent plus ou moins sans partage. C'est aussi l'heure où les écureuils qui logent dans les chênes de Company's Garden descendent sur la terre, en trois bonds, pour voir si elle recèle quelque chose de bon à manger. Sans ces écureuils, le centre du Cap perdrait beaucoup de sa personnalité. Ils ont une manière de vous regarder en grignotant, et de bondir en ondulant (ou d'onduler en bondissant), qui est de nature à alléger les humeurs les plus épaisses. Pourtant ces écureuils sont sujets à controverse car, comme beaucoup d'autres espèces animales ou végétales, ils ont été introduits en Afrique du Sud à la fin du XIXe siècle par les soins de sir Cecil Rhodes. Or, il se trouve aujourd'hui des écologistes tatillons pour préconiser l'éradication de ces espèces, dans la mesure où elles constitueraient une menace pour la faune et la flore indigènes. Malheureusement, si leurs vœux devaient être exaucés et si, par exemple, les chênes, les pins, les eucalyptus, les acacias et les autres essences d'origine européenne ou australienne disparaissaient du paysage, le grand parc national que l'on se propose d'établir sur toute la péninsule, de la montagne de la Table au cap de Bonne-Espérance, se retrouverait presque aussi déplumé qu'un cul de babouin. D'ailleurs les chênes du Cap, hélas, semblent mourir très bien sans que l'homme y mette du sien. Et c'est par ce biais douloureux que nous retrouvons Jan Van Riebeeck au détour des bosquets de Company's Garden. Car si les chênes de ce jardin dépérissent, la responsabilité, aux dernières nouvelles, en incombe à un champignon, aujourd'hui tricentenaire, qui aurait été introduit avec une cargaison d'orangers par Van Riebeeck ou quelqu'un de son entourage. Outre le Parlement et la résidence locale du chef de l'État, la plupart des musées du Cap et un grand nombre de ses monuments historiques sont situés le long ou à la périphérie de Company's Garden, ce qui facilite le parcours du visiteur. Le plus substantiel de ces musées est, à notre avis, le South African Museum, un peu désordonné peut-être, ce qui ne gâte rien, et dont les collections relatives à la vie marine sont particulièrement effrayantes. C'est aussi le plus fréquenté par les enfants d'âge scolaire, et les groupes d'écoliers qui s'y succèdent toute la journée, enthousiastes et multiraciaux, offrent une image assez réjouissante – encore que légèrement artificielle, dans la mesure où ils semblent tous provenir de couches privilégiées de la société – d'un pays enfin réconcilié avec lui-même. Tant que le téléphérique de la montagne de la Table restera fermé pour cause d'agrandissement, c'est du réservoir de Molteno, au-dessus de De Waal Park, que l'on découvrira la plus belle vue sur Le Cap. Encore convient-il de souligner que ce que nous appelons Le Cap ne représente en fait qu'une minime partie de la ville, dont la population, dans son écrasante majorité, vit dans les faubourgs qui s'étendent de l'autre côté de la montagne de la Table : depuis les plus luxueux, en altitude, jusqu'aux plus misérables, dans la plaine que bornent la chaîne Hottentote et le rivage de False Bay. Le réservoir de Molteno est rempli d'une eau claire, transparente et lisse qui, on ne sait trop pourquoi, donne le frisson. Les abords en sont parfaitement silencieux, à l'exception des habituelles vociférations des mouettes et des gémissements occasionnels des ibis hagedash (en anglais « hadada »), sans doute les oiseaux les plus malsonnants de toute la création.

À votre droite se dresse le pic du Diable, à votre gauche la Tête du Lion et dans votre dos la montagne de la Table. C'est peut-être d'ici, en écartant un peu les palmiers et les pins, que l'on mesure le mieux combien la ville du Cap, à l'instar par exemple de Marseille, a longtemps tenu à distance son port, dont la sépare une sorte de no man's land ferroviaire survolé par des voies rapides. Pour trouver au Cap une ambiance portuaire, il faut s'encanailler, le vendredi ou le samedi soir, dans une des boîtes de Loop Street ou des rues adjacentes qui ont la préférence des marins chinois et où l'on a vite fait d'attraper un mauvais coup (dans le même quartier il y a aussi des boîtes sans embrouilles, et même de très chic comme le club Hemingway's), soit, plus bourgeoisement, se rendre dans le quartier du Waterfront. Bâtis *ex nihilo* ou, pour la plupart, installés dans d'anciens entrepôts plus ou moins heureusement rénovés, les hôtels de luxe et de demi-luxe, les restaurants de toute catégorie – y compris, hélas, les fast-foods – s'y pressent au coude à coude avec des galeries marchandes et des équipements culturels comme le musée maritime ou le théâtre de Dock Road.

Le principal défaut du Waterfront est l'hégémonie du commerce et des intérêts privés, qui se traduit par un excessif entassement de bistrots et de boutiques avec tous les inconvénients qui en découlent, en particulier de tenaces odeurs de tambouille. Son principal mérite est d'avoir su préserver, à l'intérieur de son périmètre, un certain niveau d'activité maritime et portuaire : pêche, réparation navale, remorquage ou pilotage, toutes choses plutôt plus agréables à regarder qu'une marmite de poulet frit ou une enfilade de boutiques de luxe. Parmi les attractions qu'offre le Waterfront, l'une des plus populaires, et des plus édifiantes, est le pèlerinage à Robben Island, l'île-prison où Nelson Mandela et quantité d'autres vétérans de la lutte contre l'apartheid ont passé une grande partie de leur existence.

L'embarcadère est celui que l'on utilisait pour les prisonniers, de même que le bateau, le *Dias*, qui met près d'une heure, fendant une houle parfois très musclée, pour atteindre Robben Island. Les visiteurs, sujets ou non au mal de mer, sont originaires de tous les secteurs de la société sud-africaine et du monde entier. Certains peuvent être très stimulants pour l'imagination, comme ce couple formé d'une jeune femme blanche et d'une vieille dame noire – deux militantes de l'époque héroïque ? – bras dessus bras dessous, qui avaient pris place en même temps que nous à bord du *Dias*. La visite de la prison est guidée par un ancien détenu politique, et le clou en est naturellement la cellule n° 5, occupée pendant des années par Nelson Mandela. Depuis le 1er janvier 1997, Robben Island, classée monument national, est administrée par le ministère de la Science et de la Culture avec mission de transformer la prison en « musée de la lutte de libération » et le reste de l'île, y compris ses abords maritimes, en réserve naturelle. Pleine d'oiseaux venus par leurs propres moyens (à l'exception des autruches, des pintades et des faisans) et d'antilopes ou de daims introduits par ses gouverneurs successifs, l'île abrite d'autre part quelque trois mille trois cent couples de manchots du Cap (*Spheniscus demersus*), ce qui en fait l'une des deux dernières colonies florissantes, en Afrique du Sud, de cette espèce extrêmement menacée par la pollution pétrolière, la collecte des œufs ou du guano et la concurrence des pêcheurs (l'autre colonie, établie sur la plage des Boulders à proximité du port militaire de Simon's Town, ne compte qu'un peu plus de sept cents couples).

Quant aux otaries, elles sont depuis longtemps dans le collimateur des pêcheurs, ce qui ne les empêche pas de maintenir localement des effectifs importants. Le gisement le plus riche, à proximité immédiate du Cap, est celui de Bout Bay, que l'on atteint en quelques minutes de bateau à partir de ce port de pêche situé sur la route du cap de Bonne-Espérance. Mais avec un peu de chance, sans même aller jusqu'à Bout Bay, on peut voir des otaries faire la planche dans les bassins du port, à deux pas de l'embarcadère pour Robben Island. Attention, toutefois, ces choses sombres et luisantes qu'à Sea Point, sur le front de mer, on voit pulluler dans les brisants, toutes palpitantes et lubrifiées, ne sont que des simulacres d'otaries. En fait, il s'agit des flotteurs de ces algues géantes qui prolifèrent sur tout le littoral du Cap, et dont les tiges ont presque le diamètre et la résistance d'une haussière.

Sea Point est depuis longtemps l'un des quartiers les plus « bohèmes » du Cap, l'un des plus animés dans la soirée, l'un des mieux pourvus de restaurants, de cafés, de bars, et d'autres commodités. Tout cela avec une patine dont ne peut se prévaloir le Waterfront. On y trouve même un casino, des sex-shops et plusieurs épiceries ouvertes toute la nuit. Sans doute la déontologie m'interdit-elle de nommer l'hôtel qui a ma préférence au Cap, et de très loin : aussi me contenterai-je de préciser qu'il se trouve à Sea Point, sur le front de mer, dans une maison à deux étages d'allure ancienne et britannique, organisée autour d'un patio plein de verdure. Si vous avez la chance d'y occuper une chambre située au soleil couchant, vous êtes assuré, en cas de tempête en mer, de ne rien perdre du spectacle. Or parmi tous les plaisirs futiles que peut ménager l'existence, il n'en est guère de plus vif que celui qui consiste à regarder, bien au sec et calé dans un bon fauteuil, une tempête australe lançant ses vagues écumantes à l'assaut d'insubmersibles palmiers.

Air France Magazine, *n° 6, octobre 1997*

Le secret de la grande pyramide

Brasilia a vieilli depuis *L'Homme de Rio*. Il fallait s'y attendre. Cette utopiste assez sèche, pour ne pas dire osseuse, et donneuse de leçons, s'est assagie et empâtée, elle a perdu beaucoup de ses généreuses illusions, elle s'est même résolue à manger de temps à autre des McDonald's, comme tout le monde. Par coquetterie, à l'instar des vieux gauchistes qui votent Refondateurs avec le sentiment de rester fidèles à leurs erreurs de jeunesse, elle a tout de même élu en 1994 un gouverneur membre du parti des Travailleurs, le parti de Lula, adepte d'une phraséologie révolutionnaire un peu kitsch. Mais peut-être cette apparente audace exprime-t-elle surtout la crainte du « dégraissage » ressentie par une population qui, pour s'être diversifiée, n'en reste pas moins largement tributaire du budget de la fonction publique.

Du balcon de la chambre 1023, au dixième étage de l'hôtel Kubitschek Plaza, le nouveau venu s'efforce de retrouver dans le paysage morcelé qu'il découvre quelque chose de ce qui fit la réputation de Brasilia parmi les nations. La haute façade de l'hôtel Manhattan Flats le gêne dans ses efforts. Il observe qu'elle est sommée d'une enseigne reproduisant en caractères géants le nom d'un quidam, PaulO Octavio (l'O final de Paulo et l'O initial d'Octavio, l'un et l'autre majuscules, évoquant les deux zéros de la tête à Toto), avec lequel il apprendra bientôt à se familiariser. L'hôtel Kubitschek est lui-même sommé d'une enseigne exactement semblable, et un catalogue disposé sur la table de chevet fait apparaître que Double O a déjà construit, ou est en train de construire, à peu près tout ce qu'il y a de plus gros, de plus moche et de plus juteux dans le Brasilia d'aujourd'hui : ainsi le centre commercial Brasilia-Shopping, la tour de bureaux Number One ou le McDonald's de l'axe monumental, ce dernier, précise la brochure, « achevé en quatre-vingt jours ! »

Abandonnant momentanément Paulo Octavio à ses affaires, le nouveau venu porte maintenant ses regards sur un vaste terre-plein planté d'herbe rase et d'arbres maigrichons, réticulé de ces sentiers fourmiliers que tracent obstinément les hommes, comme dans la brousse les animaux sauvages, partout où les caprices de la nature ou les décrets de l'urbanisme prétendent les empêcher de passer. Outre qu'il exprime une tendance sympathique au désordre, ce réseau de traces rouges sur le vert fané des pelouses évoque les photographies des temps héroïques, et singulièrement celles du geste initial, souverain, magnifique, né de l'imagination et de la volonté de deux hommes qui ne doutaient de rien, l'urbaniste Lucio Costa et le président Kubitschek, et qui fit se croiser à angle droit, au milieu de nulle part, deux pistes taillées à coups de bulldozers dans la savane arborée du *cerrado*. Quiconque regarde les vieilles photographies aériennes de cette intersection originelle – presque rien, quelque chose comme un « élevage de poussière » – ne peut manquer d'en être ému, même s'il n'a jamais rêvé de bâtir une ville *ex nihilo*. Aujourd'hui, le site de cet anguleux ombilic est occupé par le carrefour où se croisent les deux axes – le « monumental » et le « résidentiel » – autour desquels le Plan Pilote se déploie.

Au niveau inférieur de ce carrefour à plusieurs étages, la gare routière centrale, Rodoviaria, dégorge à longueur de journée des kyrielles de bus qui s'égaillent dans toutes les directions en lâchant de gros pets de gaz d'échappement. De la vue que ménage le balcon de la chambre 1023, on pourrait dire qu'elle est bornée par ce carrefour, si l'une des particularités les plus saisissantes de Brasilia, l'une des plus immédiatement perceptibles, n'était sa relation avec le ciel, au bord duquel elle se tient comme suspendue. Partout il vous aspire ou vous écrase, c'est selon, imperturbablement bleu pendant la saison sèche, parcouru par des trains de nuages blancs au dessin régulier comme un motif de papier peint, et se parant le soir de couleurs si extravagantes que chacune de ces explosions crépusculaires aurait pu, dans le temps, nous faire faire l'économie d'un trip d'acide. Peut-être cette ouverture sur le cosmos est-elle l'une des sources du « mysticisme » auquel se laissent aller volontiers les habitants de Brasilia (on y reviendra).

La première épreuve du nouveau venu consiste à trouver à manger (en dehors de l'hôtel) dans une ville réputée pour n'avoir pas plus de rues que de centre à proprement parler. Empruntant à son tour les sentiers fourmiliers, il escalade quelques terre-pleins, franchit quelques bretelles de voies plus ou moins rapides, puis emprunte un escalier qui le mène au parking du centre commercial Conjunto Nacional. Parallélépipédique, décoré sur toute sa face est d'enseignes lumineuses de hauteur et de largeur invariables qui sont à la nuit tombée du plus bel effet, le Conjunto fait face au Conic, un bâtiment à peu près semblable, de part et d'autre du carrefour abritant la gare routière. Pour l'essentiel, le Conjunto ne recèle rien que de très banal, de très « mondialisé » : on pourrait se croire à Bagnolet ou à Vélizy. Plutôt, tout de même, à Bagnolet. En matière de restauration rapide, notre choix se porte bientôt sur le *Petits Fours*, tant à cause de son nom que parce qu'il est tenu par une jeune femme absolument délicieuse (dans le monde mondialisé, homogénéisé, *freemarketé*, il restera toujours, au moins pour les hommes, ce critère incorrect de différenciation). Luciana a dix-neuf ans, elle vit depuis cinq ans à Brasilia, ou plutôt dans le « District Federal », l'unité administrative qui englobe la capitale brésilienne. « C'est la ville du futur », dit-elle d'entrée de jeu, avant d'ajouter que les gens y affluent dans l'illusion d'une vie meilleure et que la plupart déchantent rapidement. Elle-même y a vécu dans des « endroits terribles », c'est-à-dire dans l'une ou l'autre des villes-satellites. « À Brasilia, ajoute Luciana, c'est un peu comme dans l'histoire du chat, des rats et du fromage. » Si vous ne la connaissez pas, sachez qu'il ressort de cette histoire, en gros, que les riches sont cruels avec les pauvres et que ces derniers sont enclins à se bouffer entre eux. Autant dire, quoi qu'en pense Luciana, qu'il n'y a rien là qui distingue Brasilia de n'importe quelle autre ville

De l'autre côté du pont enjambant la Rodoviaria, sur lequel des vendeurs à la sauvette et des distributeurs de tracts, tous originaires des villes-satellites, proposent des pacotilles de toutes sortes (herbes médicinales, fraises sous cellophane, billets de loterie, crevettes en vrac ou invitations à s'engager dans les forces armées), le Conic, frère jumeau du Conjunto, présente une bien plus grande diversité. Commerces classiques, petites terrasses et restaurants rapides y voisinent avec des théâtres, des sièges de syndicats ou de partis politiques et l'une des plus grandes salles de cinéma de Brasilia, l'*Atlantide*, qui appartient désormais à une secte connue sous le nom d'Église universelle du Royaume de Dieu.

Le dimanche 13 juillet, à 11 heures du matin, devant une salle comble, la scène surélevée de l'*Atlantide* était occupée par un spectacle assez économe d'accessoires, quelque chose comme une représentation un peu je-m'en-foutiste d'*En attendant Godot*. Dans un coin de la scène, quatre chapiteaux de colonnes ioniques en polystyrène disposés comme des tables de jardin. Un peu sur la gauche, isolée, une grosse valise ceinturée de fortes courroies. Au milieu de la scène, quatre types en costard sombre assis dans quatre fauteuils imitation Louis XV, et sur le dossier du cinquième, vide, une veste assortie aux costards des quatre précédents. Au premier plan, le possesseur de la veste, en bras de chemise, allait et venait, le micro en main, vomissant avec une éloquence satanique un flot de paroles ponctué d'« Espirito Santo » que la masse des fidèles reprenait avec dévotion. À côté de l'église-salle de spectacle se trouve un magasin de livres, cassettes et autres colifichets d'inspiration religieuse qui est un des plus *clean* de tout le Conic (lequel, dans l'ensemble, est plutôt crade).

À deux pas de là, toujours dans le Conic, à côté d'une boîte de strip-tease, l'Igreja Batista Nacional Reviver accueillait un public clairsemé de types si accablés de péchés que, sans se soucier d'éventuels auditeurs, ils en égrenaient la litanie d'une voix tonitruante et lamentable. La nuit, alors que brille au-dessus du Conic une enseigne de néon bleu proclamant que « Jésus-Christ est le Seigneur », les étages inférieurs du centre commercial, côté sud, sont animés de très banales turpitudes, deal et prostitution, cette dernière s'étendant également à l'artère la plus proche (la S2ML ?), en tranchée sur cette partie de sa trajectoire (il est symptomatique que, comme presque toutes choses à Brasilia, les prostitué(e)s de la S2ML ne soient guère accessibles qu'en voiture).

Autre foyer d'animation nocturne à proximité de l'intersection des deux axes, le chantier du métro qui devrait bientôt cheminer souterrainement le long de l'axe résidentiel sud, puis émerger au bout de celui-ci pour rejoindre en surface les plus grandes des villes-satellites. Derrière des palissades couvertes de slogans – « le gouvernement démocratique et populaire met le métro sur les rails » –, au fond d'un grand trou baigné de lumière jaune, des engins de chantier s'agitent carapace contre carapace, comme des crabes dans une nasse. Issu du panier de crabes, un contremaître casqué affirme que le métro, mis en chantier en 1991 et retardé entre-temps par diverses vicissitudes, devrait ouvrir ses portes en octobre de l'année prochaine.

On sait que le Plan Pilote reproduit schématiquement la forme d'un oiseau (ou d'un aéroplane si l'on préfère la tôle à la plume), dont les ailes incurvées correspondent aux zones résidentielles nord et sud. L'aile sud s'est développée plus tôt et plus rapidement que l'aile nord (toute la ville, et de même ses satellites, accuse cette tendance à pencher vers le sud, comme si elle ne pouvait se soustraire à l'attraction ou à la nostalgie des grandes métropoles traditionnelles, Rio et São Paulo). C'est dans l'aile sud que l'on trouve la plus ancienne *superquadra* [1], la

1. Unité d'habitation caractéristique du Plan Pilote, la *superquadra* peut être décrite sommairement comme une Cité radieuse en pièces détachées, dont les éléments, hauts de six étages maximum, construits sur pilotis et liés par un espace vert, sont distribués orthogonalement sur un carré de 300 mètres de côté.

108 Sud, et sa voisine immédiate, la 308 Sud, qui passe pour la *superquadra* la plus achevée, la mieux finie, peut-être la seule à laquelle il ne manque pas un bouton de guêtre, entre les immeubles d'habitation, les écoles maternelles et primaires, la bibliothèque, le club, l'« églisette » (Igrejinha) Notre-Dame-de-Fatima, le tout dessiné par Oscar Niemeyer, ou l'espace vert de liaison conçu par le paysagiste Burle Marx.

Parmi les belles passantes de la 308 (ce n'est tout de même pas de notre faute si les femmes sont à Brasilia plus voyantes, et plus causantes, que les hommes), Mariana, dix-huit ans, fille d'architectes (une espèce surreprésentée dans cette ville), estime que la *superquadra* « ressemble à un grand parc et que l'on trouve à proximité tout ce dont on peut avoir besoin ». Carla, dont le père, cadre de la Banque du Brésil, a été en 1961 l'un des premiers habitants de la 308, y a vécu elle-même vingt-cinq ans, avant de s'installer avec son mari dans un immeuble de l'« extension Sud-Ouest ». Elle regrette que la proportion d'enfants soit en baisse dans la population de la *superquadra*, l'une des plus chères et des plus huppées du Plan Pilote. De Brasilia, elle estime globalement que c'est « un succès pour les habitants du Plan et un échec pour ceux de la périphérie ». Il n'est pas sûr que Maria Soledade, que nous avons rencontrée en train de promener ses deux enfants parmi les luxuriantes plantations de Burle Marx, se soucie beaucoup de ces inégalités. Mariée à un entrepreneur, elle a acheté en 1993, pour 250 000 reals (1 real est plus ou moins égal à 1 dollar), un appartement de 200 m^2 dans l'immeuble où elle a passé son enfance. Il lui en a coûté 100 000 reals de plus, avec l'aide d'un décorateur, pour purger cet appartement de tous ses miasmes modernistes, à grand renfort de marbre, de stuc et de meubles que l'on dirait venus en droite ligne du faubourg Saint-Antoine. Bien qu'elle-même ait fait ses études primaires dans l'école de la *superquadra*, elle a inscrit ses deux enfants dans une école privée plus éloignée parce que « le niveau de l'enseignement public a baissé ».

Passer de la 308 Sud à la 306 Nord, c'est un peu comme passer de Neuilly à Gennevilliers, et tout cela sans sortir du Plan Pilote. Honnêtement, il faut préciser que la 306 Nord est vraiment la plus moche que nous ayons pu découvrir, et qu'à divers signes il semble que l'on soit en train de procéder sans hâte à sa réhabilitation. Peuplée de familles de sous-officiers, la 306 Nord est beaucoup plus dense, beaucoup plus jeune, et sensiblement plus colorée que la 308 Sud. Goguenards, les adolescents y cultivent volontiers quelques traits de ressemblance avec ceux des gangs *chicanos*. Quant aux enfants, ils se livrent non moins volontiers à d'innocentes déprédations, comme de bousiller des briques neuves empilées dans un coin pour la construction d'un barbecue. Ici, pas de plantations de Burle Marx (non plus que d'œuvres de Niemeyer), plus d'asphalte que de verdure, et, entre les pilotis des immeubles, parmi les chariots de supermarché à la dérive, un sol de ciment nu et craquelé en lieu et place du magnifique carrelage noir de la 308 Sud, si lustré que l'on hésite à y laisser la trace de ses pas.

Bien que l'accueil soit cordial – la froideur est une denrée assez rare au Brésil –, notre demande de visite d'un appartement se heurte à la surprise gênée puis au refus de nos interlocuteurs (les familles de sous-officiers, locataires de leurs appartements, ne font que rarement appel à des décorateurs). Au demeurant, même ici, les habitants, les jeunes en particulier, semblent apprécier les bienfaits de l'urbanisme planifié. Patricia, Thaïs et Cristiane, toutes trois filles de sous-off et nées à Brasilia, estiment que « chaque chose y est à sa place », et que cette ville bien organisée, bien policée, offre des « conditions idéales pour étudier » (sans doute, à l'inverse de Maria Soledade, n'ont-elles pas observé que le niveau de l'enseignement avait baissé). Tout au plus se plaignent-elles de n'avoir rien à faire pendant le week-end (avant d'ajouter qu'elles vont danser dans des clubs au bord du Lac) et d'être importunées par les « gangs ». Mais elles sont incapables de se rappeler un seul crime ou un seul méfait imputable à ces derniers.

L'écart entre la population de la 306 Nord et celle de la 308 Sud est vraisemblablement le plus grand que l'on puisse observer à l'intérieur du Plan Pilote, dont la relative homogénéité sociale demeure une caractéristique très frappante. Pour préserver cette homogénéité, et tous les avantages qui en découlent pour les privilégiés, le Plan Pilote s'est non seulement débarrassé des gueux – à commencer par les constructeurs du Plan Pilote – en les repoussant dans des villes-satellites de plus en plus éloignées, comme cela se fait en somme partout dans le monde, mais il veille à préserver son étanchéité avec un zèle qui parfois confine à l'obsession, et qui tranche brutalement avec les ambitions égalitaires de l'originelle utopie. Comme nous le disait candidement une architecte du cru : « C'est curieux, Brasilia est une ville où débarquent quotidiennement des milliers de pauvres, et on ne les voit jamais. » En vérité, l'époque où ils affluaient en si grand nombre semble, au moins provisoirement, révolue. Mais enfin il y en a tout de même énormément et le fait est qu'on ne les voit guère en ville, sauf quand ils viennent manifester sur les pelouses des ministères.

La plupart des gens qui occupent à Brasilia des emplois subalternes habitent en dehors du Plan Pilote, et généralement d'autant plus loin qu'ils sont plus fauchés, les villes-satellites les plus proches, telles Nucleo Bandeirante, puis Taguatinga, s'étant progressivement urbanisées et embourgeoisées. Plus lointaines et moins policées, Ceilândia – dont le nom est construit à partir des initiales de la Compagnie d'Éradication des Invasions – et Samambaia regroupent à elles deux quelque six cent mille habitants, soit plus de deux fois la population du Plan Pilote et des quartiers résidentiels du Lac, sud et nord. Sur deux cent vingt-neuf assassinats commis durant le premier semestre de 1997 sur le territoire du District Federal, cent six l'ont été à Ceilândia et Samambaia, et seulement une dizaine dans le Plan Pilote.

Chaque jour, en fin d'après-midi, la Rodoviaria, par où transitent quotidiennement quelque quatre cent mille usagers, offre le spectacle assez prodigieux, et très préjudiciable à la qualité de l'air, d'autobus surchargés et fumigènes s'élançant par essaims si compacts que pendant plusieurs heures la voie rapide se dirigeant vers le sud doit être mise en sens unique. Coincé dans le flot, plus ou moins asphyxié par les gaz d'échappement, l'automobiliste individuel a du moins le privilège, en hiver (car il est raisonnable de penser que la nuit tombe plus tard pendant les mois de printemps et d'été), de voir par-dessus les fumées et les pétaradantes carcasses le soleil se coucher dans l'habituelle débauche de bleus, de roses et de violets, toutes nuances extrêmement seyantes à ce capharnaüm, comme aux visions de chaos social qu'il suggère. Au bout de trois quarts d'heure d'efforts, le même automobiliste individuel, avec un peu de chance, se retrouve totalement paumé au milieu de ce *nowhere* obscur, ou du moins très chichement éclairé, de Ceilândia, à la recherche d'un centre qui apparemment n'existe pas, parmi les alignements de maisons basses, les voies rapides et les culs-de-sac poussiéreux.

À défaut de centre, contentons-nous de ce rond-point à l'intersection de deux larges avenues. Au bord de l'une d'elles, les chaises en plastique blanc d'un bistrot flambant neuf nous tendent les bras. Adriane, la serveuse, est originaire du Nordeste. Elle a commencé par faire des ménages, et elle n'aime pas Ceilândia, qu'elle décrit comme une ville dangereuse, avec sa population instable et proliférante de pauvres délocalisés. Toutefois l'histoire du patron illustre la mobilité sociale du Brésil, et les chances que l'économie libérale, même débridée, ménage aux plus audacieux. Sa famille, « à la recherche d'une vie meilleure », a débarqué à Brasilia au milieu des années soixante, et a végété jusqu'en 1971 dans une favela proche de Nucleo Bandeirante. Cette année-là, chassés de leur favela, ils ont participé à la création de Ceilândia – destinée à absorber au moins une partie des « envahisseurs » – et, depuis, ils y ont prospéré au point de posséder aujourd'hui une petite entreprise de terrassement, trois méchants immeubles, le bistrot et la boutique voisine de vidéo. Et Paulo, le patron, est fier d'accueillir une clientèle « distinguée », car si évanescent que soit encore le centre de Ceilândia, il affirme déjà sa supériorité sociale sur ces confins où les derniers arrivés s'entassent dans des cabanes de fortune.

Et c'est ainsi que même Ceilândia devient à son tour trop chère pour les plus pauvres, telle Yvonne, la dame aux chocolats. Mais avant de parler d'Yvonne, il nous faut faire un détour par la presse du 18 juillet. Ce jour-là, le *Jornal de Brasilia* signalait l'ouverture, au Centre de Conventions (Niemeyer), de la « 6e foire mystique » de Brasilia, et l'encerclement par la police militaire de l'« invasion d'Estrutural ». Le lien entre les deux, si paléo-marxiste et tirée par les cheveux que puisse paraître cette interprétation, est qu'à force d'entendre (notamment sous le chapiteau de la Foire mystique) des discours sur la pyramide de cristal qui coifferait Brasilia dans la cinquième dimension, sur la présence au sein de sa population d'un grand nombre d'extraterrestres déguisés, ou sur le rôle assez communément admis d'anciens Égyptiens réincarnés (à commencer par le président Juscelino Kubitschek, qui ne serait autre que la réincarnation d'Akhenaton) dans la conception de la ville, on en vient à se demander si tout ce fatras idéologique ne constituerait pas, entre autres, une justification supplémentaire de la sanctuarisation du Plan Pilote, et de l'obstination avec laquelle, jour après jour, on écrème de ses éléments indésirables le véritable glacis qui l'entoure. Car il va de soi que des êtres aussi fragiles et précieux que des extraterrestres se doivent de maintenir une certaine distance entre la plèbe et eux. Voilà pour le « mysticisme » (on n'y reviendra pas).

Quant à l'« invasion d'Estrutural », le journal précise que ce bidonville – le dernier de cette ampleur à si courte distance du Plan Pilote – s'étend sur 130 000 m² de terrains destinés à l'industrie, en contrebas de la voie d'Estrutural (d'où son nom) qui relie Brasilia à Taguatinga. D'après le journal, l'invasion compterait quelque deux mille baraques abritant quelque quinze mille familles (de leur côté, les habitants d'Estrutural, ou leurs porte-parole, estiment leur nombre à une vingtaine de milliers). Le gouvernement démocratique et populaire vient de décider que tout cela devait avoir disparu avant le 15 octobre, et la police militaire, sans excès de zèle autant que nous puissions en juger, a déjà détruit quelques baraques et établi quelques points de contrôle afin de prévenir notamment l'introduction dans le périmètre de l'« invasion » de matériaux de construction. Tout cela n'empêche pas que l'on y construise encore, et à bras raccourcis, que l'on y renforce les puits pour l'alimentation en eau, et que les « supermarchés » bidonvillesques y vantent à grand renfort de haut-parleurs mobiles l'excellence, le coût modique et la variété de leurs produits. Un porte-parole de l'association des habitants, avec une logique néolibérale impeccable, fait ressortir que l'« invasion » offre un terrain particulièrement propice au développement des petites entreprises, puisque l'on n'y paie pas plus d'impôts que de loyers et qu'il n'y a aucun règlement à respecter.

Bornée au sud par la voie Estrutural, l'« invasion » l'est au nord, non point tant par la clôture du parc national de Brasilia, comme le suggère assez légèrement la presse locale, que par une gigantesque décharge à ciel ouvert dans le sein de laquelle s'affairent en permanence des dizaines de bennes à ordures et de bulldozers, des centaines de gueux – parmi lesquels beaucoup d'enfants – adonnés au tri des ordures (et dont les chevaux broutent la couche supérieure de la décharge en attendant que soient remplies les carrioles qu'ils tracteront jusqu'aux entreprises de recyclage), et des milliers d'oiseaux plus ou moins coprophages, aigles (*caracaras*), vautours (*urubus*) ou aigrettes blanches, ces dernières faisant pendant le week-end l'admiration des riches riverains du Lac, apparemment convaincus qu'elles ne se nourrissent que de poisson frais. C'est juste à la limite de cet immense merdier qu'Yvonne, la dame aux chocolats, a construit sa bicoque. Originaire de l'État voisin de Goias, Yvonne a découvert l'existence de l'« invasion d'Estrutural » par la fenêtre du bus qui chaque matin la conduisait de sa ville-satellite au Plan Pilote, où elle vend à la sauvette, dans le voisinage de la Rodoviaria, des chocolats et autres confiseries de sa fabrication. Incapable de payer plus longtemps le loyer et les charges, pourtant modiques, de son logement dans la ville-satellite, Yvonne a décidé de s'installer parmi les écumeurs de décharge, avec ses cinq filles et son fils adoptif. Elle trouve le coin « tranquille ». Quant à sa fille aînée, occupée à étendre le linge et à le protéger des nuées de sacs en plastique qui s'envolent de la décharge au moindre souffle d'air, elle aimerait bien tout de même habiter un endroit plus urbain. Si peu que nous l'ayons connue, Yvonne, formidable de douceur et d'obstination, nous a communiqué une certaine fierté d'appartenir à la seule espèce animale capable d'engendrer des spécimens de cette trempe.

Tout reportage comporte nécessairement une part d'injustice. Trop occupé, peut-être, à tâcher de comprendre (ou d'effleurer) les mécanismes d'exclusion qui permettent au Plan Pilote de persévérer dans son être, nous avons un peu oublié de souligner à quel point cette ville – celle définie par les deux axes – était belle (il n'est pas nécessaire d'être juste, voire égalitaire, pour être beau). Avant de disparaître, prenons donc le temps de souffler un peu, et de regarder le soleil se coucher sur le Plan Pilote depuis le petit promontoire situé sur la rive opposée du Lac et dédié à Don Bosco (le saint italien qui, dans un rêve daté de 1883, a eu la vision d'un Éden intertropical situé sur le même parallèle que Brasilia).

Que l'on nous pardonne, c'est la dernière fois, mais nous nous devons de signaler qu'au crépuscule il y a presque toujours sur ce promontoire quelques créatures semi-divines (peut-être de petites pharaones réincarnées) en train de prendre des poses intéressantes et de se photographier mutuellement devant le panorama de Brasilia. Quand la lumière solaire a cessé ses excentricités, quand la nuit vient, les pignons rectangulaires et rigoureusement identiques des ministères, éclairés en blanc, révèlent la perspective de l'axe monumental, régulière, nette et majestueuse comme un alignement de mégalithes ou comme une piste d'atterrissage pour des vaisseaux extraterrestres. La fresque multicolore du Conic, au-dessus de l'intersection, brille de mille feux, de même, hélas, que le nom de Paulo Octavio en deux exemplaires et en lettres rouges flamboyantes. Au ras des eaux noires du Lac, les aigrettes – que l'on appelle ici des « garces » – volent par groupes, immaculées, si peu compatibles avec le souvenir de leurs effroyables gueuletons que l'on se demande si l'on n'a pas rêvé, et si ce que l'on a maintenant sous les yeux n'est pas la seule réalité de Brasilia.

L'Architecture d'aujourd'hui, *octobre 1997*

La révolution des patates à Saint-Pétersbourg

De l'énigme posée par l'économie russe, le distributeur automatique de billets de banque établi dans le hall de l'hôtel Europe présente un raccourci à l'usage des touristes. En effet, quand le dollar s'affiche à 20 roubles le matin et tombe en dessous de 9 à la mi-journée, quand les banques sont fermées et les bureaux de change en rupture de stock, quand les gens se bousculent un jour pour vendre et le lendemain pour acheter, comment cette machine, sitôt avalée votre carte de crédit, peut-elle imperturbablement se mettre à débiter des roubles ? Où les trouve-t-elle, quand toute la ville en manque ? Et à quel taux, quand celui-ci varie, sur une simple rumeur, du simple au double ? Toujours est-il que cette machine, à notre connaissance, n'a jamais cessé de fonctionner, et qu'en dépit du risque de retrouver à la fin du mois leurs comptes débités d'un montant de pure fantaisie, ses adeptes sont devenus jour après jour si nombreux que la direction a dû en restreindre l'usage à la clientèle de l'hôtel.

L'hôtel Europe – cinq étoiles, et depuis sa réouverture en 1991 plus la moindre trace de son passé socialiste –, l'hôtel Europe est-il le meilleur hôtel de Saint-Petersbourg ? « Non seulement de Saint-Pétersbourg, répond sans hésiter M. Rybkin, son directeur général, mais de toute la Russie, et peut-être de toute l'Europe de l'Est. » Ses tarifs – de 200 dollars à plus de 2 000 – n'ont pas été affectés par la crise. Et si la fréquentation touristique est en nette baisse à Saint-Petersbourg – il suffisait pour s'en convaincre de visiter ces jours-ci l'Ermitage, de paresser devant les Rembrandt, les Titien ou les Matisse, dans un calme, un silence dignes du musée de la Fourme à Ambert –, l'hôtel affiche complet, les réservations individuelles de dernière minute ayant compensé les désistements de quelques groupes. Selon M. Rybkin, ces visiteurs imprévus seraient des investisseurs étrangers venus prendre la mesure de la crise et s'efforcer de sauver leurs capitaux… À deux pas de l'hôtel Europe, devant la cathédrale de Kazan, le long de cette perspective Nevski dont le trottoir, pour reprendre la célèbre métaphore de

Lénine, est toujours aussi droit que la politique russe est tordue, les statues de Koutouzov et de Barclay de Tolly défient silencieusement les mânes de l'Empereur. Bien que la presse en général nous décrive la Russie, au seuil de cet automne, tout entière occupée à briser ses téléphones portables et à déterrer rageusement ses dernières patates, aucun acharnement journalistique ne peut venir à bout de l'atmosphère d'insouciance, voire de prospérité, que distille cette avenue. Les filles sont élégantes et jolies, la restauration des monuments se poursuit, les magasins regorgent de victuailles et de lingerie fine. Il paraît que la boutique Christian Dior a décidé de suspendre ses activités aussi longtemps que le rouble continuerait de sursauter, mais cet accident peut difficilement être interprété comme le signe avant-coureur d'une révolution. Asseyons-nous maintenant, puisque le temps le permet, à la terrasse du restaurant rapide Laima, sur la berge du canal Griboïedov. Cinq minutes ne se sont pas écoulées que deux gamins tsiganes fondent sur la terrasse pour engloutir les restes traînant ici et là dans des assiettes en carton. Puis c'est un type qui passe, hagard, et nous demande poliment de vider notre bouteille d'eau afin de l'ajouter à sa cargaison d'emballages recyclables. Plus tard dans la journée, généralement peu avant la fermeture, il arrive que des gamins se faufilent à l'intérieur du restaurant pour y faire la manche. Enfin, sur le trottoir qui longe le canal Griboïedov, comme un peu partout en ville, des vieilles dames dignes et faméliques, manifestement dépourvues de toute vocation pour la mendicité, font du matin au soir le pied de grue pour vendre à la sauvette une paire de bas, un pull tricoté ou un volume dépareillé de Mandelstam. Quelques-unes se contentent de tendre la main, comme dans les gares où la police fait régulièrement des rondes afin d'écrémer les salles d'attente de tout ce qui n'a pas l'allure bénigne d'un passager en transit. Ce dénuement absolu des vieux, ou de beaucoup d'entre eux, est peut-être le seul trait qui de prime abord distingue réellement la misère russe de celle que nous croisons tous les jours dans nos propres villes.

Dans le quartier de l'Arsenal et de l'École supérieure d'artillerie, en face de cette prison Kresty, rouge et couronnée de barbelés, qui est certainement le dernier endroit où passer l'hiver à Saint-Pétersbourg, un ensemble de logements jouxte les locaux d'une usine désaffectée. Dans les ruines calcinées d'un parking s'ébat une bande de mômes, certains armés d'inoffensifs lance-pierres. Andreï, qui semble être le leader du groupe, a seize ans, les cheveux roux, il fait des études de mécanique dans un collège technique. Il espère trouver un travail, plus tard, « dans le privé ». La dégringolade du rouble? Il s'en fout, de même que le reste de la bande : Sacha 1, Sacha 2, Roman et Denis. Deux des mômes portent le crâne rasé de près, avec juste un toupet retombant, à l'indienne, sur le front. Andreï, le rouquin, ne connaît pas son père, et celui de Roman « est parti pour Moscou », sans plus de précision. La mère du premier fait des ménages, celle du second vend des produits d'entretien à la sauvette. Les hommes ne semblent pas leur inspirer beaucoup de considération : ceux de la cité – au moins ceux qui ne sont pas partis – boivent volontiers, « pas seulement de la vodka, mais aussi de l'eau de Cologne », et quand ils ont trop bu il faut les avoir à l'œil « pour qu'ils n'embêtent pas les plus petits ». Autrefois, tout le monde travaillait à l'usine d'à côté. Après sa fermeture, Andreï et ses copains ont participé au dépeçage de ses éléments métalliques, pour les revendre, et cette activité leur a attiré quelques ennuis sans conséquence avec la milice. Tous habitent dans des appartements collectifs, où deux ou trois familles partagent la cuisine, les toilettes et la salle de bains. Il y a beaucoup de cafards. Tous espèrent échapper le plus vite possible à ce quartier qu'ils désignent comme un des plus pourris de Saint-Pétersbourg. Pourtant si l'on se promène dans les cours, uniformément poussiéreuses, plantées d'arbres aux branches desquels pendent des balançoires de fortune, on peut tomber sur un parking privé couvert de Mercedes, d'Audi et de Range-Rover. Ce parking appartient à une entreprise mystérieuse, « Petro-Import » – c'est-à-dire Petro-n'importe-quoi –, signalée par une simple feuille de papier collée sur une porte métallique. La même feuille précise que l'entrée est interdite au public. Si cependant on pousse la porte, on découvre dans l'entrée une loge de concierge où s'entassent quatre types que l'on dirait sortis d'un film de Tarantino, et dont les impérieux borborygmes, en réponse à votre timide salut, vous dissuadent aussitôt d'aller plus loin. Ainsi la « nouvelle Russie », celle qui a le regard en lame de couteau, fait-elle son nid dans les décombres de l'ancienne.

Par la rue Komsomol, nous gagnons le parvis de la gare de Finlande. En avril 1917, de retour de son exil zurichois, Lénine y harangua des foules enthousiastes. Une statue de grande dimension se dresse sur l'emplacement présumé de cette harangue. En fin d'après-midi, ce vendredi, les abords de la gare sont le théâtre d'une intense activité fourmilière, énormément de gens y décrivant énormément de pas pour s'acquitter de tâches minuscules : acheter des denrées dont le prix a baissé, vendre des clopinettes, s'enquérir du sort de leurs retraites auprès de banques faillies dont les portes bientôt se referment au nez des solliciteurs, charroyer de très petites quantités de marchandises diverses dans des sacs en plastique, ou des quantités légèrement supérieures dans des havresacs ou des chariots à roulettes. Tout cela se croise, se faufile, s'égaille ou s'embouteille, le courant principal portant de la ville vers la banlieue, et au-delà vers cette campagne plate, découpée en lanières, où presque chaque famille de Saint-Pétersbourg possède une datcha : généralement une maison de deux ou trois pièces, en bois, entourée d'un petit jardin où poussent des légumes – les fameuses patates – et des plantes d'agrément, car aucune crise n'ôtera jamais aux Russes le goût immodéré des bouquets de fleurs. Sur le parvis de la gare palpite un drapeau rouge, au pied duquel s'égosille un militant du Parti communiste des travailleurs de Russie – une dissidence « radicale » et très minoritaire du PC, qui préconise, en gros, le retour à l'ancien régime. Le type qui s'égosille peut avoir la cinquantaine, mais il est entouré d'un groupe d'une dizaine de militants des deux sexes, parmi lesquels on remarque autant de jeunes que de vieux. À en juger par les réactions – ou l'absence de réactions – de la foule, leur audience semble à peu près comparable à celle d'un groupuscule prochinois dans la France des années soixante. À côté de ces communistes dissidents, deux jeunes gens uniformément vêtus de noir, portant un brassard rouge où la faucille et le marteau s'inscrivent dans un cercle blanc, vendent à la criée le journal *La Grenade*, une feuille de chou national-communiste. Eux non plus ne font pas recette.

Métro Rue Dybenko, dans la banlieue sud-est de Saint-Pétersbourg. D'après le chauffeur de taxi, le quartier qui s'étend autour de la station s'appellerait – ou se serait appelé – le « quartier des Trois Cons », à cause de trois rues qui s'y rencontrent et dont les noms évoquent trois variétés – le « travailleur modèle », etc. – de héros socialistes. L'artère principale, l'avenue des Bolcheviks, est bordée de tours et de barres, et dans une moindre mesure d'espaces verts et de chantiers interrompus. Le long de l'un d'entre eux s'étire une palissade en planches, recouverte à hauteur d'œil d'innombrables petites annonces manuscrites ou imprimées sur de minuscules bouts de papier. Parmi ces annonces dominent les propositions de cures d'amaigrissement, de cours de langues étrangères ou de « management », et les offres d'emploi, le plus souvent dans le domaine immense et vague du « business ». Exemple : « Travail pour des personnes créatives, des spécialistes et des dirigeants. Beaucoup se présentent, seuls sont retenus ceux qui ont une personnalité hors du commun. » Si l'on appelle le numéro indiqué, on tombe généralement sur un entortilleur qui vous fait miroiter une carrière de « manager ». Et si l'on insiste, il s'avère qu'il s'agit de vente au porte-à-porte de produits cosmétiques ou d'autres breloques.

Les patates, il faut en convenir, jouent un rôle important dans la vie du simple citoyen russe. Et aussi ces baies rouges, douces-amères, qui se conservent bien en hiver, et dont notre interprète soutient qu'elles s'appellent en français des « canneberges ». À côté du Salon Orchidée – coiffure, manucure, maquillage, bronzage, piercing, et de temps à autre consultation d'un psychologue qui prodigue ses éclaircissements tant aux shampouineuses qu'aux clientes –, quelques dames vendent de ces baies rouges qu'elles ont rapportées de leurs datchas, et un ambulant azeri propose en sacs de 10 kg des pommes de terre roses de Voronej. À la suite d'un malentendu, l'Azeri fait à notre interprète des propositions qui pourraient entraîner son « impeachment » s'il était président des États-Unis. Sans doute ce genre de quiproquo contribue-t-il à entretenir les préjugés que nourrissent les Russes à l'encontre des « Noirs » – les gens du Caucase et d'au-delà –, ces derniers exerçant d'autre part une sorte de monopole, nécessairement impopulaire, sur le commerce de la plupart des fruits et légumes. Sur le même trottoir de cette longue et large avenue des Bolcheviks, on observe trois queues : la première, probablement vaine, devant une succursale de la Sberbank, la seconde devant un magasin où l'on vend de la farine au prix d'usine, la troisième devant un guichet de récupération des emballages métalliques et des bouteilles vides. On y reprend ces dernières à raison de 5 kopecks pour les plus petites et de 50 pour les plus grosses. La plupart des Russes doivent exercer plusieurs métiers pour survivre – professeur de fac et guide pour touristes, instituteur-débardeur-veilleur de nuit, voire ingénieur-masseur-balayeur-homme de ménage –, et celui de récupérateur d'emballages vides n'est sans doute pas le moins lucratif. Svetlana, la cinquantaine, enfant de l'Assistance (ou de son équivalent local), affirme gagner avec ses bouteilles vides, dans un bon jour, de 10 à 15 roubles – un peu plus d'1 dollar au taux actuel, si variable soit-il. Svetlana est d'autre part responsable des vide-ordures de quatre immeubles, un immeuble « d'État » et trois « privés ». Le premier lui rapporte 350 roubles de salaire par mois, les trois autres environ 600. Elle se considère comme une privilégiée, et souligne que « les gens intelligents se battraient pour des places comme ça ». En particulier pour les possibilités qu'elles offrent de récupérer des emballages vides et d'autres bricoles plus ou moins monnayables. Au rez-de-chaussée d'un immeuble de l'avenue Alexandra Kollontaï (qui en 1926 s'opposa à la direction du Parti au sujet de l'insurrection de Cronstadt, mais ceci est une autre histoire), Svetlana partage un appartement de trois pièces avec son mari, Vollodia, les deux enfants de ce dernier – une fille et un garçon d'une quinzaine d'années –, une belle-sœur et quelques animaux de compagnie. Le hall de l'immeuble est puant, les boîtes aux lettres cramées, les caves paraît-il envahies par les eaux, mais il n'est pas nécessaire de se rendre en Russie pour observer de tels sinistres. Sans doute parce qu'elle est orpheline, Svetlana est une des rares personnes dépourvues de datcha que nous ayons rencontrées à Saint-Pétersbourg. Peut-être pour les mêmes raisons, elle est peu incline à se plaindre de son sort, et juge sévèrement les laissés-pour-compte de la nouvelle société, mendiants, vagabonds et autres chineurs de poubelles, dont elle estime que la paresse, ou l'alcoolisme, sont à l'origine de leurs déboires. Elle fait tout de même une exception pour les vieux, convenant que beaucoup n'ont pas le choix. Tandis que nous mangeons, arrosés d'une vodka sans étiquette dont elle se refuse à révéler l'origine, les champignons ramassés dans les bois tout proches – il y a une quinzaine d'années, affirme Svetlana, la forêt s'étendait sur l'emplacement actuel de la station de métro Avenue des Bolcheviks –, le fils de quinze ans reste obstinément vissé devant la télé qui diffuse des clips des Spice Girls ou de Dana International. Au-dessus de sa tête, sur des rayonnages, on remarque entre autres les œuvres complètes de Gorki et celles de Tourgueniev, soit à peu près le minimum vital que devait posséder autrefois, en Russie, n'importe quelle famille, même parmi les plus modestes.

Peu avant minuit, les abords de la station de métro Avenue des Bolcheviks présentent un aspect nettement plus animé et plutôt moins menaçant que celui d'une gare du RER à la même heure. Quelques accrochés s'acharnent encore sur des pupitres de jeux électroniques, quelques kiosques, dont certains sont ouverts 24 heures sur 24, débitent encore de la nourriture, des journaux, des cigarettes, des fleurs ou de la boisson. Surtout de la boisson. Quelques ivrognes soliloquent, deux ou trois ne sont même plus en état de soliloquer. Dans la journée, quelques tout petits mafieux, reconnaissables à leurs sales gueules et à leurs vestes de cuir noir, veillent dans ce périmètre des kiosques au respect de mystérieuses prérogatives. La nuit, on ne les distingue plus, peut-être se sont-ils fondus dans l'obscurité, ou peut-être sont-ils retenus au loin par des tâches plus nobles. Bien que nos amis de Saint-Pétersbourg – généralement issus de cette immense petite-bourgeoisie russe, cultivée, pauvre et fonctionnariale, qui est certainement l'une des grandes perdantes du nouveau cours – nous aient mis en garde contre les dangers de la banlieue nocturne, on n'a pas l'impression d'y courir de grands risques. Mais allez savoir. Lorsque s'abat sur le parvis de la station une bande de mômes ensauvagés – dont la plus jeune, avec ses nattes, ne doit pas avoir dix ans –, c'est avec un bel ensemble qu'à la première question que nous leur posons ils nous répondent sans ménagement d'aller nous faire f…

L'Événement du jeudi, *22 octobre 1998*

Le village de John Kiyaya

En décembre 1918, après la capitulation du général von Lettow, ce qui restait de l'armée allemande d'Afrique-Orientale, en chemin vers l'océan Indien, stationna quelque temps dans un gros village de la rive orientale du lac Tanganyika qui s'appelait encore Bismarckburg. Par la suite Bismarckburg retrouva son nom de Kasanga, et toute trace de la présence allemande disparut, à l'exception d'une forteresse aux murs crénelés, percés de meurtrières, d'un aspect étrangement médiéval, dont les ruines se dressent toujours au sommet d'un promontoire dominant les eaux du lac, à 1 500 ou 2 000 mètres au sud du village. Pendant la saison des pluies et par temps d'orage, l'ensemble formé par les ruines, le lac dont les vagues grises se brisent en contrebas, les caps vert sombre, abrupts, qui se succèdent en direction du nord, évoque un morceau d'Écosse dont les châteaux et les fantômes auraient été lessivés par les pluies de l'équateur et rôtis par ses canicules.

À 7 heures du soir la lumière périclite en quelques instants, et avec elle toute illusion d'Écosse : dans l'obscurité qui s'appesantit sur Kasanga, village dépourvu d'électricité, d'automobiles ou d'eau courante, l'Afrique reprend ses droits, et les odeurs de végétation pourrie, les glapissements d'animaux bizarres – présumés bizarres, car on ne les voit jamais –, attestent que cet amas de bruits et de ténèbres se situe quelque part entre les tropiques. Parfois des battements de machines se font entendre, des lumières électriques cherchent quelque chose à quoi s'accrocher sur la berge : ces manifestations signalent l'approche du *Liemba*, un petit cargo mixte qui en l'absence de guerre ou d'embargo relie régulièrement M'pulungu, dans le nord de la Zambie, à Bujumbura, la capitale du Burundi. Le charme du *Liemba* tient notamment à ce qu'il a commencé sa carrière dans la peau d'un croiseur, acheminé en pièces détachées par les Allemands, au début du siècle, afin d'affirmer leur mainmise sur le lac Tanganyika. Sabordé après la capitulation de von Lettow, le navire fut renfloué par les Britanniques, converti en transport de marchandises et de passagers et affecté à la desserte pacifique de la rive orientale du lac. À plusieurs reprises, ses superstructures ont évolué, mais sa coque est restée d'origine. C'est à coup sûr un des plus vieux navires en service commercial dans le monde et l'un de ceux qui ont acheminé les marchandises les plus étranges et les plus distinguées, des émeraudes zambiennes aux défenses d'éléphant du Zimbabwe, en passant par les BMW « Série 7 » fauchées par centaines en Afrique du Sud du temps de l'apartheid et réexpédiées à travers tout le continent par les voies les plus imprévisibles.

En 1987, c'est à bord du *Liemba* que John Kiyaya, natif de Kasanga, revenant de faire ses courses à M'pulungu, rencontra un journaliste français qui, de son côté, enquêtait sur la contrebande de l'ivoire dont Bujumbura était alors la plaque tournante. Brève rencontre : l'escale de Kasanga est en effet la première après l'appareillage de M'pulungu. De retour en Europe, le journaliste reçut une lettre de John Kiyaya dans laquelle ce dernier lui racontait comment la pirogue à bord de laquelle il avait quitté le *Liemba* avait subi peu après les assauts, heureusement infructueux, d'un « diable d'hippopotame » : « What a devil of an hippopotamus ! » Cette correspondance, inaugurée sous de si majestueux auspices, se poursuivra pendant plusieurs années. À la demande de John, le journaliste lui fait parvenir un appareil photo des plus rustiques – qui par miracle atteindra Kasanga sans une égratignure – afin de faire des portraits de ses professeurs et de ses condisciples au petit séminaire de Kaengeza et, ce faisant, de mettre un peu de beurre dans ses épinards. En cours de route John renonce à devenir prêtre, mais sa vocation de photographe ne se dément pas. Il photographie, en couleurs, tout ce qui l'entoure : les amoureux, les familles, les enfants et les vieillards, les mariages et les circoncisions, les machines à coudre et les transistors, la fabrication des pirogues et le pilage du maïs, les riches – inévitablement gros – et les pauvres – inévitablement maigres –, la messe et la cérémonie de désenvoûtement chez le « witch-doctor ».

En 1992, l'association « Arrêt sur image », de Lectoure, dans le Gers, organise une exposition de photographies de John Kiyaya en présence de ce dernier. C'est la première fois qu'il s'aventure en dehors de la Tanzanie et de deux ou trois pays limitrophes. La France le séduit et le déconcerte : lui qui est toujours très croyant – même s'il a renoncé à la prêtrise –, il s'étonne d'y trouver tant d'églises et si peu de fidèles. Reçu à Paris dans des mondanités en l'honneur de sommités de la photographie, Robert Doisneau ou Henri Cartier-Bresson, il s'émerveille de voir cette discipline – que lui-même n'envisage que comme un gagne-pain, au même titre que la mécanique ou le commerce ambulant – érigée sur un tel piédestal, et il en retire la conclusion provisoire que la caste des photographes occupe dans la société française le rang le plus élevé. De tout ce qu'il voit, c'est l'arche de la Défense et le TGV qui lui laisseront l'impression la plus indélébile. Globalement, il conserve de ce séjour un souvenir assez favorable pour apporter de loin à l'équipe de France de football, en juillet 1998, un soutien sans faille, et si démonstratif que le jour de la finale il en vient presque à se brouiller avec quelques-uns de ses amis, dans un pays où l'opinion penche très nettement en faveur du Brésil. En novembre 1998, John Kiyaya s'est marié à Sumbawanga, où il s'occupe désormais, de concert avec un Père blanc au cuir tanné par près de vingt-cinq ans d'Afrique, du lancement d'une station de radio catholique vouée sans doute à la propagation de la foi, mais aussi au développement de l'instruction publique, de l'hygiène et des techniques agricoles.

Pour atteindre Kasanga, depuis Dar es-Salaam, il faut tout d'abord s'appuyer près de vingt-quatre heures de bus, d'une seule traite, jusqu'à Sumbawanga. Les huit dernières heures de route – les indications kilométriques n'étant d'aucun secours dans ce contexte – ne sont pas revêtues. Quant à la piste qui relie Sumbawanga à Kasanga, elle n'est guère carrossable qu'en saison sèche, et à bord d'un véhicule tout-terrain de conception récente, ou, à défaut, entretenu avec amour. La région qui s'étend entre Sumbawanga et Kasanga est tantôt agricole, tantôt livrée à elle-même, barrée par deux chaînes successives de montagnes peu élevées, et marquée par les stigmates d'une déforestation anarchique. Du haut des collines qui dominent la rive orientale du lac Tanganyika, là où la piste les franchit, on aperçoit loin en dessous les toits de chaume de Kasanga, le clocher de l'église, les minuscules rizières aménagées à l'embouchure d'une rivière, les ruines du fort allemand et le quai, partiellement effondré, où vient s'amarrer le *Liemba* quand il est de passage. Sur l'autre rive se devinent les collines, voilées de brume, de la République démocratique du Congo. Plus on descend, c'est-à-dire plus on se rapproche du lac et de Kasanga, plus la chaleur et l'humidité se font imposantes. Bien que le village ne comporte pas de centre à proprement parler – à la différence de son proche voisin, Muzi, dont l'artère principale évoque plus ou moins celle d'un repaire de flibustiers des Caraïbes reconstitué par le cinéma américain des années cinquante –, l'église et le presbytère pourraient en ébaucher un, de concert avec le poste de police, de la taille d'une loge de concierge et d'ailleurs généralement inoccupé, et le bâtiment à claire-voie où la justice est rendue par intermittence. Il y a quelques mois, le juge du canton – il a été muté depuis – s'y est illustré en condamnant à mort une chienne dont le seul tort était de s'appeler « Immigration », ce qui mécontentait les policiers appartenant au service du même nom. Kasanga est connu d'autre part comme un foyer de sorcellerie, plusieurs cases abandonnées après avoir été détruites par le feu attestant que cette tradition est toujours en vigueur, de même que l'habitude d'incendier les maisons de ceux que la rumeur publique désigne à tort ou à raison comme des sorciers. Mais John affirme que dans tous les cas dont il se souvient, on a laissé au présumé sorcier et à ceux qui habitaient sous son toit le temps de prendre la fuite. D'ailleurs la réputation des sorciers de Kasanga, et celle de ses médecins traditionnels – les seconds combattant avec succès les maléfices des premiers –, est surpassée par celle de ses footballeurs. Et si on croise dans le village un type avec une cheville ou une jambe dans le plâtre, c'est presque toujours à cette innocente passion sportive que l'accident doit être imputé.

À l'époque où les voyageurs débarquant du *Liemba* étaient à la merci des hippopotames, Kasanga, d'après le témoignage de John, était sensiblement plus prospère que de nos jours. Cette prospérité reposait paraît-il sur deux sortes de passions, le mikeboka et le dagha, qui, depuis, se sont l'une et l'autre raréfiées. Parmi les causes possibles de cette raréfaction, John cite les variations du niveau des eaux du lac, la surpêche pratiquée par les Zambiens – la frontière avec la Zambie passe à quelques kilomètres au sud de Kasanga –, mais aussi les blasphèmes dont se serait rendu coupable, par excès d'assurance, un pêcheur d'une insolente prospérité. Quoi qu'il en soit, les prises ont diminué, mais pas au point que l'on ne vienne encore jusque de Zambie ou du Congo pour acheter à Kasanga et dans les environs du poisson séché. Noël marque le début de la saison du mikeboka – qui dure jusqu'en mars –, et la conjonction des fêtes de la Nativité et de ce regain d'activité économique font aussi du mois de décembre l'un des plus propices à l'exercice du métier de photographe. À ses débuts, John suivait ainsi les pêcheurs de campement en campement, au fil de leurs migrations saisonnières le long des rives du lac. La pêche lui était d'autant plus familière que son père – qui vit toujours à Kasanga, dans une maison à peu près équidistante de l'église et du poste de police – était connu comme l'un des meilleurs charpentiers, et donc l'un des meilleurs constructeurs de pirogues, de toute la région.

Au demeurant, cette activité de photographe ambulant n'était pas très rémunératrice, dans la mesure où ses pratiques « oubliaient » assez souvent de le payer. À Sumbawanga, en revanche, où John exerce désormais le plus souvent ses talents, les gens sont un peu plus riches, avec ce corollaire qu'ils sont aussi plus exigeants que les riverains du lac, et de plus en plus enclins à délaisser la photographie au profit de la vidéo. Quand John est de retour à Kasanga – ne serait-ce que pour rendre visite à ses parents ou à sa belle-famille, car sa femme, Dorothea, est originaire du même village –, ses compatriotes sont encore nombreux à l'aborder pour lui demander des portraits qu'il met en scène en un tournemain, de préférence en extérieur et avec un coup de flash, même en plein jour. À la différence de ses confrères européens, John ne « double » presque jamais une photographie, et il est rare qu'il impressionne plus d'un rouleau de pellicule dans la même journée : c'est un photographe économe. En chemin vers l'embarcadère du *Liemba* et la colline où se dressent les ruines du fort allemand, John désigne l'emplacement, aujourd'hui occupé par des rizières, où le « diable d'hippopotame » l'avait assailli. Depuis cet incident mémorable – qui par un imprévisible enchaînement de causes et d'effets devait conduire John à devenir photographe –, le pachyderme n'a pas fait reparler de lui, et il semble bien que les hippopotames aient aujourd'hui disparu de ce secteur.

Lorsque le vent souffle de l'ouest, en dépit de la relative étroitesse du lac, il peut s'y former une houle assez forte pour que les vagues se brisent sur le littoral de Kasanga avec la même vigueur, le même fracas, que sur un rivage océanique. Mais dès que l'on s'éloigne de la berge et que l'on revient vers l'intérieur du village, à travers les rizières, les champs de maïs ou de cassava établis sur l'estuaire de la rivière, pour peu que la nuit tombe ce sont de nouveau les cris d'animaux impossibles à nommer qui font dresser l'oreille. Parfois, il faut en convenir, ces bruits sont assez inquiétants. Enfin on se raisonne, on se dit qu'il ne peut s'agir que de singes ou d'oiseaux de nuit, peut-être de batraciens. Au milieu de la nuit, cependant, tandis que l'hôte de passage cherche vainement le sommeil dans le lit minuscule mis à sa disposition, sous son toit, par le curé de Kasanga, des clameurs outrageusement anthropomorphes, venues de la brousse toute proche, lui font dresser non plus l'oreille, cette fois, mais tous les cheveux sur la tête. Et le lendemain matin, lorsque l'hôte demande à John ce qu'il en pense, celui-ci raconte, avec un petit sourire qui ne permet pas de déterminer si lui-même adhère ou non à cette croyance, que localement on impute ces cris aux morts que les sorciers – car on a beau brûler leurs maisons et les chasser au loin, il en revient toujours – exhument certaines nuits de leur tombe pour les faire travailler de force dans les champs. Et si l'on consulte le curé, il élude la question en soulignant qu'il a déjà lui-même assez de soucis avec ses ouailles, de moins en moins assidues à la messe et de plus en plus nombreuses à le rendre responsable du retard inexplicable des pluies, que l'on attend en vain depuis au moins deux semaines. Mais à peine le curé a-t-il achevé que le ciel s'obscurcit et que les pluies, diluviennes, s'abattent sur Kasanga, pressant l'hôte et John Kiyaya de reprendre la route pour Sumbawanga avant qu'elle ne redevienne impraticable jusqu'à la prochaine saison sèche.

Air France Magazine, *janvier 1999*

Nouvelle-Zélande

Je quitte Auckland par la route n° 1, Northern Highway, celle qui pour sortir de la ville emprunte l'assez majestueux Harbour Bridge. Dans son ascension vers ce dernier, la route n° 1 survole la marina de Westhaven, dont les dimensions – celles de plusieurs parkings juxtaposés d'hypermarché – donnent un aperçu de la place qu'occupe la voile, ou la plaisance, dans la vie sans histoire des Néo-Zélandais. À l'arrière-plan se profilent les tours du centre ville, encore assez espacées mais enclines à se multiplier. Passé Takapuna, je veille à ne pas louper, sur la gauche, l'embranchement en direction de Helensville. Le paysage, je le déplore, n'a rien de remarquable : beaucoup de prairies, de vaches bicolores, de massifs de ces ingrates fleurs bleues à tiges grêles, les agapanthes, qui pullulent désormais dans tout l'ouest de la France et ne peuvent donc être envisagées comme un élément d'exotisme. À Helensville, les choses s'arrangent un peu : à défaut d'être dépaysé, on reconnaît à plusieurs signes que cette petite ville appartient indubitablement à l'univers anglo-saxon. Je laisse de côté l'inévitable pub surmonté d'un kiwi en plâtre de la taille à peu près d'un bœuf, je remonte la rue principale, bordée de boutiques modernes et de débits de nourriture rapide, je gare ma voiture devant le local du club des anciens combattants. Après avoir déjeuné au Fish Country Café d'une *steak and kidney pie*, je reprends la route en direction de South End et de Shelly Beach, le long des eaux tranquilles de Kaipara Harbour. Le paysage s'améliore, je dois en convenir, il atteint même localement à une certaine perfection bucolique, mais sans cesser d'évoquer des choses familières : si les fonds de vasières n'étaient ici et là embroussaillés de palétuviers, on pourrait se croire dans la baie du Mont-Saint-Michel, ou tout autre dispositif du même genre sur les côtes de Normandie ou de Bretagne. D'ailleurs les moutons, quant à eux, ne font pas la différence, et broutent avec le même entrain l'herbe rase des mêmes prés salés. Au passage, je porte au crédit des Néo-Zélandais qu'ils savent désormais préparer à ravir les côtes d'agneau. Cela fait tout de même une différence avec l'Angleterre. On cause, on cause, on rêve de côtes d'agneau d'un rose délicat, tendres et juteuses, on ironise sur la banalité du paysage, et puis on se perd. On a loupé Parakai, ou peut-être l'a-t-on traversé sans s'en apercevoir. Alors, d'un coup de volant, on tourne le dos à Shelly Beach, on revient sur ses pas. Les moutons nous regardent. Ah ! voilà, on y est, c'est indiqué sur la gauche : « Parakai Hinemoa Motel, private thermal pool in each unit, full kitchen, colour TV, vacancy, inspection invited » (piscine thermale privée dans chaque pavillon, cuisine équipée, télévision en couleurs, chambres disponibles, visiteurs bienvenus). À la réception, comme dans un film américain – ou à la rigueur australien – de gangsters routiers, il faut sonner longtemps à la porte vitrée, derrière laquelle on aperçoit, sur les murs, des photos de boxeurs, et sur les meubles des fleurs artificielles piquées dans des douilles d'obus dont le métal étincelle. Comme dans le même film, c'est au bout de quelques minutes un vieil homme en tricot de corps et en short, pieds nus, un énorme coton dépassant de l'oreille gauche, qui vient tirer le verrou. « Plaît-il ? » Et, après que j'ai prodigué quelques explications embarrassées, mais indispensables, quant à l'objet de ma visite, lui, du coup, tout en gaieté, pas le moins du monde agressif, presque se tapant sur les cuisses : « Alors, c'est vous, le nouvel espion français ? » Ah, il ne s'y attendait pas, à celle-là. Il semble bien que personne ne lui ait encore fait le coup. Et comment donc, s'il s'en souvient, de l'épisode ! « C'était le pavillon 12... Malheureusement, vous ne pourrez pas le visiter : il est occupé par un couple de retraités. Mais, si vous voulez vous faire une idée, vous pouvez en voir un autre, ils sont tous pareils. Et vous ne savez pas la meilleure ? C'est que le pavillon 12, à l'époque, appartenait au Premier ministre, David Lange. On n'aurait pas dû le louer, puisque c'était une propriété privée, on ne l'a fait que pour les dépanner ! »

Dans le livre – *Agent Secrète* – qu'elle aurait pu se dispenser d'écrire, Dominique Prieur, alias Sophie Turenge, décrit le motel Hinemoa comme « un véritable paradis pour agent en mission [...]. L'entrée [de chaque pavillon] est très accessible, et on peut y pénétrer sans être vu ». Aussi bien, ce n'est certes pas le charme de cet établissement, mais son isolement, sa discrétion, qui l'ont fait retenir par les « faux époux Turenge » pour la double mission dont ils devaient s'acquitter : récupérer la quincaillerie – les explosifs, en particulier – acheminée depuis la Nouvelle-Calédonie par le yacht *Ouvéa*, et la remettre aux nageurs de combat chargés d'envoyer par le fond le

Rainbow Warrior. Dans le même livre, Dominique Prieur ajoute que le jacuzzi – « thermal pool » – dont chaque pavillon est équipé devait permettre de « tester les appareils de plongée ». Le pavillon 12, celui qu'occupe aujourd'hui le couple de retraités, est le dernier de la rangée, circonstance pour laquelle les deux agents l'avaient choisi. Devant l'entrée, orientée en effet de telle sorte qu'elle permet d'aller et venir sans se faire remarquer, du linge sèche – celui des retraités – sur une corde tendue entre deux énormes pins de Norfolk. Le jardin est entretenu avec soin. Au-delà s'étendent des prés salés constellés de moutons et de canards de basse-cour, sous un ciel bleu où flottent comme des méduses de nonchalants parachutes aux corolles brillamment colorées. Afin de me « faire une idée », je visite rapidement le pavillon 8, sa loggia où trois petits lits sont alignés, son jacuzzi provisoirement asséché, sa cuisine équipée où j'imagine fugitivement la fausse épouse en train de tartiner des sandwichs pour les vrais nageurs de combat, non sans maugréer quelque plainte ou quelque sarcasme, car la revendication féministe, en 1985, ne s'arrêtait pas aux portes des casernes. Lorsque je rends la clef à la réception, le vieux à l'oreille cotonneuse me prend par le coude et me fait visiter son potager hors sol, la pièce où il serre ses cannes à pêche, la gloriette où il aime « boire une bière, au frais, dans la soirée » et qui constitue le dernier vestige d'un hôtel détruit par le feu à la fin des années soixante. Chemin faisant, il s'avère que pendant la Seconde Guerre mondiale il a pris part aux campagnes d'Afrique du Nord et d'Italie : d'où, sans doute, les douilles d'obus. Sa femme, décédée, « my late wife », parlait couramment le français, et tous deux avaient l'habitude de promener à travers la Nouvelle-Zélande, dans leur camping-car, des touristes caldoches, pour la somme de 100 dollars (néo-zélandais) par jour, tout compris. Le vieux insiste sur la modicité de ce tarif et sur d'autres détails insignifiants – « tous les soirs, à l'étape, elle préparait un repas chaud » –, bien que l'on sente qu'en égrenant ces souvenirs incolores il s'efforce, heureux d'être tombé par hasard sur un interlocuteur venu de si loin, de faire remonter à la surface des choses plus graves et plus touchantes.

J'étais arrivé de Paris deux jours auparavant. C'était le lendemain de Noël et Auckland était d'un vide à faire peur. Bien que mon dessein ne fût pas de reconstituer pas à pas le parcours des trois équipes impliquées dans le sabotage du *Rainbow Warrior*, mais plutôt de déterminer si les Néo-Zélandais, treize ans après, nous en voulaient encore de cette affaire, je m'étais installé tout d'abord à l'hôtel Hyatt à cause de la mention qu'en fait le capitaine Prieur dans son ouvrage déjà cité. Elle-même et le commandant Mafart y avaient séjourné, puis, par la suite, un autre militaire issu du Centre d'instruction des nageurs de combat d'Aspretto, Dillais, alias Dormand, le coordinateur de l'attentat. Prieur signale que le Hyatt donne sur les quais du port, et que, de la chambre qu'en toute logique elle devait partager avec son faux époux, ils peuvent repérer l'emplacement que va venir occuper le *Rainbow Warrior*. Entre-temps des immeubles ont poussé, qui fractionnent la vue, et le port d'Auckland a été profondément remodelé. De la chambre 912, on jouit d'une belle vue sur un parc à conteneurs qui ne devait pas exister à l'époque. Au crépuscule, dans la soirée de ce 26 décembre, des cavaliers hauts sur pattes, équipés de gyrophares et d'avertisseurs sonores, y empilent les boîtes que des portiques prélèvent sur le pont d'un porte-conteneurs intégral de l'ANZDL (Australia-New Zealand Direct Line) qui appareillera à la nuit tombée. Inévitablement, cet appareillage, combiné au bruit de tôles froissées que produit la manutention des conteneurs, me remet en mémoire cette phrase énigmatique de Malcolm Lowry : « Iron thoughts sail out at evening on iron ships », que l'on pourrait traduire ainsi : « Des pensées de fer appareillent dans le soir sur des bateaux de fer. » Le lendemain matin, deux navires, à la coque respectivement orange (CGM) et bleu turquoise (Maersk), ont remplacé à quai le porte-conteneurs de l'ANZDL, et la valse des boîtes métalliques se poursuit, à la lisière d'une ville autrement frappée de silence et d'immobilité comme dans l'attente d'une imminente catastrophe. Il est vrai que le surlendemain de Noël, qui se trouve par surcroît être un dimanche, les paisibles habitants d'Auckland n'ont aucune raison de s'agiter dès la pointe de l'aube. Au lever du jour, le ciel est gris perle, et sur l'horizon maritime se détache dans des teintes verdâtres la silhouette aplatie du volcan Rangitoto.

Au pied de la grille rouge qui délimite le territoire du port, à 500 mètres, peut-être, de la gare des ferries, une boursouflure du trottoir, entourée de boîtes de bière chiffonnées et d'autres déchets festifs, s'avère, à l'examen, être un monument historique : enchâssée dans la boursouflure, presque invisible, une plaque de bronze commémore en effet l'achat par les Britanniques du site d'Auckland au « Ngati Whatua » – que je présume être un chef maori, ou une assemblée de chefs – le 18 septembre 1840. En face, au milieu d'un terrain vague, se dresse un autre monument exemplaire du goût immodéré des Néo-Zélandais, de tous les Néo-Zélandais, ou du moins de la plupart d'entre eux, pour les sports extrêmes (en Nouvelle-Zélande, Nicolas Hulot serait tenu pour un citoyen ordinaire, peut-être même le jugerait-on un peu poussif) : il s'agit d'une sorte de gibet métallique d'une vingtaine de mètres d'altitude, du haut duquel, assis sur trois sièges rapprochés, on peut s'élancer dans le vide pour un saut familial à élastique. Cela s'appelle le « Sky Screamer » et, en effet, les hurlements sont garantis. Mais il est grand temps que je me mette au boulot, grand temps que je sélectionne le premier Néo-Zélandais – ou la première Néo-Zélandaise – sur lequel tester les effets à long terme de l'attentat français contre le *Rainbow Warrior*. (Auparavant, j'ai joint par téléphone la « directrice exécutive » de Greenpeace, mais elle est sur la route, en vacances, comme tout le monde, et elle m'a fixé rendez-vous la semaine prochaine.) En face de cette partie du port s'étend un vieux quartier d'entrepôts, de bars, d'hôtels bon marché et de petits boxons (ou du moins de strip-teases et de salons de massage), cet hommage à la tradition étant battu en brèche par l'érection effrénée de tours de bureaux (dont celle de la compagnie d'assurance Sun Alliance, « la plus haute de Nouvelle-Zélande », trente deux étages de bureaux et cinq de parkings, livraison clef en main en l'an 2000) et d'autres nuisances. Au cœur de ce quartier, au coin de Gore Street et de Fort Street, entre une boîte douteuse et un salon de massage, se niche le City Backpackers Hotel, fréquenté, comme son nom l'indique, par des touristes de tous horizons à petits budgets. Dans le livre d'or, je constate que le passage du dernier Français – un Montpelliérain – remonte au mois dernier, et que pour toute l'année écoulée nos compatriotes représentent à peu près le même pourcentage que, disons, les Afghans (on trouve effectivement de ces derniers, ou des gens qui se font passer pour tels, parmi les signataires du registre). La réceptionniste est une jeune fille brune assez plaisante, qui devait avoir cinq ou six ans, tout au plus, à l'époque de l'attentat. Je me lance. Qu'est-ce que cette histoire évoque pour elle ? Pas grand-chose : elle se souvient toutefois d'en avoir entendu parler à l'école, puisqu'en Nouvelle-Zélande, logiquement, l'attentat contre le *Rainbow Warrior* est un événement historique de premier ordre. En revanche – dans mes plans, j'avais négligé ce détail – les essais nucléaires français de 1995 lui sont nettement restés en travers de la gorge, comme à la plupart de ses compatriotes : à l'époque, on a même pu voir un présentateur-vedette de la télévision, Paul Holmes, distribuer en direct des baguettes aux passants, dans les rues d'Auckland, pour qu'ils les jettent à terre et les piétinent. Il ne faisait pas bon, alors, vendre des parfums ou des vins français. Les restaurants de même obédience – et ils sont encore assez nombreux en Nouvelle-Zélande – se faisaient tout petits ou affichaient bien en évidence de pétaradantes pétitions contre les essais nucléaires. Depuis, les choses se sont tassées, nos produits, et particulièrement nos liquides, s'écoulent de nouveau librement, les restaurants français sont redevenus à la mode, et les Néo-Zélandais se sont remis à rêver de la Provence à travers les livres du Britannique Peter Mayle.

C'est à la terrasse du restaurant Bella, dans le quartier branché de Ponsonby, que j'ai retrouvé Simone Mines. Quelques années auparavant nous nous étions croisés dans les environs de Split, sur la côte dalmate, en Croatie. Simone était une des animatrices d'une association humanitaire atypique, le Serious Road Trip, à l'origine une bande de jeunes Néo-Zélandais qui avaient formé le projet de convoyer de Londres à Auckland un vieux bus « double-decker » en donnant des spectacles, chemin faisant, partout où se rencontraient en grand nombre des enfants laissés sur le carreau par la guerre, le passage intempestif à l'économie de marché ou d'autres calamités. C'est ainsi qu'après de nombreux rebondissements les Serious s'étaient retrouvés en 1992 sur la côte dalmate, à partir de laquelle ils sillonnaient, en pleine guerre, les pistes de Bosnie-Herzégovine, acheminant de l'aide humanitaire à bord de vieux camions Bedford peints en jaune et décorés de Schtroumpfs ou d'autres personnages de bande dessinée. Ils ne passaient pas inaperçus, ni sur la route ni à Sarajevo, où leur quartier général, dans les tours Unis, était à la fois un des lieux les plus destroy et les plus rigolos de la ville assiégée. Des hurluberlus débonnaires, carburant à la bière et au rock, les cheveux décolorés, y organisaient par exemple des batailles de flèches en papier avec les mômes du quartier : bref, on ne s'y ennuyait pas. De retour à Auckland, Simone s'adonne entre autres choses à la sculpture, et parcourt les rues de la ville au volant d'une vieille Renault 16 énigmatiquement baptisée « Pierre ». C'est assez dire qu'elle entretient des liens étroits avec la culture française (par surcroît, l'un de ses oncles fut l'avocat néo-zélandais de nos faux époux, ce qui impliquait à l'époque un certain courage, ou du moins un certain mépris du qu'en-dira-t-on). L'année dernière, elle a organisé la tournée en Nouvelle-Zélande d'un groupe breton, Les Ténors de Brest, qu'elle avait rencontrés tout à fait par hasard, quelques mois auparavant, dans un café de la Bastille. La tournée des Ténors les a conduits à travers tout le pays, jusque dans l'île Stewart, dans l'extrême sud, qui est un des rares endroits, en Nouvelle-Zélande, où l'on ait une petite chance d'observer des kiwis à l'état sauvage, vaquant le long du rivage sur leurs pattes écailleuses de dinosaures. Le passage des Ténors de Brest à Stewart Island s'inscrivait dans le cadre d'un « festival médiéval » lors duquel, comme à l'occasion du célèbre dîner chez Pierre Loti à Rochefort, les insulaires étaient invités à s'attifer de costumes d'époque. Pour faire plus vrai – et parce que la réhabilitation du Moyen Âge, acquise sous nos climats, n'a pas encore atteint les rivages de Stewart Island –, il y avait aussi des carcans, des chaînes, des peaux de bêtes aux murs, des fruits pourris que l'on devait se lancer à la figure et d'autres accessoires propres à inspirer le dégoût des temps reculés. Or même dans ce contexte si propice, la bière aidant, à la résurgence des vieilles querelles, Simone maintient que personne, même parmi les spectateurs les plus enclins à se prendre au jeu, ne se permit la moindre allusion déplaisante à nos turpitudes passées.

Dans l'édition française du guide *Lonely Planet* consacré à la Nouvelle-Zélande, l'affaire du *Rainbow Warrior* n'occupe que quelques lignes anodines. Dans l'édition néo-zélandaise du même guide, il y en a des tartines, une page entière, et non exemptes de perfidie : ainsi les rédacteurs du guide – que le Diable les rôtisse – se permettent-ils d'écrire que, si l'affaire a causé en France un « uproar » – un tumulte –, ce fut uniquement parce que les services français avaient loupé leur coup (« bungled the operation »). Un peu plus loin, ils ajoutent qu'à leur retour en France, les deux agents (les faux époux) « ont été accueillis en héros », ce qui relève à peu près du même délire que les assertions des tabloïds britanniques relatives au mépris des Français pour la brosse à dents. Quant au *Rainbow Warrior*, le même guide signale (avec une erreur de date, mais qu'à cela ne tienne) que son épave, préalablement remorquée, a été immergée dans la baie de Matauri, à 250 km environ dans le nord d'Auckland. Une entreprise spécialisée de Paihia, dans la *Bay of Islands*, organise des plongées sur l'épave, située par 25 m de fond et convertie en un récif artificiel accueillant une faune sous-marine aussi prolifique que colorée. « Ne laissez pas passer cette chance de plonger sur l'une des épaves les plus célèbres du monde », nous enjoint le dépliant publicitaire édité par cette entreprise, Paihia Dive, qui dispose d'un site Internet, et dont le siège est situé dans la principale rue commerçante de Paihia, Williams Road. C'est donc à Paihia, dans Williams Road, que nous retrouvons notre héros, le 2 janvier, pour la suite de ses passionnantes aventures.

La veille, comme partout ailleurs, je présume, les gens se sont divertis – en particulier les jeunes, les « backpackers », qui constituent le plus gros de la clientèle estivale de Paihia –, ils ont fait un peu de bruit, pas tant que ça, bu de la bière et des spiritueux avec une relative modération, tiré quelques fusées, fumé quelques pétards, assisté sur la plage à un concert de rock assez sage, ils ont aussi vomi un peu partout, c'est indéniable, mais dès le lendemain matin, au lever du jour, de diligents employés faisaient disparaître toute trace de ces excès. Dans toute la Nouvelle-Zélande, une seule voiture a été cramée, un seul affrontement sérieux a mis aux prises jeunes et policiers, et cela n'empêche pas le *New Zealand Herald* de titrer au sujet de cet incident sur « l'Enfer de Waihi Beach ». Heureux Néo-Zélandais… Et dès les premières heures du premier jour de l'année, c'était reparti : les voiliers cinglaient, les surfs chevauchaient la crête des vagues, les parachutes déployaient leurs corolles, les élastiques faisaient rebondir les fêtards, comme de simples yo-yo, au ras des eaux bouillonnantes de torrents furieux, par ailleurs écumés par les amateurs de rafting, d'hydro-speed ou de boogey-boards, la mer était striée d'embarcations rapides remorquant des skieurs, ou entraînant à près de 50 nœuds des excursionnistes bardés de gilets de sauvetage et hurlant de bonheur. Quant à moi, bien que très reposé, j'avais opté pour un placide programme de « nage avec les dauphins », mais le bateau qui devait me ramasser pour cette excursion a oublié de s'arrêter à l'endroit convenu. La nage avec les dauphins, et les rencontres en tous genres avec les cétacés, constituent une autre spécialité de la Nouvelle-Zélande, plus accessible à mon avis que le saut à élastique, et c'est un Néo-Zélandais, Wade Doak, qui peut être considéré comme le pionnier de cette discipline. Infatigable défenseur des dauphins et de leur parenté, Doak a beaucoup écrit sur ce sujet, des choses assez sensées, dans l'ensemble, n'hésitant pas à remettre à leur place les adeptes du New Age qui développaient à partir de ces rencontres hommes/cétacés des théories fumeuses et parfois hilarantes (ainsi de ces féministes anglo-saxonnes soutenant que les érections de dauphins mâles, observées à plusieurs reprises lors de leurs rencontres fortuites avec des nageuses, ne présentaient pas le moindre caractère sexuel). Dans le *Herald* de ce matin, Wade Doak signe justement un article rafraîchissant, plaidant pour la multiplication des réserves marines, en prenant pour exemple la première de ce genre en Nouvelle-Zélande, celle de Goat Island, où les poissons ont retrouvé une chance, exceptionnelle désormais, d'accéder à l'âge adulte… Au sujet de cette réserve, Doak écrit quelque chose que je me permettrai de citer en anglais, avant de le traduire, et qui me paraît très représentatif de ce qu'il peut y avoir de sympathique, de candide aussi, dans la Nouvelle-Zélande : « Retired people come here to snorkel among friendly fishes on quiet summer evenings » – « Les retraités viennent là, par les calmes soirées d'été, pour nager avec un masque parmi des poissons amicaux ».

Mais revenons à nos épaves. Le 2 janvier, donc, à 8 h 30 du matin, la vedette *Pacific Star* appareille de Paihia à destination des îles Cavalli, dans le golfe de Matauri, où l'épave du *Rainbow Warrior* repose par 25 m de fond. Outre le skipper et les deux plongeurs professionnels – une Anglaise de Southampton et un Maori – qui encadrent l'excursion, une dizaine d'amateurs – des Néo-Zélandais, des Australiens, un Irlandais et un Anglais – ont pris place à bord du *Pacific Star*. En ce qui me concerne, mon expérience dans ce domaine se limitant à une brève tentative remontant à sept ou huit ans, l'autorisation de plonger m'a été refusée : je devrai me contenter de barboter en surface, sachant que la visibilité, en cette saison, ne me permettra pas d'apercevoir l'épave. Au moins couperai-je ainsi l'herbe sous le pied à tous ceux qui seraient tentés de faire des plaisanteries sur les « french frogmen ». Il faut environ deux heures d'une navigation magnifique, dans la *Bay of Islands*, puis au ras du cap Wiwiki, assailli d'énormes vagues qui explosent sur ses terrasses basaltiques étagées comme les degrés d'un temple, puis en mer libre, pour atteindre les îles Cavalli et la grosse bouée jaune qui marque l'emplacement du *Rainbow Warrior*. Affiché dans le roof du *Pacific Star*, un article d'un certain Gavin Anderson précise qu'il n'a « jamais vu auparavant sur une épave des couleurs aussi belles : des rouges et des jaunes, des roses et des bleus, toutes les couleurs de l'arc-en-ciel (*rainbow*) ». Il fallait s'y attendre. Le même Anderson, dans un élan lyrique, ajoute que « c'est comme si la faune marine elle-même était en sympathie avec le vieux bateau ». Juste avant de plonger, la fille de Southampton procède à un briefing purement technique, s'abstenant de tout commentaire hostile à notre nation, mais le plongeur anglais, quant à lui, ne peut retenir un petit jappement ironique : « Est-ce que vous avez quelquefois des, heu, plongeurs français ? » Gêne du skipper néo-zélandais, qui, magnanime, me lançant des regards en coin, insiste sur la réprobation, d'ailleurs indéniable, qu'avait à l'époque suscitée dans le public français l'attentat contre le *Rainbow Warrior*. Puis tous, francophiles et francophobes, plongent comme un seul homme, dans l'eau bleu sombre, pour émerger une demi-heure plus tard, heureux d'avoir rencontré quelques poissons amicaux sur l'« une des épaves les plus célèbres du monde ». Sur le chemin du retour, je lie conversation avec l'une des plongeuses, Felicity, infirmière à Auckland, qui porte bien son nom et qui avait quinze ans en 1983. « À cette époque, les Français n'étaient pas très populaires », se souvient-elle, mais avec un sourire si charmant qu'il implique rémission de nos péchés.

Le lendemain je retournai à Auckland en autocar, sous une fine et insistante pluie d'été qui faisait irrésistiblement songer au temps breton, et c'est encore sous la pluie que deux jours plus tard je me posai à Dunedin, dans le sud-est de l'Île du Sud. Entre l'aéroport et la ville se succédaient des paysages écossais composés de hautes collines, de vertes prairies, de blancs moutons et de sombres vaches, tandis que sur la route on comptait un opossum écrasé environ tous les 200 m. Le chauffeur de taxi n'éprouvait aucune pitié pour les opossums, des animaux introduits, presque aussi prolifiques que les lapins, et considérés au même titre comme « vermine ». Pauvres opossums. Le premier que j'avais rencontré, mort déjà, gisait à Paihia, dans la nuit du 31 décembre au 1er janvier, au pied d'un arbre, comme s'il avait décidé de mettre fin à ses jours plutôt que de supporter une année de plus. Bien plus que pour ses opossums, la presqu'île d'Otago, à la base de laquelle se trouve Dunedin, est connue pour ses otaries, ses manchots et ses albatros. En fait, la colonie d'albatros royaux de Taiaroa Head, à la pointe extrême de la presqu'île, est la seule au monde à s'être établie, dans un passé semble-t-il assez proche, aussi près d'un établissement humain de quelque importance. Partout ailleurs, seuls des météorologues et d'autres anachorètes subpolaires ont le privilège de voir des albatros couver leurs œufs, ce qu'ils font en moyenne pendant soixante-dix-neuf jours tous les deux ans. Le reste du temps, les albatros survolent inlassablement les océans, le plus souvent entre les 40es rugissantes et les 50es hurlantes, et s'y posent parfois. Lorsque de mon hôtel, à Dunedin, j'appelai Monarch Wildlife Cruises, on m'affirma que dans le temps dont je disposais, seule l'excursion en limousine m'offrait 100 % de chances de voir, de mes yeux, des albatros. Peut-être s'agissait-il d'une ruse commerciale. Peut-être l'excursion en autocar, beaucoup moins chère, m'aurait-elle offert les mêmes chances. Toujours est-il qu'à midi et demi, la limousine, une Jaguar Mark IX datant de 1960, noire et grise, avec des sièges en cuir rouge, m'attendait devant l'hôtel Wayne's Boutique. La ville était déserte, comme Auckland, et peut-être même pire, fréquentée seulement par des bandes de goélands affamés et bruyants. Il pleuvait par intermittence. Démocratiquement, je m'assis à côté du chauffeur sur le siège en cuir rouge qui grinça avec distinction sous mes fesses. Puis la Jaguar, en silence et sans à-coups – il s'agissait d'un modèle à changement de vitesse automatique – cingla vers Taiaroa Head. Tout était prévu, hélas, sauf la bouffe. Une limousine, un chauffeur, mais pas le moindre petit sandwich. Et, bien sûr, comme partout en Nouvelle-Zélande, interdit de fumer. Bon. Au lieu-dit « Penguin Place », la limousine s'arrêta quelques instants pour me laisser visiter une colonie de pingouins rares (manchot antipode), qui se reproduisent sur une plage. Par souci écologique et touristique, afin de ménager aux visiteurs la possibilité de voir les animaux de tout près, comme à la télé, sans être vus d'eux, sans perturber le cycle si délicat de leur ovipare reproduction, on a remodelé cette plage à l'instar du camp retranché de Diên Biên Phu : par d'étroites meurtrières, percées dans des bunkers revêtus de filets de camouflage, on voit le pingouin adulte vomir dans le gosier de son poussin de la purée de poisson. Épatant. À Taiaroa Head, nous vîmes des otaries, des pingouins d'une autre et toute petite espèce, de couleur bleue, qui nichent pour leur part dans des terriers, comme des lapins. Quant aux albatros, deux ou trois étaient assis sur leur nid, comme convenu, tandis que d'autres décrivaient autour de la pointe extrême de la presqu'île des orbes majestueux, la faux de leurs ailes, d'une envergure de 2 à 3 mètres, rasant l'herbe de la prairie. Chemin faisant, il s'était avéré que le chauffeur de la limousine était un retraité de l'enseignement. Au demeurant, le soir venu, il me déposa sans mot dire devant l'entrée de l'hôtel Wayne's Boutique, à Dunedin.

Puis je quittai le pays. En chemin vers l'aéroport d'Auckland – tandis que le taxi, un Fidjien musulman, m'expliquait que la réputation de la France avait été relevée en Nouvelle-Zélande non pas tant par sa victoire dans la coupe du monde de football que par le calvaire du gendarme lynché par des hooligans allemands à Lens –, je décachetai une lettre que le chauffeur de la limousine avait laissée pour moi à la réception du Wayne's Boutique Hotel. Il s'y excusait de sa timidité, qui l'avait empêché de parler le français avec moi, alors qu'il entendait un peu cette langue, et me signalait que l'un de ses grands-pères, Brian Vernon Dillon, avait été tué le 15 septembre 1916 dans la Somme, et qu'il reposait dans le cimetière « connu en anglais sous le nom de Caterpillar Valley, quelque part entre Albert, Courcelettes,

Eaucourt-l'Abbaye et Montauban ». Depuis, j'ai réussi à localiser trois de ces patelins – impossible, en revanche, de retrouver Eaucourt-l'Abbaye – sur la carte Michelin au 1/200 000e du nord de la France, et j'envisage, afin de solder définitivement le contentieux entre nos deux pays, de rendre un jour ou l'autre une visite posthume au soldat Dillon.

Géo, *mars 1999*

Shadows in Helsinki

« Pourquoi êtes-vous triste ? » À cette question posée par un journaliste du *Nouvel Observateur*, en juin 1990, Aki Kaurismäki fit la réponse suivante : « Je ne sais pas. Je suis comme ça depuis la naissance. » « C'est la seule raison ? » « Non, je suis finlandais. » Ça commence bien. En cet après-midi du mois de mars 1999, à Helsinki, il fait raisonnablement froid : on peut compter sur les doigts des deux mains, et peut-être même d'une seule, les degrés sous zéro. Au milieu de la ville, un petit remorqueur à la coque bleue laboure inlassablement les eaux gelées, couvertes d'une épaisse couche de neige, du bassin de Siltavuori, comme s'il craignait, en s'arrêtant pour souffler un peu, d'être pris à son tour et broyé par les glaces. Au-dessus du remorqueur, un flot d'automobiles, de bus et de camions (certains chargés de neige qu'ils s'apprêtent à déverser, benne relevée, dans le bassin) s'écoule sur le pont d'Hakaniemi, et à l'arrière-plan un grand navire roulier de l'armement Fincarriers se fraye un passage à travers une banquise molle. Quelques pas devant nous, sur le trottoir verglacé d'un pont parallèle au précédent et qui doit s'appeler le pont de Pitka – mais il ne faut jurer de rien, le finnois étant une langue à déclinaisons –, une jeune femme aveugle, vêtue d'un manteau noir et coiffée d'une toque de fourrure également noire d'où s'échappent quelques mèches de cheveux roux, progresse en agitant d'un mouvement régulier, comme une baguette de sourcier, sa canne blanche. Puis elle se fond dans l'animation du parvis de la gare tandis qu'une annonce en trois langues signale le départ imminent, quai n° 8, du train de 17 h 32 à destination de Moscou.

Peut-être parce qu'ils sont nés à la même époque, les gares et le cinématographe ont toujours fait bon ménage, et les premières offrent aux amateurs du second toute une gamme de films esquissés : à l'heure où s'ébranle le train de Moscou, sous lequel ne se jettera ce soir aucune Anna Karénine, un type coupable d'on ne sait quel délit se fait serrer en douceur par deux flics, d'innombrables individus atomisés tourbillonnent et babillent dans leurs portables, une dame vend des fleurs, un couple se forme, ou se défait, ou se maintient, à une table du buffet, devant deux chopes de bière, sous un téléviseur diffusant dans l'indifférence générale les toutes dernières nouvelles de l'homme. (Dans *La Fille aux allumettes* – ce film d'Aki Kaurismäki dont J.-M. Frodon a pu écrire, et nous acquiesçons, qu'il s'agissait d'un « diamant noir » –, le visage des parents, figés devant la télévision dans une insondable stupeur bleutée, reflète les images des blindés écrabouillant le campement de la place Tianan men. Dans *Zombie and the Ghost Train*, un film de Mika Kaurismäki, frère du précédent, un musicien de rock suicidaire regarde sans les voir les images télévisées d'autres blindés réprimant dans la neige un autre soulèvement. Et ainsi de suite, de film en film, de rudes hivers en printemps de Pékin.)

Personne ne devrait essayer de vous faire croire qu'il a pu sillonner Helsinki de long en large, vers la fin de l'hiver, à la recherche d'une chose aussi impalpable que l'esprit du cinéma des frères Kaurismäki, sans boire un verre de temps à autre. Et, tant qu'à s'en jeter un, autant que ce soit dans un établissement facile d'accès, de bonne réputation, appartenant par surcroît aux frères susnommés. Le Corona est situé dans l'Eerikinkatu, à cinq minutes de marche, tout au plus, de la gare, même en tenant des compte des obstacles que le froid multiplie, pour ne rien dire des dangers, quand par exemple une ou deux stalactites de taille humaine, poussées par une congère, se détachent soudainement d'une corniche pour venir exploser à vos pieds comme un facétieux obus de mortier. Quant au Corona, il fait partie d'un ensemble tri- voire quadri partite : au sous-sol, les deux salles du cinéma Andorra, qui programment en ce moment un film de Jim Jarmusch, et *Juha*, le dernier-né d'Aki Kaurismäki, une splendeur muette en noir et blanc. Au rez-de-chaussée, le Corona lui-même, avec son long comptoir incurvé et son arrière-salle où s'alignent les tables de billard. Enfin, jouxtant le Corona, avec lequel il communique par une porte dérobée, métallique et généralement fermée de l'intérieur – il est vrai qu'une autre porte donne directement sur la rue, mais elle est introuvable pour quiconque ne l'a pas déjà poussée –, le Moskova, une sorte de speak-easy que la difficulté d'y accéder réserve de facto à une clientèle d'initiés. À l'exception d'un portrait de Matti Pellonpää – l'un des plus grands acteurs finlandais, omniprésent dans les films des Kaurismäki jusqu'à sa mort, survenue prématurément il y a quelques années –, la décoration du Moskova est uniformément d'origine russe, ou plutôt soviétique, de même que la musique que l'on y écoute et les boissons que l'on peut y consommer. À ce sujet, précisons que quiconque a eu le privilège de boire au comptoir du Moskova un verre de Tamada ne pourra plus, par la suite, médire inconsidérément des vins géorgiens.

« Au mois de décembre, nous informe Mika Kaurismäki, Irène Jacob venait presque tous les soirs au Moskova », et aussitôt il nous vient un regret de ne pas avoir découvert ce bar trois mois plus tôt. Enfin mars n'est tout de même pas mal non plus : les jours rallongent, et au comptoir du Corona se tient accoudée une jeune Finlandaise qui, si elle ne ressemble en rien à Irène Jacob, est en revanche le sosie tantôt d'Emmanuelle Béart dans ses premiers rôles, et tantôt – car elle a le visage très changeant – celui d'Anne Brochet dans, disons, *Cyrano de Bergerac.* (Cette double et stupéfiante ressemblance est attestée par une responsable des Archives du cinéma d'Helsinki qui en fit la découverte en même temps que nous, et dont nous tenons le témoignage à votre disposition.) C'est ainsi que quand il ne se passe rien au comptoir du Moskova, il suffit d'essayer celui du Corona, et ainsi de suite jusqu'à ce qu'il soit l'heure d'aller dîner. Bien que Helsinki compte un grand nombre d'établissements plus recommandables, notre choix s'est porté sur le buffet de la gare : peut-être n'avions-nous pas spécialement envie de bien manger. Au rez-de-chaussée – celui du buffet à proprement parler, du téléviseur bleuté que tous fixent et que nul ne regarde, des longues attentes et des innombrables chopes de bière –, le service se termine à 18 heures. Pour dîner, il faut monter à l'étage, où le restaurant occupe une salle immense (le vieux Saarinen n'y allait pas avec le dos de la cuiller [1]), coiffée d'une voûte en berceau d'où pendent six lustres comptant chacun douze lampes, auxquels il convient d'ajouter six lampadaires terrestres aux corolles évasées. Bigre. Il règne là-dedans – sauf exception, bien sûr – une gaieté digne de la Bulgarie du temps de Todor Jivkov. De larges baies vitrées donnent d'un côté sur une place enneigée, baignée de lumière orange et riche en autobus, de l'autre sur l'antichambre, ou le narthex, de la gare, où des gens plus ou moins affairés déambulent, téléphonent, consultent les horaires, achètent des journaux. Du centre de la pièce jaillit un long et grêle palmier artificiel, ou qui mériterait de l'être, et des haut-parleurs tombe une très vieille et d'ailleurs assez plaisante musique de jazz. Lorsque nous consultons la serveuse au sujet des qualités d'un vin chilien à 16 marks finlandais les 25 centilitres, elle nous répond qu'hélas ! elle n'en a pas la moindre idée, car c'est le premier jour qu'elle travaille sous ces augustes voûtes proto-

1. Eliel Saarinen, architecte de la gare de Helsinki, bâtie de 1910 à 1914.

bulgares. En revanche, quand nous lui demandons si elle connaît Kaurismäki, son visage s'éclaire : « Of course ! Who doesn't know him ? [1] » Et elle ajoute qu'elle a vu « tous ses films », sans préciser s'il s'agit d'Aki ou de Mika. Mais peut-être des deux ? Tard dans la nuit, sur le bassin de Siltavuori, la neige sale entassée, les pans de glace brisée, forment de chaotiques et prodigieux amas, comme dans un tableau de Friedrich (*La Mer de glace*) sur lequel on aurait renversé un cendrier.

Un autre jour, il faisait si beau – avec cette extraordinaire qualité de lumière que seul ménage le froid, voire le grand froid – que nous n'avons pu résister à la tentation de gagner cette petite place, près du quai des ferries, où l'on vend en plein air du saumon et du hareng pour tout le monde, et des machins en peau de renne pour les touristes, et d'où appareille toutes les heures la vedette à destination de l'île-forteresse de Suomenlinna. Le nez de la vedette faisait éclater la glace en blocs de taille variable, mais généralement gros, qui défilaient ensuite le long du bord, animés par la vague d'étrave d'amples, lentes et grinçantes ondulations dont le spectacle éveillait en nous des sensations, voire des émotions, d'otarie. Quant à l'île elle-même, sous la neige et par beau temps, c'est une merveille, ce qui fait, malheureusement, qu'il n'y a pas grand-chose à en dire. Tout au plus pouvons-nous mentionner comment, au sommet d'un tertre neigeux planté de vieux canons, face à une étendue d'eau libre découpée comme à la scie – avec des angles certes irréguliers mais aux bords d'une netteté parfaite – au milieu d'une étendue infiniment plus vaste de banquise, observant des anatidés qui par groupes évoluaient en silence à la recherche de leur nourriture (pas facile en cette saison), nous nous sommes sentis oie, ou canard, aussi intensément qu'une heure auparavant nous nous étions sentis otarie. De retour sur la terre ferme, l'appétit des canards nous ayant donné faim – ou la faim des canards nous ayant ouvert l'appétit –, nous avons été manger du poulet au café Engel, au pied de l'énorme masse blanche que forment la cathédrale et le tertre sur lequel elle est juchée, tel un de ces chefs-d'œuvre en saindoux que façonnaient autrefois les charcutiers. À l'extérieur, des manifestants kurdes poussaient des clameurs, sous une forêt de drapeaux rouges, en piétinant dans la neige devant un bâtiment à colonnes, comme dans une reconstitution de la prise du Palais d'Hiver pour un film à petit budget. Bien qu'il n'y ait rien de moins kaurismäkien, à notre avis, que le café Engel, c'est au

1. « Bien sûr ! Qui ne le connaît pas ? »

sortir de celui-ci que pour la première fois nous sommes tombés en arrêt, ébahis, devant une scène qui évoquait avec une évidence absolue, bien que fugace, le cinéma d'Aki Kaurismäki (et particulièrement sa « trilogie prolétarienne ») : il s'agissait d'une vendeuse, dans sa tenue de travail, qui était sortie quelques instants sur le pas de sa boutique pour griller fébrilement une cigarette.

Quant à Aki Kaurismäki, nous ne l'avions toujours pas rencontré. Le temps passait. L'hiver touchait à sa fin. On sentait que d'un jour à l'autre le dégel allait survenir, liquéfiant momentanément le pays et rendant difficiles les mouvements de notre artillerie. Puis un beau matin, alors que nous étions à deux doigts de renoncer, le feu vert du Grand Quartier Général est arrivé sous la forme d'un fax glissé par des mains diligentes sous la porte de notre chambre d'hôtel. « Le bus, disait le fax, quittera Helsinki à midi (quai 23) et Aki vous attendra à 13 heures à l'arrêt de Karkilla. Nous vous souhaitons un agréable voyage, ajoutait le fax, à travers le paysage finlandais. »

Aki Kaurismäki possède à Karkilla un petit hôtel des plus étranges, l'hôtel Oiva, où il a reconstitué de bric et de broc l'atmosphère si particulière de ses films, atmosphère qui se caractérise notamment par la difficulté – poussée à l'extrême dans le dernier, *Juha* – de les situer dans le temps. Et de même pour l'hôtel Oiva. Une partie du mobilier de la salle à manger semble dater des années soixante, mais le bar accuse au moins dix ou quinze ans de plus. Aki Kaurismäki est lui-même assez difficile à situer dans le temps. Du moins n'est-il pas économe du sien. Pendant un peu plus de cinq heures, bien au chaud, certes, mais entourés (comme les canards de Suomenlinna par la banquise) par ce paysage glaciaire, neige et sombres sapins, qui bientôt allait se décongeler, nous avons évoqué toutes sortes de choses hors du temps en écoutant des chansons russes et finlandaises pour la plupart franchement tristes, mais aussi de vieux disques de rock'n'roll plutôt joyeux, et en portant régulièrement des toasts à des œuvres littéraires ou cinématographiques, ou à des gens associés aux unes et aux autres, pour lesquels nous éprouvions un goût commun. De temps à autre, nous fulminions aussi quelques anathèmes. Bien que ce qui précède puisse donner l'impression du contraire, l'entretien était extrêmement gai. Puis, à 18 h 25, j'ai repris le bus à destination de Helsinki et j'ai été dîner pour la seconde et dernière fois au buffet de la gare sous les soixante-douze yeux jaunes des six lustres, et sans le sourire de la serveuse car elle n'était pas de quart ce soir-là.

Air France Magazine, *mai 1999*

Autour de la mer Caspienne

Le long de la frontière entre le Daghestan et l'Azerbaïdjan, au bord de la mer Caspienne, s'étend une forêt que l'on devine pleine de sortilèges. On est en avril, au petit matin, à l'heure où dans le sous-bois encore brumeux les oiseaux s'en donnent à cœur joie. Les aubépines sont en pleine floraison, et des arbres les plus élevés dégringolent d'énormes paquets de lianes, un peu comme dans les marais de Louisiane. Si l'on se frotte les yeux, si l'on se pince, si l'on craint d'être le jouet d'un enchantement, c'est que rien de ce que l'on a vu jusque-là sur les bords de la Caspienne ne laissait présager une telle rencontre : au moins depuis l'estuaire de la Kura, dans le sud du pays, le littoral azerbaïdjanais est assez uniformément plat, aride, poussiéreux, ponctué de puits de pétrole dont le mouvement uniforme ajoute encore à la fantastique monotonie du décor, festonné d'énormes tuyaux acheminant toutes sortes de fluides, hérissé çà et là de monstres industriels pour la plupart condamnés s'ils n'ont pas déjà rendu l'âme. Alors une forêt bruissante de chants d'oiseaux, tout éclaboussée d'aubépines… Dans un sens, la route qui traverse la forêt conduit à Jalama, gros bourg rural et ferroviaire où passe le train menant à Makhatchkala, au Daghestan, et jusqu'à Rostov-sur-le-Don à travers le territoire incertain de la Tchétchénie. Dans l'autre sens, elle rejoint la mer Caspienne où elle disparaît par endroits avant d'atteindre Nabran : les routes à demi submergées, les ouvrages d'art écroulés ou envahis par les eaux sont une autre caractéristique de ce littoral miné par la hausse du niveau de la mer, lequel s'est élevé d'environ 2,50 mètres entre 1978 et 1995 avant de se stabiliser et d'amorcer une légère décrue. Nul ne sait au juste pourquoi la mer Caspienne est sujette à ce mouvement de balancier, mais on sait en revanche que cela dure depuis des siècles, que ses crues comme ses décrues compliquent énormément la vie des populations riveraines, et les spécialistes prévoient, sans aucune certitude, qu'elle devrait baisser jusque vers la moitié du siècle prochain avant de monter à nouveau. Le long de ce littoral à bascule, dans l'extrême nord du pays, patrouillent inlassablement des garde-frontières armés, en treillis de camouflage, dont la principale fonction semble être de veiller à ce que les pêcheries illégales d'esturgeons n'échappent pas au contrôle de leurs chefs. Les pays riverains de la Caspienne et jadis membres de l'Union soviétique ont conservé de leur passé récent un goût prononcé pour les interdictions et les règlements draconiens, le jeu consistant désormais à acquitter des taxes diverses afin de pouvoir s'y soustraire. Suivons donc les garde-frontières, juste avant que le soleil se lève sur l'horizon de la Caspienne et que les sternes commencent à s'égosiller en plongeant verticalement dans ses vaguelettes. Quelque part entre le village de Nabran et celui de Mugtadir, avec une rapidité d'exécution, une précision dans la manœuvre, assez inhabituelles dans ce pays, des tracteurs mettent à l'eau de grosses barques métalliques à fond plat, montées en général par une demi-douzaine d'hommes et équipées de quatre, cinq ou six moteurs hors-bord. À peine mises à l'eau, les barques bondissent en avant dans une grande pétarade et s'éloignent rapidement vers le nord. Compte tenu de ce qu'en cette saison les esturgeons remontent en masse les rivières afin d'y déposer leur précieuse ponte, et de ce qu'un tel déploiement de puissance mécanique, à bord des barques, paraît beaucoup moins accordé à la vitesse ou à la pugnacité de ces poissons qu'à celles des garde-côtes russes, compte tenu encore de ce que les pêcheurs sont parfois originaires du Daghestan, un pays hors la loi, et de ce qu'une quinzaine d'entre eux auraient disparu « en mer » l'an dernier, compte tenu enfin de ce qu'il est interdit de photographier les bateaux et malséant de s'enquérir avec trop d'insistance de leur horaire de retour, il est facile de conclure qu'ils s'adonnent au braconnage des esturgeons, probablement dans les eaux russes, et à la contrebande du caviar. Ce commerce illégal constitue d'ailleurs l'un des secrets de polichinelle les moins bien gardés de l'Azerbaïdjan. À Banka, dans le sud du pays, sur l'estuaire de la Kura, la principale usine de caviar, fondée en 1841, se présente vers la mi-avril – c'est-à-dire au début de la haute saison du caviar – comme un décor assez bien entretenu mais exempt de toute trace d'une quelconque activité. Pris au dépourvu par notre visite, le directeur – un type qui semble sincèrement passionné par ce métier que les nouvelles règles de l'économie ne lui permettent plus d'exercer, mais tout au plus de mimer – s'efforce, à travers des ateliers silencieux et des réfrigérateurs vides, de nous convaincre qu'il est encore trop tôt dans la saison et que l'activité va reprendre incessamment. Toujours à Banka, le Centre de reproduction des esturgeons présente un aspect encore plus mélancolique, s'il se peut, que l'usine de caviar. À l'exception d'un bassin dans lequel barbotent une demi-douzaine de poissons de taille moyenne, toutes les installations semblent hors d'usage. Les bassins d'alevinage sont asséchés, partiellement envahis par la végétation, livrés aux outrages d'innombrables grenouilles dont les coassements se mêlent aux croassements d'une abondante colonie de corbeaux freux. On croise aussi parmi les bassins quelques moutons en vadrouille. Quant au « laboratoire d'incubation », c'est une pitoyable ruine, où même une vache, pour ne rien dire d'une esturgeonne, ne retrouverait pas ses petits. Moins candide que le directeur de l'usine de caviar, celui du centre de reproduction affirme qu'un projet de relance avec des spécialistes français de l'alevinage, financé par la Banque mondiale, doit démarrer dans les mois à venir, ce que démentent les informations puisées aux meilleures sources. Or le jour même de ces deux visites, à quelques dizaines de kilomètres de Banka, sur le marché de Saljan, on trouvait non seulement en quantité de l'esturgeon frais – bien que même ce commerce, pour autant que l'on y comprenne quelque chose, demeure en principe un monopole de l'État –, mais différentes qualités de caviar vendu sous le comptoir, dans des sacs en contenant rarement moins de 1 ou 2 kg et parfois beaucoup plus. Et à des prix – de 140 000 à 200 000 manats, c'est-à-dire, en gros, de 35 à 50 dollars le kilo – qui font de l'Azerbaïdjan l'un des quelques pays où l'on peut se permettre de manger le caviar sinon à la louche du moins à la cuiller, ce qui se fait couramment, au bord de la mer, jusque dans les gargotes les plus minables.

Si l'on sort de Bakou en direction du sud, on emprunte une route qui longe en le surplombant le champ pétrolier de Bibi-Eibat, établi sur un terrain remblayé hérissé de centaines – si ce n'est de milliers – de derricks et de pompes vétustes, ahanant et couinant parmi les flaques de pétrole, les cimetières de matériel roulant, les décharges sauvages et les vieilles bicoques où s'entassent quelques-uns des laissés-pour-compte de la nouvelle société. Si l'on sort de la ville en direction du nord, on traverse d'autres champs pétroliers – sans doute les plus anciennement exploités de la planète –, parmi lesquels errent des troupeaux de moutons et de vaches, avant de rejoindre la grand-route qui longe le réservoir d'eau de la ville et que l'on doit emprunter pour se rendre à Soumgaït. De part et d'autre de la route, au fur et à mesure que l'on se rapproche de Soumgaït, s'alignent des guinguettes faites de bric et de broc, barbouillées de fresques naïves évoquant les montagnes du Haut-Karabakh, d'où sont originaires leurs tenanciers. Les réfugiés de ce territoire disputé – victimes d'un conflit avec l'Arménie qui, pour être « gelé », n'en demeure pas moins l'un des nombreux facteurs d'instabilité de la région – sont omniprésents à Soumgaït, ville qui s'est illustrée dès le début du conflit par un pogrom anti-arménien dont tout le monde semble avoir perdu le souvenir. Dans les années soixante, Soumgaït était citée comme l'un des fleurons de l'économie soviétique. Construite après la guerre, officiellement par des « milliers de jeunes volontaires répondant à l'appel du Komsomol », la ville, jusqu'à la fin de l'ère soviétique, abritait quelques-unes des plus colossales usines chimiques de l'Union. Aujourd'hui la plupart ont cessé toute activité, quelques-unes tournent au ralenti, et les ruines de ces dinosaures métalliques lentement bouffés par la rouille, alignées sur des kilomètres, desservies par des voies ferrées sur lesquelles pourrissent d'interminables convois de wagons-citernes, offrent l'un des spectacles les plus hallucinants que l'on puisse observer sur les bords de la Caspienne. Parfois, au milieu de ce désert rouge, on rencontre un type poussant une brouette remplie de bidons d'acide chlorhydrique ou d'autres liquides aussi suspects : ouvrier d'une usine encore en activité, il aura reçu ces produits toxiques en lieu et place de son salaire, impayé depuis des années. Tant le décor que le pousseur de chlore évoquent ces univers industriels foudroyés, d'après l'Apocalypse, tels qu'ils apparaissent quelquefois dans des films de science-fiction. Avec tout cela, la plage de Soumgaït est un lieu de promenade assez recherché. Le jour de notre visite, on n'y compte pas moins de dix cadavres de phoques, dont cinq ou six, il est vrai, doivent dater de plusieurs semaines ou de plusieurs mois. Les nodules d'hydrocarbure sont également fort nombreux. Au-dessus des HLM du front de mer, la fumée noire de l'usine EP3 se propage horizontalement, comme au-dessus des ponts promenades celle de la cheminée d'un paquebot. C'est au moins la preuve que l'usine EP3 – pour Éthyle-Polyéthylène – n'a pas cessé totalement de fonctionner. À l'extrémité nord de la plage, une jetée partiellement effondrée accueille un grand nombre de pêcheurs aussi paisibles, et apparemment aussi heureux, que leurs congénères sous d'autres climats. Au milieu de volées de sternes, toujours criaillantes et plongeantes, des vieilles dames prennent le frais, des enfants se chamaillent, des lecteurs – même aujourd'hui, on lit beaucoup plus dans ces pays que dans les nôtres – et des joueurs d'échecs semblent abîmés dans leurs occupations. Les eaux de la Caspienne sont impeccablement bleues et brillantes. Au bout de la jetée se désagrège avec noblesse l'épave d'un petit pétrolier, le *Bolchevik Narimanov*, nommé d'après un dirigeant azéri que Staline fit passer à la trappe.

Environ douze heures de ferry-boat, et pas mal de complications (imputables par exemple à la difficulté de se procurer un titre de transport par des voies normales), séparent Bakou de Turkmenbachi, le « grand » port du Turkmenistan, sur la rive opposée de la Caspienne. Fondée par les Russes, en 1869, comme une tête de pont dans leur expansion asiatique, Krasnovodsk devint un peu plus tard une étape importante sur la voie de chemin de fer Trans-Caspienne, dont le service est interrompu jusqu'à nouvel ordre. En 1993, Krasnovodsk a changé de nom pour adopter celui de Turkmenbachi – « chef des Turkmènes», ou « père des Turkmènes » – par lequel les masses laborieuses ont spontanément choisi de désigner leur génial leader, Saparmurad Niyazov. Cet amour des masses se manifeste aussi par une débauche de portraits, de statues et de citations du même leader, telle qu'il faut aller jusqu'en Corée du Nord pour en observer de semblables. Quant à Turkmenbachi, ci-devant Krasnovodsk, c'est une grosse bourgade assez décrépite, non dépourvue d'un certain charme vieillot, dominée par des collines arides et marquée par la présence d'une raffinerie de pétrole qui devrait être modernisée dans un avenir proche. Les nostalgiques de l'Union soviétique peuvent y loger à l'hôtel Khzar, qui présente toutes les garanties d'inconfort et de vétusté, tandis que les voyageurs plus tournés vers l'avenir, c'est-à-dire plus riches en dollars, préféreront le tout nouvel hôtel Tolkun. Comme beaucoup d'entreprises de création récente, en Azerbaïdjan, au Turkménistan et dans d'autres républiques d'Asie centrale, l'hôtel Tolkun appartient à des intérêts turcs, ce qui n'est pas toujours synonyme de qualité (l'influence turque se traduit aussi par la prolifération d'articles de contrefaçon, en particulier des vins et des spiritueux dans le genre de la « vodka Eltsine, product of France », ou des « champagnes » « Jules Royal » et « Yves Roshé »).

Chaque jour, à 5 heures de l'après-midi, la vedette Almaz appareille de Turkmenbachi à destination de Kizyl-Su – « Eau rouge » en turc –, une île située à un peu moins de deux heures de mer. Dans le port de Kizyl-Su sont amarrés ou échoués plusieurs bateaux de pêche uniformément rouillés et pour la plupart hors d'usage, de même qu'une grue flottante qui devait servir à mettre à l'eau de petites unités lorsque l'île possédait encore son propre chantier naval. À défaut de chantier, l'île dispose toujours d'un atelier de mécanique équipé de quelques machines-outils. Elle est alimentée en électricité par un groupe, et en eau par des barges en provenance de Turkmenbachi. L'unique village de l'île compte plusieurs dizaines de maisons plantées dans le sable sur des pilotis, plus ou moins regroupées autour d'une école, d'un jardin d'enfants installé dans les locaux d'une ancienne mosquée, d'un dispensaire dépourvu de tout, d'un bâtiment administratif et d'un magasin d'État dont le stock se compose de bouteilles d'huile, de bocaux de concombres, de boîtes d'allumettes et de cahiers d'écoliers. Lorsque les hommes ont encore un emploi régulier, leur salaire ne leur est versé que de loin en loin. La plupart doivent vivre de la pêche, mais comme il semble particulièrement difficile, au Turkménistan, d'exercer une quelconque activité sans mécontenter quelqu'un de plus haut placé ou enfreindre peu ou prou tel ou tel règlement, les hommes soutiennent contre toute évidence que non, ils ne pêchent pas, ce n'est pas la saison, et ils vous regardent d'un sale œil lorsque vous les surprenez en train de relever un filet. De même que les hommes affirment ne pas pêcher, les femmes nient s'adonner au commerce, mais beaucoup d'entre elles se rendent cependant plusieurs fois par semaine au marché de Turkmenbachi afin d'y vendre du poisson frais ou séché. À proximité du village, le littoral est constellé d'écrevisses mortes, d'ossements d'oiseaux, de touffes de plumes, d'ordures éparses et de serpents d'eau réputés inoffensifs. À l'exception d'un phare gardé par quatre personnes – dont un idiot – et dominant les ruines d'un poste militaire soviétique, le reste de l'île est désert, sablonneux et plat, piqué de mares et de roselières, hanté par des chameaux à demi sauvages et des chiens de grande taille qui, s'ils l'ont jamais été, ont oublié depuis longtemps d'être domestiques.

Une statue géante de Lénine, un chasseur Mig qui semble prêt à jaillir de son socle pour s'élancer dans l'espace, voilà qui rappelle le bon vieux temps. Le second est planté sur le front de mer, et la première, en toute logique, à l'une des extrémités de l'avenue Lénine, la plus grande artère d'Aktau. Tout, dans cette ville maritime du Kazakhstan, évoque le rêve soviétique, sa confrontation douloureuse avec la réalité et la victoire finale de cette dernière. Bâtie dans les années soixante à proximité d'une mine d'uranium à ciel ouvert, Aktau, ville éminemment stratégique, fit l'objet de tous les soins des planificateurs et des urbanistes de l'époque : avec ses larges avenues, ses plantations, ses immeubles savamment disposés et parfois même dessinés avec soin, elle conserve une certaine grandeur nostalgique, celle d'une Brasilia de la steppe frappée par le déclin bien avant d'avoir atteint un quelconque apogée. Les mines d'uranium sont paraît-il fermées – nous n'avons pu vérifier ce point –, la centrale nucléaire, qui a failli se retrouver les pieds dans l'eau par suite de la hausse du niveau de la Caspienne, ne fonctionne plus qu'au ralenti, et il en va de même de tout le tissu industriel qu'elle irriguait, telle l'usine géante de polystyrène construite avec le concours des Français. L'eau est rare à Aktau, rare et tiède, elle empeste le soufre, et comme elle provient exclusivement d'une usine de dessalement tributaire de la centrale, on ne peut s'empêcher, à tort ou à raison, de lui trouver un petit arrière-goût de Tchernobyl. Au demeurant, Aktau reste la moins étouffante, la plus aérée, des villes du littoral oriental de la Caspienne – il est vrai que la concurrence est limitée –, et c'est aussi la seule où nous ayons rencontré des salariés manifestant pour la défense de leurs droits, certes bien poliment, apparemment sans craindre que le Ciel leur tombe sur la tête.

À force de parcourir les fameuses « steppes de l'Asie centrale », depuis Turkmenbachi, on a compris qu'il ne fallait pas en attendre de miracles : tout au plus quelques aigles, dans le ciel, à la recherche d'un souslik (une sorte de marmotte) mal réveillé de son long sommeil hivernal, quelques chameaux dans le lointain, quelques tortues au ras du sol, et parfois, mais très rarement, une rencontre imprévue, comme celle de ce vieux mollah borgne et cependant rigolard qui sur les hauteurs dominant Bekdash – d'où l'on découvre à perte de vue les immensités arides et floues du Kara-Bogaz-Gol – échange avec les voyageurs de passage une prière propitiatoire contre quelques billets froissés. La steppe qui s'étend entre Aktau et Fort-Chevchenko ne fait pas exception à la règle, bien que les sousliks (et donc les aigles) y soient sensiblement plus nombreux, et de même ces cimetières kazakhs dont les monuments funéraires ressemblent à des châteaux de poche. Les Russes font remonter la fondation de Fort-Chevchenko à 1846 – l'année où les Cosaques s'y établirent –, ce qui est faire peu de cas des peuples d'Asie centrale qui les y avaient précédés. Pendant la guerre civile, des « Blancs » y trouvèrent refuge, en chemin vers la Perse, avant d'être rejoints et massacrés par les « Rouges ». La légende prétend qu'ils auraient enfoui dans le coin des trésors, mais nul n'en a jamais retrouvé la moindre trace. À défaut du trésor des Blancs, la population de Fort-Chevchenko, et de son faubourg maritime de Bautino, qui végète aujourd'hui dans l'habituel marasme consécutif à l'éclatement de l'Union soviétique, à l'exode des Russes et à l'effondrement de l'économie socialiste, place tous ses espoirs dans le pétrole. De tous les pays riverains de la Caspienne, le Kazakhstan est avec l'Azerbaïdjan, et peut-être même avant ce dernier, celui qui recèle les plus importantes réserves estimées d'hydrocarbures. Rien que le gisement de Tenguiz, situé sur le littoral à quelques centaines de kilomètres au nord de Fort-Chevchenko, posséderait des réserves récemment réévaluées par la société américaine Chevron à près de 10 milliards de barils. Également très prometteur, l'« offshore » kazakh, encore inexploité, a fait de 1993 à 1997 l'objet d'une campagne de recherche sismique d'une ampleur sans précédent. Un consortium (OKIOC) regroupant la compagnie nationale kazakhe et une demi-douzaine de groupes internationaux – dont le français Total – s'apprête à y forer les premiers trous, et Fort-Chevchenko, ou plus précisément Bautino, est appelé à devenir la base arrière de cette campagne. Le navire polyvalent *Baskuchak*, immatriculé à Astrakhan, a fait office de PC flottant pendant toute la durée de la campagne sismique : à quai dans le port de Bautino, il sert désormais d'hôtel pour le personnel de l'OKIOC, et c'est aussi, de très loin, le bâtiment le plus élevé de tout le voisinage. Depuis le toit de son château, on découvre la colline où se devinent encore quelques traces du fort bâti un siècle et demi auparavant par les Cosaques, le port dans lequel rouille l'inévitable flottille de petits navires désarmés, le chantier de la base en cours de construction par une entreprise anglo-turque, les trois rues parallèles de Bautino le long desquelles s'alignent les vieilles isbas dont certaines, abandonnées, tombent en ruine. Le capitaine du *Baskuchak* – de nationalité kazakhe, mais Russe « ethnique » – grogne qu'avant l'indépendance ces rues étaient plantées de grands arbres et bordées de jardins fleuris. Russes pour la plupart – tandis que les Kazakhs sont aujourd'hui majoritaires –, les habitants de Bautino allaient autrefois chasser le phoque dans des îles situées à quelques dizaines de milles au nord de Fort-Chevchenko, et qui abritent d'importantes colonies de ces pinnipèdes. En hiver, Fort-Chevchenko marque généralement la limite méridionale de la banquise qui recouvre tout le nord de la mer Caspienne jusqu'au mois de mars, et il arrive que l'on rencontre dans ces parages des loups aventurés sur la glace pour aller croquer quelques phoques. Plus trivialement, cette banquise intermittente pose aux pétroliers des problèmes techniques inédits, qu'ils pensent avoir résolus en étudiant le comportement de la glace autour de vieux navires échoués au large par les

Soviétiques, et convertis par eux en cibles pour des tirs de missiles. Enfin si la mer gèle, dans le nord de la Caspienne, c'est qu'elle est si peu profonde – de quelques dizaines de centimètres à quelques mètres – que la ligne du rivage, sous l'influence de vents violents, peut se déplacer d'une quinzaine de kilomètres en vingt-quatre heures. Et cette circonstance ne facilite pas non plus la recherche et l'exploitation des gisements offshore.

Hourrah l'Oural ! comme disait Aragon dans un de ses mauvais jours. Voici donc le fleuve qui passe pour séparer l'Europe de l'Asie, si arbitraires que soient ces limites à défaut d'un océan, ou au moins d'une mer, pour les marquer. À Atyrau, en dehors des panneaux « Europa » et « Asia » disposés de part et d'autre du pont qui franchit l'Oural au centre de la ville, rien ne distingue la rive asiatique de l'européenne. Et l'ivrogne imbibé de vodka qui heurte le parapet en titubant de l'une à l'autre, a-t-il le sentiment de changer de continent ? À la chute du jour, le soleil, comme il se doit, se couche en Europe, incendiant de couleurs excessives le ciel au-dessus du Palais du Gouvernement, silhouettant les deux tours bulbeuses de la cathédrale orthodoxe. Sur la rive « asiatique », un long cortège d'amoureux, de désœuvrés, de flics en uniforme et de petites frappes arpente dans les deux sens le quai qui surplombe les eaux boueuses et rapides du fleuve. Haut dans le ciel passent des vols d'oiseaux, parfois immenses, de retour de leurs zones d'hivernage. On est à la veille du 1er mai – qui sera marqué par un de ces fantasques concours hippiques par lesquels les Kazakhs s'efforcent de renouer avec leurs origines équestres et nomades –, il fait encore frais dans la soirée, les arbres sont couverts de feuilles minuscules et les eaux de l'Oural bouillonnent de poissons au point qu'il suffit, littéralement, de tremper une épuisette dans l'eau pour en retirer de gros comme le bras. Comme d'habitude, la pêche est interdite, excepté sous des conditions draconiennes, ce qui n'empêche pas tout le monde de s'y adonner. En pleine ville, devant le port fluvial à peu près ensablé par suite de l'interruption du dragage depuis plusieurs années, des pêcheurs tendent en travers du courant des lignes garnies de collets qu'ils relèvent le matin alourdies d'esturgeons de belle taille. Et plus on descend vers l'estuaire, plus ça grouille, plus ça se bouscule, plus ça saute, plus ça pêche et plus ça trafique, plus se multiplient les contrôles inutiles – à quoi peut bien servir, par exemple, une barrière fixe, inamovible, puisqu'il suffit évidemment de la contourner ? – destinés à affirmer l'autorité d'un État par ailleurs incapable de chauffer sa population en hiver – la température peut descendre à Atyrau jusqu'à –45°, et varier d'une saison à l'autre de près de 90 –, de collecter les ordures, de draguer le fleuve ou d'entretenir les routes. Sur l'estuaire, dans le village semi-submersible de Pechnoï, nous avons vu un pêcheur – heureusement muni d'une licence – retirer plusieurs dizaines d'esturgeons des soutes de sa barque à moteur, et se faire aussitôt soustraire les deux plus gros par un haut magistrat d'Atyrau qui se tenait en embuscade, sur la berge, escorté de ses assesseurs...

En cette soirée lumineuse et torride du 30 mai, la vedette *Gloire* est plantée le nez dans les roseaux, perpendiculairement au rivage d'une île plate couverte de pâtures, bordée de haies de saules et de tamaris en fleurs. Au ras de la prairie, un faucon lancé à fond de train serre de près un guêpier qui ne lui échappe que de justesse. À la cime des arbres, comme si ces derniers se consumaient sans flammes, ondulent de hautes et denses colonnes de moucherons. La Volga – ou plutôt le bras de Kamiziak – roule des eaux brunes qui dans les coudes, entre les arbres aux souches immergées, laissent un copieux dépôt de mousses blanchâtres : grossi des eaux usées de millions de citadins et des rejets d'innombrables usines – même si beaucoup d'entre elles sont aujourd'hui arrêtées, ou ne tournent plus qu'au ralenti –, chargé d'assez de pesticides et de fertilisants pour faire pousser des haricots sur la Lune, le fleuve a atteint un degré alarmant de pollution, mais, à l'œil nu, ça ne se voit guère. Tout au plus remarque-t-on, là où les pêcheurs relèvent leurs filets, que les eaux de la Volga sont à la même saison beaucoup moins fréquentées que celles de l'Oural : outre la pollution, la multiplication des barrages et l'envasement du delta contribuent sans doute à décourager les esturgeons qui jadis remontaient le cours du fleuve en rangs serrés, et parfois jusqu'à 3 000 km de son embouchure. Habituellement, la vedette *Gloire* est affectée à la surveillance des pêches. Aujourd'hui, en service réduit, son équipage se compose de deux hommes dont le plus jeune, Anatoli, yeux verts bridés et cigarette Pierre Ier au coin des lèvres, affirme avoir pêché en 1994, dans le delta, un esturgeon belouga de plus de 1 tonne et de près de 5 mètres de long. À propos de pêche, le poste que nous avons visité dans l'après-midi – une cabane, un treuil, un filet, deux barques et une vingtaine de kolkhoziens, pour la plupart d'origine kazakhe – porte le nom de *Commune de Paris*, sans que l'on sache au juste si cette appellation s'applique à la cabane, au treuil, au filet ou à l'équipe qui manœuvre l'un et l'autre. Le délire toponymique demeure une des particularités les plus pittoresques du territoire ci-devant soviétique : sur le bras principal de la Volga, celui de Bachtimir, on passe en quelques kilomètres de la ville de *Barricades Rouges* à celle de *Front du Travail*. Ici et là, autour de la Caspienne, on tombe sur des bourgades impossibles, loin de tout, et nommées *26 Commissaires de Bakou* en mémoire d'autant de militants bolcheviques exécutés dans les années vingt par des « nationalistes petits-bourgeois » (en Azerbaïdjan, les rôles se sont inversés, et ce sont désormais les fusilleurs de ces bolcheviks qui sont tenus pour des héros). En général, les gens ne se soucient pas plus de changer ces noms que d'abattre les monuments qui vont avec : ils ont d'autres soucis. Ainsi la statue de Dzerjinski, le sanglant organisateur de la Tcheka, trône-t-elle, ignorée, au centre du petit village de Karaulnoye, sur la rive gauche du bras de Kamiziak. Quant à celle de Lénine – surtout le modèle standard, revêtu d'une peinture brillante comme du papier de chocolat, et représentant le leader, légèrement plus petit qu'au naturel, désignant au loin quelque chose que nul ne verra jamais –, elle est omniprésente, et elle fait encore localement l'objet de dévotions assidues.

Prenez le village de Tichkovo, au bout d'une des quatre ou cinq routes qui se perdent dans le delta de la Volga. On y accède par un bac, après avoir roulé pendant une heure ou deux au milieu de paysages parmi les plus beaux, les plus bucoliques, de la région. Quelques milliers de personnes, majoritairement russes et minoritairement kazakhes, y vivent plus ou moins bien, sans doute plutôt mal, de la pêche et de l'agriculture. Surveillés par des babouchkas en fichus, des gamins y barbotent dans les eaux d'une anse où plus tard des vaches viendront se rafraîchir le ventre. D'autres villageois s'emploient à remplir d'eau du fleuve des bidons qu'ils chargent ensuite sur d'increvables vieux side-cars. La plupart des maisons sont en bois, certaines repeintes récemment de couleurs vives. Beaucoup de ces isbas sont ornées en façade d'une étoile rouge signalant qu'un des fils de la maison a été tué lors de la Seconde Guerre mondiale. Et le monument aux morts, qui porte plus de cinq cents noms, confirme ce que suggéraient les étoiles. Ce monument forme l'un des côtés d'une place de terre battue sur laquelle donne également la « maison de la culture » construite au milieu des années cinquante, avec son perron à colonnes, sa salle de spectacle, sa salle de réception ornée de deux grandes toiles bien moins laides que prévu, illustrant dans un style plus « fauve » que strictement réaliste-socialiste les travaux et les jours des riverains du fleuve. Sur le parvis de la maison de la culture se dresse l'inévitable statue de Lénine-étincelant, fleurie avec soin, surmontée d'un drapeau rouge dont la fraîcheur atteste qu'il date tout au plus de quelques mois. Vous vous étonnez de cette obstination à honorer la mémoire d'un système qui n'avait même pas le mérite de tourner rond ? Mais qu'est-ce que le nouveau régime, qu'est-ce que l'« économie de marché », a apporté pour l'instant, aux habitants de Tichkovo, qui supporte la comparaison avec la maison de la culture, son perron à colonnes et sa salle de spectacle ? Ah, sans doute, il y a désormais un peu de commerce privé. Mais les retraites – le village compte beaucoup de vieux – ne sont versées qu'avec plusieurs mois de retard, et les mentalités n'évoluent pas en un jour. Ainsi ce retraité de la marine dont l'isba, entourée d'un petit potager, fait face à la maison de la culture, s'il se félicite de trouver désormais à l'épicerie quelques produits d'importation, soupçonne-t-il les commerçants de vouloir lui faire manger de la vache folle et boire du Coca-Cola empoisonné.

On sort d'Astrakhan, si charmante et désuète avec son quai planté d'arbres au bord de la Volga, ses embarcadères flottants et ses paquebots fluviaux, ses guinguettes à shashlik malheureusement inondées d'innommables musiques, ses Lolitas en tourneboulantes minijupes, ses chiens errants, les bulbes verdâtres de ses églises et les balcons en fer forgé de ses vieilles demeures entre les rues Oulianovykh, Sverdlova et Rosa Luxemburg. On suit le bras principal de la Volga, celui de Bachtimir, on passe Barricades Rouges, puis Ikranoïe, dont le nom pourrait se traduire par « caviardeux », où l'on visite en coup de vent le Centre Bios : une dame enthousiaste et pessimiste – elle prévoit, ou du moins envisage, la disparition totale de l'esturgeon, dans la Caspienne, aux environs de l'année 2005 – y dirige une équipe qui est sans doute la plus compétente dans le monde pour tout ce qui concerne la reproduction et l'élevage en captivité de cette espèce, et donc la production de caviar en circuit fermé. On double Front du Travail, on entre dans la steppe – cela faisait longtemps –, on passe sans s'en apercevoir, au milieu de nulle part, la frontière de la République de Kalmoukie. À hauteur du village de Djalikovo, le directeur des Ressources aquatiques nous attend dans sa Volga noire aux vitres teintées, équipée de la télévision. On visite en sa compagnie la pagode construite en 1991 et consacrée par le Dalaï-Lama – les Kalmouks sont des bouddhistes d'obédience tibétaine, ou plutôt ils s'efforcent de le redevenir –, on remarque une bouteille de vodka parmi les offrandes déposées devant la statue du Bouddha, on déjeune de raviolis chinois au restaurant *Mongolie* sous un portrait du jeune et sémillant président de la République de Kalmoukie, champion d'échecs et multimillionnaire, vêtu d'un uniforme de pacotille et coiffé d'une haute toque de fourrure blanche comme en portait Marlène Dietrich dans un des films les plus délirants de Josef von Sternberg. On porte quelques toasts – depuis que nous sommes sur le territoire de la Fédération de Russie, il ne s'est pas passé une journée sans que nous en portions – et on reprend la route.

Lorsqu'un peuple lui avait déplu, ou quand il le soupçonnait d'intelligence avec l'ennemi (ceci pendant la guerre), Staline n'y allait pas par quatre chemins : il prenait ce peuple, l'enfermait dans des wagons à bestiaux et le déposait quelques milliers de kilomètres plus loin, de préférence en Sibérie, diminué de tous ceux qui avaient succombé en chemin. C'est ce qui est arrivé aux Kalmouks en 1943, et ils n'ont commencé à revenir de cet exil que quelque treize ans plus tard. Le territoire de leur République est un des plus désolés de la planète, et son court littoral, sur la Caspienne, est sujet à des inondations catastrophiques, imputables aussi bien aux variations globales du niveau de la mer qu'à celles, saisonnières, de la ligne du rivage : comme au Kazakhstan, celle-ci peut se déplacer en un rien de temps de plusieurs kilomètres sous l'influence des vents. Les quelques bourgades proches de la mer se protègent de ces débordements en érigeant de hautes levées de terre, et c'est notamment le cas de Lagan, dont tout indique qu'il s'agit de la seconde ville de Kalmoukie. Des bateaux promenés par la dernière grande inondation, en 1995, y traînent çà et là au milieu des terres, et les vaches y sont partout chez elles. Lagan sent la bouse et le marécage, et pour ces deux raisons les moustiques et d'autres insectes ailés y sont particulièrement nombreux et voraces. Si l'on cherche la mer à Lagan, en temps ordinaire on ne la trouvera pas : pour l'apercevoir, il faut emprunter une barque à moteur, contourner, sous un dais piaillant d'hirondelles, l'espèce de chicane par laquelle le chenal franchit le mur de protection contre les inondations, rendre compte au bureau flottant des garde-frontières russes et de la douane kalmouke installée sur une barge à quelque distance de la ville, puis naviguer près d'une heure, en droite ligne, au milieu des roseaux d'où s'envolent parfois des aigrettes blanches, des hérons, une troupe de canards ou de cormorans. Ces derniers, concurrents des pêcheurs, font l'objet d'une chasse intensive, et les Kalmouks parviendraient même à en faire des conserves dont ils affirment qu'elles sont comestibles.

Autrement, de quelles ressources dispose Lagan? L'usine de viande est fermée, ou en voie de l'être, de même que l'usine de transformation des camions *Gaz*. L'usine de poissons ne fonctionne qu'en période de pêche, au printemps et en automne. L'élevage industriel de visons a été emporté par la crue de 1995. Le représentant à Lagan de la présidence de la République, un homme intelligent et alerte, explique sous un portrait de l'homme qu'il représente et un autre, plus ancien, de Lénine – lequel était un petit peu kalmouk – que dans un an et demi, deux tout au plus, devrait entrer en service un terminal spécialisé dans la réception par bateau de conteneurs en provenance de Dubaï, via l'Iran, et leur réexpédition par le train en direction de l'Europe du Nord. Mais ce projet semble d'autant plus irréaliste que Lagan, avec ses eaux basses et envasées, prises par les glaces en hiver, envahies de roseaux en toute saisons et balayées par des vents violents, est sans doute l'un des endroits du monde les moins propices à la réception de porte-conteneurs. Quant à la voie ferrée la plus proche, elle passe aujourd'hui à une cinquantaine de kilomètres à l'intérieur des terres.

Les jours impairs, le train à destination de Bakou quitte la gare d'Astrakhan à 21 h 29. Depuis peu, les Russes ont mis en service une bretelle, entre Kizljar et Kizylyourt, qui permet d'éviter le territoire tchétchène, sur lequel leurs trains, comme on peut le penser, ne sont pas reçus à bras ouverts. C'est au sortir de Kizljar, sur un pont provisoire – l'ouvrage définitif, bien visible sur la droite, est en voie d'achèvement –, que les convois franchissent le Terek, ce fleuve si étroitement lié à l'histoire de la colonisation russe du Caucase, au souvenir des Cosaques qui avaient établi leurs « stanitsa » tout le long de sa rive gauche, et à celui des années de jeunesse de Tolstoï. Bientôt les premiers chaînons du Caucase se détachent en vert sur l'horizon du sud, et en fin de matinée, sans avoir cessé de les longer, le train fait son entrée en gare de Makhatchkala. Celle-ci jouxte le port, aussi inactif que tous ceux que nous avons rencontrés auparavant sur le littoral de la Caspienne. En revanche, en cette journée de juin où la température doit osciller entre 35 et 40°, la plage de Makhatchkala – une plage de sable fin très cotée du temps de l'Union soviétique, qui n'en comptait pas tant que ça – grouille de baigneurs, parmi lesquels on remarque aussitôt que les femmes sont très minoritaires. En retrait de la plage se dresse la haute silhouette de l'hôtel Leningrad, qui traîne une réputation de repaire du crime organisé. Au passage, notre guide – il n'est guère concevable de se déplacer à Makhatchkala sans accompagnateur –, qui est également journaliste, nous signale que l'an dernier son beau-frère, reçu pour quelque festivité dans cet hôtel, est passé par une fenêtre du septième étage.

Sous les apparences d'une vie normale, Makhatchkala dissimule en effet un sac d'embrouilles d'une complexité proche-orientale, et dont beaucoup de traits rappellent d'ailleurs la situation qui régnait à Beyrouth au début des années soixante-dix, juste avant le début des guerres libanaises. Une trentaine de « nationalités » cohabitent sur le territoire du Daghestan, traversé de bien d'autres clivages, soumis à des poussées intégristes dont il est encore difficile de mesurer l'impact et toujours agité par l'onde de choc de la guerre en Tchétchénie. Plus ou moins représentatifs des groupes ethniques les plus nombreux – les Avars, les Dargins, les Koumyks, les Lezghiens et les Laks –, des parrains amateurs de Mercedes blindées et de villas post modernes, volontiers polygames, disposant de milices armées, se partagent la majeure partie de l'argent que Moscou prodigue au Daghestan afin de conserver l'un de ses principaux atouts dans le jeu pétrolier de la Caspienne : car si ce petit pays ne produit que peu d'huile, c'est par son territoire que transite l'unique pipeline aujourd'hui disponible pour acheminer vers la mer Noire le pétrole de ses grands voisins. Or même s'il n'est nullement avéré que la Caspienne abrite effectivement d'immenses réserves d'hydrocarbures, et moins encore que l'exploitation de ces ressources difficiles d'accès, dans une région économiquement sinistrée et politiquement imprévisible, soit dès aujourd'hui d'un réel intérêt pour les pays consommateurs, il n'en reste pas moins que la Russie doit ménager l'avenir et disposer de quelques solides arguments au cas où. À défaut de gouverner, à défaut par exemple de mettre un terme aux trafics de toutes sortes, aux attentats ou à la pratique de plus en plus répandue des enlèvements contre rançon, les autorités du Daghestan s'efforcent de donner le change en offrant au peuple, avec le concours financier de bienfaiteurs turcs ou saoudiens, beaucoup plus de mosquées qu'il n'en peut remplir. Ou en développant à outrance le culte de l'imam Chamyl, figure légendaire – et ambiguë – de la résistance islamique à la colonisation du Caucase par les Russes. L'une des deux principales avenues de Makhatchkala porte désormais son nom (l'autre s'appelle toujours l'avenue Lénine…). À la chute du jour, des flics en uniforme, qui sans doute n'ont pas perçu de salaire depuis longtemps, y rançonnent paisiblement les automobilistes. En remontant du sud vers le nord l'avenue Chamyl, on rencontre successivement un groupe d'immeubles identiques couronnés de lettres géantes composant le slogan « Gloire à la classe ouvrière ! », puis la plus grande mosquée de la Fédération de Russie, flambant neuve, construite par les Turcs à l'imitation de la mosquée d'Omar à Constantinople, enfin d'autres immeubles couronnés des mots « Glasnost », « Perestroïka », « Democratia » et « Socialism ». Et ce programme gorbatchévien, si révolutionnaire en son temps, semble désormais si pathétiquement obsolète que, mesurant le chemin parcouru, on se prend à rêver sur les surprises que nous réserve cet amas de pays disparates qui dans un passé récent s'appelait encore l'URSS.

Géo, *août 1999*

BALKANS ET SYLDAVIE

À moins de disposer de ce visa yougoslave que les autorités de Belgrade ne délivrent plus qu'au compte-gouttes, le moyen le plus simple de se rendre au Monténégro, de nos jours, consiste à franchir à pied la frontière séparant ce pays de la Croatie, sur la route qui relie Dubrovnik à Herceg-Novi. Bien que cette procédure ne présente pas de difficultés particulières, puisque les autorités monténégrines, de leur côté, n'y trouvent rien à redire, la semi-clandestinité qui en résulte plonge d'emblée le visiteur dans une atmosphère tintinesque : c'est un premier argument, certes fortuit, et même un peu tiré par les cheveux, en faveur de la thèse qui fait du Monténégro le principal modèle du royaume de Syldavie.

Royaume, le Monténégro ne le devint que tardivement, et brièvement, sous le règne de ce Nikola Ier Petrovic qui devait finir ses jours à Antibes, au lendemain de la Première Guerre mondiale, dépossédé de son trône par la formation du Royaume de Yougoslavie. Auparavant, ses prédécesseurs s'étaient contentés du titre de prince-évêque, puis de prince tout court, mais cela ne les avait pas empêchés de se battre avec une extraordinaire opiniâtreté contre les Turcs, et de voir cette obstination récompensée par la reconnaissance internationale de l'indépendance du Monténégro au congrès de Berlin, en 1878. (À propos des Turcs, observons tout de suite qu'Hergé se souciait si peu d'exactitude historique qu'il date leur expulsion de Syldavie de 1127, soit un peu plus de deux siècles avant leur première incursion dans les Balkans…)

Les années qui suivent le congrès de Berlin et qui précèdent la Première Guerre mondiale marquent l'apogée de la dynastie des Petrovic et du rayonnement de leur principauté montagnarde. Les ambassades poussent comme des champignons à Cetinje, la capitale historique, dont un guide publié à Marseille en 1901, sous la plume d'un certain Milan J. Pavlovitch, nous apprend qu'elle est « située par 40° 23' 28" de latitude nord et 36° 35' 27" de longitude est ». « Environ cinq cents maisons, poursuit Pavlovitch, formant deux grandes rues à peu près parallèles coupées par quelques rues transversales, une place au milieu, deux autres au bout, voilà toute la ville. » Bien que le nombre de maisons soit aujourd'hui sensiblement plus élevé, cette description reste valable pour l'essentiel.

Quittant la terrasse du café Antib – ainsi nommé en hommage à la dernière villégiature du roi –, sur ce Korso qu'arpentent chaque soir tous les habitants de Cetinje estimant qu'ils valent la peine d'être regardés, nous nous dirigeons maintenant vers le Musée d'État, tenant sous le bras *Le Sceptre d'Ottokar*. Le musée occupe l'ancien palais de Nikola Ier, un édifice assez modeste, il faut en convenir, et qui n'a rien à voir avec le palais de Muskar XII, d'ailleurs bien plus bruxellois que balkanique. L'intérieur est meublé et décoré dans le goût bourgeois de la fin du XIXe siècle, avec en prime énormément d'armes et de pavillons pris aux Turcs. L'un de ces pavillons est orné, en plus du croissant et du sabre, d'un motif en forme d'accent circonflexe qui évoque irrésistiblement les moustaches stylisées de Plekszy-Gladz, telles qu'on les retrouve sur tous les emblèmes officiels de la Bordurie et jusque sur les pare-chocs des automobiles fabriquées dans cette république : mais peut-être s'agit-il d'une simple coïncidence.

Quant à la conservatrice du Musée d'État, Ange Kapicic, l'hypothèse syldavo-monténégrine la laisse rêveuse, c'est le moins qu'on puisse dire. En cherchant bien, elle concède que l'uniforme des gardes du Trésor royal ressemble plus ou moins à celui de telle ou telle unité de l'armée serbe sous la dynastie des Obrenovic. Mais la Serbie n'est pas le Monténégro, il suffit de lire les journaux de cet été pour s'en convaincre. D'ailleurs, à y regarder de plus près, les bottes souples de ces gardes du Trésor seraient empruntées à la panoplie des cosaques, ce qui nous éloigne encore un peu plus de Cetinje. Et que pense-t-elle de la « vue de Niedzdrov, dans la vallée du Wladir » ? Qu'il pourrait s'agir de Sarajevo… Ange Kapicic est également tentée de situer en Bosnie, ou plutôt en Herzégovine, le village près duquel Tintin tombe du ciel dans une charrette de foin. Le costume des paysans, le fez rouge en particulier, tout comme le minaret en forme de crayon, évoquent un pays fortement islamisé et ottomanisé.

Avec le relief karstique, qui se retrouve dans différentes régions de l'ex-Yougoslavie et dans d'autres pays des Balkans, on peut même dire que le minaret constitue pour Hergé le principal signe distinctif de la Syldavie : il en met partout, à la ville comme à la campagne, de jour comme de nuit. Lorsque, son avion ayant été abattu par la DCA bordure, Tintin doit sauter en parachute au-dessus de la Syldavie, c'est encore un minaret que l'on aperçoit à l'arrière-plan, dominant le village près duquel il est tombé. Quant au caractère chrétien de la monarchie syldave, il n'apparaît guère, très succinctement, que dans la décoration de la salle du Trésor, dans la croix boulée qui surmonte la couronne de Muskar XII et dans un détail de la miniature illustrant les hauts faits de son ancêtre Ottokar IV. Alors, la Syldavie pourrait-elle être l'Albanie ? Mais les Albanais portent le « plis », et non le fez, et ils n'utilisent pas l'alphabet cyrillique.

Peut-être y a-t-il quelque inconvenance à se promener avec Tintin sous le bras dans une région – l'ex-Yougoslavie – à ce point stigmatisée par des conflits récents et vivant dans la hantise d'une reprise ou d'une extension de ces derniers. Trop de lieux de culte – en particulier des mosquées, et désormais des églises orthodoxes, au Kosovo – ont été délibérément détruits, depuis quelques années, et l'histoire a été trop souvent mise à contribution par des fauteurs de guerre, pour que nos interlocuteurs puissent répondre sans détour, candidement, à nos questions apparemment anodines concernant par exemple ce village dominé par un minaret, où les paysans portent le fez et dont la gendarmerie se signale par une inscription en caractères cyrilliques. La moindre parole imprudente, au sujet de l'un ou l'autre de ces caractères distinctifs, peut trahir les préjugés ou les partis pris de chacun de nos interlocuteurs, et c'est pourquoi la plupart ne répondent qu'avec circonspection, en étayant leurs hypothèses, ou leur refus de se prononcer, de considérations idéologiques apparemment sans rapport avec la question. Et c'est aussi pourquoi, sans doute, plutôt que de reconnaître leur propre ville ou leur propre région dans les images à vrai dire assez rares et peu explicites de l'album, la plupart désignent une ville ou une région un peu éloignée, là où ni les destructions ni les falsifications de l'Histoire ne sauraient leur être imputées.

Ce petit jeu de la proximité relative – « ici, non, mais peut-être à côté » – commence à Cetinje, dans l'enceinte de la Bibliothèque Durdije Cernovic (l'ancienne ambassade italienne), où Milena Vracar, après avoir exprimé avec beaucoup de gentillesse toute l'incompréhension que notre démarche lui inspire, nous présente à tout hasard des vues anciennes de Stari Bar d'où il ressort que cette ville, à la fin du XIXe siècle, a dû présenter une certaine ressemblance avec « Niedzdrow ». « Mais uniquement, précise Milena, si l'arbre au premier plan est bien un olivier ! » Proche de la mer, adossé à la montagne, entouré en effet d'oliveraies – sauf là où la pente est trop abrupte pour en supporter –, Stari Bar, le Vieux Bar, est à lui seul un résumé de l'Histoire des Balkans et de l'Adriatique, et c'est pourquoi nous nous garderons bien d'entrer dans les détails de la sienne. Que l'on sache seulement que la ville est entourée de remparts, qu'au-dessus de la porte principale se voit encore le lion (décapité) de saint Marc, qu'elle fut prise au XVIe siècle par les Turcs, et en 1878, au terme d'un siège particulièrement long et destructeur, par les Monténégrins. Et ce qui restait de la vieille ville, essentiellement des ruines, eut encore à souffrir du tremblement de terre de 1979. La vie s'étant entre-temps déplacée vers un village construit au pied des remparts, le long d'une rue unique, c'est là, à la terrasse du café Meraklija – le « Bon Vivant » –, que nous avons collé l'album de Tintin sous le nez du patron, M. Feka, et des deux clients avec lesquels il était en train de jouer aux cartes. Aucun des trois n'a reconnu Stari Bar dans la vue de Niedzdrow – en dépit de l'olivier au premier plan et d'autres traits de ressemblance pourtant incontestables –, mais deux au moins ont pensé qu'il pouvait s'agir de Plav, et tous étaient d'accord pour situer le village de la « Gendarmaskaïa » dans le Sandjak, une région peuplée majoritairement de Slaves musulmans, à cheval sur la Serbie et le Monténégro.

La petite ville de Murino, dans la vallée du Lim, a reçu pendant la campagne aérienne de l'Otan, en 1999, un missile qui a détruit le pont et tué six personnes, dont trois enfants. De Murino part une route minuscule, qui bientôt se transforme en piste, d'où l'on découvre des panoramas véritablement renversants, et qui *via* le col du Cakor, à 1 849 m d'altitude, mène à Pec, la « ville sainte » des Serbes au Kosovo. Le mardi 1er août, nous étant égarés sur cette route, nous sommes tombés sur un barrage imprévu de militaires yougoslaves qui après un interrogatoire de routine nous laissèrent repartir en sens inverse, en dépit de notre défaut de visa, alors que le même jour, à quelques heures de distance, ils devaient arrêter quatre promeneurs, deux Britanniques et deux Canadiens, aujourd'hui détenus à Belgrade et inculpés contre toute évidence d'espionnage. De retour à Murino, nous y avons pris la route de Plav – une ville trop remaniée, tout compte fait, pour que l'on puisse y reconnaître quoi que ce soit – puis de Gusinje. La route ne va d'ailleurs pas plus loin que Gusinje, aux confins du Monténégro, du Kosovo et de l'Albanie, au pied d'une chaîne montagneuse au dessin particulièrement tourmenté, que l'armée serbe dut franchir lors de sa dramatique retraite de 1915 en direction de l'Adriatique. Bien que la population de Gusinje se définisse avant tout comme monténégrine, en vertu d'un consensus généralement respecté, elle est en majorité « ethniquement » albanaise. La plupart des hommes jeunes travaillent à l'étranger et ne reviennent au pays que pour les vacances, comme l'atteste le grand nombre de voitures, souvent luxueuses, immatriculées dans divers pays d'Europe.

Avec ses tours carrées de conception ottomane, coiffées de toits à quatre pentes, et son arrière-plan tout proche de montagnes, Gusinje, plus que Plav, pourrait avoir servi de modèle à Niedzdrow. Toutefois les minarets de Gusinje sont en bois : c'est un détail qui cloche, d'autant qu'ils ne semblent pas dater d'hier. Quant aux jeunes réunis à la terrasse du café New York, dans un vacarme incessant de musique techno, après avoir feuilleté l'album et unanimement reconnu Gusinje – parce que c'est « chez eux », et qu'ils éprouvent un sentiment très prononcé de fierté locale –, ils se demandent, à la réflexion, si Rozaje ne serait pas encore plus ressemblant. Située dans la partie monténégrine du Sandjak, Rozaje, depuis quelques années, a successivement accueilli des réfugiés bosniaques, puis des réfugiés albanais lorsque la terreur serbe battait son plein au Kosovo, enfin des réfugiés serbes ou roms victimes de la vengeance des Albanais. De Rozaje, il faut peut-être dix minutes, en voiture, pour atteindre la frontière du Kosovo, et cinq de plus pour se retrouver en Serbie. La ville compte une association des Amis de Rozaje dont le fondateur, Ademagic Ahmeta, est un artiste spécialisé dans l'aquarelle de monuments historiques, telles les fameuses tours carrées et les mosquées à minarets de bois. Devant un plateau de loukoums, d'orangeade et de café turc, Ahmeta compulse longuement *Le Sceptre d'Ottokar*, scrutant toutes les images balkaniques, avant de rendre son verdict : qu'il s'agisse de l'architecture ou des costumes, des villes ou des campagnes, tout cela, d'après lui, plutôt que le Sandjak, d'autres régions du Monténégro ou l'Albanie, évoque la Bosnie-Herzégovine du temps de l'administration austro-hongroise, entre 1878 et 1914. Ahmeta ajoute que le mot de « gendarmaskaïa », qui n'a de slave que sa graphie, le fait penser à Louis de Funès, mais ceci est une autre histoire.

De Cetinje, le chemin le plus court pour se rendre en Herzégovine passe par Grahovo, somnolente bourgade, au milieu du karst, qui fut au siècle passé le théâtre d'un affrontement titanesque entre Turcs et Monténégrins. Une cinquantaine de kilomètres séparent Grahovo de Trebinje, la première ville importante au sud-est de la Republika Srpska, l'une des deux entités réunies, ou plutôt séparées, dans le cadre fragile de la Bosnie-Herzégovine remaniée par les accords de Dayton. Toute proche de Dubrovnik, Trebinje servit de base arrière, en 1991-1992, pour le bombardement de cette dernière, et c'est également dans cette petite ville si typique du versant adriatique des Balkans, avec ses couches superposées d'influences latines, slaves et ottomanes, que les nationalistes serbes de Bosnie testèrent dès 1991 leur politique d'éviction des autres communautés. Trebinje compte aujourd'hui plusieurs églises orthodoxes, dont l'une, de dimensions considérables, est en train de sortir de terre, l'église catholique, vandalisée, est en cours de restauration, mais il ne reste plus trace des deux mosquées qu'elle comptait avant la guerre. Cette amputation modifie la silhouette et le caractère de Trebinje au point qu'il est impossible de déterminer si, dans un état antérieur, elle aurait pu servir de modèle à Hergé : mais rien ne permet d'écarter a priori cette hypothèse.

À la terrasse d'un café de Trebinje, au pied des murailles de la vieille ville, devant l'emplacement d'une des mosquées rasées, Ana, une petite réfugiée serbe d'un quartier de Sarajevo retourné aux Bosniaques au terme des accords de Dayton, Ana s'était exclamée – après beaucoup d'autres – que toutes les images de villes et de villages, dans *Le Sceptre d'Ottokar*, venaient d'Herzégovine, et singulièrement de Mostar. Mais la ville ancienne de Mostar, qui se trouvait être aussi la partie « musulmane » de cette ville, a subi de telles destructions, du fait des Croates, qu'il est difficile de juger de ce qu'elle était d'après son état actuel. Le « Stari Most », le Vieux Pont, le monument par excellence de Mostar, auquel la ville doit son nom, est toujours réduit à deux moignons de pierre se faisant face de part et d'autre de la Neretva. La ville est en proie à de fébriles travaux de reconstruction, dont semblent avoir bénéficié tout d'abord les lieux de culte : il est vrai que ces derniers, auparavant, ont eu particulièrement à souffrir de l'ardeur des belligérants. D'un balcon du nouvel hôtel Bristol, au crépuscule, tandis qu'une « rave » se prépare sur la berge de la Neretva, on compte au-dessus de Mostar-Est une bonne dizaine de minarets flambant neufs. À cette apparente poussée de ferveur islamique – apparente, car rien ne prouve qu'elle corresponde aux sentiments profonds d'une majorité de la population cataloguée comme « musulmane » – fait écho, du côté ouest de la ville, l'érection d'un clocher si démesurément haut et grêle que cet ouvrage, encore inachevé, donne déjà le vertige.

Et si, tout simplement, Hergé s'était inspiré de Sarajevo, une ville à laquelle son rôle dans le déclenchement de la Première Guerre mondiale avait assuré un certain renom en Europe ? L'image du cortège royal de la Saint-Wladimir, par exemple, n'aurait-elle pu lui être inspirée par des photographies d'une autre parade, certes moins triomphale, celle qui vit succomber l'archiduc et son épouse morganatique ? Par ailleurs, même en faisant la part des transformations considérables que la ville a subies depuis l'entre-deux-guerres, aujourd'hui encore, si l'on entre dans Sarajevo par le côté de Bistrik, c'est-à-dire par le nord-est, la vue que l'on découvre de la vieille ville et de son arrière-plan montagneux est assez proche de celle qui s'offre à Tintin lorsque, à pied, il pénètre enfin dans Klow. Mais si l'on demande à Naïda, vingt ans, collaboratrice du Sarajevo Center for Contemporary Art, ce qu'elle pense de l'image qui immortalise cette scène, elle répond avec dédain (et en anglais), que « ce pourrait être n'importe où en Europe ».

Et le lendemain, quant à nous, dans le bus pour Zagreb, de passage à Travnik, avec sa forteresse, ses tours, ses minarets, ses toits à quatre pentes, etc., il nous sembla soudain que cette ville, bien plus que toutes celles que nous avions visitées auparavant, avait pu servir de modèle à Hergé. À moins que Jajce, peut-être... Puis à Zagreb, dans le hall de l'hôtel, nous sommes tombés sur un dépliant quadrichromique vantant les ressources touristiques de la Macédoine. Examinant une vue de Bitola (autrefois Monastir), cette ville devant laquelle étaient tombés par milliers les soldats français de l'Armée d'Orient, et dont beaucoup d'images, par conséquent, avaient dû circuler en Europe (outre qu'elle était la patrie des frères Manakis, qui de leur côté, tranquillement, avaient inventé le cinéma à peu près en même temps que les frères Lumière), il nous est apparu que c'était de là, bien sûr, et de nulle part ailleurs, que procédaient toutes les aventures balkaniques de Tintin, et qu'il ne nous restait plus, par conséquent, qu'à tout recommencer.

Géo*, hors-série n° 3, 2000*

AUX « AMIS DES MARINS »

Dans beaucoup de ports français, comme un peu partout dans le monde, les Seamen's Clubs accueillent ces marins dont on ne parle guère que quand leurs navires font naufrage.

Dunkerque, le 22 décembre

On est à quelques jours de l'ouragan que le Ciel, dans sa clémence, substituera in extremis au bogue qui devait assombrir cette fin de siècle proclamée avec un an d'avance. En ordre dispersé, le fioul de l'*Erika* progresse vers le littoral atlantique. La clameur publique se déchaîne contre les « pavillons de complaisance », comme s'ils ne participaient pas d'un mouvement général de délocalisation qui, dans d'autres domaines, ne fait plus tant de vagues. C'est le 22 décembre, et il pleut sur Dunkerque. À 6 heures et demie du soir, lorsque le minibus du Seamen's Club commence sa tournée des navires en escale, il fait nuit noire et, sous les rafales de l'averse, le quai Sollac, entre les rails des portiques, présente un aspect marécageux. À l'arrière-plan, les fournaises de la sidérurgie, à demi masquées par des collines de minerai, exhalent par intermittence des torrents de flammes et de fumée. Plusieurs grands minéraliers sont alignés le long du quai. Le premier navire servi par le véhicule du Seamen's Club s'avère ne pas être le bon : panneaux de cales refermés, le *Galaxy*, battant pavillon du Cambodge (une rareté, qui anticipe peut-être sur une nouvelle mode), devrait appareiller dans la soirée, et l'équipage est consigné à bord. Quelques flaques et quelques ornières plus loin, en revanche, une dizaine de marins emmitouflés s'agitent et font des signes en haut de la coupée du *Global Guardian*, avant de descendre les degrés quatre à quatre puis de s'engouffrer dans le minibus. Les officiers sont coréens, les hommes d'équipage, pour la plupart, originaires de Birmanie. Tout le monde parle plus ou moins l'anglais, et c'est également le cas des marins philippins dont le minibus prend livraison au terminal céréalier, au pied du *Vitafos*, un panaméen qui complète à Dunkerque un chargement de blé à destination de

Bandar-Abbas. Puis la tournée continue, jusqu'au terminal conteneurs et à l'appontement pétrolier du port-ouest – le bout du monde, à égale distance à peu près de Dunkerque et de Calais –, avec retour par les darses Freycinet, les bassins les plus proches du centre ville, les plus anciens, ceux où jusque dans les années soixante se concentrait une activité aujourd'hui étirée sur une vingtaine de kilomètres. Entre le terminal céréalier et la fin de sa tournée, la clientèle du minibus s'est enrichie de deux Ukrainiens, d'un Croate et de trois ressortissants des pays baltes.

Situé dans le quartier de la Citadelle, le Seamen's Club de Dunkerque est une création de l'Église anglicane et de ses « Missions to Seamen » dont l'emblème – un ange planant, bleu sur fond blanc – vient d'être « relooké » afin de se plier aux exigences de l'époque. L'animation et la gestion du club sont assurées en partie par une association de droit français, les Amis des Marins, dont certains membres sont originaires du milieu maritime, et d'autres non. La plupart doivent être catholiques, mais avec beaucoup de tact. Quant au génie tutélaire du Seamen's Club, c'est un prêtre anglican, Tony Rimmer, établi à Dunkerque depuis quatorze ans et s'exprimant en français avec un accent, des tournures, encore assez voisins de ceux de Jane Birkin, bien que la ressemblance s'arrête là. Comme les gens qui l'entourent, Tony Rimmer se fait de sa mission une conception qui déborde largement de l'apostolique. Outre l'accueil et les commodités offertes par le club, il s'efforce, en liaison avec ITF (International Transport workers' Federation), de donner aux damnés de la mer les moyens de se protéger des abus d'armateurs peu scrupuleux ou carrément véreux, comme celui de l'*Obo Basak*, un vraquier turc immobilisé près d'un an dans le port de Dunkerque, puis vendu sur place au bénéfice des créanciers de l'armateur, lequel s'est entre-temps déclaré en faillite. L'équipage n'a pas été payé depuis plusieurs mois, et, une fois rapatrié en Turquie aux frais du Port autonome et de diverses associations, il se retrouve au chômage et sur liste noire. En 1998, Tony Rimmer se rend à Istanbul afin de prendre des nouvelles des rescapés de l'*Obo Basak* et de rencontrer leur armateur. Au siège de la compagnie, il est reçu par une dame très élégante, couverte d'or et mentant avec beaucoup d'aplomb. Dans le journal, le révérend apprend que l'armateur « en faillite », dont les affaires prospèrent sous de nouvelles initiales, vient de marier sa fille en présence de l'ancien Premier ministre, Tansu Ciller, et dans le cadre du palace le plus somptueux du Bosphore. Quant à l'équipage, il attend toujours le versement de ses arriérés de salaire. Après le tremblement de terre de 1999, dans lequel quatre de ces marins ont perdu leurs maisons, Tony Rimmer se dispose à repartir pour Istanbul, lorsqu'au volant de sa land rover, à la tombée de la nuit, sur la digue du Braek – là où Bruno Cremer, dans *Noces blanches*, après la mort de Vanessa Paradis, venait livrer aux flots sa douleur –, il heurte un obstacle de béton, ou plutôt, comme il le dit lui-même, « un rocher qui a sauté dans mon chemin ». La voiture est pliée, le révérend indemne, mais son voyage en Turquie est reporté *sine die*.

Toutes les histoires de navires immobilisés à Dunkerque ne se terminent pas aussi mal, ou du moins pas pour tout le monde. En 1996, c'était le *Samarkand*, un navire russe, qui végétait depuis plusieurs mois le long d'un quai oublié du port-ouest. Les marins avaient eu le temps de s'aménager sur la terre ferme un petit terrain de football, puis de s'en lasser. Certains avaient tiré parti de leurs loisirs forcés pour décorer l'entrée du Seamen's Club d'une fresque polychrome représentant les principaux monuments de Dunkerque. D'autres sombraient peu à peu dans l'alcoolisme ou la neurasthénie. Le cuisinier du bord étant tombé malade, les Amis des Marins le firent hospitaliser en ville. Or, depuis qu'au Kursaal de Malo-les-Bains elle s'était fait dédicacer par un cosmonaute russe une photo de la Terre vue du ciel, Cathy Burke, une collaboratrice de l'association, apprenait la langue de Tolstoï à marches forcées. Comme elle commençait à se débrouiller, le soin de visiter le malade lui échut. Ils se plurent. Quelques mois plus tard, ils se marièrent. Ils allèrent s'installer à Saint-Pétersbourg, y vécurent deux ans sous le toit des parents du cuisinier, y souffrirent des convulsions de la Russie eltsinienne au point de désespérer de son avenir et de revenir à Dunkerque. En attendant mieux, le mari fabrique aujourd'hui des poupées russes, et Cathy vient de trouver du travail dans la librairie du centre commercial Pôle Marine. Pâle et blonde, les yeux bleus, parlant désormais la langue de son mari comme la sienne, elle pourrait passer pour russe si elle ne souffrait d'une incapacité rédhibitoire à porter des toasts. Quelques années plus tôt, des circonstances comparables avaient présidé à un autre mariage cosmopolite. Humphrey Chinenyeze, officier mécanicien à bord du *River Asab*, un cargo nigérian abandonné, avait rencontré sous les auspices du Seamen's Club une bénévole dunkerquoise, Catherine, et l'avait épousée à Malo-les-Bains lors d'une messe concélébrée par deux prêtres, l'un anglican – il s'agissait naturellement de Tony Rimmer – et l'autre catholique. Aujourd'hui, deux enfants étant nés entre-temps de cette union, Catherine participe toujours aux activités du Seamen's Club, et Humphrey, qui poursuit des études à Liverpool, est de retour à Dunkerque pour les fêtes. Quant au *River Asab*, ayant changé de propriétaire et de pavillon, il navigue de nouveau mais sous un autre nom.

Dunkerque, le 23 décembre

C'est aujourd'hui Khaled, l'Égyptien du Seamen's Club, qui est au volant du minibus pour la tournée des navires en escale. À force de raconter des histoires de mariage, peut-être y a-t-il un risque de donner du Seamen's Club l'image d'une agence matrimoniale, ce qu'il n'est aucunement. Mais Khaled, c'est ainsi, a lui aussi rencontré sa femme, française, lors d'une escale, alors qu'il naviguait sur un navire égyptien. Originaire d'Alexandrie et naturellement polyglotte, Khaled résume par cette histoire ce qu'il estime être la vocation universaliste du Seamen's Club : en 1997, il y fait la connaissance d'un marin israélien auquel il ne s'ouvre de ses origines qu'au terme d'une conversation à bâtons rompus. Évidemment, son interlocuteur est ému, comme il convient de l'être en découvrant un frère dans l'ennemi d'hier, et dès le lendemain, de retour au club, il lui offre une bouteille de vin israélien de derrière les fagots, probablement casher, son étiquette rédigée en caractères hébreux. Khaled la met de côté pour une occasion solennelle, laquelle se présente quelques mois plus tard, lorsque son père, officier de la marine égyptienne, vient à Dunkerque pour une célébration familiale. Khaled pose la bouteille sur la table, le père officier s'en empare, hausse le sourcil, puis s'attendrit à son tour et trinque de bon cœur lorsque son fils lui raconte dans quelles circonstances elle est parvenue jusqu'à lui.

L'œcuménisme de Khaled se manifeste aussi par l'insistance avec laquelle, lui musulman, s'astreignant ces temps-ci au jeûne du Ramadan, il porte à la connaissance de tous les marins susceptibles d'être chrétiens qu'une messe spéciale sera célébrée à leur intention, le lendemain, en fin d'après-midi, dans la chapelle de Notre-Dame-des-Dunes. Cet exercice ménage quelquefois des surprises, comme lorsqu'à la question de Khaled – « Y a-t-il des chrétiens parmi vous ? » – un bosco indien à tête de fakir et au torse prodigieusement développé, désignant ses camarades également indiens, répond avec un soupçon de dédain, comme si la question lui paraissait inconvenante : « Of course ! we are ALL catholics ! [1] »

Au-dessus du bar – un bar de pub anglais – trône cette inscription : « No drinks will be served after 22 h 30. Please do not ask. [2] » Une porte vitrée donne accès à un petit jardin noyé de pluie, impraticable en hiver. Même si le club dispose d'une table de billard, d'une autre de ping-

1. Évidemment ! Nous sommes TOUS catholiques !

2. Aucune consommation ne sera servie après 22 h 30. S'il vous plaît, n'insistez pas.

pong, d'un baby-foot, de plusieurs flippers, d'une petite bibliothèque, de deux téléviseurs recevant des programmes du monde entier, les cabines téléphoniques, parmi toutes ces commodités, sont de très loin les mieux achalandées, et les cartes de téléphone l'article qui se vend le mieux – juste avant les tours Eiffel de pacotille et les casquettes marquées « Paris » – dans la boutique située derrière le bar, où l'on peut également convertir en francs toutes les monnaies de la planète. Bien que l'accès du Seamen's Club soit normalement réservé aux gens de mer, on y trouve ce soir, accoudé au comptoir, un sujet britannique à demi irlandais, originaire de Cork, dont le teint coloré suggère une certaine indulgence pour la boisson. Inspecteur des jeux, depuis onze ans, au casino de Malo-les-Bains, l'homme de Cork a roulé auparavant sa bosse dans presque tous les lieux du monde où l'on joue, et Dieu sait s'il y en a : Monaco, Miami, les Bahamas, l'Iran du temps du Chah. Il se souvient encore avec nostalgie des ardoises fabuleuses que la princesse Achraf réglait avec des chèques en bois. En habitué, il observe que certains marins, plutôt des officiers, grecs ou chinois pour la plupart, fréquentent assidûment les tables et les machines à sous de Malo-les-Bains. La nuit dernière, les officiers coréens du *Global Guardian* auraient ainsi perdu près de 20 000 francs, une somme importante compte tenu de la médiocrité de leurs salaires. Car si le Seamen's Club, de son côté, ne propose à ses hôtes que des occupations innocentes, rien n'empêche ces derniers de terminer la soirée par d'autres plus corsées. Hier soir, tandis que les officiers coréens allaient se faire plumer, leurs matelots birmans, après avoir demandé à Khaled, qui n'en pouvait mais, où ils risquaient de trouver des filles, sont partis en bande tenter leur chance dans les boîtes pourtant si peu propices, en cette saison, de Malo-les-Bains.

À 10 heures du soir, l'une des tables de la première salle, celle du bar, à côté des flippers enguirlandés pour les fêtes, est occupée par une demi-douzaine de marins philippins du *Vitafos*. L'un d'entre eux, Erwin – 501 noir, petit blouson en skaï très ajusté, cheveux mi-longs, deux anneaux d'or dans l'oreille gauche et un dans la droite –, affiche une dégaine de star du kung-fu : et sans doute, comme on le découvrira par la suite, ne s'agit-il pas d'une simple pose. À trente-cinq ans, athlétique et mince, il en paraît au bas mot dix de moins. Originaire d'un village du sud de Manille, il navigue depuis sept ans, par nécessité, sans la moindre vocation maritime. Cuisinier à bord, il prépare tous les jours de la nourriture philippine pour ses dix-neuf compatriotes et pour un Indien qui doit s'en contenter, étant seul de son espèce, et de la nourriture ukrainienne – à supposer qu'une telle chose existe – pour deux des officiers. Lors de son précédent embarquement, il a dû apprendre les rudiments de la cuisine grecque. Avant de prendre la mer, il était membre d'une unité spéciale de la police chargée de la protection rapprochée de Cory Aquino. À la table voisine, sous une sombre croûte illustrant l'évacuation de Dunkerque en 1940, l'homme de Cork, de plus en plus communicatif, a rejoint le commandant néo-zélandais d'un petit cargo battant pavillon suisse – un bateau si propre, si léché, que l'on pourrait s'y faire servir une omelette, à cru, sur l'un de ses panneaux de cale – accompagné d'un cadet britannique et de quelques marins asiatiques. Après avoir hésité à les cataloguer comme Indiens, ou Sri-Lankais, peut-être Bengalis, Erwin, en leur adressant la parole, constate que ce sont des pays. Et comme presque toujours, là où il y a des Philippins, une guitare passe bientôt de main en main. Cette inclination à chanter et à jouer de la guitare entre pour beaucoup dans la préférence que presque tous les collaborateurs du Seamen's Club avouent pour cette nation, hier encore hégémonique sur les mers, aujourd'hui talonnée par de gros bataillons de Slaves et d'autres ressortissants des pays ci-devant socialistes. Les marins slaves ont la réputation d'être plus ombrageux, moins enclins à se mélanger, plus rétifs, aussi, à la réglementation du bar, qui limite la consommation de boissons alcoolisées à la bière et au vin de table. Mais ce soir, à l'heure de la fermeture, ce sont les Philippins qui ont du mal à s'arracher. Un petit groupe se forme, autour de deux d'entre eux et du cadet britannique, pour aller terminer la soirée au Papagayo, une boîte à karaoké du quartier de la Citadelle. À l'entrée de la boîte, d'ailleurs déserte, et notamment dépourvue de toute présence féminine, le videur noir considère avec suspicion cette troupe exotique : ont-ils de l'argent liquide ? Oui, mais rien que des livres sterling. Dans ce cas, ils peuvent aller se faire voir. Le cadet britannique semble le plus déçu. Ses copains philippins naviguant sous pavillon suisse s'efforcent de le réconforter : « Allez, après-demain, nous serons en Espagne, et à nous les senoritas ! » Comme quoi le métier de marin, quoi qu'on en dise, n'a pas rompu tout lien avec les chansons d'autrefois.

Dunkerque, le 24 décembre

Le *Tango D*, qui a complété depuis longtemps son chargement au quai Freycinet 9, va-t-il se décider à appareiller ? Les militants écologistes de l'association Robin des Bois font tout ce qu'ils peuvent pour l'en empêcher, même si leurs manifestations sont très loin d'entraîner l'adhésion de l'équipage. Il faut dire que le *Tango D* n'est pas seulement un cargo à histoires, mais presque une légende flottante. Construit en 1979 dans un chantier britannique, le *Tango D* a navigué pendant une quinzaine d'années, sous pavillon angolais et sous le nom de *Kifangondo*, avant de se retrouver immobilisé près de six ans dans le port du Havre à la suite de diverses avaries, suivies de la disparition de son armateur. Malgré le soutien de plusieurs associations, tels les Amis des Marins, et celui plus tardif des autorités, son équipage a connu le calvaire habituel des marins de navires abandonnés : les trois derniers – dont l'un au moins avait eu le temps d'apprendre le français et de mettre en chantier, dans cette langue, un roman maritime dont nous ne saurons sans doute jamais rien – n'ont été rapatriés en Angola qu'au milieu de l'été dernier. Racheté par un armateur grec, rafistolé tant bien que mal dans un chantier du Havre et rebaptisé *Tango D* – ce qui, compte tenu de son nom précédent, représente une appréciable économie de lettres –, le navire, battant désormais pavillon maltais, vient de charger à Dunkerque 1 300 tonnes de sucre à destination d'un port syrien. Extérieurement, avec ses superstructures piquées de rouille et sa coque toute grumeleuse et cloquée, le *Tango D* présente l'aspect à la fois sympathique et précaire d'un cargo de bande dessinée, ce qui n'implique pas nécessairement qu'il soit hors d'état de naviguer. À bord, malgré la crasse et la vétusté des locaux, parmi la dizaine de nationalités qui composent l'équipage – Philippins, Égyptiens, Grecs, Sri-Lankais, Ghanéens, Turcs, Polonais ou Tatars – il semble régner plutôt une bonne ambiance, entretenue par le capitaine Tsikourias Evangelos, qui, à vue de nez, présente toutes les caractéristiques d'un brave homme, soucieux du bien-être de son équipage dans les limites étroites des ressources dont il dispose. Ainsi l'un des marins sri-lankais, après s'être cassé une jambe et avoir reçu des soins par l'entremise des Amis des Marins, a-t-il été maintenu sur le rôle avec l'intégralité de son salaire. Philosophe, le capitaine Tsikourias fait remarquer que, même alité, « il peut encore éplucher des patates ». Au carré-équipage, devant une télévision spasmodique et un bout de sapin de Noël, on est reçu par un sextuor de marins égyptiens, syriens, tanzaniens et ghanéens, qui vous offrent du thé auquel s'ajoutent bientôt quelques petits gâteaux horriblement sucrés préparés par Georgios Logothetis, le chef grec.

Et le soir, on retrouve les mêmes, plus quelques autres, parmi les premiers occupants de la salle de banquet en quoi Tony Rimmer et les Amis des Marins ont converti les locaux du Seamen's Club. Première astuce du révérend, il a fait disposer les tables en « herring bone[1] », c'est-à-dire en épi, de telle sorte que leurs occupants soient plus ou moins obligés, à la longue, d'entrer en relation. Les dames de l'association se sont mises sur leur trente et un, et certaines, plus tard, danseront le rock avec beaucoup d'entrain. Plus généralement, ce qui est bien, c'est que les bénévoles donnent l'impression de vraiment s'amuser – on connaît les remarquables dispositions des Dunkerquois dans ce domaine – et non de s'acquitter pesamment d'une œuvre de charité. Les marins sont évidemment très sensibles à ce genre de détails. Le meneur de jeu, une sorte d'homme-orchestre formé à la rude école des bals de campagne ou de bord de mer, se démène également si bien, enchaînant les reprises de tubes et les « Happy Birthday » – car quel que soit le jour de l'année, si une centaine de personnes se trouvent réunies, il y en a toujours au moins deux ou trois dont c'est l'anniversaire – que dès 9 heures du soir, le vin et la bière aidant, l'atmosphère est assez chaleureuse, voire débridée, pour que des marins lettons, ukrainiens ou croates n'hésitent pas à lever leur verre à la santé de marins égyptiens, indiens ou cap-verdiens. À 21 h 30, seize nationalités sont représentées dans la salle – les Philippins en tête, comme d'habitude, et les Lettons en deuxième position –, que le meneur de jeu fait applaudir successivement, une à une, par toutes les autres. Bien entendu, en dépit de la bonne volonté générale, tout cela ne saurait être totalement exempt sinon de drames, au moins d'ambiguïtés. Ainsi certains marins, cela va de soi, aimeraient-ils obtenir un peu plus que ce que les bénévoles féminines de l'association peuvent décemment leur offrir, même si chacun s'efforce de faire comme si cette question ne se posait pas. Après le passage du père Noël et la distribution de petits cadeaux, un marin cap-verdien, coiffé de dreadlocks, fait en anglais un discours assez déchirant, bientôt recouvert par les clameurs et les flonflons, au sujet de la solitude des marins, particulièrement sensible en période de fête, loin de leur famille, quand ils en ont une, et de leurs pénates. Puis un Philippin dont c'était hier l'anniversaire – et l'un de ceux qui avaient tenté en vain de terminer la soirée au Papagayo – s'empare du micro et chante à plusieurs reprises, avec talent et conviction, avant de sombrer dans une épaisse mélancolie. Assis à la table des marins du *Tango D*, ou plutôt vautré sur celle-ci, devant un vieil Égyptien de Damiette au

1. Arête de hareng.

poil gris et au sourire clairsemé, il explose qu'il a « fait quatre ans d'études », à Manille, « pour devenir un foutu journaliste », et qu'au bout du compte il n'est, peut-être pour toujours, qu'« un foutu marin ». Puis il envoie péter son copain, le cadet britannique, avant de le serrer sur son cœur, et ainsi de suite. À partir de minuit et demi, c'est une fois de plus sous une pluie battante que l'autocar prêté par le port autonome raccompagne les uns et les autres à leur bord, y compris certains, mais pas beaucoup, qu'il faut aider à gravir les degrés baladeurs et glissants de la coupée. Les derniers servis sont les Lettons du *Majori*, un tanker battant pavillon maltais et saisi pour dettes, immobilisé depuis plusieurs mois le long d'un quai du terminal multivracs particulièrement exposé aux influences océaniques. Lorsque les derniers Lettons, quelques-uns accompagnés de leurs épouses, gravissent la coupée, le vent qui va bientôt dévaster une partie de la France pousse déjà des pointes à près de 100 km/heure.

Port-de-Bouc, le 2 janvier

Le pays, ou du moins les départements sinistrés, compte ses arbres arrachés, ses écoles décoiffées, ses foyers privés de téléphone et d'électricité, ses morts et ses blessés. Le fioul de l'*Erika* se répand de plus belle sur le littoral atlantique. Vers 5 heures du soir, un type seul, monté sur des rollers, progresse à grands coups de hanches au milieu de nulle part, sur une route bordée de flamants roses. À l'horizon, le soleil, rouge framboise, se couche derrière les HLM de Port-Saint-Louis-du-Rhône. Sur la gauche, dans le lointain, les superstructures de la pétrochimie s'étoilent d'innombrables lumières blanches et, comme à Dunkerque, la Sollac exhale ses fumées. Deux porte-conteneurs, l'*Ever General* et le *NOL Crystal*, le premier immatriculé à Keelung et le second à Singapour, sont en escale au quai spécialisé du port de Fos, où le Seamen's Club – ou plutôt le Seafarer's Centre, puisque tel est son nom dans les Bouches-du-Rhône – dispose d'une antenne où des marins pressés font emplette de cartes téléphoniques, de tours Eiffel, de casquettes Paris, de bibles polyglottes, etc. La maison mère est située à Port-de-Bouc, dans des locaux plus modernes et plutôt mieux équipés qu'à Dunkerque : ainsi le Seafarer's Centre dispose-t-il de neuf horloges donnant l'heure dans neuf parties du monde, contre quatre seulement (sauf erreur de notre part) au Seamens' Club de Dunkerque. Devant la cheminée, une tablée de Grecs, avec quelques épouses, consultent le volumineux album photos illustrant l'activité du centre pendant l'année écoulée. La soirée du réveillon, pour des raisons de sécurité – et peut-être aussi, dans une moindre mesure, pour des raisons affectives –, ils l'ont passée à bord de leur bateau, l'*Arkas*, un minéralier, et le lendemain ils ont été dîner – calmars, rougets – dans un restaurant de Port-de-Bouc qui leur a paru « de style grec ». À une autre table, momentanément solitaire, le commandant philippin de l'*Ernst Oldendorff* boit une bière : si l'on consulte le livre d'or du Seafarer's Centre, on constate que l'équipage de ce navire a été le premier à le fréquenter, ou du moins à signer le livre, en l'an 2000. La dédicace, très chaleureuse, est accompagnée d'un dessin représentant des palmiers, des maisons sur pilotis et des pirogues, et qui peut évoquer aussi bien l'Inde que les Philippines ou le Sri Lanka, parmi les pays représentés à bord. Devant la maquette en bois du *Nissos Sikinos* construite et offerte au club par le marin philippin Rosendo Rhey Quimo, deux Sri-Lankais, qui viennent de se rencontrer, échangent des considérations sur les conditions de travail et de rémunération à bord de leurs navires respectifs, l'*Arkas* et l'*Ernst Oldendorff*. L'un a quatre ans de mer, l'autre neuf ans. Tous deux ont profité de leur escale pour aller faire des courses dans une grande surface de Port-de-Bouc : pour l'un des chemises, des chaussures et un cerf-volant, pour l'autre des jeans, une valise à roulettes, des parfums et des produits pour bébé destinés à l'une de ses sœurs, au pays, qui est enceinte. L'un et l'autre aspirent à en finir au plus vite avec la mer pour se lancer chez eux dans « le business ». Et si on leur demande « quel genre de business ? », tous deux répondent « buying and selling [1] », en se marrant. (Vingt ans auparavant, nous avions rencontré dans un hôtel du Pirée un marin bengali qui ne naviguait que pour installer un jour sa femme derrière la caisse enregistreuse d'un bar, à Dacca, qu'il prévoyait d'appeler le Café de Paris, mais nous n'avons jamais su s'il était parvenu à ses fins.) À l'heure où nous quittons le Seafarer's Centre, il y débarque toute une cargaison de marins russes.

Rouen, le 12 janvier

Le brouillard sur le fleuve, les mares gelées qui craquent, les bois brillants de givre au-dessus des falaises de Canteleu, les nuées de pigeons en vol, puis au sol, puis en vol de nouveau, dans la poussière jaune émanant des trémies d'où le grain par milliers de tonnes se

1. Acheter et vendre.

déverse dans les cales du *Full Strong*, le quai rendu glissant par une couche de matière végétale décomposée qui pue et colle aux semelles : tout cela semble faire le bonheur de Joy Porter, le premier prêtre de sexe féminin – ou doit-on dire la première prêtresse ? – jamais intronisé par l'Église anglicane dans le cadre des Missions to Seamen. Deux ans passés à Hong Kong l'ont dégoûtée à tout jamais de la chaleur, de la netteté chirurgicale des terminaux à conteneurs dernier cri et des horizons sans oiseaux. Le Seamen's Club de Rouen, aux destinées duquel elle préside désormais, occupe les locaux d'un ancien foyer de marins norvégiens. L'aile gauche du bâtiment abrite une chapelle, dans laquelle une plaque rend hommage aux engagés norvégiens dans la Légion étrangère tombés en 1914-1918. Sécularisée pendant la semaine pour être rendue au culte le dimanche, la nef lambrissée, dominée par les tuyaux rutilants d'un orgue de Gonzalez, est équipée de tables de billard, de ping-pong ou de baby-foot et d'un piano droit. L'atmosphère malgré tout assez intimidante qui en émane, ou l'interdiction, en toutes circonstances, d'y manger, d'y boire ou d'y fumer, font que les marins se tiennent plus volontiers dans la salle du bar, en dépit de son exiguïté. Vers 20 heures, à côté de l'habituelle tablée de Philippins se repassant l'habituelle guitare de main en main, des Polonais naviguant sous le pavillon des îles Marshall semblent abîmés, devant leurs chopes de bière, dans des réflexions plutôt saumâtres. En chemin vers un restaurant turc où ils comptent passer leur dernière soirée à terre, le commandant pakistanais et le second syrien du cargo koweïtien *Al-Salimiah*, qui doit appareiller demain avec une cargaison de farine à destination de Port-Soudan, passent en revue les meilleurs moments de leur séjour rouennais, indûment prolongé par les averses qui à plusieurs reprises ont interrompu les opérations de chargement. D'abord la nuit du Nouvel An, les illuminations de la cathédrale, les prodiges pyrotechniques reflétés dans les eaux de la Seine : du beau boulot, d'après Samir, le Syrien, qui ajoute qu'il a beaucoup apprécié l'enthousiasme avec lequel, à minuit, tout le monde se congratulait mutuellement. Puis la fin du Ramadan et le car mis à leur disposition par le Seamen's Club, en cette circonstance, pour se rendre dans une mosquée de Petit-Couronne. Enfin, pour le commandant, une virée à Paris en taxi, une heure en tout, dont cinq minutes au pied de la tour Eiffel, qu'il mime avec un humour – pakistanais – à la Jacques Tati.

Samir le Syrien a quatorze ans de mer. Sa femme et son fils de trois ans s'ennuient de lui, et lui d'eux. À Tartous, il possède déjà la maison au rez-de-chaussée de laquelle il prévoit d'installer une boutique de vêtements pour dames et de souvenirs pour touristes. Mais même à son échelle, qui n'est pas, il s'en faut de beaucoup, celle d'un soutier, il sait que le moment où il aura mis assez d'argent de côté pour tourner la page peut ne jamais venir : d'ailleurs il a d'abord parlé de mettre sac à terre « dans trois ans », puis, dix minutes plus tard, « dans quatre ou cinq ans, Inch' Allah ! ».

Le Monde*, janvier 2000*

Aran, îles de saints et d'écrivains

Dans le court mais bon livre qu'il a consacré aux îles d'Aran[1], Nicolas Bouvier évoque sa rencontre, à bord du petit avion qui l'achemine depuis le littoral occidental de l'Irlande jusqu'à la plus grande des trois îles, avec une jeune femme qu'il décrit comme extrêmement jolie, élégante, d'une certaine arrogance – il la qualifie même de « garce bottée », ce qui est étonnant de la part d'un auteur aussi aimable – et d'autre part plongée dans la lecture d'un roman de George Orwell. Il ajoute qu'elle tient un salon de coiffure – l'unique salon de coiffure – à Kilronan. Inévitablement, donc, et même si quinze ans ont passé entre-temps, quinze ans au terme desquels Nicolas Bouvier lui-même a eu la mauvaise idée de mourir et de nous priver de sa compagnie, inévitablement la première chose dont on s'enquiert, en arrivant à Kilronan, c'est le salon de coiffure. Or il n'y a pas le moindre salon de coiffure à Kilronan. Alors on s'obstine, on questionne, on tarabuste, et on finit par apprendre ceci : que la lectrice de George Orwell a bel et bien existé, qu'elle était jolie, en effet, qu'elle s'appelait Joséphine, qu'elle tenait l'unique salon de coiffure de Kilronan jusqu'à ce qu'elle s'éprenne d'un « garda » – un flic – en poste sur l'île, et qu'elle disparaisse avec ce dernier lorsqu'il reçut une nouvelle affectation. Ainsi ne peut-on plus se faire couper les cheveux à Kilronan, ni rencontrer cette énigmatique et littérairement attrayante jeune femme dont le départ laisse à jamais les lecteurs de Nicolas Bouvier sur leur faim. Quant à l'avion, il ne semble pas qu'il ait beaucoup changé depuis, c'est un bimoteur *Islander* solidement campé sur ses deux jambes bien droites et non escamotables, où le hasard, ou plutôt l'afflux – tout de même très relatif – de candidats à la traversée, le jour de mon propre passage, fit que je voyageai dans le siège du copilote, le manche à balai, ou le double du manche à balai, me rentrant dans la poitrine lorsque le pilote, de son

1. *Journal d'Aran et d'autres lieux*, Nicolas Bouvier, Payot, « Voyageurs », 1990.

côté, le tirait à lui. Juste derrière moi était assis un jeune couple d'insulaires avec un nouveau-né tout fripé et jaunâtre qui venait de voir le jour sur la terre ferme.

Imaginons une vague formée au cœur de l'Atlantique, dans le sein des tempêtes, une vague qui va son chemin, d'ouest en est, vers l'Europe. Pendant longtemps rien ne s'oppose à elle, rien ne lui résiste, tout au plus un navire, par ci par là, qu'elle soulève comme un fétu de paille si même elle n'est pas d'humeur à le submerger et à l'envoyer par le fond. Or voici que soudain un obstacle se dresse devant elle, un obstacle qui ne ressemble à rien de ce qu'elle a rencontré jusque-là : une falaise calcaire apparemment indestructible, roide et grise, culminant à près de 90 mètres d'altitude. La vague, qui a eu tout le temps de prendre son élan, l'attaque de plein fouet, explose en gerbes dont les plus formidables peuvent passer par-dessus le sommet de la falaise, puis ce qui reste de cette vague après l'explosion repart en sens inverse et se heurte à la suivante, et ainsi de suite, inlassablement, jusqu'à ce que la base de la falaise se creuse d'immenses gouffres où bouillonne l'écume, tandis que des étages supérieurs se détachent de loin en loin d'énormes quartiers de roc. Telle est aujourd'hui la situation sur le littoral occidental des îles d'Aran, mais on sent bien que la mer n'en restera pas là, et qu'elle ne se tiendra pour satisfaite que le jour où cet obstacle, à force de coups de boutoir, aura totalement disparu.

Si l'on attaque l'île d'Inishmore par sa pointe nord-ouest, on est tout de suite dans le bain. Par une journée normalement tempétueuse de la fin octobre, les îles Brannock – une poignée de cailloux auxquels un phare s'est attaché – disparaissent à demi dans une perpétuelle explosion liquide, d'une violence telle que ce spectacle, et le bruit qui l'accompagne, évoque lointainement un déchaînement d'artillerie. C'est ici, semble-t-il, que Flaherty a tourné la célèbre et catastrophique scène finale de *L'Homme d'Aran*, ce film magnifique auquel on peut tout de même adresser deux reproches. Le premier, c'est de prêter aux hommes d'Aran l'habitude de harponner les requins pèlerins, une pêche qu'ils n'avaient peut-être jamais pratiquée, et du moins pas de mémoire d'homme. Le second, c'est d'avoir été à l'origine de la fortune touristique de l'île d'Inishmore – et dans une moindre mesure des deux autres –, au point qu'en haute saison elle accueille aujourd'hui près de trois mille personnes par jour, et que l'on a quelque difficulté à suivre ses habitants – mais sans doute on a tort – lorsqu'ils soutiennent que la pêche reste, avant le tourisme, leur activité principale. Que sa venue dans l'île doive ou non quelque chose au film de Flaherty – elle le suit de quelques années –, l'un des visiteurs les plus remarquables d'Inishmore fut en 1937 Antonin Artaud, qui se promenait alors appuyé sur une canne dont il affirmait tantôt qu'elle avait appartenu à saint Patrick, tantôt à Jésus-Christ, et qui se signala notamment en laissant une ardoise dans la maison – peut-être appelait-on déjà ça un *bed and breakfast* – où il avait séjourné à Eoghanacht. Un peu plus tôt – avant le film de Flaherty –, James Joyce avait passé quelques heures à Inishmore, le temps d'écrire pour une revue italienne quelques pages qui comptent parmi les plus insignifiantes de cet écrivain colossal.

En fait, la mode littéraire des îles d'Aran avait pris naissance longtemps auparavant, dans les dernières années du siècle passé, lorsque le dramaturge John Synge, obéissant à une injonction de William Butler Yeats, s'était arraché aux miasmes parisiens pour venir gaéliser à Inishmaan, une île où il séjournera longuement, à plusieurs reprises, et d'où il rapportera, outre quelques chefs-d'œuvre tels que *Le Baladin du monde occidental*, un petit livre plein d'embruns, de tempêtes et de diableries, intitulé *Les Îles d'Aran*. Ces dernières ne se sont d'ailleurs pas contentées d'attirer des écrivains, elles en ont aussi fabriqué quelques-uns. (Beaucoup moins que de saints, il est vrai : rien que dans le cimetière de Teaghlach Einne, où saint Enda – un évangélisateur athlétique, qui franchissait les mers dans une auge de pierre – passe pour reposer depuis près de quinze siècles, pas moins de cent vingt saints seraient enterrés avec lui, non loin de Tiger King – l'« homme d'Aran » – et d'une paire de naufragés anonymes du *Lusitania*.) Le plus célèbre d'entre eux est incontestablement Liam O'Flaherty, l'auteur du *Mouchard* et d'*Insurrection*, né en 1896 dans le village – ou le hameau – de Gort na gCapall, peut-être le dernier, sur Inishmore, à présenter encore un tel caractère de perfection dans le dépouillement (à ma connaissance, Gort na gCapall n'offre fort heureusement aucun bed and breakfast, et pas la moindre commodité. En revanche, on y voit sécher sur les murs des filets, des casiers et d'autres engins de pêche). Si de Gort na gCapall on se dirige vers la mer, sur un chemin d'abord bien tracé, puis moins bien, puis plus du tout, on tombe un jour ou l'autre sur cette curiosité géologique appelée *the wormhole*, un trou dans le roc, de la taille à peu près d'une piscine, où la mer se débat avec son habituelle fureur, et qui constitue, pour paraphraser Nicolas Bouvier, l'un des très rares rectangles parfaits que la nature se soit offerts (certains ont voulu voir dans le *wormhole* une porte d'entrée du continent perdu, mais il s'est avéré qu'il ne menait nulle part). Si l'on se tient sur le rebord de la falaise avec à ses pieds le *wormhole*, en face de soi les vagues monstrueuses, tonnantes, follement crêtées d'écume, exerçant sur l'esprit une fascination peut-être dangereuse à la longue, si l'on se tient ainsi on découvre à main droite une pente aride, assez forte, hérissée de murets de pierres savamment empilées (savamment et non à la va comme je te pousse, afin que le vent, au lieu de les renverser, passe à travers), par où le littoral occidental d'Inishmore se hausse vers son point culminant, ou l'un de ses points culminants, marqué par les trois enceintes semi-circulaires, ouvertes sur le vide, de Dun Aengus (ou Dun Aonghasa), ce curieux édifice datant vraisemblablement de l'âge du bronze mais dont on ne sait toujours pas à quoi il pouvait servir. À main gauche la falaise s'élève également, mais moins vite et moins haut, et si on la suit, en prenant tout de même garde de ne pas tomber – cela s'est vu –, dans une solitude vertigineuse, côtoyant des abîmes dont le seul souvenir vous fait encore dresser les cheveux sur la tête, on finit, si Dieu le veut, par atteindre Dun Duchathair (le « Fort noir »), un monument tout aussi énigmatique que le précédent. Enfin, au milieu, il y a un chemin, et c'est celui-là que je préfère, même s'il ne ménage pas de vues aussi spectaculaires que le chemin – ou le non-chemin – des falaises. Au milieu de quoi ? Au milieu de l'île, bien sûr, le long de ce qui constituerait son épine dorsale si elle en avait une, entre Gort na gCapall – en fait, depuis Port Mhuirbhigh – et la plage d'An Poll Mor. Ce chemin est comme un songe, il est un peu, si l'on veut, comme certains paysages de la peinture italienne avant l'invention de la perspective. Il est dans la réalité, sans doute, et cependant à côté d'elle. Il est aussi, si je puis me permettre, le chemin absolu, entre ciel et mer, une ligne à peu près droite dans un labyrinthe de murets de pierres, atteignant par moments ce point extrême de la vision où il n'y a pratiquement plus rien à voir, et où ce rien est tout : quelque chose comme ce que Rimbaud dit de l'Éternité. Pour revenir sur terre, pour respirer, précisons maintenant que les îles d'Aran sont peut-être le seul endroit d'Europe où les chiens – il y en a beaucoup – savent se tenir. Au lieu d'aboyer au nez des marcheurs ou de mordre les pneus des bicyclettes, ils les regardent passer dans une indifférence complète, princière, et si parfois ils se déplacent, c'est uniquement pour se faire gratter le crâne, apparemment parce qu'ils vous ont trouvé une bonne tête (la tête de quelqu'un qui aime beaucoup les chiens quand ils la bouclent). Ainsi nous cheminons – je chemine – entre Port Mhuirbhigh (quelle langue, le gaélique, pour mettre trois *h* dans un seul mot…) et An Poll Mor.

Au-dessus de moi le ciel, à ma droite, dans le lointain, la mer. Bientôt le chemin cesse d'être asphalté pour devenir herbu et caillouteux.

Une averse soudaine me force à trouver refuge à l'abri d'un muret, et le passage du grain transforme à trois reprises – avant, pendant, après – la physionomie de l'île et du monde extérieur. Quand la pluie cesse, on remarque que l'île et ses murets, ses haies, ses champs taillés à la masse dans le calcaire éclaté, raviné, sont pleins d'oiseaux comme l'étaient les nôtres – nos champs, si c'est une façon de parler – avant qu'on les remembre, qu'on les épile, que l'on y répande des engrais azotés et des herbicides pour y faire pousser du maïs, entre toutes les plantes la plus stupide et la plus laide. Il y a tant d'oiseaux – des corbeaux, des choucas, des faucons crécerelles, des courlis, des vanneaux, des pies, des rouges-gorges, des chardonnerets, des merles, des grives, des accenteurs, des traquets de plusieurs sortes, des bergeronnettes, des troglodytes – que c'est à donner le tournis. Tout ça chante et gazouille à s'en faire péter, s'ils en ont, les cordes vocales. Et des papillons, même à la fin du mois d'octobre.

Et dans certains de ces prés enclos de murets aux pierres savamment empilées, comme dans un immense et zoologique jeu de l'oie, il y a tantôt un âne solitaire (et lui aussi aime bien qu'on le regarde dans les yeux et qu'on lui frotte le museau), tantôt deux chèvres blanches, tantôt un taureau mugissant, ou une vache rousse avec son veau, tantôt un cheval noir et tantôt un nombre indéterminé de moutons ridicules et bêlants. On marche, on marche, les siècles fuient au loin comme des orages, plus ça va et plus il semble que ça ne devrait jamais finir. Et puis on redescend, il le faut bien, vers Kilronan, cette bourgade où il n'y a même plus un salon de coiffure mais encore un certain nombre de pubs. À la périphérie de Kilronan, des touristes japonais effarés, sac au dos, photographient une statue en plâtre de la Vierge Marie comme s'il s'agissait de l'ange de Reims. Le XXe siècle, on nous l'a dit, s'achemine vers sa fin. Après, soyez-en sûrs, il y en aura d'autres. L'idée, c'est d'arriver à Kilronan avant la fermeture du Spar – *supermarket, coffee-shop, news-agent* – et d'y acheter l'*Irish Times* pour prendre connaissance des dernières et mauvaises nouvelles de l'homme.

Air France Magazine, *février 2000*

Un voyage dans le Wessex au temps de la fièvre aphteuse

En ce printemps pourri de la première année du XXIe siècle, un lecteur enthousiaste de Thomas Hardy se rend dans le Wessex. Le Wessex, c'est ce comté imaginaire qui forme le cadre de ses romans – *Tess d'Urberville*, *Le Maire de Casterbridge*, *Loin de la foule déchaînée* ou *Jude l'Obscur*, pour ne citer que les plus connus – et dont le cœur se situe dans le comté réel du Dorset. À peine arrivé à Dorchester – Casterbridge dans les romans de Thomas Hardy –, le lecteur enthousiaste, dans sa volonté de ne pas porter préjudice à cette région et à l'œuvre qu'elle a inspirée, se heurte à une première difficulté : ce qui frappe, en effet, de prime abord – et cette impression ne fera que se renforcer par la suite –, c'est la beauté, quelquefois prodigieuse, que répandent à profusion la campagne et le littoral du Dorset, et les villes et les villages aussi, bien qu'ils souffrent parfois d'un léger excès d'embonpoint touristique et patrimonial. Au demeurant, cette beauté presque constante, exposant le visiteur à s'étouffer à force de « Oh ! » et de « Ah ! », ne peut faire oublier que le Dorset, lui-même exempt jusqu'à nouvel ordre de « foot and mouth », c'est-à-dire de fièvre aphteuse, jouxte le comté du Devon, infesté quant à lui par l'épidémie. Ce voisinage menaçant se traduit par de sévères restrictions à la liberté de se déplacer autrement que le long des routes asphaltées : en fait, il est pratiquement impossible de mettre un pied dans la verdure, excepté celle des cimetières, d'ailleurs les plus beaux du monde, les plus fleuris, et les seuls où l'on pourrait avoir envie de reposer. Et toute cette campagne, irrésistible de séduction, demeure à peu près aussi inaccessible au visiteur qu'à l'homme qui feuillette un magazine haut de gamme les magnifiques créatures de papier glacé.

Bien entendu, l'héroïne de Thomas Hardy que tout le monde préfère – non seulement parce qu'il s'agit effectivement de la plus émouvante, mais aussi parce que nous lui prêtons les traits de Nastassja Kinski – c'est Tess d'Urberville. Pour se rendre dans le village où l'écrivain la fait naître (Marlott dans le roman, Marnhull sur la carte), il faut au sortir de Dorchester emprunter la route de Sturminster-Newton, une petite ville dans le voisinage de laquelle Thomas Hardy disait avoir passé les plus belles année de sa vie. Inévitablement, à l'entrée de cette route s'étend une vaste prairie couverte de brebis broutant (ou paissant ?) avec toute l'innocence de leur espèce, certaines allaitant leurs agneaux, dans une complète ignorance du sort funeste qui à quelques kilomètres de là a déjà frappé plusieurs dizaines de milliers de leurs congénères. L'entrée de la piste longeant cette prairie et desservant la ferme la plus proche est jonchée de paille imprégnée de désinfectant afin que les automobiles s'y lavent les pieds : quant aux promeneurs, ils sont fermement tenus à distance par une affichette menaçant les contrevenants de poursuites et d'amendes pouvant atteindre 5 000 livres. Ces affichettes, la plupart orange et émanant du Dorset County Council, sont omniprésentes dans la campagne, et même en dehors de celle-ci, de telle sorte que nous ne les mentionnerons désormais que lorsqu'elles comportent des variantes intéressantes ou pittoresques.

À peu près à mi-chemin de Dorchester et de Sturminster-Newton, la route – généralement étroite, bordée de hauts talus à primevères et d'inextricables haies –, après avoir traversé une région d'une verdoyance éblouissante et d'une richesse attestée par le nombre et la qualité des maisons de maîtres (datant de ces époques où l'homme ne nourrissait pas encore les ruminants de déchets d'abattoir), la route franchit les modestes hauteurs des North Dorset Downs. C'est à proximité de leur ligne de crête, dans un paysage calcaire qui crisse un peu sous la dent, élève l'âme et repose l'œil de ses récents excès de vert, que Thomas Hardy situe le long épisode dans lequel Tess, ayant perdu sa virginité, son enfant, son amour et à peu près tout espoir, se retrouve à arracher des navets de Suède, dans un champ tout pierreux balayé par des pluies glaciales. Brr ! le souvenir de cette scène, dans le livre ou dans le film, donne le frisson (s'agissant du film, l'idée que la victime de tels préjudices soit justement Nastassja Kinski porte à son paroxysme notre indignation).

Heureusement, sur l'autre versant, le paysage s'adoucit et moutonne (si l'on ose dire) de part et d'autre de la vallée de la Stour. C'est le val de Blackmore, une région que Thomas Hardy pare volontiers d'une certaine douceur idyllique, bien qu'un grand nombre de drames y surviennent également dans la vie de Tess, laquelle, il est vrai, ne compte en tout et pour tout que quelques jours de bonheur, comme celle de ce calife arabe dont le nom m'échappe. Encore s'agit-il d'un bonheur illusoire et reposant sur un malentendu, mais ceci est une autre histoire. En approchant de Marlott (Marnhull), on rencontre ici et là des troupeaux de vaches bicolores sorties pour s'aérer des étables où elles ont passé l'hiver, mais presque toujours entassées dans des enclos ou des prés minuscules, par crainte qu'elles n'attrapent la maladie si on les laisse s'ébattre plus au large dans leurs habituels pâturages de printemps.

Sur la droite de la route, à l'entrée de Marnhull, l'un de ces pâturages anormalement exempt de tout bétail n'est autre que celui où Tess, dans les premiers chapitres du livre, danse avec d'autres jeunes filles : et la barrière qui donne accès à ce champ – celle précisément (à ce détail près qu'elle est aujourd'hui métallique) d'où Angel Clare aperçoit pour la première fois sa future femme – est inévitablement scellée de la terrible affichette orange du Dorset County Council. Ce qu'il y a de plus beau à Marnhull, comme dans la plupart des villages du Dorset, c'est l'église : elle est entourée d'un cimetière – celui où Tess doit enterrer de ses propres mains, dans l'enclos des réprouvés, son enfant baptisé Chagrin – plein de stèles verdissantes, de jonquilles, de primevères, de grives musiciennes, de merles et de rouges-gorges. Les haies alentour sont toutes enneigées d'aubépine, des couples de tourterelles roucoulent un peu ridiculement dans les arbres plus élevés. Au coucher du soleil, c'est-à-dire au moment où l'ensemble atteint un degré insurpassable de perfection, les freux et les choucas qui nichent dans le clocher se mettent à voler tout autour avec des cris affreux.

Tout serait pour le mieux si n'émanait de l'élevage intensif de volailles qui jouxte le cimetière – et donne de l'autre côté sur la cour de l'école maternelle… – une renversante odeur de merde aviaire. Pas rancuniers, les habitants de Marnhull, ou certains d'entre eux, appellent par voie d'affiche à une réunion de soutien aux agriculteurs dans la salle municipale (10 livres le ticket d'entrée). Bien que le village soit par bonheur, et paradoxalement, moins marqué par le tourisme que beaucoup d'autres dans le Dorset, il compte une excellente auberge, The Crown Inn, qui occupe les locaux, sans doute améliorés, du cabaret où le père de Tess s'enivre pour célébrer la révélation tardive et sujette à caution de ses éminentes origines, révélation d'où procédera toute l'intrigue, et donc tout le mal. On y mange aujourd'hui de l'agneau braisé, dont le prix, précise la carte, est « susceptible de varier en fonction de l'épidémie de fièvre aphteuse ». Le 23 avril, à l'occasion de la Saint-George, The Crown Inn, sous la mention « Proud to be English ? » – Fier d'être Anglais ? –, proposait un menu spécial composé de « soupe royale, coquilles Saint-Jacques de la Reine et bœuf

Wellington ». On voit par là combien les mœurs anglaises demeurent éloignées des nôtres.

À la question : « Allez-vous vous décider à nous parler sérieusement de l'épidémie ? », notre réponse est : « Oui. » Et de même à la question : « Existe-t-il dans l'œuvre de Thomas Hardy, en plus de Tess, d'autres héroïnes attachantes ? ». À quelques exceptions près parmi les seconds rôles, tous les personnages féminins de Thomas Hardy sont attachants, et même, assez souvent, les personnages masculins. Bathsheba, l'héroïne égoïste et capricieuse de *Loin de la foule déchaînée*, n'est pas notre préférée, mais elle a tout de même, au chapitre 17, cette réflexion prémonitoire : « Les moutons sont de si malheureux animaux ; il leur arrive toujours quelque chose ! » On a tiré de *Loin de la foule* une adaptation cinématographique dans laquelle Julie Christie tenait le rôle de Bathsheba, et le film a été tourné en grande partie sur les terres de John et Hilary Hoskin, à deux pas de Dorchester. La ferme des Hoskin compte plusieurs centaines de vaches laitières, un plus grand nombre de bovins destinés à la boucherie, douze cents brebis allaitantes et huit cents hectares de blé et d'orge.

Son territoire est cultivé depuis plus de cinq mille ans, on y retrouve à tout bout de champ des choses romaines, et il inclut même un chef d'œuvre de land-art datant d'une époque très reculée (peut-être le néolithique, pour ce que j'en sais), une sorte de grand tumulus à degrés, couvert d'herbe, évidemment inaccessible pour cause de « foot and mouth precautions ». Le jour de notre entretien avec John Hoskin – le 19 avril –, mille trois cent quatre-vingt-dix-sept cas de fièvre aphteuse avaient été recensés depuis le début de l'épidémie sur tout le territoire de la Grande Bretagne, près d'un million deux cent mille animaux avaient été abattus en conséquence, et près de huit cent mille attendaient le même sort. Dans le Devon voisin, environ cent vingt huit mille moutons, trente-sept mille bovins et trois mille porcs « gisaient morts et pourrissants » – selon les termes du dernier communiqué émanant de la National Farmers Union – sur les terres des fermes contaminées ou menacées de l'être, après le passage des exécuteurs et en attendant celui des nettoyeurs. Bien que le cheptel de sa ferme n'ait pas été touché par l'épidémie, l'activité de John Hoskin est extrêmement perturbée par les incertitudes de l'avenir, les fluctuations du marché et la quasi-impossibilité de déplacer des animaux vivants entre deux points quelconques du territoire britannique. Et même la partie « bed and breakfast » de cette activité souffrirait d'un important déclin de la fréquentation touristique.

Il n'est pas jusqu'au cœur de Thomas Hardy qui ne soit affecté par « foot and mouth », et voici pourquoi : après sa mort, survenue en 1928 à l'âge de quatre-vingt-huit ans, le corps de l'écrivain fut inciné et ses cendres déposées à l'abbaye de Westminster, à l'exception de son cœur qui fut inhumé dans le cimetière de Stinsford, à deux pas de Dorchester et à un long jet de pierre de son cottage natal de Higher Bockhampton. Or l'église et le cimetière de Stinsford, non moins charmants que ceux de Marnhull, voisinent avec une école porcine, ou du moins une porcherie-école, qui fait l'objet de précautions renforcée en raison de la propension bien connue des porcs à tomber malades. De telle sorte que pour atteindre la tombe où repose le cœur de l'écrivain, il faut franchir sur la route un de ces larges paillassons imprégnés de désinfectant, puis se faufiler entre les véritables barricades, montées sur roues, qui interdisent tout accès à cet établissement ultrasensible.

Bien que l'œuvre de Thomas Hardy soit essentiellement terrienne et même rurale, la mer y apparaît tout de même de temps à autre : dans *Le Trompette-major*, elle est l'horizon menaçant d'où peuvent à tout instant surgir les voiles de l'Ogre corse. Dans *Tess*, c'est à Bournemouth – alias Sandbourne – qu'Angel Clare retrouve enfin l'héroïne, retrouvailles qui entraînent le meurtre d'Alec, la fuite des amants, l'arrestation de Tess et son exécution. Dans *Le Retour au pays natal*, Eustacia languit après son enfance passée dans l'élégante station balnéaire de Weymouth – alias Budmouth –, et dans *Loin de la foule déchaînée*, l'inconstant sergent Troy manque de se noyer dans l'anse de Lulworth – alias Lulstead – et décide après cela de se faire quelque temps passer pour mort.

Venant de Dorchester, en chemin vers Lulworth Cove, on traverse une partie de la vallée des Grandes Laiteries et de la lande d'Egdon, deux autres hauts lieux du Wessex. Lawrence d'Arabie a passé au cœur de cette région – où il s'était lié d'une amitié distante, ou discrète, avec Thomas Hardy – les dernières années de sa vie, et il y repose, à Morton, ce qui fait de sa tombe la troisième que nous évoquons depuis le début de cette histoire, bien qu'en règle générale nous ne soyons pas spécialement enclin à hanter les cimetières (précisons qu'à Morton, deux dames âgées, nous trouvant probablement un air de mouton malade, nous ont affirmé que la tombe de Lawrence était inaccessible par suite des « précautions », ce qui s'est avéré inexact). Quant au littoral du Dorset, même s'il nous en coûte de le préciser, il présente aussi quelques hasards : le 27 décembre dernier, prés de Lyme Regis, la falaise, haute de 150 pieds, s'y est écroulée sur plus d'un mile, et la plage est momentanément grevée d'interdictions ou de limitations de circuler presque aussi draconiennes que la campagne.

Sur la route côtière qui va de Bridport à Axminster, on passe insensiblement du Dorset au Devon, d'un comté exempt de fièvre aphteuse à un comté infesté. Rien ne change, au demeurant, dans le paysage, pas plus de bûcher que de charnier, ni de ces animaux « gisant morts et pourrissants » signalés par le communiqué de la NFU. Non que ces charognes et ces bûchers soient imaginaires, mais ils doivent être situés dans d'autres parties du comté. Tout au plus remarque-t-on une multiplication et une aggravation des mises en garde – « Help ! vous entrez dans une zone infestée, utilisez s'il vous plait les routes principales » –, et peut-être une vacuité plus grande encore de ces prairies qui, en cette saison, devraient être couvertes de bétail. Autrement, c'est la même époustouflante beauté de paysages ruraux – collines vertes couronnées d'ajoncs en fleur, chemins creux, bouquets d'arbres aux ramures anciennes et compliquées, avec ou sans leurs feuilles – troués d'échappées maritimes. Au croisement des routes en direction de Chard, de Membury et de Yarcombe, le « sanctuaire pour animaux de Ferne » est fermé au public jusqu'à nouvel ordre (bien que l'Angleterre n'ait jamais compté un tel nombre de chiens de berger « lock-outés » et confiés à des refuges), et un peu plus loin, c'est l'allée menant à la ferme Weston, pourtant toute pimpante et bordée de jonquilles, qui est barrée par une chaîne et surchargée d'affichettes comminatoires aux allures de faire-part.

Le soleil décline alors que sur la route de Thorncombe nous venons d'atteindre le sommet d'une côte d'où se voient dans le lointain l'abbaye de Forde et ses jardins. Accoudé à sa vieille Land-Rover – un modèle qui, dans ses diverses variantes, peut être décrit comme le véhicule national du « Wessex » –, un fermier d'un certain âge s'entretient par-dessus la clôture d'un champ avec un autre, plus jeune, aux commandes d'un tracteur. Le champ au tracteur est blanc et nu, au moins de notre point de vue de citadin, celui d'en face est planté d'orge d'une belle couleur vert émeraude. Il s'avère que les deux fermiers sont père et fils, que le plus âgé est anti-européen mais francophile – ce qui, parmi les agriculteurs britanniques, est moins exceptionnel qu'on ne l'imagine mais ne peut cependant être considéré comme une règle –, et qu'il a servi de 1945 à 1948 dans la RAF. Lui-même ne possède pas de moutons mais quelques porcs et beaucoup de vaches laitières. Aucun cas de fièvre aphteuse ne s'est jusqu'à présent déclaré sur sa ferme, dont le territoire s'étend de part et d'autre de la limite entre la zone saine et la zone infestée, aux confins du Dorset, du Devon et du Somerset. L'homme n'est pas réticent à parler de l'épidémie, mais il préfère de beaucoup les sujets de conversation d'un intérêt plus général, tels que les dangers d'un rapprochement franco-allemand qui laisserait la Grande-Bretagne sur la touche, ou son dernier séjour à Paris qui coïncida par hasard avec l'accident mortel de Lady Diana. À propos de Thomas Hardy, dont l'œuvre n'a pas de secret pour lui, il s'inquiète de savoir comment la traduction française peut rendre les nombreux dialogues en patois du Dorset. Et nous nous abstenons de lui répondre que ces dialogues patoisants sont justement ce que nous aimons le moins dans Thomas Hardy, leur préférant de beaucoup, par exemple, cette phrase que Tess adresse à son amoureux, quelques jours avant sa mort et en bon anglais : « Tout est tourment dehors, ici tout est bonheur. »

Inédit, printemps 2001

Rencontre avec le monde musulman

D'un islam à l'autre

Originaire de la région de Thysville, au Zaïre, Abbas s'y était adonné dans sa jeunesse au christianisme et à un penchant excessif pour la boisson. La rencontre d'un marabout venu du Sénégal l'avait aiguillé sur la voie droite, celle de l'islam et de la sobriété. Par la suite, ses aventures prirent une tournure véritablement légendaire, le menant de Thysville à Khartoum, puis au Caire, du Caire à Damas et de là en Bosnie-Herzégovine : tout cela, selon lui, en vertu d'un décret divin, et dans l'unique dessein de le perfectionner dans sa religion d'adoption. En avril 1992, alors que Sarajevo subissait ses premiers bombardements, Abbas le Zaïrois, marié à une Bosniaque, s'employait à regrouper des livres saints dans la cave de la vieille medresa, en face de la mosquée Gazi Husrev-Beg. En avril 2002, tandis que Sarajevo célèbre l'oscar recueilli par Deniz Tanovic à Hollywood, Abbas le Bosniaque, divorcé, les cheveux blancs et deux enfants, veille sur ces mêmes livres, désormais conservés dans un immeuble voisin de la faculté des sciences politiques. Aujourd'hui, l'homme de Thysville est un musulman bien tranquille qui parle du « Bon Dieu » comme un missionnaire belge, se réjouit des progrès de la foi, bien qu'ils soient trop lents à son gré, et restaure petit à petit sa maison dévastée dans le vieux quartier de Kovaci.

Le cas du commandant Cousteau est moins clair que celui d'Abbas. À Sarajevo, parmi les musulmans les plus audacieux – ceux qui adhèrent par exemple à des hypothèses farfelues concernant les attentats du 11 septembre –, on prétend que l'homme au bonnet rouge s'était in extremis converti à la religion du Prophète. Ce choix lui aurait été dicté par des considérations hydrographiques. Dans le Coran, soutiennent contre toute vraisemblance les audacieux, il est écrit que les eaux de l'Atlantique et celles de la Méditerranée se rencontrent sans jamais se mélanger. Au fil de ses explorations, le commandant Cousteau put vérifier empiriquement l'exactitude de cette vision et, du coup, il se convertit à l'islam. Le type qui m'entretient de cette fable – attestée par un ouvrage illustré, avec vue aérienne du détroit de Gibraltar – est âgé d'une vingtaine d'années. Il est blond, porteur d'une barbe fleurie, vêtu d'un battle-dress et coiffé d'un bonnet de rappeur. Dans les années soixante, on l'aurait identifié sans hésitation comme un hippie. D'autant qu'il est installé derrière un petit éventaire garni d'objets de pacotille : porte-clefs et chapelets, pots de miel, ouvrages de réfutation du darwinisme et cassettes vidéo exaltant le djihad en Tchétchénie, calottes blanches ou bérets basques – ces derniers connus en Bosnie sous le nom de « chapeaux français ».

La scène se déroule le vendredi 12 avril en fin de matinée, juste avant l'heure du prêche, sur le parvis de la mosquée du roi Fahd. Inaugurée en octobre 2000, conçue dans un style qui doit plus à Disneyland qu'à la tradition ottomane, la mosquée est attenante à un centre culturel saoudien également flambant neuf et de proportions imposantes. L'éclat de cet ensemble contraste avec le délabrement des tours d'habitation qui l'entourent, criblées d'impacts grossièrement rapiécés : Alipasino Polje, ce quartier excentré de Sarajevo, est aussi l'un des plus stigmatisés par la guerre et l'un de ceux qui comptent la plus forte proportion de réfugiés, chassés par le nettoyage ethnique de leur ville ou de leur village d'origine. Au fur et à mesure que l'on se rapproche de l'heure du prêche, les paires de pompes s'alignent de plus en plus nombreuses sur le présentoir disposé à l'entrée de la mosquée : on en compte bientôt plusieurs milliers, parmi lesquelles un bon tiers de godillots. Il est vrai que cette journée est dédiée à l'armée, dans laquelle l'imam du quartier aurait occupé pendant la guerre un rang élevé. On observe également que les femmes, peu nombreuses, disposent à l'intérieur de la mosquée d'un local séparé.

Musclé, le prêche s'ouvre sur un hommage à cette armée bosniaque forgée dans la « résistance à l'agression », puis il s'étend, longuement, sur les événements du Proche-Orient, comparant au passage Sharon à Hitler et dénonçant les Américains pour leur complaisance vis-à-vis des « sionistes », coupables d'un « nouveau génocide ». En conclusion, le prédicateur souligne les ressemblances entre la situation actuelle des Palestiniens et celle des Bosniaques dans un passé récent, avant d'appeler à « donner sans compter » lors de la collecte organisée au bénéfice des premiers. Un rapide sondage à la sortie du prêche fait ressortir les nuances de la relation que les musulmans de Bosnie entretiennent avec leur religion : globalement, ce sont les jeunes, indépendamment de leur tenue vestimentaire ou de leur système pileux, qui professent les opinions les plus militantes. Coiffés ou non de « chapeaux français », les croyants plus âgés semblent rester fidèles à une conception plus « titiste » de la religion, conçue comme une affaire privée sans implications politiques. La Palestine ne les passionne pas, le djihad encore moins, et ils n'éprouvent aucune indulgence pour le terrorisme, quels que soient ses mobiles.

Sur toutes ces questions, le point de vue d'Abou Hamza est passablement différent, mais je me suis engagé envers lui à ne rapporter aucun de ses propos, et je tiendrai parole à une exception près. Plutôt petit, assez gros, Abou Hamza se signale surtout par l'abondance et la noirceur de sa barbe, si drue qu'un esprit mal tourné pourrait le soupçonner d'user de quelque artifice pour obtenir une telle cohésion du poil. Sa légende le crédite d'un diplôme de médecine et d'origines syriennes. Quant à l'histoire, elle atteste qu'il joua un rôle important parmi les « moudjahidin » qui, au nom de la foi, choisirent de combattre aux côtés de l'armée bosniaque. Aujourd'hui, à la sortie du prêche, Abou Hamza semble de bonne humeur, il vaque parmi les petits éventaires à la recherche d'albums illustrés, d'une bonne tenue religieuse, pour ses enfants. Se sentant bien disposé à l'égard des Français, ceci grâce à José Bové et aux autres campeurs de Ramallah, il nous invite à prendre des pâtisseries et du thé à la terrasse d'un bistrot voisin. Quatre de ses disciples bosniaques lui tiennent compagnie : un ingénieur, un vétérinaire, un économiste et un type qui se tient coi.

S'agissant de l'économiste, on sent que sa volonté de convertir a quelque chose d'irrépressible. Maigre, flottant dans un vieux costume noir, nez en bec d'aigle, barbe et cheveux châtains, œil bleu noyé d'une bienveillance implacable, il ressemble à ces prédicateurs protestants que la littérature et le cinéma américains nous ont rendus familiers. Avec une pointe d'appréhension, on apprend qu'il se dispose à ouvrir un jardin d'enfants. À notre intention particulière, il développe une argumentation standardisée dans laquelle la conversion – avérée – de Cat Stevens et celle du commandant Cousteau, décidément très en vogue, occupent une place de choix. L'islam, en lui-même parfait, ne doit pas être mesuré à l'aune des imperfections des musulmans. Le régime des talibans, quant à lui, était irréprochable. Oussama Ben Laden est vivant, inch Allah ! La bataille de Poitiers constitue le plus grand désastre de toute l'histoire de l'Europe, condamnée par le succès de Charles Martel à des siècles d'immoralité. Mais ces ténèbres se dissiperont bientôt, Rome elle-même se convertira comme Constantinople avant elle. C'est à ce point de la démonstration qu'Abou Amza, réjoui et se caressant la barbe, reprend la parole, pour affirmer que de cela – le triomphe universel de l'islam –, il est plus assuré que de m'avoir en ce moment même sous les yeux.

De tout ce qui précède, Muhamed Lugavic, l'imam de la mosquée Hadji Hassan, à Tuzla, doit penser à peu près la même chose que moi. Située à une centaine de kilomètres au nord de Sarajevo, Tuzla a toujours eu la réputation d'une ville « rouge ». Aujourd'hui encore, ce qui frappe, quand on arrive à Tuzla, c'est de trouver par exemple quelques avis de décès marqués d'une étoile rouge, ou le portrait de Tito à la place d'honneur dans la boutique d'un coiffeur. Au centre de Tuzla se voit une rue piétonnière bordée de terrasses bien garnies – cette affluence dans les cafés, commune à toutes les villes de Bosnie, n'étant pas qu'un signe d'insouciance, et témoignant plutôt de l'énorme proportion de gens inemployés – et parcourue ce jour-là dans toute sa longueur par une fanfare, précédée d'une troupe de majorettes et marchant aux accents de la lambada. Parmi les flâneurs, on remarque beaucoup de militaires américains des deux sexes, issus de ce qui doit être leur base principale en Bosnie. À une extrémité de la rue piétonnière se dresse une statue de Mesa Selimovic, l'un des plus grands écrivains yougoslaves, originaire de cette ville. À l'extrémité opposée – la plus proche de la mosquée –, une plaque assez discrète marque l'emplacement où soixante et onze jeunes gens, le 25 mai 1995, furent déchiquetés par l'explosion d'un ou de plusieurs obus serbes.

La haine, voilà surtout ce qu'a retenu de la guerre Muhamed Lugavic, l'imam de la mosquée Hadji Hassan, et ce qu'il veut éloigner. Au point d'avoir créé avec des responsables et de simples fidèles d'autres fois – catholique, orthodoxe et bientôt juive – un groupe de réflexion baptisé Most, « le Pont », qui devrait tenir prochainement une réunion publique sur le thème de l'eau, dont la symbolique est, au moins partiellement, commune aux quatre religions. Au point également d'avoir été démis de ses fonctions d'imam principal de la ville par le Reis ul-Ulema, le chef de la communauté musulmane de Bosnie. Il semble que sa volonté de faire enterrer dans le même lieu les soixante et onze victimes du bombardement de 1995 – alors que toutes n'étaient pas musulmanes – ne soit pas étrangère à sa destitution. Non plus que son apparition, à la télévision, aux côtés de Svetlana Broz, la petite-fille de Tito, ou que son amitié de longue date avec un prêtre catholique.

Quelque deux mille personnes ont déjà signé la pétition qui circule à Tuzla pour demander que Muhamed Lugavic soit restauré dans ses prérogatives. Bien que cette initiative, parmi d'autres, témoigne de la persistance de l'esprit d'ouverture propre à cette ville, l'imam démissionné se fait du souci pour les jeunes, « écartés du pouvoir économique, politique et culturel », ignorants du passé de tolérance dont lui-même continue à se prévaloir et soumis aux pressions des courants nationalistes ou bigots. Il s'inquiète également de la confusion introduite pendant la guerre par l'« approche arabe » – c'est-à-dire saoudienne et wahabbite – de l'islam. Paradoxalement, le penseur musulman dont lui-même se réclame est l'Égyptien Mohammed Abduh, tenu pour l'inspirateur de ce courant « salafiste » qui ne passe pas pour l'un des plus éclairés de l'islam contemporain. Mais il semble que la pensée de Mohammed Abduh, comme beaucoup d'autres, puisse être accommodée de diverses façons.

Et si Sejla Kameric détenait, elle aussi, une des clefs de l'islam bosniaque ? Sejla n'est pas seulement l'une des plus jolies femmes de Sarajevo ; elle en est également, à vingt-six ans, l'une des plasticiennes les plus prometteuses. Ayant perdu son père, victime d'un bombardement, lors de la première année de la guerre, puis l'un de ses oncles par la suite, Sejla n'a pas quitté la ville un seul jour pendant toute la durée du siège, et pourtant Dieu sait que les occasions n'ont pas dû lui manquer. C'est peut-être du côté de cette obstination, ou de cette fidélité, qu'il faut chercher l'explication de son intérêt pour l'islam. Son père n'était pas croyant, précise-t-elle, mais il respectait certaines des traditions qui fondent l'identité des Musulmans – dans le sens « national » plutôt que religieux – de Bosnie. Son oncle, en revanche, était musulman dans l'un et l'autre sens, et il possédait une bibliothèque soufiste pleine de raretés. Quand Sejla a manifesté le désir d'y accéder, sa tante a répondu qu'il lui fallait auparavant apprendre assez d'arabe pour être capable de lire le Coran dans cette langue. Bien qu'elle soit rien moins que dévote, Sejla envisage de profiter l'an prochain d'un long séjour à la Rijk Academy d'Amsterdam pour souscrire à cette condition.

Zenica, du Jihad à l'oubli

Il doit bien y avoir un centre, à Zenica, mais ça ne se voit pas. Là où il devrait se trouver, un marché à ciel ouvert se tient plusieurs fois par semaine : parmi d'autres denrées plus banales, on peut s'y procurer un excellent fromage frais fait avec du lait de vache de Travnik. Les dames qui en vendent affirment qu'il y a pas de meilleur lait que celui des vaches de Travnik et, partant, pas de meilleur fromage. Par la suite, on entendra parler de nouveau de ces vaches et de ce fromage.

Le dimanche, il règne une certaine animation sur le marché de Zenica, et cette animation relative se propage aux rues avoisinantes, piétonnières pour au moins deux d'entre elles. Jadis, avant le démembrement de la Yougoslavie, Zenica était une ville industrielle débordante d'activité et saturée de pollution. « Les gens avaient si peu l'habitude de respirer de l'air pur, raconte le tapissier, que certains s'évanouissaient quand ils allaient se promener dans la montagne. » Même s'il ne s'agit que d'une blague convenue, elle trahit la nostalgie qu'inspire au tapissier cette époque où de formidables usines faisaient vivre des dizaines de milliers d'hommes avant de les tuer à petit feu. Aujourd'hui, il semble que plus personne ne travaille à Zenica, ou si peu. Beaucoup de gens sont partis, quelques-uns reviennent, parmi ceux qui avaient été chassés par la guerre, et la plupart, encouragés par l'exemple des frères ou des cousins déjà installés à l'étranger, ne rêvent que de s'expatrier. Les espoirs suscités par la fin de la guerre – ou, plus récemment, par la victoire électorale du parti social-démocrate – s'évanouissent un à un, et la situation dans les pays voisins n'a rien qui puisse les raviver. « La semaine dernière, commente le tapissier, j'étais à Belgrade : les Serbes ne sont pas plus heureux que nous. »

Le café étant devenu le centre de la vie sociale – et peut-être de l'activité économique – en Bosnie, c'est à la terrasse de l'un d'entre eux que se déroule cette conversation. Outre le tapissier, elle réunit un couturier et un pâtissier. Tous les trois sont âgés d'une cinquantaine d'années. Le pâtissier, Albanais de Macédoine, n'est que de passage – pour ses affaires – à Zenica. Il porte une calotte verte de croyant et un large pantalon de velours également vert, d'où il extrait de temps à autre une montre de gousset retenue par une chaîne à sa ceinture. Le couturier, de père albanais et de mère bosniaque, a servi quatre ans dans l'armée, où il a été blessé. Le tapissier n'a pas combattu, et il se félicite – au grand dam du couturier – d'avoir à ses risques et périls aidé des jeunes à se soustraire à la mobilisation forcée.

Descendant d'un militaire ottoman installé à Zenica en 1847 et marié à une fille du pays, le tapissier a reçu dans les années cinquante une double éducation, laïque à l'école publique et religieuse à l'école coranique. Fidèle à l'une et à l'autre, il puise dans l'évocation de cette double appartenance un regain d'enthousiasme pour le régime qui rendait possibles de telles choses. « Nous étions tellement libres ! » insiste-t-il, au risque de surprendre son interlocuteur étranger. « Tito avait réussi à rassembler tous les peuples de ce pays, à construire des usines, à créer un système d'enseignement gratuit. On pouvait aller au bord de la mer aussi souvent qu'on le voulait, et même voyager à l'étranger. » Sur le chapitre de la religion, il se définit sans beaucoup de conviction comme « croyant, mais pas comme ceux qui se sont installés ici pendant la guerre », ou ceux qui se sont tournés vers la religion à la même époque et sous l'influence des précédents. « Dis que tu es musulman ! l'interrompt le pâtissier albanais, tous les musulmans sont les mêmes ! » Mais le tapissier n'en démord pas : non, ceux-là sont trop stricts, lui-même a « une autre façon de voir les choses ».

Zenica, il faut le préciser, s'est taillé pendant la guerre la réputation d'une place forte de l'islam le plus carabiné. Les humanitaires occidentaux n'aimaient pas être affectés dans cette ville où un simple baiser pouvait vous attirer de sérieux ennuis. Les ONG islamiques, en revanche, avaient pignon sur rue, et elles ne se gênaient pas pour soumettre leur assistance à des conditions telles que le port du voile pour les filles ou de la barbe pour les garçons. La légion de volontaires El-Mudzahid et la 7e brigade de l'armée bosniaque, fer de lance de l'islamisme au sein de cette dernière, étaient toutes deux basées dans la région. Après-guerre, beaucoup de combattants étrangers, arabes ou non, s'y installèrent, jusqu'à ce que les autorités bosniaques, lasses de leurs frasques ou sensibles aux pressions de plus en plus marquées des États-Unis, s'en débarrassent par vagues successives, la dernière remontant au lendemain du 11 septembre. Parfois ces demi-soldes du djihad avaient établi entre-temps de minuscules émirats dans des villages auparavant peuplés majoritairement de Serbes ou de Croates, tel celui de Bocinja, près de Maglaj, ou celui de Guca Gora, dans l'arrière-pays de Zenica.

D'entrée de jeu, la recherche de Guca Gora se révèle un exercice assez compliqué. Il semble que personne n'ait entendu parler de ce village, et peut-être est-ce effectivement le cas de Sanel, le jeune serveur du café Dzenita, sur le marché de Zenica. Car lui-même ne fait pas de difficulté pour parler de ces moudjahidin dont il estime qu'ils ont rendu service à la cause bosniaque, mais dont il se rappelle aussi que leurs chants de guerre glaçaient d'effroi ses voisins catholiques. La boutique – un petit bazar – qui jouxte le café Dzenita appartient justement à l'un de ces volontaires musulmans, que Sanel identifie comme saoudien. Celui-là a échappé de justesse à la dernière vague d'expulsions mais les autorités lui ont tout de même confisqué son passeport après le 11 septembre. En l'absence du propriétaire, il ne nous a pas été possible de visiter sa boutique, un de ses associés nous en ayant interdit l'accès parce que nous étions français. Sans doute le malheureux n'avait-il jamais entendu parler de José Bové.

Au départ de Zenica, le chemin présumé de Guca Gora s'élève parmi des montagnes resplendissantes de verdure. Sur de mauvaises routes, on traverse des villages au rythme lent des vaches, ces dernières en trop petit nombre pour qu'on puisse parler de troupeau. Des moutons également se voient ici et là, de même que des maisons dévastées, en rase campagne, évoquant de violentes évictions plutôt que de véritables combats. Près de l'intersection avec une route secondaire menant vers des hauteurs, le mur de soutènement du bas-côté, sur la route principale, se couvre soudainement d'inscriptions vengeresses : « Djihad », « J'aime être un martyr », « Kandahar », « Allah est le plus grand ». Au bout de cette route secondaire ne se trouve cependant qu'un village agricole dont un vieil habitant, coiffé d'un béret basque, soutient contre toute vraisemblance que les graffitis sont l'œuvre de gamins. Puis la route principale franchit un col avant de passer dans une autre vallée, d'enjamber un torrent et de traverser un gros bourg dont l'église, catholique, brille au soleil comme un sou neuf.

Arrivé dans le bled suivant, on apprend que l'on vient de traverser Guca Gora, réoccupé par ses habitants d'origine, croates pour la plupart, et dont il n'y a par conséquent plus grand-chose à dire. Ici, on est à Mosor, et Mosor est un village musulman. La petite mosquée neuve en témoigne, avec son ébauche de minaret hérissé de fer à béton. On marche dans de la bouse de vache, un coq chante, on entend le bruit de l'eau s'écoulant d'une fontaine et celui d'une hache fendant du bois. Passe un grain, suivi d'une éclaircie, et bientôt un arc-en-ciel se déploie, un pied dans Mosor et l'autre dans Guca Gora, avec une telle insistance symbolique que l'on hésite à rapporter cet incident. La famille qui nous ouvre sa porte, à Mosor, confirme que les relations, en particulier commerciales, ont été rétablies entre les deux villages. Quant à ce qui s'est passé auparavant… L'homme – ingénieur, il travaille à Travnik pendant la semaine – préfère évoquer l'époque lointaine où il jouait au foot dans l'équipe de Guca Gora. Ou celle, plus lointaine encore, où sa grand-mère soustrayait des enfants croates aux recherches de partisans assoiffés de sang « oustachi », en souvenir d'un de ses fils, sauvé de ces mêmes oustachis par un prêtre catholique.

La maison où nous sommes accueillis dispose d'un petit jardin et d'un vaste bûcher où l'on stocke le bois pour l'hiver. Le mobilier du salon se compose pour l'essentiel d'un poêle, d'une table et de quelques sièges, enfin d'une commode sur laquelle des semblants de poupées Barbie voisinent avec le long chapelet de la grand-mère et un exemplaire du Coran. Le reste de la décoration consiste en une horloge, un calendrier aux couleurs d'un des deux clubs de foot de Sarajevo, un tableau représentant la mosquée Gazi Husrev-Beg et une photographie encadrée, en noir et blanc, des grands-parents, souriants l'un et l'autre, le grand-père coiffé d'un fez et la grand-mère d'un fichu blanc. L'ingénieur, qui est accompagné de sa femme, également ingénieur, de sa belle-sœur et de sa plus jeune fille, explique que son grand-père appartenait à l'Organisation musulmane yougoslave, un parti créé dans les années vingt par des représentants de l'élite musulmane. Mais il insiste surtout sur l'exceptionnelle qualité des fromages – de ces fameux fromages faits avec du lait de vache de Travnik – que son aïeul exportait alors jusqu'à Vienne. Bien que lui-même ne professe pas plus de croyance que ce qu'exige le respect de la tradition familiale, il est fier d'annoncer que l'école coranique de Mosor aura bientôt formé son premier « hafiz », capable de réciter le Coran par cœur. Et fier aussi de nous présenter l'un des livres écrits par son oncle, publié en 1996 et en anglais sous le titre *Prospérité nord-américaine et moralité islamique*. D'après la quatrième de couverture, le livre s'attache à démontrer que « la pointe de la civilisation mondiale contemporaine consiste dans la société nord-américaine démocratique s'appuyant sur la moralité islamique préservée ». Vaste programme, dont l'oncle ne verra pas la réalisation puisqu'il a trouvé la mort l'an dernier.

Travnik ne mérite pas d'être connue seulement pour ses vaches. C'est aussi la ville natale d'Ivo Andric, et le décor d'un de ses deux plus beaux romans. Au-dessus de la vieille ville, adossée à la montagne, se dresse une forteresse ottomane au pied de laquelle coule un torrent. En semaine, pour pénétrer dans la forteresse, il faut aller frapper à la porte d'un vieil homme aux yeux très bleus, invariablement coiffé d'un béret basque, qui est le détenteur de l'unique clef donnant accès à cette ruine. Le dimanche, Hamid, le vieil homme à la clef, se tient toute la journée assis sous le porche afin de délivrer des tickets aux rares visiteurs : enfants des écoles, touristes étrangers, jeunes couples heureux de disposer d'un endroit un peu retiré pour se bécoter. En bon républicain, Hamid, qui a servi toute sa vie active dans la milice, se définit comme « bosnien d'abord, et musulman ensuite ». La dernière guerre, celle de Bosnie, ne semble pas l'avoir beaucoup impressionné : quelques obus sont tombés sur la forteresse, à l'intérieur de laquelle, grâce à la fameuse clef, il s'était aménagé un petit potager. En revanche, il se souvient comme si c'était hier de cette journée – le 6 avril 1941 – lors de laquelle son instituteur a annoncé en classe le bombardement de Belgrade et l'entrée en guerre de la Yougoslavie. Hamid observe très justement qu'en vieillissant « on se souvient mieux de ce qui est lointain que de ce qui est proche ».

Dans l'enclos des derviches

En août 2001, les accords d'Ohrid ont mis fin à la drôle de guerre qui pendant quelques semaines avait opposé les Albanais de Macédoine aux Slaves du même pays. Et de ce pays ingouvernable, les accords d'Ohrid ont eu le grand mérite d'en faire deux qui ne le sont pas moins. Après leur conclusion, l'Europe, n'écoutant que son courage, s'est promis de faire de leur application un test de sa capacité à gérer seule, c'est-à-dire sans les Américains, une force d'interposition entre deux belligérants minuscules et réconciliés de mauvaise grâce. La partie n'est pas gagnée d'avance, comme en témoigne l'échec, au moins relatif, de la collecte des armes – il suffit de tendre l'oreille pour s'en convaincre – ou les difficultés que rencontre cette force d'interposition, la TFF (Task Force Fox), pour se faire respecter.

Le jeudi 18 avril, une jeep espagnole de la TFF se trouve ainsi bloquée, de concert avec un véhicule aux couleurs de l'OSCE et un troisième appartenant à la police « mixte » (albano-macédonienne), à l'entrée d'une route dont une poignée de braillards a décidé de leur interdire l'accès aussi longtemps que tous les « patriotes albanais » n'auront pas été libérés. La scène se déroule à la sortie de Tetovo – que l'on peut désigner comme la capitale des Albanais de Macédoine –, sous une pluie battante, à deux pas de l'entrée principale de la tekke Harabati Baba. Pour savoir ce qu'est – ou ce qu'était – une tekke, le mieux serait de lire *Le Derviche et la Mort* de Mesa Selimovic. À défaut, on se contentera de la définition qu'en donnent Xavier Bougarel et Nathalie Clayer dans *Le Nouvel Islam balkanique*[1] : une tekke, écrivent-ils, est un « établissement abritant les activités de membres d'une confrérie mystique musulmane ». De telles confréries étaient nombreuses sur tout le territoire de l'Empire ottoman. En Turquie, elles

1. *Le Nouvel Islam balkanique*, sous la direction de Xavier Bougarel et Nathalie Clayer, Maisonneuve et Larose, 2001.

ont été dissoutes – au moins officiellement – dans le cadre de la politique de laïcisation entreprise par Mustafa Kemal-Atatürk ; dans les Balkans, après une longue éclipse sous le régime socialiste, certaines, depuis quelques années, s'efforcent avec plus ou moins de succès de renaître de leurs cendres.

En fait d'activités confrériques, la tekke Harabati-Baba abritait jusqu'au début des années quatre-vingt-dix un complexe touristique. Aujourd'hui, l'enclos de la tekke, délimité par quatre hauts murs, semble de prime abord abandonné. Abandonné, plus précisément, comme on le dit d'une « position » : ce qu'il fut pendant les combats de 2001, et ce dont témoignent ici et là des impacts de balles, des graffitis à la gloire de l'UCK, des vitres brisées ou la charpente noircie d'un bâtiment partiellement calciné. Il y règne un silence pesant, égayé par le bavardage de quelques oies en vadrouille dans l'herbe haute, parmi les tombes de derviches surmontées de turbans de pierre. À force de s'ébrouer et de se racler la gorge, on finit cependant par faire sortir de sa retraite un homme aux allures de pope, bien que par certains traits – le négligé de son ample barbe, la malice de son regard ou la vétusté de ses lunettes – il s'apparente plutôt au regretté Mouna. En fait, il s'agit bien sûr de Baba Tahrir Emini, la plus haute autorité, en Macédoine, de la confrérie des bektachis. Cette confrérie – ou cette « tarikat », pour reprendre le mot turc – se réclame d'un saint homme, Hadji Bektas Veli, sur la tombe duquel nous aurons par la suite l'occasion de nous recueillir. Hadji Bektas vécut au XIIIe siècle en Anatolie, où il prêcha une religion assez débonnaire, semble-t-il, et très syncrétique, ayant emprunté à beaucoup d'autres bien qu'elle procède en premier lieu de l'islam chiite. Plus tard, cette religion – ou ce courant religieux – rencontra un vif succès dans le corps des janissaires, elle essaima dans tout l'Empire ottoman et particulièrement en Albanie, à laquelle elle donna plusieurs de ses grands hommes. Après sa dissolution en Turquie par Mustafa Kemal, la confrérie des bektachis transféra son centre à Tirana, et elle connut encore beaucoup de mésaventures sous le régime communiste, qui, au moins dans ses débuts, chaussé de ses gros sabots, tenta d'en faire une sorte de religion officielle.

Assis derrière un bouquet de fleurs artificielles et sous une pendule enluminée d'images d'Ali, le gendre du Prophète, et de onze de ses douze successeurs dans l'ordre duodécimain, Baba Tahrir, clope au bec, lunettes sur le nez, explique que si la tekke, depuis sa réouverture en 1993, ne rassemble que cinq derviches, les fidèles de la confrérie se compteraient par milliers en Macédoine. Il avance le chiffre, sans doute exagéré, de vingt mille. Volontairement discret sur la dimension mystique du bektachisme, qui relève d'une initiation et ne saurait par conséquent se communiquer entre la poire et le fromage, il insiste sur sa dimension « humaniste » et souligne que, « contrairement à l'islam sunnite », il place l'homme et la femme sur un strict pied d'égalité. Ce qui rend d'autre part le bektachisme sympathique, c'est qu'il ne prohibe pas la consommation de boissons alcoolisées. « Le bektachisme, syncrétise Baba Tahrir, constitue la résultante progressiste, formalisée par Hadji Bektas, de toutes les religions nées avec Adam et prêchées par l'ensemble des prophètes jusqu'à Mahomet. »

En règle générale, les dignitaires, et parfois les simples fidèles, de l'islam sunnite considèrent les bektachis comme des mécréants et des ivrognes, si même ils ne les accusent pas d'encourager l'inceste et d'autres désordres sexuels. Nedjadi Limani, mufti de la région de Tetovo, régnant à ce titre sur quatre-vingt-quatre mosquées – et ce chiffre ne cesse d'augmenter –, estime par exemple que la renaissance du bektachisme, depuis le début des années quatre-vingt-dix, n'a d'autre but que de nuire à l'islam. Ayant parachevé en Arabie Saoudite des études religieuses commencées à Pristina, le mufti de Tetovo ne fait d'ailleurs aucun effort pour apparaître comme un homme d'ouverture. Selon lui, les Albanais « peuvent se débrouiller seuls, sans les Macédoniens » : en revanche, « ils ne peuvent faire reconnaître leurs droits que par la force ou par l'argent », quel que soit le sens exact de cette proposition. « Ce n'est pas par hasard, poursuit le mufti de Tetovo, que Dieu a créé les deux sexes différents : l'homme est fort, la femme est faible. » Le rôle particulier que l'islam assigne à la seconde est celui de mère. « Elle appartient au monde domestique, l'homme au monde extérieur. » Le mufti souligne d'autre part que son village, Celopek, « compte 100 % de musulmans » : or il est assez rare, dans les Balkans, qu'un village compte 100 % de fidèles d'une quelconque religion, à moins que l'on ait poussé certains de ses habitants vers la sortie.

Les villages qui s'échelonnent au pied des montagnes et en retrait de la route principale, entre Tetovo et Gostivar, affichent les couleurs nationales albanaises et présentent une forte densité de graffitis à la gloire de l'UCK ou du PDSH, le parti albanais le plus « radical », et aussi le plus populaire. Les Slavo-Macédoniens font à ces villages une réputation sulfureuse, les accusant d'abriter toutes sortes de trafics. Ces insinuations ne prouvent rien, pas plus, d'ailleurs, que les dénégations des intéressés. Sans doute quelques maisons récentes affichent-elles un certain luxe, tandis que la plupart se dérobent au regard derrière de hauts murs de parpaing. Mais ces particularités architecturales témoignent seulement de ce que certains Albanais sont riches, tandis que beaucoup conservent une conception assez stricte du domaine privé. Quant aux grosses bagnoles de fabrication allemande, équipées parfois de vitres teintées, elles ne sont pas notablement plus nombreuses que dans d'autres villes ou villages des Balkans. La proportion d'expatriés travaillant en Italie, en Allemagne, en Suisse ou au-delà, est un peu supérieure à la moyenne balkanique, déjà très élevée : rien d'extraordinaire là non plus, même si l'on peut s'étonner, à tort ou à raison, du nombre de personnes qui affirment tirer leurs revenus de la pâtisserie, de la vente de pizzas ou du pastoralisme saisonnier dans les régions les plus moutonneuses de l'Italie du Sud. Pour corriger les effets de cette émigration, beaucoup de gros travaux, dans l'agriculture ou le bâtiment, sont effectués localement par de jeunes immigrés originaires d'Albanie. À l'entrée du village de Bogovinje se voit un établissement de nuit dont le caractère bordelier est attesté par les meilleures sources. Mais, une fois de plus, cette région n'est pas la seule, dans les Balkans, où le commerce des femmes, même sous ses formes les plus sordides, bénéficie d'une certaine indulgence des autorités.

À l'arrière-plan du village de Negotino et tout près de celui-ci se dressent de hautes montagnes aux sommets enneigés. Sur des prairies en pente, à l'œil nu, on aperçoit de grands chiens poursuivant des moutons. L'ensemble est très pyrénéen, même si le village de Negotino, quant à lui, est typiquement albanais. À la terrasse du café Hollywood sont attablés un homme âgé coiffé d'un « pliss » blanc, qui a ses quatre fils à l'étranger, un homme plus jeune qui lui-même travaille en Italie – dans la pizza... – et roule en Audi, un employé municipal dont le fils travaille en Autriche. Bientôt ils quitteront la table pour être remplacés par un jeune et fringant imam qui vient de Gostivar et doit prendre ses fonctions à Negotino début mai. Au fait, pourquoi le café est-il baptisé « Hollywood »? « C'est, répond le gérant, afin que les clients, quand on les appelle sur leur portable, puissent répondre qu'ils sont à Hollywood. » Parfois, c'est un peu lassant de demander aux gens la religion qu'ils professent et comment ils l'entendent, surtout quand il fait beau et qu'ils ont envie de parler d'autre chose. De leurs difficultés économiques, par exemple, ou de politique. Le gérant du bistrot, quant à lui, se définit avant tout comme « humaniste ». Peu dévot, semble-t-il, bien qu'il tienne à sa qualité de musulman, il estime que les principes moraux du communisme étaient assez voisins de ceux de l'islam. Bien entendu, le jeune imam fringant, vêtu d'un costume sombre et de bonne coupe, a des vues différentes. Même s'il biaise beaucoup, s'enfermant dans des réponses vagues telles que « l'islam a montré son vrai visage depuis Mahomet jusqu'à l'Empire ottoman », on le sent très conservateur, au fond. Partisan de l'application de la charia, il approuve la mutilation des voleurs et ne peut dissimuler sa réprobation lorsque passent trois jeunes filles en jeans et blouson. Assez habile, au demeurant, il récuse les modèles saoudien, iranien ou afghan, et ne veut entendre parler que de la Malaisie : le seul exemple, selon lui, d'une réussite complète sur le plan « religieux, moral, politique et économique ». Cette prédilection, un peu exotique de prime abord, reflète une tendance en fait assez répandue parmi les intellectuels musulmans turcs ou balkaniques, et qui consiste à souligner la compatibilité de l'islam, même le plus strict, avec le développement d'une économie libérale et prospère.

La route des mosquées effondrées

En 2001, la région frontalière qui s'étend au nord-ouest de Skopje a été le théâtre de violents affrontements. En entrant aujourd'hui dans le bourg de Matejce, dans l'arrière-pays de Kumanovo, on traverse un quartier de maisons brûlées – sans doute à la suite d'évictions – avant d'atteindre le centre, dévasté par les combats de l'an dernier. En bordure de ce qui pourrait être la place du village gît la carcasse d'un char retourné, les chenilles en l'air. Les lampadaires sont pliés ou arrachés, les maisons détruites ou criblées d'impacts. En contrebas, l'énorme coupole d'une mosquée toute récente a été coupée en deux, comme une pastèque, par la chute du minaret. Au-dessus de ce chaos flottent l'emblème national albanais et un drapeau vert frappé du croissant et de l'étoile. Plusieurs remorques remplies de foin sont alignées sur la place du village. On y remarque également un café ouvert, devant lequel stationne un véhicule tout-terrain de l'OSCE accompagné d'une jeep de la TFF (Force Renard). Malgré cela, les habitants albanais de Matejce dévisagent avec circonspection les intrus : la veille, des habitants serbes, de retour, se sont fait virer après avoir été reconnus par des voisins qui les accusent d'avoir fait de coup le feu, en 2001, aux côtés des forces macédoniennes.

La maison où nous sommes reçus par Avdi et Fatmir, tous deux professeurs et francophones, appartient à l'un des frères du premier, Osman, qui vit actuellement en Autriche. Parmi les quatre frères d'Avdi, deux autres se sont expatriés, l'un à Melbourne et l'autre à Brême, voilà une trentaine d'années. La maison d'Osman, comme ses voisines les plus proches, n'a que peu souffert des combats. D'après le récit de Fatmir – un homme non seulement scrupuleux, mais que l'on sent animé d'une véritable passion pour la vérité –, ces combats auraient tout d'abord mis aux prises des combattants de l'UCK, venus des montagnes, et des policiers macédoniens retranchés dans leur commissariat. Puis des hélicoptères de l'armée auraient ouvert le feu sur le village, secondés par des tanks, dont celui qui gît désormais les pattes en l'air, détruit à la grenade par un jeune homme d'un village voisin. Au bout de quelque temps, l'armée macédonienne aurait organisé l'évacuation des civils, en convoi, non sans soumettre les hommes au test de la paraffine. Beaucoup auraient été passés à tabac, mais Fatmir précise que lui-même n'a pas été battu. Voilà pour les combats qui ont entraîné la destruction partielle de Matejce.

Fatmir ponctue son récit de : « Revenons à nos moutons. » Il possède un cahier rempli de citations de grands auteurs, y compris latins, recopiées à la main. « Memento, homo, quia pulvis es », etc. Bien que professeur, il se présente également comme « un véritable agriculteur », possesseur d'une vache, pour le lait, et d'un lopin de terre sur lequel il cultive des légumes pour ses propres besoins et ceux de sa famille. En l'écoutant parler, on se prend à rêver d'un monde peuplé en grande partie de types dans son genre. Fatmir doit approcher de l'âge de la retraite, et cela fait trente ans qu'il enseigne l'albanais, langue et littérature, à Matejce. Après ses études, il a séjourné en France, aux Mureaux, où il donnait des cours à des ouvriers yougoslaves. Il parle des Yvelines comme si c'était le paradis sur terre, ce qui donne du crédit à ses professions de foi « humanistes ». Fils d'un paysan incroyant, lui-même revendique, non sans une certaine audace, son agnosticisme, tout en soulignant qu'« à part quelques intellectuels, ici, tout le monde est pieux », et surtout les vieux, dont la plupart ont fait le pèlerinage de La Mecque. « Moi, je sais que je suis musulman, mais c'est tout. Je ne vais pas à la mosquée. Je ne crois qu'à la science et à l'humanité. Il faut être solidaires et s'entraider. » Cet affichage d'irréligion entraîne une controverse avec Avdi, l'autre enseignant, qui professe quant à lui des idées beaucoup plus conformes.

À propos de la mosquée au minaret plié à angle droit et désormais couché en travers de la coupole, Avdi s'enorgueillit du million de deutsche mark qu'aurait coûté sa construction, tandis que Fatmir s'en afflige. « Ce sont les gens du village qui ont tout payé », insiste Avdi, cependant que Fatmir fait allusion à une petite contribution de l'Arabie Saoudite. Et quand Avdi prétend que « toutes les familles » ont versé une obole pour sa reconstruction, Fatmir le corrige : « Non, ma famille n'a rien donné. » « Bien sûr, reprend Avdi, c'est parce que vous êtes une famille de derviches ! » Originaire du Khorasan, en Perse, et installée dans la région dans le courant du XVe siècle, la famille de Fatmir appartenait en effet, jusqu'à la génération de son arrière-grand-père, à une confrérie de derviches dont la tekke se voit encore à la sortie du village. Ou plutôt, ce qui reste de la tekke : un petit bâtiment de pierre entouré de tombes de derviches et contenant lui-même deux sarcophages, à la tête desquels, sur le mur, on remarque une épaisse couche de noir de fumée et des coulées de cire. D'un air résigné, Fatmir explique que les deux sarcophages renferment les dépouilles de son arrière-grand-père et de son arrière-grand-oncle, et que les traces de cire et de fumée témoignent de la dévotion que, bien malgré lui, les habitants du village portent à ses ancêtres. « Surtout depuis la guerre, ajoute-t-il, ils viennent ici pour les malades quand le médecin ne les guérit pas », précisant que cette dévotion peut aller jusqu'au sacrifice de moutons.

Trente-sept mètres : telle était la hauteur du minaret plié. Depuis la destruction de la mosquée, les services, de même que les cours du « mekteb » – l'école coranique – ont lieu au sous-sol, dans deux salles au plancher revêtu de tapis saoudiens, mais de bas de gamme. Avant la guerre, Matejce disposait également d'une église orthodoxe en état de marche. L'église est toujours là, sur une hauteur. Sous le parvis s'ouvre désormais un grand trou, creusé par des paysans crédules à la recherche d'un trésor, tant il est vrai que la religion des autres recèle toujours des trésors cachés. Tout autour de l'église sont éparpillées des douilles d'obus de char et de balles de mitrailleuse. Sans doute les deux camps l'ont-ils utilisée tour à tour comme une « position ». À l'intérieur, nettoyé par un incendie qui ne s'est pas communiqué à la structure, les murs, noirs de fumée, sont couverts de graffitis parmi lesquels on remarque les silhouettes stylisées d'une mosquée, d'une Kalachnikov ou des Twin Towers et de deux avions s'apprêtant à les percuter, accompagnées d'inscriptions exaltant l'UCK, « Bin Laden », « Al Kaida » et le « Muslim Power ».

Encore une mosquée en ruine. Mais, cette fois, il s'agit d'une destruction imputable à la tectonique des plaques, puisque c'est le tremblement de terre de 1963 qui l'a jetée par terre, avec la moitié de Skopje. Le minaret est resté debout, dominant le quartier commerçant de Topana : sous l'Empire ottoman, il paraît qu'on y fondait des canons et que les Roms étaient nombreux à travailler dans cette industrie. Avant la Seconde Guerre mondiale, le quartier était encore peuplé majoritairement de Turcs. Après leur départ, il s'est progressivement albanisé, bien que l'on y rencontre également des Torbèches et des Pomaques – deux minorités à la fois slavophones et musulmanes – ainsi que des Bosniaques. Quant aux Roms, la plupart auraient quitté Topana – à moins qu'on ne les en ait éloignés – à la suite du tremblement de terre, pour se regrouper dans le quartier périphérique et « haut en couleurs » de Sutka. Au pied de la mosquée en ruine, surnommée « la mosquée des boutiques », une maison blanche et basse abrite la retraite de l'imam du quartier.

Après quarante-deux deux ans de service, l'imam à la retraite présente une certaine ressemblance avec Raymond Aron. Dans la matinée du lundi 22 avril, il se tient dans son cabinet de travail, assis derrière un bureau sur lequel reste ouvert le livre qu'il était en train de lire, écrit en 1967 par un auteur jordanien et traitant du conflit israélo-arabe. Il y a beaucoup de grâce dans la manière qu'il a de s'exprimer, une cigarette à la main, qu'il s'adresse à nous, à l'une de ses filles passant pour rapporter un livre ou à un commerçant du quartier venu en voisin se mêler à la conversation. Le commerçant est « albanais », tandis que l'imam est « turc ». Le premier a passé cinq ans à Brooklyn et en conserve une vive nostalgie, qu'il exprime en assaisonnant ses propos de quelques « Hold on ! ». Il est manifeste qu'il éprouve une grande admiration pour l'imam, sa sagesse et sa science, entretenues par l'étude des textes mais aussi par la lecture quotidienne des journaux. « En ville, il n'y en a pas deux comme notre imam », affirme l'homme de Brooklyn. « Parle pour les gens comme nous, les vieux ! » le corrige l'imam avec une modestie qui ne paraît pas feinte : « Parmi les jeunes, il y en a qui sont au moins aussi savants que moi. »

Interrogé sur l'islam des Roms – une grande majorité d'entre eux, en Macédoine, se déclarent musulmans –, l'imam s'est montré évasif, voire condescendant, suggérant qu'ils n'étaient musulmans que nominalement, tout en se réjouissant de ce qu'ils aient entrepris la construction d'une mosquée neuve dans leur quartier de Sutka. (Aujourd'hui, ce projet demeure dans les limbes, faute d'argent, et les Roms musulmans de Sutka ne disposent dans leur quartier que d'une mosquée minuscule, coiffée d'un minaret astucieusement découpé dans un tuyau de poêle.) Enfin, quand on lui parle de Baba Erol, l'imam ne peut réprimer un sourire, concédant qu'il l'a « vu à la télévision » et s'abstenant d'en dire du mal tout en nous faisant comprendre qu'il n'en pense pas moins. Or ce Baba Erol nous a été signalé, à la fois par erreur et à juste titre, comme un porte-parole, ou tout du moins comme un interprète qualifié, de l'islam des Roms... Par erreur, car il est « turc », et jouit cependant de peu de considération auprès des représentants de l'islam sunnite. À juste titre, dans la mesure où sa « tarikat » – sa confrérie – compterait en effet parmi ses adeptes une proportion importante de Roms.

La tekke de Baba Erol – « comme Errol Flynn », précise de lui-même ce dernier – se trouve à Skopje dans le quartier de Gazi Baba. Elle vient d'être repeinte en vert et sent encore la peinture fraîche. Dans la cour, des canards se promènent, comme à l'accoutumée, parmi les tombes de derviches. Baba Erol, coiffé d'un chapeau noir, nous reçoit dans une pièce décorée de deux fresques, dont l'une représente Baba Erol, et l'autre Ali, le gendre du Prophète. Derrière lui, pendant qu'il parle, on remarque contre le mur tout un lot de brochettes enfilées sur une corde, car Baba Erol appartient à la fameuse confrérie des Rifa'i (ou Rufa'i), celle dont les adeptes, dans la recherche de l'extase mystique, se percent les joues et d'autres parties du corps. Il est le sixième, dans sa famille, à assumer la charge de « Baba » de la confrérie à Skopje, qu'il transmettra à l'un de ses fils. Il a vingt-cinq ans d'ancienneté dans le métier et confirme que les Roms représentent près de la moitié de ses fidèles, dont il estime le nombre total à cinq cents. Étrangement, et bien qu'il affirme d'autre part que les Rifa'i peuvent se reconnaître à certains signes particuliers, il semble peu soucieux de distinguer sa confrérie de celle des bektachis, et moins encore de celle des mevlevis, ainsi nommés d'après le poète et mystique Mevlana, dont le mausolée, à Konya, en Anatolie, fait l'objet d'une ferveur tolérée – sinon encouragée – par l'islam sunnite. Baba Erol, dont les considérations sur la mystique des Rifa'i peuvent engendrer une certaine impression de confusion, semble transporté rien qu'à l'évocation de ces deux noms,

Mevlana et Konya. De cette dernière, il dit qu'elle est « comme la source d'où s'écoule une eau pure dont nous sommes de petits ruisseaux ».

Laïcité / religion, ménage ambigu

L'islam sunnite a connu en Turquie beaucoup de tribulations. Même un bref résumé de ces dernières relève d'un travail d'historien pour lequel l'auteur de ces lignes n'est pas qualifié. En deux mots, disons que l'islam sunnite fut la religion de l'Empire ottoman – mais non, bien entendu, de lui seul –, que la révolution de Mustafa Kemal-Ataturk s'efforça de l'« occidentaliser », c'est-à-dire de l'écarter du pouvoir temporel, et que le rôle particulier reconnu par les États-Unis à la Turquie, dans le contexte de la guerre froide, a permis, de concert avec bien d'autres facteurs, son retour offensif sur la scène politique. Aujourd'hui, la Turquie se débat dans des contradictions apparemment sans issue entre son statut d'« État laïque », dont les militaires apparaissent comme les défenseurs les plus acharnés, et le poids croissant de l'islam sunnite, y compris dans la sphère politique. Le statut du personnel religieux – formé dans des établissements d'État et étroitement surveillé par celui-ci – illustre ces contradictions, tout comme l'éviction du gouvernement de Necmettin Erbakan – à la fois « islamiste » et parfaitement légal –, le 28 février 1997, à la suite d'un « coup d'État » d'inspiration militaro-laïque et non moins légal que le gouvernement évincé. Frappé d'interdiction, le Parti de la prospérité, ou Refah – le parti d'Erbakan –, a survécu à travers diverses réincarnations. C'est l'une d'entre elles qui, le plus légalement du monde, contrôle parmi beaucoup d'autres la municipalité de Sultanbeyli, un faubourg d'Istanbul situé sur la rive orientale du Bosphore.

Pour une population estimée à cent soixante-seize mille personnes, Sultanbeyli dispose déjà de quatre-vingt-quatorze mosquées, ce qui ne fait jamais qu'une mosquée pour quelque mille huit cent soixante-dix habitants. Ceci d'après le mufti du quartier, formé dans une école d'État, rétribué par ce dernier et désigné à ce poste par un département des affaires religieuses dépendant du cabinet du Premier ministre. Avec tout cela, il ne faut pas s'étonner si le mufti s'exprime avec autant de fantaisie et de spontanéité qu'une horloge parlante. Éludant la plupart des questions – celle relative à l'influence préservée des confréries dans la société turque, par exemple –, il laisse échapper, cependant, une réflexion douloureuse à propos de l'allongement de la scolarité obligatoire (laïque), qui a privé les écoles religieuses (contrôlées par l'État) d'une partie de leur clientèle. Celle dont il assure la direction ne compte que quarante-cinq élèves, c'est-à-dire trois fois moins que sous le règne brutalement interrompu d'Erbakan. En 1996, la très vaste mosquée qui jouxte cet établissement venait d'être achevée. L'euphorie était telle, parmi les croyants, que l'on avait entrepris de construire au-dessus de la mosquée, sur plusieurs étages, un centre d'études islamiques dont les proportions imposantes font cruellement ressortir la vacuité de l'ossature de béton à quoi l'interruption de ce chantier l'a réduit. « Par suite de la crise économique », affirme le mufti, sans conviction, même s'il est indéniable que la Turquie affronte une crise qui affecte tous les secteurs de la société. Le bureau du mufti est décoré d'un grand portrait de Mustafa Kemal – mais il n'est pas un local public qui en soit exempt –, et sur sa table, vierge de toute indication d'un travail en cours, le Coran voisine avec quelques stylos d'apparat, et une reproduction de la Kaaba enfermée dans un petit cube de plastique.

Sur le marché de Sultanbeyli, on observe une écrasante majorité de femmes vêtues de la tenue islamique de rigueur – fichu sur la tête et manteau jusqu'aux chevilles –, une minorité de femmes enveloppées des pieds à la tête d'un linge noir ne ménageant qu'une fente pour les yeux, et une poignée d'audacieuses vêtues « à l'européenne ». Le kilo d'aubergines se négocie à 1,5 million de livres turques, une paire de pantoufles à 2 millions. Assez logiquement, les boutiques de fringues s'alignent sur les valeurs dominantes dans le quartier, c'est-à-dire qu'elles proposent surtout, pour les femmes, des manteaux longs et généralement sombres, de marque Bayram, Touran ou Karagöz. Pour celles qui en ont les moyens, on trouve cet uniforme dans une version d'été un peu plus claire et taillée dans des étoffes plus légères. Compter de 35 à 50 millions. L'une de ces boutiques est tenue par un Kurde – un citoyen turc d'origine kurde – qui se plaint d'avoir enregistré depuis deux ans une baisse de 60 % de son chiffre d'affaires. « Et ça devient de pire en pire. On a beau baisser les prix, les gens ne peuvent plus acheter. » La population du quartier est en grande partie composée de « paysans », comme dit le marchand d'habits, originaires du centre ou du Sud-Est de la Turquie. Par suite de la crise économique et de la relative amélioration de la situation politico-militaire dans le sud-est, ce mouvement d'exode rural aurait tendance à se réduire et peut-être même, au moins localement, à s'inverser.

L'artère principale de Sultanbeyli est nommée Fatih, « le Conquérant », d'après le surnom de ce sultan, Mehmed II, qui, en s'emparant de Constantinople, fit don à l'histoire universelle d'une de ses dates les plus faciles à retenir. L'avenue Fatih est bordée de nombreux commerces. Face au siège d'un des partis qui perpétuent les valeurs du Refah se voit un alignement de onze bijouteries. Mais ce qui retient surtout l'attention, sur le même trottoir, c'est une librairie moderne et spacieuse dont la devanture expose en grand nombre des livres de Fethullah Gülen, l'inventeur d'un des courants de l'islam turc les plus difficiles à cerner. Aujourd'hui exilé, plus ou moins volontairement, aux États-Unis, Fethullah Gülen est connu pour ses discours télévisés, relayés par des cassettes, d'une telle intensité religieuse et sentimentale qu'ils s'achèvent souvent dans les larmes. Il est le fondateur d'un mouvement « néoconfrérique », les fethullahci, qui passe pour contrôler un véritable empire économique, exemplaire de ce que les tenants de la laïcité flétrissent sous le nom de « capital vert ». Le plus beau fleuron de cet empire, ou du moins le plus voyant, est un réseau d'établissements d'enseignement implantés en Turquie, dans les Balkans, dans les pays turcophones de l'ex-URSS et au-delà. Bien qu'il ait toujours sacrifié à toutes les obligations du « kémalisme » officiel – au point de faire chanter l'hymne national turc, dans ses écoles, à des enfants sud-africains ou japonais... –, et bien qu'il affiche en toutes circonstances une tolérance confinant à l'hérésie – ainsi de sa rencontre avec le pape –, le leader charismatique et lacrymal a été accusé tour à tour d'être un agent des États-Unis, ou de vouloir infiltrer l'État turc afin de saper insidieusement les fondements de sa laïcité.

Au sous-sol de la librairie, à côté d'une pièce destinée à accueillir un « cybercafé », se tient une vente de charité au bénéfice de l'école coranique du quartier. Trois dames en fichu s'affairent en souriant autour des plateaux de petits gâteaux. Quels que soient leurs véritables projets, les fethullahci savent se présenter sous des dehors très gracieux. « Les médias, commente un des clients de la librairie, montrent les musulmans comme barbares et cruels. Hoca efendi – ainsi qu'il est convenu, parmi ses fidèles, de nommer Fethullah

Gülen – veut briser cette image par le dialogue et par l'exemple. » Aujourd'hui, ajoute ce propagandiste spontané, « le monde est dominé par les intérêts égoïstes. Hoca efendi veut restaurer le sens du bien commun ». Lui-même, « avant de rencontrer la voie », était de son propre aveu d'un nationalisme agressif. Désormais, estimant qu'il faut « aimer le monde parce qu'il a été créé par Dieu, et Dieu parce qu'il a créé le monde », il affirme « respecter les adeptes de toutes les religions et même les athées ». Son amour pour la création va jusqu'à « refuser d'arracher une plante sans nécessité ». Le système du Hoca exclurait toute violence et toute contrainte, incitant au contraire ses fidèles à « lancer des roses à ceux qui leur jettent des pierres ». De son côté, le Conseil de sécurité nationale – l'instance suprême du système militaro-laïque – accuse le mouvement de pratiquer sur ses adeptes un véritable lavage de cerveau.

Quoi que l'on pense de l'islam politique en Turquie, il faudrait beaucoup de mauvaise foi pour nier que Sultanbeyli soit désormais l'un des faubourgs les plus propres d'Istanbul, et, paraît-il, l'un des plus sûrs. À l'opposé, le quartier de Gazi, sur la rive occidentale du Bosphore, a longtemps passé pour un repaire sinon de brigands, au moins d'ultra-gauchistes. Au milieu des années quatre-vingt-dix, les chauffeurs de taxi faisaient des difficultés pour s'y rendre, tandis que la police y entretenait une ambiance proche de l'état de siège. Et il est de fait que l'extrême gauche était très présente, au moins par voie d'affiches et de badigeonnages, dans ce quartier dont la population s'estimait délaissée, tant pour l'infériorité de sa position sociale que pour son adhésion à l'alévisme. Pour aller vite, l'alévisme peut être défini comme une sorte de bektachisme sans « tarikat » (confrérie). Dans les deux cas, il s'agit d'une religion populaire fortement syncrétique et se réclamant non seulement d'Ali (d'où son nom) mais de cet Hadji Bektas Veli sur la tombe duquel nous finirons bien par nous rendre. Historiquement, l'alévisme entretient des liens privilégiés avec le kémalisme, au point de mentionner régulièrement le nom d'Atatürk lors de ses cérémonies religieuses. Idéalisé ou instrumentalisé par l'extrême gauche à partir des années soixante, l'alévisme lui a prêté quelques-uns de ses symboles et lui en a emprunté d'autres, avant de prendre ses distances lorsqu'elle s'est engagée tête baissée dans une impasse. Aujourd'hui, bien qu'il subsiste des îlots de grande pauvreté, l'état du quartier de Gazi s'est amélioré, et la proportion d'alévis a diminué même s'ils restent nettement majoritaires.

Ce qui frappe sur le marché de Gazi, par comparaison avec celui de Sultanbeyli, c'est d'abord que les femmes y sont beaucoup plus rares à porter des tenues islamiques, mais aussi qu'il est bien plus facile de s'y procurer, par exemple, des produits de beauté. L'insistance sur l'égalité entre les sexes est une des caractéristiques de l'alévisme, et c'est un point que se plaît à souligner le « dede » – le responsable de la communauté – du quartier. Même si le dede « ne fait pas de politique », il ressort des propos de son entourage que la social-démocratie, telle que l'incarnaient par exemple un Willy Brandt ou un Olof Palme, bénéficie toujours de la faveur des alévis. Ils font aussi grand cas de la Déclaration des droits de l'homme et des « idéaux de la Révolution française », au point de manifester pour l'évolution politique de notre pays un intérêt passionné. « Parmi les cinquante-deux pays musulmans que compte la planète », souligne l'un des « sociaux-démocrates » – un homme d'une cinquantaine d'années qui travaille dans le bâtiment –, « seule la Turquie jouit d'un régime démocratique. Encore le pays se porterait-il beaucoup mieux s'il était resté plus fidèle à l'esprit de Mustafa Kemal ». L'entretien se déroule au siège de la Fondation culturelle Hadji Bektas Veli, un petit immeuble, inachevé, dans lequel sont regroupés sur plusieurs niveaux différents services destinés à la communauté. Le dernier étage est occupé par la « djemeve », le local où chaque jeudi soir se déroule le « djem », la prière des alévis.

Comme dans une mosquée, on se déchausse avant d'entrer, on invoque le nom de Dieu et celui du Prophète, mais la ressemblance s'arrête là. Les hommes et les femmes se tiennent dans le même espace, disposés en demi-cercle, les femmes sur la droite du dede et les hommes sur sa gauche. Deux joueurs de « saz » – une sorte de mandoline – interviennent à plusieurs reprises au cours de la cérémonie, dans laquelle la musique, instrumentale ou chantée, joue un rôle important, de même que la danse dite du « semah » (peut-être convient-il de préciser que cette danse n'a rien de bachique). En préambule, le dede a présenté l'un des joueurs de saz, un nouveau, comme un « étudiant en comptabilité de l'université de Marmara et un bon républicain ». La cérémonie est longue – près de deux heures et demie – et assez monotone pour quiconque n'en perçoit la signification que par instants. Elle se termine par une distribution générale et symbolique de pommes et de biscuits, après quoi tous les fidèles se congratulent et s'embrassent avant de se séparer.

Ferveur sur deux tombes

Située en Anatolie centrale, Konya est si bien la ville de Mevlana[1] que l'on y est accueilli par une banderole célébrant le 774e anniversaire de l'arrivée de ce « saint » pas très catholique, grand mystique, au demeurant, et poète de premier ordre. Bien entendu, ce qu'il reste en Turquie d'authentiques mevlevi (disciples de Mevlana) récusent ces manifestations officielles, tout comme les performances, à heures fixes, de « derviches tourneurs » rétribués. Toute l'activité hôtelière ou commerciale du centre ville gravite autour du tombeau de Mevlana, devant lequel défilent à longueur de journée des touristes de toutes nationalités, mais aussi des Turcs de toutes conditions, des femmes en particulier, et de très ferventes, quelles que soient les raisons de cette prédilection féminine que l'on observe également, à Istanbul, dans le cercle restreint des mevlevi en activité. Fin avril, lors d'une émission de télévision, le président du département d'histoire de l'université Selcuk a accusé Mevlana d'avoir été un espion au service des Mongols. Or la première réponse à cette accusation effroyable n'est pas venue d'une quelconque autorité religieuse ou académique, mais du directeur du tourisme à Konya, qui s'est surtout plaint de ce qu'elle pourrait renforcer « l'image négative de la région », déjà « considérée comme le berceau de l'islamisme » en Turquie.

Cependant on ne nourrit pas une ville de près d'un million d'habitants avec le souvenir d'un poète, si grand soit-il. Après avoir été l'un des centres les plus effervescents de ce « capitalisme vert » qui donne tant de soucis aux kémalistes, Konya – administrée depuis une vingtaine d'années par des partis « islamistes », et plutôt bien de l'avis général – semble aujourd'hui frappée par la crise économique, au même titre que d'autres villes de Turquie. Peut-être souffre-t-elle aussi, plus spécifiquement, d'un léger accès de folie des grandeurs qui aurait entraîné la municipalité, ou les entreprises qu'elle favorise, dans des projets surdimensionnés : c'est du moins l'impression que l'on éprouve en parcourant en tramway les quelques kilomètres séparant le centre ville de l'université, au milieu d'une forêt d'immeubles d'habitation inachevés ou inoccupés pour la plupart, dominée par la silhouette d'un hôtel Hilton de dimensions émiratiques. Le Hilton ne doit ouvrir que

1. Plus connu, en France, sous le nom de Jalāl al-Dīn Rūmī.

d'ici quelques semaines, mais on peut d'ores et déjà se poser des questions relativement à son taux de remplissage.

L'université Selcuk, quant à elle, accueillerait quelque soixante mille étudiants, dans des conditions assez révélatrices des ambiguïtés de la Turquie. Pour commencer, le campus est doté d'une mosquée de taille imposante, dont la présence semble peu compatible avec les principes de la laïcité. En revanche, l'interdiction du port du voile – ou du fichu – y est appliquée avec le même zèle que partout ailleurs, ce qui amène un certain nombre d'étudiantes à se couvrir le chef d'une perruque généralement très repérable, que cette visibilité traduise une volonté d'ostentation ou un simple souci d'économie. Au passage, il convient de noter que ces étudiantes perruquées ne sont pas moins que d'autres enclines à se promener bras dessus, bras dessous avec leur fiancé. Le campus possède d'autre part une grande galerie commerciale à caractère lucratif et privé, proposant des boutiques de fringues ou de portables, une agence de voyages, des débits de nourriture rapide et une cafétéria dominée par un écran ultralarge sur lequel défilent les mêmes clips, déliquescents et sexy, que dans le reste du monde.

Assistant de sociologie à l'université Selcuk, Yasin ne trouve rien à redire à cet étalage de tentations séculières. Bien qu'il prétende avoir eu des « tendances gauchistes » quand il était étudiant – mais cette coquetterie, ou cette évolution, est assez répandue chez les jeunes intellectuels musulmans –, et bien qu'il professe une grande estime pour Pierre Bourdieu, il semble aujourd'hui tout à fait converti aux valeurs du libéralisme, très influencé par la pensée de Fukuyama et plein d'espoir dans la conjonction d'un « islam moderne » et de l'économie de marché. « Dans les années soixante-dix, argumente-t-il, l'islam politique était proche du socialisme. Dans les années quatre-vingt, il se caractérisait par son anticolonialisme. Depuis le début des années quatre-vingt-dix, il s'est converti au libéralisme et à la démocratie. » De son point de vue, l'« islam politique », au moins en Turquie, a donc renoncé à toute volonté d'instaurer la charia et ne met plus en cause les valeurs de la laïcité. Mais de cette évolution, envisagée sous son aspect local, ce sont presque toujours des preuves « économiques » qu'il met en avant : ainsi de la qualité et de la variété des services offerts par l'hypermarché du groupe Kombassan – fer de lance, aujourd'hui un peu émoussé, du capital vert – ou de la multiplication des restaurants et des commerces ouverts tard le soir à Konya, qui feraient de celle-ci une ville bien plus vivante et noctambule que Berlin, par exemple, d'où il revient et qu'il a jugée très éteinte.

En 2001, Yasin a séjourné six mois à Salt Lake City, aux États-Unis, parmi les mormons, dont il souligne qu'« ils prennent soin de leur corps » – encore un trait de modernité – d'une manière assez proche des prescriptions islamiques : pas de tabac, non plus que d'alcool, de café ni même de Coca-Cola, « rien que des jus de fruits et de l'eau ». Plus sérieusement, les mormons lui paraissent donner l'exemple d'un développement économique reposant sur des valeurs communautaires et religieuses assez strictes, génératrices de consensus et de productivité, mais sans rien d'attentatoire à la laïcité, au moins dans le sens assez élastique que les États-Unis prêtent à ce concept. Yasin était l'hôte des mormons lors des attentats du 11 septembre, et il a pensé aussitôt qu'« aucun musulman ne pouvait être à l'origine d'un tel crime ». Par la suite, comme « beaucoup de musulmans dans le monde », ses soupçons se sont orientés vers un « complot », une « conspiration », dont il se refuse à préciser la nature. Mais il observe tout de même que « d'après certaines sources », les Twin Towers « venaient d'atteindre le terme de leur durée de vie », autrement dit qu'elles étaient usées, et qu'ainsi leur destruction aurait pu constituer, obliquement, une bonne affaire.

Au sortir de Konya et si l'on se dirige vers le nord-est, on traverse un paysage de steppe exactement semblable à ceux que l'on rencontre dans toute l'Asie centrale : platitude et monotonie, végétation rase et peu substantielle, marbrée de jaune, de mauve ou de rouge par la floraison printanière, arpentée par des cigognes et broutée de loin en loin par des troupeaux de vaches maigres ou de moutons à peine plus replets. Sur les fils électriques sont alignés par dizaines des rolliers bleus et des faucons de deux ou trois sortes. Puis la route s'élève parmi des montagnes tantôt nues et tantôt plantées de céréales. Izmet, le chauffeur du taxi jaune – qu'il a reçu en cadeau de son fils, un avocat –, paraît sensiblement plus âgé que ses cinquante-huit ans, avec son front très dégarni, ses lunettes et son collier de barbe blanche. Peut-être cela tient-il à la dureté du métier qu'il a exercé toute sa vie – d'abord au volant d'un « dolmus », un taxi collectif, puis d'un taxi tout court – ou au choc causé par la disparition de sa fille, également juriste, tuée dans un accident de la circulation avec son mari et son fils. Izmet est un homme pieux, et bien qu'il revienne à plusieurs reprises, durant le trajet, sur les circonstances de ce drame, survenu alors que son gendre « venait justement d'acheter une voiture neuve », il semble s'y résoudre dans la mesure où c'est « Dieu qui nous fait et Dieu qui nous reprend ». En dépit de ce chagrin qui le taraude, il sourit volontiers, tant parce que

« [sa] religion prescrit d'être joyeux » que parce qu'il a entendu dire que « dans une île du Japon », les gens « vivaient très vieux parce qu'ils étaient très souriants ».

Malgré tout, Izmet estime qu'il y a « beaucoup de souffrance dans le monde » et, de lui-même, il cite en exemple l'« oppression des Palestiniens ». Il ne fait pas mystère d'avoir toujours voté pour le parti d'Erbakan ou pour ceux, de même coloration, qui lui ont succédé. La prochaine fois, s'il n'est pas interdit entre-temps, il votera pour le parti AKP de Tayyip Erdogan, ce politicien dont les autorités s'efforcent d'entamer la popularité, croissante dans les sondages, en portant contre lui des accusations peut-être justifiées d'« islamisme », ou en montant en épingle certains de ses propos, présumés « attentatoires à l'honneur de l'armée », tenus il y a dix ans ou plus. En 1999, Izmet s'est rendu avec sa femme en pèlerinage à La Mecque et il pense n'avoir rien négligé de tout ce qu'il convient de faire en de telles circonstances. Ils ont beaucoup prié, et il se souvient aussi d'avoir eu très chaud. Après plusieurs heures de route et un arrêt à Nevsehir, pour déjeuner dans un restaurant irréprochablement propre appartenant au groupe Yimpas, non moins « vert » que le groupe Kombassan, on atteint en milieu d'après-midi le bourg d'Hacibektas.

C'est là, au milieu de l'Anatolie, non loin de la Cappadoce et de ses églises rupestres, que vécut au XIIIe siècle le fameux Hadji Bektas Veli, inspirateur des alévis et, bien entendu, des bektachis. Et c'est là qu'il repose, entre les murs d'une ancienne tekke, à l'entrée de laquelle une plaque commémore la visite de Mustafa Kemal les 22 et 23 décembre 1919. C'était tout au début de la « guerre de libération » fondatrice de la République, et il devait faire bigrement froid. Peut-être Atatürk, en ce temps-là, se sentait-il encore un peu seul, ou incertain, du moins, de sa victoire. Aujourd'hui, dimanche 28 avril, devant le guichet donnant accès à la tekke, un groupe de jeunes femmes à l'allure d'étudiantes proteste contre le fait de devoir payer pour visiter ce qui constitue pour elles « un lieu sacré ». « Dans vos mosquées, s'impatiente l'une d'elles, l'entrée est gratuite ! » Puis, ayant payé malgré tout, elles prieront devant le sarcophage d'Hadji Bektas comme d'autres femmes, à Konya, prient devant celui de Mevlana, avec la même expression de concentration et le même geste des deux mains ouvertes, la paume orientée vers le haut. Sourdes à la bande enregistrée, en plusieurs langues, qui pendant la visite défile imperturbablement, présentant Hadji Bektas comme un précurseur des droits de l'homme et de l'existentialisme du « French philosopher Jean-Paul Sartre ».

Les marchands de souvenirs installés sur le parvis du sanctuaire – tous alévis, comme la plupart des habitants du village – semblent partager plus ou moins cette conception, tout de même un peu anachronique, de la pensée du sage anatolien. Sur leurs éventaires, son portrait voisine certes avec celui d'Ali, mais aussi avec ceux de Che Guevara ou de Deniz Gezmis, militant d'un groupe d'extrême gauche exécuté par pendaison dans les années soixante-dix. Histoire d'affirmer leur différence, ils proposent également, en rouge et en blanc, un vin de Cappadoce portant le nom d'Hadji Bektas. De ce dernier, l'un des marchands dit que « quand il s'est établi dans le village, on n'y comptait que sept familles, certaines chrétiennes ou juives », et qu'« il ne faisait pas de différence entre les religions ». « Aujourd'hui, ajoute-t-il, on aurait bien besoin d'être guidé par une pensée comme la sienne. À Konya, les partisans de la charia ont récupéré Mevlana, mais ici, on ne les laissera pas faire la même chose avec Hadji Bektas. » Lui-même est instituteur et il ne s'est lancé dans le commerce que pour survivre. Son père est un homme pieux qui observe le jeûne du Ramadan autant qu'il célèbre les fêtes alévis, tandis que lui ne jeûne pas, mais ils ne se sont « jamais adressé de reproches » l'un à l'autre. « Pour trouver Dieu, la vérité ou la beauté, poursuit le marchand de souvenirs, il n'est pas nécessaire de jeûner ou de faire le pèlerinage : tout est en toi. »

Libération*, 12 au 17 août 2002*

Équivalent vingt pieds

Si un navire *east bound* se dispose à franchir le détroit de Singapour, il doit infléchir sa route d'environ 60° au passage de la bouée qui marque le début du Phillip Channel. Par la suite, ce chenal longe une multitude d'îles indonésiennes, de taille inégale, parfois désignées globalement comme l'archipel de Riau, et parmi lesquelles se distinguent, au moins de mon point de vue, l'île de Lengkana et celle de Batam. Dans la nuit du 26 au 27 septembre 1981, à la suite d'une recrudescence extraordinaire des actes de piraterie perpétrés dans le Phillip Channel, généralement au détriment de pétroliers ou de porte-conteneurs, la marine indonésienne, sous la pression des autorités de Singapour, avait investi ces deux îles et procédé à l'arrestation de quelques comparses. En fait, la marine indonésienne, dont certains éléments étaient fortement soupçonnés d'implication dans les actes de piraterie, avait pris soin de n'arrêter que des Chinois : pour la plupart d'honnêtes contrebandiers, probablement sans lien, sinon de voisinage, avec les pirates. Cependant ces investigations, et d'autres opérations menées de leur côté par les autorités de Singapour, avaient entraîné une diminution sensible des attaques. Dans l'édition 2003 des *Instructions nautiques de l'amirauté britannique*, la section consacrée aux détroits de Malacca et de Singapour cite encore ou de nouveau le Phillip Channel comme le théâtre d'attaques occasionnelles contre des navires, soulignant qu'elles relèvent plutôt du « vol à main armée » (*armed robbery*) que de la piraterie à proprement parler. Quiconque souhaite être victime ou témoin d'un acte de piraterie en bonne et due forme rencontrera des conditions plus propices dans le détroit de Macassar, où treize navires ont été assaillis en six semaines au cours des mois d'octobre et novembre 2004.

La veille au soir, vers 20 heures, alors que le CMA-CGM *Ravel* naviguait depuis quatre heures déjà dans la partie occidentale, largement évasée, du détroit de Malacca, j'étais monté à la passerelle où régnait une obscurité presque complète. Au-dessus du détroit étaient empilés de gros nuages, très prompts à changer de forme, et dont la nervosité se manifestait également par d'incessantes fulgurations. À ce sujet, les *Instructions de l'amirauté* observent que le détroit de Malacca est une des régions du monde les plus *thundery*, adjectif que l'on peut traduire par « orageuses », mais avec une pointe de regret. Comme le second capitaine était de quart, la chaîne musicale qu'écoutait en bruit de fond son prédécesseur, un lieutenant roumain, avait cédé la place à RFI, et c'est ainsi qu'à 20 h 30, dans le silence et l'obscurité de la passerelle, j'ai entendu les rafales de Kalachnikov tirées à Ramallah en hommage à la dépouille funèbre de Yasser Arafat. Dans ce contexte, c'était une chose curieuse à entendre.

Au pied du phare qui domine l'îlot de Takong Kecil, non loin de la sortie du Phillip Channel, à côté d'un bâtiment parallélépipédique et durable se voient quelques cabanes apparemment édifiées par des squatters, tout cela ombragé par des arbres au tronc droit, à l'ample ramure, au feuillage lustré, dont plusieurs semblent pousser directement dans la mer et ne pas s'en trouver plus mal. C'est peu de temps après avoir débordé cet îlot que l'on atteint le passage le plus resserré du détroit, entre l'île de Pulau Sakijang Bendera, dans les eaux de Singapour, et celle, indonésienne, de Batu Berhanti. Dans ce passage, où des courants et des récifs submergés font bouillonner et blanchir la mer, auparavant lisse et vert bouteille, les deux rails de séparation du trafic, débitant dans les deux sens un flux incessant de navires, se rapprochent pour former désormais deux lignes parallèles. Perpendiculairement à cet axe évoluent de petits navires, généralement chargés de passagers, reliant les deux rives du détroit. Et il faut également compter avec les navires au mouillage, innombrables – parmi lesquels un casino flottant qui a la réputation d'être aussi un bordel –, et ceux qui manœuvrent en provenance ou à destination des terminaux de Singapour. Le samedi 13 novembre, vers 15 heures, la ville-État, auparavant enveloppée dans une sombre nuée d'orage, se dévoile soudainement, prodigieux empilement de tours au pied desquelles le dôme verdi de ce qui fut longtemps le monument le plus remarquable de Singapour apparaît désormais comme une sorte de nain de jardin.

Il est difficile de comprendre pourquoi le commerce maritime, alors que le développement du transport par conteneurs, parmi d'autres évolutions, l'a dépouillé de ses derniers éléments d'exotisme – escales longues et aléatoires, amours furtives, excès de boisson, pugilats… –, jouit encore d'un tel prestige auprès de certaines personnes, au nombre desquelles je me compte. Pourquoi le nom de Burmeister et Wein, par exemple, qui est celui d'une marque de moteurs diesel destinés à la marine et fabriqués sous licence dans plusieurs pays du monde, éveille en moi des échos si favorables, ou pourquoi le nombre de conteneurs manutentionnés l'année dernière à Hong Kong – le premier port du monde, sous ce rapport – me procure une telle excitation.

Toujours est-il que le conteneur, cette boîte sans autre qualité que son adaptation à tous les modes de transport, et dont l'invention peut être avec quelques nuances portée au crédit d'un ancien camionneur américain, Malcolm McLean, devenu grâce à elle un géant du commerce maritime avant de voir sa dernière compagnie péricliter sous les coups de la concurrence asiatique, toujours est-il que le conteneur n'existe pour l'essentiel qu'en deux pointures, 20 et 40 pieds, et que c'est la première, sous le vocable d'EVP (équivalent vingt pieds), qui constitue l'unité de mesure de toutes les données chiffrées relatives au transport conteneurisé. Ainsi la capacité du *Ravel* est-elle de 6 700 – exactement 6 712 – EVP, tandis que les plus grands navires armés ou affrétés par la CMA-CGM affichent une capacité de 8 200, et bientôt 9 163, EVP. Cette course à la capacité, stimulée par la formidable croissance de la Chine, et dont il n'est pas exclu qu'elle finisse par entraîner une crise majeure dans ce secteur du transport – comme il advint autrefois, consécutivement aux deux « chocs », dans le secteur du transport pétrolier –, comporte ses zones d'ombre, ses secrets jalousement gardés, l'armement danois Maersk, par exemple, qui se trouve être le premier du monde, ayant la réputation de publier des chiffres sensiblement inférieurs à la capacité réelle de ses navires…

La CMA-CGM, quant à elle, occupe désormais le cinquième rang mondial pour le transport maritime de conteneurs. S'agissant des échanges entre la Chine et l'Europe, elle arrive en seconde position. Il s'agit d'un commerce très lucratif, même s'il est pénalisé par le problème de l'*imbalance* – le déséquilibre des échanges – entre l'Asie et l'Europe (et ce déséquilibre est encore plus grand entre l'Amérique et l'Asie) : d'est en ouest, les conteneurs sont pleins – de matériel électronique, de produits textiles, de mobilier, de jouets, de chaussures de sport ou de nains de jardin… –, tandis que d'ouest en est beaucoup voyagent à vide, et quelques-uns chargés de papier recyclé, de ferraille ou de produits chimiques. Le déséquilibre est tel que le coût du transport est trois à quatre fois plus élevé dans un sens que dans l'autre.

Long de 300 mètres et large d'une quarantaine, propulsé à la vitesse moyenne de 25 nœuds par un moteur de 93 000 chevaux qui brûle chaque jour de 250 à 300 tonnes de fioul lourd, le *Ravel* est affecté à l'un des vingt-deux services hebdomadaires que la CMA-CGM assure avec la Chine, et qui représente chaque mois près d'une centaine d'escales de porte-conteneurs. Chacune de ses rotations, si elle ne rencontre aucun obstacle – par exemple un typhon en mer de Chine, l'échouage d'un navire dans le canal de Suez ou une panne mécanique – dure cinquante-six jours. Chacune dessert invariablement les mêmes ports : en Europe, Le Havre, Zeebrugge, Rotterdam, Hambourg, Southampton et Malte, puis Khor Fakkan, sur le golfe d'Oman, enfin toute une série de ports chinois particulièrement fructueux : Hong Kong, Shanghai, Ningbo, Hong Kong de nouveau, et Yantian, ce dernier dans la zone économique de Shenzhen.

Lors de ce voyage, le *Ravel* fait escale à Hong Kong, une première fois, dans la nuit du 15 au 16 novembre. L'escale est d'ailleurs écourtée, l'état-major de la compagnie, qui suit heure par heure les mouvements de chacun de ses navires, ayant pressé le *Ravel* d'appareiller afin d'atteindre le pilotage de Shanghai dès le surlendemain en fin de matinée, faute de quoi le navire risque de rater la marée, de subir de ce fait une coûteuse immobilisation, au mouillage, et de manquer le créneau qui lui est assigné par le terminal approprié. Dans le détroit de Taïwan, le mauvais temps fait prendre au *Ravel* quelques heures de retard par rapport à cet horaire idéal. Il n'atteint le pilotage de Shanghai que vers 14 heures, dans la journée du mercredi 17 novembre. La remontée du Yang-tseu, dans une brume qui ne permet pas d'en distinguer les berges, dure un peu plus de trois heures, au terme desquelles la nuit tombe. Dans l'obscurité, le terminal SECT (Waigaoqiao phase 4) se signale par son éclairage orangé, rehaussé par les lumières blanches dont chacun de ses douze portiques est enguirlandé.

En se rapprochant du quai, on découvre un paysage rigoureusement orthogonal, composé de hautes structures verticales se déplaçant horizontalement sur des rails, et de parallélépipèdes empilés. Seule varie la couleur de ces derniers. L'escale du *Ravel* dure un peu moins de dix-huit heures, durant lesquelles il sera délesté de mille trois cent quarante-cinq conteneurs, vides pour la plupart, et chargé de mille deux cent quatre-vingt-onzeconteneurs pleins. Pendant la durée de l'escale, seuls deux élèves, de tout l'équipage, auront le temps de se rendre à Shanghai, en coup de vent, pour y acheter dans une grande surface de Nanjing Road quelques échantillons de la marchandise qui remplit les conteneurs à l'exportation.

En 2004, rien que ce terminal SECT aura traité environ 2,8 millions de boîtes, plus que le port du Havre dans sa totalité. L'ensemble des terminaux spécialisés de Shanghai en aura traité près de 14,5 millions.

Le jeudi 18 novembre, dans la matinée, en visitant à la lumière du jour le bâtiment administratif du terminal, j'observerai que, sur les pelouses qui l'entourent, sont disposés des pièges à mouches de conception artisanale, composés d'une assiette contenant des têtes de poisson, surmontée d'un entonnoir grillagé. À en juger par le nombre d'insectes morts qu'ils contiennent, la productivité de ces pièges, à leur échelle, est comparable à celle des autres éléments, impeccablement ajustés, dont le terminal est constitué.

Senso, *juillet 2005*

TABLE

Achevé d'imprimer en février 2006
dans les ateliers de Normandie Roto Impression s.a.s.
à Lonrai (Orne)

N° d'éditeur : 1936
N° d'imprimeur : 06-0459
Dépôt légal : mars 2006
Imprimé en France